D1628915

Georges Minois
Geschichte der Zukunft

Georges Minois

Geschichte der Zukunft

Orakel, Prophezeiungen,
Utopien, Prognosen

Aus dem Französischen
von Eva Moldenhauer

Artemis & Winkler

Titel der französischen Originalausgabe: *Histoire de l'avenir*
© Librairie Arthème Fayard, Paris 1996

Veröffentlicht mit Unterstützung des Ministère Français de la Culture, Paris

Die Deutsche Bibliothek 4 CIP-Einheitsaufnahme

Minois, Georges:
Geschichte der Zukunft : Orakel, Prophezeiungen, Utopien, Prognosen / Georges Minois. Aus dem Franz. von Eva Moldenhauer. – Düsseldorf ; Zürich : Artemis und Winkler, 1998
Einheitssacht.: Histoire de l'avenir <dt.>
ISBN 3-538-07072-5

© der deutschen Übersetzung 1998 Artemis & Winkler Verlag, Düsseldorf / Zürich
Alle Rechte, einschließlich derjenigen des auszugsweisen Abdrucks
sowie der fotomechanischen und elektronischen Wiedergabe, vorbehalten
Umschlagmotiv: *Die tiburtinische Sibylle*, Paris, Musée du Louvre, um 1600
Umschlaggestaltung: Bine Cordes, Weyarn
Satz: Josefine Urban – KompetenzCenter, Düsseldorf
Druck und Bindung: Wiener Verlag, Himberg
Printed in Austria
ISBN 3-538-07072-5

Inhalt

Einführung 17

ERSTER TEIL
DAS ZEITALTER DER ORAKEL 23

Die primitive, biblische und griechisch-römische Wahrsagung im Dienst des individuellen Schicksals und der Politik

KAPITEL I
Die Vorhersage bei den alten Völkern: eine Versicherung und eine göttliche Garantie 25

Universalität und Mannigfaltigkeit der Wahrsagung 26 Die Anfänge der Astrologie 31 Die Prophetie im alten Nahen Osten 34 Die Gruppenprophetie in Israel 39 Wahre und falsche Propheten 43 Eintreffen der Prophezeiungen und Magie 48 Die biblische Prophetie 51 Schicksal und Wahrsagung bei den Ariern, Kelten, Germanen und Skandinaviern 57 Von der ewigen Wiederkehr zur orientierten Geschichte 62 Psychologische und politische Nützlichkeit der Wahrsagung 65

KAPITEL II
Die griechische Wahrsagung: philosophische Frage und politische Manipulation 68

Mythen und Wahrsagung 69 Divinationsmethoden 71 Die Orakel 74 Delphi und die politische Manipulation 78 Die Sibylle, das körperlose Orakel 83 Die Astrologie oder die wissenschaftliche Voraussage 85 Ptolemaios und die hellenistische Astrologie 89 Astrologie, Wahrsagung und Schicksal 92 Die Gegner der Wahrsagung 97 Die Befürworter der Wahrsagung 100 Die Orakel, Werkzeuge der politischen und militärischen Manipulation 107 Die Utopie, Ersatz der Prophetie 111

KAPITEL III
Die römische Wahrsagung – Ein Staatsmonopol 115

Die archaische römische Tradition 116 Das etruskische Haruspizium im Dienst der Römer 119 Staatliche Beschlagnahme der Wahrsagung 123 Eindringen der fremdländischen Wahrsagung und Widerstand des Senats 126 Die Anfänge der Astrologie in Rom 130 Aufschwung der Wahrsagung während der Bürgerkriege 134 Die Kaiser verbieten die private Wahrsagung 139 Die Voraussage, Instrument der kaiserlichen Regierung 143 Die Intellektuellen zwischen dem Fatalismus und dem *Carpe Diem* 148 Historiker und Strategen: Von der Leichtgläubigkeit zur Manipulation 151 Der Prozeß gegen die Wahrsagung: Ciceros *De divinatione* 153 Von der römischen zur christlichen Wahrsagung 160

ZWEITER TEIL
DAS ZEITALTER DER PROPHEZEIUNGEN 163

Die apokalyptischen und millenaristischen Verheißungen des Mittelalters

KAPITEL IV
Von der politischen Wahrsagung zur apokalyptischen Prophetie (Beginn der christlichen Ära) 165

Das Buch Daniel und die Offenbarung des Johannes 166 Die Offenbarung des Johannes, Grundlage der millenaristischen Prophezeiungen 172 Prophetische Erregung der jüdischen Welt 177 Die Prophetie in den ersten christlichen Gemeinden 178 Die prophetische Kirche und die freie Prophetie: der Montanismus 181 Die Kirchenväter und die heidnische Wahrsagung 190 Die Kirchenväter und die Astrologie: eine abgestufte Verurteilung 190 Die Kirchenväter und die jüdisch-christliche Prophetie: ein stets wirksames Mittel der Erkenntnis 193 Augustinus verteufelt die Wahrsagung und die Astrologie 199 Augustinus' Unschlüssigkeit hinsichtlich der apokalyptischen Prophezeiungen 206

KAPITEL V
Die Prophetie in Freiheit und ihre heterodoxe Entwicklung bis zum 13. Jahrhundert 213

Auf der Suche nach der unmittelbaren Zukunft. Das Zeugnis des Gregor von Tours 214   Zunahme der Wahrsager und der falschen Propheten 218   Die politischen Prophezeiungen 221   Die zwiespältige Situation der Astrologie 225   Das Jahr 1000, ein Jahr wie jedes andere 229   Kreuzzug und Chiliasmus: die streitbare Prophetie 232   Der Endzeitkaiser 236   Prophetie und Antiklerikalismus 239   Renaissance der Astrologie im 12. und 13. Jahrhundert 242   Merlins Prophezeiungen, divinatorische Träume und Unruhe der Kirche 247

KAPITEL VI
Die Kirche definiert und reglementiert den Zugang zur Zukunft (11. bis 13. Jahrhundert) 253

Die prophetischen Grundlagen des Joachim von Fiore: Apokalypse und Geschichte 254   Die Verurteilung (1259) 258   Kunst und Hagiographie: die gezähmte Prophetie 264   Theorie und Praxis der Weissagung bei den Dominikanern und den Franziskanern 269   Thomas von Aquin reglementiert die Weissagung 273   Die Debatte über die Astrologie 279   Roger Bacon: Die Astrologie im Dienst der Christenheit 283   Verlegenheit der Theologen und Verurteilung von 1277 287

KAPITEL VII
Inflation, Banalisierung und Abgleiten der Vorhersagen (14.–15. Jahrhundert) 291

Katastrophen und Vorhersagen 291   Krise der Kirche und Zugang zur Prophetie (1292–1303) 294   Der Hundertjährige Krieg, Merlin, die Astrologen und die Propheten 299   Die schwarze Pest, Vorbote des Antichrist 304   Millenarismus, Kommunismus und Goldenes Zeitalter 309   Das Große Schisma und die Entfesselung der Prophetie (1378–1417) 314   Pierre d'Ailly und das Große Schisma: von der Prophetie zur Astrologie 319   Das politisch-religiöse Abgleiten der Voraussagen: der Fall Spanien 326   Jean de la Roquetaillade und die neue Prophetie 329   Von Cola die Rienzo bis Jeanne d'Arc: Banalisierung der Weissagung 333

DRITTER TEIL

DAS ZEITALTER DER ASTROLOGIE 341

Die Sterne regeln die Zukunft (15.–17. Jahrhundert)

KAPITEL VIII
Wandlungen und Niedergang der religiösen Weissagung (15.–16. Jahrhundert) 342

Eine neue Mode: das Sammeln von Prophezeiungen 343   Prophetie und politische Macht 347   Wirkungslosigkeit der antiprophetischen Unterdrückung 354   Prophetie und apokalyptische Angst 358   Prophetie und soziale Bewegungen: die Millenaristen 364   *Utopia* und Amerika, die beiden Verkörperungen der Prophetie 370   Niedergang der religiösen Prophetie und Mißtrauen der Obrigkeit 374   Die volkstümliche Wahrsagung 380   Zweideutigkeit der Verurteilungen und Montaignes Skeptizismus 383

KAPITEL IX
Der Sieg der Astrologie (15. Jahrhundert bis Mitte des 17. Jahrhunderts) 389

Zweideutigkeit der Astrologie 389   Die Polemiken Ende des 14. Jahrhunderts 391   Der Aufstieg der Astrologie im 15. Jahrhundert 397   Angriff und Verteidigung: Pico della Mirandola und Simon Phares 400   Das Jahrhundert des Nostradamus 403   Die Hofastrologie im 16. Jahrhundert 408   Der Almanach und seine Verächter 412   Die Astrologie als notwendige Etappe der Vorhersage 421   Fortdauer der eklektischen und inspirierten Weissagung 423   Prophetie, Krieg und Manipulation 430

KAPITEL X
Die Astrologie, eine soziokulturelle Notwendigkeit im 17. Jahrhundert 437

Astrologie und Wissenschaft 438   Die Astrologie am französischen Hof 444   Die königliche Macht und die Astrologie in Frankreich 450   Die Astrologie während des englischen Bürgerkriegs 456   Fortdauer der chiliastischen-Prophetie: der Fall Jurieu 461   Die Offenbarung nach Bossuet 464   Die Suche nach der Zukunft: astrologische Konsultationen, Almanache, Vorzeichen 467   Soziokulturelle Notwendigkeit der Astrologie 476

VIERTER TEIL

DAS ZEITALTER DER UTOPIEN 483

Von den strahlenden Städten der Klassik zum Optimismus der sozialistischen Utopien (17.–19. Jahrhundert)

KAPITEL XI
Die Marginalisierung der traditionellen Wahrsagung (Ende 17.–18. Jahrhundert) 485

Die Astrologie, Opfer der Restauration und der Vernunft in England (1660–1700) 485 Prophetie und Wahrsagung: Opfer ihres Mißbrauchs 489 Der Aufstieg des Skeptizismus in Frankreich 495 Bossuet und Fénelon gegen die Astrologie 499 Der Komet von 1680 502 Die auf die Ebene des Volks abgedrängte Wahrsagung 508 Fortbestehen der gefälschten Prophezeiungen 513 Prophetie und Unruhe des Jahrhunderts 517 Die Gegensätze der Aufklärung: Rationalismus und Illuminismus 519

KAPITEL XII
Die neuen Wege der Vorhersage im 18. Jahrhundert: Utopie, Geschichte, Humanwissenschaften 525

Die Krise der prädiktiven Geschichte im 17. Jahrhundert 525 Das Zögern der Philosophen angesichts der Zukunft 530 Hegel, eine Verkörperung des Chiliasmus? 533 Die Utopie: vom Chiliasmus zum Szientismus 538 Die Utopie als soziopolitisches Projekt 546 Utopie und Zukunft 550 »Das Jahr 2440«: Traum oder Alptraum? 555 Die prophezeite Revolution: ein Wille, sie zu verteufeln oder zu vergöttlichen 560 Auf dem Weg zur Ausbeutung der Zukunft: Wahrscheinlichkeiten, Versicherungen und Leibrenten 566 Diversifizierung der Wege zur Zukunft 571

KAPITEL XIII
Der Beginn des Zeitalters der Massen (I)
Aufschwung der volkstümlichen Vorhersage
im 19. Jahrhundert 575

Ein prophetisches Jahrhundert 575   Aufschwung der volkstümlichen Vorhersage und polizeiliche Aufsicht 580   Die Voraussagen zur Zeit des Empire 583   1815–1848: Die Herrschaft der Kartenlegerinnen und ihre Rolle als Psychologinnen 590   Mademoiselle Lenormand, die Sibylle aus der Rue de Tournon 596   Zweite Hälfte des Jahrhunderts: Vorhersagen mittels Magnetismus 602   Renaissance der Prophetie religiöser Prägung 605   Zersplitterung und Funktion der volkstümlichen Weissagung 614

KAPITEL XIV
Der Beginn des Zeitalters der Massen (II)
Die neuen Propheten des 19. Jahrhunderts 619

Die Propheten des Neokatholizismus: auf dem Weg zu einer christlichen Menschheit 620   Die Propheten der wissenschaftlichen Utopie: auf dem Weg zu einer kommunitären Menschheit 626   Die wissenschaftlich-religiösen Propheten oder die Utopie auf dem Vormarsch 632   Optimistische Propheten, von der Wissenschaft zur Kunst 637   Die Propheten des Glücks: liberale und sozialistische Ökonomen 644   Der marxistische Chiliasmus 649   Zögern und Zweifel der Science-fiction: H.G. Wells 658   Ernest Renan, der Prophet der Dekadenz und des Übermenschen 664

FÜNFTER TEIL

DAS ZEITALTER DER WISSENSCHAFTLICHEN VORHERSAGEN

Vom Pessimismus der Science-fiction und der Gegenutopie zur Vorsicht der Wahrscheinlichkeitsrechnung und der Prospektive (20. Jahrhundert) 671

KAPITEL XV
Der Aufstieg des Pessimismus. Propheten der Dekadenz und der Gegenutopie (20. Jahrhundert) 673

Dekadenz infolge der Demokratie, von Tocqueville bis Halévy 674 Der Tod der Zivilisationen: Oswald Spengler 680 Vom utopischen Optimismus zum Pessimismus der Science-fiction 685 Samjatin und Huxley: Die Konditionierung zum Glück 689 George Orwell: »Wer die Vergangenheit kontrolliert, kontrolliert die Zukunft« 693 Ökonomische Voraussagen und Pessimismus 697 Die Geschichte der Zukunft: ein unmögliches Szenarium 704 Die sehr langfristigen Voraussagen der Astrophysiker: offene oder geschlossene Zukunft? 707

KAPITEL XVI
Hat die Vorhersage eine Zukunft? Hellseher, Propheten des Endes der Geschichte und Prospektivisten 711

Erfolg und soziale Funktion der Astrologie und der Parapsychologie 712 Zunahme der religiösen Prophezeiungen 717 Von der Esoterik zu den Träumen des New Age 720 Astrologen und Hellseher im Dienst der Politiker 724 »Die Zukunft ist nicht mehr das, was sie war«: Risiken der technologischen Vorhersage 728 Historischer Skeptizismus und Vorhersage 732 Die Propheten des Endes der Geschichte und des letzten Menschen 737 Geburt der Prospektive und der Futurologie 742 Resultate und Unschlüssigkeiten der Prospektive. Der Retro-Fortschritt 746

Schlußfolgerung 754

Anmerkungen 761
Personenregister 809

Meiner lieben Tanja

To-morrow, and to-morrow, and to-morrow,
Creeps in this petty pace from day to day,
To the last syllable of recorded time:
And all our yesterdays have lighted fools
The way to dusty death. Out, out, brief candle,
Life's but a walking shadow, a poor player,
That struts and frets his hour upon the stage,
And then is heard no more. It is a tale
Told by an idiot, full of sound and fury,
Signifying nothing.

                    William Shakespeare, *Macbeth*, V, 5.

(»Morgen, und morgen und dann wieder morgen,
Kriecht so mit kleinem Schritt von Tag zu Tag,
Zur letzten Silb' auf unserm Lebensblatt;
Und alle unsre Gestern führten Narr'n
Den Pfad des stäub'gen Todes. – Aus! kleines Licht! –
Leben ist nur ein wandelnd Schattenbild;
Ein armer Komödiant, der spreizt und knirscht
Sein Stündchen auf der Bühn', und dann nicht mehr
Vernommen wird: ein Märchen ist's, erzählt
Von einem Dummkopf, voller Klang und Wut,
Das nichts bedeutet.«)

Einführung

Voraussagen zu machen ist eine Eigentümlichkeit des Menschen. Es ist eine grundlegende Dimension seines Daseins. Wir alle stehen mit einem Fuß in der Gegenwart und mit dem andern in der Zukunft. Leben heißt, unaufhörlich zu antizipieren, und jede unserer Handlungen erfolgt im Hinblick auf ein in der Zukunft liegendes Ziel. Nur ein Teil dieser Zukunft ist bekannt und festgelegt: Morgen wird die Sonne aufgehen, und die Jahreszeiten werden weiterhin aufeinander folgen.

Unbekannt dagegen ist der Inhalt dieses festen Rahmens: Woraus wird das Morgen bestehen? Diese Frage ist kein Beweis schierer Neugier, sie ist eine lebenswichtige Frage, auf die wir implizit ständig antworten; denn daß wir uns heute so verhalten wie gestern, rührt daher, daß wir annehmen, daß das Morgen genauso aussehen wird wie das Heute. Vergangenheit, Gegenwart und Zukunft bilden ein untrennbares Ganzes, und wenn wir in der Gegenwart zu handeln vermögen, so deshalb, weil wir uns an die Vergangenheit erinnern und die Zukunft vorausahnen.

Nur die Zukunft verleiht unseren Handlungen einen Sinn, rechtfertigt sie oder offenbart ihre Vergeblichkeit. Um voll und ganz leistungsfähig zu sein, müßten wir diese Zukunft also kennen. Dies galt für den vorgeschichtlichen Menschen, der die Bewegungen der wilden Herden voraussehen mußte; und es gilt weiterhin für die politisch und wirtschaftlich Verantwortlichen unserer Tage, die die Entwicklung der Konjunktur voraussehen müssen, um richtige Entscheidungen treffen zu können; aber auch für jeden Menschen, ob er nun an der Börse spekuliert, eine Anstellung annimmt oder sich entschließt, einen Regenschirm mitzunehmen. Das Leben zwingt uns ständig, eine Wahl zu treffen und infolgedessen Voraussagen zu machen.

Das Mißliche ist nur, daß wir die Zukunft nicht kennen. Unsere

Entscheidungen sind daher Wetten oder Einschätzungen, und je mehr sich diese Einschätzungen als richtig erweisen, desto wirksamer wird unser Handeln sein. Das Ideal wäre unserer Meinung nach, die Zukunft zu kennen, was uns ermöglichen würde, genau das zu tun, was unserem Wohlbefinden zuträglich ist. Daher bemüht sich der Mensch seit seinen Ursprüngen, durch die vielfältigsten Mittel diese Kenntnis der Zukunft zu erlangen.

Dieses leidenschaftliche Bemühen ähnelt indes stark der Jagd nach einer Chimäre. Von Anfang an krankt es an einem Widerspruch. Denn wenn man versucht, die Zukunft zu kennen, setzt man voraus, daß sie erkennbar ist, d. h. schon heute unausweichlich feststeht. Wozu würde es sonst nützen, sie zu kennen? Was von den Parzen, dem allmächtigen Gott oder von einem anonymen Schicksal beschlossen worden ist, wird auf jeden Fall eintreten, und auch die Handlungen, die ich vornehmen werde, sind bereits vorgesehen: »Man hat keinen Nutzen davon zu wissen, was notwendig geschehen wird«, schreibt Cicero, »denn es ist ein Elend, sich vergebens zu quälen.«

Die Zukunft zu verkünden hat also nur dann einen Sinn, wenn sie nicht feststeht, d. h. wenn sie unvorhersehbar ist. In welchem Fall die »Vorhersage« zu einer magischen Tätigkeit wird, dazu bestimmt, die gewünschte Zukunft herbeizuführen. Zwischen diesen beiden extremen Widersprüchen bewegt sich die Tätigkeit der Weissagung seit Jahrhunderten: entweder vergeblich in eine unabwendbare Zukunft zu schauen oder eine Zukunft vorauszusehen, die nicht existiert und erfunden werden muß. In beiden Fällen ist die Vorhersage eine Illusion. Wenn indes die Menschen hartnäckig versucht haben, dieses Ziel zu verfolgen, so deshalb, weil die Zukunft mannigfache, bewußte und unbewußte Funktionen erfüllt, die mit dem menschlichen Dasein zusammenhängen.

Zunächst versuchen wir, uns Mut zu machen, dieser offenen Zukunft einen Inhalt zu geben, um der Ungewißheit ein Ende zu setzen, um uns davon zu überzeugen, daß wir nicht der Spielball des blinden Zufalls sind, sondern Teil eines sinnvollen Ganzen. Es geht darum, die Angst vor der Zukunft dadurch zu bannen, daß man sie mit Anhaltspunkten versieht. Diese Sorge, die schon im Altertum auftaucht, hat sich heute fortentwickelt, wo unsere kurz- und mittelfristige Zukunft vorhergesehen und über die Maßen verplant ist: Berufsleben, Sparpläne, Versicherungen aller Art, Rentenalter. Alles wird antizipiert, mit dem Ziel, ein Maximum an Sicherheit zu gewährleisten.

Voraussagen heißt auch versuchen, die Zukunft zu beherrschen, die Ereignisse festzulegen, noch bevor sie eintreten. Zunächst, weil die Vorhersage eine magische Kraft der Selbsterfüllung in sich birgt. Ein psychologisch wohlbekanntes Phänomen: »Wer fürchtet, nicht schlafen zu können, ist für den Schlaf schlecht gerüstet, und wer um seinen Magen fürchtet, ist für die Verdauung schlecht gerüstet«, schreibt Alain. Sich vom Sieg oder der Niederlage zu überzeugen, ist das beste Mittel, dafür zu sorgen, daß sie eintreten. Das gilt auch auf kollektiver Ebene: An der Börse eine Baisse oder eine Hausse vorherzusagen, heißt, die Vorgänge einzuleiten, die sie verursachen werden. Dies ermöglicht allerlei Manipulationen, wie sie von den Griechen und Römern allgemein praktiziert wurden, die sich von Orakeln und Vorzeichen das Scheitern oder den Erfolg ihrer kriegerischen oder politischen Unternehmungen vorhersagen ließen. Und aus diesem Grund waren die Voraussagen und Horoskope, die die Großen dieser Welt betrafen, so lange verboten. Noch heute weiß man, daß eine prospektive Untersuchung unter anderem das Ziel hat, die Gemüter auf Reformen vorzubereiten.

Vorhersagen heißt also auch handeln. Beides ist untrennbar miteinander verknüpft und ergänzt sich. Es gibt kein Handeln ohne die Ankündigung eines Resultats; andererseits heißt vorhersagen auch, für die Verwirklichung der Vorhersage zu sorgen oder sie zu vermeiden. In diesem Sinne ist die beste Vorhersage oft diejenige, die nicht in Erfüllung geht, diejenige, die es erlaubt, Maßnahmen zu ergreifen, um die vorhergesehene Katastrophe zu verhindern. Eine wirksame Voraussage kann selbstzerstörerisch wie selbsterfüllend sein. Den Weltfrieden vorherzusehen, kann dazu anregen, Maßnahmen zu ergreifen, die ihn fördern; den Weltkrieg vorherzusehen, kann dazu anregen, Maßnahmen zu ergreifen, die ihn verhindern. In beiden Fällen ist die Voraussage heilsam.

Das Wichtige ist daher nicht die Genauigkeit der Vorhersage, sondern daß sie die Rolle einer gesellschaftlichen oder individuellen Therapie spielt. Was zählt, ist nicht, daß das Vorhergesehene eintritt, sondern daß diese Vorhersage hilft, erleichtert, beruhigt und zum Handeln anregt. Der Astrologe, die Kartenlegerin, der Hellseher sind Psychologen, ja sogar Psychoanalytiker, die die Beichtväter abgelöst haben. Ihre Kunden wollen von ihnen nicht wirklich die Zukunft erfahren; wäre dies der Fall, so würden sie sie schon lange nicht mehr zu Rate ziehen. Sie suchen vielmehr einen tröstlichen menschlichen Kontakt. Es überrascht nicht, daß in unruhigen und unbeständigen Zeiten wie den unseren, wo das Leben aus Angst und »Streß« besteht, die Praxen von Astrologen und Hellsehern gedeihen. Diese Spezialisten sind in Wahrheit Ärzte des Geistes und ihre Kunden Kranke. In gewisser Weise heißt so tun, als sage man die Zukunft voraus, soviel wie heilen.

Lange Zeit hat die inspirierte Prophetie genau diese Rolle gespielt. Katastrophen, den Weltuntergang ankündigen heißt die Gläubigen drängen, ihr Verhalten zu überprüfen, Buße zu tun, sich zu bessern. Das Verfahren ist wohlbekannt, von den hebräischen Propheten bis hin zu den Marienprophezeiungen von Fatima oder La Salette. Im übrigen kann der Prophet durchaus gutgläubig sein wie Jona, der die Zerstörung Ninives voraussagt, falls die Einwohner nicht Buße tun. Er läßt sich auf einem Hügel nieder, um der Katastrophe beizuwohnen, und gerät in Zorn, als er sieht, daß Gott verziehen hat und ihn damit um das erwartete Schauspiel bringt: der Typus der sich selbst zerstörenden Vorhersage, die glückt, weil sie nicht eingetroffen ist.

Tatsächlich ist die Vorhersage niemals neutral oder passiv. Immer entspricht sie einer Absicht, einem Wunsch oder einer Befürchtung; sie bringt einen Kontext sowie eine Geisteshaltung zum Ausdruck. Die Vorhersage klärt uns nicht über die Zukunft auf, sondern spiegelt die Gegenwart wider. Insofern gibt sie Aufschluß über die Mentalitäten, die Kultur einer Gesellschaft und einer Zivilisation. Die Geschichte der Vorhersage zu schreiben, trägt also zur Geschichte der Zivilisationen bei. Es wäre von keinerlei Interesse, eine Liste der vergangenen Prophezeiungen mit dem einzigen Ziel aufzustellen, sie je nach dem Grad ihres Eintreffens zu tadeln oder zu loben oder in diesen Vorwegnahmen nach einem Bild der Zukunft zu suchen. Wäre dies der Fall, dann wäre die Geschichte der Vorhersagen die Geschichte ihres Scheiterns. Denn noch nie hat irgend jemand die Zukunft gekannt, die Propheten, ob nun inspiriert oder nicht, ebensowenig wie die Orakel, die Sibyllen, die Astrologen, die Kartenleger, die Sience-fiction-Autoren, die Utopisten, die Philosophen oder die Futurologen. Die Prophezeiungen, die sich »erfüllt« haben, sind zurückdatierte Pseudoprophezeiungen, entweder Texte, die so dunkel sind, daß

Einführung

sie jede beliebige Deutung zulassen – weshalb man sie im übrigen erst nach den Ereignissen, wenn sie von keinem Interesse mehr sind, entschlüsseln kann –, oder reine Täuschungen oder schiere Koinzidenzen oder das Ergebnis hellsichtiger Arbeit, reiner Verstandestätigkeit anhand vergangener und gegenwärtiger Fakten. Das Interesse dieser Vorhersagen liegt allein darin, was sie uns über die Epoche und das Milieu verraten, in dem sie gemacht wurden. In diesem Geist ist das vorliegende Werk konzipiert, ein Werk der Geschichtswissenschaft und nicht der Antizipation.*

---

* Das Interesse an den Vorhersagen hat sich mit dem Herannahen des Jahres 2000 natürlich verstärkt, einer Zahl, die im etymologischen Sinne völlig willkürlich und töricht ist. 2000 Jahre wonach? Das 2000. Mal, daß die Erde sich seit Christi Geburt um die Sonne dreht? Nicht einmal das. Und weshalb die Drehung der Erde um die Sonne privilegieren? Zur Zeit Christi stützte man sich auf das Mondjahr, was heute eine völlig andere Rechnung ergäbe. Und warum mißt man der Zahl 10 und ihrem Vielfachen überhaupt so große Bedeutung bei? Ist das Jahr 1996 nicht genauso wichtig? Außerdem weiß jeder, daß diese Zählweise auf einem Irrtum von mehreren Jahren beruht, der Dionysius Exiguus unterlaufen ist: Jesus wurde nicht im Jahre 1 geboren, sondern mit Sicherheit sechs oder sieben Jahre früher, d. h. daß das wirkliche Jahr 2000 schon hinter uns liegt! Und weshalb nicht die Jahrtausende berücksichtigen, die unserer Ära vorausgegangen sind? Warum nicht vom Auftauchen des Menschen ausgehen? oder der Erde? oder des Urknalls? Für Hunderte Millionen Moslems, die die Mondjahre seit der Hedschra zählen, hat unser Jahr 2000 keinen Sinn, ebensowenig wie für die verschiedenen indischen Kalender oder für diejenigen, die hartnäckig daran festhalten, vom Jahr I der französischen Republik an zu zählen. Das Jahr 2000 ist das Jahr 2000 nur für die Menschen der westlichen Welt, von denen viele nicht einmal mehr wissen, warum. Diese Zahl hat keinen absoluten Wert. Daher gibt es keinen Grund, darüber in Aufregung zu geraten, und es zu feiern ist ein von der Konsumgesellschaft geschürter, zutiefst irrationaler Fetischismus.

ERSTER TEIL
Das Zeitalter der Orakel

Die primitive, biblische und griechisch-römische Wahrsagung im Dienst des individuellen Schicksals und der Politik

»Der erste Prophet war der erste Schurke, der einem Dummkopf begegnete; also kommt alle Weissagung aus dem grauen Altertum.«

Voltaire, *Examen de Milord Bolingbroke ou le Tombeau du fanatisme*

»So erscheint es mir denn höchst merkwürdig, daß es überhaupt Leute gibt, die auch jetzt noch denen ihr Vertrauen schenken, deren Voraussagen offenkundig täglich von der Wirklichkeit der Ereignisse widerlegt werden.«

Cicero, *De divinatione*

KAPITEL I

Die Vorhersage bei den alten Völkern: eine Versicherung und eine göttliche Garantie

Seit der Mensch existiert, sieht er voraus. Wenn er auf die Wände einer Höhle einen von Pfeilen durchbohrten Bison zeichnet, stellt er sowohl die Jagd von gestern wie die von morgen dar. Und gleichzeitig ist seine Zeichnung ein Zauber, ein magischer Akt, dazu bestimmt, den Erfolg seiner Handlung zu gewährleisten. Mit ein und demselben Strich antizipiert und nötigt er die Natur oder die Geister. Auf diese Weise bringt der Mensch zum Ausdruck, daß schon zu Beginn der Menschheit vorhersehen soviel heißt, wie die Zukunft zu beherrschen. Diese Behauptung steht am Ursprung aller Weissagungsunternehmen, von der primitiven Wahrsagung bis zur Prospektive und zur modernen Futurologie. Der prähistorische Mensch, der erste Seher und der erste Prophet, verbindet den Willen, seine Umwelt zu beherrschen, mit seiner unmittelbaren Zukunft. Die Geschichte der Menschheit ist die Geschichte seines wachsenden Einflusses auf einen immer größeren Raum und eine immer entferntere Zeit.

Doch während die Beherrschung der drei räumlichen Dimensionen dank immer leistungsfähigerer Techniken Fortschritte macht, wird die Beherrschung der Zeit stets eine Illusion bleiben. Der Mensch von heute kennt seine Zukunft ebensowenig wie der Jäger vom Neandertal, und diese Ungewißheit ist für ihn sicherlich noch grausamer als für seinen fernen Vorfahren, da sein Wissensdurst proportional zu seiner Beherrschung der Umwelt zugenommen hat. Der prähistorische Mensch wollte wissen, ob er Wild erbeuten werde, und dabei blieb seine Neugier wahrscheinlich stehen. Der Mensch von heute möchte eine Fülle von Dingen über das Morgen und das Übermorgen wissen, von den Börsenkursen der Wall Street bis zum Weltfrieden, von der Situation auf dem Arbeitsmarkt bis zum Wetter im nächsten Sommer. Trotz ständiger Mißerfolge seiner Antizipation fährt er fort, Voraussagen zu machen, obwohl er weiß, daß sie höchstwahrscheinlich falsch sind.

Das Dasein des Menschen beruht auf diesem Doppelspiel: Man muß so tun, als wüßte man, was das Morgen bringen wird, um heute handeln zu können. In seinem Innern täuscht sich niemand: keiner kennt die Zukunft, nicht einmal die unmittelbarste. Aber die Notwendigkeiten des Lebens verlangen, daß wir so tun, »als ob« wir es wüßten. Daher geben wir uns mit einem Minimum an Vertrauen in die Vorhersagen zufrieden. Was den Alltag betrifft, so ist ein jeder anhand seiner eigenen Gewohnheiten imstande, dieses Minimum aufzubringen. Was indes die Ereignisse angeht, die den individuellen Einfluß übersteigen, braucht man »Experten«, Leute, die fähig sind, der Gemeinschaft Vertrauen einzuflößen.

Universalität und Mannigfaltigkeit der Wahrsagung

Solche Experten hat es in allen Gesellschaften seit Anbeginn gegeben. Ihre Namen und ihre Techniken variieren, von den Sehern bis zu den Futurologen, von den Propheten bis zu den Prospektivisten, von den Auguren bis zu den Astrologen, von den Orakeln bis zu den Wahrsagern. Ein Beweis für die wesentliche Rolle der Weissagung im menschlichen Dasein: schon in den ersten schriftlichen Spuren, die die Kulturen des Nahen Ostens hinterlassen haben, wird die Wahrsagung erwähnt und spielt offenkundig eine grundlegende gesellschaftliche Rolle. In Mesopotamien, in der chaldäischen und assyrisch-babylonischen Welt, erzählen uns die Tontafeln schon im 3. Jahrtausend von einer Fülle divinatorischer Praktiken wie der Lekanomantie (Weissagung mittels Öls), der Teratomanie (Vorhersagen anhand von Mißbildungen), der Oniromantie (Studium der Warnträume). Die Spezialisten in der Deutung dieser Zeichen sind Seher, die je nach den Texten *bârû*, *shâ'ilû*, *âshipu* genannt werden.[1]

Die ausgefeilteste Technik ist damals das Haruspizium, d. h. die Beobachtung der Eingeweide von Tieren, die speziell zu dem Zweck geopfert werden, um aus ihnen zu weissagen. Schon vor 2000 v. Chr. beschreiben Tafeln die höchst verfeinerten Verfahren dieser Konsultationen, was auf eine bereits sehr alte Geschichte schließen läßt. Beeindruckend ist die Strenge dieser Tätigkeit, die auf ungemein präzisen morphologischen und anatomischen Beobachtungen beruht. Indem die Zeichendeuter die Maße, die Analogien, die Positionen auf »Erfahrungstafeln« notieren und die Ergebnisse der Konsultationen festhalten, bewerten sie das, was sie feststellen, positiv oder negativ, gemäß der Lage und dem Aussehen der Organe, insbesondere der Gegensätze rechts/links, oben/unten, hell/dunkel. Sie verfassen Abhandlungen über ihre Erfahrung und lehren die verschiedenen Arten, wie die Untersuchungen zu deuten sind. Ihren Traditionen zufolge sollen die Grundlagen ihrer Kunst von den Göttern einem legendären König, der vor der Sintflut lebte, offenbart worden sein.

Von Anfang an also, bei den Sumerern und den Akkadern, gründet die Kenntnis der Zukunft auf einer Verbindung übernatürlicher Offenbarungen und experimenteller Studien der natürlichen Welt, wobei erstere die Rechtmäßigkeit letzterer garantieren. Nur die göttlichen Geister kennen die Zukunft, aber mittels natürlicher Gegebenheiten senden sie Zeichen, die es den Menschen ermöglichen, sie zu erahnen. Bei dem archaischen, stark der Natur unterworfenen Menschen beruht die Plausibilität dieser Zeichen nämlich auf dem Glauben an die Existenz von Entsprechungen: Entsprechung zwischen dem Lauf des Makrokosmos, des Universums, und dem des Mikrokosmos, des menschlichen oder tierischen Organismus; Entsprechung zwischen der göttlichen und der menschlichen Welt. Da das unmittelbare Studium des Makrokosmos und der göttlichen Welt nicht möglich ist, bleibt die Möglichkeit, ihre Fluktuationen durch aufmerksames Beobachten des menschlichen und tierischen Mikrokosmos zu verfolgen. Die Häufung der Korrelationen muß zumindest Hinweise auf die allgemeine Richtung der Zukunft liefern können. Kraft dieses Prinzips erarbeiten die *bârû*, indem sie Fehlschläge und Irrtümer berücksichtigen, ein immer komplexeres Wissen, das eine lange Initiation erfordert und schließlich den Nicht-Spezialisten entgeht. Eifersüchtig darauf bedacht, Kenntnisse zu monopolisieren, deren Erwerb so viele Mühen erfordert und die eine Quelle von Macht sein können, machen die Seher ihre Wissenschaft zu einer esoterischen Domäne.

Auch die Praxis der Wahrsagung ist seit ältester Zeit mit einer deterministischen Auffassung des Universums verbunden. Um einem Zeichen den Wert eines Vorzeichens beimessen zu können, muß man davon überzeugt sein, daß dieselben Gegebenheiten immer dieselben Wirkungen haben. Diese Überzeugung, Grundlage jeder wirksamen Einflußnahme auf die materielle Welt, setzt eine fatalistische Auffassung des individuellen und kollektiven Schicksals voraus: Unser Los ist unerbittlich festgelegt, und die Geschichte der Welt ist der ständige Neubeginn derselben Handlungen und derselben Episoden. Die Geschichte und die Zukunft sind untrennbar miteinander verbunden: wenn man die eine kennt, kann man die andere vorhersehen, denn das Leben der Welt ist zyklisch, alles beginnt am Ende eines jeden Zyklus von neuem, und zwar in alle Ewigkeit. Diese Sicht der Zeit scheint der linearen Sicht einer auf ein endgültiges Ende ausgerichteten Zeit vorausgegangen zu sein. Sicherlich ist sie in der sumerisch-akkadischen Zivilisation sowie in allen Kulturen des alten Nahen Ostens vorherrschend.

Die Methoden der Vorhersage der Zukunft sind also untrennbar mit einem kulturellen Kontext verknüpft, der die religiösen Glaubensvorstellungen, die wissenschaftliche Logik, die metaphysische Auffassung des Universums und des menschlichen Schicksals sowie seiner Geschichte einschließt. Die Völker Mesopotamiens, die die Möglichkeit eines wissenschaftlichen Studiums des lebenden Mikrokosmos bejahen, der ein Abbild des göttlichen und universellen Makrokosmos darstellt, wobei das Ganze einem unausweichlichen zyklischen Schicksal unterworfen ist, haben logisch gesehen allen Grund zu der Annahme, daß die Möglichkeit der Wahrsagung besteht. Dies zeigen ihre medizinischen Praktiken, die Beobachtung, Analyse, Diagnose und mögliche Entwicklung – d. h. professionell gesprochen: Symptomatologie, Ätiologie, Diagnose und Prognose – miteinander verbinden. Auf Tontafeln niedergelegte medizinische Abhandlungen enthalten Formulierungen wie diese: »Ist der Kranke mit einem roten Ausschlag bedeckt und sein Leib schwarz, so hat er sich das beim Beischlaf mit einer Frau geholt: es ist ›die Hand von Sin‹: er wird gesunden.«[2] Dies ist durchaus eine Vorhersage, gerechtfertigt durch eine wissenschaftliche Einstellung. Seher und Arzt teilen dieselbe Geisteshaltung.

Überall im Nahen Osten finden wir unleugbare Spuren für die Allgegenwart der Wahrsagung. Bei den Hethitern, wo der Determinismus nicht ganz dasselbe Gewicht gehabt zu haben scheint wie in Mesopotamien, ist sie stark von Magie gefärbt: schlimme Vorzeichen lassen sich durch magische Rituale abwenden, was einen neuen Gedanken in die Vorhersage einführt: Die Zukunft läßt sich von denen, die Einblick in die Mechanismen des Universums haben, manipulieren und verändern.[3] Eine solche Möglichkeit ist aber nur unter der Voraussetzung vorstellbar, daß man an die wechselseitige Durchdringung der materiellen und der spirituellen Welt und an das Fehlen eines unausweichlichen Schicksals glaubt. Der Zeichendeuter, der nun gleichzeitig ein Zauberer ist, kann dank magischer Formeln auf die Geister einwirken und damit den Lauf der Ereignisse verändern.

Die deterministische Auffassung und die magische Auffassung schließen einander nur in unserem modernen rationalen Geist aus. Die meisten alten Völker scheinen zwischen der Vorhersage der Zukunft und der Möglichkeit, diese zu verändern, keinen Widerspruch zu empfinden. Das liegt insbesondere daran, daß die Wahrsagung sich meist darauf beschränkt, einen allgemeinen, günstigen oder ungünstigen, Rahmen vorzugeben, innerhalb dessen die menschliche Freiheit einen gewissen Spielraum hat. Ein gutes oder schlechtes Vorzeichen reicht nicht aus, den Erfolg oder das Scheitern einer Unternehmung zu bestimmen; es zeigt lediglich das allgemeine Klima an, was es erlaubt, geeignete Maßnahmen zu ergreifen. Deshalb gilt es, zwischen den verschiedenen Ebenen der Vorhersage zu unterscheiden, von den vagsten, die alle möglichen Deutungen erlauben, bis hin zu den präzisesten, die im allgemeinen unabwendbar sind. Die Wahrsagung im Altertum beschränkt sich zweifellos auf erstere.

Das Nebeneinander von Magie und Wahrsagung wurde auch in anderen Mittelmeerkulturen aufgezeigt, so im 2. Jahrtausend in Malta[4], in Syrien, in Phönikien, in Palästina. Hier ist die Bibel eine unschätzbare Informationsquelle, wenn man den Ergebnissen der modernen Exegese Rechnung trägt. So wimmelt es vor der Zeit der Könige im 2. Jahrtausend vor unserer Zeitrechnung von Wahrsagern bei den Philistern, den Edomitern, den Moabitern, den Ammonitern und anderen Völkern dieses Raums; die Philister fragen ihre Wahrsager, was sie mit der Bundeslade machen sollen (1. Samuel 6,2); die Moabiter, die sich um das Vordringen der Hebräer Sorgen machen, wenden sich an die Wahrsager Bileam und Balak (Numeri 22); ständig greifen Nekromanten, Auguren, Seher ein. Und die Praktiken der Hebräer unterscheiden sich in nichts von denen ihrer Nachbarn und Feinde, da sie alle Formen der Mantik, d. h. der Wahrsagekunst, einzusetzen pflegen. Sie weissagen aus den Worten einer zufällig angetroffenen Person: auf diese Weise wählt Isaak seine Frau (Genesis 24, 14) und bestimmt Jonatan seine militärische Taktik (1. Samuel 14, 8-12); Saul konsultiert eine Totenbeschwörerin (1. Samuel 28); sie deuten unerwartete Ereignisse, besonders die Wunderzeichen, und organisieren Prüfungen, deren Ergebnis die Absicht Gottes zum Ausdruck bringen soll, wie Gideon, der frisch geschorene Wolle auf die Tenne legt und Gott bittet, Tau darauf fallen zu lassen oder nicht, um seinen Willen kundzutun (Richter 6, 36-40); sie deuten die Träume (Genesis 20, 3); sie ziehen das Los (Josua 7, 16-18); sie verwenden den Wahrsagungsstab und bedienen sich der Lekanomantie, auf die in der Genesis (44, 5) angespielt wird: hierbei liest man die Zukunft aus der Form eines Tropfens Öl, den man in einen Becher mit Wasser geträufelt hat; sie praktizieren das Extispizium, d. h. die Eingeweideschau.[5]

Der Beweis für die Bedeutung, die diese Praktiken bei den Hebräern gewonnen haben, ist die Hartnäckigkeit, mit der die religiösen Autoritäten ab der Zeit der Könige im 10. Jahrhundert v. Chr. sie auszurotten versuchten. Viele Jahrhunderte lang werden, mit mäßigem Erfolg, erhebliche Anstrengungen unternommen, Wahrsager und Auguren zu beseitigen. Das mosaische Gesetz, das erst spät, zwischen dem 8. und 5. Jahrhundert, von der Priesterkaste erarbeitet wurde, verbietet ausdrücklich, Wahrsager aufzusuchen: es soll »keinen geben, der (...) Losorakel befragt, Wolken deutet, aus dem Becher weissagt, zaubert, Gebetsbeschwörungen hersagt oder Totengeister befragt, keinen Hellseher, keinen, der Verstorbene befragt«.[6] Die Könige vertrieben unbarmherzig alle Hellseher und Wahrsager: »Auch die Totenbeschwörer und Zeichendeuter, die Hausgötter, Götzen und alle Greuel, die im Land Juda und in Jerusalem zu sehen waren, fegte Joschija hinweg. So führte er die Worte des Gesetzes aus...«[7] Zwecklose Maßnahmen – nach den Bannflüchen gegen derartige Personen zu urteilen, von denen die biblischen Schriften in den folgenden Jahrhunderten voll sind. Ende des 8. Jahrhunderts beklagt sich Jesaja bei Gott: »Du hast dein Volk, das Haus Jakob, verstoßen; denn es ist voll von Zauberern und Wahrsagern wie das Volk der Philister und überflutet von Fremden.«[8] Zwei Jahrhunderte später stöhnt auch Sacharja: »Die Wahrsager schauten Lügen. Sie verkündeten nichtige Träume und spendeten leeren Trost.«[9]

Wir werden auf die Gründe für den Kampf der religiösen Autoritäten gegen die Wahrsager noch zurückkommen. Halten wir zunächst fest, daß sie bei allen Völkern des Nahen Ostens in der archaischen Epoche allgegenwärtig sind. Im übrigen sind sie nicht die einzigen Experten, die die Fähigkeit haben, die Zukunft zu entziffern: auch die Astrologen und die Propheten gewinnen an Bedeutung.

Die Anfänge der Astrologie

Es ist nur natürlich, daß die geheimnisvollen Lichter, die, außer Reichweite der Menschen, am Himmelsgewölbe hängen, sehr früh mit der göttlichen Welt in Zusammenhang gebracht wurden und daß man ihren Bewegungen die Bedeutung einer Warnung beimaß. Für die Völker des klassischen Altertums war die Astrologie in Mesopotamien entstanden, so daß der Terminus »Chaldäer« jedweden Astrologen bezeichnete. Heute dagegen steht fest, daß die Astrologie sehr viel später als die anderen Divinationsmethoden aufgetaucht ist und daß sie lange in einem rudimentären und vagen Stadium verharrte und nur einfache Voraussagen machte. Das rührt daher, daß die Ausübung dieser Kunst heikel ist und ein höchst komplexes mathematisches Rüstzeug erfordert, bevor sie genaue Ergebnisse vorlegen kann: das erste babylonische Horoskop stammt aus dem Jahre 410 v. Chr.

Die Prinzipien der alten babylonischen Astrologie sind uns wohlbekannt dank der Entdeckung eines großen Werks, des Ende des 2. Jahrtausends vor unserer Zeitrechnung entstandenen *Enuma Anu Enlil*. Es handelt sich um eine rein deskriptive Astrologie, bei der die Gestirne den Gottheiten Sin (Mond), Schamasch (Sonne) und Ischtar (Venus) zugeordnet werden. Das Himmelsgewölbe gilt als Widerschein irdischer Orte: der Krebs zum Beispiel spiegelt die Stadt Dippar wider und der Große Bär die Stadt Nippur. Die Bewegungen der Gestirne künden also von der Geschichte der Stätten, die sie widerspiegeln. Was die Planeten betrifft, so werden sie mit bestimmten Personen oder Staaten verbunden, deren Geschick sie bestimmen: Mars stellt Amurru dar, den Feind der Babylonier, Jupiter ist der Stern des Königs von Assyrien und Merkur der des Erbprinzen. Neben ihren Bewegungen wird auch die Leuchtkraft dieser Planeten berücksichtigt, wobei die Blässe ein unheilvolles Vorzeichen ist. Schließlich kommt noch dem Augenblick der Beobachtung Bedeutung zu, wobei bestimmte Zeiten des Jahres den Babyloniern günstiger sind.

Durch Kombination dieser verschiedenen Elemente stellen die Astrologen Schemata auf, die es erlauben, die allgemeine Entwicklung der Ereignisse vorauszusehen. Aber ihre Vorhersagen betreffen die Gesamtheit des Volks, das Los des Herrschers und seiner Heere, und nicht die Individuen. Höchstwahrscheinlich steht die Astrologie der archaischen Epochen anfänglich im Dienst der Königsmacht, als Steuerungsinstrument; sie erlaubt es, die für die kriegerischen Unternehmungen günstigen Zeiten zu ermitteln, und kündigt große Katastrophen und Epidemien, Hungersnöte, Überschwemmungen oder, im Gegenteil, reiche Ernten und Wohlstand an. Schon in ältester Zeit drängt sich den Anführern die Notwendigkeit der Vorhersage auf, so daß sie sich mit einer Schar von Wahrsagern und Astrologen umgeben, deren Aufgabe darin besteht, sie zu beraten.

Die Erfordernisse der Politik sind also ein entscheidender Faktor bei der Bedeutung, die die Methoden der Vorausschau erlangt haben. Im *Enuma Anu Enlil* zum Beispiel konnte der Souverän lesen: »Wenn der Mond den Planeten Jupiter verdunkelt, dann wird in diesem Jahr ein König sterben, es wird zu einer Verfinsterung von Mond und Sonne kommen. Ein großer König wird sterben. Wenn Jupiter in das Mondviertel eintritt, dann wird es in Aharrû eine große Knappheit geben. Der König von Elma wird durch das Schwert umkommen; (...) wenn Jupiter in das Mondviertel eintritt, werden die Nahrungsmittel knapp werden. Wenn Jupiter hinter dem Mond hervortritt, wird es im Lande zu Auseinandersetzungen kommen.«[10] Oder: »Wenn Mond und Sonne am sechzehnten Tag des Monats zur selben Zeit gesehen werden, dann wird dem König der Krieg erklärt werden. Der König wird einen Monat lang in seinem Palast belagert werden, der Feind wird das Land überfallen, und sein Vormarsch wird ein Triumph sein. Ist am vierzehnten und fünfzehnten Tag des Monats Tammuz der Mond nicht zur gleichen Zeit sichtbar wie die Sonne, dann wird der König in seinem Palast belagert werden. Ist er am sechzehnten Tag sichtbar, dann bedeutet das Glück für Assyrien, Unglück für Akkad und für Amurru.«[11]

Solche strikt mit der zyklischen Bewegung der Sterne verknüpften Vorhersagen verstärken den Gedanken an ein erdrückendes Verhängnis, das auf dem Los der Völker und der Könige lastet. Die Sterndeutung ist sowohl die mechanischste wie die tyrannischste Vorausschau. Da die Bewegung der Sterne unerbittlich feststeht, verwandelt man die Geschichte in eine erbarmungslose Mechanik, sobald man zwischen dieser Bewegung und den menschlichen Ereignissen eine Korrelation vermutet; das Geheimnis ergründen bedeutet, die Zukunft zu kennen, aber gleichzeitig auch, auf jede Freiheit zu verzichten.

Bis zum 5. Jahrhundert v. Chr. steckt die Kunst der Astrologie aufgrund mangelnder mathematischer Kenntnisse in den Kinderschuhen. Diese »Proto-Astrologie«[12] findet sich auch, in verschiedenen Entwicklungsstadien, bei den meisten anderen Völkern. Die Hebräer bilden dabei keine Ausnahme, wovon wiederum die Verbote des mosaischen Gesetzes zeugen: »Wenn du die Augen zum Himmel erhebst und das ganze Himmelsheer siehst, die Sonne, den Mond und die Sterne, dann laß dich nicht verführen! Du sollst dich nicht vor ihnen niederwerfen und ihnen nicht dienen.«[13] »Erschreckt nicht vor den Zeichen des Himmels«, sagt Jeremia (10, 2). Der König von Juda, Manasses, wird bezichtigt, die Wahrsager, Totenbeschwörer, Zauberer und Sterndeuter wiedereingeführt zu haben.[14] Auch weit von hier entfernt, in der keltischen Welt, befragt man, wenn auch auf recht rudimentäre Weise, die Sterne, um das Geschick der Könige zu erfahren. In einem irischen Text mit dem Titel *Die Verbannung der Söhne Uisnechs* befragt der Häuptling der Druiden, Cathfaid, den Himmel, als in der Königsfamilie ein Kind geboren wird: »Er ging bis zur Grenze des Hofs und begann, die Wolken in der Luft zu beobachten und zu erforschen, die Stellung der Sterne und das Alter des Mondes, um zu erfahren, welches Geschick dem Neugeborenen beschieden sein werde. Sodann kehrte Cathfaid zu den versammelten Leuten zurück, in Anwesenheit des Königs, und er berichtete von dem Omen und der Prophezeiung, daß von der Provinz Ulster viele Verletzungen und Zerstörungen kommen würden wegen der Tochter, die dort geboren worden ist.«[15]

Unter den alten Völkern ist das der Ägypter eines der wenigen, das die Astrologie nicht praktizierte. Kein Text, keine Inschrift deutet darauf hin, daß es sie vor der Ankunft der Griechen gegeben

hätte, während andere Wahrsagemethoden um sich greifen. Daß
die Astrologie fehlt, erklärt sich sicherlich aus der ganz besonderen
Auffassung des Königtums in diesen Land. Während in Mesopotamien der König, wie alle anderen Menschen, dem Schicksal unterliegt, ist der Pharao selber eine Gottheit, die keinem astralen
Fatum unterliegen kann. Als Herr über das Leben ist er es, der das
Geschick des Landes und seines Volkes bestimmt. Aber er ist von
einer Schar von Priestern und Wahrsagern umgeben, die beauftragt sind, Zeichen und Vorwarnungen zu deuten. So scheint die
Oniromantie, die Traumdeutung, einen besonders wichtigen Platz
eingenommen und eine politische Rolle gespielt zu haben. Viele
Spuren davon finden wir in der Bibel, wo, zur Zeit der Patriarchen,
Josef dadurch berühmt wird, daß er die Träume der großen Würdenträger und vor allem die des Pharao deutet: auf diese Weise ist
der Traum von den sieben fetten und den sieben mageren Kühen,
den sieben prallen und den sieben kümmerlichen Ähren auf die
Nachwelt gekommen: ein Beispiel für die Rolle des Wahrsagers als
eines politischen und wirtschaftlichen Beraters.[16]

Die Prophetie im alten Nahen Osten

Bei allen alten Völkern gibt es, schon in der archaischen Zeit, noch
eine andere Form der Weissagung, der ein großer Aufschwung
beschieden sein sollte: die Prophetie. Auch hier erlaubt uns nichts,
Israel bezüglich des Ursprungs dieser Praxis eine Sonderstellung einzuräumen, da alle alten Kulturen mit ihr vertraut sind. Im Unterschied zum Wahrsager, der äußere Zeichen deutet, wird der Prophet
unmittelbar vom göttlichen Geist inspiriert und erklärt sich zum
Sprachrohr, zum Werkzeug der Gottheit. Er verkündet Orakel, die
nicht seine eigenen Worte, sondern die Worte Gottes sind, und zwar
in zweierlei Form: Bald drückt der Prophet sich ruhig und relativ klar
aus; dann handelt es sich um einen Priesterpropheten, Mitglied des
offiziellen Klerus eines Tempels. Bald wird er von heftigen Krämpfen
geschüttelt, die durch frenetische Tänze oder verschiedene halluzinogene Mittel ausgelöst sein können; dann ist er ein ekstatisches Werkzeug, das spricht oder vielmehr schreit – in einer chaotischen, bilderreichen und dunklen Form, deren Sinn es zu deuten gilt. Diesen

Ekstatikern begegnet man fast allenthalben, häufig in umherziehenden Gruppen.

Die Anwesenheit dieser Boten der Gottheit ist in Mesopotamien unter dem Namen *mahhû* vielfach bezeugt, besonders im Umkreis des Ischtar-Tempels in Arbela. G. Contenau zufolge handelt es sich um eine regelrechte staatliche Institution, »von der alle Handlungen des Staates abhingen, der Frieden, der Krieg, eine Institution, in der die Geschichte Assyriens und Babyloniens ihre Beweggründe fand«.[17] Die Archive von Mari liefern Beispiele für die Befragung dieser Propheten: um 1800 v. Chr. macht ein beamteter Prophet des Gottes Ada in Alep dem König von Mari eine Verheißung über die Zukunft seiner Dynastie, und zwar in einer ähnlichen Form, wie man sie sehr viel später in der Bibel mit der Prophezeiung von Natan wiederfindet.[18] Unter der Herrschaft von Zimrilim (1730–1697 v. Chr.) warnen prophetische Briefe den König oder sagen Siege voraus.[19]

Ein Jahrtausend später bewahrt auch das Königreich Assyrien in seinen Archiven Kompilationen prophetischer Orakel auf, die im Namen des Gottes Aschur oder der Göttin Ischtar von »Verkündern« oder »Offenbarern« gesprochen wurden. Zum Beispiel lautet die Botschaft der Ischtar an König Asarhaddon (680 – 669 v. Chr.): »Asarhaddon, König der Nationen, fürchte dich nicht! (...) Gleich dem Wildschwein im Monat Sivan werden deine Feinde vor dir fliehen. Ich bin die göttliche große Dame, ich bin die Göttin Ischtar von Arbela, die deine Feinde vor deinen Augen vernichten wird. Welchen meiner Worte vertraust du nicht? Ich bin Ischtar von Arbela. Ich werde deine Feinde erwarten und sie dir ausliefern. Ich, Ischtar von Arbela, werde vor dir und hinter dir sein: fürchte dich nicht! Du wirst wiedergeboren; ob sitzend oder stehend bin ich in Angst.«[20] Dieser letzte Ausdruck veranschaulicht das religiöse Klima in Mesopotamien: sogar die Götter sind verängstigt und scheinen dem Schicksal und dem Leid unterworfen zu sein. Was den König betrifft, so lebt er in Furcht vor den Göttern und in Furcht vor dem Morgen, immerfort braucht er einen Führer, der ihm den künftigen Kontext der Handlungen, die er plant, erhellt. Die beamteten Propheten sind ihm unerläßlich; er konsultiert sie unaufhörlich und hebt ihre Orakel sorgfältig auf. Eines von ihnen, um 665 v. Chr. unter der Herrschaft von Assurbanipal verkündet, ist sicherlich eine Prophezeiung *post eventum*, ein übliches Verfahren, das für jüngere politische Umwälzungen eine göttliche Bürgschaft beibringen soll, indem es zeigt, daß sie von den Göttern vorausgesehen, also gewollt worden waren:

»Ein Fürst wird aufstehen und achtzehn Jahre lang herrschen. Das Land wird in Sicherheit leben, das Herz des Landes wird sich freuen, es wird Überfluß geben. (...) Aber der Herrscher wird bei einem Aufstand von einer Waffe getötet werden. – Ein Fürst wird sich erheben, er wird dreizehn Jahre herrschen. Es wird eine Rebellion Elams gegen Akkad geben. Die Beute von Akkad wird geplündert werden. Elam wird die Tempel der großen Götter zerstören, der Fall von Akkad wird beschlossen werden. Ein schrecklicher Mann, niemandes Sohn, dessen Namen keiner kennt, wird sich erheben. Er wird sich des Throns bemächtigen, die Herren vernichten. Die Hälfte der Truppen von Akkad wird in der Schlucht von Tupliasch umkommen. Sie werden Ebenen und Berge besetzen. Das Volk wird in Not sein.«[21]

Wie es auf einer Tontafel eines Orakels von Ischtar heißt: »Die Zukunft ist wie die Vergangenheit.« In den Prophezeiungen ist beides eng verbunden, wie es der mesopotamischen Idee der ewigen Wiederkehr entspricht.

In einem anderen religiösen Klima greift auch die ägyptische Monarchie auf die Prophezeiungen zurück, besonders in Zeiten der Krise, der Wirren, des Dynastiewechsels. In normalen Zeiten gewährleistet der Pharao, eine inkarnierte Gottheit, die kosmische Harmonie mit seinem Wort; die alten Ägypter leben nicht in ständiger Angst vor dem Morgen, und der Herrscher garantiert durch sich selbst die Sicherheit.

Die Propheten, deren Anwesenheit hier diskreter ist, sind im übrigen keine Ekstatiker; sie gehören dem offiziellen Klerus an und verwenden weder Aufputschmittel noch magische Verfahren. Ihre Orakel sind bescheiden, so daß einige Historiker wie Adolphe Lods meinten, ihre »Vorhersagen« seien lediglich rhetorische Figuren ohne prophetischen Anspruch. André Neher hat jedoch auf überzeugende Weise nachgewiesen, daß es sehr wohl darum ging, die Zukunft zu verkünden.[22] Diese Propheten greifen vor allem in Übergangsperioden ein. Ihre Rolle besteht dann darin, mit der Vorhersage einer Wiederherstellung der Macht nach den Wirren für Kontinuität zu sorgen, aufzuzeigen, daß trotz den Ereignissen Beständigkeit herrscht. Im allgemeinen erhalten sie zu Beginn einer neuen Dynastie den Auftrag, die endgültige Wiederherstellung der Macht vorauszusagen. Ihr Orakel nimmt die schematische Form – die klassisch werden sollte – des Gegensatzpaares Katastrophe/Wiederherstellung an. In einem ersten Schritt beschreiben sie die Mißgeschicke und Plagen, die sich soeben ereignet haben, indem sie sie im Futur ausdrücken, und verheißen sodann Erholung dank einem neuen Pharao, der eben jener ist, dem sie dienen und der das Orakel bestellt hat. Wie so oft auf diesem Gebiet handelt es sich also um eine Fälschung mit politischem Ziel, ein Verfahren, das auch die biblischen Propheten gebrauchen und mißbrauchen werden. Aber bei den Völkern, die ständig im Übernatürlichen leben, in einem Kontext, der Profanes und Heiliges eng miteinander verknüpft, ist es schwierig, diese Verhaltensweisen zu beurteilen. Die falsche Prophezeiung hat magischen Wert: ihre Funktion, wenn sie eine Mischung aus Vergangenheit und Zukunft vorhersagen, besteht darin, letztere festzulegen. In Form einer Vorhersage präsentiert, hat die Prophezeiung den Wert einer Beschwörung und beabsichtigt, die Zukunft zu bannen. Diese Absicht ist unterschwellig in allen Weissagungsformen vorhanden: die Zukunft zu beherrschen – hier dadurch, daß man sie mit realen vergangenen Begebenheiten verbindet; auf diese Weise greifen die feststehende Vergangenheit und die ungewisse Zukunft ineinander.

Diese Prophezeiungen haben auch einen messianischen Charakter. Sie verkünden die Ankunft eines neuen Herrschers, der die kosmische und nationale Ordnung wiederherstellen wird, einen Retter Ägyptens. Dieses Schema – Katastrophe/Wiederherstellung-dank-einem-Retter – ist schon in einem der ältesten uns überlieferten prophetischen Texte voll ausgebildet, nämlich im Text der Prophezeiung von Nefer-Rohu aus dem 20. Jahrhundert vor unserer Zeitrechnung, unter der Herrschaft von Amenemhet I., dem Begründer der 12. Dynastie. Die Montage liegt offen zutage: die Prophezeiung ist von Anfang bis Ende konstruiert, mehrere Jahrhunderte zurückdatiert und dazu bestimmt, die Machtergreifung Amenemhets zu rechtfertigen, des seit langem angekündigten Wiederherstellers der Ordnung. Der Text erzählt, daß der Pharao Snofru aus der 4. Dynastie unter dem Alten Reich einen Propheten befragt haben soll, einen geschickten und reichen Schreiber, erfahren in der Kunst, »die vergangenen Dinge und die kommenden Dinge zu sagen«, nämlich Nefer-Rohu. Diese Figur, ein Priester der

Katzengöttin Bastet von Bubastis, ist in keiner Weise ein überspannter Ekstatiker. Die Szene ist im übrigen friedlich und formlos. Der Pharao wendet sich an den Schreiber: »›Also, ich bitte dich, Nefer-Rohu, mein Freund, sag mir ein paar schöne Worte oder erlesene Reden, an denen Meine Majestät Gefallen finden kann.‹ Da sagte der Priester Nefer-Rohu: ›Über das, was bereits geschehen ist, oder über das, was geschehen wird, o mein gnädiger Herr?‹ Da sagte Seine Majestät: ›Lieber über das, was geschehen wird. Wenn es heute ist, übergehe es.‹ Und er nahm die Schachtel mit den Schreibgeräten, holte eine Papyrusrolle und einen Griffel heraus und begann zu schreiben.« Es ist also der Pharao selbst, der die Prophezeiung niederschreibt, und ihr Ton ist biblisch *avant la lettre:* »Man wird zu den Waffen des Kampfes greifen, und das Land wird vom Aufstand leben. Man wird kupferne Pfeile herstellen, und mit Blut wird man um Frieden betteln. (...) Die Erde wird so verwüstet sein, daß niemand sich mehr um sie kümmert, niemand wird von ihr reden, niemand um sie weinen. Wie wird diese Erde aussehen? Die Sonnenscheibe wird nicht mehr für sie leuchten. (...) Dann wird von Süden ein König kommen, dessen Name Ameni ist, Sohn einer Nubierin, gebürtig aus Oberägypten. Er wird die weiße Krone nehmen und die rote Krone tragen, er wird den mächtigen doppelten Pschent vereinen. Er wird die beiden Herren [Horus und Seth] erfreuen mit dem, was sie lieben. (...) Freut euch, ihr Menschen seiner Zeit! Dieses Kind eines Menschen wird sich ewigen Ruhm erwerben.«[23]

Dieser Prototyp der messianischen Prophezeiung, tausend Jahre vor derjenigen Natans an David, verweist letztere in eine archetypische Reihe. Die langen Aufenthalte der Aramäer und Hebräer in der Nähe von Mari, wo die prophetische Tradition sehr stark ist, sowie in Ägypten, wo der dynastische Messianismus eine wichtige Rolle spielt, erheben die Frage nach Einflüssen, zumal die ägyptischen Spekulationen über das Schicksal der Welt, mit der Aufeinanderfolge des ursprünglichen Chaos, der Zerstörung und der Erneuerung, sich im Denken der alten Hebräer wiederfinden.[24] Erst sehr viel später, im ptolemäischen Ägypten, begegnen wir erneut diesem Thema: die demotische Chronik und das Orakel des Töpfers verkünden die Beseitigung der Fremdherrschaften, die Ankunft eines rettenden Königs und ein neues Zeitalter des Wohlstands.

In Kleinasien und Phönikien zeigt sich die Prophetie vor allem in ihrer ekstatischen Form, obwohl die Hethiter auch Priester haben, die die gewöhnliche Wahrsagung praktizieren. In Phrygien gehen die orgiastischen und frenetischen Kulte der Kybele und des Attis mit divinatorischen Delirien einher, angeregt durch die Einnahme halluzinogener Drogen, was zu nahezu unverständlichen Prophezeiungen führt. Auch alle anderen Arten der Wahrsagung werden angewandt.

Die phönikischen Propheten sind besonders zahlreich und stürmisch. Zu Gruppen von mehreren hundert Individuen zusammengeschlossen, geben sie sich frenetischen Tänzen hin mit Verstümmelungen, Entblößungen, sexuellen Exzessen, wobei sie in einen Zustand höchster Ekstase geraten, in dem sie angeblich vom göttlichen Geist durchdrungen sind. Die Bibel erwähnt Ansammlungen von acht- bis neunhundert Propheten des Baal und des Aschera auf dem Berg Carmel: »Sie tanzten hüpfend um den Altar, den sie gebaut hatten. (...) Sie schrien nun mit lauter Stimme. Nach ihrem Brauch ritzten sie sich mit Schwertern und Lanzen wund, bis das Blut an ihnen herabfloß. Als der Mittag vorüber war, verfielen sie in Raserei, und das dauerte bis zu der Zeit, da man das Speiseopfer darzubringen pflegt.«[25] Diese Propheten werden vom Königtum in schwierigen Momenten konsultiert. So zeigt eine Stele aus dem 8. Jahrhundert vor unserer Zeitrechnung Zakir, König von Hamat, der, in der Stadt Hazrik belagert, erklärt: »Ich erhob meine Hände zu Baal, und Baal antwortete mir (...) durch die Hand der Seher und der Propheten: ›Fürchte nichts, denn ich habe dich zum König gemacht, ich werde dir beistehen und dich von all diesen Königen befreien.‹«[26] In Ras-Shamra sieht man die *moqed*, kultische Propheten, die *ariel*, Männer Gottes, und die *hozé* oder Seher[27]: diese seltsamen Gestalten werden um 1080 v. Chr. im Bericht der Reise von Wen-Amon erwähnt.

Die Gruppenprophetie in Israel

Wie alle benachbarten Völker hat auch Israel seine Scharen von Propheten, die nicht mehr und nicht weniger wichtig sind als anderswo. Die Rolle der Bibel als historische Quelle in der abendländischen Kultur hat indes die Perspektiven verzerrt, indem sie den Propheten Israels einen Platz zuwies, der zu ihrer tatsächlichen Situation in keinem Verhältnis steht, und die prophetische Funktion allein auf diese konzentriert. Gesondert zu betrachten sind die »großen« individuellen Propheten – Jesaja, Jeremia, Ezechiel und Micha –, die erst im 7. Jahrhundert vor unserer Zeitrechnung in Erscheinung treten und denen die biblische Prophetie ihren Ruf verdankt.

In der ältesten Zeit, bis zum 9. Jahrhundert, stellen wir dieselben Praktiken fest wie bei den benachbarten Völkern, einerseits Scharen ekstatischer, mehr oder weniger umherziehender Propheten, und andererseits Propheten, die dem Klerus angehören, an dieser oder jener Kultstätte leben und ab Saul, im 11. Jahrhundert, im Dienst der Monarchie stehen. Die Religion und die stets eng mit ihr verbundene politische Macht gestehen der prophetischen Funktion eine wesentliche Rolle zu: die biblische Literatur erwähnt namentlich achtundvierzig dieser Personen sowie sieben Prophetinnen, darunter Mirjam, die Schwester von Moses, und ihre Interventionen gehen in die Hunderte.[28] Der älteste Terminus, mit dem sie bezeichnet werden, ist *rô'eh*, »Seher«, aber der geläufigste ist *nâbî*, der sich von *nâbâ'* (gießen, ausschütten) oder von der Wurzel *nb'* (suchen, verkünden) oder auch von dem akkadischen *nabû* herleiten könnte: der Prophet soll von Gott berufen worden sein, eine Mission zu erfüllen. Die in der Septuaginta verwendete griechische Übersetzung führt eine andere Idee ein, da das griechische *prophetes* soviel bedeutet wie »an Stelle von jemandem sprechen«.[29]

Der Prophet ist also eine Person, die sich von Gott aufgerufen fühlt, mit Hilfe seiner Eingebung den Inhalt einer göttlichen Botschaft zu verkünden, die er selbst häufig in Form einer Vision erblickt. »Unter einem ›Propheten‹ verstehen [wir] einen rein persönlichen Charismaträger, der kraft seiner Mission eine religiöse Lehre oder einen göttlichen Befehl verkündet«[30], sagt Max Weber. Das heißt, daß die Mission des Propheten, den göttlichen Willen zu verkünden, nicht im wesentlichen auf die Offenbarung der Zukunft gerichtet ist. Daß dieser partielle Aspekt seiner Funktion in unserem Vokabular sehr schnell alle anderen verdrängt hat, ist höchst aufschlußreich. So schreibt Littré: »*Prophezeien*: durch göttliche Eingebung die Zukunft vorhersagen.« Dieser sprachliche Mißbrauch bedeutet, daß die Menschen in den prophetischen

Orakeln von Anfang an der Enthüllung der Zukunft die größte Bedeutung beigemessen haben. Die Kenntnis der Zukunft ist das vitalste und zugleich das am unmöglichsten zu befriedigende Bedürfnis, denn wir leben in einem Zustand ständiger Antizipation, während diese Antizipation auf keinerlei Gewißheit beruht. Wer auf die eine oder andere Weise behauptet, die Zukunft zu kennen, die dem Wesen nach nicht zu erkennen ist, der ist zum Führer berufen.

Für unerläßlich gehalten, vermehren sich die Propheten in Palästina, von den einfachen Wahrsagern, die man aufsucht, um sein persönliches Schicksal zu erfahren, bis hin zu den Scharen Erleuchteter, die von den Autoritäten benutzt werden. Diese beiden Extreme finden sich in einer Episode aus dem ersten Buch Samuel (9,1-10). Saul ist aufgebrochen, um Eselinnen zu suchen, die sich verlaufen haben. Sein Knecht rät ihm, einen »Seher« aufzusuchen: »In dieser Stadt wohnt doch ein Gottesmann. Er ist sehr angesehen; alles, was er sagt, trifft mit Sicherheit ein.« Und der Verfasser des Buchs fügt hinzu: »Früher sagte man in Israel, wenn man hinging, um Gott zu befragen: Wir wollen zum Seher gehen. Denn wer heute Prophet genannt wird, hieß früher Seher« (9,9). Dieser Seher ist Samuel, der gegen ein bescheidenes Entgelt Auskünfte erteilt. Er sagt Saul eine glorreiche Zukunft voraus. Als Saul das Haus Samuels verläßt, trifft er auf eine Schar verzückter Propheten. »Der Geist Gottes kam über Saul, und Saul geriet mitten unter ihnen in prophetische Verzückung. Alle, die ihn von früher kannten, sahen, wie er zusammen mit den Propheten in Verzückung war« (10,10-11). Der prophetische Geist ist demnach ansteckend, wie es ein weiteres Beispiel im selben Buch veranschaulicht:

»Da schickte Saul Boten, um David holen zu lassen. Sobald sie die Schar der Propheten mit Samuel an ihrer Spitze in prophetischer Verzückung sahen, kam der Geist Gottes auch über die Boten Sauls, und auch sie gerieten in Verzückung.« Zwei weitere Gruppen von Boten ereilt dasselbe Los, und als Saul selbst nachsehen geht, zieht auch er »seine Kleider aus und blieb auch in Samuels Gegenwart in Verzückung. Den ganzen Tag und die ganze Nacht über lag er nackt da.«[31]

Es handelt sich genau um dieselben ekstatischen Phänomene, wie man sie bei den benachbarten Völkern feststellt. Die verwendeten Mittel sind der Tanz, wilde Musik, Schreie, heftige Kopfbewegungen, Konsum von Wein oder Drogen: »Ich prophezeie dir Wein und Bier!, das wäre ein Prophet für dieses Volk.«[32] » Priester und Propheten schwanken vom Bier, sind überwältigt vom Wein. Sie taumeln vom Bier, sie schwanken bei ihren Visionen«, sagt Jesaja (28,7). Die ekstatischen Propheten »unterliegen einer Art hypnotischer Suggestion«, schrieb W.F. Albright, »unter deren Einfluß sie stundenlang bewußtlos bleiben können. In diesem Zustand kann das Unterbewußte außerordentlich aktiv sein, und Personen von einem gewissen psychologischen Typ sind empfänglich für Visionen und mystische Erlebnisse.«[33] Sie haben den Eindruck, als wären sie nicht mehr dieselbe Person: »Dann wird der Geist des Herrn über dich kommen, und du wirst wie sie in Verzükkung geraten und in einen anderen Menschen verwandelt werden«, sagt Samuel zu Saul.[34]

Ab dem 9. Jahrhundert scheinen diese Scharen von Propheten ein wenig diszipliniert und seßhaft zu sein. In Vereinigungen in Form von Bruderschaften von »Prophetensöhnen« organisiert, die an die wichtigsten Heiligtümer gebunden sind (die von Bethel, Jericho, Gilgal), werden sie von Wortführern geleitet, den »Herren«. Diese Propheten, die verheiratet sind und ihre Mahlzeiten gemeinsam einnehmen, sind keine Asketen. Aus bescheidenen Verhältnissen stammend, bewahren sie indes ein absonderliches Verhalten, gehen in Sackleinen oder Ziegenhaut gehüllt oder sogar nackt, wie Jesaja, der, der Bibel zufolge, drei Jahre lang nackt und barfuß umhergegangen ist.[35] Zweifellos gibt es unter ihnen eine Vielzahl von Einfältigen und Verhaltensgestörten, und ihr Verhältnis zum Volk ist nicht immer gut: eine Gruppe junger Burschen verspottet Elischa und ruft ihn »Kahlkopf«; aus Rache läßt er zweiundvierzig von ihnen von Bären zerreißen![36]

Der König unterhält ständig eine Schar dieser turbulenten Propheten. Ahab hat ihrer vierhundert, die an seinem Tisch speisen, so wie Isebel Propheten des Baal verköstigt. Mit ihren Vorhersagen helfen sie dem König, besonders in den entscheidenden Momenten, wie Ahias und Silo dem Jerobeam I. Und der Prophet Natan macht David die berühmte Prophezeiung über seine Nachkommenschaft: »Ich will dir einen großen Namen machen, der dem Namen der Großen auf der Erde gleich ist. Ich will meinem Volk Israel einen Platz zuweisen und es einpflanzen, damit es an seinem Ort wohnen kann. (...) Ich werde deinen leiblichen Sohn als dei-

Die Vorhersage bei den alten Völkern

nen Nachfolger einsetzen und seinem Königtum Bestand verleihen...«[37]

Die Bedeutung der Propheten für die Herrscher ist offenkundig, wenn man bedenkt, daß diese in Kriegszeiten zu den ersten Opfern gehören. So während des Konflikts zwischen Ahab und Isebel: »Als Isebel die Propheten des Herrn ausrottete, hatte Obadja hundert von ihnen beiseite genommen, sie zu je fünfzig in einer Höhle verborgen.«[38] Zur Vergeltung hatte Elija [Elias] ein wahres Massaker unter Isebels Propheten veranstaltet: »Elija aber befahl ihnen: Ergreift die Propheten des Baal! Keiner von ihnen soll entkommen. Man ergriff sie, und Elija ließ sie zum Bach Kischon hinabführen und dort töten.«[39] Im weiteren Verlauf des Feldzugs kommt es im Umkreis von Ahab ständig zu prophetischen Interventionen.

Wahre und falsche Propheten

Dennoch führt die allzu enge Abhängigkeit zwischen dem Königtum und der Schar der institutionellen Propheten schließlich zum Auftauchen von »oppositionellen« Propheten, die individuell gegen die offiziellen, der Macht dienstbaren Propheten vorgehen und deren Wahrsagevermögen anfechten. Der Streit zwischen »wahren« und »falschen« Propheten beginnt unter der Herrschaft von Ahab (875–853 v. Chr.), als Micha die königlichen Wahrsager verhöhnt. Aber vor allem im 8. Jahrhundert, zur Zeit von Amos und Hosea, vermehren sich die Freischärler der Prophetie und gewinnen an Bedeutung.

Sich auf den Ruf Gottes stützend, der sie, manchmal gegen ihren Willen, dränge, seinen Willen zu verkünden, bringen sie in Wahrheit das Anwachsen eines gesellschaftlichen, politischen und religiösen Protests in den Königreichen Israel und Juda zum Ausdruck. Ihre Botschaft paßt sich den Umständen ihrer Epoche an, und es ist müßig, Lehren umgruppieren zu wollen, die sich, von Amos bis Daniel, über mehr als neun Jahrhunderte erstrecken, d.h. einen Zeitraum, der ebenso lang ist wie der, der uns vom ersten Kreuzzug trennt! Dennoch gibt es einige Konstanten in ihren kritischen Reden: die sozialen Ungerechtigkeiten, der moralische Verfall, die Ritualisierung des Kults und die religiösen Infizierungen.

Aus diesen Gründen wird Gott sein Volk züchtigen, ihm mittels der benachbarten Nationen Prüfungen auferlegen, es jedoch wieder aufrichten, wenn es Buße getan haben wird, indem er ihm einen Retter schickt, dessen Bild sich verändert und stets sehr verschwommen bleibt. Ein weiteres Mal begegnen wir dem klassischen Schema der messianischen Prophetie: Schuld, Katastrophe, Wiederaufrichtung.

Die Entwicklung dieser Art der Prophetie erlaubt es, die soziokulturellen Implikationen jeder Verkündung der Zukunft zu untersuchen. Ab dem 8. Jahrhundert stehen sich in Israel zwei Auffassungen der Zukunft gegenüber, die sich beide auf die göttliche Eingebung berufen. Der Konflikt ist heftig und dauerhaft. Seine wesentlichen Merkmale sind bereits in dem erstaunlichen Kapitel 22 des ersten Buchs der Könige festgelegt, das von den Ereignissen des Jahres 835 v. Chr. berichtet. Wir sehen hier Ahab, König von Israel, und Joschaphat, König von Juda, die einen gemeinsamen Krieg gegen Aram planen. In königlichen Gewändern versammeln sie auf einer großen Tenne die vierhundert offiziellen Propheten und fragen sie, wie der Krieg ausgehen werde; die Propheten geraten in Verzückung, und ihr Wortführer Zidkija gibt ein Orakel von sich, dessen Kraft durch die Verwendung eines symbolischen Mittels verstärkt wird. Er hat sich nämlich eiserne Hörner gemacht und erklärt dem König: »So spricht der Herr: Mit diesen Hörnern wirst du die Aramäer niederstoßen, bis du sie vernichtet hast.« Alle anderen Propheten pflichten ihm bei und wiederholen im Chor: »Zieh nach Ramot-Gilead, und sei erfolgreich; der Herr gibt die Stadt in die Hand des Königs.«

Ein klassisches Szenarium. Ahab will die moralische Bürgschaft erhalten, die seinen Feldzug rechtfertigen soll. Für die Herrscher ist die Prophetie eine List, die ihren Unternehmungen einen Anstrich von Gerechtigkeit verleiht, insbesondere im Kriegsfall: »Gott will es!« Der berühmte Ausruf von Urban II., der den ersten Kreuzzug auslöst, ist lediglich das Echo der Propheten von König Ahab.[40]

Nun aber tritt ein Störenfried auf. Um sein Gewissen zu beruhigen, fragt Joschaphat König Ahab, ob es nicht noch andere Propheten gebe, die man befragen könne. Ahab antwortet unwillig: »Es ist noch einer da, durch den wir den Herrn befragen könnten. Doch ich hasse ihn; denn er weissagt mir nie Gutes, sondern immer nur Schlimmes. Es ist Micha, der Sohn Jimlas.« Man holt ihn, und

Die Vorhersage bei den alten Völkern 45

wie vorhergesehen sagt er eine Niederlage und den Tod des Königs voraus. »Habe ich es dir nicht gesagt? Er weissagt mir nie Gutes, sondern immer nur Schlimmes«, erklärt Ahab dessen Kollegen. Micha geht sogar noch weiter und verkündet öffentlich, er habe im Traum gesehen, daß Gott einen Geist der Lüge über alle Propheten gebracht habe: »So hat der Herr jetzt einen Geist der Lüge in den Mund all deiner Propheten gelegt; denn er hat über dich Unheil beschlossen.« Da tritt der Wortführer der Propheten zu Micha und schlägt ihm ins Gesicht. Ahab läßt ihn ins Gefängnis werfen. Er zieht in den Krieg, wobei er sich vorsichtshalber verkleidet, um keine Zielscheibe abzugeben. Vergeblich: er wird besiegt und getötet.

Die Episode ist in vielerlei Hinsicht charakteristisch. Zunächst weist sie darauf hin, wie bedeutsam die Prophezeiung als Mittel der Politik ist: ein Ereignis voraussagen heißt bereits, dank dem somit erzeugten psychologischen Druck seinem Eintreffen Vorschub zu leisten. Die Gewißheit des Erfolgs hebt die Moral; und welches Mittel, Gewißheit zu erlangen, ist sicherer als eine von den Göttern beglaubigte Prophezeiung? Diese erste Feststellung erklärt die extreme Zugänglichkeit aller Regierungen für prophetische Stimmen im Laufe der Geschichte sowie ihre ständigen Bemühungen, die Propheten zu monopolisieren, ungünstige Prophezeiungen zu ersticken und günstige in Umlauf zu bringen, und sollte man sie von Anfang bis Ende erfinden müssen. Die Prophetie ist einer der Bereiche, der für politische Manipulationen am empfänglichsten ist. Daß sich Ahab für die Schlacht verkleidet, zeigt im übrigen, daß er sich keiner Täuschung hingibt; von Michas Ankündigung aufgewühlt, zieht er es vor, Vorsichtsmaßnahmen zu ergreifen.

Einer der Vorwürfe, die von nun an den unabhängigen Propheten gemacht wird, lautet daher, daß sie die Bevölkerung demoralisieren. Jeremia landet im Gefängnis, weil er den Untergang Jerusalems voraussagt[41]; andere werden sogar hingerichtet. Ständig versucht die Staatsmacht, sie zum Schweigen zu bringen und einzuschüchtern: »Und den Propheten habt ihr befohlen: Ihr dürft nicht mehr als Propheten auftreten«, schreibt Amos[42]; Jesaja zufolge bittet man sie: »Erschaut für uns ja nicht, was wahr ist, sondern sagt, was uns schmeichelt, erschaut uns das, was uns täuscht.«[43] Urija, ein kleiner Prophet aus dem 7. Jahrhundert, der die bevorstehende

Strafe verkündet, wird mit dem Tod bedroht, flieht nach Ägypten, wo die Männer von König Jojakim ihn aufspüren und hinrichten.[44]

Und noch eine weitere Lektion geht aus Michas Episode hervor: Für die Verfasser der Bibel haben die Propheten des Unglücks in neun von zehn Fällen recht, so daß die Ankündigung von Katastrophen schließlich zu einem Kriterium für die Echtheit der göttlichen Eingebung wird. Jeremia, im Kampf gegen jene, die er für »falsche« Propheten hält, ist das Symbol dafür. Während des Exils in Babylon mit dem Propheten Hananja konfrontiert, der eine frohe Botschaft verkündet – die Befreiung binnen zwei Jahren, auf den Tag genau –, zeiht er ihn aus folgendem Grund der Lüge: Die »wahren« Propheten haben stets Unheil geweissagt, folglich muß dem Propheten des Unglücks *a priori* geglaubt werden, während einem, der ein freudiges Ereignis vorhersagt, erst nachträglich geglaubt werden darf: »Die Propheten, die vor mir und vor dir je gelebt haben, weissagten Krieg, Unheil und Pest gegen viele Länder und mächtige Reiche. Der Prophet aber, der Heil weissagt – an der Erfüllung des prophetischen Wortes erkennt man den Propheten, den der Herr wirklich gesandt hat.«[45] Nicht binnen zwei Jahren werdet ihr befreit werden, sagt Jeremia, sondern binnen siebzig Jahren. Und natürlich ist er es, der recht hat.

Für Jeremia besteht das große Unrecht der falschen Propheten darin, daß sie dem Volk trügerische Hoffnungen machen und es damit von der unerläßlichen sittlichen Umkehr, der notwendigen Buße abhalten.[46] Denn die unabhängigen Propheten sind vor allem der Vergangenheit zugewandte religiöse Erneuerer, die den Sittenverfall beklagen und die Reinheit der patriarchalischen Epoche wiederherstellen möchten. Der reaktionäre Charakter ihrer Botschaft tritt sehr deutlich zutage, vor allem was den moralischen Aspekt angeht, in dem eine Sehnsucht nach dem Nomadenleben durchscheint, nach den kargen Zeiten in der Wüste, die man sich als ein verlorenes goldenes Zeitalter vorstellt. Das von den materiellen Gütern verdorbene Volk soll sich Reinigungsprüfungen unterziehen und Buße tun.[47] Da die Katastrophen für diese sittliche Erneuerung nötig sind, sind sie von Gott gewollt, und wer dem Volk einredet, daß sie nicht andauern werden, belügt es und verrät die Treue zu Gott. Aber liegt dieser Haltung nicht auch eine wahrhaft pessimistische Lebensauffassung zugrunde, die den Gedanken nahelegt, daß die Voraussagen des Unheils eher in Erfüllung gehen als die Voraussagen des Glücks? Gewiß steht am Ende des Tunnels die Verheißung der Wiederherstellung, aber sie ist immer so fern und so vage... Wer die Befreiung binnen siebzig Jahren verspricht, raubt zwei Generationen jegliche Hoffnung; wenn die offiziellen Propheten die Täuschung mit Lügen nähren, so gehen die unabhängigen Propheten das Risiko ein, Verzweiflung zu säen. Ist der wahre Prophet notwendig ein Prophet des Unglücks? Diese pessimistische Bedeutung scheint sich durchzusetzen.

Jedenfalls ist das biblische Milieu ab dem 8. Jahrhundert von dem scharfen Gegensatz zwischen zwei prophetischen Strömungen geprägt. Eine verwirrende Situation, die die Glaubwürdigkeit der Prophetie zu untergraben droht, so daß Jeremia und Ezechiel sich am Ende fragen, warum Gott den falschen Propheten Lügen eingibt, auf die Gefahr hin, sie später zu bestrafen: »Ach, Gebieter und Herr, wahrhaftig, schwer hast du getäuscht dieses Volk und Jerusalem. Du sagtest: Heil werdet ihr finden!, und nun geht uns das Schwert an die Kehle«, sagt Jeremia.[48] Gibt es ein Mittel, einen wahren Propheten zu erkennen? Die Exegeten unterscheiden meist drei oder vier Kriterien: die Reinheit des Lebens und der Sitten, Übereinstimmung mit der traditionellen jahwistischen Lehre, Eintreffen der Prophezeiung und die Ankündigung von Mißgeschicken.[49] »Wenn in deiner Mitte ein Prophet oder ein Traumseher auftritt und dir ein Zeichen oder Wunder ankündigt, wobei er sagt: Folgen wir anderen Göttern nach, die du bisher nicht kanntest, und verpflichten wir uns, ihnen zu dienen!, und wenn das Zeichen und Wunder, das er dir angekündigt hatte, eintrifft, dann sollst du nicht auf die Worte dieses Propheten oder Traumsehers hören; denn der Herr, euer Gott, prüft euch, um zu erkennen, ob ihr das Volk seid, das den Herrn, seinen Gott, mit ganzem Herzen und mit ganzer Seele liebt. (...) Der Prophet oder Traumseher aber soll mit dem Tod bestraft werden«, sagt das deuteronomische Gesetz.[50]

Eintreffen der Prophezeiungen und Magie

Diese Vorschrift stellt also die grundlegende Frage nach den Beziehungen zwischen der Prophezeiung und ihrem Eintreffen. In unseren Augen ist diese Beziehung wesentlich, denn wir haben eine rein intellektuelle Sicht der Dinge: eine Prophezeiung ist wahr, wenn das vorhergesagte Ereignis eintrifft. Das Deuteronomium scheint sogar die Unabdingbarkeit des Eintreffens einzuräumen: »Und wenn du denkst: Woran können wir ein Wort erkennen, das der Herr nicht gesprochen hat?, dann sollst du wissen: Wenn ein Prophet im Namen des Herrn spricht und sein Wort sich nicht erfüllt und nicht eintrifft, dann ist es ein Wort, das nicht der Herr gesprochen hat.«[51]

In Wirklichkeit ist die Verbindung zwischen der biblischen Prophezeiung und dem konkreten Ereignis, durch das sie sich erfüllt, weit komplexer, denn es untersteht nicht nur der Logik, sondern auch und vielleicht vor allem der Moral. Die biblische Prophezeiung ist häufiger eine göttliche Erpressung als die Ankündigung der Zukunft, und daher nimmt sie zuweilen die Bedingungsform an: *Wenn* ihr euer Verhalten nicht ändert, dann werde ich euch Katastrophen schicken. Da das Volk verstockt ist, treffen die Katastrophen ein, aber es gibt Ausnahmen, wie es die kleine Geschichte von Jona veranschaulicht. Dieser hatte schließlich, nicht ohne Widerstreben, in die Mission eines Propheten eingewilligt und die üblichen Katastrophen verkündet: »Noch vierzig Tage, und Ninive ist zerstört!« Aber die Rechnung ging nicht auf: unerwarteterweise bekehrten sich die Bewohner, und am vorausgesagten Tag geschieht nichts. »Das mißfiel Jona ganz und gar, und er wurde zornig.« Er wirft Gott vor, seine Meinung geändert zu haben; doch da er immer noch auf die Erfüllung der Prophezeiung hofft, läßt er sich in einer Laubhütte vor der Stadt nieder, um auf das Schauspiel zu warten.[52] Diese amüsante Fabel, der wir auch die Episode mit dem »Wal« verdanken – ein kleines Lächeln in dem endlosen Gewebe aus Katastrophen, Verwüstungen und Schandtaten, aus denen das Alte Testament besteht –, zeigt, daß das eigentliche Ziel der Prophezeiung nicht die Voraussage der Zukunft ist, sondern vielmehr die Bekehrung; sie ist eine moralische Waffe und kein Mittel der Weissagung. Deshalb gilt ihre apologetische Verwendung in der katholischen Kirche seit den Kirchenvätern als gefährlich: Wer die Wahrheit des jüdischen Christentums mit dem Eintreffen der Prophezeiungen beweisen will, bedient sich eines imaginären Arguments.

Nichtsdestoweniger haben die Orakel der Propheten eine ritualisierte Struktur. Sie beginnen mit der feierlichen Formel: »So spricht der Herr.« Sie erfolgen vor allem mündlich, und die schriftlichen Texte, über die wir heute verfügen, sind das Ergebnis gesammelter, von Schülern aufgezeichneter Notizen, die lange in Form isolierter Zettel in Umlauf waren. Nur wenige Schriften der Propheten selbst, diverse Zusätze von Schreibern und Priestern, ein editorisches Werk, das sich über mehrere Jahrhunderte erstreckt: dies alles fördert nicht gerade die Kohärenz und die Verständlichkeit von Texten, die ohnehin schon reichlich dunkel sind. Ihr inneres Gefüge läßt sich also nur schwer erkennen.[53] So ist das Buch Jesaja in Wirklichkeit eine Anthologie von Predigten und Orakeln, deren Abfassung sich über mehrere Jahrhunderte hinzieht.

Erschwert wird das Verständnis außerdem noch durch den äußerst knappen poetischen Stil, die ungestümen Rhythmen, die exaltierte Ausdrucksweise, die Überfülle an Bildern, das fortwährende Helldunkel der Redewendungen, den Gebrauch von Metaphern. Die biblischen Propheten pflegen, wie die der benachbarten Völker, die Dunkelheit, um ihre Orakel in Geheimnis zu hüllen, den Hörer zu verwirren, indem sie ihn verborgene Reichtümer vermuten lassen, und die Tür für verschiedene Deutungen offenzuhalten. Als müßte das göttliche Wort unbedingt unverständlich und die Sicht der Zukunft unklar sein, so daß sie oft erst nach dem Eintreffen der Ereignisse zu verstehen sind. Die Manie, die Dinge nicht beim Namen zu nennen, ist eine der irritierendsten Gepflogenheiten der Propheten und Seher aller Epochen. Amos zum Beispiel verwendet zur Bezeichnung der Assyrer ausschließlich Umschreibungen.

Der verwirrende Charakter dieser Propheten wird noch durch ihr seltsames Gebaren verstärkt: Jesaja geht splitternackt umher, und Jeremia trägt ein Joch um den Hals, das die künftige Herrschaft der Chaldäer darstellen soll. Der magische Charakter einiger dieser Verhaltensweisen läßt sich nicht leugnen; sie sind dazu bestimmt, das Ereignis hervorzurufen. Wenn Jeremias öffentliche Handlungen vor allem darauf abzielen, seine Zuhörer zu beeindrucken, z. B. wenn er jedem der Könige, die unter die Abhängigkeit Nebukadnezzars geraten werden, ein Joch schickt[54], so können seine privaten Handlungen nur magische Bedeutung haben: sie sollen das Eintreffen des angekündigten Ereignisses bewirken. Denn gibt es eine andere Interpretation für die Episode am Ende seines Buchs, wo er alle seine Voraussagen über den Untergang Babylons aufschreibt und jemanden losschickt, damit er sie heimlich in der Stadt vorlese, und ihn bittet, danach die Buchrolle an einen Stein zu binden und sie in den Eufrat zu werfen, um die physische Gegenwart des Fluchs zu gewährleisten?[55] Oder wenn er, nachdem er das Unheil, das über Jerusalem hereinbrechen wird, verkündet hat, vor den Augen der versammelten Männer einen Krug zerbricht und sagt: »Ebenso zerbreche ich dieses Volk und diese Stadt, wie man Töpfergeschirr zerbricht, so daß es nie wieder heil werden kann«[56]; oder wenn er in Ägypten große Steine in das Ziegelpflaster am Eingang zum Palast des Pharao einmauert und verkündet, Nebukadnezzar werde kommen, das Land verwüsten und an diesem Ort seinen Thron aufstellen.[57] Gott verleiht ihm im übrigen die Gabe, das, was er vorhersagt, durch sein bloßes Wort Wirklichkeit werden zu lassen: »Hiermit lege ich meine Worte in deinen Mund. Sieh her! Am heutigen Tag setze ich dich über Völker und Reiche; du sollst ausreißen und niederreißen, vernichten und einreißen, aufbauen und einpflanzen.«[58] Schließlich achtet Jeremia stets darauf, den gegenteiligen Vorhersagen entgegenzutreten und sie durch sein Wort zu entkräften: »Ihr aber, hört nicht auf eure Propheten, Wahrsager, Träumer, Zeichendeuter und Zauberer, wenn sie zu euch sagen: Ihr werdet dem König von Babel nicht untertan sein. Denn sie lügen, wenn sie euch weissagen, und damit vertreiben sie euch aus eurer Heimat; denn ich verstoße euch, so daß ihr zugrunde geht«[59], läßt er den Königen von Edom, Moab, Tyrus und Sidon ausrichten.

Prophetie und Magie sind sogar bei den »großen« Propheten dieser Epoche nie ganz voneinander getrennt. Ihre Handlungen sind mehr als Symbole: vorhersagen heißt bereits, das Ereignis herbeiführen. Dies ist einer der Gründe, warum Jeremia so oft im Gefängnis landet. Denn könnte man sie andernfalls nicht nach Herzenslust fabulieren und weissagen lassen wie harmlose Einfältige? Daß die Propheten von den Autoritäten verfolgt werden, liegt daran, daß man ihnen die reale Macht unterstellt, die Ereignisse

Die Vorhersage bei den alten Völkern

herbeizuführen. Voraussagen heißt, sich zum Herrn der Zukunft zu machen, besonders bei der noch archaischen Mentalität jener Zeit. Aber noch heute steht die Vorhersage, auch wenn sie entsakralisiert ist, weiterhin im Ruch der Magie: jede Vorhersage beeinflußt auf die eine oder andere Weise die Zukunft und trägt dazu bei, ihr eine Richtung zu geben. Infolgedessen spielt die Voraussage eine praktische Rolle.

Die unabhängigen Propheten haben auch ekstatische Merkmale bewahrt, wie man sie in einigen ihrer exaltierten Visionen findet. Die christlichen Exegeten wollten es lange Zeit nicht wahrhaben, denn sie sahen in diesen Propheten höchst spirituelle Geister, bescheidene und ernsthafte, völlig anachronistische Erleuchtete, tiefe Denker, die eine strukturierte Doktrin besaßen. Heute überwiegt eine differenziertere und »historisierendere« Sicht der Dinge. Schon vor einem halben Jahrhundert schrieb Adolphe Lods: »Kürzlich sind bedeutsame Arbeiten über die Psychologie der großen Propheten veröffentlicht worden. Man scheint festgestellt zu haben, daß ekstatische Erscheinungen bei ihnen einen weit größeren Platz einnahmen, als man ihn früher einzuräumen gewillt war. Immer wieder stellt man anhand ihrer Schriften die verschiedenen Zustände fest, die moderne Psychiater bei ihren Patienten beobachten: agierte Ekstase und apathische Ekstase, Unempfindlichkeit gegen Schmerz, Glossolalie, visuelle, auditive, geschmackliche und taktile Halluzinationen, Sinnestäuschungen, manchmal sogar Hypnose und Autosuggestion. Die Zeugnisse sind zu zahlreich, als daß man sie für bloße literarische Fiktionen halten könnte: die Propheten haben die psychologischen Erfahrungen, die gemacht zu haben sie behaupten, tatsächlich gemacht.«[60]

Die biblische Prophetie

Die derzeitigen Untersuchungen bemühen sich, die Entwicklung der Prophetie im Kontext der Geschichte Israels zu rekonstruieren.[61] Die Chronologie der prophetischen Schriften gilt inzwischen als gesichert. Im 8. Jahrhundert stützen sich Amos und Hosea auf eine Kritik der sozialen Ungerechtigkeiten, um den Tag des Zorns Gottes zu verkünden, der Tod und Zerstörung bringen wird mittels der Assyrer, deren Expansion unschwer vorherzusehen ist: Adadnirari III. (810 – 783 v. Chr.) hat soeben Damaskus erobert und verstärkt seinen Druck. Aber schon Hosea verkündet, daß Gott das letzte Wort haben werde: der Zyklus Treulosigkeit/Buße/Wiederaufrichtung ist bereits eingeführt und unterscheidet sich kaum von den Schemata, die wir bei den benachbarten Völkern angetroffen haben.

Micha, dessen Schriften man zwischen 740 und 687 v. Chr. datiert, greift dieselbe Botschaft auf, die man etwa zur gleichen Zeit auch im »ersten Jesaja« (Kapitel 1 – 39) findet. Dieser fügt jedoch einen neuen Gedanken hinzu, den des »kleinen Rests«, jener kleinen Schar Getreuer, die an der allgemeinen Sündhaftigkeit nicht teilhaben und die Gott verschonen wird – eine Vorform der Auserwählten. Dieser Begriff erlebte in den kommenden prophetischen Bewegungen eine starke Entwicklung – in Bewegungen, die sich als die Verwirklichung dieses »Rests« präsentieren, als die kleine Elite, die inmitten der allgemeinen Zerstörung gerettet wird. Schon zur Zeit Jesajas bildet sich eine kleine Gruppe heraus, eine Art prophetische Partei, die sich den offiziellen Propheten entgegenstellt und die Katastrophe verkündet.

Und diese bricht auch bald über das Königreich Israel herein: Sargon II. (722 – 705) erobert Samaria und deportiert die Bevölkerung; es ist das Ende des Königreichs des Nordens. Bleibt Juda, das Königreich des Südens, rings um Jerusalem. Zefanja verheißt ihm um 630 v. Chr. das gleiche Schicksal, verspricht ihm aber ebenfalls das Überleben eines kleinen Rests. Jedenfalls braucht man kein großes Licht zu sein, um zur damaligen Zeit eine assyrische Invasion vorauszusagen: der große Assurbanipal (668 – 626) ist Herr über den gesamten Nahen Osten, einschließlich Ägypten; warum sollte das völlig umzingelte kleine Königreich Juda einem als unausweichlich erscheinenden Schicksal entgehen? Und dennoch wurde die Katastrophe um ein halbes Jahrhundert hinausgezögert, denn erst 587 v. Chr. erobert der Babylonier Nebukadnezzar Jerusalem und deportiert die Bevölkerung. Aber das Ereignis selbst war unabwendbar: Juda ereilte dasselbe Schicksal wie alle Kleinstaaten an der libanesisch-palästinensischen Küste.

In diesem Kontext bewegt sich Jeremia, der eine wechselvolle Karriere hat. Seine hauptsächlichen Gegner sind die offiziellen

Propheten, gegen die er eifert, indem er die Falschheit und Überspanntheit ihrer Vorhersagen anprangert: »So spricht der Herr der Heere: Hört nicht auf die Worte der Propheten, die euch weissagen. Sie betören euch nur; sie verkünden Visionen, die aus dem eigenen Herzen stammen, nicht aus dem Mund des Herrn. Immerzu sagen sie denen, die das Wort des Herrn verachten: Das Heil ist euch sicher!; und jedem, der dem Trieb seines Herzens folgt, versprechen sie: Kein Unheil kommt über euch. (...) Ich habe gehört, was die Propheten reden, die in meinem Namen Lügen weissagen und sprechen: Einen Traum habe ich gehabt, einen Traum. Wie lange noch? Haben sie denn wirklich etwas in sich, die Propheten, die Lügen weissagen und selbsterdachten Betrug? Durch ihre Träume, die sie einander erzählen, möchten sie meinen Namen in Vergessenheit bringen bei meinem Volk, wie ihre Väter meinen Namen wegen des Baal vergessen haben.«[62] Jeremia dagegen verkündet die Katastrophe: »Grauen ringsum« wird er im Land genannt.[63] Im Jahre 588 v. Chr., zu Beginn der Belagerung Jerusalems, wegen Defätismus verhaftet, sieht er, daß seine Vorhersagen in Erfüllung gehen. Seine Hellsicht überrascht indes weniger als die Blindheit der Kriegspartei, die den König Zidkija drängt, sich gegen Babylon zu erheben. Doch auf dem Höhepunkt des Unglücks verkündet Jeremia einen neuen Frühling, eine bessere Zukunft.

Dies ist auch der Kern der Botschaft Ezechiels, der zu den nach Babylon Verschleppten gehört, sowie der Schriften, die die Exegeten den »zweiten« und »dritten« Jesaja nennen. Nach der Rückkehr der Hebräer nach Palästina um 538 v. Chr. verändert sich die Prophetie. Sie wird zu einer marginaleren und spirituelleren Erscheinung. Denn da sich das Land unter der Herrschaft der Perser befindet, ist das Königtum verschwunden und mit ihm die Scharen königlicher Propheten. Jetzt leiten die Priester das Land, und wie überall mißtraut die priesterliche Macht den Erleuchteten, Ekstatikern und allen, die behaupten, mit dem Heiligen Geist persönliche Beziehungen zu unterhalten. Die Priesterkaste definiert sich durch ihre Rolle eines unerläßlichen Vermittlers zwischen Gott und den Menschen; der Heilige Geist wendet sich zuerst an sie, und sie hält die Erleuchteten *a priori* für verdächtig. In dieser Epoche entstehen die großen Schriften des mosaischen Gesetzes, das sich, wie wir sahen, allen Formen von Weissagung vehement widersetzt. Der offizielle Kult kann diese ehrlosen Rivalen nicht dulden. Und die Prophetie selbst hat eine schlechte Presse. Es gibt keine schlimmeren Feinde der Äußerungen des Übernatürlichen als die Priester. Das mag paradox erscheinen, aber die gesamte Geschichte der Religionen veranschaulicht dies. Eine Priesterreligion ist das absolute Gegenteil des Animismus; das Heilige und das Profane sind hier zwei völlig getrennte Bereiche; das Übergreifen des letzteren über ersteren ist ein Sakrileg; das mutmaßliche Übergreifen des ersteren über letzteren ist Aberglaube oder Mystifikation. Da die Priester die Wächter des Übernatürlichen sind, erlauben sie es dem Heiligen Geist nicht, sich mittels irgendeines Hergelaufenen zu äußern.

Die prophetischen Phänomene werden daher streng überwacht und treten nur noch bei wenigen vereinzelten Individuen auf. Die Gruppenprophetie ist im Verschwinden begriffen. Und auch der Inhalt der Prophezeiungen verändert sich. Die unmittelbare Offenbarung scheint zu versiegen: die neuen Propheten arbeiten mit altem Material, mit den Schriften ihrer Vorgänger, die sie neu interpretieren. Das Mündliche tritt hinter dem Schriftlichen zurück, die spontane Inspiration hinter dem Nachdenken über die alten Worte, was der Spiritualisierung der Botschaft Vorschub leistet. Zwar glauben sie noch immer, daß Gott durch sie spricht, aber nur mittels der Deutung der alten Texte. Diese neuen Propheten, die eher mystischen Schriftstellern ähneln, verwerfen selber die Schwärmerei und die Wahrsagung: »Die Wahrsager schauten Lügen. Sie verkündeten nichtige Träume und spendeten leeren Trost«, schreibt Sacharja Ende des 6. Jahrhunderts[64]; an anderer Stelle prophezeit er selbst das Ende der Propheten: »Auch die Propheten und den Geist der Unreinheit werde ich aus dem Land vertreiben. Wenn dann noch einer als Prophet auftritt, so werden sein Vater und seine Mutter, die ihn hervorgebracht haben, zu ihm sagen: Du sollst nicht am Leben bleiben; denn du hast im Namen des Herrn Falsches gesagt. Sein Vater und seine Mutter, die ihn hervorgebracht haben, werden ihn durchbohren, weil er als Prophet auftrat. An jenem Tag wird jeder Prophet sich wegen der Visionen schämen, die er verkündet hat. Um sich zu verleugnen, wird er seinen härenen Mantel nicht anziehen.«[65] Diese Schriften des Sacharja, die man heute für anonyme Kompilationen aus dem 4. Jahrhundert vor unserer Zeitrechnung hält, zeigen das Ende der klassischen

Prophetie an, bevor ihr die apokalyptische Strömung zu einem
neuen Aufschwung verhelfen und ihren Rahmen über die ganze
Welt ausdehnen wird. Zu jener Zeit scheint es den Priestern gelungen zu sein, die Propheten zu disziplinieren und sie in die offizielle
Staatsreligion zu integrieren. Joschija, Esra, Haggai, Sacharja handeln als Hilfskräfte der Priesterschaft. Esra zum Beispiel ordnet
aufgrund eines prophetischen Orakels den Wiederaufbau des
Tempels an.[66] Zum Schluß übernimmt der Klerus die Funktion der
Prophetie für seine eigenen Belange.

Die Anfänge des Messianismus

Innerhalb der prophetischen Ankündigungen schält sich auch ein
bestimmtes Thema heraus: das Thema des Messianismus, das bald
in den Vordergrund rückt. Der messianische Gedanke ist anfangs
lediglich ein Aspekt des Zyklus Schuld/Sühne/Wiederaufrichtung.
Auch andere große Religionen des Nahen Ostens enthalten diesen
Aspekt: wir begegneten ihm bereits in der ägyptischen Prophezeiung von Nefer-Rohu; auch in den persischen Kulten des Zoroastrismus ist er anzutreffen.

Bei den Hebräern gibt diese Entwicklung des Themas Aufschluß
über die der Prophetie. Anfangs liegt der messianischen Idee lediglich das Vertrauen in eine künftige Wiederherstellung des Volkes
Israel nach der Zeit der Drangsal zugrunde. Zu Beginn des Königtums heftet sich diese Hoffnung an die Familie Davids; es ist die
Phase des dynastischen Messianismus, den Natans Orakel an die
Adresse Davids repräsentiert: Wird der Retter Israels ein Herrscher sein, ein Nachfahre des derzeitigen Königs, was normal
wäre?[67] Das Thema taucht, unauffällig, von Zeit zu Zeit immer
wieder auf, bis zum Exil im 6. Jahrhundert. Nach dem Zusammenbruch, dem Erlöschen der Monarchie und der Fortdauer der
Drangsal greifen die neuen Propheten nach dem Exil die messianischen Passagen auf, überdenken sie und formulieren die Botschaft
mit anderen, aber immer noch sehr unklaren Worten. Da die Wiederaufrichtung so lange auf sich warten läßt, das Volk Israel eine
Herrschaft nach der anderen über sich ergehen lassen muß – Assyrer, Babylonier, Perser, Griechen und bald Römer – und keine

Chance zu haben scheint, sich angesichts von Reichen mit universalistischem Anspruch zu befreien, könnte es da nicht sein, daß die vorhergesagte Wiederaufrichtung erst am Ende der Zeiten eintritt, in einer sehr fernen und oft völlig unbestimmten Epoche? Und ist es andererseits, in Anbetracht des stets fluktuierenden Charakters der menschlichen Angelegenheiten und der Kleinheit des israelischen Volks im Konzert der Nationen, überhaupt noch vernünftig, seine Hoffnung auf die Heraufkunft eines irdischen Königreichs zu setzen? Muß man die Verheißung nicht vom politischen Bereich in den spirituellen Bereich verlegen, von der Geschichte in die Eschatologie? Muß man nicht einen eschatologischen Messias ins Auge fassen? Höchst sinnvolle Überlegungen, auch wenn sie damals verwirrend klingen mochten.

Jeremia ist der erste, der die neue Richtung andeutet, wenn er zum erstenmal von einem persönlichen und nicht mehr dynastischen oder kollektiven Messias spricht.[68] Der zweite Jesaja und nach ihm Sacharja greifen das Thema auf und variieren es, z. B. mit der Gestalt des leidenden Knechts.[69] All dies bleibt äußerst vage und zweideutig. Kein Name, kein Datum, keine Umstände: Ist dieser Knecht eine Allegorie? Ein Symbol? Ein Wesen aus Fleisch und Blut? Hier stellt sich die Frage nach der Rolle der prophetischen Ankündigung. Sie scheint nämlich erst *nach* ihrer eventuellen »Erfüllung« von Nutzen zu sein, um dem Ereignis die Bürgschaft des Übernatürlichen zu verleihen. Die Anhänger Christi stützten sich später auf solche Passagen, um den Messias zu beglaubigen, aber ihre weit zahlreicheren Gegner ließen sich nicht überzeugen. Da sie *vor* dem Ereignis oft zu dunkel ist, als daß sie die Geschichte auf signifikante Weise orientieren könnte, und *nach* ihm zu dunkel, als daß sie einhellige Zustimmung fände, fragt sich, wozu diese Art Ankündigung dient, die einer Falle ähnelt und die viele, die sie nicht zu entschlüsseln vermochten, in den »Irrtum« geraten ließ. Wäre Schweigen nicht vorzuziehen, wenn es an einer klaren und unzweideutigen Prophezeiung fehlt? Könnte man sich nicht vorstellen, auf die Gefahr hin, für prosaisch zu gelten, daß Jeremia, oder ein anderer, klar und deutlich verkündete, daß der Messias genau zu diesem Zeitpunkt, an diesem Ort, von diesen Eltern zur Welt kommen und dieses und jenes Abenteuer zu bestehen haben werde? Das hätte der Menschheit viele Probleme erspart.

Kehren wir zur Wirklichkeit zurück: Im großen und ganzen paßt sich die Prophetie dem politisch-gesellschaftlichen Umfeld an. Ihr erstes Kennzeichen besteht darin, daß sie eine Reaktion auf die vorherrschende Tendenz ist, indem sie, wenn die Situation günstig zu sein scheint, Katastrophen und inmitten des Unheils eine Wiederaufrichtung verheißt. Der Prophet ist der Opponent, der Nonkonformist und das soziale Gewissen der Gruppe. Fast immer niederer Herkunft, hat er die Funktion, die Art der politisch-gesellschaftlichen Beziehungen zu kritisieren, indem er deren Umwälzung zugunsten einer Ordnung verkündet, die einem göttlichen Plan entspricht, welchen zu verkünden er beauftragt ist. Jede Gesellschaft bringt also ihre eigenen Propheten hervor, die für das Gleichgewicht der Gruppe wesentlich sind, da sie die Unzufriedenheit zum Ausdruck bringen und kanalisieren.

Selbst wenn die exaltierte Form ihrer Botschaft verwirren mag, so können die Propheten doch auch hellsichtige und logische Analytiker der Situation sein und in ihren Vorhersagen gesunden Menschenverstand beweisen. Jedenfalls sind sie für die Autoritäten immer nützlich, sofern diese sie zu monopolisieren und zu domestizieren verstehen. Eben darum bemühten sich die Monarchie und nach ihr die Priesterkaste; denn so gefährlich ein freier Prophet sein kann, so nützlich kann ein bezahlter Prophet, der das Wünschenswerte voraussagt, den Zielen der Regierung sein, indem er die Energie des Volkes in die gewünschte Richtung lenkt.

Schicksal und Wahrsagung bei den Ariern, Kelten, Germanen und Skandinaviern

Im Iran wird im Mithras-Tempel ein Kollegium von Propheten unterhalten, das sich orgiastischer und geheimnisvoller Praktiken bedient, während individuelle Propheten dem offiziellen Klerus den Rücken kehren: dies ist der Fall von Zarathustra, der als »Wortführer« (*matran*) bezeichnet wird und ein ekstatischer Prophet gewesen zu sein scheint. Die Originalität der mazdäischen Prophetie besteht in ihrem universalistischen Charakter. Die Geschichte der Welt wird als großer apokalyptischer und eschatologischer Zyklus aufgefaßt: das Universum ist erschaffen worden, es existiert, es wird mit dem Sieg des Guten enden. Das Vorhersagesystem präzisiert sich zur Zeit der Achämeniden mit den sogenannten »westlichen Magiern«.[70] In den im Westen des Iran entstandenen mazdäischen Kolonien beobachten wir eine Verbindung von babylonischer Astrologie und zoroastrischer Prophetie, eine großartige Synthese, die das Leben der Welt auf sieben Jahrtausende ausdehnt, wobei jedes von einem Sternengott beherrscht wird. Da die Menschheit zunehmend in Perversion versinkt, wird die Unbill am Ende des sechsten Jahrtausends ein unerträgliches Ausmaß erreichen, gekennzeichnet von Kriegen, Greueln und Verheerungen; Mitra, der vom Gott des Guten, Ahura Mazda, gesandte lokale Messias, wird kommen, um die Guten von den Bösen zu scheiden, und das goldene Zeitalter zurückbringen, das tausend Jahre dauern wird, bevor die Greuel wiederkehren, worauf dann die endgültige Zerstörung der Mächte des Bösen durch Ahura Mazda folgt. Zwar schwankt man hier zwischen der zyklischen Auffassung und der linearen Auffassung der Geschichte der Welt, aber die Grundlagen des Millenarismus sind bereits geschaffen.

Über das benachbarte Volk der Skythen sind wir weniger gut unterrichtet. Herodot sagt jedoch, daß sie viele Wahrsager hatten, die bei lebendigem Leib auf von Ochsen gezogenen Wagen verbrannt wurden, wenn sie sich irrten.[71]

Was die Kelten betrifft, so räumen sie der Wahrsagung einen wichtigen Platz ein und machen sich auf diesem Gebiet einen großen Namen. So sagt uns Cicero in seiner Schrift *De divinatione*, daß sein Gastfreund, der Häduer Diviciacus, Talente als Augur besaß. Ihre Methoden sind sehr vielfältig. Im übrigen gab es in der irischen Sprache mehrere Termini für diese Tätigkeit: *eicse* (Wahrsagung, Dichtung, Wissenschaft), *faitsine* (Vorhersage), *filidecht* (Wissen des Dichters), *druidecht* (Druidentum). Eine ihrer Spezialitäten ist die Wahrsagung aus Tieren, besonders dem Flug und dem Schrei der Vögel, vor allem des Raben, aber auch aus dem Bellen der Hunde.[72] Da sie für Zeichen äußerst empfänglich sind, halten sie sich streng an deren Deutungen: bevor die Galater Antigonos Galatas angreifen, opfern sie Frauen und Kinder, weil die Zeichen ungünstig sind.

Eine solche Mentalität verleiht den Spezialisten der Wahrsagung, den Druiden, ein ungeheures Prestige.[73] Zwar bedienen sie sich kaum der Prodigien, um die Zukunft zu erfahren, aber alle anderen Methoden sind ihnen vertraut, und sie praktizieren sowohl die Prophetie wie die Zeichendeutung und die Bestimmung der Glücks- und Unglückstage: »Was die Praxis der Auguren angeht, so übertreffen die Gallier alle anderen Nationen«, schreibt Pompeius Trogus. Es scheint sogar, daß die Druiden Wahrsagung und Magie aufs engste verbinden: Zaubersprüche fördern die Voraussetzungen für das Eintreffen der vorhergesagten Ereignisse, was die Macht der Druiden noch erhöht, die ständig in den politischen Bereich eingreifen. »In neun von zehn Fällen ist die Wahrsagung eine politische oder militärische Dienstleistung: ein König, eine Königin oder ein Krieger von hohem Rang erkundigt sich nach dem Ausgang eines Krieges oder eines Feldzugs oder auch einfach nach der persönlichen Zukunft. In fast allen anderen Fällen ist es der Druide, der aus religiösen oder manchmal persönlichen Gründen eingreift.«[74] In der irischen Erzählung *Táin Bó Cuailnge* zum Beispiel sucht die Königin von Connaught, Medb, am Vortag eines Krieges den Druiden auf: »Als Medb an der Stelle ankam, wo sich der Druide befand, bat sie ihn um Wissen und Vorhersage.«[75] Sie sucht auch eine Prophetin auf, Fedelm, die eine ungünstige Voraussage macht und die Großtaten des Helden Cu Chulainn prophezeit. Man erfährt auch, daß die Druiden vierzehn Tage lang die Armee zurückhalten, weil die Vorzeichen ungünstig sind.

Die Kelten sind also zu einem Kompromiß zwischen dem Begriff des Schicksals und der magischen Vorhersage gelangt, die die Zukunft bestimmt: hat ein Druide eine Voraussage gemacht, so legt diese das Schicksal fest, und er kann dessen Verlauf nicht mehr ändern, was Situationen ähnlich denen der griechischen Tragödien herbeiführt. In der irischen Literatur weissagt der Druide Cathbad, daß denjenigen, der an einem bestimmten Tag zu den Waffen griffe, eine zwar ruhmvolle, aber kurze Laufbahn erwarte. Nun nimmt aber der junge Cu Chulainn im Alter von fünf Jahren zufällig eine Waffe in die Hand, womit er sich auf einen frühen Tod vorbereitet, gegen den der entsetzte Druide nichts vermag.

Die Druiden bedienen sich also einer rudimentären Astrologie. Nach der Bekehrung der Kelten zum Christentum prophezeien sie auch weiterhin, wobei sie Formen verwenden, die denen des Alten Testaments ähneln. Im Leben des heiligen Columban prophezeit der Anführer der Fianna, Finn, auf diese Weise die

Ankunft des Heiligen, und während einer Jagdszene, als die Hunde von Conall Gulban mit dem Wild zu spielen beginnen, ›fragte er die anwesenden Druiden nach dem Grund dafür. ›Wir kennen ihn‹, sagten die Druiden, ›an der Stelle, an der du dich jetzt befindest, wird ein Kind deines Stammes geboren werden, und es wird der dritte deiner Nachfahren sein. Sein Name wird Columb Cille lauten, und er wird sein voll der Gnade des einzigen Gottes aller Gewalten und aller Elemente.‹«[76]

Die keltische Wahrsagung gilt also vornehmlich dem Schicksal des ganzen Volkes und dessen Führern, wobei die Druiden-Propheten hier in einer Position der Stärke erscheinen, fähig, die politischen Entscheidungen zu steuern, was Caesar nicht entgangen war. Während im Nahen Osten die Experten der Weissagung häufig Instrumente der Macht sind, ist die Situation hier genau umgekehrt.

Bei den skandinavischen und germanischen Völkern ist die Wahrsagung nicht minder bedeutend, und die Verfahren sind vielfältig. Die älteste uns überlieferte Beschreibung stammt aus der *Germania* des Tacitus: man weissagt aus dem Wiehern und Schnauben der Pferde, aus der Stimme und dem Flug der Vögel; die Priester orakeln durch das Los, indem sie aus planlos auf ein weißes Laken gestreuten kleinen Holzstücken drei herausziehen; eine germanische Besonderheit ist auch das »Gottesurteil«, das Tacitus wie folgt beschreibt: »Sie beachten noch eine andere Art von Vorzeichen; hiermit suchen sie den Ausgang schwerer Kriege zu erkunden. Sie bringen auf irgendeine Weise einen Angehörigen des Stammes, mit dem sie Krieg führen, in ihre Gewalt und lassen ihn mit einem ausgewählten Manne des eigenen Volkes, jeden in den Waffen seiner Heimat, kämpfen. Der Sieg des einen oder anderen gilt als Vorentscheidung.«[77]

Schon Caesar war die Bedeutung der Wahrsagung im politischen und militärischen Leben der Germanen aufgefallen: so hatte sich Ariovist geweigert, an einem bestimmten Tag in die Schlacht zu ziehen, weil die *matres familiae* mit Hilfe von Runen und Weissagungen offenbart hatten, die Germanen könnten nach dem Willen des Schicksals nicht siegen, wenn sie vor dem folgenden Neumond in eine Schlacht gingen. Im Krieg ist es der Gott Odin, der seine Orakel mittels des Raben zum Ausdruck bringt, und diese göttlichen Zeichen spielen eine regelrechte Kausalitätsrolle. Die fernere Zukunft wird von Prophetinnen vorausgesagt.

Auch hier sind die Beziehungen zum Schicksal nicht eindeutig. Zwar wird das Problem nicht klar und bewußt gestellt, aber man spürt es allenthalben. Wer bestimmt die Zukunft: die Menschen? die Götter? ein unpersönliches und blindes Schicksal? Alle drei zugleich, ohne daß man wüßte, wer die entscheidende Rolle spielt. Gewiß nicht die Menschen, aber was das übrige betrifft, so sieht man zum Beispiel, daß die Götter die Riesen über die Zukunft befragen, weil letztere als erste Bewohner der Erde und als Ahnen der Götter den Ursprung der Dinge besser kennen. Das gleiche Zögern beobachten wir bei den Skandinaviern, wo Geister – die Nornen – die Zukunft lenken, jedem einzelnen jedoch die Möglichkeit des Erfolgs lassen; jeder kann sein Schicksal in die Hand nehmen und dennoch den Zwängen des Fatums unterworfen sein. Ein offenkundiger Widerspruch, den noch keine Philosophie und keine Religion zu lösen vermochten: denken wir nur an die gewaltigen Kämpfe zwischen Befürwortern des freien Willens und denen der Prädestination innerhalb des Christentums. Die Möglichkeit, die Zukunft zu kennen, hängt zum Teil davon ab, welche Antworten auf dieses Dilemma gefunden werden.

Skandinavier und Germanen entscheiden die Frage nicht, bejahen indes die Möglichkeit, zumindest bestimmte künftige Ereignisse zu erkennen. Späte Texte zeigen sogar ein umfassendes, eschatologisch geprägtes Bild vom Schicksal der Welt, von ihrer Erschaffung bis zu ihrem Ende. Man findet es in einer Gedichtsammlung, der *Lieder-Edda*, die im 13. Jahrhundert in Island erstellt wurde, deren älteste Teile jedoch auf das 9. Jahrhundert zurückgehen.[78] Hier verkündet das große Lied »Der Seherin Gedicht« den Weltuntergang, das Nahen des Endes, die Götterdämmerung, die die Rückkehr zum großen kosmischen Chaos vorbereitet:

> Surt zieht von Süden mit sengender Glut;
> von der Götter Schwert gleißt die Sonne.
> Riesinnen fallen, Felsen brechen,
> zur Hel ziehn Männer, der Himmel birst. (...)
> Die Sonne verlischt, das Land sinkt ins Meer;
> vom Himmel stürzen die heitern Sterne.
> Lohe umtost den Lebensnährer;
> hohe Hitze steigt himmelan.[79]

Aber die Welt wird aus ihrer Asche wiedererstehen, ideal und gereinigt:

> Seh aufsteigen zum andern Male
> Land aus Fluten, frisch ergrünend:
> (...)
> Unbesät werden Äcker tragen;
> Böses wird besser: Balder kehrt heim.[80]

Unmöglich zu sagen, ob diese Wiederherstellung endgültig sein wird oder ob es sich nur um das Ende eines Zyklus der ewigen Geschichte der Welt handelt. Diese Ungewißheit treffen wir in zahlreichen Mythologien an, sogar im präkolumbianischen Amerika, wo neben der gewöhnlichen Wahrsagung und ihren üblichen Methoden (Haruspizium, Horoskop, Weissagung, Verwendung halluzinogener Pflanzen bei den Inka und Maya) auch Glaubensvorstellungen auf die Existenz von Zyklen der Zerstörung und Wiedergeburt hinweisen.

Von der ewigen Wiederkehr zur orientierten Geschichte

Die Häufigkeit des Themas der ewigen Wiederkehr in den meisten alten Kulturen verdient es, daß wir uns ihm einen Augenblick zuwenden. Denn es hat grundlegende Konsequenzen in bezug auf die Fähigkeit und die Modalitäten der Vorhersage. Wenn sich das Leben des Universums in eine endlose Aufeinanderfolge identischer Zyklen gliedert, »beginnt alles in jedem Augenblick wieder von vorn. Die Vergangenheit ist nichts als die Präfiguration der Zukunft«, schreibt Mircea Eliade in einem berühmten Werk, das sich mit diesem Problem befaßt.[81] Die Zeit und das Werden sind aufgehoben, ebenso die Geschichte als Folge unvorhersehbarer Ereignisse: es gibt »nichts Neues unter der Sonne«. In dieser Auffassung stimmt die Kenntnis der Vergangenheit mit der Vorhersage der Zukunft überein, da sich alles endlos wiederholt.

Die ewige Wiederkehr ist in Wirklichkeit die Verbindung zweier Rhythmen, zweier Hin- und Herbewegungen verschiedener Perioden. Zunächst gibt es das, was Mircea Eliade die Archetypen nennt. Bei dieser archaischen Auffassung führt die Zeit nirgendwohin, sie hat keinen Sinn; letztlich hat sie keine Existenz, sie ist aufgehoben. Das Leben führt nirgendwohin, es hat kein Ziel. Die Feststellung sich endlos wiederholender und durch Riten periodischer Reinigung hervorgehobener biokosmischer Rhythmen steht am Ursprung dieser Mentalität, die die Vorhersage zu einem natürlichen Element macht und sie so sehr in das tägliche Leben integriert, daß sie nicht mehr von ihm zu trennen ist: das Leben ist Wiederholung, wo Vergangenheit, Gegenwart und Zukunft sich vermischen.

Diese Auffassung wird von der Vorstellung der periodischen Wiederkehr der Menschheit überlagert, im Maßstab riesiger Zyklen der Schöpfung, des Verfalls, des Untergangs, der Wiedergeburt. Dies ist der Begriff des »Großen Jahres«, der sowohl in der hinduistischen, buddhistischen, jainistischen wie in der chaldäischen Mythologie anzutreffen ist. Der Untergang kann in Form einer Sintflut erfolgen, wenn die sieben Planeten sich im Zeichen des Krebses vereinen, oder häufiger in Form eines Weltbrandes, wenn sie einander im Zeichen des Steinbocks begegnen. Die Dauer eines Zyklus wird häufig auf siebentausend Jahre festgelegt, wie wir es schon im Mazdaismus gesehen haben: Sieg des Bösen während sechs Äonen, gefolgt von einer Ära der Ruhe, während der der Dämon gefesselt ist, bevor er sich losreißt, den Krieg gegen die Gerechten wiederaufnimmt und besiegt wird. Die Frage, ob es noch weitere Zyklen geben wird oder ob der gegenwärtige der letzte ist, der zur endgültigen Erneuerung führt, wird im allgemeinen nicht klar beantwortet.

Diese doppelt repetitive Vision – im Maßstab des menschlichen Lebens wie des Lebens des Universums – ist streng deterministisch. Sie macht die Vorhersage sowohl möglich wie nutzlos, da alles, was geschieht, geschehen mußte und schon unendlich viele Male geschehen ist. Eine fatalistische, weder optimistische noch pessimistische Auffassung, da nichts endgültig ist, weder die Katastrophe noch die Erneuerung. Die Vorsokratiker, wie Empedokles, Heraklit, Anaximander, und die ersten Stoiker wie Zenon haben diese grandiose, schwindelerregende und dennoch – wie alles, was die Ewigkeit betrifft – trostlose Vision übernommen. Unendlich viele Male dasselbe Leben zu durchleben, und sei es das schönste: was kann mehr Angst einflößen? Denn in dieser Perspektive gibt es keinen Ausweg, nicht einmal den Selbstmord, denn auch er wiederholt sich immer wieder.

Die ewige Wiederkehr ist die ewige Gegenwart; die Welt befindet sich für immer und gleichzeitig an jedem Punkt des Kreises. Die Voraussage im Maßstab des Universums verschmilzt mit der Bewegung des Lebens, und dieses hat keinen Sinn, da es in sich abgekapselt ist. Es wird oft behauptet, daß die Propheten des Judaismus diesen Kreis durchbrochen hätten, um der Geschichte einen Sinn, eine lineare Richtung zu geben, die den Weg zur endgültigen Erfüllung weist. Die von Gott gesandten Mißgeschicke sind Strafen für die Treulosigkeit des Volks, sie sind notwendig, heilsam und vorhersehbar; die Offenbarung, die in der Zeit stattfindet, verheißt einen künftigen Messias, ein kommendes Heil. Freilich ist nicht evident, daß es sich hier nicht um eine neue Form der periodischen Regenerierung des Kosmos handelt. Erst mit der Behauptung der Endgültigkeit des Heils wird man von der Einführung eines historischen Sinns sprechen können, und dieses Heil läßt auf sich warten.

Die andere Frage gilt dem Determinismus. Bedeutet die Durchbrechung des Kreislaufs der ewigen Wiederkehr die Einführung der Ungewißheit? Bedeutet es, daß die Zukunft offen ist? Bedeutet es das Ende der Notwendigkeit, des Determinismus? Die Frage bejahen heißt, die Zukunft für unvorhersehbar zu erklären. Die Funktion der Propheten besteht nun aber gerade darin, sie vorherzusagen oder vielmehr zu offenbaren, womit sie beweisen, daß sie determiniert ist. Den Propheten zufolge ist alles vorausbestimmt: die Sittenverderbnis, die Buße, die messianische Erneuerung, der Sieg des Guten über das Böse. Der Determinismus des göttlichen Willens tritt an die Stelle des kosmischen Determinismus. Das Wort Prophet ist mit dem Begriff der festen Bedeutung, der Ausrichtung, der Finalität, der Begreifbarkeit des Realen verbunden. Die Prophezeiung ist in Wahrheit sowohl ein Versuch, die Gegenwart durch die Zukunft zu erklären, als auch eine Offenbarung der Zukunft. In diesem Sinn konnte Gabriel Tardé in einem Aufsatz zu Beginn dieses Jahrhunderts von der »Wirkung der künftigen Tatsachen« sprechen.[82] Er bemühte sich aufzuzeigen, daß die Zukunft im selben Maße wie die Vergangenheit auf die Gegenwart einwirke, sobald man eine finalistische und intelligible Geschichtsauffassung habe: »Die Wirkung der Zukunft, die noch nicht ist, auf die Gegenwart scheint mir nicht mehr und nicht weniger denkbar zu sein als die Wirkung der Vergangenheit, die nicht mehr ist.«

Darin also besteht die große Innovation der Propheten des Judaismus in bezug auf die Propheten der anderen Religionen: in der Ausarbeitung einer umfassenden theologischen Konzeption der Geschichte, deren entscheidende Episoden in der Zukunft liegen, so daß sie eine wesentliche Rolle in der Gegenwart spielen, indem sie diese in die »vorhergesehene« Richtung lenken. In der hebräischen Prophetie determiniert die Zukunft die Gegenwart; die Entscheidungen müssen im Hinblick auf die angekündigten Perspektiven ergriffen werden, im Hinblick auf die messianische »Verheißung« des Heils.

Psychologische und politische Nützlichkeit der Wahrsagung

Auf der bescheideneren Ebene des politischen Lebens oder einfach der Alltagsentscheidungen entspricht die ständige Zuhilfenahme von Vorhersagen sowohl psychologischen wie soziologischen Bedürfnissen. Zunächst stellen wir fest, daß man in diesen alten Gesellschaften nicht einen Augenblick an der Möglichkeit zweifelt, die Zukunft zu erkennen. Das Leben ist ein Ganzes, dessen Teile miteinander zusammenhängen und dessen Verlauf vom Willen höherer Wesen, Gottheiten und Geistern, abhängt. Die Wahrsagung ist die Gesamtheit der Mittel, die es ermöglichen, diesen Willen zu ergründen, von der Eingeweideschau bis zum prophetischen Orakel eines Ekstatikers, vom Vogelflug bis zur Astrologie; es gibt keine festen Grenzen zwischen all diesen Mitteln. Alles ist Zeichen, und die Seher sind dazu da, sie zu deuten.

Wenn es »falsche« Propheten und Scharlatane gibt, so nur im Gegensatz zu den »wahren« Propheten und den guten Experten – ein unvermeidlicher Auswurf gemessen an einem legitimen und geachteten Berufsstand. Gewiß, Wahrsager und Propheten irren bisweilen, trotz aller Vorsichtsmaßnahmen, die sie ergreifen, um ihre Vorhersagen mit Bedingungen, Einschränkungen und Unklarheiten zu vernebeln. Dennoch erschüttern die Irrtümer niemals den Glauben an die Wahrsager, Propheten oder Astrologen. Diesen trotz wiederholter Mißerfolge fortbestehenden Glauben erklären seit etwa dreißig Jahren Ethnologen und Soziologen mit Hilfe der Theorie der »kognitiven Dissonanz«.[83] Wenn eine Prophezeiung nicht eintrifft, so wird dies durch eine subtile Argumentation erklärt, die beweist, daß sich ihre Erfüllung aufgrund einer nicht in Erwägung gezogenen Gegebenheit verschoben hat. Bei der Zeichendeutung kann es sich um eine Nachlässigkeit in der Beobachtung handeln; bei der Astrologie um einen Rechenfehler; bei der Prophetie um eine Änderung des göttlichen Willens infolge einer Modifizierung des menschlichen Verhaltens, wie es bei den Prophezeiungen der Fall ist, die an eine Bedingung geknüpft sind: *falls* ihr euer Verhalten nicht ändert, wird es zu Katastrophen kommen.

Das Vertrauen in die Wahrsagung bleibt unerschüttert, solange es einer doppelten Notwendigkeit entspricht. Zunächst einer psychologischen Notwendigkeit, die aus der Angst vor einer unkontrollierbaren und unbegreiflichen Welt erwächst. Der Mensch des Altertums wird von einer Fülle von Ängsten bestürmt, hervorgerufen durch die Naturgewalten, die er nicht begreift. Um das Dasein erträglich zu gestalten, muß man einen Schein von Ordnung in dieses Universum bringen, indem man Willkür und Zufall ausschaltet. Anders als wir zuweilen behaupten, hat der »primitive« Mensch für jedes Ding eine Erklärung; das Universum, das er sich schafft, birgt sehr viel weniger Geheimnisse als das unsere; er »weiß«, daß hinter jedem physikalischen Ereignis ein ungehaltener oder zufriedener Geist zu suchen ist. Trügerische Erklärungen, die die Arbeit der Wissenschaft eine nach der andern widerlegt hat. Uns erscheint die Welt weit unbekannter und ungewisser als einem Chaldäer oder einem Ägypter zur Zeit der Pharaonen. Dank ihrer Unwissenheit konnten die alten Kulturen ein unangreifbares Erklärungssystem aufbauen, das es ihnen erlaubte, wie der Psychiater und Ethnologe Georges Devereux schreibt, »sich mit Pseudo-Kenntnissen selbst etwas vorzumachen und die Wahrsagung als wirkliche Kenntnis und als offenkundigen Beweis für die Vorhersehbarkeit und Verstehbarkeit der Welt zu akzeptieren«.[84] Das Fehlen wissenschaftlicher Erkenntnisse im modernen Sinn des Wortes macht die Stärke dieses Systems aus: da es von keiner nachweisbaren Wahrheit abhängt, ist es unangreifbar. Je weniger der Mensch weiß, desto mehr glaubt er zu wissen; für einen Unwissenden ist das Universum höchst einfach; für einen Gelehrten äußerst komplex und geheimnisvoll. Der Mensch des Altertums beruhigt sich dank einer mythischen Erklärung, die die Möglichkeit einschließt, durch Befragung der Zeichen und göttliche Eingebung die Zukunft zu erkennen.

Die Wahrsagung dient außerdem einem politischen und soziologischen Ziel. Die meisten Vorhersagen jener alten Zeiten gelten der Zukunft der ethnischen Gruppe, des Volks und seiner Organisation, der Stadt oder des Königreichs. Die Befragung der Wahrsager, der Orakel, der offiziellen Propheten ermöglicht es der herrschenden Obrigkeit, den Konsens herzustellen und ihre Entscheidungen dadurch zu legitimieren, daß sie sie als dem Willen der Götter gemäß vorstellt. Sie dient als Garant für den Erfolg ihrer Unternehmen und auch als Entschuldigung für deren Scheitern: im ersten Fall beruft sich der Souverän auf den göttlichen Schutz, der seine Handlungsweise rechtfertigt; im zweiten Fall wälzt er die Verantwortung auf die Wahrsager ab, die sich in der Deutung der Zeichen geirrt haben. Das kann bis zur Hinrichtung der schlechten Propheten führen. Die Politik der Wahrsagung ist unfehlbar: wer könnte die Rechtmäßigkeit einer Unternehmung anfechten, der die Götter gewogen sind? Diese Auffassung weist den Wahrsagern und Propheten eine herausragende und gefährliche Rolle zu. Auch öffnet sie allen nur denkbaren Manipulationen Tür und Tor, sobald sich rationale Erwägungen in das System einschleichen. Eben diese Abweichung stellt man fest, wenn man sich der griechisch-römischen Welt zuwendet.

KAPITEL II

Die griechische Wahrsagung: philosophische Frage und politische Manipulation

Mit der griechischen Welt erklimmen wir eine bedeutsame Stufe, da wir von der spontanen Praxis zur bewußten Praxis übergehen. Die Hellenen sind ebenso begierig, die Zukunft zu erfahren wie die anderen Völker ihrer Zeit, und zwar aus denselben Gründen. Zu diesem Zweck verwenden und vervollkommnen sie alle möglichen Methoden: prophetische Orakel, unzählige Divinationsverfahren, Astrologie. Aber sehr bald stellen sie die theoretische Frage: Ist es möglich, die Zukunft zu kennen? Und wenn ja, unter welchen Bedingungen, und welches sind ihre möglichen Anwendungen? Doch allein die Tatsache, die Frage zu stellen, macht die prophetische Tätigkeit zu einem Studienobjekt und folglich zu einem Gegenstand der Manipulation, denn wenn man die Funktionsmechanismen aufzeigt, verschafft man sich die Möglichkeit, sie für die eigenen Zwecke einzusetzen, indem man sie vervollkommnet, ergänzt oder gar von ihrem anfänglichen Ziel ablenkt.

Bei der Kenntnis der Zukunft schälen sich zwei Elemente heraus, ein intellektuelles und ein praktisches: die Kenntnis und ihre Verwendung. Die spontane Praxis der Wahrsagung auf der Ebene des Volkes trennt beides noch nicht; hier herrscht weiterhin die alte Auffassung. Aber sehr bald denken die Philosophen über die Natur dieser Kenntnis nach, während die politischen Führer sie benutzen, um die Ereignisse zu lenken, auch wenn sie dazu Orakel erfinden oder manipulieren müssen. Herr über die Zukunft zu werden, um die Gegenwart zu kontrollieren: dies ist eine der wesentlichen Hinterlassenschaften der griechischen Kultur.

Mythen und Wahrsagung

Die Zukunft zu kennen ist ein wichtiges Anliegen seit dem 8. Jahrhundert vor unserer Zeitrechnung, der Zeit Hesiods und Homers, Zeitgenossen der ersten großen hebräischen Prophen Amos und Hosea. In der epischen und mythologischen Dichtung finden wir Spuren der ältesten divinatorischen Auffassungen, aber auch die ersten Gedanken über das Schicksal, die Geschichte, das Verhängnis. Denn all dies hängt eng miteinander zusammen: Vergangenheit, Zukunft, Schicksal, Verhängnis oder Freiheit.

Das individuelle Schicksal und das Schicksal der Welt sind von den Göttern festgelegt worden. Das Los des Einzelnen dagegen bestimmen die Moiren, in der römischen Mythologie die Parzen. Diese Töchter des Zeus und der Themis, die nie die Liebe gekannt haben, sind verbittert und mürrisch: Klotho spinnt den Schicksalsfaden, Lachesis rollt ihn auf, und Atropos schneidet ihn ab, womit sie die Todesstunde besiegelt. Von diesen drei Schwestern darf man nicht viel Nachsicht erwarten: eine pessimistische Sicht des menschlichen Daseins, in dem die Mühseligkeiten bei weitem die Freuden übersteigen. Ist dies auch ein Hinweis darauf, daß unser Leben von weiblichen Gottheiten gesponnen wird? Das ist nicht sicher. Die Frau ist die Quelle des Lebens, und in vielen Mythologien vollziehen Jungfrauen die mit der Fortdauer der sozialen und politischen Gruppe verbundenen Riten, ohne daß dies das Schicksal festlegt. Doch wenn andererseits das Fatum in der griechischen Mythologie eine große Rolle spielt, so wird es doch durch vielfältige Eingriffe der Götter gemildert, je nach deren Launen und Abenteuern. Es entsteht der allgemeine Eindruck, daß unser Schicksal zwar im Olymp entschieden wird, aber daß es von zahlreichen Umständen abhängt, die es erlauben, das Verhängnis auszugleichen. Dieses ist nur in ganz besonderen Fällen wirklich unausweichlich, wie zum Beispiel bei den Atriden. Wir sind zwar nicht Herr unseres Schicksals, aber dieses ist nicht ein für allemal festgelegt, was sowohl die Wahrsagung wie die freie Entscheidung ermöglicht.

Was die Gesamtentwicklung der Menschheit betrifft – und unter der Annahme, daß Hesiods *Werke und Tage* die damalige Auffassung widerspiegeln –, so hat das griechische Denken auch eine pessimistische Sicht der Zukunft. Seit ihren Anfängen ist die Welt in einem Prozeß des Niedergangs und des Verfalls begriffen, wobei sie vier Zeitalter durchläuft: das goldene Zeitalter, das dem irdischen Paradies entspricht, das Zeitalter der Gerechtigkeit, des Glücks und der Jugend; das silberne Zeitalter; das bronzene Zeitalter; das eiserne Zeitalter, in dem wir uns heute befinden. Indem sich der Mensch von seinen göttlichen Ursprüngen entfernt, sinkt er herab, Ungerechtigkeit und Unordnung nehmen zu, und dieser unausweichliche Niedergang wird sich fortsetzen, bis das Böse über das Gute siegt. Die Frage ist nur, ob diese Bewegung irreversibel ist, ob dies die ganze Geschichte der Welt ist oder ob es sich möglicherweise nur um einen Zyklus oder eine Periode handelt, um so etwas wie die B-Phase eines kosmischen Kondratieff-Zyklus. Wir müssen gestehen, daß wir darauf keine Antwort haben. Die einzige Anspielung auf einen möglichen Wiederaufschwung findet sich in Vers 175 von *Werke und Tage*, der zwar zu vielen Kommentaren angeregt hat, den zu extrapolieren jedoch höchst gewagt wäre: »Lebte ich doch nicht beim fünften Geschlecht von Menschen«, schreibt Hesiod, »wäre ich zuvor gestorben oder später geboren.« Bedeuten die letzten Worte, daß eine Rückkehr zum goldenen Zeitalter in der Zukunft erwogen wird? Nichts erlaubt uns, diese Hypothese zu bestätigen. Weisen wir darauf hin, daß der Gedanke eines unausweichlichen Niedergangs der Zivilisation, eines inneren Verfalls, der mit der Bejahung des Bedürfnisses nach sozialer Gerechtigkeit einhergeht, auch in vielen prophetischen Botschaften des 8. Jahrhunderts außerhalb der griechischen Welt vorhanden ist: wir begegnen ihm zum Beispiel bei Amos und Hosea.[1]

Es sollte noch lange dauern, bis die Idee eines künftigen Fortschritts deutlich in Erscheinung zu treten beginnt. Bisher ist nur der Rahmen festgelegt: individuelle Schicksale, die von den Göttern abhängen, aber nicht unabwendbar sind, und eine eher düstere kollektive Zukunft. Da sich alles zwischen den Göttern und den Menschen abspielt und zwischen den beiden Welten eine Kommunikation möglich ist, erfinden die Menschen eine Fülle von Mitteln, um die Götter über ihre Zukunft zu befragen. In der homerischen und mythischen Welt wimmelt es von Sehern und Propheten aller Art und aus allen Schichten. In den Städten gehen die Chresmologen umher, Propheten biblischen Typs, niederer Herkunft und bescheidenen Ranges, häufig Bettler, die ihre Orakel verkaufen. Sie werden von den gewöhnlichen Bürgern über die Ereignisse

Die griechische Wahrsagung

des täglichen Lebens befragt, sind völlig autonom und unterstehen keinem Tempel.

Der Mythologie und der epischen Literatur zufolge reicht die Praxis der Divination auf die heroische Epoche zurück: die Götter haben einigen Helden die Macht verliehen, durch Deutung der Zeichen das Schicksal zu lesen. Diese ersten mythischen Seher bilden regelrechte Dynastien wie Melampos und seine Nachkommen, die Melampodiden: Polyphides, Theoklimenos, Polyidos, Amphiaraos; in der Sippe des Teiresias finden wir seine Tochter Manto, seinen Enkel Mopsos, und Kalchas, der den Verlauf des trojanischen Krieges voraussagt. Nennen wir noch Oinone, Merops, Parnassos, Delphos, Kinyras, Tamiras, Phrasios, Krias, Karnos, Hekatos, Apis, Pythaiys, Galeos, Telmissos, Iamos. In Troja ist Kassandra berüchtigt ob ihrer düsteren Vorhersagen, die man für Delirien hält, denn Apollon hat ihr nicht die Gabe der Überzeugung verliehen. Ihr Bruder ist der Seher Helenos.

Divinationsmethoden

Alle diese Personen besitzen die Gabe der induktiven Wahrsagung, die anfangs also nicht als übertragbare Wissenschaft gilt. Die Götter sprechen zu den Menschen mittels Zeichen und Rätseln, die einzig die Seher, die ein besonderes Licht empfangen, zu verstehen vermögen. Erst allmählich lernen die Menschen, diese Fähigkeit zu beherrschen und sie zu einer Wissenschaft zu machen und Prophetenschulen zu gründen. Eine der ältesten ist angeblich die Schule des Eumantis in Messene. Die Methoden bestehen hauptsächlich in der Mantik, oder Wahrsagekunst, mit vielen Abzweigungen, die alle griechische Namen haben, was darauf hinweist, wie bedeutsam der hellenische Beitrag auf diesem Gebiet ist: die Chiromantie (Wahrsagung aus den Handlinien), die Kledonomantie (Wahrsagung aus unwillkürlichen Worten), die Hydromantie (Wahrsagung aus dem Wasser), die Iatromantie (Wahrsagung aus den Fischen), die Lekanomantie (Wahrsagung aus dem Öl im Wasser eines Beckens), die Pegomantie (dieselbe Technik mit Hilfe des Wassers einer natürlichen Quelle), die Lithomantie (Wahrsagung aus Steinen), die Geomantie (Wahrsagung aus der Erde), die Arithmomantie (mathematische Wahrsagung), die Astragalomantie oder Kleromantie (Wahrsagung mittels des Loses), die Empyromantie (Wahrsagung aus dem Feuer), die Ornithomantie (Wahrsagung aus dem Vogelflug, wobei z. B. der Adler der Bote des Zeus und der Rabe der Bote Apollons ist), die Nekromantie (Wahrsagung mittels Beschwörung der Toten, worin sich Odysseus in der *Odyssee* versucht), die Morphoskopie (Wahrsagung aus den Körperformen), das Extispizium oder Hieroskopie (Wahrsagung aus den Eingeweiden von Opfertieren), Wahrsagung aus unwillkürlichen Zuckungen, und so weiter. Bis heute hat man an die zweihundertdreißig verschiedene Divinationsmethoden ermittelt: die Griechen lassen kein Mittel außer acht, um sich über die Zukunft zu informieren. Freilich stellen sie sich die Götter als wirkliche Personen vor, die Vergnügen daran finden, ihre Botschaft zu komplizieren und auf die verwirrendsten Arten auszudrücken: dem Helden Achilleus zum Beispiel verkünden sie seinen nahen Tod durch seinen Hengst Xanthos.

Unter den gebräuchlichsten Formen der Mantik nimmt die Oniromantie einen bevorzugten Platz ein, da die Träume als eine unmittelbare göttliche Mitteilung angesehen werden können, die es nur zu deuten gelte, um die eigene Zukunft in Erfahrung zu bringen. Wir kennen mehr als dreißig Abhandlungen über dieses Thema, die die Bedeutung der Träume beschreiben und dem Gelehrten Deutungstabellen an die Hand geben.[2] Traumdeuter, die gegen eine kleine Spende Träume auslegen, findet man an jeder Straßenecke. Plutarch zufolge soll sich ein Enkel des Aristeides, Lysimachos, der in Armut geraten war und immer am Iakchostempel saß, mit Hilfe eines Traumbüchleins ernährt haben.[3]

Der Glaube an die divinatorische Bedeutung der Träume, ob im Wachzustand oder im Schlaf, ist bei den Griechen und Römern weit verbreitet. Von wenigen Ausnahmen abgesehen, sind sogar die größten Skeptiker davon überzeugt. Die einzige Schwierigkeit sind Deutungsfehler, wie Ammianus Marcellinus versichert: »Die Gewißheit der Träume wäre ganz und gar unzweifelhaft, wenn die Deuter in ihren Mutmaßungen nicht irrten.« Für die Träume hochstehender Persönlichkeiten, die möglicherweise politisch bedeutsam sind, befragt man die einflußreichen Orakel. Bekannt ist zum Beispiel der Fall der Olympias, der Mutter Alexanders, die in der Nacht vor ihrer Hochzeit träumt, »ein Blitz schlüge in ihren Leib, von dem Schlage entzündete sich ein starkes Feuer, loderte in vielen Flammen auf und verbreitete sich nach allen Seiten. Philipp [ihr Ehemann] hatte später, nach der Hochzeit, den Traum, er drücke ein Siegel auf den Leib der Frau, und die Gravierung zeigte das Bild eines Löwen.«[4] Philipp konsultiert alle Seher und sendet Chairon von Megapolopolis nach Delphi, um das Orakel zu befragen. Die Geschichte ist natürlich von Alexander und seinem Gefolge erfunden und verbreitet worden, um ihm eine göttliche Herkunft anzudichten, aber sie beweist zumindest, daß die Öffentlichkeit bereit war, sie zu glauben.

Wenn man die Literatur betrachtet, die die Griechen der Oniromantie widmeten, vom Werk des Wahrsagers Antiphon, eines Zeitgenossen von Sokrates, bis zu dem des Artemidoros aus Daldis, stellt man fest, daß diese Experten, die berufen sind, ihren Kunden anhand ihrer Träume die Zukunft vorauszusagen, vor allem ausgezeichnete Psychologen sind, die Klugheit mit Kenntnis der menschlichen Seele verbinden. So nimmt Artemidoros zwei Unterscheidungen vor: zunächst zwischen Träumen, die in die Zukunft weisen, und solchen, die dies nicht tun; sodann zwischen den theorematischen Traumgesichten, die unmittelbar die künftige Handlung darstellen, und den allegorischen Traumgesichten, die einer Deutung bedürfen. Er rät, bei dieser Arbeit vor allem die Persönlichkeit des Kunden in Betracht zu ziehen, um ihm eine Vorhersage zu machen, die in etwa seinen Sorgen entspreche: »Erschließe die entsprechenden Ausgänge und Zeitbestimmungen aus den Begleiterscheinungen des Geträumten oder aus des Träumers eigenen Erwartungen; denn es wäre lächerlich, wollte man einem, der vor dem nächsten Tag in Furcht oder Hoffnung schwebt und ein Traumgesicht geschaut hat, auslegen, was im nächsten Jahr sich ereignen wird.«[5]

Der Einfluß der Träume ist in der griechisch-römischen Geschichte beträchtlich, und wenn man der klassischen Literatur glauben darf, ein wesentlicher Handlungsgrund, der Typus der Kausalität schlechthin, welche die Zukunft mit der Gegenwart verbindet, nach dem Beispiel von Cassius Dio, der seine römische Geschichte auf Geheiß eines Traumes schreibt. Unter den anderen Methoden scheint die Nekromantie sehr alt zu sein; ihr zufolge kennen die Seelen der Toten die Beschlüsse des Schicksals: beschworen und befragt, können sie sie den Lebenden offenbaren.

Das Haruspizium, das Befragen der Eingeweide von Opfertieren, ist jüngeren Datums. Die ersten Spuren dieser Praxis tauchen erst im 6. Jahrhundert in Athen auf.

Die intuitive Wahrsagung dagegen, eine der großen Spezialitäten der Griechen, reicht bis in die mythische und heroische Zeit zurück und steht vor allem mit dem Kult des Apollon in Zusammenhang, des gesprächigsten der Götter, der stets bereit ist, den Menschen seine Gedanken mitzuteilen. Die ersten intuitiven Seher sind legendäre Helden wie Minos und Rhadamanthys, oder semihistorische Helden wie Epimenides aus Phaistos, Anthes, Kydas, Aletes, Amphilytos, Bakis, an den Herodot fest glaubte, denn er versichert, dieser habe die Perserkriege vorausgesagt und sich gegen die Skeptiker gewendet, die seine Orakel in Zweifel zogen: »Wenn Bakis solche und so deutliche Worte verkündet, wage ich gegen seine Sprüche kein Wort des Unglaubens zu sagen und dulde es auch nicht von anderen.«[6]

In der Reihe dieser Inspirierten, von denen viele Ekstatiker sind, erwarben einige ein Ansehen, das über die Grenzen der griechischen Welt hinausging, wie Apollonios von Tyana, der im 1. Jahrhundert unserer Zeitrechnung in Kleinasien wirkte. Philostratos, der Anfang des 3. Jahrhunderts seine Biographie schreibt, erklärt ihn zu einem außergewöhnlichen Propheten, der die Pest von Ephesos, das Erdbeben in Ionien und eine Fülle anderer Ereignisse vorhergesagt habe. Ende des 3. Jahrhunderts vergleicht Hierokles ihn sogar mit Christus.

Die Orakel

Schon in der archaischen Zeit nimmt die intuitive Divination die besondere Form der Orakel an, die einen festen Standort an bevorzugten Stätten haben, wo sich das göttliche Wort mittels eines Inspirierten offenbart. Das Wort »Orakel« bezeichnet im übrigen neben letzterem auch den Text der göttlichen Botschaft sowie den Ort, an dem sie sich kundtut. Von gelehrter oder wilder Dunkelheit, sind diese Orakel wahre Rätsel, deren Entzifferung die Scharfsicht von Spezialisten erfordert, wie der vier »Pythier«, die die Könige von Sparta nach Delphi entsenden, um Apollon zu

Die griechische Wahrsagung

befragen. In Wirklichkeit war bei den Auslegungen die größte Dehnbarkeit zulässig, so daß sie auch Nichtspezialisten möglich waren, was darauf hinauslief, den raffiniertesten recht zu geben, wie wir sehen werden.

In Griechenland wimmelt es von Orakeln, wahren Informationsagenturen, die im Hinblick auf die göttlichen Absichten miteinander wetteifern. Es kann keine Rede davon sein, sie hier alle aufzuzählen. Nennen wir unter den wichtigsten: die tellurischen Orakel der Gaia, der Demeter, der Themis in Olympia, Dodona, Megara, Delos, Patrai, Delphi; die Orakel der Wassergottheiten in Pontios, Delos; die der Feuergottheiten in Rhodos, Epidauros, Thalamai, Apollonia; die der Athena in Korinth und Tegea; die des Hermes in Smyrna, Patras und Pitane; die der Hera in Korinth, des Dionysos in Amphikaia, des Pluton in Aiana, Acharaka und Limon, des Poseidon in Onchestos, Tenos und Delphi, der Aphrodite in Paphos, des Apollon in Abai, Tegyra, Theben, Argos, Deraia, Milet, Kolophon, Patara, Seleukeia, des Poseidon in Onchestos, Hiera Kome, Gryneion, Lesbos, Thymbra, Chalkedon, Antiocheia, sowie eine Fülle weiterer, dazu noch die des Asklepios, des Herakles, der Helden und der Toten. Die Griechen sind zweifellos das über die Zukunft am besten unterrichtete Volk des ganzen Altertums. Jedenfalls haben sie das effizienteste Informationsnetz, um die göttlichen Botschaften aufzufangen.

Drei Orakel nehmen eine herausragende Stellung ein. Als erstes das Orakel des Zeus Ammon, das sich seltsamerweise mitten in der libyschen Wüste befindet, eine mehrwöchige Reise von Griechenland entfernt. Sein Ursprung liegt im Dunkeln. Man vermutet, daß die hellenisierten Bewohner der kyrenaikischen Küste im 7. Jahrhundert, als sie Beziehungen zu Theben und Sparta unterhielten, die Aufmerksamkeit der Griechen auf das Orakel des ägyptischen Gottes Ammon lenkten, der schnell dem Zeus gleichgestellt wurde. Jedenfalls wird der Ort trotz seiner Entfernung häufig aufgesucht, insbesondere von den Athenern, denen Zeus im 5. Jahrhundert zu ihrem Sizilienfeldzug geraten haben soll. Die Tatsache, daß Alexander es für sinnvoll hielt, während seines Feldzugs den riesigen Umweg über die Wüste zu machen, um die Bürgschaft des Gottes zu erhalten, zeigt zur Genüge, welche Bedeutung die öffentliche Meinung der damaligen Zeit der Stätte beimaß.

Zeus läßt sich auch in Dodona vernehmen, wo das Orakel, das

im Ruf stand, den Athenern gewogen zu sein, schon zur Zeit Homers existierte. Aber der angesehenste Ort ist Delphi, wo Apollon jahrhundertelang seine Orakel verkündet. Wie immer verliert sich der Ursprung des Phänomens in Mythen und Legenden. Es scheint, als sei ein bacchischer Kult mit ekstatischen Riten dem Apollon an dieser Stätte vorausgegangen. Denn Dionysos hat auch als Prophet einen guten Ruf. Zur Zeit Homers gab es das Orakel noch nicht, jedenfalls erwähnt er es nicht. Wahrscheinlich geht es auf das Ende des 8. Jahrhunderts zurück, als eine dorische und kretische Gründung, denn an diesem Ort soll Apollon über den Pythondrachen gesiegt haben. Seither sucht ein Geist die Stätte heim, der in das Wasser der Quelle Kassotis sowie in den an ihrem Rand wachsenden Lorbeer eingedrungen sein soll. Die Pythia, eine lokale Jungfrau, trinkt das Wasser der Quelle und kaut die Lorbeerblätter. Der Geist Apollons kommt über sie und diktiert ihr seine Offenbarungen, die sie, auf ihrem hohen Dreifuß sitzend und in einem Zustand konvulsivischer Trance, wiedergibt. Diese unwissende Frau, die über fünfzig Jahre alt sein muß, damit sich die Gefahr einer Entführung verringert, ist ein rein passives Werkzeug. In der Tat liegt die gesamte Organisation in den Händen der mächtigen Priesterschaft Apollons, die die Inszenierung überwacht und für die Wahrung der Formen sorgt.

Die Befragung besteht nämlich in einem höchst ausgeklügelten Verfahren. Sie findet einmal im Monat statt und erst nach der Opferung einer Ziege oder eine Hammels; wenn das mit kaltem Wasser besprengte Tier nicht am ganzen Körper zittert, dann heißt das, daß Apollon nicht anwesend ist. Nachdem die Frage gestellt worden ist, steigt die berauschte Pythia auf ihren Dreifuß und beginnt ihre Schreie auszustoßen. Eine anstrengende Übung: angesichts der Fülle der Anfragen mußte bald eine zweite und eine dritte Pythia eingesetzt werden, die nacheinander auftreten. Die unartikulierten Laute, die sie von sich gibt, werden augenblicklich von einem oder zwei Propheten gesammelt, die ihnen eine Form geben und ihnen ein in Verse gesetztes, völlig unverständliches Orakel entnehmen, auch wenn dieses eine vage Beziehung zu der gestellten Frage aufweist. Die Übung ist heikel und erfordert viel Erfahrung, eine große Beherrschung der poetischen Techniken, eine genaue Kenntnis des Kontexts der Frage und viel Phantasie. Der Ratsuchende muß nun sein unverständliches Orakel einem der zahlreichen in Delphi ansässigen Exegeten vorlegen, der ihm sagt, was es bedeutet. Stellt eine Stadt die Frage, so wird das Orakel versiegelt und in den Staatsarchiven hinterlegt.[7]

Dieses gut eingespielte System funktioniert mehr als tausend Jahre, vom Ende des 8. Jahrhunderts vor bis zum 4. Jahrhundert nach der Zeitenwende, natürlich mit Schwankungen in der Häufigkeit der Anfragen. Eine solche Beständigkeit ist erstaunlich; sie beweist, daß das Orakel einem realen Bedürfnis entsprach, trotz aller Kritik seitens der Intellektuellen und Skeptiker. Denn in keiner Epoche ließ man es sich entgehen, die kolossale Bereicherung der Priesterschaft zu verspotten, der hauptsächlichen Nutznießerin der Operation, wobei man darauf hinwies, daß das Orakel dazu neige, diejenigen zu begünstigen, die die schönsten Geschenke machten, indem es zum Beispiel den abscheulichen Tyrannen Phalaris und seine Nacheiferer aus Syrakus protegiere, während es gewöhnlich doch die aristokratischen Regime gegen die Demokratien und die Tyranneien unterstütze. Im 6. Jahrhundert vor unserer Zeitrechnung, als die Peisistratiden in Athen die Macht ergriffen, zeigen sich ihre Feinde, die verbannten Alkmaioniden, großzügig gegenüber der Kultstätte und erhalten günstige Orakel, die versichern, daß die Spartaner ihnen helfen werden, die Peisistratiden zu vertreiben.

Dies alles, sowie die Hohnreden bestimmter Philosophen gegen die Leichtgläubigkeit des Volkes, hätte das Ansehen des Orakels eigentlich untergraben müssen. Dennoch läßt der Andrang jahrhundertelang nicht nach, obwohl das Nichteintreffen der Prophezeiungen das Vertrauen hätte erschüttern können. Die Erklärung ist einfach: das Orakel war schlecht gedeutet worden. Die Dunkelheit der Formulierungen machte diese Erklärung plausibel: »Den Gläubigen«, schreibt A. Bouché-Leclercq, »gelang es fast immer, sich selbst zu beweisen, daß Apollons Worte sich erfüllt hätten, nur anders, als sie es erwarteten. Die Geschichte der Wahrsagung ist voll derartiger Überraschungen, die Bewunderung für den Einfallsreichtum des Loxias weckten und es im Rahmen des Möglichen erlaubten, die menschliche Freiheit mit der Freiheit und Würde der Götter in Einklang zu bringen.«

Das Bedürfnis, an die Orakel zu glauben, fand noch weitere Erklärungen für deren Irrtümer: Apollon konnte beschlossen haben, aus persönlichen Gründen eine falsche Antwort zu geben; die Götter sind nicht immer Herren über das Schicksal; oder korrupte Priester haben die Orakel entstellt. Wir wüßten gern, wie die Priester selbst darüber dachten. Da uns jedoch keine posthumen Bekenntnisse ähnlich denen vorliegen, wie sie uns im 18. Jahrhundert Abbé Meslier hinterließ, können wir lediglich mutmaßen, daß auch sie dem Einfluß der Tradition erlagen und nicht versuchten, sich davon zu lösen.

Delphi und die politische Manipulation

Freilich vermitteln ihre immer zahlreicheren Eingriffe in die diplomatischen Angelegenheiten den Eindruck, als stellten sie die Vorhersage bewußt in den Dienst einer bestimmten Politik. Während der Perserkriege glaubt der delphische Klerus nicht an die Möglichkeit eines Siegs der Griechen und will sich nicht der Gefahr von Repressalien seitens des mutmaßlichen künftigen Siegers, des Königs der Perser, aussetzen. Um sich seiner Gunst zu vergewissern, legen die Priester, in einer wahren antipatriotischen Kampagne, das ganze Gewicht der Prophezeiung auf seine Seite. Von Anfang an untergraben sie den Widerstand der Knidier; am Vorabend von Marathon erteilen sie den Spartanern nicht die nötige Erlaubnis, bei Vollmond aufzubrechen, so daß diese zu spät kommen. Im Jahre 480 v. Chr., anläßlich des zweiten persischen Feldzugs, antwortet das Orakel den anfragenden Boten der Athener: »Elende, sitzt ihr noch hier? An das Ende der Erde/Flieh aus der Heimat, ja fliehe der Stadt hochragenden Felsen.« Bei einer zweiten Anfrage ist das Orakel von entmutigender Dunkelheit; es spricht in zwölf Versen, die Herodot wie folgt wiedergibt:

> Des Olympiers Zorn besänftigt selbst nicht Athena,
> Mag sie mit vielen Worten und klugem Rat ihn auch bitten.
> Darum sag' ich ein zweites, ein unverbrüchliches Wort dir:
> Alles gehört den Feinden, soviel des Kekorps Hügel
> Und des Kithairons Tiefe, des göttlichen Berges, einschließt.
> Nur die hölzerne Mauer schenkt Zeus seiner Tritogeneia,
> sie allein bleibt heil zur Rettung für dich und die Kinder.
> Nicht zu Lande halte du Stand den feindlichen Scharen,
> Die zu Roß und Fuß dich bedrängen; nein, kehre den Rücken,
> Fliehe! Es kommt die Zeit, da deine Stirn du erhebest!
> Salamis, göttliche Insel, du mordest die Söhne der Mutter,
> Wenn Demeter das Korn ausstreut, oder wenn sie es erntet.[8]

Für die einen bezeichnet die »hölzerne Mauer« die Palisade, die früher die Akropolis umgab. Für Themistokles dagegen, der die Meinung vertrat, man müsse den Krieg auf dem Meer führen, handelt es sich hier nur um ein Bild, das die Flotte bezeichne. »So versuchte er, mit Götterzeichen und Orakelsprüchen ans Ziel zu kommen«, schreibt Plutarch, und er fügt hinzu, wenn das Orakel die Insel Salamis »göttlich« nenne, so deshalb, »weil sie einem großen, für die Griechen glücklichen Ereignis den Namen geben werde«. Wer also über den meisten Witz und die meiste Phantasie verfügt, verhilft seiner Auslegung zum Sieg, denn im vorliegenden Fall war sie keineswegs eindeutig. Eine andere, noch plausiblere Erklärung wird von Marie Delcourt vorgeschlagen: das Orakel könnte von Anfang bis Ende *nach* den Ereignissen erfunden worden sein, um die Politik des Themistokles zu unterstützen.[9]

Auch nach dieser Episode glaubt das delphische Orakel noch immer nicht an die Niederlage der Perser und erschwert den Griechen weiterhin die Aufgabe, indem es ihnen ungünstige Vorhersagen macht, es den Argeiern, Korkyren und Kretern untersagt, sich Athen anzuschließen, und die Opfergaben des Themistokles ablehnt, der seine Skepsis geäußert hatte. Nach der Flucht des Xerxes, als ein von Mardonios geführtes persisches Heer in Griechenland bleibt, greift das Orakel zu einer groben List, um die Zerstörung zu verhindern: es verkündet, das persische Heer werde vernichtet werden, *nachdem* es den Tempel von Delphi geplündert hätte, was Mardonios natürlich daran hindert, irgend etwas gegen das Heiligtum zu unternehmen. Die Zukunft erweist sich hier als äußerst effizient, um die Gegenwart zu beeinflussen.

Während des Peloponnesischen Kriegs fährt das Orakel fort, Feindschaft unter den Griechen zu schüren. Nichts ist ihm so vorteilhaft wie der Krieg, denn beide Lager suchen es in der Hoffnung auf, günstige Urteile und wertvolle Voraussagen über den Verlauf der Feindseligkeiten zu erhalten. Diese Politik kann sich als gefährlich erweisen und die Priester in eine unangenehme Lage bringen. Schon zu Beginn des 5. Jahrhunderts entdecken die Spartaner, denen die Orakel den Sieg verheißen hatten, daß die Athener dieselben Versicherungen erhalten hatten.[10] Zwar ist dies in den delphischen Annalen nicht der einzige Fall von Doppelzüngigkeit, aber im Peloponnesischen Krieg stellt sich Delphi eindeutig auf die Seite der Spartaner und bringt klar die antidemokratischen Gefühle Apollons zum Ausdruck. Dies ist im übrigen auch der Grund, warum Perikles, aus Ärger über dieses aristokratische Orakel, rivalisierende Orakel, wie das von Delos, ins Leben ruft.

Im Jahre 432 ergreift das Orakel von Delphi eindeutig Partei. Die Spartaner, so erzählt Thukydides, »schickten aber noch nach Delphi und fragten den Gott, ob ein Krieg ihnen zum Guten anschlagen werde, und er kündete, wie es heißt: Krieg, nach Kräften geführt, bringe den Sieg, und er selbst, sagte er, werde mit zugreifen, wenn man ihn riefe, aber auch ungerufen«.[11] Während desselben Konflikts ermutigt Delphi Korinth gegen Kerkyra[12] und greift sogar in die inneren Angelegenheiten Spartas ein, indem es zum Beispiel befiehlt, den König Pleistoanax zurückzurufen, da man ihn beschuldigt, die Pythia bestochen zu haben.

In dieser ganzen Periode ist Delphi das Zentrum der Diplomatie der griechischen Stadtstaaten. Von überall treffen Delegationen ein, um Apollon zu den unterschiedlichsten Themen zu befragen, meist jedoch über rein religiöse Angelegenheiten.[13] Die Kultstätte ist eine Art Genf der Mittelmeerwelt, wo man dank dem Kommen und Gehen der Diplomaten, Abordnungen, Händler, Touristen und Pilger über alle politischen Ereignisse dieses Sektors bestens Bescheid weiß. Die Orakel können also alle diese Gegebenheiten berücksichtigen, um mit Sachkunde Vorhersagen zu machen und damit die Ratsuchenden durch ihre Hellsicht in Erstaunen zu setzen. Delphi ist der Ort, wo die Zukunft in die Gegenwart eindringt, um ihr ihre Entscheidungen zu diktieren. Wir haben es hier mit einem einzigartigen Fall von »Futurokratie« zu tun.

Indessen wächst die Zahl der Skeptiker. Zu ihnen gehört auch der Thebaner Epameinondas, der im 4. Jahrhundert erklärt, er habe keine Angst vor Prophezeiungen, und seine Herrschaft in Delphi durchsetzt. Im übrigen können die Führer der Städte das freie Spiel der prophetischen Konkurrenz einsetzen: es ist immer möglich, seinen Wünschen entsprechende Voraussagen zu finden, denn die auf Kundschaft erpichten Kultstätten verstehen es, sich gefällig zu zeigen. Im 4. Jahrhundert begibt sich der Spartaner Agesilaos, der das Orakel des Zeus in Dodona befragt hat, um die Zustimmung zu seinem Feldzug gegen die Perser zu erhalten, zum Orakel des Apollon in Delphi, um die Gegenprobe zu machen. Damit er von diesem rivalisierenden Heiligtum keine anders lautende Antwort erhält, stellt er seine Frage so geschickt, daß den

Priestern keine Wahl bleibt. Er wolle sehen, sagt er, »ob Apollon der gleichen Ansicht ist wie sein Vater«. Auch wenn die Familienbeziehungen unter den Göttern nicht hervorragend sind, so kann es der Klerus des Apollon doch nicht verantworten, den Sohn gegen den Vater auftreten zu lassen. Die Athener waren bei ihrem Sizilienfeldzug nicht so geschickt: von Zeus befürwortet, von Apollon mißbilligt, endet er mit einem Fiasko.

Diesem Feldzug ging im übrigen ein wahrer Orakelkrieg voraus, bei dem Befürworter und Gegner der Expedition jeweils entgegengesetzte Vorhersagen vorbrachten, wie Plutarch berichtet: »Es heißt indes, daß auch von Seiten der Priester starker Widerstand gegen den Feldzug geleistet worden sei. Aber Alkibiades hatte andere Seher an der Hand, ließ aus einigen alten Orakelsprüchen die Weissagung anbringen, großer Ruhm werde den Athenern von Sizilien her zuteil werden, und einige Abgesandte brachten ihm vom Orakel des [Jupiter] Ammon den Spruch zurück, die Athener würden alle Syrakusier gefangennehmen. Die umgekehrt lautenden Sprüche verheimlichte man in der Furcht, Worte von übler Vorbedeutung auszusprechen.«[14] Dabei fehlt es nicht an ungünstigen Vorzeichen: nächtliche Verstümmelung der Hermessäulen, freiwillige Kastration eines Mannes beim Altar der Zwölfgötter, Zusammentreffen mit dem Todesfest des Adonis. Sogar der Schutzgeist des Sokrates, »der ihm künftige Dinge zu melden pflegte«, enthüllte ihm, daß diese Reise den Untergang der Stadt Athen bedeuten werde. In Delphi wird eine von den Athenern gestiftete goldene Minervastatue von Raben zerhackt, »aber die Athener sagten, das seien Erfindungen der Delpher, die von den Syrakusiern dazu angestiftet worden seien, und als ein Orakel ihnen befahl, aus Klazomenai die Priesterin der Athena zu holen, ließen sie die Frau kommen: sie hieß aber Hesychia (= Ruhe); und dies war es offenbar, was die Gottheit der Stadt raten wollte: für jetzt Ruhe zu halten.«[15]

Der Feldzug findet dennoch statt, weil es Alkibiades gelingt, die Athener zu überzeugen. Die Episode läßt zwei Schlüsse zu. Einerseits könnte es so aussehen, als berücksichtigten die Griechen mehr die Zukunft als die Vergangenheit und die gegenwärtige Situation, um ihre Entscheidungen zu treffen, indem sie in erster Linie alle beglaubigten Ansichten über die Zukunft in Erfahrung zu bringen suchen. Zuerst will man wissen, wie die Dinge enden werden, bevor man sich in ein Unternehmen stürzt, was an sich keineswegs absurd ist; die Frage liegt allein im Grad der Glaubwürdigkeit der Vorhersagen. Andererseits trägt die getroffene Entscheidung, wenn widersprüchliche Prophezeiungen vorliegen, der »Zukunft« letztlich keinerlei Rechnung: die Entscheidung ist lediglich der Widerschein der bestehenden Kräfteverhältnisse. Die ungünstigen Vorzeichen und Voraussagen scheinen zu überwiegen, aber Alkibiades' Wille erzwingt die Entscheidung. So daß der Astrologe Meton, der, wie Plutarch berichtet, ebenfalls einen unheilvollen Ausgang vorhersieht, es vorzieht, sich für verrückt erklären zu lassen. Zwar übertreibt Plutarchs Bericht, der erst nach dem Desaster verfaßt wurde, die Bedeutung der unheilvollen Vorzeichen, aber trotz allem entsteht der Eindruck, wie wir an weiteren Beispielen sehen werden, daß die Zukunft für die Griechen mehr ein Instrument, eine Argumentationshilfe als eine Ursache ist.

Dafür liefert das Orakel von Delphi noch weitere Beispiele. Im »heiligen Krieg« von 355 bis 346 als es von den Spartanern aufgegeben wird, beginnt es, zugunsten Philipps von Makedonien zu prophezeien, der die griechische Welt bedroht. In Athen, wo man dieses Orakel immer weniger beachtet, wird es offen der Voreingenommenheit bezichtigt: das Orakel »philippisiert«, erklärt Demosthenes ironisch. Als Alexander es vor Beginn seines Feldzugs befragt, will er natürlich keine Weissagungen hören, sondern eine zusätzliche, in den Augen seines Heeres wertvolle Bürgschaft erhalten wie jene, um die er in der Oase des Zeus Ammon ersucht. Leider trifft er an einem Sperrtag in Delphi ein, und als die Pythia sich weigert, in Erscheinung zu treten, zerrt er sie selbst gewaltsam zum Tempel. Und sie sagt zu ihm: »Du bist unwiderstehlich, soviel ich sehe, Knabe.« Und Plutarch kommentiert mit ungewohnter Ironie: »Als Alexander das hörte, sagte er, nun brauche er weiter kein Orakel, denn er habe schon den Wahrspruch von ihr, den er sich wünsche.«[16]

Die Sibylle, das körperlose Orakel

Etwa in derselben Epoche taucht in der griechischen Welt eine weitere Form der Prophezeiung auf, die Sibylle, eine geheimnisvolle Gestalt, deren Ansehen dank geschickter Vereinnahmung durch die christliche Mythologie bis zum Ende des Mittelalters anhält. Es ist überaus schwierig, die Ursprünge der Sibylle zu erfassen, deren Auftauchen in der historischen Literatur stets sehr flüchtig und verschwommen ist. Weder Hesiod noch Homer sprechen von ihr. Der erste Autor, der sie erwähnt, ist Heraklit von Ephesos Ende des 6. Jahrhunderts vor unserer Zeitrechnung. Aller Wahrscheinlichkeit nach ist dieses Phantom eine Schöpfung ionischen Ursprungs aus dem 7. oder 6. Jahrhundert. Als abstraktes, imaginäres Wesen ist die Sibylle eine Verschmelzung aus Kassandra, Manto und den Nymphen; eine weibliche Gestalt – hier sei noch einmal auf die Bedeutung der Frauen in der griechischen Divination verwiesen –, ein trauriges, immaterielles und alterloses Wesen, das um seine Grotte schwebt, die die Tradition in Erythrai an der ionischen Küste ansiedelt. »Die Sibylle«, schreibt A. Bouché-Leclercq, »ist die prophetische Stimme, die von einer leichten, anthropomorphen Hülle umgebene Offenbarung. Ihr Leben, das sich gewissermaßen außerhalb der Zeit abspielt, knüpft sich an kein einziges Ereignis.«[17] Für denselben Autor ist dieses mythische Geschöpf eine der Manifestationen des prophetischen Zeitalters, das die Welt des Mittelmeers zu jener Epoche erlebt: »Wir können also, ohne jede willkürliche Zuschreibung, die Ansicht vertreten, daß die drei Instrumente des geoffenbarten Wortes, Pythien, Chresmologen und Sibyllen, zur gleichen Zeit erschaffen wurden und aus derselben religiösen Bewegung hervorgingen.«[18]

Allerdings besteht ein wesentlicher Unterschied zu den Orakeln: diese prophetische Stimme ist weder an einen Ort noch an eine Epoche gebunden. Ungreifbar irrt dieser düstere und scheue weibliche Schatten überall und zu jeder Zeit umher und prophezeit. Entspricht dies einem Bedürfnis des Volkes, sich vom Geist der Prophetie zu befreien, den die Priesterkollegien in den offiziellen Heiligtümern an sich gerissen haben? Diese Meinung vertritt Bouché-Leclercq: »Die Sibylle ist immer nur ein Mythos gewesen, jedoch ein Mythos, der die Logik des Volkes aufzeigt, darum besorgt, die Chresmologie von jedem materiellen Zwang zu befreien und sie, ohne sich um den Körper zu kümmern, in den Bereich der reinen Intuition zu verlegen.«[19] Der immaterielle Charakter der Sibylle ermöglichte es ihr, länger zu leben als die Orakel, die am Ende der römischen Epoche zerstört wurden: man tötet keinen Mythos, man bringt ihn in Mißkredit, was sehr viel schwieriger ist. Das Überraschendste ist, daß dieser Mythos prophetische Schriften hervorbringt, die in Umlauf sind und aufbewahrt werden: die Römer legen eine ganze Sammlung von ihnen an. Welche Hände haben diese imaginären Weissagungen geformt, deren Zahl im Laufe der Jahrhunderte zunimmt? Mit Sicherheit weiß man nur, daß die Sibylle ab dem 4. Jahrhundert vor unserer Zeitrechnung so großen Erfolg hat, daß sie sich zu vermehren beginnt. Im 1. Jahrhundert zählt Varro etwa dreißig und ordnet sie nach Affinitäten und geographischen Kategorien, woraus ein Katalog – auf den man sich von nun an beziehen wird – von zehn quasi offiziellen Sibyllen entsteht: die libysche, die delphische, die kimmerische, die erythräische, die samische, die cumäische, die hellespontische, die phrygische, die tiburtinische, die persische.

Von jetzt an werden alle, die einer prophetischen Botschaft zur Geltung verhelfen wollen oder einfach nach einer zusätzlichen Bürgschaft für ihre Sache suchen, deren Ursprung der Sibylle zuschreiben, und zwar in einer Versform, die klar genug ist, um verstanden zu werden, und dunkel genug, um göttlich zu sein. So schrieben die alexandrinischen Juden des 2. Jahrhunderts vor unserer Zeitrechnung sibyllinische Verse, um die Schriften ihrer Propheten zu verstärken, und ließen die Christen sie Christus sowie die wichtigsten Dogmen ankündigen. Die meisten der uns überlieferten 4232 Verse sind offenkundig jüdisch-christlichen Ursprungs und »weissagen« nachträglich die Aufeinanderfolge der Reiche und die Ankunft des Messias. Die Kirchenväter »legten gegenüber den sibyllinischen Orakeln eine erstaunliche Leichtgläubigkeit an den Tag«, schreibt Bouché-Leclercq.[20] Tatsächlich akzeptieren alle, mit Ausnahme von Irenäus und Origenes, ungeprüft diese providentiellen Texte, als fänden sie es normal, daß Gott sich auch mittels eines heidnischen Orakels äußert, und sie fügen sie ihrem apologetischen Arsenal hinzu. Konstantin bemühte sich sogar, vor dem Konzil von Nikäa ihre Authentizität zu beweisen.

Die Astrologie oder die wissenschaftliche Voraussage

Neben der induktiven und intuitiven Divination – den Orakeln, der Sibylle – verwenden die Griechen noch ein letztes Mittel zur Erkundung der Zukunft: die Astrologie, deren eigentlicher Begründer sie sind. Schon im 8. Jahrhundert legt Hesiod in *Werke und Tage* die Auffassung der ungünstigen Tage in Verbindung mit den Mondphasen dar. Von den dreißig Tagen des Monats sind sechzehn entweder günstig oder ungünstig, die übrigen »treten schadlos dazwischen, bringen aber auch nichts«.[21] Auch wenn er nicht jedem Tag den Einfluß eines besonderen Gottes zuordnet, so meint er doch, daß der Mond eine entscheidende Rolle spielte, und man glaubt, in dieser Auffassung orphische Einflüsse zu erkennen.[22] Für die Griechen des 5. Jahrhunderts vor unserer Zeitrechnung verdankt man den Ägyptern die Verbindung eines jeden Tages mit einem Gott, der auf diese Weise das Schicksal der Individuen festlegte, wie Herodot versichert: »Ferner ist von den Ägyptern auch zuerst festgestellt worden, welcher Monat und Tag den einzelnen Göttern heilig ist und welche Schicksale, welches Ende und welchen Charakter die an diesem oder jenem Tage Geborenen haben werden. Griechische Dichter haben diese Dinge ebenfalls übernommen.«[23]

In Wirklichkeit ist das chaldäisch-ägyptische Erbe auf diesem Gebiet sehr mager und beschränkt sich auf Anfangsgründe und vage Annäherungen. Erst die Griechen erheben dank ihren Mathematikern die Astrologie zu einer regelrechten Wissenschaft. Die Grundlagen stammen indes aus Mesopotamien, wie es die heute verfügbaren Hinweise vermuten lassen. Der Übergang erfolgt etwa um 400 v. Chr. Die Beziehungen zum alten Babylonien, das sich inzwischen seit über einem Jahrhundert in den Händen der Perser befindet, haben sich auf intellektueller Ebene weiterentwickelt, und zu jener Zeit bezieht sich Hippokrates in seinem Werk *Von der Lebensordnung* auf die östliche Astrologie. Zur gleichen Zeit spricht Demokrit von der babylonischen Triade Sin, Schamasch und Ischtar, die jeweils mit der Sonne, dem Mond und der Venus verbunden werden; wenig später bestreitet Eudoxos die von den »Chaldäern« beanspruchte Fähigkeit, das individuelle Schicksal nach dem Tag der Geburt zu bestimmen. Zu diesem Zeitpunkt gibt es also durchaus eine babylonische Genethlialogie, deren

Resultate freilich noch unsicher sind. Die wirkliche Assimilation durch die griechische Welt erfolgt erst gegen Ende des 4. Jahrhunderts, als sich der Babylonier Berossos, der Priester gewesen sein soll und Zeitgenosse von Ptolemaios Philadelphos, auf der Insel Kos niederläßt und dort seine Astrologieschule gründet. Der ausführlichste Text zu diesem Thema ist der von Vitruv im 1. Jahrhundert vor unserer Zeitrechnung:

»Das Weitere auf dem Gebiete der Sterndeutekunst, welche Wirkungen die zwölf Tierkreiszeichen, die 5 Planeten, Sonne und Mond auf den Verlauf des menschlichen Lebens haben, muß man den Berechnungen der Chaldäer überlassen, weil die Berechnung der Nativität ihre Spezialwissenschaft ist, so daß sie Vergangenes und Zukünftiges durch Berechnungen (aus der Stellung) der Sterne erforschen können. Ihre Entdeckungen an ihnen (den Sternen) aber haben sie hinterlassen, und bei den Entdeckungen haben gerade die, die aus dem Volk der Chaldäer hervorgegangen sind, Erfindungsgabe und großen Scharfsinn bewiesen. Und als erster ließ sich Berossos in der Stadt Kos auf der gleichnamigen Insel nieder und eröffnete dort eine Schule; später beschäftigte sich Antipatros damit und ebenso Achinapolus, der sogar Methoden entwickelte und hinterließ, nach denen die Nativitätsstellungen nicht nach der Geburts-, sondern der Empfängniszeit berechnet waren.«[24]

Berossos wird in der gesamten griechischen Welt wegen seiner astrologischen Vorhersagen so berühmt, daß er einen nahezu mythischen Status erwirbt: er soll hundertsechzehn Jahre alt geworden sein, und die Athener errichten ihm eine Statue mit goldener Zunge. Er soll auch die Theorie der ewigen Wiederkehr aufgegriffen haben, indem er die chaldäischen Legenden deutete: der Rythmus des Universums sei durch die Zyklen der »Großen Jahre« bestimmt, die jeweils nicht 7000, sondern 432000 Jahre dauern und die unausweichliche Wiederkehr immer derselben Ereignisse enthalten, insbesondere eine weltweite Sintflut, wenn alle Planeten im Zeichen des Steinbocks versammelt sind. Es handelt sich folglich um eine völlig deterministische Weltsicht.

Der späte sowie eklatante Erfolg der Astrologie in Griechenland ist vollkommen verständlich. Wie wir sahen, lauern die Hellenen unaufhörlich auf Voraussagen, die ihre Handlungen zu leiten vermögen. Jede Quelle, die über die Zukunft Auskunft gibt, ist willkommen. Diese Geisteshaltung ist, das sei betont, in ihrer Vorgehensweise absolut logisch: Weshalb im Dunkeln tappen, wenn es möglich ist zu erfahren, was morgen geschehen wird? In einer ersten Zeit befriedigen die Divinationsmethoden und die Orakel das Informationsbedürfnis hinsichtlich der Zukunft. Doch einerseits erschüttert der Mißbrauch der Orakel nach und nach ihre Glaubwürdigkeit, und mehrere philosophische Schulen verbreiten Skepsis ihnen gegenüber, so daß eine geistige Leere und Unsicherheit entstehen, Faktoren, die Angst schüren; andererseits interessierten sich die Orakel vornehmlich für die großen kollektiven Ereignisse, für das Schicksal der Stadt, für politische, militärische und religiöse Fragen. Ab dem 3. Jahrhundert vor unserer Zeitrechnung wird, im Kontext der besorgteren hellenistischen Kultur, die mystische Beschäftigung mit dem individuellen Schicksal immer dringender. Die genethlialogische Astrologie bietet eine Antwort auf die neuen und alten Bedürfnisse. Sie füllt die Leere, die das nachlassende Vertrauen in die herkömmliche Wahrsagung hinterlassen hat; sie entspricht den individualistischen Bestrebungen; und sie kommt dem intellektuellen Bedürfnis nach Strenge und wissenschaftlicher Logik entgegen.

Die Astrologie findet also nicht über bestimmte Volksschichten in Griechenland Eingang, sondern über die Elite der Gelehrten und Philosophen. Weit davon entfernt, als Aberglaube zu gelten, stellt sie sich als höchst komplexe Wissenschaft dar. Während das Volk weitgehend an der herkömmlichen Wahrsagung festhält, interessieren sich die Denker für die Astrologie: Stoiker, Platoniker, Ärzte wie Hippokrates und Theophrast. Was ist – gemessen an den willkürlichen und gewagten Auslegungen der Vorzeichen und Auguren, der unverständlichen Botschaften einer hysterischen alten Pythia – objektiver, rationaler und strenger als die Himmelsmechanik? Wenn es gelingt, das individuelle und kollektive Schicksal mit der Bewegung der Gestirne zu verknüpfen, schafft man eine Gesellschafts- und Humanwissenschaft und macht das Dasein zu einem verständlichen und strengen Ganzen. Daß die Griechen die Astrologie übernommen haben, ist unzweifelhaft der Rationalität ihres Denkens zuzurechnen. Dies wird inzwischen von den Wissenschaftshistorikern eingeräumt: »An dem religiösen, magischen und mystischen Hintergrund gemessen, sind die Grundlehren der Astrologie reine Wissenschaft«, schreibt O. Neugebauer[25], dem sich G. Sarton anschließt: »Man kann fast behaupten, daß die griechische Astrologie das Ergebnis des griechischen Rationalismus ist. (...) Das Grundprinzip der Astrologie, nämlich daß eine wesentliche Entsprechung zwischen den Sternen und den Menschen besteht, so daß erstere die letzteren zu beeinflussen vermögen, ist nicht irrational.«[26] Im ganzen Altertum bezeichnet der Terminus *astrologia* im übrigen sowohl die Astronomie wie die Astrologie, die wir dagegen sorgfältig auseinanderhalten.

Die Übernahme der Astrologie hat freilich metaphysische und philosophische Konsequenzen, die die griechischen Denker nicht gleichgültig lassen können: sie beschneidet die menschliche Freiheit. Wenn das Leben des Menschen von der Himmelsmechanik bestimmt ist, wird es selber mechanisch. Das Schicksal wird zur Maschine eines absoluten Determinismus, was es zwar ermöglicht, Voraussagen zu machen, aber wozu nützt es, etwas Unausweichliches vorauszusagen? Ein herrliches Thema zur Belebung der Gespräche auf den Banketten. Tatsächlich ist dies der Kern des Problems: Man kann die Zukunft nur vorhersagen, wenn über das Eintreffen der Vorhersage Gewißheit besteht, und wenn Gewißheit besteht, wenn die vorhergesehenen Ereignisse unvermeidlich sind, dann hat die Vorhersage keinen Daseinsgrund mehr. Anders gesagt, die Vorhersage ist entweder unmöglich oder nutzlos. Es ist das Verdienst der Griechen, diesen grundlegenden Widerspruch sichtbar gemacht zu haben.

Der Astrologie ist in der hellenistischen Welt ab dem 3. Jahrhundert vor unserer Zeitrechnung ein wachsender Erfolg beschieden, besonders in Ägypten, im kulturellen Zentrum des Mittelmeerraums, den Alexandria darstellt. Der Fortschritt der astronomischen und mathematischen Forschungen ermöglicht es, komplexe astrologische Techniken zu entwickeln und auf nahezu endgültige Weise das *horoscopus* zu stellen. Wir können die astrologische Wissenschaft hier nicht im einzelnen erörtern; es sei lediglich darauf hingewiesen, daß ihre Grundlagen bereits Mitte des 2. Jahrhunderts im Werk des Alexandriners Hipparchos zu finden sind. Er beschreibt die Nativitätskarte – etwas ungebührlich Horoskop genannt – als das Bild des Himmels im Augenblick der Geburt, unter Hinweis auf die Stellung der Sonne, des Mondes und der Planeten auf dem Kreis des Zodiakus, der wiederum um acht oder zwölf »Orte« oder »Häuser« kreist, die jeweils einen Sektor des menschlichen Lebens beherrschen. Die Stellung des Ganzen erlaubt es, den Einfluß der Planeten auf das neugeborene Kind zu bewerten.[27] Es geht uns hier also nicht darum, die Mechanismen der Astrologie zu verstehen, die an sich nicht stichhaltiger sind als die der Wahrsagung, sondern darum, ihre Auswirkungen auf die Gemüter zu erfassen. Und so müssen wir feststellen, daß die hellenistische Welt ein Weissagungsinstrument erschaffen hat, dessen beachtlicher Erfolg im Geist seiner Adepten auf der Synthese von Okkultem und Wissenschaftlichem beruht, was es gegenüber den Unbilden der Zeit besonders widerstandsfähig machte, so daß es auch heute noch viele Anhänger hat. Indem sich die Astrologie als echte Wissenschaft darstellt, kann sie ihre Mißerfolge mit fehlerhaften Berechnungen erklären, denen abzuhelfen möglich ist. Wie jede andere Wissenschaft ist die Astrologie in der Lage, durch Verfeinerung ihrer Methoden Fortschritte zu erzielen, so daß ihre Grundbehauptung nicht in Frage gestellt zu werden braucht, nämlich daß zwischen der Welt der Sterne und den Menschen eine Kausalitätsbeziehung besteht.

Ptolemaios und die hellenistische Astrologie

Die Verbindung von Okkultem und Wissenschaftlichem ist typisch für die von Gegensätzen und Ungleichgewichten gekennzeichnete hellenistische Epoche, geprägt von einem Aufruhr an Ideen und Forschungen, einer Vermischung und Verschmelzung verschiedener Traditionen, innovatorischer Kühnheit, einer Infragestellung der Werte sowie großer metaphysischer und religiöser Unruhe. Eine verwirrende und fesselnde Epoche des Übergangs, die die einen zum Skeptizismus und die anderen zum Mystizismus treibt. Eine unruhige Epoche, in der die Geschichte aus dem Takt zu geraten und das individuelle Schicksal, so ungewiß wie nie zuvor, der Spielball des Zufalls zu sein scheint. In diesem Kontext wird das Bedürfnis, die Zukunft zu kennen, verstärkt durch das Streben nach einer Stabilität, die sich in der stets Veränderungen unterworfenen Gegenwart entzieht. Mehr als die stabilen Perioden der »großen Zivilisationen« wenden sich die Epochen des Übergangs, in denen die Bestürzung wächst, der idealisierten Vergangenheit und einer mit Hoffnungen befrachteten Zukunft zu. Dann gedeihen Weissagungen, Prophezeiungen und Antizipationen, in der hellenistischen Zeit nicht anders als im 20. Jahrhundert.

Ein Beispiel für die erstaunliche Mischung aus Irrationalem und Wissenschaftlichem in der hellenistischen Epoche ist auch das Auftauchen der hermetischen Schriften, offenkundig griechischer Werke, die dem mit Hermes gleichgesetzten ägyptischen Gott Thot zugeschrieben werden. Thot war sowohl der Gott der Zeit wie der Astronomie, der Kunst, der Wissenschaft, der Schrift. Seine Gleichsetzung mit Hermes erfolgte schon vor dem 4. Jahrhundert. Was letzteren betrifft, so begrüßen ihn die Hymnen unter dem Namen »dreimal der Größte«, Trismegistos. Eine ganze Literatur wird unter seine Schirmherrschaft gestellt, und zu diesen hermetischen Schriften zählen neben alchemistischen, medizinischen, magischen Büchern auch astrologische Abhandlungen, die den ehemaligen Pharaonen Nechepso und Petosiris zugesprochen werden, sowie ein unter dem Namen *Salmeschiniaka* bekanntes Werk. Darin findet man Betrachtungen über die Kometen, die Finsternisse, die günstigen und die ungünstigen Tage, die Dauer des Lebens. Der Kern dieser Literatur scheint aus alten, vor allem babylonischen Texten zu stammen, die den astrologischen Erfordernissen angepaßt wurden. Dies könnte bei einer Weissagung wie folgender der Fall sein: »Wenn Merkur zur Zeit des Aufgangs von Sirius im Zeichen der Zwillinge steht, so wird der Anstieg [der Wasser des Nils] segensreich sein, das Volk wird sich freuen, und der König wird siegen.«[28]

Mitte des 2. Jahrhunderts unserer Zeitrechnung bringt die hellenistische Astrologie ihr Meisterwerk hervor: die *Tetrabiblos* oder – lateinisch – *Quadripartitum* des Alexandriners Klaudios Ptolemaios.[29] Dieses Werk ist der zweite Teil der *Apotelesmatica*, deren erster Teil, das *Almagestum*, die reine Astronomie zum Gegenstand hat. Denn Ptolemaios hebt die Tatsache hervor, daß die astrologischen Voraussagen nur dann glaubhaft sein können, wenn sie auf einer vollständigen Kenntnis der Himmelsmechanik beruhen. In seiner Einleitung erklärt er: »Auf zweifacher Grundlage müssen wir das Gebäude der astrologischen Divination errichten. Die eine, welche auch naturgemäß zuerst Beachtung erfahren muß und das Fundament darstellt, ist die Beobachtung, durch die wir zu jedweder Zeit die Bewegungen der Sonne, des Mondes und der übrigen Gestirne sowohl hinsichtlich ihrer Verhältnisse zueinander, als auch unserer Erde gegenüber festzustellen imstande sind. (...) Die erste dieser beiden Zweige unserer Wissenschaft verlangt eigene, sorgfältige Beschäftigung (...). Hinsichtlich des zweiten Teiles nun werden wir nicht so exakte und unumstößliche Tatsachen geben können, ähnlich der Philosophie.«

Ptolemaios unterscheidet also, sowohl in den Fakten wie in den Termini, Astronomie und Astrologie. Seinen Ruhm in der Wissenschaftsgeschichte verdankt er ersterer, die im *Almagestum* enthalten ist, für ihn selbst jedoch ist die Astronomie lediglich eine notwendig Etappe auf dem Weg zum wesentlichen Ziel, der Kenntnis der Zukunft mit Hilfe der astrologischen Vorherverkündigung.

Zwei Merkmale seiner Vorgehensweise sind bemerkenswert: seine wissenschaftliche Strenge und seine philosophische Perspektive. Ptolemaios bedient sich aller seriösen Kenntnisse seiner Zeit, vervielfacht seine Beobachtungen und erarbeitet ein astronomisches System, das vollkommener ist als das von Aristoteles, da er den Erscheinungen stärker Rechnung trägt. Er versucht auch nachzuweisen, wobei er die schon von Hippokrates nahegelegten Ergebnisse der astrologischen Medizin verwendet, daß die Gestirne einen entscheidenden Einfluß auf den menschlichen Körper, auf den Charakter, die Persönlichkeit, das Temperament ausüben. Saturn z. B. »wirkt kältend und in einem gewissen Grade austrocknend, weil er dem Anscheine nach am weitesten von der Hitze der Sonne wie von feuchten Dünsten entfernt sich aufhält«. Im allgemeinen bringt Saturn »Menschen von gelblicher Farbe hervor« und »bewirkt Unterleibserkältungen, führt Schleimflüsse und Schnupfen herbei und macht dürre und schwächliche Menschen, die Durchfällen unterworfen sind, gibt trockenen Husten...«[30] Außerdem wird jeder Körperteil dem Einfluß eines Tierkreiszeichens zugeordnet.

Aus diesen Prinzipien zieht er alle möglichen Konsequenzen, die die Bewegung der Planeten auf das menschliche Leben haben, wobei er sich auch mit den heiklen Punkten befaßt. Soll man sich bei der Genethlialogie beispielsweise auf den Augenblick der Geburt oder auf den der Empfängnis beziehen, um das Horoskop zu stellen? Wenn man den genauen Zeitpunkt der Empfängnis wüßte, dann müßte man sich auf diesen stützen. Da dies nicht möglich ist, verwendet man den Augenblick der Geburt, doch zwischen beiden besteht eine enge Beziehung, die mit den Bewegungen des Mondes zusammenhängt, und der eine läßt sich aus dem anderen erschließen. Andererseits greift er die neuplatonische Theorie der Reise der Seele durch die Sphären im Augenblick der Geburt auf, um die Merkmale dieser Seele zu erklären, je nachdem, in welcher Position sich die Sterne befinden, wenn die Seele in den Körper einzieht.

Ptolemaios versteht es auch, vorsichtig zu sein. Zum Beispiel in der äußerst heiklen Frage, wie sich die Dauer des Lebens eines Individuums berechnen läßt. Diese Frage ist Gegenstand wiederholter Verbote seitens der Herrscher und Regierenden, die befürchten, unbedachte Vorhersagen könnten zu Anschlägen auf ihr Leben führen. Alexander zum Beispiel war in Zorn geraten, als er erfuhr, daß der Statthalter von Babylon, Apollodoros aus Amphipolis, den Wahrsager Pythagoras über sein Schicksal befragt hatte. Daher ist die von Ptolemaios empfohlene Methode so kompliziert und mit so vielen Imponderabilien behaftet, daß sie jedes beliebige Ergebnis zu rechtfertigen erlaubt.

In seinen Augen kann die Astrologie auch politische und gesellschaftliche Ereignisse voraussagen. Die Kometen können Dürren und Unwetter hervorrufen. Einem seiner späteren Kommentatoren, Hephaistion von Theben, zufolge zeigt eine bestimmte Art von Komet »den raschen Sturz von Königen und Tyrannen an und verursacht Veränderungen in den Angelegenheiten der Länder, auf die sein Schweif hindeutet«.[31]

Astrologie, Wahrsagung und Schicksal

Doch mehr als in seinen wissenschaftlichen Schlußfolgerungen, die früher oder später veralten, mehr als in seinen astrologischen Illusionen liegt die Bedeutung der *Tetrabiblos* in ihren philosophischen Fragestellungen. Denn Ptolemaios fragt nach der Epistemologie und den metaphysischen Grundlagen der Astrologie. Das zentrale Problem, das des Determinismus, ist ihm durchaus bewußt. Wenn die Astrologie wahr ist, wenn sie Vorhersagen erlaubt, dann bestimmen die Sterne unser Schicksal, und wozu sind Vorhersagen dann nütze?

Ptolemaios führt hier zunächst einen psychologischen Grund an: selbst wenn ein Ereignis unabwendbar sei, so sei es doch besser, es im voraus zu kennen. »Denn erstlich führen bei Ereignissen, die uns aus diesem Schicksalsverhängnis heraus treffen, Überraschung und Ahnungslosigkeit in größte Fassungslosigkeit oder überwältigende Freude. Wissen wir jedoch von dem, was uns bevorsteht, so gewöhnt dies unsere Seele vorher daran und mäßigt ihre Erregung, wodurch sie dem Kommenden gegenüber sich festigt, bis es Wirklichkeit geworden ist und uns in den Stand setzt, es in Frieden und gefaßt entgegenzunehmen.«[32]

Es stellt sich nun die Frage nach dem Grad an Determinismus, den Ptolemaios im Auge hat. Nach der Strenge seiner Beweisführungen und bestimmten lapidaren Formulierungen zu schließen, scheint er eine rein mechanische Auffassung des Menschen und der Welt zu haben, die jeden freien Willen ausschließt. Schreibt er doch: »Denn die Ursache des allgemeinen Schicksals wie auch des speziellen im Leben einzelner Menschen sind die Wirkungen der Planeten, der Sonne und des Mondes.«[33]

In Wahrheit schließt er sich der abgemilderten deterministischen Auffassung der Stoiker an. Er versucht, sie auf eine für den rationalen Geist nicht ganz befriedigende Weise zu erklären, die jedoch dem bei den meisten Astrologen vorherrschenden Gefühl entspricht, das sich etwa wie folgt zusammenfassen läßt: »Der Himmel macht geneigt, er zwingt nicht.« Die physikalischen Erscheinungen und die gesellschaftlichen, kollektiven, allgemeinen Ereignisse, jene, die den Rahmen unseres Lebens bilden, werden von den Planeten bestimmt und sind vorhersehbar; andererseits sind auch unser Charakter und unsere Neigungen festgelegt, so daß die Astrologie behaupten kann, daß unter diesen oder jenen Umständen ein bestimmtes Individuum wahrscheinlich auf eine bestimmte Weise reagieren wird und ihm infolgedessen dies oder jenes zustoßen wird. Letztlich ist der Astrologe der Vorfahre des Psychologen.

Diese Position erlaubt es Ptolemaios, die Astrologie als eine Wissenschaft darzustellen, die den Determinismus im Dienst des freien Willens anwendet: Indem sie die allgemeinen Ereignisse durch den natürlichen Einfluß der Gesetze der Sterne voraussagt und unser wahrscheinliches Verhalten angesichts dieser Ereignisse vorhersieht, ermöglicht sie es uns, Vorkehrungen zu treffen, um unser

Handeln gemäß unseren Zielen selbst zu bestimmen. Mit anderen Worten: viel Determinismus macht uns zu Gefangenen, ein wenig Determinismus befreit uns. Die Astrologie wird zu einem Instrument der Befreiung: Wenn ich nicht weiß, was geschehen wird, dann werde ich unweigerlich von dem Ereignis und meinem Charakter fortgerissen; bin ich jedoch über den wahrscheinlichen Zwischenfall gewarnt, dann kann ich versuchen, ihn zu vermeiden.

»Ferner darf man auch nicht glauben, daß den Menschen aus himmlischer Ursache heraus etwas begegnet, das gänzlich von einem unwandelbaren, göttlichen Entschluß abhängig wäre: so daß gleichsam aus festgelegtem Gesetz notwendig etwas eintreffen müsse und aus keinem anderen Grunde in die Erscheinung treten kann. Denn eine jede Bewegung des Himmels ist wohl durch ein unwandelbares, göttliches und ewiges Gesetz festgelegt, das Irdische hingegen gibt ihm durch das natürliche und wechselvolle Geschick verschiedenartigsten Ausdruck, denn es empfängt die anstoßende Ursache seines Wechsels vom Himmel, die es immer wieder dem Lauf des Lebens entsprechend in anderer Art zu einem Ereignis formt. (...) Noch andere Ereignisse wieder, die nicht aus unmittelbarer himmlischer Ursache herzuleiten sind, sind, sofern Hilfs- oder Heilmittel dawider hinzutreten, leicht abzuändern; können Mittel dagegen jedoch nicht ergriffen werden, so werden sie ihrem ursprünglichen Anstoß entsprechend ihren Lauf nehmen. Das würde sich jedoch nur infolge eines Mangels menschlicher Erkenntnis ereignen, nicht aber durch Schicksalsverhängung.«[34]

Das löst indes nicht alle Probleme. Einerseits habe ich, wie die Stoiker meinen, kaum eine andere Wahl, als mich nach den allgemeinen Naturgesetzen zu richten und mein Schicksal gelassen zu ertragen, oder aber gegen sie anzukämpfen und mein Schicksal dennoch zu erleiden, dabei aber unglücklich zu sein. Andererseits erlaubt es mir die mittlere Position – die des Ptolemaios sowie der meisten Astrologen – nicht, in Erfahrung zu bringen, wo die Grenze zwischen festgelegten Ereignissen und freien Ereignissen verläuft. Ein gesellschaftliches Phänomen wie eine Revolution ist Teil des allgemeinen, von den Sternen bestimmten und vorhersehbaren Rahmens; aber die individuellen Reaktionen auf diese Revolution lassen sich verbessern. Nun sind es jedoch die Individuen, die die Revolution machen. Kann die Summe unvorhersehbarer freier

Handlungen zu einer von den Sternen festgelegten und folglich vorhersehbaren kollektiven Handlung führen?

Alle Arten der Weissagung sind mit diesem Problem konfrontiert, das das Prinzip der Kenntnis der Zukunft in Frage stellt. Und die griechischen Intellektuellen haben es nicht versäumt, sich mit der Frage zu befassen. Ihre Antworten sind nicht einhellig. Die ersten Denker, die Dichter waren, huldigen einem unausweichlichen Schicksal, das mit dem göttlichen Willen verschmilzt. Für sie wie für die Tragiker, die sich von ihren Werken inspirieren lassen, ist dies eine wesentliche Triebfeder der epischen Handlung, die zeigt, wie der Mensch sich vergeblich gegen ein erbarmungsloses Verhängnis stemmt. Die Vorhersagen gehen immer in Erfüllung, gleich welche Listen angewandt werden, um den Fallstricken des angekündigten Geschicks zu entgehen. Das Los der Atriden ist in dieser Hinsicht beispielhaft. Hesiod, Homer, Pindar, Sophokles, Aischylos teilen diese Auffassung. Bei den beiden letzteren scheinen die unfehlbaren Orakel sogar die Fähigkeit zu besitzen, die Ereignisse zu verursachen: Vorhersage und Magie sind noch nicht wirklich getrennt.

Erst das Theater des Euripides spiegelt die Diskussionen über die Zukunft wider. Hier sieht man Seher und Orakel, die sich irren. Die vorsokratischen Philosophen sind in dieser Frage geteilter Meinung. Die Pythagoreer, die starke mystische Tendenzen zeigen, akzeptieren die Wahrsagung, und Pythagoras gilt später auch als Prophet, dessen Orakel im 4. Jahrhundert von Andron aus Ephesos gesammelt werden. Auch Empedokles spricht sich für die Mantik aus. Heraklit dagegen läßt nur die im Wachzustand mitgeteilte intuitive Weissagung gelten wie bei der Pythia und der Sibylle, und Xenophanes spottet über den Aberglauben des Volkes im allgemeinen.

Für andere ist die einzig legitime und glaubwürdige Vorhersage diejenige, die sich auf die Beobachtung der physikalischen Erscheinungen stützt. So sieht Thales aufgrund seiner meteorologischen Beobachtungen eine gute Olivenernte voraus. Für Demokrit ist es die wissenschaftliche Kenntnis der Naturgesetze, die Vorhersagen möglich macht. Aber da er diese Gesetze mit dem Wirken von Geistern erklärt, hat die griechische Tradition ihn zu einem von den Chaldäern geschulten Astrologen erklärt, wie Diogenes Laertius berichtet. Der radikalste ist Anaxagoras, der jeden Einfluß des

Übernatürlichen verwirft und gegen die Seher wettert. Er war es, der »als erster als Prinzip der Weltordnung nicht den Zufall noch die Notwendigkeit annahm, sondern den reinen, lauteren Geist«, schreibt Plutarch[35], der kurz darauf folgende Anekdote erzählt: Man hatte auf dem Landgut des Perikles einen Widder gefunden, der nur ein Horn besaß. Der Seher Lampon deutet diese Erscheinung als ein prophetisches Zeichen: Perikles werde seinen Rivalen Thukydides ausstechen und alleiniges Oberhaupt von Athen bleiben. Anaxagoras verspottet ihn, zerlegt den Schädel und gibt eine wissenschaftliche Erklärung des Prodigiums. Im Augenblick bewundert man die Weisheit des Anaxagoras, doch wenig später schaltet Perikles tatsächlich seinen Rivalen aus, und nun triumphiert der Seher Lampon. Plutarch zieht die Lehre: Beide hatten recht; der eine hat die Ursache geliefert, der andere die Bedeutung; daß eine Erscheinung eine natürliche Erklärung hat, heißt nicht, daß es ihr an Vorhersagekraft fehlt.»Meines Erachtens haben jedoch beide, der Naturphilosoph wie der Seher, ihre Aufgabe erfüllt, indem der eine die Ursache, der andere den Endzweck des Wunderzeichens richtig erfaßte. Denn dem Gelehrten lag ob, durch Beobachtung festzustellen, woher es gekommen und wie es entstanden sei, dem Seher, vorauszusagen, zu welchem Zweck es geschehen und was es bedeute.«[36]

Sokrates, der sich hier weniger rational und modern als einige seiner Zeitgenossen zeigt, glaubt an das Vermögen der Wahrsagung, die er auch selbst praktiziert, indem er die Träume deutet und erklärt, seine Schutzgeister seien gegen den Sizilienfeldzug. Xenophon zufolge soll er unzweideutig die Rechtmäßigkeit der Mantik behauptet haben: »Sofern wir nicht imstande sind, für die Zukunft die geeigneten Vorkehrungen zu treffen, daß sie [die Götter] uns selbst darin helfen, indem sie dem, der danach fragt, durch Vorzeichen kundtun, wie alles ablaufen wird, und uns lehren, wie es wohl am besten getan werden kann, was meinst du dazu?«[37] Freilich dürfe man sie nur als letztes Mittel einsetzen, da dies in Aberglaube oder Manipulation ausarten könne.

Die Gegner der Wahrsagung

Die entschiedensten Gegner jeder Form von Vorhersage und Prophetie, in der sie nichts als Betrug sehen, sind die kynischen und skeptischen Strömungen. Wenn schon die Kenntnis der gegenwärtigen Wahrheit unmöglich ist, dann ist es erst recht lächerlicher Wahnsinn zu behaupten, man kenne das, was nicht existiert, die Zukunft. Die megarischen, kyrenaikischen und kynischen Denker haben nur Sarkasmen übrig für die Armen im Geiste, die an Weissagungen glauben und sich durch prophetische Manipulationen an der Nase herumführen lassen. Für Diogenes sind jene, die auf die Seher hören, verrückt. Man muß in der Gegenwart leben. Der Kyniker Oinomaos von Gadara reitet in *Die Gaukelei der Scharlatane* eine regelrechte Attacke gegen die Divination, indem er die Unvereinbarkeit von Vorhersage und Freiheit betont. Das Orakel von Delphi, so schreibt er, sei verantwortlich für den Tod zahlloser Menschen, die sich von seinen Ratschlägen täuschen ließen. Die Wahrsagung würdige die Religion zum Fetischismus herab. Diese Worte eines Heiden wurden unweigerlich von den christlichen Apologeten vereinnahmt. Eusebios ist nur allzu glücklich, zeigen zu können, daß für Oinomaos »die von den Griechen so bewunderten Orakel nicht einmal von den Geistern stammen, geschweige denn von den Göttern. Er hält sie für das finstere Werk und den arglistigen Betrug von Männern, die sich der Magie verschrieben haben und alles daran setzen, der Menge zu imponieren.«[38]

Auch Karneades, ein berühmter Skeptiker der neuen Akademie im 2. Jahrhundert vor unserer Zeitrechnung, greift das Prinzip der Vorhersage an: Wenn der Zufall die Welt lenkt, ist er unvorhersehbar; ist es die Notwendigkeit, dann ist die Voraussage unnütz, ja sogar schädlich. Tatsächlich ist der Mensch frei, und niemand vermag seine Handlungen vorherzusehen. Die eingetroffenen Prophezeiungen sind lediglich Koinzidenzen. Was die Astrologie angehe, so sei sie Betrug: in einer Schlacht sterben viele Menschen zur gleichen Zeit, die nicht am selben Tag geboren wurden und nicht dasselbe Horoskop haben. Er ist einer der ersten, der ein mittlerweile klassisch gewordenes Argument gegen die Astrologen verwendet: den Fall der Zwillinge, die zur gleichen Zeit geboren wurden und dennoch verschiedene Schicksale haben.

Zu den Gegnern der Divination ist noch Epikur und seine Schule zu rechnen, für die es weder Fatalität noch Vorsehung gibt. Auch die Theaterautoren zeigen sich gegenüber den Sehern äußerst satirisch. Sogar Sophokles schreibt in *Antigone*: »Das ganze Volk der Seher ist dem Gelde hold.« Die Komödiendichter lassen es sich nicht entgehen, die Anmaßung der Seher lächerlich zu machen. Während des Peloponnesischen Kriegs, als die Orakel immer häufiger befragt werden, ist Aristophanes besonders bissig: In *Der Friede* karikiert er die Seher als Vielfraße und Schwindler; in *Die Ritter* läßt er Kleon und einen Wursthändler auftreten, die sich in widersprüchlichen Orakeln überbieten, um das Volk zu überzeugen. Als Kleon sich auf den ältesten Seher, Bakis, beruft, dichtet ihm der Wursthändler einen älteren Bruder an, um noch weiter zurückliegende Orakel anführen zu können. Die hellenistischen Komödien schlagen in dieselbe Kerbe – *Der Seher* und *Der Inspirierte* von Alexis, *Der Erleuchtete* von Menander –, und die rhetorischen Handbücher empfehlen, stets ein paar gute Orakel zu zitieren, um die Beweisführung zu untermauern: die Prophetie ist Teil der literarischen Konventionen.

Die Geschichtsschreibung, eine weitere literarische Gattung, die wir den Griechen verdanken, ist auch eine der ersten Schulen des Skeptizismus, zumindest wenn sie mit dem unerläßlichen kritischen Geist betrieben wird. Denn immer gibt es auch leichtgläubige Historiker, woran die Zeit nichts ändert: siebenhundert Jahre nach Herodot ist Plutarch, was die Wahrsagung betrifft, noch ebenso naiv wie dieser. Daher sind seine Doppelbiographien großer Griechen und Römer für uns ein Glücksfall, eine unerschöpfliche Quelle aller möglichen Vorzeichen, Auguren und Prophezeiungen. Wir werden darauf zurückkommen.

Ganz anders Thukydides, der ihm mindestens fünfhundert Jahre vorausgeht. In seinem Ende des 5. Jahrhundert verfaßten Geschichtswerk *Der Peloponnesische Krieg*, einem Muster an Strenge und Komposition, versucht er die Mechanismen des menschlichen Verhaltens im Bereich der Politik zu analysieren.[39] Auch wenn er zu einer deterministischen Anschauung zu gelangen scheint, kann man doch nicht mit Gewißheit sagen, ob er an die ewige Wiederkehr glaubt, wie es zuweilen heißt.[40] Wenn er von demjenigen spricht, der »das Gewesene klar erkennen will und damit auch das Künftige, das wieder einmal, nach der menschlichen Natur, gleich oder ähnlich sein wird«[41], dann in einem sehr allgemeinen Sinn, nämlich daß das menschliche Verhalten immer denselben Triebkräften gehorcht, die zu analysieren er bestrebt ist. Jedenfalls verwirft er offenkundig die Weissagungspraxis und warnt den Leser: »Seht zu, daß es euch nicht auch so geht, ihr Schwachen, deren Waage beim ersten Anstoß schnellt, und tut es nicht den vielen gleich, die, statt auf Menschenwegen die noch mögliche Rettung zu ergreifen, sobald in der Bedrängnis die klaren Hoffnungen sie verlassen, auf die verschwommenen bauen: Weissagung, Göttersprüche und all dessen, was mit Hoffnungen Unheil stiftet.«[42]

Sein Verhalten nach trügerischen Vorzeichen zu richten, kann zur Katastrophe führen, wie im Fall des Sizilienfeldzugs, wo infolge einer Mondfinsternis »auch Nikias – er gab wohl etwas zu viel auf Propheterei und dergleichen – sich weigerte, vor Ablauf von dreimal neun Tagen, wie es die Seher ausdeuteten, auch nur einmal zu beraten über einen früheren Aufbruch«.[43] Eine verhängnisvolle Verzögerung, die das Unheil herbeiführt. Wenn eine Vorhersage bisweilen eintrifft, dann sei das schierer Zufall – so hatten die Seher »einmal« recht behalten, als sie die Dauer des Krieges voraussagten.

Dagegen hat Thukydides genau erkannt, daß die Wahrsagung zu einem reinen Werkzeug der Politik geworden war, das eingesetzt wurde, um eine leichtgläubige Öffentlichkeit zu manipulieren, wobei die Orakel an die Stelle rationaler Argumente traten. Im Jahre 431, als Athen eine Invasion der Spartaner drohte, waren »die einen für den Ausmarsch, die anderen dagegen. Spruchsänger sangen allerlei Weissagungen, die jeder je nachdem zu vernehmen trachtete.«[44] Völlig unlogisch fällt die Menge nachträglich über den Seher her, wenn sich die Orakel nicht erfüllt haben, wie nach dem Scheitern des Sizilienfeldzugs: die Athener »zürnten den Sehern und Propheten und allen, die ihnen mit Weissagungen damals Hoffnung gemacht auf die Eroberung Siziliens«.[45] Aberglaube auf der einen, Betrug auf der anderen Seite: Thukydides gewinnt aus der Geschichte eine absolut negative Auffassung der Wahrsagung.

Sein stark latinisierter Landsmann aus dem 2. Jahrhundert vor unserer Zeitrechnung, Polybios, empfindet dieselbe Verachtung für alle Erklärungsmethoden, die sich auf das Übernatürliche berufen. Als Anhänger einer streng rationalistischen und deterministischen Geschichtsauffassung schreibt er: »Für kindisch erachte ich nicht nur alles, was dem logischen Prinzip zuwiderläuft, sondern auch, was außerhalb des Möglichen liegt.« Die Geschichte wird von »Fortuna« gelenkt, einem Fatum, das durch nichts verändert werden kann, und dieser absolute Determinismus, den Polybios mittels einer vergleichenden Untersuchung der Zivilisationen aufdecken zu können meint, erlaubt Vorhersagen unter Anwendung soziologischer Gesetze: Jede Gesellschaft beginne mit einer Situation des Chaos, aus der ein Anführer hervorgehe; bald komme es durch allgemeine Zustimmung zu einer Monarchie, die dann in Tyrannei ausarte; dann erfolge eine aristokratische Reaktion, die zu einem oligarchischen Regime führe, welches von der Demokratie gestürzt werde, und diese weiche bald populistischen und demagogischen Tendenzen, die sie in eine ans Chaos grenzende Situation bringen, aus der ein neuer Despotismus hervorgehe. Eine zyklische Sicht, die es erlaubt, in jedem Augenblick die folgende Etappe vorauszusehen, nach dem klassischen Schema: Aufstieg, Höhepunkt, Niedergang.

Die Befürworter der Wahrsagung

Das griechische und hellenistische Denken enthält also starke Strömungen, die gegen die Weissagung übernatürlichen Ursprungs, mittels Deutung von Zeichen oder direkter Kommunikation, Einwände haben. Die Befürworter der Wahrsagung sind nicht weniger zahlreich und nicht weniger angesehen. Da gibt es zunächst die stoische Strömung, die aufgrund der Lehre von der universellen Sympathie, der zufolge es zwischen dem Ganzen und den Teilen Entsprechungen und wechselseitige Einflüsse gibt, die Verbindung der Zukunft mit den Menschen der Gegenwart bejaht. Da die Götter gut sind, versuchen sie uns aufzuklären, indem sie uns Zeichen oder Visionen über die Zukunft schicken. Bei diesen Informationen besteht allerdings die Gefahr, daß sie nicht viel nutzen, denn die Stoiker meinen, die Welt gehorche einem unabänderlichen Fatum. Nur die Weisen können demnach von der Wahrsagung profitieren, da sie es ihnen ermöglicht, ihren Willen und den göttlichen Willen in vollkommene Harmonie zu bringen: wissen, was

Die griechische Wahrsagung 101

geschehen wird, um es zu wollen – dies ist das Rezept wenn nicht des Glücks, so doch der Gelassenheit. Hierzu hat die Vorsehung verschiedene Mittel bereitgestellt, uns die Zukunft erkennen zu lassen: die spontane oder intuitive Divination, durch direkte Kommunikation mit der Gottheit, sowie die künstliche Divination mittels Beobachtung von Zeichen. Manche, wie Panaitios, räumen lediglich erstere ein; andere, wie Poseidonios, unterscheiden drei Arten von Offenbarungen: durch die Vorsehung, das Schicksal und die menschliche Natur. Als der Stoizismus in die römische Welt Eingang findet, verliert er seine Einheit in bezug auf die Kenntnis der Zukunft. Ein Mann wie Cato Uticensis zum Beispiel meint, die Sorge um die Zukunft sei eine des Weisen unwürdige Schwäche.

Aristoteles bestreitet das Prinzip der Wahrsagung nicht, schreibt es aber einer natürlichen Fähigkeit zu, die bei manchen Menschen aufgrund besonderer physiologischer Voraussetzungen einen hohen Grad an Wirksamkeit erlange, wie zum Beispiel bei den Melancholikern oder bei bestimmten Kranken. Auf diese Weise erklärt er die Fähigkeit der Sibyllen. Doch so leichtgläubig er sich gegenüber diesen mythischen Wesen auch zeigt, desto strenger und kritischer betrachtet er die gewöhnlichen Seher, die er allesamt für Scharlatane hält. Im übrigen erlaubt seine zyklische Auffassung der Entwicklung der Welt bestimmte, sehr allgemeine Vorhersagen.

Es ist Platon, der aufgrund seines hohen Ansehens in der abendländischen Kultur am meisten dazu beigetragen hat, die Realität und Effizienz der Divinationsmethoden zur Kenntnis der Zukunft zu beglaubigen. Ihm zufolge haben uns die Götter, die uns erschaffen haben, das Wahrsagevermögen eingepflanzt als ein Mittel, die Unzulänglichkeit unseres Verstandes zu mildern. Und dieses Vermögen entspricht einem ganz bestimmten Organ: der Leber. Dicht, glatt und glänzend, ist sie gleichsam der Spiegel der Seele. Auf sie konzentrierten die Eingeweideschauer lange Zeit ihre Beobachtungen: Allgemeinzustand, Farbe, jeweilige Größe der Lappen, Anwesenheit oder Abwesenheit eines »Kopfes«. Diesem Organ, dessen physiologische Funktion man nicht so ganz verstand, wurde die Fähigkeit zugesprochen, mit der geistigen Welt zu kommunizieren. Im *Timaios* schreibt Platon kategorisch: »Deswegen also ist die Natur der Leber so beschaffen und nimmt ihrer Natur nach die von uns beschriebene Stelle ein, behufs der Seherkraft nämlich.«[46]

Für Platon ist die Seherkraft des Menschen seiner Geisteskraft umgekehrt proportional. Wenn der Verstand in ihm geschwächt ist oder schläft, ist er am ehesten in der Lage, die divinatorischen Eingebungen zu empfangen, während des Schlafs, der Krankheit, des Deliriums, der Trancen. Der günstigste Augenblick ist die Nähe des Todes: »Ich bin schon in jenem Zustand, wo die Menschen am besten prophezeien«, läßt er den sterbenden Sokrates sagen. In solchen Situationen empfängt der Mensch Bilder und spricht unbewußt Worte aus, und diese Worte müssen sodann von den Sehern analysiert werden, damit sie die prophetische Bedeutung erfassen: »Daß nämlich Gott dem menschlichen Unverstande die Seherkraft verlieh, dafür dient zu einem ausreichenden Belege, daß niemand mit Überlegungen die gottbegeisterte und wahrhafte Seherkraft übt, sondern entweder, indem der Schlaf die Kraft seines Nachdenkens fesselt, oder vermöge eines Fiebers oder einer durch Verzükkung erzeugten Umwandlung. (...) Darum bestellte auch das Gesetz die Gilde der Wahrsager zu Richtern über gottbegeisterte Weissagungen, welche selbst einige Wahrsager nennen, denen es ganz unbekannt blieb, daß dieselben Dolmetscher, nicht aber Urheber eines göttlichen Gesichtes oder Wortes sind und mit dem größten Rechte wohl Verkünder des Vorhergesehenen genannt werden dürften.«[47]

Im *Phaidros* erklärt Platon erneut das Phänomen der prophetischen Ekstase, welche die der Seele eigentümlichen Fähigkeiten außer Kraft setzt. In eben diesem Zustand sprechen die Pythia und die Sibylle ihre Orakel, deren Authentizität und Nützlichkeit Platon nicht in Zweifel zieht: »Denn die Prophetin zu Delphi und die Priesterinnen zu Dodone haben im Wahnsinn vieles Gute in privaten und öffentlichen Angelegenheiten unserer Hellas zugewendet, bei Verstande aber Kümmerliches oder gar nichts. Wollten wir auch noch die Sibylla anführen, und was für andere sonst noch durch begeistertes Wahrsagen vielen vieles für die Zukunft vorhersagend geholfen, so würden wir langweilen mit Erzählung allgemein bekannter Dinge.«

Ein Beweis dafür, welche Bedeutung Platon der vorzeitigen Kenntnis der Zukunft beimißt: in seiner idealen Polis wird die Weissagung ein Monopol des Staates sein. Schon für ihn gilt der

Satz: »Regieren heißt vorhersehen«, und die Seherkraft verleiht den Regierenden eine außergewöhnliche Macht, die wirksamer ist als jedwede Geheimpolizei. Die unabhängigen Seher sind lediglich Scharlatane, und nur die offizielle Wahrsagung soll erlaubt sein. Freilich präzisiert Platon, daß der Staat durch die Schlüsse der Seher nicht gebunden sein soll, was seltsam anmuten mag, wenn man die Authentizität der Wahrsagung anerkennt. Sollte darin die Möglichkeit einer Manipulation zu sehen sein?

Außerdem ist für Platon das Leben der Welt von einer zyklischen Bewegung geprägt: periodische Rückkehr zum goldenen Zeitalter, Verfall, Untergang durch das Wasser oder das Feuer und Wiederbeginn. Ein im antiken Denken klassisches Schema mit einigen Abwandlungen im Detail, was die Vorhersage von Ereignissen erleichtert, die sich mit jeder Drehung des Rades endlos wiederholen. Die beträchtliche Dauer jedes einzelnen Zyklus, wie bei dem orientalischen »Großen Jahr«, macht indes den repetitiven Aspekt teilweise zunichte und wertet die divinatorische Praxis von neuem auf.

Platons Betrachtungen über die prophetische Inspiration fallen im mystischen Klima der letzten Jahrhunderte vor und den ersten Jahrhunderten nach Christus bei den letzten großen heidnischen Autoren auf fruchtbaren Boden: Plotin gründet die Prophetie auf die allgemeine Sympathie; Iamblichos erklärt sie durch ein inneres Licht, das Gott in der Seele leuchten lasse; Porphyrios erkennt alle Arten der Wahrsagung an, die Kelsos, Maximus von Tyros, Apuleius von Madaura und Philostratos gegen die Christen verteidigen.[48]

In der Geschichte der heidnischen Mantik nimmt Plutarch eine bedeutsame Rolle ein. Dieser Grieche aus Böotien, der in einer späten Epoche, im 2. Jahrhundert unserer Zeitrechnung lebte, als das Ansehen der Weissagung durch jahrhundertelangen Mißbrauch und die Diskussionen in den intellektuellen Kreisen einigermaßen Schaden gelitten hat, versucht eine ausgewogene Theorie der Prophetie zu formulieren: eine Synthese von göttlichem Eingreifen und physikalischen Mitteln. Seine wichtigste Abhandlung, *Über die Mantik*, ist zwar verlorengegangen, aber wir besitzen noch einige kleine Werke, in denen er sich bemüht, Erklärungen für die Funktionsweise der Orakel und die Ursachen ihres Niedergangs zu finden.

Die Abhandlung mit dem Titel *Warum die Pythia nicht mehr in Versen weissagt* verrät das starke Anwachsen des Skeptizismus. Plutarch, der wahrscheinlich zu den Priestern von Delphi gehörte, erklärt, daß man die poetische Dunkelheit der Orakel am Ende nur noch als bloßes Mittel betrachtete, ihre absolute Nichtigkeit zu verschleiern: man beschuldigte nicht nur »die den Orakeln umgehängte Poesie, daß sie der Einsicht der Wahrheit hinderlich sei und die Aussprüche in Dunkelheit und Schatten einhülle, sondern hegte auch sogar den Verdacht, daß Metaphern, Rätsel und Zweideutigkeiten ebenso viele Rückenhalte und Schlupfwinkel wären, wohin man sich leicht zurückziehen könnte, wenn etwa einmal eine Prophezeiung nicht einträfe.«[49] Andere meinen, das Orakel treffe nur durch Zufall bisweilen ein oder durch das Geschick der Propheten, guten Kennern der laufenden Angelegenheiten und der Leidenschaften, die ihre Erfahrung benutzen, um die Zukunft mit einiger Wahrscheinlichkeit vorauszusagen: »Das Vorausgesagte ist geschehen, und das, was geschehen soll, ist vorausgesagt worden. Eine Rede, die Undinge enthält, ist schon an und für sich fehlerhaft und hat also kein Recht, die Bestätigung vom Zufalle zu erwarten; und daß man weiß, die Sache, wenn sie nur vorausgesagt worden, wird auch schon in Erfüllung gehen, weil die Mannigfaltigkeit der Zufälle so unendlich groß ist, dies gibt noch keinen hinlänglichen Grund zum Weissagen. Wer gut raten kann, heißt es im Sprichwort, ist der beste Wahrsager, und also ist ein solcher demjenigen ähnlich, der durch Wahrscheinlichkeiten die Zukunft aufzuspüren und zu erhaschen sucht.«[50] Somit gibt es in dem Wust der sibyllinischen Schriften auch Weissagungen, die in Erfüllung gehen; »und gesetzt auch, daß einige derselben von ungefähr eingetroffen sind, so sind sie doch ebenso falsch und unbegründet als diejenigen, die noch nicht in Erfüllung gegangen, wenn sie auch gleich in der Folge noch eintreffen sollten«.[51]

Schlecht und recht versucht Plutarch, diese Einwände zu entkräften. Die Dunkelheit der Verse, so schreibt er, sei notwendig, damit sie nur von den Betroffenen verstanden würden. Im übrigen werfe man den Orakeln jetzt, da sie in Prosa gesagt werden, ihre zu große Einfachheit vor. Außerdem seien sie keineswegs verschwommen, sondern bisweilen sehr präzise und sehr klar gewesen, wie jenes, das Sparta die Mißgeschicke ankündigte, die wegen eines Hinkenden, Argesilaos, seiner harrten:

> Hüte dich, Sparta, du Stolz der Städte, daß nicht ein König,
> Lahm an Füßen, die Kraft dir, Aufrechtstehende, raube.
> Ach! es werden dich einst ungeahndete Schmerzen ergreifen,
> Wenn von den Wogen des Meers der verzehrende Krieg sich
> daherwälzt.

Jedenfalls, so fügt Plutarch hinzu, muß man »dem frommen Glauben unserer Väter treu bleiben«. Was das Orakel von Delphi letztlich am meisten geschwächt habe, sei die Konkurrenz der anderen Religionen gewesen, der Scharlatane, der falschen Propheten, die das Volk verführten. »Am allermeisten aber haben jene herumziehenden Landstreicher und Marktschreier, jene unverschämten Bettler bei den Tempeln der Mutter der Götter und des Serapis die Dichtkunst in üblen Ruf gebracht, da sie Sklaven und schlechten Weibern weissagten, die sich vornehmlich durch die Verse und wohlklingenden Wörter herbeilocken ließen.«[52]

In seiner Schrift *Über den Verfall der Orakel* fragt sich Plutarch, warum die Orakel allmählich verschwunden sind. In Böotien ist nur noch das von Lebedaia übrig, während es früher eine Vielzahl von ihnen gab. Er stellt eine Hypothese auf, die das Übernatürliche mit dem Körperlichen verbindet. Die prophetische Inspiration könnte Ausdünstungen des Bodens an bestimmten Stellen zu verdanken sein. In Delphi sei möglicherweise die Sonne (Apollon) für bestimmte Veränderungen verantwortlich, die erklären, daß der Legende zufolge ursprünglich ein Hirte, Koretas, der zufällig hier vorbeikam, zu weissagen begonnen habe. Denn die Ausdünstungen dringen durch die Poren der Haut ein und führen der Seele die Bilder der Zukunft zu: »Es ist nämlich wahrscheinlich, daß durch die im ganzen Körper verbreitete Wärme gewisse Kanäle eröffnet werden, die die Bilder zukünftiger Dinge der Seele zuführen, so wie etwa die emporsteigenden Dünste des Weins allerlei Bewegungen hervorbringen und die in der Seele verborgen liegenden Geheimnisse aufdecken. Denn die bakchische Begeisterung und Raserei hat, wie Euripides sagt, eine nicht gemeine Weissagungskraft (...). Ebenso läßt sich auch denken, daß der Dunst, der die Weissagungskraft befördert, mit der Seele in einer genauen Verwandtschaft stehe, das Lockere derselben ausfülle und sie durch eine festere Verbindung zusammenhalte. (...) Daher ist es kein Wunder, daß unter allen den vielen Quellen, die aus der Erde hervorkommen, diese hier allein die Seelen in Begeisterung setzen und sie geschickt machen, die Zukunft vorauszusehen.«[53] Klimatische und tektonische Veränderungen können diesen Vorgang stören und den Orakeln ein Ende setzen: »Denn es ist immer sehr wahrscheinlich, daß diese Dünste von heftigen Regengüssen gedämpft, oder von einschlagenden Blitzen zerstreut, hauptsächlich aber, wenn die Erde durch starke Erschütterungen sich senkt und in ihren Tiefen verstopft wird, anders wohin versetzt oder auch gänzlich vernichtet werden können.«[54]

Im selben Werk weist Plutarch auf den inspirierten Charakter der Weissagung hin: sie sei ein Hauch der Götter, der, durch die Luft übertragen, sich mit dem Körper vereine und die Seele in »einen außergewöhnlichen Zustand« versetze. Sie verbinde sich mit den Fähigkeiten der Einbildungskraft und habe nichts mit der Gabe der Mutmaßung zu tun, einer geistigen, rein menschlichen Eigenschaft. Der Behauptung des Euripides (»Wer gut mutmaßen kann, der ist der beste Wahrsager«) widersprechend, gibt er folgende Definition: »Nur der ist ein gescheiter Mann, der der Leitung seiner Vernunft und den Gründen der Wahrscheinlichkeit folgt. Die Weissagungskraft hingegen ist an sich, gleich einer unbeschriebenen Tafel, ohne Vernunft und ohne Bestimmung, aber doch gewisser Vorstellungen und Vorempfindungen empfänglich, und erreicht das Zukünftige ohne alle Vernunftschlüsse, vornehmlich aber dann, wenn sie aus dem Gegenwärtigen ganz herausgesetzt wird.«[55]

In Plutarchs Werk wimmelt es von Anekdoten über die Wahrsagung in der römischen und griechischen Welt. Ihm zufolge wurden die Greco-Latiner von den Vorzeichen, Auguren, Orakeln, Prophezeiungen gegängelt; seine »großen Männer«, die immer auf göttliche Zeichen lauern, wirken eher wie Marionetten, die sich nach den divinatorischen Deutungen richten und unaufhörlich die Ergebnisse ihres Handelns im voraus in Erfahrung zu bringen suchen. Die menschliche Komödie nach Plutarch ist eine wahre Tyrannei der Zukunft. Wahrscheinlich eine Übertreibung, aber viele andere Historiker bestätigen, welch große Bedeutung der Wahrsagung im klassischen Altertum zukam.

So ist man zum Beispiel überaus empfänglich für die Vorzeichen des Todes. Ein Fall unter Hunderten: der des Atheners Kimon, der durch die Traumdeutung, die Insektomantie und die Eingeweideschau über sein nahes Ende unterrichtet wird. Er träumt, daß eine Hündin freundliche Worte an ihn richtet und ihm erklärt, es werde ihr Freude bereiten, wenn er sie aufsuche, was dem lokalen Seher zufolge bedeutet, daß ein Perser ihn töten werde: die Mischung menschlicher Laute mit einem Tier bezeichne die Perser, weil deren Heer aus Griechen und Barbaren gemischt ist; da der Hund gewöhnlich unser Feind ist, können wir ihm nur durch unseren Tod Freude bereiten. Eine gewagte Auslegung. Andererseits bringen nach einem Tieropfer viele Ameisen Blutstückchen zu Kimon und legen sie um seine große Zehe, und außerdem hat die Leber des Opfertiers keinen Kopf. Das alles ist beunruhigend, und wie nicht anders zu erwarten, stirbt Kimon bald darauf im Krieg.[56]

Der Tod einer Persönlichkeit wie Alexander mußte sich natürlich auf vielfache Weise ankündigen. Chaldäische Seher raten ihm, sich von Babylon fernzuhalten; als er sich dennoch den Mauern der Stadt nähert, streiten Raben miteinander, und einige fallen neben ihm nieder; der Seher Pythagoras opfert ein Tier: die Leber hat keinen Lappen; ein Esel greift in der Nähe von Babylon einen seiner Löwen an und tötet ihn durch einen Hufschlag; ein Unbekannter legt Alexanders Kleidung an und setzt sich, während dieser Ball spielt, auf seinen Thron; er wird beseitigt, aber der König ist »in gedrückter Stimmung«. Plutarch zufolge war Alexander in seinen letzten Tagen von krankhaftem Aberglauben befallen: »Nachdem Alexander nun einmal den göttlichen Dingen gegenüber schwach, schreckhaft und ängstlich geworden war, war keine ungewohnte und seltsame Erscheinung so geringfügig, daß er sie nicht als Anzeichen und Vorbedeutung nahm, sondern das Königsschloß war voll von Leuten, die opferten, Reinigungszeremonien vollzogen, weissagten und Alexander mit albernen Ängsten erfüllten.«[57]

Die Orakel, Werkzeuge der politischen und militärischen Manipulation

Noch wichtiger ist die Rolle der Wahrsagung in der Politik und den militärischen Angelegenheiten, so daß es schwerfällt, zwischen Authentizität und Betrug zu unterscheiden und herauszufinden, in welchem Ausmaß die griechischen Politiker die Wahrsagung für ihre Zwecke manipulierten oder von ihr manipuliert wurden.

Daß es bewußte Manipulation gegeben hat, steht außer Zweifel. Es gab sogar Rezepte, die erklärten, wie man den Eingeweiden das gewünschte Aussehen verleiht: »Sie lassen auch eine scheinbar mit einer Inschrift versehene Leber sehen. In die linke Hand schreibt der Magier etwas Beliebiges, der Frage Entsprechendes; die Buchstaben sind mit Galle und scharfem Essig geschrieben; dann nimmt er die Leber und läßt sie eine zeitlang in der linken Hand ruhen; diese zieht die Schrift an, und man glaubt, sie sei beschrieben.«[58] Dieses Mittel hatte zweifellos Attalos verwendet, als man das Wort »Sieg« auf der Leber eines Opfertiers entdeckte. Die Verfertigung von Orakeln war gängige Praxis, und die Geschichte von Delphi ist voll davon. Alkibiades ließ einige fälschen, um die Entscheidung für den Sizilienfeldzug zu erzwingen. Auch Themistokles schreckte nicht davor zurück. Sogar Plutarch sagt: »Da Themistokles keine Möglichkeit mehr sah, das Volk mit menschlichen Begründungen auf seine Seite zu ziehen, setzte er, wie die Dichter in der Tragödie, die Göttermaschine in Bewegung und versuchte mit Götterzeichen und Orakelsprüchen ans Ziel zu kommen.«[59]

Alexanders gesamter Feldzug vermittelt den Eindruck einer Zusammenarbeit zwischen dem König und den Sehern, bei der man nicht mehr weiß, wer wen manipuliert. So scheint Aristandros aus Telmessos die Aufgabe gehabt zu haben, alle Vorzeichen günstig auszulegen. Eine Orpheusstatue wird schweißgebadet vorgefunden: das besagt, daß die Dichter nicht müde werden, die Heldentaten Alexanders zu besingen; vor der belagerten Stadt Tyros läßt ein Vogel einen kleinen Stein auf den Kopf des Königs fallen, als er gerade von Herakles träumt: das besagt, daß man die Stadt mit einer Herkulesarbeit einnehmen und der König dabei in großer Gefahr schweben wird; Soldaten sehen Blut aus der Brotkrume treten, nicht jedoch aus der Kruste: das besagt, daß es sich um das Blut der Belagerten und nicht um das der Belagerer handelt. Quintus Curcius zufolge soll Aristandros einmal schlechte Vorzeichen gesehen und den König gebeten haben, den Fluß Tanais nicht zu überqueren, und Alexander soll ihn bewogen haben, seine Deutung zu ändern. Andererseits kommt der König seinem Seher zu Hilfe, der in Schwierigkeiten geraten war, nachdem er den Fall von Tyros im Laufe des Monats prophezeit hatte und der letzte Tag

Die griechische Wahrsagung

bereits gekommen war: Alexander ordnet an, den Monat um zwei Tage zu verlängern, und bläst zum entscheidenden Angriff. Man hat durchaus den Eindruck, als steckten der König und seine Seher unter einer Decke.

Im übrigen hat jede militärische Expedition ihre eigenen Seher: Basias ist zuständig für die von Xenophon berichtete Irrfahrt der Zehntausend; Deiphon für die griechische Flotte in Mykale; Astyphilos für das Heer des Kimon; Stilbides für das des Nikias; Theokritos für das der Thebaner in Leuktra. Denn selbst wenn der Heerführer skeptisch ist, so sind doch die Truppen äußerst abergläubisch, und um die Moral und das Vertrauen zu stärken, gibt es nichts Besseres als eine günstige Deutung der Vorzeichen. Deshalb wird dieses Thema in den Taktikhandbüchern ausführlich behandelt. Einem Heer ohne Seher ist die Niederlage gewiß. Und der Platoniker Onosander sagt dazu: »Niemals soll der Feldherr sein Heer in Marsch setzen oder in Schlachtordnung aufstellen, ohne zuvor geopfert zu haben; er soll vielmehr Opferer und Seher um sich haben. (...) Sind die Eingeweide für günstig befunden worden, so soll er unverzüglich alle Anführer herbeirufen, damit sie mit eigenen Augen die Eingeweide sehen und sodann ihre Untergebenen durch die Verkündigung anspornen, daß die Götter den Kampf befehlen; denn die Truppen haben Vertrauen, wenn sie meinen, mit Einwilligung der Götter der Gefahr entgegenzusehen. (...) Auch wenn die gegenwärtige Lage sich verbessern soll, muß man zu einem befriedigenden Opfer kommen und daher mehrmals am Tag opfern; denn eine Stunde, ja eine Sekunde kann demjenigen, der den richtigen Augenblick verpaßt, teuer zu stehen kommen. Mir scheint, daß der Beschauer in den Eingeweiden die Bewegung der Himmelsgestirne in anderer Form wiederfindet, ihren Aufgang, ihren Untergang, die Winkel ihrer trigonalen, tetragonalen und diametralen Positionen.«[60] Der Autor stellt also eine Entsprechung zwischen dem Extispizium und der Astrologie her und vertraut offensichtlich diesen Methoden, da er sie ebenso ernsthaft erörtert wie seine taktischen Grundsätze.

Die Heerführer sind geteilter Meinung in bezug auf die Rolle, die der Wahrsagung einzuräumen sei. Einige folgen blindlings der Meinung der Wahrsager. Wie wir sahen, führte dies Nikias in die Katastrophe. Angesichts einer Sonnenfinsternis hatte es der König der Spartaner, Kleombrotos, für ratsamer gehalten, auf die geplante Schlacht gegen die Perser zu verzichten. Diese von Herodot erwähnte Finsternis im Herbst 480 v. Chr. wird im übrigen von astronomischen Berechnungen bestätigt. Unter gleichen Umständen, im Jahre 375, bittet Dion auf seinem Feldzug gegen den Tyrannen Dionysios von Syrakus, nachdem er vergeblich versucht hatte, seinen Truppen die Himmelserscheinung zu erklären, seinen Seher Miltas, ihnen eine günstige Deutung zu liefern: die Finsternis kündigt die Verdunklung eines glänzenden Menschen an – des Dionysios.

Denselben Gegensatz finden wir in den Verhaltensweisen anläßlich anderer beunruhigender Vorzeichen. Im Jahre 414 unterbricht ein spartanisches Heer den Feldzug gegen Argos wegen eines Erdbebens; einige Jahre später dagegen im Jahre, 387, kann der Spartaner Agesipolis unter gleichen Umständen seine Truppen davon überzeugen, daß es sich um ein günstiges Zeichen handelt, weil es während und nicht zu Beginn des Feldzugs aufgetreten sei.[61] Einerseits scheint alles von der Glaubwürdigkeit des Heerführers abzuhängen und andererseits von seinem Geschick, seine Soldaten zu überzeugen.

Die Vielfalt der Götter, Orakel und Seher kann bisweilen für grausame Verwirrung sorgen. Am Vorabend der Schlacht von Plataia zwischen Griechen und Persern sagt der Seher Teisamenos den Sieg voraus, unter der Bedingung, daß man eine rein defensive Haltung einnähme; das Orakel von Delphi dagegen empfiehlt neben Gebeten und Opfern an zahlreiche Götter und Halbgötter, man solle einzig auf athenischem Territorium kämpfen, während das Heer dieses bereits verlassen hat und dem Feind gegenübersteht; schließlich hat der Plataier Arimnestos einen Traum, in dem Jupiter erklärt, man müsse das Heer auf plataisches Territorium führen: Aristeides und Pausanias, die das Heer befehligen, sind bestürzt. Wie gewöhnlich greift man zu einer List, um die drei Orakel miteinander in Einklang zu bringen: man wird eine defensive Schlacht auf einem Stück Land liefern, das die Plataier den Athenern überlassen hatten.[62]

Schon in archaischer Zeit weist die griechische Geschichte also die gesamte Skala möglicher Verhaltensweisen gegenüber den Weissagungen auf, von der allergrößten Leichtgläubigkeit bis hin zum absoluten Skeptizismus. Schon bei Homer lesen wir, daß Priamos und Telemachos die Seher verachten[63] und daß Hektor dem Polydamas die stolze Antwort gibt: »Du hingegen berätst mich,

Die griechische Wahrsagung

den breitgeflügelten Vögeln mehr zu vertraun; ich achte sie nicht, noch kümmert mich solches, ob sie zur Rechten fliegen, zum Tagesglanz und zur Sonne, oder zur Linken gewandt, ins neblige Dunkel des Abends. (...) Nur ein einziges Zeichen gilt: das Vaterland schützen.«[64] Das große 5. Jahrhundert zeigt uns sowohl das Beispiel des Nikias, der untergeht, weil er die Vorzeichen gewissenhaft beachtet, wie das des Perikles, der seinen Mantel vor den Truppen ausbreitet, um ihnen zu zeigen, daß eine Sonnenfinsternis nichts Übernatürliches an sich hat.

Die Utopie, Ersatz der Prophetie

Die griechische Kultur ist also die erste, die ernsthaft über den Begriff der Vorhersage nachgedacht hat: Ist es möglich, die Zukunft zu erkennen? In welchem Maße und mit welchen Mitteln? Wem kann eine solche Kenntnis nützen? Wie läßt sie sich in der Gegenwart verwenden? Auf diese Fragen haben sie alle nur denkbaren Antworten gegeben, so daß die späteren Debatten nur noch Varianten der von den griechischen Autoren vorgebrachten Argumente sein können.

Die Zukunft ist bei ihnen allgegenwärtig, und ihr Leben wird von Orakeln und Vorzeichen überschwemmt. Aber wenn die einen sich von diesen Schattenbildern der Zukunft leiten lassen, so modeln andere sie nach eigenem Belieben, um ihre gegenwärtigen Handlungen zu rechtfertigen, während eine dritte Gruppe sowohl die Naivität ersterer wie den Betrug letzterer verwirft. Die Griechen sind die Väter des Skeptizismus, und indem sie Orakel und Prophezeiungen anzweifeln, schaffen sie eine beängstigende Leere, denn ohne Weissagung tappt der Mensch im Dunkeln, den schwachen Kräften seines Verstandes ausgeliefert, und hat als Führer einzig die noch recht mageren wissenschaftlichen Gewißheiten. Wer die Orakel verwirft, lebt in ständiger Ungewißheit, also in Angst. Die entzauberte Welt ist eine bange Welt. Vielleicht um diese Bangigkeit zu lindern, entstand in der griechischen Welt jener Ersatz der Weissagung, die Utopie.

Die Utopie ist das Heilmittel der Besorgten; sie beruhigt, indem sie eine stabile ideale Welt erfindet, aus der die Zeit, also die Ungewißheit, die Überraschung, verbannt ist. Gewiß kann die Utopie höchst unterschiedliche Formen annehmen, so daß die Spezialisten dieser literarischen Gattung sich nicht einmal über ihre Definition einig sind.[65] Hier kommt es uns auf die Beziehungen zwischen Utopie und Prophetie an. Die Verbindungen sind nicht zu leugnen. Die Utopie widersetzt sich immer der Gegenwart, da ihr hauptsächlicher Daseinsgrund darin besteht, diese zu kritisieren, indem sie ihr eine ideale Situation gegenüberstellt. Die Utopie liegt nicht in der Vergangenheit, auch wenn sie ihr manchmal die Merkmale des Goldenen Zeitalters entlehnt. Obwohl sie weder der Gegenwart noch der Vergangenheit angehört, liegt sie dennoch nicht eindeutig in der Zukunft; sie befindet sich vielmehr außerhalb der Zeit, ihrem Hauptgegner. Aber insofern sie nicht ausschließlich als Traum begriffen wird, bleibt ihre einzig mögliche Lokalisierung die Zukunft. Eine schlecht definierte Zukunft, in jenem Freiheitsraum gelegen, der sich zwischen dem Unmöglichen und dem Unabwendbaren befindet. Auch wenn die Worte Victor Hugos: »Die Utopie ist die Wahrheit von morgen«, und Lamartines: »Die Utopien sind nichts anderes als verfrühte Wahrheiten«, falsch sind, so gibt es innerhalb der Utopie doch immer ein gewisses Maß an Hoffnung auf Verwirklichung, wie im Traum von Martin Luther King. Dieses Maß ist sehr variabel; bei den kommunistischen Utopisten grenzt es an Gewißheit, während es in den Träumen von Campanella und Cyrano verschwindend gering ist. Das gilt natürlich auch für die sogenannten Gegenutopien, d. h. die pessimistischen Visionen einer infernalischen und unmenschlich gewordenen Welt. Sogar in diesem Fall ist der prophetische Aspekt weit bedeutsamer, wie es die Fiktionen des 20. Jahrhunderts zeigen werden.

Der prophetische Aspekt der Utopie kann auch durch bewußte Versuche einer Realisierung verstärkt werden. Dann wird die Utopie zu einer Quelle des Handelns, ähnlich den sozialistischen Utopien des 19. Jahrhunderts oder den millenaristischen Bewegungen. In allen Fällen geht es darum, die vom Verschwinden der Orakel und Prophezeiungen hinterlassene Lücke zu füllen, die beängstigende Unbekannte der Ungewißheit durch ein mehr oder weniger glaubwürdiges, erhofftes oder gefürchtetes Trugbild zu ersetzen, das jedoch dem gegenwärtigen Handeln als Leitfaden dienen kann. Wenn die Zukunft nicht existiert, muß man sie erfinden.

Es lag also in der Natur der Dinge, daß die Griechen, die angefangen hatten, die Glaubwürdigkeit der Vorhersagen zu erschüttern, gleichzeitig jenes Ersatzprodukt, die Utopie, erfanden. Im 5. Jahrhundert entwirft der Architekt Hippodamos aus Milet die Pläne einer idealen Stadt: zehntausend Bürger, aufgeteilt in drei Klassen von Handwerkern, Bauern und Kriegern, in einem streng geometrischen, von den Proportionen des kosmischen Menschen inspirierten Rahmen. Indem er die Entsprechung der göttlichen kosmischen Welt und der menschlichen Welt durch das Maß konkretisiert, sorgt er für Stabilität, ersetzt das Chaos und die Ungewißheit durch eine unwandelbare Ordnung. Und er beginnt mit der Verwirklichung in Milet.

Wenig später stellt Aristophanes, ein Gegner der Seher, in seiner Komödie *Die Vögel* ein Gegenprojekt vor. Seine ideale Stadt Nephelokokkiougas, meist mit »Wolkenkuckucksburg« übersetzt, ist das Land der Phantasie und der Individualität, im Gegensatz zur Strenge und Tyrannei der Gruppe um Hippodamos. In dieser ökologischen Stadt, die zwischen Himmel und Erde liegt, lebt man in Einklang mit der Natur, ohne Geld, ohne Gerichtshöfe, ernährt sich von Minze, Mohn, Myrte und Sesam. Es ist die Stadt der Freiheit: die Götter haben dort keinerlei Macht, und ihre Botin Iris wird vertrieben. Es bedarf keiner Weissagung mehr: wenn ein Seher sich zeigt, wird er lächerlich gemacht und läuft davon.

Schon im 5. Jahrhundert sind also die beiden extremen Grundformen der Utopie vorhanden, die einander unaufhörlich gegenüberstehen werden und jeweils behaupten, für das Glück zu sorgen: die überorganisierte, reglementierte, überwachte Welt, die die Gleichheit durch kollektiven Zwang sichert, und die Welt ohne Zwang, wo der einzige Herr die Natur ist, im Dienst des freien Individuums. Gleichheit oder Freiheit, Kommunismus oder Anarchie, Staat oder Kommune, Kollektivität oder Individualität – die späteren Utopien sind lediglich Variationen über die von Hippodamos und Aristophanes vorgegebenen Themen.

Mit Platon gewinnt die Utopie eine andere Dimension. Sie wird zum präzisen Gesetzesprojekt, dazu bestimmt, der menschlichen Schwäche zu begegnen. Als er *Der Staat* und *Die Gesetze* schreibt, setzt der alte Platon, von den Menschen enttäuscht und niedergeschlagen durch das Desaster des Peloponnesischen Kriegs, der im Jahre 404 v. Chr. zu Ende geht, seine Hoffnungen nicht mehr in die

Weissagung. Man muß die Zukunft erschaffen und darf sie nicht von einer Offenbarung erwarten. Daher entwickelt er den detaillierten Plan einer idealen Stadt, der auf einer rationalen Analyse der menschlichen Natur beruht. Hier geht es uns allein um seine Vorgehensweise. Die aus der Gegenwart erwachsenen Enttäuschungen, die unvorhergesehenen Umwälzungen seiner Zeit veranlassen ihn, in einer utopischen Zukunft Zuflucht zu suchen, wo er, um die mit der menschlichen Natur zusammenhängenden Wechselfälle zu vermeiden, vor allem darauf bedacht ist, die Voraussetzungen der Stabilität zu schaffen. Deshalb werden die Regierenden die Weisen sein, jene, die sich von den unwandelbaren Prinzipien des Schönen und Guten leiten lassen. Die Priester werden aus den führenden Klassen entfernt, worin man ein Zeichen des Mißtrauens gegenüber der Wahrsagung erkennen kann, die ein ausschließlich dem Staat vorbehaltenes Monopol sein soll. In der idealen Stadt regiert man nicht im Hinblick auf eine hypothetische Zukunft, sondern nach ewigen Prinzipien.

Im übrigen wird das Volk, eine Herde von Schafen, die, den körperlichen Leidenschaften unterworfen, außerstande sind, sich zu organisieren, kontrolliert und überwacht; die Gemeinschaft der Güter und Frauen unterbindet Interessenkonflikte; die Aussetzung von Mißgeburten gewährleistet die Gesundheit der Gruppe. Kargheit, Einfachheit und Rationalität charakterisieren den Platonischen Staat, ein Spiegelbild des griechischen Traums von Harmonie und Beständigkeit, in einer künftigen Zeit ohne Zukunft.

KAPITEL III

Die römische Wahrsagung – ein Staatsmonopol

Der Hellene und der Latiner betrachten die Zukunft nicht mit demselben Blick. Ersterer fragt danach, was diese Zukunft bringen mag, was sie ihm beschert, ob man sie zu erkennen vermag und welchen Nutzen er für sein gegenwärtiges Handeln daraus ziehen kann, und sollte er die Weissagung manipulieren müssen. Letzterer, ein Mensch der Tat, kümmert sich nur um die Gegenwart und die unmittelbare Zukunft; wichtig ist ihm allein, sich zu vergewissern, ob die Götter seinen Plänen gewogen sind und, andernfalls, herauszufinden, wie er sie bewegen kann, ihre Meinung zu ändern. Die Wahrsagung ist für die Latiner keine Sache der Erkenntnis, sondern der Praxis; sie ist eine Technik, sich der göttlichen Gutwilligkeit zu versichern, und stützt sich auf eine Fülle präziser, äußerst formaler Rezepte. Die Riten zu beachten und bei der Deutung der Schlauste zu sein: genau darin besteht die Aufgabe der Seher; sind sie geschickt genug, dann können sie die Götter auf die Seite Roms ziehen und damit den Erfolg der Unternehmung gewährleisten.

Diese Haltung ändert sich mit der Eroberung. Im Kontakt mit den griechischen Orakeln finden die Römer Geschmack an der wirklichen Weissagung, was die Konservativen, die »alten Römer« und den Senat, beunruhigt, der ab dem 2. Jahrhundert vor unserer Zeitrechnung den Kampf gegen die neuen Divinationsmethoden aufnimmt. Als dann das Imperium fest begründet ist, bemächtigt sich der Staat der Zukunft, die von den neuen Herren in Beschlag genommen wird. Der Kaiser untersagt die Praxis der Wahrsagung und behält sich selbst die Befragung der Astrologen, Seher, Haruspizes und anderer vor. Die Kenntnis der Zukunft wird zu einem Fall von Rebellion, zum Landesverrat, bestenfalls zu einem gefährlichen Betrug in den Augen einer Macht, die mehr und mehr die Furcht vor Verschwörungen umtreibt. Die Zukunft ist Staatsangelegenheit, mit deren Kenntnis nach und nach ein regelrechtes Ministerium betraut wird und die der Geheimhaltung unterliegt. Nur der Kaiser hat das Recht, die Zukunft zu kennen. Die Verfolgung der inoffiziellen Astrologen und Wahrsager bereitet deren Beseitigung durch die christlichen Kaiser vor, die nur noch eine einzige Sicht der Zukunft anerkennen: die der Propheten der neuen Religion.

Die archaische römische Tradition:
die Götter neutralisieren, um Herr der Zukunft zu bleiben

Die römische Wahrsagung hat einen doppelten, sowohl latinischen wie etruskischen, Ursprung. Die erstere »weist in Wahrheit alle Merkmale auf, die man in der gesamten römischen Religion wiederfindet. Als nüchterner und praktischer Mensch ohne große Phantasie scheint der Bewohner von Latium wenig Geschmack und Begabung für die divinatorische Exegese gehabt zu haben. Unter den Latinern gibt es nur wenige Propheten und Seher und sehr wenige Orakel, in denen der Gott durch die Stimme oder vermittels seines Priesters spricht«, schreibt Raymond Bloch.[1] Der Latiner behält den Göttern die Fähigkeit vor, die Zukunft zu kennen, und in der Mythologie siedelt man die Gottheit Carmenta in den Bächen und Brunnen an, eine Gottheit, die sich in zwei Carmentes spaltet, eine der Vergangenheit und eine der Zukunft zugewandte, womit sie Geschichte und Weissagung miteinander verbinden. Man spricht auch von den *fata Scribunda*, einer Art von Feen, die das Schicksal der Neugeborenen voraussagen. Auch der Gott Faunus kann Vorhersagen machen, während der Gott Vaticanus zuweilen auf dem Vaticanum Prophezeiungen von sich gibt, die *Vaticinia*. Aber das alles bleibt recht vage, und die ersten Römer interessieren sich allein dafür, ob die Götter dem Erfolg dieser oder jener Aktion gewogen sind oder nicht.

Dazu reicht es aus, die von der göttlichen Welt gesandten Zeichen zu entschlüsseln, die Prodigien, die *omina* oder zufällige Vorzeichen, die Auspizien oder vereinbarte Zeichen. Diese Wahrsagung hat magischen Charakter: es geht nicht darum, passiv die Meinung der Götter in Erfahrung zu bringen; durch eine Reihe von Tricks ist es möglich, die ungünstigen Zeichen in günstige Zeichen

Die römische Wahrsagung – ein Staatsmonopol 117

zu verwandeln oder den göttlichen Einspruch zu neutralisieren. Dies verleiht der römischen Wahrsagung den seltsamen Aspekt einer sophistischen Technik, die darauf hinausläuft, die Götter auszuschalten und den Menschen allein über seine Zukunft entscheiden zu lassen.

Dasselbe gilt für die Vorzeichen. An diesen herrscht kein Mangel: alles kann ein Vorzeichen sein. Aber man kann auch ganz einfach beschließen, sie nicht zu sehen oder sie zurückzuweisen, wenn man sie gesehen hat. Man kann ein schlechtes Vorzeichen mittels eines Wortspiels verändern. Denn das Omen hat nur Sinn in bezug auf den bewußten Willen dessen, der es beobachtet. Das Vorzeichen kann mit dem Namen einer Person beginnen, den es also sorgsam auszuwählen gilt, und die bloße Ankündigung eines Vorzeichens ist schon ein Vorzeichen, so daß man welche erfinden kann, um ein Omen zu verfertigen. Plutarch hat einige dieser Feinheiten in seiner Biographie des Numa Pompilius berichtet. In diesem Klima kommt es darauf an, immer wachsam zu sein, denn die Folgen können dramatische Formen annehmen: Als sich Crassus im Hafen von Brindisium für seinen Feldzug gegen die Parther, auf dem ihn der Tod erwartet, einschiffen will, hört er einen Feigenhändler aus Caunos »*Cauneas* rufen, d. h. [Feigen aus] Caunos«; er hätte ahnen müssen, daß die Götter ihn mit einem schlechten Wortspiel warnten, und »*Cave ne eas*« (geh nicht hin) verstehen sollen.

Unter diesen Umständen ist es das Beste, nichts zu sehen und nichts zu hören. Deshalb verhüllt der Priester bei den Zeremonien sein Haupt mit einem Schleier und ist absolute Stille geboten. Die Befragung der Auspizien, Zeichen, die auf eine einfache Frage der Auguren während einer offiziellen Zeremonie gegeben werden, unterliegt äußerst präzisen Regeln; der kleinste unbemerkt gebliebene Verfahrensfehler macht die Befragung hinfällig und kann schlimme Folgen haben, indem er eine Handlung zuläßt, der die Götter nicht gewogen sind. Die Auspizien werden vor allem aus dem Flug der Vögel gewonnen (dies ist der ursprüngliche Sinn von *auspicium*), aber auch aus ihren Stimmen, aus der Gangart bestimmter Tiere, aus den Eingeweiden, dem Appetit der heiligen Hühner, lauter Dingen, die je nach den Erfordernissen des Augenblicks höchst unterschiedliche Deutungen zulassen.

Derselbe Geist herrscht bei der Befragung der Lose, mit Bändern zu Bündeln zusammengefaßte Täfelchen, die prophetische Inschriften tragen. Das »Losziehen« besteht darin, auf gut Glück eines davon auszuwählen und die Formel zu deuten. Die renommiertesten *sortes* oder *oracula* sind die von Praeneste, wo der Tempel der Fortuna errichtet worden ist. Der Legende zufolge hatte einst ein vornehmer Bürger, Numerius Suffucius, den göttlichen Befehl erhalten, gegen einen bestimmten Felsen zu schlagen, in dem er dann Losstäbe fand. Man durfte sie nur mit Zustimmung der Göttin Fortuna befragen. Lange Zeit betrachtete man diese Art der Divination mit Argwohn, denn Praeneste war ursprünglich eine mit Rom rivalisierende Stadt. Im Jahre 241 v. Chr., während des ersten Punischen Kriegs, als der Konsul Lutatius Cerco das Losorakel befragen will, lehnt der Senat mit der Erklärung ab, man müsse »die Republik unter den nationalen und nicht unter den fremden Auspizien regieren«.

Die römische Wahrsagung mißt den Prodigien große Bedeutung bei, d. h. allen überraschenden, unvorhergesehenen Geschehnissen, die scheinbar keine natürliche Ursache haben. Wenn die Götter das Bedürfnis verspüren, sich auf diese brutale Weise zu äußern, so deshalb, weil sie den Menschen zürnen. Das Prodigium ist also keine Vorhersage im eigentlichen Sinn, sondern eher eine Warnung, der es Rechnung zu tragen gilt. Deshalb befiehlt der Senat ab 296, sie jedes Jahr peinlich genau zu zählen, was uns jene lange Liste beschert, die Livius am Ende seiner ersten Dekade aufstellt: Sonnen- und Mondfinsternisse, jede außergewöhnliche Himmelserscheinung, Kometen, Meteore, seltsame Wolkenbildungen, klimatische Vorfälle, Staubregen, farbliche Veränderung der Wasseroberfläche, Blitz, der aus heiterem Himmel kommt oder in einen öffentlichen oder heiligen Ort einschlägt, Statuen, die aufgrund des Niederschlags schwitzen oder weinen, Erdbeben, ungewöhnliche Erscheinungen von Tieren an ungewöhnlichen Orten wie Schlangen, Mäuse, Vögel, Geburt monströser Tiere oder mißgestalteter Kinder, Hungersnöte, Epidemien. Die Liste dieser offiziell anerkannten Prodigien enthält alles, was nur irgendwie aus dem Rahmen des Üblichen fällt.[2]

Das Erstaunlichste ist, daß die Römer nicht versuchen, diese Schreckenszeichen zu deuten. Sie sind einzig darauf bedacht, das Abwehrmittel zu finden, die Geste, die es ermöglicht, den göttlichen Zorn zu neutralisieren, was dem Menschen seine Handlungsfreiheit läßt: eben dies bezweckt die *procuratio*, die Sühnezeremonie. Vom Verbum *curare* oder *procurare* abgeleitet, besteht sie in einem ungemein präzisen Ritual, das dem göttlichen Zorn Einhalt gebieten soll. Das Verfahren ist rein juristisch geregelt, und die Sühnezeremonien sollen die Götter vertraglich binden: Die Menschen haben die Götter beleidigt; diese bringen ihren Zorn zum Ausdruck; das Verfahren wird in die Wege geleitet: Beobachtung des Prodigiums, offizielle Bekanntmachung, Befragung der Spezialisten, Ergreifen der für diesen Fall vom Gesetz vorgesehenen Maßnahmen und Annullierung des göttlichen Zorns. Der Römer erduldet nicht, er handelt, er stellt sich der Situation und bleibt damit Herr über sein Schicksal. Aber es ist die Autorität des Senats, der die nötigen Schritte anordnet. Ab der republikanischen Zeit nimmt sich der Staat der Zukunft an. Eine seiner wichtigsten Aufgaben besteht darin, dafür zu sorgen, daß nichts seine Unternehmungen durchkreuzt. Er lenkt die Gegenwart mit Hilfe der Politik und die Zukunft mit Hilfe der divinatorischen Magie, nicht um sie festzulegen, sondern um sie offenzulassen.

Das etruskische Haruspizium im Dienst der Römer

Es kommt indes vor, daß außergewöhnliche Fälle göttlichen Eingreifens die römischen Priester bestürzen, so daß sie sich an ihre etruskischen Nachbarn wenden, die als Spezialisten der Wahrsagung gelten. Ihre Auffassungen weichen hierin jedoch stark voneinander ab. Wir können von einem berühmten Fall ausgehen, den Cicero in *De haruspicum responso* im Jahre 56 v. Chr. beschrieben hat. Infolge geheimnisvoller unterirdischer Geräusche, die in Rom vernommen werden und deren Bedeutung man nicht versteht, läßt der Senat etruskische Haruspizes kommen. Diese beginnen damit, das Phänomen genau zu beschreiben: »Ein von Beben begleitetes Klirren.« Dann identifizieren sie die Götter, die sich auf diese Weise manifestieren: Jupiter, Saturn, Neptun, Tellus sowie Himmelsgötter. Sodann ermitteln sie die Gründe ihrer Unzufriedenheit: Schlamperei bei der Vorbereitung der Spiele, Entweihung heiliger Stätten, ungerechte Hinrichtung mehrerer Redner, Wortbrüchigkeit, Nachlässigkeit bei den Opferungen. Schließlich erklären sie, was diese Vorzeichen für die Zukunft verheißen: ernste politische Umwälzungen. Es stehe zu befürchten, daß »sich wegen der Zwietracht und Uneinigkeit der *optimates* Morde und Gefahren gegen die Väter und die Anführer zusammenbrauen und diese der Hilfe beraubt sein würden, woraufhin die Provinzen sich unter eine einzige Autorität scharen würden, das Heer vertrieben und schließlich eine Ermattung eintreten würde. Zu befürchten sei auch, daß das Gemeinwesen durch geheime Umtriebe Schaden nehmen, daß verderbte und ausgestochene Männer zu Würden gelangten und daß schließlich die Regierungsform verändert würde.«[3]

Das alles im Konditionalis, denn die Haruspizes weisen sodann darauf hin, wie sich die Götter durch bestimmte Riten und Zeremonien besänftigen ließen. Während dieses ganzen Verfahrens folgen die Haruspizes den Hinweisen eines divinatorischen Kalenders, den die Legende auf Tages zurückführte und von dem einige Teile in lateinischer oder griechischer Transkription aufgefunden worden sind.[4] Dort ist festzustellen, daß die empfohlene Antwort derjenigen entspricht, die Cicero wiedergibt. Es erweist sich, daß sie im Jahre 56 v. Chr. in der Vorbürgerkriegsstimmung als wahrscheinlich gelten konnte. Sie spiegelt getreulich die konservative Haltung wider, die das Kollegium der Haruspizes, das sich aus den Adelsklassen Etruriens rekrutiert, seit jeher geprägt hat. Alle ihre Interventionen begünstigen die aristokratischen Regime, und die schlechten Vorzeichen bedeuten für sie einen drohenden gesellschaftlichen Umsturz. Schon einige Jahre zuvor, 65 v. Chr., als sie über den Blitz befragt wurden, der auf dem Kapitol in eine Jupiterstatue eingeschlagen hatte, »sprachen sie sich dahin aus, daß Mord und Brand, Untergang der Gesetze, bürgerlicher und einheimischer Krieg und der Hinsturz der ganzen Stadt und des Reiches bevorstehe, wenn nicht die unsterblichen Götter, auf jede Weise versöhnt, beinahe das Schicksal selbst anders wendeten!«[5] In diesem Fall hält man zehn Tage lang Spiele ab und errichtet auf einem hohen Sockel eine noch größere Jupiterstatue mit nach Osten gewandtem Gesicht.

Auch wenn das die Katastrophe nicht abwendet – wichtig ist, daß man glaubte, sie könnte abgewendet werden. Was uns einen Hinweis darauf gibt, wie die Etrusker das Schicksal und die Weissagung betrachten. Der allgemeine Rahmen ist ein unerbittliches Schicksal, ein *fatum*, das sowohl das Los der Individuen wie das des Staates regelt. Dieses Fatum ist im übrigen in den heiligen Büchern niedergelegt, die die Worte von Gottheiten enthalten wie die des Götterknaben Tages und der Nymphe Begoe. In Wirklichkeit aber ist Platz für eine gewisse Flexibilität, die die Notwendigkeit mit der Möglichkeit, das Schicksal zu beeinflussen, versöhnt.

Auf individueller Ebene bewegt sich das Schicksal nach allgemeiner Auffassung zwischen zwei Fixpunkten, Geburt und Tod, die durch zwölf Perioden, die *hebdomades* oder »Wochen«, voneinander getrennt sind; von einer Periode zur andern gibt es kritische Phasen, die durch Prodigien offenbart werden. Für die Gesamtheit eines Lebens ist die Summe der Wohltaten und der Übel festgelegt und unwandelbar, aber es ist möglich, die Übel von einer *hebdoma* zur andern mit Hilfe von Opferungen und Gebeten hinauszuzögern. Freilich muß man seine Schulden begleichen, was die Häufung der Mißgeschicke im Alter erklärt, die allen bisher aufgeschobenen Übeln entsprechen.

Für das Leben einer Nation gilt das gleiche Prinzip, nur sind hier die Perioden Jahrhunderte von unterschiedlicher Dauer. Den Haruspizes zufolge wird das tuskische Volk zehn Jahrhunderte währen; die vier ersten dauerten jeweils 100 Jahre, das fünfte 123 Jahre, das sechste und siebte jeweils 119 Jahre. Im Jahre 44 v. Chr. veranlaßt das Erscheinen eines Kometen den Haruspex Vulcatius, den Übergang vom neunten zum zehnten anzukündigen. Denn jeder Übergang wird den Menschen durch Wunderzeichen signalisiert, was es erlaubt, die Etappen des unausweichlichen Niedergangs vorherzusehen und zu verfolgen. Später bedienen sich die Römer desselben Systems, wobei sie sich auf die zwölf Geier des Romulus stützen, um Rom eine Lebensdauer von zwölf Jahrhunderten vorauszusagen.

Dieselbe Argumentation gilt für die Dauer der Welt, die von den Zyklen des Großen Jahres bestimmt wird. Hier begegnen wir erneut der Idee der ewigen Wiederkehr in Verbindung mit einer zyklischen Entwicklung. Der Sibylle von Cumae zufolge umfaßt jeder Zyklus zehn Zeitalter; dem zehnten, dem der Sonne, wird ein Weltbrand und ein Neubeginn folgen. Jedes Zeitalter entspricht auch der Herrschaft einer Nation, und der Übergang von einem Zeitalter zum nächsten ist durch Prodigien gekennzeichnet, die es ermöglichen, das Wahrsagevermögen der Seher zu erhöhen. Dies verrät uns eine recht merkwürdige Stelle bei Plutarch; er berichtet von einer erneuten Befragung der etruskischen Haruspizes durch die Römer im Jahre 90 v. Chr., die eine Reihe von Prodigien ratlos macht:

»Und die etruskischen Wahrsager erklärten, das Wunderzeichen bedeute einen großen Wandel und das Heraufkommen eines neuen Menschengeschlechtes. Acht Menschengeschlechter gebe es nämlich insgesamt, die sich in ihren Lebensformen und Sitten voneinander unterscheiden, und einem jeden sei von der Gottheit eine bestimmte Zahl von Jahren gesetzt, die sich mit dem Umlauf eines großen Jahres vollende; und wenn dieses zu Ende gehe und ein anderes anbreche, dann geschehe von der Erde oder vom Himmel her ein wunderbares Zeichen, durch das denen, die solche Dinge studiert und ergründet hätten, offenbar werde, daß Menschen von anderem Charakter und anderer Lebensweise geboren worden seien, um die die Götter sich mehr oder weniger als um die bisherigen sorgten. Neben anderen großen Wandlungen, die bei diesem Wechsel der Menschengeschlechter vor sich gingen, nehme auch die Wahrsagekunst das eine Mal einen großen Aufschwung und treffe das Richtige mit ihren Voraussagen, indem die Gottheit klare und deutliche Zeichen sende...«[6]

Die etruskischen Wahrsager können also in die Zukunft blicken. Eine ihrer großen Spezialitäten ist die Deutung der mahnenden Blitze. Je nachdem, wo der Blitz hergekommen ist und wo er eingeschlagen hat, wissen die *fulguratores*, wer ihn geschleudert hat und was er ankündigt. Einem ihrer ins Griechische übersetzten brontoskopischen Kalender zufolge (der 1951 aufgefunden wurde), stellt man fest, daß ein Donnerschlag an einem bestimmten Datum, das dem 11. September entspricht, bei den vom Adel Abhängigen einen politischen Aufstand vorhersagt; am 24. Oktober kündigt dies eine Bauernrevolte an; am 14. Juli bedeutet es, daß ein Mann die Macht ergreifen und sich ihrer in böser Absicht bedienen wird.[7]

Das andere große Buch der Zukunft sind die Eingeweide der Tiere, insbesondere die Leber. Ein fehlender Wulst am Ende des rechten Lappens, »Kopf« genannt, ist ein Vorzeichen des Todes; ist er doppelt, so kündigt dies einen Konflikt an; liegt ein Riß vor, so bahnt sich Zwietracht an. Wie man sieht, scheinen die Haruspizes, die den aristokratischen Klassen angehören, von der Drohung

Die römische Wahrsagung – ein Staatsmonopol

sozialer Wirren geradezu besessen zu sein. Wenn sie eine divinatorische Sezierung vornehmen, rufen sie die Gottheiten an, die die einzelnen Teile des Organismus lenken, und bitten sie, das Organ ihren Absichten gemäß einzurichten. Damit wird das Tier zu einer Art Tempel, in dem es den Willen der Götter zu erkunden gilt.

Staatliche Beschlagnahme der Wahrsagung

Zudem ermöglicht eine ausgefeilte Kasuistik, das Vorzeichen bedeuten zu lassen, was immer man will, indem man behauptet, es gelte entweder dem Priester oder der Person, die die Konsultation angeordnet hat, oder indem man seinen Sinn verdreht. Nachdem zum Beispiel Octavian vor den Mauern des belagerten Perusia ein Opfer dargebracht hat, verheißen die Zeichen nichts Gutes. Die Feinde machen einen Ausfall und nehmen alle Opfergeräte und Opfertiere mit, woraufhin die Zeichendeuter einmütig erklären, daß die Vorzeichen von nun an den Belagerten gälten.[8]

Dies ist im übrigen der Grund, warum die Römer, auch wenn sie die Zuhilfenahme der weit verfeinerteren etruskischen Wahrsagung für unerläßlich halten, ihr gegenüber doch höchst mißtrauisch sind. Mehrere Fehlschläge rechtfertigten ihren Argwohn. Dionysios von Halikarnossos zufolge hatte man zur Zeit des Tarquinius Superbus bei den Grabarbeiten zur Errichtung des Jupitertempels auf dem Kapitol einen unversehrten Menschenkopf gefunden. Ein zu Rate gezogener etruskischer Haruspex versucht die Römer zu hintergehen, indem er sie fragt, wo genau der Fund gemacht worden sei, da diese Stelle die Richtung des Territoriums anzeige, das bestimmt sei, das Haupt der Welt zu werden. Gewitzt, verweigern sie die Antwort, was den Haruspex einzuräumen zwingt, daß das Vorzeichen den Ort betreffe, an dem es aufgefunden worden sei, und nicht die Region, auf welche die präzise Stelle hingewiesen haben würde.[9] Ein anderer Fall: als der Blitz eine Statue des Horatius Cocles auf dem Forum zerstört, deuten die Haruspizes dies zu Ungunsten dieses römischen Helden, was ihnen die Hinrichtung einträgt. Im Jahre 172 sind sie vorsichtiger: als der Blitz eine Säule der Rednerbühne auf dem Kapitol zerstört, fällt ihr Urteil günstig aus, da Überbleibsel der Feinde zerstört worden seien. Im Fall eines

Krieges zwischen den beiden Völkern, wirft dies ein ernstes Problem auf: im Jahre 396, während der Belagerung von Veji, muß sich der Senat an das Orakel von Delphi wenden.

Diese Furcht der Römer beweist, daß sie der etruskischen Wahrsagung einen magischen Charakter beimaßen. Doch die Überlegenheit des tuskischen Haruspizes ist so groß, daß die Reichen und Mächtigen ihr Mißtrauen der ersten Zeit überwinden und darauf Wert legen, einen von ihnen in ihrem Dienst zu haben. Livius erzählt, wie das Schicksal des Tarquinius Priscus durch ein Prodigium angekündigt und von einer Frau, Tanaquil, gedeutet worden war.[10] Auch die Gracchen hatten ihren Haruspex, Herennius Siculus; der des Sulla war Postumius und der Caesars Spurinna, den er zum Senator machte und der ihn vergeblich vor den Iden des März warnte.

Die etruskischen Haruspizes werden also nach und nach äußerst pfleglich behandelt. Eine so wertvolle Spezies will man nicht aussterben lassen. Im 3. Jahrhundert vor unserer Zeitrechnung, nachdem Etrurien Ende des vorausgegangenen Jahrhunderts in die Hände der Römer gefallen war, interessiert sich der lokale Adel nicht mehr für die Wahrsagekunst, die für die Etrusker von keinerlei Nutzen ist, und überläßt sie entlohnten Wahrsagern, die mehr oder weniger Scharlatane sind, so daß sie allmählich verkommt. Der Senat beschließt nun, daß eine bestimmte Anzahl junger Männer des römischen Adels nach Etrurien gehen solle, um dort die religiöse Wissenschaft zu studieren, »aus Angst, daß eine so große Kunst, wenn sie von Leuten niederer Herkunft betrieben und eine Quelle des Gelderwerbs und Profits werde, die Garantie der Religion verliere«. Der Beschluß findet wenig Echo; das Haruspizium ist zu eng mit Etrurien verbunden, und die Römer wagen es nicht, sich auf diese komplexe Materie einzulassen.

In den letzten Jahrhunderten der Republik bewahren die tuskischen Haruspizes somit ihre Position als Verteidiger der Senatsaristokratie: die Zukunft steht im Dienst einer Klassenpolitik. Jedes Prodigium, das den Aufstieg eines Ehrgeizlings zur Macht ankündigt, gilt als unheilvoll und muß sofort gesühnt werden, damit es sich nicht erfülle. Dies ist der Fall bei den Bienenschwärmen, Symbolen des Königtums, wenn sie sich auf öffentlichen oder heiligen Plätzen niederlassen. Es bedeutet immer den Verlust der Freiheit. Im Laufe der Bürgerkriege im 2. und 1. Jahrhundert v. Chr. wird die Wahrsagung der Haruspizes ständig in den Dienst des Senats gestellt. Im Jahre 121 streut man Gerüchte über Prodigien aus, die angeblich die Gründung einer Kolonie in Afrika durch Gaius Gracchus anzeigen. Die Furcht vor göttlicher Rache führt zu einem Aufstand gegen Gaius, der dabei getötet wird.

Im Jahre 99, als der Volkstribun Sextius Titius versucht, ein Agrargesetz beschließen zu lassen, ereignet sich ein Prodigium in Form zweier Raben, die über den Köpfen der Versammelten miteinander kämpfen. Die Haruspizes schließen daraus, daß die Götter das vorgeschlagene Gesetz nicht wollen. Im Jahre 43 v. Chr., als die Triumvirn die Proskriptionslisten aufstellen, weissagt der oberste Haruspex vor dem Senat, das Königtum werde zurückkehren und die Freiheit verschwinden. Aus Protest begeht er Selbstmord.

Die neue kaiserliche Macht konnte solche Unglücksvögel nicht dulden, die unter anderem, wie Sueton sagt, den Tod des Augustus innerhalb von hundert Tagen angekündigt hatten.[11] Aber die Kaiser können ihrer Dienst nicht entraten, denn was die Kenntnis der Zukunft angeht, gelten sie als unersetzlich. Man muß sie also in den Dienst des Staates stellen. Tiberius »verbot zum Beispiel, die Haruspizes geheim und ohne Zeugen zu befragen. Sogar Orakel in der Nähe Roms versuchte er zu beseitigen«.[12] Kaiser Claudius beschließt im Jahre 47, die Haruspizes zu einem offiziellen Kollegium zusammenzufassen und sie damit zu einem staatlichen Organ zu machen, zu einer Art Zukunftsministerium. Tacitus hat den Inhalt der Rede, die der Kaiser bei dieser Gelegenheit gehalten hatte, für uns bewahrt: »Hierauf brachte er einen Antrag im Senat ein, der das Kollegium der Opferschauer betraf, um zu verhüten, daß die älteste Wissenschaft Italiens vernachlässigt und vergessen werde. Oft habe man sie in den für das Gemeinwesen schweren Zeiten herbeigeholt und auf ihre Weisung die religiösen Gebräuche erneuert und in der Folge richtiger eingehalten. Und die angesehensten Etrusker hätten dieses Wissen aus eigenem Antrieb oder auf Betreiben der römischen Väter festgehalten und in ihren Familien weitervererbt. Dies geschehe jetzt lässiger, weil die Öffentlichkeit sich überhaupt um die Wissenschaften nicht mehr kümmere und weil fremdländische Gottesdienste überhandnehmen. Augenblicklich sei zwar die Lage überall erfreulich. Aber man müsse sich für die Gnade der Götter dankbar erweisen und dürfe nicht die religiösen

Gebräuche nur in schwieriger Lage beachten, in glücklichen Zeiten in Vergessenheit geraten lassen. Daraufhin kam der Senatsbeschluß zustande: die Oberpriester sollen sehen, welche von den Opferbräuchen beizubehalten und auszuüben seien.«[13]

Die zu Beamten gewordenen Haruspizes setzen ihre Arbeit bis zum Ende des heidnischen Kaiserreichs fort. Alexander Severus gründet in Rom sogar Lehrstühle für Opferschau. Auch die Städte und die Legionen haben ihre Seherkollegien, aber die Kaiser mißtrauen ihnen und lassen einige von ihnen hinrichten.

Eindringen der fremdländischen Wahrsagung und Widerstand des Senats

Die herkömmliche Wahrsagung und das etruskische Haruspizium stehen damit seit den Anfängen des Kaiserreichs unter der Kontrolle des Staates. Andere Divinationsmethoden ereilt dasselbe Schicksal.

Zum Leidwesen der alten Römer, der Verteidiger der Tradition, sind die fremden Voraussagearten – intuitive Divination, Orakel, Sibyllen, Astrologie – ab dem 3. Jahrhundert vor unserer Zeitrechnung in Rom eingedrungen. So wie der Hang zum Luxus, den Cato so beklagt, ist auch dies ein Nachteil der Eroberungen. Das römische Volk entdeckt, daß es viele Arten gibt, die Zukunft zu erfahren, und diese Novitäten machen es neugierig, begeistern es sogar.

Freilich geben die Umstände Anlaß zur Besorgnis: Von 220 bis 202 v. Chr. findet der zweite Punische Krieg statt, mit dem berühmten Feldzug des Hannibal. Im Jahre 216 kommt es zu dem Desaster von Cannae, der katastrophalsten Niederlage der römischen Geschichte. Sogar die Existenz Roms steht auf dem Spiel. Livius zufolge häufen sich die Prodigien, aber die klassischen Verfahren der Zeichendeutung reichen nicht mehr aus. Eine höchst günstige Zeit für die Propheten, die sich die aus der Angst geborene Leichtgläubigkeit zunutze machen. Alle möglichen Orakel und Weissagungen sind in Umlauf und schüren Gerüchte, Spekulationen, Wirren. Im Jahre 212 reagiert der Senat. Er beauftragt den Prätor Aemilius, alle nicht offiziellen oder aus dem Ausland kommenden

Texte über Prophetie und Divinationsriten zu sammeln und zu zerstören. Ein symbolischer Akt: in Rom kann die Zukunft nur durch die offizielle Wahrsagung beschlossen werden.

Diese Aktion hat indes ein unvorhergesehenes Resultat. Unter den beschlagnahmten Orakeln erregen zwei die Aufmerksamkeit des Senats. Einem gewissen Seher namens Marcius, oder zwei Brüdern Marcii, zugeschrieben, sagen sie die Niederlage von Cannae voraus und empfehlen, zu Ehren Apollons Spiele abzuhalten. Die Senatoren, die vor den allgemeinen Ängsten keineswegs geschützt sind, lassen sich von dieser groben Fälschung beeindrucken, die offensichtlich *nach* Cannae verfaßt worden ist und einem imaginären Seher zugesprochen wird, dessen Name vielleicht nur das Beiwort des Grünspechts ist, des Vogels des Gottes Mars: Marcius. Wie dem auch sei, der Senat mißt diesen Texten, den *carmina marciana*, einen göttlichen Ursprung bei und ordnet an, sie zusammen mit den sibyllinischen Texten aufzubewahren. Wir sehen also, daß in den Staatsarchiven eine offizielle Sammlung von Orakeln entsteht, auf die man im Bedarfsfall zurückgreifen kann.[14] Einige Jahre später, 205 v. Chr., empfehlen diese Orakel nach einem Prodigium – einem Steinregen –, den Kult der Großen Mutter einzuführen: damit spielen sie in Rom die Rolle eines Trojanischen Pferds der fremden Religionen.

Wir erwähnten soeben die sibyllinischen Bücher. Das Eindringen dieser griechischen Orakel in Rom stellt den Scharfsinn der Historiker vor ein Problem. Alles beruht nämlich auf einem ziemlich späten und legendenhaften Bericht, den es zu interpretieren gilt. Dionysios von Halikarnassos zufolge[15] geht die Sache auf die Zeit der etruskischen Könige zurück. Tarquinius Superbus soll den Besuch der Sibylle, in Gestalt einer alten Frau, erhalten haben, die ihm den Vorschlag gemacht habe, ihm ihre neun prophetischen Bücher zu verkaufen. Beim ersten Mal lehnt er ab. Da verbrennt die Sibylle drei Bücher und bietet ihm die sechs anderen zum selben Preis an. Wieder lehnt er ab, woraufhin sie drei weitere Bücher vernichtet und ihm die drei restlichen anbietet, wiederum zum selben Preis. Tarquinius ist beunruhigt und kauft sie auf Rat seiner Auguren. Die drei kostbaren Manuskripte werden im Tempel des Jupiter Capitolinus untergebracht und von zwei Priestern und Zeichendeutern bewacht, den *duumviri sacris faciundis*. Deren Zahl wird im Jahre 367 v. Chr. auf zehn erhöht, fünf Patriziern und fünf Plebejern.

Diese in griechischen Hexametern auf Leinen geschriebenen Bücher sind nützlich, aber auch gefährlich, und unter der Republik spiegelt die Haltung des Senats ihnen gegenüber das allgemeine Mißtrauen der Römer gegen Prophezeiungen wider. Er allein darf beschließen, sie zu befragen, was er selten tut, und er allein darf beschließen, die Antwort zu veröffentlichen oder nicht. Außerdem mißtraut er den *duumviri*, und später den *decemviri*, und stellt ihnen griechische Sklaven zur Seite, die sie überwachen sollen, gleichzeitig aber auch helfen sollen, die heiligen Texte zu entziffern. Für den Senat ist die Kontrolle der Zukunft ebenso wichtig wie die Kontrolle der Vergangenheit – im Hinblick auf das einzige, was wirklich zählt: die Gegenwart.

Um die Bücher zu befragen, schlägt man sie auf gut Glück auf und deutet sodann auf die erste Stelle, die sich bietet. Hin und wieder fügt man dieser Sammlung weitere prophetische Berichte hinzu, wie die Schicksalssprüche der etruskischen Nymphe Begoe, die Prophezeiungen der Nymphe von Tibur, Albunea, sowie die oben erwähnten *carmina marciana*.

Nun können wir aber anhand der Befragungen feststellen, daß sich der Charakter der sibyllinischen Bücher von Rom Ende des 3. Jahrhunderts vor unserer Zeitrechnung radikal verändert. Bisher ging es lediglich darum, Prodigien zu sühnen und Vorzeichen auf etruskisch-römische Weise zu deuten. Nun aber handelt es sich um prophetische Orakel griechischer Art. Von diesem Moment an wird allmählich der sibyllinische Ursprung dieser Texte erfunden, eine Legende, die im 1. Jahrhundert vor unserer Zeitrechnung Dionysios von Halikarnossos sammelt und die Vergil im 6. Buch der *Aeneis* aufgreifen und verbreiten wird, wo er die Sibylle im süditalienischen Cumae ansiedelt: »Also kündet die Weise von Cumae schaurigen Rätsels Geheimnis und dröhnt in dem Felsgewölbe, Wahrheit hüllend in dunklen Bericht.«[16] Aeneas verspricht ihr, er werde die Sprüche, »des Schicksals Geheimnis«, bewahren.

Bei den Historikern dominiert die folgende Interpretation dieser Frage[17]: Die erste Sammlung der im Tempel des Jupiter Capitolinus aufbewahrten »sibyllinischen« Bücher ist wahrscheinlich etruskischer Herkunft. Im 6. Jahrhundert besitzt einzig Etrurien eine geoffenbarte Literatur sowie Orakelstätten wie Caere und Falerii. Die etruskische Vorherrschaft über Rom zur Zeit der Tarquinier legt den Gedanken nahe, daß sich ihre heiligen Bücher hier eingebürgert haben, während ein griechischer Einfluß aus Cumae, wo man die sibyllinischen Bücher zur damaligen Zeit übrigens nicht kannte, höchst unwahrscheinlich ist.

Doch nach dem Sturz der Tarquinier wird die Feindschaft gegen die Etrusker in der römischen Geschichte zur Konstante. Tatsächlich befindet sich Rom, was die Zukunft angeht, in einer heiklen Lage. Da es keine eigenen prophetischen Quellen besitzt, ist es auf Vorhersagen fremder oder gegnerischer Herkunft angewiesen, woraus sich seine Feindseligkeit gegen die prophetischen Tätigkeiten erklärt. Alles in allem war es also besser, sich auf griechische statt auf etruskische Texte zu verlassen. Daher vermutet man, daß ab dem 5. Jahrhundert vor unserer Zeitrechnung eine allmähliche Hellenisierung der etruskischen Sammlungen stattgefunden hat: Übersetzung ins Lateinische und Griechische, allmähliches Verschwinden tuskischer Vorschriften, Hinzufügung neuer Texte, die man griechischen und sibyllinischen Offenbarungen zuschreibt, wobei die Popularität der Sibylle in der mediterranen Welt immer weiter zunimmt: »Der übernatürliche Charakter der Prophetin und das Geheimnis ihrer Existenz trugen der heiligen Sammlung die ihr gebührende Wertschätzung ein. Vor allem aber sprach man damit den etruskischen Tyrannen, an die man sich noch immer mit Abscheu erinnerte, da die Kriege gegen Etrurien gerade erst beendet waren und die Tarquinier eine fremde Tyrannei symbolisierten, jedes Verdienst an der Entstehung der Bücher ab. Daraus erklärt sich meiner Meinung nach die dramatische Anekdote des Gesprächs zwischen Tarquinius und der Sibylle«, schreibt Raymond Bloch.[18]

Schon während der Monarchie befragen die Autoritäten Roms im übrigen das Orakel von Delphi, wenn ihren eigenen Sehern die Phantasie ausgeht. Im 6. Jahrhundert gerät Tarquinius in Angst, als aus dem Spalt einer der hölzernen Säulen seines Palasts eine Schlange schlüpft; doch während bei Vorzeichen, die das Gemeinwesen betrafen, bisher etruskische Seher zugezogen wurden, beschloß er, wie Livius berichtet, »erschreckt von der doch wohl seinem Haus geltenden Erscheinung, nach Delphi als dem berühmtesten Orakel der Welt zu schicken«.[19] Er betraut seine Söhne Titus und Arruns sowie seinen Neffen Brutus mit der Mission. Diese Andekdote liefert uns ein weiteres Beispiel für die rätselhaften Antworten der Pythia. Die drei jungen Leute nutzen nämlich die Gelegenheit, um ihr eine Frage zu stellen, die ihnen auf den Lippen brennt: an wen von ihnen wohl die Königsherrschaft über Rom fallen werde. Antwort: »Die oberste Gewalt in Rom wird der haben, der als erster von euch jungen Männern der Mutter einen Kuß geben wird.« Titus und Arruns denken nur an die erste Bedeutung der Vorhersage und kehren eilends in die Heimat zurück; »Brutus aber, überzeugt davon, daß der Spruch der Pythia in eine andere Richtung ziele, berührt – als sei er ausgeglitten und hingefallen – die Erde mit einem Kuß, weil sie ja die gemeinsame Mutter der Sterblichen sei«.[20]

Die Anfänge der Astrologie in Rom

Im 2. Jahrhundert vor unserer Zeitrechnung dringt mit der Eroberung und der massenhaften Ankunft von Händlern und Gefangenen aus der griechischen Welt eine neue Art der Zukunftserforschung in Rom ein, die dem latinischen Geist fremd ist: die Astrologie. Zum erstenmal erwähnen sie Ennius und Plautus Ende des 3. und Anfang des 2. Jahrhunderts, aber dieser Wissenschaft fiel es schwer, vor der Zeit der Kaiserherrschaft Fuß zu fassen, und auch dann blieb sie ein Fremdkörper und brachte keine großen einheimischen Astrologen hervor. Diesen Mangel dem vorwiegend bäuerlichen Charakter der Latiner anzulasten, die sich eher der Erde als den Sternen zuwandten, ist wenig überzeugend, da alle damaligen Kulturen in erster Linie ländlich waren. Die Römer schreckt vielmehr der spekulative und wissenschaftliche Aspekt ab, denn auf der Ebene des Volks fehlt es den Städten nicht an eklektischen Praktikern, Empirikern und Scharlatanen, die sich als »Chaldäer« bezeichnen, um den leichtgläubigen Plebejern erdichtete Horoskope zu verkaufen. Was fehlt, sind die »wissenschaftlichen« Astrologen, ein römischer Ptolemaios.

Der erste, der einen Namen hinterlassen hat, und der einzige vor Beginn unserer Zeitrechnung, ist Mitte des 1. Jahrhunderts Nigidius Figulus. Wir sehen ihn zu Beginn des Bürgerkriegs zwischen Caesar und Pompeius am Werk. Lukan zeigt ihn, wie er im November 50 v. Chr. bis kurz vor Morgengrauen die Sterne befragt und Gefahren und Unheil für Rom prognostiziert, denn der Planet

Mars befindet sich im Zeichen des Skorpions und ist als einziger sichtbar.²¹

Eine wenig schlüssige Episode, denn zum einen hätte zu diesem Zeitpunkt jedermann die gleiche Vorhersage machen können, und zum anderen haben moderne Untersuchungen bewiesen, daß Lukans Beschreibung des Himmels in keiner Weise der damaligen Stellung der Planeten entspricht. Entweder oder: entweder hat Lukan nichts begriffen, oder Figulus hat alles erfunden, um eine düstere Prognose zu rechtfertigen.²²

Ein halbes Jahrhundert später taucht ein anderer namhafter Astrologe auf, Manilius, eine mysteriöse Gestalt, deren Biographie völlig im Dunkeln liegt und der eine lange, in fünf Bücher unterteilte astrologische Abhandlung in Versen hinterlassen hat.²³ In diesem zwischen 9 v. Chr. und 15 n. Chr. verfaßten Werk zeigt sich von Anfang an seine stoische Auffassung eines absolut deterministischen Universums, wo alles von einem unabwendbaren Fatum gelenkt wird. »Das Schicksal lenkt die Welt, und alle Dinge gehorchen einem Gesetz; jedem Zeitalter entspricht ein vorherbestimmtes Geschick. Bei der Geburt beginnen wir zu sterben, und unser Ende hängt mit unserem Anfang zusammen. Von dort kommen Reichtum, Macht und die allzu häufige Armut; von dort erhält ein jeder seine Anlagen und seinen Charakter, seine Fehler und seine Tugenden, seine Verluste und seine Gewinne. Niemandem ist es gegeben, von sich aus abzuweisen, was er erhalten hat, oder zu erwerben, was er nicht erhalten hat, durch Gebete zu erwirken, was Fortuna ihm nicht gewährte, dem zu entgehen, was ihn bedroht: jeder muß sein Schicksal tragen.«²⁴

Diese äußerst rigide Sichtweise erlaubt es Manilius, die individuellen Charaktertypen sehr streng zu bestimmen. Seine Klassifikation ist eine regelrechte Abhandlung in Charakterologie, wobei er die Hauptrolle den Fixsternen zuweist – das archaische Merkmal einer Astrologie, die den Planeten noch wenig Bedeutung beimißt. Manilius, der am Ende des Bürgerkriegs lebt, betont den bestimmenden Einfluß der Gestirne auf die politischen Temperamente. Seine Beschreibung des Horoskops der im siebenundzwanzigsten Grad des Widders geborenen Menschen könnte zum Beispiel auf viele Agitatoren und Ehrgeizlinge des Jahrhunderts wie auf Marius, Sulla, Crassus, Pompeius, Caesar, Antonius und Octavius zutreffen: »Wer in dieser Zeit geboren wird, liebt nicht den

Frieden noch die Ruhe, er sucht die Menge und den Aufruhr. Er liebt lauten gesellschaftlichen Trubel und will Gracchen auf der Rednerbühne sehen und Revolutionen anführen; er liebt den Bürgerkrieg und schürt die Unruheherde. Er stachelt Horden elender Bauern an und bringt den treuen Schweinehirten der *Odyssee* hervor.«[25]

Manilius repräsentiert die seriöse und kostspielige aristokratische Astrologie, die in den wohlhabenden Kreisen unleugbar Erfolg hat. Spuren davon finden wir bis hin zu den Grabinschriften: das Horoskop des Verstorbenen wird auf seinem Grab angebracht; man erinnert daran, daß der Augenblick der Geburt den des Todes bestimmt hat; manche Familien befragen den Astrologen aus allen wichtigen und unwichtigen Anlässen: wenn man ins Bad oder zum Friseur geht oder die Kleidung wechselt. Die Großen der Welt machen es ihnen vor: König Antiochos Kommagene läßt ein gigantisches Horoskop auf seinen Grabstein meißeln. Künstler, Bildhauer, Dichter beteiligen sich an dieser Mode, die bis zu den beiden ersten Jahrhunderten unserer Zeitrechnung anhält, wie es die von Neugebauer und van Hoesen vorgelegten Horoskopsammlungen zeigen.[26] Die volkstümliche Astrologie, von einer Fülle von Scharlatanen in den Städten praktiziert, wird hochgeschätzt, und nur selten kommt es zu Klagen wie bei den Eltern eines vierjährigen Kindes, das gestorben ist, obwohl man ihm eine glänzende Zukunft geweissagt hatte: sie brandmarken den »lügnerischen Mathematiker, dessen überaus großer Ruf sie alle beide betrogen habe«.[27]

In Rom verliert die Astrologie teilweise ihren wissenschaftlichen Charakter und nimmt einen religiösen Aspekt an, eine für das lateinische Temperament bezeichnende Deformation. Die Astrologen gebärden sich als Priester, in Nachahmung des Stoikers Chairemon, Neros Erzieher, der sich als »heiliger Schreiber« der Götter von Alexandria ausgibt und über den Einfluß der Kometen schreibt. Sie nennen sich inspirierte Propheten, die angeblich einem göttlichen Geschlecht angehören. Die Verbindung zwischen den Planeten und der Mythologie wird durch die Namen ersterer veranschaulicht, die wiederum dazu dienen, die Wochentage zu bezeichnen, und die aufgrund der universellen Sympathie und Solidarität ihren Einfluß ausüben. Die orientalischen, insbesondere ägyptischen Aspekte werden hervorgehoben, was der lateinischen Astrologie einen esoterischen Charakter verleiht.

Diese Entwicklung tritt sehr deutlich im Werk des chronologisch dritten großen römischen Astrologen zutage, Vettius Valens, im 2. Jahrhundert unserer Zeitrechnung. Tatsächlich stammt der Mann aus Antiochia und hat sich lange in Alexandria aufgehalten, wo er eine astrologische *Anthologie* in griechischer Sprache verfaßte. Er bedauert, daß diese göttliche Kunst von Scharlatanen herabgewürdigt werde, und bittet die wahren Astrologen, ihre Kenntnisse geheimzuhalten, nach dem Vorbild der Mysterien der orientalischen Religionen von Mithras und Orpheus: »Ich beschwöre euch, hochverehrte Brüder, und alle in diese systematische Kunst Eingeweihte, die ihr die gestirnte Himmelskugel, den Tierkreis, die Sonne, den Mond und die fünf Planeten, die Weissagung und die glückselige Notwendigkeit studiert, alle diese Dinge geheimzuhalten und sie nicht mit den Unwissenden zu teilen, außer mit denen, die ihrer würdig sind und fähig, sie für sich zu behalten und sie würdig zu empfangen.«[28]

Freilich stößt die Astrologie in den konservativen Kreisen Roms auf starken Widerstand. Cato der Ältere verwirft diese Neuheit wie alle fremdländischen Moden, die die lateinische Identität von innen her bedrohen. In seiner Schrift über die Landwirtschaft aus der Mitte des 2. Jahrhunderts v. Chr. gibt er dem guten Verwalter folgenden Rat: »Er soll keine Schmarotzer, Seher oder Propheten ernähren und nicht auf die Ratschläge der Astrologen hören.«[29] Im Jahre 139 gehen die Behörden sogar so weit, alle »Chaldäer«, wie man sie in Rom nennt, auszuweisen. Der Prätor Cornelius untersagt ihnen per Erlaß, sich in Italien aufzuhalten.

Auch wenn die Maßnahme kaum Wirkung zeigt, gibt sie doch Aufschluß über die Furcht der Regierung, die diese Orientalen beschuldigt, mit ihren unheilvollen Vorhersagen das Volk aufzuwiegeln. Außerdem ist es die Epoche, in der der Stoizismus in Rom eindringt, und die Verfechter der Stoa wie Panaitios von Rhodos sind mehrheitlich gegen die Astrologie. Ihre Position schwankt in diesem Punkt, wie schon gesagt, und ein Jahrhundert später finden wir sie mit Poseidonius auf der Seite der Astrologie. Tatsächlich fühlen sich die römischen Stoiker unwohl angesichts der astrologischen Weissagungen, die einerseits ein von den Sternen völlig determiniertes Schicksal und andererseits die Möglichkeit unterstellen, dieses Schicksal dadurch zu verändern, daß man im voraus Kenntnis von ihm gewinnt, ein ständiger Widerspruch der Astrologie, die nur deshalb Voraussagen macht, um sie besser Lügen strafen zu können. »Ein beschränkter Pedant wie Firmicus Maternus behauptet nachdrücklich die Allmacht des Schicksals, ruft aber gleichzeitig die Götter an, um mit ihrer Hilfe dem Einfluß der Gestirne zu widerstehen«, schreibt Franz Cumont.[30] Wir befinden uns hier in einer späten Zeit, aber die Bemerkung behält ihre Gültigkeit: Sagte nicht schon Seneca, die Gebete seien »der Trost kranker Geister«, die sich einbilden, den Lauf des Schicksals ändern zu können? Es ist also der häufig unzutreffende magische Aspekt der Astrologie, der die Stoiker abstößt.

Aufschwung der Wahrsagung während der Bürgerkriege

Der Aufstieg der Wahrsagung fremder Herkunft scheint unaufhaltsam zu sein in jenem tragischen 1. Jahrhundert unserer Zeitrechnung, das die blutige Konfrontation ehrgeiziger Diktatoren erlebt, begleitet von spektakulären Umschwüngen, Massakern und Proskriptionen. In einer solchen Zeit kann es nicht ausbleiben, daß Orakel, Prophezeiungen und Astrologie gedeihen, da die Führer ihr Schicksal in Erfahrung zu bringen versuchen und nicht zögern, ihrer Sache dienliche Orakel zu erfinden und zu manipulieren, und da das Volk von den Prophezeiungen wissen will, was die Zukunft für sie bereithält und welches der künftige Sieger sein wird, den es am besten schon heute zu unterstützen gilt. Alle verlangen von den Orakeln, sie durch die Enthüllung der Zukunft zu beruhigen, eine Rolle, die die klassische römische Wahrsagung nicht erfüllte.

Wenn die Plebs fast nur zu Scharlatanen Zugang hat, so wenden sich die Großen an die berühmtesten Orakel. Lukan hat uns ein Bild von der Zunahme der Vorzeichen und des Aberglaubens kurz vor dem Zusammenstoß zwischen Pompeius und Caesar hinterlassen: »Damit nicht wenigstens etwelche Zukunftshoffnung die zagen Herzen erleichtern könne, kam jetzt ein untrüglicher Beweis für widrige Wendung hinzu.«[31] Auftauchen unbekannter Sterne, Erglühen des Firmaments, Kometen, Blitze in verschiedenen Gestalten am heiteren Himmel, Erscheinen von Sternen mitten am Tag, Verblassen des Mondes, Sonnenfinsternisse, Ausbruch des

Die römische Wahrsagung – ein Staatsmonopol 135

Ätna, Blutwirbel in der See der Charybdis, Hundegebell an der Skylla, Verschwinden des Feuers vom Altar der Vesta, Zweiteilung der Opferflamme am Ende des Latinerfests, Springflut, Lawinen, schweißbedeckte Statuen, Eindringen wilder Tiere in Rom, Verdüsterung der Tage durch Vögel, Mißgeburten, sprechende Tiere, stöhnende Gebeine in den Urnen, Waffengerassel, aus der Waldeinsamkeit dringende Stimmen, Herannahen von Gespenstern, Trompetengeschmetter, Aufstieg der Geister von Sulla und Marius, die finstere Orakel verkünden: diese Häufung von Prodigien erfordert die Zuflucht zu allen Arten der Divination, was es uns ermöglicht, ihre Methoden zu vergleichen.

Zunächst zieht man die lokalen Spezialisten zu Rate, die etruskischen Haruspizes. »Dieser Geschehnisse wegen beschloß man, nach altem Brauch etruskische Gottesmänner zu Rate zu ziehen. Der Betagteste unter ihnen, Arruns aus dem damals geräumten Lucca, wohl vertraut mit dem Verlauf von Blitzen, mit dem Geäder lebenswarmer Innereien und den Zeichen gefiederter Segler der Lüfte, hieß (...) die verängstigten Bürger in Prozession die ganze Stadt umziehen und, um mit feierlichem Sühnopfer das Häusermeer zu feien, entlang der heiligen Linie am Ende der Gemarkung die Oberpriester den Rundgang machen, denen die Leitung des Gottesdienstes übertragen ist.«[32] Sodann opfert der Haruspex einen Stier, und was er sieht, läßt ihn vor Entsetzen erstarren: »Da sprang nicht Blut wie sonst hervor, nein, aus gespreizter Wunde quoll überall statt des roten Saftes scheußliche Jauche. Bleich vor Entsetzen über sein Opfer, das auf Unglück deutet, riß Arruns die Eingeweide heraus, um darin den Zorn der Überirdischen zu ergründen. Schon die Farbe ließ den Gottesmann erschrecken; denn fahles Gedärm war von eklen Fleckenmalen geronnenen Gallerts gezeichnet, über und über von Blutspritzern wie mit Tinte gescheckt. Er sah die Leber von Eiter triefen und nahm auf ihrer bösen Seite ein bedrohliches Pulsieren wahr. Die Lunge mit ihren Atmungslappen war versteckt, und eine feine Scheidelinie durchschnitt die Lebensstränge. Das Herz war eingesunken; auch sonderten die Därme durch klaffende Risse Fäulnis ab, und ihr Netz gewährte Einblick in sein Inneres. Und da war nun der Graus, der noch bei keinem Eingeweide ohne böse Folgen zum Vorschein kam: er sah den Leberkopf vom Klumpen eines zweiten Kopfes überwuchert, sah, wie eine Hälfte krank und schlaff herunterhing, die andere pochte und mit raschen Schlägen unnachgiebig das Geäder in Bewegung hielt.«[33] Die Schlußfolgerung des Haruspex verbreitet Schrecken: »Ich bange vor Unsäglichem, doch kommen wird noch Schlimmeres als befürchtet. Möchten die Götter das Geschaute zum Guten wenden, und möchte auf Innereien kein Verlaß sein, sondern unser Zunftgründer Tages derlei nur erfunden haben.«[34] Eine solche Rede läßt also Raum für einen gewissen Zweifel, wie er sich schon im Orakel von Delphi zeigte: es besteht die Möglichkeit, daß die Götter die Menschen täuschen wollten; und die Art ihrer Drohung bleibt unbestimmt.

Die Astrologie ist entschiedener. Figulus sagt auf Befragen unabwendbares Unheil voraus und deutet seine Natur an: »Es rückt für unsere Stadt und für die Menschheit vor der Zeit Zusammenbruch heran. (...) Kriegswahn droht, Waffenwillkür wird alles Recht mit Gewalt zuschanden machen, unerhörtes Verbrechen Heldentum heißen und solcher Irrsinn viele Jahre dauern. (...) Füge Leid an Leid zur Kette, Rom, und zieh dein Elend über weite Zeiten hin, bist ja frei nur mehr bei Bürgerkrieg.«[35]

Und die ekstatischen Propheten stimmen in das Konzert der Unglücksbotschaften ein. Die Gallier, Priester der Kybele und des Attis, »kündeten mit kreisendem Kopf, das Haar voll Blut, unter Wehgeheul den Menschen Schlimmes an«, während Bellonas Priester, »in gräßlicher Verzückung« ihre Arme zerfleischend, Unglück prophezeien. Auch laufen »Unheilssprüche der Seherin von Cumae« durch das Land.

Offensichtlich braut sich etwas zusammen. Freilich ist dies nur Literatur, ein episches Gedicht, in dem Lukan alle narrativen Verfahren einsetzt, um die Spannung zu erhöhen. Es sind keine historischen Wahrheiten im Sinne eines positivistischen Geistes. Das Verdienst des Berichts besteht vielmehr darin, daß er eine kollektive Atmosphäre und Mentalität wiedergibt: die Zuflucht zu allen verfügbaren Weissagungsmitteln, ohne einer den Vorzug zu geben. Trotz des Widerstands der Staatsmacht, haben die Römer alle Divinationsarten aufgenommen. Lukan, der etwas mehr als ein Jahrhundert nach den Ereignissen schreibt und im stoischen Geist geschult ist, glaubt im übrigen an die Möglichkeit der Vorhersage, der Prophezeiung, da das Universum einem zyklischen Schicksal unterliege. Doch anders als die meisten Stoiker bliebe er lieber in Unkenntnis der Zukunft, da dies zu hoffen erlaube. Zu Beginn des

2. Buchs der *Pharsalia* fragt er sich: »Ob nun der Weltschöpfer, sobald die Lohe ihm Vortritt ließ und er die rohe Materie als ungestaltes Reich übernahm, für ewig die Zusammenhänge festlegte, auch sich selber den Gesetzen unterwarf, an die er das All bindet, die Welt Perioden auf sich nehmen hieß und nach unverrückbar vorbestimmten Grenzen in Teile schied, oder ob nichts feststeht, vielmehr planlos freies Belieben hin und her im Wechsel schafft und Zufall das Erdenleben regiert; laß alles unversehens kommen, was du im Sinne hast, laß das Menschenhirn im Dunkel über künftiges Verhängnis, gewähre Hoffnung in der Angst!«[36]

Der Bürgerkrieg ist auch eine Gelegenheit, die alten Orakel wieder aufleben zu lassen. Kurz vor der Schlacht von Pharsalos beschließt ein Offizier des Pompejus, Appius, das Orakel von Delphi zu befragen, das seit mehreren Jahren geschlossen war. Er läßt die Stätten wieder öffnen und mit Gewalt die letzte Pythia herbeischleppen; diese protestiert und erklärt, das Orakel funktioniere nicht mehr. Es hilft nichts; das Ansehen von Delphi ist weiterhin so groß, daß ein Römer wie Appius ihm noch immer Vertrauen schenkt. Die Anekdote ist typisch: Als guter Latiner legt Appius Wert auf die gewissenhafte Befolgung der Riten und die ekstatischen Äußerungen; ein echtes Orakel muß geheimnisvoll und rätselhaft sein. Die Pythia, die Angst hat, in Trance zu fallen, simuliert die Inspiration: »In ihrer Bangigkeit (...) tat sie, als sei der Gott in ihrer wenngleich ruhigen Brust, und ließ erfundene Worte hören, ohne daß verworrene Urlaute von Gottbegeisterung in verzückten Sinnen zeugten – zur Kränkung nicht so sehr für den Feldherrn, dem sie Falsches verkündete, wie für den Dreifuß und für die Wahrhaftigkeit Apollons. Wenn kein Schrei in abgerissenen Worten zitterte und die Stimme nicht den weiten Grottenraum zu füllen vermochte, kein Haar sich sträubte und den Lorbeer abschüttelte, die Tempelschwelle nicht erbebte und der Hain voll Frieden blieb, so hatte dies ihre Furcht verraten, sich Phoebus hinzugeben.«[37] Zu einfach, zu klar, zu ruhig und zu verständlich, um göttlich zu sein. Appius täuscht sich nicht: er weiß, daß das göttliche Wort immer kompliziert, dunkel und unverständlich ist. Er braucht die Ekstase, die Verzückung, die Schreie und die ganze traditionelle Folklore. Man schreitet nun zu einem zweiten Versuch, und dieser gelingt. Die Pythia rast, »Irrsinnseifer rinnt aus ihrem schäumenden Mund, mit Gestöhn und verworrenen Schreien bei keuchendem Atem«. Dann ertönt das Orakel: »Du Römer bleibst von der gewaltigen Entscheidungsschlacht verschont, entrinnst dem ungeheuerlichen Dräuen des Kriegsgeschehens und wirst einsam in weiter Senke an Euboeas Küste Ruhe finden.«[38]

Appius ist zufrieden, aber er vergißt, daß ein Orakel nie in seiner offenkundigen wörtlichen Bedeutung zu verstehen ist. Die Ruhe, die ihn während der Bürgerkriege erwartet, ist die ewige Ruhe, der Tod, in einem Grab an der Küste von Euboea. Unabhängig vom historischen Wert der Episode liegt ihre Bedeutung auch hier vor allem darin, daß sie die Faszination der Römer gegenüber fremden, insbesondere griechischen Divinationsmethoden aufzeigt.

Die Befürworter der Bürgerkriege geben sich im übrigen nicht damit zufrieden, Wahrsager zu Rate zu ziehen. Sie lassen es sich nicht nehmen, selber Orakel anzufertigen: eine fiktive Zukunft zu erfinden, um sie Realität werden zu lassen. Ganz im Gegensatz zu den Sehern und Astrologen, die eine »reale« Zukunft »vorhersagen«, um deren Nichteintreffen zu ermöglichen. Nehmen wir den Fall der sibyllinischen Bücher, die im Tempel des Jupiter Capitolinus aufbewahrt werden. Nachdem man sie bisher höchst sparsam zu Rate zog, werden sie im 1. Jahrhundert häufiger konsultiert, was das neue Bedürfnis der Politiker nach göttlicher Beglaubigung verrät. Im Jahre 83 v. Chr. werden die Bücher bei einem Brand des Tempels zerstört. Sofort senden Sulla und der Senat Boten nach Erythrai, Ilion, Samos, nach Sizilien und Afrika, um die Orakel der Sibyllen zu sammeln, von denen im Jahre 76 mehrere tausend Verse im neuen Tempel untergebracht werden. Sulla erhöht die Zahl der Wächter auf fünfzehn, und diese *quindecimviri* werden nun zu wichtigen politischen Agenten, die unter dem Druck der einflußreichsten Partei die Initiative zu den Befragungen ergreifen. Auf diese Weise »waren aufgrund der zweideutigen Poesie der Sibyllen die Veränderungen und Betrügereien wohl nicht sehr schwer«, schließt Raymond Bloch.[39]

Wie zufällig sind die Orakel stets denen günstig, die um ihre Befragung nachsuchen. Im Jahre 57 v. Chr., als Pompeius den Ptolemaios Auletes wieder auf den Thron von Ägypten setzen will, konsultieren seine Feinde die Bücher und erklären, daß der König von Ägypten nicht durch Gewalt wiedereingesetzt werden dürfe. Im Jahre 44 v. Chr., als Caesar vom Königtum und vom Krieg gegen die Parther träumt, verkündet der Quindecimvir Lucius

Cotta, daß den Sibyllinischen Büchern zufolge nur ein König die Parther besiegen könne.⁴⁰

Die Kaiser verbieten die private Wahrsagung

Derart inspirierte Orakel sind ein außergewöhnliches Machtinstrument, das die neuen Herren, die Kaiser, unweigerlich ausbeuten. Ab Augustus wird die Ausübung der Divination zum Staatsmonopol. Das Wirken der Kaiser in diesem Bereich geht in zwei stets gleichbleibende Richtungen: die Ausübung der Wahrsagung und der Astrologie durch Privatpersonen zu verbieten und alle in Rom vorhandenen divinatorischen Kräfte für den ausschließlichen Gebrauch des Herrschers zu konzentrieren. Der Kaiser hat höchstes Interesse daran, die Ausübung der Wahrsagung zu verbieten, da sie beängstigende Gerüchte über die Zukunft seiner Macht verbreiten und durch erfolgversprechende Voraussagen Verschwörungen ermutigen und hervorrufen kann. Die Orakel zu monopolisieren, deren Deutungen sich nach Belieben manipulieren lassen, ist ebenfalls sehr nützlich. Nichtsdestoweniger sind die meisten Kaiser überaus abergläubisch und bereit, aufrichtig an die Orakel zu glauben. Von Astrologen und Sehern sowie von Ratgebern umgeben, die in der Kunst der Schmeichelei bewandert sind, neigen sie nur allzu gern dazu, sich von den trügerischen Bildern einer maßgeschneiderten Zukunft leiten zu lassen.

Eine Konstante der kaiserlichen Politik ist der Kampf gegen die private Wahrsagung. Einzig der Kaiser hat das Recht, die Zukunft zu erfahren. Die große Prohibition der Prophetie und der Orakel beginnt unter der Herrschaft des Augustus, der alle Texte, die in Rom in Umlauf sind, sammeln und verbrennen läßt. Sueton zufolge war ihre Zahl beträchtlich: »Augustus ließ alles, was an griechischen und lateinischen Orakelbüchern, von entweder völlig unbekannten oder glaubwürdigen Verfassern in Umlauf war, über zweitausend Bände, zusammentragen und verbrennen.«⁴¹ Was die Sibyllinischen Bücher betrifft, so säubert er sie sorgsam von allen anstößigen Stellen, eliminiert, was ihm nicht behagt, und läßt im Jahre 12 unserer Zeitrechnung den Rest für seinen persönlichen Gebrauch in einen Apollotempel auf dem Palatin schaffen. Da sich die Ausschaltung der populären Seher als sehr schwierig erweist, rät ihm Maecenas, einige von ihnen zuzulassen, aber nur öffentliche Wahrsagungen zu dulden, mit dem Verbot, Todesfälle vorauszusagen. Um jeden Versuch einer ihn betreffenden Weissagung zu unterbinden, macht Augustus sein Horoskop, so wie der Astrologe Theogenes es ihm verkündet hatte, öffentlich bekannt.[42]

Unter Tiberius wird die unerlaubte Ausübung der Wahrsagung zu einem schweren Verstoß. Um sich des Drusus Libo zu entledigen, klagt man ihn im Jahre 16 an, er habe Seher, Nekromanten und Wahrsager konsultiert. Nach dieser Affäre beschließt der Senat die Verbannung der Astrologen, von denen einige hingerichtet werden, wie Pituanius, der vom Parpejischen Felsen gestürzt wird. Vier Jahre später wird Aemilia Lepida, eine der vornehmsten Damen Roms, unter anderem bezichtigt, »die Chaldäer über das Haus des Caesaren befragt zu haben«.[43]

Claudius ist höchst empfindlich, was diese Art von Vergehen betrifft. Daher erhebt Agrippina im Jahre 49 Anklage gegen die ihr verhaßte Lollia Paulina, indem sie ihr den Umgang »mit Chaldäern und Zauberern sowie die Befragung des Orakels des Klarischen Apollo über die Vermählung des Imperators« vorwirft.[44] Im Jahre 52 wird Scribonianus »verbannt, weil er bei den Chaldäern sich nach dem Ende des Princeps erkundigt habe«, berichtet Tacitus. Woraufhin die Astrologen ein weiteres Mal aus Italien verbannt werden, ein Beschluß, »der ebenso streng wie wirkungslos war«, schreibt der Historiker.[45]

In der Tat wimmelt es siebzehn Jahre später mehr denn je von Astrologen auf der Halbinsel, die bis zum ersten Oktober zu verlassen Vitellius ihnen befiehlt. Sueton zufolge soll dies zu einer direkten Konfrontation mit dem Berufsstand geführt haben, der ein Gegenedikt anschlagen ließ, in dem es hieß, der Kaiser werde bis zum gleichen ersten Oktober nicht mehr auf der Welt sein. Vitellius läßt mehrere Astrologen umbringen, und man erzählt, daß er beim Tod seiner Mutter die Hand im Spiel gehabt habe, weil eine Wahrsagerin ihm prophezeit hatte, er werde erst dann sicher und lange regieren, wenn er sie überlebe.[46]

Auch Vespasian und nach ihm Domitian ergreifen Maßnahmen, die Astrologen außer Landes zu verweisen, eine Politik, die unter den Antoninern, die alle Arten von Divination ausmerzen möchten, fortgesetzt wird. In einem Dekret des Antonius Pius, das an

Pacatus, Legat von Lugudunum, adressiert ist, heißt es: »Ganz gewiß darf man Männer dieser Art nicht ungestraft lassen, die unter dem Vorwand einer Warnung der Götter bestimmte Dinge verkünden und diese Warnungen anführen oder Leute nennen, die angeblich davon Kenntnis haben.« Mark Aurel verbannt einen Erleuchteten, der während des Aufstands des Avidius Cassius Vorhersagen gemacht hatte, auf die Insel Syros.

Ab dem 3. Jahrhundert erfaßt die Welle des Irrationalen alle Bereiche. Es wimmelt von Vorhersagen, und die kaiserlichen Verbote bleiben nahezu ohne Wirkung. Der Rechtsgelehrte Ulpian drückt die Position der Macht wie folgt aus: »Auch diejenigen, die als Propheten gelten, müssen bestraft werden, denn sie üben einen abscheulichen Beruf aus, der häufig der öffentlichen Ruhe und der Regierung des römischen Volks zuwiderläuft.« Unter Septimus Severus wird der Kampf gegen die Wahrsagung und die Astrologie noch härter. Der Kaiser läßt die verdächtigen Bücher in einer Gruft versiegeln[47], und sein Rechtsberater Paulus, Mitglied des kaiserlichen Rats, schreibt: »Was die Wahrsager angeht, die behaupten, von der Gottheit erleuchtet zu sein, so hat man es für ratsam erachtet, sie aus der Stadt zu vertreiben, aus Furcht, daß sie angesichts der Leichtgläubigkeit der Menschen die Sitten verderben und bestimmte Hoffnungen nähren, oder daß dadurch zumindest die Phantasien des Volkes verwirrt werden. (...) Wer immer die Mathematiker, Zauberer, Haruspizes, Wahrsager nach dem Leben des Princeps oder nach dem Staat im allgemeinen fragt, wird mit dem Tode bestraft, ebenso derjenige, der die Antwort gegeben hat. Ein jeder tut gut daran, nicht nur die Wahrsagung zu meiden, sondern auch ihre Theorien und ihre Bücher. Und sollten Sklaven nach dem Leben ihrer Herren fragen, so werden sie zur Höchststrafe verurteilt, das heißt gekreuzigt; hat man dagegen sie selbst befragt und haben sie geantwortet, so werden sie in die Minen geschickt oder auf eine Insel verbannt.«[48]

Diokletian versucht, die Astrologie zu beseitigen, und Konstantin will sich alle Methoden, die Wahrsager zu befragen, selbst vorbehalten. Am 31. Januar 319 schreibt er an den Präfekten von Rom: »Es soll sich kein Haruspex der Schwelle eines anderen Mannes nähern, und sei es aus einem Grund, der nichts mit der Wahrsagung zu tun hat; sondern jede Freundschaft mit solchen Leuten, so lange sie auch bestehen mag, muß aufgekündigt werden. Der Haruspex, der ein Haus betritt, das nicht das seine ist, soll verbrannt werden, und wer ihn mit Versprechungen oder Geschenken angelockt hat, wird nach Beschlagnahme seiner Güter auf eine Insel verbannt.«[49] Im übrigen versichert Eusebios, daß Konstantin strengstens untersagt, sich »mit Weissagung und anderen derartigen unnützen Dingen zu befassen.[50]

Auch die weniger betroffenen Astrologen müssen äußerst vorsichtig sein und dürfen vor allem niemals den Kaiser betreffende Vorhersagen machen. Daher präzisiert Firmicus Maternus in der Einführung zu seiner unter Konstantin geschriebenen *Mathesis*, daß der Kaiser über dem Schicksal stehe.[51]

Konstantins Sohn, Constantius II., lebt in der Angst vor Verschwörungen, die durch falsche Vorhersagen hervorgerufen werden könnten. Deshalb läßt er alle verhaften, die, und sei es aus nichtigen Anlässen, zur Divination Zuflucht nehmen.[52] Im Jahre 359 läßt er Barbation, den Befehlshaber des Fußvolks, hinrichten, desgleichen seine Frau, wegen eines Vorzeichens, das Seher als Vorboten einer »großen Gefahr« gedeutet hatten: ein Bienenschwarm hatte sich in seinem Haus eingenistet.[53] Ein Edikt aus dem Jahre 357 zeugt vom zwanghaften Wüten Constantius' gegen jede Form von Wahrsagung: »Niemand soll einen Haruspex oder Mathematiker befragen; niemand soll Wahrsager aufsuchen. Die finstere Brut der Auguren und Seher soll schweigen. Die Chaldäer, Magier und andere Individuen, die der gemeine Mann ihrer Schandtaten wegen Hexer nennt, sollen sich nicht einfallen lassen, etwas derartiges anzuzetteln. Endlich soll bei jedermann die Begierde zu weissagen für immer schweigen. Und wer unseren Geboten den Gehorsam verweigert, der wird die höchste Strafe erleiden und unter dem rächenden Schwert enden.«[54]

Zu dieser Zeit nimmt der Kampf gegen die Wahrsagung für die kaiserliche Macht eine neue Dimension an. Die zum Christentum bekehrten *Imperatores* wollen diese Reste heidnischen Aberglaubens ausrotten. Als Julian, Constantius' Nachfolger, die alten Kulte wiedereinzusetzen versucht, erweckt er die Orakel zu neuem Leben, zieht Haruspizes heran, um die Eingeweide der Opfertiere zu untersuchen, schenkt einem gallischen Advokaten Vertrauen, Aprunsculus, der die Opferschau praktiziert und ihm eine glorreiche Zukunft vorhersagt, nachdem er eine Leber mit einem doppelten Lappen gefunden hatte.[55] Logischerweise verbietet sein Nach-

Die römische Wahrsagung – ein Staatsmonopol

folger Jovianus, der Christ ist, erneut die Wahrsagung, was ihn jedoch nicht davon abhält, während des Persischen Feldzugs selber die Haruspizes zu konsultieren.

Tatsächlich glauben die ersten christlichen Kaiser weiterhin an die heidnische Wahrsagung und fürchten ihre Auswirkungen. Als Männer des Übergangs, die zwei Kulturen angehören, haben sie stets große Angst vor den divinatorischen Voraussagen. Unter der Herrschaft von Valens zeigt im Jahre 371 eine aufsehenerregende Affäre, daß ihre Befürchtungen gerechtfertigt sind: mehrere Beamte werden verhaftet, weil sie an Divinationsriten teilgenommen haben, um zu erfahren, wer der künftige Kaiser sein werde. Im Verlauf des Prozesses schildern sie, wie der Magier einen an einem Faden hängenden Ring verwendete, der, indem er auf Buchstaben trifft, die auf einer Schale angeordnet sind, es ermöglichte, Verse zu lesen, die auf die Fragen nach der Zukunft Antwort gaben.[56]

Die Voraussage, Instrument der kaiserlichen Regierung

Man könnte meinen, das Verbot der privaten Ausübung der Divination sei eine rein politische Vorsichtsmaßnahme, die verhindern soll, daß falsche Gerüchte in Umlauf kommen. Da man jedoch gleichzeitig feststellt, daß dieselben Kaiser in eigener Sache ständig auf die Divination zurückgreifen, muß man wohl annehmen, daß sie an den Wert dieser Weissagen glauben, woher sie auch kommen mögen. Von Augustus bis Valens ist von allen römischen Herrschern einer abergläubischer als der andere, und die lateinischen Historiker heben diesen Zug noch hervor, indem sie ihre Berichte mit Vorzeichen, Auguren, Orakeln, allerlei Vorhersagen durchsetzen, womit sie den Eindruck erwecken, als lebte der kaiserliche Hof im Rhythmus von Prophezeiungen und als leiteten sich die Entscheidungen unmittelbar von ihnen her. Es hat den Anschein, als wären Seher und Astrologen bei den Kaisern die Vorfahren der Prospektivisten und Futurologen.

Die Kaiser, für jede Art von Voraussagen äußerst empfänglich, sind sehr eklektisch. Allem, was den Schleier, der über der Zukunft liegt, ein wenig zu lüften vermag, muß Gehör geschenkt werden, aber allein der Herrscher darf davon profitieren. Wenn man Sueton glauben darf, war Augustus besonders gut über sein Schicksal unterrichtet. Schon seit langem hatten die Seher prophezeit, daß ein Kind aus dem kleinen Ort Velitrae die Welt beherrschen werde; einige Wochen vor seiner Geburt kündete ein Wunderzeichen von der baldigen Ankunft eines Königs; man erzählte, neun Monate vor Augustus' Geburt sei eine Schlange in das Geschlecht seiner Mutter eingedrungen, während sie schlief; als der Astrologe Nigidius Figulus die Geburtsstunde des Augustus vernahm, soll er erklärt haben, in dieser Stunde sei »der Herr der Welt geboren«. »Die Sache ist ja allgemein bekannt«, präzisiert Sueton. Die gleiche Versicherung erhält Octavius, der Vater des Augustus, der die Priester des Dionysos in Thrakien befragt. Endlos ist die Liste der von Sueton ehrfürchtig angeführten Träume, Prodigien und Weissagungen.[57] Wichtiger für unser Vorhaben sind Augustus' persönliche Befragungen von Wahrsagern und Astrologen. In Apollonia bittet er den Astrologen Theogenes um sein Horoskop. Nach der Schlacht von Aktium läßt er dem Bauern Eutychus (»Glückskind«) und dessen Esel Nikon (»Sieger«), die ihm am Vortag der Schlacht zufällig begegnet waren, ein ehernes Standbild errichten. Er zieht das Los im Fortunatempel von Antium. Er nimmt an Opferriten teil und mißt den von den Haruspizes gedeuteten Zeichen stets größte Bedeutung bei.

Bei Tiberius nimmt die Zuflucht zur Divination pathologische Ausmaße an. In seiner Jugend besucht er das Orakel des Geryon bei Padua und wirft Würfel in die Aponusquelle.[58] Später wendet er sich an die Losorakel des Tempels von Praeneste, dessen Besuch er Privatleuten untersagt. Als er einmal krank ist und Angst hat, man könne die Lose nach seiner Todesstunde befragen, läßt er den Kasten versiegelt nach Rom bringen, aber als man ihn öffnet, ist er leer, und die Lose tauchen nicht eher wieder auf, bis der Kasten in den Tempel zurückgeschafft worden ist.[59] In Griechenland sucht Tiberius das Orakel von Kolophon auf, das den Tod des Germanicus vorhersagt. Gegenüber den Sibyllinischen Büchern nimmt er eine vorsichtige Haltung ein, da er die Bekanntgabe einer Befragung fürchtet, die ihm vielleicht nicht günstig wäre. So lehnt er eine Befragung ab, die ihm nach dem Hochwasser des Tiber im Jahre 15 vorgeschlagen worden war. Als Caninius Gallus im Jahre 32 die Aufnahme eines ganzen Bandes von Prophezeiungen unter die übrigen Bücher der Sibylle beantragt, widersetzt er sich, weil das übliche Gutachten der Quindecimvirn nicht eingeholt worden ist.[60]

Es sieht so aus, als setzte Tiberius mehr Vertrauen in die Astrologie, in die er in seiner Jugend in Rhodos durch den Astrologen Thrasyllus eingeweiht worden war. Nachdem Tacitus eine Prophezeiung des Tiberius über den künftigen Herrscher Galba erwähnt hat, erzählt er folgende für ihn charakteristische Anekdote:

»Er hatte in Rhodos Zeit gehabt, diese [seine astrologischen Kenntnisse] sich anzueignen, wobei er als Lehrer Thrasyllus gehabt hatte, dessen Wissen er auf folgende Weise erprobt hatte. Sooft ihn eine solche Frage beschäftigte, begab er sich auf einen hochgelegenen Teil seines Palastes, wobei er nur einen einzigen Freigelassenen als Mitwisser beizog. Dieser, ein ungebildeter Mensch, der jedoch körperlich kräftig war, mußte auf dem unwegsamen, steil abschüssigen Gelände – der Palast ragt über dem Felsen auf – dem, dessen Kenntnisse Tiberius auf die Probe zu stellen beschlossen hatte, vorausgehen und ihn auf dem Rückweg, wenn er sich der Gaukelei oder gar des Betrugs verdächtig gemacht hatte, in das unten liegende Meer hinunterstürzen, damit er nicht das Geheimnis preisgebe. Und so wurde auch Thrasyllus über diese Felsen geführt. Als ihn Tiberius fragte, machte er auf ihn großen Eindruck, da er ihm die Erhebung auf den Thron und auch sonst die Zukunft in geschickter Weise voraussagte. Er fragte ihn weiter, ob er sich auch sein eigenes Horoskop gestellt habe und ob er wisse, was das jetzige Jahr, was der heutige Tag ihm bringe. Jener berechnete die Positionen der Gestirne und ihren Abstand, stutzte zuerst und erbleichte dann, und je mehr er sich in seine Beobachtungen vertiefte, desto mehr zitterte er in angstvollem Erstaunen und rief zuletzt aus, er befinde sich in einer bedenklichen Lage, fast habe seine letzte Stunde geschlagen. Da umarmte Tiberius ihn und beglückwünschte ihn, daß er die Gefahr vorausgesehen habe und daß ihm daher nichts geschehen werde. Seine Aussprüche als Orakel betrachtend, nahm er ihn in den Kreis seiner engsten Freunde auf.«[61]

Doch Sueton zufolge war Thrasyllus' Leben in Gefahr, wenn seine günstigen Vorhersagen nicht eintrafen: »Gerade in diesem Augenblick hatte sich Tiberius vorgenommen, Thrasyllus als falschen Propheten und gefährlichen Mitwisser seiner Geheimnisse auf einem gemeinsamen Spaziergang ins Meer zu stürzen; denn die Lage war immer ungünstiger geworden, und es war stets das

Gegenteil von dem eingetroffen, was jener prophezeit hatte.«[62] Noch weitere Astrologen befinden sich in Tiberius Nähe: z. B. Scribonius, der ihm ein Königreich ohne Krone vorausgesagt hatte.

Einige kaiserliche Astrologen bilden wahre Dynastien, denn wir finden in dieser Rolle zuerst den Sohn und dann den Enkel des Thrasyllus. Ersterer erstellt Neros Horoskop[63], und der zweite, Balbillus, ist einer seiner einflußreichsten Berater. Diese Familie orientalischer Herkunft macht eine sehr schöne Karriere, an die eine Inschrift aus Ephesos erinnert. Jener Balbillus, ein Alexandriner, wird Präfekt von Ägypten und einflußreiches Mitglied des literarischen Zirkels der *Aula neroniana*.[64] Unter dem Vorwand astrologischer Vorzeichen rät er Nero, sich der Opposition des Senats zu entledigen: Nach dem Auftauchen eines Kometen, »erhielt er von dem Astrologen Balbillus den Bescheid: Könige pflegten derartige Vorzeichen durch die Hinrichtung ausgezeichneter Personen zu sühnen und von sich ab- und auf die Häupter ihres Adels hinzulenken. Daraufhin beschloß Nero sofort, gerade die vornehmsten Römer zu töten.«[65]

Bis zum Ende seines Lebens befragt Nero die Astrologen, deren Vorhersagen immer günstig für ihn ausfallen, sogar am Ende seiner Herrschaft, als er mit zahlreichen Aufständen konfrontiert ist: »Indessen hatten einige der erwähnten Wahrsager ihm für den Fall seiner Absetzung die Herrschaft über den Orient verbürgt, andere namentlich das Reich von Jerusalem, mehrere hatten ihm sogar die Wiedereinsetzung in seinen ganzen früheren Besitz geweissagt. Dieser letzteren Hoffnung neigte er sich natürlich am meisten zu.«[66] Sueton berichtet, daß Nero auch das Orakel von Delphi befragte, freilich völlig vergebens, denn wie meistens täuschte er sich hinsichtlich der Deutung: die Pythia sagte, er solle sich vor dem dreiundsiebzigsten Altersjahr in acht nehmen, was er dahin auslegte, daß er selbst in diesem Alter sterben werde, während das Alter Galbas, des Anführers des Aufstandes, gemeint war. Nero neigt mehr zur Wahrsagung orientalischer Herkunft als zu den latinischen Methoden. Nach dem Brand von Rom läßt er die Sibyllinischen Bücher befragen und organisiert Sühnezeremonien, aber die Vielzahl ungünstiger Prodigien scheint ihn kaum zu berühren.

Sein Nachfolger Galba klammert sich an jede Prophezeiung, die ihm Erfolg verheißt, wie an jene Sprüche, die ein Priester, durch einen Traum gemahnt, aufgefunden und die eine weissagende

Jungfrau vor zweihundert Jahren verkündet hatte, nämlich daß dermaleinst aus Hispanien der Führer und Herr des Weltalls erstehen werde.[67] Otho schwört auf seine orientalischen Seher und mißachtet die ungünstigen Vorzeichen der traditionellen Religion.[68] Vespasian ist von Astrologen umringt, denen Domitian dagegen mißtraut. Der verhaftete Askletarion sagt voraus, er selbst werde in kurzer Zeit von Hunden zerrissen werden; um zu beweisen, daß er sich irrt, läßt der Kaiser ihn verbrennen, aber ein plötzlicher Windstoß wirft den Scheiterhaufen, um und der halbverbrannte Leichnam wird von streunenden Hunden zerrissen.[69] Sueton behauptet, Astrologen hätten ihn über den Tag, die Stunde und die Art seines Todes unterrichtet. Im übrigen sucht Domitian regelmäßig den Fortunatempel von Praeneste auf, wo er zu Beginn eines neuen Jahres stets einen günstigen Orakelspruch erhält.

Aber die Kaiser wenden sich in zunehmendem Maße Griechenland und dem Orient zu, um die Zukunft zu erfahren. Vespasian opfert dem Gott von Karmel, und die Lose geben ihm »das sichere Versprechen: alles, was er vorhätte oder sich wünschte, sei es auch noch so groß, werde in Erfüllung gehen«.[70] Titus befragt das Orakel der Venus von Paphos, und es verheißt ihm den Thron.[71] Trajan befragt im Jahre 114 das Orakel des Zeus Helios in Heliopolis während des Feldzugs gegen die Parther, in dessen Verlauf er den Tod finden sollte. Macrobius zufolge will er den Gott zuerst prüfen, indem er ihm statt einer Frage ein sorgfältig versiegeltes leeres Blatt schickt. Nachdem der Gott mit einem anderen leeren Blatt geantwortet hat, fragt ihn Trajan, von seinen Kräften überzeugt, ob er nach seinem Feldzug in Rom einziehen werde. Statt einer Antwort läßt der Gott den in ein Schweißtuch gehüllten Kommandostab eines Centurio zerbrechen, was man erst nach der Rückführung der Gebeine Trajans verstehen sollte.[72] Auch Hadrian ist ein Anhänger der orientalischen Orakel, trotz der Dunkelheit ihrer Antworten: das von Nikephorios am Euphrat soll ihm das Kaiserreich vorausgesagt haben, und unterwegs befragt er auch das Orakel von Delphi.

Aber auch die einheimische Wahrsagung wird nicht vernachlässigt, da noch in den Jahren 241 und 262 unter Gallienus sowie im Jahre 270 unter Aurelian zur Zeit der Invasion der Markomannen Befragungen der Sibyllinischen Bücher erwähnt werden. Im 4. Jahrhundert greift auch Julian auf sie zurück, ebenso auf das

Orakel von Delphi, das einer seiner aufsehenerregendsten, von den christlichen Apologeten weidlich kommentierten Irrtümer begeht: es sagt nämlich voraus, daß der Kaiser während seines Orientfeldzugs zwar erkranken, aber nicht sterben werde, während das Gegenteil eintrifft.

Die Intellektuellen zwischen dem Fatalismus und dem »Carpe Diem«

Mit Ausnahme der alten Schule aus Catos Zeit, die jede fremdländische Weissagung ablehnt, sind die Positionen der geistigen Elite Roms differenziert, wechselhaft und so stark von fremden Einflüssen, literarischen Reminiszenzen und Konventionen geprägt, daß sich die persönliche Meinung des Autors nur schwer bestimmen läßt. Juvenal findet beißende Worte gegen die Astrologen, die sich als Märtyrer gebärdeten, um die Gunst der vornehmen Damen zu gewinnen, und er spottet über die Manie, auf Vorzeichen und Orakel zu achten. Der Kyniker Oinomaos von Gadara greift im 3. Jahrhundert die Orakel heftig an. Die Epikureer verweigern sich strikt allen Formen der Divination und sprechen ihr die Fähigkeit ab, in die Zukunft zu blicken, wie sich in *De rerum natura* von Lukrez feststellen läßt. Dennoch ist ihr Einfluß weit geringer als der der Stoiker, die in der Frage gespalten bleiben: während Panaitios im 2. Jahrhundert v. Chr. die Astrologie völlig ablehnt, ist Poseidonius ein Jahrhundert später ein großer Anhänger von ihr, und noch ein Jahrhundert später räumt Seneca ein, daß, wenn die Gestirne Zeichen unseres Schicksals seien, man auch die Fixsterne in Betracht ziehen müsse. Was dagegen die Prodigien betrifft, so wendet er sich gegen den Finalismus der etruskischen Haruspizes: »Nicht einverstanden sind wir mit den Tuskern in der Deutung der Blitze. Wir meinen, daß der Blitz deshalb explodiert, weil Wolken zusammenstoßen; sie dagegen sagen, der Zusammenstoß finde statt, damit der Blitz explodiere. Da sie alles der Gottheit zuschreiben, sind sie der Überzeugung, daß die Blitze nicht deshalb die Zukunft ankündigen, weil sie sich gebildet haben, sondern daß sie sich bilden, weil sie die Zukunft ankündigen sollen.«[73]

Der Glaube an ein rigides, genau vorherbestimmtes Schicksal

Die römische Wahrsagung – ein Staatsmonopol 149

veranlaßt die Stoiker in zunehmendem Maße, die Möglichkeit von Vorhersagen einzuräumen, vor allem, wenn sich damit die Auffassung der ewigen Wiederkehr verknüpft, deren große Etappen das Leben der Welt und der Kulturen gliedern. In Rom wie bei den Etruskern sind die Spekulationen über die wahrscheinliche Dauer der Stadt in vollem Gange. Die Berechnungen beruhen im wesentlichen auf Romulus' Vision der zwölf Adler. Man stimmt darin überein, daß Rom zwölf Jahrhunderte leben werde, aber welches ist deren Dauer? Es mehren sich die Mutmaßungen über die Zyklen und die Zeitalter, und während der Bürgerkriege glauben Astrologen, Stoiker und Gnostiker, die Vorzeichen zu sehen, die die Endkatastrophe ankündigen. Als Caesar den Rubicon überschreitet, prognostiziert Nigidius Figulus ein kosmisch-historisches Drama, das Rom und dem Menschengeschlecht ein Ende setzen werde, aber er erblickt auch eine mögliche Erneuerung. Horaz wiederum ist sehr pessimistisch: »Doch wir, ein ruchloses Geschlecht verfluchten Blutes, werden es verderben, und unser Land wird wieder Heimat wilder Tiere sein, Barbarenvölker werden siegreich auf die Asche treten und Reiter klingenden Hufes unsere Stadt durchtraben; und die Gebeine des Quirinus, jetzt vor Wind und Sonnenschein geschützt, man wird sie rücksichtslos zerstreuen – welch ein Grauen, dies zu sehen!«[74]

Vergil dagegen, voller Bewunderung für das augusteische goldene Zeitalter, läßt Jupiter sagen, er werde dem römischen Reich keine räumliche oder zeitliche Grenze setzen: »Diesem setze ich weder ein Ziel noch Frist für die Herrschaft. Reich ohne Grenzen sei ihm beschieden.«[75] Der Mythos der Ewigen Stadt ist geboren. Ein fragiler und angezweifelter Mythos, der bei jedem Krieg, bei jeder drohenden Invasion, die die Endkatastrophe befürchten läßt, erneut in Frage gestellt wird. Augustinus, der es ablehnt, diese Endkatastrophe ins Auge zu fassen, weil sie den Befürwortern des Schicksals und der zyklischen Entwicklung recht gäbe, ist niedergeschmettert, als sie eintritt.

Der Gegensatz zwischen Horaz und Vergil betrifft nicht allein die Zukunft Roms. Ganz allgemein scheint Horaz wenig von Voraussagen zu halten. Wenn er die Lossprüche des Tempels von Antium lobt, merkt er an, daß vor Fortuna stets die »strenge Notwendigkeit« wandelt.[76] Der Dichter des *Carpe diem* preist die Gegenwart. Wer in der Angst vor der Zukunft lebt, ist verrückt: »Nutze den Tag und verlaß dich so wenig wie möglich auf den, der noch kommt!«[77] »Es hat ein weiser Gott den Weg der Zukunft mit dunkler Nacht verhüllt und lächelt nur, wenn ein Sterblicher über das erlaubte Maß sich ängstigt. Was der Augenblick beschert, das bringe mit gelassenem Sinn in Ordnung! (...) Nur der wird als sein eigener Herr und heiter leben, der nach jedem Tag zu sprechen weiß: ›Ich habe gelebt.‹ Mag morgen dann der Göttervater den Himmelspol mit finsterem Gewölk verhängen oder auch die Sonne scheinen lassen: doch er wird nicht aus der Welt verbannen, was bereits geschehen ist, nichts widerrufen oder ungeschehen machen, was die flüchtige Stunde einmal schenkte.«[78]

Vergil, der mehr Vertrauen in die Zukunft setzt, erblickt ein goldenes Zeitalter, das von einem vorherbestimmten Kind eingeleitet werde. Für diese Vorhersage verwendet er das klassische Bild des Schafs, das das Haruspizium wie folgt deutete: »Wenn das Fell eines Schafs oder eines Widders mit Purpur oder Gold gefleckt ist, so ist dies für den Prinzeps, seine Ordnung und sein Geschlecht das Zeichen und die Gewähr für Glück, Ruhm und Macht.«[79] Das Bild des Lamms und des rettenden Kindes verlieh seiner vierten Ekloge großes Ansehen bei den Christen: zusammen mit den Sibyllinischen Büchern sahen sie darin eine der wenigen heidnischen Prophezeiungen, die das Christentum ankündigten.

Bei Mark Aurel begegnen wir erneut einem auf der ewigen Wiederkehr beruhenden stoischen Fatalismus, der die Vorhersage sowohl möglich wie sinnlos macht: die vernunftbegabte Seele sieht, »daß die, die nach uns kommen, nichts Neues erblicken werden, und die, die vor uns waren, nichts Außerordentliches erblickt haben, sondern daß der Vierzigjährige, wenn er nur ein bißchen Verstand hat, gewissermaßen schon alles, was gewesen ist und was sein wird, aufgrund seiner Gleichartigkeit, gesehen hat.«[80] Dieselbe Resignation bei Kelsos, dem Gegner der Christen: »Alles dreht sich ewig im selben Kreis, und daher ist es notwendig, daß nach der unwandelbaren Ordnung der Zyklen, das, was war, ist und sein wird, immer dasselbe ist.«[81]

Mit Ausnahme der Epikureer überwiegt bei den Philosophen und Dichtern also die melancholische Ergebung in ein unabwendbares Schicksal. Dieser fatalistische Determinismus, der viele Nuancen hat, führt indes zu keiner Begeisterung für die Divination und die Weissagungen. Auch wenn die lateinischen Intellektuellen

Die römische Wahrsagung – ein Staatsmonopol

die Fähigkeit der Astrologen und Wahrsager, die Zukunft vorauszusehen, nicht gänzlich in Abrede stellen, so sind sie doch wenig geneigt, auf sie zurückzugreifen, und sehen keinen Nutzen darin. Die paradoxe Mischung aus Resignation und Voluntarismus gegenüber der Zukunft ist eine der Eigenheiten ihres Temperaments im Vergleich zu den Griechen, die den Vorhersagen weit stärker zuneigen. Mark Aurel, der mit all seiner Kraft die Barbaren bekämpft und dennoch erklärt, die Zukunft sei vorherbestimmt, ist ein guter Repräsentant der stoischen Haltung der römischen Intellektuellen.

Ein aufschlußreicher Zug ist das Fehlen einer Utopie. Keiner von ihnen verspürt das Bedürfnis, sich eine ideale Gesellschaft auszudenken. Zum einen, weil Rom die ideale Stadt ist, und zum anderen, weil die Zukunft nicht uns gehört. Dort, wo der Grieche mit Hilfe weitreichender kohärenter, harmonischer, rationaler, theoretischer Synthesen Gesetzespläne schmiedet, bessert der Römer das Reale aus, damit es heute wirksamer sei. Der Grieche versucht, die Zukunft zu erfahren, um sein Handeln danach zu richten; der Römer handelt und bittet die Götter lediglich, sein Handeln zu unterstützen oder wenigstens nicht zu behindern. Der Grieche gibt der Zukunft einen Inhalt und bemüht sich, ihn zu verwirklichen. Der Römer dagegen verlangt lediglich einen Rahmen, den guten Willen der Götter; was den Inhalt betrifft, so entwirft er ihn von Tag zu Tag und versucht nicht, ihn sich auszudenken, da er weiß, daß er wahrscheinlich unabwendbar ist. Die christliche Kultur des Abendlands beruht auf der Verschmelzung, aber auch auf dem Gegensatz dieser beiden Haltungen, wobei der Inhalt von der apokalyptischen Prophetie geliefert wird. Jüdische Prophetie, griechische Utopie und römischer Fatalismus: drei Auffassungen der Zukunft, die schwer zu vereinbaren sind und zu Spannungen führen.

Historiker und Strategen:
Von der Leichtgläubigkeit zur Manipulation

Die meisten römischen Historiker messen den Vorzeichen und Prodigien eine vorrangige Bedeutung als Hinweise auf die göttliche Gunst oder Mißgunst zu. Keine Weissagung mit präzisen Inhalten, sondern eine Fülle von Fingerzeigen auf das künftige Los der menschlichen Unternehmungen. Der Mensch denkt, die Götter lenken: dies ist z. B. die Auffassung von Livius und Sueton. Ersterer berichtet gewissenhaft – man könnte fast sagen andächtig – alle Prodigien und alle offiziellen Auslegungen der Haruspizes, die als bestimmende Vermittler der Geschichte gelten. Letzterer mißt den Vorzeichen in seinen *Cäsarenleben* eine übertriebene Bedeutung bei, ohne im übrigen zwischen Astrologie, Orakeln und Wahrsagung zu unterscheiden.

Tacitus' Haltung ist sehr viel komplexer[82], vor allem weil er selber schwankt. Zunächst, was die allgemeine Entwicklung der Geschichte betrifft: ist sie linear oder zyklisch? »Vielleicht gibt es für alle Dinge eine Art Zyklus und unterliegen die Sitten, so wie die Jahreszeiten, dem steten Wandel.« Sodann in bezug auf das individuelle Schicksal: Vorbestimmung oder Zufall? Ist es im ersten Fall möglich, die Zukunft zu erkennen? Tacitus begnügt sich damit, die Meinungen seiner Zeitgenossen wiederzugeben, ohne Partei zu ergreifen: er fragt sich, »ob in dem Ablauf des Menschenlebens das Schicksal oder eine unabänderliche Notwendigkeit oder reiner Zufall waltet. Denn man wird finden, daß die weisesten Männer der alten Zeit und alle, die in ihre Schule gegangen sind, darüber ganz verschieden gedacht haben und viele fest überzeugt sind, daß die Götter sich nicht um unsere Geburt, nicht um unser Ende, ja überhaupt nicht um die Menschen kümmern und daß daher so häufig Unglück über die Guten komme und Glück den Schlechten zuteil werde. Andere glauben dagegen, es walte zwar das Schicksal in dem menschlichen Geschehen, aber es richte sich nicht nach dem Lauf der Gestirne, sondern stehe im Zusammenhang mit dem von Anfang bestehenden natürlichen Kausalgesetz. Und doch lassen sie uns die Freiheit, unsere Lebensführung selbst zu bestimmen. Habe man die Wahl einmal getroffen, sei auch der weitere Lauf des Geschehens fest bestimmt. (...) Jedoch lassen sich die meisten Menschen nicht den Glauben nehmen, daß gleich mit der Geburt jedem die Zukunft vorausbestimmt wird. Freilich falle manches anders aus, als die Voraussage laute. Doch daran seien die Betrügereien unwissender Wahrsager schuld.«[83]

Hingegen gibt es einen Bereich, wo die Römer wie die Griechen Vorhersagen und Divination als Instrumente der Manipulation zu nutzen wissen: die Armee. Wie der Hoplit ist der Legionär sehr abergläubisch und für Weissagungen empfänglich. Deshalb muß die Truppenführung in erster Linie dafür sorgen, die freie Wahrsagung auszumerzen, da sie geeignet ist, die Moral zu untergraben: Schon Aeneas der Taktiker hatte dies in seinem Handbuch aus dem 4. Jahrhundert vor unserer Zeitrechnung empfohlen, und in Athen waren die *hieropoei* beauftragt, die Seher zu überwachen, um Betrügereien und unheilvolle Deutungen zu verhindern. In Rom ist die Kontrolle noch schärfer, da die Wahrsagung dem Staat obliegt.[84] Während der Republik werden die Astrologen aus der Armee vertrieben, wie es beispielsweise Scipio vor Numantia tut. Während des Kaiserreichs gehen die Strategen noch weiter: im 1. Jahrhundert hält der berühmteste von ihnen, Frontinus, die Divination für schiere Gaukelei mit dem Ziel psychologischer Vorbereitung. Die Auguren sollen die Moral der Truppen aufrechterhalten, und »diese Art von Kriegslisten läßt sich nicht nur dann benutzen, wenn wir diejenigen für unwissend halten, auf die wir sie beziehen wollen, sondern in noch höherem Grade dann, wenn sich die List in der Weise ersinnen läßt, daß sie als eine göttliche Weissagung gedeutet werden kann.«[85] Im 2. Jahrhundert führt Polyainos, der sein Werk Mark Aurel und Lucius Verus widmet, dieselbe Sprache, und er zählt mehr als neunhundert Fälle von Manipulationen der Auguren in der Militärgeschichte.[86]

Der Prozeß gegen die Wahrsagung: Ciceros »De divinatione«

Mit dem berühmtesten Werk der römischen Zeit über dieses Thema, Ciceros *De divinatione*, wollen wir uns etwas ausführlicher befassen. Nach 44 v. Chr. verfaßt, als sich der Autor im Alter von dreiundsechzig Jahren nach Pozzuoli zurückgezogen hatte, um sich der Meditation hinzugeben, ist diese Abhandlung aus zwei Gründen bedeutsam: zum einen, weil sie die Entwicklung von Ciceros eigenen Anschauungen illustriert, der zuerst ein Anhänger und dann ein erbitterter Gegner der Wahrsagung war, und zum anderen, weil sie eine Fülle von Präzisierungen, Anekdoten sowie eine systematische Darlegung der Pro- und Contra-Argumente enthält. In diesem Werk ziehen alle antiken Auffassungen der Divination an uns vorüber.

Es präsentiert sich nämlich als ein Gespräch zwischen Cicero und seinem Bruder Quintus, der als erster das Wort ergreift und die Wahrsagepraxis verteidigt. Er sagt, daß es in der Natur Zeichen gebe, die untrüglich die Zukunft voraussagen: die meteorologischen Zeichen zeigen das Wetter von morgen an, und das Aussehen der Leber der Opfertiere deute auf die Ereignisse des menschlichen Lebens hin. Er nennt zahllose Beispiele für eingetretene Vorhersagen und lastet die wenigen Irrtümer Fehlern an, wie sie in allen Künsten vorkämen; *a contrario* habe die Nachlässigkeit der Auguren häufig zu Katastrophen geführt. Im übrigen praktizieren alle Völker die Wahrsagung, und fast alle Philosophen haben sie anerkannt, mit Ausnahme Xenophons von Kolophon und Epikurs. Können ganze Völker, wie die Etrusker, sich täuschen?

Wäre die Wahrsagekunst zudem nichts anderes als unbegründeter Aberglauben, dann wüßte man es, da sie schon seit so vielen Jahrhunderten ausgeübt werde. Wäre das Orakel von Delphi so berühmt, wenn es nicht die Wahrheit sagte? Daß es heutzutage weniger populär sei, liege daran, daß es etwas weniger präzise sei als früher, aber es stehe uns nicht zu, so ehrwürdige Einrichtungen anzufechten.

Man müsse, fährt Quintus fort, zwei Formen von Wahrsagungen unterscheiden: die natürliche, die auf der Beobachtung vergangener Ereignisse beruhe und die wir heute Prospektive oder Futurologie nennen würden, und diejenige, die aus einer übernatürlichen Mitteilung resultiere: »Auf eine Kunstlehre nämlich stellen die ab, die neue Erscheinungen mittels Deutung zu klären versuchen, alte sich aufgrund von Beobachtungen angeeignet haben. Dagegen verfahren die ohne Kunstlehre, die nicht methodisch oder mittels Deutungen die Zukunft vorausahnen – auf der Grundlage von Zeichen, die beobachtet und festgehalten wurden –, sondern in einer gewissen Aufwallung des Geistes oder in ungebundener und freier Bewegung (in einem Zustand, wie er Träumenden häufig zuteil wird und bisweilen solchen, die in Raserei prophezeien): Beispiele dafür sind der Böotier Bakis, der Kreter Epimenides, die Sibylle aus Erythrai. Dieser Art sind auch die Orakel zuzurechnen, nicht die, die nach gleichmäßiger Anordnung ausgelost werden, sondern jene, die sich aufgrund göttlicher Eingebung und göttlichen Anhauchs ergießen.«[87]

Besonders bedeutsam seien die Warnträume, und Quintus macht

Die römische Wahrsagung – ein Staatsmonopol 155

sich hier die platonische Position zu eigen: »Wenn die Seele im Schlaf von der Gemeinschaft mit dem Körper und von der Beeinträchtigung durch ihn befreit ist, dann erinnert sie sich an Vergangenes, bemerkt sie Gegenwärtiges und Zukünftiges voraus.«[88] Jeder könne somit das Werkzeug der Mitteilung sein: Quintus nennt den Fall eines einfachen Ruderknechts aus Rhodos, der kurz vor Pharsalos Unheil für Griechenland voraussagte.

Ebenso zuverlässig seien die Vorzeichen. So jene, die den Spartanern kurz vor der Katastrophe von Leutra zuteil wurden: im Heiligtum des Herkules erdröhnten die dort untergebrachten Waffen; im Herkulestempel öffneten sich die verriegelten Türflügel von selbst; die Waffen, die an den Wänden befestigt gewesen waren, wurden auf dem Boden gefunden; über eine Herkulessäule floß viel Schweiß. Wer dies mit einem Erdbeben erkläre, schiebe die Frage lediglich hinaus: es seien Zeichen. Sind sie nicht offenkundig? Wie sollen die Götter uns denn sonst warnen? »Worauf also warten wir? Etwa darauf, daß die unsterblichen Götter unmittelbar mit uns verkehren: auf dem Forum, den Straßen, zu Hause?«[89]

Es folgt eine rationale Beweisführung in Form von Syllogismen, wie die Stoiker sie verwendeten: wenn es Götter gibt, ist die Wahrsagung notwendig. »Wenn es Götter gibt und sie den Menschen die Zukunft nicht im voraus eröffnen, dann kümmern sie sich entweder nicht um die Menschen, oder sie wissen nicht, was eintreten wird, oder sie glauben, es komme für die Menschen nicht darauf an, die Zukunft zu kennen, oder sie sind der Meinung, es entspreche nicht ihrer Würde, im voraus den Menschen die Zukunft zu bezeichnen, oder nicht einmal sie selbst, die Götter, verfügen über die Macht, Zeichen zu geben.« Nun ist aber das Gegenteil der Fall. »Also kann es nicht sein, daß es Götter gibt und daß sie die Zukunft nicht bezeichnen; es gibt aber Götter: also bezeichnen sie sie. Und wenn sie sie bezeichnen, so kann es nicht sein, daß sie uns keine Wege zu einer Wissenschaft ihrer Zeichengebung vermitteln (sonst würden sie die Zukunft nämlich zwecklos bezeichnen); und wenn sie denn Wege vermitteln, so kann es nicht sein, daß es kein Wahrsagevermögen gibt: es gibt also ein Wahrsagevermögen!«[90] Daß wir seine Natur nicht erfassen, ist kein Grund zu der Annahme, daß es dieses Vermögen nicht gebe.

Sodann folgt das praktische Argument: Alle Staaten brauchen

Seher, bevor sie sich in große Unternehmungen stürzen, und Quintus nennt abermals viele Beispiele, bevor er mit der unerläßlichen Unterscheidung schließt: man darf die echten Seher nicht mit den falschen verwechseln. Die ewige Debatte, die wir schon bei den hebräischen Propheten angetroffen haben. Die Scharlatane fügen der echten Wahrsagung den größten Schaden zu. Es ist dies eine der Konstanten nicht nur der prophetischen, sondern der religiösen Mentalität überhaupt: es gibt keine schlimmeren Feinde der Propheten als andere Propheten, keine fanatischeren Gegner des Aberglaubens als andere Abergläubische: »Jetzt freilich möchte ich noch dies bezeugen: nicht die Loszieher anerkenne ich und auch nicht die, die um Geld weissagen, nicht einmal die Totenbeschwörungen (...); schließlich halte ich nichts (...) von den Beschauern aus dem Dorf, nichts von den Astrologen beim Zirkus, nichts von den Propheten der Isis, nichts von den Traumdeutern: denn diese alle sind nicht echte Wahrsager dank einer Wissenschaft oder Kunst, sondern abergläubische Seher und unverschämte Gaukler.«[91]

Nach dieser Darlegung der Argumente, die für das Wahrsagevermögen sprechen, ergreift Cicero das Wort und widerlegt sie. Seine Beweisführung ist sehr vielförmig. Zunächst befaßt er sich mit der Idee der Wirksamkeit: In jedem Bereich, so schreibt er, gibt es Fachleute, die uns besser als die Wahrsager kundig machen können; besser vertraue man dem Arzt, dem Steuermann, dem Physiker, dem Moralisten, dem Feldherrn als dem Seher, wenn man eine Entscheidung fällen muß. Die Wahrsagung ist also keine Kunstlehre; sie kennt die Ursachen der Ereignisse nicht: wie könnte sie sie dann vorhersagen?

Mag sein, daß die Wahrsagung ein nützliches Werkzeug der Regierung ist, um den gemeinen Mann zu beeindrucken, aber die Elite darf sich nicht täuschen und bedarf dieser Listen nicht: »Um mit der Kunst der Beschauer (Haruspizin) anzufangen: ich trete dafür ein, daß man sie pflegen muß, um des Staates und der allgemeinen Religiosität willen – aber wir sind ja allein; da sollte es möglich sein, der Wahrheit auf den Grund zu gehen, ohne Anstoß zu erregen, vor allem mir, der ich hinsichtlich der meisten Dinge meine Zweifel hege.«[92]

Wie könne ein vernünftiger Mann den Torheiten der Mantik, insbesondere der Eingeweideschau glauben? Die Zukunft aus der

Leber eines Tieres lesen? »Dies nun, glaube mir, nehmen dir nicht einmal alte Weiblein ab.«[93] Man sagt, die Götter gäben dem Tier zum Zeitpunkt der Opferung das erwünschte Aussehen: Wer hat das bewiesen? Wie soll man die voneinander abweichenden Deutungen erklären? Wie soll man glauben, daß der letzte von Caesar geopferte Stier kein Herz hatte? »Jener alte Ausspruch Catos dagegen trifft die Sache genau; er pflegte zu sagen, er wundere sich, daß ein Beschauer nicht lachen müsse, wenn er einen Beschauer sehe. Denn jede wievielte ihrer Voraussagen geht in Erfüllung? Oder wenn etwas in Erfüllung geht: womit läßt sich erhärten, weswegen es nicht zufällig in Erfüllung gegangen sei?«[94]

Genauso lächerlich seien die Wunderzeichen, Naturerscheinungen, die uns nur deshalb in Erstaunen setzen, weil wir ihre Ursachen nicht kennen: »Und dies soll gegen alle Wunderzeichen gelten: daß niemals, was nicht habe eintreten können, eingetreten sei; habe aber die Möglichkeit bestanden, dann bestehe kein Anlaß zum Staunen. Denn Unkenntnis der Ursachen ruft allein angesichts eines neuartigen Ereignisses Staunen hervor.«[95] Unter außergewöhnlichen Umständen, wie in Kriegszeiten, messe man banalen Dingen, die man zu Prodigien erkläre, eine übertriebene Bedeutung bei. Cicero zählt eine Unmenge von ihnen auf, die er nebenbei lächerlich macht.

Um die Auspizien sei es nicht besser bestellt. Gewiß handele es sich um eine ehrwürdige Einrichtung, aber nicht weil Romulus daran glaubte, müssen wir noch heute daran glauben, und nicht weil alle Völker diesen Brauch pflegen, ist er kein Aberglaube. »Aber wir halten – unter Berücksichtigung der Volksmeinung und gewichtiger Vorteile für den Staat – an dem Brauch fest, an der frommen Pflicht, an der Lehre, am Augurenrecht und am Ansehen des Kollegiums. (...) Und ich vertrete die Auffassung, das Augurenrecht sei – obwohl ursprünglich in der Annahme gestiftet, es habe mit Wahrsagung zu tun – im Interesse des Staates gehegt und bewahrt worden.«[96] Dies alles sei Teil des notwendigen Dekorums, um die Volksmassen zu lenken, aber unter Intellektuellen solle man diese Torheiten entmythologisieren.

Und gibt es etwas Lächerlicheres, als Traumbildern irgendeinen Wert beizumessen? Warum sollten die Götter, wenn sie uns etwas mitteilen wollen, dazu die Zeit unseres Schlafs wählen, und dieses so überaus flüchtige Mittel, in dem sich alle nur denkbaren Extravaganzen vermischen? Cicero verspottet jene Wahrsager, die sich einbilden, daß die Götter »alle Menschen heimsuchen, wo auch immer diese sich aufhalten, und zwar nicht nur in ihren Betten, sondern auch auf ihren Pritschen, und daß sie, haben sie einem beim Schnarchen getroffen, ihnen bestimmte Erscheinungen eingeben, gewundene und dunkle, welche die Schläfer, aufgeschreckt, gleich am nächsten Morgen dem Deuter vorlegen.«[97]

Es ist dies eines der gewichtigsten Argumente gegen jede Prophetie göttlichen Ursprungs, um welche Religion es sich auch handelt: Wenn die Gottheit uns etwas zu sagen hat, warum tut sie es nicht klar und deutlich? Wozu diese Heimlichkeiten, diese Rätsel, diese Dunkelheiten? Sollen die Götter doch deutlich sprechen oder schweigen: »Wenn diese Wunder als Zeichen der Götter zu gelten haben: weshalb waren sie so dunkel? Lag ihr Zweck nämlich darin, daß wir begreifen sollten, was eintreten werde, dann hätten sie unverhüllt gegeben werden müssen – oder eben gar nicht, auch nicht in verhüllter Form, wenn die Götter nicht wollten, daß man sie verstehe.«[98] Die Götter dächten wohl recht kompliziert: während es doch so einfach wäre, uns genau anzugeben, was eintreten werde, bedienen sie sich einer verdrehten, verschlüsselten Sprache, deren Verständnis eines Deuters bedürfe, der sich durchaus irren könne. Und Cicero nennt zahlreiche Beispiele für widersprüchliche Traumdeutungen. Nicht weil die Philosophen an Warnträume glauben, haben diese irgendeinen Wert: »Ich weiß mir nicht zu helfen: keine Lehre ist so abwegig, daß sie nicht von irgendeinem Philosophen vertreten werden könnte.«[99] Gehe ein Traum in Erfüllung, so sei es schierer Zufall.

Auch die fremdländischen Vorhersagemethoden finden vor Cicero keine Gnade. Was taugen die Orakel von Delphi? »Teils sind sie erfunden, wie ich glaube; teils zufällig wahr (wie das bei jeder Art von Äußerungen sehr oft vorkommt); teils verdreht und dunkel, so daß der Deuter (des Götterwillens) des Deuters bedarf und man das Orakel selbst einem Orakel unterbreiten muß; teils zweideutig und so, daß man sie vor einem Dialektiker ausbreiten muß.«[100] Welchen Ursprung die Wahrsagung auch haben mag, stets stelle sich die Frage ihrer Dunkelheit: Wozu taugen Weissagungen, die so rätselhaft sind, daß sich ihr Sinn erst dann erschließt, wenn sie in Erfüllung gegangen sind? So sagt die Pythia zu Kroisos: »Indem Kroisos den Halys überschreitet, wird er große

Machtfülle zerstören.« Natürlich meint Kroisos, er werde das Reich des Kyros zerstören; er zerstörte jedoch sein eigenes. Diese Art von Weissagung sei wahrscheinlich eine schiere Erdichtung Herodots, schreibt Cicero. Heutzutage, so fügt er hinzu, sei die Pythia aus der Mode gekommen.

Auch die Astrologie entbehre jeder Grundlage: er möchte wissen, »ob alle, die in der Schlacht bei Cannae fielen, unter ein und derselben Konstellation standen«. Cicero führt das bereits klassische Argument der Zwillinge an, deren Leben und Geschick sich häufig als ungleich erweisen, und es fällt ihm nicht schwer, viele Beispiele für grobe Irrtümer der astrologischen Voraussagen zu nennen, wie jene, die Crassus, Pompeius und Caesar erhielten: sie würden alle im Alter in ihrem Bett sterben. »So erscheint es mir denn höchst merkwürdig, daß es überhaupt Leute gibt, die auch jetzt noch denen ihr Vertrauen schenken, deren Voraussagen offenkundig täglich von der Wirklichkeit der Ereignisse widerlegt werden.«[101] Die Dreistigkeit der Sterndeuter gehe so weit, daß sie sogar das Horoskop einer Stadt aufstellen, wie Lucius Tarutius es für Rom tat: »Sogar im Falle der Stadt soll der Geburtstag etwas mit der Einwirkung der Sterne und des Mondes zu tun gehabt haben? (...) Hätte dieser Umstand im Ziegel- oder Bruchstein, woraus die Stadt besteht, zur Geltung gelangen können?«

Cicero greift auch das von Quintus angeführte Argument der Stoiker auf: Wenn es Götter gibt, dann eröffnen sie uns die Zukunft, weil sie wohltätig sind und alles kennen. Dies sei eine unbewiesene Behauptung, denn für viele kümmerten sich die Götter nicht um uns, und ihre Vorhersagen seien so dunkel, daß man ihnen alles Mögliche in den Mund legen könne.

Schließlich gibt es noch das grundsätzliche Problem: Wenn man die Zukunft voraussagen kann, so heißt das, daß sie notwendig eintreten muß, daß es keinen Zufall gibt, daß alles vom Schicksal bestimmt ist. Was nützt dann die Voraussage? »Wahrhaftig, für alte Weiber bestimmt und voller Aberglauben ist allein schon der Begriff ›Schicksal‹; (...) Wenn alles durch Schicksalsfügung geschieht, was nützt mir das Wahrsagevermögen? Was nämlich der, der wahrsagt, ankündigt, das wird in der Tat sein...«[102] Zum Beispiel erzählt man, daß König Deiotaros, der eine Reise antreten sollte, aufgrund eines Vorzeichens darauf verzichtete und daß das Gemach, in dem er hätte schlafen müssen, in der folgenden Nacht einstürzte. Das Vorzeichen hatte ihm also das Leben gerettet. Wenn aber alles vom Schicksal bestimmt ist, dann wäre er unter keinen Umständen abgereist, also war das Vorzeichen zu nichts nütze. Um voraussagen zu können, müssen die Ereignisse vorherbestimmt sein; wenn die Voraussage nützlich sein soll, dürfen die Ereignisse nicht vorherbestimmt sein. Die Wahrsagung beruhe also auf einem grundsätzlichen Widerspruch.[103]

Und selbst wenn die Vorhersage möglich wäre, wäre sie überhaupt wünschenswert? Hierin schließt sich Cicero der Position von Horaz an: »Ja, nach meiner Meinung ist die Kenntnis der zukünftigen Dinge für uns nicht einmal von Nutzen. Was für ein Leben hätte doch Priamos gehabt, wenn er von Jugend an gewußt hätte, welche Schläge ihn im Alter treffen würden? (...) Es ist demnach die Unkenntnis künftigen Unheils gewiß von größerem Nutzen als ein entsprechendes Wissen.«[104]

Die Schlußfolgerung ist unwiderruflich: die Wahrsagung ist Betrug und Aberglaube; die Kenntnis der Zukunft ist völlig unmöglich. »Von der Bühne verschwinden soll also auch diese Wahrsagerei aus Träumen, ebenso wie die übrigen Formen. Es ist doch so: Aberglauben hat sich durch die Völker hin ergossen, allgemein die Herzen unterdrückt und sich der menschlichen Schwäche bemächtigt.«[105]

Von der römischen zur christlichen Wahrsagung

Ciceros *De divinatione* bringt die Frage auf den Punkt. Jahrhundertelang war dieses Werk das Arsenal, aus dem man unablässig die Argumente gegen diesen oder jenen Aspekt der Wahrsagung schöpfte. Aber während Cicero jegliches Wahrsagevermögen bestritt, verwendeten jene, die sich seiner bedienten, nur die Teile, die sie interessierten, um bestimmte Formen der Wahrsagung zu kritisieren, wobei sie andere jedoch befürworteten. So daß man Cicero im einzelnen lobte, ihn insgesamt jedoch verriet. Dies gilt vor allem für die Christen, die, oft ohne es zu sagen, seine Ideen propagieren und aufgreifen, um die heidnischen Wahrsager zugunsten der jüdisch-christlichen Prophetie zu untergraben, die Cicero natürlich ebenso verworfen hätte wie alle anderen. Zu Beginn des

4. Jahrhunderts versichert Bischof Eusebios, *De divinatione* habe mehr als sechshundert Werken christlicher Apologetik als Grundlage gedient[106], und Augustinus bedient sich ausgiebig seiner Argumente gegen die Astrologie. Die Heiden dagegen eifern gegen ihn: im Jahre 302 läßt Diokletian alle aufgefundenen Exemplare dieses Werks verbrennen.

Mit der allmählichen Bekehrung des römischen Reichs zum Christentum wendet sich das Blatt. Ab Konstantin, der indes nicht zögert, die Haruspizes zu befragen, als der Blitz in das Amphitheater von Rom einschlägt, bemühen sich die neuen Autoritäten verbissen, alle Quellen heidnischer Divination zu vernichten. Die Bischöfe lassen die Orakeltempel der Aphrodite in Aphaka, des Asklepios in Aegea, des Serapis in Alexandria niederreißen; später zerstören die Goten diejenigen, die den Christen entgangen waren, zum Beispiel in Eleusis und Olympia. Die Sibyllinischen Bücher werden Anfang des 5. Jahrhunderts von Stilicho verbrannt, worüber sich der Dichter Prudentius freut: »Kein keuchender Fanatiker mehr, der mit schäumenden Lippen die den Sibyllinischen Büchern entnommenen Geschicke ausbreitet, und Cumes trauert um seine toten Orakel.«

Es geht darum, die alten Götter zum Schweigen zu bringen. Im Jahre 385 verfügt Kaiser Theodosius die Todesstrafe für alle, die sich »durch Untersuchung der Leber und die aus den Eingeweiden entnommenen Weissagungen in der Hoffnung auf eine vergebliche Verheißung wiegen oder, noch schlimmer, aufgrund einer abscheulichen Befragung die Zukunft zu kennen behaupten. Noch ärgere Folter droht denen, die entgegen unserem Verbot versucht haben, die Wahrheit über die Gegenwart oder die Zukunft zu erfahren.«[107] Ein zweideutiger Text, der die Möglichkeit unterstellt, mit Hilfe dieser antiken Methode die Zukunft zu erkennen. Woher stammt diese Kenntnis, wenn die heidnischen Götter nicht existieren? Bald wissen die Theologen die Antwort: vom Teufel.

Die christlichen Kaiser führen lediglich die Politik ihrer heidnischen Vorgänger fort, indem sie die Divination verbieten, aus Angst vor Verschwörungen und Revolten, einer Angst, die durch den Aufstand von Arbogast wächst, der günstige Vorzeichen vorschiebt, um dem Rhetor Eugenius die Herrscherwürde zu verleihen. Theodosius verschärft daraufhin die Repression: »Sollte jemand es wagen, die zuckenden Eingeweide zu befragen, so ist er des Verbrechens der Majestätsbeleidigung schuldig, auch wenn er sich nicht nach der Gesundheit des Herrschers erkundigt hat.«

Doch die alte Divination ist noch nicht zum Schweigen gebracht, als sich bereits neue Stimmen erheben, um die Zukunft zu verkünden: Der Bischof von Gaza, Porphyrius, prophezeit die Geburt des Sohnes von Arcadius; ein ägyptischer Anachoret wird während des Aufstands des Usurpators Eugenius von Theodosius befragt. Wieder kommen diese Stimmen aus dem Orient. Sie prophezeien im Namen des jüdisch-christlichen Gottes. Ein neues Zeitalter der Vorhersage bricht an.

Der Bruch ist indes nicht vollständig. Denn die römische Episode hat stark dazu beigetragen, den Rahmen der Divination festzulegen, indem sie sie in den Händen der Macht konzentrierte. Das Imperium, das mit den griechisch-orientalischen Praktiken bricht, unterscheidet zwischen der illegalen und gefährlichen Wahrsagung und der legalen und offiziellen. Vier Jahrhunderte lang versuchten die Kaiser, die Weissagungsorgane im Innern des Staats zu zentralisieren und die volkstümlichen Vorhersagemethoden in den Rang abergläubischer Scharlatanerien oder suspekter Unternehmungen zu verweisen. Dieser Unterscheidung ist ein sehr langes Leben beschieden, da die Kirche die kaiserliche Autorität ablöst und die prophetische Macht monopolisiert. Auf der einen Seite gibt es die authentischen biblischen Prophezeiungen und ihre offizielle Deutung, denen sich regelmäßig die ordnungsgemäß kontrollierten Visionen einiger heiliger Personen hinzugesellen; auf der anderen Seite die unkontrollierten Vorhersagen nicht-göttlichen Ursprungs, von der Astrologie bis zur dörflichen Kartenlegekunst, die allesamt als falsch, abergläubisch, verdammenswert gelten.

Das Neue zeigt sich auf der Ebene des Inhalts. Die römischen Vorhersagen waren bescheiden, von sehr begrenztem Umfang und betrafen die unmittelbare, vornehmlich politische Zukunft: den Verlauf des Krieges und das Los des Kaisers. Die christliche Prophetie hat eine ganz andere Dimension. Auch wenn sie die kurzfristigen, alltäglichen Ereignisse nicht außer acht läßt, sofern sie sich in die Gesamtheit des göttlichen Plans einfügen, so steckt sie sich doch sehr viel ehrgeizigere Ziele in Zeit und Raum. Sie weissagt im Weltmaßstab und erkundet die Zukunft bis zum Ende der Zeiten.

ZWEITER TEIL

Das Zeitalter der Prophezeiungen

Die apokalyptischen und millenaristischen Verheißungen des Mittelalters

»Wenn diese Wunder als Zeichen der Götter zu gelten haben: weshalb waren sie so dunkel? Lag ihr Zweck nämlich darin, daß wir begreifen sollten, was eintreten werde, dann hätten sie unverhüllt gegeben werden müssen – oder eben gar nicht, auch nicht in verhüllter Form, wenn die Götter nicht wollten, daß man sie verstehe.«

Cicero, *De divinatione.*

»Vornehmlich aber kommen ihnen die dunkeln, zweideutigen und schwärmerischen Ausdrücke der prophetischen Sprache wohl zustatten, welchen die Urheber keine klare Bedeutung geben, damit die Nachkommenschaft denselben eine nach Gefallen beilegen kann.«

Montaigne, *Essais*, I, II.

KAPITEL IV

Von der politischen Wahrsagung zur apokalyptischen Prophetie (Beginn der christlichen Ära)

Mit dem Übergang von der heidnischen Antike zum Christentum verändert sich die Haltung gegenüber der Weissagung nicht grundlegend. Für die christliche wie für die heidnische Welt kann der Mensch Zugang zur Kenntnis der Zukunft erlangen. Es ändern sich lediglich die Mittel dieses Zugangs sowie ihr Anwendungsbereich. Gott allein kennt die Zukunft, und es gibt nur einen Weg, durch den er uns diese Kenntnis übermittelt: die direkte prophetische Inspiration. Alles andere ist Aberglaube und Betrug, also verdammenswert. Es zählt nur eines: das Heil und seine verschiedenen Etappen. Die rein irdische Zukunft ist ohne Bedeutung; außerdem wird die Welt zweifellos nicht mehr lange bestehen. Infolgedessen vermittelt Gott nur solche prophetischen Kenntnisse, die sich auf das Heil auswirken: Drangsal, Antichrist, Wiederkehr Christi, Ende der Welt. Die politischen und kriegerischen Ereignisse, das Los der Herrscher und der Reiche, auf die sich die heidnischen Vorhersagen meist bezogen, machen globaleren Ankündigungen planetarischen Ausmaßes Platz, die die Menschheit oder gar den Kosmos betreffen.

In den ersten Jahrhunderten des Christentums zeichnen sich diese Prophezeiungen durch ihren messianischen und apokalyptischen Charakter aus, der ihre tiefe Originalität ausmacht und dem Christentum eine unauslöschliche tragische Atmosphäre verleiht. Tatsächlich entsteht die christliche Religion inmitten des apokalyptischen Aufruhrs in der jüdischen Welt. Dieser sowohl literarische wie spirituelle Zug prägt die neue Religion im Guten wie vor allem im Bösen. Denn aus diesen verschrobenen esoterisch-symbolischen und allegorischen Dunkelheiten erwuchsen viele intellektuelle Verirrungen. Wäre das Christentum drei Jahrhunderte früher oder zwei Jahrhunderte später entstanden, so hätte es zweifellos ein völlig anderes Gesicht.

Das Buch Daniel und die Offenbarung des Johannes

Der Prophet Daniel und der Jünger Johannes sind die beiden Pfeiler der apokalyptischen Prophetie des Christentums. Aus ihren Schriften nähren sich jahrhundertelang die extravagantesten Weissagungen.

Im Buch Daniel spiegeln sich die Ereignisse während der Herrschaft des babylonischen Königs Nebukadnezzar zu Beginn des 6. Jahrhunderts vor unserer Zeitrechnung. Daniel und seine Gefährten wachsen am Königshof auf, wo sie weiterhin die Götter anbeten. Der Held macht sich einen Namen, indem er die Warnträume des Herrschers deutet. Unter der Herrschaft von Belschazzar, Nebukadnezzars Nachfolger, verkündet er dem König seinen baldigen Sturz, nachdem ihm die Finger einer Menschenhand erschienen waren, die etwas auf die Wand des Palasts schrieben. Nach der Einnahme Jerusalems durch den Perser Darius wird Daniel ein hoher Beamter dieses Herrschers, weil er wundersamerweise die berühmte Prüfung der Löwengrube bestanden hat. Danach beschreibt Daniel seine Visionen.

Im ersten Traum sieht er vier Tiere aus dem Meer heraufsteigen; sie stellen die vier aufeinanderfolgenden Reiche dar, das babylonische, das medische, das persische und das griechische Reich. Das letzte Tier hat ein kleines Horn auf dem Kopf, das den seleukidischen König Antiochus IV. symbolisiert. Gott verurteilt die vier Reiche zum Untergang, und da kommt mit den Wolken des Himmels »einer wie ein Menschensohn«, der, so erklärt ein Engel, das Volk Gottes symbolisiert, dem »für eine Zeit und zwei Zeiten und eine halbe Zeit« ein ewiges Königreich zuteil werden wird.

In Daniels zweiter Vision erklärt ihm der Engel Gabriel, daß der Ziegenbock, ein Bild des griechischen Imperiums, zuerst ein auffallendes Horn zwischen den Augen hat (Alexander der Große), das abbricht und aus dem dann vier andere Hörner hervorgehen (die Epigonen, Nachfolger des großen Königs). Aus einem von ihnen geht ein kleines hervor, Antiochus IV., der seleukidische König, der die Juden verfolgen, den Tempel entweihen und das Tieropfer verbieten wird. Aber nach zweitausenddreihundert Abenden und Morgen wird der Greuel der Verwüstung enden.

In der dritten Vision bittet Daniel um die Erklärung einer Prophezeiung des Jeremia, der sagte, Jerusalem werde nach siebzig

Jahren aus seinen Ruinen wiedererstehen. Der Engel erklärt, diese Zeit bedeute das Datum der Rückkehr aus der Verbannung, der Anbruch der messianischen Zeit jedoch werde nach siebzig Jahreswochen erfolgen.

In der vierten Vision schildert der Engel die künftige Geschichte der Ereignisse ab dem dritten Jahr des Kyros bis zum Tod des Antiochus IV., des Verfolgers. Dies werde das Ende sein: »In jener Zeit tritt Michael auf, der große Engelsfürst, der für die Söhne deines Volkes eintritt. Dann kommt eine Zeit der Not, wie noch keine da war, seit es Völker gibt, bis zu jener Zeit. Doch dein Volk wird in jener Zeit gerettet, jeder, der im Buch verzeichnet ist. Von denen, die im Land des Staubes schlafen, werden viele erwachen, die einen zum ewigen Leben, die anderen zur Schmach, zu ewigem Abscheu.«[1] Es folgt die Frage: Wann wird das geschehen? »Es dauert noch eine Zeit, zwei Zeiten und eine halbe Zeit«; und als Daniel es nicht versteht, sagt einer, der über dem Wasser des Flusses steht, zu ihm: »Von der Zeit an, in der man das tägliche Opfer abschafft und den unheilvollen Greuel aufstellt, sind es zwölfhundertneunzig Tage. Wohl dem, der aushält und dreizehnhundertfünfunddreißig Tage erreicht.«[2]

Generationen von Gläubigen bemühten sich, das Buch Daniel verständlich zu machen. Die dunkelsten Bücher erhitzen die Phantasie, und ihr wörtlicher Un-Sinn trägt ihnen schließlich eine Fülle von Scheinbedeutungen ein, die mit der Absicht des Autors nichts zu tun haben. Dies ist bei der apokalyptischen Literatur der Fall, deren erstes großes Beispiel Daniel ist.

Diese verwirrende Literaturgattung kennzeichnet das jüdische Milieu vom 2. Jahrhundert vor bis zum 2. Jahrhundert nach der Zeitenwende während einer Periode der politischen und religiösen Krise, der Spannungen, der Verfolgungen und der Zerrüttung. Die Frage: »Wann wird das Ende kommen?« steht im Mittelpunkt dieser Werke. Die apokalyptischen Schriften sind also eng mit der Prophetie im Sinne einer Ankündigung der Zukunft verbunden, jedoch einer endgültigen Zukunft: man verkündet das Ende, indem man das Ende einer historischen Epoche mit dem Ende der Zeiten gleichsetzt.

Der Verfasser von Apokalypsen verkündet das Ende der Geschichte, und er glaubt, es sei nahe. Da dieses Ende im Rahmen des damaligen theologischen Denkens nur dank göttlichem Eingreifen erfolgen kann und der Schriftsteller nicht gemäß einer modernen politischen, geostrategischen oder sozioökonomischen Analyse argumentiert, ist er gezwungen, seine Intuition in Form einer göttlichen Eingebung, einer »Offenbarung« vorzulegen, die einen symbolischen, verborgenen, »versiegelten« Aspekt annimmt: dies ist die griechische Bedeutung des Wortes »Apokalypse«. Um der Offenbarung zusätzliches Gewicht zu verleihen, wird sie fiktiv in eine weit zurückliegende Epoche verlegt, was es ermöglicht, den Bericht der bis zum Zeitpunkt der tatsächlichen Abfassung eingetretenen Ereignisse für Prophezeiungen auszugeben. So konnte die Exegese nachweisen, daß das Buch Daniel in Wahrheit am Ende der Herrschaft von Antiochus IV., zwischen 167 und 164 v. Chr., entstanden ist, während es angeblich aus dem 4. Jahrhundert vor unserer Zeitrechnung stammt, was es ermöglicht, alle dazwischen liegenden Episoden mit bemerkenswerter Genauigkeit »vorherzusagen« und die Glaubwürdigkeit des Ganzen zu erhöhen: wenn es bis dahin recht hatte, warum sollte es sich im Weiteren täuschen?[3]

Außerdem bedient sich die Apokalyptik häufig alter Prophezeiungen, die sie aktualisiert, womit sie zeigt, daß sie zweimal nützen können. So verwendet Daniel die Prophezeiung des Jeremia, der den Wiederaufbau Jerusalems nach Ablauf von siebzig Jahren verheißen hatte. Nachdem sich diese Vorhersage mit der Rückkehr aus der Verbannung ein erstes Mal erfüllt hatte, wird sie auf siebzig Jahrwochen ausgedehnt, aufgeteilt in drei Perioden: nach sieben Jahrwochen (siebzig Jahren) wird Israel von Kyros befreit; dann, nach zweiundsechzig Jahrwochen, wird ein »Gesalbter« umgebracht (vielleicht der Hohepriester Onias III., der 171 v. Chr. ermordet wurde); schließlich schafft ein Fürst, Antiochus IV., eine halbe Woche lang (dreieinhalb Jahre) den Kultus ab, bevor die Befreiung kommt.

So viele verschlüsselte Hinweise sind geheimnisvoll, und nicht immer stimmen sie überein. Die dreieinhalb Jahre verweisen auf den Ausdruck »eine Zeit und zwei Zeiten und eine halbe Zeit«, aber es ist auch die Rede von 1150 Tagen, von 1290 Tagen, von 1335 Tagen. Bis heute haben sich die Kirchenväter und die Theologen vergeblich bemüht, diese Zahlen zu deuten, ohne zu einem schlüssigen Ergebnis zu kommen[4], so daß derzeit die Ansicht vorherrscht, daß diese Zahlen rein symbolisch sind und den allgemeinen Sinn von etwas unmittelbar Bevorstehendem haben. Dies meint auch P. Grelot, für den das Buch Daniel auf keinen Fall ein Buch der Weissagung ist. Es enthalte eine Verheißung, und die Zahlen seien eine literarische Konvention, dazu bestimmt, die völlige Abhängigkeit in bezug auf die göttlichen Beschlüsse verständlich zu machen. Im übrigen, so merkt er an, verspotte das Buch Daniel mehrfach die Astrologen, die Vorhersagen machen und sich irren. Mit seiner symbolischen Chronologie wolle es einfach die psychologische Nähe der Befreiung suggerieren.[5] Für D.S. Russell vermitteln die Apokalypsen – eng mit dem historischen Kontext verbunden, in dem sie entstanden sind – keine besondere Botschaft; sie seien lediglich die Anwendung alter Prophezeiungen auf den neuen Kontext, ohne sich auf die Eschatologie und das Ende der Welt zu beziehen.[6]

In einer Zeit der Bedrängnis entstanden, haben die Apokalypsen stets einen tragischen Aspekt, begleitet von der Hoffnung auf Erlösung. Es geht darum, den Gläubigen Mut zu machen, indem man ihnen vor Augen hält, daß die gegenwärtigen Mißgeschicke Teil eines göttlichen Plans sind, der unvermeidlich mit dem Sieg des Guten endet; alles ist von der göttlichen Vorsehung bedacht worden, so daß die von der Drangsal erzeugte Angst schwinden muß. Auf ihre Weise ist die Apokalypse eine Philosophie der Geschichte mit messianischen Aspekten, gegliedert durch die Aufeinanderfolge der großen Reiche, die Katastrophen und den Endsieg. Die Geschichte hat einen Sinn und strebt einem Ziel entgegen.[7]

Das Buch Daniel ist wahrscheinlich das Werk eines Mitglieds der Sekte der *hasidîm*, der »Frommen«, die kurz vor dem großen Aufstand der Makkabäer gegen die hellenistische Herrschaft der Seleukiden aufgetaucht war. Man hat darin die charakteristischen Züge dieser Bewegung aufgedeckt: Haß auf den Hellenismus, Festhalten an der Thora, bedingungslose Weigerung, die rituellen Vorschriften zu verraten.[8] Was die Merkwürdigkeiten betrifft, die es enthält, sowie die für uns so verwirrenden Einzelheiten, so »setzten sie die Zeitgenossen nicht in Erstaunen«, schreibt W. Harrington, »sie gehörten zu einer bestimmten Anzahl allenthalben anerkannter und vertraut gewordener literarischer Konventionen. So daß das Geheimnis, das sich für uns mit der Apokalyptik verbindet, für ihre unmittelbaren Adressaten kaum existierte.«[9]

Diese Behauptung muß sicherlich nuanciert werden. Wenn die

Absonderlichkeiten der Apokalyptik wirklich Teil des gemeinsamen Erbes des hebräischen Volks gewesen wären, wenn diese literarische Gattung in den vier Jahrhunderten, in denen sie gepflegt wurde, für jedermann unmittelbar verständlich gewesen wäre, dann wüßte man es. Zumindest teilweise wären die Schlüssel zur Lektüre noch auffindbar. Daß wir auch heute noch immer auf Mutmaßungen angewiesen sind, deutet darauf hin, daß es sich auch damals um eine hermetische, nur einer kleinen Zahl von Eingeweihten vorbehaltene Gattung gehandelt haben muß. Zu behaupten, jeder Jude des 2. Jahrhunderts habe Daniel verstehen können, kommt der Behauptung gleich, jeder Franzose des 19. Jahrhunderts habe Mallarmé verstehen können.

Wie dem auch sei, Hunderte von Jahren haben Generationen von Christen diese Dunkelheiten für Zeichen einer prophetischen göttlichen Offenbarung gehalten und ihnen entweder einen wörtlichen Sinn oder einen ihren Sorgen entsprechenden übertragenen Sinn gegeben. Auf verwirrende Weise beruht die prophetische Tradition des abendländischen Christentums auf diesen symbolischen Schriften, deren Bedeutung niemand wirklich kennt. Angesichts der Fülle sozioreligiöser Bewegungen wie der Chiliasmen, die auf diesen »Vorhersagen« gründen, kann man wirklich von der Macht der Phantasie sprechen. Es ist eine schwindelerregende Vorstellung, daß Massen von Gläubigen aufgrund der abenteuerlichsten Spekulationen, die die Zahlen und die Bilder der Apokalypsen hervorriefen, in Bewegung gesetzt wurden. Das rührt daher, daß das Christentum, mehr als jede andere eine der Zukunft zugewandte Religion ist. Ihre Rechtfertigung liegt ganz und gar in der Zukunft, in der Eschatologie, wie es J. Moltmann unterstreicht: »Das Christentum ist ganz und gar und nicht nur im Anhang Eschatologie, ist Hoffnung, Aussicht und Ausrichtung nach vorne, darum auch Aufbruch und Wandlung der Gegenwart. (...) Darum kann die Eschatologie eigentlich kein Teilstück christlicher Lehre sein. Eschatologisch ausgerichtet ist vielmehr der Charakter aller christlichen Verkündigung, jeder christlichen Existenz und der ganzen Kirche. Es gibt darum nur ein wirkliches Problem der christlichen Theologie, das ihr vom Gegenstand her gestellt ist und das durch sie der Menschheit und dem menschlichen Denken gestellt wird: das Problem der Zukunft.«[10] Und der große Theologe schließt: der jüdisch-christliche Gott ist »ein Gott mit ›Futurum als Seinsbeschaffenheit‹«.

Gewiß befindet sich Gott in einer ewigen Gegenwart, aber sein Volk hat sich stets als ein Volk auf der Wanderung, auf der Durchreise, auf dem Weg zum Heil, zum Königreich begriffen. Es wird von der Verheißung, d.h. der Prophetie seinem Ziel entgegengeführt. Im Christentum ermutigt die Prophetie zur Tat, zum Fortschritt, zur Bewegung. Sie ist das Wesen des Christentums. Es überrascht daher nicht, daß sie zu allen Zeiten und in den unterschiedlichsten Formen blüht.

Sehr lange bezogen diese Prophezeiungen ihre Inspiration aus den Apokalypsen mit ihrem Grundschema, das, nach vielen Drangsalen, die Ankunft einer messianischen Gestalt verheißt, die die große Erlösung und das Reich der Auserwählten einleitet. Von einigen Theologen wurde auf die Verwandtschaft mit bestimmten Aspekten der Utopie hingewiesen. So mißt Pierre Eyt der Utopie drei Funktionen bei, die sich in der apokalyptischen Hoffnung wiederfinden: eine heuristische Funktion, die die Utopie zu einer Art Forschungshypothese macht; eine kritische Funktion in bezug auf die gegenwärtige Situation; und eine praktische Funktion, die im Hinblick auf die Verwirklichung der idealen Stadt zur Tat ermuntert. Wie der apokalyptische Traum widersetzt sich die Utopie der Ideologie, die dazu neigt, einen bestehenden Zustand zu rechtfertigen; sie projiziert einen veränderten Zustand in die Zukunft.[11] Sogar Papst Paul VI. betonte den positiven Charakter der Utopien als Triebkräfte des sozialen Fortschritts: »Man muß aber wohl anerkennen, daß diese Form der Kritik der bestehenden Gesellschaft die vorausschauende Einbildungskraft oft zu dem Glauben herausfordert, die in der Gegenwart bereits vorhandenen, verborgenen Möglichkeiten zu entdecken und sie auf eine neue Zukunft hinzuorientieren. Sie stärkt somit durch das Vertrauen, das sie den schöpferischen Kräften des menschlichen Geistes und Herzens gibt, die soziale Dynamik.«[12]

Seit der Zeit der Propheten ist die jüdisch-christliche Religion eine ständige Projektion in die Zukunft. Fortwährend ist sie dem Reich Gottes zugewandt, dem utopischen und apokalyptischen Projekt einer vergöttlichten Welt. Ihr Motor ist die Zukunft, die prophetische Vision des Reichs Gottes. Deshalb wird diese Religion nur solange dynamisch bleiben, wie sie in die Zukunft blickt. Sobald sie beginnt, wehmütig nach hinten zu schauen und ihr Ideal in der Vergangenheit zu sehen, verleugnet sie ihr Wesen und muß untergehen.[13]

Die Offenbarung des Johannes, Grundlage der millenaristischen Prophezeiungen

Mit der Offenbarung des Johannes verlieh diese Religion ihren Prophezeiungen Gestalt. Die Bilderwelt und die heilige Arithmetik dieses esoterischen Textes gaben den Anstoß zu den höchsten Spekulationen wie zu den absurdesten sektiererischen Vorhersagen. An sich ist die Offenbarung nichts anderes als ein formloser und irrwitziger Alptraum, dem man alles Mögliche entnehmen kann, wenn man versucht, die Einzelheiten der künftigen Geschichte aus ihm herauszulesen. Und genau das ist das Drama: jahrhundertelang bemühte man sich, einen visionären Text, dessen inneren Zusammenhang und wahren Zweck man nicht kennt, in prophetischem und logischem Sinn zu lesen.

Gewiß ein symbolischer Text, in dem es von Zahlen wimmelt: 3 stellt Gott dar; 4 die Erde; 7 und 12, ihre Summe und ihr Produkt, können die Vollkommenheit des göttlichen Handelns bedeuten oder Gott, der unter den Menschen weilt; 6, d. h. 7 minus 1, ist eine böse Macht, desgleichen $3^{1/2}$, die Hälfte von 7. Von hier aus sind unter Verwendung der vier Operationen alle Kombinationen möglich, um zu den 144 000 Erwählten zu gelangen, zu den 1260 Tagen – d. h. 42 Monate oder dreieinhalb Jahre – der Zuflucht in der Wüste, oder zur Zahl des Tiers, 666. Fügen wir alledem noch eine völlig zusammenhanglose, gleichsam einem bösen Traum entsprungene Bilderwelt hinzu, und wir haben alle Ingredienzen für die wildesten Deutungen. Gewiß, die derzeitigen Theologen betrachten die Dinge gelassener. Einer der großen Spezialisten der Offenbarung erinnert daran, daß »es ein Irrtum wäre, sich das Lamm mit den sieben Hörnern und den sieben Augen (5, 6) visuell oder das Tier mit den zehn Hörnern und den sieben Köpfen (13, 1) plastisch vorzustellen und sich zu fragen, wie sich zehn Hörner wohl auf sieben Köpfe verteilen lassen; es wäre ein Irrtum, an dem völligen Mangel eines plastischen Eindrucks dieser Beschreibungen Anstoß zu nehmen. Man muß sich damit begnügen, die Symbole intellektuell zu übersetzen, ohne auf ihre mehr oder weniger überraschenden Besonderheiten zu achten.«[14] Dennoch hatten jahrhundertelang die extravagantesten Deutungen den größten Erfolg und die größte Wirkung. Der Preis der symbolischen Sprache besteht darin, daß das Symbol am Ende den vom Autor gewoll-

… ten wahren Sinn verbirgt und daß die Interpreten die einzige, willentlich verdeckte, anfängliche Bedeutung durch eine Überfülle an Bedeutungen ersetzen, die ihrer eigenen Einbildung entspringen.

Warum sind die prophetischen Texte, gleich den heidnischen Orakeln, immer so dunkel? Wenn die Propheten und Seher die Zukunft kennen: warum verkünden sie sie nicht klar und deutlich, um tragische Mißverständnisse zu vermeiden? Und warum lassen sich Generationen von Exegeten und Interpreten immer wieder auf das Spiel ein und schüren den Zweifel? Meist verschanzen sich die Reden über die inspirierten Voraussagen hinter der Gelehrsamkeit und vermeiden es, sich über die Realität der Voraussage zu äußern, wobei sie den Kern des Problems in Anspielungen ertränken. Sicherlich ist das Prestige des symbolischen Ausdrucks so groß, daß die klare Ausdrucksweise schließlich zum Zeichen eines kraß prosaischen Geistes geworden ist. Auf die Gefahr hin, zu dieser grob positivistischen Kategorie gerechnet zu werden, wollen wir klar und deutlich sagen, daß die Kenntnis der Zukunft ein Ding der Unmöglichkeit ist und daß die Propheten und Seher vage persönliche Intuitionen zum Ausdruck bringen, die sie mit dem Flitter der kulturellen Moden ihrer Zeit behängen und damit ein Bild der Zukunft skizzieren, das verschwommen und dunkel genug ist, um nicht widerlegt werden zu können. Genau das ist bei den Apokalypsen der Fall, und ungeachtet ihres Prestiges muß es erlaubt sein, sich zu fragen, was an ihnen so interessant war. Wenn ein Text so dunkel ist, daß man auch zwanzig Jahrhunderte später noch nicht weiß, was er wohl bedeuten mochte, darf man berechtigterweise nach seinem wahren Ziel fragen. In tragischen Zeiten geschrieben, in einer Epoche der Verfolgung, ist die Offenbarung des Johannes Ausdruck einer Hoffnung, die persönliche, von früheren Prophezeiungen ererbte und um neue Allegorien angereicherte Konzeption der Geschichte des heiligen Volkes, seiner Drangsal und seines endlichen Sieges. Weit mehr eine innere Überzeugung, die sich in konventionellen Bildern ausdrückt, als eine präzise Voraussage kommender Ereignisse. Die Kraft und das Drama dieses Textes besteht darin, daß man diese poetische Utopie jahrhundertelang mit einer Weissagung verwechselte und sich verbissen bemühte, sie in die gegenwärtigen und künftigen Tatsachen einzufügen.

Erinnern wir an das Raster des Buchs: die Verfolgung, der das Volk Gottes unter Nero (von 65 bis 70) oder unter Domitian (von

91 bis 96) ausgesetzt ist – Zeiten, auf die man im allgemeinen die Abfassung datiert –, wird mißlingen, und Gott wird siegen. Tatsächlich handelt es sich um ein Nebeneinander zweier Apokalypsen, die jeweils mit einer Vision vom Ende der Zeiten schließen. Die erste betrifft das Verhältnis zwischen der Kirche und dem auserwählten Volk. Zu Anfang übergibt Gott dem Lamm ein mit sieben Siegeln versiegeltes Buch, das die Dekrete gegen Israel enthält. Das Lamm öffnet die Siegel eines nach dem andern, und jedesmal taucht eine Geißel auf. Nach sechs Siegeln bleiben nur 144 000 Gerettete vom Volk Israel übrig. Mit dem siebten Siegel beginnt eine neue Reihe von Geißeln, die durch Posaunen gekennzeichnet sind und zwischen die sich kleinere Visionen schieben. Im 10. Kapitel erhält Johannes die Weisung, den Heiden zu weissagen, während die ungläubigen Juden aus dem Tempel vertrieben werden, dessen Vorhof zweiundvierzig Monate lang zertreten wird. Zwei Zeugen prophezeien 1260 Tage lang, dann steigt das Tier aus dem Abgrund herauf und tötet sie; sie erheben sich wieder und steigen zum Himmel hinauf. Ein Zehntel der Stadt Jerusalem wird zerstört, und 7000 Menschen kommen um, aber der Rest wird gerettet. Die siebte Posaune bläst und zeigt das Ende der Welt und den Beginn des Reichs Gottes an.

Im zweiten Bericht bringt eine Frau ein Kind zur Welt, das ein Drache zu verschlingen sucht. Der Messias wird in den Himmel entrückt, während die Frau 1260 Tage in die Wüste flieht. Dann wird der Drache vom Engel Michael aus dem Himmel vertrieben. Doch nun erscheinen zwei Tiere, Werkzeuge Satans. Das eine zwingt die Bewohner der Erde, das andere Tier anzubeten, dessen Zahl 666 ist. Diesem Tier gegenüber stehen das Lamm und seine 144 000 Gefährten, welche die Märtyrer sind und nichts mit den 144 000 des Rests von Israel zu tun haben. Sieben Plagen kommen über das Tier und seine Anhänger, während Babylon auf dem Rücken des Tiers sitzt. Die himmlischen Heerscharen, angeführt von einem Reiter auf einem weißen Pferd, werfen die beiden Tiere in einen See von brennendem Schwefel. Satan wird gefesselt, und für tausend Jahre herrscht Christus mit den Märtyrern. Dann erfolgt ein abermaliger Rückschlag: »Wenn die tausend Jahre vollendet sind, wird der Satan aus seinem Gefängnis freigelassen werden. Er wird ausziehen, um die Völker an den vier Ecken der Erde, den Gog und den Magog, zu verführen und sie zusammenzuholen für den Kampf; sie sind so zahlreich wie die Sandkörner am Meer. Sie schwärmten aus über die weite Erde und umzingelten das Lager der Heiligen und Gottes geliebte Stadt. Aber Feuer fiel vom Himmel und verzehrte sie. Und der Teufel, ihr Verführer, wurde in den See von brennendem Schwefel geworfen, wo auch das Tier und der falsche Prophet sind. Tag und Nacht werden sie gequält, in alle Ewigkeit.«[15] Dann kommt das Weltgericht, und das Buch endet mit der Beschreibung des neuen Jerusalem, der Stadt der Auserwählten, mit zwölf Toren und zwölf Grundsteinen, die 12 000 Stadien mißt.

Dies ist die Grundlage des Berichts, dessen Bilder einer Fülle von Prophezeiungen Nahrung gaben. Wenn einige relativ klar sind, wie die zwei Tiere, die Rom und den Kult Roms darstellen, oder die Zahl 666, die in hebräischen Buchstaben »Caesar-Nero« ergibt, so bleiben andere dunkel oder zweideutig, was es erlaubte, sie mit historischen Ereignissen zu identifizieren, die angeblich das anfängliche Szenario nachbilden: dieser oder jener Herrscher wird der Drache sein, ein anderer das Tier; diese oder jene Völker werden Gog und Magog sein; dieser oder jener gute König oder Herrscher, der Ketzer oder Ungläubige bekämpft, wird der Reiter sein, der die Tiere besiegt, in einem immer von neuem gespielten theologisch-kosmischen Drama, dessen Auflösung die Offenbarung prophezeit.

Unter den Peripetien dieses an Rückschlägen reichen Stücks regten besonders die tausend Jahre des Reichs Christi und der Märtyrer die Phantasie an. Die Idee taucht nach und nach in der Bibel als eine Art goldenes Zeitalter der Zukunft auf, wo die Erwählten nach der Drangsal endlich in Glückseligkeit leben werden, doch ohne daß deren Dauer festgelegt wird. Bei Jesaja und Ezechiel handelt es sich um die Verheißung eines endgültigen Glücks; noch bei Daniel heißt es, daß »der Gott des Himmels ein Reich errichten wird, das in Ewigkeit nicht untergeht und keinem anderen Volk überlassen wird«.[16] Nach und nach kommt es zu einer Spaltung in das endgültige himmlische Reich und ein provisorisches, aber lange währendes irdisches Reich, eine Art Rückkehr zum irdischen Paradies, für eine Zeitdauer, die von 40 Jahren bei den Bescheidensten bis zu 365 000 bei den Gierigsten reicht. Andere sprechen von 100 Jahren, 600 Jahren, 1000 Jahren, 2000 Jahren, 7000 Jahren. Das Millennium gewinnt rasch die Oberhand, weil es sich ziemlich mühelos in die Schätzungen der Dauer der Welt einfügt. Im 2. Jahrhundert unserer Zeitrechnung zum Beispiel läßt der Brief des Barnabas das Millennium des irdischen Reichs Christi auf die 6000 Jahre der Menschheitsgeschichte folgen. Als Sehnsucht nach einer wohlverdienten Ruhe entspricht diese Verheißung des Millenniums so offenkundig der Hoffnung eines Volkes und später einer der Verfolgungen überdrüssigen Gruppe, daß sie schließlich den Charakter einer Weissagung annimmt. Die Kirchenväter schwankten in diesem Punkt, aber mehrere ließen sich verlocken wie Papias, Justin, Irenäus, Tertullian, Hippolytos, die der Kraft dessen, was man Millenarismus oder Chiliasmus nennen sollte, das Prestige ihres Denkens hinzufügten. Im Gegensatz zum himmlischen Reich, das einigen etwas zu spirituell ist, kommt diesem irdischen Reich das Verdienst zu, daß es materielle und sinnliche Freuden bietet, wie es der Häretiker Cerinthus verspricht. Für Papias von Hierapolis wird es eine Zeit außerordentlicher Fruchtbarkeit sein. Diese ersten Millenaristen können sich auf die Ausdrücke der Offenbarung des Johannes stützen, die diesen tausend Jahren eine chronologische Bedeutung verleihen.

Aber in der Offenbarung gehen dem Millennium schreckliche Kämpfe voraus, in denen sich das Tier oder der Drache hervortun. Diese Figur, die ebenfalls die Phantasie anregt, hat alttestamentarische Vorbilder wie jenen größenwahnsinnigen König in Daniels Traum, der sich über die Götter zu erheben sucht und der damals Antiochus IV. bezeichnete. Dieser Typus einer Inkarnation des Bösen hat Entsprechungen in den meisten benachbarten orientalischen Religionen wie Ahriman bei den Anhängern des Mazdaismus oder der Drache des Chaos bei den Babyloniern.[17] Im jüdisch-christlichen apokalyptischen Kontext wird »der, der vor Christus kommt«, der Antichrist, zum zerstörerischen und verfolgenden, von Satan gesandten Herrscher, der den Gerechten Leid zufügt, bis er besiegt wird. Seine Ankunft wird sowohl gefürchtet wie erhofft, da sie den tausend Jahren der Glückseligkeit vorausgeht.

Prophetische Erregung der jüdischen Welt
(2. Jahrhundert v. Chr. bis 2. Jahrhundert n. Chr.)

In der prophetischen und apokalyptischen Erregung spielt das messianische Element eine wichtige Rolle: soll die Drangsal ein Ende finden, dann dank einem Befreier. Im 2. Jahrhundert v. Chr. beschwören das *Jubiläenbuch* und die *Henoch-Bücher* das messianische Reich und schließen sich der im Buch Daniel erwähnten »Menschengestalt« an. Diese Erwartung mochte zum Ausbruch der jüdischen Aufstände von 70 und 132 beitragen, bei denen Josephus Flavius zufolge die Prophezeiungen zweifellos eine Rolle gespielt haben: »Was sie jedoch am meisten zum Kriege getrieben hatte, war ein zweideutiger Orakelspruch, der sich gleichfalls in ihren heiligen Schriften fand, wonach um diese Zeit einer aus ihrem Lande die Weltherrschaft erlangen würde.«[18]

Es sind prophetische Gerüchte in Umlauf, nach denen Jerusalem erst dann eingenommen werde, wenn dort der Aufstand herrsche oder wenn der Tempel die Form eines Quadrats habe.[19] In den Apokalypsen des Baruch und des Esra im 1. Jahrhundert unserer Zeitrechnung nimmt der Messias menschliche Züge an. Die erste Apokalypse verkündet eine Zeit schrecklicher Mißgeschicke, die in dem allerschrecklichsten Reich gipfeln, dem römischen Reich. Dann werde der Messias erscheinen, ein wunderbarer Krieger, der die Römer und ihre Heerführer schlagen, die Völker, die Israel beherrscht haben, vernichten und ein Zeitalter des Friedens und des Überflusses einleiten werde. Im Jahre 131, als Simeon bar Kochba seinen großen Aufstand gegen Rom beginnt, wird er als der Messias bejubelt.

Wie so oft verbreiten sich diese Prophezeiungen vor allem innerhalb extremistischer Bewegungen: z. B. in der Gemeinde von Qumran und bei den Zeloten, wo man die Wiederkehr von Henoch und Elias erwartet. Die Sekte der Essener lebt in Erwartung des letzten großen apokalyptischen Kriegs gegen die Mächte des Bösen, des Endkampfs zwischen dem Licht und der Finsternis. Eines ihrer Manuskripte mit dem Titel *Schriftrolle des Kriegs der Söhne des Lichts gegen die Söhne der Finsternis* erzählt im voraus den Verlauf der Schlacht: »Die Priester blasen mit den sechs Trompeten der Erschlagenen – einen scharfen, schmetternden Ton – die Leitung des Kampfes. Und die Leviten und die ganze Hörner-

Mannschaft blasen einstimmig einen großen Kriegslärm, um das Herz des Feindes zerfließen zu lassen. Mit dem Schall des Kriegslärms fliegen die Wurfkampflanzen hinaus, um Erschlagene zu fällen!«[20]

Ist dies nicht dieselbe Inspiration wie bei den kriegerischen Visionen der Offenbarung des Johannes, wo man an der Spitze der himmlischen Heerscharen den berühmten Reiter mit dem blutgetränkten Gewand sieht? »Und sein Name heißt ›Das Wort Gottes‹. Die Heere des Himmels folgten ihm auf weißen Pferden; sie waren in reines, weißes Leinen gekleidet. Aus seinem Mund kam ein scharfes Schwert; mit ihm wird er die Völker schlagen. Und er herrscht über sie mit eisernem Zepter, und er tritt die Kelter des Weines, des rächenden Zornes Gottes, des Herrschers über die ganze Schöpfung. Auf seinem Gewand und auf seiner Hüfte trägt er den Namen: ›König der Könige und Herr der Herren‹. Dann sah ich das Tier und die Könige der Erde und ihre Heere versammelt, um mit dem Reiter und seinem Heer Krieg zu führen. Aber das Tier wurde gepackt und mit ihm der falsche Prophet; er hatte vor seinen Augen Zeichen getan und dadurch alle verführt, die das Kennzeichen des Tieres angenommen und sein Standbild angebetet hatten. Bei lebendigem Leib wurden beide in den See von brennendem Schwefel geworfen. Die übrigen wurden getötet mit dem Schwert, das aus dem Mund des Reiters kam; und alle Vögel fraßen sich satt an ihrem Fleisch.«[21]

Die Prophetie in den ersten christlichen Gemeinden

Das Neue Testament enthält zahlreiche Spuren dieses von der apokalyptischen Prophetie geprägten Klimas. Die Evangelien erinnern gern daran, daß die Ankunft Jesu geweissagt worden sei, zuletzt von Johannes dem Täufer, der ein asketisches Leben führt und das an seine Vorgänger gemahnende Gewand aus Kamelhaaren trägt.[22] Auch Jesus wird als Prophet dargestellt: er nennt sich selbst einen solchen und macht mehrere Vorhersagen. »Nirgends hat ein Prophet so wenig Ansehen wie in seiner Heimat«, sagt er.[23] Auf die Frage: »Für wen halten die Leute den Menschensohn?«, antworten die Apostel: »Die einen für Johannes den Täufer, andere für Elija, wieder andere für Jeremia oder sonst einen Propheten.«[24] »Wer ist das? Die Leute sagten: Das ist der Prophet Jesus von Nazaret in Galiläa.«[25]

Die Prophetie gilt als eines der wesentlichen Merkmale der Göttlichkeit Christi. Die Evangelisten unterstellen ihm kurzfristige, bisweilen prosaische Weissagungen: »Ihr werdet einen jungen Esel angebunden finden, auf dem noch nie ein Mensch gesessen hat«; »Du wirst mich dreimal verleugnen«; »Einer von euch wird mich verraten«; er kündigt seinen Tod an, seine Auferstehung, die Zerstörung Jerusalems. Jesus ist der Prophet *par excellence*, der die Zukunft ebenso gut kennt wie die Vergangenheit und die Gegenwart, mit einer Ausnahme zum Leidwesen seiner Schüler und Getreuen: den Tag und die Stunde des Endes. »Doch jenen Tag und jene Stunde kennt niemand, auch nicht die Engel im Himmel, nicht einmal der Sohn, sondern nur der Vater.«[26]

Die große Weissagung über die Zerstörung des Tempels steht im übrigen in der apokalyptischen Tradition und verbindet auf verwirrende Weise das Ende Jerusalems mit dem Ende der Welt. An frühere Ankündigungen anknüpfend, benutzt der Text die klassischen Wendungen, um den Jammer zu beschreiben und die Vorzeichen anzugeben, darunter die Ankunft falscher Propheten: »Wenn ihr dann von Kriegen hört und Nachrichten über Kriege euch beunruhigen, laßt euch nicht erschrecken! Das muß geschehen. Es ist aber noch nicht das Ende. Denn ein Volk wird sich gegen das andere erheben und ein Reich gegen das andere. Und an vielen Orten wird es Erdbeben und Hungersnöte geben. Doch das ist erst der Anfang der Wehen. Ihr aber, macht euch darauf gefaßt: Man wird euch um meinetwillen vor die Gerichte bringen, in den Synagogen mißhandeln und vor die Statthalter und Könige stellen, damit ihr vor ihnen Zeugnis ablegt. Vor dem Ende aber muß allen Völkern das Evangelium verkündet werden. (...) Weh aber den Frauen, die in jenen Tagen schwanger sind oder ein Kind stillen. Betet darum, daß dies alles nicht im Winter eintritt. Denn jene Tage werden eine Not bringen, wie es noch nie eine gegeben hat, seit Gott die Welt erschuf, und wie es keine mehr geben wird. (...) Aber in jenen Tagen, nach der großen Not, wird sich die Sonne verfinstern, und der Mond wird nicht mehr scheinen; die Sterne werden vom Himmel fallen, und die Kräfte des Himmels werden erschüttert werden. Dann wird man den Menschensohn mit großer Macht und Herrlichkeit auf den Wolken kommen sehen. Und er wird die Engel aussenden und die von ihm Auserwählten aus allen vier Windrichtungen zusammenführen, vom Ende der Erde bis zum Ende des Himmels.«[27]

Diese Prophezeiung blieb im Christentum die Prophezeiung schlechthin, in der die endzeitliche Katastrophe dem Jüngsten Gericht vorausgeht. Dieser Text, im apokalyptischen Klima der ersten christlichen Gemeinden entstanden, entspricht zweifellos bestimmten Worten Jesu, was die These erhärtet, daß er zu den den Essenern oder Zeloten nahestehenden Kreisen gehörte, die von diesen Vorstellungen am stärksten geprägt waren.

Auch in den anderen Lehrtexten des Neuen Testaments findet man Prophezeiungen. Die Schriften des Paulus sind voll davon, und er fügt den Prophezeiungen Christi persönliche Weissagungen hinzu, die er der jüdischen Apokalypse entlehnt: Vor der Ankunft Jesu, so schreibt er, »muß zuerst der Abfall von Gott kommen und der Mensch der Gesetzwidrigkeit erscheinen, der Sohn des Verderbens, der Widersacher, der sich über alles, was Gott oder Heiligtum heißt, so sehr erhebt, daß er sich sogar in den Tempel Gottes setzt und sich als Gott ausgibt«.[28] Dieser »Mensch der Gesetzwidrigkeit« sollte zusammen mit dem Tier des Johannes an der Entstehung des Mythos vom Antichrist beitragen. Für Paulus stehen diese Ereignisse kurz bevor.[29] Im Brief an die Römer erklärt er, daß sie sich nur deshalb ein wenig verzögern, weil vorher alle Heiden bekehrt werden müssen.[30]

Neben den Aposteln und Schriftgelehrten sind die Propheten ein integrierender Bestandteil der ersten christlichen Gemeinden. Sie werden in der Apostelgeschichte mehrfach erwähnt: »In der Gemeinde von Antiochia gab es Propheten und Lehrer«; »In jenen Tagen kamen von Jerusalem Propheten nach Antiochia hinab«; »Judas und Sila, selbst Propheten, sprachen ihnen mit vielen Worten Mut zu«; »Da kam von Judäa ein Prophet namens Agabus herab«.[31] Auch Paulus erwähnt sie häufig, und ihm zufolge hatten sich diese Propheten in den Versammlungen der Christen vor allem um den Dienst am Wort zu kümmern: »Auch zwei oder drei Propheten sollen zu Wort kommen; die anderen sollen urteilen.«[32] Bei der Lesung und der Predigt haben diese Propheten wohl geweissagt, in einer Art Begeisterung, wie sie die Apostel an Pfingsten erfaßte.[33]

Die Bedeutung der apokalyptischen Prophetie in den ersten Gemeinden wirkt sicherlich auf den Inhalt der Evangelien zurück, die in ihrer Mitte verfaßt werden: »Auch die Beziehungen des entstehenden Christentums zur jüdischen Apokalypse sind in Zusammenhang mit diesem neuen Geist zu sehen. Da Jesus als Prophet gesprochen und gehandelt hat, wenn er denen, die an das Evangelium glaubten, die Zukunft verkündete, ist es normal, daß die Aussichten auf das Jüngste Gericht und das Heil in seiner Botschaft einen Platz hatten, was immer man vom ursprünglichen Charakter einiger seiner *logia* halten mag. Da er damit die Ängste der apokalyptischen Kreise ausdrückte, konnte er ohne weiteres deren literarische Verfahren übernehmen. (...) Die Rede des Markus 13, 5-32 ist dafür ein klassisches Beispiel: die ›prophetischen‹ Worte Jesu wurden aufgegriffen und zusammengefaßt zu einer kleinen christlichen Apokalypse, die bei Markus vor dem Jahre 70 liegt, bei Matthäus und Lukas ein wenig später.«[34] Einige Theologen wie E. Käsemann erklären die Apokalyptik sogar zur »Mutter der christlichen Theologie«.[35]

Das entstehende Christentum ist dem Wesen nach prophetisch: von Prophezeiungen angekündigt, deren Erfüllung er ist, ist Christus selbst der größte Prophet aller Propheten, und der Kern seiner Lehre ist die Botschaft von der Heraufkunft des Reichs Gottes. Die Christen leben in der Erwartung der Erfüllung einer Verheißung, und auch wenn die Zukunft in der Gegenwart durch ein makelloses Leben gestaltet wird, so wird die Gegenwart doch zugunsten der Zukunft abgewertet; der Christ ist ein Pilger, der das zu erreichende Ziel fest im Auge hat; das Christentum ist eine Religion der Zukunft, und dieser Zug hat die abendländische Kultur zutiefst geprägt.

*Die prophetische Kirche und die freie Prophetie:
der Montanismus*

Zur Zeit der ersten Gemeinden meint man, diese Zukunft stehe kurz bevor: die Wiederkehr Christi wird für die nächste Zukunft erwartet, in einem präapokalyptischen Klima, das die Geister erregt und für eine gewisse Unruhe sorgt wie in Korinth, wo »falsche Propheten« auftreten, vor denen Paulus die Getreuen warnen muß. Manchmal gewinnen die apokalyptischen Themen die Oberhand und verweisen die übrige Lehre in den Hintergrund, was zu den ersten häretischen Abweichungen führt. Die bedeutsamste ist der Montanismus im 2. Jahrhundert.

Am Ursprung dieser Bewegung steht ein Konvertit, Montanus, der sich für eine Inkarnation des Heiligen Geistes, den »Geist der Wahrheit« des Johannes-Evangeliums, ausgibt und die baldige Wiederkehr Christi verkündet, der tausend Jahre im »Neuen Jerusalem« in Phrygien herrschen werde. Die Predigt des Montanus datiert Epiphanios auf das Jahr 156 und Eusebios auf das Jahr 172. Ihr Rahmen ist die phrygische Stadt Hierapolis, eine Region, wo sich der orientalische Kult der Kybele eingebürgert hat, von dem Montanus stark beeinflußt wird. Seine Lehre ist rein prophetisch und apokalyptisch. Seine Gehilfinnen sind zwei Prophetinnen, Prisca und Maximilla, die kurz bevorstehende schwere Mißgeschicke voraussagen, Vorboten der Ankunft Christi. Eine der Erleuchteten behauptet im übrigen, diesen während einer Vision in Gestalt einer Frau gesehen zu haben.

Sehr schnell kritisiert die lokale Kirchenhierarchie diese prophetische Strömung. Der Bischof von Hierapolis, Apollonius, und seine Kollegen aus Kleinasien bekämpfen diese wilde Prophetie, und dieser erste Konflikt ist der Prototyp von mehreren Dutzend anderen, die die Kirchengeschichte prägen sollten.

Tatsächlich ist die Zunahme der Häresien der unvermeidliche Preis einer Religion, die, wie das Christentum, auf dem Geist der Prophetie beruht. Wie läßt sich die fundamentale Gültigkeit der prophetischen Offenbarung, sobald sie anerkannt ist, kontrollieren und kanalisieren? Wenn »der Geist weht, wo er will«, wie soll man da die wahren von den falschen Propheten unterscheiden? Das Problem stellte sich bereits dem Judentum, aber die Genauigkeit des Gesetzes ermöglichte es, die Bewegung einzudämmen. Nachdem das Gesetz nun überholt war und der Religionsgründer, Christus, selbst das Beispiel der freien Inspiration gegeben hatte, steht den Erleuchteten aller Schattierungen der Weg offen. Montanus ist nur der erste einer langen Reihe. Jahrhundertelang wird sich die institutionelle Kirche mit dem Problem der freien Propheten herumschlagen, die sie nicht systematisch verbieten kann, ohne sich selbst zu verleugnen. Sie wird einen erheblichen Teil ihrer Energie darauf verwenden, die wahren von den falschen Prophetien zu scheiden, wobei letztere in den Rang von Häresien verwiesen werden. Ein Paradoxon der Kirche: das Aufflammen der Prophetie ist sowohl ein Beweis für die Dynamik wie eine Ursache der Schwäche und Spaltung. Mit der Zeit setzte sich der institutionelle Aspekt durch, womit die Kirche freilich einen Teil ihrer Substanz und ihrer Stärke einbüßte. Ihre Geschichte ist die Geschichte des Übergangs von der prophetischen Religion zum institutionellen und sozialen Rahmen. Mehr und mehr geht sie dazu über, die Gegenwart zu verwalten und sogar ein Modell in der Vergangenheit zu suchen.

Die Frage der Prophetie ist eines der großen Probleme, mit denen sich die ersten christlichen Intellektuellen, die Kirchenväter, seit der montanistischen Krise konfrontiert sehen. Denn diese Strömung, von der wiederauflebenden Verfolgung begünstigt, breitet sich rasch in Afrika, Gallien und Rom aus. Irenäus, damals Priester in Lyon, bespricht die Angelegenheit mit Eleutherus, dem Bischof von Rom. In dieser Stadt entstehen zwei montanistische Schulen, die des Aischines und die des Proklos, und letzterer, der von 199 bis 217 lehrt, gewinnt einen erlesenen Anhänger in der Person von Tertullian. Dieser aufbrausende Afrikaner übernimmt die Verteidigung der prophetischen Gaben von Montanus. Im Jahre 213, in seiner Schrift *Adversus Praxean*, macht er den Theologen Praxeas dafür verantwortlich, den Bischof von Rom gegen den Montanismus aufgehetzt und folglich die Prophetie bekämpft zu haben: »Der Bischof von Rom hatte die prophetischen Gaben von Montanus, Prisca und Maximilla anerkannt. Aufgrund dessen hatte er den Kirchen Asiens und Phrygiens den Frieden angeboten. In diesem Augenblick erhob Praxeas falsche Anschuldigungen gegen die Propheten selbst und ihre Kirchen. (...) Damit erwies er dem Dämon in Rom einen zweifachen Dienst. Er vertrieb die Prophetie und führte die Ketzerei ein.«[36]

Unter den verschollenen Werken von Tertullian verteidigt eine Abhandlung *Über die Ekstase* die Praxis der Prophetie, und im siebten Teil widerlegt er die Anschuldigungen des Bischofs Apollonius gegen Montanus. Später kommt Hieronymus auf diese Affäre zurück: »Apollonius war ein Mann von großem Talent, der gegen Montanus, Prisca und Maximilla ein bemerkenswertes und gehaltvolles Buch schrieb. Darin behauptet er, Montanus und seine irrsinnigen Prophetinnen seien erhängt worden, und noch vieles andere gegen Prisca und Maximilla: ›Leugneten sie, die Gaben angenommen zu haben? Sollen sie wenigstens gestehen, daß die, die sie annehmen, keine Propheten sind. Mit Hilfe von tausend Zeugnissen will ich beweisen, daß sie Gaben empfangen haben, denn die Propheten erkennt man an anderen Früchten. Sagt mir, färbt ein Prophet sich die Haare? Färbt ein Prophet sich die Lider mit Antimon? Schmückt ein Prophet sich mit schönem Zierrat und Edelsteinen? Spielt ein Prophet Würfel- und Brettspiele? Billigt er den Wucher? Sollen sie mit Ja oder mit Nein antworten, ob dies erlaubt sein darf. Ich mache mich anheischig zu beweisen, daß sie es tun.‹«[37]

Einige Bischöfe sind selbst von der Prophetie verlockt: zur Zeit des Montanus verkündet einer von ihnen in der Provinz Diospontos die zweite Ankunft Christi binnen zwei Jahren; seine Getreuen hören deshalb auf, den Boden zu bestellen und zu arbeiten, und verschenken ihre Häuser und ihre Habe. Ein anderer aus Syrien führt seine Anhänger in die Wüste, um dort Christus zu begegnen.[38] Im Jahre 200 verurteilt Papst Zephyrius offiziell den Montanismus. Aber der Kampf gegen den freien prophetischen Geist hat erst begonnen.

Die Kirchenväter und die heidnische Wahrsagung

Die christlichen Intellektuellen der ersten Jahrhunderte, die Kirchenväter, die die offizielle Lehre der Kirche erarbeiten, sehen sich in bezug auf die Weissagung mit einer komplexen und widersprüchlichen Situation konfrontiert, und es überrascht nicht, daß wir bei ihnen Divergenzen und Unschlüssigkeit feststellen. Zwar sind sie sich über die Rechtmäßigkeit und die Möglichkeit einer bestimmten Kenntnis der Zukunft einig, aber da sie es mit einer großen Vielfalt von Mitteln zu tun haben, fällt es ihnen oft schwer, zwischen dem allgemeinen Prinzip und dessen statthaften oder unstatthaften Anwendungen zu entscheiden: Hat nicht Gott die heidnische Weissagung, mit der Sibylle und Vergil, zu seinen eigenen Zwecken benutzt? Was ist von der Astrologie zu halten? Von den hebräischen Prophezeiungen? Von den neuen Prophezeiungen innerhalb der Kirche?

Die heidnische Divination wird massiv abgelehnt, allerdings mit gewissen Vorbehalten, denn man darf das Kind nicht mit dem Bade ausschütten. Der Spielraum ist gering: man muß die Idee des Schicksals verwerfen, um die individuelle Freiheit zu erhalten, und gleichzeitig versichern, daß für Gott die Zukunft bereits existiert, und man muß die heidnischen Orakel verwerfen und gleichzeitig behaupten, daß die Kenntnis der Zukunft möglich ist. Die ersten Apologeten haben die Schwierigkeit durchaus gesehen. Daher versucht Justin im 2. Jahrhundert als erster, zwischen Vorherwissen und Verhängnis zu unterscheiden: »Wenn wir von Vorherwissen und Weissagung sprechen, darf aber niemand daraus den Schluß ziehen, wir glaubten an das Verhängnis und an das Schicksal.(...) Wenn das nicht der Fall wäre, sondern alles nach einem Verhängnis geschähe, so gäbe es gar keine Verantwortlichkeit. (...) Wenn wir also behaupten, zukünftige Begebenheiten seien geweissagt worden, so sagen wir damit nicht, daß sie mit der Notwendigkeit des Verhältnisses sich zutragen; vielmehr liegt die Sache so: Weil Gott die zukünftigen Handlungen aller Menschen vorherweiß und weil es sein Grundsatz ist, jedem nach dem Verdienst seiner Taten zu vergelten, so sagt er durch den prophetischen Geist vorher, was ihnen nach dem Werte ihrer Handlungen begegnen werde, und führt dadurch allezeit das Menschengeschlecht zur Überlegung und Besinnung.«[39] Nachdem er diese Unterscheidung getroffen hat, versichert Justin, daß »der prophetische Geist von den zukünftigen Begebenheiten spricht, als wären sie eingetreten«; bisher sei alles geschehen, was die Propheten verkündet haben; was sie verkündet haben, aber noch nicht eingetreten ist, werde also ebenfalls geschehen.

Die heidnischen Vorhersagen dagegen sind grobe Irrtümer, die Minucius Felix lächerlich macht: »Dem Paulus Aemilius schmeckten die Hühnchen vor der Schlacht von Cannae, und dennoch ging er mit dem größten Teil seines Heeres zugrunde. Hatte andererseits Caesar, obwohl er die Auspizien und die Auguren mißachtete, die ihm abrieten, sich vor dem Winter nach Afrika einzuschiffen, nicht günstige Winde und einen schönen Sieg?«[40] Die Orakel sind Lügen, zu dem Zweck erfunden, diese oder jene Sache zu unterstützen, und die Antworten der Pythien werden absichtlich entstellt.

Dies behauptet auch Origenes: die Phytia werde manipuliert,

und die heidnischen Weissagungen seien Fabeln, deren Schwindel Philosophen wie Epikur, Demokrit und Aristoteles aufgedeckt hätten. Sogar die Sibyllinischen Bücher seien Lügen, und Origines spottet über die »Sibyllisten«, jene Christen, die sich von diesen Fälschungen verführen ließen.[41] Eusebios eifert gegen die Idee des Schicksals, die jede Möglichkeit der Strafe und Belohnung zunichte und das Gebet überflüssig mache, behauptet jedoch die Wahrheit der Prophezeiungen des Alten Testaments.[42]

Im 4. Jahrhundert schreibt Gregor von Nyssa eine Abhandlung über das Schicksal in Form eines Dialogs, den er mit einem griechischen Philosophen und Verteidiger des Verhängnisses geführt haben will; dieser habe erklärt, daß sowohl »der, der sich das Leben nimmt, als auch der, der den Tod erwartet, dem Druck dieser allmächtigen Kraft gehorchen«. Gregor hält den Gedanken für »empörend«, daß ein Mensch, ein intelligentes und freies Geschöpf, von materiellen Wesenheiten wie den Gestirnen oder irgendeinem Fatum bestimmt sein könnte. Er reitet nun eine regelrechte Attacke gegen alle Formen von Wahrsagung – Haruspizes, Auguren, Astrologie, Orakel – und unterstreicht ihre Zweideutigkeit und Verschwommenheit, die dazu bestimmt seien, die Ratsuchenden zu täuschen. Aber er behauptet – eine neue Idee, die sich bei den Christen durchsetzen wird –, daß die Seher und Astrologen nur deshalb manchmal recht hätten, weil der Teufel sie inspiriere. Damit ist ein entscheidender Schritt getan: die heidnische Wahrsagung ist nicht nur eine Sache von Scharlatanen, sie ist teuflisch, und diese Satanisierung der nicht orthodoxen Weissagung ermöglichte es später, sie brutal zu unterdrücken. Die Passage ist entscheidend:

»Die Haruspizes und Auguren stützen sich nicht etwa auf die Kenntnis des notwendigen Wirkens des Schicksals, wenn sie die Zukunft in den zuckenden Eingeweiden der Opfertiere oder im Flug eines Vogels lesen; einzig die Arglist der Geister der Finsternis sind die Ursache dieser lügenhaften Prophezeiungen; und selbst wenn diese Prophezeiungen hin und wieder in Erfüllung gehen, darf man daraus nicht schließen, daß das Schicksal existiere, denn dann würde jedwede Wahrsagekunst mit Fug und Recht behaupten, ihre Kraft aus dem Schicksal zu beziehen. Somit gäbe es ein Schicksal für die Astrologie, ein anderes für die Auguren und wieder ein anderes für die Vorzeichen und die Symbole. Auch wenn in diesen verschiedenen Teilen der Wahrsagekunst nichts dagegen spricht, die Zukunft ohne Zuhilfenahme des Schicksals vorauszusagen, so sind die zufälligen Geschehnisse, die bisweilen mit diesen Voraussagen übereinstimmen, kein hinlänglicher Beweis für die Solidität dieser Wissenschaft; vielmehr sind die Voraussagen derer, die erwerbsmäßig die Zukunft lesen, bei weitem nicht sicher und unzweifelhaft; diese lügenhaften Propheten benötigen vielmehr eine Fülle von Ausflüchten, um ihr Ansehen zu bewahren, wenn das tatsächliche Geschehen ihre Kunst der Vergeblichkeit überführt. Die gesamte Wissenschaft der Astrologen beschränkt sich ebenfalls darauf, die Menschen geschickt zu täuschen; sie schützen ihren Ruf dadurch, daß sie die Falschheit ihrer Horoskope auf die Irrtümer schieben, die, wie sie sagen, von denen begangen wurden, die ihnen die Schicksalsstunde nicht mitgeteilt hätten, wo der Einfluß der Sterne spürbar ist; ihre zweideutigen Voraussagen eignen sich für jedes Ereignis, so daß sie es, was immer geschehen mag, angekündigt zu haben scheinen. (...)

So geraten die Sibyllen, gleichsam berauscht von der Erleuchtung, die von oben in ihren Leib dringt, in eine Raserei, die der getäuschte gemeine Mann für einen prophetischen Geist hält. Außerdem schreiben alle, welche die Zukunft aus den Eingeweiden der Opfertiere, aus den Bewegungen des Feuers und aus dem Flug der Vögel lesen, ihre Vorhersagen nicht dem Schicksal zu, sondern einem Geist oder einem allmächtigen Dämon. (...)

Alle falschen Propheten gleichen einander; sie täuschen sich fast immer bei der Anwendung ihrer Kunst, und sie verführen die Leichtgläubigen mit einigen Weissagungen, die den Schein von Wahrheit haben. Als Nachahmer der Dämonen, deren Deuter sie sind, wenden sie all ihre Sorgfalt darauf zu verhindern, daß wir unsere Blicke Gott zuwenden und von ihm die Wohltaten empfangen, deren Quelle er ist.

Unverkennbar ist diese lügenhafte Wissenschaft das Werk der Dämonen, die sie ersonnen haben, um diejenigen ins Verderben zu stürzen, die das Schicksal als Herrn der Welt anbeten, ohne an die Allmacht Gottes zu denken.«[43]

In einem anderen Traktat greift Gregor von Nyssa auch die Traumbilder und Träume an, die nichts mit der Prophetie zu tun hätten. Er zählt die Pythia zu den vom Dämon manipulierten falschen Propheten. In seltenen Fällen könne es freilich geschehen, daß Gott auch Heiden die Zukunft mitteile, sofern es seinen Absichten dient: »Wenn Gott es dem König von Ägypten und dem König von Assyrien gestattete, die Kenntnis der Zukunft zu erlangen, so hatte diese Erlaubnis einen geheimen Zweck; damit wollte er allen Menschen die Weisheit einiger Heiliger vor Augen führen, damit die Lehren dieser göttlichen Weisheit dem Glück der Menschheit dienen.«[44]

Inmitten der verstärkten Angriffe gegen die heidnische Divination besteht bei den christlichen Denkern indes weiterhin Uneinigkeit in bezug auf die Sibylle und Vergils vierte Ekloge, die Christus anzukündigen scheint. Für viele war die Sibylle ein Werkzeug Gottes. Theophilos von Antiochia zitiert daraus eine lange Prophezeiung gegen die heidnischen Götter und zugunsten des wahren und einzigen Gottes.[45] Lactantius ist besonders begeistert. Für ihn hat die Sibylle das Leiden Christi angekündigt: »Später wird er in die Hände der Gottlosen und Abtrünnigen fallen; mit ihren unreinen Händen werden sie Gott Schläge versetzen ...«[46]; die Dornenkrone, der Essig, die drei Tage im Grab, der Vorhang im Tempel, die Auferstehung – das alles sei darin vorhanden, und es kommt ihm nicht einmal in den Sinn, daß es sich um christliche Interpolationen handeln könnte. Auch Klemens von Alexandria ist überzeugt.[47] Eusebios von Caesarea stellt es als historische Tatsache dar: »Als diese [die Sibylle] einmal in das innerste Heiligtum der sinnlosen Götzenverehrung vordrang und wirklich von göttlicher Begeisterung erfüllt war, weissagte sie in Versen über Gott, was geschehen sollte, indem sie klar durch die Anfangsbuchstaben ihrer Verse, also durch ein Akrostichon, die Geschichte von der Herabkunft Jesu offenbarte: *Jesus Christus, Gottes Sohn, Retter, Kreuz.*«[48] Eusebios unterzieht auch Vergils vierte Ekloge einer detaillierten Analyse: für ihn kündigt sie die Inkarnation und die Erlösung an. Diese Meinung vertreten auch Hermas, Justin und Tertullian.[49]

Es gibt nur wenige Christen, die wie der anonyme Verfasser der Konstantin zugeschriebenen *Oratio ad sanctorum coetum*, die die kosmischen Umwälzungen des Weltendes beschreibt, vor Augustinus an der Echtheit der sibyllinischen Texte zweifeln, die sich Mitte des 4. Jahrhunderts mit den *Tiburtina* um einen entscheidenden Teil anreichern. Dieser der Tiburtinischen Sibylle zugeschriebene und nach dem Sieg des arischen Kaisers Konstantin im Jahre 350 von Christen verfaßte Text verkündet eine Zeit der Drangsal, die der Ankunft des christlichen griechischen Kaisers Constans vorausgeht, der im Laufe einer ruhmvollen Herrschaft von hundertzwölf oder hundertzwanzig Jahren dem wahren Glauben zum Sieg verhelfen und die Ungläubigen vernichten wird. Er wird die Völker des Nordens, Gog und Magog, zerstören und die Macht über Jerusalem in die Hände Gottes legen. Dann wird der Antichrist kommen und, bevor er vom Erzengel Michael geschlagen wird, eine kurze Zeit herrschen, die wiederum der zweiten Ankunft Christi vorausgehen wird.[50] Die Bedeutung dieses Textes beruht vor allem auf der Ankündigung dieser Gestalt, die in der prophetischen Bilderwelt des Mittelalters eine große Rolle spielen sollte: der Kaiser der Endzeit, der Hauptakteur des künftigen apokalyptischen Dramas mit dem Antichrist.

Seine Rolle wird später in einer weiteren sibyllinischen Pseudoprophezeiung verdeutlicht, der des Pseudo-Methodios Ende des 7. Jahrhunderts, die jedoch fälschlich einem Bischof des 4. Jahrhunderts, Methodios von Patara, zugeschrieben wird. Dieser Text, der verfaßt wurde, um die der moslemischen Herrschaft unterworfenen Christen in Syrien zu trösten, schreckt nicht vor Anachronismen zurück und entrollt ein bewegtes Gemälde, in dem man, mit Varianten, die Peripetien der Offenbarung des Johannes wiederfindet: die Christen werden für ihre Sünden mit der moslemischen Invasion bestraft; dann wird ein mächtiger Kaiser kommen, den man seit langem für tot hielt, und wird die Muslime schlagen und eine Ära des Friedens einleiten; nun betreten Gog und Magog die Bühne, verwüsten die Welt, bevor sie vom Gesandten Gottes vernichtet werden; der Kaiser legt seine Krone in Jerusalem nieder und stirbt; und es beginnt das Reich des Antichrist, der bald von Christus selbst geschlagen wird, der nun Gericht hält.

Während also die Christen die heidnische Wahrsagung bekämpfen, reichern sie ihre Sicht der Zukunft mit heterokliten Elementen an, die sie den verschiedensten Quellen entlehnen, und erarbeiten eine Synthese anhand der Offenbarung des Johannes und der sibyllinischen Erfindungen, wobei sie sich nicht scheuen, sie den Gegebenheiten des Augenblicks anzupassen. Auf Seiten der Heiden bedient man sich im übrigen dieses Verfahrens mit derselben Ungeniertheit, nämlich den eigenen Untergang vom Gegner vorhersagen zu lassen: zur Zeit von Julian Apostata bringen Heiden um 360 griechische Verse in Umlauf, die erzählen, daß Petrus mittels magischer Praktiken hatte erreichen können, daß das Christentum dreihundertfünfundsechzig Jahre währen und dann verschwinden werde.[51] Der Prophetie im Dienst der Propaganda und der Intoxikation stehen herrliche Zeiten bevor.

Die Kirchenväter und die Astrologie: eine abgestufte Verurteilung

In der Frage der Astrologie sind die christlichen Denker der ersten Jahrhunderte geteilter Meinung. Tertullian, der sich für die inspirierte Prophetie ausspricht, verurteilt die Wahrsagung und die Astrologie, »die nur bis zur Zeit des Evangeliums erlaubt war, so daß mit dem Erscheinen Christi keiner mehr jemandes Nativität mit Hilfe des Himmels deuten darf«. Die drei Weisen aus dem Morgenland waren die letzten erlaubten Astrologen; seither befragen die Christen »weder die Astrologen noch die Haruspizes, noch die Auguren oder die Magier, nicht einmal über ihre eigenen Angelegenheiten (da diese Praktiken von den Dämonen kamen und von Gott verboten wurden), und noch weniger über das Leben des Kaisers«.[52]

Das Verbot, Astrologie zu treiben, stellt indes die Gültigkeit der Vorhersagen der Astrologen nicht in Frage. So sind für Lactantius die astrologischen Vorhersagen sowohl wahr als auch dämonischen Ursprungs, denn Gott bedient sich auch seiner Gegner, um die Wahrheit kundzutun.[53] Desgleichen zeigt Epiphanios in der Geschichte Aquilas, die anscheinend auf die Jahre um 120 zurückgeht, daß Christen weiterhin die Astrologie praktizierten und daß sie verurteilt wurden, weil sie wissen wollten, was sie nicht wissen dürfen. Aquila, so schreibt er, war getauft worden, »aber da er seine Lebensweise nicht änderte und an die Nichtigkeit der Astrologie glaubte, in der er sehr bewandert war, und jeden Tag sein Horoskop befragte, wurde er von den Lehrern verhört und deswegen getadelt, aber er besserte sich nicht, sondern widersetzte sich ihnen und wollte wissen, was nicht gewußt werden darf, nämlich das Schicksal sowie alles, was daraus folgt; daher wurde er aus der Kirche ausgeschlossen, denn er war untauglich zum Heil«.[54]

Die Kritik des Origenes ist rationaler. In ihren großen Zügen entspricht sie der von Plotin, dem neuplatonischen Philosophen zu Beginn des 3. Jahrhunderts, der folgende Argumente vorbringt[55]: Wie könnte die Seele, die der Materie überlegen ist, von dieser bestimmt sein? Falls die Astrologie glaubwürdig ist, sind wir wie »rollende Steine und nicht wie Menschen, die nach ihrer eigenen Natur handeln«. Wenn die Gestirne Zeichen dessen seien, was uns widerfährt, und diese Zeichen Ursachen, dann müßten sämtliche Zeichen Ursachen sein. Die Astrologen, die das Horoskop der anderen so gut zu bestimmen verstehen, scheinen außerstande zu sein, ihr eigenes zu bestimmen. Warum haben ein Mensch und ein Tier, die zur gleichen Zeit geboren wurden, nicht dasselbe Schicksal? Wie können die Sterne je nach ihrer Stellung am Himmel sowohl das Gute als auch das Böse verursachen?

Die Ähnlichkeit der Argumente von Origenes und Plotin rührt sicherlich von der Unterweisung her, die sie von ihrem Lehrer Ammonios Sakkas in Alexandria erhalten haben. Aber Origenes fügt ihr sehr weitreichende technische Präzisierungen hinzu. Seine Argumentation ist nicht spezifisch christlich, sondern wie die von Plotin rational. Er versucht zu zeigen, daß die Astrologie absolut unfähig ist, die Zukunft vorauszusagen, da die Sterne in keinem Fall unser Verhalten bestimmen können.

In dieser Hinsicht bildet Origenes eine Ausnahme. Für die christlichen Autoritäten der ersten Jahrhunderte ist die Astrologie nicht wegen ihrer Unrichtigkeit verdammenswert, sondern im Gegenteil wegen ihrer teuflischen Genauigkeit: sie enthüllt, was nur Gott weiß, die Zukunft. Also ist sie das Werk Satans. Mit den Priscillanern, die Orosius zufolge an die vorgeburtliche Reise der Seele durch die Sphären glauben, nimmt die Astrologie sogar eine häretische Färbung an; im Laufe dieser Reise wird die Seele von den Planeten beeinflußt, und jeder Teil des Körpers ist mit einem Zeichen des Tierkreises verbunden.[56] Die Konzilien des 4. Jahrhunderts, insbesondere das von Laodicea, verurteilen die Astrologie also aus religiösen Motiven. Die politischen Autoritäten der byzantinischen Welt sind in diesem Punkt äußerst entschlossen. Im Jahre 357 verbietet Kaiser Constantius II. die Ausübung der Astrologie und der Eingeweideschau; im Jahre 409 befehlen Honorius und Theodosius II. den Astrologen unter Androhung der Verbannung, ihre Bücher in Gegenwart der Bischöfe zu verbrennen. Im Jahre 425 vertreiben Theodosius und Valentinian die »Mathematiker«. Dennoch setzen diese ihre Tätigkeit fort, denn um 500 legt Rhetorios sein *Floruit* vor.

Trotz allem sorgen die religiösen Angriffe in Verbindung mit der Welle des Neuplatonismus für eine ernsthafte Wende der Astrologie, die allmählich die Theorie des harten Determinismus aufgibt: die Sterne verursachen die Ereignisse nicht, sie kündigen sie lediglich an, und auch nur in bezug auf die körperlichen Substanzen. Dies jedenfalls behauptet der Neuplatoniker Calcidius Ende des 4. Jahrhunderts: »Die Sterne sind nicht die Ursache dessen, was geschieht, sie sagen lediglich die künftigen Ereignisse voraus.« Sie können das Böse nicht verursachen und der göttlichen Vorsehung nicht entgegenwirken. Im 4. Jahrhundert, um 340, schreibt auch der Astrologe Julius Firmicus seine *Mathesis*. Dieser wenig bekannte, möglicherweise sizilianische Autor, ein Neuplatoniker und Christ, entwickelt eine »sanfte« Konzeption der Astrologie.

Diese verstreuten Auffassungen finden wir zu Beginn des 5. Jahrhunderts in der *Hochzeit des Merkur mit der Philologie* von Martianus Capella und vor allem in *Scipios Traum* von Macrobius im Jahr 430 wieder. Dieser Autor greift das neuplatonische Thema von der Reise der Seele auf, die aus den ätherischen Regionen zur Erde herabsteigt, um sich zu verkörpern. Während dieser Reise durchquert sie die Sphären der Planeten und erhält unterwegs in der des Saturn die Intelligenz, in der des Jupiter das Handlungsvermögen, in der des Mars den Eifer, in der der Sonne das Gefühl und die Urteilskraft, in der der Venus das Begehren, in der des Merkur die Sprache und in der des Mondes das körperliche Wachstum. Von dieser Reise, die schon Vergil und Horaz erwähnten, übernehmen die christlichen Autoren auch die Idee einer Verbindung der Planeten mit den sieben Todsünden. Außerdem entwickelt Macrobius das *thema mundi* oder Horoskop der Welt, das der Stellung der Planeten bei der Entstehung der Erde entspricht. Diese Idee wird später von mittelalterlichen Autoren aufgegriffen, die sie unter Anpassung an den mutmaßlichen Schöpfungstag gemäß der Bibel weiterentwickeln.

Man kann also schon in den ersten Jahrhunderten die eher zögerliche Haltung der christlichen Intellektuellen gegenüber der Astrologie erkennen, dieser so verlockenden verbotenen Frucht des Heidentums, die Gott jedoch zuweilen verwendet hatte, wie den Stern der Hirten und den der drei Weisen. Aufgrund ihrer Herkunft und ihrer vermutlich dämonischen Kräfte scheint sie in Gottes ureigenen Bereich einzudringen: die Zukunft. Aber Versuche, einen Vergleich zu finden, sind möglich, wie es im 8. Jahrhundert der Perser Stephan der Philosoph verkündet, der seinen Wunsch, erneut die Astrologie in Konstantinopel einzuführen, damit rechtfertigt, daß die Sterne keineswegs Götter seien und nicht selbst handeln, sondern lediglich den göttlichen Willen ausdrücken, und daß es eine Sünde wäre, ihnen nicht Rechnung zu tragen.

Die Kirchenväter und die jüdisch-christliche Prophetie: ein stets wirksames Mittel der Erkenntnis

Jedenfalls bleibt das Problem der Astrologie in jener Zeit relativ zweitrangig, da den Christen damals ein weit zuverlässigeres Weissagungsmittel zur Verfügung steht: die inspirierte Prophetie, deren einziger Nachteil darin besteht, daß sie nur die großen, die Heilsgeschichte betreffenden Ereignisse ankündigt und nicht die Wißbegier befriedigt, die sich auf das individuelle Geschick bezieht.

Da gibt es als erstes den Korpus der alten Prophezeiungen des Alten Testaments, die die Kirchenväter weidlich als apologetische, die Wahrheit des Christentums beweisende Waffe benutzen. Es werden ganze Sammlungen zusammengestellt wie die *Prophetia ex omnibus libris collectae* zu Beginn des 4. Jahrhunderts. Ein kleiner Traktat über die Grabstätten und die Geburt der Propheten sowie über die Legenden ihres Lebens wird Epiphanios von Salamis zugeschrieben, einem weiteren Autor des 4. Jahrhunderts. Diese Abhandlung ist wahrscheinlich apokryph, ebenso wie das *Opusculum S. Epiphanii de divina inhumanatione*, eine Sammlung messianischer Prophezeiungen des Alten Testaments in 102 Kapiteln, Werke, die indes davon zeugen, welch großes Interesse man den alten Prophezeiungen entgegenbrachte.

Und das Interesse ist um so lebhafter, als man diese Prophezeiungen ständig neu interpretiert. Ihr Sinn endet nicht mit der Ankunft Christi, wie man meint; er ist von weit allgemeinerer Tragweite, da er das Schicksal der Welt betrifft. Daher muß man diese Texte im Licht der vergangenen Ereignisse immer wieder lesen, um das zukünftige Los der Menschheit zu erfahren. Somit stellt sich das

Problem der Deutung, denn ein jeder paßt diese dunklen Worte den eigenen Hoffnungen und Ängsten an. Schon um das Jahr 200 beschuldigt Klemens von Alexandria die Häretiker, den Inhalt der Prophezeiungen zu entstellen: »Wagen es auch die Anhänger von Häresien, von den prophetischen Schriftstellern Gebrauch zu machen, so doch erstlich nicht von allen, sodann nicht von vollständigen Stellen, noch so, wie der Leib und das Gefüge der Prophetie es vorschreibt, sondern sie wählen das zweideutig Gesagte aus und stellen es nun zu ihren eigenen Meinungen, indem sie hier und da wenige Worte auslesen und ohne auf ihre Bedeutung zu sehen, das bloße Wort verwenden. Fast an allen Stellen, welche sie anführen, kann man sie an den Namen allein hängen und ihre Bedeutung umwandeln sehen, weil sie nicht wissen, wie sie gemeint sind, noch die Auslese, welche sie herbeischleppen, so gebrauchen, wie sie sich ihrem natürlichen Sinn nach ausnehmen.«[57] Noch im 5. Jahrhundert protestiert Theodoretes von Kyrrhos gegen die Art und Weise, wie die Juden die Prophezeiungen des Alten Testaments benutzen. Für ihn können diese nur auf das Christentum hinweisen: »Die Prophezeiungen über unsern Herrn Christus, die Kirche der Heiden, das Evangelium und die Predigt der Apostel dürfen nicht im Hinblick auf etwas anderes gedeutet werden, wie man es bei den Juden zu tun pflegt.«[58] Ein Satz, der sehr gut wiedergibt, wie sich die Christen die biblischen Prophezeiungen aneignen. Derselbe Autor wiederholt seine Angriffe gegen die Juden in seinem Kommentar der Bücher Daniel, Ezechiel, Jesaja und der kleinen Propheten, wo er ihnen vorwirft, daß sie den Sinn der messianischen Prophezeiungen verdrehen und auf Begebenheiten der alten jüdischen Geschichte beziehen.

Die Kirchenväter verweilen mit Vorliebe bei den apokalyptischen Weissagungen, deren extravagante Bilder alle möglichen Phantasien sowie die irrsinnigsten Deutungen zulassen. Daniel ist einer ihrer Lieblingsautoren, der Dutzende von Malen kommentiert wird, weil die geheimnisvollen Zahlen in seinen Visionen Vorhersagen über das Ende der Welt zu bergen scheinen. Sehen wir uns eine der für diese Geisteshaltung charakteristischsten patristischen Arbeiten an, den *Daniel-Kommentar*, den Hippolytos um 202–204 verfaßte.[59] Seine Exegese hängt wie immer weitgehend mit den gegebenen Umständen zusammen. Wir befinden uns mitten in der Zeit der Verfolgung, die Gläubigen suchen verzweifelt nach Zeichen, die das Ende ihrer irdischen Drangsal ankündigen. Hippolytos' Vorgehen gibt Aufschluß über dieses gebieterische Bedürfnis eines leidenden Volks, die Zukunft zu kennen. Er beginnt nämlich mit einer Warnung: Jesus hat gesagt, daß es uns nicht gegeben sei, den Tag des Weltendes zu kennen, damit wir wachsam bleiben, in ängstlicher Erwartung: »Da er nun vor ihnen den Tag verborgen hat, durch Zeichen aber, welche geschehen, unterrichtete er, aus welchen leicht dem Menschen zu erkennen ist, so muß der Mensch sehen das zu jeder Zeit Geschehende und wissend schweigen.«[60] Unmittelbar darauf sagt er, daß er dieser Weisung Christi zuwider handeln werde, da sein Wissensdurst zu stark sei: »Damit wir aber dies nicht unbewiesen lassen, weil der Mensch lüstern ist, ist nötig zu sagen, was nicht erlaubt ist.«

Hippolytos stürzt sich nun in unwahrscheinliche Berechnungen, die auf einer willkürlichen symbolischen Deutung der biblischen Zahlen beruhen. Wir können hier nur eine schwache Vorstellung davon geben. Zunächst muß man wissen, an welchem Punkt der Weltgeschichte wir uns befinden. Dazu ist es erforderlich, das entscheidende Ereignis zu datieren: die Geburt Christi. Sie fand im Jahre 5500 nach der Schöpfung statt. »Aber es spricht jemand: Wie willst du mich überzeugen, daß im fünftausend und fünfhundertsten Jahre Christus geboren wurde? – Lerne leicht, o Mensch! Denn wie vorlängst durch Moses in der Wüste in Betreff der Hütte ein Gleichnis ward und Bilder waren der geistlichen Geheimnisse, damit, wenn kommt hernach die Wahrheit in Christus, du dieses sich erfüllt habend erkennest. Denn er spricht zu ihm: ›Mache den Kasten aus nicht faulendem Holz und vergolde ihn mit lauterem Gold von innen und von außen, und mache seine Länge zwei Ellen und eine halbe und seine Breite eine Elle und eine halbe.‹ Dies aber zusammengerechnet wird fünf Ellen und eine halbe, damit gezeigt werden fünftausend und fünfhundert Jahre, in welchen der Erlöser gekommen, von der Jungfrau, wie von der Lade, seinen Leib in die Welt herausführte, vergoldet von innen durch das Wort, aber von außen durch den heiligen Geist.«[61] An anderer Stelle weist Hippolytos nach, daß Christus, gemäß Johannes, kurz vor sechs Uhr gestorben sei: es war also fünfeinhalb Uhr: ein sinnfälliges Symbol der seit der Schöpfung vergangenen 5500 Jahre. Mittels ebenso befremdlicher Methoden kommt Sulpicius Severus auf 5467, Julius Hilarinus auf 5530 und Isidor von Sevilla auf 5211 Jahre.

Zweiter Teil der Beweisführung: Welcher Zeitraum liegt zwischen der Geburt Christi und dem Ende der Welt? Hier müsse man sich auf die Offenbarung 17, 10 beziehen: »Fünf sind bereits gefallen. Einer ist jetzt da, einer ist noch nicht gekommen.« Das bedeute, daß 5000 Jahre verstrichen sind, daß wir uns im sechsten Jahrtausend befinden und daß es noch ein siebtes gibt. Die sechs Tage der Schöpfung weisen im übrigen auf die 6000 Jahre der Dauer der Geschichte hin, die, entsprechend dem siebten Tag, den 1000 Jahren der Ruhe vorausgehen. Da Hippolytos kurz nach dem Jahre 200 schreibt, läßt sich das Schicksalsdatum in eine noch fern erscheinende Zukunft hinausschieben. Was die Ankunft des Antichrist betrifft, dessen Reich 1290 Jahre dauern werde, so erfolge sie kurz vor dem Ende der Welt, das demnach im Jahre 1500 unserer Zeitrechnung eintreten müsse. Auch die Prophezeiung der siebzig Wochen bietet Gelegenheit zu verblüffenden Erörterungen über die Zeiten des Heils.

Hippolytos' Hirngespinste bestürzen die Kirchenväter. Hieronymus gesteht, daß die Theologen in dieser Sache verschiedener Meinung sind, und überläßt jedem die freie Wahl. Für viele wird das Zeichen der Ankunft des Antichrist der Zusammenbruch des Römischen Reichs sein: Tertullian, Kyrillos von Jerusalem, Hieronymus, Johannes Chrysostomos teilen diese Ansicht.

Andere wenden sich gegen diese ihrer Ansicht nach zu materiellen Deutungen der Prophezeiungen. Für Origenes liegen die Verkündigungen bezüglich des Königreichs weder im Raum noch in der Zeit, sondern im Herzen der Gläubigen. Dieser Meinung ist auch Bischof Nepos.

Es erhebt sich ein weiteres Problem: Gibt es nach Christus noch Propheten, die uns über die Zukunft zu erleuchten und die alten Voraussagen zu ergänzen vermögen? Die Kirchenväter bejahen diese Frage einhellig: »Und auch jetzt noch haben sich Spuren des Heiligen Geistes, der ›in Gestalt einer Taube‹ gesehen wurde, bei den Christen erhalten; denn sie treiben die Dämonen aus, vollbringen viele Krankenheilungen und tun nach dem Willen Gottes manchen Blick in die Zukunft.«[62] Dies schreibt Origenes, und seine Worte werden vom allgemeinen Glauben der christlichen Autoren an das Wahrsagevermögen einiger Erleuchteter bestätigt, wie von Makarios dem Alexandriner und seinem Homonym Makarios dem Ägypter im 4. Jahrhundert.

Ende des 6. Jahrhunderts, 593–594, schickt sich Gregor der Große in seinen *Dialogen* sogar an, den Mechanismus der Prophetie zu erklären. Ihm zufolge können die Heiligen, in Gedanken mit Gott verbunden, Bruchstücke seines Zukunftswissens erfassen, vorerst aber nur dunkel: »Der Ausspruch des Propheten stimmt also mit dem des Apostels überein, weil die Gerichte Gottes einerseits unbegreiflich sind und doch andererseits jene von ihnen, die durch seinen Mund verkündet sind, von menschlichen Lippen ausgesprochen werden; denn das von Gott Verkündete kann von den Menschen erkannt werden, das Verborgene aber nicht.«[63] Im übrigen berichtet Gregor von mehreren Prophezeiungen des hl. Benedikt, der ein halbes Jahrhundert vorher, um 547, gestorben war. Ihm zufolge hatte der Begründer des abendländischen Mönchtums die Gabe der Prophezeiung erhalten: »Denn er sagte die Zukunft voraus und offenbarte den Anwesenden, was ferne von ihnen geschah.« Bemerkenswert ist, daß Benedikt Ereignisse der profanen Geschichte voraussagt und nicht mehr Dinge, die sich auf das Heil, den Antichrist oder das Ende der Welt beziehen. Die christliche Prophetie säkularisiert sich und kehrt zu den Praktiken der heidnischen Orakel zurück. Sie steht nicht mehr ausschließlich im Dienst geistiger und religiöser Interessen, sondern wird zur Ausübung einer zwar übernatürlichen, aber, so könnte man sagen, für den Alltagsgebrauch bestimmten Gabe. Wir sind in ein neues Zeitalter eingetreten, in die Ära der »barbarischen Zeiten«, wo die Ausübung der Prophetie dahin tendiert, zu einer Glanzleistung von Magiern herabzusinken, die sowohl die Gläubigen als auch die Heiden beeindruckt.

So soll Gregor zufolge der ehrwürdige Benedikt grundlos den Barbarenkönig Totila gewarnt haben: »Du wirst in Rom einziehen, über das Meer setzen, neun Jahre regieren und im zehnten sterben.« Eine Weissagung, die zwar buchstäblich eingetroffen ist, jedoch keine spirituelle Funktion erfüllt; es ist die Weissagung um der Weissagung willen, die nur eines »beweist«: daß Benedikt sehr beschlagen ist. Desgleichen, wenn er seinen Mönchen das Ende einer Hungersnot verkündigt: »Warum ist euer Herz wegen des Brotmangels betrübt? Heute ist zwar wenig vorhanden, morgen aber werdet ihr Überfluß haben.« Und am nächsten Tag findet man vor der Klostertüre zweihundert Scheffel Mehl. Hier tritt zur Prophezeiung das Wunder hinzu. Benedikt ist unschlagbar in diesem Spiel; seine Vorhersagen sind stets genauer als die aller anderen. Gregor berichtet folgende Episode: »Es kam aber zum Diener Gottes auch gar oft der Bischof von Canusium, den der Mann Gottes wegen seines heiligen Lebens sehr lieb hatte. Da dieser mit ihm über den Einzug des Königs Totila in Rom und über den Untergang der Stadt sprach, äußerte er sich: ›Durch diesen König wird die Stadt zerstört werden, so daß sie nicht mehr wird bewohnt werden.‹ Da erwiderte ihm der Mann Gottes: ›Rom wird nicht von Kriegsvölkern zerstört werden, sondern von Ungewittern, Blitz, Stürmen und von Erdbeben schrecklich heimgesucht werden und kraftlos dahinsinken.‹ Das Dunkel dieser Weissagung ist uns bereits sonnenklar geworden, da wir sehen, wie in der Stadt die Mauern zerstört werden, die Häuser zerfallen, wie die Kirchen vom Sturmwind verwüstet werden, und es mit anschauen müssen, wie die Häuser vom hohen Alter baufällig werden und da und dort zusammenstürzen.«[64] Ein anderes Mal sagt Benedikt den Untergang seines Klosters von Montecassino voraus.

Für Gregor den Großen wird der Geist der Wahrsagung dem Heiligen nur hin und wieder zuteil: »In großer Güte ordnet es so der allmächtige Gott; denn dadurch, daß er den Geist der Weissagung bisweilen gibt und bisweilen entzieht, erhebt er die Herzen der Weissagenden einerseits zur Höhe empor, andererseits bewahrt er sie in der Demut, so daß sie, wenn sie den Geist empfangen, finden, was sie aus Gott sind, und wiederum, wenn sie den Geist der Weissagung nicht haben, erkennen, was sie aus sich selbst sind.«[65]

Zu diesem Zeitpunkt, Ende des 6. Jahrhunderts, sind wir in die Ära der Banalisierung der Prophetie eingetreten, die kein spirituelles Werkzeug mehr ist, sondern sich in ein weltliches Werkzeug verwandelt hat. Da das von den ersten Christen erwartete Ende der Welt nicht gekommen ist, bereitet sich die Kirche darauf vor, während einer langen Periode auf Erden zu leben, und die prophetischen Gaben werden sowohl für die weltliche Regierung wie für die Ankündigung der eschatologischen Etappen benutzt. Für Gregor den Großen besteht die Prophetie darin, eine verborgene Wirklichkeit zu enthüllen, gleich welcher Natur sie ist.[66] Das Bedürfnis, die Zukunft zu kennen, erweist sich als stärker als die von einigen Kirchenvätern geäußerten Vorbehalte.

Von der politischen Wahrsagung zur apokalyptischen Prophetie 199

Augustinus verteufelt die Wahrsagung und die Astrologie

Unter den Kirchenvätern haben wir bisher denjenigen absichtlich ausgespart, der als der größte von ihnen gilt: Augustinus. In seinem riesigen Werk erörtert er häufig die Frage der vorherigen Kenntnis der Zukunft, läßt jedoch eine große Unsicherheit in diesem Punkt erkennen.

Augustinus hat sich mit allen möglichen Arten der Weissagung befaßt. Einige werden kategorisch verurteilt, jedoch stets mit den nötigen Differenzierungen. So entbehrt die heidnische Wahrsagung für ihn natürlich jeder Grundlage. Doch da er eine klassische Bildung genossen hat, räumt er ein, daß die Orakel und die Auguren oftmals das Richtige getroffen hätten, wie die angesehensten Quellen es bezeugten. Dafür gebe es zwei mögliche Erklärungen, eine natürliche (der Geist der Beobachtung und der Deduktion) und eine übernatürliche (das Wirken der Dämonen): »Denn entweder geschieht es durch Voraussehen des natürlich Verursachten wie die Kunst der Medizin aus allerlei vorhergehenden Anzeichen vieles erschließt, was sich erst später im körperlichen Befinden bemerkbar machen wird, oder aber die unreinen Dämonen künden ihre beabsichtigten Taten im vorher an, indem sie bald die Herzen und Begierden schlechter Menschen zu allen möglichen entsprechenden Taten verleiten, die sie dann von Rechts wegen für sich in Anspruch nehmen können, bald auch auf die stoffliche Seite der gebrechlichen menschlichen Natur einwirken.«[67] Die Dämonen besitzen nämlich eine gewisse Kenntnis der Zukunft, die, wiewohl unvollständig, die der Menschen übertrifft: »Die Dämonen aber können der Zeiten ewige Gründe, um welche gewissermaßen alles kreist, nicht in der Weisheit Gottes erblicken, sondern nur durch bessere Beachtung mancher uns verborgener Zeichen viel mehr als die Menschen von der Zukunft voraussehen. Auch was sie selbst zu tun beabsichtigen, kündigen sie bisweilen vorher an. Aber sie täuschen sich häufig, die Engel dagegen niemals.«[68]

Eine Anwendung dieses Standpunkts findet man in den Enthüllungen des Hermes Trismegistos, die in den christlichen Kreisen Afrikas um 400, der Zeit, in der Augustinus schreibt, sehr populär waren. Der *Asklepius*, eine hermetische Abhandlung, war weit verbreitet und enthielt zahlreiche Prophezeiungen, von denen eine das Verschwinden der heidnischen Kulte in Ägypten verkündete:

»Und dennoch müßt ihr, da der Weise alles vorherwissen soll, auch das noch zur Kenntnis nehmen: Kommen wird die Zeit, wo es offenbar wird, daß die Ägypter umsonst frommen Sinnes und in eifriger Verehrung der Gottheit dienten.« Im *Gottesstaat* greift Augustinus diese Stelle auf und vergleicht sie mit einer Prophezeiung Jesajas: »Da werden die Götzen in Ägypten vor ihm [dem Herrn] beben, und ihr Herz wird feige werden in ihrem Leibe.«[69] Die heidnische Prophezeiung des Hermes ist also richtig. Der Unterschied besteht darin, daß Jesaja von Gott inspiriert war, Hermes dagegen vom Dämon. Augustinus befindet sich in Widerspruch zu vielen christlichen Autoren, die, wie wir sahen, einräumten, daß sich Gott auch durch heidnische Orakel äußern könne. Was jedenfalls aus menschlicher Sicht zählt, ist allein die Richtigkeit der Vorhersage, und man versteht nicht recht, worin der Nutzen der von Augustinus getroffenen Unterscheidungen liegen soll.

Im übrigen ist Augustinus in arger Verlegenheit, was ein anderes heidnisches Orakel betrifft, das die Christen vereinnahmt hatten: die Sibylle.[70] Im *Gottesstaat* ist er sichtlich beeindruckt von einer griechischen Handschrift mit diesen Orakeln, die ihm Flaccianus gezeigt hat. Besonders von einer Stelle, in der die Anfangsbuchstaben eines jeden Verses das Akrostichon »Jesus Christus, Gottes Sohn, Heiland« ergeben. Zudem sind diese siebenundzwanzig Verse der Kubus von drei, »so daß die quadratische Fläche zum Würfel aufsteigt«; schließlich findet man in dem Akrostichon das griechische Wort für »Fisch«, das Symbol für Christus, »weil Christus im Abgrund dieser Sterblichkeit wie in Meerestiefen lebendig, das heißt sündlos bleiben konnte«.

Überraschenderweise kommt es dem weisen Augustinus nicht in den Sinn, daß es sich hier um eine Fälschung der Christen handeln könnte. Er zieht im Gegenteil den Schluß, daß man die Sibylle »wohl zu der Zahl derer rechnen muß, die zum Gottesstaat gehören«.[71] Und »gerade die erythraische Sibylle hat einige Weissagungen aufgeschrieben, die offenkundig auf Christus deuten«. Zur Bekräftigung dieser Meinung zitiert er einige Stellen von Lactantius, einem glühenden Anhänger der Sibylle, wie wir sahen, und er fügt hinzu, daß Vergil in seiner vierten Ekloge, die Christus ankündige, lediglich die sibyllinischen Orakel zusammengetragen habe.

Dennoch ändert er zuweilen seine Ansicht, wie es seinem Temperament entspricht. Wie man weiß, ist das Werk des Augustinus von den Umständen diktiert. Seine verschiedenen Abhandlungen sind Reaktionen auf Haltungen, die er für ketzerisch hält, und da er einander entgegengesetzte Häresien anprangert, ist er oft genötigt, durch Hervorhebung ihrer Merkmale eine Gegenargumentation zu entwickeln, so daß er sich für alle Parteien verwenden läßt. Wenn er zum Beispiel gegen den Manichäer Faustus schreibt, der die sibyllinischen Orakel rühmte, um die hebräischen Propheten herabzusetzen, geht Augustinus soweit, eben die Orakel anzuführen, die er im *Gottesstaat* billigt.[72]

Ein Element indes kritisiert er beharrlich, nämlich die Idee der ewigen Wiederkehr, mit der die Heiden, so schreibt er, die Kenntnis der Zukunft erklären, die ihre Götter besitzen. »Auch das steht mir fest, daß es nie einen Menschen gegeben hat, ehe der erste Mensch erschaffen ward, weder denselben, der in wer weiß welchen Kreisläufen, wer weiß wie oft wiedergekehrt wäre, noch einen anderen ähnlichen Wesens.«[73]

Augustinus hält sich recht ausführlich mit der Astrologie auf, hauptsächlich um seine eigene Vergangenheit zu bannen, die ihm stets Gewissensbisse bereitet. Denn in seiner Jugend war er ein begeisterter Anhänger dieser Wissenschaft, und die Einzelheiten, die er in seinen *Bekenntnissen* anführt, zeigen, wie sehr sie im römischen Afrika des 4. Jahrhunderts im Schwange war. Auch die meisten seiner Freunde haben Astrologie getrieben, über die in den gebildeten Kreisen heftig debattiert wurde. Im übrigen stellt Augustinus erst unter dem Einfluß bekehrter ehemaliger Astrologen das Vertrauen in Frage, das er diesen Praktiken schenkte. Mit einem befreundeten Arzt, dem greisen Vindicianus, erörtert er das Thema: »Als er aus der Zwiesprache mit mir bald meine Hinneigung zu den Büchern der Nativitätssteller innward, mahnte er mit väterlicher Güte, die Hand davon zu lassen und doch nicht Mühe und Arbeit, die nützlicheren Dingen gehörten, auf so nichtiges Zeug zu verwenden; er selbst, sagte er, habe es sich mit einer Gründlichkeit angeeignet, daß er in seiner frühen Jugend willens gewesen sei, die Nativitätsstellerei zur Quelle des Lebensunterhaltes zu machen, und wo er doch den Hippokrates begriffen habe, habe er natürlich auch diese Wissenschaft zu begreifen vermocht; aber trotzdem habe er sich davon abgekehrt und sich auf die ärztliche Kunst verlegt, einzig deshalb, weil er jener andern völligen

Ungrund erkannt und als ernsthafter Mann doch nicht von der Irreführung der Mitmenschen habe leben wollen.«[74] Obwohl schwankend geworden, gibt sich Augustinus weiter der Astrologie hin, in der er sogar einen gewissen Ruf erwirbt, da sein Freund Firminus ihn bittet, ihm sein Horoskop zu stellen, und hinzufügt, daß seine ganze Familie von dieser Wissenschaft begeistert sei: »Da erzählte er mir, sein Vater sei auf derlei Bücher ganz versessen gewesen und habe einen Freund gehabt, der ebenfalls und zusammen mit ihm diese Dinge trieb. Einander würdig im Eifer und im Austausch ihrer Beobachtungen waren sie in glühender Begeisterung dieser Spielerei ergeben, so daß sie sogar beim unvernünftigen Vieh im Hause auf den Zeitpunkt des Jungewerfens achteten und die augenblickliche Stellung der Gestirne aufzeichneten, um Erfahrungen in dieser vermeintlichen Kunst zu sammeln.«[75]

Gerade die Erfahrung des Firminus aber bringt Augustinus von der Astrologie ab. Sein Freund erzählt ihm nämlich, er sei genau zur selben Minute geboren wie ein Sklave seines Vaters und dennoch hätten sie beide ein ganz verschiedenes Schicksal gehabt. Daraufhin widmet er seine Überlegung dem klassischen Fall der Zwillinge: »Gerade daraus aber, daß ich auf Grund des gleichen Befundes Entgegengesetztes sagen mußte, wenn ich wahr aussagen sollte, hingegen, wenn ich das gleiche sagte, falsch aussagen würde, gerade daraus also folge doch mit voller Sicherheit, daß wahre Aussagen auf Grund der Konstellation nicht durch Wissenschaft zustande kommen, sondern durch Spruch auf gut Glück, falsche aber nicht durch Unkenntnis dieser Wissenschaft, sondern eben durch den Unverlaß solchen Spruches auf gut Glück. Von jetzt an (...) wandte ich meine Betrachtung auf die als Zwillinge Geborenen. Ihr Ausgang vom Mutterleib erfolgt in der Regel so rasch nacheinander, daß die kleine Zwischenzeit – welche Wichtigkeit man ihr auch beimessen mag im natürlichen Verlauf der Dinge – von der menschlichen Beobachtung nicht erfaßt und erst recht nicht in den Aufzeichnungen vermerkt werden kann, die dann der Astrolog einzusehen hat, um Richtiges auszusagen. Und er wird das Richtige auch nicht treffen: denn über Esau und Jakob mußte er auf Grund der gleichen Zeichen das gleiche voraussagen, und doch ist den beiden nicht das gleiche widerfahren. Unrichtiges würde er also sagen, oder, wenn er das Richtige sagte, könnte er nicht das gleiche sagen – und hätte doch die gleichen Zeichen gesehen. Also nicht durch Wissenschaft, sondern durch Spruch auf gut Glück hätte er das Richtige gesagt.«[76]

Die Autobiographie verlassend, kommt Augustinus auf das Problem der Astrologie zurück und behandelt es im *Gottesstaat* auf systematische Weise. Sein Zeugnis läßt erkennen, welche Bedeutung seine Zeitgenossen den Astrologen beimaßen: viele, so schreibt er, befragen sie nach dem Schicksal ihres Hundes, wobei sie die Identität des Tieres verbergen, um die Hellsicht des Gelehrten auf die Probe zu stellen. Sodann reitet er eine regelrechte Attacke gegen die törichten Vorstellungen, die bei vernünftigen Menschen, und wären sie Heiden, unannehmbar seien: »Doch die sich einbilden, daß die Gestirne unberührt vom Willen Gottes darüber verfügen, was wir tun müssen, welche Güter wir genießen und welche Leiden wir erdulden werden, sollte man hindern, sich irgendwie Gehör zu verschaffen, sowohl bei denen, die die wahre Religion besitzen, als auch bei denen, die Verehrer irgendwelcher Götter, sei's auch falscher, sein wollen.«[77]

Das Argument der Zwillinge aufgreifend, befaßt sich Augustinus mit dem Gegenargument des Astrologen Nigidius Figulus, der als Beweis dafür, daß die Stellung der Gestirne bei der Geburt von Zwillingen niemals ganz dieselbe ist, zum Bild einer Töpferscheibe Zuflucht nahm: man setze sie in Schwingung (gleich der schnellen Bewegung der Himmelskörper) und bringe auf ihr so schnell man kann, zwei Zeichen an; immer werden sich die Zeichen in erheblicher Entfernung voneinander befinden. Das erklärt, daß Zwillinge, ungeachtet des äußerst geringen Zeitintervalls zwischen ihrer Geburt, dennoch verschiedene Schicksale haben. Wenn aber alles so schnell geht, erwidert Augustinus, wie ist es dann möglich, daß der Astrologe auf den Bruchteil einer Sekunde genau weiß, wann ein Kind zur Welt kommt, um sein Horoskop zu erstellen? Und wenn man noch die Stunde der Empfängnis in Betracht ziehe, die noch weniger erkennbar, aber im Fall von Zwillingen genau derselbe ist: wie sei es dann zu erklären, daß bisweilen ein Kind männlichen, das andere weiblichen Geschlechts ist?

Und wenn andererseits bei der Geburt alles feststehe, wozu dann die Astrologen über den günstigen oder ungünstigen Zeitpunkt für eine Reise, eine Heirat oder jede andere Tätigkeit befragen? »Welche erstaunliche Torheit! Man wählt sich etwa in dieser Weise einen Hochzeitstag. Vermutlich darum, weil die Hochzeit, wenn man solche Wahl unterließe, auf einen schlechten Tag fallen und die Ehe unglücklich werden könnte. Aber wo bleibt dann das Schicksal, das die Sterne schon bei der Geburt verhängten? Oder kann ein Mensch, was ihm bereits bestimmt war, durch Auswahl des Tages abändern?«[78]

Diese rationalen Argumente, deren Evidenz nur von ihrer Wirkungslosigkeit auf irrationale Geister übertroffen wird, ergänzt Augustinus durch religiöse Argumente. Zwar machen die Astrologen seiner Meinung nach häufig richtige Vorhersagen, was zeigt, daß er in dieser Hinsicht seinen Jugendillusionen verbunden bleibt; aber während er diese Erfolge in den *Bekenntnissen* dem Zufall zuschreibt, verteufelt er sie nun: »Erwägt man dies alles, wird man füglich zu dem Glauben kommen, daß, wenn die Astrologen erstaunlicherweise viel Wahres kundtun, dies der geheimen Eingebung böser Geister zuzuschreiben ist, die darauf aus sind, solch falsche und schädliche Meinungen über Sternschicksale in die menschlichen Seelen zu pflanzen und sie darin zu bestärken, aber nicht etwa der angeblichen Kunst, das Horoskop zu stellen und zu deuten, die gänzlich nichtig ist.«[79]

Die Verbindung dieser beiden Arten von Argumenten ist im übrigen nicht immer befriedigend: einerseits weist Augustinus nach, daß die Astrologie rational gesehen keine genauen Vorhersagen zu machen vermag, andererseits stellt er fest, daß diese Vorhersagen häufig richtig sind, wobei er dieses Faktum dem Teufel anlastet. Läuft er nicht Gefahr, den rationalen Teil seiner Argumentation zu untergraben, wenn er einräumt, daß die Astrologie oft ins Schwarze trifft? Denn der teuflische Ursprung der Weissagung ist in keiner Weise bewiesen, und was für den Ratsuchenden zählt, ist allein die Kenntnis seiner Zukunft.

Im übrigen räumt Augustinus die astrale Kausalität der rein physikalischen Ereignisse ein: »Es wäre freilich nicht ganz so absurd, wollte man sagen, daß gewisse Ausstrahlungen der Gestirne körperliche Verschiedenheiten – aber nur solche bewirken, wie wir ja auch sehen, daß durch Annäherung und Entfernung der Sonne die Jahreszeiten wechseln und durch Zunahme und Abnahme des Mondes manche Dinge wachsen oder dahinschwinden, wie Meerigel, Muscheln und des Ozeans wundersames Auf- und Niederwallen.«[80]

Auf der anderen Seite erkennt er ohne weiteres das bemerkenswerte Vorhersagevermögen der Astronomie in bezug auf die Himmelserscheinungen an, betont jedoch gleich darauf deren Vergeblichkeit: »Sie haben auch vieles entdeckt, viele Jahre zuvor die Sonnen- und Mondfinsternisse angekündigt auf Tag und Stunde und Grad, und ihre Rechnung hat sie nicht getäuscht: es kam so, wie sie es vorhergesagt hatten. Sie zeichneten die erforschten Gesetze auf, und man liest sie heute und sagt nach ihnen voraus, in welchem Jahr und Jahresmonat, an welchem Tag und zu welcher Tagesstunde und zu welchem Teil ihrer Lichtscheibe sich Mond und Sonne verdunkeln werden, und es kommt so, wie es vorhergesagt ist. Und die Menschen wundern sich darüber; die Unwissenden staunen, die Wissenden prahlen und werden hoch gepriesen; in frechem Stolze kehren sie sich von Deinem Licht und haben es nicht mehr, und während sie auf weite Zukunft die Verfinsterung der Sonne vorhersehen, sehen sie nicht die eigene Verfinsterung, die schon da ist.«[81]

In seiner Kritik der Astrologie hatte Augustinus einen illustren Vorgänger in der Person des Cicero, dessen *De divinatione* er seine Argumente entlehnt. Dennoch greift er die Römer wegen ihrer feinen Unterscheidung zwischen Vorherwissen und Vorsehung an. Für Cicero ist die Zukunft, wenn Gott sie kennt, ein für allemal festgelegt, so daß es keinen freien Willen gibt. Für Augustinus dagegen ist es möglich, die Zukunft zu kennen, ohne daß sie einem unerbittlichen Schicksal unterliegt: »Wir aber sagen im Gegensatz zu diesen gotteslästerlichen, unfrommen und verwegenen Reden, daß Gott alles weiß, bevor es geschieht, und daß wir all das kraft unseres Willens tun, von dem wir fühlen und wissen, daß wir es nur freiwillig tun können. (...) Es ist also unserm Willen nichts dadurch entzogen, daß Gott vorherwußte, was wir wollen würden.«[82] Über diese Frage ist viel Tinte verspritzt worden. Tatsächlich steht sie im Mittelpunkt jeder Theorie der Weissagung. Augustinus Unterscheidung zwischen Vorherwissen und Verhängnis ist unerläßlich, will man die menschliche Freiheit und gleichzeitig die Kenntnis der Zukunft retten.

Augustinus' Unschlüssigkeit hinsichtlich der apokalyptischen Prophezeiungen

Für Augustinus aber ist eine solche Kenntnis möglich, wenn nicht mit Hilfe der Astrologie oder der Wahrsagung, so doch mittels der wahrhaft inspirierten Prophetie. Freilich ist es erforderlich, sie sorgfältig zu umgrenzen. Visionen, die durch Zufall oder aufgrund einer geheimen Absicht Gottes die Zukunft vorhersehen, sind keine wirklichen Prophezeiungen, ebensowenig wie die Träume, deren Sinn man nicht versteht, oder die ekstatischen Offenbarungen, in denen der in Verzückung geratene Geist Bilder von Dingen sieht, ohne ihren Sinn zu verstehen. Bei der wahren prophetischen Offenbarung führt der Heilige Geist dem menschlichen Geist den Gegenstand der Weissagung vor Augen und läßt ihn deren Bedeutung und Zweck erkennen: »Dies ist die untrüglichste Prophezeiung, diejenige, welche der Apostel die wahre Prophezeiung nennt.«[83]

Damit haben die Propheten des Alten Testaments, die, wenn sie von der Zukunft sprechen, bisweilen von der Vergangenheit zu sprechen scheinen, zur Wahrheit des Glaubens beigetragen und Christus angekündigt.[84] Sie alle lebten im übrigen lange vor den heidnischen Weisen, auch vor den Ägyptern. Neben vielen Kirchenvätern begeht auch Augustinus diesen schweren chronologischen Irrtum. Alle Prophezeiungen des Alten Testaments einschließlich der des Jona, die Augustinus für einen historischen Bericht hält, sind angeblich in Erfüllung gegangen. Seine Deutung der »Erfüllung« ist eher flexibel: Jona habe die Zerstörung von Ninive vorausgesagt, die Niniviten haben sich bekehrt, und die Zerstörung hat nicht stattgefunden. Irrtum! »Was Gott vorhersagte, ist also geschehen. Vertilgt ward das Ninive, das böse war, und das gute erbaut, das noch nicht da war. Denn trotz unbeschädigter Mauern und Häuser ward die Stadt der Sittenverderbnis vertilgt. Und so ward, obwohl der Prophet selber trauerte, weil nicht eingetroffen war, was die Leute auf Grund seiner Weissagung fürchteten, doch das wahr, was Gott vorausschauend angekündigt hatte. Denn er, der es ankündigte, wußte es auch zum besten zu wenden.«[85] Wir haben es hier mit derselben Geisteshaltung zu tun, die schon den griechischen Orakeln zugrunde lag und die alle Divinationsmethoden kennzeichnet: der Rekurs auf das Bild, das Symbol, das Rätsel, den intellektuellen Witz erlaubt es, alles Beliebige zu rechtfertigen, von den Orakeln der Pythia über die Prophezeiung des Jona bis hin zu den Hirngespinsten eines Nostradamus. Das Bedürfnis, an die Möglichkeit der Weissagung zu glauben, wirkt wahre Wunder der Phantasie.

Warum bedient sich Gott der Propheten? »Die Propheten sagen Dinge, die sie aus dem Mund Gottes vernommen haben, und ein Prophet Gottes ist nichts anderes als das Sprachrohr Gottes bei den Menschen, die nicht würdig oder nicht imstande sind, Gott zu vernehmen.«[86] Es gebe drei Arten von Prophezeiungen: die einen betreffen das irdische Jerusalem, folglich die weltlichen Dinge; die anderen betreffen das himmlische Jerusalem, folglich die geistigen Dinge; und die dritten sind doppeldeutig.

Augustinus' Zeitgenossen interessiert weniger der bereits in Erfüllung gegangene Teil der Prophezeiungen als vielmehr das, was sie für die Zukunft verheißen, insbesondere alles, was den Antichrist, die letzte Verfolgung, die Wiederkehr Christi, das eventuelle Millennium des Friedens und das Ende der Welt angeht. Augustinus ist in diesen Dingen recht vorsichtig. Auch wenn er im großen und ganzen bestätigt, daß diese Ereignisse tatsächlich eintreffen werden, so weigert er sich doch, irgendein Datum zu nennen, und die Reihenfolge der künftigen Episoden der Menschheitsgeschichte scheint in seinem Kopf ziemlich verschwommen zu sein.

Wie Hippolytos unterteilt er diese in sechs Zeitalter, die den sechs Wochentagen und den sechs Lebensaltern des Menschengeschlechts entsprechen. Das erste Zeitalter reicht von Adam bis zur Sintflut (10 Generationen); das zweite von der Sintflut bis Abraham (14 Generationen); das dritte von Abraham bis David (14 Generationen); das vierte von David bis zur Babylonischen Gefangenschaft (14 Generationen); das fünfte von der Gefangenschaft bis zur Geburt Christi (14 Generationen), das sechste, in dem wir uns gegenwärtig befinden, reicht von der Geburt Christi bis zum Jüngsten Gericht, aber die Zahl der Generationen ist unbekannt. Ihm wird ein siebtes Zeitalter folgen, der ewige Sabbat der himmlischen Stadt. Diese Aufteilung in Perioden, die man im *Gottesstaat* findet, sagt also nichts über die Zukunft aus.

Genauer wird Augustinus, wenn er sich den besonderen Aspekten zuwendet, die das Ende der Zeiten ankündigen sollen. So sieht man, gestützt auf das Buch Maleachi, wie Elias, der auf einem Feuerwagen zum Himmel entrückt wurde und noch immer lebt, zurückkehrt, um den Juden die spirituelle Bedeutung des Gesetzes zu erklären, und erst nach ihrer aller Bekehrung wird das Jüngste Gericht stattfinden. Die chronologische Reihenfolge sähe also für Augustinus wie folgt aus: Wiederkehr des Elias, Bekehrung der Juden, Ankunft des Antichrist, Wiederkunft Christi, Auferstehung der Toten, Gericht, Weltbrand. Aber wann? Augustinus weigert sich, diese Frage zu beantworten: »Hier pflegt man zu fragen: Wann wird das sein? Eine unschickliche Frage! Wenn es uns frommte, das zu wissen, wer hätte es dann besser als der göttliche Lehrmeister den wißbegierigen Jüngern sagen können? (...) Also ist es umsonst, wenn wir die Jahre, die diese Weltzeit noch dauern mag, ausrechnen und festlegen wollen, da wir aus dem Mund der Wahrheit hören, daß uns solches Wissen nicht gebührt.«[87]

Alle Mutmaßungen über die Zeitpunkte hätten sich als falsch erwiesen, betont Augustinus, aber die Sorgfalt, mit der er es nachweist, deutet darauf hin, wie sehr diese Vorhersagen damals in Umlauf waren. Ein heidnisches oder jüdisches Orakel, so schreibt er, sah zwischen der Geburt Christi und dem Verschwinden der Kirche 365 Jahre voraus: dieser Zeitraum sei verstrichen, und im übrigen seien viele zum Christentum zurückgekehrt, als sie die Falschheit dieses Orakels feststellten. Die anderen bezifferten Voraussagen seien nicht glaubwürdiger.

Bestimmte Etappen der Endzeit werden untersucht. Wird es eine letzte große Verfolgung geben? Ich weiß nicht, wie viele Verfolgungen es noch geben wird, schreibt Augustinus, sicher aber ist, daß es eine letzte geben wird. Sie wird furchtbar sein und mit der Wiederkehr Christi enden, aber das Datum ist unbekannt.

Und der Antichrist? Auf den zweiten Paulus-Brief an die Thessalonicher gestützt, glaubt Augustinus versichern zu können, daß er vor dem Jüngsten Gericht kommen wird. Aber wird es sich um einen Menschen, um ein Volk, um eine Menge handeln? Das weiß niemand. Und warum säumt er zu kommen? Weil etwas ihn zurückhält: »Ihr wißt auch, was ihn jetzt noch zurückhält«, schreibt Paulus. Und das bestürzt Augustinus: »Ich muß wirklich gestehen, daß ich nicht weiß, was der Apostel hier sagen will. Doch will ich die Vermutungen von allerlei Leuten, die ich gehört oder gelesen habe, nicht verschweigen. Einige meinen, dies beziehe sich auf das römische Reich, und der Apostel Paulus habe es nicht offen nennen wollen, um sich nicht dem Vorwurf auszusetzen, er sei dem römischen Reiche, an dessen Ewigkeit man glaubte, übel gesinnt. Dann hätte er bei den Worten: ›Es regt sich bereits das Geheimnis der Bosheit‹ wohl an Nero gedacht, dessen Taten schon damals denen des Antichrists zu gleichen schienen. Deshalb vermuten manche, er werde auferstehen und der künftige Antichrist sein. Noch andere sind der Ansicht, er sei nicht getötet, sondern nur beiseite geschafft, damit man glaube, er sei tot. Aber er werde lebend und in dem rüstigen Alter, in dem er sich zur Zeit seines vermeintlichen Todes befand, verborgen gehalten, bis er zu seiner Zeit hervorkommen und wieder in seine Herrschaft eingesetzt werde.«[88] Augustinus ist von dieser Nero-Geschichte nicht überzeugt, und er neigt der ersten Hypothese zu: wahrscheinlich zögert die Existenz des römischen Reichs die Ankunft des Antichrist hinaus, wie es folgende Worte des Paulus vermuten lassen: »Mag der, welcher jetzt noch standhält, weiter standhalten, bis er aus dem Wege geräumt wird«.

Wird es für die Märtyrer in der Gesellschaft Christi vor dem Ende der Welt ein Millennium des Glücks geben? Alles hängt davon ab, wie man die Stelle der Johannesapokalypse deutet, auf der diese Weissagung beruht. Augustinus schwankt, und seine Meinung ändert sich. Anfangs neigt er einer wörtlichen Deutung zu, wie zum Beispiel in seiner 259. Predigt, und im *Gottesstaat* räumt er ein: »Auch ich habe das früher einmal so aufgefaßt.« Und er resümiert diese Ansicht wie folgt: »Diejenigen nun, welche auf Grund der soeben angeführten Worte dieses Buches eine erste leibliche Auferstehung annahmen, wurden, von anderem abgesehen, dazu hauptsächlich durch die Zahl der tausend Jahre veranlaßt. Sie sagten sich, es solle auf diese Weise den Heiligen gleichsam eine Sabbatfeier von dieser Zeitdauer verliehen werden, eine heilige Ruhe nach den Mühsalen der sechstausend Jahre, seit der Mensch erschaffen ward.«[89] Als er jedoch sah, daß viele sich diese tausend Jahre als ein gewöhnliches Fest vorstellten, kam er von dieser Ansicht, die er für plump hält, ab und nannte deren Anhänger verächtlich »Tausendjährler« oder »Millenarier«. Er gelangt daher zu einer allegorischen Deutung: da 1000 die Kubikzahl von 10 sei, könne mit dieser vollkommenen Zahl nur die Fülle der Zeit gemeint sein.

Insgesamt läßt sich aus Augustinus' Schriften nicht die geringste Voraussage entnehmen. Sogar die Reihenfolge der künftigen Ereignisse bleibt ungewiß; ihr Datum sei völlig unbekannt; einige Episoden seien zweifelhaft. In Wahrheit untergräbt er im Detail, was er insgesamt behauptet hat: obwohl er die Realität, die Echtheit, die Glaubwürdigkeit der inspirierten Weissagung proklamiert, ist er außerstande, auch nur ein einziges überzeugendes Beispiel für die Zukunft zu nennen. Natürlich gibt es in der biblischen Vergangenheit, bis zur Ankunft Christi, wunderbare Beispiele einiger Prophezeiungen, die eingetroffen sind; anscheinend waren die Propheten früher sehr geschickt im Vorhersagen vergangener Ereignisse, aber das wird uns erst nachträglich bewußt. Denn was die wirkliche Zukunft betrifft, herrscht völlige Ungewißheit. Auch wenn Augustinus das Verdienst zukommt, seine Unwissenheit einzugestehen, so treibt er die Logik seines Vorgehens doch nicht so weit, die Prophetie selbst in Frage zu stellen und sich zu fragen, wozu Vorhersagen nützen, deren Sinn niemand verstehen kann, bevor sie eintreffen.

Seine Zeitgenossen haben noch weniger Skrupel. In seinen Schriften zeigt sich, wie erpicht sie auf Prophezeiungen sind und wie wenig sie sich um deren Ursprung kümmern. Der Übergang von der Antike zum Christentum hat dieses Verlangen noch erhöht. Die politischen Wirren, die Invasionen, die ständigen Kriege haben das Bedürfnis nach Trost, den die Kenntnis der Zukunft bietet, verschärft, während der Rückzug der Kultur die Leichtgläubigkeit des Volkes und sogar der Eliten erhöhte. Der Skeptizismus der griechisch-römischen Philosophen und der Pragmatismus der Kaiser sind der Mystik gewichen, den Mysterienkulten, dem Okkulten, und in der neuen kulturellen Verschmelzung überwiegt das Irrationale.

Zu den materiellen, alltäglichen und persönlichen Sorgen gesellt sich die Sorge um das Heil und das Warten auf die von den jüdisch-christlichen Texten verheißenen apokalyptischen Begebenheiten. Deren mutmaßliches Bevorstehen verwirrt die Gemüter und vermehrt die prophetischen Gerüchte. Der Wissensdurst wächst im Verhältnis zur physischen wie geistigen Unsicherheit. Die neuen Eliten, der Klerus, leisten dieser Atmosphäre Vorschub, indem sie die neutestamentarischen apokryphen Texte in ihre Lehre einbeziehen und sich überspannten Spekulationen über die Symbole und die Zahlen hingeben.

Nicht daß die sich etablierende barbarische Gesellschaft in ständiger Angst vor dem verkündeten nahen Ende der Welt lebt, aber im Unterschied zur vorhergehenden Epoche hat eine neue Dimension in die Mentalitäten des noch unvollständig christianisierten Volks Eingang gefunden: die einer sowohl erschreckenden wie begeisternden weltweiten Verheißung. Die Verheißung von Umwälzungen, die Ankunft des Antichrist, Verfolgungen und Drangsal, ein Millennium des Glücks, Jüngstes Gericht. Deren Reihenfolge ist zwar noch ungewiß, aber das Eintreffen dieser Dinge ist unabwendbar. Das Reich der Zukunft beginnt, insofern sich das Verhalten der Christen nunmehr gemäß den zukünftigen Ereignissen ausrichtet.

Der Zyklus der ewigen Wiederkehr ist zerbrochen. Die Welt strebt einem Ziel zu; die menschliche Geschichte ist auf dem Weg zu einem unausweichlichen und im voraus bekannten Ende. Alle Anstrengungen gelten nun der Datierung der letzten Episoden. Die große Frage lautet: Wann? Um sie zu beantworten, sind alle Mittel recht. Die christlichen Führer, die die apokalyptische Psychose in Gang gesetzt haben, haben ein Phänomen ins Rollen gebracht, dessen Ausufern zu kontrollieren sie die größte Mühe kosten wird. Die christliche Welt projiziert sich in die Zukunft, jedoch in eine Zukunft, die auf nicht zu entschlüsselnden apokalyptischen Überspanntheiten beruht. Jahrhundertelang sollte das christliche Abendland mit Blick auf eine angekündigte Zukunft leben, die die inspirierten Propheten ständig auf den neuesten Stand bringen. Der antiken Freude an der Gegenwart und dem *Carpe diem* des Horaz folgt eine große Flucht nach vorn; von nun an heißt die Losung, wie es in dem Vers von Dryden heißt: »Wir leben nicht mehr, wir erwarten das Leben.«

KAPITEL V

Die Prophetie in Freiheit und ihre heterodoxe Entwicklung bis zum 13. Jahrhundert

Wie lange wird sie dauern, diese christliche Welt, die mühsam inmitten der Invasionen und des Untergangs der antiken heidnischen Welt entstand? Nur wenige Denker jener bewegten Epoche hätten sich vorzustellen gewagt, daß die Menschheit einmal am Beginn eines 21. Jahrhunderts nach Christus stehen würde. Da sie aufgrund biblischer Angaben meinten, die Welt sei nach mehr als fünftausend Jahren schon ziemlich alt, gaben sie ihr nur noch kurze Zeit zu leben. Und das ist durchaus verständlich: Wenn Christus der Retter ist, muß seine Ankunft logischerweise das Ende ankündigen. Die große Tragödie hat sich zwischen Adam und Jesus abgespielt. »Der Rest ist Schweigen«, würde Hamlet sagen. In Erwartung der Schlußapotheose hält man den Atem an. Noch einige Jahre? Einige Dutzend, einige hundert? Dies ist von nun an die einzige Frage.

Doch man erwartet das endgültige Ende ankündigende Episoden: Antichrist, Verfolgung, Gog und Magog, die Wiederkehr von Elias, dann die von Christus, den tausendjährigen Frieden für die Auserwählten – Grund genug, die Phantasie der von Hirten geleiteten Völker zu entfachen, die nur das zukünftige Leben im Sinn haben. Gewiß geht das tägliche Leben weiter. Man starrt nicht unentwegt zum Himmel in Erwartung des feurigen Wagens von Elias. Aber die neue Zivilisation, die vom Übernatürlichen eingehüllt ist, fördert die Suche nach Kontakten mit dem Jenseits und der Zukunft. In einer ersten Zeit führt die Bekehrung zum Christentum nämlich dazu, Völkern, die vom Übernatürlichen und von der Eschatologie der alten heidnischen Kulte enttäuscht sind, die Türen zum Okkulten zu öffnen.

Zwar kämpfen die religiösen Autoritäten bereits gegen die Flut des vom vorhergehenden Zeitalter geerbten Aberglaubens, doch auf der anderen Seite trägt der Platz, den auch die seriösesten

Autoren den Überspanntheiten der apokalyptischen Texte und den phantastischen, wörtlichen oder symbolischen Deutungen einräumen, dazu bei, ein Klima zügelloser Irrationalität zu schaffen, das die Kirche nur schwer zu disziplinieren vermag. Denn das Beispiel kommt von ganz oben: Papst Gregor der Große verfaßt um das Jahr 600 Werke voller Allegorien und legt gegenüber den prophetischen Gaben, wie wir anläßlich des hl. Benedikt bereits sahen, die größte Leichtgläubigkeit an den Tag.

In einer Zeit, in der die Grenzen zwischen Natürlichem und Wunderbarem, Gegenwart und Zukunft sogar in den Köpfen der getäuschten Eliten verschwimmen, kann uns die Zunahme der Befragungen von Sehern, Astrologen, Wahrsagern, Propheten nicht überraschen, all jener Mittler, die Zugang zur Zukunft haben. Über letztere sind zu viele Gerüchte in Umlauf, beruhigende oder beängstigende: also ist es nur allzu natürlich, sich an diese Spezialisten zu wenden. Es wimmelt von Traumbildern, Visionen, Prophezeiungen. Das Christentum, eine prophetische Religion, konnte gar nicht anders, als die prophetische Ader, die in jedem Menschen steckt, zu wecken.

Aber sehr schnell bringt die Kakophonie der Prophezeiungen das Christentum selbst in Gefahr. Da sie in der Flut von Hoffnungen und Ängsten, die die apokalyptischen Träume hervorrufen, zu ertrinken droht, bemüht sich die Kirche, die prophetische Inspiration zu disziplinieren und zu kanalisieren. Verbieten kann sie die Prophetie nicht, will sie sich nicht selbst verleugnen; und so versucht sie zumindest, sie zu monopolisieren, indem sie Echtheitszeugnisse ausstellt und die falschen Propheten verurteilt.

Auf der Suche nach der unmittelbaren Zukunft: das Zeugnis des Gregor von Tours

Von der Allgegenwart der Weissagungen, der Konsultationen von Sehern, der ständigen Zunahme der Propheten und der Bedeutung der Wahrsagung in der merowingischen Welt liefert uns Gregor von Tours ein außergewöhnliches Beispiel. Seine *Fränkische Geschichte*, Ende des 6. Jahrhunderts verfaßt, ist ein erstaunliches Zeugnis für die Sorge der Menschen jener Zeit um die Zukunft.

Die Prophetie in Freiheit und ihre heterodoxe Entwicklung 215

Fortwährend den Wahrsagern zugewandt, unternehmen sie nichts Wichtiges, ohne zuvor, durch das eine oder andere Mittel, das künftige Ergebnis zu kennen. Ein Vorgehen, das an sich durchaus vernünftig ist: Wer von uns würde nicht das gleiche tun, wenn unsere Wahrsager glaubwürdig wären? Erstaunlich ist allerdings, mit welcher Ungezwungenheit man sich sowohl an Hexen wie an die heiligen Texte, an die Wahrsager wie an die falschen Erlöser wendet, und sogar der ehrwürdige Bischof selbst, einer der gebildetsten Männer seiner Zeit, schenkt den meisten dieser Vorhersagen Glauben.

Es scheint, als sei man neugieriger auf die profane, insbesondere die politische, als auf die religiöse Zukunft. Die merowingischen Herrscher scheinen sich vor der Ankunft des Antichrist nicht zu ängstigen. Sie interessiert vor allem der Ausgang ihrer Kriege, das Los ihrer Güter, ihrer Familie. Da ist zum Beispiel der Herzog Gunthramn Boso, der sich um seine Karriere Sorgen macht: »Damals sandte Gunthramn einen seiner Leute zu einem Weibe, die ihm schon seit der Zeit König Chariberts bekannt war; die hatte einen Wahrsagergeist und sollte ihm vorhersagen, was ihm widerfahren würde. Auch behauptete er, sie habe seinerzeit nicht nur das Jahr, sondern auch Tag und Stunde vorausgesagt, zu denen König Charibert sterben sollte.« Anders als üblich ist die Anwort vollkommen klar: »Es wird geschehen, daß König Chilperich noch in diesem Jahre stirbt und Merovech mit Ausschluß seiner Brüder das ganze Reich gewinnt. Du aber wirst das Herzogtum in seinem ganzen Reiche fünf Jahre lang bekleiden. Im sechsten Jahre aber wirst du in einer Stadt, die an der Loire, auf ihrem rechten Ufer, liegt, durch des Volkes Stimme die bischöfliche Würde erlangen und alt und des Lebens satt erst von der Welt abscheiden.«[1]

Bischof Gregor verlacht diese Vorhersage und hält ihr seine eigene entgegen: in einem Warntraum hat er einen Engel durch die Luft fliegen sehen, der ihm verkündete, daß Chilperich sterben und keiner seiner vier Söhne ihn überleben werde. »Als nun dies sich später erfüllte, erkannte ich recht deutlich, daß Lug und Trug war, was die Wahrsager jenem versprochen hatten.«

Aber für dasselbe Ereignis wird noch eine dritte Methode angewandt, das Losorakel, nach einem sehr alten heidnischen Verfahren, das die Christen, anscheinend mit Einverständnis der Autoritäten, adaptiert haben. Die Beschreibung Gregors von Tours ist interessant: »Merovech aber glaubte doch nicht jener Wahrsagerin und legte deshalb drei Bücher auf das Grab des Heiligen, den Psalter, die Bücher der Könige und die Evangelien; er wachte eine ganze Nacht und betete, der heilige Bekenner möge ihm die Zukunft enthüllen und er durch einen Wink des Herrn erfahren, ob er das Reich gewinnen könne oder nicht. Als er darauf drei Tage ganz in Fasten, Wachen und Beten zugebracht hatte, ging er wiederum zum heiligen Grabe und schlug das Buch der Könige auf. Der erste Vers der Seite, welche er aufschlug, war aber folgender: ›Darum, daß sie den Herrn, ihren Gott, verlassen haben und haben angenommen andre Götter und sie angebetet und ihnen gedient, deshalb hat auch der Herr alles dieses Übel über sie gebracht.‹ Im Psalter aber fand er diesen Vers: ›Aber du setzest sie auf das Schlüpfrige und stürzest sie zu Boden. Wie werden sie so plötzlich zunichte! Sie gehen unter und nehmen ein Ende mit Schrecken.‹ In den Evangelien endlich fand er dies: ›Ihr wisset, daß nach zween Tagen Ostern wird, und des Menschen Sohn wird überantwortet werden, daß er gekreuzigt werde.‹ Über diese Antworten wurde er sehr bestürzt und weinte lange am Grabe des heiligen Bischofs.«[2]

Diese Methode ist in der Merowingerzeit relativ üblich und zeigt, in welchem Maße der Klerus selber den Aberglauben des Volkes über die Divination teilt. Gregor von Tours findet kein Wort der Mißbilligung oder der Skepsis gegenüber jenen *Sortes Biblicae*, wie man diese Befragungen nannte. Ihm zufolge ist die Methode zuverlässig und statthaft, und die Vorhersagen treffen ein. Er führt ein weiteres Beispiel an: Als Chramn, der Sohn Chlothars I., vor Dijon ankommt, organisiert der Klerus des Bischofs Tetricus selbst die Befragung: »Die Geistlichen legten aber damals drei Bücher auf den Altar, die Propheten nämlich, den Apostel und die Evangelien, und beteten zu Gott, er möge ihnen enthüllen, welchen Ausgang es mit Chramn haben würde; ob ihm das Glück günstig sein und er gar das Reich gewinnen würde, möge die göttliche Allmacht ihnen offenbaren; zugleich machten sie aus, ein jeder solle, was er zuerst in dem Buche aufschlüge, auch bei der Messe lesen.«[3] Auch diesmal verkünden die aufgeschlagenen Stellen Tod und Zerstörung; wenig später wird Chramn mit seiner Frau und seinen Töchtern bei lebendigem Leib verbrannt, und zwar von seinem eigenen Vater, Chlothar, der daraufhin nach Tours zum Grab des heiligen Martin pilgert.

Die Welt des Gregor von Tours steht in ständiger Kommunikation mit der Zukunft, die in jedem Augenblick in die Gegenwart eindringt, insbesondere mittels der Vorzeichen, deren Deutung zwar Probleme stellt, die jedoch fast immer Katastrophen ankündigen. »Hiernach erschien in der Nacht des 11. November, als wir gerade die Vigilien des heiligen Martinus feierten, ein großes Wunder; denn mitten im Monde sah man einen hellen Stern glänzen, und über und unter dem Monde erschienen in der Nähe andere Sterne. Auch jener Reif, der meist Regen anzeigt, wurde ringsum sichtbar. Was dies bedeuten sollte, wissen wir nicht. Ferner sahen wir oft in diesem Jahre den Mond ganz ins Schwarze gekehrt, und vor dem Geburtsfeste des Herrn hörte man schwere Donnerschläge. Auch jener Schein um die Sonne erschien wieder, der wie erwähnt vor der Seuche in Clermont gesehen wurde und welchen die ungebildeten Leute auch Sonnen nennen; und das Meer, erzählt man, wuchs über alle Maßen, und noch viele andere Zeichen geschahen.«[4]

Die geringste scheinbare Abweichung von den Naturgesetzen kündigt tragische Ereignisse an: an einem Tag des Jahres 580 läuft vor Sonnenaufgang ein feuriger Schein über den Himmel der Touraine, und man hört ein Krachen wie von einem fallenden Baum[5]; kurz darauf zerstört ein Erdbeben Bordeaux. Der Himmel steht in Flammen, Hähne krähen bei Einbruch der Nacht, und ein Komet erscheint; es folgt eine schwere Seuche.[6] Im Jahre 582 erregt ein besonders heller Komet die Aufmerksamkeit; in Soissons sieht man an zwei verschiedenen Orten Feuer am Himmel, die sich sodann verbinden; in Paris regnet es Blut, das die Kleider befleckt; in Senlis ist das Innere eines Hauses mit Blut bespritzt; es kommt eine große Seuche.[7] Im selben Jahr verfinstert sich der Mond; Blut fließt aus einem Brot, als man es bricht; die Stadtmauern von Soissons stürzen zusammen; Erdbeben in Angers; Wölfe in Bordeaux; ein feuriger Glanz am Himmel; Bazas wird von einer Feuersbrunst heimgesucht.[8] Am 31. Januar 583 senkt sich in Tours eine große Feuerkugel vom Himmel und verschwindet dann; Flüsse treten über die Ufer.[9] 584 blühen im Januar die Rosen, und man sieht einen in vielen Farben spielenden Ring um die Sonne, Vorboten von Katastrophen: die Weinstöcke erfrieren, und eine Viehseuche richtet großen Schaden an.[10] Wenig später erscheinen abermals verdächtige Lichtstrahlen am Himmel sowie eine feurige Säule und über ihr ein großer Stern; Erdbeben in Angers; und Gregor fügt hinzu: »Erscheinungen, die, wie ich glaube, Gundobads Untergang ankündigten.«[11] Im Jahre 585 »erschienen wunderbare Zeichen, nämlich Feuerstrahlen am nördlichen Himmel, wie sie sich öfter zu zeigen pflegen. Auch sah man einen Blitzstrahl über den Himmel laufen.«[12] Dann von neuem Strahlen, aber diesmal noch zahlreicher und heller; das Spiel der Sonnenstrahlen und der Wolken läßt phantastische Gebilde am Himmel erscheinen: »Dieses Zeichen versetzte uns in große Furcht. Denn wir erwarteten, daß irgendeine Plage vom Himmel über uns gesandt werden würde.«[13] 587 abermals Vorzeichen, jedoch anderer Natur: von Chartres bis Orleans und dann bis Bordeaux findet man auf vielen Gefäßen unerklärliche und nicht zu entfernende Schriftzeichen; im Oktober sieht man neue Rebschöße sprießen, während gleichzeitig die üblichen Lichtstrahlen am Himmel erscheinen; manche behaupten, es seien Schlangen aus einer Wolke gefallen und ein ganzes Dorf sei plötzlich spurlos verschwunden: »Noch viele andere Zeichen traten ein, die den Tod eines Königs oder eine Landplage zu verkünden pflegen.«[14] 590 erscheinen abermals feurige Kugeln am Himmel.[15]

Zu den Vorzeichen kommen Traumbilder und Warnträume hinzu wie jene, die sich König Gunthramn und Gregor von Tours gegenseitig erzählen: beide haben im Traum eine Vision; die Bilder sind zwar verschieden, aber sie weisen eindeutig auf den nahen Tod Chilperichs hin.[16] Die merowingischen Berichte sind voll derartiger Geschichten. In den *Gesta Dagoberti* zum Beispiel sieht man, wie der junge Dagobert, der sich zum Grab des hl. Dionysius geflüchtet hat, einschläft und im Traum den Besuch dreier Heiliger erhält, die ihm versprechen, ihm zu helfen, wenn er das Grab wiederherstelle.

Zunahme der Wahrsager und der falschen Propheten

Die Bedeutung, die der Kenntnis der Zukunft beigemessen wird, läßt sich auch an der Zunahme der Seher, Zauberer und Propheten ablesen. Doch auch wenn der Klerus gegenüber den Vorzeichen und Träumen die größte Leichtgläubigkeit an den Tag legt, so kann er diese Scharlatane nur schwer ertragen. Derselbe Gregor von

Tours, ein Bischof, der an die *Sortes Biblicae* und an die Wunderzeichen glaubt, schreibt über die Wahrsager: »So gibt es viele, die nicht ablassen, mit solchen Verführungskünsten das unwissende Volk in Irrtum zu setzen; von ihnen gilt, wie ich meine, was der Herr im Evangelium über die jüngsten Zeiten sagt: ›Es werden falsche Christi und falsche Propheten aufstehen und große Zeichen und Wunder tun, daß verführet werden in den Irrtum auch die Auserwählten.‹«[17]

In der Tat fehlt es nicht an falschen Christi und falschen Propheten. Gregor erzählt, wie im Jahre 589 ein Mann aus Bourges, der verrückt geworden und zweifellos vom Teufel besessen ist, behauptet, er sei Christus, und in der Provinz von Arles zu prophezeien beginnt: »Er sagte auch die Zukunft vorher, einigen verkündigte er, daß ihnen Krankheiten, andren, daß ihnen Verluste bevorständen, Glück dagegen prophezeite er wenigen. Dies alles richtete er durch teuflische Künste und Gott weiß welche Zaubereien aus. Er verführte hierdurch eine ungeheure Menge Volks, nicht allein ungelehrte Leute, sondern auch Priester der Kirche. Es folgten ihm endlich mehr als dreitausend aus dem Volke nach.«[18] Schließlich wird er von einem Mann des Bischofs von Puys getötet. Vielleicht haben wir es hier mit einer der ersten millenaristischen Bewegungen zu tun, obwohl die Verheißungen dieses Christus nicht deutlich darauf hinweisen.

Desgleichen enthält die Chronik von Radulf Glaber zu Beginn des 11. Jahrhunderts die Geschichte eines erleuchteten Bauern, Leutard, der sich infolge eines Traums an die Spitze eines Bauernaufstands stellt, und um 1110 behauptet in Anvers ein gewisser Tanchelm, der Heilge Geist zu sein, und prophezeit.

P. Alphandéry, der diese Prophezeiungen des frühen Mittelalters untersucht hat, verbindet sie mit der Entwicklung montanistischer Sekten, die unter der Leitung eines oder mehrerer Erleuchteter die Apokalypse erwarten.[19] Ihre Forderungen beruhen auf einer Kritik der bestehenden Kirche, der man Erschlaffung vorwirft, und benutzen die apokalyptischen Texte, die einer kleinen Gruppe von Auserwählten ein tausendjähriges Glück verheißen. Die ständige Ungewißheit des Kommenden erkläre zum Teil die Faszination dieser Propheten, die eine gewisse und tröstliche Zukunft verkünden.

In Wahrheit verkünden viele dieser Propheten nur das Ende der

Welt und tragen dazu bei, panischen Schrecken zu verbreiten. Im Jahre 782 prophezeit der spanische Abt Beatus von Liebana, der sich für Christus hält, das Ende der Welt für den Tag vor Pfingsten; die entsetzten Bauern weigern sich, Nahrung zu sich zu nehmen. 874 verurteilt die Synode von Mainz die Prophetin Thiota, die das Ende der Welt noch für dieses Jahr verkündet. Das verstörte Volk bringt ihr Geschenke und erfleht ihre Gebete. Tatsächlich scheint sie von einem Priester manipuliert worden zu sein, der ihr ihre Prophezeiungen »eingab«. Sie wird wegen Usurpation des Weissagungsamts zur Geißelung verurteilt.[20]

Schon in dieser Epoche erkennt man also eine beginnende Ausnutzung der eschatologischen Erwartungen zu eigennützigen Zwecken. Die Manipulation der Ängste des Volks ist in einer Zeit allgemeinen Aberglaubens nur allzu leicht und verurteilt die Autoritäten meist zur Ohnmacht. Sobald letztere die Möglichkeit einer wahren prophetischen Inspiration einräumen, erweist sich die Kontrolle als äußerst schwierig, und die Unterdrückung scheint im übrigen relativ milde zu sein. Im Jahre 585 weist Gregor von Tours auf einen weiteren Fall hin: eine Frau sklavischer Herkunft hat die Gabe der Wahrsagung: alle Welt sucht sie auf, schenkt ihr Gold und Edelsteine für ihre Vorhersagen, bis der Bischof von Verdun sie festnehmen und exorzieren läßt. Aber es gelingt nicht, den bösen Geist auszutreiben, und man läßt die Frau von dannen ziehen; sie setzt ihre Prophezeiungen im Königreich von Fredegunde fort.[21] Die Entscheidung überrascht, und die Episode veranschaulicht, wie sehr der Klerus von der Allgegenwart der Prophezeiungen desorientiert ist. Zu Beginn des folgenden Jahrhunderts berichtet auch Beda Venerabilis von zahlreichen Weissagungen, die von den religiösen Autoritäten ohne weiteres akzeptiert werden: die Grenze zwischen teuflischer und göttlicher Prophetie sind in jener Zeit überaus fließend. Beda erzählt, daß der Mönch Adamnan eine Vision hatte, die ihm die künftige Zerstörung des Klosters von Coldingham durch eine Feuersbrunst ankündigt, weil man dort ein lockeres Leben führe. Das allgemeine Schema dieser Vorhersage ist der Prophezeiung Christi nachgebildet, der über die künftige Zerstörung Jerusalems weint, so wie der des hl. Benedikt, der über die künftige Zerstörung von Montecassini weint: »Als sie sich dem Kloster näherten und dessen erhaben aufragende Gebäude erblickten, brach der Mann Gottes in Tränen aus und verriet die

Traurigkeit des Herzens durch einen bezeichnenden Gesichtsausdruck. Sein Begleiter sah dies und fragte, warum er das tue. Und jener sagte: ›Alle diese gemeinsamen und privaten Gebäude, die du siehst, wird in nächster Zeit ein verheerendes Feuer in Asche legen.‹«[22] Die der Gemeinschaft mitgeteilte Vorhersage macht im übrigen wenig Eindruck; anfangs bekommt man es mit der Angst zu tun und bessert sich, aber bald fällt man in den alten Schlendrian zurück, und es kommt zur angekündigten Katastrophe. Beda erzählt auch, daß König Edwin im Jahr 625 eine Vision hat, die ihm eine ruhmreiche Zukunft prophezeit, vorausgesetzt, er führe ein ehrbares Leben[23], und daß im Jahre 687 der selige Eremit Cuthbert seinen eigenen Tod auf der Insel Farne vorhersagt.[24]

Die Bußrituale lassen erkennen, welche Bedeutung die Wahrsager und Propheten beim Volk hatten, das sie ungeachtet der dafür vorgesehenen schweren Strafen häufig aufsucht. So erwähnt das um 1008 verfaßte Bußbuch von Burchard von Worms, das jedoch alte Bräuche widerspiegelt, zahllose Divinations- und Sühnepraktiken und sieht zwei Jahre Fastens für denjenigen vor, der »nach den Gepflogenheiten der Heiden Wahrsager oder Propheten aufsucht, um die Zukunft zu kennen«, oder der »Wahrsager, Auguren oder Zauberer« befragt.[25] Wie aber lassen sich solche Praktiken unterbinden, wenn die Priester und Mönche die ersten sind, die Träumen, Visionen, Vorzeichen und anderen Prophezeiungen Glauben schenken? Erst mit der gregorianischen Reform des Klerus im 11. Jahrhundert wird man diesen wilden prophetischen Geist zähmen können. Der Papst des Jahres 1000, der gelehrte Gerbert (Silvester II.), steht selber im Ruf eines Sehers, wie der Chronist Wilhelm von Malmesbury kolportiert.

Die politischen Prophezeiungen

Die Welt der Klöster ist für die prophetischen Verkündigungen besonders anfällig, wie wir es soeben bei Beda sahen. Ende des 10. Jahrhunderts soll die Nonne Roswitha von Gandersheim in Sachsen als erste Prophezeiungen politischer Natur hinsichtlich der Zukunft der Nachfahren Ottos und des germanischen Reichs gemacht haben, unter die sich eschatologische Episoden mischen.

»Der Erbe des großen Otto wird die Last der ganzen Welt auf seinem Schwerte spüren. Der feurige Wagen des Elias wird sich in die Lüfte erheben, indes die Hölle Felsen und glühende Lava ausspeit. (...) Dem Heiligen Reich, unter dem 249. Papst wiedererstanden und unter dem 253. Papst geheiligt, wird die Stunde schlagen, wenn der 255. Sohn des Petrus stirbt.«[26] Aus den Ruinen dieses Reichs würden die Reiche Christi und des Antichrist entstehen. Die Prophezeiungen der Roswitha sollten noch 1914–1918 sowie 1939–1945 von der alliierten Propaganda ausgeschlachtet werden, so sehr schienen einige Stellen der damaligen Weltlage zu entsprechen.[27]

Die Herrscher des hohen Mittelalters, so barbarisch sie sein mochten, haben sich sehr schnell an die griechisch-römischen Manipulationen der Prophezeiungen erinnert und deren Nützlichkeit erkannt. In der Umgebung Karls des Großen und seiner unmittelbaren Nachfolger tauchen dem hl. Remigius zugeschriebene Weissagungen auf, die die Wiederherstellung des Reichs, die Macht der Karolinger und sogar die Teilung von Verdun im Jahre 843 voraussagen. Der Erzbischof von Reims, Hincmar, berichtet von diesen Vorhersagen, die den Interessen der Dynastie, deren wichtiger Berater er ist, so gut zupaß kommen. Eine von ihnen legt dem Remigius folgende an Chlodwig gerichteten Worte in den Mund: »Merke, mein Sohn, daß das Königreich der Franken von Gott ausersehen ist, die römische Kirche zu verteidigen, die einzige Kirche Christi. Eines Tages wird dieses Königreich alle anderen an Größe übertreffen. Es wird alle Grenzen des römischen Reichs umfassen und alle anderen Reiche der Welt seinem Zepter untertan machen; danach wird es bis zum Ende der Zeiten fortdauern.«[28]

Zur selben Zeit dehnt Hrabanus Maurus, Erzbischof von Mainz, die Prophezeiung des Remigius auf das Ende der Zeiten aus: »Am Ende der Zeiten wird ein Nachfahre der fränkischen Könige sein Reich über alles errichten, was einst das römische Reich gewesen war. Dieser Mann wird der größte König Frankreichs sein und der letzte seines Geschlechts. Nach einer ruhmreichen Herrschaft wird er gen Jerusalem ziehen, um seine Krone und sein Zepter auf dem Ölberg niederzulegen. Auf diese Weise wird das Heilige römische und christliche Reich enden.«[29]

Diese Texte zeugen von der Entstehung eines zusätzlichen Mythos, dem des »letzten Kaisers«, dessen Ankunft dem Ende der

Die Prophetie in Freiheit und ihre heterodoxe Entwicklung 223

Welt vorausgehen wird, eines Mythos politischer Natur, der sich je nach den dynastischen Interessen nach Belieben umformen läßt. Er überlagert den Mythos des Antichrist – in einer Dialektik von Gut und Böse –, einer der Gestalten des großen manichäischen und kosmischen Kampfs zwischen den beiden Prinzipien. Auf diese Weise knüpfen sich zwischen religiöser Eschatologie und politischer Vorhersage allmählich komplexe und so enge Verbindungen, daß sie schließlich nicht mehr voneinander zu trennen sind, und diese Vereinnahmung der apokalyptischen Prophetie durch die Politik sollte Quelle vieler Zweideutigkeiten sein. Unmerklich säkularisiert sich die Prophetie und geht langsam von der Eschatologie zur Politik über, wobei die Betonung mehr und mehr auf den irdischen Episoden liegt, die dem endgültigen Schicksal der Welt, dem Jüngsten Gericht und dem Weltbrand vorausgehen. Letzterem kommt eine geringere Bedeutung zu, da dann alles zu Ende sein wird; für das leidende Volk dagegen und die ihrem Ehrgeiz huldigenden Herrscher verbinden sich mit dem tausendjährigen Frieden und der Ankunft des Großen Monarchen konkrete Hoffnungen, und man versteht, daß die Aufmerksamkeit allmählich diesen Episoden gilt.

Im Jahre 954 richtet Königin Gerberga, Gattin Ludwigs IV., des Überseeischen, ein Schreiben an den Mönch Adso, Abt des Klosters Montier-en-Der, und bittet ihn um Aufklärung über den Antichrist und die Prophezeiungen der Apokalypse. In solchen Nachfragen können wir im wesentlichen säkulare Sorgen erkennen. So sieht jede Dynastie einen Korpus von Prophezeiungen zu ihrem Gebrauch entstehen, die sich der durch Deutungen und symbolische Spekulationen weiterentwickelten Offenbarung des Johannes bedienen. In Spanien werden dem hl. Isidor, Bischof von Sevilla im 7. Jahrhundert, Prophezeiungen über die zukünftige Größe der Könige Spaniens zugeschrieben.[30]

Derselbe Prozeß spielt sich im Rahmen der Kriege zwischen dem byzantinischen Reich, den Arabern und den Persern vom 6. bis 9. Jahrhundert im Orient ab.[31] Infolge einer militärischen Katastrophe verkünden apokalyptische Schriften eine Wiederaufrichtung und die Wiedergeburt des Reichs – nach dem biblischen und vorbiblischen Schema Strafe/neuer Frühling. So verkündet das einer christlichen Sibylle Anfang des 6. Jahrhunderts zugeschriebene Orakel von Baalbek, daß dem angesichts der Perser erlittenen

Unglück die zweite Ankunft Christi folgen werde. Im 7. Jahrhundert deuten die griechischen Apokalypsen des Pseudo-Methodios die von den Arabern beigebrachten Niederlagen als Vorboten künftiger Siege von Byzanz, das die Eindringlinge in die Wüste zurückdrängen und ihnen ein hundertmal schlimmeres Joch auferlegen werde, als diese es den Christen auferlegten.

Im Westen ist die Hinwendung zu den christianisierten heidnischen Prophezeiungen nicht weniger verbreitet. Vergil wird dank seiner 4. Ekloge endgültig vereinnahmt. Zum Beispiel meint der Autor der Augustinus zugeschriebenen Predigt *Contra Judaes*, Vergil selber habe die Sibylle von Cumae benutzt und sogar Nebukadnezzar habe Christus angekündigt. Agnellus, ein Kirchenhistoriker aus Ravenna zur Zeit der Lombarden, vertritt in seinem *Liber pontificalis* dieselbe Ansicht. Radbert von Corbie, Hrabanus Maurus, Christian von Stablot, Cosmas von Prag und bald auch Joachim von Fiore, Petrus von Blois, Thomas von Cîteaux, Innozenz III. vereinnahmen Vergil, den die Künstler dem Stamm Davids zuordnen und die Liturgiker in bestimmte Gottesdienste einbeziehen. Zum Beispiel singt in dem Ritus der Prozession der Propheten ein Vorleser: *Dic et tu, Virgile, Testimonium Christo*. Martin von León vermutet sogar, daß Vergil durch Jeremia von der Inkarnation Daniels unterrichtet war, wie Platon von der Schöpfung.[32] Was die Sibylle betrifft, so wird sie ebenfalls vereinnahmt, und noch im Jahre 1420 sucht Antonius de la Sale ihre Grotte in Italien auf.

Das frühe Mittelalter praktiziert einen spontanen Synkretismus der verschiedenen prophetischen Traditionen. Völlig kritiklos werden alle irgendwie nützlichen Vorhersagen verwertet, andere frei erfunden und akzeptiert. Nachdem die christlichen Autoritäten die Tore der Zukunft geöffnet haben, als sie das Prinzip einer möglichen Kenntnis der Zukunft durch die Vermittlung des Heiligen Geistes oder Satans einräumten, ist die Masse der auf beruhigende Gewißheiten erpichten Gläubigen bereit, jede Ankündigung zu akzeptieren, die es erlaubt, sich an einen festen Punkt in der Zukunft zu klammern. Die Drangsale der Gegenwart sind die beste Gewähr für den Erfolg der Vorhersagen. Was die politische Welt angeht, so rufen ihre Herrschaftsansprüche Prophezeiungen hervor, die sie ohne weiteres akzeptiert, ohne daß ihr die Manipulation bewußt wäre. Das allgemeine Klima ermutigt dazu, sich der Prophetie zu bedienen, und angesichts der Flut der Vorhersagen, von denen die meisten aus dem Schoß des Klerus stammen, scheint die Kirche desorientiert zu sein und unfähig, eine Auswahl zu treffen, besonders denen gegenüber, die sich für erleuchtet ausgeben.

Die zwiespältige Situation der Astrologie

Dagegen glaubt sie gerade aufgrund ihres Prinzips die Astrologie verbieten zu können, deren Situation im Hochmittelalter kaum bekannt ist, da es nur wenige Quellen gibt. Wie wir sahen, schwankten die Kirchenväter gegenüber dieser Wissenschaft, und nur Augustinus hatte sie entschieden verurteilt. Dessen Ansehen ist so groß, daß es dazu beigetragen hat, die »Mathematiker«, wie man sie weiterhin nennt, in Verruf zu bringen, und ein Echo seiner Verurteilung ist noch bei den Autoren und den Konzilien des frühen Mittelalters zu vernehmen.

Im 6. Jahrhundert schreibt Cassiodorus (490–583), hoher Staatsbeamter unter dem ostgotischen König Theoderich, für seine Mönche von Vivarium eine Abhandlung, in deren zweitem Teil, den *Institutiones*, er die für das Studium der Heiligen Schriften notwendigen weltlichen Kenntnisse zusammenfaßt. Dort findet man auch einen Abschnitt über die Astronomie, der zwischen einem statthaften und einem unstatthaften Teil unterscheidet: »Die Astronomie ist jene Disziplin, die alle Bewegungen und Formen der Himmelskörper sowie die Beziehungen der Sterne untereinander und zur Erde vernunftgemäß untersucht.« Diese Wissenschaft, so schreibt er, sei den Seefahrern und Bauern überaus nützlich. »Aber die anderen Dinge, die mit der Kenntnis der Konstellationen einhergehen, das heißt die Dinge, welche die Kenntnis der menschlichen Schicksale betreffen, die ohne jeden Zweifel unserem Glauben zuwiderlaufen, sollten uns so unbekannt sein, daß wir nicht einmal wissen, daß sie geschrieben worden sind. (...) Manche indes, die sich von der Schönheit der Sternbilder und ihrem Glanz bezaubern ließen, versuchten eifrig, die Ursachen ihres eigenen Verderbens zu ergründen, und stürzten sich in das Studium der Bewegung der Sterne und glaubten durch unstatthafte Berechnungen die Ereignisse vorhersagen zu können.«[33] Cassiodorus beruft sich auf Basilius und Augustinus, aber auch auf Platon und Aristoteles, um die Astrologie zu verdammen, und erklärt, man solle die Zukunft in der Offenbarung lesen.

Die Tatsache, daß er in der Vergangenheit spricht, hat zuweilen zu der Meinung geführt, die Astrologie sei zu seiner Zeit fast verschwunden gewesen, nicht sosehr aufgrund der Verurteilungen der Kirche als vielmehr wegen des wissenschaftlichen Rückstands der barbarischen Epoche: das Verschwinden der Bücher und das Nachlassen der mathematischen Kenntnisse hätten die Gelehrten der für die astronomischen Berechnungen notwendigen Werkzeuge beraubt. Und weil sie der griechischen Sprache unkundig waren und es an lateinischen Übersetzungen der grundlegenden Handbücher wie des *Tetrabiblos* von Ptolemaios fehlte, seien die Astrologen auf mittelmäßige Quellen wie Plinius oder Calcidius angewiesen gewesen. Die Astrologie des 6. bis 10. Jahrhunderts beschränke sich im Abendland daher auf einige Scharlatane, die auf dem Niveau des Volks und vielleicht am Hof der ostgotischen und westgotischen Könige arbeiteten. Die wenigen Darstellungen des Tierkreises aus dieser Zeit hätten nur eine vage symbolische Bedeutung, die auf das Verstreichen der Zeit hinwiesen. »Nicht die Verfolgung, sondern das Fehlen adäquater Handbücher waren die Ursachen dafür, daß im Westen die wissenschaftliche Astrologie vier oder fünf Jahrhunderte nach dem astrologischen Handbuch des Firmicus verschwand«, erklärt M.L.W. Laistner.[34] J. Tester ist derselben Meinung und merkt an, daß die ältesten Manuskripte der *Mathesis* von Firmicus Maternus aus dem späten 11. Jahrhundert stammen.[35]

Dieser Standpunkt wurde freilich von V.I.J. Flint in Frage gestellt in einem Werk, das nicht nur die Existenz weit verbreiteter astrologischer Praktiken im frühen Mittelalter behauptet, sondern auch nachweist, daß sie von der Kirche gefördert wurden als ein Mittel, die Gläubigen von gefährlicheren Divinationspraktiken abzubringen.[36] Wenn man sich die damaligen Beschlüsse der Konzilien anschaut, sieht man nämlich, daß diejenigen, die die Astrologie verurteilten, in Wirklichkeit auf die priscillianische Häresie zielten, die an den Einfluß der Sterne glaubte. So auf dem Konzil von Braga im Jahre 563. Die anderen Konzilien greifen die Wahrsagung im allgemeinen an wie die von Agde im Jahre 506 und von Orléans im Jahre 511, die die Wahrsager sowie alle diejenigen exkommunizieren, die sie aufsuchen; das von Toledo im Jahre 633, das die »Geistlichen« verurteilt, »die Magier und Haruspizes aufsuchen«; das von Konstantinopel im Jahre 692, das allen, die Wahrsager aufsuchen, mit einer Buße und einer sechsjährigen Exkommunizierung droht; die von Rom 721 und Paris 829, die sie mit dem Bannfluch belegen. Im Jahre 593 greift auch Gregor der Große die Priscillianer an und erklärt: »Man muß wissen, daß die priscillianischen Ketzer meinen, jeder Mensch unterliege von Geburt an den Geboten der Sterne.«

Demnach wäre die Astrologie im frühen Mittelalter sehr viel verbreiteter und weitaus geduldeter gewesen, als man gemeint hatte, insbesondere dank der zunehmenden Unterscheidung zwischen einer erlaubten wissenschaftlichen und einer unerlaubten magischen Astrologie, einer Unterscheidung, die sich auf Augustinus' Erklärungen im *Gottesstaat* stützen könnte. Bei Isidor von Sevilla, im 7. Jahrhundert, findet man die deutlichste Bestätigung dafür. Der Bischof beweist eine gewisse Kenntnis der astrologischen Grundsätze, von denen er einige akzeptiert wie die Entsprechung von Makrokosmos und Mikrokosmos sowie die Tatsache, daß der Himmel uns Zeichen sende: da er mit den östlichen Kolonien Baeticas, die die Astrologie praktizieren, in Kontakt steht, wird er von den antiken Autoren beeinflußt, die sie befürworten, und er ist beeindruckt von den Weisen des Evangeliums.[37] Daher bemüht er sich in seinen *Etymologicae* erstmals im abendländischen Denken, zwischen Astronomie und Astrologie deutlich zu unterscheiden, und obzwar er erklärt, daß die Astrologie seit der Ankunft Christi nicht mehr zugelassen sei, verurteilt er sie nicht offen und zieht ihre Ergebnisse nicht in Zweifel. Die wichtigste Stelle ist das Kapitel »Über die Magie« aus dem VIII. Buch:

»Die Astrologen werden so genannt, weil sie mit Hilfe der Sterne (*astri*) Vorhersagen machen. Die Genethliatiker werden so genannt, weil sie die Geburtsdaten (*geneses*) der Menschen rings um die zwölf Himmelszeichen studieren und versuchen, nach dem Lauf der Sterne den Charakter derer vorauszusagen, die geboren werden, und was sie tun und erleiden werden. Gemeinhin nennt man sie Mathematiker (...), aber diese Sterndeuter wurden zuerst Weise genannt, wie jene, die im Evangelium die Geburt Christi verkündeten; später kannte man sie nur noch unter dem Namen Mathematiker. Die Ausübung dieser Kunst war bis zur Inkarnation erlaubt, unter der Bedingung, daß nach der Ankunft Christi niemand versuchen dürfe, die Geburt irgendeines Menschen durch die Beobachtung des Himmels zu deuten. Die Horoskope werden so genannt, weil sie die Geburtsstunde der Menschen im Licht der verschiedenen Schicksale in Betracht ziehen.«[38]

Die Verurteilung ist also nicht völlig klar, was einen Historiker der Astrologie, Jim Tester, folgern läßt: »Zumindest die Idee einer potentiell gültigen astrologischen Wissenschaft wurde von eben den Autoritäten genährt, die sie verurteilten.«[39] Im 8. Jahrhundert wahrt Beda, der sich im Hinblick auf die Berechnung von Pfingsten mit der Astronomie befaßt, Stillschweigen und begnügt sich mit der Feststellung, daß der Stern der drei Weisen die Kunst der Prophetie symbolisiere, was diese Personen in die Nachfolge Balaams stelle. Aus diesem Schweigen und dieser Duldsamkeit dürfen wir schließen, daß ab der Zeit der Karolinger im 9. Jahrhundert die astronomischen und astrologischen Studien wieder aufgenommen wurden. Offensichtlich unterscheidet die Kirche noch nicht zwischen statthaften und unstatthaften Vorhersagen, und wie bei den Prophezeiungen hat dies zur Entwicklung dieser Kunst beigetragen.

Dasselbe Zögern kennzeichnet die moslemische Welt jener Zeit. Da auch sie in der griechischen Tradition steht und ebenfalls eine symbolische Weltsicht hat, die auf einer Entsprechung von Makrokosmos und Mikrokosmos beruht, mißt sie den Sternen eine entscheidende Rolle im Hinblick auf das individuelle Schicksal bei. Aber wie in der christlichen Welt gerät diese Auffassung in Widerspruch zur grundlegenden Idee der Freiheit des Gläubigen, da nur sie die Hölle und das Paradies zu rechtfertigen vermag. Aus diesem Grunde sprechen sich die großen Denker des klassischen Islams im Mittelalter – al-Farabi, Avicenna, al-Ghazali, Averroes – gegen die judiziarische Astrologie, d. h. die Astrologie der Horoskope aus. Doch im 9. Jahrhundert steht die Reflexion über dieses Thema in der moslemischen Welt erst am Anfang, und einer der ersten großen Philosophen, al-Kindi, beginnt die Astrologie zu rechtfertigen.[40] Ein fruchtbarer Autor, der am Hof des Kalifen al-Mamun arbeitet und stark vom platonischen Denken beeinflußt ist. In seinem Traktat *De radiis* versucht er, für die Astrologie eine metaphysische Basis zu erarbeiten, die sich an die Lehre der universellen kosmischen Sympathie anlehnt. Tatsächlich kommt er zu einem uneingeschränkten Determinismus, der auf denjenigen von Laplace vorausweist, wenn er schreibt: »Wäre es jemandem vergönnt, die vollständige Situation der Himmelsharmonie zu kennen, so würde er die ganze Welt der Elemente kennen sowie alles, was sie an jedem Ort und zu jeder Zeit enthält, indem er das Verursachte durch seine Ursache begreift (...), so daß einer, der von der vollständigen Situation der Himmelsharmonie Kenntnis erworben hat, die Vergangenheit, die Gegenwart und die Zukunft kennt.«[41] Dieser Gedanke wird von einem Schüler al-Kindis, Abu Maschar (787–886), in den *Flores astrologiae* aufgegriffen und läuft auf die Behauptung hinaus, daß die vollständige Kenntnis der Zukunft dank einer vollständigen Kenntnis der Gegenwart – aufgrund der unausweichlichen Verkettung von Ursachen und Wirkungen – möglich sei.

Diese extreme Auffassung, die jede Freiheit beseitigt, kann von den religiösen Autoritäten nicht akzeptiert werden, und sowohl bei den Christen wie bei den Moslems läßt die Reaktion nicht auf sich warten. Dennoch bleiben bis Ende des 10. Jahrhunderts die Positionen unklar und leisten allen möglichen Spekulationen Vorschub. Die Unsicherheiten der Doktrin ausnutzend, florieren Weissagungen und Prophezeiungen – sowohl über die individuelle und irdische Zukunft wie die kollektiven eschatologischen Geschicke, die letzten Etappen der Menschheitsgeschichte – durch Wahrsager, Seher, Magier, inspirierte oder einfach nur geschickte Propheten.

Das Jahr 1000, ein Jahr wie jedes andere

Hierin liegt sicherlich einer der Ursprünge des Mythos von den Schrecknissen des Jahres 1000. Diese Legende, die lange Zeit von einer gegen die »dunkle Zeit« und die Barbarei des Mittelalters voreingenommenen Historiographie kolportiert wurde, haben die modernen Historiker für falsch erklärt, indem sie zeigten, daß sie auf äußerst wenigen Quellen ganz besonderer Art beruht.[42] In gewisser Weise gibt dieser Mythos Aufschluß über eine Epoche, die von der unkontrollierten Vermehrung der Prophezeiungen gekennzeichnet war, während bei den geistigen Autoritäten eine klar definierte Position fehlte. Daß in offiziellen Urkunden, z. B. Schenkungsurkunden, Formeln auftauchen wie: »Die sich mehrenden Ruinen weisen mit Bestimmtheit auf das nahe Weltende hin«, Formeln, die in der zweiten Hälfte des 11. Jahrhunderts verschwinden, ist dafür ein nicht unerhebliches Indiz.

Der Mönch und Chronist Radulf Glaber, der zwischen 1026 und 1046 schreibt, erinnert daran, daß drei Jahre vor dem Jahr 1000 erschreckende Zeichen erschienen waren wie jener »riesige Drache, der aus den nördlichen Gegenden kam und Blitze speiend den Süden erreichte« oder jene »große Hungersnot, die fünf Jahre währte und sich über die ganze römische Welt ausbreitete«. Aber wie wir sahen, war in diesem Bereich die Dichte der Vorzeichen schon vierhundert Jahre vorher bei Gregor von Tours beträchtlich.

Tatsächlich steht das Ende der Welt seit den Anfängen des Christentums auf der Tagesordnung, und es gab keinen Grund, das Jahr 1000 als das Schicksalsdatum zu betrachten, zumal die chronologische Ungewißheit der Epoche dazu neigte, diese Zahl aus den Köpfen zu tilgen. Die damals verwendeten Anhaltspunkte sind nicht die Jahre der christlichen Ära, sondern die Jahre von Reichen oder Pontifikaten oder die seit bestimmten wichtigen Ereignissen verstrichene Zeit. Nur eine klerikale Elite hält eine präzise Chronologie auf dem neuesten Stand, und eben diese Elite wehrt sich gegen die Idee eines für das Jahr 1000 vorgesehenen Weltendes. Adso, dessen Antwort auf die Anfrage der Königin Gerberga aus dem Jahre 954 stammt, erklärt, das Ende sei nicht in Sicht, solange die Königreiche sich nicht vom Imperium losgelöst hätten. Abbo von Fleury, 1004 gestorben, läßt in seinem Werk keinerlei Sorge in bezug auf das Jahr 1000 erkennen, auch wenn er berichtet, ein Prediger habe für dieses Jahr das Ende angekündigt. Andere, so schreibt er, sahen diesen schicksalhaften Augenblick für das Jahr voraus, in dem die Verkündigung mit dem Karfreitag zusammenfalle, d. h. für das Jahr 992. Das Jahr 1000 hat die Aufmerksamkeit weit stärker *nachher* als *vorher* geweckt und die Gemüter der abergläubischen Zeitgenossen weit weniger beschäftigt, als es das Jahr 2000 in unserem 20. Jahrhundert tut. Der Zahl der ihm gewidmeten Werke und der Häufigkeit der Verwendung dieser Zahl nach zu schließen, hätten die Archäologen des 30. Jahrhunderts eine seriöse dokumentarische Basis, um uns eine Obsession des Jahrs 2000

Die Prophetie in Freiheit und ihre heterodoxe Entwicklung 231

zu unterstellen, die dennoch sehr relativ ist. Die Menschen des 10. Jahrhunderts machten sich um das nahende Jahr 1000 bestimmt weniger Gedanken, da die meisten außerhalb der bezifferten chronologischen Bezugspunkte lebten.

Sicher ist, daß man damals in der Erwartung der großen apokalyptischen Ereignisse lebte: Antichrist, Wiederkunft Christi, möglicherweise ein letzter Kaiser und ein tausendjähriger Friede, und daß alle Mittel eingesetzt wurden, sich über diese Zukunft zu informieren. Doch ebenso begierig ist man, die irdische Zukunft zu erfahren, die Zukunft des familiären und individuellen Lebens bei den kleinen Leuten, des politischen Lebens bei den großen. Und auch hier ist man hinsichtlich der Mittel nicht knauserig: Wahrsager, Seher, Astrologen, Traumdeuter, inspirierte Propheten sind die Mittler der Zukunft, die sich im übrigen durch eine Fülle von Vorzeichen in einer Natur kundtut, in der alles Zeichen, Symbol ist, Ausdruck einer lebendigen Gegenwart, die unsere Zukunft vorbereitet.

Diese Allgegenwart einer vielgestaltigen Zukunft, die jeder befragen kann, bringt die Kirche insofern in eine mißliche Lage, als sie außerstande zu sein scheint, diese Formen des Zugangs zur Zukunft in den Griff zu bekommen. Als Religion der Zukunft akzeptiert das Christentum die Möglichkeit eines Zugangs zur Zukunft bei einigen vom Heiligen Geist bevorzugten Geistern. Aber aufgrund der relativen intellektuellen Stagnation vom 5. bis zum 10. Jahrhundert sind die Autoritäten, trotz der »karolingischen Renaissance«, unfähig, in diesem Bereich klar zwischen dem Erlaubten und dem Unerlaubten, dem Göttlichen und dem Teuflischen, dem Wahren und dem Trügerischen zu unterscheiden.

Die Situation ändert sich deutlich ab der zweiten Hälfte des 11. Jahrhunderts unter dem Einfluß dreier einander ergänzender Faktoren. Einerseits bringen die apokalyptischen Erwartungen, die die sozialen Bewegungen der Bauern und bald der Städte überlagern, polizioreligiöse Häresien hervor, die die feudale und theokratische Ordnung bedrohen. Andererseits stellt die spektakuläre geistige Erneuerung des 12. Jahrhunderts, die mit der Wiederentdeckung eines Teils des antiken Denkens mittels der Araber einhergeht, den Denkern sowie der katholischen Hierarchie ein strengeres begriffliches und philosophisches Rüstzeug zur Verfügung. Schließlich geben die entscheidenden Fortschritte der Autorität, des Ansehens und der Zentralisierung des Pontifikats Rom die Möglichkeit, den Zugang zur Zukunft besser zu kontrollieren und die Arten ihrer Bekanntgabe zu regeln. Man sieht also, wie im Lauf des 11. und 12. Jahrhunderts eine rigorose Reinigung der Weissagungen erfolgt, die damit endet, den Zugang zur Zukunft fast gänzlich zu unterbinden oder ihn zumindest auf streng überwachte schmale Öffnungen zu beschränken und die Mehrzahl der Weissagungen zu verteufeln. Angesichts der Drohung der Ketzerei, die sich häufig auf Prophezeiungen stützt, verwandelt sich das Christentum, anfänglich eine prophetische Religion, in eine institutionelle Religion, die die Gegenwart verwaltet und die Zugangswege zur Zukunft monopolisiert. Die freie prophetische Tätigkeit steht nun im Verdacht des Aufruhrs, und die Vorhersage wird zur Streitsache. Die Beschlagnahme der Zukunft durch die Kirche sollte indes niemals vollständig sein, und schon im 11. Jahrhundert gab sie Anlaß zu Zusammenstößen.

Kreuzzug und Chiliasmus: die streitbare Prophetie

Die bemerkenswerteste Abirrung des prophetischen Geistes ab dem 11. Jahrhundert zeigt sich in der Entwicklung des Chiliasmus, der in apokalyptischen und messianischen Auffassungen wurzelt, die auf einen ganz besonderen sozioökonomischen Kontext angewandt werden. Wir haben hier ein flagrantes Beispiel für die Art und Weise vor Augen, wie die in Form inspirierter Prophezeiungen imaginierte Zukunft zum Motor der Geschichte werden kann. Der Chiliasmus ist eine Form der Utopie, der voranschreitenden Utopie, die die Menschen, die sie verwirklichen wollen, zu einer zum Scheitern verurteilten, da einer Chimäre nachjagenden Bewegung hinreißt. Es ist die Utopie des Gottesstaats auf Erden, die einzige Utopie, von der das ausschließlich christliche Mittelalter träumen kann. Der Chiliasmus hat die heidnischen Utopien abgelöst, und sein allmähliches Verschwinden ab dem 16. Jahrhundert fällt in die Zeit, in der die modernen Utopien entstehen. Ist der Chiliasmus eine Gestalt der Utopie oder umgekehrt? Hier wollen wir lediglich die Verwandtschaft der beiden Verfahren hervorheben, die beide auf der Vision einer strahlenden und illusorischen Zukunft beruhen. Das erklärt im übrigen hinlänglich, warum der Chiliasmus in den Augen der Kirche suspekt war. Das Christentum, dem jede Utopie fremd ist, verwirft die Verheißungen irdischen Glücks wie jenen tausendjährigen Frieden und rein materiellen Wohlstand, den einige erwarten. Das Glück ist nicht von dieser Welt.

Irenäus und Lactantius indes verlockte diese Idee, in einem Kontext der Rache gegen die Verfolger, wie wir bereits sahen. Im 5. Jahrhundert hatte der Dichter Commodianus die zukünftige Rückkehr Christi an die Spitze der zehn verlorenen Stämme Israels angekündigt, die eine glückliche Gemeinschaft friedfertiger Vegetarier bilden würden. Schon Origenes hatte diese Phantasie verurteilt und den allegorischen Charakter der Offenbarung des Johannes betont, und Augustinus hatte das entscheidende Gewicht seines Ansehens eingesetzt, um alle weltlichen und wörtlichen Deutungen der tausend Jahre zurückzuweisen. Da die Kirche von nun an eine beherrschende, mit der weltlichen Macht verbundene Position einnahm, konnte jeder Gedanke an ein »Reich der Heiligen« nur ihr Verschwinden bedeuten, und in einer nicht genau bekannten Zeit des Mittelalters bemühten sich die religiösen Autoritäten, aus dem Buch des Irenäus, *Gegen Irrlehren*, alle Stellen auszumerzen, die das Millennium ankündigen. Durch Zufall fand man sie 1575 in einer Handschrift wieder, die der Zerstörung entgangen war.

Mehrere Jahrhunderte lang verschwindet der Chiliasmus von der Bildfläche, aber die Idee pflanzt sich im Geheimen fort und ruft die erwähnten sporadischen Bewegungen hervor. Im 11. Jahrhundert taucht er von neuem auf und tritt wirklich in Aktion.[43] Das Wiederauftauchen des Chiliasmus verdankt sich dem Zusammentreffen zweier Faktoren, eines sozioökonomischen und eines spirituellen. »Ein großer Teil des Inhalts der mittelalterlichen religiösen Prophezeiungen ist Ausdruck einer Unzufriedenheit mit der Gegenwart und einer Hoffnung auf die Zukunft«, schreibt R.E. Lerner.[44] Norman Cohn hat gezeigt, daß der Chiliasmus im allgemeinen in nahezu überbevölkerten Gegenden auftritt, wo es zu rapiden ökonomischen und gesellschaftlichen Veränderungen kommt, die die traditionelle Welt destabilisieren. Nur selten entsteht er in ausschließlich bäuerlichen Gegenden, auch wenn das Leben dort durch Hungersnöte, Kriege und Seuchen stark beeinträchtigt ist. Das Zentrum der millenaristischen Bewegungen zwischen dem 11. und 13. Jahrhundert befindet sich zwischen Somme und Rhein, wo eine nach dem Jahr 1000 relativ zu zahlreich gewordene Bauernschaft die Tendenz zur Landflucht verstärkt und ein kleines städtisches Proletariat anschwellen läßt. Im 11. Jahrhundert nehmen mit dem Wiederaufleben des Handels, dem Wachstum der Städte und dem Auftauchen eines Bürgertums auch die instabilen Gruppen zu – im Elend lebende Arbeiter, denen stets der Verlust ihrer Arbeit droht und die keine festen Traditionen haben, die Söldnertruppen, das Volk der Bettler. Nicht, daß man ärmer wäre als im 10. Jahrhundert, wo furchtbare Hungersnöte herrschten, aber die relative Schwächung des Gemeinschaftsgefüges, das Eindringen äußerer Elemente, der Ansatz einer Öffnung tragen dazu bei, die Gemüter zu verwirren und eine gewisse Instabilität zu erzeugen, ein Faktor, der zu Unzufriedenheit führt und zu Bestrebungen, das verlorene Gleichgewicht wiederherzustellen.

Doch zur selben Zeit verschärft sich von neuem das Klima in Verbindung mit dem Einsetzen der Pilgerfahrten und bald des Kreuzzugs. Während des 11. Jahrhunderts wurde die christliche Welt mehrmals von eschatologischen Ängsten geschüttelt, die die Gemüter auf das Nahen des Endkampfs vorbereiteten. Zur Zeit der Hungersnot von 1033, so erzählt Radulf Glaber, »glaubten die Menschen, der geregelte Verlauf der Jahreszeiten und der Naturgesetze, die bisher die Welt gelenkt haben, sei einem ewigen Chaos anheimgefallen; und sie befürchteten das Ende der Menschheit«.

Jedesmal lösen diese Schrecken massive Bewegungen im Volk aus, das sich unter der Leitung von Priestern in Marsch setzt, ein Volk Gottes, das um göttliche Gnade fleht. Aufzubrechen bedeutet zum einen, die irdischen Bande zu zerreißen, »alles aufzugeben«, um dem Herrn nachzufolgen, und zum anderen, das frühere sündige Leben aufzugeben. Gewöhnlich drückt sich das in einfachen Prozessionen aus, aber mehr und mehr drängt das Gefühl unmittelbar bevorstehender und endgültiger Umwälzungen die Gläubigen dazu, die große Reise anzutreten, die Reise nach Jerusalem, dorthin, wo sich die entscheidenden Episoden abspielen sollen. Im Jahr 1033, zum tausendsten Jahrestag der Passion, strömt, wie Radulf Glaber berichtet, »eine riesige Menschenmenge aus der ganzen Welt zum Grab des Erlösers nach Jerusalem. Zuerst waren es Leute aus den unteren Klassen, dann aus den mittleren Volksschichten und schließlich auch die Größten, Könige, Grafen, Markgrafen, Prälaten und auch (...) viele Frauen, die edelsten zusammen mit den ärmsten. (...) Die meisten wollten vor ihrer Rückkehr in die Heimat sterben.«

Dreißig Jahre später, im Jahre 1064, kommt es abermals zu einem massiven Aufbruch. Wiederum dreißig Jahre später, 1095, fügt sich der Aufruf Urbans II. in eine bereits feste Tradition der Pilgerfahrt. Doch diesmal herrschen andere Verhältnisse: die Seldschuken-Türken sind Herren der heiligen Stätten und lassen die Pilger nicht mehr passieren. Also muß man sich den Durchgang erzwingen und die letzte Schlacht gegen denjenigen führen, der durchaus der Antichrist sein könnte und dessen Niederlage, der Offenbarung zufolge, den tausendjährigen Frieden einläuten muß. Diejenigen, die an der Niederlage des Drachens teilhaben, sind »selig und heilig (...). Über solche hat der zweite Tod keine Gewalt. Sie werden Priester Gottes und Christi sein und tausend Jahre mit ihm herrschen.«[45] Eine wunderbare Aussicht, die für viele Kreuzfahrer die treibende Kraft ist.[46]

Aber alle dies kann nicht ohne Gewalt in Erfüllung gehen. Nachdem die Offenbarung dem vor dem neuen Jerusalem versammelten Volk Gottes Frieden und Glück verheißen hat, fügt sie nämlich hinzu: »Aber die Feiglinge und Treulosen, die Befleckten, die Mörder und Unzüchtigen, die Zauberer, Götzendiener und alle Lügner – ihr Los wird der See von brennendem Schwefel sein. Dies ist der zweite Tod.«[47] Die Verheißung kann also erst mit dem Verschwinden aller Treulosen und aller Feinde Christi in Erfüllung gehen. Dies ist zumindest die volkstümliche Deutung, diejenige von Peter dem Eremit; bevor man sich der Treulosen im Osten entledigt, gilt es, die Verräter Gottes zu vernichten, die im Westen leben, vornehmlich die Mörder Gottes, die Juden. Schon im Jahre 1065 kommt es zu Pogromen, die Papst Alexander II. verurteilt.[48] Die Bewegung von 1096 hat sehr viel größere Ausmaße.

Der Endzeitkaiser

Der Aufruf Papsts Urbans II. kommt also nicht unerwartet. Der auf der Prophetie beruhende Kreuzzugsgedanke liegt schon seit langem in der Luft. Es geht darum, die Ankündigung des tausendjährigen Friedens durch Vernichtung der Ungläubigen wahrzumachen. Der Kreuzzug ist die streitbare Prophetie. Eng damit verbunden ist das Thema des letzten Kaisers: in der Umgebung von Peter dem Eremit erzählt man, Karl der Große werde auferstehen und sich an die Spitze der Bewegung stellen; anderen zufolge schläft er lediglich in seinem Grab in Aix. Aber von Anfang an wird das Thema zugunsten höchst lebendiger Fürsten vereinnahmt, die es zu einem Werkzeug ihres Ehrgeizes machen. Am Rhein läßt sich der Graf von Leiningen, Emmerich, der zu den Massakern an den Juden aufgerufen hat, für den Endzeitkaiser ausgeben, dem Visionen zuteil werden. Und der Erzbischof von Alba sagt voraus, Kaiser Heinrich IV. werde sich der Stadt Byzanz bemächtigen, in Jerusalem auf den Antichrist treffen und ihn schlagen und dann bis zum Ende der Welt herrschen.

Im 12. Jahrhundert, während des zweiten Kreuzzugs, wird diese Rolle Ludwig VII. zugesprochen, im Namen der Prophezeiungen der Tiburtinischen Sibylle, von der eine neue, höchst gelegen aufgetauchte Version verkündet, ein König von Frankreich werde beide Reiche, das Ostreich und das Westreich, an sich reißen und zum Endzeitkaiser aufrücken und seine Insignien auf dem Ölberg niederlegen. Sein Name werde aus einem »L« in ein »C« verwandelt. Eine weitere Prophezeiung fügt hinzu, daß er sich »Babylons« bemächtigen werde, der Stadt der Dämonen und des Antichrist. Sogar der hl. Bernhard ist am Ende von der Triftigkeit dieser Verheißungen überzeugt.

Auch im 13. Jahrhundert ist der Mythos noch lebendig und erlaubt es mehreren dreisten Betrügern, sich als Reinkarnation des Endzeitkaisers auszugeben. Im Jahre 1224/25 behauptet ein armer Einsiedler, Balduin zu sein, der Graf von Flandern und früherer Kaiser von Konstantinopel, der zurückgekehrt sei, um die sibyllinischen Weissagungen zu erfüllen. Er löst eine große Bewegung in Flandern und im Hennegau aus und bringt das städtische Proletariat hinter sich. Ein Neffe Balduins hält ihn tatsächlich für seinen Onkel, so daß auch der Adel sich ihm anschließt. Die Handwerker

Die Prophetie in Freiheit und ihre heterodoxe Entwicklung 237

der Städte Flanderns und des Hennegaus sehen in ihm auch den Mann, der sie von der Vormundschaft der Könige von Frankreich befreien könnte. Immer macht das Zusammentreffen weltlicher Interessen und religiöser Hoffnungen die Stärke solcher Bewegungen aus. Balduins Tochter, Gräfin Johanna, die ihn als Schwindler entlarvt hat, wird abgesetzt, und der Pseudo-Balduin wird in Valenciennes zum Kaiser von Konstantinopel und Thessaloniki gekrönt. Zu seinen glühendsten Anhängern in einer Gegend, die damals unter der Hungersnot und der Krise litt, gehören die armen Textilarbeiter, die entsprechend den Verheißungen der Tiburtinischen Prophetin Überfluß von ihm erwarten. Von nun an gewinnt die Bewegung einen revolutionären Charakter; Bürgerliche und Adlige wenden sich dem König von Frankreich zu. Pseudo-Balduin, anfangs vielleicht von Bertrand von Ray manipuliert, ergreift schließlich die Flucht, wird gefaßt und in Lille gehängt.

Einige Jahre später lebt der Mythos vom letzten Kaiser abermals auf und gewinnt neue Kraft, indem er sich auf Friedrich II. konzentriert. Die Umstände sind außergewöhnlich günstig. Denn nach dem Tod Friedrichs I. Barbarossa im Jahre 1190 sind Prophezeiungen in Umlauf, die verkünden, ein künftiger Friedrich werde der Endzeitkaiser sein, das Heilige Grab befreien und das Millennium einleiten. Es ist also durchaus natürlich, daß man in Friedrich II., dem Enkel Friedrichs I., der 1220 zum Kaiser des Heiligen Römischen Reichs gekrönt worden war, die Verkörperung dieser apokalyptischen Gestalt erblickt. In Schwaben sagt ein dissidenter Dominikanerpater namens Arnold, vom prophetischen Denken des Joachim von Fiore durchdrungen, voraus, daß mit dem Anbruch des Zeitalters des Geistes im Jahre 1260 Christus kommen werde, um den Antichrist, der kein anderer sei als der Papst, und alle seine Gehilfen, die Bischöfe, zu verdammen. Arnold werde der Vollstrecker sein und der römischen Kirche alle ihre Reichtümer wegnehmen und sie mit Hilfe Kaiser Friedrichs unter die Armen verteilen.

Dessen Streitigkeiten mit dem Papst mochten diesen Reden eine gewisse Wahrscheinlichkeit verleihen, waren aber auch geeignet, sie unter Vertauschung der Rollen in entgegengesetztem Sinn zu interpretieren, ebenfalls in einer prophetischen Lesart der Ereignisse. In den Jahren nach 1240 wird der Joachim von Fiore zugeschriebene *Kommentar zu Jeremia* verfaßt, der die Zerstörung der

Kirche durch Friedrich II. prophezeit, der hier die Rolle des Antichrist oder des Tiers der Offenbarung spielt: das römische Reich wird mit Babylon gleichgesetzt, und das Verschwinden der Kirche soll dem weiterhin für das Jahr 1260 geweissagten Zeitalter des Geistes vorausgehen.

Der Tod Friedrichs im Jahre 1250 hätte diese Prophezeiungen hinfällig machen können. Doch die symbolischen Angleichungen ermöglichen eine unendliche Anpassungsfähigkeit. Bald laufen Gerüchte um, denen zufolge der Kaiser, vor seiner großen Rückkehr, als Pilger oder Einsiedler in ferne Länder gegangen sei. Ein sizilianischer Mönch hat ihn in den Schlund des Ätna hinabsteigen sehen, und für viele heißt das, daß er eingeschlafen ist, wie König Arthur und Karl der Große, und daß er im Schicksalsjahr 1260 wiederkommen wird. Und tatsächlich spielt von 1260 bis 1262 ein Betrüger seine Rolle in Sizilien und findet eine beträchtliche Anzahl Leichtgläubiger, die ihm folgen. 1284 tauchen im Reich mehrere falsche Friedriche auf, was den herrschenden Kaiser Rudolf in Verlegenheit bringt, da ein Teil des Adels sich den Betrügern anschließt, die auch von den Armen der Städte unterstützt werden. Wie immer verkommt die religiöse Prophetie zu politischen Ränken. Ein Pseudo-Friedrich taucht in Worms auf, ein anderer in Lübeck, ein dritter im Rheinland. Nachdem letzterer wegen Irrsinns aus Köln verbannt worden war, gelingt es ihm, sich in Neuss krönen zu lassen. Festgenommen und Rudolf ausgeliefert, endet er in Wetzlar auf dem Scheiterhaufen. Dieses Ende, das Ende eines Ketzers, weist darauf hin, daß die Autoritäten apokalyptische Prophetie und Ketzerei gleichstellen.

Man kann diese Episoden auch als sozialrevolutionäre Bewegungen bezeichnen, die sich mit dem kulturellen Flitter ihrer Zeit behängen und stets eine messianische und utopische Seite enthalten. Im 19. Jahrhundert soll die Revolution im Namen des Messianismus der Arbeiterklasse stattfinden und hat die kommunistische Utopie zum Ziel. Im 12. und 13. Jahrhundert kristallisiert sie sich um die Person des letzten Kaisers oder um den reinkarnierten Christus selbst, im Hinblick auf die Errichtung des Millenniums des Glücks für die Auserwählten. Nichtsdestoweniger bleibt sie eine revolutionäre Bewegung und als solche unannehmbar für die zivilen und religiösen Autoritäten.

Prophetie und Antiklerikalismus

In der Tat ist die Kirche neben den weltlichen Fürsten die Hauptzielscheibe dieser Bewegungen. Der Klerus, insbesondere die Bischöfe, wird mit einer Horde von Satans verglichen, den Anhängern des Antichrist, der selbst bisweilen dem Papst gleichgestellt wird. Dies erklärt beispielsweise ein 1209 in Paris verbrannter Ketzer. Als ehemaliger Priester von der Offenbarung des Johannes und den sibyllinischen Weissagungen durchdrungen, verkündet er, daß Rom das wahre Babylon sei und der Papst der Antichrist, daß binnen fünf Jahren Hunger und Krieg die Christenheit verwüsten und seine Bewohner verschlingen werde, daß ein Feuer die Bischöfe, diese Anhänger des Antichrist, vernichten werde. Dann werde das Reich des eschatologischen Monarchen beginnen, das Reich des Königs von Frankreich, Ludwigs VIII.

In diesem Haß auf den Klerus ist vor allem ein Gefühl des Verrats gegenüber einer Gruppe zu sehen, die sich der biblischen Verheißungen bemächtigt und sie erstickt hat, um ihre eigene Herrschaft über Seelen und Körper einzusetzen. Natürlich Haß auf den von den Priestern angehäuften Reichtum, was ihrer Berufung zuwiderläuft, aber auch Haß aufgrund ihrer Preisgabe des prophetischen Geistes. Die Feindseligkeit gegenüber dem Reichtum des Klerus hat Bewegungen freiwilliger Armut ins Lebens gerufen, die es verstanden, als Bettelorden im Schoß der Kirche zu bleiben. Aber der Protest in bezug auf den prophetischen Geist ist weit radikaler und kann nur auf Ketzerei hinauslaufen. Die Millenaristen sind vom prophetischen Geist Enttäuschte. Sie werfen dem Klerus vor, die messianischen Verheißungen aufgegeben und die prophetische Inspiration erstickt zu haben, um eine Institution, eine Verwaltung zu schaffen, die die Gegenwart zum eigenen Vorteil leitet und die biblischen Verheißungen verschwinden läßt. Sie beschuldigen den Klerus, die prophetische Kirche der Anfänge in eine institutionelle Kirche verwandelt zu haben.

Deshalb werden die millenaristischen Bewegungen einerseits von inspirierten Erlösern angeführt und wenden sich andererseits gegen den Klerus. Die Erlöser sind entweder verbannte Mitglieder des niederen Klerus oder Laien, die eine gewisse Erziehung genossen haben. Der Grad ihrer Aufrichtigkeit läßt sich schwer einschätzen. Auch wenn es unter ihnen offenkundig Schwindler gibt, so sieht es doch so aus, wie Normen Cohn meint, als wären die meisten überzeugt, göttliche Werkzeuge zu sein. Ein gutes Beispiel ist der »Meister aus Ungarn« zur Zeit der Bewegung der Pastorellen im Jahre 1251, den der englische Historiker wie folgt beschreibt: »Einer der drei Kreuzzugsprediger war ein abtrünniger Mönch namens Jakob, den man, weil er angeblich aus Ungarn stammte, den ›Meister aus Ungarn‹ nannte. Er war ein hagerer, blasser, bärtiger, gut sechzigjähriger Asket mit gebieterischem Auftreten, der deutsch, französisch und lateinisch mit großer Gewandtheit sprach. Ähnlich wie nach der Überlieferung Peter der Eremit hielt er stets einen Brief in der Hand, von dem er behauptete, daß er ihn von der Jungfrau Maria erhalten habe, die ihm inmitten einer großen Engelschar erschienen sei. Dieser Brief, verkündete er seinen Zuhörern weiter, rufe sämtliche Hirten auf, König Ludwig zu helfen, den Ungläubigen das heilige Grab zu entreißen.«[49] Der Aufruf wird vernommen, nicht nur von den Hirten, sondern auch von Gesetzlosen, Dieben, Mördern, Dirnen, abtrünnigen Mönchen und Priestern. Dieser wilde Haufen zieht gleich einem Heuschreckenschwarm in Richtung Mittelmeer, wobei er insbesondere über den Klerus herfällt: in Tours wird die Kirche der Dominikaner geplündert, das Franziskanerkloster zerstört, die von unwürdigen Händen entweihten Hostien mit Füßen getreten. Schließlich wird die Bewegung von Adligen zerstreut und ihr Anführer Jakob ertränkt.

Auch wenn die Grundelemente in jeder Prophezeiung dieselben sind, so stellt man in ihrer Anordnung doch eine gewisse Vielfalt fest, und im übrigen könnte man meinen, dies liege neben dem Inhalt dieser Weissagungen daran, daß die Propheten das Predigeramt usurpieren, indem sie sich mittels der Eschatologie direkt an das Volk wenden.[50] Im 12. Jahrhundert halten sich in der Gegend von Straßburg alle Mitglieder der Sekte der Ortlieber für Christus und prophezeien im Namen des Heiligen Geistes. 1145–1146 zieht, ebenfalls am Rhein, der entlaufene Zisterziensermönch Rudolf die Massen an, besonders deshalb, weil er in germanischen Gegenden in romanischer Sprache spricht, so daß man ihm die Gabe der Sprachen andichtet; der Inhalt seiner Predigt hat für die Kirche nichts Schockierendes, außer daß er zur Tötung der Juden aufhetzt. Er kommentiert die Sibyllinischen Bücher, ruft zum Kreuzzug auf und sagt den Erfolg der französischen Kreuzfahrer voraus.

Die Prophetie in Freiheit und ihre heterodoxe Entwicklung 241

Am Ende des 12. Jahrhunderts entwickelt der Häretiker Amalrich von Bena anhand der Zerlegung der Geschichte in lange Perioden ein System, das uns an die großen positivistischen Synthesen des 19. Jahrhunderts denken läßt. Aufgrund seiner Geschichtsauffassung sagt er folgende Phasen voraus: das Reich des Geistes ist gekommen, und nach dem Zeitalter des Glaubens wird das der Wissenschaft kommen; in seinem pantheistischen System ist die Natur die Entfaltung der göttlichen Gedanken, und die Wissenschaften der Natur sind dazu bestimmt, die Theologie zu ersetzen, um zur Erkenntnis des Seins zu gelangen. Diesmal befinden wir uns außerhalb des apokalyptischen Denkens, denn es handelt sich um eine Lehre, die mit der Orthodoxie nichts mehr zu tun hat und den neuen wissenschaftlichen Enthusiasmus des 12. Jahrhunderts widerspiegelt.[51] 1251 wird Amalrichs Lehre vom Laterankonzil verurteilt, aber schon 1210 waren seine Gebeine ausgegraben und in ungeweihter Erde verscharrt worden. Seine Schüler indes pressen sein bahnbrechendes Denken in die Form der klassischen Prophezeiungen, woran sich ermessen läßt, ein wie hohes Ansehen diese genießen. Sie geben sich für die Herolde des Zeitalters des Geistes aus, für die Propheten, in denen sich der Heilige Geist verkörpere, dessen Reich bis zum Ende der Welt währen werde, in der Nachfolge des Reichs des Vaters, das mit der Geburt Christi endete, sowie des Reichs des Sohnes, das sich soeben vollendet habe. Diese kleine, zwölfköpfige Gruppe behauptet, daß der Heilige Geist durch sie spreche und daß dank der Kraft ihrer Rede alle, die ihnen lauschten, ebenfalls »Spirituale« würden, während alle anderen binnen fünf Jahren bei verschiedenen Katastrophen umkommen würden. Der Antichrist, d. h. der Papst und die Kirche, werde verschwinden und der König von Frankreich für immer herrschen. Die Anhänger des »Freien Geistes«, die 1209 festgenommen, verurteilt und verbrannt wurden, hatten jedoch im 14. Jahrhundert mit der Bewegung des Begharden eine beträchtliche Nachkommenschaft.

Noch weitere Prophezeiungen sind im Umlauf, die sich auf den Antichrist und das Millennium beziehen, wobei letzteres nunmehr fast immer auf die Niederlage des ersteren folgen soll. Dies schreibt zum Beispiel Hugo Ripelin um 1256 in seinem *Compendium theologicae veritatis*: »Nach dem Tod des Antichrist wird der Herr nicht sofort kommen, um zu richten«, sondern für die Heiligen wird es eine Zeit der Ruhe geben, in der man die Juden bekehren wird.[52]

Wie Henri de Lubac in Erinnerung rief, geraten die apokalyptischen Themen im 12. und 13. Jahrhundert gewissermaßen zu literarischen Gattungen, wenn nicht gar zur Dutzendware.[53]

Für die Reformatoren, die Polemiker, die Moralisten ist dies ein Mittel, eine moralische oder doktrinäre Botschaft zu verbreiten: jedes Unglück kündigt das Ende an. Die Pseudo-Prophetie wird eine regelrechte Mode; es mehren sich die Parallelen zum Alten Testament, um die verfolgenden Könige zu geißeln: so ist Heinrich II. Plantagenet ein neuer Antichrist. Der Antichrist muß für alles Mögliche herhalten; allenthalben meint man Gog und Magog zu sehen: das Etikett wird nacheinander den Skythen, den Geten, den Masageten, den Goten, den Hunnen, den Türken angehängt. Diese Inflation und Banalisierung der apokalyptischen Episoden erbittert offensichtlich die Theologen, die sich bemühen, an den symbolischen Charakter der Zahlen und Bilder der Offenbarung zu erinnern. Die großen Meister der Scholastik des 13. Jahrhunderts, die bestrebt sind, die Grenzen der wahren Prophetie genau zu definieren, versuchen, sie auf wenige Fälle zu beschränken, die spirituelle und eschatologische Dinge berühren. Die kirchlichen Autoritäten sind sichtlich beunruhigt über das Anwachsen des prophetischen Geistes, der ketzerische Herde entzündet und die Gesellschaftsordnung stört.

Renaissance der Astrologie im 12. und 13. Jahrhundert

Das Überhandnehmen der Zukunft ist auch in der Renaissance der Astrologie zu erkennen, die sich bisweilen mit der religiösen Prophetie verbindet und auf die die Theologen ebenfalls zu reagieren versuchen. Schließlich tauchen im 12. Jahrhundert in der keltischen Welt die berühmten Prophezeiungen Merlins wieder auf, heidnische Orakel, die unter der Feder eines Archidiakons aus Oxford, Geoffrey of Monmouth, eine neue Blüte erleben. Diese Phänomene zeigen, daß während der intellektuellen Renaissance des Hochmittelalters ein Wunsch nach Kenntnis der Zukunft entsteht, der über den Rahmen des christlichen Chiliasmus hinausgeht. Die wissenschaftliche Entwicklung sowie die Wiederentdeckung der alten Kulturen geben den Gebildeten sowie den Völkern zahlreichere und, wie man hofft, präzisere Mittel zur Erforschung der Zukunft an die Hand. Und genau das beunruhigt die Kirchenführer, die Gefahr laufen, von dem Überangebot prophetischer und divinatorischer Reden überrollt zu werden. Daher ihre Reaktion und ihr Versuch, ein kirchliches Monopol auf die Zukunft zu erlangen.

Die Astrologen und Merlin machen den Propheten Konkurrenz und ergänzen sie zugleich. Ab der zweiten Hälfte des 11. Jahrhunderts gibt es mehrere Hinweise auf ein wiederauflebendes Interesse an der Astrologie, sogar bei der Geistlichkeit. In seiner Chronik beschuldigt Wilhelm von Malmesbury den 1108 gestorbenen Erzbischof von York, Gerard, dämonischer Tätigkeiten, denn »statt nachmittags seine Andachten zu halten, las er heimlich Julius Firmicus«. Nach seinem Tod findet man ein astrologisches Buch unter seinem Kopfkissen und weigert sich deshalb, ihn in der Kathedrale beizusetzen.[54] Zur selben Zeit greift Marbod, Bischof von Rennes, in seinem *Liber decem capitulorum* die Astrologen an, weil sie den Charakter der Menschen nach den Planeten bestimmen, was »ich meiner Erinnerung nach einmal in den Büchern über Astrologie gelesen habe: zwar versucht Firmicus dies mit seinen schwachen Argumenten nachzuweisen, aber ich meine, daß seine Thesen falsch sind«.[55] Die zweimalige Erwähnung der mittelmäßigen Werke des Firmicus Maternus, eines neuplatonischen Astrologen und Christen aus dem 4. Jahrhundert, weist neben der wachsenden Neugier der Epoche hinsichtlich dieses Themas auch auf die Dürftigkeit des Materials hin, über das man damals verfügt.

Die Kreuzzüge und die kulturellen Kontakte mit den Moslems in der ersten Hälfte des 12. Jahrhunderts ermöglichen es, das Wissen auf spektakuläre Weise zu vermehren. Guibert von Nogent, der Chronist des ersten Kreuzzugs, ist sich der Unterlegenheit der Christen im Hinblick auf die Vorhersagen bewußt: »Die Kenntnis der Sterne ist im Westen so armselig und selten, wie sie im Osten, wo sie entstanden ist, floriert und ständig geübt wird.«[56] Das damals in Angriff genommene große Unternehmen, die griechischen Werke aus dem Arabischen zu übersetzen, erlaubte es, die astrologischen Schätze der Antike wiederzuentdecken, aber auch, mit den moslemischen Werken selbst in Berührung zu kommen. Diese Bewegung muß in dem größeren Zusammenhang der wissenschaftlichen Begeisterung gesehen werden, die diese Epoche im Abendland kennzeichnet. Ein solches Phänomen der massiven Wiederentdeckung einer Kultur hatte es in der Geschichte bisher noch nie gegeben, und der Optimismus, den es hervorruft, erstickt lange Zeit jede Kritik: man übersetzt alles, akzeptiert alles in Bausch und Bogen, überwältigt von diesen aus der Vergangenheit aufgetauchten Wunderwerken der Weisheit.

Außerdem findet das Unternehmen im Klima eines heiligen Krieges statt. Im Sog der christlichen Heere treffen die Arbeitsgruppen der Übersetzer ein, im Bewußtsein, für die Größe ihrer Religion zu arbeiten: es geht darum, von den Arabern die Techniken zurückzuerobern, die diese den Griechen entlehnt hatten und auf denen ihre Überlegenheit beruht. Diese Techniken reichen von alchemistischen Rezepten und der Verlängerung des menschlichen Lebens[57] bis hin zu astrologischen Voraussagemethoden. Die Vorhersage der Zukunft ist eine strategische Waffe von größter Bedeutung: wenn die Araber in diesem Bereich wirkungsvollere Verfahren besitzen, warum sollte man es ablehnen, sie im Dienst der guten Sache anzuwenden? Dieser Geist beseelt die in den Jahren nach 1140 von Petrus Venerabilis geleitete Übersetzergruppe, ebenso wie den Engländer Daniel von Morley, der in Toledo die Wissenschaften studiert und schreibt: »Plündern wir also auf Anweisung des Herrn und mit Seiner Hilfe die Weisheit und Redekunst der heidnischen Philosophen, plündern wir diese Ungläubigen aus, um uns selbst im Glauben um ihre Hüllen zu bereichern.«[58] Um 1120 klagt Plato von Tivoli, der das »Astronomische Handbuch« von al-Battani übersetzt, über die westliche Unwissenheit auf diesem Gebiet: »Gibt es eine Gelegenheit, wo man die blinde Unwissenheit der Latinität stärker zu beklagen, die faule Nachlässigkeit lebhafter zu tadeln hat?« Neben den arabischen Wissenschaften besäßen wir lediglich »Ammenmärchen«, und in seinem Vorwort schreibt er: »Daher flehe ich Gott um Hilfe an, den Urheber der Wissenschaft.«[59]

Astronomie und Astrologie werden natürlich vermengt und unterschiedslos übersetzt, wodurch letztere mit Macht in die westliche Kultur zurückkehrt: anhand der wissenschaftlichen Werke des Aristoteles, der den Planeten einen entscheidenden Einfluß auf die sublunare Welt beimißt, und vor allem mittels der Werke von Ptolemaios und seiner arabischen Kommentatoren. Zwischen 1130 und 1150 übersetzt die Gruppe des Erzbischofs von Toledo, Don Raimund, die ersten vier Bücher der *Physik* und die vier Bücher *Über den Himmel und die Welt* von Aristoteles sowie *De scientus* von al-Farabi. Zwischen 1105 und 1110 übersetzt Adelard von Bath die astronomischen Tafeln von al-Khwarazmi und den *Almagest* von Ptolemaios. Er selbst verfaßt wissenschaftliche und astrologische Traktate, und mehrere Horoskope werden heute ihm zugeschrieben.[60] Gegen 1150 übersetzt Hermann von Carinthia die *Hypothesen der Planeten* von Ptolemaios; 1138 hatte die Gruppe des Plato von Tivoli die *Tetrabiblos* von Ptolemaios, die *Sphaerica* von Theodosios und *De motu stellarum* von al-Battani übersetzt.

Im 13. Jahrhundert intensiviert sich der Austausch in Süditalien und in Kastilien, was es Alfons X. ermöglicht, astronomische und astrologische Abhandlungen zu verfassen, während Friedrich II. seinen Astrologen Michael Scotus nach Toledo schickt, wo er die *Astrologia* von al-Bitruji und die Abhandlung *Über den Himmel und die Welt* von Aristoteles ins Lateinische überträgt. Die Astrologie nimmt einen großen Platz am Hof des Kaisers ein, für den Michael Scotus sein *Liber introductorius* verfaßt. Dieser Astrologe schottischer Herkunft, der am päpstlichen Hof eine gute Stellung hatte, bevor er sich an den von Friedrich II. begab, gelangt nun zu europäischem Ruhm. Nach seinem Tod im Jahre 1236 spielt ein gewisser »Meister Theodor« die Rolle des Astrologen des Kaisers. Letzterer bedient sich bei bestimmten Gelegenheiten der Astrologie: 1235, als er Isabella, die Schwester des Königs von England, geheiratet hat, »weigerte er sich, sie fleischlich zu erkennen, bevor ihm von seinen Astrologen die günstige Stunde angezeigt wurde«, berichtet der Chronist Matthaeus Paris. 1247, als er die Stadt Victoria gegenüber von Padua gründet, berücksichtigt er die Stellung der Planeten, wie es der Chronist Rolandinus aus Padua mit vielen technischen Einzelheiten erzählt.[61]

Einige Übersetzungen wie die des *Introductorium maius* von Abu Maschar liefern den westlichen Autoren Argumente zur Verteidigung der Astrologie innerhalb des religiösen Denkens. Andere, wie das fälschlich Ptolemaios zugeschriebene *Centiloquium*, stellen in Form astrologischer Aphorismen die Verbindung zur hermetischen Literatur her. Die Grenzen zwischen den verschiedenen Vorhersagemethoden verschwimmen also allmählich. Der Wunsch, Vorhersagen zu machen, wiegt schwerer als Erwägungen ihrer Statthaftigkeit. Mehr als das verwendete Mittel zählt der Erfolg der Vorhersage, was eine Zusammenarbeit zwischen Wahrsagung, Prophetie und Astrologie begünstigt, worüber die religiösen Autoritäten sich Sorgen machen.

Für diesen Pragmatismus besitzen wir mehrere Zeugnisse. Zunächst durch das Wiederauftauchen divinatorischer Traktate, die sich der Losorakel oder der Geomantie bedienen wie die *Schicksalsbücher*, von denen einige für das 12. Jahrhundert untersucht worden sind.[62] Der Bernhardus Silvestris aus Tours zugeschriebene *Experimentarius* ist eine Anthologie dieser aus dem Heidentum stammenden Methoden.[63] Derselbe Autor schreibt 1140 eine *Cosmographia*, die astrologische Studien enthält. Zur gleichen Zeit räumt der Bischof von Chartres, Johannes von Salisbury, ein, daß die Planeten als Zeichen physikalischer Ereignisse eine Rolle spielen, verwirft jedoch jede Einwirkung derselben, da dies dem menschlichen und göttlichen Willen widerspreche.

Der Vorfall zweier Finsternisse und der Konjunktion aller Planeten im Zeichen der Waage im Jahre 1186 ist für die östlichen wie für die westlichen Astrologen eine Gelegenheit, ihre Vorhersagetalente unter Beweis zu stellen, im übrigen auf recht wenig schlüssige Weise, wie der Chronist Roger von Hoveden berichtet: »In jenem Jahr 1184 machten die spanischen und sizilischen Astrologen sowie alle Prognostiker der Welt, griechische wie lateinische, dieselbe Vorhersage im Hinblick auf die Konjunktion der Planeten.« Einem gewissen Chorumphisa zufolge werden die Franken die Sarazenen schlagen; ein großer Prophet und ein großer Fürst werden erscheinen in der Person von William, einem Geistlichen aus Chester; England werde eine Katastrophe erleben, und um sie zu verhindern, »gibt es nur ein einziges Mittel, nämlich daß die Könige und die Adligen beratschlagen, Gott dienen und sich vom Teufel lossagen, auf daß der Herr diese drohende Strafe abwende«.[64] Man erkennt nebenbei die Vermischung der Gattungen und die Inkohärenz der Argumentation, die die Vorhersage zunichte macht, da Gott die Auswirkungen der Sternenkonstellation in jedem Augenblick aufheben kann. Außerdem machte, demselben Chronisten zufolge, ein Mönch aus der Probstei Worchester im

Zustand der Trance kurz vor seinem Tod apokalyptische Prophezeiungen: Prophetie und Astrologie finden sich Seite an Seite, um Katastrophen vorherzusagen. Beruhigender ist die astrologische Vorhersage eines Moslems aus Cordoba, Pharamella, dem zufolge die Einflüsse des Guten und des Bösen einander aufheben müßten. Tatsächlich jedoch wird das Jahr 1186 von keiner großen Plage heimgesucht, aber Pharamella könnte seine Vorhersage nachträglich gemacht haben.

Merlins Prophezeiungen, divinatorische Träume und Unruhe der Kirche

Von ganz anderer Art sind die Prophezeiungen Merlins Mitte des 12. Jahrhunderts, die Geoffrey of Monmouth von Anfang bis Ende erfunden hat und die im Laufe des Mittelalters ungeheure Berühmtheit erlangten. Dieser Archidiakon aus Oxford, von 1151 bis 1155 Bischof von Saint Asaph im Norden von Wales, ist der Autor einer *Geschichte der Könige Britanniens,* die das Leben und die Prophezeiungen Merlins enthält, die ursprünglich ein gesondertes Werk bilden sollten.[65] Woher hat er diese Prophezeiungen? Aus »einem alten Buch in bretonischer Sprache«, das natürlich verschollen ist und um das sich viele Hypothesen ranken. Eines scheint sicher zu sein: Geoffrey hat Bruchstücke existierender Erzählungen und Traditionen verwendet, um ein überaus phantastisches Werk zu schreiben. Er hat weder Merlin noch Arthur, seine beiden Haupthelden, erfunden. Merlin ist eine sehr alte Gestalt der keltischen Mythologie, die man in mancher Hinsicht mit der Sibylle vergleichen könnte. Geoffreys Verdienst besteht darin, dieser Gestalt, die bisher nur ein undeutlicher Schatten war, Konsistenz verliehen zu haben. Merlin ist beunruhigend; er befindet sich an der Nahtstelle zwischen den okkulten heidnischen Kräften und dem Christentum, eine Art umgekehrter Christus: seine Mutter ist eine Nonne und sein Vater ein Dämon; von einer Jungfrau geboren, aber aus der teuflischen Welt hervorgegangen, ist er ein zweideutiges Wesen, Zauberer und Wahrsager mit außergewöhnlichen Kräften.

Die Prophezeiung, die er König Vortigern macht, ein mehr als fünfzehn Seiten langer Text, ist komplex und geheimnisvoll, durch und durch symbolisch, was später alle möglichen Adaptationen erlaubte. Sie enthält ein außergewöhnliches Bestiarium, an dem die mittelalterliche Heraldik ihre wahre Freude hatte. Ihr Inhalt läßt sich unmöglich wiedergeben. Zuerst sieht man einen roten Drachen, der die Bretonen darstellt und der von einem weißen Drachen, den Sachsen, verfolgt wird; aber ein Eber aus Cornwall besiegt die Eroberer; dann »werden sechs Nachkommen des Ebers das Zepter halten, und danach wird sich der deutsche Wurm erheben. Der Seewolf wird diesen Wurm erhöhen, und die Wälder Afrikas werden über ihn wachen«. Es folgen zusammenhanglose zoologische Begebenheiten; dann »wird das Armorikanische Gebirge ausbrechen, und Armorika selbst mit dem Diadem des Brutus gekrönt werden. (...) Aus Conan wird ein wilder Eber herabsteigen und in den Wäldern Galliens seine Fangzähne schärfen, denn er wird die großen Eichen entwurzeln, aber darauf achten, die kleinen zu schützen. Die Araber und die Afrikaner werden diesen Eber fürchten, denn die Kraft seines Angriffs wird ihn bis zu den entlegensten Teilen Spaniens tragen.«[66] Und so fort, seitenlang.

Welche Absicht verfolgt Geoffrey of Monmouth, wenn er solche Ungereimtheiten erzählt? Soll man aus diesen kindischen Tiergeschichten die versteckte Ankündigung der zukünftigen Größe der anglonormannischen Monarchie herauslesen, in deren Dienst der Archidiakon steht? Viele Kommentatoren haben das geglaubt, und tatsächlich besteht die einzige Alternative darin, sein Werk für das schiere Produkt seiner Einbildungskraft, für ein Vergnügen ohne ideologische Absicht zu halten. Wir wollen das nicht entscheiden. Eine andere Frage ist noch verwirrender: Wie läßt sich der jahrhundertelange sagenhafte Erfolg dieser Albernheiten erklären? Das Werk hat schon bei seinem Erscheinen einen riesigen Erfolg: es sind noch über fünfzig Manuskripte aus dem 12. Jahrhundert und hundertsechsundachtzig aus dem gesamten Mittelalter davon erhalten. Die erste Ausgabe des lateinischen Texts stammt aus dem Jahr 1508, die zweite aus dem Jahr 1517, beide bei Josse Bade in Paris hergestellt. Weitere folgen 1587, 1844, 1929, 1951. Die englische Übersetzung wird 1718 von Aaron Thomson angefertigt. Romanciers, Erzähler, Dramatiker, Dichter und Historiker schöpfen einen Teil ihres Stoffs aus diesem Buch, von Chrétien de Troyes bis Tennyson (*Idylls of the King*) über

Die Prophetie in Freiheit und ihre heterodoxe Entwicklung 249

Spencer (*Faere Queene*), Shakespeare (*Cymbeline, King Lear*), Dryden (*Arthur or the British Worthy*), Wordsworth (*Artegal and Elidare*) und vielen anderen. Der Erfolg dieser Fabeln läßt sich durchaus mit dem der *Ilias* und der *Odyssee* vergleichen. Und dennoch fehlt es schon im 12. Jahrhundert nicht an Kritikern: Aelred von Rievaulx, Giraldus Cambresis und vor allem Wilhelm von Newburgh zeigen sich als die hellsichtigsten. Letzterer erklärt 1190: »Es ist klar, daß alles, was dieser Mann über Arthus, seine Nachfolger und seine Vorgänger ausgehend von Vortigern geschrieben hat, zum Teil von ihm selbst und zum Teil von anderen erfunden worden ist, sei es aus übermäßiger Liebe zur Lüge, sei es um den Bretonen zu gefallen.«[67] Und tatsächlich sind die Bretonen zu beiden Seiten des Kanals mit dem, was Geoffrey ihnen über ihre Vergangenheit erzählt, so erfreut, daß sie sich schließlich einreden, das alles sei wahr. Es ist rührend, mit welcher Einmütigkeit, welcher Treue und welchem Respekt die bretonischen Historiker noch die aberwitzigsten Fabeln von Geoffrey kopieren und zitieren, und dies bis Ende des 18. Jahrhunderts.

1588 äußert der überaus seriöse Bertrand d'Argentré nur einen kleinen Vorbehalt: »Auch wenn man nicht alles glauben muß, was er über Merlin sagt, so war er zu Lebzeiten doch ein ungemein erleuchteter Mensch. Hat man etwa Herodot verdammt, weil er derlei Dinge berichtete, oder Diodorus Siculus, bei dem es von solchen Gestalten wimmelt?«[68] Kurz, die Prophezeiungen Merlins werden nahezu von allen akzeptiert, bis die gebildeten Benediktiner des 18. Jahrhunderts den Mythos schließlich zerstören.

Das Sonderbarste an dieser Geschichte ist jedoch, daß dank den Prophezeiungen Merlins der Rest des Buchs jahrhundertelang als historische Wahrheit galt. Geoffrey rekonstruiert nämlich die ferne Vergangenheit Britanniens und Armorikas (der Bretagne) mit Hilfe von Fabeln und Legenden, unter die sich einige authentische Namen mischen, und dieses Fabelwerk wird als *Geschichte* vorgestellt, an der man lange Zeit nicht zweifelt: Kann ein Buch, das solche Prophezeiungen enthält, Lügen erzählen? Dieser Zug beweist, welche Bedeutung der Prophezeiung im 12. Jahrhundert zukam. Während üblicherweise die Authentizität der historischen Tatsachen für den Wert der Prophetie bürgt, ist hier das Gegenteil der Fall.

Daher kann man Merlin nicht von den anderen Prophezeiungen

und Vorhersagen jener Zeit trennen, indem man ihn in die keltische Folklore verweist. Merlin, Joachim von Fiore und die Astrologen haben die gleiche Mentalität und teilen die Überzeugung, daß die Kenntnis der Zukunft möglich und notwendig ist, um unsere gegenwärtigen Handlungen zu steuern. Jeder von ihnen gedeiht in einem besonderen gesellschaftlichen Umfeld: für die Astrologen ist es die politische Welt, für Joachim der Klerus, für Merlin das Rittertum, weil ein jeder seiner Gruppe auf deren Fragen dunkle, folglich anpassungsfähige Antworten gibt. Und alle Erkundungsmittel sind gleich tauglich: die Gestirne, die Apokalypse und die bretonische Folklore. Zur selben Zeit forscht Abälard, der große rationale Dialektiker, mit Hilfe Vergils und der Sibylle nach der Zukunft. In seinem *Tractatus* von 1119 zeigt er, daß Gott sich durchaus der Heiden bediente, um seine Absichten kundzutun; 1122–1125 erklärt er in seiner *Theologia christiana*, daß Vergil und die Sibylle gewiß nicht die ganze Tragweite ihrer Worte verstanden hätten, und in seiner *Introductio ad theologiam* von 1135/36 weist er Punkt für Punkt nach, daß diese beiden Gestalten das Leben Christi prophezeiten, und fügt in seinem VII. Brief an Heloise hinzu, daß sie in ihrer Hellsicht bisweilen sogar die Evangelisten überträfen. Ihrerseits vertiefen die Juden zu jener Zeit die kabbalistischen Spekulationen über das Große Jahr, in welchem alle siebentausend Jahre eine periodische Zerstörung der Welt mit einer voraussehbaren Wiederkehr derselben Ereignisse stattfinde.[69]

Die große Suche nach der Zukunft hat begonnen. Man kann ihr sogar durch den Traum beikommen. Im 13. Jahrhundert untersuchen mehrere Autoren dessen vorwarnenden Charakter. Bartholomaeus Anglicus zeigt sich in seiner großen Enzyklopädie mit dem Titel *De proprietatibus rerum* vorsichtig: »Man darf also den Träumen weder unterschiedslos glauben, noch sie allesamt verachten, da man bisweilen dank den Träumen, durch göttliche Eingebung, ganz gewiß Kenntnis der Zukunft erhält.«[70] Dagegen ist der rationalistische Denker Boetius von Dacien in seinem Buch über die Träume weit kühner. Für ihn verkünden bestimmte Träume nicht nur die Zukunft, sie können sogar deren Ursache sein:

»Man muß sagen, daß die Wissenschaft der Träume, oder die Vorhersage der Zukunft durch die Träume, möglich ist. Um zu erkennen, welche Träume es nicht erlauben, die Zukunft zu erkennen, und bei welchen Träumen dies möglich ist, muß man darauf achten, daß unter den Träumen, die uns im Schlaf erscheinen, einige nur Zufälle sind, die mit einem zukünftigen Ereignis in keiner Beziehung stehen, jedoch mit einem zukünftigen Ereignis übereinstimmen, wie dann, wenn ein Blitz einschlägt, während man zu Fuß unterwegs ist (...). Aber es gibt andere Träume, die Ursache künftiger Ereignisse sind. Denn so wie ein Mensch, der intensiv an etwas denkt, sich im Schlaf bisweilen daran erinnert, so hat der Mensch in seinem Schlaf manchmal auch das Bild von etwas, was er tun kann, vor Augen und sieht in seinem Schlaf, auf welche Weise er es tun kann; beim Erwachen erinnert er sich an seinen Traum, hält sein Tun und die Art seiner Ausführung für gut und handelt so, wie er es im Traum vorhergesehen hat. Daher erlaubt es ein solcher Traum, die Zukunft zu erkennen.«[71]

Die Erklärung skizziert eine naturalistische und rationale Deutung der Vorwarnung, der Wahrsagung durch Autosuggestion. Zu Ende gedacht, kann sie sogar das Prinzip der Prophetie und der Vorhersage untergraben, da sie es bestenfalls auf natürliche, für die Zukunft völlig belanglose Erscheinungen, schlimmstenfalls auf Manipulationen zurückführt.

Darin besteht eine wirkliche Gefahr, deren sich die Kirche bewußt ist. Boetius von Dacien gehört zu einer Gruppe suspekter Denker, Enthusiasten der Vernunft, die Aristoteles und den Glauben, die hier nahezu auf derselben Ebene stehen, miteinander verbinden wollen. Boetius, der wegen seiner Ansichten im Jahre 1277 behelligt, in Orvieto vielleicht vergiftet wird, ist auch der Verfasser eines vom astristotelischen Geist durchdrungenen großen Traktats mit dem Titel *Über die Ewigkeit der Welt*. Für die Kirche ist sein Fall ein zusätzlicher Beweis für die dringende Notwendigkeit, die Arten des Zugangs zur Kenntnis der Zukunft zu definieren und zu kontrollieren. Im 12. Jahrhundert sind die kirchlichen Autoritäten im Begriff, von der Woge der unkontrollierten Vorhersagen – Vorhersagen mittels der Sterne, der Träume, der Geomantie, der magischen und heidnischen Weissagung, der göttlichen und diabolischen Inspiration – überrollt zu werden. Deshalb wird in dieser Epoche ein großer Versuch unternommen – den wir nun beschreiben müssen –, in dieser Flut der Propheziungen die Spreu vom Weizen zu trennen, die erlaubten Methoden zu definieren und sie wenn möglich durch Ausstellung von Echtheitszeugnissen zu monopolisieren.

Dies läßt sich am besten anhand der Anfang des 12. Jahrhunderts entstandenen großen prophetischen Strömung erkennen, der des Joachim von Fiore.

KAPITEL VI

Die Kirche definiert und reglementiert den Zugang zur Zukunft (11.–13. Jahrhundert)

Das Werk Joachims von Fiore ist sowohl das Produkt eines 12. Jahrhunderts, das mit allen Mitteln in die Zukunft zu blicken versucht, als auch der Abschluß der auf der Johannesoffenbarung beruhenden prophetischen Spekulationen sowie der Wegbereiter neuer Vorhersagemethoden. Sein Erfolg verdankt sich dieser Synthese von Altem und Neuem, seinem in der Tradition wurzelnden innovativen Charakter, womit es einer der großen Bestrebungen der Epoche gerecht wird: die nächsten Etappen der Geschichte der Welt und des Heils zu kennen und sie genau zu datieren.

Zunächst sind Päpste und Bischöfe recht angetan von Joachims grandiosem Schema und billigen es, bevor sie Vorbehalte anmelden und es dann verurteilen, als sie sich der Gefahren heterodoxer Abirrungen bewußt werden. Dazu brauchte es mehr als ein halbes Jahrhundert, in dessen Verlauf die Kirche ihre Unsicherheit und Ratlosigkeit angesichts der prophetischen Bewegungen und der Vorhersagemethoden ablegt und den festen Willen bekundet, die Echtheitskriterien zu definieren und festzulegen mit dem eigentlichen Ziel, sich selbst das Monopol der Prophetie vorzubehalten. Gott allein kennt die Zukunft, nur denen, die einer göttlichen Eingebung teilhaftig sind, kann sie sich enthüllen, und es ist Sache der Kirche zu bestimmen, wer erleuchtet ist, während die anderen entweder Handlanger des Teufels oder Scharlatane sind. Dieses große Unternehmen der Klarstellung muß im größeren Rahmen einer Neudefinition der Doktrin angesichts der um sich greifenden Ketzerbewegungen gesehen werden.

Die prophetischen Grundlagen des Joachim von Fiore: Apokalypse und Geschichte

Der Abt Joachim von Fiore (um 1130 bis 1202) ist ein Zisterziensermönch aus Kalabrien mit mystischer Veranlagung, Gründer des rigoristischen Florenser-Ordens. Den Hauptteil seines Lebens widmet er der Reflexion über die Beziehungen zwischen der Johannesoffenbarung und der Weltgeschichte und entwickelt daraus ein grandioses Schema, das Vergangenheit, Gegenwart und Zukunft umfaßt. Die Kraft seiner Theorie beruht auf diesem globalen Zusammenhang der drei zeitlichen Phasen. Neu an seinem Vorgehen ist, daß er die Vorhersage von einer Analyse der vergangenen Geschichte abhängig macht. Dies ist bereits das Verfahren, das später die Größe der Theorien eines Lessing, Schelling, Fichte, Hegel, Auguste Comte und Marx ausmachen wird, wobei Joachims traditionelle Seite darin besteht, daß er seine Deutung der Geschichte in der Offenbarung sucht. Er ist wahrhaft ein Mann des Übergangs.

Henri de Lubac erkennt in seiner berühmten Untersuchung des Werks Joachims von Fiore drei Grundprinzipien.[1] Die Wurzel ist die »Neugier des Volkes«, die Joachim wie alle seine Zeitgenossen kitzelt, so daß er die evangelischen Warnungen außer acht läßt, die erklären, daß es uns nicht gegeben sei, den Tag und die Stunde der zukünftigen Ereignisse, die das Ende der Welt ankündigen, zu kennen. So wie einst Hippolytos das »neugierige Studium der Zeit« kritisierte und dennoch »der menschlichen Wißbegier Aufklärungen nicht verweigern« wollte, so erliegt auch Joachim dieser in seiner Zeit so starken Versuchung.

Das zweite Prinzip seines Vorgehens ist das modernste: es handelt sich um eine Reflexion über die Geschichte der Kirche. Diese zieht sich übermäßig in die Länge; schon zwölf Jahrhunderte sind seit dem Tod Christi verstrichen, während man in den ersten Zeiten seine Wiederkehr doch in naher Zukunft erwartete. Was geht vor? Warum diese unvorhergesehene Verzögerung? Joachim verspürt das Bedürfnis, eine neue Einteilung der Weltgeschichte vorzunehmen. Schon Augustinus hatte sechs Menschheitsalter unterschieden, wobei die Ankunft Christi das fünfte beschloß. Aber die sechste Periode ist nunmehr unverhältnismäßig lang; also muß diese Einteilung revidiert werden.

Die Kirche definiert und reglementiert den Zugang zur Zukunft 255

Das dritte Prinzip ist klassischer. Als Kind des 12. Jahrhunderts sucht Joachim die Erklärung dieses Geheimnisses in den biblischen, besonders den apokalyptischen Zahlen und Symbolen. Gewissenhaft untersucht er alle Anzeichen für das Altern der Welt, alles, was als Vorzeichen gelten kann, alle Schriften der Kirchenväter und alle Ereignisse der profanen Geschichte, um einen genauen Kalender der kommenden Etappen aufzustellen.

Das Ergebnis dieser Meditationen ist zwar höchst komplex, läßt sich jedoch – und eben dies prägen die Zeitgenossen sich ein – in einem Datum zusammenfassen: 1260. Joachim von Fiore benötigt vier umfangreiche gelehrte Werke, um sein System darzulegen: die *Concordia novi et veteris testamenti*, die *Expositio in Apocalypsim*, das *Liber introductorius*, ab 1184 verfaßt, und schließlich den unvollendet gebliebenen *Tractatus super quatuor Evangelica*. Das Ganze ist sehr verwirrend. Joachim beginnt mit einer Aufzählung der verschiedenen möglichen Arten, die Heilige Schrift zu verstehen: es gibt, so schreibt er, ein »typologisches« Verständnis des Texts, das sieben Kategorien umfaßt, und ein »spirituelles oder mystisches« Verständnis, bei dem ein historisches, ein moralisches und ein allegorisches zu unterscheiden ist, das wiederum drei Aspekte aufweist, einen typologischen, einen kontemplativen und einen anagogischen. Das heißt insgesamt zwölf mögliche Auffassungen der Schrift. Diese Zahl sei nicht zufällig die vollkommene Zahl, und wenn man das minderwertige historische und moralische Verständnis davon abziehe, so erhalte man die zehn Saiten des Psalteriums.

Die vier Grundarten des Verständnisses – das historische, das moralische, das allegorische und das typologische – sind wie die vier Winde des Himmels, die vier Lebenden des Buchs Ezechiel und der Offenbarung, die vier Flüsse des Paradieses, die vier Evangelisten, die vier Mysterien Christi, die vier Orden (Jungfrauen, Märtyrer, Apostel, Doktoren). Diese Analogien, die für uns keinerlei logischen Wert haben und deren Liste sich unendlich verlängern ließe, sind in der damaligen Zeit überaus bedeutungsträchtig.

Indem Joachim von Fiore diese Methoden auf die Heilige Schrift anwendet, die wie ein großes zu entzifferndes Rätsel sei, glaubt er in der Menschheitsgeschichte vier Zeitalter unterscheiden zu können: vor dem mosaischen Gesetz, unter dem Gesetz, unter dem Evangelium, unter dem Neuen Testament, und darüber hinaus eine fünfte Epoche außerhalb der Zeit, die der göttlichen Vision entspreche. Aber die beiden ersten Epochen lassen sich zusammenfassen, was drei historische Zeitalter ergibt: das Zeitalter des Vaters, das Zeitalter des Sohnes, das Zeitalter des Heiligen Geistes, die sich in verschiedener Hinsicht mit drei Momenten decken: Epoche des natürlichen und mosaischen Gesetzes, Epoche des evangelischen Gesetzes, Epoche der Anschauung des Geistes; oder: vor der Gnade, in der Gnade, in noch reicherer Gnade; oder: Periode der Knechtschaft des Gesetzes, Periode der evangelischen Wahrheit, Periode der Lobpreisung Gottes; oder auch: Zeit des Alten Testaments (die den fünf ersten Perioden der Welt entspricht), Zeit des Neuen Testaments (sechste Periode der Welt), Zeit des »ewigen Evangeliums« (siebte Periode der Welt).

Joachim von Fiore siedelt seine eigene Epoche an der Nahtstelle zwischen der zweiten und der dritten Periode an, dem Beginn des Zeitalters des Geistes. Aber es tritt eine Komplikation ein: jede Periode hat zwei Anfänge. Sie beginnt mit einer Inkubationszeit, einer Zeit der Vorbereitung, die an einem »Initiations«datum durch ein Vorzeichen eröffnet wird, während das vorhergehende Zeitalter seine Reifung fortsetzt. Für eine bestimmte Zeit überschneiden sich also die vorhergehende und die entstehende zukünftige Periode, die erst zum Zeitpunkt ihrer »Bestätigung« oder »Fruktifikation« wirklich beginnen wird. So reichte im Zeitalter des Vaters die Keimungsperiode von Adam bis Moses und die Periode der Erfüllung von Moses bis Jesus. Aber das Zeitalter des Sohnes hatte schon unter der Herrschaft des Usija seinen Anfang genommen, mit der Ankunft Christi hatte es wirklich begonnen, und es wird mit der Wiederkehr des Elias enden, die den Anbruch des Zeitalters des Geistes markieren wird. Diese Wiederkehr kann nicht auf sich warten lassen, da ihre Vorbereitung schon im 6. Jahrhundert mit dem hl. Benedikt begann.

Für Joachim von Fiore – und hier kommt die Vorhersagekraft seiner Theorie zum Zuge – besteht eine genaue Entsprechung zwischen den Ereignissen eines jeden Zeitalters, so daß man wissen kann, was demnächst eintreten wird. Der Verfolgung durch Nebukadnezzar im ersten Zeitalter z. B. entspricht die durch die Mohammedaner im zweiten Zeitalter; und da danach der Befreier Kyros kam, läßt sich vorhersagen, daß bald ein großer König kommen, die Mohammedaner besiegen und das christliche Priestertum erhöhen wird; er wird die Menschheit zur Liebe des Geistes emporheben, einen neuen religiösen Orden gründen, aus dem zwölf Patriarchen hervorgehen und die Juden bekehren werden. Aber so wie es am Ende des ersten Zeitalters die Verfolgung durch Antiochus gegeben hat, so wird das Ende des zweiten Zeitalters dreieinhalb Jahre lang (man beachte, daß alle prophetischen Materialien verwendet und in die neue Synthese eingefügt werden) von der Ankunft des Antichrist geprägt sein, der die sichtbare Kirche zerstören wird, und nach seiner Niederlage wird mit der Wiederkehr des Elias wirklich das dritte Zeitalter, das Reich des Geistes, des ewigen Evangeliums anbrechen, das nicht aus Worten zusammengesetzt ist, sondern im spirituellen Verständnis der beiden Testamente bestehen wird.

Nach der Methode der Entsprechungen ist es sogar möglich, die Daten dieser künftigen Ereignisse zu bestimmen. Zu einer wörtlichen Lesart der Texte zurückkehrend, erinnert Joachim daran, daß Christus uns gesagt hat, Gott allein wisse »den Tag und die Stunde«, was uns indes nicht verbiete, das Jahr des Beginns des dritten Zeitalters zu berechnen. Die Methode verbindet Symbolik und wörtliche Deutung. Jedes Zeitalter umfaßt, nach dem Muster des ersten, 63 Generationen, wie es die Bibel zeigt. Eine Generation umfaßt dreißig Jahre, da Jesus, die Sonne der Gerechtigkeit, mit dreißig Jahren seine geistigen Söhne gezeugt hat. Die Vorbereitungsperiode jedes Zeitalters dauert 22 Generationen: sie trennen Usija von Christus. Von Christus bis zum Jahr 1200, der Zeit, in der Joachim schreibt, sind es 40 Generationen. Es fehlen also nur noch zwei, um die 63 vollzumachen. Zwei Generationen sind sechzig Jahre: das Schicksalsjahr, das den Beginn des Zeitalters des Geistes markiert, wird das Jahr 1260 sein.

Man kann sogar noch weiter gehen. Das Zeitalter des Geistes wird eine Periode der Ruhe, des Friedens und der Kontemplation sein: das so oft angekündigte Millennium. Das Weitere ist klassisch: ein zweiter Antichrist wird sein Heer versammeln, das sich über den Orient und den Okzident ergießen wird. Er wird besiegt werden und zusammen mit dem Teufel in dem See aus Feuer und Schwefel versinken. Und dann wird das Jüngste Gericht und das ewige Jahrhundert anbrechen.

Diese letzten Punkte sind nicht originell. Was in unseren Augen die Modernität des Joachim von Fiore ausmacht, ist seine Reflexion über die historische Entwicklung und sein Versuch, deren Gesetz zu finden und dieses Gesetz auf die Vorhersage der Zukunft anzuwenden. Indem der Zisterzienser jeden Gedanken einer zyklischen Entwicklung aufgibt, vertritt er entschlossen den Standpunkt einer linearen Geschichte, Trägerin einer Fortschrittsidee. Bis zum 12. Jahrhundert haben die mittelalterlichen Historiker kein kohärentes und einheitliches Geschichtsbild; sie tragen isolierte Fakten zusammen, von denen jedes einzelne das Walten Gottes veranschaulicht, die jedoch keinem Gesamtplan gehorchen. Seit Polybios hatte die Geschichtsschreibung jeden Vorhersagewert und jede innere Kohärenz verloren.[2] Auch die intellektuelle Mittelmäßigkeit der damaligen »Historiker« sowie die Tatsache, daß die Geschichtsschreibung keine autonome literarische Gattung war[3], mag dieses Defizit erklären. Erst im 12. Jahrhundert erhält die Geschichte unter dem Einfluß der Theologie wieder einen Sinn, daß nämlich das Volk Gottes auf dem Weg zur Glückseligkeit voranschreitet. Die Fakten bestätigen diese Entwicklung, die ihnen wiederum Bedeutung verleiht. Eine Periodisierung wird möglich, womit die Geschichte einen prädiktiven Wert erhält. Joachim von Fiore ist einer der Wegbereiter dieses neuen Geistes, den wir schon bei seinem Zeitgenossen Amalrich von Bena erwähnten, einem weiteren Herold des Zeitalters des Geistes.

Die Verurteilung (1259)

Und nun schreiten die kirchlichen Autoritäten ein. Ihr Mißtrauen gilt mehr dem Inhalt der Vorhersagen als den verwendeten Methoden. Doch während Amalrich von Bena Anfang des 13. Jahrhunderts verurteilt wird, trifft das Denken des Joachim von Fiore zunächst auf Wohlwollen, was an der theologischen Verschwommenheit der präscholastischen Zeit liegen mag und vielleicht auch daran, daß den Autoritäten das joachimitische Denken weitgehend unbekannt ist. Denn diese Prophezeiungen lassen sich kaum mit der Orthodoxie hinsichtlich des Auftrags der Kirche vereinbaren. Für die Kirche ist nämlich das Neue Testament der wahre spirituelle Sinn des Alten Testaments, und nie war von einem ungeschriebenen »ewigen Evangelium« die Rede, das sich vom Evangelium Christi unterscheidet. Und wie ließe sich andererseits die von Joachim vorausgesehene Zerstörung der sichtbaren Kirche mit der von den Autoritäten proklamierten Fortsetzung ihres Werks bis zum Ende der Zeiten vereinbaren?

Es besteht also von Anfang an ein ernster Zwiespalt, und noch zu Lebzeiten Joachims wird Kritik laut. 1195 beauftragt Rom Adam von Perseigne, seine Lehre zu prüfen. Dieser insistiert auf dem prophetischen Geist und fragt Joachim, woher er seine Informationen über die Zukunft beziehe: handelt es sich um Prophetie, um Mutmaßung oder um Offenbarung? Die Antwort des Mönchs ist zweideutig: es handele sich um keines dieser drei Dinge, sagt er, sondern Gott habe ihm die »Erkenntniskraft« gegeben, im Geist die Geheimnisse der Heiligen Schrift zu verstehen. Er bestreitet nicht wirklich, ein Prophet zu sein, und meint, er habe den Auftrag erhalten, die Welt von der nahen Manifestation Gottes in Kenntnis zu setzen. Adam von Perseigne ist nicht überzeugt, und auch andere sind skeptisch wie Gottfried von Auxerre, der ehemalige Sekretär des hl. Bernhard, der diese »neue Art zu prophezeien« und diese »blasphemischen Neuheiten« angreift. Es kritisieren ihn auch Gottfried von St. Viktor und später Thomas von Aquin.

Doch lange Zeit bekunden die zweifellos schlecht informierten Päpste öffentlich ihre Billigung. Lucius III. bittet Joachim, die Offenbarung zu kommentieren und eine *Concordia* zu verfassen; Urban III. empfängt ihn 1186 in Verona und ermutigt ihn in seinen Arbeiten, ebenso Klemens III.; 1196 bestätigt Cölestin III. den 1190 gegründeten Orden der Florenser. Nach Joachims Tod hätte die Entdeckung seines Gesamtwerks den Päpsten die Augen über die Gefahren seiner Lehre öffnen müssen. Um so überraschender ist es, daß Innozenz III., der in Fragen der Häresie doch so penibel ist, sein Lob ausspricht. 1220 erklärt Honorius III. ihn zum »Jünger des heiligen orthodoxen Glaubens«, und Gregor IX. vergleicht den Florenser-Orden mit einem der vier Säulen der Kirche. Alles, was er ihm vorzuwerfen hat, ist ein Irrtum in bezug auf die Dreifaltigkeit in einem Traktat gegen Petrus Lombardus.

In diesem ganzen Zeitraum verbreitet sich das joachimitische Denken rasch in der gesamten Christenheit. Während des dritten Kreuzzugs trifft Richard Löwenherz Joachim von Fiore in Messina; der Chronist Benedikt von Peterborough berichtet von diesem Gespräch und nennt Joachim einen Propheten. Dieser Ruf begründet seinen Erfolg und macht ihn gleichzeitig zu einem Exegeten der Offenbarung. Dem Franziskaner Alexander von Bremen zufolge, der zwischen 1235 und 1250 einen *Kommentar zur Apokalypse* schreibt, ist der Joachimitismus seit 1217 in Deutschland bekannt.[4]

Daß der »spirituale« Flügel des Franziskanerordens ihn vereinnahmte, sollte ihn endgültig kompromittieren, ohne daß man sagen könnte, ob der Joachimitismus einer der Ursprünge der Bewegung ist oder ob diese bereits bestehende Bewegung sich ihn einverleibt hat. Für diese extreme Fraktion des Ordens des hl. Franziskus, die jeden Kompromiß ablehnte, den Reichtum der Kirche kritisierte und ihre künftige Zerstörung zugunsten einer freien und spirituellen neuen Religion ohne Hierarchie ankündigte, ist Joachims Denken eine Bestätigung, die auf der Exegese und einem genauen prophetischen Kalender beruht, dem zufolge die erwartete Umwälzung im Jahre 1260, dem Beginn des Reichs des Geistes, stattfinden wird. 1254 betont der Franziskaner Johannes von Parma diese Übereinstimmung im Vorwort zur neuen Ausgabe des *Ewigen Evangeliums*.

Diesmal ist das Schicksal des Joachimitismus besiegelt. Bisher waren auf dem Laterankonzil von 1215 allein die trinitarischen Aspekte verurteilt worden, sodann einige andere im Jahre 1225. 1259 wird die gesamte Lehre verboten. Schon jetzt ist es schwierig, unter Joachims authentischen Werken und den immer zahlreicheren, ihm zugeschriebenen Apokryphen zu unterscheiden, die dazu beitragen, ihn in den Augen der Autoritäten noch mehr in Verruf zu bringen. So der in den Jahren nach 1240 verfaßte *Jeremia-Kommentar*, in dem Friedrich II. zum Antichrist erklärt wird, der die Kirche zerschlagen werde. Das ursprüngliche Werk erweitert sich um eine Prophezeiung nach der andern. Sie rufen chiliastische Bewegungen ins Leben wie die von Fra Dolcino und Cola di Rienzo in Italien.

Im Jahre 1290, dem Schicksalsjahr, legen ganze Gruppen die Arbeit nieder und warten ängstlich in Armut und im Gebet. Wie würde die Heraufkunft des Reichs des Geistes sich ankündigen? Die Monate vergehen, die Spannung wächst, besonders in Deutschland. Am 4. September erringt der Ghibelline Farinata degli Uberti aus Siena, Anhänger Manfreds, des unehelichen Sohns Friedrichs II., in Montaperti einen obskuren Sieg über die Guelfen,

Die Kirche definiert und reglementiert den Zugang zur Zukunft 261

die Anhänger des Papstes: sollte dies etwa das Zeichen für die bevorstehende Zerstörung der Kirche sein? Im November bilden die schwärmerischsten und schwächsten Geister, von dieser eschatologischen Erwartung zermürbt, Umzüge von Flagellanten in Italien und dann in Deutschland und verkünden, daß ein göttlicher Brief auf den Altar der Grabeskirche in Jerusalem geschickt worden sei. In der in apokalyptischem Stil verfaßten Botschaft hieß es, daß Gott, über die Sünden der Menschen erzürnt, beschlossen habe, alle Menschen zu vernichten, daß die heilige Jungfrau jedoch einen letzten Aufschub erwirkt habe, unter der Bedingung, daß die Christen ihr Verhalten ändern und Buße tun. Auf den Rat eines Engels hin hatten sie daher beschlossen, dreiunddreißigeinhalb Tage lang eine Flagellantenprozession zu bilden, in Erinnerung an die Zahl der Jahre, die Christus auf Erden zugebracht hatte. Alle Priester, die diese Botschaft nicht verbreiteten, würden verdammt werden.

So vergeht das Jahr 1260 ohne besonderes Vorkommnis. Wie bei allen nicht zur vorgesehenen Zeit eingetroffenen Voraussagen werden neue Fristen gesetzt; die Partie ist lediglich aufgeschoben. Aber diese Erfahrung hat den Kirchenführern klargemacht, wie gefährlich der unkontrollierte prophetische Geist sein kann. Und daher stellen wir im 12. und 13. Jahrhundert eine strengere Überwachung fest als im frühen Mittelalter.

Im Jahre 1147 bereist Papst Eugen III. in Begleitung des hl. Benedikt gerade das Rheinland, als der Erzbischof von Mainz ihm mitteilt, daß eine Nonne des Klosters von Disibodenberg, Hildegard von Bingen, prophetische Visionen habe. Der Papst und der Heilige begeben sich zu der Prophetin, um sie zu prüfen. Von der Heiligkeit ihrer Inspiration überzeugt, gibt Eugen III. seine Einwilligung und ermutigt Hildegard sogar, alles zu veröffentlichen, was der Heilige Geist ihr eingebe. Unseres Wissens ist dies das erste Mal, daß ein Mitglied der Kirchenhierarchie eine Erlaubnis zur Prophezeiung erteilt.[5]

Es handelt sich um eine Wende, nicht im Sinn einer Erweiterung des Kreises der Propheten um nichtpriesterliche Personen[6], sondern im Gegenteil im Sinn einer Beschränkung, die darauf abzielt, die Obergewalt der Kirchenhierarchie über die Propheten zu bekräftigen. Das in vollem Aufschwung begriffene Papsttum will der Erlaubnis zu prophezeien, die sich seit Jahrhunderten auf anarchische Weise entwickelt hat und die Strukturen der Kirche bedroht, einen Riegel vorschieben. Die Prophetie ist eine Gabe Gottes, so wie die des Worts oder der Sprachen, die niemanden davon entbindet, sich den Autoritäten zu unterwerfen, und nur gerechtfertigt ist, wenn sie zum Heil aller gereicht. Das Überhandnehmen der Propheten hat, wie man meinte, dazu beigetragen, die rechtmäßigen Autoritäten zu destabilisieren. So schürten die zügellosen Vorhersagen der Basilianer Kalabriens angesichts der arabischen Bedrohung ein Klima der Unsicherheit. Die Erleuchteten müssen den Beamten Gottes den Vortritt lassen. Wir befinden uns nicht mehr in den heroischen Zeiten; die etablierte Kirche braucht eher Verwalter als Visionäre, und auch wenn letztere noch immer nötig sind, um zu zeigen, daß der göttliche Geist noch weht, so doch nicht in Scharen, und man wird ihre Botschaft nach ihrer Authentizität beurteilen.

Die Botschaft Hildegards ist bekannt, da sie, gestützt auf die päpstliche Erlaubnis, ihre Visionen niederzuschreiben beginnt. Die letzten von ihnen bilden das *Liber divinorum operum*[7], ein verworrener apokalyptischer Text, dessen Wert einzig in seinem poetischen und mystischen Charakter liegt. Denn der prophetische Aspekt ist bei weitem nicht schlüssig; er besteht aus den alten klassischen Ankündigungen des Antichrist und rituellen Vorhersagen läuternder Katastrophen, Vorboten der letzten Wiederherstellung: »Zerstörerische Kriege werden allenthalben wüten, und große Drangsal wird die Welt der Menschen läutern.« Eine ungefährliche und vor allem völlig undatierte Vorhersage, und was das Ende betrifft, so kann es den Papst nur zufriedenstellen: »Nach der traurigen Niederlage des Sohns des Verderbens wird die Kirche in unvergleichlichem Glanz erstrahlen.« Aber auch hier fehlt das Wichtigste, das Datum. »Aber den Tag, an dem nach dem Fall des Antichrist die Welt enden wird, darf der Mensch nicht zu ergründen suchen, es würde ihm nicht gelingen; dies Geheimnis kennt allein der Vater.«

Die im *Liber divinorum operum* 1162-1173 niedergelegten zehn Visionen Hildegards sind in einer sehr schönen Handschrift Anfang des 13. Jahrhunderts mit Miniaturen illustriert worden, die zeigen, wie sie die Inspiration empfängt. Dieses Werk ist bereits eine Propagandaschrift, ein Plädoyer für die Prophetin, deren Heiligsprechungsverfahren am 27. Januar 1228 eröffnet wird.[8]

Die Kirche definiert und reglementiert den Zugang zur Zukunft 263

Im selben Jahr wird Franz von Assisi kanonisiert, zwei Jahre nach seinem Tod, und von nun an betonen die Predigten der Franziskaner die Gabe der Prophetie, die dem Heiligen zeit seines Lebens zuteil geworden sei, indem sie ihm Vorhersagen über die Zukunft seines Ordens sowie über natürliche Ereignisse wie ein Erdbeben zuschreiben. Die offiziell anerkannte Heiligkeit ist bereits eine Gewähr für prophetische Authentizität.[9]

Kehren wir zu Hildegard von Bingen zurück, die mit dem Kaiser korrespondiert und ihm Warnungen zukommen läßt, mit dem Papst – neben einer anderen Prophetin, Elisabeth, aus dem Kloster Schönau in der Diözese von Trier – und sogar mit dem hl. Bernhard selbst. Der vage Inhalt ihrer Prophezeiungen nimmt ihnen jeden gefährlichen Charakter. Dasselbe gilt für eine im Alter von achtzehn Jahren gestorbene Prophetin, Rosa von Viterbo. Dagegen ist das *Vaticinium Lehniensis* des Zisterzienserpriors von Lehnin in Brandenburg, Herrmann, in seinen Vorhersagen über die Zukunft der Hohenzollern bis ins 20. Jahrhundert furchtbar genau. Ärgerlich ist nur, daß dieser angeblich in den Jahren um 1240 verfaßte Text erst nach dem Ersten Weltkrieg verstanden werden konnte, womit alle seine vorgeblichen Weissagungen absolut nutzlos sind.

Ein weiterer Grund kann dazu beitragen, die sich verschärfende Kontrolle der Kirche über die prophetischen Tätigkeiten zu erklären. Den Untersuchungen von Sir Richard Southern zufolge verlagert sich das Interesse an der Zukunft, das im wesentlichen die weltlichen Ereignisse bis Ende des 12. Jahrhunderts betraf, später fast ausschließlich auf die Endzeit. Die Fragen, die beispielsweise Hildegard gestellt wurden, betreffen politische Ereignisse, die Kriege, die Herrscher, während ab 1180 die Betonung auf dem Ende der Welt liegt.[10]

Die 1184 erschienenen *Briefe aus Toledo* sagen in ihren verschiedenen Versionen das Ende für 1186, 1229, 1345, 1395, 1516 voraus.[11] Zur selben Zeit erarbeitet Joachim von Fiore seinen Kalender der drei Zeitalter. Dies alles bereitet beunruhigende chiliastische Bewegungen vor, die bereit sind, sich der letzten apokalyptischen Etappen anzunehmen. Die in erster Linie betroffene Kirche muß reagieren.

Kunst und Hagiographie: die gezähmte Prophetie

Andererseits erhält die erlaubte Prophetie dadurch ihre Weihe, daß sie in die volkstümliche Literatur und in die Kunst eingeht. Die um 1260 entstandene *Legenda aurea* von Jakob von Voragine ist durchsetzt mit prophetischen Episoden, die dazu bestimmt sind, die übernatürlichen Kräfte der Heiligen zu veranschaulichen. Die unterschiedslos akzeptierten Prophezeiungen stellen eher magische Ornamente dar, vergleichbar dem Bühnenzauber der Märchen. Die Atmosphäre des Wunderbaren, die diese Erzählungen umgibt, verleiht den Wundern und Prophezeiungen eine fast harmlose, ja lächerliche Banalität wie folgende Stelle aus dem Leben des hl. Ambrosius: »Ambrosius ging einstmals durch die Stadt, da fiel einer hin und lag auf der Straße. Das sah ein anderer und lachte darob. Sprach Ambrosius zu ihm: ›Du, der du stehst, siehe zu, daß du nicht fallest.‹ Alsbald fiel der Mensch hin, und mußte der seinen Fall klagen, der des anderen Fall hatte belacht.«[12]

In dieser Sammlung traditioneller Erzählungen betrifft keine einzige Weissagung das Ende der Welt. Alle beziehen sich auf das Leben und den Tod der Helden. Ihre Geburt und ihr Auftrag werden vorausgesagt, zuweilen in einem sehr biblischen Stil wie im Fall des hl. Remigius: »Da war ein heiliger Einsiedel, der seiner Augen Licht hatte verloren, der betete Tag und Nacht zu Gott, daß er der Kirche zu Frankreich den Frieden wiedergebe. Und siehe, der Engel des Herrn erschien ihm im Gesicht und sprach: ›Wisse, ein Weib, Cilina genannt, wird ein Kind gebären, des Name wird Remigius heißen: der wird sein Volk erlösen von der Bosheit seiner Feinde.‹ Da der Einsiedel erwachte, ging er alsbald zum Hause der Cilina und sagte ihr, was ihm erschienen sei. Sie aber glaubte der Rede nicht, denn sie war alt; da sprach der Einsiedel: ›Wisse, wenn du dein Kind säugest und mit der Milch meine Augen bestreichest, so werde ich von Stund an mein Augenlicht wieder haben.‹«[13]

Im Fall des hl. Bernhard geht es um einen prophetischen Traum, der gedeutet werden muß: »Als sie den dritten Sohn in ihrem Leib trug, Bernardum, da kam ihr ein Traum vor, der kündete ihr zukünftige Dinge: ihr war, als habe sie ein Hündlein in ihrem Leib, das sei weiß über den ganzen Leib und rötlich über seinen Rücken, und bellte sehr. Sie sagte den Traum einem heiligen Manne, der

Die Kirche definiert und reglementiert den Zugang zur Zukunft 265

antwortete ihr und sprach mit der Stimme der Weissagung: ›Du wirst sein eines guten Hündleins Mutter, das Gottes Haus wird bewachen und wider seine Feinde bellen. Denn er wird ein großer Prediger, und sein Mund wird sein das Heil vieler Menschen.‹«[14]

Die Mutter des hl. Dominikus hat das gleiche Gesicht, dessen Modell mehrfach verwendet wird: »Da die Mutter des Kindes schwanger ging, kam ihr im Traum für, wie sie ein Hündlein trüge in ihrem Leib, das hätte eine brennende Fackel in seinem Mund; und da es auskam aus ihrem Leib, da entzündete es den ganzen Weltenbau mit dieser Fackel.«[15] Später haben ein Mönch, der Papst und der Heilige selbst prophetische Visionen in bezug auf seine Mission.[16]

Sehr häufig werden die Heiligen im Traum von ihrem Todestag in Kenntnis gesetzt wie der hl. Ambrosius, der hl. Dominikus, der hl. Adrianus. Sie sagen Ereignisse voraus, vornehmlich Katastrophen, Kriege, Invasionen wie der hl. Antonius, der die Vernichtung der Arier ankündigt, und vermerken gewissenhaft das Eintreffen dieser Prophezeiungen.[17] Sogar Karl dem Großen werden prophetische Visionen zuteil: vor der Schlacht sieht er auf der Rüstung derer, die sterben werden, rote Kreuze auftauchen.

Jakob von Voragine bezieht auch die Sibylle in seine Prophetengalerie ein, und zwar auf die natürlichste Art der Welt, im Verlauf einer Szene, die sie in Gestalt einer Frau zeigt, die Augustus die Geburt Christi prophezeit. Der manieristische Maler Antoine Caron verarbeitet Ende des 16. Jahrhunderts diese Episode zu einem (auf dem Umschlag dieses Buches wiedergegebenen) großen Gemälde. Das Ereignis wird, Jakob von Voragine zufolge, auch von »einer Stimme« angekündigt, als der Kaiser die Orakel befragte.[18]

Die gotische Kunst übersetzt diese Banalisierung der Prophetie in Stein und Kirchenfenster, wobei sie sich lediglich an den dogmatischen Aspekt der Dinge hält. In dieser Hinsicht ist die Ausschmückung der Kathedralen das Bild der prophetischen Tätigkeit, wie es die Kirche des 13. Jahrhunderts zu zeigen wünscht. Die Prophetie ist einzig der Verkündigung Christi zugewandt, hinter der die Person der Propheten in den Hintergrund tritt. Auf den Kirchenfenstern der Apsis von Bourges entsprechen die vier großen Propheten des Alten Testaments und die zwölf kleinen Propheten den vier Evangelisten und den zwölf Aposteln; da sie alle gleich aussehen, haben sie an sich selbst keinerlei Bedeutung und sind lediglich Sprachrohre, die den Erlöser ankündigen. Oft tragen sie ein Phylakterion, auf dem ein prophetischer Vers steht, und scheinen damit hinter ihrer Botschaft zu verschwinden wie in Reims und Amiens. Für Émile Mâle beziehen die Bildhauer ihre Inspiration im wesentlichen aus den Werken des Isidor von Sevilla.[19]

Die erythräische Sibylle nimmt bei den Darstellungen der Propheten einen besonderen Platz ein, was beweist, daß an ihrer göttlichen Inspiration nicht mehr der leiseste Zweifel besteht. In seinem *Speculum historiale* ist Vinzenz von Beauvais im Hinblick auf die Sibyllen kategorisch: »Die erythräische Sibylle war von allen Sibyllen die berühmteste. Sie prophezeite zur Zeit der Gründung Roms, als Ahasja oder, nach anderen, Hiskija König von Juda war.«[20] Émile Mâle zufolge wurde sie wahrscheinlich an allen Kirchenportalen dargestellt, und nur die Verwitterung des Steins, die ihren Namen ausgelöscht hat, macht sie heute unkenntlich, außer in Laon und Auxerre.

Alle diese Personen, die Christus angekündigt haben, fand die Menge der Gläubigen alljährlich an Weihnachten oder zu Epiphanias in Fleisch und Blut bei der großen Prozession wieder, in der alle Verfolger vorüberzogen, und jede von ihnen rezitierte, wenn sie in die Kathedrale einzog, einen prophetischen Vers, einschließlich Vergil, der eine Stelle aus seiner Ekloge vorlas.[21]

Damit wird die prophetische Dimension durch die Kunst, die Liturgie und die hagiographische Literatur auf wenige Personen und einige offiziell anerkannte Episoden, in denen sich der göttliche Geist kundtut, eingegrenzt. Einerseits auf die großen Gestalten des Alten Testaments, in deren Prophezeiungen Christus im Mittelpunkt steht, und andererseits auf die offiziell kanonisierten Heiligen, die bereits vergangene Begebenheiten in Zusammenhang mit ihrem Auftrag oder ihrem Tod vorausgesagt haben. Der Anteil der wirklichen Prophetie, d. h. jener, die sich noch nicht erfüllt hat, wird dagegen extrem eingeschränkt, außer was die Gewißheit des Endes, des Jüngsten Gerichts betrifft, die zu der Fülle der bekannten romanischen und gotischen Darstellungen Anlaß gibt. Aber hier handelt es sich nicht mehr um eine Prophezeiung, sondern um eine offenkundige Tatsache, die die Zeitgenossen gleichsam im voraus erlebt haben, um eine Gewißheit, die ebenso unabweisbar ist wie der individuelle Tod. Was die Prophetie uns mitteilen könn-

Die Kirche definiert und reglementiert den Zugang zur Zukunft 267

te, sind die Zwischenstationen und die Daten. Doch in diesem Punkt ist die mittelalterliche Kunst bis zum 13. Jahrhundert äußerst zurückhaltend.

Gewiß, die Offenbarung und der Text des Matthäus über das Ende der Welt liefern einige Hinweise: das Tier, die Reiter, die Frau und der Drache. Aber einerseits kann man, wie Émile Mâle schreibt, »nicht sagen, daß die Johannesoffenbarung im 13. Jahrhundert ein für die religiöse Kunst besonders anregendes Buch war«[22], und andererseits hat diese Art der Darstellung, die lediglich die Bilder des Buchs reproduziert, an sich selbst keinerlei prophetischen Wert. Die enzyklopädischen und hagiographischen Werke sind zwar deutlicher, aber in Wirklichkeit schmücken sie das Thema der das Ende ankündigenden Katastrophen lediglich aus, ohne den geringsten Hinweis auf die für diese Ereignisse vorgesehene Epoche zu geben. Dies gilt sowohl für Vinzenz von Beauvais wie für Petrus Comestor, den Domherrn von Troyes Ende des 12. Jahrhunderts, aus dessen *Historia scholastica* Jakob von Voragine das 34. Kapitel, das sich eingehend mit den Vorzeichen des Jüngsten Gerichts befaßt, so gut wie abgeschrieben hat. Drei Dinge werden ihm vorausgehen, schreibt er: zuvörderst fünf schreckliche Zeichen; dann die Umwälzungen der kosmischen Ordnung, bei deren Beschreibung er sich auf Lukas und die Offenbarung stützt; schließlich die Ankunft des Antichrist, der alle Welt durch seine Wunder und seine Gaben täuschen wird. Nach dem reinigenden Feuer wird das Gericht stattfinden, das Jakob von Voragine in allen Einzelheiten schildert.

Einige Autoren, schreibt er, sehen fünfzehn Vorzeichen voraus, die er in chronologischer Reihenfolge aufzählt, ohne sich auch nur einen Augenblick um die materielle Inkohärenz dieser Katastrophen zu scheren, von denen schon die erste ausreichen müßte, alle anderen unmöglich zu machen.

»Des ersten Tages so hebet sich das Meer auf über alle Berge vierzig Ellen hoch und steht als eine Mauer an seiner Statt. Des andern Tages so schwindet das Meer unter sich, daß man es kaum sehen mag. Des dritten Tages so gehen die Meerwunder aus und lassen sich sehen, und brüllen auf gen Himmel. Die Stimme versteht niemand denn Gott. Des vierten Tages so verbrennet das Meer und alle Wasser. Des fünften Tages so geben alle Bäume und Kräuter blutfarbenen Tau. Man sagt auch, daß dann alle Vögel der

Luft sich auf das Erdreich sammeln, ein jeglicher nach seiner Ordnung, und essen noch trinken nicht vor Furcht der Zukunft des strengen Richters. Des sechsten Tages so fallen alle Städte und was gebauet ist, und fahren feurige Blitze wider das Antlitz des Firmaments vom Untergang der Sonne bis gen den Aufgang. Des siebenten Tages so schlagen die Steine aneinander, daß sie brechen, und spalten sich jeglicher in vier Teile und reiben sich aneinander. Das Getöne, das weiß niemand denn allein Gott. Des achten Tages so wird ein großes Erdbeben, so groß, daß alle Menschen und Tiere niederfallen zur Erde und niemand stehen kann. Des neunten Tages so wird alles Erdreich gleich eben, und werden alle Berge und Bühel zu Pulver. Des zehnten Tages so gehen die Menschen aus den Höhlen, darein sie geflohen waren, als wären sie von Sinnen, und mag eins zu dem andern nicht reden. Des elften Tages so erstehen die Gebeine der Toten, und stehen über den Gräbern. Und tun sich alle Gräber auf von Sonnenaufgang bis Untergang, daß die Toten können herausgehen. Des zwölften Tages so fallen die Sterne vom Himmel und alle Planeten und Fixsterne lassen feurige Schweife ausgehen; und es wird abermals ein Feuerregen. Auch sagt man, daß an diesem Tage alle Tiere auf den Feldern mit Brüllen sich sammeln, und essen und trinken nicht. Des dreizehnten Tages so sterben die Lebenden, daß sie mit den Toten auferstehen. Des vierzehnten Tages so verbrennt Himmel und Erde. Des fünfzehnten Tages so wird ein neuer Himmel und eine neue Erde, und erstehen die Menschen alle.«[23]

Man kann diesen Text nicht als neue Prophezeiung betrachten, denn er fügt der Grundidee der Evangelien und der Offenbarung nichts hinzu. Es geht lediglich darum, das Thema der Katastrophen, die dem Ende vorausgehen werden, auszuschmücken. Und, um es nochmal zu sagen, in jener Zeit stimmen alle in diesem Punkt völlig überein: vor dem Ende der Welt wird es kosmische Umwälzungen geben. Eine Gewißheit, die ebenso offenkundig ist wie die historischen Katastrophen, z. B. die Sintflut. Hier liegt die Zukunft so offen zu Tage wie die Vergangenheit, und die kirchlichen Autoritäten können sich über diese Bemühungen einer Erklärung oder einer literarischen Erweiterung nicht erregen. Problematisch ist allein das Datum. Hier wird die Hierarchie nervös, denn in diesem Punkt kann die neue Prophetie äußerst gefährliche sozioreligiöse Folgen haben.

Die Kirche definiert und reglementiert den Zugang zur Zukunft 269

Theorie und Praxis der Weissagung bei den Dominikanern und den Franziskanern

Deshalb bemühen sich ab Mitte des 13. Jahrhunderts die großen Theologen, die Grenzen der authentischen Prophetie zu definieren und damit zu verengen. Sie gehen das Problem systematisch, auf scholastische Weise an, stellen alle Fragen und prüfen die gegensätzlichen Antworten, bevor sie ihre persönliche Lösung vorbringen: Was ist Prophetie? Wie funktioniert sie? Was sieht der Prophet im »Spiegel der Ewigkeit«? Was ist das für ein Spiegel? Welche Arten von Visionen gibt es? Wie viele verschiedene Arten von Prophezeiungen? Alle diese Punkte werden in relativ kurzen Traktaten, den *De prophetia*, untersucht, in denen J.-P. Torrell, ein Fachmann in diesen Fragen, sogar die Wörter gezählt hat: 10 400 sind es bei Alexander von Hales, 11 340 bei Philipp dem Kanzler, 13 200 bei Albertus Magnus, 14 949 bei Hugo von St. Cher; nur Thomas von Aquin hält sich länger bei dieser Frage auf und widmet ihr 26 500 Wörter in *De veritate* und 14 500 in der *Summa*.[24]

Schon Mitte des 12. Jahrhunderts hatte sich Petrus Venerabilis im Rahmen eines gegen die Mohammedaner gerichteten polemischen Werks, *Contra Saracenos* (1156), nach dem Wesen der Prophetie gefragt. Dort gab er noch eine weitgefaßte Definition: »Prophetie ist die nicht durch menschlichen Fleiß, sondern durch göttliche Eingebung erwirkte Ankündigung vergangener, gegenwärtiger oder zukünftiger unbekannter Wirklichkeiten.« Die Prophetie beschränkt sich also nicht auf die Ankündigung der Zukunft, auch wenn diese ihr charakteristischer Teil ist, was es dem Abt von Cluny ermöglicht, Mohammed aus der Zahl der Propheten auszuschließen, da er nichts angekündigt habe, was in Erfüllung gegangen sei.[25]

Im 13. Jahrhundert wird die Frage von den dominikanischen und franziskanischen Scholastikern noch sehr viel systematischer untersucht. Zwischen 1245 und 1248 verfaßt der Dominikaner Albertus Magnus sein *De prophetia*. Ausgehend von der von Petrus Lombardus aufgegriffenen Definition des Cassiodorus: »Die Prophetie ist eine Eingebung oder göttliche Offenbarung, die mit unfehlbarer Wahrheit die kommenden Ereignisse ankündigt«, schränkt er deren Anwendung auf die Kenntnis bestimmter zukünftiger Ereignisse ein, was, außer bei Alexander von Hales, die allgemeine Tendenz seiner Zeit ist.

Aber man muß die natürliche Prophetie von der übernatürlichen Prophetie unterscheiden. Erstere ist ein rein philosophischer und psychologischer Begriff; sie besteht darin, unter Einsatz der Einbildungskraft und der Urteilskraft die künftigen Ereignisse zu mutmaßen. Auf diese Art von Weissagungen beschränken sich tendenziell die mohammedanischen Philosophen wie Avicenna, der Jude Maimonides sowie der Häretiker Siger von Brabandt, ein extremer Schüler des Aristoteles und Verfechter einer vollständigen Trennung von Glauben und Vernunft, dessen Lehre 1270 verurteilt wird.

Für Albertus Magnus ist die natürliche Prophetie keine wirkliche Prophetie; sie ist ein intellektuelles Urteil, das, was wir Vorausschau nennen würden, dessen Vermögen durch die menschlichen Kräfte Grenzen gesetzt sind. Die wahre Prophetie übertrifft diese Kräfte und stößt in Bereiche vor, die ihnen verschlossen sind. Sie ist ein *Charisma*, d. h. eine Gnade, die nicht zur Heiligung desjenigen, der sie erhält, verliehen wurde, sondern zum Nutzen der Gemeinschaft, zu welcher der Prophet gesandt wird. Diese Präzisierung ist wesentlich und gilt von nun an als Kriterium für die Echtheit der Prophezeiungen, was alle »unbegründeten« Ankündigungen ausschließt, die für die Gläubigen von keinem Nutzen sind, die »spektakuläre Prophetie«, die einzig dem Ansehen des »Propheten« dient.

Doch da die Prophetie zur Ordnung der heiligenden Gnade gehört, ist es für Albertus allerdings möglich, im Stand der Todsünde zu weissagen, was z. B. Origenes bestritt, der jede Möglichkeit, während des Beischlafs zu prophezeien, ausschloß, weil dieser an sich schon eine Sünde sei. Wenn für den Dominikaner huren und gleichzeitig prophezeien unmöglich oder zumindest ungehörig ist, so allein aufgrund der Verbindung zwischen den Kräften der Seele, die bewirke, daß es dem Menschen nicht möglich sei, sich auf zwei so verschiedene Tätigkeiten zur selben Zeit zu konzentrieren. Die Fleischeslust ist so stark, daß sie die Ausübung der anderen Fähigkeiten praktisch ausschließt.

Was den eigentlichen Gegenstand der Prophetie betrifft, so handelt es sich einzig um die zufälligen künftigen Begebenheiten, die vom freien Willen abhängen und die nur Gott kennt sowie derjenige, dem sie zu offenbaren Er willens ist. Wer Naturerscheinungen, die natürliche Ursachen haben, vorhersieht, der prophezeit nicht: so zum Beispiel der Arzt, der den Verlauf einer Krankheit vorhersieht, oder der Bauer, der über das Wetter von morgen Mutmaßungen anstellt; das schließt auch die Träume aus, die Ereignisse betreffen, die eine natürliche Ursache haben, sowie die Astrologie, die sich auf den physischen Einfluß der Planeten auf den Körper bezieht.

Die Prophetie betrifft das, was sich nicht mutmaßen läßt, also die freien Handlungen, was die große Frage aufwirft, die sich im Kern jeder Voraussage befindet: wie läßt sich die Kenntnis der Zukunft, die Determiniertheit voraussetzt, mit dem freien Willen vereinbaren? Albertus Magnus behilft sich mit der Unterscheidung zwischen der Prophetie als Vorherwissen und der Prophetie der Prädestination, die bereits Hieronymus und Cassiodorus unterschieden hatten. Bei der Prophetie der Prädestination hat unser freier Wille keinen Anteil an dem Ereignis, sondern willigt ein in das, was sich in ihm vollzieht; er wird also nicht wirklich gezwungen. Bei der Prophetie des Vorherwissens ist er noch freier: Gott weiß seit aller Ewigkeit, wofür er sich entscheiden wird, ohne es in irgendeiner Weise zu bewirken.

Worin äußert sich die prophetische Kenntnis? In Bildern. In diesem Punkt stimmt Albertus Magnus mit den meisten Theologen überein. Für Philipp den Kanzler beispielsweise erlauben es die Bilder dem Propheten, die Botschaft, die zu verkünden er beauftragt ist, anzukündigen oder zu verschleiern, und Hugo von St. Cher schreibt: »Die Prophetie erfolgt meist in bildlichen Visionen.« Daher der symbolische, allegorische Charakter der prophetischen Botschaften. Diese Merkmale (die *rationes*), welche die Zukunft aufweist, haben in der Seele des Propheten zwar eine bestimmte Existenz, aber sie sind lediglich die Zeichen und nicht die Ursachen der kommenden Dinge.

Für viele Theologen sind diese Bilder ausschließlich göttlichen Ursprungs und werden passiv, ohne jede Mitwirkung von seiten des Propheten, empfangen. Für Albertus Magnus dagegen respektiert der Heilige Geist die natürlichen Abläufe und läßt diese Bilder mit Hilfe unserer Einbildungskraft entstehen. Allerdings ändert er seine Meinung in diesem Punkt und schließt sich in seinem *Jesaja-Kommentar*, wo er den prophetischen Geist als eine reine Emanation des göttlichen Lichts darstellt, der neuplatonischen Auffassung an.[26]

Während sich die Dominikaner nach dem Beispiel von Albertus Magnus bemühen, die Theorie der Prophetie aufzustellen, interessieren sich die weniger spekulativen Franziskaner mehr für die Praxis. Ihr Orden ist von den Ankündigungen Joachims von Fiore, die der dissidenten Fraktion der Spiritualen als Grundlage dienen, besonders betroffen. Aber auch die der Orthodoxie treu gebliebenen Theologen befassen sich voller Interesse mit der joachimitischen Methode und scheuen sich nicht, sie anzuwenden, um ihre eigene Sicht der vergangenen und zukünftigen Geschichte zu entwickeln. Dies gilt auch für Bonaventura, den bedeutendsten Intellektuellen der Franziskaner des 13. Jahrhunderts, dessen prophetisches Denken Kardinal Ratzinger untersucht hat.[27]

In seinen *Collationes in Hexaemeron (Sechstagewerk)*, die Bonaventura ab 1273 vorlegt, findet man eine getreue Anwendung der joachimitischen Auffassung einer in drei Epochen unterteilten Geschichte, mit genauen Entsprechungen zwischen den Ereignissen, die es erlauben, die Zukunft vorauszusehen. So braucht man vor der großen Ruhe des siebten Tages nur noch zwei Ereignisse zu kennen: die Ankunft des zweiten Eiferers der Kirche und die zweite Drangsal. Im Alten Testament hatten Jesaja und Joschija die jüdische Religion wiederhergestellt und erhöht; im Christentum ist Karl der Große die Entsprechung von Jesaja, und die des Joschija wird nicht auf sich warten lassen; vielleicht ist er schon gekommen, in welchem Falle das nicht sehr spektakulär war. Ebenso erwähnt das Alte Testament zwei große Drangsale für die Hebräer, diejenige, die sich unter Manasses ereignete, und die Babylonische Gefangenschaft; im gegenwärtigen Zeitalter haben die Kaiser Heinrich IV. und Friedrich II. erfolgreich die Rolle von Manasses gespielt, und jetzt muß man sich auf eine weitere Verfolgung gefaßt machen.

Andererseits vergleicht Bonaventura, anhand des siebten Kapitels der Offenbarung, Franz von Assisi mit dem Engel des Siegels, aus dem die 144 000 Auserwählten hervorgehen werden. Es wird eine Gemeinschaft von Beschauenden sein, die sich der Ruhe des siebten Tages erfreuen, die der Wiederkunft Christi vorausgeht. Diese Gemeinschaft werde zwar nicht die der bereits von Sünden befleckten Franziskaner sein, doch seien diese deren Vorform.

Die Kirche definiert und reglementiert den Zugang zur Zukunft 273

Bonaventura bestätigt den endgültigen Bruch des theologischen Denkens mit dem Begriff der ewigen Wiederkehr und der Ewigkeit der Welt, die er als den grundlegenden Irrtum darstellt, auf den die Offenbarung mit der Zahl des Tiers, 666, hingewiesen hat.

Joachims Idee, von den historischen Entsprechungen auszugehen, um die Zukunft vorauszusehen, erweist sich damit als fruchtbar und findet Schüler. Umsichtig angewandt, kann sie Hinweise und eine Reflexionsbasis liefern; willkürlich manipuliert, kann sie die irrsinnigsten Vorhersagen stützen, und in diesem Bereich lassen es die Franziskaner oft an Urteilsvermögen fehlen, was ihnen die Kritik der Dominikaner einträgt. Ihre Hauptsorge scheint nämlich die Vorhersage des nahen Endes und die Rechtfertigung eines Ordens der Reinen zu sein, den die Elite der Geretteten bildet. Darin begünstigen sie die apokalyptischen Spekulationen ihrer Feinde, wie Wilhelm von Saint-Amour, ein Gegner der Bettelorden, der davon überzeugt ist, im siebten und letzten Zeitalter zu leben, Mitte des 13. Jahrhunderts schreibt: »Dieses Zeitalter hat schon länger gedauert als die anderen, deren Dauer ein Jahrtausend betrug, denn es hat schon 1255 Jahre gedauert; daher ist es sehr wahrscheinlich, daß wir dem Weltende nahe sind.«[28]

Thomas von Aquin reglementiert die Weissagung

Kehren wir zu den Dominikanern zurück, die weniger mit Prophezeien beschäftigt sind als damit, die Weissagung zu definieren und zu reglementieren. Thomas von Aquin legt in den sechziger Jahren des 13. Jahrhunderts deren Gesetze fest, wobei er die joachimitischen Überspanntheiten scharf kritisiert; sie hätten ihr Scheitern bewiesen, da jenes Datum, das den Beginn des Zeitalters des Geistes anzeigen sollte, verstrichen sei.

Die Definition des Doctor Angelicus ist weiter gefaßt als die von Albertus Magnus und legt den Akzent auf den Gemeinschaftscharakter. Die Weissagung, so schreibt er in der *Summa theologica*, ist ein *gesellschaftliches* Charisma, dazu bestimmt, der Welt eine für das Heil notwendige göttliche Offenbarung zuteil werden zu lassen, um die Menschheit mit Hilfe einiger Privilegierter zu belehren. Sie ist ein Charisma der Erkenntnis, das auf der Ebene des Verstandes liegt und übernatürlicher Art ist. Sie bezieht sich nicht nur auf die Zukunft, sondern auf alle göttlichen Wirklichkeiten, die den menschlichen Geist übersteigen. Gott enthüllt dem Propheten nur einen Teil dessen, was zu wissen nötig ist, und die aktive Mitwirkung des Willens des Propheten ist unerläßlich, um die empfangene Botschaft zu übermitteln.[29]

Thomas von Aquin betont den Anteil des Menschen bei diesem Vorgang, indem er darauf hinweist, daß sich der Prophet im Rahmen seiner Kultur ausdrückt, mit den Bildern, die ihm vertraut sind und die seine Erfahrung und sein Temperament widerspiegeln. Das Verständnis der Botschaft erfordere eine regelrechte Exegese. Manchmal sei dem Propheten gar nicht bewußt, daß er eine göttliche Gabe besitze, und schlechte natürliche Anlagen könnten die prophetische Offenbarung erschweren, ebenso eine heftige Leidenschaft wie der Zorn oder die Fleischeslust. Jedenfalls sei die Wahrsagung kein *habitus*, kein »Gehaben«: diese Gabe werde nur vorübergehend verliehen, aber sie trage dazu bei, den Propheten zu erhöhen. Es gebe keine verrückten Propheten, oder aber es seien falsche Propheten.

Die Existenz letzterer wirft die Frage nach der Eingebung der bösen Geister auf. Denn diese haben Zugang zu übernatürlichen Kenntnissen, auch wenn sie die göttlichen Geheimnisse nicht kennen. Und sie können manche Menschen inspirieren: »Darum ergeht eine Weissagung im eigentlichen Sinne und schlechthin nur durch göttliche Offenbarung. Doch kann auch die durch böse Geister erfolgte Offenbarung in einem beschränkten Sinne Weissagung genannt werden. Darum heißen diejenigen, denen etwas durch die bösen Geister geoffenbart wird, in den Schriften nicht einfachhin Propheten, sondern mit einer Beifügung, z. B. ›falsche Propheten‹ oder ›Götzenpropheten‹.«[30]

Letztere können durchaus authentische Weissagungen machen, was ziemlich verwirrend ist, und Thomas von Aquin erklärt auf wenig überzeugende Weise, warum Gott dies zulasse. Sowohl, schreibt er, »damit die Wahrheit glaubhafter werde, die auch durch die Gegner Zeugnis findet, als auch weil die Menschen, wenn sie solchen [Lügenpropheten] glauben, durch ihre Worte mehr zur Wahrheit geführt werden«.[31] So haben »die Sibyllen vieles Wahre über Christus vorausverkündet«. Waren sie nun von Gott oder vom bösen Geist inspiriert? Thomas äußert sich nicht eindeutig,

Die Kirche definiert und reglementiert den Zugang zur Zukunft 275

ebensowenig wie im Fall von Balaam, der bald von dem einen, bald von dem anderen inspiriert gewesen sein soll.

Die Weissagung schließt die Voraussage zukünftiger Dinge aufgrund ihrer natürlichen Ursachen aus: »Darum sagt man besser, daß die Menschen eine Vorhererkenntnis solcher zukünftigen Dinge nicht schon besitzen, sondern auf dem Erfahrungswege erwerben können; dabei werden sie durch natürliche Veranlagung gefördert, sofern im Menschen Vollkommenheit der Einbildungskraft und Helle des Verstandes vorliegt.«[32] Aber diese Vorhererkenntnis ist fehlbar und kann sich nur auf die Dinge der Natur beziehen.

Die wahre Prophetie dagegen ist unfehlbar, auch wenn sie sich im Fall geweissagter Drohungen nicht materiell erfüllt. Hier handelt es sich um einen Sonderfall, wo sich die prophetische Offenbarung auf die Kenntnis von Ursache und Wirkung bezieht: es kann vorkommen, daß die Wirkung nicht eintritt, wenn ein Ereignis seine Ursache ändert. Das typische Beispiel ist die Weissagung des Jonas gegen Ninive: die Reue der Bewohner hat die Ursache annulliert: »Darum ist auch das Ergebnis notwendig, nicht, sofern es zukünftig ist in bezug auf uns, sondern sofern es betrachtet wird in seiner Gegenwart, kraft der es dem göttlichen Vorherwissen unterworfen ist. (...) Bisweilen jedoch ist die prophetische Offenbarung eine eingeprägte Ähnlichkeit des göttlichen Vorherwissens, sofern es das Verhältnis der Ursachen zu ihren Wirkungen erkennt; dann trifft bisweilen etwas anderes ein als vorhergesagt wurde. Und doch unterläuft der Weissagung kein Irrtum, denn der Sinn der Weissagung liegt darin, daß die Anordnung der niederen Ursachen – seien es naturhafte oder menschliche Ursachen – es in sich hat, daß eine solche Wirkung eintreten kann.«[33]

Weissagen bedeutet nicht, den freien Willen zu beseitigen; es bedeutet nicht, etwas zu veranlassen oder vorherzubestimmen. Da für Gott die ganze Geschichte gleichzeitig gegenwärtig ist, ist es im übrigen nicht falsch, für Ihn den Terminus Vorhersage zu verwenden; Er beschreibt, was sich in seiner ewigen Gegenwart vollzieht, und sein Vorherwissen schließt den Zufall ein. »Die Gewißheit des göttlichen Vorherwissens schließt die Freikünftigkeit der einzelnen zukünftigen Ereignisse nicht aus, weil das göttliche Vorherwissen sich auf sie bezieht, sofern sie gegenwärtig und bereits auf Eines festgelegt sind. Und darum schließt auch die Weissagung, welche eine eingeprägte Ähnlichkeit oder ›ein Zeichen des göttlichen Vorherwissens‹ ist, in ihrer unveränderlichen Wahrheit die Freikünftigkeit der zukünftigen Ereignisse nicht aus.«[34]

Die Weissagung hat im Laufe der Geschichte ihren Charakter verändert. Zwar fehlt es Thomas von Aquin nicht an historischem Gespür, aber für ihn ist diese Geschichte natürlich eine heilige, einzig auf das Heil ausgerichtete Geschichte. So bezog sich die Weissagung zur Zeit vor dem Gesetz, von Abraham bis Moses, auf Offenbarungen über das, was zum Glauben an die Gottheit gehört; von Moses bis Jesus zielte sie auf die Unterrichtung des Volkes Israel. Während dieser Periode waren die Propheten zur Zeit der Könige besonders zahlreich, weil das Volk damals frei war und Führer brauchte. Seit Christus schließlich leben wir in der Zeit der Gnade, und die Weissagung enthält Offenbarungen über die Dreifaltigkeit. Denn die Weissagung ist nicht ausgestorben, wofür es Beweise gibt: die Apostelgeschichte erwähnt unter anderen Agabus und die vier jungfräulichen Töchter des Phillipus; Augustinus erinnert an den Mönch Johannes, der in der Wüste Ägyptens den Sieg des Kaisers Theodosius prophezeite. »In jedem einzelnen Zeitalter haben Männer nicht gefehlt, die den Geist der Weissagung besaßen, nicht, um eine neue Glaubenslehre vorzubringen, sondern zur Lenkung der menschlichen Unternehmungen.«[35] Vor allem in der jüngeren Geschichte vermeidet es Thomas geflissentlich, Namen zu nennen. Doch trotz oder vielleicht wegen seiner sehr strengen Definition der Weissagung läßt sich nur schwer erkennen, ob der Terminus auf Zeitgenossen noch anwendbar ist. Denn versucht er nicht als guter Interpret der Absichten der Kirche, wenn er die Weissagung klar umgrenzt, sie zu ersticken oder zumindest für äußerst selten zu erklären und sie unter höhere Aufsicht zu stellen?

Schließlich skizziert Thomas eine Typologie der Weissagung, wobei er drei Hauptarten unterscheidet: Weissagung aufgrund der Vorherbestimmung, Weissagung aufgrund des Vorherwissens und Weissagung aufgrund der Androhung: »Nun ruht das Zukünftige auf doppelte Weise in der göttlichen Erkenntnis. Einmal, sofern es in seiner Ursache ruht, und in diesem Sinn wird die Weissagung als ›Androhung‹ aufgefaßt, welche nicht immer erfüllt wird; sondern durch sie wird die Zuordnung der Ursachen zu den Wirkungen vorausgesagt, welche bisweilen, wenn andere [Ursachen] sich einschalten, verhindert wird. – Auf andere Weise erkennt Gott einige

Die Kirche definiert und reglementiert den Zugang zur Zukunft 277

Dinge in diesen selbst voraus. Entweder als Dinge, die von Ihm geschehen sollen. Und auf diese bezieht sich die Weissagung der ›Vorherbestimmung‹ (...). – Oder als Dinge, die durch die freie Selbstbestimmung des Menschen geschehen sollen. Und so ist es die Weissagung des ›Vorherwissens‹, die sich auf Gutes wie Böses beziehen kann, was nicht bei der Weissagung der Vorherbestimmung zutrifft, die sich nur auf Gutes bezieht.«[36]

Thomas von Aquins Arbeit ist das Ergebnis von hundert Jahren Reflexion der Kirche über die Prophetie. Als notwendiges Werk der Ausgestaltung, dazu bestimmt, den anarchischen Gebrauch der inspirierten Vorhersage zu reglementieren, markiert es auch, aus übertriebener Sorge um Klassifizierung und Unterscheidung, den Beginn einer wachsenden Formalisierung der prophetischen Tätigkeit, die nur zu ihrer Austrocknung und Erschöpfung führen kann. Hinter der Kodifizierung der Inspiration scheint der Rationalismus durch. Also ein zweideutiges Werk: von nun an ist die erste Reaktion auf die Prophetie das Mißtrauen, Einleitung langwieriger Forschungen mit dem Ziel zu prüfen, ob die Botschaft den Definitionen der Scholastik entspricht. Über den Propheten macht man dem Heiligen Geist Verhaltensvorschriften. Er, der angeblich »weht, wo er will«, wird sich der herrschenden Reglementierung beugen müssen.

Diese Bemerkung gilt für die Gesamtheit der enormen theologischen Arbeit der Scholastik, deren rationale Strenge man aus menschlicher Sicht nur bewundern kann, die jedoch Gefahr läuft, in einem ausufernden Formalismus zu münden. Denn ist die Maschinerie der Spitzfindigkeit einmal in Gang gesetzt, steht sie nicht mehr still. Sieben Jahrhunderte später unterscheidet der Theologe A. Michel im Artikel »Prophetie« des großen *Dictionnaire de théologie catholique* zunächst zwischen der Prophetie im weiten Sinne (»als ›Prophetie‹ gilt jedes unter dem Einfluß eines göttlichen Drangs geäußerte Wort, das die Deutung der Heiligen Schrift und hauptsächlich die in ihr enthaltenen Vorhersagen zum Gegenstand hat, oder auch jede moralische Ermahnung, jede Unterredung, die göttliche Dinge betrifft«) und der Prophetie im eigentlichen Sinne (»die auf übernatürliche Weise vermittelte Kenntnis und die unfehlbare Weissagung auf natürlichem Wege unvorhersehbarer zukünftiger Ereignisse«). Dann stellt er eine Typologie auf, die nicht weniger als vier Gruppen und zwölf Unterkategorien von Prophezeiungen unterscheidet:

1. Prophezeiung gemäß der Natur des zukünftigen Ereignisses:
   a) absolute Zukunft: Prophezeiung des Vorherwissens;
   b) bedingte Zukunft: Prophezeiung der Androhung.
2. Prophezeiung aufgrund erweiterter Kenntnis:
   a) 1. Grad: Kenntnis des zukünftigen Ereignisses, der Zeit, in der es eintreten wird, seiner prophetischen Bedeutung und des göttlichen Ursprungs dieser Prophezeiung; sehr selten; Beispiel: Christus, der die dreimalige Verleugnung des Petrus ankündigt;
   b) 2. Grad: man kennt die Epoche nicht;
   c) 3. Grad: man kennt nur das Ereignis und seine Bedeutung;
   d) 4. Grad: enthält lediglich die Ankündigung eines künftigen Ereignisses.
3. Prophezeiung gemäß dem Modus formaler Kenntnis:
   a) Prophezeiung durch intellektuelle Vision;
   b) Prophezeiung durch bildliche Vision;
   c) Prophezeiung durch sinnliche Vision.
4. Prophezeiung gemäß dem Modus materieller Kenntnis:
   a) Prophezeiung im Wachzustand;
   b) Prophezeiung in der Ekstase oder der Entrückung;
   c) Prophezeiung im Schlaf.[37]

Was also die innerhalb der Kirche anerkannte Prophetie betrifft, so begleitet die übermäßige Entwicklung der Theorie das allmähliche Verschwinden der Praxis, verursacht es jedoch auch. Die offiziell akzeptierten Prophezeiungen werden seltener, mit dem Ergebnis, daß sich die Tätigkeit der Weissagung auf die heterodoxen und ketzerischen Kreise verlagert. Die institutionalisierte Kirche verliert ihre prophetische Dimension zugunsten der Sekten und konkurrierender Kirchen. Auch wenn die faktische Abschaffung der Prophetie durch eine äußerst strenge Reglementierung an sich ein positives Element und ein Stabilitätsfaktor ist, so vertieft sie doch die Kluft zwischen der Religion der Eliten und der Volksreligion, die an diesen mutmaßlich übernatürlichen Erscheinungen hängt.

Die Debatte über die Astrologie

Die Theologen des 12. und 13. Jahrhunderts begnügen sich nicht damit, den prophetischen Geist in äußerst enge Grenzen abzudrängen. Sie eliminieren auch jede andere Form des Zugangs zur Kenntnis der Zukunft, indem sie diese als Aberglaube und Teufelswerk bezeichnen. Die Astrologie ist der krasseste Fall. Diese Kunst erlebte im 12. Jahrhundert, wie wir sahen, eine spektakuläre Renaissance im Rahmen der damaligen Blüte der Wissenschaft. Indem sie die große griechische Tradition wiederentdeckt und sich die mathematischen und astronomischen Fortschritte zunutze macht, besticht sie durch ihren strengen, komplexen, wissenschaftlichen Aspekt, der sich von den volkstümlichen Wahrsagungsmethoden abhebt. Für den, der die Zukunft erfahren will, ist die Astrologie nun die Ergänzung oder die Konkurrentin der Prophetie: auf der einen Seite steht die natürliche und rationale Methode, auf der anderen die übernatürliche Methode.

Die Kirche, die letztere reglementiert und nur mit äußerster Zurückhaltung die Erlaubnis zum Prophezeien erteilt, reagiert auch auf die Astrologie. Obwohl sie bisher, trotz der Schriften Agustinus', dank der Unklarheit der Lehre mehr oder weniger geduldet wurde, zählt man sie nun, wenn auch mit gewissen Vorbehalten, eindeutig zu den unerlaubten Tätigkeiten.

Die Debatte über die Astrologie findet nicht nur im Westen statt. Mitte des 12. Jahrhunderts entspinnt sich auch im byzantinischen Reich eine große Kontroverse über dieses Thema, wo ein gewisser Petrus der Philosoph dem Patriarchen Nikephoros Chrysoberges einen Brief zugunsten der Iatromathematik schreibt, d. h. der Verwendung der Astrologie in der Medizin, ausgehend vom Werk des Hippokrates. Aber erst mit Kaiser Manuel Komnenos tritt die Frage in den Vordergrund. Der Herrscher ist von den Kräften der Astrologie überzeugt. Als daher ein Mönch des Pantokrator-Klosters zu Konstantinopel eine Abhandlung gegen diese Wissenschaft schreibt, verfaßt er eine ausführliche Widerlegung. Da Sonne und Mond das irdische Leben beeinflussen, besteht für ihn kein Grund, die Planeten und die Sterne für wirkungslos zu halten, sofern man einräume, daß letztere lediglich Zeichen und nicht Ursache der Ereignisse seien. Nachdem er sich auch eingehend mit dem Stern von Bethlehem und den drei Weisen befaßt hat, tritt er den Beweis dafür an, daß Gott gewollt hat, daß wir die Bewegungen der Gestirne studieren, deren Er sich bedient, um uns wichtige Dinge kundzutun. Ist die Finsternis, die anläßlich der Kreuzigung eintrat, nicht ein weiteres Indiz dafür? Im übrigen mache die Medizin ständig von der Astrologie Gebrauch, und wenn diese sich bisweilen täusche, so liege das an den Irrtümern der Astrologen und nicht an der Astrologie selbst. Nur unwissende Menschen, wie dieser Mönch, könnten das Gegenteil behaupten. Da Gott selber diese Zeichen an den Himmel gesetzt habe, wäre es ein Sakrileg, sie zu mißachten. Wichtig sei, nicht dem Aberglauben zu verfallen und die Sterne zu Lebewesen zu machen.

Gegen diesen Traktat des Kaisers verfaßt der Mönch Michael Glykas um 1150 eine förmliche Widerlegung. Den Fall des Weihnachtssterns aufgreifend, schreibt er, wenn dies die Astrologie rechtfertige, so müsse man auch sagen, daß die Taube, die bei der Geburt Christi erschienen ist, die Auguren rechtfertige und daß die Auferstehung die Nekromantie rechtfertige, kurz, daß alle Divinationsmittel erlaubt seien. Jedenfalls setze die Ankunft Christi der alten Ordnung ein Ende. Was die Weisen angehe, so seien sie von einem Engel unterrichtet worden und nicht von der Praxis der Astrologie. Auch das Argument der Medizin sei nicht stichhaltig: die Ärzte behandeln mit Hilfe der Physik und nicht der Sterne. Dann kommt Glykas auf die Prinzipien zu sprechen: Die wahre Astrologie kann sich nicht mit der Behauptung begnügen, daß die Sterne bloße Zeichen seien; will sie auch nur im geringsten von Nutzen sein, so muß sie annehmen, daß die Sterne eine Wirkung ausüben, daß sie die Ursache der Ereignisse sind, was den menschlichen Handlungen jegliche Freiheit und uns infolgedessen jede Möglichkeit nimmt, sie zu beurteilen. Im übrigen verbieten sowohl die Heilige Schrift wie die traditionellen Autoritäten die Astrologie eindeutig.

Der Kaiser läßt sich nicht beirren. Noch kurz vor seinem Tod ist er aufgrund der Worte seiner Astrologen davon überzeugt, daß noch vierzehn Jahre Eroberungen vor ihm liegen. Erst der Patriarch Theodosios Boradiotes überzeugt ihn schließlich von der Nichtigkeit dieser Praktiken. Aber die Debatte geht nach seinem Tod noch lange weiter.

Im Westen regeln im 13. Jahrhundert die Theologen das Los der Astrologie. Die scholastische Methode mit ihrer Sorge um Präzisi-

Die Kirche definiert und reglementiert den Zugang zur Zukunft 281

on und Unterscheidung ermöglicht es ihnen, die notwendigen Nuancen zwischen einer erlaubten natürlichen und einer unerlaubten abergläubischen Astrologie zu bestimmen. Diese Unterscheidung zeigt im übrigen, daß die astrologischen Praktiken für diese gebildeten und in die Vernunft vernarrten Geister einen gewissen Reiz bewahren. Ohne Übertreibung kann man behaupten, daß sie gegenüber der »Wissenschaft« der Sterne nachsichtiger sind als gegenüber der Weissagung, deren Zügellosigkeit ihrer universitären Strenge widerstrebt. Zwar verurteilen sie die Idee der astralen Kausalität in bezug auf den menschlichen Willen, aber einige, und nicht die geringsten, räumen einen indirekten Einfluß der Planeten auf unser Verhalten ein. Das rührt daher, auch wenn es uns paradox vorkommen mag, daß die Astrologie im Mittelalter das rationalste und wissenschaftlichste Mittel des Zugangs zur Zukunft ist.

In den 1130er Jahren klärt Hugo von St. Viktor die Begriffe, indem er die Astronomie deutlich von der Astrologie trennt und letzterer einen erlaubten Teil zubilligt, jenen, der die Bestimmung der Körper betrifft. »Der Unterschied zwischen Astronomie und Astrologie besteht darin, daß die Astronomie sich mit den Gesetzen der Sterne befaßt und die Astrologie gewissermaßen eine Rede über die Sterne ist: *nomos* bedeutet Gesetz und *logos* heißt Rede. Daher betrifft die Astronomie die Gesetze der Sterne und die Bewegungen der Himmel, die Positionen und die Kreise, den Verlauf, den Aufgang und den Untergang der Sternbilder, und warum ein jedes diesen oder jenen Namen trägt. Die Astrologie dagegen betrachtet die Sterne im Hinblick auf die Beobachtung der Geburt, des Todes und allerlei anderer Ereignisse und ist zum einen Teil natürlich und zum anderen abergläubisch. Der natürliche Teil betrifft die körperlichen Dinge und ihr Aussehen, Dinge, die sich je nach der Anordnung der Himmel verändern wie Gesundheit und Krankheit, Stürme und ruhiges Wetter, Fruchtbarkeit und Unfruchtbarkeit. Der abergläubische Teil betrifft die zufälligen Ereignisse sowie jene, die vom freien Willen abhängen und mit denen sich die *Mathematiker* befassen.«[38] An anderer Stelle behandelt Hugo von St. Viktor unter der Bezeichnung »Horoskop« die abergläubische Astrologie, die er zusammen mit dem Haruspizium und den Auguren zu den magischen Künsten zählt.

Die großen Scholastiker des 13. Jahrhunderts fahren in dieser

Richtung fort. Keiner von ihnen bestreitet den Einfluß der Sterne auf die Naturerscheinungen, wofür die Gezeiten das beste Beispiel seien. Nach Anerkennung dieses Prinzips besteht die ganze Frage darin, wie weit sich die Rolle der Planeten ausdehnen läßt. Hier hat der Fall der Gezeiten großes Gewicht: wir haben es nämlich mit einem Bereich zu tun, in dem die astrologische Vorhersage eine außergewöhnliche mathematische Präzision erreicht, mit einer unfehlbaren Methode, die es erlaubt, für eine unbestimmte Dauer absolut sichere Vorhersagen zu machen. Im allgemeinen neigen die Autoren dazu, ihre Anwendung auf die meisten Naturerscheinungen auszudehnen: Meteorologie, Erdbeben, Krankheiten, physikalische und chemische Veränderungen. Der Einfluß der Sterne wird in keiner Weise in Frage gestellt; bestritten wird allein die Fähigkeit der Astrologen, ihn zu messen und vorauszusagen, sowie die Statthaftigkeit derartiger Vorhersagen, wenn sie Handlungen betreffen, die vom freien Willen abhängen.

Beginnen wir mit Robert Grosseteste, einem berühmten Theologen, von 1235 bis 1253 Bischof von Lincoln. In seinem *Hexaemeron* erklärt er, auch dann, wenn wir annähmen – was auf ihn zuzutreffen scheint –, daß »die Konstellationen von Bedeutung sind und die Werke des freien Willens sowie die sogenannten zufälligen Ereignisse und das menschliche Verhalten beeinflussen, wären die Astrologen außerstande, diese Dinge zu kennen«.[39] Vor allem deshalb, weil es keine Beobachtungsmittel gibt, die genau genug sind, um beispielsweise Zwillinge voneinander zu unterscheiden. Natürlich fügt Robert Grosseteste hinzu, daß die Freiheit, die Vorsehung und das Gebet sinnlos wären, wenn die Sterne die Welt lenkten, und daß die Astrologen infolgedessen »Betrogene und Betrüger sind und ihre Lehre gottlos und profan ist, unter der Eingebung des Teufels geschrieben«.[40] Was ihn nicht davon abhält, vorbehaltlos die Verwendung der Astrologie in der Alchimie, der Medizin, der Meteorologie zuzulassen. Sein Amtsbruder und Zeitgenosse Robert Kilwardby, Erzbischof von Canterbury, teilt diese Meinung.[41]

Zwanzig Jahre später, 1270, erinnert auch Berthold von Regensburg an die Unterscheidung zwischen natürlicher und abergläubischer Astrologie: »Als Gott den Steinen und den Wurzeln Kraft gegeben hat, hat er auch den Sternen Kraft gegeben, daß sie über alle Dinge Kraft haben, außer über eines. Sie haben Kraft über

Bäume und über Weinberge, über Laub und Gras, über Kraut und
Wurzeln und Korn und alles, was Samen treibt, über die Vögel in
den Lüften und über die Tiere in dem Walde und über die Fische im
Wasser und über die Würmer in der Erde: über alles, was unter
dem Himmel ist, darüber hat unser Herr den Sternen Kraft gegeben, außer über ein Ding: darüber hat niemand Kraft noch Macht,
weder Sterne noch Wurzeln noch Wort noch Steine noch Engel
noch Teufel noch niemand außer Gott allein. Aber er will das Seinige auch nicht tun, er will keine Gewalt darüber haben. Das ist des
Menschen freier Wille: darüber hat niemand Gewalt als nur du selber.«[42] Was der astrologischen Forschung immerhin einen großen
Spielraum läßt.

Der Dominikaner Albertus Magnus geht noch weiter. Seine persönliche astrologische Bildung ist umfassend und läßt vermuten,
daß er eine gewisse Übung in dieser Wissenschaft hat.[43] Unter den
wissenschaftlichen Werken, deren Lektüre er empfiehlt, befinden
sich der *Almagest*, die *Tetrabiblos*, die Übersetzungen der arabischen Astronomen und Astrologen. In seiner wissenschaftlichen
Erklärung der Welt zeigt er, daß alle natürlichen irdischen Ereignisse mittels eines fünften Elements von den Himmelsbewegungen
verursacht seien. Nur die menschliche Seele hänge unmittelbar von
der ersten Triebkraft, nämlich von Gott, ab und entgehe mithin der
Kontrolle der Sterne; wenn sie sich jedoch den Neigungen des Fleisches hingebe, gerate auch sie in ihre Abhängigkeit, was letztlich
bei den meisten Menschen der Fall sei. Von hier aus legitimiert
Albertus die Praxis der Nativität, die Festlegung günstiger Stunden, um Geschäfte abzuschließen, das Einritzen astrologischer
Zeichen auf Mineralien, um Wunderwerke zu vollbringen. Er
behauptet sogar, es sei unvernünftig und liefe der menschlichen
Freiheit zuwider, keinen Astrologen zu befragen, bevor man etwas
Wichtiges unternehme, was immerhin sehr weit geht.[44]

Roger Bacon: Die Astrologie im Dienst der Christenheit

Freilich nicht so weit wie der Franziskaner Roger Bacon. Er ist eine
seltsame Erscheinung, dieser um 1220 geborene Nonkonformist
der Scholastik, Schüler von Robert Grosseteste in Oxford, dann

seinerseits Lehrer in Paris und Oxford. Im Jahre 1257 Franziskaner geworden, ist er ein Außenseiter der großen Geistesströmungen, aber seine wissenschaftlichen Arbeiten verhelfen ihm zu bedeutendem Ansehen. Auf Bitten von Papst Klemens IV. verfaßt er sein *Opus maius*, ergänzt durch das *Opus minus* und das *Opus tertium*. 1277 verteidigt er gegen den Bischof von Paris Étienne Tempier sowie im *Speculum astronomiae* die Astrologie, woraufhin er inhaftiert wird. Er stirbt 1294 in hohem Alter.

Der beherrschende Gedanke seines Lebens und seines Werks ist der weltweite Sieg des Christentums, ein Ziel, für das er seine gesamte Energie einsetzt. Um es zu erreichen, preist er das Bündnis von Kirche und Wissenschaft, einer vielgestaltigen Wissenschaft, die weitgehend auf die Erfahrung zurückgreife. Zweieinhalb Jahrhunderte vor Leonardo da Vinci ersinnt er Kampfpanzer, Unterseebote, Motorschiffe, Jagdbomber und Laserstrahlen, die die Ungläubigen vernichten sollen; er erwägt die Möglichkeit, das Leben der Christen zu verlängern; und natürlich vergißt er in seinem heteroklitischen Arsenal weder die Alchimie noch die Astrologie. Letztere, wohlüberlegt angewandt, könne ein unschätzbarer strategischer Trumpf sein.

Da er sich der Feindseligkeit bewußt ist, auf welche die Astrologie bei den kirchlichen Behörden stößt, prangert Roger Bacon diejenigen an, die, ohne das Erlaubte vom Unerlaubten zu unterscheiden, diese Wissenschaft, die er hier Mathematik nennt, in Bausch und Bogen verwerfen: »Man greift die Mathematik vornehmlich in bezug auf die astronomischen Urteile an. Viele Leute, welche die Macht der Philosophie und den großen Nutzen, den sie der Theologie bietet, nicht kennen, verwerfen, sowohl relativ wie absolut, die Überlegungen der Mathematiker; ihre Feindseligkeit behindert das Studium der Weisheit und fügt ihr in diesem Teil großen Schaden zu; daher will ich ihre Absicht hier zur Wahrheit zurückrufen und die Schändlichkeit ausräumen, der sie die wahre Mathematik zeihen. In den Schriften der Heiligen haben die Theologen viele Worte gegen die Mathematiker gefunden; einige von ihnen, die weder die wahre Mathematik noch die falsche Mathematik kennen, können die falsche nicht von der wahren unterscheiden und berufen sich daher auf die Heiligen, um sowohl die wahre wie die falsche anzuklagen.«[45]

Die falsche Astrologie ist diejenige, die behauptet, daß alles, was geschieht, unausweichlich sei, daß der Zufall nicht existiere. Die gute Astrologie ist diejenige, welche die menschliche und göttliche Freiheit achtet und in den Bewegungen der Gestirne Zeichen und nicht Zwänge sieht: »Die Astrologen sprechen von den Religionen, und die Religionen hängen von der Freiheit der Vernunft ab; freilich tun sie dem freien Willen keinen Zwang an, wenn sie sagen: die Planeten sind Zeichen; sie weisen uns auf die Begebenheiten hin, deren Erfüllung Gott seit aller Ewigkeit vorbereitet hat, sei es durch die Natur, sei es durch den menschlichen Willen, sei es durch seine eigene Vernunft, wie es seinem Willen gefällt.«[46]

Und da die Gestirne die Körper beeinflussen, spielen sie gewiß auch in unserem Verhalten eine Rolle; sie bestimmen unseren Charakter, unsere »Beschaffenheit«, und machen uns für diese oder jene Entscheidung empfänglich, ohne uns je dazu zu zwingen: »Die Planeten verändern alle natürlichen Eigenschaften dieser Welt; sie sind auch Ursache der Beschaffenheit jedes einzelnen Menschen; infolgedessen regen sie jeden dazu an, diesem oder jenem Brauch und dieser oder jener Religion zu folgen, ohne ihn freilich dazu zu zwingen, wie ich es schon im *Opus maius* gesagt und nachgewiesen habe. Unter allen Umständen bleibt die Freiheit der Wahl gewahrt, wiewohl die körperliche Beschaffenheit, durch die Kraft der Sterne verändert, die menschliche Seele geneigt macht und anregt, so daß sie dieser Beschaffenheit und diesen Kräften nachgeben will; aber sie gibt ihnen aus freien Stücken nach, und der freie Wille bleibt erhalten. Aber dies alles habe ich andernorts hinlänglich dargelegt; jetzt also erkenne ich es an.«[47]

Die individuelle Freiheit bleibt also gewahrt, sofern der Mensch dem Einfluß seiner Leidenschaft zu wehren vermag. Aber man muß feststellen, daß die Massen selten dem Geist und der Vernunft folgen; von ihren tierischen Leidenschaften gelenkt, erliegen sie daher dem Einfluß der Sterne und geraten in die Sphäre der astrologischen Voraussagen. Dies gilt für die großen Religionen, die unter dem Zeichen einer Konjunktion von Jupiter und einem anderen Planeten stehen. Für das Christentum ist es die Konjunktion von Jupiter und Merkur, aufgrund der mit diesem Planeten verbundenen günstigen mystischen Eigenschaften. Von hier aus ist es möglich, das Horoskop der Religionen zu erstellen, das die Überlegenheit des christlichen Glaubens zeigt und seine Wahrheit beweist – ein unfehlbares Mittel, die Ungläubigen zu bekehren, wie Bacon an Klemens IV. schreibt: »Diese wunderbaren Dinge sind überaus wertvoll, um die Ungläubigen zu bekehren und jene zurückzudrängen, die nicht bekehrt werden können. Tatsächlich würde ein Mensch sie nicht ohne weiteres verstehen; zuerst müßte er sie glauben, damit er, wenn er im Studium der Wissenschaft geübt ist, die Gründe dafür zu erkennen vermag; somit würde er zu den göttlichen Dingen hingeführt; er würde dazu gebracht, seinen Hals unter ihr Joch zu beugen, sie zunächst zu glauben, bis zu dem Augenblick, wo er, von ihnen geformt, endlich den Grund erkennt, der ihn zum Verständnis und zum Wissen bringt. Wenn der Mensch nämlich sieht, daß sein Verstand die göttlichen Wahrheiten nicht zu erfassen vermag, muß er sich weit glücklicher schätzen, an die göttlichen Dinge als an die erschaffenen Dinge zu glauben. (...) Diese Art und Weise, vom Glauben zu überzeugen, wäre mächtiger und besser als die Worte einer Predigt, denn das Beispiel taugt mehr als die Rede. Diese Art der Überzeugung wirkt nach Art der Wunder; es ist daher mächtiger als das Wort.«[48]

Innerhalb des Christentums sollte niemand die Astrologie so sehr verherrlichen wie Roger Bacon. Aber auch wenn ihre Exzesse verurteilt werden, so akzeptieren doch selbst die orthodoxesten Theologen problemlos das Grundprinzip der Astrologie, nämlich den bestimmenden Einfluß der Sterne auf die irdischen Angelegenheiten, zumindest die natürlichen; skeptisch sind sie in bezug auf die Vorhersagen nur wegen der Komplexität der Berechnungen, die die Astrologen nicht gut beherrschen. Daher antwortet Wilhelm von Auxerre auf zwei Einwände, die gegen sie erhoben wurden. Einerseits irren sie sich deshalb häufig, weil »kein Mensch in der Astrologie bewandert sein kann, wenn er sich wegen der unendlich vielen besonderen Umstände, die er beachten muß, nicht oft irrte. Das hat Gott so eingerichtet, um diesen Astronomen zu belehren, damit er demütig bleibe und darin einen Beweis seiner eigenen Unvollkommenheit erkenne«.[49]

Zweiter Einwand: Wie kommt es, so fragt man, daß alle zur selben Zeit in ein und dasselbe Feld gestreuten Saatkörner nicht auf dieselbe Weise wachsen? Ihr seid zu wißbegierig, erwidert der Bischof: »Darauf ist zu antworten, daß jene, die derlei Urteile über die Zukunft fällen, in zweifacher Hinsicht Tadel verdienen. Der erste Vorwurf ist die Wißbegier. Sie verschwenden ein übermäßiges Studium und eine mehr als vergebliche Forschung darauf, herauszufinden, was mit Sicherheit zu erkennen in der Lage, in der wir sind, unmöglich oder äußerst schwierig ist. Zweifellos werden bestimmte Dinge hienieden in gewisser Weise von hoch oben verursacht; aber wegen der Hindernisse, der vielen Zufälle und Begleitumstände läßt sich die Wahrheit kaum erkennen und untersuchen.«

Verlegenheit der Theologen und Verurteilung von 1277

Thomas von Aquin steuert zu diesem Problem der Astrologie keine neuen Elemente bei. Er systematisiert mit gewohnter Strenge, ohne eine gewisse Zweideutigkeit vermeiden zu können. Er stellt den Einfluß der Sterne auf die Materie und auf den menschlichen Körper nicht in Frage. Aufgrund der Verbindung von Körper und Seele unterliege letztere also indirekt dem Einfluß der Planeten, aber sie habe die Kraft, ihm zu widerstehen und ihre Handlungsfreiheit zu bewahren. »Darum«, so schreibt er, »sagen auch die Sterndeuter selbst: ›Der weise Mensch steht über den Sternen‹, sofern er nämlich seine Leidenschaft beherrscht.« Kein körperliches Wesen könne auf ein nicht-körperliches Wesen einwirken.

Denn: »Die Mehrzahl der Menschen folgt den Leidenschaften, den Regungen nämlich des sinnlichen Strebevermögens; zu diesen Regungen können die Himmelskörper ihren Einfluß beisteuern; es gibt aber nur wenige Weise, die derartigen Leidenschaften widerstehen. Und darum können die Sterndeuter für die Mehrzahl der Fälle Wahres vorhersagen, besonders wenn sie sich an allgemeine Aussagen halten. Nicht aber im einzelnen, denn nichts hindert einen Menschen, durch freie Selbstbestimmung den Leidenschaften zu widerstehen.«[50] Dieselbe Argumentation greift Thomas von Aquin in *Gegen die Heiden* auf, wo er zeigt, daß die Weisen aus diesem Grunde freier seien als die gemeinen Leute.[51]

Ist es also erlaubt, die Zukunft mit Hilfe der Astrologie vorherzusagen? Ja, was die natürlichen Ereignisse wie das Wetter betrifft. Was dagegen die menschlichen Handlungen angeht, so ist seine Antwort nicht eindeutig. Sichtlich erliegt auch Thomas von Aquin, trotz der Autorität des Augustinus, dem Prestige der judiziarischen Astrologie und des Horoskops. Gleichzeitig beunruhigt ihn jedoch der teuflische und abergläubische Aspekt dieser Tätigkeit, und er äußert sich nicht deutlich. Die Zwiespältigkeit seiner Position beweist auch die Tatsache, daß etwas mehr als ein Jahrhundert später Pierre d'Ailly seine Schriften benutzen wird, um die Astrologie zu verteidigen und gleichzeitig anzugreifen.

Der allgemeine Eindruck ist also ein Unbehagen der scholastischen Theologen gegenüber der Astrologie aufgrund ihrer aristotelischen Auffassung der Verbindung von Körper und Seele. Der Körper wird von den Gestirnen determiniert, und die Seele ist frei. Alles hängt also von der Natur der Verbindung ab, die ziemlich mysteriös bleibt, sowie vom Grad der Loslösung der Seele vom Körper. Es gibt keine pauschale Antwort. Für die Theologen haben die Astrologen mit ihren Vorhersagen häufig recht; das Ansehen dieser Pseudowissenschaft blendet sie so sehr, daß sie einen Teil ihres kritischen Verstandes verlieren.

Die kirchlichen Autoritäten machen sich Sorgen wegen des Erfolgs der Astrologie und reagieren bisweilen. Die spektakulärste Entscheidung ist die des Bischofs von Paris, Étienne Tempier, der 1277 eine Liste von 219 verurteilten Lehrsätzen aufstellt und allen mit dem Bannfluch droht, die sie unterstützen sollten. Ohne die mindeste Klassifizierung werden hier die gängigsten wie die gefährlichsten Meinungen aufgezählt, die auf dem Gebiet der Wissenschaft, der Philosophie und der Theologie damals in Mode sind. Sieben Jahrhunderte vor dem von Pius IX. kommt diesem mittelalterlichen *Syllabus*, dessen Wirkung nicht größer ist als die seiner späteren Imitation, zumindest das Verdienst zu, uns mit den Ideen vertraut zu machen, die Ende des 13. Jahrhunderts im universitären Milieu von Paris im Schwange waren.[52]

Die Astrologie nimmt keinen gewichtigen Platz darin ein: 6 Artikel von insgesamt 219. Dennoch geht aus ihnen hervor, daß die astrologischen Vorstellungen sehr weit reichten, und diesmal verdammen die Artikel sie unzweideutig. Mit dem Bannfluch bedacht werden folgende Behauptungen (in der Reihenfolge des Katalogs):

143. Daß verschiedene Zeichen am Himmel bei den Menschen verschiedene Verfassungen bedeuten, sowohl in ihren geistigen Gaben wie in ihren weltlichen Angelegenheiten.
161. Daß der Einfluß der Sterne auf den freien Willen verborgen sei.
162. Daß unser Wille der Macht der Himmelskörper unterliege.

195. Daß das Schicksal, das eine universelle Bestimmung ist, nicht unmittelbar von der göttlichen Vorsehung herrühre, sondern von den Bewegungen der Himmelskörper vermittelt werde.
206. Daß ein jeder Gesundheit und Krankheit, Leben und Tod der Position der Sterne und dem Aspekt Fortunas zuschreibe, so daß er leben werde, wenn Fortuna ihm günstig ist, und andernfalls sterben werde.
207. Daß es in dem Augenblick, da ein Mensch in seinem Körper und folglich in seiner Seele, die dem Körper folgt, gezeugt wurde, es in ihm, aufgrund einer Anordnung von Ursachen, eine Bereitschaft gebe, die ihn zu dieser oder jener Handlung oder zu diesem oder jenem Ereignis dränge. Dies ist ein Irrtum, es sei denn, man versteht darunter ein »natürliches Ereignis« und eine »einfache Bereitschaft«.

Letzterer Vorbehalt läßt die Möglichkeit eines Einflusses der Sterne auf die Körper und die Materie offen, aber die Betonung liegt auf der Verteidigung des freien Willens, Vorbedingung für die Verantwortlichkeit des Menschen vor Gott. Daher verurteilt Étienne Tempier auch die Idee des Großen Jahres, d. h. die Theorie der ewigen Wiederkehr, unabhängig von der Dauer, die man diesen Zyklen beimißt, Faktoren eines vollständigen Fatalismus. Es ist also anzunehmen, daß diese sehr alte Auffassung nicht verschwunden war.

Implizit wird damit jeder Versuch eines Horoskops verurteilt. Alle Pforten der Zukunft, die nicht Gott öffnet, erklärt die Kirche für Aberglauben, und die einzige, die übrigbleibt, die der Prophetie, wird vom Klerus sorgfältig überwacht. Diese Verriegelung der Zukunft hat sowohl gesellschaftliche als auch doktrinale Gründe. Einerseits ist es gefährlich, den Gläubigen nach Bruchstücken einer Zukunft greifen zu lassen, die zu kennen vielleicht nicht wünschenswert ist, weil sie unangenehme Überraschungen bereithält, die ihn auf böse, subversive Gedanken chiliastischer Art bringen können; andererseits ist der Wunsch, die Zukunft zu kennen, eine ungesunde Neugier, die der Teufel wecken und befriedigen kann. Um jede Widrigkeit zu vermeiden, versucht die institutionelle Kirche, die Zukunft zu monopolisieren. Sie allein darf die Offenbarung deuten und prophezeien.

Dante, der auf poetische Weise die theologischen Ansichten der Kirche des 13. Jahrhunderts so gut zum Ausdruck bringt, hat sich nicht getäuscht, als er alle jene in die Hölle schickte, die versucht hatten, die Zukunft vorauszusagen. Mit seinem genialen Gespür für das Symbol hat er sie in den achten Kreis verbannt, den Kopf zurückgedreht, so daß sie nicht mehr vorwärtsschauen können und gezwungen sind, rückwärts zu gehen, jene, die so kühn waren, die Zukunft zu erkunden, was nur der Gottheit zukommt. Alle sind sie hier versammelt, Teiresias, Arruns, Manto, die Auguren und Seher der Antike ebenso wie die modernen Astrologen: Asdente, ein Wahrsager gewordener Schuster aus Parma, Michael Scotus, der berühmte Astrologe Friedrichs II. und Übersetzer arabischer Werke, Guido Bonatti aus Forlì, Astrologe des 13. Jahrhunderts und Verfasser eines langen Traktats in zwölf Büchern, *De astronomia*.[53]

Dantes Vision bringt die Kluft zwischen Theorie und Praxis zum Ausdruck: die postume Verurteilung dieser Seher und Astrologen steht im Gegensatz zu den Ehren, die ihnen zu Lebzeiten zuteil wurden. Michael Scotus stand einmal sogar im Dienst des Papstes. Der Versuch der Scholastiker, sich die Schlüssel der Zukunft vorzubehalten, ist in doppelter Weise gescheitert. Zu streng reglementiert, wird sich die Prophetie außerhalb der Kirche entwickeln oder vielmehr an ihren Rändern, in den suspekten Bezirken, wo der freie Geist weht; die Astrologie dagegen profitiert von der Verschwommenheit der offiziellen Positionen und spielt mit dem vagen Unterschied zwischen natürlicher und abergläubischer Astrologie. Die Männer der Kirche sind im übrigen die ersten, die die Dienste der Astrologen in Anspruch nehmen: 1302 erteilt Guy de Hainaut, Bischof von Utrecht, Henri Bate de Malines den Auftrag, die wichtigsten Autoritäten auf diesem Gebiet zu übersetzen und ein *Speculum* zu verfassen, das dieser Kunst mehr als positiv gegenübersteht. Der Wunsch, die Zukunft zu kennen, setzt sich über alle Verbote hinweg.

Danach schaffen die Katastrophen des 14. und 15. Jahrhunderts ein Klima, das die Entwicklung jeder Art von Weissagung in höchstem Maße fördert. Die Wiederkehr der Unsicherheit trägt dazu bei, die Phantasie anzuregen, begünstigt aber auch Manipulationen und Betrügereien: die alte griechisch-römische Praxis, Pseudovorhersagen als Instrumente politischer und religiöser Leitung zu benutzen, nimmt nie gekannte Ausmaße an. Kurz, im Mittelalter beobachten wir eine Inflation, aber auch ein Abgleiten und eine Umlenkung der Weissagung.

KAPITEL VII

Inflation, Banalisierung und Abgleiten der Vorhersagen (14.–15. Jahrhundert)

Im Jahre 1287 hat ein Zisterziensermönch aus einem Kloster in Tripolis eine Vision: eine Hand schreibt eine prophetische Botschaft über den Altar und sagt den bevorstehenden Fall von Akra und Tripolis sowie den Anbruch einer Zeit der Drangsal voraus, auf welche die Eroberung der Welt durch zwei große Herrscher, einen aus dem Westen und einen aus dem Osten, folgen werde; nach fünfzehn Jahren des Überflusses werde ein Kreuzzug Jerusalem einnehmen, und danach werde der Antichrist kommen.

Nach einer Überprüfung stellt sich heraus, daß es in Tripolis kein Zisterzienserkloster gibt und daß im Jahre 1287 eine solche Prophezeiung nie gemacht wurde, und wenn Acra und Tripolis tatsächlich im Jahre 1289 gefallen sind, so ist alles übrige eine Ausgeburt der Phantasie. Diese »Prophezeiung«, »Zeder des Libanon« genannt, ist ein falscher Anonymus, 1347 anhand alter Texte aus dem 13. Jahrhundert verfaßt und vordatiert, um den Fall der beiden Städte »vorauszusehen«. Diese grobe Fälschung soll den anderen Weissagungen mehr Glaubwürdigkeit und Ernst verleihen: wenn die erste eingetroffen ist, gibt es keinen Grund daran zu zweifeln, daß auch die anderen es tun werden.[1]

Katastrophen und Vorhersagen

Diese Pseudoprophezeiung gibt den Ton dessen an, was im 14. und 15. Jahrhundert gängige Praxis werden sollte: eine Zunahme von Weissagungen aller Art in den verschiedensten Bereichen: Politik, Religion, Zeit, Eschatologie. Der Antichrist und der letzte Kaiser werden nahezu überall verkündet, ebenso das Ende der Kirche oder des Klerus oder bestimmter religiöser Orden, sowie der Sieg oder die Niederlage dieses oder jenes Königreichs, dieser oder jener Dynastie, dieses oder jenes Königs. Es sind die unsinnigsten und widersprüchlichsten Vorhersagen im Umlauf.

Schuld an dieser Inflation ist für Norman Cohn und M. Barkun die Häufung von Katastrophen, die das ausgehende Mittelalter prägten.[2] Die Epoche ist düster: in den Jahren von 1315 bis 1320 kommt es erneut zu Hungersnöten; nach 1330 beginnt der Hundertjährige Krieg, der Truppen von Söldnern, plündernder Soldaten, »Kaimans« und »Schindern«, über das Land spülen wird; 1348 bricht die Beulenpest über Europa herein, die etwa ein Drittel der Bevölkerung dahinrafft und ein Jahrhundert lang immer wieder zuschlägt; in den 1380er Jahren erschüttern Bauernaufstände und städtische Revolten Nordwesteuropa; ihnen folgen Bürgerkriege zwischen den Armagnacs und Burgundern, York und Lancaster auf dem Hintergrund des Großen Schismas mit zwei, dann drei Päpsten, sowie Religionskriege, vornehmlich gegen die Hussiten, während die türkische Flut über die Reste des byzantinischen Reichs hereinbricht und unaufhaltsam nach Westen vordringt. Grund genug, auch die stärksten Gemüter aufzuwühlen. Die von Katastrophen niedergedrückte Welt wird nicht mehr lange dauern: der Antichrist kann nicht fern sein, und nach ihm kommt vielleicht der tausendjährige Frieden, den alle Leidenden, die sich einbilden, zu den Auserwählten zu gehören, so herbeisehnen. Die Gemüter erhitzen sich, und wie im frühen Mittelalter verstärken die ständige Ungewißheit und Unsicherheit das Bedürfnis nach Trost, Stabilität und Kenntnis der Zukunft. Ein günstiges Klima für das Umsichgreifen des Irrationalen, des Okkulten, meist als Reaktion auf den Rationalismus der großen Scholastiker des 13. Jahrhunderts. Die neue Philosophie ist der Nominalismus, der Glauben und Vernunft völlig voneinander trennt, die Wahrheit für unerforschlich hält und die Einsicht in den Bereich des Scheins und des Individuellen verweist.

In diesen trüben Wassern gedeiht die neue Generation realistischer Politiker, die, konkret und skrupellos, bereit sind, die Rivalitäten zwischen religiösen Parteien, die dunklen Prophezeiungen der vom apokalyptischen Klima überreizten Neurotiker sowie die Vorhersagen der Astrologen, die aus den Konjunktionen der Planeten stets Umwälzungen herauslesen, zu ihren eigenen dynastischen Zwecken zu benutzen. Zwei Drittel aller Weissagungen verkünden Katastrophen, und da die Ereignisse dieser tragischen zwei Jahrhunderte ihnen recht geben, steigt das Ansehen der Visionäre. Ein Umstand, der wiederum die Zuflucht zu falschen Weissagungen erklärt, die vollständig erfunden werden, um das Schicksal zu manipulieren und eine bestimmte Sache zu fördern. Der einzige Unterschied zwischen der »wahren« und der »falschen« Prophezeiung besteht darin, daß allein die letztere vorsätzlich gemacht wird, während es sich bei ersterer um eine unbewußte Wiedergabe der von den Umständen hervorgerufenen sozialen und psychologischen Sehnsüchte handelt. Aber bei den ratlosen Geistern der damaligen Zeit verwischt sich der Unterschied, und die verschiedenen Gesellschaftsgruppen lassen sich in ihren Handlungen von einer imaginierten – gefürchteten oder erhofften – Zukunft leiten, der die Weissagungen einen Anschein von Gewißheit geben. Die Katastrophen des 14. und 15. Jahrhunderts verleihen den Voraussagen eine Rolle, die sich mit jener vergleichen läßt, die die Ideologien des 20. Jahrhunderts spielen: verlockende Trugbilder für verwirrte Gemüter auf der Suche nach Werten, die ihre Handlungen motivieren könnten.

Doch für R.E. Lerner haben wir es hier nicht mit einer Ausnahmeerscheinung zu tun, sondern mit einer Konstante des Mittelalters. Er wirft Norman Cohn vor, seine Sicht der millenaristischen Bewegungen »auf eine unzulängliche Kenntnis der unveröffentlichten Originalquellen« zu stützen, und erklärt, daß apokalyptische Prophezeiungen im Mittelalter gang und gäbe gewesen seien.[3] Die Debatte ist noch immer nicht abgeschlossen.[4] Fest steht, daß jede im 14. und 15. Jahrhundert hereingebrochene Katastrophe stets *nach* dem Ereignis eine Fülle von Vorhersagen nach sich gezogen hat, die nachweisen, daß das Unheil aufgrund dieser oder jener Sternenkonjunktion oder dieser oder jener apokalyptischen Prophezeiung schon seit langem vorausgesehen worden war und daß sie den Antichrist, das Ende der Welt oder das Millennium ankündigte. Aber kein einziges Mal waren diese nachträglich so geschickten Propheten und Astrologen in der Lage, das Ereignis *im voraus* kommen zu sehen. Nicht einmal die Pest von 1348, die ganz Europa heimsuchte und viele Millionen Tote forderte. Es ist kindisch, es wiederholen zu müssen, aber wir stellen fest, daß die Neutralität des Historikers manchmal dazu beitragen kann, die Zweideutigkeit zu nähren. Niemand hat jemals irgend etwas aufgrund eines übernatürlichen, okkulten oder astralen Lichts prophezeit oder geweissagt. Immer ist es das Ereignis selbst, das die Prophezeiung auslöst; die Reflexion läßt es als ein Zeichen erscheinen und erlaubt es dank der Dunkelheit und Symbolik der prophetischen oder astrologischen Rede, es in ein Gesamtschema einzuordnen und zu beweisen, daß es vorausgesehen worden war und wiederum zukünftige Episoden ankündigt. Wir begegnen diesem Vorgang bei jeder Katastrophe des ausgehenden Mittelalters.

Krise der Kirche und Zugang zur Prophetie (1292–1303)

Ein erstes prophetisches Fieber läßt sich um die Jahrhundertwende erkennen, ausgelöst durch die Krisensituation der Kirche: Vakanz des Heiligen Stuhls von April 1292 bis März 1294; verdächtige Abdankung Cölestins V. im November 1294; Kampf zwischen Bonifatius VIII. und den spirituellen Strömungen der Bettelorden; heftiger Zusammenstoß zwischen diesem Papst und dem König von Frankreich von 1300 bis 1303; Rivalitäten zwischen den aristokratischen Parteien Roms. Das Haupt der Kirche scheint schwer krank zu sein, was den prophetischen Spekulationen über die Drangsale der Endzeit neuen Auftrieb gibt. Tommasino de Foligno[5], Robert von Uzès[6], Petrus Johannes Olivi, Petrus Oriol, Johannes von Paris, Arnald von Villanova sind repräsentativ für diese Bewegung.

Der Franziskaner Petrus Johannes Olivi steht in der joachimitischen Tradition, da er seine Prophezeiungen auf eine Periodisierung der Geschichte gründet. In seinen *Lectura super Apocalipsim* unterscheidet er sieben Zeitalter, die allmählich aufeinander folgen und die Etappen des Kampfs zwischen dem Guten und dem Bösen kennzeichnen. Fünf Zeitalter sind bereits verstrichen, und Franz von Assisi war der Engel des sechsten Zeitalters, eine apokalyptische Gestalt, die eine neue Periode einleitete. Die Zeit der Verfolgung und des Antichristen naht, die Kirche wird verschwinden und einem kontemplativen Orden weichen. Dies erklärt Petrus Johannes Olivi 1295 den Jünglingen Robert und Ludwig von Neapel. Nach seinem Tod sehen seine Schüler, vornehmlich Ubertino da Casale, in Bonifatius VIII. den angekündigten Antichrist, was 1317/18 den Aufstand der Spiritualen der Provence schürt.[7]

Inflation, Banalisierung und Abgleiten der Vorhersagen   295

Auch Petrus Oriol (1280–1322) gehört dieser Strömung an und interpretiert die Geschichte anhand der Offenbarung und umgekehrt. Für ihn kündigen die sieben Siegel der ersten Vision den Zeitraum von der Erschaffung der Kirche bis zu Julian Apostata an; die zweite Vision, die sieben Engel mit den Posaunen, weise auf die Verfolgung durch die Häretiker bis zu Kaiser Maurikios hin; die dritte Vision entspreche der Verfolgung durch den Islam; die vierte den Mißgeschicken der Kirche zwischen Karl dem Großen und Heinrich dem IV.; die fünfte, in der von der großen Hure, dem Fall Babylons, dem siebenköpfigen Tier, der Fesselung Satans für tausend Jahre die Rede ist, verwirkliche sich in der heutigen Zeit: sie reiche von der Herrschaft Heinrichs IV. bis zur Ankunft des Antichristen; die Verurteilung der großen Hure weise auf den Sieg über die Mohammedaner während des ersten Kreuzzugs hin. Die nächste Etappe werde die Ankunft des Antichristen sein, während die sechste Vision die dreieinhalbjährige Verfolgung durch Satan, das Jüngste Gericht und das neue Jerusalem ankündige. Diese Deutung wird im übrigen von Nicolaus von Lyra (1270–1349) angefochten, der es merkwürdig findet, daß für die Zeit zwischen dem ersten Kreuzzug und der Ankunft des Antichrist nichts prophezeit worden ist.[8]

In seinem *Tractatus de Antichristo* von 1300 sieht Johannes von Paris das Ende der Welt binnen zweihundert Jahren voraus, ohne nähere Angaben machen zu können. Zwar befinden wir uns ihm zufolge bereits im Jahr 6300 nach der Schöpfung, während die Welt lediglich sechstausend Jahre zu leben hat, aber nach landläufiger Meinung kann das sechste Jahrtausend bis zum Jahr 6500 währen. Johannes erhärtet seine Berechnungen durch die Astrologie, was für den Eklektizismus der damaligen Methoden durchaus bezeichnend ist: durch den Vergleich des Breitengrads des Kulminationspunkts der Sonne am Tag der Schöpfung mit dem zur Zeit des Ptolemaios kommt er zu dem Schluß, daß die Welt um 130 n. Chr. etwa 5100 Jahre alt war.[9]

Arnald von Villanova ist ohne Zweifel der berühmteste Prophet dieser von der Krise der Kirche geprägten Generation. Um 1240 in Valencia geboren und 1281 in die Dienste des Königs von Aragón getreten, zieht er durch Katalonien, den Languedoc, die Provence und wird dank seiner medizinischen Kenntnisse Ratgeber von Friedrich III. von Sizilien und Robert I. von Neapel sowie der Päpste. Obgleich Mystiker und religiöser Denker, ist er auch in weltliche Dinge verstrickt und läßt sich einmal sogar von Bonifatius VIII. ins Gefängnis werfen. Um 1290–1297 verfaßt er *De tempore adventus Antichristi*, wo er, aus Daniel, dem 24. Kapitel des Matthäus sowie aus Joachim von Fiore schöpfend, die Ankunft des Antichristen für das Jahr 1368 ankündigt. Seine Methode ist überaus eklektisch. Obwohl er erklärt, daß der Mensch aus eigener Kraft die Zukunft nicht zu erkennen vermöge, meint er doch, er könne sie mit Hilfe der Offenbarung, der Konkordanz der durch die Numerologie und die hebräische Exegese ausgelegte Heilige Schrift, der Werke einiger Erleuchteter und sogar der Astrologie erschließen. In der *Expositio super Apocalipsim* von 1305/06 schreibt er: »In der fünften Epoche der Geschichte hat Gott in der Kirche den Abt Joachim, den Priester Kyrillos, die Stiftsfrau Hildegard und den Verfasser des *Horoscopus* und mehrere andere zu seinem Dienst ins Leben gerufen. Sie alle haben die Gabe der Prophetie und geben den Auserwählten einige sichere Auskünfte über den gesamten Verlauf der letzten Zeit der Kirche.«

Dennoch widersetzt er sich der astrologischen Auffassung, der zufolge die Welt 36 000 Jahre dauern müsse, die Zeit, die für den vollständigen Umlauf der acht Sphären notwendig ist. Selbst wenn diese Umläufe notwendig seien, so könne Gott doch sehr wohl die Bewegung beschleunigen, damit dies alles nicht mehr als 6000 Jahre währe. Die wesentliche Grundlage der Prophetie ist die Bibel, die jedoch allegorisch und nicht wörtlich auszulegen sei, wie Thomas von Aquin behauptet. Ab 1305 versichert Arnald im übrigen, unmittelbar von Gott erleuchtet zu sein, und er verkündet nun, der Antichrist sei bereits geboren und etwa drei Jahre alt. Politik und Eschatologie vermengend, schreibt er im Jahre 1309 den Königen von Aragón und Sizilien eine messianische Rolle zu und verficht ihren Kreuzzugsplan gegen Almería.[10]

Seine Vorhersagen werden sehr unterschiedlich aufgenommen. 1299 wird *De tempore* von der Sorbonne verboten, von Bonifatius VIII. jedoch gebilligt. Anfang des 14. Jahrhunderts beschuldigen ihn die Dominikaner des Betrugs. 1302–1304 streiten diejenigen von Gerona und Marseille mit ihm über die Auslegung der Bibel. 1333 hat Durandus von S. Porcino, als er über alle jene spottet, die Anfang des Jahrhunderts Prognosen hinsichtlich des Endes der Zeiten angestellt haben, vor allem ihn im Visier.

Tatsächlich war er nicht der einzige, der über die Ereignisse der Jahre 1292–1303 Besorgnis empfand. Zu jener Zeit werden zahlreiche Texte im joachimitischen Geist geschrieben, besonders im Milieu der spiritualen Franziskaner. Im Mittelpunkt der Prophezeiungen steht das Papsttum, dessen Drangsale die radikale Umwandlung anzukündigen scheinen. 1305 spekuliert das *Liber de Flore*, das bis 1314 um viele Kommentare angereichert wird, über die Aufeinanderfolge der Päpste.[11] Weit berühmter sind die *Vaticinia de summis pontificibus*, ein Joachim von Fiore zugeschriebener Text, der jedoch zweifellos 1304 in Perugia bei den spiritualen Franziskanern entstanden ist. Er steht in einem sowohl politischen wie religiösen Kontext. Ursprünglich scheint er einem von der byzantinischen Kultur geprägten Parteigänger des Hauses Anjou in Neapel zu verdanken zu sein, der die Kaiser Leo VI. dem Weisen zugeschriebenen griechischen Orakel zu Zwecken politischer Propaganda gegen Nikolaus III. aus der Familie Orsini, Feind Karls von Anjou, benutzt haben soll. Später soll das Werk überarbeitet und durch Spekulationen über die künftigen Päpste und ihre Todesdaten ergänzt worden sein. Es hatte beträchtlichen Erfolg, und noch heute gibt es davon 76 Handschriften.[12]

Um 1303–1305 erscheint auch das *Horuscopus*, das Arnald von Villanova erwähnt, den man im Verdacht hat, der Verfasser zu sein. Darin findet man die für die Epoche typische Mischung aus Astrologie und Prophetie, wobei die Astrologie einen »wissenschaftlichen Beweis« für die Prophetie erbringt, wie Johannes von Paris sagt.[13] Die Arbeiten von Raoul Manselli und Jeanne Bignani-Odier haben die prophetischen Mechanismen jener Zeit untersucht, und sie unterscheiden vier Arten von Propheten:
– den Visionär, der ein inneres Wort deutet, das ihm auf geheimnisvolle Weise während der Messe, beim Gebet oder im Schlaf zuteil wurde. In einer esoterischen oder symbolischen Sprache erklärt er, nicht aus eigenem Antrieb zu sprechen;
– den Deuter der Bibel, der sich vor allem auf Daniel und die Offenbarung stützt und diese Texte auf die Gegenwart anzuwenden versucht;
– den Astrologen;
– den anonymen oder kollektiven Verfasser, der seine Schrift einem berühmten Autor der vergangenen Jahrhunderte zuschreibt und ihn bereits eingetroffene Ereignisse vorhersagen

läßt, um diejenigen glaubhaft zu machen, die er für die Zukunft ankündigt.

Alle sind nun mehr oder weniger von der Technik Joachims von Fiore und seiner Einteilung der Geschichte beeinflußt und zögern nicht, Methoden und Gattungen zu vermengen, wobei sie sich stets an der Grenze der bewußten Propaganda bewegen. Auch wenn es unmöglich ist, bei ihnen den Anteil an Unaufrichtigkeit und willentlicher Manipulation genau auszumachen, so steht doch fest, daß viele parteiisch sind und mit einem wohldefinierten politischen Ziel Weissagungen erfinden.

Besonders auffällig ist die Mischung aus Politik und Eschatologie: der Antichrist und der letzte Kaiser werden zu Partnern in einem dynastischen und religiösen Spiel, gleichsam zu »Jokern« oder wichtigen Figuren, derer man sich bedient, um nach eigenem Belieben das große Schachspiel der Zukunft mit immer weltlicheren Einsätzen zu arrangieren. Petrus Johannes Olivi sieht sogar zwei Antichristen: einen mystischen, der ein Gegenpapst, und einen anderen, der ein königlicher Tyrann sein werde. 1320 neigen auch diejenigen, die Aymar de Mosset nahestehen, zu einer doppelten Identität: einem großen Antichrist, einem exkommunizierten Bettelmönch, vielleicht Philipp von Mallorca, und einem kleinen Antichrist, vielleicht Friedrich III. von Sizilien. Jeder bastelt sich je nach seinen politisch-religiösen Ansichten seinen eigenen Antichrist. Andere phantasieren weiterhin über die Offenbarung wie Bruder Sean in einem irischen Kloster, der unter dem Diktat des hl. Johannes einen Nachtrag zum kanonischen Text schreibt. Und als sähe dieser Text nicht schon genug Katastrophen voraus, fügt er weitere hinzu wie die des »fünften Pferdes«, die eine Epoche völligen Wahnsinns für die Überlebenden der vorhergehenden Katastrophen ankündigt. Das Ende werde nach Ablauf eines Zyklus von 444 Monden kommen.[14]

Die ersten Hungersnöte der Jahre 1315 bis 1320 lösen eine zweite Welle apokalyptischer Bewegungen aus, die diesmal einen mehr gesellschaftlichen denn politischen Charakter haben. Ab 1315 zirkuliert bei den hungernden Massen eine Weissagung, die verkündet, die Armen würden die Reichen und Mächtigen sowie die Kirche und eine große Monarchie stürzen; nach vielen Massakern werde die gesamte Menschheit im Dienst desselben Kreuzes vereint sein. 1320, als König Philipp V. von Frankreich einen Kreuz-

Inflation, Banalisierung und Abgleiten der Vorhersagen 299

zug anregt, entzündet diese Idee das Landproletariat, das sich aus Schäfern und Schweinehirten zusammensetzt: die Bewegung der Pastorellen ist geboren. Improvisierte Erlöser tauchen in Nordfrankreich auf, abtrünnige Mönche oder einfache Hirten, die verkünden, sie hätten Erscheinungen gehabt. Es bildet sich ein bunter Haufen, dem sich unterwegs Bettler, Räuber und Dirnen anschließen und der, Juden abschlachtend und den Klerus angreifend, gen Süden zieht. Papst Johannes XXII. exkommuniziert die Pastorellen und befiehlt dem Seneschall von Beaucaire, ihnen mit bewaffneter Gewalt entgegenzutreten. Viele werden an Bäumen aufgeknüpft oder erschlagen.[15]

Der Hundertjährige Krieg, Merlin, die Astrologen und die Propheten

Kaum ist dieses soziale Zwischenspiel zu Ende, nimmt mit dem Beginn des großen Streits zwischen den Häusern Valois und Plantagenet um die Krone Frankreichs, der zum Hundertjährigen Krieg führen sollte, erneut die »große« Politik die Hauptrolle ein. Dies ist für jedes Lager eine Gelegenheit, in den alten Prophezeiungen nach günstigen Vorhersagen zu suchen oder auch neue zu erdichten und die Sterne zu befragen.

Und nun taucht erneut Merlin auf. In *Perceforêt*, einer zwischen 1330 und 1340 vom Grafen Guillaume de Hainaut verfaßten Erzählung, gründet die politische Prophezeiung auf der Vorhersage Merlins, die die Zukunft Englands bis zur Rückkehr König Arthurs beschreibt. Dort wird der Plantagenet Eduard III. als Reinkarnation Philipps IV. und als Vorankündigung Arthurs dargestellt. Die Gestalt des Gadifer, der Philipp den Schönen darstellt, wird von einem Eber verletzt, und eine Hexe gießt Gift auf seine Wunden, so daß die Verletzung zum Tode führt, was auf die zukünftigen Mißgeschicke des Königreichs Frankreich hinweist. Aber es wird ein Neubegründer kommen, dessen Identität im Dunkeln bleibt; dieser Held wird die Ritterschaft erneuern, ein Detail, das möglicherweise Eduard III. und Johann den Guten beeinflußt, die wenig später den Hosenbandorden (1348) und den Sternorden (1352) gründen.

In Merlins Prophezeiungen ist jeder König durch ein Tier gekennzeichnet, was den historisch-prophetischen Spekulationen der *Epistola sibyllae* als Grundlage dient. Diese sechs geheimnisvollen Tiere sind nacheinander der Löwe der Gerechtigkeit, der Drache, der Luchs, der Eber mit dem Löwenherz, der bleierne Esel und der Maulwurf. Im 12. Jahrhundert wandte man diese Liste nach dem Tod Heinrichs I. an, was, je länger die Dynastie dauerte, immer neue Aktualisierungen erforderlich machte. Anfang des 14. Jahrhunderts geht man bei dieser Angleichung vom Tod Johanns aus, so daß Heinrich III. (1216–1272) der Löwe ist, Eduard I. (1272–1307) der Eber mit dem Löwenherz, was sich gut trifft, da der Eber die Wälder und Weiden des Kontinents verwüsten, die verlorenen Provinzen zurückerobern, die Krone Frankreichs erlangen und ins Heilige Land aufbrechen soll. Diese Weissagung ist am englischen Hof, wo man seit Eduard I. den Mythos der Tafelrunde wiederaufleben läßt, sehr populär. Der König hat Arthurs Grab in Glastonbury wiederherstellen lassen und organisiert Gastmahle nach Art der Tafelrunde. Froissart berichtet von diesen prophetischen Spielen: »Wie ich in England gehört habe, wird der Eber von Windsor mit seinen Zähnen an die Tore von Paris klopfen. Mit dem Eber ist König Eduard gemeint, denn er wurde auf Schloß Windsor geboren und hat dieses Schicksal erfüllt. Er überquerte die Seine und die Somme, kämpfte gegen seine Feinde, die Blüte Frankreichs, und besiegte sie.«

Noch weitere prophetische Texte nähren die Träume der englischen Aristokratie. Thomas Walsingham kündigt für das Jahr 1338 die Geburt zweiköpfiger Ungeheuer an, womit er die französisch-englische Doppelmonarchie meint; Rosen (aus England) werden auf den Weidenbäumen wachsen (Wortspiel mit dem lateinischen *salices*, was sowohl »Weidenbaum« wie »salisch« bedeutet, also an die französische Monarchie gemahnt). Ein anderer Text, *Lilium regnans in meliori parte mundi*, der bald Merlin, bald Homer, bald Thomas Becket zugeschrieben wird, erwähnt den Menschensohn (England), der Leoparden im Arm trägt und dem Löwen (Flandern) zu Hilfe kommen wird gegen die Lilie (Frankreich), die ihre Krone verlieren wird. Dann wird der Menschensohn vom Adler (dem Imperium) gekrönt werden.[16]

Diese Spiele, deren kindische Seite in der Mentalität des dekadenten Rittertums gründet [17], liegen zwischen Traum und Weissagung. Die Tier- und Pflanzensymbolik, an der diese in die Heraldik vernarrten großen Kinder, die Leoparden, Löwen, Eber und Lilien in ihren extravaganten Wappen tragen, Gefallen finden, ist eine weltliche Entsprechung der religiösen Symbolik. Die Prophezeiungen Merlins bieten der Aristokratie jenes große Turnier, das zu Beginn des Hundertjährigen Krieges eine Gelegenheit ist, sich mit mythischen Helden einer weltlichen Apokalypse zu identifizieren; die Hauptfiguren glauben gern, daß sie die Verwirklichung einer grandiosen und tragischen Weissagung erleben.

Natürlich fehlt auch die religiöse Seite nicht. 1332 bis 1337 prophezeit der aquitanische Franziskaner Geraud im *Sirventes*, daß Eduard den König von Frankreich besiegen, sich des Reichs bemächtigen, die Kirche reformieren und ins Heilige Land ziehen werde.

Der Hundertjährige Krieg ist Anlaß für eine Flut von Weissagungen, wie es eine Mitte des 15. Jahrhunderts zusammengestellte Anthologie beweist, die Matthew Tobin untersucht hat.[18] Die Handschrift, die aus der Abtei von Marmoutier stammt, ist eine Art Enzyklopädie, in der sich ungeordnet und vorurteilslos die unterschiedlichsten Weissagungen aneinanderreihen. Von den 229 Seiten betrifft die Hälfte (126) den Hundertjährigen Krieg, 72 enthalten Texte joachimitischer Prägung und 30 beziehen sich auf das Große Schisma.

Die meisten den Krieg betreffenden Prophezeiungen sind offenkundig Fälschungen, dazu bestimmt, eine Partei zu begünstigen. So wurde kurz nach 1361 eine dem 1379 gestorbenen Augustiner Johannes von Bridlington zugeschriebene Weissagung in Versen in den Kreisen verfaßt, die dem schwarzen Prinzen gewogen waren, da man in ihm die messianische Gestalt des Endzeitkaisers sah. Es ging darum, dem Kampf gegen die Franzosen eine apokalyptische Dimension zu geben und eine Wiederaufnahme des Krieges nach dem Frieden von Brétigny im Jahre 1360 zu rechtfertigen.

Noch deutlicher ist die Parteinahme in einem Prosakommentar des Augustiners Johannes Ergome aus York zu Bridlingtons Prophezeiung. Dieser Text ist auf plumpe Weise vordatiert, damit man ihn dem 1160 gestorbenen Probst des Klosters, Robert dem Schreiber, zuordnen kann. Darin ist die Voraussage aller englischen Siege und die Verwüstung Frankreichs zu lesen. Dieselbe Rolle spielen die Jean de la Roquetaillade oder Birgitta von Schweden zugeschriebenen oder angeblich nach der Schlacht von Azincourt aufgefundenen Prophezeiungen.

Der Hundertjährige Krieg inspirierte auch die Astrologen. Jede Planetenkonjunktion kündigt irgendein Unheil für das eine oder andere Lager an. Genannt sei nur ein einziges Beispiel, das des Johannes de Muris, der, 1290 in der Diözese von Evreux geboren, von 1338 bis 1342 Domherr in Bourges war und 1344 vom Papst nach Avignon berufen wurde, um an der Kalenderreform zu arbeiten. Als guter Astronom und Mathematiker verfaßt er einen »Brief über die Reform des alten Kalenders«, aber auch einen weiteren Brief über die künftigen Konjunktionen von 1357 und 1365. Seine Vorhersagen sind insofern besonders interessant, als sie die beachtliche Flexibilität der Astrologie jener Zeit veranschaulichen, die sogar aus ihren Mißerfolgen Nutzen zu ziehen versteht.

Im Hinblick auf das Jahr 1357 ist Johannes de Muris wegen der Stellung Jupiters, der die Geschicke Englands bestimmt, und Saturns, von dem Frankreich abhängt, äußerst beunruhigt; er sieht eine militärische Katastrophe für die Kapetinger sowie die Übertragung des Königreichs an einen Fremden voraus: »Diese Konjunktion ist an und für sich schlecht, sogar sehr schlecht; sie verkündet große Kriege, viel Blutvergießen, den Tod von Königen, Zerstörung von Königreichen oder Übertragungen dieser Reiche auf Fremde (...). Ich glaube und vermute, daß das Königreich Frankreich in der Gefahr des Untergangs, des Umsturzes und der ewigen Schande schwebt.«[19]

Aber als vorsichtiger Mann fügt Johannes de Muris hinzu, daß es immer möglich sei, dieser unheilverkündenden Situation entgegenzuwirken, beispielsweise mit einer Intervention des Papstes. Die astrologische Vorhersage ist also an Bedingungen geknüpft. Sie ist nicht unausweichlich und kann sich als ausgezeichneter Anreiz zum politischen Handeln erweisen, indem sie die Führer dazu anspornt, sich dem Einfluß der Sterne zu widersetzen. Vorauszusagen, um nichts erdulden zu müssen – dies scheint die Ansicht von Johannes de Muris zu sein, so daß Jean-Patrice Boudet schreibt: »Kein anderes Dokument der astrologischen Praxis ist so aufschlußreich in bezug auf die zwar deterministische, jedoch völlig antifatalistische Natur des Einflusses des Himmels nach Meinung zahlreicher Astrologen des ausgehenden Mittelalters, die bestrebt waren, den freien Willen des Menschen zu achten.«[20]

Dennoch irrt sich Johannes de Muris nur geringfügig: 1356 kommt es zum Desaster von Poitiers, und Johann der Gute wird gefangengenommen; 1357 lösen Étienne Marcel und Karl der Böse schwere Unruhen aus, und das Königreich versinkt in Anarchie.

Was die anderen Konjunktionen betrifft, so äußert sich die Besonnenheit des Domherrn auf andere Weise. Diesmal stellt er das vorausgesehene Ereignis zwar als unausweichlich dar, meint jedoch, daß die Konjunktion sich vielleicht nicht sofort auswirken werde; möglicherweise müsse man eine Weile warten. Eine kluge Vorsichtsmaßnahme: das für das Jahr 1365 vorhergesehene Ereignis ist nämlich schlicht und einfach das Verschwinden des Islams:

»Eure Erlauchte Heiligkeit möge also zuvörderst wissen: im Laufe des Jahres 1365 Jesu Christi wird es am 30. Oktobertag im achten Grad des Skorpions zu einer der größten Konjunktionen kommen, der von Jupiter und Saturn; gleichzeitig wird es eine Verschiebung der Triplizität der Luft zu einer Triplizität des Wassers für Mars geben, der im selben Jahr und unter dem selben Zeichen mit jedem der beiden vorherigen Planeten in Konjunktion treten wird.

Besagte Konjunktion wird die erste Wiederkehr der berühmten Konjunktion sein, die allen Autoren und Philosophen zufolge die Heraufkunft der Religion der Sarazenen und den Aufstieg oder die Herrschaft des tückischen Mohammed angekündigt hat (...). Daher glauben die Philosophen mit Recht, daß die nun bevorstehende Konjunktion große Neuerungen, Drangsale und Veränderungen in dieser Sekte ankündigen wird. Wenn die Christen sie in diesem Augenblick kräftig schlagen und beherzt angreifen, dann würde sie sich nach den Worten von Albumasar, Messahallat und anderen Verfassern in eine andere Religion verwandeln oder in sich zusammenfallen. Wir glauben indes nicht, daß dies sogleich nach der Konjunktion oder noch im nämlichen Jahr geschehen wird; denn die Kraft und die Beschaffenheit dieser Konjunktion werden ihren Einfluß auf die irdischen Dinge nur langsam und allmählich ausüben.«

Johannes de Muris' Amtsbruder, Johannes von Sachsen, teilt diese Auffassung der astrologischen Vorhersage voll und ganz und schreibt 1327 in seinen *Canones super tabulas Alphonsiis* außerdem, die Astrologie sei die größte aller Wissenschaften, da sie alle umfasse und es zudem ermögliche, sich durch das Erstellen von Horoskopen zu bereichern.

Die schwarze Pest, Vorbote des Antichrist

Dennoch wird sie, wie alle anderen Divinationsmethoden, vom Ausbruch der schwarzen Pest im Jahre 1348 völlig überrascht. Einige behaupten später, sie vorausgesehen zu haben, wie Jean de Bassigny. Dieser schreibt nämlich nach 1361, was es ihm ermöglicht, die Voraussage von Poitier (1365) und der Jacquerie, des Bauernaufstands von 1357/58, sich selbst zuzuweisen und ohne größere Schwierigkeit vorherzusehen, daß ein junger Held, der Dauphin Karl, die Krone erben werde. Er verheißt ihm eine lange und segensreiche Herrschaft. Er wird auch gemunkelt, ein »großer Astrologe« habe die Pest und für dasselbe Jahr die Ankunft eines Kaisers vorausgesagt, den auferstandenen Friedrich, der über Papst und Kardinäle richten, den König von Frankreich stürzen und Herr der Christenheit werde.

Alle diese Gerüchte, die sich nach 1348 verbreiten, sind Ausdruck der Erschütterung der Gemüter unter dem Schock der Pest. Eine angesichts des beispiellosen Ausmaßes der Katastrophe, die ein Drittel der Bevölkerung Europas dahinrafft, durchaus verständliche Erschütterung: mit den heutigen Verhältnissen verglichen, wären dies 200 bis 500 Millionen Tote! Die Erklärungen *post eventum* erscheinen daher höchst lächerlich. Guy de Chauliac zum Beispiel erklärt, die Pest sei der großen Konjunktion von Saturn, Jupiter und Mars im Jahre 1345 geschuldet, die sich mit Verzögerung auswirke. 1382 gibt Raymond Chalmel de Viviers, der Arzt Klemens' VII., in seinem *Tractatus de pestilentia* ähnliche Erklärungen für die Pest von 1348, 1361, 1373, 1382.

Für die meisten Menschen, für den einfachen Gläubigen wie für den Intellektuellen, hat eine solche Katastrophe gewiß eine eschatologische Bedeutung. Als im selben Jahr in der Schweiz die Erde bebt, sieht der Franziskaner Johannes von Winterthur darin den Vorboten des Weltendes. 1349 schreibt der Karmeliter Wilhelm von Blofield einem Dominikaner aus Norwich, es gebe ein Gerücht, dem zufolge der Antichrist bereits zehn Jahre alt sei und bald als Papst und Kaiser herrschen werde. Im selben Jahr bestätigt der Franziskaner Jean de la Roquetaillade in seinem *Liber secretorum eventuum*, daß der Antichrist zweifellos bereits geboren ist: ein Hinweis dafür sei die Pest; andere Katastrophen würden folgen, dann werde er dreieinhalb Jahre herrschen, von 1366 bis 1370, bevor er von Christus getötet werde; danach komme der tausendjährige Frieden, sodann der Ansturm der Völker von Gog und Magog um das Jahr 2370, und schließlich das Jüngste Gericht. Andere verlegen das Millennium in die Zeit vor dem Antichrist, sehen jedoch ebenfalls in der Pest ein Vorzeichen.[21] Ein französischer Autor aus der Mitte des 14. Jahrhunderts, der über die Zunahme der Katastrophen nachdenkt, sieht darin ebenfalls die Ankündigung der baldigen Ankunft des Antichrist.[22] Ein anonymer englischer Autor sagt diese Ankunft für das Jahr 1400 voraus[23], ebenso ein von Heinrich von Langenstein erwähnter »unbekannter Seher«. Wieder andere, von diesen Zeichen beunruhigt, stellen ganze Sammlungen von Weissagungen zusammen, um Genaueres über diese Episoden und ihre Bedeutung zu erfahren. So auch Heinrich von Kirkestede, dessen überaus eklektische Anthologie Merlin, die Sibyllen, Pseudo-Methodios, Hildegard, Joachim von Fiore umfaßt. Die Zuflucht zur Prophetie ist hier bei Menschen, die sich angesichts der Katastrophen nicht mehr zu helfen wissen, offenkundig ein Mittel, sich zu beruhigen.

Im gemeinen Volk äußert sich die Bestürzung in von prophetischer Hoffnung geleiteten sozialen Bewegungen: Im Jahre 1348/49 sind es die Flagellanten, die sich auf die Zahl dreiunddreißigeinhalb festlegen – Umzüge von jeweils dreiunddreißig Tagen, Beginn einer Bewegung, die sich über dreiunddreißig Jahre zu erstrecken hatte, ein Zeitraum, in dem die bestehenden Mönchsorden verschwinden und durch einen neuen, reinen, von irdischen Gütern unbefleckten Orden ersetzt würden, der bis zum Weltende dauern werde. Ob man diese Bewegungen nun als chiliastisch bezeichnet, wie Norman Cohn es tat, oder ob man ihnen, wie Robert Lerner, diesen Titel abspricht[24], wichtig ist, daß sie durch prophetische Verheißungen gewalttätiger und ketzerischer Art motiviert sind, was dazu beiträgt, den Bruch zwischen Kirche und Prophetie zu verschärfen.

Vor allem in Deutschland greifen die Flagellanten den Klerus an und sprechen ihm jeden Anspruch auf übernatürliche Autorität ab; sie bestreiten das Wunder der Eucharistie und stören die Messe. Ihre andere Zielscheibe sind die Juden, die unter einem allgemeinen Pogrom zu leiden haben. Die Behörden müssen reagieren. Zunächst hatte Klemens VI. selbst die Praxis der Flagellation gefördert, doch nach dem Bericht des von der Sorbonne gesandten Flamen Jean du Fayt, der ihm über die Unruhen, die diese Bewegungen in Nordeuropa auslösten, Bericht erstattet, erläßt er im Oktober 1349 eine gegen die Flagellanten gerichtete Bulle und fordert die kirchlichen und weltlichen Obrigkeiten auf, die »Sekte« aufzulösen. Die Bischöfe von Frankreich, England, Polen, Schweden und vor allem Deutschland ergreifen einschneidende Maßnahmen; die Priester, die sich der Bewegung angeschlossen haben, werden exkommuniziert, die Anführer hingerichtet.

Die Flagellanten verschwinden einige Jahre von der Bildfläche, tauchen jedoch in regelmäßigen Abständen, im Rhythmus der Pest und der sozialen Krisen, immer wieder auf. Mitte des 14. Jahrhunderts bis Ende der 1470er Jahre liefert die volkstümliche Weissagung chiliastischen und messianischen Typs der Masse der Armen, Vagabunden, Haltlosen und Geächteten einen Ideologieersatz, eine Art mittelalterlichen Vormarxismus, der fähig ist, Menschenmassen gegen die bestehende Ordnung zu mobilisieren, in der Gewißheit, dem Lauf der Geschichte zu folgen, die zum unausweichlichen – da prophezeiten – Sieg der Klasse der Reinen führe. Diese Bewegungen sind insofern revolutionär, als sie den totalen Umsturz der herrschenden Ordnung bezwecken. Ob das Endziel nun die illusorische Wiederkehr eines ursprünglichen Goldenen Zeitalters oder die Errichtung einer noch nie dagewesenen neuen Ordnung ist, tut wenig zur Sache. In beiden Fällen geht es um das Streben nach einer Utopie, deren Vollendung durch die lokalen Erlöser garantiert wird. Die Weissagung ist die einzige geistige Kraft, die die mittelalterlichen Volksmassen in großem Maßstab zu mobilisieren vermag, denn sie allein nimmt die Gestalt der Gewißheit an.

Die Frage, ob das Elend oder die Prophetie am Anfang dieser Bewegungen steht, ist eine falsche Frage. Man kann sowohl sagen, daß die prophetischen Mythen an eine Situation des Elends anknüpfen, als auch, daß das Elend über Menschen hereinbricht, die von prophetischen Mythen geplagt werden, denn die apokalyptischen und joachimitischen Themen sind nicht neu. Das kulturelle Ergebnis dagegen steht fest: nämlich der Bruch zwischen der orthodoxen religiösen Autorität und dem prophetischen Geist, der als Ketzerei gilt. Es ist in diesem Zusammenhang überaus erhellend, wenn man sieht, daß im 15. Jahrhundert die kirchliche, aber auch die weltliche Hierarchie in der Astrologie nach den Geheimnissen der Zukunft sucht. Die durch die chiliastischen Exzesse in Mißkredit geratene Prophetie macht der einst verurteilten »Wissenschaft« der Sterne Platz. Faktisch, wenn nicht theoretisch tritt der Astrologe die Nachfolge des Propheten an. Die rationale und anpassungsfähige astrologische Vorhersage ist für die Macht beruhigender als die der Eschatologie und dem Umsturz der irdischen Hierarchie zugewandte Prophetie.

Dieser Hierarchie wird in der Tat von den Erleuchteten, den Erlösern, den Spiritualen des 14. und 15. Jahrhunderts eine harte Prüfung auferlegt. In der Linie der Anhänger des Freien Geistes finden wir zum Beispiel die ziemlich undefinierbare Gruppe der Begarden, die – was kein Zufall ist – zu Beginn des 14. Jahrhunderts im städtischen Milieu in Erscheinung tritt. Als inoffizielles Laienpendant zu den Bettelorden leben sie von der Bettelei und rekrutieren sich aus den verschiedensten Kreisen: Handwerker, Halbintellektuelle, Geistliche, die nur die niederen Weihen besitzen, aber auch viele Frauen, die in der Stadt keinen anerkannten Stand haben, vor allem Witwen. Diese Beginen schließen sich in den Städten des Nordens und im Rheinland in Vierteln, wo sie von eigener Arbeit leben, zu inoffiziellen religiösen Gemeinschaften zusammen, die oft den dritten Orden der Franziskaner und Dominikaner angegliedert sind. Die Bewegung breitet sich auch in Spanien und Italien aus, besonders in der Toscana und in Umbrien, wo 1307 ein gewisser Bentivenga da Gubbio überaus aktiv den Freien Geist verbreitet; er versucht sogar, Clara von Montefalco zu ihm zu bekehren.

Die Anhänger des Freien Geistes, die in freiwilliger Armut leben, neigen auch einer kommunistischen Auffassung des Eigentums zu, einschließlich der Verbrauchsgüter, wie es einer ihrer Jünger, Johann Hartmann, in Erfurt erklärt: »Der wahrhaft freie Mensch ist König und Herr über alle Kreatur. Alle Dinge sind sein, und er hat das Recht, sie nach seinem Belieben zu nutzen. Wenn ihn jemand daran hindern will, soll der freie Mensch ihn töten und seine Habe nehmen.«[25]

Auch wenn man diese extreme Position außer acht läßt, sind die Begarden und die Anhänger des Freien Geistes aufgrund ihrer zweideutigen Situation in den Augen der Kirche suspekt. Nachdem sie 1259 und 1310 von der Synode von Mainz, in Italien von Berhardin von Siena und den Bischöfen sowie 1317 vom Bischof von Straßburg verurteilt worden sind, flüchten sie sich ab 1320 in die Klandestinität und fahren in ihrem Bekehrungseifer fort. Eines der Elemente ihrer Spiritualität ist die chiliastische Prophetie, und in den Jahren nach 1340 verstärken sich ihre Bande mit den Flagellanten. Und so wird Johann Hartmann zur gleichen Zeit festgenommen wie der Messias der Flagellanten von Erfurt, Konrad Schmid.

Letzterer, ein in den apokalyptischen Texten und den prophetischen Überlieferungen bewanderter Laie aus Thüringen, erarbeitet eine Botschaft, die in dieser Gegend während der großen Seuche von 1368 erstaunlichen Erfolg hat. Zwanzig Jahre nach der ersten schwarzen Pest mit ihrer erschreckend hohen Zahl an Todesopfern muß man feststellen, daß Seuche und Prophetie übereinstimmen. Konrad Schmid hält sich für den von Jesaja angekündigten Messias, den wahren Gottessohn, von dem Christus nur der Vorläufer gewesen sei. Gleichzeitig ist er auch der wiedererstandene Kaiser Friedrich, der Herrscher der Endzeit. In seiner Person die beiden Verkünder der Endzeit vereinend, prophezeit er das Jüngste Gericht und den Anbruch des Tausendjährigen Reichs für das folgende Jahr, 1369. Seine Getreuen, jene, die des Glücks des Millenniums teilhaftig werden wollen, müssen sich geißeln lassen und die Taufe mit Wasser durch die Taufe mit Blut ersetzen. Konrad Schmid wird festgenommen und 1368 in Nordhausen verbrannt, aber die Erinnerung an ihn nährt bis ins 14. Jahrhundert Aufstände in dieser Region: Thomas Müntzer ist einer seiner Erben.

1370 muß der Bischof von Würzburg erneut gegen Flagellanten vorgehen; von 1395 bis 1400 ziehen infolge der apokalyptischen Predigten des Dominikanermönchs Vinzenz Ferrer abermals Flagellanten durch Spanien, Südfrankreich und Italien, wo der Papst ihren Anführer verbrennen läßt. In Thüringen erblickt man in Konrad Schmid und seinem Vertrauten die wiedererstandenen, in der Offenbarung erwähnten beiden Zeugen Elias und Henoch, die vom Antichrist, d. h. der Kirche, getötet wurden; bald werden sie kommen und Rache nehmen. Ein Chronist aus Thüringen zeugt zu

Beginn des 15. Jahrhunderts von der Kraft dieses Glaubens, und 1414–1416 läßt der Markgraf drei Anführer einer ketzerischen Flagellantenbewegung aburteilen und verbrennen. 1446 werden noch weitere und um 1480 ein letzter hingerichtet. Die prophetische Bewegung schwelt indes weiter und wird zur Zeit der Reformation erneut in Erscheinung treten.

Millenarismus, Kommunismus und Goldenes Zeitalter

Nicht weit von hier, in Böhmen, versetzt zur selben Zeit wie Konrad Schmid ein anderer Prophet Prag in Aufruhr: Jan Milíč verkündet das nahe Ende. Der Antichrist sei bereits am Werk; er zeige sich in der Verderbtheit der Kirche. Man müsse ihn durch ein Leben in Armut ausmerzen.

Die Armut: ein Thema, das im Laufe dieser Jahre immer wiederkehrt und in England ab 1380 im Mittelpunkt der sozio-prophetischen Bewegungen steht, bevor es erneut in Böhmen auftritt. 1381 bricht im Südosten des Königreichs Richards II. der große Bauernaufstand aus, dem die Predigten von John Ball ein apokalyptisches Gepräge geben. Es naht die Zeit der Ernte, wie das Gleichnis es angekündigt hatte: Gott wird seine Engel schicken, um die Spreu vom Weizen zu trennen, und diese Spreu, die man ins Feuer werfen wird, sind die Reichen. Wie Froissart anmerkt, sind die Aufständischen »auf den Adel und die Reichen eifersüchtige Leute«, und John Ball spiegelt ihnen eine Rückkehr zum Goldenen Zeitalter vor, zu jener märchenhaften Zeit vor Adams Sündenfall, als es noch keine Edelmänner gab.

Dieser alte Mythos verschmilzt nun mit dem des Tausendjährigen Reichs: in beiden Fällen geht es darum, eine Utopie mit ähnlichem Inhalt zu verwirklichen. Unwichtig, ob sie neu ist oder ob es sich um eine Wiederherstellung handelt. Ob man ihm nun einen Vorgänger unterstellt oder nicht, die Verwirklichung dieses Mythos liegt in der Zukunft.

Die alte Idee eines Naturzustands, in dem völlige Gleichheit unter den Menschen herrschte, war bereits in den Kreisen der antiken Stoiker verwurzelt. Die Kirchenväter hatten sie aufgegriffen und mit der Zeit des Gartens Eden, des irdischen Paradieses, verbunden, jener glücklichen Zeit, als alle Habe Gemeingut war. Einer Zeit, die jedoch unwiderbringlich vergangen ist seit dem Sündenfall, der unter anderem Zwietracht und Ungleichheit mit sich gebracht hatte. Über die Falschen Dekretale des 9. Jahrhunderts, das *Decretum* des Gratianus im 12. Jahrhundert und den *Roman de la Rose* im 13. Jahrhundert war das Thema des Anarchokommunismus des Gartens Eden weitergegeben worden. Niemandem kam es in den Sinn zu bestreiten, daß es sich hier um eine ideale Situation handelte, und niemand, nicht einmal die Häretiker, Wyclif eingeschlossen, hielt eine Wiederherstellung dieses Paradieses für möglich.[26]

Bis zu dem Tag, an dem John Ball, dem Christen Thomas Walsingham zufolge, über das berühmte Thema zu predigen begann: »Als Adam grub und Eva spann,/Wer war da ein Edelmann?« Das kommunistische Eden wird nun als der Inhalt des kommenden Tausendjährigen Reichs vorgestellt, als die Wiederherstellung einer Menschheit vor dem Sündenfall. Die Weissagung gewinnt somit einen revolutionären und egalitären Inhalt, der um so erfolgreicher ist, als die Unbilden der Zeit die Massen der Bettler, Außenseiter, Räuber und notleidenden Arbeiter erhöhen und die Auflösung der traditionellen Gemeinschaftsbande zur Folge haben. In erster Linie wird aufgrund seiner Reichtümer der Klerus aufs Korn genommen, aber auch reiche Laien sind betroffen. In England hat die Bewegung der Lollarden diese Ideen mehr als ein Jahrhundert lang weitergetragen.

In Böhmen aber fallen sie ab 1390 auf besonders fruchtbaren Boden. In diesem übervölkerten Land wandert die notleidende Bauernschaft in die Hauptstadt Prag ab, wo sich Bettler und Arbeiter mit niedrigem Lebensstandard zusammendrängen, während zu den stagnierenden Löhnen eine ständige Geldentwertung hinzukommt. Ab 1380 verbreiten sich hier die Werke von John Wyclif; ein Schüler von Jan Milíč, Matthias von Janov, sieht in der Bereicherung des Klerus und den Anfängen des Großen Schismas den Antichrist am Werk. Vor allem Jan Hus, ein beliebter Prediger und gleichzeitig Rektor der Universität, versteht es, der Unzufriedenheit des Volks die Form einer Doktrin zu geben, was es ihm ermöglicht, eine machtvolle Bewegung ins Leben zu rufen. Er wird vom Konzil zu Konstanz in eine Falle gelockt und 1415 verbrannt.

Dies führt in Böhmen zum Ausbruch einer wahren Revolution,

der Taboritenbewegung, in der die Prophetie eine wesentliche Rolle spielt. Kongregationen versammeln sich an abgelegenen Orten, auf den Hügeln im Süden des Landes. Eine dieser Erhebungen wird Berg Tabor getauft nach einer Tradition, der zufolge die Wiederkehr Christi an diesem Ort stattfinden solle. Die Glaubensvorstellungen der Taboriten sind konfus und enthalten höchst unterschiedliche Elemente. Sie verwerfen die Autorität Roms und des durch seinen Reichtum verderbten katholischen Klerus und behaupten, jedermann habe das Recht, die Heilige Schrift auszulegen, der Papst sei der Antichrist und die Kirche die Große Hure Babylon; die Wiederkehr Christi sei nahe und werde das Millennium oder das Dritte und letzte Zeitalter einleiten. Die utraquistische Bewegung, eine Mischung aus waldensischen, lollardischen und joachimitischen Elementen, der Ideen von Milíč, Hus und der Begarden – von denen mehrere, aus Holland kommend, in Böhmen Zuflucht suchen –, ist gleichzeitig Ausdruck der Feindschaft der Tschechen gegenüber den Deutschen, in deren Händen sich in Prag der Reichtum befindet.

Vor allem unter dem Druck einer 1419 einsetzenden blutigen Verfolgung rückt das prophetische und apokalyptische Element in den Vordergrund und wird von schwärmerischen ehemaligen Priestern wie Martinek Hauska weiterentwickelt. Der große Endkampf stehe kurz bevor, predigen sie; Gottes Zorn werde zwischen dem 10. und 14. Februar 1420 die ganze Welt treffen und lediglich den Berg Tabor sowie vier weitere Taboritenhochburgen verschonen. Die Getreuen müßten an der Ausmerzung des Bösen, des Antichrist, mitwirken und alle Sünder und alle diejenigen umbringen, die sich ihrer Gemeinschaft widersetzten. Dieses apokalyptische Klima wird von dem damals gegen Kaiser Sigismund, den die Tschechen nicht anerkennen, einsetzenden grausamen Krieg angeheizt. Jahrelang hält Johann Žižka die deutschen und ungarischen Streitkräfte in Schach, während die Taboritengemeinschaften sich zu anarchokommunistischen Einheiten zusammenschließen und die Wiederkehr des ursprünglichen Goldenen Zeitalters vorbereiten: in Pisek und später in Usti strömen die Getreuen herbei, verkaufen ihre Habe und legen den Erlös in die Gemeinschaftskassen. Alle warten auf die baldige Wiederkehr Christi und bereiten sich auf das Tausendjährige Reich vor, das dem Zeitalter des Geistes des Joachim von Fiore gleichgestellt wird, einem für die Auserwählten, die Getreuen des jüngsten Tags, wiederhergestellten irdischen Paradies.

Inzwischen untergraben die konkreten Bedürfnisse des Alltags bald das Gemeinschaftsideal. Da man in Erwartung des nahen Millenniums die Produktion eingestellt hat, müssen Raubzüge in das Umland unternommen werden; eine extremistische Minderheit, die Adamiten, die völlig nackt in einem absoluten Naturzustand leben, trennen sich von den übrigen unter der Führung eines Schwärmers, der sich Adam-Moses nennen läßt. Im Oktober 1421 werden sie von Žižkas Truppen überwältigt und massakriert.

Erst 1434 wird das Taboritenheer bei Lipan von den Utraquisten, gemäßigten Hussiten, geschlagen. Der Berg Tabor selbst wird erst 1452 eingenommen, und von nun an vererbt sich das Ideal der Sekte auf friedliche Weise in der kleinen Gruppe der Mährischen Brüder. Die letzten gewalttätigen Ausbrüche ereignen sich in den Jahren 1460 und 1470, als die Brüder Janko und Livin von Wirsberg die Ankunft des wahren Messias verkünden, desjenigen, den das Alte Testament geweissagt habe und der die Welt reinigen, den Antichrist und Papst samt seinem Klerus erschlagen, alle Sünder und insbesondere die Reichen massakrieren werde, so daß nur 14 000 Auserwählte übrigblieben, die in das Dritte Zeitalter, das Millennium des Glücks, eintreten. Zur Durchführung des Blutbades werde man sich angeworbener Söldner bedienen, von denen es auf tschechischem Gebiet damals so viele gibt. Was den Messias anbelangt, so soll es sich um einen abtrünnigen Franziskaner handeln. Die kleine Gruppe läßt sich in Eger nieder, wo Janko sich den Namen »Johannes aus dem Osten« zulegt, Vorläufer des Erlösers, dessen Ankunft für das Jahr 1467 vorausgesagt wird. Ab 1466 setzt die Repression ein, ohne auf große Schwierigkeiten zu stoßen.

Im Jahre 1474 taucht ein neuer Prophet auf, diesmal in Deutschland im Dorf Niklashausen bei Würzburg. Hans Beheim, ein junger Schäfer, behauptet, ihm sei die Muttergottes erschienen und habe ihm gesagt, der einzige Weg, Gottes Strafgericht aufzuschieben, bestehe darin, nach Niklashausen zu pilgern, wo sich Wunder zu ereignen beginnen. In seinen Predigten verkündet der Schäfer, die Wiederkehr Christi stehe bevor und sein Zorn werde sich gegen den Klerus richten, der in *Avaritia* und *Luxuria* versinke. Dann werde das Tausendjährige Reich anbrechen, in dem vollkommene

Gleichheit herrschen werde, ohne Klassen, ohne Hierarchie und ohne Steuern. Die Bewegung breitet sich aus, und die Pilger strömen nach Niklashausen.

In Wirklichkeit wird Hans Beheim, ein einfältiger junger Mann, von einer kleinen Gruppe von Leuten mißbraucht, deren Aufrichtigkeit sich wie gewöhnlich nur schwer einschätzen läßt: ausschlaggebend sind der Pfarrer von Niklashausen, der die Opfergaben der Pilger entgegennimmt, und ein Einsiedler, der der Kopf der Affäre gewesen zu sein scheint. Nachdem der Fürstbischof von Würzburg vergeblich die Massenwallfahrt untersagt hat, läßt er Beheim festnehmen und seine Getreuen im Laufe eines Scharmützels, bei dem es vierzig Tote gibt, auseinandertreiben. Wegen Ketzerei und Zauberei verurteilt, endet Beheim auf dem Scheiterhaufen.

Alle diese in Mitteleuropa entstehenden Bewegungen wirken sich auf die benachbarten Regionen aus.[27] Streitschriften sind in Umlauf; Überlebende, Kaufleute, Reisende und Vagabunden kolportieren die Neuigkeiten. Besonders die Taboritenbewegung erregt großes Aufsehen, trotz der geringen Zahl ihrer Mitglieder, maximal einige Tausend Personen. Der extreme und spektakuläre Charakter ihrer Ideen fesseln die Aufmerksamkeit, und in den 1430er Jahren spricht man von kleinen Gruppen, die sich in Nürnberg, Bamberg, Konstanz, Mainz, Bremen, Weimar, Stettin, Leipzig und Ulm bilden; auch Burgund und die Gegend um Lyon sind davon berührt. Eine unleugbare Nervosität erfaßt die Christenheit. Diesen Ängsten liegt der prophetische Geist zugrunde, die apokalyptischen und joachimitischen Spekulationen, die im sozial, ökonomisch und religiös aufgewühlten Europa auf fruchtbaren Boden fallen. Es überrascht nicht, daß in den Augen der Obrigkeit die Prophetie selbst mehr und mehr dem Aufruhr gleichgestellt wird. Der Schock des Großen Schismas verstärkt diesen Gedanken und fördert den Rückgriff auf eine weniger gefährliche Voraussagemethode.

Das Große Schisma und die Entfesselung der Prophetie (1378–1417)

Seit 1309 befindet sich das Papsttum in Avignon, in Abhängigkeit des Königs von Frankreich. Dort bleibt es siebzig Jahre lang, hauptsächlich aufgrund der in Rom herrschenden Unsicherheit. Diese sich hinziehende Situation, die anfangs als vorübergehender Notbehelf galt, ruft in einigen Bereichen der Kirche feindselige Reaktionen hervor, da man darin ein beunruhigendes Zeichen sieht, das das Ende ankündigen könnte. Mystiker mischen sich ein: Birgitta von Schweden, die Unheil prophezeit, falls der Papst nicht nach Rom zurückkehre, und Katharina von Siena, die ankündigt, sie werde den Papst zu einem letzten Kreuzzug führen, der mit der endgültigen Einnahme Jerusalems enden werde.[28]

1378 kommt es zur Katastrophe: zwei rivalisierende Päpste werden gewählt und beginnen einen gnadenlosen Kampf: Urban VI. in Rom und Klemens VII. in Avignon. Das Große Schisma dauert neununddreißig Jahre, bis zur Wahl Martins V. im Jahre 1417. Es wird als Trauma erfahren, dessen Ausmaße wir uns heute kaum vorstellen können. Die Einheit der christlichen Welt, die ihre Stärke ausmachte, ist zerbrochen, diesmal nicht durch eine an der Basis entstandene Bewegung, sondern durch die Spitze, was sich auch auf den Inhalt des Glaubens auswirkt. Für viele kann ein solches Drama nur ein Vorzeichen des Endes sein. Der Antichrist ist nahe, die letzten Drangsale stehen kurz bevor. Die Unruhe wächst, sowohl bei den einfachen Gläubigen wie bei den Intellektuellen. Und es äußert sich das gebieterische Bedürfnis nach Wissen: Was wird geschehen, und vor allem wann?

Zur Beantwortung dieser Frage werden sämtliche Spezialisten herangezogen, so stark ist der Druck der Öffentlichkeit. Eine anonyme Vorhersage von 1380–1383 erwähnt das Anliegen des Volkes: »Weil viele wissen wollen, was nach der Heiligen Schrift und den Worten der Propheten und den Doktoren der Heiligen Kirche geschehen wird: durch die Prognosen vieler, die den Geist der Prophetie haben, die Worte von Astronomen zu bestimmten Planetenkonjunktionen.«[29] Gleichgültig, um welche Quelle oder welches erlaubte oder unerlaubte Mittel es sich handelt: es zählt allein das Wissen.

Der Verfasser, ein Astrologe, weist indes darauf hin, daß seine

Kunst der Religion in keiner Weise zuwiderlaufe, da sie dem freien Willen nicht widerspreche: »Da der Philosoph herausgefunden hat, daß die irdischen Körper, das heißt Männer und Frauen, Tiere, Vögel und Fische und alles, was Gott im Wasser und auf der Erde erschaffen hat, unter dem Einfluß der Himmelskörper stehen, nicht aus Notwendigkeit, sondern wegen des freien Willens, den besagte Männer und Frauen von Gott erhalten haben.«

Nachdem der Verfasser dies klargestellt hat, stürzt er sich in irrwitzige Vorhersagen, in denen sich die Apokalypse, die Planetenkonjunktionen, die Merlineskerien über den Hundertjährigen Krieg, den Endzeitkaiser und die Einnahme Jerusalems vermischen – ein regelrechter prophetisch-astrologischer Cocktail im Geist der Zeit. Der Antichrist ist geboren; er wurde durch die Konjunktion von 1365 angekündigt: »Jupiter wird sich im Jahre 1365 mit Saturn verbinden, was bedeutet, daß in diesem Jahr ein neuer Prophet geboren wird. Das ist der Antichrist, der den Glauben Jesu Christi dreieinhalb Jahre lang zerstören wird. Und ein jeder kann seine Ankunft an der Trennung jener drei Päpste erkennen, deren einer ein Bote des Antichrist ist.« Das Schisma wird »für die Leute der Kirche das Grausamste sein, was je gesehen wurde. Und in dieser Zeit werden alle Bettelorden vernichtet werden, und die kleinen Leute werden anfangen, über die Fürsten und die Herren zu gebieten. Und binnen drei Jahren wird Rom nur einen Papst, das Reich nur einen Kaiser, Frankreich nur einen König haben. Und 22 Monate lang werden die Engländer Krieg führen, aber von Westen her wird ein weißer Löwe mit gespaltenem Schwanz kommen und mit Hilfe eines roten, goldgekrönten Löwen [Frankreich und Schottland?] England vernichten. Besagter weißer Löwe wird die Ehre Frankreichs wiederherstellen und einem Kaiser des Ostens beistehen, der Karl heißen wird und aus dem Hause der Lilie stammt (...); und in diesem Lande werden besagter Kaiser und besagter Löwe mit den Franzosen, Bretonen und Engländern und dem heiligen Papst die Sarazenen schlagen und alle ihre Länder erobern bis hin zum Land des Priesters Johannes (...). Und es heißt auch, daß die Stadt Paris, wenn sie erst angeschlagen ist, binnen dreißig Jahren zerstört sein wird.«

Bei einigen Intellektuellen herrscht geradezu Panik: »Ich glaube, es bleiben uns noch knapp drei Jahre bis zu jenem so gefürchteten Tag«, schreibt Nikolaus von Clemanges.[30] In einem apokryphen

Brief erklärt der große Magister der Hospitaliter von Rhodos, der Antichrist sei bereits am Werk, und Eustache Deschamps sieht in den Unbilden der Zeit das Wirken seiner Botschafter:

> Ô Antéchrist, venu sont ti message
> Pour préparer ta hideuse venue;
> Et de la loy Dieu font laissier l'usaige
> Faulx prophetes, qui ja vont par la rue,
> Villes, citez, païs; l'un l'autre tue...[31]

(O Antichrist, gekommen sind deine Boten,
Deine gräßliche Ankunft zu künden;
Und Gottes Gesetz werden verachten
Falsche Propheten, schon ziehn sie durch die Straßen,
Durch Stadt und Land; einer tötet den andern.)

Der spanische Dominikaner Vinzenz Ferrer läßt eine lange Spur der Angst hinter sich. Am 8. Oktober 1398 habe ihm Christus in einer Vision den Auftrag erteilt, das Beispiel des Dominikus und des Franziskus zu predigen, um vor dem baldigen Kommen des Antichrist die Menschen zu bekehren. Diese Weisung wird er unermüdlich befolgen und ihr eigene Weissagungen hinzufügen. In seiner Predigt über den Antichrist vom 10. März 1404 in Freiburg prophezeit er, dieser Handlanger Satans werde bald die Gläubigen durch Geld, Versprechungen, falsche Wunder und philosophische Argumente verführen und sodann seine Opfer foltern: »Zuerst wird er euch all eure weltliche Habe nehmen. Dann wird er die Kinder und die Freunde vor den Augen der Eltern töten. Dann wird er euch zu jeder Stunde und an jedem Tag langsam ein Glied nach dem andern ausreißen.«

Und dies werde nicht auf sich warten lassen. Im Jahre 1403 mehren sich die Zeichen. In der Lombardei erhält Vinzenz Ferrer den Besuch des Botschafters einer Gruppe von Einsiedlern, der die Geburt des Antichrist offenbart worden sei. Im Piemont erzählt ihm ein Kaufmann aus Venedig, franziskanische Novizen hätten eine entsetzliche Vision gehabt, die das nämliche Ereignis ankündigte. Anhand dieser Aussagen kommt der Heilige zu dem Schluß, daß der Antichrist neun Jahre alt sein muß. 1412 schreibt er dem Papst, die Katastrophe stehe kurz bevor, denn das Schisma sei der vom heiligen Paulus in seinem zweiten Brief an die Thessalonicher angekündigte große Abfall. Der Antichrist werde drei Jahre herrschen, und nach seiner Vernichtung werden noch fünfundvierzig Tage vor dem Ende der Welt liegen. Bei Vinzenz Ferrer ist keine Rede von einem tausendjährigen Frieden.[32]

Einige Jahre später, 1429, notiert der Bürger von Paris in seinem Tagebuch die Durchreise eines Franziskanerpredigers, Bruder Richard, der sich Vinzenz zum Vorbild nimmt und für das Jahr 1430 außergewöhnliche Ereignisse ankündigt: »Er sagt, er sei kürzlich aus Syrien und Jerusalem zurückgekehrt, wo er viele Juden getroffen und befragt habe, und sie sagten ihm, daß der Messias geboren sei und ihnen ihr Erbe zurückgeben werde, das heißt das gelobte Land, und daß sie in Scharen gen Babylon ziehen werden, und nach der Heiligen Schrift sei dieser Messias der Antichrist, der in der Stadt Babylon, die einst das Haupt der Königreiche der Perser gewesen war, zur Welt kommen soll. (...) Desgleichen hielt besagter Bruder Richard am Dienstag nach St. Markus, dem 26. April 1429, seine letzte Predigt in Paris und sagte zum Schluß, im nächsten Jahr, das heißt im Jahre 1430, werde man die größten Wunder erleben, die man je gesehen habe, und sein Meister Bruder Vinzenz bezeuge dies nach der Offenbarung und den Schriften des heiligen Paulus, desgleichen Bruder Bernhard, einer der guten Prediger in der Welt, wie jener Bruder Richard sagte.«[33]

Unter den zahllosen Weissagungen, die das Schisma auslöst, sind einige besonders suspekt und parteilich. In Avignon protegiert der Papst eine gewisse, aus den Pyrenäen gebürtige Marie Robine, die prophetische Visionen hat. Diese kranke Mystikerin war zunächst dank Klemens VII. ärztlich behandelt worden, und 1387 läßt sie sich als Klausnerin in der Hauptstadt des Comtat nieder. 1398 schickt man sie sogar zum König von Frankreich, um ihn zu bitten, von der Gehorsamsverweigerung Abstand zu nehmen, die er erwägt, um auf die beiden Päpste Druck auszuüben.[34]

Zur selben Zeit verfaßt der geheimnisvolle Telesphorus von Cosenza zwischen 1378 und 1386 ein von Jean de la Roquetaillade inspiriertes prophetisches Buch und schickt es dem Dogen von Genua. Auch für ihn ist das Schisma das Zeichen für die Ankunft des Antichristen. Ein dritter Kaiser Friedrich werde kommen und viel Unheil anrichten. Aber ein »Fürst Karl, Sohn von Karl« aus dem Geschlecht der Könige von Frankreich, werde um 1420 das

Schisma beenden und eine lange Zeit des Friedens einleiten; dann werde der Antichrist und nach ihm das siebte Zeitalter des Friedens kommen.

Angesichts dieser Weissagungen, die Frankreich und Avignon günstig sind, hat auch Rom seine Erleuchteten; dort werden auch Prophezeiungen erfunden. Eine von ihnen, in der Umgebung von Gregor XII. entstanden, sagt voraus, der Papst werde nach Perugia gehen und dort zwei Jahre bleiben, tausenderlei Schwierigkeiten ausgesetzt; dann würden ihm diejenigen nachkommen, die von ihm abgefallen waren, und ihn um Vergebung bitten. Und nun werde die ganze Welt davon überzeugt sein, daß er der einzige und alleinige Papst ist.[35]

Anfang des 15. Jahrhunderts verkünden auch Vinzenz und Kardinal Pierre Blau mit dem Antichrist verbundene Unbilden, und einige Visionäre sind vollkommen ratlos. Heinrich von Langenstein erzählt, einer seiner Freunde, der französische Mönch Guillaume, ein gebildeter und frommer Mann, sei über das Schisma zutiefst bestürzt und habe Visionen, die das bevorstehende Ende der Kirchenspaltung ankündigen. Zehn Jahre später hat sich nichts verändert; Guillaume stellt neue Berechnungen an und irrt sich abermals. Entmutigt kehrt er der Religion diesmal den Rükken, und »nachdem er sein religiöses Gewand abgelegt hatte, streifte er durch die Wälder in der Nähe des Klosters auf weltlichem Boden«[36].

Die von der allgemeinen Zerrüttung angeregte Prophetie trägt selber dazu bei, die von den Unbilden der Zeit verwirrten Gemüter noch mehr zu destabilisieren. Wie Martin Aurell schreibt, »spiegelt alles die Zerrüttung angesichts einer Welt wider, die tagtäglich von Hunger, Krieg und Pest, den Apokalyptischen Reitern, bestürmt wird. In der Vergangenheit lesen, um die Zukunft zu verstehen – dies scheint der Sinn der Bemühungen dieser Visionäre zu sein. Auch ihre Gegenwart erleben sie äußerst intensiv, die Endphase einer alternden Welt zwischen der Öffnung des sechsten Siegels, die zur Zeit des Franziskus erfolgte, und des siebten Siegels, die die letzte Umwälzung auslöst.«[37]

Die ebenso desorientierte Hierarchie will ebenfalls verstehen und die Auflösung kennen. Der Inhalt der bischöflichen und päpstlichen Bibliotheken zeigt die Angst der Kirchenführer, die in den Prophezeiungen stöbern. In der Bibliothek Benedikts XII. findet man die Werke von Joachim von Fiore und Jean de la Roquetaillade neben sibyllinischen Texten, und der Bibliothekar versichert, daß diese Bücher häufig ausgeliehen werden. In der von Gregor XII. stehen die hl. Birgitta und die hl. Katharina neben den kleinen Propheten. Der Abt von Jumiège, Simon du Bosc, legt sich eine Sammlung von Prophezeiungen zu.[38] Auch die Astrologie wird nicht vernachlässigt, mit Spekulationen über die Konjunktion von 1385 und sogar gewagten Hypothesen, die sich auf die Namen stützen: im Jahre 1394, als Pedro de Luna Papst Benedikt XIII. wird, stellt man einen Vergleich mit »den Gesetzen des Mondes« an.

Pierre d'Ailly und das Große Schisma:
von der Prophetie zur Astrologie

Von diesem Schwanken, diesen Verwirrungen und Ängsten angesichts der Weissagung zeugt das Werk eines der großen Intellektuellen dieser Jahrhundertwende, Pierre d'Ailly. Sein Werdegang zwischen 1380 und 1420 veranschaulicht auch die Art und Weise, wie die mit dem Geheimnis des Schismas konfrontierten Intellektuellen und die Obrigkeiten nach und nach die inspirierte Prophetie, ein Element sozialer Unruhe, aufgeben und sich einem kontrollierbareren Vorhersagemittel zuwenden, der Astrologie.

1350 in Compiègne geboren, macht dieser brillante Geist eine außergewöhnliche Karriere und wird eine der unangefochtensten Autoritäten der Kirche. Im Jahre 1380 Doktor der Theologie, 1384 Magister des Kollegiums von Navarra, 1388 Vertreter der Sorbonne beim Papst, 1389 Almosenier König Karls VI. und Kanzler der Universität von Paris, 1394 Botschafter des Königs bei Benedikt XIII., 1395 Bischof von Le Puy und 1396 von Cambrai, 1411 Kardinal und 1417 päpstlicher Legat, ist er einer der wichtigsten Akteure beim Konzil von Konstanz (1414–1418), das das Große Schisma beendet, und stirbt 1420.

Als Zeitgenosse der Kirchenkrise ist er zutiefst von ihr geprägt. Tatsächlich dreht sich sein ganzes Werk um diesen Punkt, und seine Reflexion über die Weissagung ist kürzlich von Laura Ackerman Smoller untersucht worden.[39] In einer ersten Phase teilt Pierre d'Ailly die eschatologischen Ängste seiner Zeitgenossen. Sein Blick auf die Zukunft wird völlig von den prophetischen Texten der Bibel gelenkt: vom 12. Kapitel des Buchs Daniel, vom 2. Kapitel des zweiten Briefs an die Thessalonicher, vom 24. Kapitel des Matthäus-Evangeliums und von der Offenbarung des Johannes. Er zieht auch die prophetischen Werke des Mittelalters wie die Hildegards von Bingen heran. Seine Ansichten über die Zukunft äußert er in den 1380er Jahren in zwei Abhandlungen gegen die falschen Propheten in einer Predigt über den hl. Bernhard sowie in einer Predigt zum Advent von 1385.

Zunächst schiebt er in aller Ehrfurcht die Aussage Christi beiseite, der zufolge wir »weder den Tag noch die Stunde« wissen können. Gewiß, so sagt er in seiner Predigt über den hl. Bernhard, hat dieser große Heilige, ebenso wie Augustinus, der hl. Gregor, Wilhelm von Auvergne, uns erklärt, daß es absurd sei, den Zeitpunkt des Endes berechnen zu wollen. Dennoch »können wir nach der Heiligen Schrift, die wir lesen, und den Tatsachen, die wir sehen, anhand stichhaltiger Mutmaßungen das Nahen des Antichrist und das baldige Ende der Welt bestimmen.«[40] Das Bedürfnis, die Zukunft zu kennen, ist wieder einmal stärker als die Vorsicht, die Vernunft und das Evangelium. Pierre d'Ailly wird von der apokalyptischen Strömung mitgerissen. 1380, als er diese Texte verfaßt, wird das Milieu der Theologen an der Universität von Paris von dem Buch des Tschechen Matthias von Janov über den Antichrist in Aufregung versetzt: dieser ist schon geboren, und er entstellt alle unsere Lehren, so daß sogar die Doktoren falsche Thesen verfechten. Pierre d'Ailly faßt selbst die Vorzeichen des Endes zusammen: in der Welt wächst die Bosheit, die Nächstenliebe nimmt ab, das Schisma spaltet die Kirche. Letzteres ist der beängstigendste Punkt. In der Adventspredigt schreibt er: »Was den schrecklichen Aufruhr des derzeitigen Schismas angeht, so steht zu befürchten, daß es sich um die furchtbare Spaltung und die schismatische Verfolgung handelt, nach welcher bald die wütende Verfolgung des Antichrist kommen muß.«[41] Und in seiner zweiten Predigt über die falschen Propheten: wir »scheinen uns dem Ende der Welt zu nähern«.

In einer Predigt über den hl. Franziskus weist Pierre d'Ailly auch auf die Übereinstimmung mit den Prophezeiungen der Hildegard von Bingen hin: diese sah sieben Verfolgungen voraus. Wir befinden uns in der vierten, der »Zeit der Frauen«, gekennzeichnet durch Habsucht, Wollust und Eitelkeit, Laster, durch welche die Geistlichen noch schlimmer werden als die Juden und die Heiden. Hildegard hatte am Ende dieser Zeit ein Schisma vorausgesehen: es ist gekommen. Folglich wird die fünfte Verfolgung anbrechen, noch fürchterlicher als die vorhergehende. Als der hl. Franziskus ausrief: »Unglück, Unglück, Unglück über die Bewohner der Erde«, habe er bestätigt, daß noch drei Verfolgungen erduldet werden müssen.

Könnte die Astrologie diese Weissagungen nicht erhärten? Zu jener Zeit lehnt Pierre d'Ailly die Zuhilfenahme dieser zweifelhaften, von der Kirche beargwöhnten Wissenschaft ab. Zwar habe die Astrologie, sagt er in seiner Predigt von 1385, ebenso wie Hermes Trismegistos, die Sibylle, Ovid und die alten Chaldäer, die Ankunft Christi angekündigt, dessen Geburt durch die Konjunktion von Merkur und Jupiter gekennzeichnet war. Aber die Gestirne können lediglich für die materiellen Ereignisse als Zeichen dienen. Da die zweite Ankunft Christi ein übernatürliches Ereignis sei, lasse sie sich nicht in den Sternen lesen. Was das Große Jahr betrifft, das 36 000 Jahre umfassen soll und als notwendiges Ende eines Zyklus des Universums gilt, so verbürge uns nichts seine Dauer, denn Gott könne die Bewegung beschleunigen, was er im Augenblick wahrscheinlich tue. Der Mensch sei außerstande, aus eigener Kraft den Zeitpunkt des Endes zu kennen; einzig eine unmittelbare göttliche Offenbarung, also mittels der Prophetie, könne uns erleuchten. Und diese sagt uns, das Ende komme bald, vielleicht im Jahre 1400.

Diese Überzeugung beginnt ab 1386 ins Wanken zu geraten, wie es die Werke aus Pierre d'Aillys zweiter Periode bis 1409 zeigen. Dafür gibt es drei wesentliche Gründe. Zum einen bringt die vergehende Zeit nichts Neues: weder der Antichrist noch das Ende der Welt sind in Sicht. Zum anderen wird sich Pierre d'Ailly, als er von den um sich greifenden sozialen Bewegungen erfährt – Flagellanten, Begarden, Lollarden, Brüder des Freien Geistes, Taboriten –, der unerwarteten subversiven Folgen bewußt, die diese Geschichten über den Antichrist im Geist des Volkes zeitigen können. Diese Erfahrung macht er unmittelbar in seiner Diözese von Cambrai, wo die Sekte der *homines intelligentiae* entsteht. Am 12. Juni 1411 verhört er einen ihrer Führer, Wilhelm von Hildernissen; die konfuse Doktrin fußt zum Teil auf dem Joachimismus und behauptet, daß wir nunmehr im Zeitalter des Geistes leben, was alle heiligen Schriften und alle Lehren der Kirchen hinfällig macht; alle Menschen werden gerettet werden; es bedarf keiner Gebete, keiner Beichte, keiner Sakramente mehr, und auch die freie Liebe ist erlaubt. Grund genug, einen Bischof zu beunruhigen, und Pierre d'Ailly schreibt am Vorabend des Konstanzer Konzils an Johannes XXIII., um ihm seine Befürchtungen in bezug auf das Anwachsen der häretischen Sekten mitzuteilen. 1415 hat er den Vorsitz der Bischofskommission des Konzils, das Jan Hus, der unter anderem behauptet, der Papst sei der Antichrist, zum Tode verurteilt. Schließlich erkennt Pierre d'Ailly als Hauptakteur des Konzils, der nach einer Lösung für das Schisma sucht, in welchem Maße die Gerüchte über das Nahen des Antichristen und des Weltendes dazu beitragen, seine Bemühungen zu untergraben. Wenn das Ende nahe ist, scheren sich die Christen wenig um eine mögliche Beendigung des Schismas, das zu den unvermeidbaren Zeichen der angekündigten Katastrophe gehört. Nun meint aber der Kardinal, daß sich die Ankunft des Antichrist auf einen sehr fernen Zeitpunkt verschieben ließe, wenn der Skandal des Schismas aus der Welt geschafft werden könnte: im Laufe der Zeit gewinnt der Administrator unweigerlich die Oberhand über den Propheten.

Aus diesem Grunde wendet sich Pierre d'Ailly gleichzeitig der Astrologie zu, die ihm für eine gelassene Zukunftsvorstellung geeigneter erscheint. Nunmehr arbeitet er an der Rehabilitierung dieser Wissenschaft, womit er seinen ersten Werken widerspricht.[42] Seine Bekehrung zeigt sich offen in seiner Predigt zu Allerheiligen 1416 vor dem Konzil von Konstanz, ebenso in anderen Werken, vom *Vigintiloquium* von 1414, dem Versuch einer Synthese von Astrologie und Theologie, bis zur *Apologia astrologiae defensiva* von 1419.[43]

Der Kardinal sieht nämlich in der Astrologie eine unerläßliche Ergänzung der Prophetie und bezeichnet sie sogar als »natürliche Theologie«. Selbstverständlich achtet er darauf, ihren »abergläubischen« Teil auszuschließen, den er im *Vigintiloquium* in drei Rubriken unterteilt: der Glaube an ein von den Sternen verursachtes unabwendbares Schicksal; die Vermischung von Magie und Astrologie; die Einschränkung des freien Willens durch die Macht der Gestirne. Die Argumentation Thomas von Aquins und Roger Bacons aufgreifend, erklärt er, daß die Sterne einen direkten Ein-

Inflation, Banalisierung und Abgleiten der Vorhersagen 323

fluß auf die Körper und, mittels der Körper, einen indirekten Einfluß auf die Seelen ausüben. Da die Masse des Volks den Antrieben des Körpers folge, seien genaue Voraussagen über Gruppen weit eher möglich als über Individuen.

Das Horoskop der Religionen erscheint ihm höchst interessant, und er folgt Bacon in der Verbindung der sechs großen Religionen und den Jupiterkonjunktionen, die das Auftreten religiöser Erschütterungen alle 240 Jahre erklären. Freilich werden nur die Religionen oder Sekten der Chaldäer, Ägypter, Mohammedaner und die des Antichrist als »natürlich« bezeichnet, also gänzlich von den Sternen bestimmt. Die jüdische und die christliche Religion, die übernatürlich sind, hängen lediglich in ihren natürlichen Aspekten von den Planeten ab: die hervorragende Gesundheit Christi zum Beispiel verdankt sich der günstigen Position der Gestirne bei seiner Geburt. Schon in seiner Adventspredigt von 1385 hatte er erklärt: »Etwa sechs Jahre, einige Tage und einige Stunden vor Christi Geburt gab es eine große Konjunktion von Saturn und Jupiter im Beginn des Widders, über die Merkur, der Herr der Jungfrau, regiert, was alles deutlich ankündigte, daß eine Jungfrau einen Knaben gebären werde, welcher der größte Prophet sein würde.«[44] Erstaunliche Worte in einer bischöflichen Predigt!

Ihm zufolge seien die Irrtümer der astrologischen Vorhersagen einzig der Schwierigkeit der Übung anzulasten und entkräfteten ihre Prinzipien in keiner Weise. Alles hänge von der Genauigkeit der Beobachtung und der Berechnungen ab. Eine seriöse Astrologie könne das Wetter, die Ernten, die allgemeinen Ereignisse der Menschheitsgeschichte und sogar den Tod der Könige vorhersagen, aufgrund einer recht sonderbaren Verkettung, die er der *Meteorologie* von Aristoteles entnimmt: die Kometen verursachen Wind und Trockenheit; diese Austrocknung führt zur Erhitzung der Körper, die dem Zorn zugrunde liegt; und »der Zorn ist die Ursache von Streitigkeiten, und die Streitigkeiten führen zu Schlachten. Und die Schlachten sind die Ursachen für den Tod der Könige und der Krieger.«[45]

Im übrigen bestätige die Geschichte die Wahrheit der Astrologie, und Gott sei der »höchste Astrologe«, erklärt Pierre d'Ailly in einer Predigt von 1416. Und er nennt eine Fülle von »Beweisen« dafür: alle großen Ereignisse des Altertums, vom Fall Trojas bis zur

Gründung Karthagos lassen sich durch die Planetenkonjunktionen erklären, sofern man einige sehr approximative Anpassungen vornimmt.[46] Dasselbe gelte für das Mittelalter, wo der Mord an Thomas Becket, der vierte Kreuzzug, die Gründung der Bettelorden und anderer den zehn Umläufen des Planten Saturn entsprächen. Die Geburt und der Tod Mohammeds seien durch die Konjunktion von Saturn und Jupiter im Skorpion angekündigt worden. Pierre d'Ailly erklärt diese Beziehungen mit einer solchen Freiheit, daß er mit dieser Methode absolut allem Rechnung tragen könnte. So kündigte die Konjunktion von 841 v. Chr. im Sternbild des Schützen die Geburt des Christentums an; die von 748 weist auf die Ankunft eines neuen Propheten und einer neuen Religion um 1600 hin. Die Konjunktion von Saturn und Jupiter im Krebs ging der Sintflut um 279 Jahre voraus; die Konjunktion der drei großen Planeten im Wassermann am 21. März 1345 kündigte die schwarze Pest an, und die von Jupiter, Saturn und der Sonne im Skorpion war das Vorzeichen des Großen Schismas, denn aus unbekannten Gründen ist der Skorpion »der Feind der Religion«. Zwar ist dies alles nicht seriös, aber, wie Laura Ackerman Smoller schreibt, »aus diesen Traktaten geht deutlich hervor, daß Pierre d'Ailly alle Hindernisse beseitigen will, um die Astrologie zu rechtfertigen. (...) In diesen Traktaten ist er von der Astrologie völlig überzeugt und will dieser Wissenschaft eine feste empirische Grundlage geben«, denn »mit der ungemein langen Zeitspanne, die er einer Konjunktion einräumt, bis sie ihre Wirkungen ausübt, gibt er den astrologischen Vorhersagen eine unbegrenzte Chance, sich als richtig zu erweisen.«[47] Es sei sogar möglich, schreibt Pierre d'Ailly nach Firmicus Maternus, anhand der Position der Planeten am vierten Schöpfungstag das Horoskop der Welt zu erstellen, das *thema mundi*.

Daher könne die Astrologie uns helfen, die Prophetie zu ergänzen und zu präzisieren, wie sie es schon zur Zeit Noahs getan habe. Zwar wurde dieser von einer prophetischen Stimme vor der Sintflut gewarnt, aber »wahrscheinlich hat eine astronomische Konstellation diese Auswirkung angezeigt und in gewisser Weise zum Teil verursacht«.[48] Weshalb sollte man die Astrologie nicht auch bei der Berechnung des Datums der Ankunft des Antichristen anwenden? Pierre d'Ailly übt sich mehrfach darin in vielen Werken, die er zwischen 1410 und 1414 verfaßt, und er kommt zu folgendem Schluß: im Jahre 1692 wird es zu großen Umwälzungen kommen aufgrund der Konjunktion von Saturn und Jupiter, einer Konstellation, die sich nur alle 960 Jahre ereignet. Aber erst ein Jahrhundert später, im Jahre 1789, wird die Katastrophe eintreten in Übereinstimmung mit der Vollendung der zehn Umläufe Saturns im Tierkreis und mit dem Gleichgewicht der achten Sphäre. »Wenn also die Welt«, schreibt Pierre d'Ailly, »noch so lange bestehen bleibt, was allein Gott weiß, dann wird sie große Erschütterungen erleben, vornehmlich was die Gesetze und die Religion angeht.«[49] Der Antichrist wird also im Jahre 1789 kommen.

Für uns ist das Zusammentreffen mit der Französischen Revolution allenfalls ein Kuriosum. Für Pierre d'Ailly kommt es vor allem darauf an, die gefürchtete Ankunft des Antichrist so weit hinauszuschieben, daß sie keinen Einfluß auf die Gemüter des 15. Jahrhunderts mehr hat – so als würden wir heute den Antichrist für das Jahr 2375 voraussagen. Der Kirche bleibt also Zeit, sich zu reformieren. Auf diese Weise fand der Kardinal ein Mittel, die Prophetie mit dem freien Willen und der Astrologie zu versöhnen, wobei er letztere damit betraut, die genauen Daten zu ermitteln. Das allgemeine Schema bleibt traditionell und beruht auf der Offenbarung: Pierre d'Ailly fügt praktisch keine persönliche Vorhersage hinzu, es sei denn die Ankündigung einer neuen Religion um 1600 sowie große religiöse Veränderungen im Laufe des 16. Jahrhunderts. Insbesondere lehnt er jede Praxis der Judiziarastrologie ab. Für ihn besteht kein Widerspruch zwischen Theologie und Astrologie, und er ist stets darauf bedacht, die göttliche und menschliche Freiheit zu bewahren: es gibt keine absolute Notwendigkeit, schreibt er. Für viele Historiker und Psychologen ist die Position des Kardinals jedoch ein Fall »kognitiver Dissonanz«, ein Ausdruck, der auch benutzt wird, um die halbbewußte Leugnung der fehlgeschlagenen Vorhersagen zu bezeichnen. Hier geht es darum, dem unausweichlichen Konflikt zwischen Religion und Astrologie ins Augen zu sehen, »ohne eines der beiden Glaubenssysteme aufzugeben, mit Hilfe einer Reihe von partiellen und kurzfristigen Antworten, eher um die Widersprüche auszuräumen, als um eine wirkliche Kohärenz herzustellen«.[50] Pierre d'Ailly gelingt es sogar, die astrologische Auffassung einer zyklischen Zeit mit der theologischen Auffassung einer linearen Zeit zu vereinbaren oder, besser gesagt, den Widerspruch zwischen beiden zu eskamotieren.[51]

Das politisch-religiöse Abgleiten der Voraussagen: der Fall Spanien

Das Bedürfnis, sich angesichts der wirtschaftlichen, sozialen und religiösen Katastrophen des 14. und 15. Jahrhunderts zu beruhigen, ist also einer der Gründe – wahrscheinlich der wichtigste – für die Inflation der Vorhersagen zur damaligen Zeit und für den wachsenden Erfolg der Astrologie. Aber es ist nicht der einzige. Zugleich bemerkt man nämlich ein utilitäres Abgleiten der Weissagung in den politischen Bereich. Die Mentalität der Herrschenden entwickelt sich Ende des Mittelalters zu einem vormachiavellistischen Realismus. Hinter den christlichen Prinzipien lauern die Axiome des römischen Rechts und der Zynismus der lokalen Tyrannen. Durch ein Phänomen der Konzentration läuft der Feudalismus auf die Herausbildung regionaler Staaten, Fürstentümer, Grafschaften, Herzogtümer hinaus, die über einen Ansatz von Verwaltung verfügen, während sich die feudale Monarchie zum Absolutismus entwickelt und danach trachtet, diese großen Lehen an sich zu reißen. In diesem gnadenlosen Kampf ist alles erlaubt. Der Kampf zwischen Ludwig XI. und Karl dem Kühnen ist kurz vor der Renaissance die extreme Veranschaulichung dafür. Aber es handelt sich hier lediglich um das Ergebnis eines Klimas, dessen erste Manifestationen schon im 14. Jahrhundert zu spüren sind.

Bei diesen verdeckten oder offenen Kämpfen ist die Weissagung eine Waffe wie jede andere, eine psychologische Waffe. Alles ist geeignet, um den Erfolg einer Fürstenfamilie zu fördern, von Merlin bis hin zu den Sternenkonjunktionen, mit einer ausgeprägten Vorliebe für die Prophezeiungen, die einerseits weniger kontrollierbar und andererseits aufgrund ihres übernatürlichen Nimbus beeindruckender sind. Aber man zögert nicht, alles zu vermischen. Eines der krassesten Beispiele für prophetische Manipulationen liefern die spanischen Königreiche, insbesondere das von Aragón.

Seit der Eroberung Siziliens durch Peter III. im Jahre 1282 strömen sizilianische Visionäre nach Barcelona und Valencia, Städte, die Zentren der politischen Prophetie joachimitischer Prägung werden. Gruppen von Begarden ziehen umher und rekrutieren Anhänger im Milieu der Reichen, die nach höherer Spiritualität streben. Auch die Herrscherfamilie ist betroffen: Philipp, Infant von Mallorca, 1288 geboren, wird eine Zeitlang Dominikaner und erörtert das Thema der drei Zeitalter, wobei er die Zerstörung der religiösen Orden außer dem der Franziskaner ankündigt. Auch ein weiterer Infant, Sohn Jakobs II., 1305 geboren, ist ein Visionär. In diesem Milieu entsteht 1351–1354 das anonyme *Breviloquium*, das die Gedanken des Joachim von Fiore aufgreift und abändert, indem es die Geschichte der Menschheit in sieben Perioden unterteilt, die jeweils mit einer Katastrophe enden: mit der Sintflut (Periode von Adam bis Noah), dem Regen aus Feuer und Schwefel (von Noah bis Abraham), den zehn ägyptischen Plagen (von Abraham bis Moses), dem Verschwinden der Nachkommen Sauls und Elias' (von Moses bis David), der Zerstörung Jerusalems (von Daniel bis Christus), den Verwüstungen der zehn treulosen Könige (von Christus bis zum Antichrist), der Vernichtung der Erde durch das Feuer (vom Antichrist bis zum Ende der Welt). Parallel dazu wird die Kirche sieben Perioden erleben, die jeweils mit einer Verfolgung enden. Nach Karl dem Großen kamen die Sarazenen; nach Franz von Assisi haben sich die Geistlichen der weltlichen Güter bemächtigt, und die Autorität des Papstes wurde in Frage gestellt; bald wird der Antichrist kommen, dem Angriffe gegen die gottesfürchtigen Menschen vorausgehen, die in freiwilliger Armut leben; schließlich werden Satan, Gog und Magog und das Ende der Welt kommen. Die Dauer dieser Perioden wird nach Generationen beziffert: 63 von Adam bis Christus, 44 von Christus bis Martin IV. (1281–1285) und 63 bis zum Jüngsten Gericht.

Die Absicht dieses Textes liegt auf der Hand: den Begarden in Aragón Mut zu machen, der Inquisition zu widerstehen, indem er ihnen zeigt, daß das Ende nahe ist. Denn die Angriffe sind scharf, besonders seit dem Pontifikat von Johannes XXII. (1316–1334). Der Freund des Infanten Philipp, Aimar von Mosset, wurde vom Inquisitor Jacques Fournier verhört und Durandus von Baldach 1321 in Gerona verbrannt. Aber der Hof von Barcelona beschützt die prophetischen Kreise, die nach der Eroberung Siziliens ihm die messianische Rolle Friedrichs II. übertragen haben, dank der Heirat Peters III. von Aragón mit Konstanze von Hohenstaufen, der Enkelin des Kaisers. Salimbene de Adam, ein Orakel der Sibylle zitierend, spricht vom Adler mit dem harten Gesicht (Peter III.), der die orientalische Henne (Konstanze) erhält und gegen den Löwen (Karl von Anjou) kämpft. Aus dieser Ehe werde ein brennender Adler hervorgehen, der den Papst verfolgen und das Haus der Lilie vernichten werde.

Unter Peter IV. von Aragón (1336–1387) erreicht die Zuhilfenahme divinatorischer Mittel beträchtliche Ausmaße. Der König bietet alle möglichen Weissagungen auf, die seine Absichten bestärken können. 1361 bittet er einen seiner Getreuen in Paris, sich den Text des Traums der Frau von König Merowech zu beschaffen, der der fränkischen Dynastie nach der siegreichen Zeit der Löwen die Zeit der Hunde voraussagt, ihm zufolge eine Anspielung auf die Niederlage Philipps III. gegen Gerona. 1370 bittet er seinen Arzt Bertomeu de Tesbens, einen *Tractat d'astrologia* zu verfassen und die Weissagungen mit Hilfe der Astrologie zu bestätigen; die gleiche Übung absolviert im Jahre 1376 Dalmau Sesplanes. 1378 läßt man den Juden Yusef Avernarduc mit seinen astrologischen Traktaten kommen.

Der Nachfolger Peters IV., Johann I. (1387–1395), ist ebenfalls ein großer Anhänger von Weissagungen; er läßt sich die Prophezeiungen Merlins bringen und befragt 1393 einen Geistlichen aus Gerona, der Visionen über seinen Feldzug nach Sardinien hatte. Unter seiner Herrschaft wird Franciscus Eiximenis, einem 1330 in Gerona geborenen Franziskaner, vom Hof eine Rente ausgesetzt; von 1383 bis 1408 wohnt er in Valencia und berät den König sowie dessen Nachfolger Martin I. (1395–1410). Als Experte der Eschatologie wendet er diese Disziplin auf die Politik an und prophezeit das Verschwinden der Königshäuser für das Jahr 1400. Er vertritt die Sache der Spiritualen, kritisiert den Reichtum der Kirche und kündigt den Antichrist an, der bald kommen, die Mächtigen, Reichen und Gebildeten verführen werde, indem er ihnen Güter und Freuden verspreche und ihrer Klugheit schmeichle. Schon 1370 beschuldigte die *Prophetia inventa in electione Pape Gregorii XI* Bonifatius VIII., er habe den Heiligen Stuhl verdorben.

Noch zwei weitere Elemente vermischen sich in den spanischen Weissagungen des 14. Jahrhunderts: die Frage der Juden und die der Mohammedaner. Diese beiden Gruppen werden in den Augen der Spiritualen und der Begarden vor der Endzeit verschwinden, da sie in den apokalyptischen Texten nicht erwähnt würden. Wer ihre physische Beseitigung betreibe, schlage demnach die »Richtung der Geschichte« ein. In Kastilien ergeht sich Heinrich von Trastámara in einer blutigen Verfolgung, die um so heftiger ist, als

Inflation, Banalisierung und Abgleiten der Vorhersagen   329

zu Beginn des Jahrhunderts Abraham bar Hiyya aus Barcelona für
das Jahr 1358 die Ankunft des jüdischen Messias vorausgesagt
hatte. Da sich vor dem Ende der Welt alle bekehren müssen, drängt
die Zeit; die kastilische Monarchie und Vinzenz Ferrer unterstützen um 1390 bis 1420 die Zwangsbekehrungen. Der antijüdische
Vinzenz Ferrer fordert, daß Juden und Jüdinnen lange Kleider aus
grobem Stoff tragen sollen, auf denen das rote Zeichen angebracht
sein müsse, und überdies die Frauen den Schleier tragen und daß
man den Umgang mit ihnen sowie christliche Ammen für jüdische
Kinder verbiete. Die Herrscher, die diese Maßnahme nicht ergriffen, seien Gehilfen des Antichrist. Es sei vorausgesagt worden, daß
die Juden dem Antichrist bei seiner Ankunft in Jerusalem zujubeln
und sich nach seiner Niederlage massenhaft bekehren würden.
Was die Mohammedaner angeht, so sieht Eiximenis ihr Verschwinden während der Konjunktion von Saturn und Venus voraus.

Martin I. von Aragón (1395–1410) ist ebenso erpicht auf Weissagungen wie seine Vorgänger. In seiner Bibliothek steht Merlin
neben den Offenbarungen des Kyrillos. Unter seiner Herrschaft
prophezeit der 1352 geborene wunderliche Franziskaner Anselm
Turmeda. Als Eklektiker, vollgesogen mit den Kirchenvätern,
Kyrillos von Konstantinopel, Eusebius von Alexandrien, Hildegard von Bingen, Joachim von Fiore, den Sibyllen und Astrologie
sowie zum Islam bekehrt, verfaßt er in Tunis drei katalanische Prophezeiungen über die politische Zukunft Aragóns. In seinen
höchst weltlichen Weissagungen benutzt er die Astrologie mit dem
Ziel, der Prophetie einen »wissenschaftlichen Anstrich« zu
geben.[52]

Jean de la Roquetaillade und die neue Prophetie

Die charakteristischste Gestalt des politisch-spirituellen prophetischen Eklektizismus jener Zeit ist Jean de la Roquetaillade. Dieser
sonderbare, 1332 bei den Franziskanern eingetretene Mann fasziniert und beunruhigt zugleich. Seine verwirrenden Botschaften
bescheren ihm ein bewegtes Leben, das er zum großen Teil im
Gefängnis verbringt. 1345 hat er im Kerker von Figeac, wo er

schwer mißhandelt wird, Visionen über den Antichrist. Nach Rieux bei Toulouse verlegt, erläutert er sie 1349 vor dem Konsistorium in Avignon. 1350 und 1354 erneut verhört, bringt er seine Richter durch unverständliche Reden in Verwirrung, in denen sich Ausdrücke aus prophetischen Texten des 14. Jahrhunderts mit Termini der franziskanischen Exegese vermengen, weshalb man ihn einen «*fantasticus*» nennt.[53]

Jean de la Roquetaillade erläutert seine »Methode« im *Liber ostensor* von 1356. Obwohl er sich dagegen verwahrt, in der Ahnenreihe der alten Propheten zu stehen, behauptet er, ein Verständnis der Prophezeiungen zu haben, die er in sieben Kategorien einteilt: Gesichte der Zukunft durch göttliche Offenbarungen während des Traums; durch Verständnis der Heiligen Schrift; durch notwendige Schlußfolgerungen aus den in der Heiligen Schrift geoffenbarten Worten; durch den Mund Gottes, der ins Herz eindringt; durch Offenbarung der Engel; durch die Harmonie oder Übereinstimmung der beiden Testamente; oder durch Rückschluß aus einem vorherigen Ereignis auf seine unausbleibliche Auswirkung.

Ihm zufolge steht es fest, daß es immer Propheten gibt. Sich auf einen Satz des Paulus stützend, der besagt, Jesus habe es »den einen gegeben, Apostel, den anderen Propheten zu sein«, hält er es für Ketzerei zu behaupten, daß die Prophezeiungen verschwinden werden. Der wahre Prophet, der eine reine Seele hat, damit er sehen kann, was andere nicht sehen, vermag in den Heiligen Schriften, die Christus ankündigen, zu erkennen, was seine erste Ankunft in Fleisch und Blut betrifft und was seine zweite Ankunft im Geiste betrifft.[54] Dieser zweiten Ankunft gehe die des *Reparators* voraus, einer rätselhaften Gestalt, Synthese des Papstes und des Endzeitkaisers aus dem Geschlecht der Könige von Frankreich. 1356, im Jahr von Poitiers und den Drangsalen des französischen Königreichs, sagt er eine Reihe von Unbilden voraus, die zwischen 1360 und 1365 ihren Höhepunkt erreichen würden: Aufstände, Destabilisierung der Hierarchien, Erniedrigung der Großen, Sturz der Könige, gefolgt von Naturkatastrophen und Pestilenzen, die alle Sünder vernichten werden. Dann werden zwei Antichristi kommen, einer im Westen, in Rom, der andere im Osten, in Jerusalem. Letzterer werde an der Spitze der Juden und der Sarazenen die christlichen Länder ausplündern, indes die weltlichen Herrscher die Kirchengüter an sich reißen. Dann werde der durch diese Prüfungen geläuterte Klerus seine Mission wiederaufnehmen können, wenn 1367 der *Reparator orbis* kommen werde, der zum Kaiser und Papst gewählte König von Frankreich, der die Juden und Mohammedaner vertreiben und bekehren, die orthodoxe katholische Kirche versöhnen, den Ketzereien ein Ende setzen und die ganze Welt erobern werde.

Diese grandiose Vision, die den Königen von Frankreich durchaus nicht mißfällt, führte zu der Behauptung, bei Roquetaillade habe ein »Größenwahn« bestanden, »der für eine verdeckte Form von Schizophrenie zeugt«.[55] Der Ausdruck ist ebenfalls berechtigt, wenn man an seinen wilden Haß auf die Mohammedaner denkt, deren Ausmerzung er voraussieht. Ihm zufolge wäre dies die zweite Etappe auf dem Weg zum Tausendjährigen Reich nach der Befriedung der Erde, und wieder wird der *Reparator* mit dieser Aufgabe betraut. Zweifellos muß man dies mit dem Mitte des 14. Jahrhunderts wiederauflebenden Kreuzzugsgedanken verbinden, den man in der Epoche zuvor aufgrund wiederholter Mißerfolge mehr oder weniger hatte fallenlassen. Auch die Juden würden entweder ausgerottet oder bekehrt werden.[56]

Jean de la Roquetaillade, der bei seinen Weissagungen aus seinen Träumen schöpft und seine Vorgänger Hektor von Troie und Daniel zitiert, verwendet häufig Tiersymbole. In seinen Visionen wimmelt es von Ungeheuern wie jenem riesigen, einer Spinne ähnelnden schwarzen Tier, das er 1348, im Jahr der Pest, sieht – ein Ereignis, das er zu den den Antichrist ankündigenden Zeichen zählt. Tiere sind auch die Akteure der politischen Prophezeiung Arnalds von Villanova in *De cymbalis Ecclesia* von 1301: »Spanien, Nährmutter des mohammedanischen Irrtums, wird durch gegenseitigen Zorn zerrissen werden. Dann werden die Königreiche sich noch ruchloser gegeneinander erheben. Und wenn das Fohlen der Stute drei Septennate erfüllt haben wird, dann wird das verzehrende Feuer um sich greifen, bis die Fledermaus die Fliegen Spaniens frißt und, das Haupt unterjochend und zermalmend, die Monarchie erhält und die Bewohner des Nils erniedrigt.«[57] Diesen Text mit dem Titel *Vae mundo in centum annis* zitiert Jean de la Roquetaillade in seinem *Liber secretorum eventuum* von 1349, und 1355 widmet er ihm einen ganzen Traktat, *De oneribus orbis*. Seine Auslegung beruht auf der damaligen Situation Spaniens; das

Fohlen der Stute ist Peter I. von Kastilien (Peter der Grausame, 1350–1369), der wie sein Vater Alfons XI. (1312–1350) Pferdegewohnheiten und unzählige Mätressen hat; die drei Septennate bedeuten sein Alter (er ist einundzwanzig). Von den Engländern des Schwarzen Prinzen unterstützt, befindet er sich im Krieg mit seinem Halbbruder Heinrich von Trastámara, dem die Franzosen Du Guesclins beistehen. Und die Fledermaus, der die schöne Rolle zufällt, soll Ferdinand von Aragón sein, der Halbbruder Peters IV.

Aber es gibt noch andere Deutungen dieser Merlineskerie, die sich Heinrich von Trastámara zunutze macht: er selbst ist die Fledermaus, und Peter der Grausame ein *Alter Nero*, Gehilfe des Antichrist, »ein böser Tyrann, Feind Gottes und unserer Heiligen Mutter Kirche, (...) der die Mauren und die Juden stärkt und bereichert und damit den katholischen Glauben herabwürdigt«. 1377 greift der Infant Peter von Aragón seinerseits die Prophezeiung auf und vermischt sie mit der »Zeder des Libanon«, wobei er den Schwarzen Prinzen mit Jupiter, Peter I. mit Saturn und Peter IV. mit Mars vergleicht. Die Variationen über dieses Thema sind nicht zu zählen.[58]

Die politische Prophetie ist allgegenwärtig bei Jean de la Roquetaillade, der sich der katalanischen Denker der Jahre zwischen 1280 und 1320 bedient. Sein Werk übt großen Einfluß in Aragón aus, wo es sich in den wichtigsten Bibliotheken wie ab 1362 in der von Ripoll befindet. Eiximenes wurde stark von ihm geprägt. Denn für Roquetaillade geben die inneren Kriege Spaniens Aufschluß über die apokalyptischen Ereignisse. In seinen Augen haben die Könige von Aragón wegen ihres Kampfs gegen Frankreich und gegen das Papsttum sowohl eine messianische wie eine teuflische Seite, und er sagt die Mißgeschicke Peters IV. voraus.

Im Gefängnis von Avignon empfängt er viele Besucher und hält sich über alle politischen Angelegenheiten der Christenheit auf dem Laufenden. 1350 macht ihn Élie Talleyrand-Périgord, Kardinal von Albano, der auf die Tiara schielt, sogar zu seinem prophetischen Berater, während sein Rivale für den Heiligen Stuhl, Kardinal Gui de Boulogne, ebenfalls einen Visionär in seinen Diensten hat, den Dominikaner Francesco da Montebelluna. 1352 sagt Roquetaillade die Niederlage seines Gönners bei den Papstwahlen voraus, was eine simple Prüfung der Kräfteverhältnisse offensichtlich machte. 1356 unterstützt er die diplomatische Mission des Kardinals von Albano bei Johann dem Guten und berichtet: »Ich hörte eine Stimme aus dem Himmel zu mir sagen, daß er [der König] sein Reich nicht verlieren werde.« Eine im Jahr von Poitiers höchst zweideutige Vorhersage. Johann der Gute wird gefangengenommen, bleibt jedoch tatsächlich König von Frankreich. Jean de la Roquetaillade ist stets so geschickt, sich nicht von den Tatsachen widerlegen zu lassen, z. B. wenn er die Ansprüche der Neffen des Kardinals von Albano, aus der Familie Duras, auf den Thron von Neapel unterstützt. Er besitzt nämlich die wichtigste Eigenschaft der großen Propheten: mittels einer guten Dosierung von Dunkelheiten und zweideutigen Wendungen ist es immer möglich, nachträglich zu beweisen, daß man recht hatte.

Von Cola di Rienzo bis Jeanne d'Arc: Banalisierung der Weissagung

Genau dieser Meinung ist auch ein Zeitgenosse von Roquetaillade, der die politische Prophetie in offen zynischer Weise manipuliert: Cola di Rienzo. Dieser Intrigant, der Rom mit dem Titel eines Tribuns bis 1347 beherrscht, dann in Neapel und in den Abruzzen Zuflucht sucht, studiert in der Zeit seines Rückzugs die prophetische Literatur von Merlin und Joachim von Fiore bis Pseudo-Methodios. Der Prophet Angelo di Monte Vulcano spricht mit ihm auch über den Mythos des Endzeitkaisers und überredet ihn, sich in einer Mission zu Kaiser Karl IV. zu begeben, um ihn mit Hilfe der Weissagung zu überzeugen, die Ordnung in der Welt und in der Kirche wiederherzustellen, das Papsttum nach Rom zurückzuholen, das Reich des Geistes vorzubereiten und Italien zu vereinigen. Seine Mission scheitert: von Karl IV. von 1350 bis 1352 in Prag, dann 1352 und 1353 in Avignon inhaftiert, schwört er seinen »Prophezeiungen« ab und beschuldigt Monte Vulcano, ihn manipuliert zu haben. 1354 übernimmt er für kurze Zeit erneut die Macht in Rom und setzt sodann seine Hoffnungen auf den Papst.[59] In einem Brief an Karl IV. erwähnt er das große Ansehen, das die Weissagungen aller Art sogar bei den höchsten kirchlichen Kreisen genießen: »Wenn die Prophezeiungen Merlins, Methodios', Polykarpos', Joachims und Kyrollos' vom Geist des Bösen kommen und bloß Fabeln sind – aus welchem Grunde bewahren dann die Pastoren der Kirche und die Prälaten diese kostbaren Bücher mit solchem Vergnügen in ihren Bibliotheken auf?«[60]

Wieder einmal sticht der Eklektizismus der Aufzählung hervor. Vergessen sind die Vorbehalte, die strengen Definitionen des 13. Jahrhunderts gegenüber der authentischen Prophetie. Die massive Wiederkehr des Irrationalen äußert sich in der Zunahme der Propheten, die einer immer stärkeren Nachfrage seitens einer Bevölkerung entspricht, deren Leichtgläubigkeit mit der Zerrüttung wächst und die es mit der Herkunft der Weissagungen nicht so genau nimmt. In der Gegend von Montaillou am Fuß der Pyrenäen wendet man sich Anfang des 14. Jahrhunderts an bekehrte Juden und Wahrsager, die die arabischen Bücher oder befremdliche Methoden verwenden wie die Pendelbewegungen eines Stocks oder die Abmessungen eines Schuhs; die Deutung des Vogelflugs ist gängige Praxis und liefert Anzeichen für Krankheiten, Ernten und das Wetter. 1318 sind Gerüchte über den Antichrist in Umlauf.[61] Zur selben Zeit stehen in der Bretagne auch die bekehrten Juden im Ruf von Sehern, und natürlich werden Merlins Voraussagen hoch geschätzt; da sie unendlich anpassungsfähig sind, bedient man sich ihrer, um beispielsweise den Aufstieg Du Guesclins, des Adlers Kleinbritanniens, zu erklären.[62] 1386-1390 erwähnt Honoré Bonet in *Arbre des batailles* die Zuhilfenahme der »alten Prophezeiungen«, um die »heutigen Übel« zu verstehen: die Weissagung dient nicht allein dazu, die Zukunft anzukündigen, sie spielt auch eine beruhigende Rolle, insofern sie es ermöglicht, die gegenwärtigen Unbilden in einen Plan, eine prästabilierte Ordnung einzufügen und den Zufall auszuschalten. Wenn man sagt: »Es war vorauszusehen«, so heißt das bereits erklären, also verstehen und folglich akzeptieren.

Das gemeine Volk in den Städten ist nicht weniger auf Vorhersagen erpicht als auf dem flachen Land. Als 1427 eine Schar Zigeuner in der Hauptstadt eintrifft, stürzt man sich auf sie, wie der Bürger von Paris erzählt, um sich wahrsagen und aus der Hand lesen zu lassen, so daß der Bischof in Zorn gerät und einen Jakobiner beauftragt, eine Predigt gegen diese Praktiken zu halten »und alle zu exkommunizieren, die es tun und daran glauben und ihre Hände vorgezeigt haben«.[63]

Inflation, Banalisierung und Abgleiten der Vorhersagen 335

Zwei Jahre später ist es Jeanne d'Arc, der das Volk von Anfang an prophetische Gaben beimißt: sie verkündet den Sieg des Königs, den Kreuzzug, seinen Tod im Heiligen Land. Der Fall ist in keiner Weise einzigartig: damals werden mehrere obskure Propheten und Prophetinnen erwähnt, die dem König von Frankreich gewogen sind: Guillemette de la Rochelle, Marie de Maillé, Robert de Mennet, Marie Robine. Aber das Phänomen Jeanne d'Arc geht bald weit über die vorherigen Fälle hinaus, und es hebt sofort eine Polemik über die Realität ihrer prophetischen Gaben an. Auf seiten des Dauphins ist kein Zweifel möglich: sie prophezeit nicht nur, sondern ist selbst durch Weissagungen angekündigt worden; und man nennt in buntem Durcheinander sowohl den unvermeidlichen Merlin als auch die Sibylle und die orthodoxesten Autoren. So schreibt Christine de Pizan:

> Car Merlin et Sebile et Bede,
> Plus de V C ans la virent
> En esperit, et pour remede
> En France en leurs escripz la mirent,
> Et leurs prophecies en firent,
> Disans qu'el pourteroit banière
> Es guerres françoises, et dirent
> De son fait toute la manière.[64]

> (Denn Merlin, die Sybille und Beda
> sahen sie vor mehr als 150 Jahren
> im Geist, nannten sie in ihren Schriften
> die Rettung Frankreichs, und sagten
> in ihren Prophezeiungen,
> sie werde das Banner tragen
> in französischen Kriegen, und
> beschrieben alle ihre Taten.)

Sie ist ausersehen, die Christenheit zu versöhnen und das Heilige Land zu erobern. Ein anonymer deutscher Geistlicher beschreibt sie 1429 als die von Gott erleuchtete *Sibylla francica* und erzählt, daß sie des Nachts den Himmel erforsche und prophezeie. Was Cosimo Raimondi aus Cremona bestätigt, während Pancrazio Guistiniani am 10. Mai 1429 aus Brügge an seinen Vater schreibt, daß sich in Paris »viele Weissagungen verbreiten (...), die alle verkünden, der Dauphin werde sehr erfolgreich sein«, und am 9. Juli fügt er hinzu: »In Paris gibt es viele Weissagungen, die diese Demoiselle erwähnen.«[65]

Die gegnerische Partei ist anderer Meinung. Der Bürger von Paris, der den Burgundern und ihren englischen Verbündeten zuneigt, erwähnt den Fall äußerst zurückhaltend: »In dieser Zeit gab es, wie man sagte, eine Pucelle an den Ufern der Loire, die sich als Prophetin ausgab und sagte: ›Dieses oder jenes wird gewiß geschehen.‹« Während des Prozesses im Jahre 1431 berichtet er, Jeanne »sagte, sie wisse vieles über die zukünftigen Dinge« und die Heiligen »sagten ihr geheime Dinge, die sich zutragen würden«.[66] Sieben der siebzig Anklagepunkte gegen die Pucelle betreffen im übrigen die Wahrsagung, deren Realität man zwar nicht bestreitet, sie jedoch dem Teufel anlastet.

Einige Jahre später kommt der Revisionsprozeß auf dieses für wesentlich gehaltene Problem zurück.[67] Die Theologen stellen fest, daß die meisten ihrer Prophezeiungen eingetroffen sind: die Befreiung von Orléans, die Krönung des Königs, die Niederlage der Engländer; man vermerkt, daß sie mit ihren Weissagungen nicht versuchte, ihren Ruhm zu mehren, und wenn sie sich zuweilen geirrt habe, so gelte dies auch für die alten Propheten. Außerdem sei sie häufig von der Erfahrung ausgegangen, um ihre Vorhersagen zu machen. Der Großinquisitor, Jean Bréhal, der die Verhandlung zusammenfaßt, geht noch weiter. Er erklärt nicht nur, daß es immer Propheten und Prophetinnen gegeben habe, sondern daß es normal sei, wenn sie sich bisweilen irren, denn es gebe verschiedene Arten von Prophezeiungen; wenn man unbewußt von einem inneren Drang bewegt werde, sei die Prophezeiung unvollkommen und könne auf andere Weise in Erfüllung gehen als erwartet.[68] Es handelt sich hier durchaus um eine Banalisierung der Prophetie. Mehr noch: Jean Bréhal scheut sich nicht, zum Beweis für die Echtheit von Jeannes prophetischer Gabe eine astrologische Prognose von Giovanni da Montalcino anzuführen, einem Astrologen aus Siena, der im Jahre 1420 Karl VII. den Sieg dank der Pucelle vorhergesagt hatte. Schließlich wird noch Merlin selbst mit einigen seiner den Umständen angepaßten Versen herangezogen. Es sei nicht verboten, erklärt Bréhal, auf diese Erleuchteten zurückzugreifen, »vor allem wenn man bei ihnen nichts findet, was dem katholischen Glauben und den guten Sitten zuwiderläuft«.

Eine zynische Übersetzung: sobald man eine politische Sache vertritt, sind alle günstigen Vorhersagen willkommen, gleichgültig, woher sie stammen. Banalisierung, Nivellierung und Manipulation: darauf laufen die Weissagungen im 15. Jahrhundert hinaus. Die Ziele der Prophetie werden immer utilitaristischer. Dieser Terminus mag noch eine löbliche Bedeutung haben wie bei den Predigern des Franziskanerordens, den italienischen *romiti* wie Michele Carcano aus Mailand, der in den 1460er Jahren die apokalyptischen Prophezeiungen benutzt, um die moralische Bekehrung der Sünder zu erreichen.[69] Aber die Weissagung bleibt auch ein Argument für die Revolte: 1464 spielt ein Plädoyer am Pariser Gerichtshof auf Unruhen an, zu denen Bauern des Poitou angestiftet hätten, die auf mehreren Versammlungen sagten, »man fände durch Weissagung heraus, daß die Bürgerlichen alle Adligen und Kirchenmänner vernichten würden«.[70]

Immer häufiger schöpft die Prophetie aus den Arsenalen der politischen Propaganda. Ein gutes Beispiel dafür ist die Prophezeiung über »Karl, Sohn von Karl«, von der zwischen 1450 und 1470 im Rouergue zwei Versionen in Umlauf sind. Der Verfasser ist Jacques, Graf von Armagnac, ein gebildeter Mann, Sammler von Handschriften, Liebhaber der Chiromantie, Astrologie und Prophetie, der mit einem Schuhmacher aus Aurillac verkehrt, Guy Briansson, einem Experten in okkulten Dingen. Der Graf von Armagnac unterstützt Karl, den jüngsten Sohn Karls VII., mitten in der Revolte des Gemeinwohls gegen seinen älteren Bruder Ludwig XI. In ihrer verschlüsselten Version kündigt die Prophezeiung seine Thronbesteigung für 1467 oder 1469 und seine Siege für 1470 an. Sie sieht auch voraus, daß er dem schismatischen Papst Benedikt XIV. beistehen wird, die Kirche wieder aufzurichten. Der Graf wird wegen Verrats hingerichtet, und die Affäre sollte die subversive Bedeutung der Weissagung hervorheben.[71]

Sogar die apokalyptischen Prophezeiungen werden aus ihrem ursprünglichen Kontext herausgelöst und als politische Werkzeuge benutzt. Der krasseste Fall ist der des Endzeitkaisers, der, wie wir schon mehrfach sahen, zwischen den Kapetingern und den Hohenstaufen eingesetzt wird. Im 15. Jahrhundert stärken immer zahlreichere Weissagungen durch eine glückliche Fügung die Sache des Kaisers des Heiligen Reichs. Viele befassen sich mit der Entwürdigung des Klerus und zählen auf den Großen Monarchen, der die Kirche in ihrer Reinheit wiederherstellen werde. So erklärt die Prophezeiung *Veniet Aquila*, ein aus dem Osten kommender Kaiser Friedrich werde sich des Papsts bemächtigen, den Klerus steinigen lassen und über die Welt herrschen. Die 1409 erschienene Prophezeiung *Gamelon* verkündet, daß ein Deutscher die Franzosen schlagen, Kaiser werden, die Kirche reformieren und den Papst in Mainz einsetzen werde. Eine dritte Prophezeiung aus dem Jahre 1460 sagt voraus, daß Friedrich die »unnützen Priester« vernichten und dreiunddreißig Jahre herrschen werde. Für eine vierte wird die Gewalt des Papstes zwischen 1447 und 1464 enden; dann werde Friedrich den Klerus reformieren und den Frieden bringen. Eine fünfte sieht die Bestrafung des Papstes für 1461 vor, während ein Astronom aus Basel, Philipp, für das Jahr 1477 schreckliche Aufstände sowie den Tod des Papstes und die Bestrafung des Klerus vorhersieht. Es nimmt nicht wunder, daß die Weissagung in der hierarchischen Kirche des 15. Jahrhunderts keine gute Presse hat.

Der prophetische Mythos von der Wiederkehr eines Helden ist auch in anderen Gegenden anzutreffen. In Britannien sind im 15. Jahrhundert Prophezeiungen in Umlauf, die die Wiederkehr König Arthurs ankündigen; in der von Gwen'hlan, um 1450, weissagt der Prophet Guynglaff die Ereignisse, die dem Ende der Welt vorausgehen; in Theaterstücken in bretonischer Sprache tritt auch Merlin auf.[72]

Es sieht also so aus, als wende sich im Laufe des 15. Jahrhunderts die prophetische Strömung, um eine Fülle neuer Texte und Auslegungen angeschwollen, mehr und mehr weltlichen, wenn nicht völlig profanen Vorhersagen zu. Um 1400 dreht sich die große Frage um die Ankunft des Antichrist und das Ende der Welt: In Spanien und Frankreich kündigt es Vinzenz Ferrer an; Manfred von Verceil verbreitet die alarmierende Kunde in der Toscana, und Bernhardin von Siena, der diese Exzesse beklagt, kann lediglich feststellen: »Wir werden bis zum Überdruß mit Weissagungen überschwemmt, welche die Ankunft des Antichrist, die Anzeichen für das Jüngste Gericht und die Reform der Kirche ankündigen.«[73] Noch 1456 konnte Felix Hemmerlin, auf die Berechnungen der Bibel und des Pseudo-Methodios aus dem 7. Jahrhundert gestützt, das Ende der Welt für das Jahr 1492 vorhersagen. Aber dazu war er bereits genötigt, die sechs herkömmlichen Millennien der Dauer der Welt auf 7000 Jahre auszudehnen, von denen von Adam bis Jesus 5508 verstrichen seien.

Diese Welt, die nicht aufhört, zu Ende zu gehen, wird allmählich lästig und läßt sich schwer in die klassischen Schemata einfügen. Daher wendet man sich, wie wir schon bei Pierre d'Ailly sahen, der Astrologie zu, die längerfristige Vorhersagen gestattet, und interessiert sich andererseits mehr für mittelfristige religiöse und politische Ereignisse: die Erneuerung des Klerus, das Schicksal der Königreiche, der Imperien, der Dynastien. Die Tatsache, daß man sogar öffentliche Debatten über die Anzeichen der Endzeit veranstaltet wie 1479 in Köln, könnte eher auf eine Banalisierung dieses nunmehr in die gewöhnliche Kultur integrierten Themas hinweisen. Zwar sind die eschatologischen Ängste nicht verschwunden; bei jedem Unglück tauchen sie von neuem auf. Aber die Gewöhnung beginnt sich auszuwirken. Aufgrund der Inflation der Vorhersagen, ihres immer trügerischeren Charakters, ihrer Manipulation im Dienst politischer Konflikte büßen sie einen Teil ihrer Glaubwürdigkeit ein. Der Rationalismus des 14. und 15. Jahrhunderts hat sie trivialisiert und in Mißkredit gebracht; die intellektuellen Eliten wenden sich einer als wissenschaftlich und vertrauenswürdig geltenden Methode zu, der Astrologie.

DRITTER TEIL
Das Zeitalter der Astrologie

Die Sterne regeln die Zukunft
(15.–17. Jahrhundert)

»Schon immer waren die Menschen darauf erpicht, die Zukunft zu kennen, und nie hat es an Betrügern gefehlt, die sich rühmten, sie zu kennen.«

Pierre Gassendi, *Syntagma philosophicum*

»Die Astrologie ist die lächerlichste Sache der Welt.«

Pierre Bayle, *Verschiedene Gedanken über einen Kometen*

KAPITEL VIII

Wandlungen und Niedergang der religiösen Weissagung (15.–16. Jahrhundert)

Ab dem 15. Jahrhundert verschwimmen allmählich die Grenzen zwischen den verschiedenen Vorhersagearten, während die Mißbräuche der inspirierten Wahrsagung und die damit verbundenen Gefahren des gesellschaftlichen Umsturzes die intellektuelle Elite zu einer gewissen Skepsis drängen, vor allem aber dazu, ihre Hoffnungen in die sicherere, beruhigendere und wissenschaftlichere Methode zu setzen, das heißt in die Astrologie. Im 16. Jahrhundert verstärkt sich diese Bewegung.

Einerseits schärfen die mit der Reformation einhergehenden religiösen Konvulsionen die prophetische Sensibilität; wie während des Großen Schismas meinen die Erleuchteten in den Ereignissen die Vorzeichen des Endes zu lesen, und es mehren sich apokalyptische Ankündigungen. Doch während die einen den Jüngsten Tag nahen sehen, bereiten die anderen das Tausendjährige Reich der Gleichheit und des Glücks auf Erden vor.

Andererseits säkularisiert und professionalisiert sich die Weissagung mit der Astrologie. Der wissenschaftlich besser gerüstete Astrologe, dem zur Verbreitung seiner Handbücher bald auch der Buchdruck zur Verfügung steht, wird zu einem unerläßlichen Ratgeber der begüterten Kreise, während sich im Volk die Wahrsagerei verstärkt. Das kulturelle Klima der Renaissance neigt dazu, diese Bewegung zu fördern: die Sarkasmen Rabelais' und der Skeptizismus Montaignes geben Aufschluß über die Reaktionen einer kleinen rationalistischen Minderheit auf das Anwachsen der astrologischen Leichtgläubigkeit. Mit Cardano, Paracelsus und anderen hat die Stunde der Vernunft noch nicht geschlagen.

Angesichts dieser Flut unkontrollierter, für die Dogmen, die Moral und die Gesellschaftsordnung gefährlichen Voraussagen vervielfachen die Autoritäten die Verbote. Aber da sie die ersten sind, die sich der astrologischen Prophezeiungen und Vorhersagen für ihre eigenen Zwecke bedienen, lassen diese Maßnahmen kaum Wirkungen erkennen. Indem Könige und Päpste die Weissagungen für sich ausnutzen, erhöhen sie deren Ansehen und erwecken den – gerechtfertigten – Eindruck, als versuchten sie, diese Erkenntnismittel sich selbst vorzubehalten. Nur Gleichgültigkeit und Verachtung vermochten die Weissagungen in Verruf zu bringen. Doch davon ist man in der intellektuellen Elite Ende des 16. Jahrhunderts noch weit entfernt.

Eine neue Mode: das Sammeln von Prophezeiungen

Trotz ihrer Exzesse und ihrer wiederholten Mißerfolge ist die Prophetie noch nicht tot. Sie fasziniert ober beunruhigt weiterhin, wovon Mitte des 15. Jahrhunderts die Mode der prophetischen Sammlungen zeugt. Liebhaber besorgen Sammelwerke, die Überschneidungen und neue Auslegungen ermöglichen und meist mit dem Tagesgeschehen zusammenhängen. Sie durchforsten die Konventsbibliotheken auf der Suche nach unveröffentlichten Weissagungen und kopieren sie mit persönlichen Anmerkungen. Diese Praxis entwickelt sich in Italien besonders stark, häufig auf Betreiben der lokalen Fürsten.[1] So läßt der Doge von Venedig, Domenico Morosini, eine handschriftliche Anthologie zusammenstellen, in deren Mittelpunkt die Folgen des Falls von Konstantinopel im Jahre 1453 stehen. Diese Katastrophe interessiert hauptsächlich den Handel Venedigs, und schon der dominikanische Erzbischof Leonardo da Chio hatte sie im Licht des Orakels der Sibylle untersucht.[2] Die auf Bitten des Dogen angefertigte Anthologie, die *Variae prophetiae visiones atque oracula*, umfaßt in der Version, die der Herzog von Mantua, Ludovico II. Gonzaga (1444–1478), besaß, zwei Arten von Texten, prophetische und astrologische, wobei letztere eine Art wissenschaftliche Bestätigung ersterer sind. Einer von ihnen stellt sogar die Planetenkonjunktion von 1465 als eine Prophezeiung dar, die im Kloster San Paolo in Rom gemacht worden sei.[3]

In Venedig entsteht zwischen 1510 und 1530 eine weitere Sammlung, diesmal aus Anlaß des Vordringens der Franzosen in Italien. Die Liga von Cambrai, die Niederlage von Agnadello im

Jahre 1509 verwirren die Obrigkeiten, die den Sinn dieser Ereignisse erfahren wollen. In der Sammlung der *Vaticinia*, 1524 und 1525 von dem augustinischen Einsiedler und Propheten Bernardino von Parenzo in Umlauf gebracht, dessen Kloster, San Cristoforo della Pace in Venedig, ein Zentrum der Verbreitung des Joachimitismus ist, findet man auch antilutherische Weissagungen.⁴

Ende des 16. Jahrhunderts sind es die Papstwahlen, die in Erwartung eines »Engelspapstes« die Suche nach Prophezeiungen auslösen. In diesem Zusammenhang veröffentlicht der Benediktiner Arnaut de Wyon in Venedig die *Prophetiae de summis pontificibus*, eine dem irischen Mönch Malachias aus dem 12. Jahrhundert zugeschriebene Pseudoprophezeiung. Diese berühmt gewordene Fälschung zählt auf angeblich prophetische Weise alle Päpste seit Cölestin II. (1143–1144) bis zu dem letzten auf, der der Zerstörung Roms und dem Weltende vorausgehen werde. Jedem Papst entspricht ein die Person charakterisierendes Motto. Die 72 ersten sind natürlich sehr scharfsinnig, die 39 letzten indes völlig aus der Luft gegriffen, auch wenn Kommentatoren bis heute ihre Phantasie angestrengt haben.⁵ Die »Weissagung des hl. Malachias« erlebte nämlich große Popularität und wurde ständig auf den neusten Stand gebracht, zum erstenmal Ende des 17. Jahrhunderts bis Innozenz XI. (1691).

Ebenfalls in Italien sucht Jean Picard, Bibliothekar der Abtei Saint-Victor in Paris, nach den Texten der 1604 veröffentlichten *Prophétie et prédictions des divers sancts personnages recouvertes en Italie en l'année 1590*.

Auch in Frankreich tauchen Sammlungen von Prophezeiungen auf. Diejenigen aus dem 15. Jahrhundert, die in Tours aufgefunden wurde, scheint ein rein pädagogisches Ziel verfolgt zu haben.⁶ Die meisten anderen dagegen antworten auf präzise Umstände und verfolgen ein fest umrissenes Ziel. So sind zum Beispiel die Konflikte zwischen Ludwig XII. und dem Papsttum Anlaß der von Jean Lemaire aus Belgien angefertigten Sammlungen: *La Légende des Vénitiens* (1509) und der *Traité des schismes et des conciles de l'Église* (1511). Für ihn ist die Rivalität zwischen dem König und dem Papst das Zeichen für ein bevorstehendes Schisma, das vierundzwanzigste, das die Kirche erleben wird, Vorbote für die Ankunft des Antichrist: »Dieses bezeichnet und prognostiziert das zukünftige große XXIIII. Schisma der universellen katholischen

Kirche, von dem die Weissagungen der Propheten und Sibyllen und die Prognosen der Astrologie so oft gesprochen haben.« Wie man sieht, nimmt es Lemaire mit der Herkunft der Vorhersagen nicht eben genau. Für ihn ist bei allen Sehern, Astrologen und Propheten der heilige Geist am Werk: »Obwohl es bei den zufälligen künftigen Dingen keine festgelegte Wahrheit gibt, wie der Philosoph sagt, so hält es unsere Heilige Mutter Kirche doch für einen Glaubensartikel, daß die Welt durch das Feuer untergehen muß. Und bevor sie zu Ende geht, ist es (gemäß der Autorität der Heiligen Schrift und der Offenbarung) gewiß, daß der Antichrist kommen wird, und bevor der Antichrist kommt, wird das schreckliche große Schisma der Kirche eintreten, das die weltlichen Herrscher nötigen wird, die Geistlichkeit zu reformieren, wie es durch göttliche Eingebung und Offenbarung des Heiligen Geistes mehrere Propheten, Sibyllen, Heilige, Astrologen und Mathematiker vorausgesehen haben.«[7]

Er zieht also Jesaja, Paulus, die Offenbarung, Pseudo-Methodios, die hl. Birgitta, Joachim von Fiore, die Sibylle von Cumae, Kreta und Erythrai sowie Merlin zu seinen Diensten heran. Er benutzt mehrere Traktate des 15. Jahrhunderts wie das *De veritate astronomie* des Johann von Brügge (1444), das ein Schisma um 1484 vorhersagt, die *Pronosticatio in latina* von Lichtenberger (1488), das *Opusculum divinarum sancti Methodi* von Wolfgang Aytinger (1496), die erste kommentierte Veröffentlichung des Pseudo-Methodios.

Jean Lemaire aus Belgien verwendet diese Quellen in parteilichem und liebedienerischem Geist, in der Absicht, Julius II. in Mißkredit zu bringen: der maßlose Ehrgeiz der Päpste wird später im übrigen von zur Reformation übergetretenen Fürsten benutzt und 1539 ins Englische übersetzt, unter Auslassung der Stellen, die für Frankreich allzu schmeichelhaft sind. Was den Endzeitkaiser betrifft, so vermeidet er es, Partei zu ergreifen, denn im Jahre 1511 schreibt er für Ludwig XII., steht jedoch immer noch in Diensten Margaretes von Burgund, und der König von Frankreich und Maximilian sind noch immer gegen den Papst verbündet. Erst in der letzten Ausgabe von 1512 ergreift er für Ludwig XII. Partei.[8]

Eine weitere, ebenso parteiliche prophetische Kompilation wird 1522 gedruckt: das *Mirabilis liber*, ein lateinisches Werk mit einigen französischen Abschnitten. Anhand der verschiedensten Quellen – Merlin, Lichtenberger, Roquetaillade, Savonarola, Pseudo-Methodios, der Sibyllen, der Prophezeiungen aus den Handschriften der Abtei von Saint-Victor in Paris –, ist die Sammlung, begonnen im Kontext der Rivalität zwischen Franz I. und Karl V. anläßlich der Kaiserwahl von 1516, auf die Ankündigung eines französischen Kaisers und eines ebenfalls französischen »Engelspapstes« aus der Diözese von Limoges gerichtet, der ein Zeitalter der Reformen und Bekehrung einleiten werde, einschließlich der Juden und der Ungläubigen. Das Werk hebt die Überlegenheit der Könige von Frankreich hervor, bezeugt durch die Salbung und das Salbgefäß, die Gabe der Heilung und die Sendung der Jeanne d'Arc. Das *Mirabilis liber* genießt nach der Schlacht von Pavia im Jahre 1525 beträchtliches Ansehen, da eine der Prophezeiungen, 1356 nach Poitiers entstanden, von einer großen Niederlage der Franzosen spricht, bei der der König gefangengenommen werde: die Wiederholung der Geschichte kam den Propheten zu Hilfe.[9]

Der Zweikampf zwischen den Valois und den Habsburgern zeitigt eine Fülle parteilicher prophetischer Sammlungen, die das eine oder andere Lager begünstigen. Franz I. äußert mehrfach seine Verachtung für die Propheten, die seinem Rivalen gewogen sind, und ermutigt die Versuche seiner Anhänger nur wenig. Aber die Zeiten sind günstig für diese Art Übung, die im übrigen am Hof Luises von Savoyen in Ehren steht. Um 1516 widmet Georgius Benignus, ein von den Türken vertriebener kroatischer Franziskaner, dem König sein *Vexillum victoriae christianae*, das seinen Sieg prophezeit. Schon 1497 hatte er in seinen *Propheticae solutiones* das Ende des Islams und die künftige Größe der französischen Monarchie angekündigt.[10]

1525 veröffentlicht Jean Bocard, Priester der Diözese von Avranche, die *Thremodia mirabiliter*, eine Sammlung von Prophezeiungen, die den König von Frankreich begünstigen. 1551 trägt Guillaume Postel in seinem *Thrésor des prophéties de l'univers*, der das *Mirabilis liber* aufgreift, Weissagen zusammen, die die zukünftige Rolle der französischen Monarchie bei der weltweiten Reform ankündigen. Diese Anthologien sind im übrigen nicht immer nach dem Geschmack der Autoritäten: 1545 verurteilt die Sorbonne das *Livre merveilleux contenant en brief la fleur et substance de plusieurs traictez tant de prophéties et révélations que anciennes cronicques*, das in Wahrheit die Übersetzung des *Libellus* von Telesphorus von Cosenza ist.

Noch unter Heinrich IV. erklären manche den König von Frankreich zum künftigen Endzeitkaiser, wie Jean-Aimés de Chavigny, ein Schüler des Nostradamus, der die Prophezeiungen des *Liber* in seinen *Pleiaden* von 1603 verwendet.

Prophetie und politische Macht

Die Prophetie im Dienst der Herrscher erreicht in Italien weit größere Ausmaße und wird um 1500 zu einer regelrechten Mode. Die Episode des Savonarola, das Anwachsen der volkstümlichen Weissagung, der Schock der Italienkriege, der Wille, den Fürsten in machiavellischer Perspektive zu heiligen, veranlassen die Herrscher, sich der charismatischen Dienste eines Erleuchteten zu versichern, der die Rolle eines Hoforakels spielt. In den allermeisten Fällen handelt es sich im übrigen um eine Prophetin, häufig eine Nonne in einem von dem Fürsten gegründeten Kloster, wo er sie regelmäßig befragt. Diskreter, weniger störend als eine am Hof lebende Person und zudem für andere als den Herrscher schwer zugänglich, bietet die Prophetin alle Sicherheitsgarantien.[11]

Catarina Vigri ist der älteste Fall. 1453 von Borso d'Este befragt, läßt sie sich in einem Kloster von Bologna nieder und dient der Signoria Bentivoglio als Orakel, der sie den militärischen Sieg vorhersagt. Sie verkündet auch die Zerstörung Konstantinopels und den Niedergang bestimmter lokaler Häuser. Nach ihrem Tod im Jahre 1463 veröffentlicht Sabadino degli Arienti ihre Biographie, womit er dazu beiträgt, dieses Modell einer Hofprophetin zu verbreiten, um die die lokalen Fürsten sich reißen. Zwischen 1497 und 1500 durchkämmt der Herzog von Este die italienischen Klöster, und es gelingt ihm, eine Stigmatisierte, Lucia da Narni, für sich zu gewinnen. In Perugia berät Colomba da Rieti die Familie Baglioni; in Mantua stehen Osanna Andreasi, dann Stefana Quinzani im Dienst von Gianfrancesco Gonzaga; in Parma erleuchtet Simona della Canna den Grafen von Berceto; in Bologna dient Elena Duglioli dem päpstlichen Legat, Kardinal und Gouverneur der Stadt; in Mailand wird Andreae, eine Augustinerin aus Santa Marta, vom Gouverneur Lautrec konsultiert; in Turin nimmt Claudio von Savoyen Caterina Mattei in Anspruch; in Urbino prophezeien

Osanna Andreasi und nach ihr Laura Mignani für Elisabetta Gonzaga; in der Markgrafschaft Monferrat sagt eine Tertiarierin, Maddalena Panatieri, die Siege des Marquis Wilhelm VIII. aus der Dynastie der Palaiologen sowie die durch die Italienkriege verursachten Verwüstungen voraus; in Neapel befragt man vor jeder Unternehmung die Mystiker.

Und die Päpste sind nicht die letzten: Alexander VI., Julius II., Leo X., Klemens VII. konsultieren Colomba da Rieti und Elena Duglioli. 1512 weissagt der Domherr Archangelo Canetoli dem damals im Exil in Mantua weilenden Giulio de' Medici ein Jahr vor der Wahl von Giovanni de' Medici zum Papst (Leo X.) die Erhöhung seiner Familie. Der Camaldulenser Michelangelo Bonaventura Pini sagt die Wahl von Guiliano de' Medici voraus, der Klemens VII. wird, und dann die von Alessandro Farnese. Die Della Rovere nehmen auch die Dienste von Pini in Anspruch.

Die italienische Mode der Hofpropheten erreicht zwischen 1480 und 1530 ihren Höhepunkt, läßt dann nach, zum Teil aufgrund einer gewissen Stabilisierung der Staaten, die nun keiner übernatürlichen Bürgschaft mehr bedürfen, aber auch aufgrund der fortschreitenden Säuberung und Rationalisierung des Glaubens im Geist des Konzils von Trient. Anfang des 17. Jahrhunderts treten in den aristokratischen Kreisen erneut einige städtische Propheten in Erscheinung, die jedoch schnell von der Astrologie verdrängt werden.

In Spanien leiht Philipp II., der 1592 die Astrologie und die Wahrsagung verurteilt, nach dem Untergang der Armada eine Zeitlang der Prophetin Lucrezia de León sein Ohr, doch bald darauf, als ihre Weissagungen antimonarchisch werden, denunziert er sie bei der Inquisition.

In England ist die Situation der Prophetie hinsichtlich der Monarchie aufgrund der religiösen Konflikte zur Zeit der Tudor verworrener. Auch wenn die Herrscher nicht zögern, bei Gelegenheit günstige Vorhersagen zu benutzen oder zu veranlassen, so ist ihnen die Mehrheit der Propheten doch feindlich gesinnt, und die Macht bemüht sich, diese gefährliche, da irrationale und unkontrollierbare Tätigkeit zu verbieten, die sowohl aus keltischem Sagengut wie aus den christlichen Klassikern schöpft. Die Auswirkungen sind auch deshalb so beunruhigend, weil die Bevölkerung besonders leichtgläubig zu sein scheint. 1459 schreibt ein Schotte: »Die Engländer vertrauen verschiedenen profanen Prophezeiungen Merlins und anderer verderbter Wahrsager, deren imaginären Werken sie mehr Glauben schenken als den Prophezeiungen von Jesaja, Ezechiel, Jeremia oder der Evangelien.«[12]

Schon im 15. Jahrhundert hatte die politische Prophetie während des Rosenkriegs und in den gälischen und irischen nationalen Bewegungen eine große Rolle gespielt. Merlin wurde von den Häusern York und Lancaster ebenso herangezogen wie von Owen Glendower, der gegen Heinrich IV. rebelliert. Gegen diesen hatte sich schon die Familie Percy der Weissagung des *Mouldwarp* bedient, in der es hieß, der Maulwurf, der sechste König seit Johann, werde von einem Drachen, einem Löwen und einem Wolf vertrieben werden, die das Königreich unter sich aufteilen würden. Diese Weissagung wird zur Zeit der »Pilgrimage of Grace« gegen Heinrich VIII. wieder hervorgeholt, und 1535 wird der Vikar von Isleworth hingerichtet, weil er sie auf den König angewandt hatte. 1537 bekommt der Bischof von Bungay Schwierigkeiten, weil er sie zitiert hatte, und 1539 wird ein Richter aus Exeter verbannt, weil er sie zur Sprache gebracht hatte.[13]

Verfolgt werden sowohl die gälischen Barden als auch die lollardischen Prediger, die politische Prophezeiungen verbreiten. Ein Gesetz von 1541/42 bezeichnet Weissagungen über symbolische Tiere, mit denen die aristokratische Heraldik sich schmückt, als Treubruch. Ein weiteres Gesetz von 1549/50 bestraft alle, die solche Vorhersagen in Umlauf bringen, mit Geldbußen und Gefängnis. Die Friedensrichter und die Bischöfe sind gehalten, nach den Urhebern zu fahnden. In Irland beruft sich jeder Aufstand auf Weissagungen wie die von Gerald of Wales, und 1593 werden einem Einwohner der Grafschaft Kildare die Ohren abgeschnitten, weil er eine Prophezeiung verbreitet hat, derzufolge ein O'Donnell einmal König von Irland sein werde.

Heinrich VII., der Begründer der Tudor-Dynastie, sucht häufig Wahrsager auf, und einer von ihnen, Robert Nixon, ein Bauer aus Cheshire, soll seinen Sieg in Bosworth sowie mehrere Ereignisse der englischen Geschichte des 17. Jahrhunderts vorausgesagt haben. Aber er muß auch Aufständen entgegentreten, die sich auf Voraussagen wie die von Perkin Warbeck stützen. Unter Heinrich VIII. wird dies von Chapuis, dem Repräsentanten Karls V. in England, bestätigt: die Engländer seien besonders leichtgläubig, und Weissagungen treiben sie oft zum Aufstand. Der Bruch mit Rom und die Konfiszierung der Klöster leistet der Verbreitung prophetischer Gerüchte Vorschub, die häufig aus dem merlinschen und heraldischen Bestiarium schöpfen wie jenes Diptychon, das die braune Kuh, die auf einem königlichen Wappen erscheint, mit dem Stier von Anne Boleyn zusammenbringt:

> Wenn diese Kuh besteigt den Stier
> Dann achte der Priester auf seinen Kopf.

Der weiße Falke im Wappen von Anne Boleyn taucht in Prophezeiungen auf, die den Niedergang des Klerus ankündigen, was wiederum anderen Prophezeiungen Nahrung gibt, die den Aufstand des Klerus gegen den König voraussagen, wie jene, die 1535 Alexander Clavell in Dorset verbreitet.[14] Während des Aufstands der sogenannten »Pilgrimage of Grace« versichern Propheten, der König werde von Priestern getötet werden, und sagen die Rolle des Führers der Aufständischen, Robert Aske, voraus. Minister Cromwell wird von gereimten Weissagungen aufs Korn genommen, die mit seinem Namen spielen (»Viel Übel kommt von Wenigem, wie von einem guten Krümel [*crumb well*], der einem in der Kehle stekkenbleibt«).

In seinem großen Werk über den Niedergang der Magie führt Keith Thomas zahlreiche Beispiele für die politisch-religiösen Prophezeiungen an, von denen das Reich Heinrichs VIII. heimgesucht zu werden scheint[15]: 1537 verkündet ein Mönch aus Furness, daß der Einfluß des Papstes, sollte er noch vier Jahre andauern, endgültig sei, und alles werde in den kommenden drei Jahren umgewälzt; der Prior von Malton holt eine alte Prophezeiung hervor, die beweise, daß der König binnen drei Jahren die Flucht ergreifen und die Kirche ihre Güter zurückerhalten werde; andere sagen den Tod des Königs vor Pfingsten 1538 voraus. In diesem Jahr wird der Pfarrer von Muston in Yorkshire hingerichtet, weil er den Sturz des Königs, die Ankunft des Kaisers in England, die Wiederherstellung der päpstlichen Macht und den Aufstand der Familie Percy geweissagt hatte. Das Verhör fördert ein ganzes Netz prophetischer Texte zutage, die auf Merlin und seinen Bearbeitungen gründen. Der Pfarrer hatte dem Prior der Zisterzienser von Scarborough mehrere prophetische Handschriften entliehen, die der Prior bei einem

Priester aus Beverly und einem Adligen aus Scarborough abgeschrieben hatte, der sie wiederum von einem anderen Priester bekommen hatte, Thomas Bradley, der sie selbst von einem Geistlichen, William Langley, erhalten hatte. Unter diesen Texten befinden sich geheimnisvolle Weissagungen über »K.L.M.« (Katherine und Lady Mary) und »A.B.C.« (Anne Boleyn und Cromwell).

1546 wird ein gewisser Richard Laynam verhaftet, ein Fachmann in Prophetie, bekannt für seine Dienste in der Regierung, der schon einmal als »verrückter Prophet« im Tower gesessen hatte. Er verbreitete Prophezeiungen, die dem König abträglich waren und seine Vertreibung sowie die Wiederherstellung der päpstlichen Macht ankündigte. Ihm zufolge sei Heinrich VIII. der letzte der drei von Merlin vorausgesagten sechs Könige, und bald werde er drei Viertel seines Reichs abtreten müssen. 1530 offenbart William Harlokke aus Colchester, Verkäufer von Weissagungen, daß es im ganzen Land zahlreiche Kollegen gebe. Ihre Vorhersagen bedienen sich noch immer allegorischer Tiere.

Die Aufständischen des Jahres 1549 benutzen eine Weissagung, der zufolge der König und der Adel durch ein Parlament von Bürgerlichen ersetzt würden, die vier Gouverneure ernennen werden, während die Regierung mit einer Prophezeiung Merlins erwidert, die voraussagt, daß die Räte von Troja (also London) ihre Köpfe verlieren würden. Die gleichen Phänomene zeigen sich während und nach der Rebellion von Robert Ket. In der Grafschaft Norfolk wimmelt es von Prophezeiungen, und 1554 erhalten die Friedensrichter die Anweisung, nach den »nichtigen Weissagungen« Ausschau zu halten, die »die Grundlage jeglicher Rebellion« seien. Die Regierung Eduards VI. läßt mehrere Personen verhaften, die Vorhersagen über eine nahe Landung des Königs von Frankreich verbreiten. Unter Maria Tudor schürt das Überhandnehmen antikatholischer und antispanischer Prophezeiungen die Aufstände, wie die von Wyatt, der einräumt, von einem dieser Texte motiviert worden zu sein. Die Macht fahndet systematisch nach den prophetischen Büchern.

Die Herrschaft Elisabeths I. erlebt eine weitere Zunahme prophetischer Tätigkeiten, die den Grafen von Northampton, Henry Howard, veranlaßt, 1583 seine *Defensive against the Poyson of Supposed Prophecies* zu verfassen, um diesen Tollheiten entgegenzutreten. Natürlich vergeblich. Sogar der Hochadel läßt sich, vielleicht aus Eigennutz, auf diese Spekulationen ein: 1572 gesteht der wegen Verrats verurteilte Herzog von Norfolk, er sei von einer Weissagung verführt worden, die den Sturz Elisabeths (des Löwen) durch einen anderen Löwen (ihn selbst) und einer Löwin (Maria Stuart) ankündigte. Jede Festnahme wegen Aufruhrs wird von Gerüchten über Prophezeiungen begleitet wie 1569 in Derbyshire oder 1548, als ein gewisser John Birtles im Besitz prophetischer Bücher angetroffen wird.

Die katholische Opposition bedient sich weitgehend der prophetischen Waffe Merlins wie in einer wahnwitzigen, John Tusser zugeschriebenen Prophezeiung von 1583, in der weiße Pferde, Adler, Elefanten, Löwen und tote Menschen auftreten.[16]

Ein Toter spielt auch die Hauptrolle in einer Prophezeiung, die 1586 während des Verhörs eines Stickers aus Leicester, Edward Sawford, ans Licht kommt. Die Vorhersage dreht sich um das Los Maria Stuarts und kündigt katastrophale Umwälzungen an, falls ihr etwas zustoßen sollte. Kriege und Aufstände würden erst mit der Ankunft des toten Mannes aufhören, denn er werde die Ordnung wiederherstellen, indem er vier Gouverneure an die Spitze des Landes setze, und nach Jerusalem aufbrechen, wo er sterben und zwischen drei »Königen aus Köln« begraben werde. Eine aufmerksame Untersuchung dieser Aussage förderte eine erschrekkende Mischung aus Merlin, apokalyptischen Mythen, Legenden über den Herrscher der Endzeit, Utopien über das Goldene Zeitalter sowie Weissagungen aus einer Sammlung mit dem Titel *The Prophecies of Rymer, Bede and Merlin* zutage. Logik ist natürlich die letzte Sorge dieser Texte, wie sich auch in der von Simon Yomans 1586 gebeichteten Weissagung erkennen läßt, die ebenfalls die Ersetzung der Königin durch vier Peers ankündigt.[17]

Die Affäre der Unbesiegbaren Armada regt natürlich die prophetische Phantasie an. Auch hier wird die Merlinsche Folklore weidlich ausgeschlachtet: es ist die Rede von der Wiederkehr einer aus Rom kommenden Flotte, die Britannien befreien werde. Auf sie bezieht sich ab 1575 der Waliser Morys Clynnog bei seinen Plänen einer katholischen Invasion; die im Untergrund lebenden Priester nährten die Hoffnung, indem sie von einer baldigen machtvollen Wiederkehr des Papsttums sprachen, und der Verschwörer Anthony Babington stützte sich auf eine Prophezeiung Merlins. Das Ereignis selbst, im Jahre 1588, enttäuscht zwar die katholi-

Wandlungen und Niedergang der religiösen Weissagung   353

schen Hoffnungen, scheint jedoch die Prognose von Regiomontanus zu bestätigen, der für dieses Jahr große Erschütterungen voraussagte.

Aus diesem kurzen Überblick geht hervor, daß die politische Prophezeiung im England des 16. Jahrhunderts vor allem eine Sache des katholischen Volkes ist, das sich von den Geschichten Merlins inspirieren läßt. Dessen Ansehen ist beträchtlich: »Er war ein Mann, der viele zukünftige Dinge vorausgesagt hat, ja, sogar bis zum Ende der Welt«, erklärt der Sticker Edward Sawford während seines Prozesses. Daß er der Sohn eines Dämons ist, scheint die Gemüter kaum zu berühren, ebensowenig wie die Tatsache, daß diese Legende von der katholischen Hierarchie verurteilt wird. Auf protestantischer Seite ist das Volk ihm gegenüber zurückhaltender, aber die Lollarden verschmähen es nicht, sich seiner zu bedienen, und im anglikanischen Klerus selbst schreibt ihm ein Bischof wie Bale die Voraussage der Auflösung der Klöster zu, während Wilfred Home zeigte, daß er dem Löwen und dem Adler der Arthussage gleichgesetzt werden müsse.

Die rein religiös inspirierten Prophezeiungen sind auf politischem Gebiet zwar relativ seltener, dafür aber zwischen Protestanten und Katholiken gleichmäßiger verteilt. Die königliche Propaganda beruft sich nötigenfalls auf die prophetischen Texte, um beispielsweise den Bruch mit Rom zu rechtfertigen: Heinrich VIII. wird von Richard Morison mit dem Löwen des Buchs Esra verglichen, und Thomas Cromwell läßt prophetische Texte zusammentragen und neu interpretierten, um zu beweisen, daß der König dazu auserlesen sei, die Macht des Papstes zu brechen.

Der hohe anglikanische Klerus ist in der Frage der Prophetie gespalten. Im 17. Jahrhundert meinen Bischöfe wie Sprat und Hacket, daß Gott noch immer bestimmten Menschen Visionen eingebe, sie sind jedoch der Ansicht, daß die puritanischen Sekten diesem Thema zuviel Bedeutung beimessen. Zeiten der Verfolgung sind der prophetischen Schwärmerei am günstigsten, und unter der Herrschaft von Maria Tudor stehen mehrere protestantische Märtyrer im Verdacht, ihren eigenen Tod, aber auch den der Königin und das Ende der Verfolgung vorausgesagt zu haben. John Fox, Verfasser der *Acts and Monuments*, eines Martyrologiums der unter der katholischen Königin getöteten Protestanten, erklärt, daß viele die Gabe der Weissagung besäßen, und er selbst soll in der Verbannung eine Vision über den Tod Marias gehabt haben. 1556 versicherte John Knox kurz und bündig: »Gott hat mir Geheimnisse offenbart, die der Welt unbekannt sind.« Unter der Herrschaft Elisabeths vermehren sich die Erlöser; meist sind es Verrückte, die sich für Christus halten und die man lediglich auspeitscht. Drakonischer sind die Maßnahmen, wenn die Sache übertriebene Ausmaße annimmt wie 1591, als William Hacket, ein notleidender Analphabet, sich für den Messias ausgibt, der gekommen ist, die Welt zu richten, und Katastrophen ankündigt, falls sie sich nicht reformiere. Von zwei Puritanern begleitet, die er seine Propheten nennt, sorgt er für eine gewisse Unruhe. Er wird verhaftet und hingerichtet.

Auf seiten der Katholiken stellen sich die gleichen Phänomene ein. Unter Heinrich VIII. glaubt das heilige Mädchen von Kent, Elisabeth Barton, die Gabe der Prophetie zu besitzen, und verkündet, der König werde den Thron verlieren, falls er Anne Boleyn heirate. Ehrgeizige Aristokraten beuten diese Weissagungen aus, wie der 1521 hingerichtete Herzog von Buckingham, der dem Kartäuser Nicolas Hopkins, der ihm voraussagte, er werde den Thron erben, weil der König ohne Erben bleiben würde, ein zu aufmerksames Ohr geliehen hatte. Einsiedler sowie einige hysterische Frauen verbreiteten prophetische Gerüchte zugunsten Maria Stuarts.

Wirkungslosigkeit der antiprophetischen Unterdrückung

Die im 16. Jahrhundert durch die Konflikte im Zuge der Reformation verursachte religiöse Schwärmerei geht weit über den politischen Bereich hinaus und sorgt bei der Obrigkeit für Verwirrung. Zweifellos darf man die Gefahr, die die politischen Prophezeiungen für die Regierungen darstellen, nicht übertreiben. Dennoch können sie in bestimmten Fällen beunruhigen, bis dahin unbekannte Ausmaße annehmen und strenge repressive Maßnahmen rechtfertigen. Denn das Phänomen taucht in ganz Europa auf und verrät in gewisser Weise die Frustration von der Macht ausgeschlossener Gruppen, die darin eine Art symbolischer Erfüllung ihrer vergeblichen Hoffnung finden, in der Flucht in eine Zukunft, die der inspirierte Charakter der Texte als Gewißheit erscheinen läßt. Dies stellt zum Beispiel Willem Frijhoff in den Niederlanden fest: Die Weissagung, so schreibt er, »ist sozusagen die Rede dessen, der auf die alltägliche historische Wirklichkeit keinen Einfluß mehr hat oder der fühlt, daß sie ihm entgleitet, gleichzeitig aber noch nicht jede Hoffnung verloren hat, seine Macht über die Situation oder das Schicksal wiederzufinden«.[18] Denn auch die Niederlande werden im 16. Jahrhundert von religiösen Konflikten erschüttert, und in beiden Lagern ist die Zuflucht zur Prophetie gang und gäbe: ihr gelten drei bis sechs Prozent aller Druckerzeugnisse. Ein Beispiel unter vielen anderen: Pieter Opmeer, ein katholischer Bürger aus Amsterdam, erklärt, die Einführung des Protestantismus in seiner Stadt sei von dem Kometen von 1577 angekündigt worden, ein Erdbeben sowie sintflutartige Regenfälle seien Zeichen kommender Katastrophen.

Wieder einmal fällt die Mischung der Gattungen auf, die im 16. Jahrhundert besonders bei den politischen Prophezeiungen die Regel ist. 1572 beobachtet der Arzt und Astrologe Cornelius Gemma (1535–1578) einen kreuzförmigen Stern am Himmel; das von Guy Le Fèvre de La Boderie (1541–1598) berichtete Ereignis wird von Tycho Brahe kritisiert, der es vorzieht, sich einer 1520 in der Schweiz aufgefundenen Weissagung der Tiburtinischen Sibylle zu bedienen, um für das Jahr 1578 eine Veränderung der Herrschaft in Frankreich zu prognostizieren.[19] Solche Prophezeiungen können gelegentlich ernste Folgen haben und die politischen oder militärischen Entscheidungen belasten. Montaigne erwähnt die Geschichte des Marquis von Saluzzo, der im Jahre 1536, von den Prophezeiungen zum Vorteil der Kaiserlichen auf Betreiben Roms beeindruckt, die französische Armee verrät.[20]

Die weltlichen Regierungen versuchen, die politischen Prophezeiungen systematisch zu unterdrücken, jedoch ohne großen Erfolg. Schon 1402 und 1406 von Heinrich IV. in England verboten, wo die Lollarden aus diesem Grunde hingerichtet werden, gelten sie 1541/42 unter Heinrich VIII. als Hochverrat. 1549 stellt ein Gesetz Eduards VI. eindeutig die Verbindung zwischen Prophetie und Aufruhr her: »Kürzlich haben verschiedene mißgünstige Personen in der Absicht, Erregung zu schüren und zum Aufruhr, zum Ungehorsam und zur Rebellion anzustacheln, in lasterhaftem Geist verschiedene phantastische Weissagungen fingiert, erdacht, erfunden, veröffentlicht und ausgeübt, welche die königliche

Majestät und diverse adlige und gemeine Personen angehen.«[21] Die Gesetze von 1552, 1562, 1580 führen dieselben Gründe an.

Die Unwirksamkeit dieser Maßnahmen liegt sowohl an der Persönlichkeit der »Propheten« wie an den Quellen ihrer Weissagungen. Wie Keith Thomas schreibt, ist die Prophetie in diesem Fall ein »Validierungsmythos«: »Diese Menschen stützen sich auf Visionen und Offenbarungen, um die anderen von der Rechtmäßigkeit der Sache zu überzeugen, der sie sich verschrieben hatten (...). Man sollte also vorsichtig sein, bevor man alle diese Propheten und Heilige als Psychopathen abstempelt, als Opfer von durch Fasten verursachter Halluzinationen oder durch sexuelle Enthaltsamkeit hervorgerufener Hysterie.«[22] Halten wir dennoch fest, daß diese Personen, mit Ausnahme der bewußten Manipulatoren, Geistesgestörte sind. Daran zu erinnern ist vielleicht nicht ganz so überflüssig, wie es scheint, wenn man feststellt, wie viele Untersuchungen sich mit der Gültigkeit ihrer Vorhersagen befassen. Was den zweiten Punkt betrifft, nämlich warum sich im 16. Jahrhundert so viele Menschen dieser Art von Hirngespinsten widmen, so scheint die Antwort zu lauten, daß in dieser Zeit die Flucht in die Zukunft die den Umwälzungen der traditionellen Werte einzig angemessene Lösung ist. Für Menschen, die den realen Gang der Ereignisse nicht mehr zu beeinflussen vermögen, bleibt nichts anderes mehr, als sich einzureden, daß »ein Tag kommen wird, an dem...« Die Renaissance war der Schock, der alle aus der neuen Ordnung Ausgeschlossenen oder alle von der herrschenden Ungewißheit Marginalisierten dazu treibt, bei der Weissagung Zuflucht zu suchen: durch die kapitalistische Entwicklung deklassierte Handwerker, von der monarchischen Machtkonzentration ausgestoßene kleine feudale Notabeln, durch die Einfriedung ruinierte Bauern, von der Reformation bedrohte Geistliche, von der Gegenreformation verfolgte Protestanten. Für alle diese Kategorien ist die Prophetie ein Mittel der Selbstbehauptung und ein Ventil für die Enttäuschungen der Besiegten. Unter diesen Bedingungen bedeutet, das Prophezeien zu verbieten, auch ein wenig, das Träumen zu verbieten; aber in diesem Bereich ist das Gesetz ohnmächtig.

Zweitens hat die Unwirksamkeit der Gesetzgebung ihre Ursache in der Natur der prophetischen Texte. Diese sind nicht der Umstände wegen verfaßt worden; es sind alte Texte, dunkel und zauberisch, die unaufhörlich neu gedeutet und aktualisiert werden, Seeschlangen, die immer wieder auftauchen, jedesmal in anderer Verkleidung, Hydren mit vielen Köpfen.[23] Kaum hat man eine adaptierte Prophezeiung Merlins vernichtet, dient derselbe Text bereits einer anderen als Grundlage. Nötig wäre, Merlin, die Sibylle oder die Offenbarung zu töten, indem man sie auf ihre ursprüngliche, rein historische Dimension einengte. Aber das 16. Jahrhundert hat weder den Wunsch noch die exegetischen Mittel, eine solche Arbeit zu leisten. Zudem hat die Obrigkeit keinerlei Interesse daran, deren Ansehen zu zerstören. Die katholischen Dogmen, die protestantischen Glaubensvorstellungen, die Ideologie der absoluten Macht der Könige wurzeln in denselben Schriften wie die Prophezeiungen, die sie anfechten, so daß alle miteinander verbunden sind, feindliche Brüder, die sich um das Erbe streiten, von dem sie jeweils ein Teil sind. Die historische Exegese der Schriften des Paulus zum Beispiel schwächte zwar den Mythos des Antichrist und des Tausendjährigen Reichs, führte jedoch gleichzeitig die Rechtfertigung durch den Glauben, die Unterwerfung unter die herrschenden Obrigkeiten und einen Teil der katholischen Dogmen auf ihren historischen Kontext zurück. Paulus muß also – wenn man so sagen darf – das Wort des Evangeliums bleiben, auch wenn man intellektuelle Kunststücke vollführen muß, um das, was wörtlich angenommen werden muß, von dem zu unterscheiden, was rein symbolisch ist.

Für Merlins Bestiarium gilt das gleiche. Solange die Aristokratie und die Kräfte der Monarchie fortfahren, im Ernst die Adler, die Löwen, die Leoparden und andere kindische Symbole bei ihren politischen Spielen zu verwenden, ist es unmöglich, die prophetische Phantasie der Unzufriedenen, die sich dieser Geschichten bedienen, zum Schweigen zu bringen. Zur Zeit Elisabeths I. ist John Harvey der einzige, der sich über die Menagerie und den Plunder nach Art Merlins lustig macht, über »die Adler und die Bracken, die Katzen und die Ratten, die Hunde und die Igel, die Raben und die Schmetterlinge, die Steine und die Knochen, die Elfen und die Zwerge, die geflickten Schuhe und die Sommermonde«.[24] Der gotteslästerliche Charakter dieses Inventars à la Prévert zeigt, daß die herrschende Kultur nicht bereit ist, mit der Mythologie Geoffroys of Monmouth zu brechen.

Ergänzen wir dieses Material noch durch die Spekulationen

über die symbolischen Zahlen, durch die berühmten, früheren
»Propheten« – wie Thomas Becket, Beda, Gildas, Eduard dem
Bekenner, Bacon oder sogar Chaucer, unter dessen Namen 1532
eine erfundene Weissagung gedruckt wird – zugeschriebenen Texte, durch die Thomas Rymer zugesprochenen schottischen Vorhersagen, von denen ein Teil 1603 gedruckt wird[25], und schließlich die
in jüngerer Zeit verfertigten Prophezeiungen wie die des deutschen
Protestanten Paul Grebner über die Zukunft Europas, die Elisabeth I. angeboten werden. Diese nimmt sie an, weil sie mit ihren
Ansichten übereinstimmen, und läßt sie in der Bibliothek des Trinity College in Cambridge aufbewahren. Wie aber können politische
Mächte, die für sich selbst das Prinzip der Weissagung akzeptieren,
mit Erfolg eben diese Weissagungen verbieten, sobald sie ihnen
mißfallen?

Prophetie und apokalyptische Angst

Die gleiche Feststellung ergibt sich aus der Untersuchung der Prophezeiungen religiösen Inhalts, unabhängig davon, ob sie die
Angelegenheiten der weltlichen Kirche oder die der Endzeit betreffen. Im übrigen lassen sich die beiden Bereiche schwer voneinander
trennen. Im 15. Jahrhundert vermehren sich die Rom feindlich
gesinnten Weissagungen. Unter Dutzenden anderer auch die des
1463 in Apulien wohnhaften Deutschen Theodorius: Auf dem
obligaten Hintergrund von Erdbeben, Sintfluten und hoher Sterblichkeit, die dazu beitragen, die Welt zu läutern, sagt sie die Bekehrung des Papstes und aller Priester voraus, die nicht mehr Lateinisch sprechen und den Laien nichts mehr verheimlichen werden.
Gleichzeitig würden die Mohammedaner einen großen Angriff auf
Rom versuchen, aber ihr König werde sich bekehren und Jerusalem endgültig von den Christen erobert werden.[26]

Die Drohung verschärft sich Ende des Jahrhunderts. 1496 hat
Mathis Sandauer in Augsburg Visionen: Gott verkündet ihm den
Anbruch einer »Reform«. Im selben Jahr sagt Wolfgang Aytinger
die Ankunft eines messianischen Führers voraus, der sich des Heiligen Landes bemächtigen, die Kirche reformieren und den Klerus
bestrafen werde. Seine Schriften werden zwischen 1496 und 1515

dreimal veröffentlicht, während viele andere eine Reform ankündigen.

Zur selben Zeit versetzt Savonarola Florenz in Aufruhr. Sein im wesentlichen prophetisches Denken schwankt im übrigen zwischen der Ankündigung der Endzeit und der des Anbruchs eines Zeitalters des Glücks für seine regenerierte Stadt.[27] In einigen Schriften aus den Jahren 1472, 1475, 1490 und 1491 zählt er die Vorzeichen des nahenden Jüngsten Gerichts auf. Unter diesen nimmt die allgemeine Verderbtheit der Kirche großen Raum ein. Nach 1494 verändert sich seine Botschaft, sie wird politischer und chiliastisch: französische Invasion und Anbruch eines Zeitalters irdischen Glücks. Spirituelles und Weltliches sind unentwirrbar verwoben: »Ich verkünde diese frohen Botschaften der Stadt Florenz: sie wird ruhmvoller, reicher und mächtiger sein denn je zuvor. Ruhmvoll zuerst in den Augen Gottes und der Menschen, denn du, Florenz, wirst die Reform ganz Italiens sein; bei dir wird die Erneuerung, in alle Richtungen ausstrahlend, beginnen. Denn hier schlägt das Herz Italiens. Deine Ratschläge werden alles im Licht der Gnade erneuern, das Gott dir gewährt. Zweitens werden deine Reichtümer unermeßlich sein, und Gott wird zu deinen Gunsten alles vermehren. Drittens wirst du dein Reich ausdehnen und dich somit der weltlichen und der geistigen Macht erfreuen.«[28]

Um seine Vorhersagen zu beglaubigen, hat Savonarola auch die Theorie der Weissagung aufgestellt. Anders als viele seiner Zeitgenossen, die alle Gattungen vermischen, verwirft er die Astrologie in einer Streitschrift von 1497, *Contro gli astrologi*, kategorisch als gottlos. Und die Astrologen betrachten ihn ihrerseits als Feind wie Lucas Bellanti: er sei der von Paul Middlebourg und Johann Lichtenberger in ihrer Beurteilung der Konjunktion von Saturn und Jupiter im Jahre 1484 angekündigte ketzerische Pseudoprophet. 1495 rekapituliert Savonarola im *Compendio di rivelazioni* seine prophetischen Visionen und führt als Beweis ihres göttlichen Ursprungs die Tatsache an, daß sie sich als zutreffend erwiesen hätten, vom Tod des Lorenzo de' Medici bis hin zum Wahnsinn Pieros und der französischen Invasion. Nachdem er 1497 exkommuniziert wurde, schreibt er zu seiner Rechtfertigung noch den *Dialogus de veritate prophetica*, in dem er erklärt, daß allein das prophetische Charisma die Kirche retten könne.[29]

Seine Nachfolger fahren in dieser Richtung fort, aber die Einheit der Botschaft ist zerbrochen. Die einen halten am optimistischen Aspekt fest wie Francesco da Meleto, der 1513 die Bekehrung der Juden für das Jahr 1517 und dann die der Mohammedaner ankündigt, woraufhin ein von Gott gesandter einfacher Mensch kommen werde, der zwischen 1530 und 1540 das neue Zeitalter einleiten und die Wiederkehr Christi vorbereiten werde. Die anderen wie Fra Francesco aus Montepulciano dagegen sagen die göttliche Rache voraus: »Die Menschen werden auf Strömen von Blut fahren, auf Seen von Blut, auf Flüssen von Blut. (...) Zwei Millionen Dämonen werden im Himmel losgelassen (...), weil in den letzten achtzehn Jahren mehr Böses getan worden ist als in den fünftausend Jahren davor.«[30] Die widersprüchlichen Vorhersagen der beiden Francesco, des optimistischen und des pessimistischen, stammen aus demselben Jahr 1513 und aus derselben Stadt, und beide erweisen sich als falsch: weder gab es eine Bekehrung der Juden noch Flüsse von Blut, weder ein neues Zeitalter noch einen Antichrist. Aber die Florentiner können noch zwischen mehreren anderen Optionen wählen, denn damals ziehen viele Propheten durch die Straßen der toskanischen Hauptstadt, zum Beispiel der Handwerker Bernardino und seine Getreuen (die »Gesalbten«), während 1514 der ehemalige Franziskaner Bonaventura einen prophetischen Brief schreibt, sich für den Engelspapst ausgibt und dem Dogen von Venedig empfiehlt, sich mit dem König von Frankreich, dem Werkzeug Gottes, zu verbünden, um die Kirche zu erneuern und die Türken zu bekehren.[31]

Mit dem Ausbruch der Reformation tobt der prophetische Überschwang in der größten Konfusion von Mitteln und Zwecken. Der Fanatismus bedient sich sämtlicher Zeichen, göttlicher wie astraler, um die Rache, die Strafe, das nahe Ende oder den Beginn der Regenerierung anzukündigen. Denis Crouzet hat diesen »ungeheuren Schub apokalyptischer Angst« in der katholischen Welt der ersten Hälfte des 16. Jahrhunderts analysiert.[32] Einhellig sehen Propheten und Astrologen das baldige Ende der Welt voraus, worauf der Titel des 1550 erschienenen Buches von Richard Roussat hinweist: *Livre de l'estat et mutation des temps, prouvant par authoritez de l'Escripture saincte et par raisons astrologales, la fin du monde estre prochaine.* Der Buchdruck fördert die Vermehrung dieser Schriften wie der kleinen Brandschriften des Priesters Artus Désiré, von denen man 112 Auflagen wie-

Wandlungen und Niedergang der religiösen Weissagung   361

dergefunden hat, 71 allein aus den Jahren zwischen 1545 und 1562. Henri de Fines sagt für das Jahr 1542 die weltweite Sintflut voraus; die Konjunktion von 1564 weist auf Verwüstungen hin; die Kriege zwischen den Valois und den Habsburgern gehen dem Jüngsten Gericht voraus; Nostradamus prophezeit »zahllose Morde, Gefangene, Tote (...), Menschenblut, Raserei, Wüten, Habgier«; Robert Céneau, Bischof von Avranches, der Schumacher Antoine Cathelan, die Dominikaner Esprit Rotier und Pierre Doré, die Doktoren Antoine de Mouchy und Antoine Duval, der Domherr Nicolas Maillard prophezeien die Apokalypse. Für alle ist die Zunahme der Ketzer das unverkennbare Zeichen des baldigen Endes, und das einzige Mittel, den Zorn Gottes aufzuschieben, bestehe darin, diese Ketzer zu beseitigen; die Gewalt der Religionskriege kam einer sich selbst erfüllenden Prophezeiung gleich. Die prophetische Angst findet ihr Ventil im Massaker der Feinde des Glaubens, dessen Höhepunkt die Bartholomäusnacht ist. Denis Crouzet meint: »Je näher das Schicksalsjahr 1572 heranrückt, desto mehr verfängt sich, den Quellen zufolge, die Gesellschaft in der unausweichlichen Spirale der Spannung eines peinigenden Strafgerichts; und um so gewisser mußte es für die durch die prophetische Anprangerung ihrer Ungläubigkeit schuldig gesprochenen Menschen sein, daß sich ihr Heil nur mit vitaler Gewalt erringen ließ, die ein Beweis ihrer Verehrung Gottes und ihrer Hingabe an Gott wäre.«[33]

Vielleicht wurde bisher das nahe Ende der Welt noch niemals so stark empfunden. Schon 1480 prophezeite das *Prognosticon* des elsässischen Einsiedlers Johann von Lichtenberger, das bis 1490 in Deutschland zehnmal nachgedruckt wurde, anhand der Konjunktion Saturn/Jupiter von 1484 und der Finsternis von 1485 Katastrophen wie das Ende der Welt.[34] Verstärkt berechnet man das Alter der Welt, um das Datum des Endes zu bestimmen. Im 15. Jahrhundert sagt der höchst seriöse Kardinal von Kues es für das Jahr 1700 voraus; der Geograph Mercator schätzt die Zeitspanne zwischen der Schöpfung und Christi Geburt auf 3928 Jahre, was einer Welt, die 6000 bis 7000 Jahre zu leben hat, nur noch wenig Zeit läßt. Für Viret ist es zweiundzwanzig Uhr. Für den Domherrn Richard Roussat wird das Ende 1791 kommen, woraus er praktische Folgerungen für das Baugewerbe zieht: unnötig, allzu solide Gebäude zu errichten.

In dieser Frage besteht anfangs kein grundlegender Unterschied zwischen Katholiken und Protestanten. Für Luther ›hat sich alles erfüllt (...). Die Welt ist aus den Fugen‹. Das Anwachsen der türkischen Gefahr und die Inkarnation des Antichrist in der Person des Papstes sind für ihn untrügliche Zeichen. Im übrigen prophezeite Johann Hilten, den er gekannt hat, das Ende Roms für 1524 und das Ende der Welt für 1651. Luther nennt kein genaues Datum, erklärt jedoch: ›Es kann noch einige Jahre dauern, doch unsere Nachkommen werden sehen, daß sich die Schrift erfüllt hat, und vielleicht werden wir die Zeugen dafür sein.‹[35] An anderer Stelle sagt er: »Der jüngste Tag ist vor der Tür«, und auf eine Frage zu diesem Thema antwortet er: »Die Welt wird nicht mehr lange stehen; ob Gott will, nicht über hundert Jahre.«[36] Für den Reformator gibt es noch einen weiteren Grund für das nahe Ende: Will Gott sich nicht durch seine Schwäche lächerlich machen, dann kann er die Gottlosigkeiten, die Sünden und den Aberglauben der Menschen nicht länger dulden: ›Da die Dinge so stehen, habe ich keinen anderen Trost und keine andere Hoffnung, als daß der jüngste Tag bevorsteht. Denn die Dinge sind so weit gediehen, daß Gott sie nicht länger dulden kann.‹[37] Theologen und Schriftsteller schließen sich seiner Meinung an. Bullinger verkündet das baldige Ende der Welt; für Melanchthon ist es »jetzt mit Händen zu greifen«, in Übereinstimmung mit dem Astrologen Johannes Cario, während Osiander 1542 *Über das Ende der Zeit und der Welt* veröffentlicht und Sleidanus von »uns anderen, die wir am Ende der Welt geboren wurden« spricht.[38] Zumindest in diesem Punkt sind sich Calvin und Michel Servet einig. Pierre Viret, ein Freund Calvins, läßt nicht locker: »Die Welt neigt ihrem Ende zu (...). Sie ist wie ein Mensch, der dem Tod entgegengeht, solange er kann«; »Die Welt geht zur Neige und nähert sich dem Ende«; »Mir erscheint diese Welt wie ein zerfallenes Gebäude«.[39] Die Künstler antizipieren, denn danach wird es zu spät sein: man muß die Apokalypse hier und jetzt darstellen; die Stiche Dürers nehmen sich des Themas an, das in Deutschland damals in Mode ist. Sogar an der Decke der Sixtinischen Kapelle tauchen Szenen des Jüngsten Gerichts auf.

In der katholischen Welt ist man indes weniger einhellig. Die Prediger an der Basis teilen, wie wir bereits sagten, die prophetischen Ängste vieler Gläubigen, und Ende des Jahrhunderts ist in Zusammenhang mit diesen Auffassungen ein abermaliges

Anwachsen der Gewalt zu erkennen. Andererseits sprechen auch die »Evangelisten« wie Lefèvre d'Étables von der »letzten Zeit des Glaubens«, und die spanischen Mystiker sind Anfang des Jahrhunderts auf die Eschatologie fixiert. Aber nach dem Konzil von Trient ist ein deutlicher Rückgang zu beobachten. In der katholischen Kirche ändert sich allmählich das Klima. Auf die um 1500 vorherrschende Katastrophenstimmung folgt ein Jahrhundert später der Triumphalismus der Gegenreformation. Von einem baldigen Ende der Welt ist keine Rede mehr; die erobernde Kirche schließt einen neuen irdischen Vertrag, der lange dauern kann. Im übrigen greifen ab 1536 katholische Polemiker wie Georg Witzel die apokalyptischen Weissagungen der Protestanten an und beschuldigen diese, die Gläubigen mit Hilfe der Angst zu lenken. Witzel spottet über die Obsession der Lutheraner, die in jedem nur ein wenig ungewöhnlichen Ereignis ein Vorzeichen des Endes zu sehen meinen: »Um die Welt zu erschrecken und dann zu seiner neuen Lehre zu ziehen, hat Luther erdichtet, der letzte Tag stehe bevor, und es seien Zeichen da, daß der Antichrist gekommen sei. (...) Es soll die baldige Ankunft Christi bedeuten, daß rauhe Winde wehen und Seestürme sich ereignen.«[40] Ende des Jahrhunderts, 1597, findet der ehemalige Protestant Florimon de Raemond angesichts des offenkundigen Fehlschlags der Prophezeiungen über den Antichrist noch sarkastischere Worte: »Alle Tage sehen wir Schriften erscheinen, die den Untergang des Papstes und der gesamten Papimanie (das sind ihre Worte) weissagen. Es sind Leute, die schon viel Öl über die Offenbarung und Daniel gegossen haben... Darin finden sie die unfehlbare Zerstörung ihres Antichrist, die Ächtung der Katholizität Frankreichs und tausend andere derartige Träumereien.«[41]

Tatsächlich wird dies von der Untersuchung der literarischen Produktion jener Zeit bestätigt: die Obsession des Antichrist ist das Erbteil der Protestanten geworden. So befindet sich unter den 1625 zu diesem Thema in Frankfurt veröffentlichten 89 Werken nur eines von einem katholischen Verfasser.[42] Unter den wichtigen Titeln sei der 1576 in Genf veröffentlichte *Tractatus de Antichristo* von L. Daneau erwähnt, der *Antéchrist romain opposé à l'Antéchrist juif du cardinal Bellarmin* von Nicolas Vignier aus dem Jahre 1604 sowie die *Meditation* über die Apokalypse von Jakob I. von Schottland (1588) und *Doomsday* (1614) seines Freundes, des

Dichters W. Alexander, wo man folgende klassische Weissagung lesen kann: »Es sind Gerüchte über Kriege in Umlauf, allenthalben predigt man das Evangelium, einige Juden bekehren sich, der Antichrist gibt sich zu erkennen, die Teufel wüten, das Laster herrscht, der Eifer erkaltet, das Gesetz wird schwach, die Sterne fallen vom Himmel. Alle Arten von Pestilenzen haben die letzte Posaune geblasen: und an Wunderzeichen sieht man deutlich, daß sie das Nahen des Menschensohns ankündigen.«[43]

Zum Teil erklärt die schwierige Situation vieler protestantischer Gemeinden Europas das Andauern dieser Mentalität von Belagerten. Bemerkenswert dagegen ist, daß die apokalyptische Prophetie in jenen protestantischen Strömungen abnimmt, die die Mehrheit gewinnen und an die Macht kommen. Nun erlebt die reformierte Welt ihrerseits die natürliche Gegnerschaft zwischen Prophetie und Administration. Die im wesentlichen subversive Prophetie kann von der Macht nicht ungehindert geduldet werden, selbst wenn sie sie benutzt haben sollte, um sich ihrer zu bemächtigen.

So stellt man in England gegen Ende der Herrschaft Elisabeths einen Bruch zwischen den Puritanern, die dem prophetischen Geist treu bleiben, und der anglikanischen Hierarchie fest, die sie nunmehr zugunsten der Fortdauer verwirft und sogar die Gleichsetzung des Papsts mit dem Antichrist in Frage stellt.[44] Die Königin widersetzt sich den innerhalb des puritanischen Klerus organisierten prophetischen Versammlungen.[45]

Prophetie und soziale Bewegungen: die Millenaristen

Der Kampf zwischen etablierten Kirchen und prophetischen Strömungen nimmt im Zusammenhang mit dem Millenarismus sogar einen äußerst gewalttätigen Charakter an. Daß diese Ideen an soziale Proteste anknüpfen, erklärt die repressive Reaktion aller Autoritäten, katholischer wie protestantischer und weltlicher. Die Bewegung erreicht in der ersten Hälfte des 16. Jahrhunderts ihren Höhepunkt, und eines ihrer extremsten Manifeste ist das *Buch der hundert Kapitel*, um 1500 im Elsaß von einem Anonymus verfaßt, dem »Oberrheinischen Revolutionär«. Norman Cohn hat dieses damals ungedruckt gebliebene Werk analysiert.[46] Es handelt sich um eine Synthese der Hauptthemen der mittelalterlichen apokalyptischen Prophetie. Der Autor, der in deutscher Sprache schreibt, hat vom Erzengel Michael eine göttliche Botschaft erhalten. Endlich habe Gott beschlossen, die Welt zu bestrafen; er will, daß eine fromme Persönlichkeit – natürlich der Verfasser selbst – eine Vereinigung verheirateter Laien gründe, die ein gelbes Kreuz tragen sollen und die in Bälde von Kaiser Friedrich, sowohl Endzeitkaiser wie Messias, angeführt werde. Die Vereinigung der Reinen werde dann zu einem großen Kreuzzug gegen die Sünde aufbrechen und alle Sünder ausrotten, insbesondere die der *Avaria* und der *Luxuria* Ergebenen, die Wucherer, die Händler, die Kaufleute und natürlich die Priester, von denen er viereinhalb Jahre lang täglich 2300 zu erschlagen haben werde (was insgesamt die wahnwitzige Zahl von 3 700 000 ergibt, ein Beweis dafür, wie sehr die Fanatiker der Apokalypse, die in der Handhabung von Jahreszahlen doch so geschickt sind, alle realen Maßstäbe verlieren, wenn es ums Zählen geht).

Seltsamerweise hat diese Säuberung auch einen rassistischen Aspekt: der Endzeitkaiser werde die Größe der deutschen Rasse, welche die wirklich auserwählte Rasse sei, wiederherstellen, indem er die Juden, Araber und Lateiner ausmerzen werde. In Trier werde er tausend Jahre lang über ein geistiges und rassisch reines großdeutsches Reich herrschen, das vom Atlantik bis zum Ural reiche. Dieser Traum ruft beim Leser des 20. Jahrhunderts vertraute Begriffe wach, aber im Gegensatz zu seinen nationalsozialistischen Erben ist der Oberrheinische Revolutionär gleichzeitig Kommunist: das Tausendjährige Reich werde das Privateigentum abschaffen und die vollständige Gütergemeinschaft einführen, und jedes Jahr werde man alle ausrotten, die versucht haben sollten, sich dem Ideal zu entziehen.

Als überspannte Synthese sozialer, nationaler und spiritueller Bestrebungen eines Teils der Kleinbauern, aber auch der städtischen Handwerker Süddeutschlands – Kreisen, die von den ökonomischen Wirren, den wachsenden Steuerforderungen der lokalen Herrscher, dem Zerfall des Heiligen Reichs und den Mißbräuchen des Klerus desorientiert sind – hat das *Buch der hundert Kapitel* unmittelbar keine konkrete Bewegung ins Leben gerufen, aber die »Bundschuh«-Revolten in der Gegend von Speyer im Jahre 1502 werden von ähnlichen Gedanken geleitet; ihr Führer, Joß Fritz, sorgt 1513 und 1517 für weitere Aufstände.

Doch ist dies erst der Anfang einer großen chiliastischen Bewegung in Deutschland, deren Geschichte, von Norman Cohn und nach ihm von Jean Delumeau hervorragend analysiert, wir hier nicht noch einmal zu schildern brauchen. Uns interessiert an diesen Bewegungen allein die Rolle der Weissagung, die sich je nach den Revolten ändert. Bedeutsam bei den intellektuellen Anfängen der chiliastischen Aufstände, tritt sie später in den Hintergrund, wenn die Bewegungen, aufgrund praktischer Notwendigkeiten, in ihre schöpferische Phase eintreten. Dies ist bei Thomas Müntzer der Fall. Dieser von persönlichen Glaubenszweifeln geplagte Wanderprediger, der zuerst vom Denken Luthers angezogen war, findet seinen Weg in Zwickau nahe der böhmischen Grenze, als er einem in der taboritischen Tradition stehenden exaltierten Weber, Niklas Storch, begegnet. Die Idee ist recht banal: das Ende naht; die Türken werden die Welt erobern, und der Antichrist wird herrschen; aber der Gesandte Gottes wird kommen und die Auserwählten, diejenigen, die den Heiligen Geist empfangen haben, um sich scharen, und diese werden die Gottlosen gnadenlos vernichten, worauf das Millennium des Glücks anbrechen werde. Müntzer, der nun überzeugt ist, Christus in sich zu tragen, um den eschatologischen Auftrag erfüllen zu können, predigt den Bergarbeitern und Webern dieses Industriegebiets, wo das chronische Überangebot an Arbeitskräften dazu beiträgt, die Lebensbedingungen zu verschlechtern. 1521 sorgt er für Unruhe in Zwickau, begibt sich nach Böhmen, dann nach Mitteldeutschland, läßt sich 1523 in Böhmen nieder, wo er 1524 vor dem Herzog Johann von Sachsen eine berühmte Predigt hält, in der er die Fürsten aufruft, den Klerus umzubringen. Von der Apathie der lokalen Herrscher enttäuscht, wendet sich Müntzer gegen sie und setzt nun alle Hoffnungen in die Armen, die das apokalyptische Massaker vornehmen werden. Dabei stützt er sich auf Daniel und den Apostel Johannes und verkündet, die Tage der Rache seien gekommen, und verfaßt Streitschriften sowohl gegen den Klerus wie gegen die Fürsten und gegen Luther, in dem er das Tier der Apokalypse und die Hure Babylon sieht.

Luther tritt den chiliastischen Bewegungen heftig entgegen. Bei ihm ist keine Rede von einem künftigen Zeitalter irdischen Glücks. Das Ende der Welt naht, und es geht um das ewige Heil, das eine individuelle und keine kollektive Angelegenheit ist.[47] Außerdem gefährdet eine Bewegung wie die von Müntzer die für die Ausbreitung der Reformation unabdingbare hierarchische Gesellschaftsstruktur.

Die von Müntzer während des Tausendjährigen Reichs ins Auge gefaßte Gesellschaftsform ist höchst unbestimmt. Wahrscheinlich dem Kommunismus nahe, neigt sie zu einer Rückkehr zum Naturzustand, wie Ulrich Hugwald ihn prophezeit hatte, den Müntzer kannte und dessen Ideen an das Thema vom Goldenen Zeitalter erinnern. Aber offensichtlich trübt sich der Geist der Prophetie, wenn es darum geht, Strukturen, d. h. eine Organisation vorauszusehen. Die Prophetie vermag zwar zur Tat anzustacheln, besitzt jedoch nur mäßiges Verwaltungstalent.

Müntzers Chance ist der Bauernaufstand von 1525. Diese soziale Revolte, der keine eschatologischen Motive zugrunde liegen, richtet sich gegen die Verhärtung des Lehnswesens im Rahmen der deutschen Fürstentümer. Indem Müntzer dieser Bewegung seine chiliastischen Ideen aufpropft, verleiht er ihr eine spirituelle und apokalyptische Dimension, die sie verschärft und zum Teil die Gnadenlosigkeit des Kampfs und der Unterdrückung legitimieren sollte: über die Eschatologie diskutiert man nicht, und sobald die Prophetie auf dem Spiel steht, ist jeder Kompromiß ausgeschlossen. Die Bewegung wird vom Heer der Fürsten niedergeschlagen. Müntzer, der den Sieg durch ein göttliches Wunder versprochen hatte, wird gefangengenommen, gefoltert und am 27. Mai 1525 enthauptet.

Die Bewegung wird unmittelbar von der der Wiedertäufer abgelöst, deren Anführer, Hans Hut, ein ehemaliger Schüler von Müntzer, ebenfalls aus Thüringen stammt, sich als von Gott gesandten Propheten ausgibt und die Wiederkehr Christi zu Pfingsten 1528 ankündigt; dann werden die Heiligen das zweischneidige Schwert der Gerechtigkeit erhalten, um die Priester und die Reichen zu beseitigen und das Tausendjährige Reich zu errichten, das auf freier Liebe und Gemeineigentum beruhen solle. Die Gedanken Hans Huts, eines direkten Nachfahren von John Ball und den Taboriten, verbreiten sich in den verfolgten Täufergemeinschaften. Hut wird 1527 hingerichtet, und seine Anhänger werden 1530 in Deutschland vernichtet.

Nun greift die Bewegung auf Holland über, wo der visionäre Prophet Melchior Hoffmann für das Jahr 1533, den fünfzehnhundertsten Todestag Christi, dessen Wiederkehr und den Anbruch des Millenniums ankündigt. Daraufhin lassen sich die Täufer in Münster nieder, wo Bernt Rothmann, ein relativ gebildeter ehemaliger Kaplan, der sich zuerst zu Luther bekannt hatte, ihr Anführer wird. Die Schwierigkeiten der traditionellen Tuchweberei und der mit dem Aufstieg des Kapitalismus einhergehende Niedergang der Zünfte sorgen für eine große Klientel von Arbeitslosen und Bettlern, die nichts mehr zu verlieren haben und daher geneigt sind, sich an die verworrenen Ideen Rothmanns zu klammern.

Nachdem Hoffmann gefangengenommen worden ist, geht die Führungsrolle in der Welt der Täufer auf den Bäcker Jan Matthys aus Haarlem über, einen Befürworter gewalttätiger Methoden. Er schickt »Apostel« in jede Gemeinde. In Münster ist einer von ihnen ein fünfundzwanzigjähriger Mann, Jan Bockelson, besser bekannt als Johann von Leiden. Ab 1534 wird Münster zum Zentrum einer chiliastischen Theokratie, zum Neuen Jerusalem, das bei der baldigen Wiederkehr des Menschensohns als einziges verschont werde. Lutheraner und Katholiken werden aus der Stadt vertrieben, während die Täufer herbeiströmen. Unter der gemeinsamen Führung von Matthys und von Leiden entsteht eine Schreckensherrschaft, in der Kommunismus und Polygamie ineinanderfließen.

Als Matthys bei einem Gefecht gegen die Streitkräfte des Bischofs ums Leben kommt, rückt Johann von Leiden zum alleinigen Führer auf. Zum König und Messias ausgerufen, regiert Johann von Leiden, dieser mystische und visionäre, mit unleugbarem politischem Gespür begabte Schneiderlehrling, die Stadt mit eiserner Hand. Auf eine Schar von Predigern gestützt, die erklären, er sei der von den Propheten des Alten Testaments angekündigte Messias, gelingt es ihm, monatelang die apokalyptische Begeisterung der Bevölkerung wachzuhalten. Mit Hilfe vieler Prophezeiungen erarbeitet er eine neue Version der joachimitischen Theorie der drei Zeitalter: das erste Zeitalter, das der Sünde, ist mit der Sintflut zu Ende gegangen; das Zeitalter der Verfolgung und des Kreuzes endet im 16. Jahrhundert, in dem das Zeitalter der Rache und des Siegs des Heiligen beginnt. Münster ist gewissermaßen eine Art Laboratorium, an dessen Spitze Johann von Leiden steht, der neue Daniel, der nach einem großen Massaker seine Herrschaft über die ganze Welt ausdehnen werde, um die endgültige Wiederkehr Christi vorzubereiten.

Während sich in Münster das Terrorregime verschärft, sucht eine wahre Schlacht von Flugschriften alle Täufer Hollands und Deutschlands mit dem Ziel einer großen Erhebung zu versammeln. Aber unter der Führung des Bischofs wird die Belagerung der Stadt vorangetrieben. Johann von Leiden führt einen verzweifelten Kampf, wobei er sich stets der Weissagung bedient, auf die Gefahr hin, sich im Falle ihrer Nichterfüllung zu widersprechen: 1535 verkündet er, das Volk werde noch vor Ostern erlöst werden; andernfalls solle man ihn auf dem Marktplatz verbrennen; da keines von beidem eintrifft, behauptet er, lediglich von einer seelischen Rettung gesprochen zu haben. Schließlich kommt es zum unvermeidlichen Ende: am 24. Juni 1535 wird die Stadt eingenommen, und die Täufer werden fast bis auf den letzten Mann niedergemacht.

Zum letztenmal bäumt sich der gewalttätige Millenarismus 1567 unter der Führung des Flickschusters Jan Willemsen auf, der in Westfalen auf den gleichen Grundsätzen wie Johann von Leiden ein Neues Jerusalem gründet. Er wird 1580 verbrannt. Mit ihm verschwindet eine besondere Form des Chiliasmus, der gewalttätige religiöse Chiliasmus, der den Zerfall der mittelalterlichen Gesellschaft kennzeichnete: durch die wirtschaftliche Entwicklung, die einen großen Teil der Bevölkerung in eine prekäre Lage bringt, da sich allmählich neue Strukturen kapitalistischen Typs herausbilden, findet in den davon betroffenen Kreisen das Bedürfnis, die alte Stabilität und Sicherheit wiederherzustellen, ihre Motivation in prophetischen Spekulationen. Die Ablehnung des Papsttums und des Klerus seit dem Großen Schisma hatte die Obsession des Antichrist und damit des Weltendes geschürt. Einige überspannte halbintellektuelle Geister, die sowohl aus den durch die wirtschaftliche Entwicklung bedrohten Gebieten wie aus der verwirrten Welt der Geistlichen stammen, schaffen die Synthese der beiden Ängste und prophezeien die Wiederherstellung der verlorenen großen Einheit in einem Millennium des Friedens und des Glücks, das gleichzeitig eine Rückkehr zum kommunistischen goldenen Zeitalter sein werde, nach der gewaltsamen Ausrottung aller Kräfte des Bösen. Die Prophetie war also der alle diese Bestrebungen verbindende Faktor, da sie als einzige einen Ausweg aus den Konflikten zu zeigen vermochte. Einen zwar illusorischen Ausweg, da jede Weissagung ein Trugbild ist, der jedoch imstande war, zutiefst religiöse Menschen zur Tat schreiten zu lassen, auch wenn bei einigen Führern wie Johann von Leiden ein gewisses Maß an Unaufrichtigkeit und Manipulation nicht auszuschließen ist.

Mehr als die wiederholten Niederlagen dieser Bewegungen setzt die religiöse Stabilisierung ab Ende des 16. Jahrhunderts den gewalttätigen wie mystischen chiliastischen Versuchungen ein Ende. Der Millenarismus verschwindet nicht, sondern spaltet sich in seine beiden traditionellen Komponenten. Auf der einen Seite verliert der gewalttätige Aspekt sein religiöses Gewand und säkularisiert sich, um einen modernen revolutionären Charakter anzunehmen, dessen letzte große Verkörperung der marxistische Sozialismus sein sollte; auf der anderen Seite verliert der religiöse Aspekt seinen gewalttätigen Charakter und nimmt völlig pazifistische und spirituelle Formen an wie im 18. und 19. Jahrhundert im Fall der Baptisten, Quäker, Mennoniten und einer Fülle anderer Sekten. Auf beiden Seiten bleibt das prophetische Element bestehen und nährt die Überzeugung, aber von nun an gibt es zwei verschiedene Inhalte.

»Utopia« und Amerika, die beiden Verkörperungen der Prophetie

Die Spaltung des gewalttätigen und religiösen Chiliasmus in zwei getrennte Bewegungen ermöglichte das Wiederauftauchen eines dritten Wegs, der im Mittelalter seltsamerweise verschwunden war: die Utopie. Die große Renaissance dieser zwiespältigen Literaturgattung erfolgt im Jahre 1516 mit dem Erscheinen des Werkes, das ihr den Namen gab: der *Utopia* von Thomas Morus. Die Historiker fragen sich noch heute, welche Absichten der Kanzler Heinrichs VIII. wirklich verfolgte, als er die Beschreibung einer imaginären Insel verfaßte, bevölkert von einer angeblich glücklichen Gesellschaft, beherrscht von den Grundsätzen rigoroser Gleichheit, die sowohl auf der Geometrie wie auf dem Evangelium beruhen, einer wahren Synthese von Rationalismus und religiösem Geist. Ein Traum? »Eine literarische Bagatelle, die mir fast ohne mein Zutun aus der Feder geflossen ist«, wie Thomas Morus selbst schreibt. Wer die Persönlichkeit dieses Mannes ein wenig kennt, weiß, daß er kein Spaßvogel ist, der seine Zeit mit Kindereien vergeudet. Wenn er die Zeichen der Nichtexistenz seiner Insel anhäufte, deren Name »Nirgendwo« bedeutet, deren Hauptstadt die »Nebelstadt« ist, durchquert vom »Fluß ohne Wasser« und angeführt vom »Fürsten ohne Volk«, dessen Bewohner »Bürger ohne Staat« und deren Nachbarn die »Menschen ohne Land« sind, so zum größten Teil aus Vorsicht, denn sein Utopia befindet sich wirklich an den Antipoden der bürgerlichen und religiösen Gesellschaftsordnung seiner Zeit.

Utopia läßt sich zwar nicht als streng prophetisches Werk betrachten, aber sein zum Teil vorausweisender Charakter ist nicht zu leugnen. Die Humanisten, die es begeistert aufnehmen, verstehen es so und vergleichen es sowohl mit Platons idealem Staat wie mit dem Gottesstaat des Augustinus, über den Thomas Morus 1496 in Oxford Vorträge gehalten hatte. Die Entdeckungsfahrten und die ersten Nachrichten über die Organisation der westindischen Staaten mögen ebenfalls dazu beigetragen haben, dem Bericht eine gewisse Wahrscheinlichkeit zu verleihen, dessen Hauptabsicht trotz allem die gesellschaftspolitische Kritik bleibt, mit dem vielleicht nicht völlig bewußten Ziel, vernünftige Reformen zu fördern. *Utopia* ist die uneheliche Tochter der Prophetie und der rationalen Phantasie. Sie belastet sich weder mit den dogmatischen Gewißheiten der ersten noch mit den der zweiten innewohnenden Illusionen. Sie ist sowohl Kritik wie Hoffnung, deren Dosierung je nach den Fällen variiert. Das Werk von Thomas Morus ist der Prototyp, der Vorläufer einer Gattung, die erst Anfang des 17. Jahrhunderts ihren wirklichen Aufschwung nahm, d. h. nachdem die wahre inspirierte Prophetie endgültig zurückgewichen war und der wissenschaftliche Geist seinen Einzug gehalten hatte: die Chronologie ist überaus aufschlußreich. Rasch gewinnt der wissenschaftliche Aspekt in den Utopien des 18. und 19. Jahrhunderts an Bedeutung und führt nach und nach das Element der Gewißheit ein, das schon die alte religiöse Prophetie enthielt, deren Fehlschläge ihren Niedergang verursacht hatten. Im 17. Jahrhundert füllt die Astrologie die Lücke zwischen Prophetie und prädiktiver Utopie.

Christoph Kolumbus, eine emblematische Persönlichkeit, Symbol des Übergangs vom Mittelalter zur modernen Welt, von der Alten zur Neuen Welt, ist auch die Verkörperung des Übergangs von der Prophetie zur Utopie mittels der Astrologie. Mehrere

Untersuchungen aus jüngerer Zeit haben den prophetischen Aspekt des Entdeckers hervorgehoben[48], und schon Alexander von Humboldt sprach bei ihm von »mysteriöser Geographie«.[49] Christoph Kolumbus bereitet seine Expedition in eher religiösem als wissenschaftlichem Geist vor, wie er an Ferdinand und Isabella schreibt: »Ich habe immer gesagt, daß mir die Vernunft, die Mathematik und die Weltkarten bei der Ausführung meiner Indienfahrten von keinerlei Nutzen waren. Was Jesaja sagt, hat sich vollkommen erfüllt, und dies möchte ich niederschreiben, um es Eurer Majestät in Erinnerung zu rufen. (...) Mit dieser Indienfahrt wollte der Herr ein sehr offenkundiges Wunder tun, um mich und die anderen über jene andere Fahrt zum Heiligen Grab zu trösten. (...) Der Heilige Augustinus sagt, das Ende der Welt werde im siebten Jahrtausend nach der Schöpfung kommen, und die heiligen Theologen folgen ihm darin, namentlich der Kardinal Pierre d'Ailly im XI. Kapitel seines *Vigintiloquium* und auch andernorts. Nach dieser Rechnung fehlen noch etwa 155 Jahre, bis die 7000 voll sind, nach denen das Weltende kommt, wie es die oben genannten Autoritäten gesagt haben.«[50]

Der Entdecker hat die Heilige Schrift ebenso gründlich gelesen wie die Seekarten und kam zu dem Schluß, daß die Welt kleiner ist, als man glaubt, und wenn er Rodrigo de Jerez, einen hebräisch und aramäisch sprechenden Juden, auf seine Reise mitnimmt, so deshalb, weil er hofft, dort drüben das verlorene irdische Paradies wiederzufinden, dessen Sprache das Aramäische ist: »Die Erfahrung hat es gezeigt«, notiert er, »und ich habe es, mit Zitaten aus der Heiligen Schrift, schon in anderen Briefen geschrieben, wo ich mit Billigung der heiligen Kirche über den Standort des irdischen Paradieses gesprochen habe.«[51]

Für ihn könnte die allgemeine Bekehrung, die Phase der Vorbereitung auf das Weltende mit der Entdeckung der letzten noch unbekannten Landstriche Wirklichkeit werden; während Ferdinand Granada einnimmt, Vorspiel der Wiedereroberung Zions und Jerusalems, wird er China bekehren. Sich auf eine Prophezeiung Joachims von Fiore oder Arnalds von Villanova stützend, der erklärte, daß »derjenige, der die Arche von Zion wiederherstellen wird, aus Spanien kommt«, meint er, er sei auserkoren, die Vorhersage zu erfüllen, so daß er am Ende mit »Christoferens« unterschreibt, d.h. »Bringer Christi«, und in dieser Rolle zeigt ihn

1500–1505 Juan de la Cosa auf der ältesten Karte der Neuen Welt. Diese Überzeugung, das Werkzeug der Erfüllung der Weissagungen zu sein, wird von seinem Sohn Ferdinand geteilt, von dem man handschriftliche Randnotizen zu einer Tragödie von Seneca, *Medea*, aufgefunden hat. An den Rand folgender Worte: »Kommen werden in späteren Zeiten Jahrhunderte, in welchen Oceanus die Fesseln der Elemente lockern und ein ungeheures Land sich ausbreiten und Tethys neue Erdkreise bloßlegen und unter den Ländern nicht mehr Thule das äußerste sein wird«, schreibt Ferdinand: »Mein Vater, der Admiral Christoph Kolumbus, hat die Prophezeiung im Jahre 1492 wahrgemacht.«[52]

Der Entdecker hat auch die Werke der Astrologen gründlich studiert, besonders die von Pierre d'Ailly, dessen *Imago mundi*, *De legibus et sectis* und *Tractatus de concordia astronomice veritatis et narrationis historice* er mit Randbemerkungen versah. In diesen Werken fand er die Spekulationen Roger Bacons über das Horoskop der großen Religionen und Weltreiche sowie über die Ankunft des Antichrist. Er befaßte sich mit der Theorie der Konjunktionen und der Aufeinanderfolge der sechs »Sekten« – der Hebräer, der Chaldäer, der Ägypter, der Sarazenen, der Christen und des Antichrist –, und er hat die Stelle abgeschrieben, die besagt, das Gesetz Mohammeds werde nur 693 Jahre dauern und nach ihm der Antichrist kommen. Aus dem *Tractatus* hat er auch die Weissagungen über Gog und Magog sowie über einen kriegerischen Fürsten abgeschrieben, der vor der Ankunft des Antichrist die Ordnung wiederherstellen werde.

Mit diesem Material arbeitete Christoph Kolumbus an einem *Libro de las profecías*, das er bis zu seiner vierten Reise mit Hilfe seines Kartäuser-Freundes Gaspar Gorricio nachbessert. Er wird es nie beenden, aber Teile daraus sind 1894 von De Lollis veröffentlicht worden. Sie enthalten Spekulationen über das Ende der Welt, das er für das Jahr 1666 errechnet – die Zahl des Tiers der Offenbarung.

Christoph Kolumbus, ein Zeitgenosse von Thomas Morus, illustriert wie dieser die Veränderung des prophetischen Geistes um 1500. Der moderne Geist von Morus hat *Utopia* hervorgebracht, der mittelalterliche Geist von Kolumbus hat Amerika hervorgebracht: das prophetische Trugbild hat sich als »realistischer« erwiesen als die rationale Konstruktion, aber beide Elemente gehören zusammen; die Prophetie verschmilzt mit dem rationalen Geist, woraus die moderne Vorhersage entsteht, deren erste Form die Utopie sein sollte.

Niedergang der religiösen Prophetie und Mißtrauen der Obrigkeit

Der Niedergang der Prophetie verdankt sich neben den wiederholten Mißerfolgen ihrer apokalyptischen Vorhersagen auch dem Anwachsen sowohl des Skeptizismus wie des Mißtrauens der Obrigkeit und der Unterdrückung. Daß sich die Fehlschläge ständig wiederholen, ist nicht das wichtigste Element. Für überzeugte Gemüter gibt es immer gute Erklärungen, die den Aufschub der Erfüllung durch Gott rechtfertigen können: durch sein Erbarmen, seine Geduld oder eine Änderung seiner Absicht. So mochte das Jahr 1186, in dem sich nach dem »Brief aus Toledo« schwere Mißgeschicke hätten ereignen müssen, ohne Zwischenfall vorübergegangen sein – die gleiche Prophezeiung weckt noch bis zum ausgehenden Mittelalter die Ängste der Menschen. Die Weissagung von Tripoli, angeblich um 1287 gemacht, wird immer wieder aufgegriffen und aktualisiert, um die Irrtümer zu berichtigen: 1291, 1297, 1346, 1347, 1367, 1387, 1396, 1400, 1487.[53] Es gibt nur wenige skeptische Geister wie den englischen Chronisten John Capgrave, der im 15. Jahrhundert schreibt, Joachim von Fiore habe, »um kunstfertig zu erscheinen, das Jahr vorhergesagt, in dem der Tag des Jüngsten Gerichts kommen werde. Aber es mißlang ihm, und er irrte sich in seiner Berechnung.«

Eine wichtigere Rolle spielt das Mißtrauen der theologischen und kirchlichen Autoritäten. Schon 1320 erklärt der augustinische Einsiedler Agostino Trionfo in der *Summa de ecclesiastica potestate*, die Gabe der Weissagung reiche nicht aus, jemanden heiligzusprechen, denn auch die Heiden können richtig weissagen, da sie vom Dämon inspiriert werden, und die falschen Propheten können es mit Täuschungsabsichten tun: »Die Gabe der Weissagung«, schreibt er, »ist bisweilen eher bei bösen als bei guten Menschen anzutreffen, da die prophetische Offenbarung eine bestimmte geistige Veranlagung erfordert.«[54] Dieses Mißtrauen findet seine

Anwendung beim Kanonisierungsverfahren der Klara von Montefalco (1329/30), wo ihre Offenbarungen mit Argwohn geprüft werden. Und wenige Jahre später wird der Antrag auf Heiligsprechung des Joachim von Fiore verworfen.

Eine der ernstesten Angriffe auf die Weissagung der Kirche führt Ende des 14. Jahrhunderts im Rahmen des Großen Schismas der Theologe Heinrich von Langenstein, auch bekannt unter dem Namen Heinrich von Hessen (1325–1397). Er macht faktisch dieselbe Entwicklung durch wie Pierre d'Ailly. Heinrich, der an der Universität von Paris ausgebildet wurde und dem intellektuellen Kreis um Karl V. angehört, deutet bis 1390 das Schisma als Zeichen für die Ankunft des Antichrist. Er studiert Hildegard, die Sibyllen, Joachim und die Pseudo-Joachims, die er in Briefen, Predigten sowie in einem Traktat von 1388, *De semini scripturarum,* rühmt. Dann plötzlich, im Jahre 1392, greift er in der *Invectiva contra quendam eremitam de ultimis temporibus vaticinantem nomine Telesphorum* Joachim von Fiore an, den er, wie Merlin, einen falschen Propheten nennt, desgleichen die sibyllinischen Orakel und vor allem Telesphorus von Cosenza, einen spiritualen Franziskaner aus Italien, dessen Weissagungen aus den Jahren 1356 bis 1365 im Jahre 1386 neugeordnet worden waren. Er verhöhnt die Gabe, alte Prophezeiungen auszulegen, die Telesphorus zu besitzen vorgab, und fragt sich, warum Gott ihm seine Vorhersagen nicht unmittelbar mitteilte. Vor allem weist er auf die Gefährlichkeit einiger seiner Weissagungen hin, z. B. wenn er Gott sagen läßt, die Fürsten würden sich bald der Reichtümer des Klerus bemächtigen: das könnte sie auf dumme Gedanken bringen, wobei sie sich einbildeten, den Plan Gottes zu erfüllen. Wie Pierre d'Ailly meint er, die apokalyptischen Prophezeiungen könnten sozial schädlich sein und trügen nur dazu bei, Unruhen zu schüren: »Solche Prophezeiungen«, schreibt er, »die durch teuflische Kunst gemacht werden, erstreben nicht den Frieden, sondern zögern den Frieden vielmehr hinaus, indem sie die Streitigkeiten in die Länge ziehen und die Zwietracht in den Herzen verfestigen.«[55]

Heinrich von Langenstein macht Telesphorus lächerlich, der behauptet, er sei von einem Engel aufgesucht worden, und auch Joachim von Fiore habe mit rein menschlichen Berechnungen gearbeitet und sei in keiner Weise erleuchtet gewesen. Freilich verurteilt er nicht die gesamte Prophetie: Hildegard von Bingen und Arnald von Villanova finden Gnade in seinen Augen. Wenn er sich gegen Telesphorus ereifert, so deshalb, weil dieser den Papst von Avignon verteidigt, während er selbst den Papst von Rom unterstützt. Wer jedenfalls die baldige Ankunft des Antichrist vorhersage, beschwöre die Gefahr sozialer Unruhen herauf.

Heinrich von Langenstein greift auch die zweifelhaften Vorhersagen des einem mysteriösen Dandalus von Lerida zugeschriebenen *Liber de horoscopio* an. In Wirklichkeit wurde dieser Traktat 1304 von spiritualen Franziskanern oder von Laien verfaßt, die sich von Arnald von Villanova inspirieren ließen. Durch all diese Attacken gibt Heinrich, der 1393 Rektor der Universität von Wien wird, den Gegnern der Prophetie und der Astrologie Waffen an die Hand.

Einige Jahre später erneuert ein anderer Akademiker, der angesehene Johann Gerson, die Angriffe auf zwei verschiedenen Fronten. Einerseits verurteilt auch er jede Ankündigung einer bevorstehenden Ankunft des Antichrist, um die Flagellantenbewegungen einzudämmen.[56] 1416 schreibt er dem überspannten Vinzenz Ferrer einen Brief, in dem er ihm vorwirft, sich mit »dieser Sekte von Leuten, die sich peitschen«, zu umgeben, und fordert ihn auf, sie wegzuschicken. Andererseits untersucht er in mehreren, zwischen 1400 und 1423 verfaßten Abhandlungen die Psychologie der Propheten seiner Zeit und kommt zu einem wenig schmeichelhaften Ergebnis: es seien melancholische Temperamente, die zu Phobien und Ängsten neigen, Hochmütige mit zügelloser Ausdrucksweise voll hitziger Bilder; die Prophetinnen seien geradezu Irre. Auf dem Konzil von Konstanz geißeln auch Prälaten die Labilität und krankhafte Zerfahrenheit einiger Propheten: in dieser irrationalen Epoche vorerst noch vereinzelte Stimmen.[57]

Im folgenden Jahrhundert muß man angesichts der wachsenden eschatologischen Angst zum schlichten Verbot greifen: 1516 untersagt das V. Laterankonzil den Predigern, den Zeitpunkt der Ankunft des Antichrist und des Weltendes vorherzusagen. 1517 wiederholt das Provinzkonzil von Florenz diese Verbote. Ihrerseits prangern die Protestanten die astrologischen Vorhersagen an, da sie die Angst schürten. Das Konzil von Trient erinnert in seinem Katechismus daran, daß das eigentliche Ziel der Weissagung darin bestehe, »uns die Geheimnisse des Himmels zu enthüllen und uns durch heilsame Belehrungen und die Vorhersage der Zukunft zur Änderung unserer Sitten zu ermahnen«.

Wandlungen und Niedergang der religiösen Weissagung 377

Im neuen, aus der tridentischen Reform hervorgegangenen katholischen Klerus ist die genaue, auf die Ereignisse der Endzeit ausgerichtete Prophetie ab den 1580er Jahren auf dem Rückzug. Sogar in der großen mystischen Bewegung, die die Gegenreformation begleitet, tritt der prophetische Geist in den Hintergrund. Der Unterschied beispielsweise zu den rheinländischen Mystikern des 14. und 15. Jahrhunderts ist frappierend.

Nehmen wir den herausragenden Fall der spanischen Mystik. Theresia von Ávila wird häufig von Jesus, der Muttergottes und den Heiligen aufgesucht, die sie ermutigen, trotz allen Widrigkeiten ihr Werk fortzusetzen, aber von Prophetie im eigentlichen Sinn ist dabei nicht die Rede.[58] Für Juan von Ávila ist die Gabe der Weissagung höchst selten.[59] Noch entschiedener bringt Johannes vom Kreuz in *Aufstieg zum Berge Karmel* sein Mißtrauen zum Ausdruck. Zwar lasse Gott noch immer prophetische Offenbarungen ergehen, aber einerseits beträfen sie die Begebnisse des irdischen Lebens und nicht das Ende der Welt oder den Antichrist, und andererseits könnten diese Offenbarungen durchaus vom Teufel kommen: »Die Offenbarungen der zweiten Gattung läßt Gott nach Belieben auch noch in unseren Tagen ergehen. Er teilt nämlich dem einen oder anderen mit, wie lang er noch lebe oder was noch alles über ihn kommen werde, was dieser oder jener Person, dem und dem Reiche zustoßen werde usw. Wenn er aber die Wahrheiten unserer Glaubensgeheimnisse dem Geiste entfaltet und nahebringt, so ist dies zwar keine Offenbarung im eigentlichen Sinn, da es sich in diesem Fall ja um etwas handelt, was schon geoffenbart ist, sondern vielmehr eine Darbietung oder Erklärung einer bereits geoffenbarten Wahrheit. Auch bei dieser Art von Offenbarungen kann der Teufel seine Hand häufig im Spiele haben. Denn da die Offenbarungen dieser Art gewöhnlich durch Worte, Zeichen und Geheimnisse vermittelt werden, so ist es dem Teufel ein leichtes, solches nachzuäffen.«[60]

Johannes vom Kreuz fragt auch nach der Auslegung der Prophezeiungen, und er kommt zu dem Schluß, daß sie für uns nahezu unverständlich sind, denn Gott spricht nicht dieselbe Sprache wie die Menschen: »Gott, der Unendliche und Unergründliche, legt gewöhnlich seinen Prophezeiungen, Offenbarungen und Ansprachen ganz andere Begriffe und einen anderen Sinn zugrunde, als der ist, in dem wir sie auslegen können. Sie sind aber nichtsdestoweniger an sich um so echter und gewisser, je weniger sie uns das zu sein scheinen. (...) Darum gingen vielen aus jener alten Zeit manche Prophezeiungen und Worte Gottes nicht so in Erfüllung, wie sie gehofft hatten, weil sie dieselben ganz nach ihrem Sinn und ganz buchstäblich verstanden. (...) Auf diese und manch andere Art können sich die Seelen bezüglich der Offenbarungen und Aussprüche Gottes oft täuschen, weil sie deren Sinn nur buchstäblich und oberflächlich nehmen. Wie schon angedeutet wurde, geht die Absicht Gottes bei solchen Dingen hauptsächlich dahin, ihnen den Geist kundzutun, der darin verborgen ist. Der aber ist schwer zu fassen. Und der ist zugleich viel umfassender als der Buchstabe; er ist etwas ganz Außergewöhnliches und geht weit über die engen Grenzen des Buchstabens hinaus. Wollte sich darum jemand an den Wortlaut eines solchen Ausspruches halten oder an die Vorstellung oder das sinnlich wahrnehmbare Bild der Vision, der würde sich unfehlbar sicher in großen Irrtum verwickeln und sich hinterdrein arg beschämt und betrogen sehen, weil er sich dabei nur von seinen Sinnen leiten ließ, statt davon abzusehen und dem Geiste die Führung zu überlassen.«[61] Anhand biblischer Beispiele zeigt Johannes vom Kreuz, daß die Juden meist nichts von den Prophezeiungen verstanden haben und daß auch Jeremia sich bisweilen irrte.

Das liegt daran, schreibt er, daß die Prophezeiungen eine spirituelle Bedeutung haben, während wir ihnen eine materielle Bedeutung geben: »Nehmen wir an, ein Heiliger ist in großer Bedrängnis, weil seine Feinde ihm so sehr zusetzen. Nun spricht Gott zu ihm: Ich will dich von all deinen Feinden befreien. Diese Verheißung kann vollständig der Wahrheit entsprechen, obwohl desungeachtet seine Feinde ihn bezwingen und er unter ihren Händen erliegt. Würde er nun die Verheißung im irdischen Sinne deuten, dann sähe er sich betrogen, denn Gott konnte sehr wohl die wahre und eigentliche Freiheit, den wahren Sieg meinen, nämlich die ewige Seligkeit, in der die Seele wahrhaft frei ist und siegreich über all ihre Feinde. Diese Freiheit entspricht viel mehr der Wahrheit und ist eine viel höhere, als wenn sie sich hienieden von ihren Feinden befreit. So würde diese Verheißung der Wahrheit entsprechender und viel vollkommener in Erfüllung gehen, als es der Mensch verstehen konnte, wenn er sie nur in ihrer Beziehung auf das irdische Leben deutete. Gott spricht eben stets in seinen Worten und hat dabei den eigentlichen und höheren Sinn im Auge, während der Mensch es nach seiner Art und in einer weniger wichtigen Bedeutung auffassen kann und sich so getäuscht sieht.«[62] Hinzuzufügen sei noch der Fall der an eine Bedingung geknüpften Prophezeiung, deren stets genanntes Beispiel Jona ist. Sie hat sich nicht erfüllt, weil das Volk von Ninive Buße tat.

Wozu also nützen die Prophezeiungen, fragt Johannes vom Kreuz: »Du magst mir vielleicht entgegenhalten: Aber, wenn wir doch diese Dinge nicht begreifen können und uns nicht in solches einmischen sollen, wozu teilt sie uns dann Gott mit? Ich habe schon gesagt, daß man alles zu seiner Zeit verstehen wird, wann es jenem gefällt, der es gesprochen, und daß nur der es erfassen wird, den Gott dazu bestimmt hat. Man wird einsehen, daß es so kommen mußte; denn Gott bleibt bei allem, was er tut, gerecht und wahrhaftig. Glaubet mir, man wird nie so ganz den Sinn der Worte und Werke Gottes verstehen und erfassen; man soll sich aber auch nicht vom äußeren Schein bestimmen lassen, wenn man nicht großem Irrtum zum Opfer fallen und arg beschämt werden will.«[63] Zugegebenermaßen eine wenig überzeugende Antwort: Wenn man das Ende der Zeit, wo alles vorbei und abgeschlossen sein wird, abwarten muß, bis Gott uns endlich den Sinn dieser rätselhaften Prophezeiungen enthüllt, so ist immer noch nicht einzusehen, worin der Sinn dieses für den Menschen so demütigenden kleinen Spiels bestehen soll. Wie schon Cicero sagte: Wenn Gott uns die Dinge der Zukunft enthüllen will, warum tut er es nicht klar und deutlich?

Wie dem auch sei, Ende des 16. Jahrhunderts verschließt die katholische Kirche von neuem das Tor der entschieden zu gefährlichen apokalyptischen Prophetie. Schon die großen Theologen des 13. Jahrhunderts hatten diese Art von Offenbarung streng reglementiert, aber unter dem Druck der Katastrophen des 14. und 15. Jahrhunderts, die wirklich auf die Endzeit hinzuweisen schienen, war der Riegel aufgesprungen. Nachdem die Invasion der apokalyptischen Prophezeiungen schwere soziale Unruhen und chiliastische Bewegungen ausgelöst hat, versiegt sie in der katholischen Welt nach und nach unter dem Druck wiederholter Fehlschläge, vielfacher Verbote und einer Veränderung der Mentalität. Die Rückkehr zum Gleichgewicht, zur Stabilität und zum Optimismus verdrängt die Beschäftigung mit dem Antichrist und dem Ende der

Welt, die sich nun stärker in der protestantischen Welt und in den Sekten fortsetzt.

Die volkstümliche Wahrsagung

Weniger Erfolg haben die religiösen Autoritäten, protestantische wie katholische, in ihrem Kampf gegen die volkstümlichen Wahrsagungsmethoden, die fortan als Aberglaube gelten: eine heteroklite Mischung aus okkulten, magischen oder astrologischen Praktiken und Vorstellungen, die von der Chiromantie bis zur Deutung der Vorzeichen und vom Kartenlegen bis zu Warnträumen reichen. Diese jahrtausendealten und seit dem fernen heidnischen Altertum bestehenden Methoden werden nun mit mehr oder weniger Überzeugung von den religiösen Autoritäten verfolgt, die den christlichen Glauben von seinen heterodoxen Elementen reinigen wollen, um der Kritik der Gegner keine Handhabe zu bieten.

Die Liste der volkstümlichen Wahrsagepraktiken im 15. und 16. Jahrhundert ist endlos. Für das England der Tudor und Stuarts hat Keith Thomas anhand zahlreicher damals zirkulierender Handbücher einen guten Überblick gegeben.[64] Diese Handbücher, begleitet von Zeichnungen und Gleichnissen, lehren die Wahrsager die Feinheiten ihrer Kunst: wie man das Schicksal einer Person aus den Linien der Stirn oder Hand lesen kann, aus dem Zahlenwert der Buchstaben seines Namens, wenn man die Zahl des Geburtstags und -monats hinzufügt; aus Karten und Würfeln; wie man für ein ganzes Jahr das Wetter voraussagen oder anhand des Verhaltens einiger in den warmen Herd gelegter Körner den künftigen Preis des Weizens in Erfahrung bringen kann. Einige Wahrsager haben ihr eigenes System: 1525 weissagt Joan Mores in der Grafschaft Kent aus dem Quaken der Frösche; 1556 bzw. 1560 weissagen Robert Harris und Valentine Staplehurst, indem sie dem Kunden in die Augen sehen; 1493 behauptet eine Wahrsagerin, daß sie ein Buch besitze, das sie die ganze Zukunft lehre. Eines der verbreitetsten Handbücher ist das aus dem Französischen übersetzte *Arcandam*, das zwischen 1562 und 1637 siebenmal aufgelegt wird.

Bei allen Schwierigkeiten des Daseins, von der Krankheit bis zur unglücklichen Ehe, sucht man Seher und Wahrsager auf, obwohl es verboten ist, diese Scharlatane zu befragen, »die in der Physiognomie und den Linien der Hand oder durch andere falsche Wissenschaften die Zukunft zu sehen behaupten, wodurch sie die Leute gängeln, indem sie ihnen ihr Schicksal, ihren Tod und ihr Glück und andere phantastische Dinge weissagen«.

Im Fall einer schwierigen Entscheidung versucht man die Zukunft oder den göttlichen Willen auch mit Hilfe des Loses in Erfahrung zu bringen, wobei man auf gut Glück die Bibel aufschlägt und die erstbeste Stelle auslegt. Auch die Frage der Warnträume wird von den Theologen erörtert, und aufgeklärte Männer wie William Laud, John Fox, Peter Heylyn oder Richard Greenham glauben ernsthaft daran. Im Volk teilt fast jedermann diesen Glauben, und es sind viele Handbücher über die Traumdeutung in Umlauf wie *The Most Pleasant Art of the Interpretation of Dreams* unter Elisabeth I. Immer wieder wird das 1518 ins Englische übersetzte Traumbuch des Griechen Artemidoros aus Ephesos nachgedruckt. Im 16. Jahrhundert werden die englischen Behörden ständig von Bürgern belästigt, die sie vor verschiedenen Gefahren warnen, von denen sie im Traum Kenntnis erhalten hätten. Man beschreibt sogar, mit welchen Mitteln solche Warnträume hervorgerufen werden könnten. Zahllose Verfahren werden genau zu diesem Zweck angewandt, z. B. die ganze Johannisnacht unter dem Kirchenportal wachen, um die Schatten derer vorbeiziehen zu sehen, die im Laufe des Jahres sterben werden.

Was die Wunderzeichen betrifft, so beeindrucken sie nicht nur das Volk. John Foxe war davon überzeugt, daß Prodigien die Reformation angekündigt hatten, und selbst die Bischöfe fühlten sich im Fall von Mißgeburten nicht wohl in ihrer Haut. Erdbeben, klimatische Vorkommnisse und natürlich Kometen sind Anzeichen für heraufziehende Katastrophen, und da immer welche eintreten, scheint die Verbindung unabweisbar zu sein. Die Kometen sind besonders gefürchtet. Die von 1572, 1577, 1583 beunruhigen die englische Öffentlichkeit, ebenso die Konjunktionen von Jupiter und Saturn von 1583, 1603 und 1623. Im Jahre 1577 jagt Königin Elisabeth ihren Höflingen Schauder über den Rücken, als sie sich den Kometen ansieht, während in Sachsen der Kurfürst August verlangt, man solle Gebete verfassen und sie im ganzen Land sprechen lassen, um die von dem Kometen angezeigte Gefahr zu bannen. In Frankreich kündigen im Volk Flugschriften die von diesen Himmelserscheinungen angezeigten Katastrophen an[65], und in Deutschland entfesselt der Komet von 1604 die prophetischen Geister: »Von dem neuen Wunderstern (...) prophezeite Paulus Nagelius, es werde fast kein Haus noch Winkel zu finden sein, wo man nicht Sonderliches von schrecklichen Fällen mit Ach und Weh zu beklagen habe. Insbesondere bedeute der Stern auch Verfolgung unter den Geistlichen und Vertreibung derselben in Deutschland; namentlich würden die Jesuiten der Strafe und Rute Gottes nicht entlaufen, sondern auch einmal herhalten müssen; allgemeine Teuerung und Hungersnot, Pestilenz, große Feuersbrünste und unerhörte Mordtaten würden folgen«; »Albinus Mollerus erklärte: Die Bedeutungen dieses neuen Sternes sind viel größer, erschrecklicher, trauriger, schädlicher als eines Kometensternes, weil er die Planeten alle an der Höhe übertroffen, dergleichen nicht geschehen, seit die Welt gestanden. Unter anderem verkünde derselbe Veränderung in der Religion und hierauf ein großes und unerhörtes Unglück über die Calvinisten; beneben dem Türkenkrieg einen erschrecklichen Fürstenkrieg mit schädlichem Aufruhr, Morden und Brennen.«[66]

1525 schreibt Luther nach dem Tod des Kurfürsten von Sachsen, das Zeichen seines Todes sei ein Regenbogen gewesen, den er und Melanchthon eines Nachts im letzten Winter gesehen hätten, ebenso ein Kind, das in Wittenberg ohne Kopf geboren worden sei.[67] Und 1568 stellt eine Klarisse aus Nürnberg, Caritas Pirkheimer, die Verbindung zwischen Himmelszeichen und dem Ausbruch der Reformation her: »Zuerst erinnere ich an die Weissagung, die vor vielen Jahren gemacht wurde, daß im Jahr des Herrn 1524 alles umgewälzt werde, was auf der Erde ist. Früher glaubte man, diese Weissagung meine eine Sintflut. Seither hat sich gezeigt, daß in Wirklichkeit die Sterne die zahllosen Mißgeschicke, das Elend, die Angst, die Unruhen und ihre blutigen Gemetzel angekündigt hatten.«[68]

Das *Journal d'un bourgeois de Paris sous François I.* erwähnt mehrfach unheilverkündende Wunderzeichen am Himmel. Immerhin merkt er bisweilen an, daß die nach bestimmten Zeichen erwarteten Wirkungen nicht eingetreten seien. So wird 1524 in Notre-Dame zu Paris eine Messe zelebriert, »während derer sowie nach der Lesung des Evangeliums vom Gewölbe besagter Kirche ein Stein auf den Adler fiel, auf den das Evangelienbuch gelegt worden war, woraus man schloß, daß es um die Sache des Kaisers, der mit dem Adler verglichen wird, nicht gut stehen werde«. Und später fügt er hinzu: »Aber es geschah das Gegenteil.«[69] Ein ungewöhnliches Eingeständnis einer falschen Prognose, das jedoch der allgemeinen Leichtgläubigkeit keinen Abbruch tut.

In Italien herrscht die gleiche Geisteshaltung. Erinnern wir zum Beispiel daran, daß viele Wunderzeichen als Ankündigung des nahen Todes von Lorenzo de' Medici gedeutet wurden: Löwen zerfleischen sich gegenseitig in ihrem Käfig, ein Blitz schlägt in den Turmaufsatz der Kuppel der Kathedrale ein, und Savonarola sieht eine ein Schwert zückende Hand am Himmel.

Zehn Bände würden nicht ausreichen, alle im Volk üblichen Divinationsmethoden, alle Weissagungen und Wunderzeichen aufzuzählen, die die europäische Gesellschaft im 16. Jahrhundert aufwühlen.[70] Die Zukunft ist allgegenwärtig, und fast immer ist es eine gefürchtete, unheilvolle, katastrophale Zukunft. Diese Vorstellungen sind nicht nur im gemeinen Volk, sondern auch in den gebildeten Schichten der Bevölkerung weit verbreitet, wo sie mit einem Anflug unsicheren Zweifels, vagen Unbehagens bei jenen einhergehen, die den Aberglauben noch nicht ganz abgelegt haben. Die *Lebensbeschreibung* des genialen Abenteurers Benvenuto Cellini illustriert diese Zweideutigkeit der prophetischen Praktiken der mittleren und anrüchigen Schichten der italienischen und französischen Städte. Benvenutos Vater war selbst ein kleiner Prophet, und der Künstler nimmt die Dienste nekromantischer Priester in Anspruch, mit Erfolg, wenn man ihm glauben darf. Einer von ihnen prophezeit ihm während einer magischen Sitzung, bei der die Legionen des Teufels beschworen werden, daß er seine verschwundene Geliebte wiedersehen und daß ihm ein Unglück zustoßen werde, eine doppelte Vorhersage, die sich erfüllte.[71]

Zweideutigkeit der Verurteilungen und Montaignes Skeptizismus

Das letzte Beispiel zeigt, daß bei der volkstümlichen Weissagung die Grenze zwischen Erlaubtem und Unerlaubtem ohne weiteres überschritten wird, und zwar auf seiten der Geistlichen wie der

Laien. In den Augen der Verantwortlichen der Kirchen sind im übrigen alle volkstümlichen Divinationsmethoden in mehrfacher Hinsicht verdächtig: als Erbe des Heidentums, von der Zauberei unterwandert und von gotteslästerlicher und allermindestens indiskreter Wißbegier zu rein irdischen Zwecken geprägt, sind sie sowohl in ihren Absichten wie in ihren Mitteln unheilvoll. Auf der Suche nach einem vom Aberglauben gereinigten Glauben vermehren die Kirchen die sie verurteilenden Texte, freilich ohne großen Erfolg.

1542 fordert die Synode von Sens die Geistlichen auf, »ihren Pfarrkindern einzuschärfen, daß es eine große Sünde ist, Wahrsager aufzusuchen«. 1548 ordnet die Synode von Augsburg an, »daß die Pfarrer jedem die Absolution verweigern, der zukünftige Dinge voraussagt«, und die Synode von Trier exkommuniziert sie. Dieselben Verbote werden 1551 vom Konzil von Narbonne und 1559 von der Synode von Chartres ausgesprochen. 1665 verurteilt das Konzil von Mailand den Glauben an Vorzeichen und befiehlt den Bischöfen, »alle zu bestrafen und auszumerzen, die behaupten, aus der Luft, dem Wasser, der Erde, dem Feuer, den unbeseelten Dingen, aus den Fingernägeln und den Linien des Körpers, dem Los, den Träumen oder den Toten zu wahrsagen, sowie alle, die sich anheischig machen, die Zukunft vorauszusagen«. 1583 erklärt das Konzil von Bordeaux, daß »die Völker aufgrund dieses Verbrechens von der Erde getilgt werden«, und fordert die Pfarrer auf, »diejenigen zu rügen, die wegen der Begegnung mit bestimmten Tieren oder Personen ihr begonnenes Werk nicht fortsetzen«. 1607 weist das Konzil von Mechelen die Kirchenrichter an, die »Ägypter und Zigeuner« rigoros zu ächten und zu züchtigen, und die synodalen Statuten von Saint-Malo verurteilen »jene, die man Zigeuner nennt und die es sich einfallen lassen, zu wahrsagen«.

Jean-Baptiste Thiers, der in seinem *Traité des superstitions* diese Beschlüsse rekapituliert, stellt eine Liste aller Arten von Mantik auf, die er kennt, und erklärt, daß es sich um Todsünden handele, außer im Fall von Gutgläubigkeit und Unwissenheit und wenn kein Pakt mit dem Teufel vorliege. Er nennt eine Fülle gefürchteter Vorzeichen, wie frühmorgens eine umgestürzte Bank vorzufinden, zuerst den rechten Schuh anzuziehen, jemanden ins Feuer spucken zu sehen, sein Hemd verkehrt herum anzuziehen, diesen oder jenen Vogel singen zu hören, und so weiter. Alle, die an diese Auguren glauben, schreibt er, werden *ipso facto* exkommuniziert, »falls nicht Gutgläubigkeit, Einfalt oder Unwissenheit sie in gewisser Weise entschuldbar macht«. Sogar in Rom hänge man diesem Aberglauben an: während der Vakanzen des Heiligen Stuhls prognostiziere man den Ausgang der Wahl nach Maßgabe der Namen und Wappen der versammelten Kardinäle. Bei der Lektüre dieses außergewöhnlichen Traktats wird man sich der unglaublichen Beständigkeit der volkstümlichen Mentalität seit dem Altertum bewußt.[72]

Der gleiche Kampf gegen den divinatorischen Aberglauben wird in England geführt, z. B. mit den Gesetzen von 1547 und 1559, deren Wirksamkeit nicht größer ist als auf dem Kontinent. Reale Sanktionen scheinen relativ selten zu sein, und die anglikanischen Theologen sind im übrigen geteilter Meinung in bezug auf das, was zur natürlichen, folglich erlaubten Weissagung gerechnet werden soll. Die Neuplatoniker haben eine sehr viel freizügigere Auffassung von den »natürlichen« Kräften als die Aristoteliker und sind deshalb eher bereit, Wahrsageverfahren zu akzeptieren. Dagegen verstärkt hier ein erschwerender Umstand den allgemeinen Argwohn: die Gleichsetzung des Aberglaubens mit dem »Papismus«.

Unabhängig vom Kontext ist die Vielzahl der Verurteilungen bis zum 18. Jahrhundert sehr wohl ein Hinweis auf ihre Unwirksamkeit und gleichzeitig auf den Willen der Kirchen, die volkstümliche Wahrsagung auszurotten. Aber das Haupthindernis besteht in der zweideutigen Position eben dieser Kirchen, die den Gläubigen nur schwer verständlich machen können, wo die Grenzen zwischen dem erlaubten Übernatürlichen, dem unerlaubten Übernatürlichen und dem falschen Übernatürlichen verlaufen. Wenn Moses fast im Ruf eines Magiers steht, das Alte Testament von fabulösen Geschichten und Prophezeiungen aller Art wimmelt, die offizielle Geschichte als ununterbrochene Folge göttlicher Eingriffe, angekündigter und vorhersehbarer Strafen und Belohnungen begriffen und die Offenbarung des Johannes als ein Buch unfehlbarer Prophetie dargestellt wird, das das Geheimnis der Zukunft der Menschheit enthält, dann kann man die Gläubigen kaum davon überzeugen, daß die Suche nach den Geheimnissen der Zukunft eine Sünde sei. Wie ihnen klarmachen, daß die Kenntnis der Zukunft, die mit Hilfe des Teufels zustandekommt, eine Sünde ist, während sie ein Zeichen der Heiligkeit ist, wenn Gott sie offenbart? Wie soll man den Glauben an die warnende Kraft der Wunderzeichen als Aberglauben abtun, wenn die Predigten voll von Warnungen über die Zeichen der Zeit sind? Die Kirchen können diese Widersprüche nur dank den spitzfindigen Unterscheidungen der Theologen überwinden. Was jedoch das Volk betrifft, so bestünde die einzige Art und Weise, den divinatorischen Aberglauben zurückzudrängen, darin, klar und deutlich zu sagen, daß *jede* Kenntnis der Zukunft, gleichgültig welche Methode angewandt wird (außer auf der Ebene der physikalischen Gesetze) unmöglich ist und daß die scheinbaren Erfolge nur dem Zufall geschuldet sein können. Dies können die Kirchen natürlich nicht zugeben, wollen sie sich nicht selbst verleugnen. Ihr Kampf gegen die volkstümliche Wahrsagung ist daher zum Scheitern verurteilt.

Ende des 16. Jahrhunderts verwirft also nur eine kleine, vom Skeptizismus verlockte Elite die Möglichkeit, die Zukunft zu kennen. Montaigne ist deren intelligentester Vertreter. Neben vereinzelten Reflexionen widmet er den »Vorherverkündigungen« ein ganzes Kapitel seiner *Essais*, in dem er sich nicht damit begnügt, sie als vergeblich und lachhaft abzulehnen, sondern auch versucht, ihren psychologischen Mechanismus zu erklären. Der wesentliche Grund liege in der »unsinnigen Begierde unserer Natur«: »Allein es gehen doch noch heutzutage einige Arten zu wahrsagen, als aus dem Gestirne, durch Vermittlung der Geister, aus der Leibesbildung, aus den Träumen und dergleichen mehr, bei uns im Schwange. Ein merkwürdiges Beispiel von der unsinnigen Begierde unserer Natur, welche sich die zukünftigen Dinge zum voraus zu erfahren bemüht, als wenn sie nicht genug zu tun hätte, wenn sie die gegenwärtigen recht in acht nehmen will.«[73]

Das Ansehen der Vorherverkündigung, fährt er fort, habe zwei Hauptursachen: zunächst die Dunkelheit der Sprache, die es ermögliche, sie beliebig auszulegen, eine List, die er mit einigen treffenden Worten erledigt und verhöhnt: »Vornehmlich aber kommen ihnen die dunklen, zweideutigen und schwärmerischen Ausdrücke der prophetischen Sprache wohl zustatten, welchen die Urheber keine klare Bedeutung geben, damit die Nachkommenschaft denselben eine nach Gefallen beilegen kann.« Sodann halte man aus der großen Masse der Vorhersagen nur die höchst seltenen Fälle fest, wo sie durch schieren Zufall eintreffen: »Ich sehe

Leute, welche ihre Kalender durchstudieren, allerhand Anmerkungen darüber machen, und sich wegen der vorfallenden Dinge darauf berufen. Bei dem vielen Reden müssen sie sowohl Wahrheit als Lügen sagen (...). Ich habe deswegen keine bessere Meinung von ihnen, wenn ich gleich sehe, daß sie es zuweilen treffen. Es würde mehr Gewißheit dabei sein, wenn es richtig und wahr wäre, daß sie allezeit lügen. Hierzu kommt noch, daß niemand ihre Fehltritte aufzeichnet, weil dieselben so gewöhnlich und nicht zu zählen sind: da man gegenteils von ihren Prophezeiungen, weil sie seltsam, unglaublich und wundersam sind, viel Wesen macht.«

Montaigne selbst würde seine Geschäfte noch lieber nach den Würfeln als nach dieser Träumerei einrichten, und er zeigt sich gegen die ehrwürdigen Prophezeiungen wie die des Joachim von Fiore und des Kaisers Leo geradezu bilderstürmerisch, wenn er sagt: »Ich möchte gerne mit meinen eigenen Augen die zwei Wunder sehen.« Kurz, dies alles »ist nur für spitzfindige [wir würden sagen: begriffsstutzige] Köpfe.«

An anderer Stelle schreibt Montaigne, daß bestimmte Arten zu weissagen, zum Beispiel aus dem Flug der Vögel, auch wenn sie offensichtlich grotesk seien, verständig genutzt werden könnten, wenn man den tierischen Instinkt richtig deute; er nennt den Fall der Hündinnen, die besser als wir in der Lage seien, aus ihren Jungen den besten auszusuchen. Daraus erhelle, daß sie »eine andere und bessere Fähigkeit als wir besitzen, von ihren Jungen zu urteilen«.[74]

Montaigne begibt sich zwar nicht auf das Gebiet der erleuchteten großen Prophetie, aber ganz offensichtlich setzt er keinerlei Vertrauen in Vorhersagen. Seine Haltung ist, wie gesagt, in der Minderheit, und zu seiner Zeit, die den Niedergang der religiösen Prophetie erlebt, zerfällt der Bereich der Wahrsagung deutlich in zwei parallele Strömungen: angesichts der erwähnten traditionellen volkstümlichen Methoden, gegen die die Kirche einen vergeblichen Kampf führt, verläßt sich die intellektuelle und politische Elite vor allem auf die Astrologie, die Mitte des 16. Jahrhunderts die religiöse Prophetie weitgehend ersetzt. Und auch hier ist die Haltung der Kirche mehr als zweideutig: zu den grundsätzlichen Unsicherheiten zwischen natürlicher Astrologie und abergläubischer Astrologie gesellen sich die Unsicherheiten in der Praxis des hohen Klerus, der die Astrologen einerseits verurteilt und sie andererseits in seinen Dienst stellt, sogar der Papst und die Kardinäle. Das liegt daran, daß sich das Ansehen der Astrologen auf ihren wissenschaftlichen Anspruch stützen konnte, in einer Zeit, wo die Wissenschaft zwar bereits ein Ideal, aber noch keine fest umrissene Wirklichkeit war.

KAPITEL IX

Der Sieg der Astrologie
(15. Jahrhundert bis Mitte des 17. Jahrhunderts)

Die abendländische Astrologie erlebt ihre Blütezeit zwischen Mitte des 14. und Mitte des 17. Jahrhunderts – dreihundert Jahre, in deren Verlauf die Menschen versuchen, ihre Zukunft im gestirnten Himmel zu lesen. Die Herrschaft der Astrologen ist gewiß nicht ungeteilt, aber sie sind die großen Nutznießer der Drangsale und des Niedergangs der religiösen Prophetie, die ihren eigenen Exzessen sowie den Verurteilungen zum Opfer fällt. Sie füllen eine Lücke aus, indem sie den von den Fehlschlägen der klassischen Weissagung, die ihre Inspiration aus dem Übernatürlichen bezog, enttäuschten Menschen eine Ersatzlösung bietet.

Zweideutigkeit der Astrologie

Ihre Stärke besteht in ihrem wissenschaftlichen und natürlichen Aspekt. Daher verlockt sie zunächst die intellektuelle und politische Elite. Doch ab Mitte des 16. Jahrhunderts bemächtigt sich auch das Volk – gemäß einem häufig festgestellten Nachahmungsphänomen – dieses Wahrsagungsmittels, das sich vornehmlich mit Hilfe der Almanache verbreitet.
  Dennoch ist der Sieg der Astrologie während dieser ganzen Periode weder absolut noch gesichert. Ihre Position bleibt weiterhin prekär, da es ihr schwerfällt, sich in ein überwiegend religiöses Wertesystem einzufügen. Trotz ihrer Bemühungen, die natürliche von der abergläubischen Astrologie zu unterscheiden, gelingt es den Astrologen niemals, den Argwohn der Theologen zu zerstreuen, die sie beschuldigen, die menschliche Freiheit zu leugnen. Außerdem mißtrauen die politischen Mächte, auch wenn sie ihre Dienste großzügig in Anspruch nehmen, den Folgen, die ihre Vor-

aussagen in der Öffentlichkeit haben können. Daher behält der Astrologe, ungeachtet seiner unbestreitbaren Erfolge, aufgrund der Einsprüche der Obrigkeiten einen zwiespältigen Status. Alle Welt bedient sich der Astrologie, jedoch inoffiziell, und versucht, sie den anderen zu untersagen.

Veranschaulichen wir diesen Punkt durch die Situation der Astrologen am päpstlichen Hof. Seit der Zeit von Avignon im 14. Jahrhundert trifft man sie, ungeachtet einer offiziellen Fassade der Feindseligkeit, in der Umgebung der Päpste an, und zwar nicht nur als Statisten. Einige von ihnen sind gleichzeitig Ärzte wie Arnald von Villanova, Guy de Chauliac und Raymond Chalmel de Viviers. Lévi Ben Gerson erstellt 1339 eine Vorhersage für Benedikt XII., und 1342 gibt Klemens VI. die Übersetzung seines *De astronomia* in Auftrag. Die Kardinäle und Bischöfe stehen nicht hinter ihnen zurück: der Erzbischof von Aix, Robert de Mauvoisin, befragt Moïse de Trets oder de Jouques. Meist handelt es sich um eine kollektive und analytische Astrologie, verbunden mit der Konjunktion der höheren Planeten, die das Geschick der Königreiche regeln. Die Zahl der astrologischen Abhandlungen in der päpstlichen Bibliothek mag minimal erscheinen (7 Handschriften von insgesamt 2100 Bänden zwischen 1369 und 1375), aber unter der Hand sind viele Schriften in Umlauf, und Lévi Ben Gersons Traktat über die Konjunktion von 1345 zum Beispiel ist ohne Zweifel eine Auftragsarbeit des Papstes.[1]

Ein Jahrhundert später nehmen die Astrologen am päpstlichen Hof eine nahezu offizielle Stellung ein. Alexander VI. konsultiert den provenzalischen Juden Bonet de Lattes; Sixtus IV., Julius II., Leo X., Paul III. treffen keine wichtigen Entscheidungen ohne den Rat ihres »Mathematikers«: ob nun bei der Eröffnung eines Konsistoriums, der Festlegung des Krönungstags oder dem Einzug in eine eroberte Stadt.

Mitte des 16. Jahrhunderts kommt es infolge der tridentinischen Reform zu einer spektakulären Wende. Es regnet Verurteilungen. 1565 beschließt das Konzil von Mailand harte Strafen für »die Astrologen, die anhand der Bewegung, der Gestalt und des Aspekts der Sonne, des Mondes und anderer Gestirne mit Gewißheit Dinge vorhersagen, die vom Willen und der Freiheit der Menschen abhängen«. 1583 exkommunizieren die Konzile von Reims und Bordeaux die judiziarischen Wahrsager und Astrologen. 1586 verurteilt Sixtus V. die Judiziarastrologie und erklärt, Gott allein kenne die mit den menschlichen Zufälligkeiten verbundene Zukunft. 1609 exkommuniziert das Konzil von Narbonne »die Wahrsager, Horoskopsteller und judiziarischen Astrologen«. 1612 vertreibt sie die Synode von Ferrara aus der Diözese. 1631 bekräftigt Urban VIII. die von Sixtus V. ausgesprochene Verurteilung, die innerhalb von fünfundvierzig Jahren nicht die geringste Wirkung gezeigt hatte. Er präzisiert, daß die von der Medizin, der Landwirtschaft, der Seefahrt herangezogene natürliche Astrologie erlaubt sei, verbietet jedoch jedes Horoskop, das den Papst und seine Umgebung betrifft, und weist auf die gesellschaftliche Gefahr hin, die Voraussagen über den Tod der politischen Oberhäupter darstellen. Rituell wiederholen die synodalen Statuten des 17. Jahrhunderts die Verurteilungen der judiziarischen Astrologie.

Die Polemiken Ende des 14. Jahrhunderts

Diese Entwicklung und dieses Zaudern spiegeln die Unsicherheiten der Lehrmeinung in bezug auf die Astrologie wider. Die schönen Definitionen der großen Scholastiker des 13. Jahrhunderts haben das Problem nicht gelöst. In der zweiten Hälfte des 14. Jahrhunderts flammt die Polemik erneut auf, und angesichts der Fortschritte der astrologischen Praktiken beginnen einige Theologen, sie heftig zu attackieren.

Einer der verbissensten ist Nicolaus Oresme (1320–1382), Bischof von Lisieux und Berater Karls V. In seinem *Livre de divinacions* sowie im *Tractatus contra iudiciarios astronomos*, aber auch in einer Reihe von *Quodlibeta* und *Quaestio* führt er alle nur möglichen religiösen und wissenschaftlichen Argumente gegen die Astrologie ins Feld.[2] Im *Livre de divinacions* unterscheidet er sechs verschiedene astrologische Verfahren. Das erste, das unserer Astronomie entspricht, bestehe darin, die »Bewegungen der Zeichen und die Ausmaße der Himmelskörper« zu untersuchen, »durch welche man anhand von Tafeln die zukünftigen Konstellationen und die Finsternisse und dergleichen erfahren kann«. Das zweite Verfahren befasse sich mit den natürlichen Einflüssen der Sterne, die Wärme, Kälte, Feuchtigkeit und Trockenheit verursachen. Das dritte, das auf den Planetenkonjunktionen beruhe, sei Teil der »judiziarischen« Astrologie, die drei Arten von Voraussagen ermögliche, »nämlich vermittels der großen Konjunktionen die wichtigen Begebenheiten der Welt zu erfahren wie Pestilenzen, Todesfälle, Hungersnöte, Sintfluten, große Kriege, Wechsel von Königreichen, Erscheinen von Propheten, neuen Sekten und dergleichen mehr; nämlich die Beschaffenheit der Luft, die Wetterumschwünge, den Wechsel von Wärme in Kälte, von Trockenem in Feuchtes, der Winde in Stürme; wie die Säfte des menschlichen Körpers zu beurteilen oder wie Arzneien einzunehmen sind oder Ähnliches.« Das vierte Verfahren bestimme das individuelle Horoskop oder die »Nativität« und sage »das Schicksal eines Menschen durch die bei seiner Geburt bestehende Konstellation voraus«. Das fünfte beantworte präzise Fragen, zum Beispiel nach dem Ausgang einer Schlacht, gemäß der Position der Sterne im Augenblick der Frage. Das sechste betreffe die »Elektion«, d. h. die Bestimmung der für ein Unternehmen günstigen Augenblicke.

Diese Praktiken, so erklärt Oresme, leugnen die menschliche Freiheit, indem sie behaupten, die Zukunft sei vorherbestimmt; sie sind von der Bibel, den Priestern und den Doktoren der Kirche sowie von den heidnischen Philosophen verurteilt worden. Praktisch hätten sie keinerlei rationale Grundlage und bedienten sich dunkler Formulierungen, um sie nachträglich für echt ausgeben zu können, während doch fast alle Voraussagen falsch seien; die Astrologen sind sich nicht einmal untereinander einig und könnten die verschiedenen Schicksale von Zwillingen nicht erklären.

Nicolaus Oresme geht noch weiter: er kritisiert die Behauptungen des Thomas von Aquin, denen zufolge, wie wir sahen, die Sterne auf die Körper einwirken und die meisten Menschen sich von ihren körperlichen Gelüsten beeinflussen lassen. Dies, so schreibt er, entspreche nicht der Physik des Aristoteles. Sein originellstes Argument ist jedoch mathematischer Natur. Die Astrologen behaupten, der kleinste Irrtum in der Berechnung der Planetenposition mache alle Vorhersagen hinfällig. Nun sind aber die Beziehungen zwischen der Geschwindigkeit der Planetenbewegungen höchstwahrscheinlich irrationale Zahlen, und diese Inkommensurabilität verdirbt alle astrologischen Tafeln, abgesehen davon, daß sie die genaue Wiederholung einer Himmelskonstellation unmöglich macht.[3]

Der Sieg der Astrologie 393

Für eine Tätigkeit, die sich für wissenschaftlich ausgab, hätte dieser Einwand erschreckend sein müssen. Tatsächlich aber war er nahezu wirkungslos, vor allem wegen der sehr geringen Verbreitung der Schriften Oresmes. Allerdings werden seine Argumente einige Jahre später zum Teil von Heinrich von Langenstein und Philipp de Mézières aufgegriffen. Ersterer beschränkt den Einfluß der Sterne auf die Temperatur und die Feuchtigkeit und hält es für absurd, Ereignisse auf die Position der Planeten zueinander und mit Konjunktionen, die mehrere Jahre zuvor stattgefunden haben, in Zusammenhang zu bringen. Auch der Einfluß der Kometen erscheint ihm lachhaft. Da er unter dem Eindruck des Tagesgeschehens schreibt (die *Quaestio de cometa* entsteht nach dem Kometen von 1386 und der *Tractatus contra coniunctionistas* nach der Konjunktion von 1373), wendet er sich gegen die landläufigen Deutungen, insbesondere gegen die Theorie der großen Konjunktionen, die damals die Prophezeiungen untermauern oder mit ihnen wetteifern.

Diese von den moslemischen Astrologen im 8. und 9. Jahrhundert entwickelte und im 12. Jahrhundert ins Abendland gelangte Theorie wird vor allem ab dem 14. Jahrhundert angewandt, da sie es ermöglicht, eine Periodisierung der Geschichte seit dem Tod Christi in die christliche Ära einzuführen, eine Ära, die sich übermäßig, mehr als die Prophezeiungen es voraussehen ließen, in die Länge zieht. 1303 benutzt Petrus von Abano im *Conciliator* zum erstenmal die Konjunktionen Saturn–Jupiter, um das Auftauchen bestimmter großer Persönlichkeiten wie Mohammed zu erklären. Der Florentiner Giovanni Villani verwendet sie systematisch und unterscheidet Perioden von 20, 240 und 960 Jahren anhand der großen Konjunktion von Jupiter und Saturn im Wassermann im Jahre 1345, die nachträglich für die schwarze Pest verantwortlich gemacht wird. Johannes de Muris behauptet, sie verkünde auch die Ankunft des Messias der Juden binnen zehn Jahren, und Jean de la Roquetaillade benutzt diese Auffassung, um seinen Weissagungen Nachdruck zu verleihen.

Freilich ist die Theorie mit Umsicht zu handhaben: 1327 wird Cecco d'Ascoli in Florenz als Ketzer verbrannt; sein Horoskop Christi, das aufzeigt, daß es möglich war, seine Weisheit, seine Geburt in einem Stall und seinen Kreuzestod vorauszusagen, ist bei dieser Verurteilung nicht ohne Belang. Selbst wenn man Vorsichtsmaßnahmen ergreift und sich die Zweideutigkeit der Astrologie zunutze macht, darf man doch bestimmte Grenzen nicht überschreiten.

Die neuerliche Konjunktion Saturn–Jupiter im Skorpion im Jahre 1365 veranlaßt neue Voraussagen: man erklärt sie zu einem Vorboten des Großen Schismas, und Johannes von Lignano zufolge, der sie mit Ptolemaios, Pseudo-Joachim und der Erythräischen Sibylle in Zusammenhang bringt, kündigt sie den Untergang des Islams und den Antichrist an, dessen »Konstellation der von Mohammed entsprechen wird«. Pierre d'Ailly und nach ihm Johannes von Trithemius benutzen ebenfalls die Konjunktionen.

Gegen diese Torheiten wendet sich Heinrich von Langenstein, dessen Schriften angesichts der steigenden Flut der Astrologie ebensowenig ausrichten wie die von Oresme. 1389 kritisiert auch Philippe de Mézières die Astrologie in einem Werk in französischer Sprache, *Le Songe du vieil pèlerin*, das weitere Verbreitung fand als die vorhergehenden. Es hat die Form eines allegorischen Dialogs, in dem ›Redlichkeit‹ vor der Königin ›Wahrheit‹ die Zunahme von »perversen und starrsinnigen Philosophen« beklagt, die »astrologische Urteile« abgeben und »in die Schule des Götzendiensts« gegangen sind. Sie haben immer größeren Erfolg und verführen »so manchen hohen Geistlichen und viele große Herren«, was die alte Frau ›Aberglaube‹ bestätigt: »Und zudem wird heute in der Christenheit, die meine Feindin sein wollte, der Ruhm meiner Wissenschaft allenthalben erneuert. Vortrefflich! Denn die großen geistlichen Würdenträger und weltlichen Fürsten wagen ohne meinen Befehl und meine heilige Wahl nichts Neues zu unternehmen. Ohne mein Geheiß wagen sie es nicht, Schlösser zu bauen, Kirchen zu errichten oder Kriege zu beginnen, in die Schlacht zu ziehen oder ein neues Gewand anzulegen, ein Geschmeide zu verschenken, Reisen anzutreten oder aus dem Haus zu gehen.«[4]

Das Zeugnis ist bedeutsam. Es bestätigt, welch wichtige Rolle die Astrologie bei den Adligen und Königen des 14. Jahrhunderts spielt. Schon Karl IV. befragte Gottfried von Meaux, aber vor allem unter König Karl V. nehmen die Astrologen bei Hof überhand, und wahrscheinlich sind die Reden Philippes de Mézières eine Reaktion auf diese Situation. Zwischen 1358 und 1362 hatte Karl, als er noch Dauphin war, astrologische Werke gesammelt und Nicolaus Oresme um eine Übersetzung des *Quadripartitum* von Ptolemaios gebeten, und Robert Godefroy, »Meister der Astronomie«, sollte für ihn lateinische Traktate übersetzen; 1361 verfaßt Pèlerin de Prusse für ihn einen *Traité des élections universelles des douze maisons* und übersetzt arabische Werke, in denen Fragen über das Königreich und seine zukünftigen Herrscher erörtert werden. Wie Françoise Autrand in ihrer kürzlich erschienenen Biographie Karls V. schreibt: »Ganz offensichtlich gehört für Karl die Astrologie zu den Wissenschaften, die es bei der Ausübung der Macht einzusetzen gilt.«[5]

Seine berühmte Bibliothek umfaßt nicht weniger als 180 Werke, die sich mit der Astrologie und der Wahrsagekunst befassen, insgesamt 20 Prozent, während dieser Anteil in den Bibliotheken der Fürsten nicht mehr als 5 Prozent beträgt.[6] Man findet darin auch alle astronomischen Instrumente der Zeit. In seiner Umgebung residieren Pierre de Valois, André de Sully, Dominique de Clavasio, Gervais Chrétien, lauter verbürgte Astrologen, ebenso wie Thomas de Pizzano oder Thomas de Bologne, der Vater von Christine de Pizan. Letzterer zufolge ist Karl V. ein »in der Wissenschaft der Astrologie höchst bewanderter König«, und ihr Vater soll ihm sehr nützliche Ratschläge erteilt haben. Der Herrscher läßt die Horoskope aller seiner Kinder sorgfältig aufzeichnen, die zusammen mit seinem eigenen in einer heute in Oxford befindlichen Handschrift aufbewahrt sind, und 1378 stiftet er eine Rente, um im Collegium von Notre-Dame zu Bayeux zwei Studenten zu unterstützen, die »die erlaubten und an der Universität von Paris gelehrten mathematischen Wissenschaften« vertiefen sollen.

Die Formulierung weist deutlich auf die in diesem Gebiet gebotene Vorsicht hin. Die meisten Berater des Königs wenden sich gegen den Einfluß der Astrologen, und wie Jean-Patrice Boudet gezeigt hat, ist dieser Einfluß infolge des berühmten Werks von Simon Phares Ende des 15. Jahrhunderts übertrieben worden.[7] Dennoch bleibt es eine Tatsache, daß Karl V. ernsthaft versucht hat, eine hypothetische Kenntnis der Zukunft als Herrschaftsinstrument zu benutzen, das ihn bei seinen Entscheidungen leiten sollte. Trotz der offenkundigen Untauglichkeit des Mittels ist der Gedanke letztlich doch recht modern und kündigt in gewisser Weise die prospektiven Studien an.

Aber er schockiert die konservativen Berater. Im *Songe du ver-*

gier betont Évrart de Trémaugon den teuflischen Charakter der Astrologie. Philippe de Mézières dagegen führt eher wissenschaftliche Kriterien ins Feld. Ohne den Einfluß der Sterne auf die irdischen Angelegenheiten zu leugnen, weist er nach, daß der menschliche Geist außerstande ist, die Komplexität der Situation zu beherrschen, um Lehren daraus zu ziehen: die Astrologen berücksichtigen 1022 Sterne und 7 Planeten, was schon recht schwer zu handhaben sei. Aber aus welchem Grund sollten die Millionen anderer Sterne nicht in Betracht gezogen werden? Man brauche nur die vergangenen Voraussagen zu prüfen, um die Ohnmacht der Astrologen festzustellen, die sich untereinander nicht einig sind, Irrtümer anhäufen und nicht einmal in der Lage sind, das Wetter von morgen vorherzusagen. Wie könnten sie da »die großen Schlachten der Könige und die zukünftigen Schicksale der Fürsten und die Begebnisse vorhersagen, die sich in Königreichen und Regionen gemeinhin zutragen?« Die judiziarische Astrologie ist eine Torheit, wie der Astronom Jean de Dondis (genannt Jean des Horloges), Philippe de Mézières zitierend, meint. Schließlich sei allein die natürliche Astrologie erlaubt, woran die Jungfer ›Gutgläubigkeit‹, eine weitere allegorische Figur aus dem *Songe*, erinnert; die andere, welche die Zukunft vorauszusagen behauptet, gehöre zusammen mit den anderen Arten der Mantik zu den unerlaubten magischen Künsten.

Daran erinnert neun Jahre später, 1398, auch die Sorbonne und verurteilt die Ansicht, der zufolge »unsere geistigen Erkenntnisse und unser inneres Wollen unmittelbar vom Himmel verursacht sind und sich mit Hilfe einer magischen Kunst in Erfahrung bringen lassen, was nach dem Urteil einiger Leute erlaubt ist«.[8]

Trotz dieser Kritiken und Verurteilungen nimmt die Anziehungskraft der Astrologie in den gelehrten Kreisen unaufhörlich zu, und einer der Gründe ist das Versagen der anderen Erklärungsarten. Dafür ist die Schwarze Pest ein gutes Beispiel. Dieses Trauma veranlaßt die Intellektuellen, sich Fragen zu stellen. Göttliche Strafe? Vergiftung seitens der Feinde der Christenheit? Die scharfsichtigsten von ihnen bezweifeln es. Die islamische Welt ist davon nämlich ebenso betroffen wie das christliche Abendland. Bleibt also die »natürliche«, »wissenschaftliche« Ursache: die Fäulnis der Luft durch den Einfluß der Sterne. Diese Lösung scheint für den Karmeliter Jean de Venette die wahrscheinlichste zu sein: »In jenem Jahr 1348 sah man im Monat August über Paris, gen Westen, einen sehr großen und hellen Stern. (...) War es ein Komet oder ein Gestirn, das sich aus Dünsten gebildet und dann in Dämpfe aufgelöst hat? Dies zu entscheiden überlasse ich den Astronomen. Es ist indes möglich, daß es das Vorzeichen der Seuche war, die kurz darauf in Paris, in ganz Frankreich und an anderen Orten ausbrach.«[9] Die astrologische Erklärung erscheint damals gegenüber der übernatürlichen Erklärung oder der eines jüdischen Komplotts die rationalste zu sein. Alles wird auf physikalische Phänomene zurückgeführt, ohne äußere Einwirkung, und die »astrologische Hypothese« läßt sich in gewisser Weise als ein Fortschritt des wissenschaftlichen Denkens betrachten. Bis zum 18. Jahrhundert ist im übrigen die Erklärung der Seuchen durch die Fäulnis der Luft aufgrund eines astralen Einflusses allgemein anerkannt, bevor sie durch biologische Mechanismen ersetzt wird. Aber die eigentliche Veränderung erfolgt im 14. Jahrhundert mit dem Übergang von den übernatürlichen zu den physikalischen Ursachen, während sich der Übergang der Astrologie zur Biologie innerhalb ein und desselben Systems vollzieht, dem der natürlichen Ursachen.

Der Aufstieg der Astrologie im 15. Jahrhundert

Das wachsende Interesse der intellektuellen Eliten an der Astrologie ist völlig verständlich. Im 15. Jahrhundert hat sie das Spiel gewonnen, und die Widerstände lassen nach. Die Produktion astrologischer Werke nimmt gewaltige Ausmaße an: vom 10. bis zum 18. Jahrhundert erscheinen allein in Deutschland 12 563 Werke, in ganz Europa vielleicht zehnmal soviel, und die Jahre um 1400 markieren auf diesem Gebiet einen spektakulären Sprung.[10]

Eine der von Anfang an von Erfolg gekrönten Neuheiten ist die Praxis der jährlichen »Vorherverkündigungen«, von denen es ab 1470 gedruckte Exemplare gibt. Darin wird für fast jeden Tag des kommenden Jahres das Wetter angekündigt[11], ebenso der Stand der Ernten, die Höhe der Preise, die für jeden Lebensabschnitt verbreitetsten Krankheiten, der Stand der Kriege, Waffenruhen und Schlachten, kurz, alle für das gesellschaftliche Leben wichtigen

Dinge. Die Anziehungskraft, die diese Phantasien ausüben, ist leicht begreiflich: in einer noch immer unbeständigen und unvorhersehbaren Welt bilden diese Voraussagen Fixpunkte, verschaffen Gewißheit und sind damit tröstlich, auch wenn es sich um alarmierende Voraussagen handelt, denn wer Bescheid weiß, kann sich darauf einstellen. Meistens aber sind die Voraussagen beruhigend. 1454, in einer Zeit, als immer wieder die Pest ausbricht, erklären sie: »Mehrmals habe ich sorgsam in den Büchern gesucht, ob es in diesem Jahr eine allgemeine Seuche in der Welt geben werde. Ich habe nichts dergleichen gefunden.«[12] Für 1438 sind sie sogar entschieden utopistisch und verkünden das endgültige Ende der Kriege und Truppendurchzüge.[13] In den meisten Fällen jedoch sind die Prognosen überaus banal.

Die politischen Ereignisse nehmen darin einen großen Platz ein, und auf diesem Gebiet fragt man sich immer, welche Rolle die Schmeichelei, die Berechnung und die Manipulation spielen. Dem Forscher Philippe Contamine zufolge sind die Voraussagen, die der Zürcher Conrad Heingarter im Jahre 1467 an Ludwig XI. richtet und die ihm dank der »Deutschen« gute Dinge ankündigen, dazu bestimmt, den Interessen seiner Landsleute zu dienen; daß sie mit den Niederlagen Karls des Kühnen bei Grandson und Morat zusammentreffen, verschafft ihm eine königliche Rente.[14] Desgleichen sollen 1464 die politischen Voraussagen weitgehend dazu beigetragen haben, die Linie der florentinischen Diplomatie festzulegen; doch liegt derjenigen von 1454, die Karl VII. versichert, er habe von der englischen Invasion nichts zu befürchten, ein späteres Motiv zugrunde? Ist die Voraussage von 1438, die die Vertreibung des Papstes und die Wahl eines Antipapstes ankündigt, etwas anderes als eine auf der schwachen Position Eugens IV. gründende Einschätzung?[15]

Diese Vorhersagen spiegeln auch die vorherrschenden Besorgnisse der Zeit wider, zum Beispiel die Furcht vor Volkserhebungen, die in der Prognose von 1454 auftaucht. Dieser Text stellt einerseits eine Verbindung zwischen der Position der Sterne und der Unruhe im Volk der »Armen« und »Bösen« her, was die alte Idee der Harmonie zwischen Kosmos und Gesellschaftsordnung aufgreift, und betont andererseits die Verbindung zwischen der Astrologie und den herrschenden Klassen:

»Ich finde Bücher, in denen es heißt, daß viele Leute geringen Standes in diesem Jahr dazu neigen werden, in allen vier Himmels-

Der Sieg der Astrologie 399

richtungen viel Zwietracht, Streit und Händel zu suchen wegen der letzten Konjunktion von Saturn, Mars, Sonne und Merkur, die am 13. Oktobertag eintrat. Dieser Einfluß und diese Konjunktion nährt bei ihnen Bosheit und Haß und Verbrechen gegen die Herren der Kirche, Adlige, Bürgerliche und Kaufleute und Handwerker, die mit den Gütern dieser Welt gesegnet sind; und die Ärmsten und Boshaftesten werden mehr dazu neigen, den Genannten zu schaden wegen Mars und Saturn, da Sonne, Venus, Merkur und Jupiter sich nicht gut mit Saturn und Mars vertragen, und daher werden die erwähnten notleidenden Leute und die Feinde des Königs aus Furcht vor der Gerechtigkeit in diesem Königreich es gottlob nicht wagen, ihre Bosheit zu zeigen.«[16]

Die Prognosen weisen manchmal über das Jahr hinaus. So veröffentlicht Georg Peuerbach 1474 in Nürnberg seine *Ephemerides ad XXXII annos futuros*, in denen er die Tafeln der Planetenpositionen für die zweiunddreißig kommenden Jahre sowie die sich daraus ergebenden Auswirkungen anführt.

Ende des Jahrhunderts verspürt Marsilio Ficino ein gewisses Unbehagen gegenüber der Astrologie, die die Welt des Geistes der Welt der Materie unterwirft, eine für einen Neuplatoniker unerträgliche Situation. Doch diese Wissenschaft steht in so hohem Ansehen, daß er sich die von den Scholastikern definierte Aufteilung zu eigen macht: die Sterne wirken auf unseren Körper ein, sie bestimmen unsere Fähigkeiten, unsere Stärken und Schwächen, aber unserem Geist steht es frei, diesen Einfluß zu überwinden.[17]

Mehr denn je tummeln sich die Astrologen am Hof der Herrscher. Ludwig XI., der überall, sogar im Jenseits seine Spione hat, kann ihre Dienste natürlich nicht entbehren. Jacques Loste schreibt ihm zum Beispiel, vor 1467, daß Philipp der Gute ganz gewiß vor dem 24. Februar sterben werde.[18] In England umgibt sich der Begründer der Tudor-Dynastie, Heinrich VII., mit mehreren »Mathematikern«. In Florenz komponiert Lorenzo de' Medici (»il Magnifico«) eigenhändig ein Lied zu Ehren der Astrologie:

> Von unserm Himmelsthrone steigen wir, die sieben Planeten,
> auf die Erde hinab, um euch zu belehren.
> Von uns kommt das Gute sowohl als das Böse,
> worüber ihr Tränen vergießt und was euch glücklich macht.
> Was immer dem Menschen widerfährt, den Lebewesen,

den Pflanzen und den Steinen, das entscheiden wir.
Vernichtet wird sogleich, wer uns bekämpft,
doch wer an uns glaubt, den leiten wir sanft.[19]

Für den Karneval von 1490 läßt er einen Wagen bauen, auf dem die sieben Planeten und die ihnen entsprechenden menschlichen Temperamente dargestellt sind. Was ihn jedoch nicht davon abhält, sich gleichzeitig gegen sämtliche Wahrsagungsmethoden, die Astrologie inbegriffen, zu ereifern:

> Es folgen der Unglücklichen in befremdlicher Schar
> Träume, Weissagungen, unverschämtes Blendwerk,
> jene, die aus der Hand lesen, Wahrsager aller Art,
> die das Schicksal enthüllen und prophezeien,
> mündlich und schriftlich, und in den Karten lesen,
> die sagen, was geschehen wird, wenn dies getan ist;
> und auch die Alchimie und die Kunde der Sterne,
> die nach ihrem Willen die Zukunft beschreibt.[20]

Dieser Widerspruch spiegelt den noch immer zweideutigen Status der Astrologie sowie die Angriffe wider, denen sie trotz ihres weltweiten Erfolgs ausgesetzt ist. Noch immer gibt es unbeugsame Skeptiker, wie es in der Einführung zu einer Vorhersage in französischer Sprache für das Jahr 1438 heißt.[21] Der Text wendet sich in scharfer Form gegen diese Tölpel, die sich vom Zufall leiten lassen und behaupten, daß die Astrologie völlig nutzlos sei, sowie jene, die die Zukunft nicht kennen wollen oder die Urteile der Astrologen in den Wind schlagen. Im übrigen enthält die Vorhersage eine Drohung: im Jahre 1478 werden diese Skeptiker vernichtet werden, »denn in diesem Jahr werden die Sterne ihre Feinde zerstören und damit ihre Macht beweisen«.

Angriff und Verteidigung:
Pico della Mirandola und Simon Phares

Anscheinend war der Sieg der Sterne unvollständig, denn 1494 wird mit den zwölf Büchern von Pico della Mirandola, den *Disputationes adversus astrologiam divinatricem*, einer der systematischsten Angriffe der Kulturgeschichte gegen die Astrologie gerichtet.[22] Die neuplatonische Philosophie des Werks bestreitet in aller Form, daß die materielle Welt, die Welt der Sterne, imstande sei, den Lauf der geistigen Welt, der Welt der Seelen, zu bestimmen. Die Argumentation ist uns vertraut, hier erscheint sie nur in etwas weiter entwickelter Form: Die Astrologen sind Scharlatane, die lediglich ihre persönliche Bereicherung im Auge haben; sie sind sich nicht einmal untereinander einig; seit Jahrhunderten häufen sich ihre Irrtümer, und nicht etwa, wie Ptolemaios meinte, wegen der Schwierigkeit des Gegenstandes, sondern weil »der Astrologe Zeichen befragt, die keine Zeichen sind, und Ursachen prüft, die keine Ursachen sind«. Außerdem benutzen sie mittelmäßige und höchst unwissenschaftliche Quellen wie den Manilius. Ihre Theorie der großen Konjunktionen, die im nachhinein wichtige Begebenheiten mit Planetenbewegungen verknüpft, ist schiere Phantasie: es gibt keine Regel, die die Zeitdauer zwischen der Konjunktion und dem Ereignis festlegt, immer wird die Verbindung erst nachträglich hergestellt, was ihr jegliche Bedeutung nimmt. Und wenn die Astrologen schon außerstande sind, die großen Ereignisse vorherzusehen, wie soll man ihnen dann bei den kleinen Dingen des Daseins und des individuellen Lebens Vertrauen schenken? Für die Horoskope und die Natalitäten verwenden die einen das Datum der Empfängnis, die anderen das der Geburt – warum sollte man nicht das Datum der Herausbildung des Keims zugrunde legen? Auch wissen sie nicht, welche Rolle den Fixsternen zukommt. Wir kennen weder den genauen Augenblick des Beginns eines Individuums noch die genaue Position der Sterne in diesem Augenblick, noch welchen Einfluß sie möglicherweise hat: welchen Wert also können Vorhersagen haben, die anhand solcher Grundlagen gemacht werden?

Aber Picos großer Angriff war wieder einmal ein Schlag ins Wasser. Die Argumente sind nicht neu; an den Astrologen prallen sie ab, und das Publikum, das darauf angewiesen ist, an die astrologischen Chimären zu glauben, bleibt ungerührt. Was vermag die Vernunft gegen das Irrationale? Dennoch gehen im selben Jahr 1494 in Frankreich die weltlichen und religiösen Autoritäten erneut in die Offensive: der Gerichtshof und die Sorbonne verurteilen Simon Phares und seine Bücher, und es kommt zu einer lebhaften Kontroverse über die Beziehungen zwischen Prophetie und Astrologie und deren Rechtmäßigkeit: die Folge ist eine der wichtigsten Abhandlungen der Geschichte der Astrologie, der *Recueil des plus célèbres astrologues*, den Simon Phares zwischen 1494 und 1498 verfaßt.[23]

Es handelt sich um ein Plädoyer für die Astrologie, das nachweist, daß diese ebenso alt ist wie der Mensch: der erste Astrologe war Adam selbst, und daraus »erhellt, daß die Wissenschaft der Sterndeutung schon immer von den großen Männern, von Königen und Fürsten und Pastoren gepflegt wurde«. Sodann ergeht sich Simon Phares in einer seiner Meinung nach erschöpfenden Aufzählung aller großen Astrologen, wobei er sich nicht scheut, deren Rolle in grober Weise zu übertreiben. Dieser Rückgriff auf die »Autoritäten« nach scholastischer Manier ist recht häufig anzutreffen bei den Astrologen des 15. Jahrhunderts, die ihren Prognosen gern mit Zitaten ihrer angesehenen Vorgänger Nachdruck verleihen.

In Simons Liste findet man nur vier Astrologinnen: zwei Sibyllen sowie die Königin von Saba und Tiphaine Raguenel, die Gattin von Du Guesclin. Die Astrologie, ein männlicher Berufsstand, rational und wissenschaftlich, steht im Gegensatz zur Prophetie, einer stark feminisierten Tätigkeit, die sich an die Sensibilität und den Instinkt wendet.

Eines der Ziele des *Recueil* ist im übrigen der Nachweis, daß Prophetie und Astrologie in keiner Weise miteinander wetteifern, sondern einander ergänzen: Moses, Daniel, Hiob waren allem Anschein nach auch Astrologen. Bis zur Zeit Christi habe Komplementarität bestanden, wie es der Stern der Weisen zeige, der die Propheten vervollständige. Die Prophetie sei eine Gabe göttlichen Ursprungs, während die Astrologie eine »experimentelle«, menschliche Wissenschaft sei, gleichzeitig aber auch eine »angeborene Wissenschaft«, die Gott Adam gewährt habe. In seiner *Pronosticatio* von 1488 führt Johann Lichtenberger eine ähnliche Unterscheidung ein, indem er drei Arten des Zugangs zur Zukunft voneinander trennt: die Erfahrung, die Sternkunde und die göttliche Offenbarung.

Nach Simon Phares darf man die Gattungen nicht vermengen. Aus diesem Grunde attackiert er den 1481 verfaßten astrologisch-prophetischen Traktat von Annius von Viterbo, die *Glosa super Apocalipsim*, da er ihn für zu wenig wissenschaftlich hält: »Er

Der Sieg der Astrologie 403

spricht zwar recht astrologisch, aber er hat ein ziemlich anmaßendes Gehirn«, schreibt er und meint, es sei höchst gewagt, das Tier der Apokalypse, den Islam, Mohammed, den Antichrist und die Konjunktion der Gestirne derart miteinander zu verquicken. Wie sein Kollege Guillaume de Carpentras, dessen *Liber desideratus* von 1494 er anführt, erklärt er, er könne »nicht glauben, daß es erlaubt ist, den tatsächlichen Zeitpunkt der Ankunft des Antichrist in den Sternen zu suchen«, und die Ankunft des Messias der Juden für das Jahr 1504 vorauszusagen, beruhe sicherlich auf einem Rechenfehler.

Jedenfalls, so schreibt Simon Phares, ist das Zeitalter der Prophetie seit Christus vorbei. Alle, die sich seit fünfzehn Jahrhunderten als Propheten ausgegeben haben, sind Betrüger, einschließlich Joachim von Fiore und Jean de la Roquetaillade.[24] Nur einer findet Gnade in seinen Augen: Merlin, der einzige, dessen Prophezeiungen in Erfüllung gegangen seien: war der von ihm angekündigte »Träger des Doppeladlers« etwa nicht Du Guesclin?

Das Plädoyer von Simon Phares ist weitgehend von dem Wunsch diktiert, den gesellschaftlichen Status seines Berufsstandes zu verteidigen.[25] Unentbehrlich bei den Großen und am Hof, wo es zwischen 1451 und 1499 ständig ein oder zwei bestallte Astrologen gibt, die jährlich 120 bis 240 Livres erhalten; in der medizinischen Fakultät fest im Sattel und im reichen Bürgertum hoch angesehen, bilden die »Mathematiker« bei den Autoritäten, die ihrer nicht entraten können, eine mächtige Pressure-group.

Das Jahrhundert des Nostradamus

Die Renaissance und der Buchdruck verringern ihren Einfluß in keiner Weise, ganz im Gegenteil. Im 16. Jahrhundert erleben sie ihre Blütezeit. Wir erwähnten bereits die Rolle, die sie neben den Propheten bei den Vorausverkündigungen von Katastrophen spielen. Ihr Einfluß auf die politischen Autoritäten nimmt weiter zu. Der französische Hof ist unter Heinrich II. und Katharina von Medici von ihrer Anwesenheit besonders stark geprägt und steht vollständig im Bann der Berühmtheit des Nostradamus.

Michel de Nostre-Dame, der 1549 in Salon-de-Provence wohnt,

hat mehrere Eisen im Feuer. Zunächst erwirbt er sich ein Vermögen durch den Verkauf von Salben, Zaubertränken, Schminken, Tinkturen, Schönheits- und Heilmitteln. Schon 1546, während der Pest von Aix, hatte ihm sein Pulver aus Holzmehl von Zypressen, Muskat, Aloe, Iris usw. einen gewissen Ruhm beschert, und 1552 veröffentlicht er eine Abhandlung über die »Schminken« und die »Tinkturen«. Dann wirft er sich, wieder um Geld zu verdienen, auf die neumodische Tätigkeit, die Prognostizierung. Ab 1550 plündert er die Sammlung der astrologischen Weissagungen von Regiomontanus, die in diesem Jahr von Richard Roussat popularisiert werden, und publiziert einen Almanach, der für jeden Monat einen prophetischen Quatrain (Vierzeiler) enthält. Aufgrund seiner geheimnisvollen Dunkelheit wird das Werk rasch berühmt, und 1555 erscheinen in Lyon die ersten *Centuries*, Gruppen von je hundert zehnsilbigen Quatrains.

Nostradamus' Ruf dringt bis zum Hof, an den Heinrich II. ihn kommen läßt. Er wird mit großen Ehren empfangen, im Palast von Sens untergebracht, mit 200 Ecus beschenkt und folgt dem Königspaar nach Saint-Germain und nach Blois, wo er den Kindern Frankreichs und mehreren Höflingen das Horoskop stellt. Wieder in der Provence, erweitert er die Reihe seiner *Centuries*, von denen 1558 eine vollständige Ausgabe zusammen mit einem Brief an Heinrich II. vom 27. Juni erscheint.

Nostradamus ist das Musterbeispiel des talentierten Scharlatans, eine Art Cagliostro des 16. Jahrhunderts, der trotz der von ihm behaupteten Ernsthaftigkeit seiner Vorhersagen in dem kleinen Kreis der wissenschaftlichen Astrologen nie ganz akzeptiert worden ist. In seiner *History of Western Astrology* fertigt ihn Jim Tester in einer kurzen Fußnote ab: »In einer Geschichte der Astrologie ist Nostradamus fehl am Platz. Zwar treibt er Astrologie, aber nur als Scharlatan und neben anderen Formen von Okkultismus. Heute ist er lediglich wegen seiner Quatrains bekannt, einer Reihe völlig unsinniger Verse, von denen einige sich so ›deuten‹ lassen, als träfen sie auf spätere Ereignisse und sogar auf unsere Zukunft zu. Doch Unsinnigkeiten läßt sich ja immer jeder beliebige Sinn unterschieben.«[26]

Dieses Urteil ist nicht zu streng. Nostradamus' Berühmtheit beruht in der Tat allein auf der unglaublichen Dunkelheit seiner Quatrains, denen man jeden beliebigen Sinn unterschieben kann,

Der Sieg der Astrologie

was seine Anhänger im Laufe der Jahrhunderte auch ausgiebig getan haben. »Meist ist er überaus dunkel, außer wenn er auf Ereignisse Bezug nimmt, die bereits stattgefunden haben«, schreibt Ivan Cloulas, wie im vierten Quatrain über die Thronbesteigung Heinrichs II., der sieben oder acht Jahre danach geschrieben wurde.[27] Dagegen ist der berühmte Quatrain, in dem Nostradamus vorausgesagt haben soll, daß Heinrich II. im Verlauf eines Turniers den Tod finden werde, weil eine Lanze sein Auge durchbohren würde – ein Vierzeiler, der seine Bewunderer entzückt –, von Zeitgenossen nicht einmal wahrgenommen worden. Und auch Nostradamus selbst, der sich unweigerlich damit gebrüstet hätte, erwähnt diese unter hundert anderen Hirngespinsten verstreuten vier Zeilen mit keinem Wort:

> Le jeune lion le vieux surmontera
> En champ de combat par singulier duel;
> Dans cage d'or les yeux lui crèvera
> Deux blessures une, puis il meurt mort cruelle.

> (Der junge Löwe überwindet den alten
> im Turnier beim Einzelwettkampf.
> Durch das goldene Visier sticht er ihm die Augen aus
> im dritten Waffengang. Der stirbt dann einen grausamen Tod.[28])

Sogar 1594, fünfunddreißig Jahre nach dem Ereignis, kommt es dem ersten Kommentator der *Centuries*, Jean Aimes de Chavigny, nicht in den Sinn, die Verbindung herzustellen. In den etwa 1500 verschiedenen Deutungen des Werks von Nostradamus, die bis heute vorgenommen wurden, hat man ihn absolut alles und jedes prophezeien lassen, was eigentlich ausreichen müßte, seine Glaubwürdigkeit zu erschüttern. Vom Ende der Welt über die Französische Revolution bis zur Heraufkunft des Kommunismus soll der Astrologe alles vorausgesehen haben.[29] Der einzige Nachteil ist, daß man immer erst *nach* der »Erfüllung« seiner Prophezeiungen deren Sinn versteht, was sie bestenfalls als überflüssige Literatur abstempelt.

Die Nostradamus-Lektüre im Laufe der Jahrhunderte, die eine gesonderte Untersuchung verdiente, ist ein Monument der Inkonsequenz des menschlichen Geistes. Die regelmäßigen Aktualisierungen veranschaulichen die wahre Natur der Vorhersage, die nur für die Gegenwart von Bedeutung ist; als reines Spiel des Geistes hat sie im wesentlichen eine beruhigende Funktion, indem sie den Zufall ausschaltet und die menschlichen Begebenheiten in ein kontinuierliches und kohärentes Raster einbettet. Daher bevorzugen die Kommentatoren des Nostradamus stets die Tatsachen der jüngeren Vergangenheit und der nahen Zukunft. Nur ein Beispiel: Zwischen 1860 und 1862 veröffentlicht Abbé Torné drei Bände mit dem Titel *Histoire prédite et jugée interprétant de façon précise les Centuries de Nostradamus*. Die Arbeit interessiert so unterschiedliche Persönlichkeiten wie Victor Hugo, Alexandre Dumas, Ernest Renan und Louis Veuillot. Bischöfe sind überzeugt, wie Kardinal Donnet und Mgr. Landriot. Nach dem Tod des Abbé Torné im Jahre 1880 wird seine Arbeit von Elisée de Vignois in *Notre histoire racontée à l'avance par Nostradamus* (1910) weitergeführt. Für den Autor verstärkt die Astrologie die Religion: »Da der Mensch das Phänomen des Vorherwissens letztlich nicht durch natürliche Ursachen zu erklären vermag, muß er das Wort Prophetie verwenden und ein weiteres Mal den gewichtigen Satz wiederholen: Gott existiert!«[30]

Sodann schreitet Elisée de Vignois zur Exegese der gelehrsamen Verfahrensweisen, die durch Verwendung von Markierungen, Anagrammen, der Synekdoche, der Antonomasie, der Apokope, der Ellipse und anderer Wortspiele[31] den Text des Nostradamus verdunkeln, und er wendet diese Erklärungsregeln auf jeden einzelnen Quatrain an. Greifen wir aus den 875 Beispielen des Bandes eines heraus: Was wohl können die folgenden vier Verse vorhersagen?

> La garde estrange trahira forteresse,
> Espoir et ombre de plus haut mariage,
> Garde deçeu, fort prinse dans la presse,
> Loyre, Saône, Rosne, Gar, à mort oultrage.
>
> (Der gleichgültige Hüter verrät die Festung,
> die vage Hoffnung eines Vertrags auf höchster Ebene.
> Die Wache fällt, die Festung in die Mangel genommen.
> Die Loire, Saône, Rhone und Garonne werden geschändet.)

Natürlich die Dreyfus-Affäre! Alles wird klar, wenn man weiß, daß die Festung Frankreich ist, daß die »Heirat« [mariage] einen

Vertrag bedeutet, daß der Schatten [ombre] die Enttäuschungen bezeichnet, die für Dreyfus daraus folgten, daß die vier Flüsse die allgemeine Mißbilligung in Frankreich zum Ausdruck bringen; daß die Seine nicht erwähnt wird, liegt daran, daß dies die Sache zu deutlich machen würde; was den Rhein betrifft, so ist er einerseits damals nicht französisch, und andererseits hat er von dem Verrat profitiert, da er deutsch ist. Demnach hat Nostradamus im Jahre 1555 Dreyfus' Verrat vorhergesagt; nicht vorausgesehen zu haben scheint er, daß Dreyfus unschuldig war. Aber das stimmt nicht mit den antidreyfusardischen Ansichten seines Kommentators überein.[32]

Außerdem schreibt Elisée de Vignois im Jahre 1910, und wenn er diesen Quatrain so geschickt entschlüsselt, so deshalb, weil die Dreyfus-Affäre bereits der Vergangenheit angehört. Dagegen findet er bei dem Astrologen keine Prophezeiung, die für das Jahr 1914, das für ihn noch in der Zukunft liegt, irgendein bedeutsames Ereignis ankündigt. Die Interpreten des Nostradamus nach 1918 weisen indes nach, mit welcher Hellsicht der Astrologe den Ersten Weltkrieg vorausgesehen habe. Die Absurdität dieser Vorhersagen verdiente nicht, daß man sich damit befaßt, wenn sie nicht ein krasses Beispiel für die Abhängigkeit der Astrologie vom Kontext der Gegenwart wäre. Von den 875 Quatrains, die Elisée de Vignois entziffert, bezieht er 775 auf die Geschichte des 19. Jahrhunderts. Jeder Kommentator bevorzugt also seine eigene Zeit, und das Ende des 20. Jahrhunderts bildet keine Ausnahme. 1980 ließ Jean-Charles de Fontbrune Nostradamus den Sieg von François Mitterrand für 1981 voraussagen, aber auch den russischen Einmarsch und die Zerstörung von Paris für 1982, sowie die Wiederherstellung der Monarchie für 1999.[33]

Man versäumt auch nicht, auf die Ankündigung des Astrologen aus Salon für das Jahr 1789 hinzuweisen, wobei man zu erwähnen vergißt, daß es sich hier um eine banale, aus der Zyklentheorie Albumasars stammende Meinung handelte, der wir schon bei Pierre d'Ailly begegnet sind und die im 16. Jahrhundert so sehr in aller Munde war, daß Antoine Couillard du Pavillon sagte, er sei es leid, daß man ihm ständig mit diesem Jahr »Unseres Herrn tausendsiebenhundertneunundachtzig« in den Ohren liege. Fünf Jahre vor Nostradamus hatte bereits Richard Roussat im 1550 in Lyon veröffentlichen *Livre de l'estat et mutation des temps* geschrieben: »Kommen wir nun auf die große und schreckliche Konjunktion zu sprechen, welche die Herren Astrologen ungefähr für das Jahr des Herrn eintausendsiebenhundertneunundachtzig mit zehn saturnalen Umläufen voraussagen: außerdem werde etwa fünfundzwanzig Jahre später die vierte und letzte Station des hohen Firmaments kommen. Aus all diesen ersonnenen und berechneten Dingen schließen besagte Astrologen, wenn die Welt bis zu dieser Zeit dauere (was allein Gott weiß), auf sehr große, erstaunliche und furchtbare Veränderungen in dieser Welt, ebenso für die Sekten und Gesetze.«

Die Befürworter des Nostradamus nehmen diese Kindereien so ernst, daß sie nicht einmal mehr den Spott merken und zum Beispiel Georges Dumézils Deutung eines Quatrains, der angeblich in allen Einzelheiten die Flucht Ludwigs XVI. nach Varennes erzählt, für bare Münze nehmen.[34]

Ein einziges Mal war Nostradamus hellsichtig: als er voraussah, daß seine Quatrains nicht alle Welt überzeugen würden, und er warnt diese künftigen Skeptiker in folgendem Vierzeiler:

> Que ceux qui liront ces vers réfléchissent mûrement!
> Que le vulgaire profane et ignorant n'en approche pas!
> Arrière tous les »astrologues«, les niais, les barbares!
> Que celui qui ferait autrement soit maudit selon les rites!
> (VI, 100)

(Wer diese Verse liest, der möge sie reiflich prüfen.
Gottlose und Unwissende sollen sich nicht damit befassen.
Alle Astrologen, Toren, alle Barbaren sollen sich fernhalten.
Wer sich nicht daran hält, der sei nach heiligem Ritus verflucht.)

Die Hofastrologie im 16. Jahrhundert

Nostradamus ist nicht der einzige Astrologe, der bei Hof verkehrte. Einer der berühmtesten ist Cosimo Ruggiero, ein Florentiner in der Umgebung seiner Landsmännin Katharina von Medici, die ihn zum Abt ernennen und ihm in Paris ein Observatorium bauen läßt. Als Magier, Wahrsager und Astrologe wird er von der Königin bei den wichtigsten Angelegenheiten konsultiert. Über seine Vorhersageerfolge berichtet nach seinem Tod im Jahre 1616 Simon Goulard in seinem *Trésor d'histoires admirables*, insbesondere über die denkwürdige Spiegelaffäre, eine magische Sitzung im Jahre 1560, in deren Verlauf er die Dauer der Herrschaft jedes Sohnes von Katharina sowie der Söhne von Heinrich IV. vorausgesagt haben soll. Nach dem Tod seiner Gönnerin wird Ruggiero in Komplotte verwickelt und läßt sich unter dem Namen Johannes Querberus als Verfasser von Almanachen in der Provinz nieder. Nach seinem Tod im Jahre 1615 verwehrt ihm der Erzbischof von Paris ein religiöses Begräbnis.

Der italienische Astrologe Lucas Gauricus hat ein ehrenvolleres Schicksal, da ihn Papst Paul III. zum Bischof ernennt. Auf Bitten Katharinas von Medici erstellt er 1551 das Horoskop Heinrichs II., das verdient, in die monumentale Anthologie der Vorhersageirrtümer aufgenommen zu werden: »Der sehr ruhmreiche König von Frankreich und höchst christliche Heinrich wird mehreren Königen sein Gesetz aufzwingen, vor seinem Tod den Gipfel der Macht erklimmen und ein sehr glückliches und rüstiges Alter erreichen, worauf die Konjunktion von Sonne, Venus und Mond in seinem Horoskop hinweist. Unter dem besonderen Einfluß der Sonne wird er sehr mächtig sein. Während der Zeiten, die im Zeichen des Widders stehen, wird er sehr große Macht genießen. Wenn er das Alter von sechsundfünfzig, dreiundsechzig und vierundsechzig Jahren überschreitet, wird er auf leichtem und glücklichem Wege ein Alter von neunundsechzig Jahren, zehn Monaten und zwölf Tagen erreichen.«[35]

Für einen im Alter von einundvierzig Jahren tödlich verunglückten König ist dies eine erbärmliche Prognose. Aber Lucas Gauricus' Ruf wurde vom Sekretär Claude de l'Aubespine gerettet, der später in seiner *Histoire particulière de la cour de Henri II* erzählt, der Astrologe habe 1556 dem König eine Berichtigung zukommen lassen und ihm angekündigt, er solle sich im Alter von etwa einundvierzig Jahren vor einem Duell hüten, bei dem er entweder erblinden oder den Tod erleiden werde. Plötzlich wurden die Sterne äußerst präzise!

An den Beziehungen Katharinas von Medici zu ihren Astrologen hatten die Biographen ihre helle Freude: ohne mit der Wimper zu zucken, erzählen sie die beeindruckenden Anekdoten, welche die Künste letzterer veranschaulichen. Von der bereits erwähnten

Spiegelsitzung gibt es mehrere Versionen. Sie soll 1560 in Chaumont stattgefunden haben, wo man noch heute den astrologischen Saal mit den damaligen planetaren Kapazitäten besichtigt: Nostradamus, Ruggiero, Ogier und Ferrier, den Astrologen des Papstes. Ein auf einem Rad befestigter Spiegel dreht sich; die Zahl der Umdrehungen weist darauf hin, wie viele Jahre die Person, deren Bild erscheint, regieren wird: ein Jahr für Franz, vierzehn für Karl, fünfzehn für Heinrich; aber anstelle des letzten der vier Brüder erscheint das Bild Heinrichs von Navarra mit zweiundzwanzig Umdrehungen.

Eines steht fest: für »wissenschaftliche« Astrologen sind dies nicht gerade orthodoxe Methoden. Es heißt, Katharina von Medici habe nach dieser Sitzung ihre Tochter Margarete mit Heinrich von Navarra verheiratet und letzteren während der Bartholomäusnacht angeblich beschützen lassen, eine Legende, die zumindest bestätigt, welche Bedeutung der Astrologie am Hof zukam. Katharina umgibt sich stets mit mindestens drei offiziellen Astrologen und läßt von dem Architekten Bullant die »Säule des Horoskops« erbauen, deren Plattform der Himmelsbeobachtung dient. Mit ihren dreißig Metern Höhe ist sie noch heute ein markantes Element des Viertels der Markthallen in Paris.

In England stehen die Tudors hinsichtlich des in die Astrologie gesetzten Vertrauens nicht hinter den Valois zurück. Nach Heinrich VII., der den Italiener William Parron konsultiert, bedient sich Heinrich VIII. des Astrologen John Robins und unterstützt den Deutschen Nikolaus Kratzer, von dem uns Holbein d. J. ein schönes Porträt hinterlassen hat. Der König weist die Bischöfe an, aus den Büchern alle Stellen zu tilgen, die die Astrologie, die Wahrsagung, die Chiromantie und den Glauben an Vorzeichen verbieten. Kardinal Wolsey befragt die Astrologen vor jeder wichtigen Entscheidung; 1527 bestimmt er den Zeitpunkt der Abreise seiner Gesandtschaft nach Frankreich anhand der astrologischen Konjunktion.

Während der Unmündigkeit Eduards VI. holt man den Italiener Girolamo Cardano nach England, der dem König sowie seinem in die Astrologie vernarrten Hauslehrer John Cheke das Horoskop stellt, ebenso dem Staatssekretär William Paget, dem 1550 die Baseler Ausgabe des italienischen Astrologen Guido Bonatti gewidmet ist und der den Almanach-Verfasser George Hartgill unterstützt. Der Baseler Verleger von Firmicus Maternus, Nicolas Prukner, widmet 1551 das Werk Eduard VI. Während seines Englandaufenthalts entwickelt Girolamo Cardano seine Idee, eine okkulte politische Macht ins Leben zu rufen, bestehend aus einem Rat von Astrologen, der die Herrschenden erleuchten solle.

Freilich ist der Boden in diesem Königreich, wo die wichtigsten Berater und Höflinge Elisabeths glühende Anhänger der Astrologie sind, besonders günstig. Der berühmte William Cecil, Lord Burghley, führt ein astrologisches Notizbuch und rät seinem Sohn zu größter Vorsicht an Tagen, die als unheilvoll gelten wie der erste Montag im April, der zweite Montag im August und der letzte Montag im Dezember. Der Graf von Leicester läßt sich von Thomas Allen das Horoskop erstellen, und sein Arzt ist der Astrologe Richard Forster. Der Graf von Essex besitzt einen Traktat über Astrologie aus dem 15. Jahrhundert. Der Staatssekretär Thomas Smith ist von der Rolle der Sterne so besessen, daß er »deswegen kaum noch schlafen kann«.[36] Eine wichtige Rolle am Hof spielt der Astrologe John Dee: anhand astrologischer Daten legt er den Tag der Krönung fest, und man holt seine Meinung über den Kometen von 1577 ein, während dem Astrologen Thomas Allen ein Bistum angeboten wird. Der Graf von Oxford studiert die okkulten Abhandlungen über dieses Thema, und 1581 widmet John Maplet dem künftigen Kanzler Elisabeths, Christopher Hatton, seine Schrift *The Diall of Destiny*.

So unterschiedliche Persönlichkeiten wie Walter Raleigh, Robert Burton, Thomas Browne, Herbert of Cherbury, Kenelm Digby interessieren sich unverhohlen für die Astrologie; alle großen aristokratischen Familien lassen das Horoskop ihrer Kinder erstellen und konsultieren Astrologen-Ärzte. Diese wahre Leidenschaft erreicht in England Ende des 16. Jahrhunderts einen ersten Höhepunkt, von dem die Inflation von Werken einheimischer Autoren zeugt. 1556 erinnert der Mathematiker Robert Recorde (1510–1558), Verfasser des ersten englischen Arithmetikhandbuchs, im Vorwort zu *The Castle of Knowledge* an die Rolle der Sterne: »Noch niemals hat es eine große Umwälzung in der Welt, eine Veränderung von Reichen, einen Sturz großer Fürsten, Hungersnot und Knappheit, Tod und Sterblichkeit gegeben, die Gott den Menschen nicht durch Himmelszeichen angekündigt hätte, damit sie das Fürchten lernen und Buße tun. Dafür gibt es unendlich viele Beispiele, und alle Geschichten sind so voll davon, daß ich sie hier nicht noch einmal zu wiederholen brauche, zumal sie eher zum judiziarischen Teil der Astronomie als zu jenem Teil gehören, der die Bewegungen untersucht.«[37]

Recorde ist Geozentrist, sein Kollege John Dee (1527–1608) Heliozentrist. Doch anders, als man meinen könnte, bedeutete Kopernikus keine Revolution in der Welt der Astrologen, die im Unterschied zur Kirche ohne mit der Wimper zu zucken von der unbewegten Erde zur sich bewegenden Erde übergeht. Diese Welt läßt sich alle astronomischen Systeme gefallen, wie es der Fall Tycho Brahes zeigt, dessen synkretistische Auffassungen für die damalige Zeit typisch sind. Dieser Alchimist, Astronom, Astrologe und Mathematiker, Anhänger von Ptolemaios, sieht im Kometen von 1572 vor allem ein Himmelszeichen, das ein neues Zeitalter ankündige.

Daß die Astrologie im 16. Jahrhundert in der englischen Gesellschaft großen Einfluß ausübt, beweist die Tatsache, daß schon im Jahre 1524 die Ankündigung einer von der Konjunktion der sieben Planeten im Zeichen der Fische verursachten Sintflut den Prior Bolton von St Bartholomew's in Smithfield veranlaßt, auf einem Hügel ein Haus zu bauen und darin Lebensmittel zu horten. Die ersten englischen Übersetzungen der gelehrten astrologischen Werke erscheinen in der zweiten Hälfte des Jahrhunderts, und 1563 beklagt Laurence Humphrey, daß die Astrologie in der Aristokratie »von vielen angenommen und begierig verschlungen« werde. Es tauchen die ersten Berufsastrologen auf, die Gutachten erstellen und bereits einige Schichten des Volks erreichen wie jener Thomas Lufkyn, dem 1558 die Frauen von Maidstone zuströmen.

Der Almanach und seine Verächter

Das wirksamste Mittel zur Verbreitung der Astrologie im Volk ist, dank dem Buchdruck, der Almanach. Diese schon in der Antike bezeugte Art von Literatur zirkulierte im Mittelalter in handschriftlicher Form. Mit dem Buchdruck gelangt sie zur Entfaltung: 1455 wird in Deutschland der erste Almanach gedruckt; 1464 erscheinen berufsständische Almanache und 1471 der erste Jah-

Der Sieg der Astrologie   413

resalmanach.³⁸ In seiner klassischen Form besteht er aus drei Teilen: den astronomischen Begebenheiten des Jahres (Finsternisse und Konjunktionen); den religiösen Feiertagen; den astrologischen Prognosen, die von der Meteorologie bis zu den Hungersnöten reichen können über die für Aderlässe oder den Bartschnitt günstigen Tage, wobei auch auf den Einfluß der Tierkreiszeichen auf die verschiedenen Körperteile, die Ansteckungsgefahr, die Ernten oder die politischen Ereignisse hingewiesen wird.

Obwohl dank einer ausdrucksstarken Bebilderung auch Analphabeten zugänglich, wird der Almanach im 16. Jahrhundert noch nicht auf dem flachen Land vertrieben. Er bleibt ein Erzeugnis der Stadt und ihres Umlands und enthält zahlreiche Weissagungen, die unter der Schirmherrschaft berühmter Astrologen stehen. So die *Prophéties perpétuelles de Thomas Joseph Moult*, eines neopolitischen Astrologen (1560); die *Prophéties ou Prédictions perpétuelles composées par Pythagore*, oder der Nostradamus zugeschriebene *Miroir d'astrologie*; der *Traité de la complexion des maladies des femmes* des milanesischen Astrologen Sinibal der Spadaziner (1582). Der mittelalterliche *Calendrier des bergers* bleibt überaus populär: er enthält eine astrologische Methode, das Schicksal vorauszusagen, sowie einen Führer des Einflusses der Planeten auf die Körperteile. 1503 ins Englische übersetzt, erlebt er in dieser Sprache innerhalb eines Jahrhunderts siebzehn Auflagen.

Einer der größten Erfolge dieser Literatur in England ist der *Erra Pater*, der sich von den immerwährenden Vorherverkündigungen von *Esdras*, einem Klassiker des Mittelalters, herleitet. Darin findet man eine Tafel, die es ermöglicht, anhand des Neujahrstages das Wetter vorherzusagen, sowie eine Liste der günstigen und ungünstigen Tage. Dieses zwischen 1536 und 1640 mindestens zwölfmal neuaufgelegte Werk findet zahlreiche Nachahmungen wie *The Compost of Ptolomeus* (1532) und *Godfridus*, der das Wetter diesmal nach dem Wochentag vorhersagt, auf den Weihnachten fällt. Im Jahre 1600 gibt es in England mehr als 600 verschiedene Almanache.³⁹

Die Kraft dieser Art Literatur erscheint um so bemerkenswerter, als sie allen Angriffen widersteht. Einerseits haben die »wissenschaftlichen« Astrologen für diese empirischen Voraussagen nichts als Verachtung übrig, da sie ihrer Meinung nach ihre Kunst in Verruf bringen. Andererseits mokieren sich die Skeptiker über die Extravaganzen der Almanache, über die schon 1508 der Deutsche Heinrichman spottete und die 1544 der anonyme Verfasser von *A Merry Prognostication* lächerlich machte; 1569 vergleicht Nicolas Allen in seinem Pamphlet *The Astronomer's Game* die völlig voneinander abweichenden Vorhersagen dreier Almanach-Verfasser. In diesem Sinne ist auch die *Pantagrueline prognostication certaine, véritable et infaillible pour l'an perpétuel, nouvellement composée au proffict et advisement de gens estourdis et musars de nature par maistre Alcofribas* zu verstehen, die Rabelais 1533 veröffentlicht. Die burleske Parodie beginnt mit der Bekanntmachung der Methode: »Da ich also die Neugier aller guten Kumpane befriedigen will, habe ich alle Pantarchen des Himmels gewälzt, die Quadrate des Mondes berechnet, alles herbeigezogen, was die Astrophilen, Hypernephelisten, Anemophylaken, Uranopeten und Ombrophoren jemals gedacht haben und das Ganze mit Empedokles besprochen, der sich eurer Gunst empfiehlt.«[40] Es folgen die »Voraussagen«, eine mit einigen Derbheiten angereicherte tautologische Litanei: »In Ermangelung von Säckeln werden bei einigen die Hoden herabhängen; (...) der Bauch wird vorangehen; der Hintern wird sich zuerst setzen; (...) in diesem Jahr werden die Blinden recht wenig sehen, die Tauben ziemlich schlecht hören, die Stummen kaum sprechen, den Reichen wird es etwas besser gehen als den Armen, den Gesunden besser als den Kranken. Mehrere Hammel, Ochsen, Schweine, Gänse, Hühner und Enten werden sterben, und ein grausamer Tod wird unter den Affen und Dromedaren wüten. Wegen der vergangenen Jahre wird in diesem Jahr das Alter unheilbar sein; (...) die Nönnlein werden ohne männliches Zutun kaum befruchtet werden, und nur sehr wenige Jungfrauen werden Milch in den Brüsten haben.«[41] Stellenweise scheint Gesellschaftskritik durch: »Es ist die größte Verrücktheit der Welt zu meinen, es gebe eher Sterne für die Könige, Päpste und großen Herren als für die Armen und Siechen, als wären seit der Sintflut oder seit Romulus und Remus oder Pharamond bei der neuen Erschaffung von Königen auch neue Sterne erschaffen worden. (...) Da ich es also für gewiß halte, daß die Sterne sich um die Könige ebensowenig scheren wie um die Bettler und um die Reichen ebensowenig wie um die Schurken, so überlasse ich es anderen verrückten Prognostikanten, von den Königen und Reichen zu reden, und spreche meinesteils von den Leuten niederen Standes.«[42]

Rabelais wiederholt diese Übung mehrere Male mit dem *Almanach pour l'an 1533*, dem *Almanach pour l'an 1535, La Grande et Vraye Prognostication nouvelle pour l'an 1544*. Er schneidet das Thema der Weissagung auch im Dritten Buch von *Gargantua und Pantagruel* an, wo Panurg, der nicht weiß, ob er heiraten soll, Wahrsager, Traumdeuter und sogar eine Sibylle, die »Sibylle von Panzoult«, um Rat fragt. Die Befragung bringt alle diese Scharlatane in Verwirrung, die nicht imstande sind, auch nur das Geringste vorherzusagen. Die Sibylle vollführt groteske Bewegungen, und die Befragung endet mit einer Obszönität: »Nach diesen Worten kehrte sie [die Prophetin] in ihre Hütte zurück, auf der Türschwelle aber hob sie ihr Kleid, ihren Unterrock und ihr Hemd bis an die Hüften in die Höhe und zeigte ihnen den blanken Hintern. Als Panurg das sah, sagte er zu Epistemon: ›Beim Waldteufel! Sieh dort das Loch der Sibylle.‹«[43] Das Orakel, das sie von sich gibt, ist natürlich unverständlich, aber Panurg liefert eine pornographische Auslegung, deren Kühnheit sich nur ermessen läßt, wenn man sich erinnert, daß die Sibylle damals fast so große Verehrung genoß wie die Prophezeiungen des Alten Testaments.[44]

Angriffe gegen den Almanach erfolgen auch, diesmal ernsthaft und systematisch, von seiten der Kirchen. Denn Katholiken wie Protestanten sind den volkstümlichen Weissagungen gleichermaßen feind. Im katholischen Lager fordert der Erlaß von Orléans 1560 die Bischöfe auf, »die Druckereien zu durchsuchen (...), wo die Almanache und Vorherverkündigungen veröffentlicht werden (...), eine Astrologie, die gegen das ausdrückliche Gebot Gottes verstößt«. 1579 erklären die Stände von Blois: »Wir untersagen allen Druckereien und Buchhandlungen bei Strafe von Gefängnis und Bußgeldern, irgendwelche Almanache und Vorherverkündigungen zu drucken oder zum Verkauf anzubieten, die nicht zuvor vom Erzbischof oder Bischof oder seinen Beauftragten geprüft worden sind.« 1583 beschließt das Konzil von Bordeaux: »Sollten irgendwelche Ephemeriden oder gedruckte Almanache gefunden werden, die sich mit dieser Astrologie befassen und anderes enthalten als den Wechsel der Jahreszeiten und die Wetterlage, so verurteilen wir sie ebenso wie die Bücher, deren Lektüre schlecht ist.« 1586 verurteilt Sixtus V. ausdrücklich die Judiziarastrologie.

Im protestantischen Lager ist der Protest nicht minder lebhaft, und Calvin widmet dieser Tätigkeit einen ganzen Traktat. Zu den

Gründen, die auch die Katholiken anführen, kommt bei ihm die Ablehnung eines mit der göttlichen Vorsehung wetteifernden deterministischen Systems hinzu: »Wenn bei uns der Gedanke gilt, daß das Wort des Herrn der einzige Weg ist, der uns zur Erforschung dessen führt, was uns von ihm zu wissen gebührt, daß es das einzige Licht ist, das uns voranleuchtet, damit wir sehen, was wir von ihm erschauen sollen, – dann wird er uns mit Leichtigkeit vor allem Vorwitz bewahren und zurückhalten.«[45] Die Calvinisten dulden keine andere Kenntnis der Zukunft als diejenige, die sich aus der Heiligen Schrift ergibt, und sind alarmiert über die astrologischen Vorhersagen, die sogar ankündigen, wer gerettet werden wird.

Ganz allgemein wiederholt die protestantische Welt den traditionellen Einwand gegen die Astrologie: man beschuldigt sie, die individuelle Verantwortung abzuschaffen. »Versuche nicht, deine Unvollkommenheit den Sternen aufzubürden und dich damit wegen eines hoffnungslosen Fatums für böse zu halten«, schreibt Thomas Browne.[46] Tatsächlich findet man sich kaum noch zurecht, und bisweilen wird die Verwirrung bewußt geschürt: zwischen dem von den Jesuiten vertretenen absoluten freien Willen, der göttlichen Vorsehung der reinen Calvinisten, der herkömmlicherweise von der Kirche anerkannten natürlichen Astrologie, die auf den Körper einwirkt und die Seelen geneigt macht, der Judiziarastrologie, die den unmittelbaren Einfluß auf den Geist behauptet, dem Willen jedoch die Möglichkeit läßt, diesen Einfluß zu überwinden, und der sanften Astrologie, die die Gestirne lediglich als Zeichen betrachtet, gibt es alle nur möglichen Nuancen und Kompromisse.

In dieser Hinsicht ist England ein besonders fruchtbares Studienfeld, da hier ab Mitte des 16. Jahrhunderts alle Schattierungen des protestantischen Spektrums nebeneinander bestehen, vom kryptokatholischen Anglikanismus bis hin zum puritanischen Presbyterianismus. Keith Thomas hat das komplexe Verhältnis dieser verschiedenen Gruppen zur Astrologie analysiert[47] und vor allem gezeigt, welcher Anteil den religiösen Rivalitäten bei der Ablehnung der Astrologie zukommt, da jede Gruppierung die andere beschuldigt, diesem Aberglauben Vorschub zu leisten, und auf ihre eigene Unabhängigkeit pocht. Alle halten die Astrologie in böswilliger Weise für ein Überbleibsel papistischer Abgötterei und

Der Sieg der Astrologie

wetteifern, wer sie am entschiedensten verurteilt. Für viele unabhängige Priester ist schon die bloße Tatsache, die Zukunft in Erfahrung bringen zu wollen, ein Sakrileg, denn es bedeute einen Übergriff auf den allein Gott vorbehaltenen Bereich. Für John Gaule »hat Gott das Vorherwissen der zukünftigen Dinge in sich zusammengefaßt und hat die Menschen von all dieser Wißbegier und Mutmaßung entbunden, und er hat uns ausdrücklich verboten, daß wir uns damit befassen.«[48] William Bridge erklärt: »Wer sich anmaßt, zukünftige Begebenheiten mit Hilfe der Sterne vorherzusagen (...), setzt sich unverhohlen auf den Thron Gottes.«[49] 1601 schreibt John Chamber: »Wozu hat Gott uns so weit von den Sternen angesiedelt, wenn wir mit Astrolabien, Höhenmessern und Quadranten so tun können, als wären wir ihnen näher?«[50] Das ist schon mehr als ein Angriff auf die Astrologie: hier wird die Wissenschaft aufs Korn genommen, insbesondere die Mathematik und die Astronomie. Dieses Amalgam ist bei den Puritanern häufig anzutreffen, die gerne Mathematikbücher vernichten, weil schon der schiere Anblick geometrischer Figuren sie dem Verdacht der Magie und der okkulten Wissenschaft aussetzt. Unter der Herrschaft von Maria Tudor wird William Living von einem unwissenden Polizisten festgenommen, der unter seinen Büchern die *Sphere* von John Sacrobosco findet, und 1582 erzählt Edward Worsop, daß Bücher mit Kreisen, Kreuzen, Dreiecken und griechischen Buchstaben in den Augen der ungebildeten Leute als magische Werke gelten.[51]

Für Bischof Carleton, Anfang des 17. Jahrhunderts, ist die Astrologie die Welt des Teufels, und die Astrologen sollten als Hexer verbrannt werden.[52] Auf prosaischerer Ebene sehen viele Geistliche in den Astrologen auch Konkurrenten, gefährliche Rivalen: »Wenn ein Mensch die Zukunft aus den Sternen voraussagen kann, wozu nützt dann die Prophetie?« fragt William Bridge.[53] Wer glaubt, das Schicksal werde von den Sternen bestimmt, der leugnet auch die Wirksamkeit des Gebets.

In Wahrheit ist die protestantische Front gegen die Astrologie sehr viel schwächer, als es scheint. Abgesehen von den fanatischen Puritanern erkennt man bei vielen Geistlichen eine starke Tendenz zum Kompromiß, vor allem in der etablierten Kirche. Während die puritanischen Schriftsteller wie John Hooper, John Foxe, Miles Coverdale, Roger Hutchinson Bücher gegen die Astrologie verfassen, übersetzt der Puritaner George Gylby im Jahre 1561 Calvins Traktat über dieses Thema, beschuldigen die Presbyterianer die Astrologen, sich zu irren oder vom Teufel inspiriert zu sein, und erinnert der Erzbischof William Laud im 17. Jahrhundert daran, daß Gott, der Bibel zufolge, die Sterne als Zeichen an den Himmel gesetzt habe und daß ein inbrünstiges Gebet immer die Hoffnung berge, den Einfluß der Konjunktionen zu besiegen. Einige gehen noch sehr viel weiter, und unter den Astrologen des 16. Jahrhunderts findet man eine beachtliche Zahl von Klerikern. Noch 1656, als John Gadbury deren Liste aufstellt, könnte er, wie er sagt, »auch viele Geistliche aus fast allen Grafschaften Englands hinzufügen, die heutzutage in der Astrologie sehr bewandert sind«. Keith Thomas hat für das 16. und 17. Jahrhundert eine Fülle von ihnen aufgezählt.[54] Unter ihnen William Bredon, einen Vikar aus Buckinghamshire, der an der Abfassung der *Defence of Judicial Astrologie* von Christopher Heydon (1603) mitwirkt und der sich ansonsten gewissenhaft an die Sonntagsruhe hält und es ablehnt, an diesem Tag Horoskope zu stellen. Richard Napier (1590 bis 1634), Rektor von Great Linford, verbindet seine religiösen Funktionen eng mit seiner astrologischen Tätigkeit, indem er seine Horoskope mit Gebeten begleitet. Für ihn wie für seinen Kollegen Anthony Ascham, Rektor von Methley, und für viele andere erliegen auch die Geistlichen dem Einfluß der Sterne. Unter diesen Voraussetzungen und ungeachtet einiger weniger Prozesse erweist sich die religiöse Opposition gegen die Astrologie als wenig effizient, denn sie gilt vor allem dem individuellen Bereich.

Noch ein viertes Milieu schließt sich mit seinen Angriffen den wissenschaftlichen Astrologen, den Skeptikern und den Kirchen an: die politische Obrigkeit. Für sie ist die volkstümliche Astrologie der Almanache eine fast schon aufrührerische Tätigkeit, sobald sie politische Vorhersagen macht. Denn diese können dazu beitragen, das, was sie ankündigen, herbeizuführen, und fast immer stützen sich die Aufstände auf irgendeine erfundene oder für den Anlaß interpretierte Weissagung. So die Revolten unter der Herrschaft Heinrichs VII. in England.[55] In den Augen von Thomas Nashe stürzen sich »alle Unzufriedenen, die eine gewaltsame Aktion gegen ihren Fürsten und ihr Land planen, auf sein [des Astrologen] Orakel«. Ein besonders heikler Punkt ist die Berechnung des Todestags des Souveräns, die mehr oder weniger einer magischen

Der Sieg der Astrologie 419

Beschwörung gleichkommt, dazu bestimmt, seinen Tod zu verursachen, und mehrere Astrologen des 15. Jahrhunderts haben diese Kühnheit mit ihrem Leben bezahlt. Unter Elisabeth kommt es zu einigen Affären dieser Art. William Cecil läßt aus diesem Grund einen schottischen Astrologen verbannen, und 1581 stimmt das Parlament für ein Statut, das die Tatsache, das Horoskop der Königin zu stellen oder vorherzusagen, wie lange sie noch leben und wer ihr nachfolgen wird, als Hochverrat wertet. Viele Astrologen werden deswegen belangt.

Aber man erhebt noch weitere Vorwürfe gegen sie, z. B. daß sie Hungersnöte auslösen, nur weil sie diese vorhersagen und damit künstliche Preissteigerungen hervorrufen. 1583 schreibt der Graf von Northampton: »Pamphlete, die eine Hungersnot prognostizierten, waren deren Ursache, nicht etwa wegen der Bosheit der Planeten (...), sondern wegen der Habgier der Bauern, die aus Furcht vor einer solchen Krise (...), aus Voraussicht und weil sie unter dem Vorwand der Knappheit heimlich Korn horteten, die Preise in die Höhe trieben.«[56] Schon 1560 hatte William Fulke in seinem *Antiprognosticon* eine ähnliche Beschuldigung erhoben[57], und 1609 faßt John Allen die Meinung der führenden Kreise zusammen, wenn er erklärt, daß die Vorhersagen die einfachen Leute veranlassen, »sie allein deshalb zu verwirklichen, weil sie sie für unausweichlich halten.«[58]

Um der Ausuferung der Vorhersagen entgegenzuwirken, läßt König Jakob I. 1603 in die Charta des Monopols der Gesellschaft der Buchhändler, von der die Veröffentlichung der Almanache abhängt, folgende Klausel einfügen: »Alle Wahrsager sowie alle, die Almanache herstellen und Prophezeiungen machen, die die erlaubten Grenzen der Astrologie überschreiten, werden an ihrem Leibe streng bestraft. Ebenso untersagen wir allen Druckern und Buchhändlern bei nämlicher Strafe, Almanache und Prophezeiungen zu drucken oder zum Verkauf anzubieten, die nicht zuvor vom Erzbischof, dem Bischof (oder seinen Beauftragten) geprüft und für gut befunden und zudem von uns und unseren Richtern genehmigt worden sind.«[59]

Paradoxerweise beunruhigt Nostradamus, an dem der französische Hof sich delektiert, die englische Regierung mit seinen Vorhersagen von Aufständen und Plagen für 1559, das erste Jahr der Herrschaft Elisabeths. Denn in dieser Zeit erreicht seine Berühmtheit auch England, und ein Chronist schreibt, daß »das ganze Königreich verwirrt und erregt war von den dunklen, rätselhaften und teuflischen Prophezeiungen dieses Sternenguckers Nostradamus«[60], und William Fulke bestätigt den Erfolg seiner Weissagungen: »Ohne den guten Stern seiner Prophezeiungen, so glaubte man, könnte sich nichts ereignen.« Die Regierung muß den Verkauf seiner Werke verbieten.

Das führt uns nach Frankreich zurück, wo die königliche Macht alle politischen Prophezeiungen aus den Almanachen entfernen läßt. Durch das Edikt von 1560 »ist es jedem Drucker oder Buchhändler untersagt, irgendwelche Almanache oder Vorherverkündigungen zu drucken oder anzubieten, die nicht zuvor vom Erzbischof oder Bischof oder seinem Beauftragten geprüft worden sind; außerdem wird angeordnet, daß gegen jeden, der besagte Almanache herstellt oder anbietet, durch außerordentliche Richter unter Androhung von Körperstrafen eingeschritten wird«. 1579 verbietet Heinrich III. »jedem Hersteller von Almanachen, sei es mit offenen oder verdeckten Worten, Vorhersagen über private oder staatliche Angelegenheiten zu machen«. Insbesondere ist es untersagt, Prophezeiungen zu veröffentlichen, die den Tod eines Königs betreffen. Daher sind die Verfasser von Almanachen genötigt, sich auf Banalitäten über das Wetter und vermischte Nachrichten zu beschränken.

Die gleiche Sorge herrscht in den Niederlanden, wo die Magistrate von Amsterdam am 15. Januar 1555 verfügen: »Nachdem uns zur Kenntnis gelangt ist, daß es Leute gibt, die so kühn sind, unseren Bürgern aus der Hand zu lesen; daß es Wahrsager, Astrologen und andere wißbegierige Personen gibt, die es wagen, mittels ungehöriger Praktiken, vornehmlich mit Hilfe dieser Wahrsagung, zukünftige Dinge und die Geheimnisse der Vergangenheit zu verkünden, wodurch sie Unglauben, Empörung und Mißbrauch in unserer guten Gemeinde hervorrufen, was weder geduldet noch gestattet werden kann«[61], werde ihnen ein Bußgeld von sechs Florin auferlegt.

Die Astrologie als notwendige Etappe der Vorhersage

Diese wiederholten Angriffe auf den Almanach und die volkstümliche Astrologie von seiten sämtlicher Autoritäten, in einem Jahrhundert, in dem die Astrologen an den Höfen neben Königen, Fürsten und vielen Geistlichen thronen, können nicht überraschen. Sie geben Aufschluß über den allgemeinen Glauben an die divinatorische Kraft der Astrologen und über die Furcht vor den soziopolitischen Folgen ihrer Vorhersagen. Nachdem die Kirche versucht hatte, sich die Nutzung der Prophetie vorzubehalten, wollen nun die weltlichen Autoritäten die Astrologie monopolisieren. Denn sie jagt ihnen Angst ein. Unabhängig vom Problem der Genauigkeit der Prognosen fürchten sie deren psychologische Wirkungen auf eine Bevölkerung, die dazu neigt, alle Himmelszeichen zu akzeptieren und für die Selbsterfüllung der Prophezeiungen zu sorgen. Daher bemühen sich die Regierungen, die judiziarische Astrologie der Almanache in Verruf zu bringen und gleichzeitig zu verbieten. Sie in Verruf zu bringen, indem sie sich auf die Religion stützen, die gegen diesen Aberglauben zu Felde zieht und seine Nutzlosigkeit zu beweisen trachtet; sie zu verbieten, indem sie gegen die Almanach-Verfasser einschreiten.

Ein doppelt widersprüchliches Vorgehen, dessen Scheitern nicht wunder nimmt. Wenn nämlich einerseits die Vorhersagen der Almanache nutzlos sind, warum dann die Verbissenheit, mit der man sie zu verbieten sucht? Der Mechanismus ähnelt dem, der zur selben Zeit gegen das Hexenwesen im Gange ist: die Politik der systematischen Unterdrückung verstärkt lediglich den Glauben an die Wirklichkeit der Kräfte der Hexer; wer Vorhersagen verbietet, weckt den Glauben, daß sie berechtigt sein könnten. Und wie glaubwürdig sind andererseits Regierungen, die die Astrologie verurteilen, während sie die Dienste der Astrologen doch als erste in Anspruch nehmen? Ein solches Verhalten erhöht lediglich die Leichtgläubigkeit des Volkes. Was für Könige gut ist, ist auch für die Untertanen gut.

Es verwundert also nicht, daß im 16. Jahrhundert alle Gesellschaftsschichten an die Macht der Astrologie glauben. Memoiren und Rechenschaftsbücher zeigen, daß die Notabeln ständig von ihr Gebrauch machen. In der Normandie liest und befolgt Sire de Gouberville von 1557 bis 1562 die Ratschläge des Almanachs von

Nostradamus, und einem Bauern dieser Region wird sogar der Spitzname »der Astrologe« angehängt.⁶² Zu Beginn des folgenden Jahrhunderts erwähnen die Romane, die der Beobachtung der Gesellschaft einen immer größeren Platz einräumen, häufig die Lektüre des Almanachs, in der Stadt wie auf dem Land. Noch 1644 hält ein Notar aus dem Poitou das Geburtsdatum mit folgenden Worten fest: »Es war der 20. Tag des Mondes nach dem Almanach des großen Astrologen Pierre Delarivey.«⁶³

Was besagt, daß die astrologischen Vorhersagen zu jener Zeit einem Bedürfnis entsprechen. Der Niedergang der traditionellen, nunmehr von der Kirche reglementierten Prophetie schafft eine Leere, die die moderne Wissenschaft noch nicht auszufüllen vermag. Angesichts der weiterhin bestehenden großen Unsicherheit und der Zufälle des täglichen Lebens wie der politischen und religiösen Angelegenheiten bedarf es eines Minimums an Anhaltspunkten in der Zukunft. In einer Zeit, in der es kein Versicherungssystem gegen natürliche und menschliche Unfälle und in Ermangelung von Wahlen keine festgelegte politische Frist gibt, einer Zeit, in der alle Verträge und Entscheidungen »auf Dauer« gelten, d. h. bis zu dem unbestimmten Augenblick, da die Willkür der Großen es für sinnvoll hält, sie zu widerrufen, ist die Zukunft ein großes schwarzes Loch. Eine stabile Welt, in der sich jahrhundertelang nichts ändert, so könnte man meinen. Aber das stimmt nur im Hinblick auf die großen Strukturen; was die Ereignisse im einzelnen betrifft, so ist die Zukunft die absolute Unbekannte. Heutzutage können nur unwahrscheinliche Katastrophen einen sorgfältig im voraus festgelegten Kalender durcheinanderbringen, einen Kalender mit Fixpunkten wie Wahlterminen, Reformvorhaben und Ruhestandsregelungen; Hungersnöte und große Seuchen sind aus unserem (westlichen) Horizont verschwunden, und Vollkaskoversicherungen schließen böse Überraschungen weitgehend aus; unsere gelenkte, wohlgeordnete, geplante Zukunft läßt der Unsicherheit relativ wenig Raum. Für den Menschen des 16. Jahrhunderts dagegen ist die Ungewißheit die Grundlage des Daseins. Und ohne Anhaltspunkte in der Zukunft wie in der Vergangenheit ist dieses Dasein unerträglich.

Diese Anhaltspunkte lieferte bislang die Religion. Das tut sie zwar weiterhin, aber aufgrund der von den protestantischen und katholischen Reformen geleisteten Säuberungsarbeit beschränken sich diese Anhaltspunkte auf eine kleine Zahl großer eschatologischer Etappen; die religiöse Prophetie befaßt sich fast nur noch mit der Heilsgeschichte und dem Weltende, dessen Zeitpunkt man immer weniger zu bestimmen wagt. Bis dahin muß man leben und demnach vorausschauen, und allein die Astrologie scheint imstande zu sein, dieses Grundbedürfnis zu befriedigen, da sie für einen Anschein von Sicherheit sorgt durch Vorhersagen, die es ermöglichen, Präventivmaßnahmen zu ergreifen. Genau dieses Ziel verfolgt der 1606 veröffentlichte *Miroir d'astrologie naturelle*: »Das vorliegende Werk ist einzig aus Wißbegier entstanden und um vor den Gefahren zu warnen, mit denen der Himmel durch den Einfluß der Sterne droht.«

Eine natürlich völlig illusorische Sicherheit, aber darum geht es nicht. Was zählt, ist der Glaube, der einen Leitfaden und einen Anhaltspunkt liefert. Und die Astrologie ist eine notwendige Etappe zwischen der religiösen Prophetie und der modernen, auf der Wissenschaft beruhenden Prospektive. Im übrigen stellt sie sich bereits als Wissenschaft dar. Schon Anfang des 16. Jahrhunderts warf sich Pietro Pomponazzi aus Mantua (1462–1524), ein Verfechter der naturalistischen Philosophie, zum Verteidiger des Sterneneinflusses auf und kritisierte Pico della Mirandola, den Gegner der Astrologie, als unwissenschaftlichen Geist.

Fortdauer der eklektischen und inspirierten Weissagung

Auch wenn im 16. Jahrhundert die Astrologie die vorherrschende Wissenschaft der Divination ist, so sind doch die anderen Vorhersagemethoden nicht verschwunden. Auf dem Gebiet der Kenntnis der Zukunft bewahrt jedes Verfahren zu allen Zeiten seine Anhänger, und die verschiedenen Erkundungsmittel überlagern sich mehr, als daß sie aufeinander folgen. Das kulturelle Klima des Augenblicks trägt lediglich dazu bei, diese Methoden zu hierarchisieren und einer von ihnen die Hauptrolle zuzuweisen. Die Renaissance ist ganz besonders eklektisch, und der Okkultismus nimmt hier einen größeren Raum ein als die mathematisch fundierten wissenschaftlichen Auffassungen.

Paracelsus (1493–1541) ist der typische Vertreter dieser Generation des Übergangs, der in einigen seiner medizinischen und chemischen Anschauungen so modern, in seinen Forschungen über die Quintessenz und andere alchimistische Grillen dagegen so mittelalterlich anmutet. Seine Vorhersagen beruhen im wesentlichen auf mystisch-okkulten Spekulationen und äußern sich in einer Sprache, deren Dunkelheit die des Nostradamus noch übertrifft. Sein *Prognostic* von 1536 wurde ein »Bravourstück an Unverständlichkeit« genannt, in dem man hartnäckig nach Ankündigungen von Ereignissen des 20. Jahrhunderts suchte. Seine wichtigsten Voraussagen fügen sich in sein Leitschema der Weltgeschichte, die eine chemische Geschichte ist. Gott ist vor allem der Große Chemiker, der die Welt mittels eines regelrechten Labors erschaffen hat. Den Rahmen des joachimitischen Denkens aufgreifend, verkündet Paracelsus, die letzte Phase der Geschichte werde achtundfünfzig Jahre nach seinem Tod mit der Wiederkehr des »Künstlers Elias« beginnen, d. h. des Alchimisten Elias, der kommen werde, um alle Geheimnisse der Chemie, vornehmlich die Verwandlung von Eisen in Gold zu enthüllen. Dieses letzte Zeitalter werde das der Transmutation sein, im Laufe eines langen Prozesses chemischer Trennung (Intuition der Entropie?): ein originelles Millennium, das »chemische Millennium«, wie Hugh Trevor-Roper es treffend nannte.[64]

Letzterer hat im übrigen die Weiterungen und Verzweigungen dieser Bewegung zu Anfang des 17. Jahrhunderts untersucht, wo die protestantischen Paracelsianer aus Böhmen, von der Wiederkehr des Künstlers Elias überzeugt, den Ausbruch des Dreißigjährigen Krieges als Beginn des Millenniums begrüßen, in einer Gegend, die für diese Sprache sehr empfänglich ist. Raphael Eglinus, ein Alchemist aus Marburg, verkündet 1606 in seiner *Disquisitio de Helia Artista* neben einigen anderen die Wiederkehr von Elias, und die Bewegung der Rosenkreuzer macht sich die Botschaft nutzbar. Die Schlacht am Weißen Berg 1620 zerschlägt alle Hoffnungen, aber es entstehen neue Herde. 1622 behauptet Guillaume de Trougny in Sedan, Elias der Künstler habe ihm seine Geheimnisse enthüllt. Comenius versucht im Laufe seines unsteten Lebens, Prophetie, Wissenschaft und Alchimie zu einer umfassenden Wissenschaft, der »Pansophie« zu verschmelzen. Er scheut sich nicht, zusammen mit seinen Getreuen, das Denken von Francis Bacon und Tommaso Campanella zu vereinnahmen, die unge-

Der Sieg der Astrologie

achtet zahlreicher Unvereinbarkeiten zwischen ihren Werken und dem Geist der Rosenkreuzer zu »Propheten des neuen Zeitalters« erklärt werden. Tatsächlich besteht die Verbindung auf der Ebene der Utopie, deren Rolle in der prophetischen Bewegung immer deutlicher hervortritt: Bacons *Neu-Atlantis*, der *Sonnenstaat* von Campanella, die *Reipublicae Christianopolitanae Descriptio* und die *Christiani Amoris dextra porrecta* von Andreae, einem Gefährten von Comenius, treten als Surrogate millenaristischer Prophezeiungen auf, deren Fortsetzung man 1641 in *Macaria* von Samuel Hartlib während des englischen Bürgerkriegs findet, der als neuer Anfang des Millenniums gilt.

Ein weiterer Zeuge des pansophischen Eklektizismus, der in einer prophetischen Vision mündet, ist Jakob Böhme (1575 bis 1624), dessen verwirrendes Denken von Basarab Nicolescu untersucht worden ist.[65] Böhme kündigt die von der Fülle sowie vom läuternden Weltbrand geprägte »siebte Epoche« der Geschichte an, in einer ambivalenten Vision, in der die Gegensätze einander berühren.

Der Chiliasmus, der Messianismus, die eschatologische Prophetie erleben in der ersten Hälfte des 17. Jahrhunderts eine Renaissance in der Atmosphäre religiöser und politischer Kämpfe, wie sie die Gegenreformation und den Dreißigjährigen Krieg kennzeichnen. In England taucht eine neue Schar von Erlösern auf: 1612 wird mit dem Wiedertäufer Edward Wightman, der sich für Elias hält, der letzte Engländer wegen Ketzerei verbrannt; 1623 übernimmt John Traske die Rolle von Elias, während sich John Wilkinson im selben Jahr als Prophet ausgibt; 1636 und 1644 kommt es zu ähnlichen Fällen. Im Gegensatz zur Astrologie gibt es, wie wir schon sagten, sehr viele Frauen unter den erleuchteten Propheten, und nicht alle stammen aus bescheidenen Verhältnissen. Der berühmteste Fall dieser Jahre ist Lady Eleanor Davis, Tochter des Grafen von Castlehaven, die 1625 eine Stimme hört, die den Tag des Jüngsten Gerichts binnen neunzehneinhalb Jahren ankündigt. Von nun an prophezeit sie ununterbrochen, immer sehr dunkel, wie es üblich ist; obwohl mehrfach inhaftiert, weil ihre illegal gedruckten Weissagungen das Leben des Königs betreffen, beeindruckt sie einige hochstehende Persönlichkeiten. Ohne allen Zweifel war Eleanor Davis, die sich einmal für den Primas von England hält, verrückt, aber wie Keith Thomas anmerkt, ist die große Zahl von Prophetinnen aus allen Gesellschaftsschichten in jener Zeit, von Mary Cary bis zur Herzogin von Newcastle, auch bezeichnend für die Tatsache, daß die angeblich prophetische Inspiration das einzige Ausdrucksmittel ist, das dem »schwachen« Geschlecht auf politischem und religiösem Gebiet zur Verfügung steht. In einer Welt, in der die öffentlichen Angelegenheiten von den Männern monopolisiert werden, kann die Unmöglichkeit, offen ihre Meinung zu sagen, bei einigen Frauen zu »prophetischen« Neurosen führen. 1629 sagt Jane Hawkins den Sturz der Bischöfe voraus, und 1639 drängt eine andere Erleuchtete den König, sein Verhalten zu ändern, denn sie sieht eine Katastrophe voraus.[66] 1641 »wiederentdeckt« ein anonymes Werk die *Prophecies of Mother Shipton*, Texte, die einer halblegendären Prophetin des ausgehenden 15. Jahrhunderts zugeschrieben werden und die damals auf den beginnenden Bürgerkrieg zuzutreffen scheinen.[67]

Die Drohung des Antichrist und des Weltendes besteht immer noch, aber ihre Herolde sind diesmal die Puritaner, die in der Astrologie fehlen. 1589 erklärt Anthony Marten in *A Second Sound, or Warning of the Trumpet unto Judgement*, die vielen Propheten seien das Zeichen, mit dem Gott uns vor dem nahen Ende warne.[68] Die Zahl der Werke, die dessen Datum ankündigen, wächst ständig: 1649 zählt man ihrer 80. Am häufigsten genannt wird das Jahr 1656, das der mutmaßlichen Zahl der Jahre entspricht, die zwischen der Schöpfung und der Sintflut verstrichen sind, und vor allem das Jahr 1666, die Zahl des Tiers der Offenbarung.

Darin sind die Propheten einer Meinung mit den Astrologen wie Israel Hiebner aus Danzig. Dennoch scheint ihr Eindruck auf die Zeitgenossen minimal zu sein, glaubt man den Memoiren von Samuel Pepys, der am 18. Februar 1666 schreibt: »Ich bin bei meinem Buchhändler gewesen und habe ein vor etwa zwanzig Jahren erschienenes Buch über eine Prophezeiung gekauft, die das jetzige Jahr 1666 betrifft und in der es heißt, es sei das Zeichen des Tiers. Ich ging nach Hause, begann zu lesen, aß dann zu Abend und legte mich zu Bett.« Am 4. November kommt er auf das Thema zurück: »Ich ging nach Hause und begann die Rede von Potters über 666 zu lesen, die mich sehr interessierte. Dann hörte ich auf, aß zu Abend und legte mich zu Bett.« Offensichtlich verdirbt ihm die Prophezeiung weder den Appetit noch raubt sie ihm den Schlaf,

Der Sieg der Astrologie 427

auch wenn sie seine Neugier weckt. Aber hier befinden wir uns schon in einer rationaleren Zeit.

Ein halbes Jahrhundert zuvor ist die eschatologische Besorgnis groß, und viele Gerüchte sind in Umlauf. Eines der präzisesten findet man im 1609 veröffentlichten *Avertissement à tous chrestiens sur le grand et espouventafle advenement de l'Antichrist et fin du monde* von Penières-Varin. Der Verfasser ist kategorisch: der Antichrist wird 1626 geboren werden, und sein Leben wird dem Leben Christi gleichen; sein öffentliches Leben wird er folglich mit dreißig Jahren, das heißt 1656 beginnen, und sein Reich wird 1660, wenn er vierunddreißig Jahre alt ist, zusammenbrechen, sechs Jahre vor dem Ende der Welt. Die auf Daniel, der Offenbarung und der biblischen Chronologie gründenden Zahlenspekulationen erlauben es anderen, das Schicksalsdatum für 1649, 1650, 1688, 1690, 1695, 1700 festzusetzen. Die erblühende mathematische Wissenschaft ermöglicht es, die Berechnungen zu verfeinern: John Napier, der Erfinder der Logarithmen, verwendet sie, um alljährlich die Zahl des Tiers zu ermitteln.[69] Die astronomischen Ereignisse wie die Finsternisse von 1652 und 1654 können die Befürchtungen nur vergrößern.

In ganz Europa sind prophetische Gerüchte in Umlauf, von denen manche die Freunde von Geheimnissen und des Okkultismus, die sich bemühen, eine zeitgenössische Deutung zu finden, noch heute ergötzen. Nennen wir die alarmierenden Prophezeiungen eines bayrischen Mönchs, der die Blätter seiner Manuskripte mit einer schwarzen Spinne zeichnet[70]; die pansophischen Ankündigungen eines weltweiten Neubeginns des deutschen Alchimisten Heinrich Khunrath (1560–1705); die das Weltende ankündigenden Katastrophen, die eine um 1630 veröffentlichte anonyme spanische Schrift unter dem Namen *Message de San Diego* vorhersieht, in der den Spezialisten zufolge das Ende des 20. Jahrhunderts einen entscheidenden Raum einnimmt; die französischen und deutschen Prophezeiungen über die baldige Zerstörung von Paris[71]; die pseudo-joachimitischen Spekulationen des deutschen Priesters Bartholomäus Holtzhauser (1613–1658), der die Weltgeschichte in sieben Abschnitte unterteilt, deren fünfter unter Leo X. begonnen habe und mit dem Reich eines heiligen Papstes und des Großen Monarchen enden werde, die ein kurzes sechstes Zeitalter einleiten werden, das der Antichrist unterbrechen wird, der Vorbote des siebten und letzten Zeitalters.

Der englische Bürgerkrieg ist für die Prophezeiung des Weltendes und des gesellschaftlichen Millenarismus eine besonders günstige Zeit. Der Zusammenbruch der anglikanischen Autorität, die mit dem Erlöschen der monarchischen Autorität in den 1640er Jahren einhergeht, ermöglicht es, die vielfältigen Ausdrucksformen der eschatologischen Erwartung freizusetzen, in der sich die puritanischen Kreise verzehren. Der Kontext des Bürgerkriegs auf dem Hintergrund religiöser und sozialer Kämpfe sorgt für einen spektakulären Auftrieb des Übernatürlichen. Die Zügellosigkeit dieser Äußerungen rührt daher, daß sie von sektiererischen Gruppen ausgehen, die sich jeder regulierenden zentralen Obrigkeit entziehen. Wir befinden uns hier außerhalb des großen Kampfs, der sich auf dem europäischen Kontinent zwischen Reformation und Gegenreformation abspielt, wo die politischen und religiösen Führer beider Seiten versuchen, das religiöse Leben zu rationalisieren und zu reinigen, indem sie die unangebrachten Äußerungen einer destabilisierenden Prophetie bekämpfen. Im England der 1640er Jahre ermutigt das Verschwinden der Autorität der Kirche wie des Staates den Ausdruck der überspanntesten Strömungen, und diese Parenthese der Geschichte veranschaulicht die latente Kraft des volkstümlichen prophetischen Geistes. Cromwell, der weitgehend dazu beigetragen hat, den Deckel zu öffnen, sollte ihn überstürzt wieder schließen, erschrocken über die apokalyptischen Weissagungen, die aus dem gesellschaftlichen Kessel sprudeln und rasch jede Regierung unmöglich machen sollten.

In den Volksklassen wimmelt es von Magie, Aberglauben, Okkultismus, Irrationalismus, die jäh zutage treten, sobald die etablierte Kirche nicht mehr da ist, um diese Triebe zu kanalisieren. Allenthalben laufen Leute herum, die sich für Elias, Daniel, Jesus oder die Zeugen der Offenbarung halten, und setzen widersprüchliche Vorhersagen über die öffentlichen und privaten Angelegenheiten in die Welt; prophetische Veröffentlichungen nehmen überhand. Zwischen 1647 und 1654 muß Cromwell mindestens sechsmal die Ratsversammlung unterbrechen, um einen Propheten oder eine Prophetin zu Wort kommen zu lassen, die sich auf eine göttliche Eingebung berufen. Diese häufig ernst genommenen Vorhersagen beeinflussen ständig die politischen und militärischen Entscheidungen und tragen dazu bei, die Verwaltung und die Armee zu lähmen. Im Mai 1643, mitten im militärischen Feldzug, bleiben die Truppen des Parlaments in der Nähe von Wallingford stehen, um darüber zu diskutieren, welche Taktik angesichts einer Prophezeiung einzuschlagen sei, die verkündet, Christus werde persönlich kommen, um Karl I. zu vernichten, und der Graf von Essex sei Johannes der Täufer. 1647 hat William Sedgwick in der Kathedrale von Ely eine Vision, in der Christus ihm das Ende der Welt innerhalb von zwei Wochen verkündet.

Noch besorgniserregender ist das Wiederaufleben sozialrevolutionärer und chiliastischer Prophezeiungen, die Bewegungen wie die der Fünften Monarchie ins Leben rufen, die sich, in der Nachfolge der vier Monarchien von Babylon, Persien, Griechenland und Rom, als Reich der Heiligen ausgibt. Dieses Reich sei von völliger Gleichheit unter den Menschen und vom Verschwinden aller Übel geprägt. Die Hinrichtung des Königs, ein beispielloses Ereignis, bestärkt die »Propheten« in der Gewißheit, dem Beginn einer neuen Ära beizuwohnen, und als sie gewahr werden, daß die Herrschaft des »Beschützers« der von Karl I. in nichts nachsteht, versuchen sie 1657 einen Aufstand. Ihre Auffassung, die sich im wesentlichen auf das Buch Daniel stützt, paßt diesen Propheten der zeitgenössischen Welt an: so ist das »kleine Horn«, das »Krieg gegen die Heiligen führt«, Karl I., wie Thomas Harrison meint.

Andere aktualisieren die Offenbarung wie Lodovic Muggleton (1609–1698), ein Schneider aus London, der meint, die in diesem Buch angekündigte »dritte Vergebung« erhalten zu haben, die ihm, nach Moses und Christus, die Macht verleihe, zu retten und zu verdammen. Der Prophet William Everard dagegen lebt in einem Zelt und verkündet die Ankunft des Messias, der tatsächlich kommt und James Nayler heißt.

Auch nichtreligiöse Prophezeiungen tauchen wieder auf. Merlin erlebt eine zweite Jugend mit den Wahrsagungen des Schotten Brahan, den Hirngespinsten des Deutschen Heinrich Zanzer um 1640, und sogar der berühmte Astrologe William Lilly verwendet seinen Namen im Titel seines Almanachs *Merlinus Anglicus*. 1641 veröffentlicht Thomas Heywood *The Life of Merlin*, in dem er nachweist, daß der Zauberer ein guter Christ war und sogar ein Vorläufer des Calvinismus: wenn er vom Konzil von Trient verboten worden sei, präzisiert ein anderer Engländer im Jahre 1658, so deshalb, weil er den Sturz des Papstes vorausgesagt habe. Heywood scheut sich nicht, ihm eigene Weissagungen unterzuschieben.

Auch die Sibylle wird herangezogen; man läßt sie das Ende der Bischöfe weissagen, und früheren Autoritäten zugeschriebene prophetische Sammlungen bestärken die Puritaner in ihren Ansichten: der *Nuncius Propheticus* (1642), der *Mercurius Propheticus* (1643), *A Prophecy of the White King* (1644), *A Collection of Ancient and Modern Prophecy* (1645). In buntem Durcheinander findet man hier Weissagungen des hl. Ignatius, von Merlin, der Sibylle und Mother Shipton, deren Erfolg in geometrischer Progression wächst: *The Prophecy of Mother Shipton* von 1641 wird 1642 zu *Two Strange Prophecies* und Ende des Jahres zu *Four Strange Prophecies*, 1643 zu *Seven Strange Prophecies*, 1664 zu *Nine Notable Prophecies* und 1649 zu *Fourteen Strange Prophecies*.

Die Ausbeutung dieser Ader der Mother Shipton liegt in der Mode der Erfindung oder »Entdeckung« alter Texte. Wie durch Zauberei tauchen »mittelalterliche« Prophezeiungen auf, die wunderbarerweise in Krypten, in den Mauern und Altären verfallener Abteien oder in den Grundmauern alter Schlösser aufgefunden werden; andere kommen aus den Privatarchiven dieser oder jener Familie, wo sie seit Jahrhunderten schlummerten, bevor man sich in den 1640er Jahren zufällig dazu entschloß, sie zu veröffentlichen; schließlich entdeckt man eine Fülle unveröffentlichter Vorhersagen von Beda, Chaucer, Heinrich II. und Thomas Becket, Gildas, Savonarola, Ignatius, Walter Raleigh und unbedeutenderer Personen.[72]

Prophetie, Krieg und Manipulation

Ein großer Teil dieser Literatur ist natürlich gefälscht, was sich recht leicht ermitteln läßt, wie zum Beispiel bei jener Weissagung von 1651, die einem »Jesuiten aus der Zeit Heinrichs VII.« zugeschrieben wird, d. h. ein halbes Jahrhundert vor der Gründung der Gesellschaft Jesu.[73] Andere Male weisen die Details über die zeitgenössischen Ereignisse darauf hin, daß der Text zurückdatiert wurde. Ebenso oft handelt es sich um Vorhersagen, die neu gedeutet wurden, um sie mit den neuen Gegebenheiten in Einklang zu bringen, oder sogar um ursprünglich nicht prophetische Schriften,

Der Sieg der Astrologie 431

in denen man nun einen in die Zukunft weisenden Sinn entdeckt. In allen Fällen sind die Weissagungen, auch wenn sie bei ihrer Selbsterfüllung eine gewisse Rolle spielen mögen, weit mehr die Folge als die Ursache der Ereignisse.

In ihrem Wunsch, den Lauf der Politik ihrer Zeit zu rechtfertigen und zu erklären, scheuen sich die Propheten nicht, sämtliche Gattungen zu vermengen. Der Astrologe William Lilly, eine der Berühmtheiten seiner Zeit, zögert nicht, sich Merlins und anderer Quellen zu bedienen. 1674 veröffentlicht er die Übersetzung der *Prophecy of Ambrose Merlin*, und 1651 bringt er ein Sammelsurium von Vorhersagen in *Monarchy or no Monarchy* heraus, wo er als guter Anhänger des Parlaments nachweist, daß alle Erleuchteten der Vergangenheit vorausgesehen hatten, daß Karl I. entthront und der letzte König von England sein werde, auch wenn er anläßlich der Restauration von Karl II. in neuen prophetischen Texten das Gegenteil entdeckt, wie er es in seiner *Autobiography* treuherzig erzählt.[74] Auch andere Autoren stellen heteroklite Sammlungen der verschiedensten Prophezeiungen zusammen wie 1652 die *Sundry Strange Prophecies of Merlin, Bede, Becket, and others*, die *British and Outlandish Prophecies* (1658) und die *Foreign and Domestic Prophecies both ancient and modern* (1659). Alle diese Werke verkaufen sich gut: 4500 Exemplare der *Collection of Ancient and Modern Prophecies* im Jahre 1645, nach dem Zeugnis von William Lilly[75]; und sie können die Politik wenn nicht bestimmen, so doch beeinflussen: so gründet z. B. der Marquis von Montrose seinen Versuch, für den König Schottland zurückzuerobern, auf diese Weissagungen.

Überall, wo der Krieg wütet, blühen die Prophezeiungen und bestätigen die Ereignisse, indem sie ihnen die Bürgschaft und das Siegel des Übernatürlichen verleihen oder neue Hoffnung wecken. Auf dem europäischen Kontinent liefert der Dreißigjährige Krieg zahlreiche Beispiele dafür, von der Rechtfertigung der Siege Gustav Adolfs durch eine Prophezeiung des Paracelsus bis hin zum Aufstand Kataloniens im Jahre 1640, der sich auf bestimmte Vorhersagen Merlins beruft. Der Fall der Niederlande, den Willem Frijhoff untersucht hat, ist im 17. Jahrhundert ein wahres prophetisches Laboratorium.[76] Die Vorhersagen auf Flugblättern, die 3 Prozent aller Druckschriften des Jahrhunderts ausmachen, erleben in Kriegszeiten eine starke Inflation: die Zahl der Titel steigt während des Englisch-Niederländischen Kriegs von 1665–1667 von zwei auf zwanzig pro Jahr und während des Niederländisch-Französischen Kriegs (1670–1678) auf dreißig. Diese Prophezeiungen sind äußerst eklektisch und messen den Vorzeichen große Bedeutung bei wie den Kometen von 1664 und 1665 sowie dem apokalyptischen Jahr 1666.

Alle Erscheinungen werden genau beschrieben und sodann gedeutet. Besonders zahlreich sind die volkstümlichen Visionen wie die von Johann Oosterzee im Jahre 1622, bestehend aus drei symbolischen Personen, die für das Land verheerende Mißgeschicke ankündigen. 1672 sieht eine Witwe aus Zaandam Engel, die ihr den Verlauf des Krieges verkünden, eine Vision, die 1674 von einem Bauern bestätigt wird.[77] Es ist allgemein üblich, sonderbare Geräusche zu hören und Truppen und Kämpfe im Himmel zu sehen.[78]

Einige dieser Prophezeiungen werden absichtlich ganz und gar erfunden, um die Bevölkerung zu beruhigen, die Moral aufrechtzuerhalten, Vertrauen zu wecken. Eine der berühmtesten, von der mindestens fünf holländische und eine deutsche Druckfassung bekannt sind, ist die eines Bauern aus Westfalen, Michel Ruholts. Sogar das Entstehungsdatum läßt sich ohne weiteres ermitteln: diese »Prophezeiung« kündigt bis zum Juni 1672 mit wundersamer Genauigkeit alle Ereignisse des Niederländischen Kriegs an; dann wird plötzlich alles falsch; für Juli sagt sie den Brand von Paris voraus, dann den Anschluß Englands an Holland, doch die Ermordung der Brüder de Witt sieht man nicht kommen. Ein klassisches Verfahren, das darin besteht, eine Vorhersage zurückzudatieren, um bereits vergangene Ereignisse einzubeziehen und ihnen damit das nötige Prestige zu verleihen.

Neben diesen rational und kaltblütig erfundenen propagandistischen Weissagungen tauchen auch inspirierte Prophezeiungen einiger Exaltierter und Enthusiasten auf, für die der Krieg in erster Linie das Vorzeichen für das Weltende oder das Millennium ist. Johannes Rothe (1628–1702), Sohn eines holländischen Kaufmanns, der während des Interregnums nach England gegangen ist, wo er an der Bewegung der Fünften Monarchie teilnimmt, kehrt in die Vereinigten Provinzen zurück und veröffentlicht 1672 in Amsterdam *Quelques prophéties et révélations de Dieu concernant la chrétienté de notre siècle*. Da er unter anderem eine Nieder-

Der Sieg der Astrologie 433

lage der englischen Flotte vorhersagt und im August 1673 eine solche bei Texel stattfindet, erlangt er beträchtliches Ansehen. Mit einer kleinen Gemeinschaft läßt er sich in der Nähe von Hamburg nieder und erwartet dort die letzte Schlacht gegen Babylon. Da der Millenarismus in dieser Gegend sehr schlechte Erinnerungen hinterlassen hat und Rothe zudem an einer Kampagne gegen die Orangisten teilnimmt, wird er 1676 als Irrsinniger festgenommen und erst 1691 freigelassen.

Auch in der katholischen Welt erscheinen im 17. Jahrhundert einige chiliastische Spuren, trotz der Bemühungen der Hierarchie, diese gefährliche Strömung endgültig einzudämmen. Das Ende der Welt vorherzusagen kann – auch wenn Leo X. verboten hat, dessen genauen Zeitpunkt zu bestimmen – äußerstenfalls geduldet werden, da es sich letztlich nicht einmal mehr um Prophetie handelt, da dieses Schicksal unausweichlich ist. Aber vorher ein tausendjähriges Reich von Heiligen einzuschieben, dessen Kosten die Kirche zu tragen hätte, ist unannehmbar. Allein der Gedanke daran wird zu einem Zeichen von Ketzerei. Diejenigen, die ihn innerhalb der Kirche weiterhin verfechten, sind eben deswegen verdächtig wie der portugiesische Jesuit Vieira (1608–1697). In Wirklichkeit ist sein Millenarismus mehr nationalistisch denn universalistisch; er identifiziert sich mit einem Land, nicht mit einer Gesellschaftsklasse. Im Kontext der Vereinnahmung Portugals durch seinen spanischen Nachbarn ab 1580 hat sich das portugiesische Nationalbewußtsein um eine Weissagung kristallisiert – in Ermangelung einer vernünftigen Hoffnung die letzte Zuflucht. König Sebastian ist nicht tot, er wird zurückkehren, sein Volk befreien und ein Zeitalter des Wohlstands einleiten. Vieira sagt voraus, daß der König von Portugal zusammen mit dem Papst herrschen und Lissabon die Hauptstadt der regenerierten Erde sein werde, auf der man die Türken und die Juden bekehrt haben wird. Der Beginn dieser neuen Ära, zunächst für das Jahr 1670 vorgesehen, wird später auf 1679 und dann auf 1700 verschoben.

Der Sieg der Astrologie hat also die Prophetie und die anderen Wahrsagungsmethoden nicht zum Verschwinden gebracht. Aber die soziologische Verteilung ist nun sehr klar: die intellektuellen, politischen und wissenschaftlichen Eliten widmen sich dem gelehrten Studium der Sterne, einer Quelle der Erklärung der menschlichen Verhaltensweisen und, innerhalb noch strittiger Grenzen, eine Quelle der Vorhersage; das Volk ergeht sich in merlinesken oder sibyllinischen Prophezeiungen sowie in sämtlichen empirischen Wahrsagungsverfahren von der Chiromantie bis zur Traumdeutung. Nichts vermag diese viele Jahrhunderte alten Praktiken auszurotten, gegen die die tridentinische Kirche vergeblich wettert. Noch Anfang des 17. Jahrhunderts erinnert ein Buch in bretonischer Sprache zum Gebrauch der Seelsorger daran, daß »es eine Todsünde ist, sich an die Wahrsagungen zu halten, die mit ›Kunst‹ und einer vom Feind herrührenden Verständigkeit durch den Gesang oder den Flug der Vögel oder den Gang der Tiere gemacht werden, wie die Alten es taten«.[79] Zur gleichen Zeit entdecken die Missionare im Innern, daß man auf dem flachen Land noch immer den Mond und die Brunnen verehrt und aus ihnen weissagt; dasselbe stellt man in Irland fest, wo man zu Ehren des Mondes das Vaterunser aufsagt, und in England, wo der Puritaner Richard Baxter konstatiert, daß viele Menschen Christus mit der Sonne gleichsetzen. Der lokale Klerus, der kaum gebildeter ist als seine Pfarrkinder, betet die vielfältigen und geheimnisvollen Weissagungen nach. So schreibt der Rektor von Edern in der Bretagne am 14. Februar 1628 in sein Taufregister: »Am achten Dezember des Jahres 1627 fiel vor den Augen mehrerer Personen ein Stein vom Turm der Matthäus-Kirche in Morlaix, worüber folgendes geschrieben stand:

> Un peu avant 1630
> Les bouga a la barbe jausne poyront la rante
> Un beau gaston moult besoignera
> E la croix rouge par luy de couleur changera.«[80]

(Kurz vor dem Jahre 1630
werden die gelbbärtigen Ketzer dafür zahlen,
ein schöner Knabe wird eifrig wirken,
und das rote Kreuz wird durch ihn die Farbe wechseln.)

Der Sinn dieser Weissagung bleibt dunkel, ebenso der folgender vier Verse in bretonischer Sprache:

> Après de grandes pluies [viendront] des armes cruelles
> certainement.
> Beaucoup d'épouvantails barbus viendront glorieusement
> Et dans votre pays changeront la manière d'être
> Car plus de cent mille [hommes] ils mettront en pièces.

(Nach schweren Regenfällen [kommen] grausame Waffen gewiß.
Viel bärtige Schreckgestalten werden siegreich kommen
Und ändern die Wesensart in eurem Land,
Denn mehr als hunderttausend [Mann] hauen sie in Stücke.)

Noch im 17. Jahrhundert werden in Morlaix viele prophetische Texte in bretonischer Sprache gedruckt, desgleichen die Übersetzungen des Nostradamus.[81]

Die Trennung, die in der ersten Hälfte des 17. Jahrhunderts zwischen der Astrologie einerseits, der Prophetie und der »vulgären« Weissagung andererseits erfolgt, spiegelt in Wirklichkeit die immer größer werdende Kluft zwischen der Kultur der Elite und der Kultur des Volks wider, wobei erstere auf eine dem Neuen aufgeschlossene Zukunft setzt und letztere weiterhin an einer unwandelbaren, beruhigte Stabilität versprechenden Vergangenheit festhält. Denn hinter dem Bedürfnis nach Prophetie steht der Wunsch, die Gegenwart mit der Vergangenheit zu verknüpfen, den Eindruck des Unvorhergesehenen, des Neuen, der Umwälzung auszulöschen, indem man zeigt, daß alle gegenwärtigen Ereignisse zu einem bestehenden Plan gehören, den schon die Alten kannten. Die Weissagung, die man erfindet, neuinterpretiert oder zurückdatiert, ist das große Band, das den Zusammenhalt zwischen Vergangenheit und Gegenwart konkretisiert. Es gibt nichts Neues unter der Sonne, denn alles war vorhergesehen.[82]

Die gelehrte Astrologie geht von einer anderen Mentalität aus, für die das Unwandelbare nurmehr Schein ist, ein mechanischer Träger, der es ermöglicht, wirklich Neues vorauszusehen. Zwar wiederholt sich die Bewegung der Sterne, aber dank seiner Reaktionsfreiheit gegenüber den astralen Einflüssen erzeugt er neue, noch nicht dagewesene Situationen. Außerdem sagt der Astrologe heute voraus, man kann ihn aufsuchen und befragen, während es sich bei den Prophezeiungen immer um alte Texte handelt; sogar die jüngeren stehen unter der Schirmherrschaft berühmter Vorfahren. Natürlich lassen sich astrologische Vorhersagen wie die des Nostradamus immer wieder verwenden, aber hierbei handelt es sich um eine Abart der volkstümlichen Astrologie. Der gelehrte Astrologe dagegen erhebt den Anspruch auf ein originales Werk und gründet sein Ansehen auf das Geschick seiner Berechnungen, was es ihm erlaubt, ein persönliches Werk zu schaffen.

Außerdem ist die Prophetie, die die Vergangenheit oder die Gegenwart vorhersagt, eine politische und religiöse Waffe, die manipuliert wird, um in den Augen des Volkes diese oder jene Sache zu rechtfertigen. Das trägt dazu bei, sie bei der Elite noch mehr in Verruf zu bringen, so daß ihr als Führer in die Zukunft nur noch die Astrologie bleibt. Freilich muß sie Vertrauen einflößen. Doch im Laufe des 17. Jahrhunderts muß sie zwei Kulturrevolutionen, die ihre Glaubwürdigkeit untergraben, die Stirn bieten: von 1610 bis 1650 der galileischen wissenschaftlichen Revolution und ab 1680 der Krise des kritischen Geistes. Nun wird die Astrologie ihrerseits ins Abseits des volkstümlichen Aberglaubens gedrängt.

KAPITEL X

Die Astrologie: eine soziokulturelle Notwendigkeit im 17. Jahrhundert

> Heute nacht habe ich den Kometen gesehen. Sein Schweif hat eine höchst ansehnliche Länge; in ihn setze ich einen Teil meiner Hoffnungen.[1]
>
> Wir haben hier einen Kometen, der auch sehr groß ist; der schönste Schweif, den man sich vorstellen kann. Alle hochstehenden Personen sind alarmiert und glauben fest, daß der Himmel, der es auf ihren Untergang abgesehen habe, sie durch diesen Kometen warne. (...) Der menschliche Hochmut erweist sich zuviel Ehre, wenn er glaubt, daß in den Sternen große Dinge vor sich gehen, wenn man sterben muß.[2]

Zwischen diesen beiden Texten von Madame de Sévigné liegen sechzehn Jahre. Im Dezember 1664 teilt sie noch die herrschende Meinung über die Bedeutung des Kometen, der in Paris für helle Aufregung sorgt: »Der Pont-Neuf und die großen Plätze sind jede Nacht voll von Menschen, die ihn betrachten. Daß er genau im Augenblick des Prozesses von Herrn Foucquet entdeckt wurde, ist etwas sehr Außergewöhnliches«, vermerkt Olivier Lefèvre d'Ormesson in seinem *Journal*.[3] Sechzehn Jahre später, 1680, hat sich das Klima verändert. Zwar zieht der Komet noch viele Neugierige an und läßt viel Tinte fließen, aber der Ton der Äußerungen schlägt in Skepsis um. Bussy-Rabutin, der am 8. Januar 1681 auf den Brief seiner Kusine antwortet, erklärt sich noch deutlicher. Auch wenn er dem Kometen einen Einfluß auf das Wetter und indirekt auf die Ernten und die Gesundheit zubilligt, so relativiert er doch seine Rolle und rückt die über ihn herrschenden Ansichten in eine historische Perspektive, die die für die Krise des europäischen Bewußtseins charakteristische kritische Mentalität ankündigt: »Der Komet, den man in Paris sieht, ist auch in Burgund zu sehen und bringt die Dummköpfe dieses wie jenes Landes zum Schwatzen. Ein jeder hat seinen Helden, der seiner Meinung nach von ihm bedroht wird, und ich zweifle nicht, daß es in Paris Leute gibt, die glauben, er habe der Welt den Tod von Brancas angekündigt. (...) Die Schwäche, sich vor den Kometen zu fürchten, ist unmodern. Es hat sie zu allen Zeiten gegeben, und Vergil, der doch soviel Geist besaß, sagte, man erblicke sie niemals ungestraft. Vielleicht hat er es ja nicht geglaubt und wollte, als Schmeichler des Augustus, ihn nur davon überzeugen, daß der Himmel mit derartigen Zeichen sein Interesse an den Taten und am Tod der großen Fürsten bekunde. Ich selber glaube nicht daran und meine, daß ein Komet allenfalls den Wechsel der Jahreszeiten anzeigt und dadurch Pest und Hungersnot hervorrufen kann.«[4]

Der Wandel im Urteil der Madame de Sévigné über die Kometen veranschaulicht die Krise, mit der die Astrologie im 17. Jahrhundert konfrontiert ist. Eine weitere Tür zur Zukunft ist im Begriff, sich zu schließen.

Astrologie und neue Wissenschaft

In der Tat muß die Astrologie zwei unterschiedlichen kritischen Bewegungen ins Auge sehen. Die erste hängt mit dem Auftauchen der modernen Wissenschaft zusammen, im Verlauf der gemeinhin so genannten galileischen Revolution: das Universum ist in der Sprache der Mathematik geschrieben, und die Zahl ersetzt die okkulten Eigenschaften. Die Astrologie zeigt sich getroffen, zieht sich letztlich jedoch, anders als man hätte erwarten können, recht gut aus der Affäre. Aus einer kurzen Untersuchung des Denkens der wichtigsten Vertreter der neuen Wissenschaft ergibt sich nämlich ein recht differenzierter Eindruck.

Für Francis Bacon (1561–1626) ist sogar der Gedanke, die Zukunft kennen zu wollen, suspekt. In seinem Essai *On Prophecies* vergleicht er die Prophezeiungen mit Märchen, »Geschichten, die man im Winter am Kamin erzählt«. Wie sein Landsmann und Zeitgenosse Edward Coke meint er, daß die meisten von ihnen zu politischen Zwecken erfunden wurden und sehr schädlich sind; alle anderen seien nach den Ereignissen verfaßte Betrügereien oder schlichte Mutmaßungen, die als Prophezeiungen gelten. Daß trotz ihrer wiederholten Fehlschläge weiterhin Menschen an sie glauben, liege daran, daß man nur diejenigen in Erinnerung behalte, die durch Zufall in Erfüllung gegangen sind.

Nicht minder suspekt ist ihm die Wahrsagung mittels magischer Verfahren. Die Begriffe »Sympathie« und »Antipathie« hält er für »sinnlose und träge Vermutungen«, und er wendet sich gegen die hermetischen Lehren seines anderen Zeitgenossen, Robert Fludd (1574–1637), der der Idee der Entsprechungen große Bedeutung beimißt.

Was die Astrologie betrifft, so vertritt Bacon eine differenziertere Position. Im *Novum organum* erklärt er: »Fast ebenso steht es nun mit allem Aberglauben, mit der Sterndeutung, mit Träumen, Vorgeschichten, Strafzeichen u. dgl. Treffen sie ein, so machen die Gläubigen ein Geschrei davon; schlagen sie, wie gewöhnlich, fehl, so übergehen sie die Sache mit Stillschweigen.«[5] Doch 1623 plädiert er in *De augmentis scientiarum* für eine Reinigung der Astrologie unter Beibehaltung ihrer nützlichen Teile: »Was die Astrologie betrifft, so ist sie mit so vielem Aberglauben angefüllt, daß man kaum etwas dem gesunden Menschenverstand Entsprechendes darin findet. Doch halte ich dafür, daß man sie eher von diesem Schlamm reinigen als gänzlich verwerfen soll. (...) Wir aber nehmen die Astrologie als einen Teil der Physik an und eignen ihr nicht mehr zu, als die Vernunft und die auf selbige sich stützende Überzeugung erlaubt; wir benehmen ihr alle Märchen und alle von Aberglauben erzeugte wahnsinnige Meinungen. (...) Wir tragen keine Bedenken, als eine Erdichtung die Lehre zu verwerfen, welche von dem Stand des Himmels zu gewissen Zeitpunkten und dessen Einfluß auf das Glück der Familien (...) so viel zu sagen weiß (...). Drittens tun wir den Ausspruch, daß (...) alle die Lehren von Nativitäten, Tagewählen, Losungen und mehr dergleichen Leichtsinnigkeiten nichts Gewisses oder Gründliches haben können und durch physikalische Gründe widerlegt werden.«[6]

Für Bacon können die Sterne höchstens große Massen, große Zahlen und lange Perioden beeinflussen, vernehmlich die Luft und die Säfte. Den großen Umläufen und Konjunktionen ließen sich daher höchstens Hinweise auf die globale Zukunft entnehmen, keinesfalls aber könne man sie auf die Individuen ausdehnen: »Noch setzen wir hinzu, was wir als gewiß annehmen, daß die himmlischen Körper außer Wärme und Licht einige andere Einflüsse in sich haben, welche doch selbst nicht anders, als nach den gegebenen Regeln etwas verbergen, und erheischen eine weitläufige Behandlung.« Das Anwendungsfeld ist ziemlich groß: »Vorhersagen können geschehen von Kometen, Meteoren, Überschwemmungen, Trockenen, Hitzen, Erdbeben, Wassereinbrüchen, Winden und starken Regen, Jahreswitterungen, Seuchen, herrschenden Krankheiten, Wohlfeile und Teuerung der Fruchten, Kriegen, Aufruhren, Sekten, Völkerwanderungen, endlich allen Bewegungen oder größeren Neuerungen in natürlichen und bürgerlichen Dingen.«[7] Wenn die Astrologie reformiert und gereinigt sei, ließen sich vielleicht noch mehr Fälle finden, und er schließt nun die Möglichkeit besonderer Vorhersagen, die Individuen betreffen, nicht mehr ganz aus.

Auch bei den Praktikern der neuen Wissenschaft setzt das Mißtrauen gegenüber der Astrologie sehr langsam ein. Johannes Kepler (1571–1630), der lange Zeit sein Brot mit astrologischen Beratungen verdient hat, vertritt eine sehr prosaische Position, wenn er die Astrologie als »die einfältige Tochter« bezeichnet, »die mit ihren Zauberformeln eine ebenso gelehrte wie arme Mutter [die Astronomie] ernährt«. Aber wie Bacon meint auch Kepler, daß eine gereinigte Astrologie imstande wäre, weite Bereiche der Zukunft vorherzusehen. In drei Werken legt er seine Erneuerungspläne dar: in *De certioribus fundamentis astrologiae* (1602), in *Tertius interveniens* (1610) und in *Harmonice mundi* (1610). Schon die Tatsache, daß er dem Thema weitschweifige gelehrte Ausführungen in lateinischer Sprache widmet, zeigt, wie ernst es ihm ist. Ihm zufolge müßten alle Hirngespinste über die Tierkreiszeichen, rein konventionelle Erfindungen des Menschen, verworfen werden; die »abergläubische« Astrologie umfasse den ganzen Jargon der »Nativitäten«, »Elektionen«, »Horoskope«, die völlig wertlos seien, auch wenn Kepler nicht wenig Zeit auf sein eigenes Horoskop verwendet hat. Die Sterne sind Zeichen, schreibt er, und nicht Ursachen, und Einfluß haben sie nur auf die Materie. Dagegen entwickelt er die originelle, an den Pythagoreismus anknüpfende Idee der Harmonie der Sphären, dieses von der Seele der Welt orchestrierte große astronomische Konzert, durch dessen gründliches Studium sich nützliche Erkenntnisse im Hinblick auf Vorhersagen gewinnen ließen. Große Bedeutung mißt er auch den wichtigsten Konjunktionen von Saturn und Jupiter bei, die ihn auf die Idee von achthundertjährigen Zyklen bringen.

Die Astrologie: eine soziokulturelle Notwendigkeit   441

Sogar Galilei (1564–1642) scheut sich bis 1624 nicht, Horoskope zu stellen, jedoch zu einem weit utilitaristischeren Zweck als Kepler, und sein Bewunderer Tommaso Campanella (1568–1639) sieht vor, seinen *Sonnenstaat* mit einer Gruppe offizieller Astrologen auszustatten. Dieser Dominikaner, der im Verdacht der Ketzerei steht und deswegen einen Teil seines Lebens im Gefängnis verbringt, meint, daß die wissenschaftlich betriebene Astrologie nützliche Ergebnisse liefern könne. Der vollständige Titel des Werks, das er ihr 1629 widmet, zeugt in seiner Länge von großer Vorsicht: *Die sechs astrologischen Bücher von Campanella aus dem Orden der Prediger, in denen die vom Aberglauben der Araber und der Juden gereinigte Astrologie nach den Prinzipien der Physik, der Heiligen Schrift und der Lehre der heiligen Theologen Thomas und Albertus Magnus betrieben wird, so daß man sie mit großem Nutzen lesen kann, ohne sich dem Argwohn der Kirche und Gottes auszusetzen.* Und als ob das nicht ausreichte, fügt Campanella vor der Inhaltsangabe hinzu: »Im Vorwort zeigen wir, daß die wissenschaftliche Astrologie von der abergläubischen Astrologie zu trennen ist; sie gefährdet weder die Vorsehung noch die Macht Gottes, und wir werden zeigen, daß die Astrologie zum Teil auf wirklichem Wissen, zum Teil auf Annahmen beruht wie die Medizin.«

Dies alles schürt lediglich die Zweideutigkeit, die man in der ersten Hälfte des 17. Jahrhunderts in den wissenschaftlichen Kreisen Frankreichs z. B. bei Pater Mersenne antrifft, der 1623 die judiziarische Astrologie in seine Tafel der Wissenschaften aufnimmt, sowie bei Descartes, der sich mit seiner sprichwörtlichen Vorsicht weigert, sein Geburtsdatum unter sein Porträt setzen zu lassen, damit niemand sein Horoskop stellen könne: Furcht oder Verachtung? Wie immer bei ihm ist es sehr schwierig, das zu entscheiden. Fest steht jedoch, daß seine abenteuerliche Theorie der Wirbel 1671 von einem seiner Schüler, Claude Gadrois, zur Rechtfertigung der Astrologie benutzt wird.[8]

Mit Pierre Gassendi (1592–1655) dagegen haben wir es mit einem wirklichen Gegner jedweder astrologischen Praxis zu tun, deren Los er in seinem *Syntagma philosophicum* besiegelt.[9] Sein Standpunkt ist streng wissenschaftlich: in keinem Fall können die Sterne Ursache, ja nicht einmal Zeichen der irdischen Ereignisse sein. Wäre dies der Fall, so würde bei letzteren eine strikte Regelmäßigkeit und Allgemeinheit herrschen, was die Erfahrung jeden

Tag widerlegt: zu ein und derselben Zeit ist es hier heiß und anderswo kalt, und Menschen, die zur gleichen Zeit geboren wurden, haben unterschiedliche Schicksale. Alle klassischen Argumente, besonders die von Pico della Mirandola, aufgreifend, verwirft er die gesamte Astrologie in Bausch und Bogen, von der Genethlialogie bis zur astrologischen Medizin. Als vorzüglicher Kenner der Wissenschaftsgeschichte schildert er die großen Etappen des astronomischen Denkens und erwägt sogar, ob es möglicherweise zwei Ptolemaios gegeben habe, so unvereinbar erscheinen ihm dessen astronomische und astrologische Aspekte. Der Einfluß der Sterne beschränke sich auf zwei Dinge: Licht und Wärme; was die Kenntnis der Zukunft angehe, so liege sie einzig bei Gott, und daß die Astrologie eine so große Faszination ausübe, rühre daher, »daß die Menschen seit alters her begierig waren, die Zukunft zu kennen, und es nie an Betrügern gefehlt hat, die sich rühmten, sie zu kennen«. Jede menschliche Begebenheit habe Ursachen, doch lägen diese in uns selbst und nicht in den Sternen.

Es überrascht nicht, daß der Generalvikar des großen Almoseniers von Frankreich, Claude Auvry, sich 1654 an Gassendi wandte und ihn bat, ein Werk zur Beruhigung des Publikums zu verfassen, das die apokalyptischen Vorhersagen infolge der großen Sonnenfinsternis vom 12. August in Angst versetzt hatten.

Daraufhin schreibt der Domherr von Digne eine kurze Abhandlung, anonym, um sich lästige Polemiken seitens der Astrologen zu ersparen. Die wissenschaftlichen Argumente (die Finsternis ist eine Naturerscheinung derselben Art wie jene, die Tag und Nacht hervorruft) ergänzt er durch eine psychologische Erklärung (die Panik ist dem vorübergehenden Verschwinden des Lichts geschuldet) sowie eine scharfe Kritik an »der Leichtgläubigkeit der Menschen, die eine erstaunliche Neigung haben, (...) allen Scharlatanerien der Astrologen, Wahrsager und Prognostiker blindlings Glauben zu schenken«.[10]

Pierre Gassendi ist deren Schreckgespenst, vornehmlich des berühmten Jean-Baptiste Morin, der ihm die finstersten Absichten unterschiebt und sein Horoskop stellt, um zu erfahren, wann die Erde von diesem abscheulichen Skeptiker befreit sein werde: den Sternen zufolge hätte Gassendi Ende Juli oder Anfang August 1650 sterben müssen.[11] Aber der Himmel ist entschieden gegen die Astrologen: Gassendi stirbt erst 1655.

Obwohl Gassendi offen ein guter Christ bleibt, steht er doch mit zahlreichen gebildeten Libertins seiner Zeit in Verbindung, die, ganz der mechanistischen Wissenschaft verschrieben, jeden Einfluß der Sterne, abgesehen von der Wärme und dem Licht, ausschließen. Alles Okkulte ist ihnen ein Greuel. Am anderen Ende der religiösen Skala stimmen die Jansenisten von Port-Royal mit den Libertins in der unwiderruflichen Verurteilung der unlogischen und unwissenschaftlichen Aspekte der Astrologie überein.

Aber das sind Extreme. Der größte Teil der intellektuellen Elite des 17. Jahrhunderts verschanzt sich in einer vorsichtigen und zweideutigen Haltung. Zwar stellt die neue Wissenschaft noch nicht dagewesene Anforderungen, aber das viele Jahrhunderte alte Ansehen der Astrologie nährt trotzdem heimliche Hoffnungen auf einen Zugang zur Zukunft. Und bis zum Ende des Jahrhunderts können sich auch die größten Geister dem nicht entziehen. Robert Boyle (1627–1691) versucht in seiner überaus modernen Optik Astrologie und Teilchenphysik zu versöhnen: die Sterne senden Partikel aus, die, von der Atmosphäre übertragen, die Menschen auf chemische Weise berühren. Christopher Wren schreibt 1650, daß »der wißbegierige Philosoph eine authentische Astrologie entdecken kann, die für die Physik von wunderbarem Nutzen wäre, wenngleich die gemeinhin geübte Astrologie nur als unvernünftig und lächerlich zu bezeichnen ist«.[12]

Auch der größte Wissenschaftler der Zeit, Isaac Newton (1642 bis 1727), liebäugelt lange mit der Astrologie. Man kennt den verwirrenden Aspekt seiner Person, deren Facetten von dem in seiner mathematischen Strenge so modernen Gelehrten bis hin zum spiritualistischen Theologen reichen. Die Idee der allgemeinen Anziehungskraft verträgt sich *a priori* sogar sehr gut mit den Voraussetzungen der Astrologie, und einer von Newtons Freunden, William Whiston (1667–1752), verwendet sie in Verbindung mit Halleys Ideen über die Planeten, um das Weltende für den 13. Oktober 1736 vorauszusagen. Angesichts der daraus folgenden Panik sowie der Empörung der Tories und der anglikanischen Kirche distanzieren sich Newton und seine Freunde wie Clarke von der Astrologie. Auf der anderen Seite greift ein weiterer Schüler Newtons, David Gregory (1661–1708), ebenfalls das Denken des Meisters auf, um jedwede Astrologie zu verurteilen, da sie für viele gesellschaftspolitische Übel verantwortlich sei: »Man mag kaum glauben, welch großen Schaden diese von den Astrologen erfundenen und den Sternen angedichteten Vorhersagen unseren besten Königen, Karl I. und II., zugefügt haben. (...) Daher untersagen wir der Astrologie, einen Platz in unserer Astronomie einzunehmen, da sie jeder festen Grundlage entbehrt und auf den völlig lächerlichen Meinungen bestimmter Leute beruht, die zu dem Zweck geschmiedet werden, aufrührerische Bestrebungen zu unterstützen.«[13]

Anders als Henry Wotton meinte, hat die galileische Wissenschaft die Astrologie also nicht »völlig zerstört«.[14] Sie hat beiden Lagern Argumente geliefert und läßt viele Geister unschlüssig. Für die meisten bietet die neue Wissenschaft die Möglichkeit, »eine sachliche und geordnete Astrologie« zu schaffen, wie Thomas Browne es nannte.[15] William Gilbert macht sich einerseits über die Astrologen lustig, die den Sternen einen Einfluß auf die Metalle beimessen, und stellt andererseits Horoskope. Sogar ein gebildeter Libertin wie Ismaël Boulliau (1605–1694) kann sich nicht entscheiden. Freilich ist dieser Mann voller Widersprüche: als katholischer Priester, Libertin, Kopernikaner und Astronom verkündet er, die Astrologie sei nichts als »eitles Geschwätz und Betrug«, reist jedoch mit einem Koffer voller Horoskope herum und macht sich unbeholfen anheischig, das der Prinzessin von Oranien zu stellen.

Die Astrologie am französischen Hof

Im 17. Jahrhundert leistet die Astrologie noch viel zu gute Dienste, um jählings zu sterben. An den Königshöfen ist sie ein häufig verwendetes Mittel, sich in den Intrigen und Kabalen zurechtzufinden und den Fallstricken der Macht aus dem Weg zu gehen. Die Höflinge, die sich in einer prekären Lage befinden, den Verleumdungen ihrer Rivalen und dem guten Willen eines nunmehr absoluten Herrschers ausgeliefert, greifen bereitwillig zu allen Mitteln, um ihre Zukunft zu erfahren. Sogar der Beichtiger Heinrichs IV., der höchst angesehene Jesuit Pierre Coton, soll im Jahre 1606, Sully zufolge, die Dienste einer Besessenen, Adrienne Dufresne, in

Die Astrologie: eine soziokulturelle Notwendigkeit

Anspruch genommen und ihr eine Liste von Fragen vorgelegt haben, die sie dem Satan stellen sollte, da er über alle Geheimnisse des Hofs und den Ausgang der großen politischen Angelegenheiten Bescheid wissen will.

Die dunkle Giftmord-Affäre, die 1679/80 aufgedeckt wurde, enthüllt das ganze Ausmaß der Rolle der Wahrsagerinnen und Astrologen bei den Höflingen. In diesem Fall handelt es sich im wesentlichen um Frauen, und zwar aus der höchsten Aristokratie. In den 1660er Jahren ist es bei den vornehmen Damen Mode, Wahrsagerinnen aus den Vorstädten aufzusuchen. Die Gräfin von Soissons zum Beispiel empfängt in ihren Salons Catherine Deshayes, die Voisin genannt, die Primi Visconti zufolge »unter dem Vorwand der Wahrsagung und Magie ihr Haus in einen verrufenen Ort verwandelt hatte«. Mit der Vigouroux, der Bosse, der Filastre und anderen stellen sie Horoskope und mehr oder weniger schädliche Zaubertränke her. Ihre Tätigkeiten werden in den Prozeßakten aufgezählt. Von den Fragen ihrer Kundinnen bedrängt, sehen die Wahrsagerinnen »ins Glas« und konsultieren die Sternkarten. Aber sie begnügen sich nicht damit, die Zukunft vorauszusagen: sie bedienen sich magischer Praktiken, um sie zu kontrollieren. In diesem Räderwerk verfing sich 1667 Madame de Montespan, die Louise de La Vallière im Herzen des Königs ersetzen wollte. Sie ist nicht die einzige: der Maréchal de Luxembourg, die Herzogin von Bouillon, die Vicomtesse von Polignac, die Herzogin von Vivonne, die Gräfin von Soissons, um nur die großen Namen zu nennen, sind in diese Affären verwickelt, in denen die Astrologie nur ein Element unter anderen ist, neben dem Teufel und der schwarzen Magie. Wenn Ludwig XIV. alle für Madame de Montespan kompromittierenden Akten vernichten läßt, so müssen andere ihre Mitwirkung an diesen unerlaubten Betätigungen mit dem Leben bezahlen wie die Astrologin Françoise Filastre.

In den 1670er Jahren reißt man sich am Hof auch um Primi Visconti, dessen *Memoiren* eine wertvolle Informationsquelle für die Leidenschaft der Wahrsagung sind, denen die Höflinge frönen. Königin Maria Theresia, offenbar »sehr begierig auf Vorhersagen«, gibt den Ton an, sobald der listige Visconti, der sich aller verfügbaren Elemente bedient, ihr mühelos eine Schwangerschaft voraussagt: »Sogleich brannte ganz Paris darauf, mich aufzusuchen, ich war zum Propheten geworden«, schreibt er. Er zählte täglich »bis zu zweihundertdreiundzwanzig Karossen, die bei mir vorfuhren«, was jenes ungeheure Verlangen nach Vorhersagen bestätigt, auf das alle Beobachter der damaligen Gesellschaft hingewiesen haben.

Einer der scharfsichtigsten, La Bruyère, schreibt in *Les Caractères*: »Man duldet im Staatswesen die Handdeuter und Weissager, man duldet Leute, die das Horoskop stellen und nach den Karten die Zukunft lehren, die die Vergangenheit aus einem Haarsieb erkennen und in einem Spiegel oder einem Gefäß mit Wasser die klare Wahrheit erblicken lassen. Und diese Leute haben in der Tat einigen Nutzen: sie verkünden den Männern, daß sie es weit bringen, den Mädchen, daß sie ihre Geliebten heiraten; sie trösten die Kinder, deren Väter nicht sterben, und verscheuchen die Unruhe der jungen Frauen, die einen alten Gatten haben; kurz, sie betrügen zu sehr billigen Preisen diejenigen, die betrogen zu werden wünschen.«[16]

Die Lustspieldichter haben es sich nicht entgehen lassen, diese Mode auszuschlachten, und die Zahl der Stücke über dieses Thema ist ein weiterer Hinweis auf seine Aktualität, vom *Jodelet astrologue* von Antoine Lemetel d'Ouville bis zu *La devineresse* von Thomas Corneille (1680). Ob letzteres, von der Giftmord-Affäre inspirierte Stück nun der Polizeileutnant La Reynie angeregt hat, um die Astrologie zu entmystifizieren, oder ob die Idee von den Schauspielern des Königs kam, Tatsache ist, daß es der damaligen Mode entsprach. Thomas Corneille kommt mehrfach darauf zurück. In *L'Inconnue* weist er auf die wichtige Rolle der Frauen auf diesem Gebiet hin:

> Les femmes ont ce faible, on ne peut les tenir,
> Elles courent partout où se dit l'avenir.[17]

> (Eine Schwäche der Frauen, man kann sie nicht halten,
> Wo immer die Zukunft gesagt wird, da laufen sie hin.)

In *Le Feint Astrologue* zählt er die Methoden der Scharlatane der Zukunft auf, die mit ihrem Ritual Eindruck schinden:

> Il contemple le ciel aux nuits les plus obscures,
> Il feuillette un grand livre, et fait mille figures.[18]

(Er betrachtet den Himmel in finsterster Nacht,
Wälzt ein dickes Buch und malt tausend Figuren.)

Sie bedienen sich einer Mischung aus Dunkelheit, Dreistigkeit und Beschwörung des Zufalls:

Le hasard fait souvent prophétiser fort bien:
Vous devez seulement mettre beaucoup d'étude
À ne rien affirmer avecque certitude;
Du présent, du passé, discourir rarement;
Toujours de l'avenir parler obscurément.[19]

(Oft prophezeit sich's mit dem Zufall recht gut:
Nur müßt ihr viel Kunst darauf verwenden,
Nichts mit Sicherheit behaupten,
Über das Heute, das Gestern wenig sprechen,
Und stets von der Zukunft dunkel reden.)

Tatsächlich aber geht der Erfolg der Wahrsager und Astrologen am Hof weit über diese Jahrmarktsmethoden hinaus, wie es der Fall von Primi Visconti beweist, der niemals versuchte, irgendwelche okkulten Kräfte vorzuschieben, sondern sich im Gegenteil, wenn man seinen *Memoiren* glauben darf, immer bemühte, seine Vorhersagen mit einer Analyse der sozialen, politischen oder militärischen Gegebenheiten des Augenblicks zu erklären. So legt er Turenne die überaus positiven Gründe dar, die ihn dazu brachten, den Sieg von Turckheim im Jahre 1675 vorherzusagen: »Ich ließ ihn wissen, daß ich immer anhand von Vermutungen Schlüsse zöge. Ich zeigte ihm auch verschiedene Aufzeichnungen über die Angelegenheit und den derzeitigen Krieg. Ich vertraute ihm an, über welche Dinge ich Bescheid wußte.«[20] An anderer Stelle erklärt er, wie er mit Hilfe der Psychologie, der Intuition und einiger sachdienlicher Informationen die Träume deute.

Mit dieser Offenheit gelingt es ihm, den in dieser Hinsicht äußerst mißtrauischen Ludwig XIV. auf seine Seite zu ziehen, indem er ihn zum Komplizen seines Spiels macht: »Nach Tisch fragte mich der König, ob ich wirklich etwas davon verstünde; ich verneinte und sagte, was ich täte, sei lediglich ein Zeitvertreib; darüber mußte er lächeln, und als er zu den Damen stieß, schloß er sich ihrer Meinung an, nannte mich einen Gelehrten und lobte mich als einen Ehrenmann.«[21]

Die Praxis der Astrologie am Königshof setzt sich bis Ende des 18. Jahrhunderts mit den suspekten Zusammenkünften des Herzogs von Luxemburg fort, der Philipp von Chartres, den Neffen und Schwiegersohn des Königs, dazu einlädt. Vor allem der Graf von Boulainvilliers befaßt sich leidenschaftlich mit der Astrologie und stellt zahlreiche Horoskope hoher Persönlichkeiten, darunter auch das des Königs, eine gefährliche Tätigkeit, die Saint-Simon erwähnt und sie vorsorglich scharf verurteilt. Im übrigen vermied es der Herzog, Boulainvilliers allzu häufig aufzusuchen, um seine eigene Reputation nicht zu gefährden. Sein Bericht, der von dem des Herzogs von Luynes bestätigt wird[22], zeigt, daß sich ein nicht unerheblicher Kreis um den Astrologen-Grafen scharte und gegebenenfalls aus seinen Vorhersagen Nutzen zu ziehen suchte: »Er [Boulainvilliers] war überaus wißbegierig, und sein überaus freier Geist konnte seine Neugier nicht bremsen. Also hatte er sich der Astrologie verschrieben und stand im Ruf, es darin zu etwas gebracht zu haben. Aber er war in dieser Sache äußerst zurückhaltend; nur seine engen Freunde durften ihn darauf ansprechen. Der Herzog von Noailles war sehr erpicht auf diese Dinge und setzte alles daran, Leute zu finden, die seine Neugier befriedigen konnten. Boulainvilliers, dessen Familie und Angelegenheiten zerrüttet waren, hielt sich häufig auf seinem Landgut in Saint-Saire auf. Dort suchte er Leute aus seiner Bekanntschaft auf, um, wie ich glaube, nach Neuigkeiten zu haschen, auf die seine Berechnungen ihn gestoßen hatten. Er besuchte auch Madame de Saint-Simon und horchte sie so eindringlich aus, um Neues über den König zu erfahren, daß sie ohne Mühe verstand, daß er mehr darüber herausgefunden zu haben glaubte, als man sagte. (...) Es war am 15. oder 16. August. Boulainvilliers machte keinen Hehl daraus, daß der König seiner Meinung nach nicht mehr lange leben werde, und nachdem er sich noch eine Weile hatte drängen lassen, sagte er ihr, er werde wohl am Tag des Heiligen Ludwigs sterben, aber er habe seine Berechnungen noch nicht genau genug nachprüfen können, um sich dafür zu verbürgen; dennoch sei er überzeugt, daß der König an diesem Tage in den letzten Zügen liegen und, falls er ihn überstehe, ganz gewiß am folgenden 3. September sterben werde. (...) Lange vor dem Tod des Königs von Spanien hatte er vorhergesagt, daß weder Monseigneur [Ludwig, Dauphin von Frankreich, Sohn Ludwigs XIV.] noch einer seiner drei Söhne in Frankreich

Die Astrologie: eine soziokulturelle Notwendigkeit 449

herrschen werde. Er sah den Tod seines Sohnes und auch seinen eigenen mehrere Jahre voraus. Aber in vielem anderen täuschte er sich gewaltig, zum Beispiel darin, daß der jetzige König bald sterben werde und, wie er mehrfach sagte, daß der Kardinal und die Marschallin von Noailles, der Herzog von Gramond und Monsieur Le Blanc bei einem Aufstand in Paris ums Leben kämen und der Herzog von Orléans nach zwei Jahren Gefängnis sterben werde, ohne es verlassen zu haben. Mehr Fälle will ich nicht nennen, weder falsche noch wahre; sie reichen aus, um die Falschheit, Vergeblichkeit und Nichtigkeit dieser angeblichen Wissenschaft anzuzeigen, die so viele Leute von Geist verlockt und von der Boulainvilliers selbst, so vernarrt er in sie war, ehrlicherweise sagte, sie beruhe auf keinerlei Grundsätzen.«[23]

Saint-Simons Standpunkt ist der eines rationalen, im Zeitalter der Aufklärung schreibenden jansenistischen Geistes. Obgleich er zur damaligen Zeit von der großen Mehrheit der Elite geteilt wird, ist die Astrologie in den höfischen Kreisen doch nicht ganz verschwunden. Sogar der Regent ist »neugierig auf diese Scharlatanerie, die das ganze Altertum betörte«, schreibt Voltaire.[24]

Seltsamerweise wird der barocke Galimathias des Nostradamus in der höchst klassischen Hofgesellschaft unter Ludwig XIV. weiterhin hoch geschätzt. Seine Absonderlichkeit übt zweifellos eine geheimnisvolle Anziehungskraft auf Geister aus, die mit der verfeinerten Prosa Malherbes und seiner Schüler aufgewachsen sind. Sogar in der königlichen Familie scheut man sich nicht, ihn nachzuahmen, wie es ein Brief von Blanc de Mazaugues vom 6. Januar 1673 bezeugt: »Dieser Tage erschien eine Prophezeiung nach Art derer von Nostradamus bezüglich der Liebschaften an diesem Hof. Ihre Verfasser sind Monsieur le Prince und Monsieur le Duc oder zumindest einige der Ihren.«[25] Madame de Sévigné schreibt am 11. März 1676, unter den Neuigkeiten, die sie aus Paris erhalte, befinde sich »eine sonderbare Prophezeiung des Nostradamus, ein langer Kampf von Vögeln in der Luft, von denen zweiundzwanzigtausend auf der Strecke bleiben. Was für schöne gebratene Tauben! In dieser Gegend hier neigen wir dazu, nichts von alledem zu glauben.«[26]

Notfalls zögern die Schmeichler nicht, auf einige Verse des alten Meisters aus der Provence zurückzugreifen, um sie auf Ludwig XIV. umzumünzen und ihm Erfolg und Glück bei seinen Kriegen vorherzusagen, auf die Gefahr hin, die Deutung je nach den Wechselfällen der Diplomatie zu verändern. 1672, zu Beginn des Niederländischen Kriegs, widmet der Chevalier Jacques de Jant dem König zwei kleine Werke: die *Prédictions tirées des Centuries de Nostradamus (...) contre les Provinces-Unies* und die *Prophétie de Nostradamus sur (...) la félicité du règne de Louis XIV*. Darin kommentiert er folgenden Sechszeiler:

> Petit coing, Province mutinée,
> Par forts chasteaux se verront dominée
> Encore un coup par l'Agent militaire
> En bref seront fortement assiegez
> Mais ils seront d'un très grand soulagez
> Qui aura fait entrée dans Beaucaire.

> (Kleiner Landstrich, rebellische Provinz,
> Durch Festungen sehen sie sich bald beherrscht
> Noch ein Schlag des militärischen Mittlers
> Und werden in Kürze gewaltig belagert
> Aber ein sehr Großer kommt ihnen zu Hilfe
> Der im Beaucaire Einzug gehalten hat.)

In einer ersten Version war der »sehr Große« der Kurfürst von Brandenburg; doch als dieser schließlich gegen Ludwig XIV. in den Krieg zieht, was für den König eine schlechte Vorhersage gewesen wäre, wird die Deutung 1673 abgeändert: nun ist der »sehr Große« Ludwig XIV., der mit den Holländern Nachsicht üben wird.

Die königliche Macht und die Astrologie in Frankreich

Wir wissen nicht, was der Betroffene davon hält, aber es sieht so aus, als sei der Sonnenkönig, dessen nüchterner Geist und gesunder Menschenverstand sich mit einem festen Glauben an die grundlegenden Glaubensartikel begnügen, gegen Zukunftsphantasien, astrologischen oder anderen, ziemlich gefeit gewesen. Liselotte von der Pfalz zufolge soll er den Herren de Créqui und de La Rochefoucauld gesagt haben: »Die Astrologie ist völlig falsch; man hat mir in Italien das Horoskop gestellt und vermeldet mir, ich würde, nachdem ich sehr lange gelebt hätte, bis zum Ende meines Lebens eine alte Dirne lieben. Ist das wahrscheinlich?« Und Madame [seine Schwägerin], die die Maintenon verabscheut, kommentiert: »Er lachte sich halb tot, und doch ist es so gekommen.«[27]

Trotzdem läßt sich der König über ihn betreffende eventuelle Prophezeiungen unterrichten. Saint-Simon erzählt die merkwürdige Affäre jenes Hufschmieds aus Salon-de-Provence im Jahre 1699, der behauptet, ihm sei die verstorbene Königin erschienen und habe ihm befohlen, nach Versailles zu reisen, um dem König eine geheime Enthüllung über seine Zukunft und die der Monarchie zu machen. Ludwig XIV. führt mit ihm zwei Privatgespräche von jeweils einer Stunde. Trotz allen Drängens können Minister und Höflinge dem Hufschmied nicht die kleinste Information entlocken. Saint-Simon ist skeptisch: er denkt an Nostradamus und deutet an, es könnte sich um ein von Madame de Maintenon mit Hilfe einer ihrer ehemaligen Freundinnen aus Marseille angezetteltes Ränkespiel handeln.[28] Die Geschichte wird von Abbé Proyat bestätigt, der berichtet, daß der Hufschmied »der Prophet« genannt wurde.[29]

Das Verhalten Ludwigs XIV. bei dieser Gelegenheit spiegelt das Zögern der königlichen Macht Frankreichs im 17. Jahrhundert gegenüber der Wahrsagung im allgemeinen und der Astrologie im besonderen wider. Unter der Herrschaft Ludwigs XIII. befaßt sich Kardinal Richelieu mit der Frage, denn er gedenkt, alle für die königliche Macht potentiell gefährlichen Praktiken zu verbieten und gleichzeitig alle Propaganda- und Kontrollmöglichkeiten in deren Dienst zu stellen. Er weist den General der Oratorianer, Charles de Condren, an, ihm einen Bericht über die astrologischen Tätigkeiten zu liefern und ihm die offizielle Lehre der Kirche zu diesem Punkt mitzuteilen.

Papst Urban VIII. hatte nämlich 1631 eine Bulle veröffentlicht, die auf die klassische Unterscheidung zwischen der natürlichen, erlaubten und für die Landwirtschaft, die Seefahrt und die Medizin nützlichen Astrologie und der unerlaubten judiziarischen Astrologie zurückgriff. Insbesondere untersagte er die Horoskope hochstehender politischer und religiöser Persönlichkeiten. Dieser Standpunkt war vor kurzem in Frankreich zum Zuge gekommen, wo ein Arzt Ludwigs XIII., Semelles, zu lebenslänglicher Haft verurteilt worden war, weil er den Tod des Königs für den Herbst 1631 vorausgesagt hatte.

Pater Condren macht sich also an die Arbeit und verfaßt 1641 einen unvollendet gebliebenen *Discours sur l'astrologie*. Das Werk ist wenig geeignet, den Kardinal aufzuklären, denn der Oratorianer gesteht darin seine Verlegenheit: er, der im Alter von zwanzig Jahren selber in die Astrologie eingeweiht worden war, stellt fest, daß viele gute Katholiken ihr Horoskop befragen und die judiziarische Astrologie betreiben. Und er trifft seinerseits die Unterscheidung zwischen den beiden Arten der Astrologie und verurteilt jene, die den menschlichen Geist dem Fatum der Sterne unterwirft, was einer Verneinung des freien Willens gleichkomme.

Richelieus persönliche Position läßt sich nur schwer umreißen. Nach Fénelons Worten im *Dialogue des morts* und Bayles Anmerkungen in seinem *Dictionnaire* scheint er sich der Astrologie als eines zusätzlichen Mittels bedient zu haben, »seine Autorität aufrechtzuerhalten« (Fénelon). Neben den Spionen, der *Gazette* und den besoldeten Pamphletisten sind die Astrologen Waffen im Arsenal der Regierung. Waffen, die es zweifellos mit Augenmaß einzusetzen gilt, aber unter Ludwig XIV. bewahren die Astrologen ihre Bedeutung am Hof. Die Mutter des Königs, Maria von Medici, hatte einen unmäßigen Gebrauch von ihnen gemacht. Der Kardinal läßt sich sein persönliches Horoskop stellen, und bei der Geburt Ludwigs XIV. im Jahre 1638 stellt man das des zukünftigen Königs, als wäre es so Sitte. Man kann hier nur die Inkonsequenz der Handlungsweise hervorheben. Das Horoskop der Großen, vornehmlich der Herrscher, zu stellen, ist vom Papst, von der Kirche und von der politischen Macht streng verboten worden. Dennoch ist es offizielle Praxis, den Königskindern das Horoskop zu stellen, ein nahezu unerläßliches Ritual, was natürlich den künstlichen Charakter und die Nichtigkeit dieser bestellten astralen Weissagung voraussetzt. Welcher von der Macht beauftragte Astrologe würde es wohl wagen, den baldigen Tod des Neugeborenen oder eine verhängnisvolle Regentschaft vorauszusagen? Das bestellte Horoskop ist ein optimistisches Horoskop und gewissermaßen ein Mittel, das Schicksal zu beschwören, da es auf mathematische Weise dem königlichen Sproß eine glückliche Zukunft verheißt.

1638 ergeht der Auftrag an Campanella, dem Richelieu eine Rente aussetzt; an Jean-Baptiste Morin, den damals berühmtesten Astrologen; an den Juristen Grotius, an den Jesuiten Pierre Labbé, d. h. an höchst unterschiedliche Personen. Die Wahrsager überbie-

Die Astrologie: eine soziokulturelle Notwendigkeit 453

ten sich an günstigen Prognosen, und als Racine königlicher Historiograph wird, hält er sich an das von Campanella gestellte Horoskop, eine vorweggenommene Glorifizierung des Sonnenkönigs: »Die Konstellation des Dauphin, bestehend aus neun Sternen, den neun Musen, wie die Astrologen sie verstehen; umgeben vom Adler, dem großen Genie; von Pegasus, dem mächtigen Reiter; vom Schützen, der Infanterie; von Aquarius, der Seemacht; vom Schwan: den Dichtern, Historikern, Rednern, die ihn besingen werden. Der Dauphin berührt den Äquator: Gerechtigkeit. An einem Sonntag geboren, dem Tag der Sonne. Wie die Sonne mit ihrer Wärme und ihrem Licht, so wird er Frankreich und die Freunde Frankreichs glücklich machen.«[30]

Hier ist die Astrologie Teil der königlichen Propaganda und auf dieser Ebene kaum mehr als eine Übung des Geistes. Die Bemühungen der absoluten Monarchie gehen von nun an in folgende Richtung: es gilt, die Voraussagen zu überwachen, diejenigen zu verbieten, die dem Regime schädlich sein können, und die mehr oder weniger folklorisierte Astrologie als ein zusätzliches Ornament des Absolutismus zu vereinnahmen. Während der Fronde läßt Mazarin die der Regierung abträglichen Astrologen verfolgen, eben jene, die zur selben Zeit eine so wichtige Rolle im englischen Bürgerkrieg spielen, der zur Enthauptung Karls I. führt. Die Gefahr ist nicht zu unterschätzen, denn auf beiden Seiten wimmelt es von Vorhersagen; die Grande Mademoiselle z. B. [Anne-Marie-Louise d'Orléans, Herzogin von Montpensier, treibende Kraft der Fronde] befragt den Astrologen de Vilène, bevor sie Truppenbewegungen einleitet.

Mazarin ist in diesem Punkt wahrscheinlich skeptisch, wenn man der Anekdote glauben darf. Auf seinem Totenbett soll er, als man ihm mitteilt, der Himmel habe einen Kometen als Zeichen geschickt, um die Welt von seinem Dahinscheiden zu unterrichten, die Antwort gegeben haben: »Der Komet erweist mir zuviel Ehre.« Jedenfalls kann er nicht dulden, daß Himmelsbewegungen die öffentliche Ordnung gefährden, und deshalb greift er ein, als anläßlich der Sonnenfinsternis vom 12. August 1654 Panik ausbricht. Infolge der Verbreitung eines gewissen Andreas Argoli aus Padua zugeschriebenen kleinen Traktats, in dem die Finsternis als Vorbote des Jüngsten Gerichts dargestellt wird, waren Unruhen ausgebrochen. Mit Hilfe des Generalvikars des großen Almoseniers von Frankreich und Mgr. de Mare läßt der Kardinal Widerlegungen verfassen. Wir erwähnten bereits diejenige von Gassendi. Die von Pierre Petit, *L'Éclipse de soleil du 12 août 1654* geht in dieselbe Richtung. Die des Arztes und Astrologen Lazar Meysonnier (1611–1673) ist zwiespältiger. Dieser Verfasser des *Almanach du bon ermite* behauptet in seinem *Jugement astrologique de la grande éclipse*, daß die Finsternis zwar nicht das Ende der Welt ankündige, sich jedoch schädlich auf den Lauf der menschlichen Angelegenheiten auswirken könne, und um diesen schlechten Einflüssen entgegenzuwirken, regt er an, man solle von ihm selbst hergestellte Kerzen anzünden, die zu einem geringen Preis beim Verfasser zu erwerben seien.

»Ernsthafter« ist die Widerlegung, die Jean-Baptiste Morin (1583–1659) in seinem Lebenswerk vorstellt, der gigantischen *Astrologia Gallica*, die 1661, zwei Jahre nach seinem Tod, zum ersten und letzten Mal veröffentlicht wird: »Dieses Buch ist das bedeutsamste und göttlichste Werk der gesamten Astrologie«, schreibt er bescheiden im XII. Buch dieser schwer verdaulichen Arbeit in lateinischer Sprache. Der in Villefranche geborene Morin, Arzt, Alchemist und Astrologe, hält Ptolemaios die Treue. Seine gesamte Astrologie beruht auf dem Geozentrismus, wie er ein Jahrhundert nach Kopernikus stolz verkündet: »Wir haben nachgewiesen, daß sich die Erde nicht auf einer großen Kreisbahn bewegt, sondern der feste Mittelpunkt der Welt ist.«[31]

Mit derselben Bestimmtheit verteidigt Morin die Ehre der Astrologie gegen die Scharlatane, gegen die arabischen Autoren, die Ptolemaios »falsche, betrügerische und teuflische« Dinge hinzugefügt hätten, sowie gegen die verleumderischen Angriffe bestimmter Geistlicher. Der Präfekt der Jesuiten in Rom, Alessandro d'Angeli, hatte nämlich in der *Praefatio apologetica* fünf Einwände gegen diese Wissenschaft erhoben: der Astrologie fehle es an Grundprinzipien; sie antworte niemals wirklich auf die gegen sie erhobenen Einwände; sie täusche sich sehr oft; viele Astrologen seien Ignoranten, die nur für Geld arbeiten; zu den Gegnern der Astrologie hätten stets die gebildetsten Männer gezählt.

Morins Antworten wollen zeigen, daß man die wissenschaftliche Astrologie nicht mit der vulgären Astrologie der Almanache in einen Topf werfen dürfe. Keine Prinzipien? Das stimmt nicht, siehe die geniale *Astrologica Gallica*. Keine klaren Antworten auf Ein-

Die Astrologie: eine soziokulturelle Notwendigkeit

wände? Nunmehr liegen sie vor, dank Morin persönlich, der in diesem Werk seine Laufbahn schildert, von der Zeit an, als er Arzt eines Bischofs war, mit vierzig Jahren zur Astrologie kam und diese Wissenschaft zehn Jahre lang studiert hat: jetzt meint er, in der Lage zu sein, alle Fragen zu beantworten. Was die Irrtümer betrifft: kommen sie nicht in allen Wissenschaften vor? Es gibt Scharlatane? Das beweist nichts gegen die wahren Astrologen. Schließlich gibt es unter ihnen echte Gelehrte, zu denen Morin selbst gehört.

Auf die Sonnenfinsternis von 1654 zurückkommend, erklärt Morin, daß nur ein »in die kleinen Häuser Vernarrter« einen Vorboten des Weltendes in ihr habe sehen können, falls es sich nicht um einen böswilligen Menschen handle, der die Astrologie in Verruf bringen wolle, womit er Gassendi meint. Aber ungeachtet der Mühe, die Jean-Baptiste Morin sich gibt, jeden Argwohn gegenüber der Astrologie abzuwehren und die Vorwürfe der Kirche zu vermeiden, indem er immer wieder versichert, daß das Fatum nicht existiere und die Sterne lediglich geneigt machten, aber nicht Ursache seien, bleibt die Obrigkeit mißtrauisch. Unter Ludwig XIV. praktiziert man zwar noch die Wissenschaft der Sterne, aber diskreter und im privaten Kreis wie Vallot, der Arzt des Königs.

Die Giftmord-Affäre ist Anlaß einer verschärften Unterdrückung. Das Edikt vom Juli 1682 unterscheidet zwei Arten von Verunglimpfungen: die Ausübung der Magie mit dem Ziel, den Tod herbeizuführen, worauf die Todesstrafe steht, und die Ausnutzung der allgemeinen Leichtgläubigkeit durch »jeden, der weissagt und sich Wahrsager oder Wahrsagerin nennt« oder »anhand von Horoskopen und Weissagungen« sich anheischig macht, die Zukunft vorherzusagen; solche Personen werden des Landes verwiesen. Die Regierung scheint also nun der Ansicht zu sein, daß jedwede Astrologie eine abergläubische Tätigkeit ist, die aufgrund ihrer möglichen gesellschaftlichen und politischen Folgen bekämpft werden muß. Diese Entwicklung zeichnet sich bereits in Colberts Verfügung von 1666 ab, die die Astrologie aus der Liste der von der Akademie der Wissenschaften geförderten Disziplinen streicht. Die Astrologie, die sich – Morins Bemühungen zum Trotz – in die Kategorie des Volksaberglaubens verwiesen sieht, muß sich auch die Angriffe der kirchlichen Autoritäten gefallen lassen.

Die Astrologie während des englischen Bürgerkriegs

Noch komplexer sind die Beziehungen zwischen der politischen Macht und der Astrologie im England des 17. Jahrhunderts, wo mit dem Bürgerkrieg und dem Interregnum eine Zeit der Irrationalität anbricht. Wie in Frankreich stellt man den Herrschern das Horoskop, und manch einer begründet die Geschichte der Regierungen nachträglich mit dem Einfluß der Sterne. Schon Cardano hatte gezeigt, daß der Bruch Heinrichs VIII. mit Rom seine Ursache in der Konjunktion von Mars, Merkur und Jupiter im Zeichen des Widders im Jahre 1533 gehabt habe; und William Camden meinte, es läge an den Sternen, daß sich Elisabeth zum Grafen von Leicester hingezogen fühlte.[32] Für John Gadbury stand das unglückliche Schicksal Karls I. in den Sternen geschrieben.[33] Und was William Lilly anbelangt, so erklärt er die ganze Geschichte Englands im 16. Jahrhundert mit astrologischen Erscheinungen.[34]

Wenn diese retrospektiven Prophezeiungen geduldet werden, so scherzt man dagegen nicht mit den wirklichen Vorhersagen, die sich auf das Leben der Herrscher beziehen, nicht einmal nach der Restauration, wo man die Astrologie weniger ernst nimmt. Zweimal muß John Heydon (1629–1667) diese Erfahrung machen: während des Interregnums wird er inhaftiert, weil er den Tod Cromwells prognostiziert hatte, und nochmals 1663 und 1667 unter Karl II., weil er diese Vorhersage in bezug auf den König wiederholt hatte. Im selben Jahr, 1667, lautet eine der schwersten Anklagen gegen den Herzog von Buckingham, daß er versucht habe, die Nativität Karls II. zu bestimmen.

Dieser indes, anscheinend leichtgläubiger als sein Vorbild Ludwig XIV., konsultiert den Astrologen Ashmole bezüglich seiner zukünftigen Beziehungen zum Parlament sowie des günstigsten Zeitpunkts für seine Rede von 1673. Diskrete Konsultationen zwar, wie es aus verschlüsselten Notizen Ashmoles hervorgeht, die jedoch zeigen, daß die Regierung noch nicht völlig darauf verzichtet hat, die Sterne zu benutzen, um in die Zukunft zu blicken. Gleichzeitig zieht auch Robert Howard, Sekretär im Schatzamt, denselben Ashmole in der Frage des Verhältnisses zum Parlament, aber auch wegen einer persönlichen Angelegenheit zu Rate: da er sich einer Unfähigkeit und der an seiner Amtsführung geübten Kritik bewußt ist, fragt er den Astrologen, ob das Parlament »große Männer auswechseln werde, die die Ratsversammlungen und andere Dinge vielleicht nicht in der gewünschten Weise zu leiten verstehen«.[35]

Während des Bürgerkriegs und des Interregnums zeigt die Astrologie in England, wozu sie imstande ist. 1641 wird das Gesetz von 1603, das die astrologischen Publikationen unter die strenge Kontrolle der Regierung stellte, aufgehoben. Sofort kommt es zu einer wahren Explosion von Voraussagen in kleinen Traktaten, Flugschriften, Pamphleten und vor allem in den Almanachen. Die Dramatik der Situation erregt die Phantasie und weckt den Wunsch zu erfahren, was geschehen wird. Die Obrigkeit ist bald überfordert: vergeblich ernennt das Parlament 1643 den Astrologen John Booker (1602–1667) zum offiziellen Kontrolleur der »Mathematik, Almanache und Prognostiken«. Die Auflage der Almanache steigt gewaltig: die Zahl der verkauften Exemplare des *Merlinus Anglicus* von William Lilly liegt 1646 bei 13 500, 1647 bei 17 000, 1648 bei 18 500 und 1649 vielleicht bei 30 000. Man schätzt, daß die astrologische Literatur am Ende des Interregnums etwa 400 000 verkaufte Exemplare aufweist, d. h. etwa ein Exemplar alle drei Familien.[36]

Notgedrungen unterscheiden sich die Prognosen je nach den Astrologen. Die einen sind dem Parlament gewogen, die anderen dem König. Wie soll man die gelenkten Vorhersagen, die lediglich ein Zweig der Propaganda sind, von den neutralen Vorhersagen abgrenzen? Eine schier unmögliche Aufgabe. So stellt man sehr schnell fest, daß jede Partei »ihre« Astrologen hat, die systematisch Siege für ihr Lager voraussagen. Man erwartet von ihnen eine heilsame Wirkung auf die Moral der Truppen und eine demoralisierende Wirkung auf den Feind. Ihre Rolle gleicht derjenigen, die in den Heeren der Antike die Auguren spielten, und niemals sind in der Neuzeit die Vorhersagen so entscheidend gewesen wie während jener Epoche. Ob die Manipulation nun auf der Hand liegt oder nicht, die unmittelbare psychologische Wirkung ist nicht zu leugnen.

Auf seiten des Parlaments gibt es die meisten und berühmtesten Astrologen, ungeachtet einer gewissen Feindseligkeit in den extremistischsten puritanischen Sekten. Die Quäker und die Anhänger der Fünften Monarchie betrachten diese Tätigkeiten im allgemeinen als Sakrileg und geben der Prophetie den Vorzug. Die Baptisten sind unschlüssig, und eine Versammlung ihrer Minister erklärt 1655: »Wir wünschen, daß die Brüder sehr vorsichtig sind in der Übung dieser Praxis, denn wird sie zu weit getrieben, so leiht sie ihr Ohr dem Bösen und den von der Heiligen Schrift ausdrücklich verurteilten schlechten Werken.«[37] Aber die meisten Anführer zögern nicht, William Lilly und John Booker zu konsultieren, wie Major Rainsborough, Oberstleutnant Read, Generaladjudant Allen und viele andere. Gerrard Winstanley, der Führer der *diggers*, wollte, daß die Astrologie in seiner Utopie gelehrt werde; John Spittlehouse, einer der Führer der Fünften Monarchie, erhob sie zur Fürstin der Wissenschaften; der *leveller* Richard Overton schreibt im April 1648 an William Lilly und fragt ihn, »ob meine Bemühungen, wenn sie sich für das Gemeinwohl, die Freiheit und die Abschaffung der Unterdrückung mit den Vertretern der Soldaten vereinen, Früchte tragen werden oder nicht«. Eine um so bemerkenswertere Frage, als Overton Rationalist ist, was zeigt, daß die Astrologie für viele eine echte Wissenschaft ist. Ein anderer *leveller*, Laurence Clarkson, beginnt sie 1650 zu studieren.

Unter den dem Parlament gewogenen Astrologen sind die wichtigsten John Booker, Verfasser von Almanachen und grimmiger Antiroyalist, der das Massaker an den Priestern und die Heraufkunft eines apokalyptischen Millenniums voraussagt; Nicolas Culpepper (1616–1654), auch er ein unversöhnlicher Feind des Königs; und vor allem William Lilly (1602–1681), die zentrale Figur der Volksastrologie im England des 17. Jahrhunderts. Von gemäßigtem Temperament, lehnt er die Exzesse der *levellers, diggers, ranters* und anderer Mitglieder der Fünften Monarchie rundweg ab und unterstützt die Sache des Parlaments mit wenig wissenschaftlichen Vorhersagen, die einen sowohl magischen wie religiösen Charakter bewahren. Seine Annäherung an die Zukunft ist einigermaßen eklektisch, und er versichert: »Je heiliger einer ist, desto näher ist er Gott und desto besser sind seine Urteile.« Seine Vorhersagen beruhen gleichermaßen auf der Astrologie, der Prophetie, der Wahrsagung, dem logischen Vernunftschluß sowie auf Merlineskerien, wovon der Titel seines berühmten Almanachs, *Merlinus Anglicus*, zeugt; und da er das Glück hat, weniger selten das Richtige zu treffen als die anderen, genießt er ungeheure Popularität, so daß Karl I. persönlich, im Schloß von Carisbrook inhaftiert, ihn fragen läßt, wie er aus dem Gefängnis fliehen könne.

1644 sieht Lilly in *A Prophecy of the White King* die Niederlagen des Königs und seinen gewaltsamen Tod voraus und verkündet einen für den Klerus ungünstigen Ausgang. 1645 sagt er die Niederlage der Royalisten bei Naseby vorher. 1646 versucht er die Moral der Königstreuen zu untergraben, indem er von einer unsichtbaren Sonnenfinsternis spricht. Sein Einfluß wird 1648 so hoch eingeschätzt, daß man sich an ihn wendet, um die Soldaten des Parlaments aufzumuntern, die Colchester belagern. Er sagt ihnen den baldigen Fall der Stadt voraus, was sich als zutreffend erweist, während der Astrologe John Humphrey den Belagerten vergeblich die Ankunft von Verstärkung angekündigt hatte. Karl I. versicherte, falls es möglich gewesen wäre, Lilly zu kaufen, so wäre das soviel wert gewesen wie sechs Regimenter, ein Beweis für die absolute Skepsis in bezug auf den Inhalt seiner Voraussagen: der Astrologe ist ein Werkzeug der Propaganda, dessen Prognosen der Seite dienen, die ihn entlohnt.

Zu Beginn von Cromwells Protektorat hat Lilly einige Probleme mit der fortgeschrittensten Fraktion der Sekten und führt in seinem Almanach eine Kampagne zugunsten des neuen Regimes, indem er empfiehlt, die konfiszierten Ländereien der Royalisten zu kaufen, weswegen er während der Restauration in ernste Schwierigkeiten kommen sollte. 1652 zieht er sich nach Surrey zurück, widmet sich seinem Almanach und seiner Praxis, in die Leute aus allen Gesellschaftsschichten strömen. Er greift auch in die Außenpolitik ein, indem er ein Bündnis mit Schweden befürwortet, woraufhin ihm Karl I. eine Goldmedaille schickt. Sein Einfluß auf die Moral der Truppen läßt sich nicht leugnen. Während Cromwells Schottlandfeldzug wendet sich ein Soldat, Lillys Almanach schwenkend, mit dem Ruf an die Truppe: »He! Seht her, was Lilly sagt: er verspricht uns für diesen Monat den Sieg. Also los, Kameraden!«[38]

Auf royalistischer Seite ist der wichtigste Astrologe George Wharton (1617–1681), der unermüdlich gegen Lilly zu Felde zieht. Als Erwiderung auf dessen Vorhersagen kündigt er 1645 dem König, der von Oxford aus auf London marschiert, am 7. Mai an, daß ihn der Sieg erwarte. Freilich versieht er seine Prognose mit behutsamen Vorbehalten: »Für jeden unparteiischen und aufrichtigen Richter liegt es auf der Hand, daß (obzwar Seine Majestät nicht erwarten darf, jedem kleinen Mißgeschick zu entgehen, das seiner Armee möglicherweise zustößt, sei es durch zuviel Übermut, Unwissenheit oder Nachlässigkeit irgendeiner Einzelperson, was auch im besten Heer häufig und unvermeidlich ist) die Positionen der Sterne (...) Seiner Majestät und seinem Heer bei allen Vorhaben Sieg und Glück verheißen: sei versichert [London], daß deine Mißgeschicke nahen; sie werden zahlreich, groß, schmerzhaft und unausweichlich sein, falls du Gott nicht rechtzeitig um Vergebung dafür bittest, daß du die gegenwärtige Rebellion verursacht hast, und dich der Gnade deines Fürsten unterwirfst.«[39]

1647 erklärt Wharton, über die Popularität des *Merlinus Anglicus* erbost, in einem *Merlini Anglici errata* voller Zorn: »Es handelt sich hier lediglich um ein Schreckgespenst, errichtet, um die Freunde Seiner Majestät daran zu hindern, ihm treu zu bleiben.«[40] 1649 in Gewahrsam genommen, wird Wharton auf Intervention seiner Kollegen Elias Ashmole und sogar William Lilly freigelassen: trotz ihrer unterschiedlichen politischen Einstellung herrscht unter Astrologen eine gewisse Solidarität.

So ist der Royalist Elias Ashmole (1617–1692) mit Lilly befreundet, ungeachtet seiner überaus antidemokratischen und elitistischen Ansichten und seiner Verachtung für die Volksastrologen: »Die Astrologie ist eine tiefe Wissenschaft«, schreibt er. »Die Tiefe dieser Kunst läßt sie dunkel erscheinen, und sie kann nicht vom erstbesten vulgären Federfuchser verstanden werden. Noch nie hat es so viele lästige Amateure gegeben.«[41] Unter der Restauration macht er in den Kreisen des Hofs Karriere und wird sogar vom König konsultiert. Ein weiterer royalistischer Astrologe ist John Gadbury, Anhänger einer wissenschaftlichen Astrologie, der sich unter der Restauration um eine große Reform seiner Kunst bemüht und sogar zu den Gründern der Royal Society gehört.

Alles in allem ist das Interregnum das letzte goldene Zeitalter der Astrologen: umworben, benutzt, honoriert, gehören sie zu den kulturellen Autoritäten, eine Art Priesterstand der zukünftigen Angelegenheiten. Von 1647 bis 1658 bilden etwa vierzig von ihnen die Gesellschaft der Astrologen zu London; dieser Kreis versammelt sich mehrmals im Jahr zu Banketten und Reden, wo alle Tendenzen vertreten sind und man die politischen Streitigkeiten an der Garderobe abgibt. Eine erstaunliche und sympathische Brüderlichkeit dieser Spezialisten der Sterne, die sich aufgrund ihres gemeinsamen Interesses an der Kenntnis der Zukunft versammeln.[42]

Fortdauer der chiliastischen Prophetie. Der Fall Jurieu

Die Zeiten des Bürgerkriegs und des Protektorats begünstigen außerdem auch den Aufschwung der apokalyptischen und chiliastischen Prophezeiungen, die eng mit den von den politischen Wirren geweckten Hoffnungen zusammenhängen. Weisen wir unter den zahlreichen Strömungen, die sich im Schoße der Sekten herausbilden, auf die Haltung von Milton hin, dessen Geschichts- und Zukunftsbild einem chiliastischen Schema folgt, das mit dem Reich des Antichrist um das Jahr tausend beginnt, sich mit der Verfolgung der Zeugen des Evangeliums, d. h. den Ketzern des Mittelalters, fortsetzt und dank der englischen Revolution zum Abschluß kommt, die die wahre Religion wiederherstellen und die Bischöfe niederwerfen wird, gegen die der Dichter zwischen Mai 1641 und Mai 1642 fünf wüste Pamphlete verfaßt. Der Kampf des Parlaments gewinnt bei ihm eine geradezu kosmische Dimension, in der man den Einfluß von Joseph Mede erkennt, dem Theologen, Mathematiker, Botaniker und Astronomen, der sich in den Jahren zwischen 1620 und 1630 bemüht hatte, eine regelrechte prophetische Wissenschaft aufzubauen. Neben ihm ist noch Thomas Brightman zu erwähnen, ein einfacher Geistlicher aus Bedfordshire, sowie J. H. Alsted, Professor in Herborn, die beide die jüngste Geschichte im Licht der Apokalypse noch einmal überdenken. Für Alsted und Mede, beide 1638 gestorben, bezeichnete der Dreißigjährige Krieg für das Papsttum des Antichrist den Anfang vom Ende.[43]

Diese Ansichten fehlen auch in der anglikanischen Kirche nicht völlig, wo der Erzbischof von Armagh, James Ussher, eine Geschichtsphilosophie entwirft, die der von Milton recht ähnlich ist: der Antichrist, zur Zeit von Gregor dem Großen und Mohammed erschienen, habe seine Herrschaft mit der im 11. Jahrhundert von Gregor VII. eingesetzten Papstmonarchie angetreten; die wahre Lehre, von Bérengar von Tours, den Albigensern, Wyclif und Hus aufrechterhalten, rückte erneut in den Vordergrund mit Luther, der den großen Kampf einleitete, der mit dem Verschwinden des Papsttums enden werde.[44] Später erwirbt Bischof William Lloyd (1627–1717) den Ruf eines Propheten, indem auch er das Erlöschen des Katholizismus und des Papsttums sowie die Heraufkunft des Millenniums ankündigt.[45]

Die prophetische Strömung setzt sich in der zweiten Hälfte des 17. Jahrhunderts im Rahmen der Verfolgungen unter Ludwig XIV. in Frankreich fort. Die Aufhebung des Edikts von Nantes und der Krieg der Camisarden in den Cevennen führen zu einem Aufflammen der ekstatischen Prophetie oder, nach dem Ausdruck von Emmanuel Le Roy Ladurie, »konvulsionärer prophetischer Hysterie«.[46] Bei dieser Bewegung spielen die Heranwachsenden eine wesentliche Rolle, wie das sechzehnjährige Hirtenmädchen Isabelle Vincent, das sofort eingekerkert wird, und der junge Bauer Gabriel Astier. Ihre Botschaft ist die Ankündigung des Messias: dieser werde der Prinz von Oranien sein, den ein Engel an den Haaren herbeiziehen und an die Spitze eines Heeres von hunderttausend Mann stellen werde.

Der Vorgang der prophetischen Inspiration, von den Zeugen und den Protagonisten geschildert, beginnt mit dem Sturz des Propheten, der zu Boden fällt und von Krämpfen geschüttelt wird; dann dringt der Geist in ihn ein, und es kommt zu hysterischen Szenen: unter Zuckungen und Schauern spricht der Prophet unbekannte Sprachen, rezitiert die Bibel, brüllt wie ein Tier, stößt sinnlose Worte aus, wird schmerzunempfindlich. Die detaillierten Beschreibungen der Symptome erlaubten es der modernen Historiographie, diese von Emmanuel Le Roy Ladurie zusammengetragenen Äußerungen zu charakterisieren. Man findet darunter Fälle von »arktischer Hysterie«, einige »von Geburt an geistig Beschränkte, Idioten, (...) Trottel oder Halbtrottel«, diverse Neurosen und, bei den jungen Leuten, sexuelle Verdrängung. Wir befinden uns nämlich in einer Gesellschaft von extremer Sittenstrenge, und es fällt auf, daß die hysterischen Erscheinungen bei den jungen Prophetinnen mit der Ehe aufhören. Wenn diese exaltierten Menschen auf Priester stoßen, kastrieren und töten sie sie. Der Maréchal de Villars, ein rationaler und ausgeglichener Geist, ist angesichts dieser Tobenden ratlos: »Ich habe es mit Verrückten zu tun«, stellt er fest.

Einige Fälle sind von kurzer Dauer, wie der von Jean Cavalier, einem zwölfjährigen Konvulsionär, der später zu Voltaires Briefpartnern gehört und sogar Gouverneur von Jersey wird. Andere dagegen lassen sich nicht mehr eingliedern, wie der Wollkämmer Esprit Séguier, Vergewaltiger eines kleinen Mädchens und Fanatiker der Apokalypse, ein wahrhaft Rasender, der sich auf dem

Scheiterhaufen die schon halb abgetrennte Hand mit den Zähnen abreißt. Mazel dagegen, Sohn eines Landwirts, träumt von Rindern, was er auf seine Weise deutet: die schwarzen Ochsen, die er im Traum sieht, sind katholische Priester, die man kastrieren muß. Insgesamt sagen etwa hundert Propheten die Zerstörung des Reichs des Tiers, Babylons und der Großen Hure voraus. Abraham Mazel verkündet, daß die Pastoren bald zurückkommen werden, so zahlreich wie die Läuse auf dem Kopf; andere kündigen an, daß im Jahre 1705, nachdem Ströme von Blut geflossen seien, ganz Frankreich zum Protestantismus übertreten und der König die Hugenotten um Verzeihung bitten werde.[47] Nach dem Krieg der Camisarden werden diese Propheten eine Last für die Gemeinde, und diejenigen, die nach London fliehen, schaffen Probleme in einem England, wo der prophetische Geist, wie wir sehen werden, nunmehr Argwohn erregt.[48]

Die ausgefeilteste Form des protestantischen prophetischen Denkens treffen wir bei Pierre Jurieu (1637–1713) an. Dieser nach Holland geflohene Pastor steht in der Nachfolge der mittelalterlichen Chiliasten, wie sein 1686 veröffentlichtes Buch über das *Accomplissement des prophéties ou la Délivrance prochaine de l'Église* es unzweideutig zeigt.[49] Vom Buch Daniel und der Offenbarung des Johannes durchdrungen, greift er das klassische Schema auf: das Blutbad und die Verfolgung der Gerechten – die durch die Aufhebung des Edikts von Nantes neue Aktualität gewinnen – und danach der endgültige Fall von Rom–Babylon. Was die Details betrifft, so grübelt Jurieu über die irrwitzigsten Angaben der Offenbarung, verwendet die Weissagungen James Usshers, Joachim von Fiores und seines eigenen Vorfahren, des Juristen Du Moulin, vermengt das Ganze, fügt hier etwas hinzu, läßt dort etwas weg und multipliziert, um zu der endgültigen Prophezeiung zu gelangen: 1689 wird das Jahr der »großen Erwartung« sein, dem zwischen 1710 und 1720 das Ende des Papsttums folgen werde, Beginn »eines Tausendjährigen Reichs des Friedens und der Heiligkeit in dieser Welt«. Ein in jeder Hinsicht wunderbares Reich, denn es wird die Gütergemeinschaft mit dem Privateigentum versöhnen. Jurieu muß seine Prophezeiung natürlich berichtigen, als das Jahr 1689 verstrichen ist, so wie die Jahre 1666, 1260, 1000 und alle anderen apokalyptischen Fristen verstrichen waren. Aber Irrtümer haben die Propheten noch nie entmutigt.

Jurieus Prophezeiungen haben im Languedoc einen beträchtlichen Erfolg. Sie sind stärker verbreitet »als die Jahreskalender«, schreibt Emmanuel Le Roy Ladurie: »Die Polizei stellt Exemplare davon in den entlegensten Höfen der Cevennen sicher. Die Leichtgläubigkeit des Volkes bereitet ihnen schon im voraus einen guten Empfang: die Weber in Béziers sind trunken von Nostradamus. In und um Nîmes wird in den Werkstätten und in den Mühlen immer wieder aus dem 11. Kapitel der Apokalypse vorgelesen. Schon 1668 hält der Prediger Serein bei einer geheimen Versammlung, an der viele Wollkämmer teilnehmen, eine Predigt über das 16. Kapitel desselben Buches: *Gericht über Babylon und das Tier.*« Ein anderer Prediger, Roman, der im Jahre 1689 nach seiner Gefangennahme »von Broglie vernommen wird, der ihn an den Haaren packt, schreit diesem ins Gesicht: ›Du Gefolgsmann des Tieres!‹ Die Sprache der Apokalypse ist in den allgemeinen Sprachgebrauch eingegangen.«[50]

Jurieu hat Nacheiferer. Unter anderen den Schullehrer François Vivent und den Advokaten Claude Brousson, zwei Verbannte, die ungeachtet der Gefahr nach Frankreich zurückkehren, um die »große Erwartung« von 1689 nicht zu versäumen. Und sie prophezeien ihrerseits. Clause Brousson, ein antirationaler Geozentrist, schwört nur auf die Offenbarung. In der Wirtschaftskrise, die Ende des Jahrhunderts das Königreich erfaßt, sieht er ein Vorzeichen der Strafe: Gott züchtigt Frankreich für die Aufhebung des Edikts von Nantes; bald kommt Christus zurück, und die Katholiken werden sich bekehren.

Die Offenbarung nach Bossuet

Jurieus Prophezeiungen rufen in der katholischen Welt lebhafte Reaktionen hervor, denn sie stützen sich auf beiden Konfessionen gemeinsame Autoritäten, insbesondere auf die Offenbarung des Johannes. Wie es sich gehört, übernimmt der Verteidiger der Orthodoxie in Frankreich, Bossuet, die Aufgabe, den wahren, von den Protestanten verfälschten Sinn des Textes wiederherzustellen. 1688/89 verfaßt er nicht weniger als vier Traktate über das Thema: zunächst erörtert er die Frage in der *Histoire des variations des églises protestantes*, dann in der *Préface sur l'Apocalypse*, in der *Apocalypse ou Révélation de saint Jean, apôtre* sowie im *Avertissement aux protestants sur leur prétendu accomplissement des prophéties*, wo er sich direkt auf die Abhandlung von Jurieu bezieht.

In diesen Gelegenheitswerken zeigt sich, welche Vorstellung sich Bossuet und die katholische Hierarchie des 17. Jahrhunderts von der religiösen Prophezeiung machen. Eines steht von vornherein fest: die Prophezeiungen des Alten Testaments waren sehr wohl Ankündigungen der Zukunft, die allesamt in Erfüllung gegangen sind und daher zu den unantastbaren Beweisen für die Wahrheit des Christentums gehören. Im übrigen bestreiten die Protestanten den apologetischen Wert der biblischen Prophezeiungen in keiner Weise und stimmen bereitwillig Pascals Worten zu: »Der größte aller Beweise für Jesus Christus sind die Prophezeiungen. Und dafür hat Gott auch am besten gesorgt; denn das Ereignis, das sie erfüllt hat, ist ein Wunder, welches von der Geburt der Kirche bis zum Ende der Zeiten Bestand hat. Auch hat Gott 1600 Jahre lang alle diese Prophezeiungen zusammen mit den Juden, die sie weiter überlieferten, über alle Orte der Welt zerstreut. Dergestalt war die Vorbereitung auf die Geburt Jesu Christi; denn da sein Evangelium auf der ganzen Welt geglaubt werden sollte, mußte es nicht nur Prophezeiungen geben, um den Glauben an dieses Evangelium zu bewirken, sondern diese Prophezeiungen mußten auf der ganzen Welt verbreitet sein, damit es von der ganzen Welt angenommen würde.«[51]

In gleicher Weise schreibt Bossuet 1701 in der *Défense de la tradition et des saint pères*: »Man soll die Kraft der Prophezeiungen nicht schwächen, sondern sie im Gegenteil als den wichtigsten und stichhaltigsten Teil des Beweises der Christen ansehen.«[52]

Für Bossuet haben »die Propheten vor allem drei Funktionen: sie belehren das Volk und tadeln seine schlechten Sitten; sie sagen ihm die Zukunft voraus; sie trösten und stärken es mit Verheißungen: dies sind die drei Dinge, die man in allen Prophezeiungen erkennt«.[53] Das Problem besteht wie gewöhnlich allein in der Auslegung, denn die Prophezeiungen haben mehrere Bedeutungen, und man kann über die Art, wie sie sich in der Zukunft, die unerkennbar bleibt, erfüllen werden, kein Urteil fällen. Man könne die Prophezeiungen erst verstehen, wenn sie eingetroffen seien, was immerhin recht unangenehm ist: »Die Zukunft gestaltet sich fast immer ganz anders, als wir meinen; und sogar die Dinge, die Gott offenbart hat, ereignen sich auf eine Weise, die wir nicht vermutet hätten. Man frage mich also nicht nach dieser Zukunft.«[54]

Nun wendet Bossuet diese Grundsätze auf die Offenbarung an, deren nicht zu leugnenden prophetischen Wert man nicht auf das Ende der Zeiten übertragen dürfe; er finde seine Erfüllung vielmehr in den historischen Ereignissen der ersten Jahrhunderte. Der Adler von Meaux räumt ein, daß höchst kanonische Kommentatoren diesen dunklen Text völlig unterschiedlich gedeutet haben; für ihn sind diese Divergenzen normal, sofern die Prophezeiungen nicht das Dogma berühren: sie können mehrmals verwendet werden und erbaulich sein. Aber unter diesen Auslegungen sei die der Protestanten, die das Tier mit dem Papst und Babylon mit der Kirche gleichsetzt, abwegig. Und um dies zu erhärten, stürzt sich Bossuet in eine weitschweifige Exegese, um zu beweisen, daß die Prophezeiungen der Offenbarung in der Geschichte Wirklichkeit geworden sind. Wir wollen ihm nicht in die Mäander dieses umfangreichen Traktats folgen, aber immerhin auf seine Verlegenheit angesichts der berühmten Prophezeiung der tausend Jahre hinweisen, die für so viele Konflikte gesorgt hat. Er selbst gibt der symbolischen Deutung den Vorzug: gemeint sei damit »die ganze Zeit, die bis zum Ende der Jahrhunderte verstreichen wird, (...) dazu kommt noch die Vollkommenheit der Zahl Tausend, die uns recht gut zu verstehen gibt, welch lange Zeit Gott darauf verwenden wird, den gesamten Körper seiner Auserwählten bis zum letzten Tag zu formen«.[55] Andere Bedeutungen werden indes nicht ausgeschlossen: »Einige moderne Ausleger, auch katholische, lassen dem Ende der Jahrhunderte die Entfesselung Satans und die vollendeten tausend Jahre vorausgehen: wogegen ich keinen Einspruch erheben will, sofern man diese Art der Erfüllung und der Entfesselung Satans, die man ihr zurechnet, gleichsam als eine Gestalt der großen und letzten Entfesselung begreift, von der wir soeben sprachen.«[56] Dagegen dürfe man in den Märtyrern niemand anderen sehen als die Märtyrer der ersten Jahrhunderte und sich kein Reich Christi auf Erden vorstellen. Bossuet erwähnt auch die Auffassung von Grotius, der die tausend Jahre mit der Bekehrung Konstantins im Jahre 313 beginnen und Anfang des 14. Jahrhunderts mit dem Aufstieg der Ottomanen und den Ketzereien von Wyclif und Hus enden ließ.

In der *Histoire des variations* räumt Bossuet ein, daß die prophetischen Texte aufgrund ihrer Dunkelheit den aberwitzigsten Auslegungen Vorschub leisten; er gibt auch zu, »daß sich die klugen Leute unter den Protestanten ebenso wie wir über diese Träumereien mokieren. Und dennoch läßt man sie gewähren, weil man meint, sie seien notwendig, um ein leichtgläubiges Volk zu belustigen«. Besonders entrüstet er sich über Leute, die sich die »heilige Dunkelheit« dieser Prophezeiungen zunutze machen, um sie zu »profanieren«, und ihnen nach eigenem Belieben alles Mögliche unterschieben: »Die Profanierung der Prophezeiungen ist um so sträflicher, als ihre heilige Dunkelheit geachtet werden sollte.«[57]

Im *Avertissement aux protestants* empört er sich als unfreiwilliger Cartesianer darüber, daß die wiederholten Fehlschläge der Prophezeiungen Luthers das Vertrauen der Gläubigen nicht erschüttern. Die Stelle ist eines Bayle oder Fontenelle würdig: »Daß die Menschen sich ein Urteil über die Zukunft anmaßen, entweder weil sie andere täuschen wollen oder weil sie selber von ihrer überhitzten Einbildung getäuscht werden, ist nicht eben verwunderlich; daß ein verstocktes Volk ihnen Glauben schenkt, ist eine durchaus alltägliche Schwäche; aber daß man, nachdem ihre Vorhersagen von den Tatsachen widerlegt worden sind, ihre Prophezeiungen noch immer rühmt, das ist eine nicht zu begreifende Verirrung. Aber wozu ist die menschliche Schwäche nicht alles fähig?«[58]

Natürlich bezieht Bossuet diese kluge Bemerkung nur auf die protestantischen Prophezeiungen; er zählt diejenigen Luthers auf, die nie in Erfüllung gegangen seien, und attackiert dann unmittelbar darauf diejenigen von Du Moulin und Jurieu, deren absurde Berechnungen, die sie zum Jahr 1689 und zum Ende des Antichrist zwischen 1700 und 1715 führen, lächerlich zu machen ihm nicht schwerfällt.

Die Suche nach der Zukunft: astrologische Konsultationen, Almanache, Vorzeichen

Bossuet ist auf seine Weise am Aufstieg des kritischen Geistes beteiligt, der diese Jahre der Krise des europäischen Bewußtseins zwischen 1680 und 1715 kennzeichnet. Eine zwar unfreiwillige, aber doch sehr reale Beteiligung, denn er scheint nicht zu sehen, daß seine Angriffe auf die protestantischen Prophezeiungen dazu beitragen, die Prophetie als solche auszuhöhlen. Wir beobachten diesen schon häufig hervorgehobenen Zwiespalt im großen Kampf der offiziellen Kirchen gegen den Volksaberglauben, insbesondere gegen alle Arten von Vorhersagen.

Eine gewaltige Aufgabe, denn im 17. Jahrhundert sind alle Gesellschaftsschichten noch immer begierig, die Zukunft zu kennen. Mehr denn je wendet sich das Volk an die Wahrsagerinnen, die in der ersten Hälfte des Jahrhunderts den Künstlern eines ihrer Lieblingsthemen liefern. Zahllose Maler und Kupferstecher haben die Szene dargestellt: Georges de La Tour, Caravaggio, Mathurin Régnier, Simon Vouet, Valentin de Boulogne, Jakob Van Velsen, Sébastien Vouillement, Pierre Brébitte und viele andere. Auf diesen Bildern ist meist eine Zigeunerin oder »Ägypterin« zu sehen, die die Handlinien deutet oder ein auf die flache Hand gelegtes Geldstück verwendet. Die Szene gibt Gelegenheit, die Eitelkeit und Leichtgläubigkeit der Ratsuchenden ins Licht zu rücken, meist kostbar gekleideter junger Männer und Frauen; die Komparsen der Wahrsagerin nutzen die Ablenkung aus, um ihnen die Taschen zu leeren.

Wünscht man eine tiefschürfende Konsultation, dann wendet man sich an den Astrologen, ohne allzusehr auf dessen Tüchtigkeit zu achten. Weder in bezug auf das Land noch auf die Religion scheinen hier Unterschiede zu bestehen. In England liefern die autobiographischen Notizen von Richard Napier, John Booker, William Lilly genaue Informationen über die astrologischen Konsultationen, und sie vermitteln insgesamt den Eindruck eines regelrechten »Gesellschaftsphänomens«. Mehr als 200 praktizierende Astrologen sind im 17. Jahrhundert in London namentlich bekannt, und Hunderte von unbekannten arbeiten in der Provinz. Einige, wie Nicolas Culpepper, empfangen zwischen 1640 und 1654 jeden Morgen bis zu 40 Klienten.[59] John Booker erledigt in den Jahren 1658 bis 1665 etwa 16 500 Anfragen; Simon Forman, ein ehemaliger Schullehrer, kommt zwischen 1571 und 1601 auf mehr als 1000 Konsultationen im Jahr; mit William Lilly steigt der Jahresdurchschnitt zwischen 1644 und 1666 auf 2000 an. Diese Zahlen – mit mehreren Dutzend Astrologen multipliziert – sind beeindruckend[60] und rechtfertigen die Bemerkung von Daniel

Defoe, dem zufolge nach der großen Pest von 1665 die Menschen mehr als je zuvor »zu Quacksalbern und Kurpfuschern liefen«.[61]

Die gestellten Fragen sind äußerst vielfältig und gelten nicht nur der Zukunft. Viele beziehen sich auf abhanden gekommene Gegenstände, verschwundene Personen oder entflohene Dienstboten. Dennoch bleibt die Zukunft das große Thema der Besorgnis, ob es sich nun um das individuelle Schicksal oder um kollektive Ereignisse handelt. Viele Geschäftsmänner und Kaufleute erkundigen sich nach den Schwankungen des Markts, nach der Rentabilität ihrer Investitionen oder nach dem Ergebnis ihrer Transaktionen; Prozeßparteien fragen nach dem Ausgang ihres Verfahrens, ob es besser sei, es fortzusetzen oder Berufung einzulegen; besorgte Familienangehörige wollen wissen, ob ihr verurteilter Verwandter hingerichtet werden wird. Eine Frage, die sehr häufig wiederkehrt, betrifft den Todestag des Ehegatten oder der Eltern aus Gründen der Erbschaft, der Nutznießung am Vermögen oder der Lebensversicherung, die es in England schon damals gibt. Lilly empfiehlt seinen Nacheiferern, auf derartige Fragen vorsichtig und vage zu antworten.[62] Viele Frauen wollen wissen, ob sie schwanger sind, welches Geschlecht das Kind haben wird, ob die Niederkunft gut verlaufen wird. Die Prognose ist gar nicht so einfach, nicht einmal für einen erfahrenen Astrologen, wie es die in den Notizen von Richard Napier enthaltene Anekdote veranschaulicht: 1635 sucht Lady Ersfield ihn mit einem dicken Bauch auf und fragt, ob sie schwanger sei; sich seiner selbst nicht ganz sicher, notiert er: »schwanger, es sieht ganz danach aus«; einige Wochen später berichtigt er seine Diagnose: »nicht schwanger, kranker Bauch, geschwollener Leib.«[63]

Viele junge Leute wollen wissen, wer ihr künftiger Ehegatte sein wird und, mehr noch, welchen Beruf sie ergreifen sollen. Der Astrologe scheint berufen zu sein, die Rolle eines Ratgebers zu spielen, da ja die Sterne angeblich die Anlagen jedes Einzelnen bestimmen. Und dann gibt es noch die Fragen nach den politischen Ereignissen und ihren Auswirkungen auf das Geschick des einzelnen: Wer wird den Krieg gewinnen? Soll man lieber dem König oder dem Parlament dienen? Die Salons der Astrologen sind überaus aufschlußreich im Hinblick auf den Opportunismus oder die Aufrichtigkeit der politischen und sogar der religiösen Meinungen. Ist es besser, eine zivile oder eine militärische Laufbahn einzuschlagen? Wird mein Sohn im Krieg getötet werden? Ist es ratsam, konfisziertes Land zu kaufen? Wird diese oder jene belagerte Stadt fallen? Es kommt vor, daß William Lilly strategische und taktische Ratschläge gibt, die sich schwerlich mit einer astralen Vorherbestimmung vereinbaren lassen. Jedenfalls fährt Bulstrode Whitelocke sehr gut damit, und er schreibt den Sieg von Naseby im Jahre 1654 der Hellsicht des Astrologen zu,[64] der auch die Wahlergebnisse prognostiziert. Schließlich gibt es läppische und leichte Fragen über die Ergebnisse der Hahnenkämpfe und Pferderennen oder auch die einer adligen Dame, deren Ehemann sich auf einem Kriegsschiff befindet und die Forman fragt, ob sie während seiner Abwesenheit wirklich ihre Tugend bewahren müsse.

Lillys Klienten sind ebenso vielfältig wie ihre Fragen. Aus Statistiken geht hervor, daß es sich um eine *Volks*astrologie handelt: unter den 638 erfaßten Fällen befinden sich 254 Dienstmädchen, 104 Seemänner, 128 Handwerker und Kaufleute, 32 Soldaten, 32 »*professional*« [?] und sogar vier Arme gegenüber 124 Mitgliedern des Hochadels.[65] Männer und Frauen sind etwa gleich stark vertreten.

Der Preis einer Konsultation richtet sich nach dem gesellschaftlichen Rang des Klienten, nach der gestellten Frage und dem Renommee des Astrologen. Einflußreiche Personen sind bereit, die zulässigen Ratschläge großzügig zu honorieren, wie Sir Robert Holborne, der Nicolas Fiske für sein Horoskop 100 Pfund zahlt, während eine gewöhnliche Konsultation durchschnittlich 2 Shilling 6 Pence kostet. Im großen und ganzen lebt der kleine Provinzastrologe an der Armutsgrenze, während es die namhaften Astrologen zu einigem Wohlstand bringen, ohne je auch nur annähernd das Vermögen eines Kaufmanns zu erwerben. Man schätzt, daß William Lilly im Jahre 1662 dank den Einkünften aus seinen Almanachen, seinen Renten für offizielle Tätigkeiten und den von seinen Schülern gezahlten Honoraren etwa 500 Pfund verdiente. Der ziemlich schnelle Rhythmus der Konsultationen ermöglicht es, kräftige Gewinne zu erzielen: bei Ashmole z. B. lag die durchschnittliche Dauer einer Beratung zwischen sieben und fünfzehn Minuten[66]: länger braucht ein geübter Astrologe nicht, um die genaue Uhrzeit der Frage zu notieren, das Horoskop zu erstellen und daraus seine Schlüsse zu ziehen.

Die französischen Quellen sind in dieser Hinsicht spärlicher, aber die verfügbaren Informationen lassen vermuten, daß die Praktiken mit denen in England etwa identisch sind. Paris mit seinen 400 Astrologenpraxen um 1660, d. h. eine auf etwa 100 Einwohner, erkundet die Sterne mindestens ebensosehr wie London.[67] Sehr viel besser unterrichtet sind wir über die anonymen schriftlichen Vorhersagen dank dem Almanach, dessen ungeheure Popularität die zahlreichen Verurteilungen beweisen. 1613 ruft Antoine de Laval aus: »Wir, die wir Christen sein wollen, dulden unter uns noch immer die Judiziarastrologie und die Scharlatane, die sie gewerblich betreiben: mit besonderer Genehmigung werden die Centuries, die Almanache, alle Narrheiten, Abgeschmacktheiten und Blasphemien geradezu als Evangelien gedruckt, veröffentlicht, angepriesen, abgesetzt, gekauft, geglaubt und aufgenommen.«[68]

In der Tat ist der Almanach von Anfang an mit astrologischen Vorhersagen verbunden, was die Regierenden der absoluten Monarchie beunruhigt, denn man findet darin sowohl die Judiziarastrologie, die sich mit der hohen Politik der Kriege, Belagerungen, Aufstände, Bündnisse befaßt, als auch die natürliche Astrologie, die das Wetter und die Ernsten vorhersagt. Die Kirche und die politische Macht schreiten ein, getrennt zwar, aber mit demselben Ziel der Aussonderung. Als Richelieu feststellt, daß die Verfasser von Almanachen, »statt sich an die Grenzen der Pflicht zu halten, darin viele unnütze und unbegründete Dinge vorbrachten, die lediglich dazu dienten, schwache Gemüter zu verwirren, die daran glauben«, präzisiert er in der Erklärung vom 20. Januar 1628: »Verbot, dort etwas anderes vorzubringen als Mondwechsel, Finsternisse und verschiedene Neigungen und Zustände der Luft«. Und Nicolas Turlot fragt 1635 in seinem *Vray Thrésor de la doctrine chrestienne*, einem Kathechismuslehrbuch zum Gebrauch der Pfarrgemeinden: »Wollt ihr also die Verfasser von Almanachen verurteilen, die in ihren Ephemeriden viel Wunderbares erzählen und vorhersagen? Wenn sie die Winde, den Regen, heiteres oder wechselhaftes Wetter vorhersagen, sind sie zulässig. (...) Wenn sie jedoch Dinge vorhersagen, die dem freien Willen des Menschen unterliegen (...), so darf man nicht auf sie hören. (...) Und ich glaube nicht, daß sie selbst ihnen Glauben schenken, sondern sie wollen den Menschen nur Anlaß zum Reden geben. Und daher billigen oder genehmigen die Zensoren die Almanache und ihre Vorhersagen.«[69]

Unter dem Druck der Angriffe seitens der politischen wie der religiösen Autoritäten werden die Almanache in der zweiten Hälfte des 17. Jahrhunderts vorsichtiger: sie üben Selbstzensur und stellen die Vorhersage als Kurzweil dar. Es mehren sich burleske, Rabelais' *Prognostications* nachempfundene Prognosen, die bisweilen zur schlichten Kopie geraten.[70] Vorsorglich erinnert man daran, daß es sich bei den Vorhersagen um einen Zeitvertreib handelt und daß die Sterne in keinem Fall das menschliche Verhalten bestimmen oder dem freien Willen zuwiderhandeln können.[71]

Ansonsten beschränkt man sich mehr und mehr auf die natürlichen, vor allem meteorologischen Vorhersagen und bleibt äußerst vage, wie folgende Prognosen zeigen: »Der Sommeranfang wird sich durch große Hitze anzeigen. Gebe Gott, daß der Herbst sich besser anläßt«; »Was die Krankheiten anbelangt, so werden die davon Betroffenen in Lebensgefahr schweben.«[72] Außerdem präzisiert man, daß die Entscheidung in jedem Fall bei Gott liege, was den Vorhersagen jegliche Bedeutung nimmt.

Bemerkenswert ist auch der Kontrast zwischen dem ungemein ehrgeizigen Titel eines Almanachs auf das Jahr 1680 und seiner Schlußfolgerung, die den gesamten Inhalt zunichte macht. Auf dem Umschlagblatt liest der Käufer *Ausführliche Vorhersagen über den Sonnenkreis für elf Jahre, beginnend mit dem gegenwärtigen Jahr 1679 bis zum Jahre 1689, die für jedermann sehr nützlich sind, was die Kenntnis der unfruchtbaren und der fruchtbaren Jahre anbelangt; ebenso erfährt man, wie sich der Weizen, der Wein und der Cidre verkaufen wird; auch wann ihr Preis steigen oder fallen wird; desgleichen wie man die großen Prophezeiungen vermeiden kann, die dem Ende der Welt vorausgehen; das Ganze den alten Philosophen entnommen von Sieur Roussel Vendosmois zu Rouen bei Jean-Baptiste Besongne, gegenüber der petite rue Saint-Jean.* Ein höchst reißerisches Programm. Aber nach vielen Seiten voller Mutmaßungen und Hirngespinsten über die Zukunft kommt der Verfasser zu dem Schluß, daß all dies völlig wertlos sei: »Am Ende meiner Voraussagen will ich alles dem Erbarmen Gottes anheimstellen, der als Herr und Schöpfer aller Dinge nach seinem Belieben die bösen Weissagungen in gute verwandeln wird und in seiner unendlichen Güte Frieden statt Krieg, Gesundheit statt Pest,

Die Astrologie: eine soziokulturelle Notwendigkeit 473

Überfluß statt Hungersnot und andere Segnungen gewährt, wie ich es hoffe. Amen.«[73]

Der Almanach wird im 17. Jahrhundert also zu einer formalen Übung mit redundanten Titeln, falschen, realen oder imaginären Verfassern mit klingenden Namen wie Nostradamus, Mathieu Laensberg, Lichtenberger und einem äußerst enttäuschenden Inhalt. Der Anteil an astrologischen Fragen, der Mitte des Jahrhunderts einen Höhepunkt erreicht, nimmt zwischen 1660 und 1670 deutlich ab, wie es die Stichprobe von 185 Almanachen zeigt: während bei 54 Prozent von ihnen das Wort »Astrologie« zwischen 1631 und 1650 im Titel vorkommt, sinkt der Prozentsatz zwischen 1671 und 1690 auf 35 Prozent, und der Anteil der Judiziarastrologie fällt von 63 Prozent zwischen 1631 und 1670 auf 20 Prozent in den Jahren 1670–1690.[74]

Ohne allen Zweifel handelt es sich hier um eine Folge der massiven und beharrlichen Kampagne der Kirche gegen die astrologischen Vorhersagen sowie der Verbote der Regierung gegen die judiziarische Astrologie. Einer Kampagne, die sich Anfang des 18. Jahrhunderts unablässig fortsetzt: 1704 verbietet der königliche Zensor den *Almanach du bon laboureur* oder *Almanach journalier*, der »lediglich dazu taugt, den Aberglauben im Geist der Völker zu nähren«[75]; 1709 exkommuniziert das Konzil von Narbonne »Wahrsager, Hexer, Horoskopsteller sowie alle, die an die Auguren und die judiziarische Astrologie glauben«; 1710 schreibt Bordelon, Verfasser eines Traktats *De l'astrologie judiciaire* von 1698, diese Vorhersagen seien »Phantasien, welche die Astrologen vorbringen, um die braven Leute zu belustigen und neugierig zu machen«[76]; 1720 wiederholt Pater Costadau: »Die Ephemeriden oder Almanache sind als verderbliche Bücher anzusehen, und ihre Lektüre sollte verboten werden, da sie hauptsächlich das einfache Volk, das alle die wundersamen Vorhersagen für unfehlbare Wahrheiten hält, in die Irre führen und zum Aberglauben verleiten kann.«[77]

Ungeachtet eines relativen Rückgangs bleibt der Almanach weiterhin präsent, eine Situation, die sich nicht allein auf Frankreich, ja nicht einmal auf Europa beschränkt. Auch in den englischen Kolonien Amerikas ist die Astrologie überaus populär und spielt in mehreren Sekten, die sich im 17. Jahrhundert verbreiten, die Hauptrolle wie 1694 in der Sekte des Deutschen Johannes Kelpius in der Nähe von Philadelphia. Die amerikanischen Almanachverfasser klagen im übrigen darüber, daß die Leser zu viele Vorhersagen verlangen: 1698 erklärt Daniel Leeds in Pennsylvania, er wolle keine Einzelheiten nennen, weil sie falsch ausgelegt würden.[78]

Eine weitere Art, die Zukunft zu kontrollieren, besteht darin, die Vorzeichen, die günstigen und ungünstigen Zeiten, die Glücks- und Unglückstage zu beachten. Auch hier ist die Rolle des Christentums zwiespältig, da es diese Vorstellungen einerseits als Überreste des heidnischen Aberglaubens verurteilt, sich andererseits jedoch seine eigenen günstigen und ungünstigen Tage schafft: der Sonntag, der Advent, die Passionszeit, der Karfreitag sind Zeiten, die durch allerlei Verbote gekennzeichnet sind, die an die alten heidnischen Praktiken anknüpfen; besonders in puritanischen Kreisen nimmt die Heiligung des Sonntags groteske Ausmaße an, vor allem mit der Bewegung des »Sabbatarianismus«, die an diesem Tag jedwede Tätigkeit untersagt. Desgleichen sind bestimmte Tage und Perioden der Heirat abträglich. Indem die Kirche in das liturgische Jahr auch »starke Zeiten« einführt, stellt sie auf dauerhafte Weise einen Kalender der erlaubten und unerlaubten Tätigkeiten auf und durchbricht damit die zeitliche Kontinuität. Zumindest steckt sie den Rahmen für die Zukunft ab. Und im Geist der Gläubigen besteht kaum ein Unterschied zwischen den starken Zeiten der Astrologie und den traditionell für günstig oder ungünstig erachteten Tagen. Davon zeugen die vielen in der Welt der Landwirtschaft so verbreiteten Sprichwörter mit Vorhersagecharakter, die religiöse Feste und Meteorologie verquicken: Medardus, Barnabas, die Eisheiligen, Weihnachten, Ostern, das Dreifaltigkeitsfest, der Aprilmond und viele andere sind Zeiten, an die sich Vorhersagen heften, die mit dem Glauben nichts zu tun haben.

Dieses Amalgam ist keineswegs einzigartig und betrifft nicht nur das »gemeine Volk«. Ein Intellektueller wie Jean Bodin mißt dem Vielfachen der Zahl Sieben eine abergläubische Bedeutung bei, da sie im menschlichen Leben allesamt Krisen bedeuten: das Alter beginnt mit 56 Jahren und endet für die meisten sieben Jahre später: »Die Zahl 63, das Produkt von sieben mal neun, zieht gewöhnlich das Ende der Greise nach sich.« Das Leben derer, die diese Hürde nehmen, dauert bis 70 Jahre, ein Alter, »das fast alle Greise dahinrafft«, oder bis 77 Jahre: »Es gibt unendlich viele, die in diesem Alter sterben.«[79] In denselben Gedankenkreis gehört der Glaube an bestimmte, für ein Individuum oder eine Familie charakteristische Unglückstage wie der 3. September für Cromwell, Datum seiner Siege in Dunbar und Worcester sowie seines Todes. Und Lord Burghley rät seinem Sohn, niemals irgend etwas an einem der drei schwarzen Montage des Jahres zu unternehmen: am ersten Aprilmontag (Todestag Abels), am zweiten Augustmontag (Tag der Zerstörung von Sodom und Gomorra) und am letzten Dezembermontag (Geburtstag des Judas Iskariot).

Auf diese Weise ist die Zukunft mit einer Fülle schwarzer Punkte abgesteckt, an denen man nicht das kleinste Risiko eingehen sollte. Die Almanache führen endlose Listen von ihnen auf, die sich von einem Werk zum anderen unterscheiden, so daß man, wollte man sie alle berücksichtigen, am besten vom 1. Januar bis zum 31. Dezember im Bett bliebe. Der repetitive Aspekt dieser Unglückstage schwächt ihre Wirkung erheblich ab. Anders steht es mit den außergewöhnlichen Erscheinungen, die den Charakter von Vorzeichen haben und regelrechte Paniken auslösen können. Wir erwähnten bereits den Kometen von 1654 in Frankreich. Zwei Jahre zuvor hatte die Sonnenfinsternis vom 29. März 1652 ganz England in Aufregung versetzt. Allerdings waren die Gemüter seit mehreren Monaten durch eine Lawine an Katastrophenliteratur darauf vorbereitet worden, einer Literatur, die im März ihren Höhepunkt erreichte und einen jähen Anstieg der Sterblichkeit, einen kollektiven Wahn sowie allgemeine Schrecknisse auf einem in Dunkelheit gehüllten Planeten ankündigte; die großen Berufsastrologen hatten politisch-religiöse Umwälzungen prognostiziert: William Lilly sagte den Sturz des Presbyterianismus und eine große Gesetzesreform voraus, Culpepper kündigte die Heraufkunft der Demokratie und der Fünften Monarchie an, für andere stand der Fall Roms bevor. Die Angst erreicht ihren Höhepunkt am 28., als der Oberbürgermeister von London und alle Ratsherren einer Predigt über die Finsternis lauschen, während viele Menschen mit einem Teil ihrer Habe aus der Stadt fliehen und andere sich zu ihrem vermeintlichen Schutz Elixiere besorgen. Als der Tag gekommen ist, spielen sich Szenen ab, die an die Zeit der Barbaren gemahnen wie in Dalkeith, wo sich einige »mit dem Rücken auf den Boden werfen, die Augen zum Himmel gewandt, und Christus anflehen, er möge sie von neuem die Sonne sehen lassen und sie retten«.[80]

Soziokulturelle Notwendigkeit der Astrologie

Natürlich geschieht überhaupt nichts. Geraten die Wahrsager und Astrologen nun in Verlegenheit? Nicht im geringsten, trotz der optimistischen und sehr subjektiven Bemerkung von John Greene, der in seinem Tagebuch schreibt, daß »der Ruf der Astrologen darunter stark gelitten hat«.[81] In Wirklichkeit konnte dieser Irrtum der Prognose nach Tausenden anderer das Vertrauen der Praktiker und ihrer Anhänger in keiner Weise erschüttern. Den Astrologen mangelt es nicht an Erklärungen. Zum einen ist Irren menschlich, und jeder kann sich täuschen, es gibt keine unfehlbare Wissenschaft; vielleicht hat ein Rechenfehler alles verdorben; zudem konnte Gott eingreifen: nichts ist ihm unmöglich, und wenn er will, wehrt er den Einfluß der Sterne durch ein Wunder ab. Genau dies erklärt man in den Almanachen, wie wir bereits sahen, und auch die größten Astrologen haben keinerlei Skrupel, diese Entschuldigung vorzubringen: 1659 prognostiziert William Lilly, im Mai werde Richard Cromwell der ganzen Welt beweisen, daß er zu regieren imstande ist; statt dessen dankt er ab: Offenkundig liegt ein göttliches Eingreifen vor, was mich meiner Verantwortung enthebt, schreibt Lilly sinngemäß, und man darf ihm sogar eine gewisse Unredlichkeit unterstellen, wenn er hinzufügt, selbst wenn er diesen Ausgang hätte vorhersehen können, so hätte er wegen der politischen Folgen nichts darüber verlauten lassen.[82]

Alle Astrologen haben irgendwann einmal zu dieser Ausflucht gegriffen. Manche haben noch andere Erklärungen parat. Als Timothy Gadbury 1660 die Rückkehr Karls II. voraussagt, während die Nachricht schon in aller Munde ist, wartet er mit folgender Version auf: Ich wußte es seit langem, aber ich wollte es nicht sagen, damit die Feinde des Königs nichts dagegen unternehmen konnten, und außerdem wurde ich zensiert.[83]

Fügen wir hinzu, daß die Astrologen seit Ptolemaios immer versichert haben, daß der Einfluß der Sterne zwar bedeutsam, aber nicht bestimmend sei: die Sterne machen geneigt, aber sie zwingen nicht; daher überrasche es nicht, daß sich viele Horoskope als falsch erweisen, wenn es dem Individuum gelinge, sein Schicksal zu meistern. Zudem könne es widerstreitende Einflüsse geben, die einander aufheben: das individuelle Horoskop könne durch das der sozialen oder nationalen Gruppe, in die es sich einfügt, neutra-

Die Astrologie: eine soziokulturelle Notwendigkeit

lisiert werden. Schließlich könne der Gebrauch von Gemeinplätzen, dunklen Formulierungen und des Konditionalis alles Beliebige durchgehen lassen.

Doch mehr als diesen mehr oder weniger tauglichen Entschuldigungen verdankt die Astrologie, trotz wiederholter Irrtümer, ihren dauerhaften Erfolg bis in die Jahre 1660–1680 ihrer unerläßlichen soziokulturellen Funktion. In jeder Epoche muß der Mensch, um leben, seine Handlungen steuern, den gesellschaftlichen Zusammenhalt aufrechterhalten zu können, seine Vergangenheit und seine Zukunft beherrschen oder vielmehr über ein kohärentes Entwicklungsschema verfügen, das ihm ermöglicht, seine Schritte zu planen und ständig die für das Dasein notwendigen Entscheidungen zu fällen. Dieses Schema wird von der herrschenden Kultur erarbeitet, die sowohl die Anfänge wie das Ende erklärt. Die religiösen Vorstellungen, der Stand der Wissenschaft und Technik, die philosophische Reflexion sowie die sozioökonomische Organisation tragen dazu bei, die Grundzüge der wahrscheinlichen, kurz- und langfristigen Zukunft zu bestimmen. Diese minimale Kenntnis der Zukunft gehört zu der Gesamtheit der Möglichkeiten, über die der Mensch zur Bewältigung seiner Umwelt verfügt, und ist die notwendige Ergänzung seiner wissenschaftlich-technischen Ausrüstung.

Im 17. Jahrhundert wird die Astrologie nun aber veranlaßt, die Lücke zu füllen, die der Rückzug der religiösen Prophetie unter dem Eindruck der protestantischen und katholischen Reformation hinterlassen hat. Zudem ist der neue wissenschaftliche Anspruch vorerst noch ein Ideal: die okkulten und übernatürlichen Erklärungen werden zwar mehr und mehr entkräftet, aber es tritt keine solide Wissenschaft an ihre Stelle; die Biologie, die Medizin, die Geologie und vor allem die Humanwissenschaften stecken noch in den Kinderschuhen und sind außerstande, den so verwirrenden natürlichen und gesellschaftlichen Ereignissen der damaligen Zeit Rechnung zu tragen. Die Astrologie ist die einzige Disziplin, die im großen und ganzen in der Lage ist, diese Funktion zu erfüllen. Wir sahen es bereits an den Almanachen und den Konsultationen der Astrologen. Letztere spielen, aufgrund der Fragen, die ihnen gestellt werden, die Rolle von Ärzten, Ökonomen, Meteorologen, Politologen, Maklern, Richtungsweisern, Agronomen, Soziologen und vor allem vielleicht von Psychologen: die Erstellung des Horoskops ist in erster Linie eine Sache der Psychologie. Der Klient kommt vor allem deshalb, um sich jemandem anzuvertrauen und wieder Mut zu fassen. Der Astrologe ergänzt den Beichtvater: beide haben insofern eine beruhigende Rolle, als sie dem Individuum zeigen, daß sein Schicksal nicht dem Zufall unterliegt, daß am Himmel Gott und die Sterne über ihn wachen, daß, wenn er Fehler begangen hat, ersterer sie vergibt und letztere sie erklären, und daß schließlich seine Zukunft zwar vorausgesehen ist, es ihm jedoch freisteht, sie zu akzeptieren oder zu verändern, kurz, daß er nicht allein ist, daß er eine Rolle zu spielen hat, daß er wichtig ist, daß er eine Person ist. Die Tatsache, daß der Astrologe und der Beichtvater einander so offenkundig ergänzen, führt sogar zu der Frage, in welchem Maße dies ein Grund für die scheinbar bedeutsamere Rolle des Astrologen in der protestantischen Welt ist, in der die Ohrenbeichte fehlt.

Das erklärt auch, warum in den Augen der gewöhnlichen Gläubigen zwischen Religion und Astrologie kein Gegensatz besteht, während der katholische Klerus den Astrologen sehr viel feindseliger gegenübersteht als die protestantischen Pastoren und Seelsorger. Für ersteren ist der Astrologe nämlich ein direkter Konkurrent.

Rivalität herrscht nicht nur auf der Ebene des individuellen Geschicks. Sie zeigt sich in vollem Licht bei Naturkatastrophen, dem bevorzugten Terrain, auf dem die beiden großen Systeme der Welterklärung aufeinandertreffen. Die Pest von 1665 und der Brand von 1666 zu London veranschaulichen diese Situation auf vortreffliche Weise. Von der großen Pest, die im Jahre 1665 mehr als 68 000 Menschen tötet, hat Daniel Defoe eine berühmte Schilderung hinterlassen, *A Journal of the Plague Year*, die eher eine Verallgemeinerung ist, eine Untersuchung der Reaktionen und Verhaltensweisen einer von dieser Geißel geschlagenen Bevölkerung. Die ratlosen Einwohner von London stürzen sich auf die beiden verfügbaren Zufluchtsmöglichkeiten: die Astrologen und die Religion, die Defoe zu Unrecht einander entgegensetzt. Wenn er berichtet, »mit welchem Eifer die Menschen aller Glaubensrichtungen die Gelegenheit wahrnahmen, wie sie in Kirchen und Versammlungen strömten« und »mit ungewöhnlicher Frömmigkeit an allem teilnahmen«, so stellt er andererseits mit Bedauern fest, daß ebenso häufig die Sprechzimmer der Astrologen aufgesucht werden.

Die Astrologie: eine soziokulturelle Notwendigkeit 479

»Ein Unglück kommt selten allein. Diese Ängste und Befürchtungen veranlaßten die Leute zu tausend törichten, albernen und üblen Handlungen, wobei denn jene Sorte wirklich übler Menschen nicht fehlte, die sie dazu noch ermunterten; und so liefen sie zu Wahrsagern, Hellsehern und Sterndeutern, um ihre Zukunft zu erfahren, oder, wie es das Volk nannte, sich wahrsagen zu lassen, sich das Horoskop stellen zu lassen usw. (...) Und dieses Gewerbe drängte so allgemein ans Tageslicht, daß man bald überall an den Türen angeschlagen lesen konnte: ›Wahrsager-Praxis‹, ›Astrologie‹, ›Hier werden Horoskope gestellt‹ usw. .. Und die Messingplakette mit dem Kopf des Franziskaners Bacon, die gewöhnlich die Wohnung solcher Leute anzeigte, konnte man fast in jeder Straße sehen, oder auch das Zeichen der Mutter Shipton, des Zauberers Merlin Kopf und ähnliches.

Ich weiß zwar wahrhaftig nicht, mit was für dummem, unsinnigem und lächerlichem Zeug diese Teufelsorakel die Menschen beruhigten und zufriedenstellten, aber soviel ist sicher, daß sich jeden Tag unzählige Besucher vor ihren Türen drängten. (...) Sie erzählten ihnen dauernd von diesen und jenen Einflüssen der Sterne, von den Konjunktionen dieser und jener Planeten, die notwendigerweise Krankheiten und Seuchen bewirken, also die Pest. (...)

Die Pfarrer und die meisten Prediger, um ihnen Gerechtigkeit angedeihen zu lassen, soweit sie ernsthafte und vernünftige Persönlichkeiten waren, wetterten gegen diese und ähnliche verderbliche Praktiken und deckten deren Roheit und Verderblichkeit gleichermaßen auf, und wirklich nüchterne und urteilsfähige Leute verachteten und verabscheuten sie. Aber es war unmöglich, die gewöhnlichen Bürger und die armen, schwer sich abmühenden Arbeitsleute zu beeinflussen; ihre Furcht übermannte jedes andere Gefühl, und sie warfen ihr Geld verrückterweise für solchen Unsinn aus.«[84]

Das Werk entstand 1722, ein halbes Jahrhundert nach dem Ereignis, und ist das kritische Werk eines Intellektuellen der Aufklärung; aber die Fakten werden von zahlreichen Zeugnissen bestätigt. Auch wenn in den katholischen Ländern, wie 1720 während der Pest zu Marseille, die Kirchen, die Prozessionen, die Beichtstühle häufiger aufgesucht werden, so konsultiert man doch allenthalben die Astrologen. Das liegt daran, daß gegenüber der klerikalen Erklärung, die die Seuche als göttliche Strafe, als Ausdruck des »Zorns Gottes« darstellt – einer Erklärung, die noch Ende des 19. Jahrhunderts anzutreffen ist –, die Astrologen als einzige in der Lage sind, den Anschein einer »wissenschaftlichen« Erklärung zu geben.

Sehr wichtig ist in dieser Hinsicht das 1686 veröffentlichte Werk von John Goad mit dem Titel *Astro-Meteorologica, or Aphorisms and Discourses of the Bodies Coelestial.* Es handelt sich um den ehrgeizigen Versuch einer globalen Erklärung der natürlichen und menschlichen Mißgeschicke, die über die großen Städte hereinbrechen, ein Versuch, der zu einer Methode der Vorhersage und folglich der Vorbeugung führt, die es erlaubt, die Schäden zu begrenzen. Goads zentrale Idee lautet, daß es möglich sei, das Horoskop einer Stadt zu stellen, indem man aufmerksam ihre Archive studiere, jeden Vorfall festhalte und ihn mit der astrologischen Situation des Augenblicks in Verbindung bringe. Und aus diesen statistischen Tabellen ließen sich dann Gesetze ableiten.

Die Idee war schon einmal vorgebracht worden, um einer der in den alten Städten am häufigsten auftretenden Plagen Rechnung zu tragen: dem Feuer. 1664 hatte Francis Bernard alle Brände seit dem der Londoner Brücke im Jahre 1212 registriert und sie so behandelt, als entsprächen sie Fieberanfällen im menschlichen Körper. Die Stadt sei ein lebendiger Organismus, der seine Krankheiten (Seuchen) und seine Fieberanfälle (Brände) habe, deren Wiederkehr sich astrologisch voraussagen ließe. Nach der Pest von 1665 und dem Brand vom 2. September 1666 brüsten sich mehrere Astrologen, diese Katastrophen vorausgesagt zu haben: Gadbury beansprucht mit vier Kollegen die Urheberschaft für die Prognose der Pest; John Ward, Vikar von Stratford-upon-Avon, behauptet in seinem Tagebuch, der Brand sei von den meisten Astrologen vorausgesehen worden, doch habe der Zensor, Roger l'Estrange, die Veröffentlichung dieser Prognosen untersagt.[85] Sogar die Behörden tragen dazu bei, diese Torheiten zu verbreiten: im Oktober 1666 verhört ein Parlamentsausschuß William Lilly wegen der Kupferstiche, die die Ausgabe von 1651 seiner *Monarchy or no Monarchy* enthielt; man sah darauf Tote in Leichentüchern, eine brennende Stadt und ein Zwillingspaar, ein Zeichen, das London über einem Feuer symbolisierte. Sollte Lilly die Seuche und die Feuersbrunst fünfzehn Jahre vorher vorausgesehen haben? Leider

Die Astrologie: eine soziokulturelle Notwendigkeit 481

ja, erwidert der Astrologe schuldbewußt und bescheiden, aber ich wollte es nicht sagen, aus Angst, man würde mich beschuldigen, sie verursacht zu haben!

Solche Affären können das Renommee der Astrologen nur vergrößern. Hinzu kommt das glückliche Zusammentreffen von Umständen wie im Fall von Richard Edlin (1631–1677), der 1664 in seinem *Prae-Nuncius Sydereus* schreibt: »Ich meine, daß wir sehr gute Gründe haben, vor Ende des Jahres 1665 eine schreckliche Pest zu befürchten. (...) Feuersbrünste und eine große Zerstörung durch das Feuer während der Auswirkungen dieser Konjunktion, die bis zum Ende des Jahres 1666 anhalten werden (...). Ich habe es schon mehrmals angedeutet und habe gute Gründe es zu befürchten, und warne euch ein weiteres Mal vor einer großen Pest im Jahre 1665 und bitte Gott, er möge sie abwenden.«[86]

Die Astrologie bewahrt also – ungeachtet des Durchbruchs der aus der galileischen Revolution von 1620–1630 hervorgegangenen neuen Wissenschaft – bis in die Jahre 1660–1680 ihr Ansehen und füllt die Lücke aus, die der Rückzug der religiösen Prophetie und der okkulten Erklärungen hinterlassen hat. Ihr immer wissenschaftlicheres Gebaren nährt die Illusion und erlaubt es ihr, trotz der Angriffe und Widerstände der politischen und religiösen Autoritäten eine wichtige gesellschaftliche und psychologische Rolle zu spielen.

Die Astrologie bleibt unabdingbar, solange kein vertrauenswürdigeres Vorhersagemittel sie zu ersetzen vermag. Und noch lange wird die Wissenschaft nicht imstande sein, diese Rolle zu übernehmen. Vielmehr wird ab 1660 in England und ab 1680 in Frankreich das Anwachsen des kritischen Geistes, des der Aufklärung vorausgehenden Rationalismus, den Glauben an die Astrologie innerhalb der Eliten erschüttern und ihn auf die Ebene des Volks zurückdrängen. Aber da die intellektuelle Elite stets in die Zukunft blicken muß, beobachtet man in ihren Reihen den Aufstieg der Utopie und der politischen Ökonomie. Die Krise des europäischen Bewußtseins ist gleichzeitig der Übergang vom astralen Einfluß zur ideologischen Voraussage.

VIERTER TEIL

Das Zeitalter der Utopien

Von den strahlenden Städten der Klassik zum Optimismus der sozialistischen Utopien (17.–19. Jahrhundert)

»Allein es gehen doch noch heutzutage einige Arten zu wahrsagen (...) bei uns in dem Schwange. Ein merkwürdiges Beispiel von der unsinnigen Begierde unserer Natur, welche sich die zukünftigen Dinge im voraus zu erfahren bemüht, als wenn sie nicht genug zu tun hätte, wenn sie die gegenwärtigen recht in acht nehmen will!«

Montaigne, *Essais*, I, XI.

»Die Zukunft, dieses gelobte Land derer, die in der Gegenwart nicht klar zu sehen vermögen.«

Émile Souvestre, *Le monde tel qu'il sera*.

KAPITEL XI

Die Marginalisierung der traditionellen Wahrsagung (Ende 17.–18. Jahrhundert)

Im Jahre 1660 kommt es mit der Rückkehr Karls II. zur Restauration der Monarchie in England. Aber dieses Datum ist weit mehr als nur eine politische Etappe: es zeigt einen kulturellen und religiösen Wendepunkt an, vergleichbar demjenigen, den Frankreich im Jahre 1815 erleben sollte. Nach über zehn Jahren Bürgerkrieg und zehn Jahren puritanischer Diktatur sehnt sich das Königreich England nach einem Gleichgewicht, nach Mäßigung und Frieden. Das Interregnum war eine Zeit der Exzesse, der Entfesselung des Irrationalen, des Siegs sektiererischer Intoleranz, des Zusammenpralls der Glaubensvorstellungen. Die daraus resultierende Kakophonie ist der beste Nährboden für den Skeptizismus, den Relativismus, den Rationalismus und den kritischen Geist. Nach den Maßlosigkeiten der Dogmatismen siegt nun in einer allen Extremen abholden Aristokratie der Mittelweg der Vernunft, der Schicklichkeit und des Gleichgewichts.

Die Astrologie, Opfer der Restauration und der Vernunft in England (1660–1700)

Die Astrologie ist eines der ersten Opfer dieses Klimawechsels. Als wesentliche Partnerin in den Bürgerkriegen, deren berühmteste Repräsentanten mit den parlamentarischen, cromwellschen wie puritanischen, Kräften gemeinsame Sache gemacht hatten, sieht sie sich sogleich den Angriffen der neuen Herren ausgesetzt. Ihre große Popularität während des Commenwealth macht sie nunmehr suspekt. Dem schwärmerischen, sektiererischen, demokratischen Geist angepaßt, hat sie den Beweis erbracht, daß sie eine Gefahr sein kann, daß sie die Menge zum Aufstand anstachelt und

Berechnungen über die Dauer der Reiche und das Leben der Könige anstellt. Daher werden unverzüglich äußerst restriktive Gesetze erlassen, die im übrigen alle Arten der Voraussage und Divination betreffen. Die neuen Bücher werden rigoros zensiert, das Monopol der Almanache wird wieder der Gesellschaft der Buchhändler und den Universitäten übertragen, und eine überaus strenge Zensur untersagt jedwede Vorhersage, die sich auf die öffentliche Ordnung, den König, die Regierung, die Kirche bezieht. 1662 vernichtet man das *Book of the Prodigies*, das fünfundvierzig Vorzeichen für eine bevorstehende Revolution und/oder die Apokalypse aufzählte, und steckt die Drucker ins Gefängnis.

William Lilly, der das Parlament unterstützt hatte, kommt natürlich in große Schwierigkeiten. Festgenommen und verhört, sinkt sein Stern, was er, wie er selber gesteht, nicht vorherzusehen vermocht hatte und was er deshalb dem göttlichen Willen zuschreibt. Man unterstellt ihm sogar fälschlicherweise Vorhersagen, die die republikanische Verschwörung gefördert haben sollen. Der Absatz seines Almanachs geht zwischen 1650 und 1664 von 30000 auf 8000 Exemplare zurück. 1663 wird John Heydon eingekerkert, weil er die Geburt des Königs berechnet hatte, und 1667 ein weiteres Mal, weil er zwei Fragen bejaht hatte, nämlich »ob Fanatiker in England geduldet werden sollen« und ob England bei einem Friedensvertrag neutral bleiben solle. In den offiziellen Dokumenten heißt es: »Obgleich die Antworten den Regeln seiner Kunst entsprechen, wird er ihretwegen in den Tower geworfen.«[1] Was darauf hinweist, daß für die Obrigkeit nicht das Problem der Wahrheit zählt, sondern das der öffentlichen Ordnung.

Dies geht auch aus der Veröffentlichung der Vorhersagen von John Partridge im Jahre 1689 hervor, die für die Katholiken und Jakob II. ungünstig sind. Der Herausgeber präzisiert in einer Anmerkung, daß er nicht an die Astrologie glaube, jedoch ihren politischen Nutzen schätze.[2] 1674 wird Lillys Almanach erneut zensiert, und John Gadbury wandert 1679 und 1690 ins Gefängnis, weil man ihn verdächtigt, die Katholiken zu begünstigen. Die Überwachung verstärkt sich erneut im Zusammenhang mit den politischen Wirren der 1680er Jahre. 1682 sagt John Holwell den Zusammenbruch des katholischen Europas voraus, und 1684 kehrt John Merrifield diese Vorhersage um und bezieht sie auf das protestantische Europa. In seinem *Annus mirabilis* von 1688 sagt

John Partridge den Sturz Jakobs II. und des Katholizismus voraus. Infolgedessen wird er unter der Herrschaft Wilhelms von Oranien mit Ehren überhäuft.

Aber die politische Rolle der Astrologen wird unter dem Einfluß des wachsenden Skeptizismus immer belangloser. Seit 1660 haben sich die rationalistischen Kritiker vervielfacht. 1674 macht John Flamsteed (1646–1719) der Astrologie ihren sowohl antiwissenschaftlichen als auch antichristlichen Charakter sowie ihren gesellschaftlich gefährlichen Aspekt zum Vorwurf: »Für wieviel Unheil ihre Vorhersagen verantwortlich sind und wie sie bei allen Volksbewegungen gegen die rechtmäßige und bestehende Herrschaft eingesetzt werden, das zeigen die Geschichte aller Aufstände und auch unsere eigene traurige Erfahrung in den jüngsten Kriegen zur Genüge; und dieselbe Erfahrung lehrt uns, wie sehr sie sich in ihren Urteilen getäuscht haben.«[3]

Kritik an der Astrologie im Namen der Vernunft ist zwar schon lange vor dem ausgehenden 17. Jahrhundert geübt worden, aber die Bewegung hat sich langsam ausgeweitet. An den Universitäten von Oxford und Cambridge sind die Gegner der Astrologie im 16. Jahrhundert noch seltene Ausnahmen wie John Chamber, der in den 1570er Jahren eine Reihe von Vorlesungen über dieses Thema hält.[4] Im 17. Jahrhundert kehrt sich die Tendenz um, und ab 1603 gilt die Judiziarastrologie in Cambridge als Betrug. Mehrere Astrologen erwähnen schon vor 1660 die Verachtung, mit der man ihnen begegnet, und beklagen ihre geringe Zuhörerschaft, was unseren bisherigen Feststellungen widerspricht. Alles hängt nämlich von den Umständen und dem Milieu ab. William Lilly, auf dessen Wohlstand wir bereits hingewiesen haben und dessen Sprechzimmer immer voll ist, klagt darüber, daß »die Bürger Londons von der Astrologie wenig Aufhebens machen«, über »die Schande, mit der die Astrologie in England bedeckt wird«. Er nennt Fälle, wo man ihm, um ihn lächerlich zu machen und zu täuschen, Urin von Pferden statt menschlichen Urin bringt, den er verwendet, um Fernhoroskope zu stellen.[5]

Nach 1660 häufen sich die Hinweise, die zeigen, daß man die Astrologie mehr und mehr als ein Überbleibsel der dunklen Zeiten, als Altweiberglauben betrachtet: man hat Angst, sich lächerlich zu machen, wenn man den Astrologen aufsucht. 1679 klagt John Middleton, daß seine Wissenschaft »arg verachtet« werde – sogar vom Volk, wie Gadbury präzisiert. William Hunt klagt 1696 über »die wenigen Studenten und Liebhaber dieser Kunst«, die zum Gespött werde. Sogar die Kirchengerichte nehmen die Vorhersagen nicht mehr ernst.

Die Astrologie wird auch Thema der satirischen Literatur mit Samuel Butler, Daniel Defoe, Jonathan Swift und Tom Brown. Den Höhepunkt bildet 1707–1709 ein Scherz von Jonathan Swift, der ganz Europa zum Lachen bringt. Noch 1752 ergötzte sich Voltaire daran.[6] 1707 veröffentlicht Swift nämlich anonym einen Kalender mit den *Voraussagen für das Jahr 1708*, in dem er den berühmten Astrologen Isaak Bickerstaff zu Wort kommen läßt, der im ernsthaftesten astrologischen Jargon den Tod des berühmten Astrologen John Partridge für den 29. März dieses Jahres um elf Uhr nachts sowie den des Kardinals von Noailles voraussagt. Am 30. März veröffentlicht er eine anonyme Bestätigung des Ereignisses: *Die Erfüllung der ersten von Mr. Bickerstaffs Voraussagen, in Gestalt eines Berichts über den Tod von Mr. Partridge, dem Kalendermacher, am 29. d. M.*, eines sehr weitläufigen Berichts, der eine Beichte Partridges enthält. Dieser protestiert heftig in seinem Kalender für das Jahr 1708 und ruft die Welt zum Zeugen auf, daß er nicht tot sei. Anonyme Antwort Swifts in seiner *Rechtfertigung des wohlgeborenen Isaac Bickerstaff wider die von Mr. Partridge in seinem Kalender für das Jahr 1709 gegen ihn erhobenen Anwürfe*. Partridge sei wirklich tot, versichert Swift und führt die Beweise dafür auf: »Kein lebendiger Mensch auf dieser Erde könnte jemals solch verdammtes Zeug geschrieben haben«; noch immer würden Kalender unter dem Namen bereits verstorbener Astrologen veröffentlicht; zudem komme der einzige Einwand gegen Bickerstaff vom Kardinal von Noailles, einem Franzosen und Papisten: kann man von einem solchen Menschen erwarten, daß er die Wahrheit sagt? Swifts kleine Texte, die in ganz Europa übersetzt werden, sind Meisterwerke der satirischen Literatur.

Nunmehr hat die Astrologie innerhalb der intellektuellen Elite endgültig ihr Gesicht verloren. Die falschen Kalender, Rabelais' Technik aufgreifend, geben sie der Lächerlichkeit preis, indem sie die Banalität und die Dunkelheit hervorheben, die dafür sorgten, daß die Vorhersagen auf alles passen. Schon 1664 heißt es in einem Kalender, *The Poor Robin*, für den Monat Februar: »Wir müssen in diesem oder im nächsten Monat auf Schauer oder Regen gefaßt

sein, andernfalls werden wir ein sehr trockenes Frühjahr haben.«
»Was ihre Beobachtungen und Voraussagen anbelangt, so sind sie derart, daß sie auf alle Zeiten und Länder der Welt gleichermaßen passen«, schreibt Swift: in jeder Zeitung könne man nachlesen, daß in jedem Jahr etwa die gleichen Ereignisse stattfinden.

Zur Ironie gesellt sich schließlich das Gewicht der wissenschaftlichen Entwicklung. Nach langem Zögern legt sich die moderne Wissenschaft nach und nach ihre eigenen Methoden zu, und die Koexistenz mit der Astrologie wird immer unwahrscheinlicher. Am 15. Juli 1662 wird offiziell die Royal Society of London gegründet, die sich zum angesehenen Zentrum offizieller Forschung entwickeln sollte. Einige Astrologen, Anglikaner, Royalisten und Tories, gehören zu den Gründervätern. Aber sehr schnell wird der Ton vorgegeben: die Astrologie soll nicht Teil dieses Areopags sein. Die Position der Royal Society wird 1667 von einem ihrer Mitglieder, Thomas Sprat, dem künftigen Bischof von Rochester, wie folgt zusammengefaßt: die Astrologie »ist in Wahrheit eine Schande für die Vernunft und die Ehre der Menschheit, da jeder Phantast sich anmaßt, die geheime Anordnung des Himmels zu deuten, das Wetter, die Jahreszeiten, das Schicksal der Reiche auszulegen, obwohl er vom Wirken der Natur, die unter seinen Füßen liegt, überhaupt nichts weiß. Es gibt nichts Beleidigenderes für den öffentlichen und privaten Frieden. Es lenkt uns vom Gehorsam, vom wahren Bild des höchsten Gottes ab und macht uns abhängig von den eitlen Bildern seiner Macht, die unsere Phantasie erschaffen hat. (...) Es erzeugt Ängste, Zweifel, Wankelmut, Schrecken. Man beobachtet gewöhnlich, daß bestimmte Vorzeichen und prophetische Zeiten große Zerstörungen und Revolutionen in den menschlichen Angelegenheiten ankündigen, und das ist ganz natürlich, auch wenn diese Zeichen und Wunder selbst nichts bedeuten.«[7]

Prophetie und Wahrsagung, Opfer ihres Mißbrauchs

Nicht allein die Astrologie hat unter dem kritischen Geist zu leiden. Auch die religiöse Prophetie, die »alten Prophezeiungen«, die Texte Merlins sowie die anderen Divinationsquellen fallen ihm zum Opfer. Das Anzeichen wie der Grund für ihre Mißliebigkeit ist paradoxerweise der Mißbrauch, den man seit der Restauration in England mit ihnen treibt. Die maßlose Verwendung dieser Texte zu offenkundig politischen Zwecken verrät den Unglauben derer, die sie als bloße Instrumente benutzen, und untergräbt von dem Moment an, wo man sie alles und jedes sagen läßt, das Vertrauen, das man noch in sie setzen mochte. Um die Restauration Karls II. zu rechtfertigen, stellen die Royalisten sie als ein von alten Prophezeiungen angekündigtes göttliches Wunder dar. Bei jedem wichtigen Ereignis beruft man sich erneut auf Nostradamus wie bei der Revolution von 1688, aber auch bei Lappalien wie der Frage, ob Karl II. einen Sohn haben werde.[8] Mutter Shipton, Robert Nixon, Thomas Becket, die mittelalterliche Prophetie von Bridlington und Merlin kehren zurück und werden im ganzen 18. Jahrhundert benutzt. 1755 erscheint *Merlin's Life and prophecies... His prediction relating to the late contest about the rights of Richmond Park with some other events relating thereto not yet come to pass.* Der Mythos des schlafenden Helden, der erwachen wird, um die Dinge in die Hand zu nehmen, ist im 17. Jahrhundert noch immer lebendig. 1652 kündigt eine Sammlung von Prophezeiungen die Wiederkehr Eduards VI. an, dessen posthume Laufbahn weit bedeutsamer ist als seine kurze und armselige tatsächliche Herrschaft von 1547 bis 1553. Dieser im Alter von fünfzehn Jahren gestorbene Herrscher, der die Hoffnungen der englischen Calvinisten verkörpert hatte, ist seit der Herrschaft Maria Tudors zu einer emblematischen Gestalt geworden. Puritaner, die die Erinnerung an ihn mit dunklen Texten Bedas und Merlins verquicken, kündigen in regelmäßigen Abständen seine Rückkehr an. Andere Male beruft man sich auf Arthus, Eduard I., Eduard II., Richard II. oder Gustav Adolf.

Kriegszeiten eignen sich ganz besonders für das prophetische Spiel. Aber diesmal, ab 1660, siegt die Realpolitik, und die Vorhersagen sind nurmehr ein Zweig der Propaganda und der Indoktrinierung. Dafür liefern die englisch-niederländischen Kriege der 1660er Jahre zahlreiche Beispiele. William Lilly persönlich empfiehlt, eine alte, Thomas Becket zugeschriebene Prophezeiung zu benutzen, und versieht sie mit einem passenden Kommentar, in dem er nachweist, daß sie den Sieg über die Holländer und sogar die Wiedereroberung Frankreichs durch Karl II. ankündigte: »Ich bin sicher, daß dies den Untertanen Seiner Majestät viel Mut machen würde, die Engländer sind von allen Völkern dasjenige, das sich am meisten für Prophezeiungen begeistert«.

Während der Verhandlungen über die Friedensverträge von Nimwegen im Jahre 1678/79 tobt insgeheim ein auf diesen Prophezeiungen beruhender Propagandakrieg. Sir William Temple, der englische Unterhändler, berichtet in seinen Memoiren, er habe einen falschen Text von Nostradamus erhalten, in dem es hieß, der Prinz von Oranien werde in England herrschen: »Wäre dieser Quatrain nicht höchst kunstvoll ausgelegt und angewendet worden, so würde ich ihn hier nicht erwähnen, weil ich diese Art Vorhersagen sehr wenig schätze, die gewöhnlich nur dazu da sind, die Welt zu belustigen.«[9]

Während des Kongresses kursiert noch eine andere Prophezeiung, die von der Lilie und dem Löwen: »Die Lilie wird in das Land des Löwen einfallen, während er wilde Tiere in seinen Armen trägt; der Adler wird mit den Flügeln schlagen, und der Menschensohn wird ihnen von Süden zu Hilfe eilen. Dann wird ein Krieg auf der ganzen Erde wüten, aber nach vier Jahren wird die Morgenröte des Friedens dämmern, und der Menschensohn wird durch eben jene das Heil finden, von denen man sein Verderben erwartete.« Diese Prophezeiung kannte man bereits durch den Kardinal de Bérulle, der eine auf das Jahr 1628 datierte Version davon in seinen Archiven besaß. Man schrieb sie Thomas Becket zu und legte ihr alles in den Mund, was man nur wollte. Für Bérulle kündigte sie die Restauration des Katholizismus in England an. In Nimwegen kursieren zwei Versionen, von der die eine dem deutschen Astrologen des 16. Jahrhunderts Grünpeck zugeschrieben, die andere zwischen 1510 und 1514 in Rom aufgefunden wurde. William Temple schreibt zu letzterer: »Ich würde sie nicht erwähnen, hätte sie mir Monsieur Colbert nicht gleich nach meiner Ankunft in Nimwegen gezeigt. Ich erinnerte mich damals, daß ich sie im Jahre 1668 in den Händen von Milord Arlington gesehen hatte, der mir sagte, sie sei sehr alt und in irgendeiner deutschen Abtei gefunden worden.« Diese Art Text ist in den Staatskanzleien und Botschaften also noch immer in Umlauf; sicherlich meint man, er könne noch braubarer sein, aber William Temple macht sich nichts vor. Trotzdem hält er es für erforderlich, ihn in aller Deutlichkeit zu erklären, was darauf hinweist, daß der Betrug vielleicht nicht für jedermann auf der Hand lag: »Von allen Prophezeiungen, die in der Welt kursieren, verdanken die einen ihre Entstehung dem Erfindergeist gerissener und durchtriebener Leute, andere den Träumen irgendwelcher Schwärmer; und ihr Sinn, sofern sie einen haben, ist in geheimnisvolle Ausdrücke gehüllt, die verschiedene Deutungen zulassen. Andere Prophezeiungen verdanken sich dem Müßiggang einiger großer Geister, die sich wegen mangelnder Beschäftigung zu zerstreuen suchen und aufs Geratewohl Dinge schreiben, um die Welt zu ergötzen; schließlich gibt es noch andere, die man für alt ausgibt, wenn die Ereignisse bereits eingetroffen oder so wahrscheinlich sind, daß jeder einigermaßen aufgeklärte Mensch sie mühelos erraten kann.«[10]

Der Skeptizismus erfaßt auch den modernen prophetischen Geist. Während des Bürgerkriegs und des Interregnums beobachtet man noch häufig Schwärmer, die sozioreligiöse und politische Umwälzungen prophezeien wie 1649 der Pastor John Brayne aus Winchester: »Die Monarchie wird fallen, zuerst in England, dann in Frankreich und in Spanien und danach in der gesamten Christenheit; und wenn Christus diese Macht beseitigt haben wird, wird er anfangen, selbst zu regieren, zuerst in England, wo dem niederen Volk, das man heute verachtet, als erstes die Offenbarung der Wahrheit zuteil werden wird, und es wird sie den anderen Nationen weitergeben.«[11] Doch schon zu dieser Zeit beschuldigen die rationalen Geister die extremistischen politischen Unruhestifter, die prophetische Form als bloßen Deckmantel zu benutzen, um ihre aufrührerischen Absichten zu verhüllen: »Wer sich ihren Ansichten widersetzt, ist ein Antichrist, die Hure von Babylon, das Tier der Offenbarung und muß deswegen niedergeschlagen werden, wer immer er sein mag«, schreibt ein Katholik.[12] Andere sind nachsichtiger und erklären derartige prophetische Anwandlungen für Anfälle von Wahnsinn. Für Isaac Casaubon ist die religiöse Ekstase nichts anderes als ein Fall von Epilepsie[13]; auch Bacon, Hobbes und Sprat neigen, wenngleich nicht ganz so kategorisch, dieser Erklärung zu.

Nach der Restauration sind derartige ekstatische Phänomene verdächtig. Im übrigen nimmt ihre Zahl ab, und wie die Astrologen werden sie ein Gegenstand der Belustigung: 1694, als ein Rektor aus Buckinghamshire, John Mason, der sich für Elias hält, sich mit einer kleinen Gruppe von Getreuen zurückzieht, um auf das

Millennium zu warten, löst er eher Spott als Angst aus[14], und die Gesellschaft der Philadelphianer, die ab 1697 ebenfalls das Herannahen des Millenniums verkündet, erregt kaum Aufmerksamkeit. Die erste Reaktion auf einen Erleuchteten, der behauptet, unmittelbar von Gott eine prophetische Mitteilung erhalten zu haben, ist jetzt Ungläubigkeit, Mißtrauen oder Sarkasmus. »Gibt jemand mir gegenüber vor, Gott habe auf übernatürliche und unmittelbare Weise zu ihm gesprochen, und ich bezweifle dies«, schreibt Hobbes, »so kann ich mir schwerlich vorstellen, welche Argumente er vorbringen kann, um mich zu verpflichten, daran zu glauben. (...) Die Behauptung, Gott habe zu einem durch die Heilige Schrift gesprochen, heißt nicht, Gott habe unmittelbar zu ihm gesprochen, sondern mittels der Propheten, der Apostel oder der Kirche, in der Weise, wie er zu allen anderen Christen spricht. Die Behauptung, Gott habe im Traum zu einem gesprochen, heißt nichts mehr, als daß er träumte, Gott habe zu ihm gesprochen. Das hat aber nicht die Kraft, den Glauben eines Menschen zu gewinnen, der weiß, daß Träume meistens natürlich sind und durch frühere Gedanken entstehen können. (...) Die Behauptung, er habe eine Erscheinung gehabt oder eine Stimme gehört, heißt, daß er zwischen Schlafen und Wachen geträumt hat. (...) Die Behauptung, er spreche aufgrund einer übernatürlichen Eingebung, heißt, daß er das brennende Verlangen hat, sich zu verbreiten, oder sonst eine hohe Meinung von sich selbst, für die er keinen natürlichen und ausreichenden Grund anführen kann. Obwohl also Gott zu einem Menschen durch Träume, Erscheinungen, Stimmen und Eingebungen sprechen kann, so verpflichtet er doch niemanden zu glauben, er habe demjenigen gegenüber, der dies vorgibt, so gehandelt, denn schließlich kann dieser als Mensch irren oder, was mehr ist, lügen.«[15]

Diese Geisteshaltung setzt sich in den 1660er Jahren durch. Aus diesem Grunde findet die Ankunft der exilierten Camisarden aus den Cevennen wenig Anklang. 1707 werden drei von ihnen festgenommen und in London an den Pranger gestellt, weil sie das nahe Ende der Welt angekündigt hatten. Samuel Pepys repräsentiert die neue Mentalität, die die englische Gesellschaft erfaßt, eine Mischung aus Toleranz, gesundem Menschenverstand und amüsierter Neugier gegenüber Vorhersagen. Er wundert sich über die Prophezeiungen, die sich auf das Jahr 1666 beziehen, ohne sie je ernst zu nehmen, und liest das Buch von Potters, als handele es sich um einen Roman. Desgleichen läßt er sich wahrsagen, ohne den Voraussagen die geringste Bedeutung beizumessen: »Ich ging bis Greenwich und traf unterwegs Zigeuner, die mir wahrsagen wollten. Ich ließ eine von ihnen gewähren, und sie sagte mir Banalitäten, wie sie alle es tun, und warnte mich vor einem John und einem Thomas, um mir angst zu machen. Und sie sagte, daß heute jemand kommen werde, um Geld von mir zu leihen, aber ich dürfe ihm keines borgen. Ich gab ihr neun Pence und ging fort.«[16]

Pepys verkehrt mit den astrologischen Berühmtheiten seiner Zeit, Lilly, Ashmole, Booker, teilt jedoch nicht ihre Meinungen. Im Oktober 1660 nimmt er an einer kleinen Abendgesellschaft bei Lilly teil und erzählt, daß Booker, in dessen Wagen er auf dem Heimweg sitzt, ihm »eine Menge Torheiten sagte, was man mit den Nativitäten alles tun könne, und er schalt Mister Lilly, daß er nur schreibe, um seine Freunde zu unterhalten und sich der Zeit anzupassen (wie er es zu seiner Schande schon früher getan habe), ohne die Regeln der Kunst zu beachten, denen zufolge er die Irrtümer, die er begangen hat, nicht begangen habe.«[17] Am 14. Juni 1667 schreibt Pepys: »Beim Abendessen sprachen wir von Tom-of-the-Wood, einem Individuum, das in der Nähe von Wollwich als Einsiedler lebt und, wie man erzählt, die Feuersbrunst der Stadt voraussagt und jetzt behauptet, es nahe ein noch größeres Unglück. Dann lasen wir Lillys Prophezeiungen für diesen Monat in seinem Kalender, worüber wir sehr lachten.«[18]

Diese Reaktion rufen zunehmend auch die Merlineskerien hervor, »Merlins Schnapsprophezeiungen«, wie William Perkins sie nennt, diese »Altweibergeschichten«, wie es in einem Handbuch von 1648 heißt. Im 18. Jahrhundert bedeutet ein »Merlin« in der guten englischen Gesellschaft soviel wie ein Clown. Die Fortschritte des historischen Bewußtseins ab den 1680er Jahren haben beim Niedergang des Zauberers eine große Rolle gespielt. Gelehrte, Altertumsforscher und Historiker von hohem Rang stellen ab dem 16. Jahrhundert die Berichte von Geoffroy of Monmouth, die Legende von Brutus und Arthur in Frage. Der Skeptizismus von Polydore Vergil gewinnt allmählich an Boden und wird Ende des 17. Jahrhunderts von der großen Mehrheit geteilt.

Die Marginalisierung der traditionellen Wahrsagung 495

Der Aufstieg des Skeptizismus in Frankreich (1680–1720)

Dieselbe Entwicklung beobachtet man auf dem Kontinent, besonders in Frankreich, mit einer leichten chronologischen Verschiebung, die sich zum Teil durch das Fehlen eines jähen Bruchs vergleichbar dem von 1660 in England erklären läßt. Der Aufstieg des kritischen Geistes ist ein kulturelles Phänomen, das aus einer langsamen Reifung in der intellektuellen Elite resultiert und sich aufgrund des politischen und religiösen Kontextes behutsamer äußert. Während in England der kritische Skeptizismus in Regierungskreisen, im anglikanischen Hochadel, bei den Royalisten wie bei den Tories verbreitet ist, wendet sich in Frankreich der radikalere kritische Geist gleichzeitig gegen die religiösen Glaubensvorstellungen und den Absolutismus; seine Rede ist daher suspekt, und angesichts einer monolithischen, mit dem Staat und einer strengen Königsmacht verbundenen Kirche ist er zu mehr Winkelzügen und Vorsicht gezwungen.

Nehmen wir den Fall von Fontenelle. Als unermüdlicher Verteidiger des Cartesianismus und des kritischen Geistes, Gegner von Orakeln, religiösen Legenden und Mythen, Vorläufer des philosophischen Geistes zieht er die Lehre aus dem Ärger, den ihm seine *Origine des fables* und seine *Histoire des oracles* beschert haben. Er läßt sich dauerhaft in den Zitadellen des offiziellen Denkens nieder: 1691 wird er Mitglied der Académie française, 1697 der Académie des sciences, 1701 der Académie des inscriptions et belles-lettres und leistet dort eine Wühlarbeit, die er in den modischen Salons fortsetzt.

Die Weissagungen sind eine seiner bevorzugten Zielscheiben, weil sie eine der irrationalsten Seiten des menschlichen Geistes darstellen. Alle Voraussageformen werden aufs Korn genommen, und jedesmal kommen seine Angriffe aus einer anderen Ecke. Die Methode ist niemals geradeheraus, sondern stets beißend und effizient: Ironie, Zynismus, Sarkasmus, Parabel, falsche Treuherzigkeit – alles ist geeignet, um den irrsinnigen Glauben an eine Möglichkeit der Zukunftskenntnis zu diskreditieren. 1680 schreibt er aus Anlaß des berühmten Kometen eine Komödie mit dem schlichten Titel *La Comète*, in der er einen unverschämten Diener auftreten läßt, Mathurin, der die Prognosen eines Kalenders beim Würfelspiel verfaßt: »Ich habe drei Würfel benutzt. Wenn ich bestimmte Würfe erzielte, schrieb ich ›Reifnebel‹ hin, bei anderen ›Raureif‹, wieder bei anderen ›feuchte Winde mit Donner‹, und so fort. Du lachst? Du wirst sehen, daß meine drei Würfel richtig getroffen haben.«[19] Die Kalendermacher sind Betrüger, lautet die Moral des Stücks.

Die *Nouveaux Dialogues des morts* von 1683 gehen noch weiter. Diese formal höchst künstliche Literaturgattung, die in der Antike schon von Lukan verwendet wurde, kommt Ende des 17. Jahrhunderts erneut in Mode, und auch Fénelon bedient sich ihrer mit großem Erfolg. Zwei berühmte, schon lange tote historische Personen erörtern bestimmte Probleme, die sie in ihrem Leben beunruhigt haben; da sie sich nun freier äußern können, läßt der Autor sie kühne Reden halten. Im achtzehnten Gespräch, »über die Unruhe hinsichtlich der Zukunft«, diskutiert Königin Johanna von Neapel mit ihrem Astrologen Anselmus, der ihr endlich die Wahrheit gesteht: »Offen gestanden habe ich Euch mit dieser ganzen Astrologie, die bei Euch ja so große Geltung genießt, gehörig hinters Licht geführt.« Aber es hilft nicht; tot wie sie ist, will die Königin ihre Zukunft wissen und ist überzeugt, daß die Astrologie sie ihr verraten kann; der Drang, die Zukunft zu kennen, ist unheilbar: »Der große Lockvogel der Menschen ist immer die Zukunft, und wir Astrologen wissen das besser als irgend jemand sonst.«

1686 startet Fontenelle mit der *Histoire des oracles* einen dritten Angriff und wählt eine neue Zielscheibe. Diesmal nimmt er die religiösen Prophezeiungen aufs Korn, was schon etwas heikler ist. Deshalb bezieht sich seine Kritik auf die heidnischen Orakel, doch mit ihnen wird die gesamte biblische und christliche Prophetie in Frage gestellt. Die Orakel, so schreibt er, sind nicht das Werk von Dämonen, wie die Kirchenväter behaupten, die ihnen auch die Kraft der Weissagung zubilligten. Sie sind ganz einfach das Ergebnis von Betrügereien der alten Religionen, die sich die Leichtgläubigkeit des Volks zunutze machen, um ihr Unwissen unter dem Schleier des Geheimnisses zu verbergen. Aus diesem Grunde werden sie häufig in Höhlen und Grotten erlassen: »Außerdem sieht es so aus, als flößten Höhlen an sich schon ich weiß nicht welchen Schrecken ein, der dem Aberglauben dient (...). Die Bequemlichkeit der Priester und die Majestät der Orakel erheischten also ebenfalls Höhlen; deshalb sieht man auf dem flachen Lande nicht so viele prophetische Tempel.«

Vielleicht seien die Botschaften nicht mit Vorbedacht gewählt worden, »denn die Torheit des Volks ist häufig so groß, daß sie nicht vorhergesehen werden konnten«.[20] Die Priester aber geben zweideutige Antworten, die sich später günstig deuten lassen. Fontenelle attackiert die christlichen Prophezeiungen nicht direkt, aber sein Vergleich zwischen dem Orakel von Delphi und der Episode von Josua schockiert unfehlbar einige Gläubige, die versuchen, das Werk zensieren zu lassen.

Mit den Orakeln der ehrwürdigen Sibyllen kommt man den christlichen Orakeln schon etwas näher, da sie seit den Kirchenvätern im Ruf stehen, Christus angekündigt zu haben. Aber die Gelehrten zögern nicht länger, sie in Zweifel zu ziehen und nachzuweisen, daß es sich um reine Erdichtungen handelt: David Blondel und Isaac Casaubon werfen sie schon in den 1660er Jahren über Bord; für Vossius handelt es sich um jüdische Erfindungen; für Johannes Marckius aus Groningen sind es den Kirchenvätern anzulastende Schwindeleien; für den Holländer Antonius Van Dale »Gaunereien«, die weder Christus noch sonst irgend etwas je angekündigt haben. Ende des 17. Jahrhunderts sind die sibyllinischen Orakel entmythifiziert, und 1694 dienen sie in den Niederlanden sogar einem Gesellschaftsspiel als Grundlage. So wie die Vorhersagen der Almanache fällt die Prophetie in die Gattung der Unterhaltungsliteratur.

Parallel dazu verschlechtert sich auch die Lage der Astrologie, und der Komet von 1680 ist Anlaß einer großen Auseinandersetzung, von der sich die Astrologen nicht mehr erholen, die aber auch alle anderen Divinationsformen in Mitleidenschaft zieht. In Wahrheit hatte die Polemik schon in den 1660er Jahren begonnen, und die Astrologie war den Angriffen so verschiedener Autoren wie Molière, La Fontaine, Bossuet, Fénelon ausgesetzt. Ohne sich abzusprechen und aus ganz unterschiedlichen Motiven bestritten Bischöfe, Theologen, Skeptiker und Rationalisten die Gültigkeit astraler Vorhersagen.

Ein erster Komet, der von 1664, hatte schon den – ungewohnten – Zorn La Fontaines erregt, der in *Der Sterngucker, der in einen Brunnen fiel* gegen die »Scharlatane und Horoskopesteller« zu Felde zieht. Über diese Schwindler erbost, die die menschliche Leichtgläubigkeit ausnutzen, räumt der Fabeldichter ein: »Ich ereifere mich ein wenig zu sehr.« Die Giftmischer-Affäre liefert ihm einen weiteren Anlaß, die Weissagung zu geißeln, wie in *Die Wahrsagerinnen:*

> Chez la devineuse on courait
> Pour se faire annoncer ce que l'on désirait.
> Son fait consistait en adresse:
> Quelques termes de l'art, beaucoup de hardiesse,
> Du hasard quelquefois, tout cela concourait,
> Tout cela bien souvent faisait crier miracle. (...)
> Femmes, filles, valets, gros messieurs, tout enfin,
> Allait comme autrefois demander son destin:
> Le galetas devint l'antre de la Sibylle.

> (Alles lief zur Wahrsagerin,
> hören wollt' jeder, was nach seinem Wunsch und Sinn,
> Durch schlaue List lockt sie die meisten.
> Ein paar Kunstausdrücke, ein keck und frech Erdreisten,
> ein günst'ger Zufall oft – dies reichte füglich hin,
> und alles schrie: »Welch ein Mirakel!« ...
> Frau'n, Mädchen, Diener, Herr'n, jung, alt – kurz, alles kam
> und ihre Künste, wie vordem, in Anspruch nahm;
> das kleine Stübchen war die Höhle der Sibylle.

> nach der Übersetzung von Ernst Dohm)

In *Das Horoskop* wählt La Fontaine einen ernsthafteren Stil, und die lange Lektion seiner Fabel ist ein kleiner wissenschaftlicher und philosophischer Traktat, der die wichtigsten Argumente gegen die Astrologie aufgreift: Es ist lächerlich zu meinen, unser Los sei mit den Sternen verknüpft; wie können diese Himmelskörper über so große Entfernungen hinweg und bei ihrer großen Geschwindigkeit die Handlungen eines jeden von uns bestimmen? Wie kommt es, daß unter demselben Stern geborene Menschen verschiedene Schicksale haben? Wie kommt es, daß kein Astrologe, der das individuelle Schicksal doch so geschickt voraussagt, imstande war, den Niederländischen Krieg und seinen Ausgang vorherzusagen? Kurz

> (...) Tout aveugle et menteur qu'est cet art,
> Il peut frapper au but une fois entre mille;
> Ce sont les effets du hasard.

(Wie lügenhaft die Kunst, wie falsch ihr Weg und Ziel,
von tausend Malen kann sie einmal richtig schlagen;
doch ist dies nur des Zufalls Spiel.)

Molière unterstützt La Fontaine mit seinen Sarkasmen in *Amphitryon* (1668) und *Les Amants magnifiques* (1670), wo Sostrates fragt: »Welche Beziehung, welchen Zusammenhang kann es denn geben zwischen uns und jenen leuchtenden Kugeln, die so ungeheuer weit von der Erde entfernt sind? Und wo können denn schließlich die Menschen diese wunderbare Kenntnis herhaben? Welcher Gott hat sie uns offenbart?«[21]

Molière wie La Fontaine nehmen sich Gassendi zum Vorbild, anhand des *Abrégé de la philosophie de Gassendi* von Bernier. Dies gilt wahrscheinlich auch für Montfaucon de Villars, der in einem satirischen Roman, *Le Comte de Gabalis* (1670), über die Astrologie herfällt. Dann kommen 1679 *La Devineresse ou les Faux Enchantements* von Thomas Corneille und Donneau de Visé. Bei all diesen Angriffen riskieren die Literaten nichts, auch wenn sie der Kirche wenig gewogen sind: sie können sich jede Freiheit herausnehmen, einen Gegner zu kritisieren, den damals sogar Bischöfe und Theologen bekämpften. Erst im 18. Jahrhundert wird den kirchlichen Autoritäten klar – jedoch zu spät –, daß der Kampf gegen den Aberglauben und den Betrug eine zweischneidige Waffe sein kann.

Bossuet und Fénelon gegen die Astrologie

Im Augenblick scheinen sie sich recht wenig Gedanken über die Identität ihrer Waffenbrüder zu machen und blasen offen zum Sturm auf »eine Kunst, die nichts als Mutmaßungen oder Lügen verkauft«, wie 1661 Pater Senault schreibt. Bossuet schneidet das Thema mehrfach in seinen Predigten an und beklagt die Arglosigkeit der Gläubigen; 1664 verurteilt er »jene Prognosensteller, die jeden bedrohen, wie es ihnen gefällt, und uns nach ihrem Belieben verhängnisvolle Jahre verheißen«, und 1669 geißelt er die Weissagungen als wahre Gotteslästerungen: »Ich befrage weder die Sterne noch ihren märchenhaften Einfluß. Wie können sich Christen an diesen verbrecherischen Träumereien ergötzen und ihr Glück von einer anderen Quelle erwarten als von der göttlichen Vorsehung! Hinweg mit diesen Weissagungen!« Für ihn besteht der Kern des Problems darin, daß die astrologischen Vorhersagen auf den Gott vorbehaltenen Bereich übergreifen. »Die Zukunft gehört Gott«, wie Victor Hugo später sagte, und wer den Schleier lüften will, begeht ein Sakrileg. Er betont diesen Punkt auch in *La Politique tirée de l'Écriture sainte*, in der seine wesentlichen Ansichten über die Wahrsagung enthalten sind.[22]

Anhand zahlreicher biblischer Beispiele warnt Bossuet den Fürsten vor »Befragungen aus Wißbegier und Aberglauben«: »Das Befragen der Wahrsager und Astrologen ist etwas, wozu Ehrgeiz und Schwäche die Großen so häufig verleiten. (...) Die Astrologen sind in Gottes Fluch eingeschlossen. (...) Es gibt keine größeren Schwächlinge und Feiglinge als Leute, die den Prognosen trauen: in deren nichtigen Wunderzeichen getäuscht, verlieren sie den Mut und sind wehrlos.« Die Astrologie sei nichts anderes als ein abergläubischer Rest heidnischer Vorstellungen: »Die unwissenden Heiden verehrten die Planeten und die Sterne, schreiben ihnen Kräfte, Tugenden und göttlichen Einfluß zu, wodurch sie die Welt regieren und deren Ereignisse bestimmen; sie wiesen ihnen Zeiten und Orte zu, an denen sie ihre Herrschaft ausübten. Die judiziarische Astrologie ist ein Überbleibsel dieser gottlosen und märchenhaften Lehre. Fürchtet euch also weder vor Finsternissen, Kometen, Planeten noch Konstellationen, welche die Menschen nach eigener Laune zusammengestellt haben, auch nicht vor den angeblich unheilvollen Konjunktionen, den Linien der Hand oder des Gesichts und den Talisme genannten, mit himmlischen Kräften begabten Bildern. Fürchtet euch weder vor den Karten noch den Horoskopen, noch den Vorzeichen, die man ihnen entnimmt. Alle diese Dinge, die man lediglich mit hochtrabenden Worten begründet, sind nichts als Träumereien, welche die Betrüger den Unwissenden verkaufen.«

Der wesentliche Vorwurf indes lautet: »Diejenigen, die sich rühmen, die ungewissen Ereignisse vorherzusagen, möchten sein wie Gott. (...) Unglück über sie, und nochmal Unglück! Sie wollen die Zukunft wissen, das heißt das Geheimnis Gottes ergründen.« Und was vermögen sie? Hier löst sich Bossuet von der rationalistischen Kritik und bleibt den Kirchenvätern treu: ja, Astrologen und Wahrsager können manchmal recht haben, denn bisweilen erlaubt

Gott, »wenn es ihm gefällt, daß einer mit unerlaubten Mitteln die Wahrheit findet«. Anders als La Fontaine, der den Erfolg der Astrologen dem Zufall zuschreibt, macht Bossuet in seinem Wunsch, alles in die Macht Gottes zu stellen, diese für die zutreffenden Prognosen der Astrologie verantwortlich, mit einer Argumentation, deren Logik schwer nachzuvollziehen ist, es sei denn, man stellt sich Gott als machiavellistischen Geist vor: »Wundert euch also nicht, wenn bisweilen eintrifft, was die Astrologen vorausgesagt haben. Denn was für den Menschen Zufall ist, ist für Gott Absicht; denkt daran, daß Gott selber durch ein schreckliches Urteil eben jene in Versuchung führt, die sie suchen. Er überläßt die Welt, das heißt allen, welche die Welt lieben, Verführern, die mit ehrgeizigen und vergeblich wißbegierigen Menschen ihr Spiel treiben. Diese betrügerischen und hinterhältigen Geister belustigen und enttäuschen die neugierigen und somit leichtgläubigen Seelen mit tausend Gaukeleien. Eines ihrer Geheimnisse ist die Astrologie sowie die anderen Wahrsagungsarten, die bisweilen Erfolg haben, je nachdem, ob Gott es für richtig hält, eine aberwitzige Wißbegier entweder dem Irrtum oder gerechten Martern zu überantworten.« Statt die Zukunft unergründlich zu gestalten, indem er dafür Sorge trägt, daß die Astrologen sich immer irren – wozu er durchaus imstande wäre –, läßt Gott es also zu, wenn wir richtig verstanden haben, daß sie manchmal die Wahrheit treffen, damit die Menschen ermutigt werden, ihre Dienste in Anspruch zu nehmen – was er verbietet –, und damit in die Falle gehen. Bossuet zufolge sind die Wege des Herrn entschieden sehr geheimnisvoll.

Fénelon ist weniger durchtrieben. In den *Dialogues des morts*, ebenfalls für die Erziehung eines Fürsten verfaßt, erörtert er das Problem aus rein rationaler und staatsbürgerlicher Sicht. Er läßt Maria von Medici auftreten, die sich häufig der Astrologie bedient hat, sowie Richelieu, dem sie vorwirft, ein Doppelspiel getrieben zu haben: »Wenn man den großen Mann herauskehren will, dann tut man so, als verachte man die Astrologie; doch auch wenn man in der Öffentlichkeit den starken Mann spielt, so ist man insgeheim doch neugierig und glaubt daran.« Der Kardinal, der zwar einräumt, einige Male die Astrologen benutzt zu haben, erklärt sein Verhalten mit politischen Gründen, mit den Notwendigkeiten der Propaganda, aber Fénelon legt ihm eine illusionslose Rede über den wahren Wert dieser Kunst in den Mund: »Nie sagen die Astrologen alles, und ihre

Vorhersagen lassen uns nie die richtigen Maßnahmen ergreifen. (...) An allen Höfen ist sie eine Pest. Die Wohltaten, die sie verspricht, sind nur dazu da, die Menschen zu berauschen und sie mit eitlen Hoffnungen einzuschläfern: die Übel, die sie androht, können durch die Vorhersage nicht vermieden werden und machen einen Menschen unglücklich. Daher ist es besser, nichts von der Zukunft zu wissen, auch wenn man mit Hilfe der Astrologie etwas über sie erfahren könnte. Außerdem werden die Vorhersagen nachträglich gemacht, und keiner überprüft ihr Datum. Es steht fest, daß diese Kunst nur Falsches und Lächerliches aufzuweisen hat.«

Um die wenigen Fälle zu erklären, wo die astrologischen Voraussagen zutreffen, ist Fénelon derselben Ansicht wie La Fontaine: es handelt sich um puren Zufall, simple Koinzidenzen. Erst in *Les Aventures de Télémaque* fügt er noch das religiöse Argument hinzu: der Einfluß der Sterne zerstöre den freien Willen, und wir dürften das Geheimnis der Zukunft nicht ergründen wollen, denn es sei ein göttliches Geheimnis.

Der Komet von 1680, Vorbote des Niedergangs der Astrologie

Ironischerweise könnte man sagen, daß die Astrologie den Gnadenstoß ausgerechnet von einem Kometen erhielt, dem von 1680, der eine Lawine von Traktaten gegen die Rolle der Sterne auslöst. Das einzige Mal, wo ein Komet wirklich Einfluß hat, reißt er jene ins Verderben, die ihm Einfluß beimessen!

Das Ereignis bewegt die europäische Öffentlichkeit, die diesmal keine wichtigeren Sorgen hat: Ludwig XIV. legt seit 1678 in seinen Kriegen eine Pause ein. In Paris wie in London ist man in heller Aufregung, man beobachtet den geheimnisvollen Himmelskörper und streitet über seine Bedeutung. Wie wir sahen, wissen Bussy Rabutin und Madame de Sévigny es besser: »Er bringt die Toren dieses wie jenes Landes zum Schwatzen«, schreibt ersterer an letztere. In England schwanken manche wie John Edwards, der zwar die Astrologie ablehnt, in seiner *Cometomantia* jedoch versichert, das Gestirn von 1680 habe »einen weltweiten Einfluß gehabt, und viele Nationen werden die Revolution und ihre Folgen zu spüren bekommen«.[23] John Tillotson, der künftige Erzbischof von Canterbury, schreibt in einem Brief: »Der Komet war hier mehrere Nächte lang sehr klar zu sehen. (...) Gott weiß, was er ankündigt: der Marquis von Dorchester und Mylady Coventry sind kurz darauf gestorben.« Da man sich mitten im papistischen Komplott befindet, versuchen die betroffenen Parteien den Kometen für ihre Zwecke zu benutzen wie Ezerel Tonge in *The Northern Star*. Der Memoirenschreiber John Evelyn, ein Gegner Lillys, ist beeindruckt und notiert am 12. Dezember 1681 sogar: »Wir hatten kürzlich mehrere Kometen, die, obwohl sie meiner Meinung nach natürliche Ursachen haben und an sich nichts bewirken, doch nicht zu verachten sind. Sie können Warnungen Gottes sein, so wie sie gemeinhin als Vorzeichen seines Zorns gelten.«

In Frankreich liest man im *Journal des savants* vom 1. Januar 1681: »Alle Welt spricht von dem Kometen, der gewiß die wichtigste Neuigkeit dieses beginnenden Jahres ist. Die Astronomen beobachten seinen Verlauf, und für das Volk verheißt er tausend Mißgeschicke.« Das Organ der wissenschaftlichen Gemeinde nutzt die Gelegenheit, um zu betonen, daß diese Zeiten glücklicherweise vorbei seien: »Die alte Philosophie hat daran geglaubt. Doch seither wissen wir, daß die Kometen Himmelskörper sind, und man ist von diesem Irrtum abgekommen, der nur noch ein Irrtum des Volkes ist.«

Vielleicht ist der *Journal des savants* etwas zu optimistisch. Oder wie sonst läßt sich die Flut von Werken erklären, die über den Kometen Zeter und Mordio schreien, Werken, die nicht für das Volk bestimmt sind? Außer den bereits erwähnten Schriften von Fontenelle hält Huygens es für ratsam, vor der Akademie eine Rede zu halten, um nachzuweisen, daß es sich um einen einfachen Himmelskörper handelt, der den Naturgesetzen unterliegt. 1681 verfaßt Cassini ein *Abrégé des observations et réflexions sur la comète*, und vor allem Pierre Bayle wütet gegen das arme Gestirn in einer *Lettre à M.L.A.D.C., docteur de Sorbonne. Où il est prouvé par plusieurs raisons tirées de la philosophie et de la théologie que les comètes ne sont point le présage d'aucun malheur* (1682), in den *Pensées diverses écrites à un docteur de Sorbonne à l'occasion de la comète qui parut au mois de décembre 1680* (1683), in der *Addition aux pensées diverses sur les comètes* (1694) und in der *Continuation des pensées diverses* (1705).

Diese Werke wenden sich an einen »Doktor der Sorbonne« und

nicht etwa an einen Pariser Lastträger, was vermuten läßt, daß die Kometen die Intellektuellen noch immer beeindrucken. In Wahrheit ist der Komet nur noch Vorwand für einen Generalangriff, der weit über die Astrologie hinausgeht und allem Übernatürlichen gilt. Dies ist im übrigen der Grund, warum die *Pensées divers* vom Generalleutnant der Polizei La Reynie verfolgt wurden und nur mit Mühe erscheinen konnten.

Bayle fällt es nicht schwer, den Kometen mit Ironie abzutun und gleichzeitig die Astrologie zu verhöhnen, »eine der lächerlichsten Dinge von der Welt«, indem er auf höchst gelehrte Weise das Horoskop besagten Kometens zu stellen vorgibt. Daß er als Vorzeichen gilt, sei einem Wust heidnischer Fabeln geschuldet, denen die menschliche Arglosigkeit noch immer Glauben schenke. Dann wird der Ton schärfer, und Bayle geht unmittelbar mit der Argumentation ins Gericht, die wir bei Bossuet angetroffen haben: Wären die Kometen tatsächlich Himmelszeichen, dann hätte Gott selber die Abgötterei gerechtfertigt (um die Götzendiener besser bestrafen zu können?) und zudem ein Wunderwerk getan, denn wie anders sei es zu erklären, daß ein Gestirn, das in einer Entfernung von Hunderttausenden von Kilometern vorbeizieht, eine Warnung sein kann? Unmerklich nähern wir uns also der Kritik des Wunders, zu dem der menschliche Geist immer dann seine Zuflucht nimmt, wenn er keine natürliche Erklärung hat. Von hier aus zur Kritik der christlichen Religion ist es nur ein Schritt, und Bayle tut ihn: Die Christen haben den heidnischen Aberglauben geerbt, und die Kirche hat ihn noch vermehrt. Der Teufel, so schreibt er, hat sich »die Gelegenheit ungemein wohl zunutze zu machen gewußt. Das Beste, was wir Menschen in der Welt haben, ist die Religion. Dieses Gut hat er in das ärgste Übel verwandelt, da er eine Sammlung ungereimter Dinge, läppischer Possen und entsetzlicher Laster daraus gemacht, und durch Hilfe unserer Neigungen hat er uns in die allerlächerlichste und abscheulichste Abgötterei, die man sich nur vorstellen kann, gestürzt.«[24]

Pierre Bayle zeigt auch, wie prekär die Situation der Theologen ist und wie gering ihr Handlungsspielraum: wer die Astrologie verurteile, komme nämlich ganz von selbst dazu, alle Vorhersagemethoden, einschließlich der religiösen Prophezeiungen, in Zweifel zu ziehen. In Wahrheit seien nicht die Methoden fehlerhaft, sondern der Glaube an die Möglichkeit, die Zukunft zu kennen. Die

Krise der Vorhersage geht also weit über die Krise der Astrologie hinaus.

Was den Kometen von 1680 betrifft, so wird man ihn im Jahre 1758 von neuem sehen, so wie Halley es »vorausgesagt« hatte: die astronomische Wissenschaft erweist sich in ihren Ankündigungen als effizienter denn die Astrologie. Dennoch ist man im 18. Jahrhundert nicht ganz überzeugt; noch 1738 schwankt der *Miroir de l'astrologie* in bezug auf den prädiktiven Wert der astralen Bewegungen und fragt: »Darf man in der Natur lesen und Vorhersagen machen, wenn das bedeutet, sich in die Angelegenheiten Gottes einzumischen?« 1742 hält es Maupertuis noch für erforderlich, eine *Lettre sur la comète* zu schreiben, um auf den natürlichen und harmlosen Charakter des Kometen hinzuweisen. Auf Seiten der königlichen Macht scheint die Schlacht gewonnen zu sein, und Ludwig XV. soll als guter Sohn der Aufklärung gesagt haben: »Um über die Wahrheit oder die Falschheit derartiger Vorhersagen zu urteilen, müßte man gut fünfzig von ihnen zusammentragen; dann würde man sehen, daß es fast immer dieselben Sätze sind, die ihr Ziel entweder verfehlen oder auf den Gegenstand Bezug nehmen, daß von den ersteren jedoch nicht gesprochen wurde, von den anderen dagegen sehr viel.«[25]

Die Astrologen, deren Kunst seit den 1660er Jahren bekämpft wird, begreifen, daß ihre einzige Überlebenschance darin besteht, ihre Disziplin einer grundlegenden Reform zu unterziehen und wissenschaftlich unangreifbar zu machen. Die Ansprüche der modernen Wissenschaften setzen sich in der gesamten europäischen Elite durch, und die großen Astrologen, die sich für Gelehrte halten, schrecken vor der Aufgabe nicht zurück. Patrick Curry hat sehr gut aufgezeigt, wie sich in England zur Zeit der Restauration der Bruch zwischen der von William Lilly vertretenen Volksastrologie und der von Gadbury und Partridge vertretenen wissenschaftlichen Astrologie vollzieht.[26] Die kritischen Äußerungen von Henry More, dem Platoniker aus Cambridge, der den Zugang zur Zukunft der biblischen Prophetie vorbehalten möchte, sowie die Kritik des Physikers Robert Boyle und der Komödiendichter wie John Wilson, John Phillips, Samuel Butler, William Congreve, die die Astrologen verspotten, verschärfen den Bruch. Sogar John Dryden bringt 1668 *An Evening's Love, or the Mock Astrologer* zur Aufführung, wo ein wissenschaftlicher Astrologe mit einem Scharlatan konfrontiert wird.

Die wichtigsten Befürworter der astrologischen Reform teilen sich in zwei Strömungen. Die erste setzt sich aus Konservativen zusammen, Mitgliedern der High Church und eingeschworenen Royalisten, die sich Bacon zum Vorbild nehmen. Ihre angesehensten Vertreter sind Childrey, Goad und Gadbury. Joshua Childrey (1625–1670), in Oxford erzogen, nimmt die galileische Revolution zur Kenntnis: »Während die Astronomie berichtigt wurde, ist dies bei der Astrologie (die vor allem nach dem äußeren Anschein urteilt) noch immer nicht der Fall.« Daher schickt er sich an, alle Planetenpositionen aus heliozentrischer Sicht neu zu berechnen, und man ist bestürzt angesichts der Ungeheuerlichkeit dieser gewissenhaften und nutzlosen Arbeit, die er 1652 unter dem Titel *Indago astrologia* veröffentlicht. Er greift seine Kollegen an, die apokalyptische Perspektiven in die Astrologie einführen. Im *Syzygiasticon instauratum* von 1653 entwickelt er den Plan, alle wichtigen Ereignisse der Geschichte in Korrelation zu den astronomischen Bewegungen zu erfassen, um Gesetze daraus abzuleiten.

John Goad (1616–1689) setzt diese Arbeit fort und leistet eine »Herkulesarbeit«, wie Curry schreibt, um eine wissenschaftliche Astro-Meteorologie aufzubauen. Seine Methode beruht auf einem System der Wahrscheinlichkeit: Wenn zwei Ereignisse, zum Beispiel Regen und Neumond, in mehr als 50 Prozent der Fälle gleichzeitig auftreten, so läßt das auf eine Beziehung schließen. Daher sucht er in den letzten dreißig Jahren seines Lebens nach solchen Vorkommnissen: sie bilden die Grundlage seiner *Astro-Meteorologica* von 1686. Das Problem besteht in der Frage, warum es an einem Ort regnet und in den benachbarten Regionen nicht. Die Royal Society interessiert sich für seine Arbeiten, ist jedoch in keiner Weise überzeugt.

John Gadbury (1628–1704) verwendet eine ähnliche Methode zur Bestimmung der Geburten, indem er eine riesige Menge statistischen Materials sammelt und die Leser seines Almanachs bittet, ihm die genauen Geburtsdaten und die wichtigsten Vorfälle im Leben der zwischen dem 4. und 5. September 1664 geborenen Kinder zu schicken. Am Ende seines Lebens räumt er allerdings einen halben Mißerfolg ein. Sein Werk wird von George Parker (1654 bis 1743) fortgesetzt.

Die zweite Reformströmung, die sich der neuen Wissenschaft von Bacon und Galilei verweigert, empfiehlt eine Rückkehr zu den

Quellen, d. h. zu Ptolemaios. Hier begegnet man in den Jahren zwischen 1690 und 1710 vor allem Whigs und *dissenters*. Darunter dem unglücklichen John Partridge (1644–1715), der zum Gespött Europas wird, als Swift ihn vorzeitig sterben läßt. Für ihn ist die Astrologie ein Opfer arabischer, mittelalterlicher und moderner Zusätze, die es zu beseitigen gelte.

John Whalley (1653–1724), Verfasser von Almanachen, nimmt sich den italienischen Astrologen Placido Titi (1603–1668) zum Vorbild, einen Benediktiner, der sich unmittelbar auf Ptolemaios und Aristoteles beruft und den rein natürlichen und wissenschaftlichen Charakter der Astrologie betont: jeder Planet sei anders beschaffen, wie es seine ursprüngliche Farbe zeige, und übe seinen Einfluß über den Raum hinweg aus.

Abgesehen von diesen beiden wichtigsten Reformbestrebungen ist noch auf einen Einzelgänger hinzuweisen, Samuel Jeake (1652 bis 1699), Schüler von Jean-Baptiste Morin. Als Geozentriker und Antikopernikaner vertritt er eine mathematische Astrologie. Die Beziehungen zwischen diesen verschiedenen Reformatoren sind denkbar schlecht und voll wechselseitiger Bannflüche. Ihre einzige Gemeinsamkeit ist der Wille, die Astrologie zu einer Sache der intellektuellen und wissenschaftlichen Elite zu machen, unter verächtlicher Zurückweisung der volkstümlichen Praktiker, die sich mehr oder weniger der Magie bedienen.

Ihre rührenden Bemühungen und ihre dicken Folianten in lateinischer Sprache rufen indes nur ein Schmunzeln hervor, denn diese Dinosaurier der Astrologie sind eine aussterbende Gattung. Zwar ist die Astrologie nicht tot – noch heute geht es ihr sogar sehr gut –, aber nur ihre volkstümliche Variante, eben jene, die diese Reformatoren verachteten, setzt ihren Weg unbeirrbar fort, unempfindlich gegen die Irrtümer, Fehlschläge, Sarkasmen, gegen die Verachtung, die Verbote und Verurteilungen. Denn auf dieser Ebene befinden wir uns nicht mehr im Bereich der Vernunft, sondern in dem des Glaubens. Ab dem 18. Jahrhundert ist die Astrologie, deren wissenschaftliche Grundlagen in Trümmern liegen, ein rein religiöser Glaube, was ihre Stärke ausmacht, da jedes Argument an ihr abprallt.

Die auf die Ebene des Volks abgedrängte Wahrsagung

Die Popularität des Almanachs bleibt im ganzen 18. Jahrhundert ungebrochen, und sein Unterhaltungswert macht ihn noch interessanter. Die »burlesken Almanache« und andere »Possen« verkaufen sich ebensogut wie die seriösen Vorhersagen, und sogar die gesellschaftliche Elite verschmäht es nicht, sie mit Vergnügen zu lesen. Der Marquis de Paulmy läßt den *Almanach burlesque. Toute science vient de Dieu. Honor est gloria* seinem Wappen beifügen, und in die Ausgabe von 1741 schreibt er: »Ungewöhnliches Werk, man muß es aufbewahren und hin und wieder hineinsehen, um zu lachen.«[27] Zudem werden die Almanache nunmehr von der wachsenden Beliebtheit der Geschichtsschreibung beeinflußt, was für die Entwicklung der Vorhersagemethoden, wie wir sehen werden, sehr aufschlußreich ist. So veröffentlicht beispielsweise Antoine Soucie, der sich »Astrologe und Historiker« nennt, den überaus populären *Almanach historique, nommé le Messager boiteux, contenant des observations astrologiques sur chaque mois.*

Auch England hat seine Almanach-Parodien, von denen der *Poor Robin* mit seinen 10 000 Exemplaren während des ganzen Jahrhunderts der berühmteste bleibt. Insgesamt erreicht hier die astrologische Volksliteratur im Jahre 1760 die außergewöhnliche Zahl von 476 000 Exemplaren, was vielleicht zwei Millionen Lesern von einer Gesamtbevölkerung von etwa sieben Millionen gleichkommt.[28] Auch wenn diese Literatur mit dem demographischen Wachstum nicht Schritt hält – etwas mehr als 500 000 Almanache Ende des Jahrhunderts –, so ist ihr Erfolg doch beeindruckend. Der populärste ist bei weitem der *Moore's Vox stellarum* von Francis Moore, einem 1714 gestorbenen Londoner Astrologen und Arzt, ein Almanach, der noch im 19. Jahrhundert erscheint: 25 000 Exemplare im Jahre 1738, 107 000 im Jahre 1768, 353 000 im Jahre 1800, 560 000 im Jahre 1839, so daß Charles Knight angewidert von der »wundersamen Hieroglyphe« spricht, die »das Schicksal der Nationen vor Augen führen sollte. (...) Im Süden Englands gab es kaum ein Haus, wo dieser Betrug nicht für zwei Shillinge zu finden war. Kein Bauer hätte sein Heu gemäht, wenn der Almanach Regen vorausgesagt hätte.«[29]

Die Dorfwahrsager und -astrologen prosperieren. Manche

Die Marginalisierung der traditionellen Wahrsagung 509

gelangen zu regionalem Ansehen wie Timothy Crowther (1694 bis 1760) und sein Sohn Samuel in Yorkshire, John Worsdale in Lincoln. Sie ermitteln Nativitäten, stellen Horoskope, machen Voraussagen, finden verlorengegangene Gegenstände wieder. Dem Dorfwahrsager sind noch glückliche Tage beschieden, wovon viele Texte des ausgehenden 19. Jahrhunderts zeugen, einer Epoche, in der sie für den Volkskundler zum Studienobjekt werden. 1867 schreiben Harland und Wilkinson, daß »es in Lancashire oder in ein oder zwei der angrenzenden Grafschaften praktisch keine Stadt gibt, die nicht ihren lokalen Wahrsager oder ihren sogenannten Astrologen hat, der vorgibt, seinen zahlreichen und gläubigen Klienten die zukünftigen Ereignisse vorherzusagen«.[30]

Gleichzeitig sind die Almanachleser auf alle Arten von Prophezeiungen erpicht, religiöse, biblische, ekstatische, und der große Eklektizismus zeigt sich bei den Schülern von Joanna Southcott, Richard Brothers, Swedenborg oder Mesmer, jenen sonderbaren Propheten der neuen Zeit. In der zweiten Hälfte des Jahrhunderts erörtern die Almanache auch Fragen des Okkultismus und der Prophezeiungen.

Alle diese Bemerkungen gelten auch für Frankreich, wo die aufgeklärten Geister Ende des Ancien Régime über den anhaltenden Erfolg des Almanachs klagen. 1787 schreibt Abbé Grégoire: »Jährlich werden vierzigtausend Exemplare des Almanachs von Basel gedruckt (...). Savoyarden kolportieren in ganz Frankreich dieses absurde Repertoire, das noch Ende des 18. Jahrhunderts die Vorurteile des 12. Jahrhunderts wiederholt. Für acht Sols versieht sich jeder Bauer mit dieser chiromantischen, astrologischen Sammlung, die der schlechte Geschmack und der Wahnsinn diktieren.« Grégoires Korrespondent bestätigt es: »Die Landleute gieren geradezu danach, auf der Suche nach Wettervorhersagen, die unfehlbar darin zu finden sind. Unmöglich, ihnen die Judiziarastrologie auszureden.«[31]

Wenn man jedoch Nicolas le Camus Le Mézières glauben darf, so beherzigt 1783 nur noch ein kleiner Teil des Volkes diese Literatur: »Obwohl wir noch auf einige wenige Almanache voll solcher Lumpereien stoßen, so schenkt ihnen doch höchstens das niederste Volk noch Glauben.«[32] Übertriebener Optimismus. Was zum Beispiel die Judiziarastrologie betrifft, so setzt sich die Praxis des Horoskops in großem Maßstab fort, auch wenn ihre Qualität allmählich nachläßt und ihr Ehrgeiz sich auf sehr allgemeine Hinweise beschränkt. So meint der Astrologe William Stukeley (1687 bis 1765), Gott habe den Menschen »eine Art Buch mit der ganzen Reihe der allgemeinen Ereignisse gegeben, die jedermann zustoßen müssen (...), sofern dies mit der Willens- und Handlungsfreiheit vereinbar ist«. Es handelt sich also um eine Astrologie, die sich mit der Religion in Einklang befindet und sich darauf beschränkt, auf die großen Tendenzen hinzuweisen. Dies finden wir auch bei Henry Andrews (1744–1820), einem der wichtigsten Mitarbeiter der *Vox stellarum*, des Almanachs von Moóre. Mit der Rubrik der Vorhersagen beauftragt, bedient sich Andrews einer Mischung aus Astrologie und biblischer Prophetie, die völlig dem Zeitgeist entspricht und auch das erste astrologische Periodikum kennzeichnet, *The Astrologer's Magazine*, das zwischen 1791 und 1794 erscheint. Patrick Curry beschreibt diese Publikation wie folgt: »Diese extravagante Mischung aus horoskopischer Deutung, okkulter Philosophie, Physiognomie, Mesmerismus und Nostradamus bildete ein Kondensat, das dem mordernen Leser bestimmter heutiger Massenzeitschriften recht vertraut sein dürfte.«[33] Für den Autor äußert sich in *The Astrologer's Magazine*, das sich an halbgebildete Leser wendet, der Wunsch der Mittelklasse nach Unabhängigkeit. Von kultureller Bedeutung ist es insofern, als es die Akkulturation dieser neuen urbanen Schichten, den Eklektizismus ihres Geschmacks sowie ihren Willen veranschaulicht, sich den Traditionen zu entziehen.

Ebenso charakteristisch ist, hinsichtlich der Form, der Rückgang der gelehrten Astrologiehandbücher zugunsten jener für ein großes Publikum bestimmten Magazine. Von 1700 bis 1790 zählt man in England alles in allem sechs neue Titel in der Kategorie der Judiziarastrologie; in einer Untersuchung aus dem Jahr 1891, die die Autoren von Astrologiebüchern des 17. bis 19. Jahrhunderts erfaßt, stammen von den etwa vierzig aufgeführten Namen nur drei aus dem 18. Jahrhundert: Pensyre, Mensforth und Worsdale.[34] Diese Autoren, obzwar sie sich über die astronomischen Neuheiten auf dem Laufenden halten, erreichen bei weitem nicht das begriffliche und theoretische Niveau ihrer Vorgänger, besonders nicht in der Mathematik.

Der Bruch zwischen der intellektuellen Elite und der Astrologie ist vollzogen. Ohne weiteres könnte man eine Anthologie der verächtlichen Ausdrücke zusammenstellen, mit denen Gentlemen und Intellektuelle diese einst von Königen umschmeichelte Tätigkeit bedenken. 1703 eliminiert John Ray in seinem Werk über die Sprichwörter systematisch »alle abergläubischen und unbegründeten Wahrsagungen«; 1704 nennt John Harris die Astrologie einen »lächerlichen Irrsinn«; 1714 schreibt William Taswell, daß »schwache und unwissende Menschen derlei Dingen Aufmerksamkeit schenken mögen, aufgeklärte Menschen sie jedoch verachten«; 1722 und 1727 wettert Daniel Defoe gegen Wahrsager und Astrologen, 1728 bezeichnet Ephraim Chambers in seiner berühmten *Cyclopaedia* die Astrologen als »unnütz«; 1740 attakkiert das höchst einflußreiche und höchst aristokratische *Gentleman's Magazine* »diese absurde Chimäre der judiziarischen Astrologie« und entrüstet sich über »die Gottlosigkeit dieser Praxis und die ungereimten Behauptungen, die Ratschlüsse der Vorsehung und die Geheimnisse des zukünftigen Geschehens könnten den ungebildetsten und verworfensten Leuten enthüllt werden«; 1755 definiert das *Dictionary* von Samuel Johnson die Astrologie als die »Praxis, Dinge durch Kenntnis der Sterne vorherzusagen; eine heute als irrational und falsch entlarvte Kunst.«

Auf kirchlicher Seite setzt der Klerus unermüdlich seinen Kampf gegen die Dorfastrologen und -wahrsager fort. Auf ihren Reisen erkundigen sich die Bischöfe nach diesen Wahrsagern sowie jenen, die sie aufsuchen. Doch schlagen die moraltheologischen Traktate und die Handbücher für Beichtiger einen nachsichtigeren Ton an, der eher ein Gefühl der Herablassung als des Unwillens verrät. Die aufgeklärten Moralisten dagegen verachten die Astrologie so sehr, daß sie sie nurmehr als harmloses und folgenloses Vergnügen oder allenfalls als läßliche Sünde gleich der Völlerei betrachten. Unter den berühmtesten Traktaten rechnet das 1715 veröffentlichte *Dictionnaire des cas de conscience* des Bußpriesters von Notre-Dame zu Paris, Jean Pontas, die Tatsache, die Zukunft aus Karten, Würfeln, dem Sieb, dem Aufschlagen der Bibel auf gut Glück, der Befragung von Wahrsagerinnen und Kartenlegerinnen zu erfahren, zu den läßlichen Sünden; diese gefährlichen und verdächtigen Praktiken werden nur dann zu Todsünden, wenn man »ihnen hartnäckig Glauben schenkt«. Ebenso sei jede Wahrsagung »im allgemeinen schlecht und unerlaubt«, aber nur eine läßliche Sünde, wenn man sie aus Unwissenheit begehe. Die natürliche Astrologie sei erlaubt, aber »bei allem, was die Freiheit des Menschen betrifft, darf man den Einfluß der Sterne nicht für die Regel halten, ohne eine schwere Sünde zu begehen«, weil das dem freien Willen zuwiderlaufe und Strafen wie Belohnungen zunichte mache. Dagegen sei die Wahrsagung mittels Beschwörung des Dämons absolut verboten, und Pontas räumt noch immer ein, daß der Teufel die Zukunft zu sehen vermag, »da er durch die Lebhaftigkeit seines Geistes Dinge weiß, welche die natürliche Fähigkeit des Menschen übersteigen«.

Ein halbes Jahrhundert später relativiert Alfonso di Liguori (1696–1787) das Vergehen der Wahrsagung. In seiner *Praktischen Anleitung für die Beichtiger* beweist er große Toleranz: die Neigungen, das Temperament einer Person nach den Sternen vorauszusagen, sei zuweilen erlaubt, aber stets vergeblich und zwecklos: zu glauben, daß Träume die Zukunft ankündigen, sei eine Sünde, »außer man weiß mit Bestimmtheit oder vermutet mit großer Wahrscheinlichkeit, daß diese Träume von Gott kommen«. In *Die Wahrheiten des Glaubens* erörtert er das grundsätzliche Problem, nämlich die Möglichkeit, die Zukunft zu kennen. Ihm zufolge kennt allein Gott die Zukunft und kann sie deshalb voraussehen: »Mit Sicherheit völlig zufällige Wirkungen vorherzusehen, steht allein in der Macht Gottes, dessen Wille die Ursache dieser Wirkungen ist.« Die Prophezeiungen des Alten Testaments veranschaulichten diese Gabe der Vorhersage und bewiesen die Wahrheit des Christentums, anders als Grotius meinte, für den sie lediglich nützliche, aber nicht notwendige Elemente waren. Der Geist der Prophetie sei später auf die Heiligen übertragen worden, deren Weissagungen eingetroffen sind, während auch »Mohammed und Luther sich rühmten, die Gabe der Prophetie zu besitzen, aber keine ihrer Vorhersagen hat sich je bestätigt«. Was die Orakel und die Wahrsagung der Heiden betrifft, so müsse man darin kein Werk des Teufels sehen, sondern lediglich Betrügereien und Täuschungen, und die sibyllinischen Bücher seien nur christliche Apokryphen. Zwar ereiferten sich die Bischöfe noch immer über den astrologischen Aberglauben, die Theologen und Moralisten dagegen nähmen sie kaum noch ernst.

Derselbe Niedergang ist in Amerika zu beobachten[35], wo die Kirchen in der ersten Hälfte des 18. Jahrhunderts in aller Schärfe gegen die Astrologie vorgehen. Seltsamerweise ergreifen hier die

Almanache gegen die Wahrsager Partei, und einige klagen darüber, daß die Gesetze nicht streng genug auf sie angewandt würden. 1727 schreibt Nathaniel Bowen im Almanach von Boston: »Würden die Gesetze der Provinz auf diese schwarze Magie tatsächlich angewandt, so könnte ich ihr weiteres Schicksal voraussagen.« Geistlichen, die die Judiziarastrologie betreiben, drohen Sanktionen, wie Joseph Morgan, der 1728 von der presbyterianischen Synode Philadelphias bestraft wird.

Mitte des Jahrhunderts kommt es in den dreizehn Kolonien zu einem allgemeinen Angriff auf die Astrologie. Jacob Taylor, ein ehemaliger Almanachverfasser, bezeichnet sie als »schmutzigen heidnischen Aberglauben« und erklärt, daß von den siebenundzwanzig Astrologen, die er in Pennsylvania kennengelernt habe, nur vier »englisch schreiben und die landläufigen Namen buchstabieren konnten«. 1751 beobachtet Nathaniel Ames einen Sinneswandel, für den er den sklavischen Nachahmungstrieb des Volkes verantwortlich macht. Als die Astrologie »von Fürsten und großen Philosophen gehätschelt wurde«, verteidigte sie jedermann; jetzt »hat sich das Blatt gewendet; alle sind gegen sie, und die Menge folgt ihnen«. Herbert Leventhal faßt die Lage in den künftigen Vereinigten Staaten wie folgt zusammen: »Im Amerika des 18. Jahrhunderts war die Astrologie eindeutig dem Untergang geweiht. Sie besaß weder das Ansehen noch die Bedeutung, die sie im Europa der Renaissance hatte. Ihr wesentlicher Träger war der Almanach, die Literatur der Halbgebildeten. In den Kolonien wurde keine gelehrte Abhandlung über sie verfaßt, und diejenigen, die sie nebenbei erwähnen, stammen alle aus dem Anfang des Jahrhunderts.«[36]

Fortbestehen der gefälschten Prophezeiungen

Als gelehrte Wissenschaft ist die Astrologie tot. Ein weiteres Tor zu Zukunft hat sich geschlossen. Nur die Almanache und die Dorfwahrsager sehen noch durch das Schlüsselloch und übermitteln dem Volk Brocken von Vorhersagen über das Wetter und die Ernten, denen zu glauben man vorgibt, ohne genau zu wissen, wieviel Vertrauen man ihnen schenken darf.

Auch werden noch immer verknöcherte Vorhersagemethoden verwendet, jedoch in einem zwielichtigen, der Manipulation verdächtigen Klima, das ihre Glaubwürdigkeit herabsetzt. Ein gutes Beispiel dafür ist die prophetische Panik von 1734 in den Vereinigten Niederlanden, ein Ereignis, das man seit dem 16. Jahrhundert für vergangen hätte halten können und das zeigt, wie dünn der Lack der Aufklärung zuweilen noch ist. Willem Frijhoff hat in einer gründlichen Studie den Mechanismus dieser verspäteten Prophezeiungen analysiert.[37]

Anfang 1743 kursiert in der Küstenregion der Niederlande, wo die rivalisierenden Gemeinden nebeneinanderleben, eine Prophezeiung: Am Johannistag werden die Katholiken die Protestanten abschlachten. Die Aufregung ist beträchtlich, und die katholischen Priester sind beunruhigt, denn sie fürchten Präventivreaktionen seitens des Volkes. Nachdem der Unglückstag verstrichen ist, versucht ein jeder, diese Prophezeiung zu erklären, und man kommt überein, sie dem Volksaberglauben, der Leichtgläubigkeit des »Pöbels« anzulasten. Der Zeitungsschreiber Justus van Effen appelliert an die aufgeklärten Menschen aller Glaubensrichtungen, sich gegen den »prophetischen Aberglauben« zusammenzuschließen. Für ihn wie für die intellektuelle und gesellschaftliche Elite ist das Volk ein passives Werkzeug, das lediglich den Weisungen von Interessengruppen wie den Jesuiten, den Jansenisten oder dem Prinzen von Oranien folgt. Seine Analyse trifft sich mit der der katholischen Führer. Im Juli 1734 schreibt ein Karmeliter an den Nuntius in dieser Sache: »Ich vergleiche diese Prophezeiungen mit denen des Nostradamus in Frankreich sowie mit denen, die zugunsten des Kronprätendenten für England gemacht werden«, und er nennt sie »Albernheiten«.[38] In einem Plädoyer für einen Katholiken wird der Anwalt Petraeus noch deutlicher und spricht vom »Gerücht dieser angeblichen (...), von einigen abergläubischen Menschen erdichteten Prophezeiungen. (...) Die Leute hören und lesen diese Dinge gewöhnlich sehr begierig und erzählen sie weiter, als ob es sich um Neuigkeiten handelte. Schwerlich ließe sich auch nur eine einzige alte Frau an ihrem Spinnrad finden, die nichts davon wüßte. Intelligente Menschen glauben niemals an solche Flausen, Torheiten und Chimären.«[39]

In Wahrheit ist der Vorgang ein wenig komplexer, wie es die modernen Historiker aufgezeigt haben, die auf den Ursprung der

prophetischen Gerüchte von 1734 gestoßen sind. Zugrunde liegen ihnen drei Vorhersagen aus der zweiten Hälfte des 17. Jahrhunderts:
- die *Prophezeiung von Brugman*, 1666 veröffentlicht, eine Erfindung des katholischen Priesters Nicolas Boschman, der sie dem mittelalterlichen Franziskaner Johann Brugman zuschreibt und sie auf den 22. November 1462 datiert. Bei der Abfassung dieser Fälschung bedient sich Boschman der Flugschriften, die 1666 in den Vereinigten Niederlanden im Klima des Kriegs gegen England kursieren, und macht sie zu einer Verheißung der Befreiung für die Katholiken;
- eine im gleichen Geist zwischen 1673 und 1679 von dem Prämonstratenser Jan van Craywinckel erfundene Prophezeiung, die auch er einem Priester des Mittelalters, Jan van Liliendaal, zuschreibt, der hundertundvier Jahre alt war, was sein Ansehen erhöht. Vorhersagen *post eventum* vermengend sowie Verschwommenheit und Klarheit auf subtile Weise dosierend, verkündet er eine gewaltsame Restauration des Katholizismus;
- ein kleines, 1680 erschienenes prophetisches Buch, die *Zwölf prophetischen Sprachen*, das Werk eines Priesters, Dirck Mensinck, der nach der Enttäuschung infolge des Niederländischen Kriegs, wo man auf die Wiederherstellung des Katholizismus hoffen durfte, dieses Ereignis dank der Prophezeiung in die Zukunft verlegt.

Die Prophezeiung von 1734 steht also nicht, wie die Intellektuellen damals meinten, am Ursprung eines Volksphänomens: sie ist eine Erdichtung des Klerus zu seelsorgerischen und apologetischen Zwecken, um die Hoffnung einer minoritären und mehr oder weniger verfolgten Gemeinde aufrechtzuerhalten. Auf das Jahr 1734 konzentriert man sich deshalb, weil in diesem Jahr Fronleichnam mit dem Johannistag zusammenfällt, ein Ereignis, das sehr selten vorkommt und seit 1666 zum erstenmal eintritt und sich erst im Jahre 1800 wiederholen wird. Ein allgemein bekannter Vierzeiler sah das Weltende für das Jahr voraus, wo zu dieser Koinzidenz noch zwei weitere hinzukämen: wenn Karfreitag auf den Tag des hl. Georg (23. April) und Ostern auf den Tag des hl. Markus (25. April) fiele:

Wenn Gott wird Georg kreuzigen
Wenn Markus ihn wiedererwecken
Und Johannes ihn herumführen wird,
Dann kommt das Ende der Welt.

Für Willem Frijhoff sind die mittleren Klassen von dieser Art Prophezeiung noch immer betroffen: »Auch im 18. Jahrhundert scheint die Sache noch nicht ausgestanden zu sein: die ›Volks‹klassen (jene, die nicht an der Verwaltung des Landes teilhaben) sprechen ausführlich über die Prophezeiungen, aber die von den erwähnten Problemen unmittelbar betroffenen Bürger tun es nicht minder. Nur die kleine Führungsschicht sowie die klerikalen Kreise scheinen sich wirklich abgesetzt zu haben.«[40]

Freilich gab es im 18. Jahrhundert auch einige apokalyptische und Katastrophen ankündigende Prophezeiungen alten Typs, die sich nicht alle auf die Kreise des Volks beschränken. Das Thema des Großen Monarchen, des Endzeitkaisers, ist nicht verschwunden. Weiterhin erscheinen Varianten, vor allem in Frankreich und Italien, mitten im Zeitalter der »Aufklärung«.[41] In Italien kündigt die einem anonymen Mönch zugeschriebene »Piacenza-Vorhersage« die Ankunft eines Überpapstes, der die Weltordnung wiederherstellen werde: »Ein schrecklicher Raubvogel wird unerwartet erscheinen, um den Ochsen zu erwürgen und sich an den Eingeweiden des großen bösen Drachens zu laben. Er ist es, der die Könige wieder auf ihren Thron setzen wird. Zur gleichen Zeit wird aus dem Land der Galater ein Gerechter kommen und in Rom empfangen werden, wo er zum Papst gewählt werden wird. Während seines Pontifikats werden Ordnung und Harmonie in die Welt zurückkehren.«[42] Das vorwiegend zoologische Vokabular verrät einen merlinesken Einfluß und hat bis heute zu vielen Deutungen Anlaß gegeben. In Italien tauchen nach 1730 auch die mit dem Heiligen Schweißtuch von Turin zusammenhängenden Botschaften wieder auf; zurückdatiert, sagen sie mit großer Genauigkeit zahlreiche vergangene politische Ereignisse voraus.[43]

In Frankreich benutzt eine wahrsagende Nonne, Jeanne Le Royer (1732–1798), noch immer den Antichrist, nach einem traditionellen Schema: auf viele Katastrophen, insbesondere Erdbeben, folge die Ankunft des Abgesandten Satans, wenn die Kirche »die Sprache der Katakomben« aufgegeben haben werde, d. h. wohl das

Lateinische – aber ganz entschieden können die Propheten die Dinge nicht beim Namen nennen –, was im 20. oder 21. Jahrhundert geschehen werde. Sogar die Sibylle, die man für tot hielt, läßt erneut von sich hören; kurz nach 1730 kursiert in Rom die Prophezeiung der »Neuen Sibylle«, eine den Erfordernissen des Glaubens der Aufklärung angepaßte Botschaft: eine »große Dame« wird gekrönt werden, dann werden Katastrophen das Leben auf dem Planeten erschüttern, und schließlich wird eine neue Welt auftauchen, in der »alle Güter der Erde in den Dienst der ganzen Menschheit gestellt werden« und der Klerus wahrhaft christlich sein wird.

Prophetie und Unruhe des Jahrhunderts

Das alles würde nicht über das Stadium der Anekdote und der vermischten Nachricht hinausgehen, wäre nicht gleichzeitig eine anhaltende prophetische Strömung zu beobachten, in der sich die Unruhe des Jahrhunderts spiegelt.[44] Trotz der gängigen Themen über den Fortschritt und das Glück fühlt sich die Gesellschaft des 18. Jahrhunderts, vor allem ihre denkenden Eliten, unbehaglich. Die Elemente der Stabilität bekommen Risse, die überlieferten Gewißheiten werden angefochten – mit Blick auf eine bessere Zukunft, wie einige sagen –, aber weiß man es? Wenn nun im Gegenteil alles in die Katastrophe führte? Wenn der sich befreiende Mensch den Zauberlehrling spielte? Wenn die Vernunft ihre Kräfte überschätzt haben sollte? Die Kirche, vor allem die pessimistische Fraktion, die Jansenisten, versäumt es im übrigen nicht, diese Angst auszunutzen. Ist die Wiederholung der Katastrophen nicht das Zeichen dafür, daß etwas schiefläuft, daß Gott den Weg, den die Menschheit eingeschlagen hat, nicht billigt und daß eine Apokalypse droht?

Die alten Reflexe sind nicht verschwunden, und man sieht, wie ein jansenistischer Advokat, Le Paige (1712–1802), Berichte über Katastrophen sammelt, die Händler und Diplomaten aus ganz Europa ihm schicken. Die Chronik ist voll davon: 1737 Sturmflut im Tal des Ganges, 1746 Zerstörung von Lima und Callao durch ein Erdbeben, 1750 Erdbeben in Frankreich, 1754 Vorbeiflug von

Meteoren, 1755 Erdbeben in Lissabon, das 100 000 Todesopfer fordert und dessen Auswirkungen sogar in Marokko zu spüren sind (8000 Tote in Meknes, 3000 in Fes), 1756 Hochwasser der Donau, 1387 Feuersbrunst in Fère-Champenoise, 1783 Erdbeben in Sizilien. Für uns, die wir an die von den Massenmedien verbreiteten wöchentlichen Katastrophen gewöhnt sind, ist diese Serie nicht ungewöhnlich. Im 18. Jahrhundert ermöglicht es der Aufschwung der Presse und die Beschleunigung der Kommunikation zum ersten Mal, daß man sich der Mißgeschicke auf der Welt bewußt wird, und man gewinnt den Eindruck, daß sie sich vervielfachen, was Le Paige veranlaßt, die Rede eines Konvulsionärs über »die Zeichen und Geißeln der Gerechtigkeit Gottes« an den Anfang seiner Sammlung von Katastrophen zu stellen. Sogar die rationalen Geister sind beeindruckt. 1755 wähnt man in Deutschland, der Schweiz und Frankreich flammende Schwerter am Himmel zu sehen; ein französischer Kaufmann schreibt seinem Partner in Lissabon: »In Deutschland sind alle bestürzt und reumütig, sie zittern und fürchten, daß der Zorn Gottes über sie hereinbricht, wie er über Spanien, Portugal und andere Länder hereingebrochen ist. Beten Sie daher ohne Unterlaß, fasten Sie, damit er die französische Nation verschone.«[45]

Die Katastrophen werden von den Jansenisten als Vorboten apokalyptischer Schrecken benutzt: dies erklärt der Philosoph Laurent-Étienne Rondet in zwei 1756 und 1757 veröffentlichten Bänden. Sein Werk mit dem Titel *Supplément aux réflexions sur le désastre de Lisbonne avec un journal des phénomènes depuis le 1er novembre 1755 et des remarques sur la plaie des sauterelles annoncées par saint Jean* ist die gelehrte Version der volkstümlichen Prophezeiung der Konvulsionäre von Saint-Médard. Einer von ihnen, Michel Pinel, veröffentlicht 1749 ein *Horoscope du temps*, worin er die klassischen Ereignisse voraussagt: die Rückkehr von Elias, die Bekehrung der Juden, den Niedergang der Kirche.

Die Gegensätze der Aufklärung: Rationalismus und Illuminismus

Das 18. Jahrhundert ist voller Gegensätze. Rational und antimystisch, was die intellektuellen Eliten betrifft, der klassischen Prophetie abhold, erlebt es dennoch, besonders nach 1760, ein spektakuläres Wiedererwachen des Okkultismus, nunmehr Illuminismus genannt, der den ekstatischen Erscheinungen sowie einer bestimmten Art von Prophetie, die wir mit der Parapsychologie und der Esoterik in Verbindung bringen würden, einen großen Platz einräumt.

Voltaire ist der typische Vertreter der ersten Strömung, der sich die große Mehrheit anschließt. In seinen Augen ist die Prophetie das Werk von Scharlatanen, die sich jahrhundertelang die Leichtgläubigkeit des Volkes zunutze gemacht haben, was er in einer jener Formulierungen zum Ausdruck bringt, die sein Geheimnis sind: »Der erste Prophet war der erste Schurke, der einem Dummkopf begegnete; also kommt alle Weissagung aus dem grauen Altertum.« *Le Tombeau du fanatisme*, dem diese Maxime entnommen ist, enthält den Kern dessen, was er über diesen Gegenstand denkt, wobei er vorgibt, lediglich die Gedanken von Milord Bolingbroke wiederzugeben.[46] Nachdem er in Erinnerung gerufen hat, daß alle primitiven Völker ihre Propheten hatten, eine Mode, die die Hebräer ihnen entlehnten, zeigt er, daß dieser Schwindel sich bis in seine eigene Epoche fortsetzt und auf dem Fanatismus beruht, der »den entsetzlichsten Eifer mit den widerlichsten Lügen« verbindet, wie es die Episode der Camisarden beweise.

Alle Prophezeiungen seien plumpe Erdichtungen: »Zu allen Zeiten hat es solche Lügner gegeben, und zwar nicht nur Schurken, die selbst Weissagungen machten, sondern auch Schwindler, die sich Prophezeiungen ausdachten und sie Sehern aus früheren Zeiten zuschrieben. Die Welt war voller Sibyllen und Gestalten wie Nostradamus. Der *Koran* spricht von zweihundertvierundzwanzigtausend Propheten.« Denen des Alten Testaments gelten Voltaires beißendste Sarkasmen. Es fällt ihm nicht schwer, ihre sonderbaren, mit pikanten Obszönitäten[47] gewürzten Bräuche lächerlich zu machen. Darüber hinaus prophezeiten sie widersprüchliche Dinge, »schimpften sich wechselseitig Narren, Schwärmer, Lügner, Schurken, und nur darin sprachen sie die Wahrheit. (...) 'Die Propheten von Jerusalem sind Narren, Männer ohne Glauben', sagt Sophonias, der Prophet von Jerusalem. Sie alle sind wie unser Apotheker Moore, der in den Gazetten drucken läßt: ›Nehmt meine Pillen, hütet euch vor Fälschungen!‹«

Wie ist es schließlich möglich, daß diese unverständlichen Texte verehrt werden? »Diese Prophezeiungen werden nur selten gelesen; die Lektüre dieses langen, scheußlichen und verworrenen Galimatias ist nur schwer zu ertragen. Die vornehmen Leute, die *Gulliver* und *Atlantis* gelesen haben, kennen weder Hosea noch Hezekiel. Wenn man klugen Leuten diese abscheulichen Stellen zeigt, die im Wust der Prophezeiungen ersticken, dann kommen sie aus dem Staunen nicht mehr heraus. Sie wollen nicht wahrhaben, daß ein Jesaja völlig nackt mitten in Jerusalem herumläuft, daß ein Hesekiel seinen Bart in drei Teile schneidet, daß ein Jona drei Tage im Bauch eines Walfischs verbringt usw. Würden sie diesen Wahnsinn und diese Unzüchtigkeiten in einem der Bücher finden, die profan genannt werden, sie würden das Buch entsetzt wegwerfen. Das ist die Bibel; sie sind verwirrt, sie zögern, sie verurteilen diese Greuel und wagen zunächst nicht, das Buch zu verdammen, in dem das alles steht. Erst allmählich machen sie von ihrem gesunden Menschenverstand Gebrauch, zuletzt verabscheuen sie das, was diese Schurken und diese Dummköpfe sie einst in Ehren halten ließen.«

Ein scharfer Angriff, der um so gotteslästerlicher ist, als die Prophezeiungen des Alten Testaments, wie wir sahen, von den Theologen als *Beweis* für die Wahrheit des Christentums und der Göttlichkeit Christi angesehen wurden. Es ist dies die extreme Form der Verneinung jeglicher Prophezeiung, eine Position, die auch die Materialisten des 19. und 20. Jahrhunderts einnehmen werden und die den Stolz des Menschen zum Ausdruck bringt, der sich vom Aberglauben befreit hat – sich damit aber auch eines Führers beraubt. Als er entdeckt, daß dieser Führer blind ist, verläßt er ihn; es wird nicht leicht sein, einen Ersatz zu finden.

Dennoch tauchen in der zweiten Hälfte des Jahrhunderts Ersatzpropheten auf. Der Erfolg, den diese Erleuchteten in der vornehmen Gesellschaft erzielen, läßt sich gewiß nicht nur auf eine Mode oder auf schiere Neugier zurückführen. Er entspricht dem Bedürfnis nach Vorhersagen, nach Kenntnis der Zukunft, einem Bedürf-

Die Marginalisierung der traditionellen Wahrsagung 521

nis, das sich dem Zusammenbruch der religiösen Prophetie, der traditionellen Wahrsagung und der Astrologie verdankt und den die Vernunft noch nicht zu ersetzen vermochte. Ist es nicht frappierend, daß sich ausgerechnet die Zentren des aufgeklärten Despotismus, die Höfe von Wien und Berlin, für diese neuen Erleuchtungen interessieren? Häufig sind es die von Jeremia und Jesaja Enttäuschten, die Leuten wie Mesmer und Cagliostro Beifall klatschen. Wie Valéry schreibt, »sieht man also, wie sich im 18. Jahrhundert alle normalen oder abartigen Varianten ausbreiten, ja geradezu populär werden, die der Wunsch erzeugt, mehr zu wissen, als man wissen kann. Es mehren sich Adepten, Eingeweihte und Scharlatane.«[48]

Diese Zeilen stehen im Vorwort zur Biographie eines der sonderbarsten Visionäre des Jahrhunderts: Swedenborg. In Emanuel Swedenborg (1688–1772), Sohn eines schwedischen lutheranischen Bischofs, spiegeln sich die Verwirrung und die Widersprüche seiner Epoche gegenüber der Zukunft. Dieser fromme Mann ist ein begabter Ingenieur, der mehrere Erfindungen gemacht hat. Von anormalen psychischen Phänomenen angezogen und zweifellos an einer beginnenden Schizophrenie erkrankt, fällt er häufig in hypnotische Zustände und hat Visionen, in denen sich biblische Elemente mit Spekulationen im Geiste von Böhme und Pico della Mirandola vermengen und die in eine originelle prophetische Synthese münden, aufgrund derer er 1769 von der lutheranischen Kirche Schwedens zum Ketzer erklärt wird.

Swedenborg ist eine Kuriosität, die in Augenschein zu nehmen man aus ganz Europa herbeiströmt. Er behauptet, mit den Geistern zu verkehren, und entwickelt eine Theorie der Prophetie, die sich auf das Vorhandensein einer Wirkkraft stützt, welche in Form von Träumen, Visionen und Worten aus der spirituellen Welt komme. Im letzten Jahrzehnt seines Lebens widmet er sich apokalyptischen Spekulationen, aber schon 1747 verkünden ihm Visionen das Jüngste Gericht gemäß einem klassischen Schema: die verderbte katholische Kirche wird durch die lutherische Kirche ersetzt werden, deren Prophet er selbst sein wird, doch all dies wird in der Geisterwelt stattfinden, ohne daß auf der Erde jemand etwas davon erfährt. Am 13. Februar 1748 verkündet er das Weltende für das Jahr 1757, das er tatsächlich als einziger in mehreren Visionen sieht, die er in *De ultimo judicio* schriftlich niederlegt. Dabei bedient er sich der traditionellen Bilder: Babylon, die katholische Kirche, wird durch das neue Jerusalem ersetzt werden, das allmählich auf die Erde herabsteigt. Als sein Wahn sich verstärkt, erklärt er in der *Vera christiania religio*, der Herr habe am selben Tage, als er dieses Werk vollendete, nämlich am 19. Juni 1770, seine zwölf Jünger einberufen und sie in die Welt der Geister ausgesandt, Swedenborgs Lehre zu predigen.

Wie jeder »anormale« Geist hat Swedenborg seine eigene Logik, die auf der alten Lehre der Entsprechungen beruht und es ihm erlaubt, in der Geisterwelt im voraus zu sehen, was in der natürlichen Welt geschehen werde. »Alle Dinge, die in der Natur existieren, vom kleinsten bis zum größten, sind Entsprechungen. Es gibt nichts Natürliches, was nicht seine geistige Entsprechung hätte. Jedes Ding ist wahr in seiner Ordnung, läßt sich jedoch nur in der höheren Ordnung begreifen. Die ganze natürliche Welt entspricht der Geisterwelt, wobei erstere nach der zweiten nur als Wirkung ihrer Ursache fortbesteht, und wir sind die Wirkung dieser Ursache.«

Swedenborgs Berühmtheit ist für eine durch den Verlust ihrer traditionellen geistigen Führer desorientierte Gesellschaft um so bezeichnender, als sie bei weitem nicht einzigartig ist. So wie zu Beginn der christlichen Ära die Mysterienkulte, die den Eingeweihten Trost und moralische Sicherheit boten, überhandnahmen, so mehren sich in der zweiten Hälfte des 18. Jahrhunderts die esoterischen Zirkel mit ihren geheimnisvollen Riten, wo man Zugang zu einer geistigen Welt sucht, in der angeblich die höchste Wahrheit wohnt, die sich einer undurchschaubaren materiellen und natürlichen Welt mehr und mehr entzieht. Um 1760 leben in Deutschland die Rosenkreuzer samt ihren Geheimnissen und Riten wieder auf; die aufblühende Freimaurerei hält es für nötig, sich mysteriöse Rituale zuzulegen. Fast allenthalben treten Erleuchtete in Erscheinung: Johann Caspar Lavater, ein in der Schweiz geborener Pastor, verbreitet chiliastische Prophezeiungen, und die Fürsten, Gelehrten und Philosophen scheuen sich nicht, ihm zu schreiben; 1386–1389 veröffentlicht er seine *Physiognomischen Fragmente*. Johann Heinrich Jung-Stilling, Arzt und Freund Goethes und Herders, lehrt 1784 politische Ökonomie in Heidelberg und 1787 in Marburg – und er prophezeit: Niedergang des Katholizismus, Bekehrung der Juden, Revolutionen.

Mit Hans Paul Philipp Rosenfeld, einem ehrlosen Jagdhüter, begeben wir uns in die Niederungen der volkstümlichen Propheten, bei denen sich Betrug mit Wahnsinn verbindet. Seine genaue Kenntnis der Bibel ausnutzend, zieht er in den 1760er Jahren mit langem Bart durch Brandenburg und verkündet, er sei der wahre Messias, der das Buch des Lebens besitze, dessen sieben Siegel von sieben Jungfrauen, die er zu seinen Frauen macht, geöffnet werden müßten. Nachdem er 1768 in eine Irrenanstalt gesteckt und 1771 wieder freigelassen worden ist, läßt er sich in Berlin nieder und setzt seine prophetische Mission fort. Obwohl geisteskrank und sexuell besessen, gelingt es ihm, eine kleine Gemeinde um sich zu scharen, die ungeachtet seines Todes im Gefängnis im Jahre 1788 noch bis 1797 seine Freilassung fordert, damit er die Welt errette. In den 1780er Jahren treibt ein weiterer Messias und Prophet in Berlin sein Wesen und wird 1784 verhaftet: Philipp Jakob Bekker. Jede Region Deutschlands hat ihren Propheten, und es kursieren immer mehr Vorhersagen, wie die von Jasper in Wien, die die üblichen Katastrophen ankündigen, deren Mittelpunkt diesmal der Mittlere Osten sein soll.

So endet das Zeitalter der Aufklärung in vollständiger Verwirrung, nachdem der kritische Geist die Prophezeiungen, die Astrologie und die empirischen Wahrsagemethoden hinweggefegt hatte, ohne daß es ihr wirklich gelungen wäre, sie durch rational vertrauenswürdige Methoden zu ersetzen. Dagegen bleibt das Bedürfnis nach Vorhersagen bestehen, und man stillt es mit Surrogaten, die paranormalen Hirngespinsten oder schlichten Betrügereien entspringen. Henri Brunschwig, der diese durch den Aufstieg des Illuminismus geprägte moralische und geistige Krise in Preußen untersucht hat, nennt den Fall von Paul Erdmann, der in Berlin die Zukunft aus Planeten und Spielkarten liest, dessen Vorzimmer nie leer wird und an dessen Tür sich herausragende Geister drängen, und er zitiert Wekherlins Stoßseufzer: »Die Prophetenkunst ist simpel. Sie ist nichts als Würfeldreckslerkunst. Der Würfel falle wie er wolle: er sagte etwas ... Kennen Sie irgendeinen Galimatias, einen Fiebertraum, der so abgeschmackt wäre, daß er sich nicht auslegen ließe?«

Sogar die Philosophen der Aufklärung sind verunsichert: »Wir sind zu sehr Philosophen in dieser Epoche universaler Aufklärung, um an die Erscheinung von Geistern zu glauben«, schreibt Wieland. »Und wir sind bei all unserer Aufklärung zu wenig Philosophen, um nicht daran zu glauben. Indem wir zwischen diesem Glauben und dieser Skepsis hin und her schwanken, werden wir in den meisten Fällen räsonieren und uns lustig machen, als ob wir nicht daran glaubten; und sobald uns jemand eine neue Geschichte über Geister erzählt, werden wir ihr so gespannt lauschen und dabei solche Angst vor Gespenstern verspüren, als ob wir daran glaubten.«[49]

Eine Situation, wie sie für eine Zivilisationskrise charakteristisch ist: die Menschen brauchen Werte, aber sie glauben nicht mehr an die alten; Werte aber lassen sich nicht dekretieren, sie drängen sich vielmehr auf, nachdem sie sich über lange Zeit bewährt haben. Der rationale Geist hat die Prophezeiung und die Wahrsagung getötet, und solange er sie nicht ersetzt hat, wird er von Gewissensbissen und von der Verlockung gepeinigt, sich dieser Phantome zu bedienen.

Denn weder das Individuum noch die Gesellschaft können ohne Vorhersagen leben, und die neuen Vorhersagemittel, rein menschliche und natürliche Mittel, die sich ab dem 17. Jahrhundert abzeichnen, sind noch viel zu schwach und unsicher, um die vom Untergang der Prophezeiungen hinterlassene Leere zu füllen. Der Vorteil der alten Vorhersagemethoden war ihre Unfehlbarkeit; gewiß täuschten sie sich immer, aber im Licht des Übernatürlichen betrachtet, ließen sich diese Vorhersagen stets auf eine Weise deuten, daß sie auf die eine oder andere Weise eintrafen. Desgleichen konnte die Astrologie immer versichern, daß die völlige Beherrschung der Himmelsmechanik und der mathematischen Berechnung schließlich zur Unfehlbarkeit führen würde. Nachdem die Vernunft diese herkömmlichen Methoden marginalisiert hat, muß man sich nun daran gewöhnen, im Relativen zu leben: an die Stelle der Gewißheit wird die Wahrscheinlichkeit treten, was das Leben der Menschen nicht eben erleichtert.

KAPITEL XII

Die neuen Wege der Vorhersage im 18. Jahrhundert: Utopie, Geschichte, Humanwissenschaften

Der wesentliche Unterschied zwischen den herkömmlichen und den neuen Vorhersagemethoden besteht in ihrer Herkunft. Während erstere sich auf äußere Informationen stützen, die von Gott, vom Teufel, von irgendwelchen Geistern, von der Position der Sterne kommen, sind die zweiten ausschließlich das Ergebnis menschlicher Überlegung. Ein vielleicht sehr formaler Unterschied, da auch die klassischen Prophezeiungen letztlich dem menschlichen Gehirn entspringen, aber im zweiten Fall ist der ausschließlich menschliche Ursprung vollkommen bewußt und gewollt.

Die Krise der prädiktiven Geschichte im 17. Jahrhundert

Sieht der Mensch, der allein kraft seiner Überlegung Vorhersagen macht, eine vorherbestimmte, unausweichliche Zukunft voraus oder im Gegenteil eine offene Zukunft, Resultat der Handlungsfreiheit des Menschen? Der Prophet und der Astrologe hatten nur eine vorherbestimmte Zukunft zu enthüllen, auch wenn für den Astrologen das Fatum der Sterne durch den freien Willen korrigiert werden konnte: das Schicksal war vorgezeichnet. Für den modernen Menschen, der es ablehnt, die Zukunft im Himmel zu lesen, sei er nun geistig oder astral, ist die erste Frage philosophischer Natur: Freiheit oder Determinismus? Im ersten Fall wird er lediglich Mutmaßungen anstellen können, und seine Vorhersagen werden immer den Aspekt einer Wette haben; im zweiten Fall kann er versuchen, die Gesetze einer vorgezeichneten Evolution zu ermitteln, auf die Gefahr hin, erneut der übernatürlichen Erklärung zu verfallen, wenn es um die Frage geht, wer sie denn vorgezeichnet hat.

Das 18. Jahrhundert ist sich des Problems bewußt und kann sich nicht entscheiden – ein erstes Handikap der neuen Vorhersagepolitik. Ständig schwankt es zwischen dem blinden Fatalismus eines Boulainvilliers, der ihn dazu nötigt, die »vergeblichen Pläne der Politik« zu verurteilen, und der Auflehnung eines Montesquieu, der meint, daß »diejenigen, die sagten, ein blindes Fatum habe alle Wirkungen hervorgebracht, die wir auf der Welt sehen, etwas ungemein Absurdes gesagt haben: denn was ist absurder als ein blindes Schicksal, das intelligente Wesen hervorgebracht hätte?«

Eine weitere Vorfrage, die geklärt werden muß: eine Voraussage ist nur dann sinnvoll und zweckmäßig, wenn es eine Entwicklung gibt. Was kann man vorhersagen, wenn nichts sich verändert? Auch in dieser Frage sind die Meinungen geteilt. Viele bleiben, was die Menschheit betrifft, dem traditionellen Fixismus treu: der Mensch gehört der Ordnung der Natur an, und die Natur heißt Dauer, Unwandelbarkeit. Die einzige Geschichte ist die Geschichte des Heils, und in dieser eschatologischen Geschichte standen die traditionellen religiösen Prophezeiungen. Die rein menschliche Geschichte dagegen bewegt sich nicht; sie ist nur die endlose Wiederholung immer derselben Ereignisse. Dies denkt im großen und ganzen Voltaire, was Jean Ehrard wie folgt zusammenfaßt: »Das Werden der menschlichen Dinge wird im allgemeinen weder als unerbittlicher Niedergang noch als allmähliche Vervollkommung begriffen, sondern als eine Reihe von Oszillationen um eine zeitlose Natur. Bestenfalls möchte man an die Zukunft glauben, jedoch an eine regungslose Zukunft, der schöpferischen Kraft der Zeit vertrauen, ohne auf die Gewißheit des Ewigen zu verzichten: ein vollkommener Betrug, der alle anderen zusammenfaßt und in sich schließt.«[1]

Diese Überlegungen führen die Philosophen des 18. Jahrhunderts ganz natürlich dazu, sich mit der Geschichte zu beschäftigen. Wer die Zukunft verstehen will, muß zuerst die Vergangenheit verstehen, er muß zurückschauen, bevor er den Blick nach vorn richtet: »Wer die Vergangenheit kontrolliert, kontrolliert die Zukunft«, wie der berühmte Slogan des *Big Brother* in *1984* lautet. Und tatsächlich sollten die neuen Vorhersagemethoden aus der Geschichtsforschung hervorgehen.

Die Debatten über den prädiktiven Wert der Geschichte sind

Ende des 17. Jahrhunderts sehr lebhaft. Damals überwiegt noch die providentielle Auffassung. Gott ist der *Deus ex machina*, der die Völker und Nationen nach seinem Willen manipuliert. Der vollkommenste Ausdruck dieser Sichtweise ist der *Discours sur l'histoire universelle* von Bossuet aus dem Jahre 1681. Könige und Reiche sind lediglich die passiven Werkzeuge, mit denen Gott seinen Plan verfolgt, bestraft, belohnt, ermutigt. Alles ist vorhergesehen und gewollt, der Zufall hat in diesem grandiosen, aber mechanisch kalten Fresko keinen Platz. Eine solche deterministische Auffassung ist für die Vorhersage *a priori* offen; freilich müßte man die Absichten Gottes kennen, die der Definition nach unerforschlich sind, was uns zur klassischen Prophezeiung zurückführt: vorhersagen können nur einige Privilegierte, denen Gott mit einem präzisen Ziel ein Bruchstück seines Plans offenbart hat. Tatsächlich ist die providentialistische Geschichte also die fatalistischste, die es überhaupt gibt, und wegen des geheimen Charakters des göttlichen Plans auch die unvorhersehbarste.

Im übrigen zeigen die Autoren, die diese Auffassung vertreten, gerne, wie Gott sich damit vergnügt, die menschlichen Berechnungen in die Irre zu führen, ihre Vorhersagen zu hintertreiben und seine Ziele auf unerwarteten Umwegen zu erreichen. Ohne es zu wollen, machen diese seriösen Theologen aus Gott einen großen Spaßvogel, der Vorhersagen unmöglich macht. Ein so unerwartetes Ereignis wie die Restauration in England wird zum Beispiel als ein Streich der Vorsehung interpretiert, der alle Erwartungen der Politiker enttäusche. Unglücklicherweise hat jeder Theologe seine persönliche Vorstellung vom göttlichen Plan: in England sieht John Foxe, der sich auf das Scheitern der papistischen Verschwörungen und der Armada stützt, in ihr das offenkundige Zeichen für den providentiellen Charakter des englischen Volks, das berufen sei, Europa zu beherrschen, eine Deutung, die Bossuet kategorisch zurückweist. Die providentialistische Geschichte eignet sich also nicht zur Vorhersage, denn Gott hat alles beschlossen, und er wahrt sein Geheimnis. Im übrigen tritt sie rasch den Rückzug an, sogar in England, wo der große Historiker Clarendon, wiewohl er der göttlichen Rolle formal Tribut zollt, die Umwälzungen des 17. Jahrhunderts in einer sehr menschlichen Perspektive beschreibt. Zur selben Zeit wendet sich der Marquis von Halifax gegen »diesen allgemein verbreiteten Irrtum, in jedem Ereignis einen Ausdruck des göttlichen Urteils zu sehen«; in Oxford beginnen einige die Existenz der Vorhersehungen anzufechten, und 1682, ein Jahr nach dem Werk Bossuets, schreibt John Oldham:

> Es gibt Menschen, die jedwede Vorsehung leugnen,
> Und glauben, der Zufall regiere die Welt;
> Sie machen aus Gott einen müßigen Zuschauer,
> Einen faulen, auf dem Thron sich rekelnden Monarchen.[2]

Die Geschichte kann nur dann prädiktiv sein, wenn sie auf Erden entschieden wird. Diesem letzten Punkt stimmt Ende des 18. Jahrhunderts die Mehrheit der Historiker zu. Allerdings muß nun geklärt werden, ob die Geschichte einen Sinn hat, und welchen, will man die Aufeinanderfolge der Ereignisse voraussagen. Eine schwierige Aufgabe. Schon die antiken Historiker hatten sich die Frage gestellt, wie wir sahen. Die modernen nehmen sie dort wieder auf, wo Polybios und Tacitus sie hatten ruhen lassen. Im 16. Jahrhundert beginnt Jean Bodin (1530–1596) damit, die Geschichte zu rationalisieren, ein Unternehmen, das er in seiner *Méthode pour une connaissance aisée de l'histoire* (1566) darlegt. Die Vielfalt der historischen Tatsachen vermittelt den Eindruck eines Chaos, schreibt er, aber hinter dieser Fassade gibt es eine Ordnung und eine Einheit, die aufzufinden dem Historiker obliegt, was es ihm ermöglichen wird, Vorhersagen zu machen. Leider verliert Bodin, von diesen vernünftigen Grundsätzen ausgehend, sogleich die Richtung seiner Erkundung, da er als Schlüssel der historischen Deutung die Zahlen heranzieht. In seinen Spekulationen über die Daten und das Alter der großen Männer gibt er schließlich der Zahl 496 den Vorzug und erklärt sie zur Grundlage für die Dauer einer Geschichtsperiode: 496 Jahre von Augustus bis Romulus Augustulus, von Konstantin bis zu Karl dem Großen, von Syagrius zu Hugo Capet. Der prädiktive Wert seiner Geschichte ist also gleich null.

Im 17. Jahrhundert wird die Geschichte geheimgehalten: die Epoche bevorzugt die Permanenz; die Könige richten eine Abteilung für offizielle Geschichtsschreibung ein, deren einzige Aufgabe darin besteht, ihre Taten zu verherrlichen; die Kirche entscheidet sich für die providentielle Geschichte, und die eigentliche Geschichtsforschung liegt bei den Gelehrten, insbesondere den

Benediktinern, die zwar eine ungeheure Arbeit leisten, deren Rolle jedoch nicht darin besteht, eine Philosophie der Geschichte zu erarbeiten.

Paradoxerweise bereiten diese frommen Männer, indem sie die konkreten, oft wenig ehrenvollen Einzelheiten der diplomatischen und politischen Ereignisse der Vergangenheit ans Licht bringen, den antiklerikalen Philosophen den Boden, die sich in der folgenden Epoche dieser ihnen zur Verfügung gestellten Masse an Fakten bedienen und daraus Schlußfolgerungen ziehen, mit denen Mabillon und seine Kollegen nicht gerechnet hatten.

In einer ersten Zeit, von 1680 bis 1720, steckt die Geschichtswissenschaft in einer tiefen Krise, die sie ihrer Glaubwürdigkeit und gleichzeitig ihres prädiktiven Werts beraubt. Sie wird von allen Seiten angegriffen. Die Kartesianer, an ihrer Spitze Malebranche, sehen in ihr nur ein Gewebe von Ungewißheiten und belanglosen Vorfällen; was zählt, seien die Begriffe, die klaren und ewigen Ideen, die Gegenstand der Metaphysik sind, und nicht jene kurzlebigen Schwankungen der menschlichen Gesellschaften. Die freidenkenden Gelehrten ziehen die Berichte der antiken Historiker in Zweifel, da sie mit wundersamen Dingen und erfundenen Reden durchsetzt seien; jeder passe die Geschichte seinen persönlichen Vorlieben an, und die Historiker seien Scharlatane. Man beginnt, sich über Romulus und Remus lustig zu machen, über die Löwin, die Vestalin Rhea Sylvia, bevor man sich über die biblischen Mythen lustig macht. Sogar die Jansenisten, die doch gute Historiker hervorbringen, sind mißtrauisch: wozu können diese nutzlosen Kenntnisse dienen? Wenn man die Arbeitsmethoden einiger Historiker wie Vertot kennt, der sich weigert, die neuen Dokumente, die man ihm bringt, zu prüfen, weil seine Arbeit beendet ist, oder wie Pater Daniel, der eine Stunde in der königlichen Bibliothek verbringt und seine Neugier für befriedigt hält, setzt man natürlich nur wenig Vertrauen in den Gehalt von Werken, in denen mehr Wert auf die Form als auf den Inhalt gelegt wird. Die *Méthode pour étudier l'historie*, die Lenglet Dufresnoy 1713 veröffentlicht, wird noch recht wenig beherzigt.

Für andere schließlich ist die Geschichtswissenschaft ein geschlossenes Feld, wo man seine ideologischen Rechnungen begleicht, namentlich zwischen Katholiken und Protestanten, wie zum Beispiel Gilbert Burnet und Pater Maimbourg. Kurz, alle diese Umstände ergeben ein chaotisches Bild der Geschichte, und die Reflexionen der Philosophen sind in der ersten Hälfte des 18. Jahrhunderts überaus zögerlich. Hat die Geschichte einen Sinn? Gibt es einen erkennbaren Fortschritt? Für Fontenelle handelt es sich eher um einen ewigen Neubeginn, denn der Mensch mit seinen Schwächen und seiner Unvernunft bleibe sich gleich, und »jemand, der viel Geist hätte, würde allein durch die Beobachtung der menschlichen Natur die gesamte Geschichte erraten«, Vergangenheit wie Zukunft. Es geht hier nicht um einen physischen, sondern um einen moralischen Determinismus: immer wird es zu den gleichen, unendlich wiederholten Greueln kommen, auch wenn sich seit der Antike ein leichter Fortschritt erkennen läßt.

Das Zögern der Philosophen angesichts der Zukunft

Fortschritt? Nichts ist ungewisser. Es handelt sich vielmehr um einen ständigen Kampf zwischen Irrtum und Wahrheit, dessen Ausgang in keiner Weise feststeht: »Wenn man die Geschichte der Welt durchstreift«, schreibt Voltaire, »dann sieht man, daß die Schwäche bestraft wird, die großen Verbrechen aber gedeihen; das Universum ist eine große, dem Zufall überlassene Bühne der Räuberei.« Dennoch können sich die Philosophen mit der Herrschaft des Zufalls nicht abfinden. Vielleicht gibt es ja einen Fortschritt, aber »wie langsam, wie mühsam zivilisiert sich das Menschengeschlecht und vervollkommnet sich die Gesellschaft!« fährt Voltaire fort. Und auf jeden Fall sind diese Fortschritte nicht unbegrenzt: es gibt einen Grad der Vollkommenheit, der nicht überschritten werden kann, zumindest darin sind Voltaire und Rousseau sich einig.

Ist es eine Rückkehr zum Naturzustand oder eine durch die Geselligkeit ermöglichte Vervollkommnung? Für Morelly treffen die beiden Punkte zusammen: der Mensch ist von der Unschuld und vom Glück der ursprünglichen Gemeinschaft ausgegangen; das Privateigentum hat zwar moralische Laster mit sich gebracht, aber es erlaubt auch eine allmähliche Vervollkommnung des Menschen, die eines Tages »einen festen Punkt an Rechtschaffenheit erreichen wird, zu dem die Menschheit schrittweise gelangt«, einen Endpunkt, an dem die Kreatur »all die Güte oder moralische Integrität, deren sie überhaupt fähig ist«, beweist. Dieser Punkt fällt mit dem Ausgangspunkt zusammen, denn dies wird die Rückkehr zum Gemeinschaftsleben sein. Hier mündet die Geschichte in die kommunistische Utopie, die mehrere Kleriker des Zeitalters der Aufklärung entwickeln.

Rousseau geht nicht so weit. Obwohl er dem Naturzustand nachtrauert, stellt er doch fest, daß das Leben in Gesellschaft die Entwicklung des geistigen und moralischen Lebens ermögliche und daß der Mensch, obzwar von Natur aus nicht sozial, dazu geschaffen sei, es zu werden, indem er sich auf ein Gleichgewicht zubewegt, wie es insbesondere die Demokratie zu schaffen vermag. Die Modalitäten der Entwicklung bleiben ungewiß und lassen noch vielerlei Deutungen zu. Die Utopisten, die kein Vertrauen in die Natur setzen, um die Welt ihrer Vollendung zuzuführen, empfehlen eine Willensanstrengung mit dem Ziel, die ideale Gesellschaft ins Werk zu setzen. Die Optimisten dagegen vertrauen der natürlichen Evolution sowie dem Prinzip der Kontinuität, die Gott selber in die Natur gelegt habe: für den Zürcher Naturalisten und Philosophen Johann Georg Sulzer geht die Welt ihrer Vollkommenheit entgegen: sie verläßt die Hand des Schöpfers mit allem, was es bedarf, um vollkommen zu werden, gemäß ihrem Rang oder dem Rang, den sie im Universum einnimmt.[3] Wieder andere fühlen sich versucht, die Diskontinuität einzuführen, indem sie auf das Wunder zurückgreifen, das zu prophezeien sie nicht zögern: 1748 sagt Ramsay einen Weltbrand voraus, der dem paradiesischen Zeitalter vorausgehen werde; 1769 verkündet Bonnet die Ankunft der universellen »Wiedergutmachung«, bei der alle Lebewesen auf der Stufenleiter der Intelligenz eine Sprosse höhersteigen werden. Hier stoßen wir erneut auf das prophetische und millenaristische Denken.

Allen diesen noch wirren Gedanken ist gemeinsam, daß sie in der Geschichte wurzeln. Ihr zögernder Charakter erlaubt es zwar noch nicht, von Geschichtsphilosophien zu sprechen, aber die Idee, anhand des Studiums der Vergangenheit zu extrapolieren, um eine prädiktive Theorie zu entwickeln – eine Idee, die, wie Paul Valéry zeigen wird, nicht ungefährlich ist, aber viele Möglichkeiten birgt –, kann sich nunmehr entfalten. Sie ist sowohl eine säkularisierte Version der providentialistischen Geschichte als auch eine Anwendung der wissenschaftlichen Fortschritte auf die menschlichen Gesellschaften, in denen der Begriff der Evolution allmählich Fuß faßt. 1725–1730 meint der Neapolitaner Vico in seiner *Scienza nuova* in der Geschichte einen irreversiblen Fortschritt zu erkennen, der »von den fernen (...), naturgemäß dunklen, rohen und armen Epochen einer Zeit des Lichts, der Kultur und der Größe entgegengeht«.[4]

Dieser allgemeine Gedanke kommt in der zweiten Hälfte des Jahrhunderts zur Blüte und führt zu regelrechten Systemen, die die Geschichte in signifikante, vergangene wie zukünftige, Perioden einteilen, gemäß dem – säkularisierten – Modell des Joachim von Fiore. Dem Modell der drei Zeiten ist ein ungewöhnlicher Erfolg beschieden. Ein erstes Beispiel dafür liefert Turgot, das Auguste Comte 1760 in seinem *Plan du second discours sur les progrès de l'esprit humain* weiterentwickelt.[5] 1793 verfeinert und erweitert Condorcet das Schema in einer *Esquisse d'un tableau historique des progrès de l'esprit humain*, in der er zehn Stufen vorsieht. Ein für unser Vorhaben entscheidendes Werk. Condorcet erklärt nämlich unzweideutig, anhand der Geschichte Vorhersagen machen zu können: »Warum sollte es ein undurchführbares Unterfangen sein, mit einiger Wahrscheinlichkeit die Darstellung des zukünftigen Geschicks des Menschengeschlechts nach den Resultaten seiner Geschichte zu entwerfen?« Er versichert, keine Hypothesen aufzustellen, sondern Gewißheiten zu bringen, da er »allgemeine, notwendige und immerwährende Gesetze« enthülle. Seine entschieden optimistische Sicht hebt sich kraß von der seiner Vorgänger ab. In der zehnten Epoche der Menschheitsgeschichte wird die Gleichheit zwischen den Völkern und den Individuen erreicht sein. Das Fortschreiten der Vernunft, der Wissenschaft und der Industrie werde es ermöglichen, einen neuen Menschen ohne Vorurteile und mit einer neuen Moral entstehen zu lassen: »Sie wird also kommen, die Zeit, da die Sonne hinieden nur noch auf freie Menschen scheint, die nichts über sich anerkennen als ihre Vernunft.«

Condorcet unterscheidet sich auch von Voltaire und Rousseau, insofern er diesem Prozeß keine Grenzen setzt. Nach der zehnten Epoche werde der Fortschritt des menschlichen Geistes beständig und ungehindert weitergehen. Zwar werde es dem Menschen niemals gelingen, alles zu wissen, aber niemals werde er aufhören, voranzuschreiten. Zu dieser optimistischen Sicht gelangt Condorcet paradoxerweise durch das Schauspiel der Geschichte und ihrer Schrecken. Im Laufe der zehn Epochen, die er unterscheidet, habe es zwar Rückschläge gegeben wie im Mittelalter, aber insgesamt sei die Bilanz positiv. Obzwar ein unverbesserlicher Optimist, ist Condorcet doch kein Utopist, da er der Geschichte vertraut und daher keine willentliche Blockierung der Evolution befürwortet.

Wenngleich weniger ausgefeilt als Condorcets *Esquisse,* sucht 1784 auch Kant mit seiner *Idee zu einer allgemeinen Geschichte in weltbürgerlicher Absicht* hinter dem Chaos der nackten Tatsachen das Geheimnis des Sinns der Geschichte zu ergründen. Die Geschichte strebe einem Ziel entgegen, der »zivilen Weltgemeinschaft«, »wo jeder, auch der kleinste, Staat seine Sicherheit und Rechte, nicht von eigener Macht, oder eigener rechtlichen Beurteilung, sondern allein von diesem großen Völkerbunde, von einer vereinigten Macht, und von der Entscheidung nach Gesetzen des vereinigten Willens erwarten könnte«. Diese Zukunft werde auch die vollständige Entwicklung der menschlichen Naturanlagen und der Freiheit bringen, wenn die Menschen unter dem Druck widerstreitender Eigeninteressen den Krieg aller gegen alle aufgeben und sich zu zivilen Gesellschaften zusammenfinden. Eine Zukunft liberaler Regierungen und weltweiter Zusammenschlüsse, deren innere Triebkraft zu entdecken Kant jedoch anderen überläßt.

Hegel, eine Verkörperung des Chiliasmus?

Eben dies will Georg Wilhelm Friedrich Hegel (1770–1831) leisten, dessen Synthese bis heute vielleicht das eindrucksvollste Monument der Philosophie der Geschichte ist, obwohl sich sein prädiktiver Wert als begrenzt erweist. Hegel sagt es uns im übrigen in der Vorrede zu den *Grundlinien der Philosophie des Rechts*: Es ist ebenso unmöglich, über seine Zeit hinauszugehen und die Zukunft vorherzusagen, wie über den Koloß von Rhodos zu springen.

Seine grandiose Geschichtsauffassung ließ indes Ausblicke in die Zukunft erhoffen. Man kennt die großen Themen, die in der *Phänomenologie des Geistes* (1807) und in den *Vorlesungen über die Philosophie der Geschichte* (publiziert 1838–1845) dargelegt werden, aber auch in anderen Werken verstreut sind wie in der *Philosophie des Rechts* (1821). Die Geschichte der Menschheit wird von einer großen Kraft gelenkt, dem Geist – oder dem kollektiven menschlichen Bewußtsein –, der mittels der scheinbar chaotischen Ereignisse und der Aufeinanderfolge der Kulturen zu sich selbst kommt und sich seiner bewußt wird. Diese Kulturen entsprechen einer Stufe der Selbstverwirklichung des Geistes, der eine objektive, aber nicht bewußte Realität ist und bruchstückhaft von den individuellen Bewußtseinen getragen wird. Diese große Bewegung des Geistes hin zu einem immer klareren Selbstbewußtsein vollzieht sich nicht geradlinig, sondern in einem dialektischen Prozeß von Gegensätzen und Widersprüchen, die sich in einer jeweils höheren Synthese aufheben. Dieser verwirrende Weg erkläre sich durch die »List der Vernunft«, aber das Wesentliche bleibe: über die griechische, dann die römische, dann die germanische oder christliche Kultur schreite der Geist seinem Ziel entgegen. Eine extrem finalisierte, ihrem Ende zustrebende Geschichte.

Unterwegs entstehen die verschiedenen Organisationsformen, die dem Stand der jeweiligen Kultur entsprechen, und verschwinden die durch das Fortschreiten des Geistes überwundenen Strukturen, jene, die nicht die »Richtung der Geschichte« einschlagen. Hegels Denken ist extrem relativistisch: jede Epoche hat ihre Gesetze, ihre Techniken, ihre Moral, ihre Religion, und das Christentum bildet keine Ausnahme. Das einzig Absolute ist der Geist.

Dieser Prozeß findet in dem Augenblick ein Ende, wo »die geistige Substanz von ihrer Wirklichkeit Besitz ergreift«, wo der Geist sich seiner selbst bewußt wird. Diese letzte Etappe entspricht der fortgeschrittenen liberalen Gesellschaft, in der innerhalb des Staates Rationalität, Freiheit und Gleichheit herrschen. Und dieser Augenblick sei mit der Französischen Revolution und mit Napoleon gekommen: symbolisch läßt Hegel die Geschichte im Jahre 1806 in Jena an ihr Ende gelangen. Diese Vollendung des Prozesses, diese vollkommene Verwirklichung des Geistes, ein entscheidender Moment der Weltgeschichte, wäre unbemerkt geblieben, hätte Hegel ihn uns nicht offenbart, und der Philosoph ist sich bewußt, daß er der Prophet dieses Endes der Geschichte ist.

Das Ärgerliche daran ist nur, daß alles vorbei ist. Was bleibt da vorherzusagen? Hegel hat sich nicht auf das Gebiet der Zukunft gewagt, auch wenn er durchblicken ließ, daß die Zukunft vielleicht in Amerika liege. Alles endet mit dem Sieg des modernen Staats, und das Weitere läuft Gefahr, entsetzlich langweilig zu sein. Aus Hegels Sicht wären die kleinen Wechselfälle der Welt seit 1806 lediglich mit der Errichtung der wahren liberalen Demokratie verbundene Anekdoten. All dies ist im Grunde nicht mehr Geschichte. Eben das zu beweisen haben sich alle Philosophen bemüht, die im 20. Jahrhundert, sich Hegel zum Vorbild nehmend, das »Ende der Geschichte« verkünden: Alexandre Kojève und, vor kurzem, Francis Fukuyama.[6] Für Kojève sind die großen Episoden des 19. und 20. Jahrhunderts lediglich »Aufarbeitungen«, ein »Anschluß der Provinzen« an einen Zustand, der im wesentlichen im Jahre 1806 abgeschlossen war: »Was ist seit diesem Zeitpunkt geschehen? Nichts, außer dem Anschluß der Provinzen. Die chinesische Revolution ist nichts anderes als die Einführung des Code Napoléon in China.«[7]

Das letzte Stadium der Geschichte, jenes, das 1806 anhebt, ist das Stadium des homogenen liberalen Staates, der auf der allgemeinen Anerkennung des Menschen als Menschen gründet. Dieses Stadium der wahren liberalen Demokratie beruht auf der wechselseitigen Anerkennung der Staatsbürger und ist untrennbar mit dem ökonomischen Liberalismus verbunden, der die allgemeine Erziehung gewährleistet, die wiederum aufgrund der technologischen Entwicklung erforderlich wurde. Damit werden die drei Grundbedürfnisse des Menschen befriedigt: der Wunsch, die Vernunft und die Anerkennung. Diese Situation sei »völlig zufriedenstellend«, schreibt Kojève, und darüber hinaus bleibe nichts mehr zu wünschen übrig. Der Motor der Evolution ist also gewissermaßen abgestellt. Es sind nur noch die notwendigen Anpassungen vorzunehmen. Der Wiederaufnahme dieses Themas verdankt das vor kurzem erschienene Buch von Francis Fukuyama seinen Erfolg; wir werden darauf zurückkommen.

Hegels Theorie ist für unser Vorhaben also enttäuschend. Die Zeit der Propheten ist vorbei, da es nichts mehr zu prophezeien gibt; seit der Hegelschen Offenbarung ist alles »vollbracht«, um den Ausdruck des Evangeliums aufzugreifen. Aber könnte dies nicht eine weitere »List der Vernunft« sein, die dem Meister entgangen wäre? Ist die Behauptung, es gäbe nichts mehr vorherzusehen, nicht ebenfalls eine Form von Vorhersage? Auf jeden Fall ist es eine Stellungnahme zur Zukunft, die in die Reihe derer gehört, die wir bisher untersucht haben. Ist der Hegelianismus nicht ein Surrogat des Chiliasmus? Ist die unbegrenzte Herrschaft des liberalen Staats nicht eine Anpassung des Reichs der Heiligen an die demokratische Ära? Ist Hegel nicht eine säkularisierte Version von Thomas Müntzer? Die Ähnlichkeiten sind verblüffend und führen in beiden Fällen zu einer Blockierung des historischen Prozesses infolge einer gewaltsamen Erhebung, zur Einsetzung eines idealen Regimes von unbegrenzter Dauer. So mündet die ausgefeilteste Philosophie der Geschichte in der Neuzeit darin, das älteste Schema des religiösen Denkens wieder einzusetzen, um die Heraufkunft eines goldenen Zeitalters vorherzusagen, das den teuflischen Evolutionsprozeß anhält, die Zeit zum Stillstand bringt, diesen fundamentalen Feind der Menschheit, dieses unauslöschliche Zeichen unserer Schwäche. Der alte Traum von Beständigkeit, die wiedergefundene Stabilität: es ist das Ende einer ganz und gar auf der Evolution fußenden Philosophie. Deren materialistische Version sollte später Marx vorlegen.

Wenn Hegels Denken an den Chiliasmus gemahnt, so gemahnt sein älterer Landsmann Fichte, was die Philosophie der Geschichte betrifft, eher an Joachim von Fiore. Auch er setzt einen »Weltplan« voraus, »aus welchen die Hauptepochen des menschlichen Erdenlebens sich vollständig ableiten«[8]: 1. Die Epoche der unbedingten Herrschaft des Instinkts über die Vernunft, d. h. der Stand der Unschuld; 2. die Epoche des durch den Vernunftinstinkt auferlegten Zwangs, der im Namen willkürlicher Prinzipien blinden Glauben fordert: der Stand der anhebenden Sünde; 3. die Epoche der Gleichgültigkeit gegen alle Wahrheit, d. h. der Stand der vollendeten Sünde; 4. die Epoche der Vernunftwissenschaft oder der Stand der anhebenden Rechtfertigung; 5. die Epoche der Vernunftkunst oder der Stand der vollendeten Rechtfertigung und Heiligung.

Diese Periodisierung, die Fichte 1805 in *Grundzüge des gegenwärtigen Zeitalters* vornimmt, hat prädiktiven Wert, da er meint, die Menschheit seiner Zeit befände sich im mittleren Stadium dieses Prozesses. Wenig später wandelt sich dieser der ganzen Menschheit geltende Prophetismus in den *Patriotischen Dialogen* von 1807 zu einem nationalen Prophetismus, indem er die alte Idee des auserwählten Volks auf die germanische Nation bezieht. Der

Deutsche wird die Welt retten: »Der deutsche Patriot insbesondere will, daß dieser Zweck zuerst unter den Deutschen erreicht werde, und daß von diesen aus der Erfolg über die übrige Menschheit sich verbreite. Dies kann der Deutsche wollen, denn unter ihm hat die Wissenschaft begonnen, und in seiner Sprache ist sie niedergelegt. (...) Nur der Deutsche demnach kann Patriot sein; nur er kann, im Zwecke für seine Nation, die gesamte Menschheit umfassen. (...) Die Torheit ist allenthalben beliebt, und wenn der Deutsche sie nicht abschüttelt, so schüttelt sicher keine andere europäische Nation sie ab.«[9]

Damit ist Fichte in doppelter Weise Prophet. Prophet in der Form, wenn nicht im Gehalt. Er kündigt den nationalistischen Messianismus des 19. Jahrhunderts und sogar den Nationalsozialismus des 20. Jahrhunderts an; dagegen irrt er sich völlig, was den Inhalt seiner Prophezeiungen angeht: der Deutsche wird die Welt nicht retten, ebensowenig wie im übrigen der Franzose, der Engländer, der Amerikaner oder der Russe. Fichte ist der Vorläufer eines bestimmten Typs von Prophezeiung, die aus der Quelle der nationalen Geschichte schöpft.

Neben diesen umfassenden historischen Synthesen benutzen auch bescheidenere Denker die Geschichte, um Vorhersagen zu machen, und haben bisweilen bemerkenswerte Eingebungen, durch die sie ihre genialen Zeitgenossen an Hellsicht übertreffen. Abbé Galiani zum Beispiel schreibt am 18. Mai 1387 an Madame d'Épinay: »Die Zeit des völligen Zusammenbruchs Europas und der Auswanderung nach Amerika ist gekommen. Hier fällt alles der Fäulnis anheim: Religion, Gesetze, Künste, Wissenschaften, und alles wird in Amerika neu aufgebaut werden. Das ist kein Scherz, auch keine den englischen Streitigkeiten entsprungene Idee: schon vor mehr als zwanzig Jahren habe ich es gesagt, verkündet, gepredigt, und immer habe ich gesehen, daß meine Prophezeiungen eingetroffen sind. Kaufen Sie sich also kein Haus in der Chaussée d'Antin, kaufen Sie es in Philadelphia. Mich dagegen trifft das Unglück, denn in Amerika gibt es ja keine Abteien.«[10]

Die Utopie: vom Chiliasmus zum Szientismus

Die aus der Aufklärung hervorgegangenen Geschichtsphilosophen sehen die Zukunft im allgemeinen optimistischer: die Geschichte werde von einer inneren Kraft gelenkt, deren Natur zwar unbestimmt bleibe, die aber die Menschheit trotz aller Wechselfälle, deren chaotischer Verlauf täusche, unfehlbar zu einem entwickelteren, der Entfaltung ihrer Möglichkeiten entsprechenden Stadium führe. Insgesamt sei ein Fortschritt zu verzeichnen, und da dieser Fortschritt unausweichlich sei, ließe er sich mit Bestimmtheit vorhersagen.

Aber wie alle Epochen hat auch das 18. Jahrhundert seine pessimistische Seite. Viele bleiben skeptisch, was die Chancen des Fortschritts angeht, und meinen, daß man sich zur Verbesserung des menschlichen Lebens nicht allein auf die Evolution verlassen dürfe. Das Schicksal der Welt brauche einen kräftigen Anstoß, einen voluntaristischen Eingriff, damit sie ihren Kurs beibehalte. Und ist es, um Abweichungen zu vermeiden, nicht das beste, das anvisierte Ziel genau zu beschreiben? Damit nähern wir uns der Mentalität der Utopisten, deren langes Schweigen uns während des Zeitalters der Propheten im Mittelalter aufgefallen war. Daß sie im 16. und vor allem im 17. Jahrhundert scharenweise in Erscheinung treten, ist weitgehend dem Niedergang jener Propheten zu verdanken.

Die Bedeutung, die die Utopie erlangt, veranlaßt uns ein weiteres Mal, ihr Verhältnis zur Prophetie und zur Vorhersage zu präzisieren. Lamartines Satz: »Utopien sind häufig nichts anderes als verfrühte Wahrheiten«, ist natürlich etwas zu kraß. Zum einen, weil sich die Utopien je nach den Epochen verändern; ihr Verhältnis zur Gegenwart und Zukunft variiert erheblich. Ihre einzige Gemeinsamkeit: sie verraten eine gewisse Unzufriedenheit mit der Gegenwart und fassen einen angeblich idealen Zustand ins Auge, der sich als Antithese der derzeitigen Lage präsentiert. Die Utopie kann nicht nur ein Traum sein; stets enthält sie eine gewisse Hoffnung und ist daher nicht ganz und gar pessimistisch.

Dies ist im übrigen der Grund, warum Philosophen, Soziologen und Historiker sich über das Verschwinden der Utopie in der zeitgenössischen Gesellschaft Gedanken machen. Wir interessieren uns zwar sehr für die Utopien der Vergangenheit, bringen jedoch selbst keine mehr hervor; sie sind zum Studienobjekt geworden:

»Das Interesse der westlichen Gelehrten an millenaristischen Bewegungen und Utopien ist bezeichnend; man könnte sogar sagen, daß es eines der für die heutige westliche Kultur charakteristischen Merkmale darstellt«, schreibt Mircea Eliade.[11] Und untersuchen wir die früheren Utopien nicht deshalb mit so großem Interesse, statt eigene hervorzubringen, weil wir unsere Illusionen verloren haben? »Unsere nahezu illusionslose Zeit kann an die Träume der Utopisten nicht mehr glauben. Sogar die von unserer Phantasie erträumten Gesellschaften reproduzieren nur die Übel, die uns im täglichen Leben vertraut sind«, stellt Bertrand Russell fest. Wir sind lediglich imstande, Gegenutopien zu entwerfen, die die Mißstände unserer Gesellschaften auf die Spitze treiben. Zitieren wir noch F. L. Pollack: »Zum erstenmal seit dreitausend Jahren westlicher Zivilisation (...) gibt es praktisch kein konstruktives und allgemein akzeptiertes Bild der Zukunft. (...) Unser Jahrhundert hat die Fähigkeit verloren, sich zu korrigieren und die Zukunftsbilder rechtzeitig zu erneuern.«[12]

Diese Entzauberung hat das 18. Jahrhundert noch nicht erfaßt, es quillt über von Utopien, weil es noch glaubt, daß kraft einer gemeinsamen Anstrengung aller Menschen eine strahlende Zukunft möglich sei. Ob sich die Utopien nun in Form von Plänen, Reformen oder idealen Gesellschaften darstellen, stets haben sie einen prädiktiven Aspekt, weil sie dazu beitragen, das kollektive Imaginäre zu prägen, und damit zu sozialen Forderungen gelangen. Auch insofern ist die Utopie eine Vorhersage, die zur Selbsterfüllung tendiert. »Die utopische Literatur«, schreibt Bronislaw Baczko, »die oft kein genaues gesellschaftliches Ziel verfolgt, sich in Träumen zu verlieren scheint und als schiere Flucht vor der Wirklichkeit wirken mag, ist eine Tätigkeit und als solche Teil der Wirklichkeit und verändert sie. Ihre Entwicklung und Intensivierung wecken latente Kräfte und schaffen neue Bedürfnisse.«[13] Wie viele revolutionäre Projekte sind aus diesen utopischen »Träumen« hervorgegangen, für deren prädiktive Dimension Tocqueville ein so gutes Gespür hatte? »Über die wirkliche Gesellschaft, deren Verfassung noch traditionell, verworren und unregelmäßig war, wo die Gesetze mannigfach und widersprechend, die Stände schroff getrennt, die Zustände unveränderlich und die Lasten ungleich waren, baute sich so allmählich eine imaginäre Gesellschaft auf, in der alles einfach und koordiniert, gleichförmig, gerecht und vernunftgemäß erschien.«[14]

Gleich den Vorhersagen und den Prophezeiungen spiegelt die Utopie den kulturellen Kontext wider, in dem sie entsteht. Wenn die »Abtei von Thélème« eher ein Wink ist, ein Traum, der sich selbst nicht ernst nimmt und sich damit begnügt, die Werte einer klösterlichen Welt umzustoßen, die ausgedient zu haben scheint, so präsentieren sich die meisten Utopien der Renaissance in Form von Städten und geschlossenen Welten, die einer Elite vorbehalten sind; darin ist eine Reaktion der damaligen vorherrschenden sozialen Klassen auf die bedrohliche Zunahme von Konkurrenten zu sehen, einer Welt der Talare, des handeltreibenden und kapitalistischen Bürgertums. In den idealen Staaten schützt man sich – von Leonardo da Vinci bis Alberti über die Republik Eudaemon von Gaspar Stibilinus – mit Hilfe der Wissenschaft und Technik vor den klassischen mittelalterlichen Geißeln – Pest, Hungersnöte, Feuersbrünste – und gewährleistet die gesellschaftliche Stabilität dank einer strengen Klassentrennung in abgeschotteten Vierteln. Das Vorbild ist Platon, von dem man sich inspirieren läßt, um gerechte und harmonische Gesetze zu erlassen.[15] Manchmal versucht man auch, zur Tat zu schreiten wie der englische Atomist Nicolas Hill, der im Jahre 1600 Sir Robert Basset rät, auf der kleinen Insel Lundy vor Cornwall eine utopische Gesellschaft zu errichten.[16]

Das 17. Jahrhundert ist mit Utopien besonders gesegnet: zwischen dem *Sonnenstaat* von Campanella (1602) und dem *Télémaque* von Fénelon (1699) wurden mehr als dreißig gezählt. Sie alle zeugen von dem Wunsch, der erstickenden Welt des Klassizismus und des staatlichen Absolutismus zu entfliehen, aber die Mittel unterscheiden sich je nach den Zeiten und Ländern.

Eine große Strömung folgt der Linie des mittelalterlichen Chiliasmus; im Mittelpunkt stehen die absolute Gleichheit, der Kommunismus und eine synkretistische, wenig dogmatische Religion, der die Moral wichtiger ist als die Glaubensinhalte, die sich auf einige vage Begriffe beschränken. Häufig handelt es sich um eine Umkehrung der realen Welt mit stark revolutionärem Charakter. Die Verbindung zum Chiliasmus ist unverkennbar bei Tommaso Campanella, der in vieler Hinsicht an Joachim von Fiore erinnert: der Mönch aus Kalabrien verkündet eine ideale Welt, die er zunächst in Süditalien innerhalb einer subversiven Bewegung zu verwirklichen sucht, weswegen er den Rest seines Lebens im

Gefängnis verbringt. Sein Sonnenstaat ist eine durch und durch kommunistische Welt, in der es weder das Privateigentum noch alle die Übel gibt, die der mit ihm verbundene Egoismus zur Folge hat, und in der alles nach äußerst strengen Regeln gemeinsam getan wird. Die Wissenschaft spielt eine wichtige Rolle: Maschinen erleichtern das Leben der Bürger, und die Qualität der menschlichen Rasse wird durch Beachtung medizinischer und astrologischer Vorschriften bei der sexuellen Vereinigung verbessert. Die Religion scheint eine Naturreligion ohne Dogmen zu sein. Der Sonnenstaat hat einen universellen Anspruch, und Campanella sehnt einen neuen Karl den Großen herbei, einen Herrscher, der die gesamte Christenheit unter seinem Gesetz versammelt: es handelt sich hier um die wiedererstehende Idee des Großen Monarchen, und Campanella, der zunächst an den König von Spanien dachte, kann sich bald auch den König von Frankreich in dieser Rolle vorstellen. Die Geburt Ludwigs XIV. im Jahre 1638 veranlaßt ihn zu einer prophetischen Lobrede auf den zukünftigen Herrscher: »Peter wird seine Mißbräuche selber korrigieren. Der Franzose, über die ganze Welt hinwegfliegend, wird sie Peters Gewalt unterwerfen, und seinen Wagen werden Peters Zügel lenken.« Vorhersage und Utopie fließen hier ausdrücklich zusammen, und die Propaganda des Sonnenkönigs wird sich später einiger Eigenschaften bedienen, die Campanella dem großen Herrscher des Sonnenstaats zuschrieb.

Die Rolle des Weltbeherrschers hatte auch Guillaume Postel in seinem *De orbis concordia* von 1580 vorgesehen, diesmal für Ferdinand, König der Römer, mit dem Ziel einer Vereinigung der christlichen und der islamischen Welt und der Sicherung des Weltfriedens. 1621 bemüht Robert Burton diese Idee in *The Anatomy of Melancholy*, aber für ihn soll der Große Monarch eher der unerläßliche Diktator sein, der die Sitten reformiert und die für die Verwirklichung des vollkommenen Staates notwendigen Reformen durchsetzt, eines Staates, dessen Beschreibung stark an das *Utopia* von Thomas Morus erinnert.

Der Große Monarch setzt sich, zusammen mit dem millenaristischen Thema, in den Utopien fort, die aus der englischen Revolution der Jahre 1640–1660 hervorgegangen sind. Soziale Revolution, politische Revolution und religiöse Revolution wirken zusammen und beflügeln die prophetische Inspiration in all ihren Formen: astrologische, religiöse wie utopische. Die Entstehung einer neuen

Welt scheint nun eher in England möglich zu sein, und extremistische Gruppen wie die *levellers* und die *diggers* bemühen sich gleichermaßen, sie zu beschreiben und zu verwirklichen. Utopie, Prophetie und Aktion vermischen sich. Das *Commenwealth of Oceana* (1669) von James Harrington ist sowohl der Plan einer Verfassung als auch eine Utopie, die der Verfasser mit allen Mitteln in Anwendung zu bringen sucht: mit einer Kampagne von Pamphleten und der Gründung des Rota Clubs im Jahre 1659, einer Art revolutionärem Club, wie er Ende des 18. Jahrhunderts in Frankreich entsteht, wo Gesetzespläne erörtert werden. *Oceana* ist eine Republik, regiert von einem allmächtigen Beschützer, Lord Archon, der auf die Einhaltung der Menschenrechte und der religiösen Freiheit achtet. Wiewohl zu komplex, um als solche angewandt zu werden, sollte die Verfassung von Oceana die amerikanische Verfassung sowie die des Jahres VIII (1796) in Frankreich inspirieren.

Wenn *Oceana* auf die demokratischen Systeme mit starker Exekutive hindeutet, so kündigen die *Nova Solyma* von Samuel Gott (1684), die *Macaria* von Samuel Hartlib und *Noland* von 1666 die bürgerlichen Klassensysteme an. In diesen maßvollen Utopien spielt das Bürgertum die wesentliche Rolle, innerhalb einer gemäßigten Monarchie, die den Wohlhabenden die Hauptrolle zusichert.

Neben den politisch-religiösen Utopien ist die andere wesentliche Achse im 17. Jahrhundert die wissenschaftliche Utopie, die sich durch den unmittelbaren Einfluß der galileischen Revolution und die Entstehung der modernen Wissenschaft auszeichnet. Utopien mit Science-fiction-Zügen verkünden eine Welt, in der die Technologie den Menschen von den meisten materiellen Zwängen befreit.

Um 1620 erscheinen drei Texte, die diese Vision veranschaulichen: der *Sonnenstaat* von Campanella, *Christianopolis* von Johann Valentin Andreae und *Neu-Atlantis* von Francis Bacon. In den beiden ersten überwiegen die spektakulären Aspekte mit außergewöhnlichen Maschinen. In Christianopolis ist man außerdem bestrebt, die intellektuellen und moralischen Anlagen des Menschen zu fördern, die natürliche Welt mit Hilfe von Experimenten zu analysieren und nur Erfindungen beizubehalten, die der Menschheit zum Segen gereichen.

Noch ausgeprägter ist dieser Gedanke in *Neu-Atlantis*, dem 1622 erschienenen Werk des Kanzlers von England. Francis Bacon, ein glühender Verehrer der neuen Wissenschaft, beschreibt hier eine Welt, in der seine Ideen über die Entwicklung einer experimentellen Wissenschaft angewandt werden. Es handelt sich um eine Vorform der Technokratie: die Macht wird von den im Hause Salomons versammelten Wissenschaftlern ausgeübt, die alle Beobachtungen und Erfahrungen sammeln, analysieren und deren Gesetze ermitteln, Maschinen entwickeln, die einerseits dem Menschen die Arbeit erleichtern, sie andererseits jedoch versklaven und die sozialen Beziehungen zum Vorteil der Wissenschaft verändern. Die Technokraten sind die wahren Herren, die ihre Entdeckungen, vor allem die als schädlich geltenden, geheimhalten und sie dem Fürsten und dem Senat nur teilweise enthüllen: »Wir haben die Gewohnheit, uns genau zu überlegen, ob sich ein von uns angestellter Versuch oder eine von uns herausgebrachte Entdeckung zur allgemeinen Bekanntgabe eignet oder nicht. Wir haben uns sogar alle eidlich verpflichtet, das geheimzuhalten, was auf Grund eines gemeinsamen Beschlusses geheimgehalten werden soll.«[17]

Auf rein technischer Ebene sieht Bacon in seinem Atlantis Flugzeuge und Unterseeboote voraus, Apparate, die Energie durch Gärung erzeugen, sowie Gläser, »mit denen wir kleine, winzige Körper klar und deutlich erkennen, z. B. die Glieder und Farben kleiner Insekten und Würmer, sonst nicht sichtbare Körnchen und eisartige Einschlüsse in Edelsteinen«.[18]

Er erwägt auch die Erschaffung virtueller Bilder (»ein Haus der Sinnestäuschungen, in dem wir alle möglichen Zauberkünste, Taschenspielerkniffe, Gaukeleien und Illusionen sowie deren Trugschlüsse darstellen«), genetische Manipulationen an Tieren: »Auf künstlichem Wege machen wir manche Tiere größer und schlanker, als sie es ihrer Natur nach sind, während wir andere in Zwergformen umwandeln und ihnen eine von der früheren verschiedene Gestalt geben. Wieder andere machen wir fruchtbarer und zeugungsfähiger, als es ihrer Natur entspricht, andere dagegen unfruchtbar und zeugungsunfähig. Auch in bezug auf Farbe, Körperform und Aktivität können wir sie auf verschiedene Weise verändern. Wir sind auch imstande, Kreuzungen und Paarungen verschiedener Tierarten zu erzielen, um so neue Arten hervorzubringen...«[19] Er faßt sogar eine Verbesserung der Vorhersagemethoden ins Auge. Am Ende seines Werks stellt Bacon eine heteroklite Liste von Projekten auf, die als Pläne der wissenschaftlichen Forschung, wie er sie sich vorstellt, gelten können. Diese Liste ist insofern die Antizipation einer Art künftiger Übermenschheit, als er der Verbesserung der Rasse große Bedeutung beimißt: das Leben verlängern, bis zu einem bestimmten Grad die Jugend wiederherstellen; das Alter hinauszögern; Kraft und Aktivität steigern; die Fähigkeit erhöhen, Folter und Schmerz zu ertragen; Temperament, Beleibtheit und Magerkeit verändern; die Körpergröße verändern; den Verstand erweitern und erheben; einen Körper in einen anderen verwandeln; neue Arten erzeugen; eine Art in eine andere verpflanzen; die Gemüter fröhlich stimmen und in gute Laune versetzen; Macht der Phantasie über den Körper oder eines Körpers über einen anderen; Sinnestäuschung; stärkere Sinnesfreuden...[20]

Abgesehen davon sieht Bacon eine endlich geeinte Menschheit, die die religiösen und nationalen Unterschiede überwunden hat, was wieder einmal die beharrliche Illusion der Utopisten verrät: während die technischen Antizipationen schließlich immer Wirklichkeit werden, oft sogar früher als vorausgesagt, bleiben die moralischen und politischen Antizipationen reine Träume. Vier Jahrhunderte nach Bacon nehmen wir heute tatsächlich genetische Manipulationen vor, während der nationale Gedanke und die Intoleranz bei weitem nicht verschwunden sind.

Daß *Neu-Atlantis* als wirkliche Antizipation aufgefaßt wurde, ist mehr als wahrscheinlich. Bacon geht es um die Verbreitung und Konkretisierung der Ideen, die er schon 1605 in seinem Werk über die *Würde und den Fortgang der Wissenschaften* geäußert hatte, wo er die Schaffung eines internationalen Zentrums wissenschaftlicher Forschung ins Auge faßt. Unter seinen aufmerksamen Lesern des 17. Jahrhunderts meint der Mathematiker und Architekt Christopher Wren, der sein Exemplar von *Neu-Atlantis* mit vielen Randbemerkungen versehen hat, daß die dort ersonnenen technischen Neuerungen durchaus glaubhaft seien, und später rühmte man gerne Bacons Hellsicht. Voltaire, der ihm in seinen *Lettres philosophiques* ein Kapitel widmet, schreibt: »Von allen physikalischen Beweisen, die man seit ihm gemacht hat, gibt es fast keinen, der nicht in seinem Buch erwähnt wird.«[21] Zur Zeit der Französischen Revolution fordert Lakanal eine gute Übersetzung des Werks, und 1809 wird Bacon in den Lehrplan für das Bakkalaureat aufgenommen. Und noch in unserer Zeit, im Jahre 1987, begrüßt François Mitterand die Akademie der Wissenschaften als Verwirklichung des Hauses Salomons.

Dennoch steckt *Neu-Atlantis* voller Drohungen, die in den Gegenutopien des 20. Jahrhunderts deutlicher werden sollten, indem sie Bacons Optimismus ins Gegenteil verkehren und die logische Folge eines derartigen Systems aufzeigen: in Bacon ist bereits Orwell im Keim enthalten, und das Haus Salomons deutet auf *Big Brother* hin. Der Kanzler ist sich nicht bewußt, daß sein Traum zum Alptraum werden kann. In Neu-Atlantis ist alles ganz einfach: man bewegt sich in der Luft und unter Wasser fort, die agronomische und genetische Revolution sorgt für Überfluß, die groben Arbeiten werden von Maschinen verrichtet. In einer Zeit, wo die Zwänge des materiellen Lebens das Haupthindernis für den vollen Genuß des Lebens bilden, scheint die technologische Revolution unweigerlich das Glück zu verheißen. Und die Bürger von Neu-Atlantis sind glücklich oder glauben es zu sein – aber worin liegt eigentlich der Unterschied? –, sie haben Brot und Spiele.

Die szientistische Utopie hat noch weitere, vielleicht oberflächlichere Verfechter, die auf die spektakuläre Seite der zukünftigen Erfindungen setzen. Von den Entdeckungsreisen begeistert, stellen sie sich bereits interplanetarische Abenteuer vor wie der englische Bischof Wilkins, der 1638 in *Discovery of a World in the Moon* schreibt: »Wir haben noch keinen Drake oder Christoph Kolumbus oder Dädalus, um ein Luftschiff zu erfinden. Ich zweifle aber nicht, daß die Zeit, die unentwegt neue Wahrheiten erzeugt und uns schon so vieles enthüllt hat, was unseren Vorfahren unbekannt war, unseren Nachkommen zur Wirklichkeit machen wird, was wir uns ersehnen, ohne es zu kennen.«[22] Im selben Jahr stellt sich auch ein weiterer Bischof, William Godwin, in *The Man in the Moon* Raumfahrten vor, und drei Jahre später, 1641, veröffentlicht Cyrano de Bergerac die *États et Empires de la Lune*, eine Umkehrung der realen Welt in eine Szenerie außergewöhnlicher Maschinen.

Die Utopie als soziopolitisches Projekt

Die französische Utopie Ende des 17. Jahrhunderts fließt unmerklich in die institutionellen Reformen ein, getragen von der Reflexion über die Mißstände einer absoluten Monarchie, deren Grundlagen man in Frage zu stellen beginnt. 1677 erscheint eine anonyme, heute Denis Vairasse zugeschriebene Utopie, die *Histoire des Sévarambes, peuple qui habite une partie du troisième continent communément appelé la terre australe*. Die Regierung dieses Landes ist eine durch die Kontrolle des Adels gemilderte Monarchie. Der nominelle Herrscher ist Sonne, während das eigentliche Oberhaupt, der Vizekönig, von einem Großen Rat gewählt wird, der ihn unter vier Kandidaten auslost. Dem Vizekönig stehen mehrere Ratgeber zur Seite, und das Ganze erinnert haargenau an das Experiment der Polysynodie, die zu Beginn der Régence erprobt werden sollte. Auf jeder Ebene stehen den Gouverneuren, Verwaltern und Richtern Berater zur Seite: »Sollte es durch Zufall geschehen, daß der Vizekönig böse, gottlos und tyrannisch ist und die Grundgesetze verletzen will, so wird man alles daran setzen, ihn zur Vernunft zu bringen«; falls dies nicht gelingen sollte, wird der Rat ihn für verrückt erklären und ihm einen »Vormund« beigeben, denn eine Revolte ist absolut verboten, das höchste Gesetz jedoch ist die Vernunft.[23] Besondere Bedeutung fällt der Erziehung zu: ein System öffentlicher Schulen gewährleistet einen Pflichtunterricht ab dem Alter von sieben Jahren. Schließlich garantiert die gesellschaftliche Organisation die Gleichheit, was dem Verfasser Gelegenheit bietet, das herrschende System nachdrücklich zu verurteilen:

»Es gibt bei uns Leute, die Güter und Reichtümer im Überfluß haben, und andere, denen es an allem mangelt. Es gibt Leute, die in Müßiggang und Wollust leben, und andere, die im Schweiße ihres Angesichts ihr karges Brot verdienen. Es gibt bei uns Leute, die in Würde aufwachsen, aber weder würdig noch fähig sind, ihre Aufgabe zu erfüllen. Und schließlich gibt es bei uns Leute, die große Verdienste haben, die jedoch, da es ihnen an den Gütern des Glücks fehlt, im Elend leben und zu ewiger Erniedrigung verurteilt sind.

Bei den Sevarambern dagegen ist niemand arm, niemandem fehlt es an den lebensnotwendigen und nützlichen Dingen, und jeder nimmt an den öffentlichen Vergnügungen und Lustbarkeiten teil, ohne daß er, um sich ihrer zu erfreuen, seinen Körper und seine Seele mit harter und mühsamer Arbeit zu quälen braucht. Eine maßvolle Tätigkeit von acht Stunden am Tag verschafft ihm alle diese Vorzüge, ihm, seiner Familie und all seinen Kindern, so viele er auch haben sollte. Niemand braucht Steuern zu zahlen oder Geld zu scheffeln, um seine Kinder zu versorgen, seinen Töchtern eine Mitgift zu sichern oder Nachlässe zu kaufen. All dieser Sorgen sind sie enthoben und schon in der Wiege reich. Und wenn auch nicht alle zu öffentlichen Würden erhoben werden, so haben sie doch die Befriedigung, dort nur jene zu sehen, die ihr Verdienst sowie die Achtung ihrer Mitbürger in diesen Stand erhoben haben. Alle sind von Adel und alle sind Bürger, und keiner kann den anderen seine niedrige Geburt vorwerfen oder sich seiner eigenen glänzenden Geburt rühmen. Niemand muß mitansehen, daß andere müßig gehen, während er selbst arbeitet, um ihren Hochmut und ihre Eitelkeit zu nähren. Wenn man sich schließlich das Glück dieses Volks vor Augen hält, so wird man finden, daß es so vollkommen ist, wie es auf dieser Welt nur sein kann, und daß alle anderen Nationen verglichen mit ihm sehr unglücklich sind.«[24]

Vernunft, Glück, Erziehung, Gleichgewicht der Kräfte: die *Histoire des Sévarambes* hat prophetischen Wert, zumindest auf der Ebene der erörterten Themen, die man zuerst in der *Histoire de l'île de Caléjava* von Claude Gilbert und zwanzig Jahre später in *Les Aventures de Télémaque* antrifft. Doch während die Sévaramber seit langem in Vergessenheit geraten sind, sichern Fénelons literarische Qualität und Berühmtheit seiner Beschreibung von Salente einen dauerhaften Erfolg. Die Grundideen sind indes ähnlich: Tugend, Bescheidenheit, Vernunft, weise, paternalistische und kontrollierte Regierung, wozu jedoch die Idee der Entwicklung hinzukommt: dieser ideale Staat vervollkommnet, verbessert sich dank guter Gesetze. Wahrscheinlich ist er gerade deswegen ideal und utopisch: er bezieht den Gedanken eines inneren Fortschritts mit ein, im Gegensatz zu den klassischen Utopien, die erstarrte Welten sind, in denen alles endgültig und vollkommen ist: »Damit wird die Utopie realistischer und wissenschaftlicher und bezieht in ihre Erzählung das Prinzip einer inneren Entwicklung mit ein.«[25]

Mit Fénelon betreten wir die Utopie des 18. Jahrhunderts, die den Höhepunkt der Gattung markiert. Zunächst quantitativ, da bisher doppelt so viele Titel gezählt wurden als im vorhergehenden Jahrhundert: zwischen 64 und 70 nach der vollständigsten Bibliographie.[26] Und diese Werke haben auch Leser: alljährlich werden in Frankreich etwa zehn bis dreißig neue Utopien auf den Markt geworfen, d. h. insgesamt mindestens 1000 während der Zeit der Aufklärung[27], mit zwei Höhepunkten zwischen 1720 und 1730 sowie zwischen 1750 und 1760. Die Mode hält sich bis zum Vorabend der Revolution, wo von 1787 bis 1789 mit den 39 Bänden der *Voyages imaginaires, romanesques, merveilleux, allégoriques, amusants, comiques et critiques; suivis des songes, des visions et des romans cabalistiques* bei Garnier in Paris einer der größten Verkaufserfolge erzielt wird. So wie man früher Sammlungen von Prophezeiungen veröffentlichte, so gibt man nun Sammlungen von Utopien heraus, und zuweilen unterstreicht der Titel sowohl die Kontinuität wie die Entwicklung der beiden Literaturgattungen: zu den *Voyages imaginaires* gesellen sich die *Songes, visions et romans cabalistiques*.

Wenn die Utopie das Zeichen einer Unzufriedenheit mit der Gegenwart ist, so ist das 18. Jahrhundert eine Epoche tiefer Krise. Daß die Intellektuellen in solchem Maße das Bedürfnis verspüren, bessere Welten zu ersinnen, verrät ihre Verbitterung, wie es aus der Untersuchung der historischen Werke hervorgeht. Das Zeitalter der Aufklärung ist auch das Zeitalter der Unruhe, was Jean Deprun nachgewiesen hat.[28] Die Krise des europäischen Bewußtseins ist die Krise der Ausweitung des kritischen Geistes, nach der nichts mehr so sein kann wie zuvor. Die Utopisten, die auf die Irrationalität der politischen und sozialen Organisation und der religiösen Dogmen empfindlicher reagieren, werden zu Gesetzgebern. Ihre Werke drehen sich um Verfassungspläne, deren Wege ihnen Fénelon aufgezeigt hatte, wodurch die Grenze zur Voraussage noch mehr verschwimmt.

Die radikalsten Utopisten sind die Kleriker, geistliche wie weltliche. Dieses Faktum ist bedeutsam. Im Drang zum Absoluten erzogen, wurden diese Priester mit dem Aufstieg des kritischen Geistes in ihrem Glauben erschüttert. Die große Mehrheit schließt sich noch fester hinter einer überaus aristokratischen Hierarchie zusammen und klammert sich mit geschlossenen Augen und zähneknirschend an die Dogmen. Einigen jedoch gelingt es, den theologischen Panzer aufzubrechen, und sie treiben die Logik der Befreiung bis zu ihren letzten Konsequenzen. Mably, Maury, Sieyès, Roux, Prades, Condillac, Morelly, Galiani, Saint-Pierre, Raynal, Morellet, Prévost, Saury, Baudeau, Roubaud, Coyer, Deschamps, Meslier, Laurens und eine Vielzahl anderer philosophischer, kommunistischer, freidenkender, oft atheistischer Kuttenträger sind in mancher Hinsicht Vorläufer der Theologie der Befreiung, und durch sie gelangt der Kommunismus an den Platz, der ihm wahrhaft zukommt: den einer messianischen und chiliastischen Häresie, einer säkularisierten und materialistischen Spielart der christlichen prophetischen Bewegungen.

Da ist z. B. Abbé Morelly, Verfasser des *Essai sur l'esprit humain* (1743), der *Basiliade ou le Naufrage des îles flottantes* (1753) und des *Code de la nature* (1755). Soziale Reform und Utopie sind untrennbar verbunden in seinem Werk, das Babeuf und Fourier beeinflussen sollte: darin verkündet er den notwendigen Fortschritt eines allmächtigen Staats, der die Strukturen schaffen werde, die unerläßlich sind, um die üblen Neigungen des menschlichen Geistes zu korrigieren. Und es ist sehr aufschlußreich, daß Morelly dazu nichts Besseres einfällt als das Denkverbot. Nur die wissenschaftliche Forschung soll frei sein, für alles andere »gibt es eine Art Gesetzbuch aller Wissenschaften, in dem man über die von den Gesetzen vorgeschriebenen Grenzen hinaus weder der Metaphysik noch der Moral je etwas hinzufügen wird: man wird lediglich die physikalischen, mathematischen oder mechanischen Gesetze aufnehmen, welche die Erfahrung und der Vernunftschluß bestätigt haben.«[29]

Da ist auch Abbé dom Deschamps, ein Benediktiner aus Saint-Maur, der von 1745 bis 1762 in der Abtei von Saint-Julien des Tours wirkt und 1774 als Prokurator der Propstei von Montreuil-Bellay stirbt, Schützling des Marquis de Voyer d'Argenson und Verfasser eines prophetisch-utopischen Traktats, den er nicht zu veröffentlichen wagte, *Le Vrai Système*.[30] Seine Vision steht zwischen der von Joachim von Fiore und der von Auguste Comte und beruht, wie bei diesen, auf einem Gesetz der drei Stadien, in denen die innere Entwicklung der Menschheit zum Ausdruck kommt und die es daher ermöglichen, die großen Linien der Zukunft vorherzusagen. Zeitalter des Vaters, des Sohnes und des Heiligen Geistes bei Joachim; theologisches, metaphysisches und positives Stadium bei Comte; Stadium der Wildheit, der Gesetze und der Sitten bei Deschamps. Das Stadium der Wildheit ist die ursprüngliche Stufe, wo die menschlichen Gemeinschaften rein mechanisch sind und auf dem Instinkt gründen; das Stadium der Gesetze ist dasjenige, in dem die Gesellschaftsordnung auf Ungleichheit und Unterdrückung beruht, was dazu zwingt, sich mit menschlichen Gesetzen zu behelfen, deren Ansehen von einem illusorischen göttlichen Gesetz und der Idee Gottes herrührt, die als Grundlage der Moral dient; an diesem Punkt befänden wir uns heute, aber dieses System sei ins Wanken geraten, und nach seiner Zerstörung werde die Menschheit das Stadium der Sitten erreichen, das in einem uneingeschränkten Kommunismus die Gleichheit garantiere, wo die Idee Gottes ein metaphysischer Begriff werde, der Begriff der Wahrheit, das »Ganze«.

Die Geistlichen begnügen sich jedoch nicht mit der prädiktiven Utopie. Mit der kommunistischen Gesellschaft der Jesuitischen Reduktionen von Paraguay setzen sie sie in die Tat um. Von Anfang an präsentieren sich diese als Verwirklichung millenaristischer Prophezeiungen wie jener, die 1515 die Guarani veranlaßt hatten, nach dem »geliebten Land« zu suchen, und 1539–1549 die Tupinamba dazu ermutigten, das Land des »Großen Ahnen« zu erreichen. Die erste Reduktion entsteht 1607, etwa dreißig weitere kommen im 17. und 18. Jahrhundert hinzu; ihre Organisation in geometrischen Städten, wo man den vollständigen Kommunismus praktiziert mit öffentlichen Läden zur Versorgung der Schwächsten, ist sowohl ein Erbe des Inkareichs als auch eine Materialisierung der Träume der europäischen Renaissance. Ihre Beseitigung im Jahre 1768 ist eines der zahlreichen Beispiele für das Scheitern einer voluntaristischen Politik, die Utopien in die Tat umzusetzen sucht.

Utopie und Zukunft

Das Ereignis gemahnt an den Unterschied zwischen Utopie und Prophetie: letztere soll sich angeblich auch ohne bewußte Mitwirkung der Menschen erfüllen, während erstere nur in Form einer politischen Aktion auf Konkretisierung hoffen kann. Die Utopie hat nur dann prädiktiven Wert, wenn sie zur Ideologie wird, aber dann begibt sie sich in die Arena der politischen Kämpfe, und fast immer gereicht ihr früher oder später das Gleichgewicht der Kräfte zum Nachteil, und sie wird unausweichlich erstickt. In gewisser Weise kann die Utopie nur unter der Bedingung eine Vorhersage sein, daß sie ein Traum bleibt; wie das Bild des Narziß geht sie zugrunde, sobald man versucht, seine Materialisierung zu verifizieren. Aus diesem Grunde liegt die Zukunft der Vorhersage nicht in der Utopie, und bald wird man auch diese Pforte schließen müssen.

Doch soweit ist man im 18. Jahrhundert noch nicht. Noch schenkt man der Zukunft Vertrauen. Erst im 19. Jahrhundert kommen die Fehlschläge; von Ikarien bis zu den Phalansterien mehren sich die Anzeichen: Scheitern der jesuitischen Reduktionen, Scheitern der puritanischen Paradiese in Nordamerika, das schon im Keim erstickte *Changement du monde entier,* Titel einer anonymen Broschüre aus dem Jahr 1787, die darauf abzielte, ein Frankreich von 15 000 Dörfern und 330 000 Gehöften aufzubauen, und die Babeuf und Buonarotti zu ihrer Utopie inspirierten, die ihrerseits mitsamt ihren kommunistischen Projekten erstickt wurde, noch bevor sie Zeit hatte, sich auszudrücken.

Ein weiterer Grund für das Scheitern der Utopien ist ihr Einhelligkeit fordernder, exklusiver und totalitärer Charakter. Die Utopie ist eine vollkommene Welt, und die Wirklichkeit gewordene Vollkommenheit duldet keine Diskussion, keinen Kompromiß, keinen Vergleich mit der Unvollkommenheit. Ihre Anwendung muß vollständig und intolerant sein. Daher hat sich die anspruchsvollste Fraktion des christlichen Denkens, der Jansenismus, niemals auf die Utopie eingelassen, von einer Ausnahme abgesehen, der *Relation du voyage de l'île d'Eutropie* im Jahre 1711. Und zwar deshalb, weil der Jansenismus nur das Absolute akzeptiert und dieses Absolute der verderbten menschlichen Natur nicht zugänglich ist. Das Absolute existiert nur im Jenseits: wozu von vollkommenen Welten träumen, wenn sie dem Wesen nach nicht zu verwirklichen sind?

Die Vergeblichkeit der Utopie wird auch von dem beißendsten Geist des Jahrhunderts, Jonathan Swift, aufs Korn genommen, der mit *Gullivers Reisen* (1762) tatsächlich die erste Gegenutopie der Literaturgeschichte vorlegt. Gegenwart, Vergangenheit und Zukunft erweisen sich nach der Prüfung der Vernunft und der Moral als gleichermaßen trostlos. Lassen wir die Gegenwart beiseite, da die Rolle jeder Utopie darin besteht, sie zu kritisieren; Swifts Urteil, dem König von Brobdingnag in den Mund gelegt, ist eines der vernichtendsten, das je über die Menschheit gefällt worden ist: »Ich kann nur den Schluß ziehen, daß die große Masse eurer Eingeborenen die schädlichste Art von kleinem, scheußlichem Ungeziefer ist, dem die Natur jemals erlaubt hat, auf der Oberfläche der Erde herumzukriechen.« War es früher, im Naturzustand, besser? Nach dem Stand des Volks der häßlichen und entarteten Yahoos zu schließen, die zu ihren natürlichen Lastern zurückgefunden haben, besteht wenig Hoffnung auf eine Wiederkehr des »goldenen Zeitalters«. Was die Zukunft betrifft, so gibt uns das Leben auf der Insel Laputa eine Vorstellung, wie eine Welt aussehen könnte, in der der Fortschritt der Wissenschaft und Technik herrscht, von dem einige Leute begeistert zu sein scheinen: die Regierung, von mathematischen Problemen in Anspruch genommen, ist eine repressive Technokratie, in der die Planungsakademie an unrealistischen Entwicklungsprojekten arbeitet, die hinter trügerischen Statistiken lediglich zum Niedergang der Landwirtschaft und Industrie sowie zur Verelendung der rechtlosen Bevölkerung führen. Daß uns diese Beschreibung an vertraute Fälle aus dem 20. Jahrhundert erinnert, zeigt die große Hellsicht von Jonathan Swift, dem pessimistischsten aller Utopisten.

Doch Swift ist in seiner Zeit eine Ausnahme. Die große Mehrheit der Utopisten glaubt weiterhin an eine bessere Zukunft. Nur über die einzuschlagende Richtung sind sie sich unschlüssig: soll man, auf die Wissenschaft vertrauend, geradeaus weitergehen oder umkehren und sich einer idealisierten Vergangenheit zuwenden, die der Natur und dem goldenen Zeitalter nahekommt? Viele können sich nicht entscheiden und versuchen, beides miteinander zu vereinbaren, was überaus schwierig ist. Die Physiokraten zum Beispiel, die der gesellschaftliche und moralische Verfall, das finanzielle Chaos, die Zunahme des Brachlands, die wachsenden Probleme der Welt der Handwerker und Arbeiter in Schrecken versetzen, empfehlen die Rückkehr zur Scholle, einer landwirtschaftlichen und patriarchalischen Ökonomie. Mercier de La Rivière und Dupont de Nemours gehen rückwärts in die Zukunft, mit Blick auf die Vergangenheit, in der die natürliche Ordnung herrschte: »Um diese natürliche Ordnung zu verwirklichen«, schreibt Jean Servier, »muß die Menschheit umkehren. Die Physiokraten predigen die Verweigerung gegenüber der Zukunft, denn diese scheint ihnen determiniert durch eine gewisse Vergangenheit des moralischen Niedergangs und der industriellen Perversion. (...) Die Lehre dieser Sekte gibt sich als Zukunftsperspektive, als Verheißung einer Erneuerung: sie ist dennoch nur der Ausdruck eines Heimwehs nach der Vergangenheit, keine politische Philosophie, sondern ein Schäferspiel im Geschmack der Zeit.«[31]

Restif de La Bretonne folgt mehr oder weniger derselben Strömung, nach der Beschreibung des kleinen utopischen Dorfs Oudun zu urteilen, die im Anhang zum *Paysan perverti* von 1387 erscheint: hundert von einem gewählten Priester geleitete Familien, die gemeinsam wirtschaften und ein einfaches, karges und glückliches Leben führen. In *Les Vingt Épouses des vingt associés* findet man ein Äquivalent der Welt der Handwerker, und das Ganze wird später die Phalansterien inspirieren. Gleichzeitig jedoch scheint sich Restif de la Bretonne in der *Découverte australe* zur Verbesserung des Schicksals der Menschheit auf den wissenschaftlichen Fortschritt zu verlassen. Freilich durchsetzt er das Ganze mit so vielen erotischen Science-fiction-Elementen, daß es schwerfällt, die Ernsthaftigkeit des Vorhabens zu beurteilen. Als amüsante Kuriosität sei indes auf sein 1790 veröffentlichtes kleines Buch mit dem Titel *L'An 2000* hingewiesen, in dem das Bild eines Frankreich entsteht, wo Freiheit, Gleichheit und Brüderlichkeit herrschen.

Die Angst vor der Zukunft kennzeichnet auch einige englische Utopien. Angst vor den wirtschaftlichen und sozialen Umwälzungen infolge der Vorboten der industriellen Revolution: Vermehrung der Fabriken und Bergwerke, Landflucht, Anwachsen des Proletariats – wo soll das alles hinführen? Ein anonymes Werk von 1755, *Voyage to the Center of the Earth*, stellt sich lieber eine Gesellschaft vor, die vor der Fortschrittsidee vollkommen geschützt ist, während Robert Wallace in seinen *Various Prospects* von 1791 zwei Arten ins Auge faßt, wie sich die sozioökonomischen Umwälzungen abfangen ließen: man müsse den Gesellschaftskörper durch ein Werk gerechter Gesetze nach Art von Platon oder Thomas Morus stützen, sei es in einer Bewegung allgemeiner Revolution, sei es anhand kleiner Gemeinschaften, die als Modell dienen.

Zu den Utopien ist auch jenes *Mémoire sur la réformation de la police de France* zu rechnen, das der Offizier der Polizeiwache Guillauté 1749 verfaßte.[32] Dieses Projekt, der Sorge angesichts der wachsenden Unsicherheit entsprungen, imaginiert die Errichtung eines Polizeistaats, von dem viele Züge wie eine Vorwarnung klingen. Die gesamte Bevölkerung wird in einer Kartei erfaßt, und jedermann muß Personalausweise bei sich tragen, die vorzuzeigen er jederzeit aufgefordert werden kann; Handwagen wie Karossen haben eine Zulassungsnummer und sind allesamt erfaßt; jede Ortsveränderung muß angemeldet und die Reiseroute genau eingehalten werden; die Arbeiter haben einen Paß, und jede Regung des Widerstands ist ihnen untersagt; ein strenges Zivilregister wird stets auf dem Laufenden gehalten; ganz Frankreich ist in Bezirke aufgeteilt, die jeweils einer Polizeipatrouille unterstehen: das Bild eines totalitären und bürokratischen Staats, wie er im 20. Jahrhundert Wirklichkeit werden sollte, der hier jedoch als Ideal vorgestellt wird, das endlich Sicherheit verspricht, und sei es zum Preis der Freiheit. Mit dem Dilemma Sicherheit-Freiheit und Gleichheit-Freiheit konfrontiert, entscheiden sich die Utopisten des 18. Jahrhunderts immer für den ersten Terminus. Bis zu einem gewissen Punkt haben sie richtig gesehen und kündigen die Entwicklung des 19. und 20. Jahrhunderts an. Erst ihre Erben, die Gegenutopisten des 20. Jahrhunderts, werden sich um die übermäßige Einschränkung der Freiheit Sorgen machen und Alarm schlagen. Jede Epoche hat ihre Prioritäten, die das Pendel anstoßen: für die Utopisten des 18. Jahrhunderts ist es dringlicher, die materielle und physische Sicherheit, die soziale Gleichheit und einen erträglichen Lebensstandard für alle zu gewährleisten. Die Freiheit ist ein Luxus, den sich der Mensch in seinem gegenwärtigen Zustand nicht leisten kann. Die Utopisten sehen und wünschen die Zukunft nicht als Raum wachsender Freiheit.

Denn alle sind zutiefst von vielen Jahrhunderten christlichen Erbes geprägt, die die menschliche Organisation im Hinblick auf die Erbsünde festlegen. Das reicht vom Molinismus, der weiterhin glaubt, der Mensch habe genügend Mittel erhalten, das Böse zu bekämpfen, bis zum Jansenismus, für den der Sündenfall unheilbar ist. Doch für alle ist die Neigung zum Bösen die Ausgangsbasis, der jeder Gesetzgeber Rechnung tragen muß. Daher gilt es, die Barrieren, die Zwänge, die Beschränkungen, die Aufsicht, die Reglementierungen zu vervielfachen. Und daher auch ist der einzig wirkliche Fortschritt der moralische Fortschritt. In den Utopien des 18. Jahrhunderts erscheinen die Maschinen, der technologische Fortschritt, falls es überhaupt welche gibt, eher als Nebensachen, Merkwürdigkeiten, die das Dasein nicht grundlegend verändern, wie jene vom Marquis d'Argenson im Jahre 1733 ersonnenen Jagdbomber.[33]

Der moralische Fortschritt dagegen ist sehr viel wesentlicher und problematischer, und er drückt sich häufig in einer Rückerinnerung aus, einer Suche nach dem Zustand vor dem Sündenfall, einem wehmütigen Primitivismus, von Montesquieus Troglodyten bis zu Rousseaus gutem Wilden über Diderots Tahitianer im *Supplément au voyage de Bougainville* (1772). Fast immer geht diese Rückkehr zu den Quellen auf Kosten der christlichen Religion. Schon 1682 hatte Fontenelle eine erst 1768 veröffentlichte *République des philosophes ou Histoire des Ajaoiens* geschrieben, die ein Land ohne Gott, ohne Religion beschreibt, wo es den Einwohnern ausgezeichnet geht, denn auf diese Weise gibt es bei ihnen »weder Sekten noch Parteien«. Die Moral wird durch die Vernunft sichergestellt, ohne daß man sich auf übernatürliche Prinzipien zu berufen braucht, die erfunden wurden, um die Menschen »in ständiger Furcht vor einer vermeintlichen Zukunft« zu halten.

»*Das Jahr 2440*«: *Traum oder Alptraum?*

Weniger radikal, aber repräsentativer für die Bestrebungen des ausgehenden Jahrhunderts ist die große moralisierende Utopie von Louis-Sébastien Mercier, die 1772 in London erschien und sofort von der königlichen Zensur verboten wurde: *L'An 2440*. Der Titel weist auf die veränderte Perspektive hin: es geht nicht mehr um eine Reise im Raum zu einem unbekannten Land, sondern um eine Zeitreise, daher der für diese Erzählung verwendete Begriff der Uchronie. Die Ausgangsfiktion ist die des Schlafs: der Erzähler erwacht siebenhundert Jahre später in Paris und beschreibt, was er sieht. Die genaue Datierung betont den Vorhersagecharakter und vermeidet gleichzeitig durch die große zeitliche Entfernung die Risiken einer möglichen Überprüfung.

Der ungeheure Erfolg des Werks verrät seine tiefe Übereinstimmung mit den Bestrebungen der Zeit: 24 Neuauflagen zwischen 1772 und 1789; *Das Jahr 2440* ist der größte Erfolg der verbotenen Literatur der letzten zwanzig Jahre des Ancien Régime und rangiert weit vor Voltaire, Rousseau und den pornographischen Werken.[34] Imitiert, plagiiert, ins Englische, Deutsche, Holländische übersetzt, hat Merciers Buch ins Schwarze getroffen: es knüpft an die direkte Vorhersage an, deren Techniken sich damals in der Krise befinden, und es kündet von einer Entwicklung, die der Erwartung des Publikums entspricht: vom wahren Weg des Fortschritts.

Dieser Weg ist vor allem ein moralischer. Als erstes überrascht nämlich der geringe technische Fortschritt, der in den sieben Jahrhunderten stattgefunden hat. Zwar wird die Wissenschaft in Ehren gehalten, aber nach dem materiellen Rahmen zu schließen, haben sie die Lebensbedingungen nicht grundlegend verändert. Gewiß lebt es sich leichter, in einem saubereren Paris, wo der Verkehr geregelt ist, aber das Wesentliche liegt anderswo.

Zunächst im politischen System und in der Gesellschaftsordnung. Endlich hat vor langer Zeit eine Revolution dem Absolutismus ein Ende gesetzt, die Bastille ist abgerissen und durch den Tempel zu Ehren der Clementia ersetzt worden. Das neue System ist ziemlich unscharf. Es ist »weder monarchisch noch demokratisch, noch aristokratisch«, was einigermaßen überrascht. Der sanftmütige Ludwig XXXIV. ist die Antithese seines fernen Vorfahren Ludwig XIV., der in der öffentlichen Meinung des 25. Jahrhunderts endlich nach seinem wahren Wert beurteilt wird: als Tyrann und Despot, der aufgrund seiner Kriege und seiner Verschwendung für den Untergang Frankreichs Ende des 17. Jahrhunderts verantwortlich ist, wird er in die Galerie der verhaßten Personen eingereiht, während man Heinrich IV. Lob spendet.

Der König des Jahres 2440 besitzt nur schemenhafte Macht, die darin besteht, über die Anwendung der Gesetze zu wachen, während die Legislative bei »Ständen« liegt, ein Senat sich um die Verwaltung kümmert und der »Allgemeinwille« in den Wahlen zum Ausdruck kommt. Mercier schreckt nicht vor larmoyanten Szenen zurück, die schon zu seiner Zeit in Mode sind: der Thronerbe, dem seine wahre Identität erst im Alter von zwanzig Jahren enthüllt wird, lebt als einfacher Bauer; er heiratet ein Mädchen aus dem

Volk, das er liebt, und bei seinem Amtsantritt läßt er sich demokratisch von einem Lastträger beim Ringkampf besiegen, damit er Demut und Gleichheit lerne. Jedes Jahr fastet er drei Tage aus Sympathie mit den Armen, wobei er offenbar vergißt, daß es in seinen Ständen dank seiner guten Amtsführung keine Armen gibt.

Dies ist nur einer der vielen Widersprüche in Merciers Buch, die ihm die Leser des 18. Jahrhunderts jedoch nicht übelnehmen. Ein anderer betrifft die Gesellschaftsordnung. In jenem streng egalitären Frankreich gibt es einen Erbadel. Freilich besitzt er keine Privilegien mehr und führt ein einfaches Leben wie alle Welt, für Mercier eine Gelegenheit, die Mißbräuche des Adels seiner Zeit zu geißeln.

Tugendhafte Einfachheit ist die Losung dieser Gesellschaft. Man trägt schlichte Kleider, trinkt Wasser, geht zu Fuß, bestellt seinen Garten, treibt ein wenig Handel, führt ehrliche Gespräche ohne Hintergedanken: »Welch unglückliches Jahrhundert, in dem man räsoniert!« Es handelt sich um eine moralisierende und prüde Welt im Sinne Rousseaus.

Im übrigen hat man keine andere Wahl: Zensoren, Aufseher, Spione verfolgen mögliche Störenfriede, zeigen schlechte Staatsbürger an, erhalten den Konformismus aufrecht, sorgen für die Achtung der bürgerlichen Werte und können sogar in den Herzen lesen; das Klima ist ebenso stickig wie im England von 1984, das unter der ständigen Überwachung der *telescreens* von *Big Brother* lebt. Doch damit hört die Ähnlichkeit nicht auf: man schreibt die Vergangenheit um; man hat alle Geschichtsbücher verbrannt und ihren Inhalt in einem kleinen Duodezbändchen konzentriert, das ausreicht, die Kette der Grausamkeiten und Unterdrückungen der Tyrannen, aus denen die Vergangenheit besteht, zusammenzufassen. Ein Reich, das einen Hauch *Fahrenheit 451* verströmt: die gesamte Weltliteratur wurde einem riesigen Autodafé überantwortet, dem nur ein paar Dutzend Werke entgangen sind, Werke der larmoyantesten Tugend, die in vier Schränken Platz haben.

Merkwürdigerweise huldigt diese Zivilisation dem Kult des Buchs, jedoch des »guten« Buchs, das die bürgerliche Moral hebt. Jeder Bürger ist Schriftsteller: er legt seine guten Gedanken in einem kleinen Werk nieder, das man auf seiner Beerdigung vorliest und das zur »Seele des Verstorbenen« wird. Diese Seelen sagen wahrscheinlich alle dieselbe Lektion auf, denn der Unterricht, kostenlos und obligatorisch, beruht ebenfalls auf der bürgerlichen Moral, die in den Grundschulen und Gymnasien zusammen mit Algebra, Physik und Französisch eingetrichtert wird. An der Universität lehrt man nur die praktischen Wissenschaften; Latein ist abgeschafft, und man benutzt nur vier lebende Sprachen: Französisch, Englisch, Deutsch und Italienisch.

Die Religion hat natürlich eine drakonische Abmagerungskur hinter sich. Keine Theologie mehr, deren Bücher begraben wurden; ein Höchstes Wesen, das man jeden Morgen in einem Tempel mit gläsernem Dach verehrt; Priester, deren einzige Aufgabe darin besteht, sich um die Witwen und Waisen zu kümmern; »Heilige«, die bürgerliche Helden sind und sich um das Vaterland verdient gemacht haben. In diese bürgerliche Religion fließen sowohl der rousseauistische Vikar aus Savoyen als auch Vorformen des positivistischen Katechismus von Auguste Comte ein. Sollte jemand vom Atheismus verlockt sein, so wird er schnell durch »einen beharrlichen Kursus in experimenteller Physik« geheilt, der ihn kraft vieler Tränen in den Wundern der Natur die Existenz Gottes erkennen läßt.

Der scheinbar freie Bürger bewegt sich gemessenen Schritts in einer sauberen Hauptstadt, wo die Kutschen stehenbleiben, um die Fußgänger vorbeizulassen, wo die wichtigsten Gebäude die Tempel der Gerechtigkeit und der Milde sowie der Palast der Impfung sind, eine Art Gesundheitszentrum, mit dessen Hilfe die ansteckenden Krankheiten ausgemerzt wurden; man braucht sich weder vor Bettlern noch vor Räubern mehr zu fürchten, denn sie sind verschwunden und könnten sich ohnehin nicht mehr in einer Stadt verstecken, wo der kleinste Winkel nachts von grellem Licht erleuchtet wird und das Auge der Macht allgegenwärtig ist. Diejenigen, die versucht sein sollten, umstürzlerische Gedanken zu äußern, werden zunächst umerzogen, ihre Schriften werden vernichtet, und wenn sie sich als renitent erweisen, werden sie zu lebenslänglicher Haft in den Staatsgefängnissen verurteilt.

Das Jahr 2440 ist die Diktatur der Tugend. Es enthält im Keim alle Auswüchse der Schreckensherrschaft, die Robespierreschen Maskeraden, das Höchste Wesen, das simplifizierende und rationalisierende Werk der Revolution, die normativen Methoden des Totalitarismus, den Reduktionismus der Massenkultur, den Kult des demokratischen Bürgersinns sowie sämtliche Gefahren, welche die Gegenutopien des 20. Jahrhunderts aufzeigen sollten. Das bedeutet, daß sein prädiktiver Aspekt keineswegs eine zu vernachlässigende Größe ist. Die Utopie kann hellsichtiger sein als die Prophetie. Interessant ist außerdem, daß Mercier und sicher auch seine Leser all diese Abirrungen als positive Züge gesehen haben, deren Verwirklichung wünschenswert ist. Erst ihre Konkretisierung sollte die damit verbundene Gefahr aufzeigen. Mit demselben Inhalt wird die Utopie des 18. Jahrhunderts zur Gegenutopie des 20. Jahrhunderts; ihre positive Vorhersage wird zur negativen Vorhersage, weil es mittlerweile das Experiment gegeben hat und der Wirklichkeit gewordene Traum sich als Alptraum erweisen sollte, weil es zwischen 2440 und 1984 Hitler, Stalin und einige andere gegeben hat. Beunruhigend bleibt, daß sich von Mercier bis Orwell zwar der Ton geändert hat, die Antizipation jedoch dieselbe geblieben ist. Und die erste ist nahezu Wirklichkeit geworden...

Mercier ist übrigens ziemlich stolz darauf, und 1789 schreibt er anläßlich seines Buchs: »Keine Voraussage ist, wenn ich so sagen darf, dem Ereignis jemals so nahegekommen und war gleichzeitig genauer in der erstaunlichen Reihe aller besonderen Wandlungen. Daher bin ich der wahre Prophet der Revolution.«[35]

Ein zumindest ungerechtfertigter Anspruch. Merciers Utopie, schreibt Robert Darnton, »begründet seinen prophetischen Anspruch in keiner Weise, sondern zeigt vielmehr, wie unmöglich es einem wagemutigen Autor im Jahre 1771 war, das Undenkbare zu denken, da der Begriff der Revolution in der modernen Bedeutung des Wortes erst mit der Revolution selbst entstand; am Ende des Ancien Régime bleibt die Phantasie in den Grenzen des kulturellen Systems der Monarchie befangen.«[36]

Freilich ist Mercier nicht der einzige, der behauptet, die Revolution vorhergesagt oder prophezeit zu haben. Dumm ist nur, daß alle Ansprüche wie gewöhnlich erst *nach* dem Ereignis geltend gemacht wurden, dessen Bedeutung natürlich die Phantasie beflügelte. Wie könnte ein dieses Namens würdiger Prophet oder Seher eine solche Woge nicht kommen sehen?

*Die prophezeite Revolution:
ein Wille, sie zu verteufeln oder zu vergöttlichen*

Zunächst wollte man die Ankündigung der Revolution in neugedeuteten alten Texten erkennen wie in der im 19. Jahrhundert »entdeckten« *Großen Vorhersage des ehemaligen Erzbischofs Césaire von Arles* aus dem 6. Jahrhundert sowie in der des heiligen Remigius aus derselben Zeit, die zur Unterstützung der These des Weiterlebens Ludwigs XVII. herangezogen wurde. Keine Aufmerksamkeit schenkt man seltsamerweise der schon erwähnten Ankündigung von Pierre d'Ailly, obwohl sie die deutlichste und genaueste ist, da sie die Ankunft des Antichrist für das Jahr 1789 voraussieht. Freilich ist der Antichrist zu jener Zeit etwas aus der Mode gekommen. Dagegen schlachtet man das *Mirabilis liber* von 1522 aus, in dem man Ankündigungen der Gefangennahme des Königs zu finden glaubt, und das kostbare Manuskript wird in der Nationalbibliothek ausgestellt und dann 1831 von Edouard Bricon übersetzt und veröffentlicht.[37]

Auch Nostradamus wird erneut herangezogen, und mittels einer gut gesteuerten Lektüre läßt man ihn alle großen revolutionären Ereignisse voraussagen. Hatte er nicht »eine große und erstaunliche Konjunktion um das Jahr des Herrn siebenhundertneunundachtzig« angedeutet? Welch erstaunliche Hellsicht! Die Auflagen der *Centuries* mehren sich zur Zeit des Empire, ebenso die Kommentare: fünf Bücher im Jahre 1811/12, acht im Jahre 1813.[38] Ohne große Mühe findet man in seinem unverständlichen Galimatias Anspielungen auf die bürgerliche Verfassung des Klerus, die Flucht des Königs, seine Hinrichtung.

Man erinnert sich auch, daß im 18. Jahrhundert viele Prophezeiungen die Revolution angekündigt hatten. 1751 hat ein Mönch aus Cluny, Pater Calixte, eine Vision, während er die Messe liest: es fallen drei Lilienblüten aus der Krone in das Blut (der König, die Königin, Madame Elisabeth?), eine vierte in den Schlamm (die Herzogin von Lamballe?), eine fünfte verschwindet (die Herzogin von Agoulême?), Bösewichte »fressen sich gegenseitig auf« (Girondisten gegen Montagnards?), ein Schwert taucht aus dem Meer und versinkt bluttriefend wieder darin (Napoleon?). 1386 hat auch Pater Beauregard in Notre-Dame zu Paris mitten in seiner Predigt warnende Visionen.

Die Geistlichen sind nicht die einzigen, die das Ereignis kommen sehen. Wahrsager und Erleuchtete bleiben ihnen nichts schuldig, an erster Stelle Cagliostro, der unter anderem Versammlungen organisiert, wo prophezeit wird, und zu denen zahlreiche Notabeln strömen wie in Straßburg, im Schloß der Rohan, wie es der Wildhüter des Herzogs, Joseph Diss, bezeugt: »Bei seinen ersten Sitzungen im Schloß begnügte sich Cagliostro mit der Rolle des Hellsehers und Propheten, aber je mehr er den Kreis seiner Anhänger vergrößerte, desto geheimnisvoller wurden seine Darbietungen. Das Publikum bestand hauptsächlich aus ansässigen Notabeln, Gelehrten, Autoren, hohen zivilen und militärischen Beamten.«[39] Demselben Zeugen zufolge soll Cagliostro in Saverne die Revolution vorausgesagt haben. »Ich war bei der berühmten öffentlichen Sitzung in Saverne dabei, wo er die Revolution von 1789 voraussagte, außer was das genaue Datum betrifft, mit all ihren Greueln, dem gewaltsamen Tod der königlichen Familie, der Ausrufung der Republik und ihrem Sturz durch einen Kaiser...« Auch hier ist bedauerlich, daß diese Memoiren erst nach dem Ereignis abgefaßt wurden, ebenso wie die eines Advokaten der römischen Kurie, Luca Antonio Benedetti, der schreibt, Cagliostro habe auf einer Versammlung am 15. September 1789 die Oktobertage vorausgesagt: »Binnen kurzem wird Ludwig XVI. in seinem Versailler Schloß vom Volk überfallen werden. Ein Herzog wird die Menge anführen. Die französische Monarchie wird gestürzt werden. Die Bastille wird abgerissen werden. Die Freiheit wird an die Stelle der Tyrannei treten.«[40] Jeder x-beliebige Patriot sprach diese Sprache, und am 15. September die Zerstörung der Bastille vorherzusehen, mit der am 15. Juli begonnen wurde, ist wahrlich keine Heldentat. Dennoch zog man auch diesen Text heran, um zu behaupten, daß der Verlauf der Oktobertage einem vorherbestimmten Plan entsprach, den die Freimaurer, die für den Sturz der Monarchie Verantwortlichen, ausgeheckt hätten.

Bemerkenswerter als die Vorhersage Cagliostros, die unter suspekten Umständen erfolgte, ist die eines englischen Astrologen, Ebenezer Sibly (1751–1799), der im Jahre 1787 infolge des Eintritts der Sonne in das Sternbild des Widders am 19. März 1789 zu folgendem Schluß kommt: »Letztlich ist es aufgrund der Stellung der Signifikanten dieser Position höchst wahrscheinlich, daß im politischen Leben Frankreichs ein überaus bedeutsames Ereignis eintreten wird, durch welches der König unzweifelhaft vom Thron gestoßen und sein Leben in Gefahr geraten wird, ein Ereignis, dem viele erlauchte Personen der Kirche und des Staats zum Opfer fallen und das eine Revolution oder eine Veränderung in den Angelegenheiten dieser Nation einleitet, die sogleich die benachbarten Länder erstaunen und überraschen wird.«[41] Aufgrund seiner Authentizität ist dieser Text wohl die bemerkenswerteste Vorhersage der Revolution, da sie zwei Jahre *vor* dem Ereignis gemacht wurde.

Jedenfalls versäumt man es nicht, ob nun *vor* oder *nach* dem Ereignis, wiederzuentdecken, daß die Revolution von einer Vielzahl von Texten prophezeit worden war. So erscheint 1793 in England eine etwa hundertseitige Broschüre mit dem Titel *Prophetic Conjectures on the French Revolution*, eine Sammlung von zehn Prophezeiungen, mehrheitlich britischer Herkunft, die die Revolution und die schicksalhafte Rolle Frankreichs beim Sturz des Papsttums angekündigt haben sollen: z. B. die des Erzbischofs Brown (1552), die von John Knox (1572), T. Goodwin (1639), C. Love (1651), des Erzbischofs Ussher (1655), H. More (1662), Jurieu (1687), R. Fleming (1701), J. Willison (1742) und Doktor Gill (1748). In den Kommentaren weist man der Revolution eine nahezu messianische Rolle zu, vergleichbar derjenigen, die früher der Endzeitkaiser spielte. Die Anthologie ist recht erfolgreich; 1794 wird sie in den Vereinigten Staaten veröffentlicht, und entsprechende Kompilationen erscheinen in Frankreich, wo sich Pierre Pontard, konstitutioneller Bischof der Dordogne, in seinem *Journal prophétique* von Januar 1792 bis Oktober 1793 davon inspirieren läßt.[42]

Wenn man nicht zu neuinterpretierten alten Texten greift, dann erfindet man welche – ein seit jeher beliebtes Verfahren. So erscheint 1817 im *Journal de Paris* der Text der von La Harpe wiedergegebenen *Prophétie de Cazotte*.[43] Jacques Cazotte (1719 bis 1792), Polemiker, Anhänger des Ancien Régime, hat eine sehr teleologische und manichäische Auffassung der Geschichte: er sieht in ihr den großen Zusammenstoß zwischen Gutem und Bösem. Dem Text von La Harpe zufolge soll er auf einem Gastmahl im Jahre 1788 die Revolution vorhergesagt haben, wobei er mit unglaublichen Einzelheiten über die Todesart der Teilnehmer des Gastmahls aufwartet, den Selbstmorden von Chamfort und

Vicq-d'Azyr, den Hinrichtungen von Malesherbe, Condorcet, Bailly und vieler anderer. In ihren Memoiren von 1853 bestätigt Madame d'Oberkirch, daß die Prophezeiung von Cazotte am Vorabend der Revolution sehr bekannt war.

Es handelt sich lediglich um eine der zahllosen, unter der Restauration erfundenen falschen Prophezeiungen, die das Ziel hatten, die Revolution als Erfüllung eines teuflischen Plans apokalyptischen Typs darzustellen. Wer zeigt, daß das Ereignis vorhergesehen worden war, trägt hier dazu bei, es zu verteufeln. Die »Memoiren« und »Erinnerungen« von Emigranten, die den Sturm überlebten, ergehen sich besonders gern in dieser Übung. So erzählt man die Geschichte jenes Klerikers und Propheten, der noch vor dem Bau des Versailler Schlosses vorausgesagt haben soll, daß es die königliche Familie nur wenig mehr als ein Jahrhundert beherbergen werde[44]; jenes Astrologen, der im Jahre 1757 Ludwig XV. erklärt: »Die Herrschaft Ihres Nachfolgers wird von großen, durch nichts aufzuhaltenden Katastrophen unterbrochen werden«[45]; jener Nonne und Prophetin, die 1771 der Tochter Ludwigs XV., Luise von Frankreich, das unglückliche Los ihrer Neffen ankündigt[46]; und all jener banalen Vorfälle, die nachträglich in den Rang von Vorzeichen erhoben werden: Donnerschläge; die für Ludwig XVI. zu kleine Krone; die Statue dieses Königs, deren Kopf abbricht; anonyme Briefe von Astrologen, sowie eine Fülle weiterer Vorkommnisse, so daß man sich in die Zeit Suetons zurückversetzt wähnt.[47] Die Almanache der Restauration sind voll von Andekdoten über Vorzeichen und Weissagungen, die das Ende des Ancien Régime angekündigt haben sollen, wie Feuerzungen, Kometen und verschiedene andere Vorfälle.[48]

Im übrigen begnügt man sich nicht damit, Prophezeiungen zu verfertigen, man erfindet sogar Propheten wie den berühmten Bonaventura Guyon, der offenbar der Phantasie des Journalisten Christian Pitoir entsprungen ist, von 1850 bis 1852 Redakteur des *Moniteur du soir* und Bibliothekar im Erziehungsministerium. Am Ende verdichtet sich seine Gestalt so sehr, daß er in mehrere Geschichtswerke Eingang findet.[49] Angeblich handelt es sich um einen ehemaligen Benediktiner, der sich in Paris, Rue de l'Estrapade, niedergelassen hat, wo er als »Professor der Himmelsmathematik« Ratschläge erteilt. Zu seinen Klienten sollen auch Robespierre und Bonaparte gehört haben, deren Schicksal er selbstverständlich vorausgesagt hat. Lange vor der Revolution, bereits im Jahre 1774, soll er auch diese angekündigt haben, ebenso die Verurteilung und den Tod des Königs, weswegen er eingekerkert worden sei.

Ein weiterer fiktiver Prophet ist der Graf von Saint-Germain. Auch wenn seine wundersamen Vorhersagen schon um 1750 beginnen, so werden sie doch leider erst 1836 in den *Souvernirs* der Gräfin von Adhémar enthüllt.[50] Anders als Bonaventura Guyon hat diese Person tatsächlich existiert, ihre Taten indes sind schiere Legende. Als Magier und gleichzeitig Prophet benutzt er für seine Vorhersagen einen Spiegel, Wasser, Alkohol sowie geheime Zauberformeln. Was es ihm ermöglicht haben soll, Ludwig XV. vorherzusagen, daß sein Sohn nicht regieren und sein Enkel einer Revolution zum Opfer fallen und enthauptet werde. Der Graf von Saint-Germain verschwindet um 1760, taucht dann, verjüngt, im Jahre 1386 wieder auf und sagt Marie-Antoinette abermals die Revolution voraus. Nach seinem Tod im Jahre 1784 wurde er von »glaubwürdigen« Zeugen noch an mehreren Orten gesehen.

Und da gibt es noch Suzette Labrousse, 1747 im Perigord geboren, 1766 ins Kloster eingetreten, die seitdem nicht aufhört, die Revolution zu prophezeien.[51] 1779 begegnet ihr der Kartäuser Dom Gerle und erfährt von ihren Weissagungen. 1790 schlägt er der Verfassunggebenden Versammlung sogar vor, sie kommen zu lassen, damit sie das zukünftige Los der konstitutionellen Monarchie vorhersage. Anders als ihre Vorgänger ist Suzette der Revolution gewogen und sieht in ihr eine Rückkehr zum Urchistentum. Daher wird sie zur bevorzugten Prophetin des konstitutionellen Klerus, der sie nach Rom schickt, um den Papst von der Berechtigung der Zivilverfassung zu überzeugen. Das Ergebnis ist, daß sie die Jahre von 1792 bis 1799 in den päpstlichen Kerkern verbringt.[52]

1790 werden auch die 1750 »entdeckten« Prophezeiungen eines Benediktiners veröffentlicht, der die Ereignisse von 1789 voraussagt. Kurz, nach all diesen Dokumenten zu urteilen, hätte alle Welt von der bevorstehenden Revolution und ihren wichtigsten Peripetien unterrichtet sein müssen. Das einzige Interesse dieser Texte besteht darin, daß sie über einen Aspekt der Propagandamethoden sowohl der Konter- wie der Prorevolutionäre während und nach der Revolution Aufschluß geben. Auf beiden Seiten bedient man sich der Prophezeiung als eines Mittels, dieses Ereignis als Teil eines teuflischen bzw. göttlichen Plans darzustellen. Es geht darum, der Revolution eine eschatologische Dimension zu verleihen, sie zu einem übermenschlichen Ereignis zu erklären, das weit über die ökonomischen, gesellschaftlichen und politischen Vorkommnisse hinausgeht und sich in eine providentialistische Geschichtsauffassung einfügt, so daß sie unangreifbar wird. Auch im Ausland ist das Phänomen zu beobachten: so hat man zum Beispiel in England und in den Vereinigten Staaten 38 Fälle von Prophezeiungen gezählt, die die Revolution als Zeichen für den baldigen Sturz des Papsttums ankündigen. Dies erklärt John Willison 1793 in *A Prophecy of the French Revolution and the Downfall of Antichrist*; 1800 hält B. Farnham das Jahr 1798 für das Ende der 1260 Tage der Offenbarung des Johannes; für G. H. Bell entspricht die Vertreibung des Papstes im Jahre 1789 dem Sturz des ersten Tiers der Offenbarung; für J. Galloway reichen die dreieinhalb Jahres des Buchs Daniel von 1792 bis 1796, d. h. von der Vertreibung des Klerus bis zur religiösen Toleranz.

La Harpe zufolge soll Cazotte, als er die Revolution prophezeite, die Antwort erhalten haben: »Dazu gehört nicht viel.« Auch wenn die Erwiderung apokryph ist, so ist sie doch bezeichnend für die Entsakralisierung der Voraussagemethoden im 18. Jahrhundert. Man braucht in der Tat keine falschen Vorhersagen wie die oben erwähnten heranzuziehen, um festzustellen, daß der aufgeklärteste Teil der Öffentlichkeit das Ereignis, ob er es nun ablehnte oder begrüßte, nahen fühlte. Rousseau ist nicht der einzige, der die Monarchie warnt. 1770 erklärt die Versammlung des französischen Klerus, wenn diese Monarchie den Ursachen der Unruhen nicht abhelfe, so werde dies »zu den absonderlichsten Revolutionen führen und sie ohne Zweifel in alle Schrecken der Anarchie stürzen«.[53] Eine Warnung, die 1772 wiederholt wird: »Sie werden sehen, wie sich die Perversität, vom Elend befördert, zu allen Exzessen wird hinreißen lassen«; 1780: »Sire, eine schreckliche Geißel bedroht den weiten Raum Ihrer Staaten mit den abscheulichsten Plagen.«[54]

Auf dem Weg zur Ausbeutung der Zukunft:
Wahrscheinlichkeiten, Versicherungen und Leibrenten

Obwohl vom Klerus ausgehend, sind diese Voraussagen keine ekstatischen Prophezeiungen, sondern auf der ökonomischen und sozialen Beobachtung gründende Vorhersagen, die die wachsende Rolle der Humanwissenschaften beim Erfassen der Zukunft verdeutlichen. Ihre Ursprünge sind vielfältig. Einer der entscheidendsten ist der machtvolle Aufstieg des modernen Staats, vor allem ab dem 17. Jahrhundert. Diese Staaten, deren Funktionen zunehmen und die immer größere Anforderungen stellen, sind auf Vorhersagen angewiesen, um den Lauf der Dinge besser zu beherrschen, und um Vorhersagen machen zu können, müssen sie messen, rechnen, die Bevölkerungen, die Ressourcen, die Steuern beziffern. Dank der quantitativen Revolution der modernen Wissenschaft ist die politische Arithmetik entstanden.[55]

Die neue Mentalität beschreibt William Letwin anläßlich der Gründung der Royal Society: »Mit einem Mal gelangte man zu der Überzeugung, daß Dinge, die seit jeher als konjunkturell gegolten hatten, sich berechnen oder messen oder in irgendeiner Weise auf Zahlen zurückführen ließen. In Verbindung mit dieser revolutionären Idee brach sich ein frommer Sophismus Bahn: daß Messen und Verstehen ein und dasselbe sei. Die Gelehrten zur Zeit der Restauration glaubten, daß ein Problem, dem man einen mathematischen Mantel umhängt, so gut wie gelöst ist.«[56]

Von Anfang an wird diese Revolution der Zahl für prospektive Berechnungen verwendet, die sich insbesondere auf die Weltbevölkerung beziehen und das Gespenst der Übervölkerung an die Wand malen: 1677 wird eine Abhandlung von Matthew Hale veröffentlicht, der errechnet, daß die Welt auf jeden Fall dem Untergang geweiht sei, da die Bevölkerung ungeachtet aller Geißeln immer weiter wachsen und unabwendbar eines Tages die Grenze des Erträglichen erreichen werde.[57] Zur gleichen Zeit schreibt William Petty: »Wenn sich die Bevölkerung innerhalb von 360 Jahren verdoppelt, dann werden die von den Wissenschaftlern geschätzten 320 000 000 Menschen, die derzeit die Erde bevölkern, sich in den nächsten 2000 Jahren so stark vermehren, daß auf den bewohnbaren Teilen der Erde eine Person auf zwei Acres kommt. Und dann wird es, gemäß der Vorhersage der Heiligen Schrift,

Kriege und gewaltiges Blutvergießen geben.«[58] Einige Jahre später stellt Gregory King Berechnungen über das Wachstum der englischen Bevölkerung an und sieht 8 280 000 Einwohner für das Jahr 2000, 10 115 000 für das Jahr 2200, 22 000 000 für das Jahr 3 500 voraus, und er zieht den Schluß: »Da nun aber das Königreich nur 30 Millionen Acres umfaßt, wird es nicht einmal mehr zwei Acres pro Kopf geben, was jedes weitere Wachstum unmöglich machen wird.«[59]

Die ersten Versuche der demographischen Prospektive sind nicht vertrauenerweckender als die astrologischen Vorhersagen und andere Prophezeiungen. Der Unterschied liegt darin, daß die Methode sich hier vervollkommnen läßt. Im übrigen steht sie zu jener Zeit mit dem theologischen Denken in Verbindung und enthält apologetische Hintergedanken. 1751 beruft sich der Deutsche Johann Peter Süßmilch auf die Nationalökonomie, um zu beweisen, daß die Vorsehung für die Selbstregulierung der Demographie sorgt: »Die Menschen werden geboren und sterben, aber allezeit in einem gewissen Verhältnis. Es werden Kinder, Söhne und Töchter durcheinander, geboren, aber ohne Verletzung der einmal von der Vorsehung beliebten Ordnung. Die Menschen sterben in Ansehung des Alters dem ersten Anblick nach ganz unordentlich untereinander, bei genauerer Wahrnehmung aber gleichfalls nach einem bestimmten Verhältnis.«[60] Bei der Debatte über die Entvölkerung oder das exzessive demographische Wachstum stehen wesentliche theologische Dinge auf dem Spiel: Geht die Menschheit durch Übervölkerung einem baldigen Ende entgegen oder kehrt sie zu einem goldenen Zeitalter zurück, wo zwischen den Ressourcen und der Zahl der zu Ernährenden vollkommene Harmonie herrscht? Kontrolliert Gott diesen Prozeß? Viele der ersten politischen Arithmetiker sind Pastoren oder Priester wie in Frankreich Abbé Jean-Joseph Expilly, die nicht umhin können, einen Zusammenhang zwischen ihrem Glauben und ihren Studien herzustellen. Im 18. Jahrhundert glauben einige englische Pastoren anhand statistischer Daten ankündigen zu können, daß die europäische Bevölkerung abnimmt und weiter abnehmen werde, was sie dem Fortschritt der Unmoral anlasten: William Whiston, Robert Wallace, William Brakenridge, Richard Price.[61]

Zu den Faktoren, die die Entwicklung der demographischen Prospektive ermöglicht haben, zählt neben den Fortschritten des

Kapitalismus, der Handelspraktiken und des Austauschs zwischen Gelehrten auch die Entstehung des Versicherungswesens und der Wahrscheinlichkeitsrechnung. Diese beiden Disziplinen, die versuchen, der Zukunft vorzugreifen, müssen den Zufall auf das strikte Minimum beschränken und sind daher aufgefordert, zuverlässigere Vorhersagemethoden zu verwenden.

Das Auftauchen der Wahrscheinlichkeitstheorie wirft ein Problem auf, das an den Grenzen der Mathematik, der Theologie und des Spiels angesiedelt ist. Im 16. Jahrhundert sieht sich die Kasuistik genötigt, die Frage nach der Statthaftigkeit der Glücksspiele zu stellen, die traditionellerweise von der Kirche gemäß der thomistischen Lehre als unrechtmäßige Zuflucht zum Gottesurteil verdammt wird. Wie Ernest Coumet deutlich gemacht hat, gelingt es der jesuitischen Kasuistik jedoch, diese Spiele zu rechtfertigen, indem sie nachweist, daß es sich hier um eine besondere Art von Urteil handelt, dessen Natur nichts mit dem Übernatürlichen zu tun habe: »Die Glücksspiele bilden etwas in der Art, was man später ›aleatorische Verträge‹ nennen sollte; sie beruhen auf willentlichen Vereinbarungen, nach denen der Besitz des Gutes vom ungewissen Resultat des Glücks abhängt und die, um rechtmäßig zu sein, bestimmte Billigkeitsbedingungen erfüllen müssen.«[62]

In der ersten Hälfte des 17. Jahrhunderts befassen sich auch die Mathematiker mit dem Problem: Werden die Glücksspiele tatsächlich vom Zufall regiert? Die Frage stellt der Jansenist Pascal in seinem Brief an Fermat vom 29. Juli 1654. Dann mischen sich Huygens und Bernoulli ein, wobei ersterer eine Abhandlung über die Glücksspiele schreibt, die John Arbuthnot 1692 ins Englische übersetzt.[63] Dann veröffentlicht ein Priester, Pater de Montmort, 1708 den *Essay d'analyse sur les jeux de hasard*, auf den die bedeutende Abhandlung eines nach London geflüchteten französischen Protestanten folgt, Abraham de Moivre: *Doctrine of Chances: or a Method of Calculating the Probability of Events in Play* (1718). Und ein Pastor, Reverend Thomas Bayes, stellt das Grundtheorem der Wahrscheinlichkeiten auf, das seinen Namen trägt. Sein Freund, M. Price, faßt 1763 vor der Royal Society die allgemeine Idee dieses Theorems zusammen: »Seine Absicht war, eine Methode zu definieren, die es uns ermöglicht, die Wahrscheinlichkeit eines Ereignisses unter gegebenen Bedingungen zu berechnen, unter der Annahme, daß wir lediglich wissen, daß es unter denselben Bedingungen so und so viele Male eingetreten und so und so viele Male nicht eingetreten ist.«[64] Später nehmen sich Fachgelehrte des Problems an und verfeinern es immer mehr, insbesondere dank der analytischen Theorie der Wahrscheinlichkeitsrechnung von Laplace im Jahre 1812. Damit hat sich ein ursprünglich theologisches Problem in ein rein wissenschaftliches Problem verwandelt.

Inzwischen fand diese Theorie Anwendung in der Bevölkerungsstatistik, im menschlichen Leben, in den See- und Lebensversicherungen. Die in diesen Bereichen unternommenen Forschungen entspringen alle derselben Geisteshaltung, die mit dem Aufstieg des Kapitalismus einhergeht: es geht darum, die Ungewißheiten der Zukunft zu beherrschen, die dem individuellen Unternehmen innewohnenden Risiken zu beseitigen oder zu vermindern. Das alte ökonomische System, das auf den Zünften beruhte, war zwar mit Zwängen verbunden, garantierte jedoch Sicherheit; der Kapitalismus dagegen befreit und ermöglicht ansehnliche Profite, birgt jedoch beträchtliche Risiken, die mit den Unwägbarkeiten der Zukunft zusammenhängen. Daher die Idee, die Gesetze zu entdecken, die die Wirtschaft und die Demographie lenken, um die Zukunft zu beherrschen und sogar Profit aus ihr zu schlagen. Die wirkungsträchtige Zukunft kann bereichern: für die Lebensversicherungsgesellschaften liegt dies auf der Hand. Tatsächlich geht es den Forschern des 17. und 18. Jahrhunderts eher darum, die Zukunft zu *entfuturisieren* und zu *deprobabilisieren*, indem man sie präsent und damit gewiß macht. Dies ist zum Beispiel bei Pascal sehr deutlich.[65]

Es ist zunächst die Praxis der Leibrenten – im Mittelalter für bestimmte große Handelsstädte als Mittel entwickelt, ihre Schulden zurückzuzahlen –, die die Forschung bezüglich der durchschnittlichen Lebensdauer des Menschen mit der Erstellung von Sterbetafeln beflügelt. Das System vervollkommnet sich im 17. Jahrhundert mit dem Neapolitaner Lorenzo Tonti, dem Erfinder der »Tontinen«: Der Staat gibt eine nicht rückzahlbare Anleihe aus, deren Zinsen solange unter den überlebenden Zeichnern verteilt werden, bis der letzte von ihnen gestorben ist. Der letzte Teil der Gläubiger kann sicher sein, sehr gute Einkünfte zu erzielen, und eben dies macht das System attraktiv. Niederländische Städte verwenden es ebenso wie die französische Monarchie in den Jahren 1689 und 1696. Um die potentiellen Verleiher zu überzeugen, werden Sterbe- (oder Überlebens-)tafeln erstellt, die aufzeigen, wie viele Personen übrigbleiben werden, die sich nach einer bestimmten Anzahl von Jahren die Zinsen teilen. Damit wird behauptet, daß Leben und Tod statistischen Gesetzen gehorchen, die zu untersuchen man sich anschickt.

Schon Cardano hatte sich 1570 mit der Frage befaßt. 1662 veröffentlicht John Graunt seine *Natural and Political Observations (...) upon the Bills of Mortality*. Dann verfeinern Huygens (1669), Jan de Witt (1671) und Edmund Halley (1693) die Berechnungen. Deparcieux verfaßt zwischen 1746 und 1760 eine große Synthese, den *Essai sur les probabilités de la vie humaine*. Ende des Jahrhunderts erläutert Condorcet seine Forschungen in politischer und sozialer Mathematik, z. B. 1785 in seinem *Essai sur l'application de l'analyse aux probabilités des décisions rendues à la pluralité des voix*. Die Ausdehnung auf die Praxis der Lebensversicherungen geht langsamer voran, aufgrund des moralischen Problems, das noch Ende des 18. Jahrhunderts B. M. Emerigon in seinem *Traité des assurances* sagen läßt: »Das menschliche Leben ist kein Handelsobjekt, und es ist abscheulich, daß der Tod zu merkantilen Spekulationen verleitet.« In Italien, Holland und Frankreich werden die Lebensversicherungen im 17. Jahrhundert verboten, breiten sich im folgenden Jahrhundert jedoch aus.

Die Seeversicherungen und die Versicherungen gegen Naturkatastrophen wecken keine solchen Vorbehalte. Seit dem Mittelalter gibt es in Italien verschiedene Seeversicherungssysteme, und schon im 14. Jahrhundert taucht die moderne Vertragsform auf. Der Aufschwung des Handels im 18. Jahrhundert vervollkommnet die Praxis: 1720 entstehen zwei Seeversicherungs-Aktiengesellschaften, die London Assurance und die Royal Exchange, während sich die Makler im Café Lloyds versammeln. Feuerversicherungen entstehen nach dem großen Brand von 1660 in London. Eine der wichtigsten Gesellschaften, die Sun, hat im Jahre 1720 bereits 17 000 Verträge.[66]

Die neuen Wege der Vorhersage im 18. Jahrhundert 571

Diversifizierung der Wege zur Zukunft

Aus diesem kurzen Überblick geht hervor, daß im Laufe des 18. Jahrhunderts eine neue Art, die Zukunft ins Auge zu fassen, Platz greift. Nach und nach verbreitet sich die Idee, daß die Zukunft, so wie die Natur, Gesetzen unterliege und daß die Kenntnis dieser Gesetze es ermögliche, mit Sicherheit zu wissen, was morgen geschehen wird. Den vollkommensten Ausdruck dieser Überzeugung enthält der *Essai sur le calcul des probabilités* von Laplace, der die neue Geisteshaltung der wissenschaftlichen Elite Ende der Aufklärung wie folgt zusammenfaßt: »Eine Intelligenz, welche für einen gegebenen Augenblick alle in der Natur wirkenden Kräfte sowie die gegenseitige Lage der sie zusammensetzenden Elemente kennte, und überdies umfassend genug wäre, um diese gegebenen Größen der Analysis zu unterwerfen, würde in derselben Formel die Bewegungen der größten Weltkörper wie des leichtesten Atoms umschließen; nichts würde ihr ungewiß sein und Zukunft wie Vergangenheit würden ihr offen vor Augen liegen.«

In dieser extremen Form handelt es sich schlicht und einfach um die Abschaffung der Zeit, da sich Vergangenheit und Zukunft auf die Gegenwart reduzieren. Daß Ende des 18. Jahrhunderts so etwas in Erwägung gezogen werden konnte, zeigt, daß man damals eine entscheidende Etappe in der Art und Weise erreicht, wie der Mensch die Zukunft wahrnimmt.

Die wichtigste Frage bleibt die Beherrschung der Zukunft, die für die Entscheidungen und Optionen, aus denen die Gegenwart besteht, unerläßlich ist. Gewiß werden noch immer alle bekannten Methoden eingesetzt, und im 17. Jahrhundert konsultiert man in Versicherungsfragen häufig die Astrologen. Die Wahrsagung, das Los, die Orakel, die Astrologie, die religiöse Prophetie durch Offenbarung oder Deutung der biblischen Texte, die Hellseherei und die verschiedenen Arten von Illuminismus sowie die prädiktive Utopie stehen an der Seite der Wahrscheinlichkeitsrechnung, der beginnenden soziologischen Prospektive und der wissenschaftlichen Voraussage. Swedenborg ist ebenso ein Kind seines Jahrhunderts wie Laplace. Aber das Neue besteht in der soziologischen Differenzierung dieser Methoden. Im 18. Jahrhundert beobachtet man eine soziokulturelle Explosion.

Der Bruch vollzieht sich mit dem Kriterium der Effizienz, das sich schematisch wie folgt zusammenfassen läßt. Die herkömmlichen Vorhersagemethoden (Wahrsagung, Prophetie, Astrologie) werden nach und nach von den kulturellen Eliten aufgegeben, deren Wunsch nach Wahrheit, Rationalität und Effizienz zunimmt, während die Volkskultur sie beibehält, die langsam zur Massenkultur wird, der es wesentlich um Stabilität, Sicherheit und Beständigkeit zu tun ist.

In der Volkskultur zählt nämlich die Vorhersage mehr als ihr Eintreffen. Die Rolle der Vorhersage besteht im wesentlichen darin, daß sie beruhigt, indem sie die Fiktion der Stetigkeit aufrechterhält und die zukünftigen Ereignisse im voraus in eine Kontinuität einschreibt, die von einem kollektiven und individuellen Schicksal zeugt. Die Welt ist nicht dem Zufall ausgeliefert; ein Wille lenkt sie und hat die Zukunft bereits in allen Einzelheiten vorhergesehen. Die Vorzeichen sind der Beweis für die Existenz eines Plans, und einige Menschen, die besondere Gaben besitzen, können Bruchteile davon erkennen, indem sie in den Sternen, in Kristallkugeln, im Kaffeesatz, in den Handlinien lesen oder direkt mit Gott und den Heiligen kommunizieren. Auf diese Weise wird der allgemeine Zusammenhalt dieser Welt mit der Welt des Geistes, zwischen Gegenwart, Vergangenheit und Zukunft gewahrt; alles hängt mit allem zusammen, und alles wirkt auf alles ein. Eine magische Auffassung, die nunmehr gemeinhin als Aberglaube gilt, eine Auffassung, in der alles vorherbestimmt und gleichzeitig möglich ist.

Dabei kommt es wenig darauf an, daß die divinatorischen und magischen Methoden unwirksam sind, denn wir befinden uns in einem nicht-rationalen System, das infolgedessen keine Beweise verlangt, einem System, das keine Verifizierung erheischt. Es geht um Glauben und nicht um Vernunft. Außerdem beruft sich die Volkskultur ausschließlich auf die Gegenwart, sie führt alles auf die Gegenwart zurück, die ein ewiger Neubeginn ist. Wie die Erinnerungen sind die Weissagungen Teil der geistigen Strukturen der Gegenwart. Die Weissagung ist von ihrer Erfüllung absolut getrennt, und es zählt allein ihr Inhalt. Zusammen mit den Romanen und Märchen und später dem Kino ist sie Teil des unabdingbaren Imaginären.

Was sich ändert, ist die Haltung der Eliten. Die entscheidenden Fortschritte, die die Wissenschaften, die Ökonomie, die Politik erzielen, äußern sich in dem verstärkten Wunsch nach Beherrschung einer mehr und mehr entsakralisierten und entzauberten raumzeitlichen Umwelt. Für diese Menschen, die in immer stärkerem Maße die Autonomie der Schöpfung gegenüber einem Schöpfer verwirklichen, der für manche immer hypothetischer ist, wird die Zukunft zu einem Problem an sich. Der kartesianische Geist sondert aus, klassifiziert, trennt. Für ihn verläuft die Zeit in einer irreversiblen Richtung, und daher ist die Zukunft die unbekannte Welt, die es zu erforschen gilt. Der große universelle Zusammenhalt, der die Volkskultur beherrscht, ist zerbrochen.

Die Zukunft ist ein Studienobjekt, das besondere Techniken erfordert. Das Ziel besteht wie in allen anderen Wissenschaften darin, die Wahrheit zu finden, und wie in allen anderen Disziplinen ist die Methode, die zur Wahrheit führt, die experimentelle Methode. Wahrsagung, Astrologie und Prophetie haben ihre Ohnmacht und ihre Unfähigkeit, etwas vorauszusagen, genügend unter Beweis gestellt. Also muß man sich anderen Methoden zuwenden. Drei neue Annäherungen an die Zukunft bilden sich heraus:

Die rein spekulative: die der Philosophen und Historiker, die die Vergangenheit benutzen, um zu versuchen, das Geheimnis der Zukunft zu ergründen, und Geschichtsphilosophien entwerfen, die es ermöglichen sollen, die großen Linien der Zukunft vorauszusehen.

Die voluntaristische: die der Utopisten, die von der Unzufriedenheit und den Wünschen der Gegenwart zehren, um eine virtuelle Zukunft aufzubauen, in der Hoffnung, die Richtung der Geschichte zu beeinflussen. Diese zweite Annäherung sollte, im Verein mit der ersten, bald Ideologien gebären.

Und die politische und ökonomische: die der politischen Arithmetiker und der Kapitalisten, die es mittels einer statistischen und probabilistischen Einschätzung der Zukunft ermöglichen, die Risiken und Hoffnungen zu dosieren, und die darauf abzielen, die Zukunft auszubeuten und, mit Hilfe der Versicherungen, der kommerziellen und politischen Unternehmungen Macht und Geld aus ihr herauszuschlagen.

Damit ist die Annäherung an die Zukunft nunmehr zersplittert. Nur die Volkskultur meint noch, daß eine unmittelbare Kenntnis möglich sei: durch Wahrsagung, Vorzeichen, Prophetie, Astrologie. Bei den Eliten ist die Annäherung von nun an indirekt: wenn die Zukunft determiniert ist, lassen sich nur ihre großen Linien erkennen; dank des Studiums der Vergangenheit und der wissenschaftlichen Errungenschaften sollte es möglich sein, ihr die Gesetze der Evolution der menschlichen Gesellschaften zu entlocken. Alle diese Haltungen bestehen nebeneinander. Daher ist die Problematik, die Keith Thomas vor einigen Jahren sah, vielleicht nicht mehr ganz angemessen. Statt vom »Niedergang der Magie«, der dem Auftauchen der wissenschaftlichen Mentalität vorausgegangen sei, sollte man besser von einer Diversifizierung sprechen; die magische Haltung bleibt durchaus lebendig, aber sie beschränkt sich jetzt auf die Volkskultur. Der Zugang zur Zukunft hängt nunmehr von der soziokulturellen Zugehörigkeit ab. Die Elite hat die herkömmlichen Methoden als ineffizient endgültig über Bord geworfen und erkundet neue Wege, und zwar mit einem immer praktischeren Ziel: man will die Gesetze der historischen Entwicklung verstehen, um sie zu benutzen und von ihnen zu profitieren. Drei aufsteigende Kräfte beabsichtigen, die Zukunft zu ihrem Vorteil zu beherrschen: die utopistischen Sozialisten, der Staat und die Kapitalisten.

KAPITEL XIII

Der Beginn des Zeitalters der Massen (I)
Aufschwung der volkstümlichen Vorhersage
im 19. Jahrhundert

Die Französische Revolution leitet das Zeitalter der Massen ein. Massen von Handwerkern und Gesellen am 14. Juli, auf dem Marsfeld, am 10. August, bewaffnete Massen bei der Konskription, bald Massen von Proletariern auf dem Weg zum Sozialismus, Massen der Mittelklassen auf dem Weg zur Gleichheit, Massen von Pilgern an den Stätten von Marienerscheinungen, Massen der Nationen, die auf dem Schachbrett Europas aufeinanderstoßen. Um diese Millionen von Männern und Frauen in Bewegung zu setzen, tauchen neue Ideale auf, die eine strahlende Zukunft verheißen: Nation, Vaterland, Freiheit, Demokratie, Sozialismus, neochristliche Brüderlichkeit. Das 19. Jahrhundert ist vor dem Hintergrund seiner armseligen Arbeiterbehausungen und seiner verstaubten Büros kleiner Beamter ein Jahrhundert, das sich der Zukunft öffnet, als hätte die Revolution die Taue einer verstrichenen archaischen Vergangenheit gekappt. Auf den Immobilismus des Ancien Régime folgt ein ungeheures Verlangen nach Veränderung. Die Geschichte beschleunigt sich; für einige beginnt sie.

Ein prophetisches Jahrhundert

In einer solchen Epoche ist die Vorhersage dazu berufen, eine grundlegende Rolle zu spielen. Jede kämpfende Gruppe hat ihre Propheten, die eine heitere Zukunft vorgaukeln, würdig, die gegenwärtigen Handlungen zu begründen. Diese Zukunft ist unausweichlich, und dennoch muß man kämpfen, um sie aufzubauen, ein Widerspruch, der jeder aktiven Vorhersage zugrunde liegt. Es geht darum, die »Richtung der Geschichte« einzuschlagen, denn diese hat nun endgültig einen Sinn, außer für die wenigen und letzten Propheten der zyklischen Entwicklung wie Nietzsche. Diese von den Visionären des neuen Zeitalters verheißene Zukunft ist irdisch, sogar bei den Verfechtern eines regenerierten Christentums. Zwar gibt es noch immer Propheten des Weltendes und des Jenseits, aber die große Mehrheit der Voraussagen ist jetzt säkularisiert. Ob es sich nun um zum Sozialismus tendierende Utopien oder um wissenschaftliche Utopien handelt, um Träume von universeller Brüderlichkeit oder nationaler Vorherrschaft, ihr Horizont befindet sich hier auf der Erde.

Gleichzeitig ist das 19. Jahrhundert, auf eher komplementäre denn widersprüchliche Weise, das Jahrhundert des Invididualismus. Der Liberalismus stellt das Individuum in den Mittelpunkt seiner Interessen. Ihr Ziel ist der persönliche Erfolg, der oft über die Bereicherung führt, sich in einem Jahrhundert der Demokratisierung der Kultur aber auch durch die kulturelle, seelische und künstlerische Entfaltung erzielen läßt. Auch in diesem Bereich fehlt es nicht an Propheten, Propheten des individuellen Schicksals, dessen Bedeutung um so größer ist, als nach der Revolution theoretisch jedermann eine bessere Situation erstreben kann. Die Fesseln, die das Ancien Régime dem gesellschaftlichen Leben des Individuums angelegt hatte, die es gewissermaßen an den Stand seiner Geburt ketteten, sind gesprengt worden. Mit dem Verschwinden der ausschließenden Privilegien wird der soziale Aufstieg legal möglich. Jeder kann für sich selbst ein besseres Los erträumen, was den Kartenlegerinnen, Hellseherinnen und Wahrsagerinnen und Somnambulen ungeahnte Perspektiven eröffnet. Zu den Vorhersagen über das Gefühlsleben gesellen sich solche über den beruflichen Werdegang und den Reichtum. In diesem Bereich ist der Aufstieg der Mittelklassen ein soziologisches Phänomen ersten Ranges, da es den Astrologen und Hellseherinnen eine beachtliche neue Kundschaft zuführt und letzteren einen sozialen Status und eine Achtbarkeit verleiht, die ihnen in der Welt des Ancien Régime verwehrt blieb, wo sie von den Bannstrahlen der Kirche verfolgt wurden. Aus einem marginalen Exoten – Zigeuner oder Ägypter –, der im Ruf eines Scharlatans stand, wandelt sich der Wahrsager zum Vertreter eines anerkannten und im Dienstleistungssektor verankerten Berufsstandes.

Denn der Aufstieg der Mittelklassen sowie der Prozeß der Demokratisierung drängen die Leichtgläubigkeit nicht etwa in den

Hintergrund, sie verstärken im Gegenteil das Vertrauen, das man in Vorhersagemethoden setzt, die sich einen wissenschaftlichen Anstrich geben. Das sehr oberflächliche Kulturniveau der Mittelklassen fördert den Glauben, den sie Personen schenken, die ein rationales Gebaren in Einklang mit den modernen Erfordernissen zur Schau tragen. Gründliche wissenschaftliche Kenntnisse entfernen von der Hellseherei; oberflächliche Kenntnisse führen zu ihr zurück. Die Angehörigen der Mittelklassen, die sich von einer pseudowissenschaftlichen Fassade leicht täuschen und beeindrukken lassen, sind die bevorzugte Beute der Astrologen und Wahrsager. Und das Vertrauen, das sie ihnen entgegenbringen, wirkt auf deren Status zurück: sie sind nun in die moderne Gesellschaft integriert. Denn weder die Proletarier noch die Kleinbauern bilden die Masse ihrer Kundschaft, sondern die Beamten, Kaufleute und Angestellten aller Stufen.

Die politische, ökonomische, soziale und kulturelle Situation des 19. Jahrhunderts ist dem Aufschwung aller Arten von Vorhersagen überaus förderlich. Der Rückzug der großen Religionen hinterläßt eine Lücke, in die die neuen Propheten drängen. Die Massen haben das Bedürfnis, an eine ob nahe oder ferne, jedoch unausweichliche bessere Zukunft zu glauben, für die es sich lohnt, die gegenwärtigen Schwierigkeiten zu ertragen. Wenn diese Zukunft nicht im Jenseits liegt, dann befindet sie sich hier auf Erden; die Verheißungen der Utopisten, Ökonomen, politischen Theoretiker liefern Religionssurrogate.

Gleichzeitig werden die Anhänger der traditionellen Religionen, in die Defensive gedrängt, dazu verleitet, sie zu überbieten, indem sie alte Prophezeiungen hervorholen und neue entdecken, die die orthodoxen Ideale stärken. Auch die sich mehrenden Marienerscheinungen, die jeweils mit einer prophetischen Botschaft einhergehen und in ein sorgsam gehütetes Geheimnis gehüllt sind, müssen in diesem Zusammenhang gesehen werden. Angesichts der optimistischen weltlichen Prophezeiungen der Szientisten und Sozialisten bleiben die christlichen Prophezeiungen des 19. Jahrhunderts katastrophisch und bedrohlich: »Bekehrt euch, sonst...« Dieser Typus der bedingten Prophezeiung, der nichts anderes als eine seelsorgerische Waffe ist, deren die Kirchen sich seit Jahrhunderten bedienten, gewinnt im Klima des antireligiösen Kampfs des 19. Jahrhunderts neue Kraft. Und da die Epoche reich an Katastrophen ist, die im Ersten Weltkrieg gipfeln, können die Propheten des Unglücks aus dem Vollen schöpfen, um ihre Prognosen zu rechtfertigen.

Ein weiterer günstiger Faktor: der Zerfall der traditionellen sozialen und familiären Bindungen, der das Individuum allein, ratlos, in ständiger Ungewißheit zurückläßt und es verleitet, sich an Vorhersagen über sein Schicksal wie an Führer durch einen feindlichen Dschungel zu klammern. Die Gemeinde, die Großfamilie, die Zunft, die Bruderschaft – alles, was dem Menschen Halt, Sicherheit und Trost gab, dies alles löst sich auf. Daher sucht er einerseits Zuflucht bei der Astrologie, um sich über sein individuelles Schicksal zu beruhigen, und tritt andererseits jenen neuen Organisationen bei, die ein kollektives Heil versprechen: Gewerkschaften und politischen Parteien.

Das 19. Jahrhundert erlebt den Einbruch der Instabilität, des ständigen Wandels in allen Bereichen. Politisch ist es das Jahrhundert der Revolutionen. In Frankreich zum Beispiel folgen auf drei Jahrhunderte absoluter Monarchie das Chaos der Jahre 1789 bis 1799, die vier Jahre des Konsulats, die zehn Jahre des Kaiserreichs, die fünfzehn Jahre der Restauration, die achtzehn Jahre des Orleanismus, die drei Jahre der Republik, die achtzehn Jahre des Empire und schließlich eine von Krisen gebeutelte Dritte Republik, das Ganze von revolutionären Zuckungen unterbrochen. Deutschland, die Niederlande, Italien, die Balkanländer sind kaum geruhsamer. Ökonomisch lebt man im – schlecht verstandenen – Rhythmus der Krisen, Depressionen, Erholungen, spektakulären Konkurse und Bereicherungen, Umschwünge, launischen Börsenkurse, die Vermögen schaffen und zerstören. Auf die ständige Knappheit, die das Ancien Régime kennzeichnete, folgt die Ungewißheit zwischen Luxus und Elend. Das alles begünstigt die Suche nach Vorhersagemitteln, in der Hoffnung, tröstliche Sicherheit zu finden. Wenn die Welt schwankt, möchte man wenigstens wissen, wohin sie treibt. Ökonomen, Soziologen, politische Theoretiker werden sich bald als Propheten gebärden.

Noch ein Faktor ist zu erwähnen: die raschen Wechsel, die das 19. Jahrhundert erschüttern, erzeugen sowohl Hoffnungen als auch Enttäuschungen; jede politische oder ökonomische Wende schafft Sieger, die eine neue Ära verkünden, sowie Besiegte, die eine künftige Rückkehr zur Vergangenheit prophezeien. Revolutionäre und Reaktionäre sind allesamt Propheten; die Vorhersage stärkt erstere und tröstet letztere. Die Welt wiederherstellen, sie regenerieren, eben dies verkünden Visionäre und Seher aller Lager. Schon am Vorabend der Revolution, im Jahre 1788, schrieb Madame d'Oberkirch: »Fest steht, daß die Rosenkreuzer, die Adepten, die Propheten und alles, was damit zusammenhängt, noch nie so zahlreich waren und soviel Gehör fanden. Die Unterhaltung dreht sich fast ausschließlich um diese Dinge; sie beschäftigen alle Köpfe und beeindrucken alle Phantasien (...). Wenn wir um uns blicken, sehen wir nur Zauberer, Adepten, Nekromanten und Propheten. Jeder hat seinen eigenen, auf den er schwört.«[1] Die Bewegung dehnt sich während und nach der Revolution immer weiter aus und wird verstärkt durch die Rückkehr von Emigranten, die sich in ihrer Bedrängnis an den Magnetismus, den Somnambulismus, den Illuminismus gewandt hatten. Joseph de Maistre lebt in Erwartung einer großen regenerierenden Umwälzung, ein Glaube, den die Herzogin von Bourbon teilt, während Madame de Krüdener das Ende der Welt und die Ankunft des neuen Jerusalem voraussagt und in Zar Alexander I. den Gesandten Gottes sieht, der beauftragt sei, den Antichrist, Napoleon I., niederzuschlagen.

Zur Befriedigung dieses ungeheuren Verlangens nach Vorhersagen fehlt es nicht an Methoden. Mit dem Okkultismus und dem inspirierten ekstatischen Prophetismus kommt erneut das Irrationale zum Vorschein. In der ersten Hälfte des Jahrhunderts gedeihen der Magnetismus und der Somnambulismus, und um 1850 tritt der von Allan Kardec ausgehende Spiritismus in Erscheinung. Die Astrologie samt ihren klassischen volkstümlichen Verfahren – Kartenlegerinnen, Wahrsagerinnen und Hellseherinnen – erlebt eine zweite Jugend. Neue Propheten tauchen auf und verführen die intellektuellen Eliten: die Propheten der Wissenschaft, der Ökonomie, des Sozialismus. Die spektakulären technischen Fortschritte der industriellen Revolution, das Studium der Marktgesetze der kapitalistischen Wirtschaft sowie die historische Entwicklung ermöglichen es ihnen, eine Zukunft vorauszusagen, in der die Maschine alle Probleme gelöst hat und das Leben in einer gerechteren oder sogar egalitären Gesellschaft angenehm geworden ist. Die einen sagen die individuelle Zukunft, die anderen die kollektive Zukunft voraus, und im großen und ganzen sind sie alle optimistisch. Jenseits der Steinkohlebecken, jenseits der Arbeitervorstädte, jenseits der krisengeschüttelten Dörfer ersinnt das 19. Jahrhundert eine strahlende und gerechte Zukunft, wo dank der Wissenschaft oder des Glaubens für alle die Sonne scheinen wird. Es ist ohne Zweifel das prophetischste Jahrhundert von allen.

Mit der Revolution nimmt die volkstümliche und individuelle Vorhersage einen spektakulären Aufschwung, wobei sie in den großen Städten vom Aufruhr der Geister und von der Redefreiheit profitiert. In einer so bewegten Zeit, wo niemand vor einem politischen Umsturz, einer Verhaftung, einer standrechtlichen Hinrichtung gefeit ist, versucht ein jeder, sich über sein Schicksal zu beruhigen, vom einfachen Sansculotten bis zum Mitglied des Konvents und zum siegreichen General. Und die Göttin Vernunft ist, ungeachtet der Sarkasmen ihrer Diener, gegenüber der Kartenlegerin machtlos.

Aufschwung der volkstümlichen Vorhersage und polizeiliche Aufsicht

Die Kartenlegerin benutzt neben dem Pikettspiel mit zweiunddreißig Karten seit kurzem auch das Tarot; die Chiromantikerin liest aus den Handlinien, aus dem Kaffeesatz und dem Eiweiß. Für den Anfänger gibt es Handbücher wie *Le Flambeau de la Raison ou l'Art de tirer les cartes à la manière des Égyptiens*. Einige können Karriere machen, sofern sie Geschick beweisen. Dies ist bei einem gewissen, 1738 geborenen Alliette der Fall, der 1757 unter dem Pseudonym Eteilla, dem Anagramm seines Namens, eine Abhandlung über die Kartomantie veröffentlicht hat. Im Tarot spezialisiert, behauptet er dessen ägyptische Herkunft und erklärt, es in seiner ursprünglichen Reinheit wiederherstellen zu wollen, unter dem Namen Kartomantie, in der er Kurse erteilt.[2] Sein Erfolg läßt sich nicht leugnen, wie Millet de Saint-Pierre anmerkt: »Damals war der öffentliche Geist auf Neuerungen erpicht; und diese nahm ihren Platz ein neben den Blitzableitern, den Luftschiffen und dem tierischen Magnetismus. So wie Cagliostro bei den höchsten Klassen zu Ansehen kam, so sicherte sich Eteilla Erfolg auch bei den aufgeklärtesten, mithin weniger leicht zu täuschenden Klassen, bei den Anhängern des Fortschritts, indem er sich den Anschein gab,

Der Beginn des Zeitalters der Massen (I)

als wende er sich an die Lernbegierigen und berufe sich auf die Lichter der Wissenschaft.«[3]

Die Revolution bringt seine Geschäfte in Schwung, zumal seine Tarife nicht billig sind: 6 Livres für die Erklärung eines Traums, 24 Livres für das Kartenlegen, 50 Livres für das Horoskop. Neben seinen Sprechstunden stellt er auch Fernhoroskope: »Lieber Leser, Eteilla bietet dir an, dein Horoskop zu stellen, so wie er es für mehrere hochgestellte Personen getan hat. Dazu braucht er dich nicht zu sehen, es genügen ihm die Anfangsbuchstaben deiner Namen sowie das Jahr und der Tag deiner Geburt.«[4] Ein solcher Betrug seitens eines Mannes, der ansonsten vorgibt, »in die höchsten Geheimnisse der Chaldäer, Ägypter, Araber, Assyrer und anderer eingeweiht, zudem direkter Nachfahre der in den hehren Wissenschaften unterrichteten Weisen« zu sein, hindert ihn nicht daran, im Juli 1790 in Paris eine Schule der Magie zu eröffnen und einem Mitglied der Nationalversammlung Stunden zu geben. Natürlich behauptet er nachträglich, den Ausbruch der Revolution vorhergesagt zu haben.

Neben den Scharlatanen, den Verrückten wie Catherine Théot, die sich, von 1779 bis 1782 schon in der Salpêtrière eingesperrt, für die Jungfrau Maria hält und später in ihrer Wohnung in der Rue de la Contrescarpe zur Zeit der Revolution eine illuminierte Sekte ins Leben ruft, in der Dom Gerle, die Herzogin von Bourbon, die Marquise von Chastenois verkehren. Dom Gerle, der die Orakel der »Mutter Gottes« deutet, kündigt 1794 den baldigen Sturz der Revolutionsregierung an, woraufhin er zusammen mit einigen anderen festgenommen wird, die Vadier einen »Haufen Dummköpfe« nennt. Der Konvent nimmt die Sache im übrigen nicht ernst. Ebenfalls in sarkastischem Ton erörtert *Pater Duchesne* die Prognosen im *Calendrier du Père Duchesne ou le Prophète sac à diable, almanach pour 1791*, einem Almanach, der die »Wahren und bemerkenswerten Vorhersagen des Pater Duchesne, eines braven Kerls, der noch niemand je getäuscht hat«, ankündigt. Für den 21. Januar 1791 lautet die Vorhersage: »Ah! bei den verfluchten tausend Millionen schlecht gefegter Schornsteine – sollte mich meine Brille etwa täuschen? O nein, durch das verdammte Ding, soll der Teufel es holen, sehe ich leider nur allzu klar. Ah! Donnerwetter nochmal! ihr armen Schlucker in Paris, ihr armen Tölpel, ihr seid wieder mal erledigt. Ah! beim jämmerlichen Ofenrohr, was für eine verfahrene Organisation! Und wollt ihr elenden Dummköpfe wissen, warum? Weil eure Elektionen dem gesunden Menschenverstand gegen den Strich gehen.«[5]

Trotzdem mißtraut die Revolutionsregierung, wie alle vorausgegangenen Regierungen, den Hellsehern, da böswillige Voraussagen immer zu Unruhen führen können. Aus diesem Grund verbietet das Dekret vom 19. Juli 1791 jede Divinationstätigkeit. Die Maßnahme wird vom Artikel 479 des Strafgesetzbuchs von 1810 wieder aufgenommen, in dem es heißt, daß »jedermann mit einer Geldbuße von 10 bis 15 Francs bestraft werde, der berufsmäßig wahrsagt und prognostiziert oder Träume erklärt«, und der folgende Artikel sieht je nach den Fällen sogar eine Gefängnisstrafe vor. Noch in der Polizeiverordnung vom 30. November 1853 wird auf diese Maßnahmen verwiesen, und 1882 verkündet der Polizeipräfekt seine Absicht, »Paris von allen Hellseherinnen und Somnambulen zu befreien, die hier ihrer Tätigkeit nachgehen«. Ende des Jahrhunderts verschärft sich die Gesetzgebung noch mehr, denn am 11. Juli 1895 wird der Artikel 479 des Strafgesetzbuchs abgeändert und enthält nun auch das »Verbot, diesen Beruf auszuüben, Annoncen in die Zeitungen zu setzen oder öffentlich Prospekte zu verteilen«.

Die republikanischen Regierungen sind der Wahrsagung also nicht gnädiger gesonnen als die Monarchie und die Kaiserreiche. Der Einfluß des Positivismus, des Szientismus und der modernen Medizin spielt in der zweiten Hälfte des Jahrhunderts eine wesentliche Rolle, indem sie erneut die betrügerische Dimension dieser Tätigkeit hervorheben, wodurch sich ihr Verbot rechtfertigen läßt. Das Gesetz ist nicht immer toter Buchstabe, vor allem, wenn es um offenkundigen Schwindel geht. So wird im März 1850 Rosalie Montgruel, die sich die »moderne Sibylle« nennt, zusammen mit ihrem Ehemann, der sie magnetisiert, wegen falscher Vorhersagen, die eine gewisse Madame Lemoine verrückt gemacht haben sollen, unter Anklage gestellt. Die Anklage bezieht sich auf drei Punkte: sie habe »ohne Genehmigung die Heilkunst ausgeübt, berufsmäßig Prognosen gemacht und die Träume erraten, sich von Madame Lemoine einen Betrag von 30 Francs aushändigen lassen, indem sie sich betrügerischer Machenschaften bediente, um sie von der Existenz einer imaginären Kraft zu überzeugen und die Hoffnung oder die Furcht vor einem chimärischen Ereignis keimen zu lassen«.[6] Das Ehepaar wird zu dreizehn Monaten Gefängnis und 500

Francs Geldstrafe verurteilt. Nachdem infolge des Gesetzes vom Juli 1895 einige Polizeikontrollen erfolgten, ziehen es manche Kartenlegerinnen und Somnambule vor, ihre Konsultationen einzustellen wie Madame Auffinger, die in *La Chaîne magnétique* vom Juni 1896 erklärt, sie »bedaure, ihrer zahlreichen Kundschaft mitteilen zu müssen, daß infolge des polizeilichen Verbots, das es aufgrund des Gesetzes von 1810 allen Somnambulen und Kartenlegerinnen im gesamten Departement Seine untersagt, die Zukunft vorauszusagen, ihre Sprechstunden so lange ausfallen, bis die von den Betroffenen bei der Deputiertenkammer eingereichte Petition zur Revision dieser Entscheidung und zur freien Ausübung dieses Berufs geführt hat«.[7]

Doch diese Krisen sind nicht von Dauer, da die Nachfrage zu groß ist, und die Hellseher mehren sich. Viele von ihnen werden reich. Wie könnte es auch anders sein, wenn sogar die führenden Kreise ihre Dienste in Anspruch nehmen? Während der Revolution konsultieren Danton, Marat, Robespierre, Saint-Just, Desmoulins, Barère, Tallien zum Beispiel die berühmte Mademoiselle Lenormand. Ungeachtet des Gesetzes von 1791 sind die Sprechzimmer bis 1799 immer voll, wie es der Domherr Lecanu bezeugt: »Es war nicht möglich, die Kunst der Kartomantie, der Chiromantie oder der Nekromantie öffentlich auszuüben, noch die in diesen Wissenschaften bewanderten Leute offen aufzusuchen, aus Furcht, als Verschwörer denunziert oder sich zumindest den schrecklichen Wohlfahrtsausschüssen verdächtig zu machen; aber im Geheimen gingen die Dinge dennoch weiter. Die Bürgerinnen verstanden es, für sich selbst und ihre Freunde die Karten zu legen; so manches Ei wurde aufgeschlagen, dessen Weiß nur der Neugier als Nahrung diente: da dies das am wenigsten kompromittierende Mittel war, sich nach der Zukunft zu erkundigen, wurde es häufig angewandt, sogar von ungestümen Konventsmitgliedern.«[8]

Die Voraussagen zur Zeit des Empire

Auch während des Konsulats und des Empire ändert sich die Lage nicht. In einem Polizeibericht vom 3. September 1804 lesen wir: »Vergeblich verfolgt die Polizei die Kartenleger, denn jeden Tag lassen sich neue nieder.«[9] Besonders zahlreich sind sie im Zentrum der Hauptstadt, in den Vierteln des Pont-Neuf und des Faubourg Saint-Germain, wo sie mit unter der Hand zirkulierenden Prospekten die Kundschaft anlocken, wie dem folgenden, der 1802 in der Nähe des Pont-Neuf beschlagnahmt wurde:

> Zum Orakel des Kalchas
> Tröster der Menschheit,
> Vergangner Zeiten Bild rufe ich wach;
> der Gegenwart schnellen Lauf halte ich an;
> Und dunkler Zukunft Schicksal kläre ich auf. (...)
>
> Bürger Irénée gibt dem Publikum bekannt, daß er weiterhin die Karten legt und daß er, nach seinem Studium der Kunst der Nekromantie, die Vergangenheit heraufbeschwört, die Gegenwart schildert und die Zukunft ankündigt: er beantwortet alle Fragen, die man ihm stellt.[10]

Anhand von Traktaten kann man sich in der Kunst der Vorhersagen bilden, wie des 1802 veröffentlichten *Oracle parfait, ou Nouvelle Manière de tirer les cartes, au moyen de laquelle chacun peut tirer son horoscope.*

Die Polizei überwacht die Wahrsager sehr genau. Die Archive der Präfektur enthalten zahlreiche Akten über Haussuchungen: bei »Frau Lacoste, Kartenlegerin, Rue Marazine« (30. Juli 1802), bei »einem gewissen Lyonnais, Kartenleger, Rue de Bucy« (11. August 1802), bei »einer gewissen Gilbert, Kartenlegerin, Rue Batave« (18. August 1802), und so weiter.[11] Die angeführten Gründe sind immer Betrug und Störung des häuslichen Friedens, im Namen der Moral und der Vernunft. So wird ein gewisser Lelièvre, Rue Eloy, »beschuldigt, die Öffentlichkeit durch seine Wissenschaft des Kartenlegens und andere Wahrsagekünste zu täuschen« (November 1801); ein gewisser Simonet und seine Gattin »versuchen, die Leichtgläubigkeit des Volkes auszunutzen, indem sie sich als Astrologen ausgeben und in dieser Eigenschaft Adressen verteilen, die man wohlweislich nur den Frauen überreicht und in denen sie sich rühmen, die Zukunft vorauszusagen« (September 1804); ein gewisser Lemoine »legt Karten und stört die Familien mit seinen Vorhersagen«; ein anderer, Bisuchet, »Wahrsager, verwirrt die Familien«.[12]

Die Dienststellen Fouchés setzen viele Spitzel ein, die die Tätigkeiten von Wahrsagerinnen melden, vor allem wenn sie auf die Politik übergreifen und ihre Vorhersagen hochstehende Personen betreffen. So weist ein anonymer Korrespondent am 14. Januar 1808 auf die verdächtigen Aktivitäten von Madame Lebrun hin, die früher im Dienst der Königin stand und ihrem rechtswidrigen Beruf unter dem Denkmantel nachgeht, Schminke zu verkaufen:

»Es ist eine Frau, die Schwindel treibt, wo sie nur kann, indem sie Leichtgläubigen wahrsagt, und sie rühmt sich, mehrfach ihrer Majestät der Kaiserin sowie mehreren hohen Regierungsmitgliedern die Zukunft vorausgesagt zu haben. Außerdem hält sie böse Reden gegen ihre Majestät die Kaiserin, die sie angeblich seit fünfundzwanzig Jahren kennt. Sie verkauft insgeheim Karten sowie ein dreibändiges Werk von Herrn Eteilla. Ich werde sie einige Male aufsuchen, um mich über ihre Tätigkeit und ihr Wissen besser in Kenntnis zu setzen, denn sie vertraut mir, sie hat mir schöne Dinge für die Zukunft vorausgesagt. – Man hat mir auch von einer anderen Frau mit ähnlichem Lebenswandel erzählt, die sich Mademoiselle Lenormand nennt und in der Rue de Tournon wohnt.«[13]

Der Spitzel setzt seine Beobachtung fort und schreibt am 12. Februar, Madame Lebrun habe dem Marschall Berthier das Horoskop gestellt. Und am 30. Mai: »Diese Frau behauptet, so gebildet zu sein, daß sie in allen Dingen die Zukunft vorhersagen könne, und sie behauptet, Rußland werde in wenigen Jahren Frankreich regieren. Sie behauptet, Seine Majestät der Kaiser könne wegen des Regierungswechsels in Spanien nicht so bald nach Paris zurückkehren.«[14] Madame Lebrun wird eine Weile gefangengehalten und aus Paris entfernt. Für die kleinen Fische, die man zu Vagabunden und Bettlern erklärt, besteht die Strafe meist in einer dreimonatigen Haftstrafe. Am 27. Oktober 1804 befinden sich nach einem Bericht von Fouché »96 Strolche, Astrologen und Landstreicher« in den Haftanstalten Bicêtre und Saint-Denis.

Auch in der Provinz macht man Jagd auf die Wahrsager, wovon viele Artikel der *Bulletins quotidiens adressés par Fouché à l'Empereur* zeugen:[15] »Frau Rivière aus den Hautes-Alpes: Nekromantie, Prophetie, sie stört die Familien« (Juni 1807); »im Dépôt de Gand: Pochet: Vorhersagen gegen Seine Majestät« (Juli 1806); »Saarland: man sucht nach einem Landstreicher, der Alte Antoine genannt, der sich als Prophet ausgibt (und gegen den Papst spricht)« (September 1805); »Duchillon: Priester in der Vendée, gegen das Konkordat eingestellt, Prophezeiungen« (Juni 1807), und so fort.

Die politische Verwendung alter Prophezeiungen wird ebenso scharf überwacht. Wieder einmal paßt man den unerschöpflichen Nostradamus den zeitgenössischen Ereignissen an: 1811 und 1812 erscheinen fünf, 1813 acht Bücher über die *Centuries*. Natürlich kann jeder darin finden, wonach er sucht. Anhänger wie Gegner des Empire bedienen sich schamlos bestimmter Quatrains, die besonders geeignet erscheinen, wie die folgenden:

> Un empereur naîtra près d'Italie,
> Qui, à l'Empire, sera vendu bien cher;
> Mais il doit voir à quels gens il s'allie,
> Qui le diront moins prince que boucher.
>
> De soldat simple parviendra à l'Empire,
> De robe courte parviendra à la longue;
> Vaillant aux armes, en l'Eglise au plus pire,
> Traiter les prêtres comme l'eau fait l'éponge.[16]

> (Ein Kaiser wird in der Nähe von Italien geboren,
> der dem Reich sehr teuer zu stehen kommt.
> Man wird sagen: Mit welchen Leuten umgibt er sich!
> Man wird finden, daß er eher ein Schlächter als ein Fürst ist.
>
> Vom einfachen Soldaten steigt er zum Kaiser auf.
> Von der kurzen Kleidung gelangt er zur langen.
> Tüchtig im Kriegführen ist er – und grausam gegen die Kirche.
> Er saugt die Priester aus wie der Schwamm das Wasser.
>
> nach der Übersetzung von Kurt Allgeier)

Die Bulletins von Fouché überwachen auch diese Art Literatur. 1807 wird ein prophetisches Pamphlet in hebräischer und französischer Sprache beschlagnahmt, das in Napoleon den jüdischen Messias, den Retter Israels sieht. Die Behörden sind ratlos: Ist der Text für oder gegen den Kaiser? Soll man ihn umlaufen lassen? Das Pamphlet wird verboten, bis das Ergebnis einer Untersuchung über die Absicht des Verfassers vorliegt: »Der Verfasser scheint in sieben Artikeln das Glaubensbekenntnis eines Israeliten vorzutragen. Im sechsten zitiert er eine Prophezeiung von Jesaja mit folgendem Wortlaut: ›Der Korse ist mein Vielgeliebter, sagt der Ewige. Er wird alle meine Wünsche erfüllen und Jerusalem mit einem Tempel, den er gründen wird, all seinen Glanz zurückgeben.‹ Diese Prophezeiung (sagt der Verfasser in einer Anmerkung) kann sich nur auf Napoleon Bonaparte, den Korsen des Abendlands, beziehen. ›Wacht also auf, junge Isrealiten aus den Ländern des Abendlands, die ihr in der Lage seid, Waffen zu tragen: öffnet die Augen und seht. Ja, Bonaparte, von der Insel Korsika, der Vielgeliebte Gottes, der Kaiser und König ist jener Gesalbte des Herrn, der Israel retten wird.«[17]

Eine weitere alte Prophezeiung beunruhigt den Rationalisten Fouché, der am 8. Januar 1806 schreibt: »Marseille. Man befaßt sich viel mit einer Prophezeiung, die im 17. Jahrhundert von Bartholomé Keleuser, einem deutschen Pfarrer, gemacht und von Jaubert aufgefunden wurde: lateinischer Text dieser Prophezeiung, der die Revolution und das Heil ankündigt, das ein Gesandter Gottes bringen soll.«[18] Am 19. Juni 1808 wird ein gewisser Martin verhaftet, weil er die Prophezeiungen des *Liber mirabilis* kolportiert hat.[19] Der Inhalt der Almanache wird sorgfältig geprüft. Am 4. Januar 1808 notiert Fouché, daß der *Astrologue parisien ou le Nouveau Mathieu Laensberg* beschlagnahmt wurde, ein Almanach, der unter der Schirmherrschaft eines mysteriösen Lütticher Domherrn aus dem 17. Jahrhundert steht, der den Tod eines großen europäischen Königs für das laufende Jahr vorhergesagt haben soll.[20]

Nicht nur die kleinen Leute suchen Astrologen und Wahrsagerinnen auf. Auch der größte Teil des neuen Führungspersonals, aus den einfachsten Gesellschaftsschichten hervorgegangen, nimmt ihre Dienste in Anspruch, angefangen mit den höfischen Kreisen, Kaiserin Joséphine an der Spitze. Letzere konsultiert unter anderen Mademoiselle Lenormand, Madame Lebrun und Catherine Huart. Diese, am 1. Juni 1809 verhaftet, enthüllt während ihres Verhörs, zu ihren Kunden gehöre der Maréchal Lannes und seine Frau, Madame de La Rochefoucauld, Ehrendame der Kaiserin, Hautier, Hauptmann an den Invalides, Le Brun, Oberst der Husaren, Jolimet, Neffe des Marineministers, sowie mehrere andere Personen am Hof. Sie erklärt auch: »Vor sieben oder acht Jahren suchte mich Kaiserin Josephine in Begleitung von Madame Tallien auf. Ihr Mann war damals erster Konsul, und ich kündigte ihr an, daß er die höchste Stufe der Macht erklimmen werde; daß er den Thron besteigen und einen großen Teil der Erde beherrschen werde; daß er viele Feinde haben werde, die ihm schaden wollten, aber daß er sie nicht besiegen werde und daß er nicht durch Menschenhand umkommen werde. Auch sagte ich der Kaiserin, sie werde viele Mühen haben; sie werde ihren Gatten auf seinen Reisen begleiten müssen und viel Unannehmlichkeiten verspüren.«[21]

Was den Kaiser betrifft, so sucht auch er, trotz zur Schau gestellter Skepsis, mehrere Wahrsager auf, aber seine wirkliche Meinung über sie läßt sich unmöglich ermitteln, da die Geschichte hier zu stark mit der Legende verwoben ist. Sein außergewöhnliches Schicksal, das die Phantasie anregt, eignet sich natürlich zu allerlei spektakulären Voraussagen *post eventum*, die die großen Etappen seiner Laufbahn ankündigen. Ein solches Schicksal mußte einfach vorhergesehen worden sein, sonst müßte man an der Wahrsagung verzweifeln! Daher dichtet man ihm eine Fülle von Propheten, Astrologen und Hellsehern an, die ihm seine Karriere vorausgesagt haben sollen. Die meisten dieser Geschichten entstehen nach 1815, in dem Maße, wie sich die napoleonische Legende herausbildet, so daß es heute ausgeschlossen ist, in diesen Anekdoten Mythos und Wahrheit auseinanderzuhalten, auch wenn der Mythos wohl bei weitem überwiegt.

Daß er Mademoiselle Lenormand konsultiert hat, ist sehr wahrscheinlich. Dagegen gehören die Anekdoten über die Deutung seiner Warnträume ins Reich der Fabel.[22] Ebenso die Geschichten über den Astrologen Bonaventure Guyon, die zum ersten Mal unter der Feder des »Historikers« Christian Pitois erscheinen, einem Journalisten beim *Moniteur du soir* in den Jahren 1850 bis 1852. In *L'Homme rouge des Tuileries* (1863) und in der *Histoire de la magie, du monde surnaturel et de la fatalitié à travers les temps et les peuples* (1870) erzählt Pitois, wie dieser ehemalige Benediktiner, der sich auf seinen Prospekten vorstellt als »Professor der Himmelsmathematik, gibt unfehlbare Antworten auf alles, was die glückliche oder unglückliche Zukunft der Bürger und Bürgerinnen von Paris interessieren kann«, als Prophet Karriere macht, indem er die revolutionären Siege ankündigt, das Schicksal von Philipp von Orléans, Charlotte Corday, Robespierre und vor allem Bonaparte voraussagt, der ihn im Jahre 1895 aufgesucht habe. Er kündigt ihm den Erfolg des Staatsstreichs vom 18. Brumaire an, und zur Belohnung holt ihn der Erste Konsul in die Tuilerien, wo er ihn als einen Orientalisten des Ägypten-Instituts ausgibt, so daß er ihn nach Belieben konsultieren kann. Mit Hilfe von Berechnungen anhand der Schlüsseldaten des Lebens von Bonaparte sagt er ihm alle großen Ereignisse seiner Laufbahn voraus. Nach seinem Tod im Jahre 1805 wird Bonaventure Guyon heimlich begraben; alle seine Papiere werden vernichtet, und es bleibt keine Spur von ihm... außer einem Dokument, das Christian Pitois wie durch ein Wunder bei einer Versteigerung im Jahre 1839 wiederfindet und dessen der phantasievolle Autor sich bedient, um diese ganze Fiktion zu rekonstruieren.

In diesem Zusammenhang sei auch das *Livre des prophéties* von Philippe-Dieudonné-Noël Olivarius genannt, Arzt und Astrologe aus dem 16. Jahrhundert, das im Juni 1793 vom Generalsekretär der Kommune von Paris, François Metz, anläßlich der Inventur der in den öffentlichen und kirchlichen Bibliotheken beschlagnahmten Bücher entdeckt wurde. Dieses Buch war auf geheimnisvolle Weise verschwunden, aber glücklicherweise hatte François Metz – man fragt sich, warum eigentlich – eine der Prophezeiungen abgeschrieben, die mit wunderbarer Genauigkeit die gesamte Laufbahn Napoleons beschreibt. Wie zufällig taucht sie im *L'Écho des feuilletons* von 1841 wieder auf, mitten in der Phase, in der die napoleonische Legende entsteht, kurz nach Überführung seiner Asche in den Invalidendom.[23]

Zu jener Zeit werden die meisten prophetischen Anekdoten erfunden und von Memoiren, Bekenntnissen, *Soirées secrètes* und *Almanachs prophétiques* fabriziert und kolportiert.[24] Ihnen zufolge soll Napoleon ständig von einem Schwarm mysteriöser Hellseher und Prophetinnen über seine Zukunft unterrichtet worden sein. Zwar war der Kaiser für die Wahrsagung nicht ganz unempfänglich, jedoch auf eine sehr oberflächliche Weise, wie Madame de Rémusat berichtet: »Napoleon zeigte einige Bereitschaft, das Wunderbare, die Vorgefühle, sogar bestimmte Kommunikationen zwischen den Wesen anzuerkennen; aber es war eher das Bemühen einer undeutlichen Phantasie als eine besondere Befähigung zum Glauben an ein bestimmtes Symbol.«[25] Er verschmäht es nicht, einige ihm günstige Vorstellungen zu nähren, wie den Glauben an seinen guten Stern, und achtet darauf, seinen Truppen und dem Volk keinen Vorwand für böse Vorzeichen zu liefern. Auch seine Gegner nehmen gelegentlich die Dienste von Wahrsagern in Anspruch wie die Madame de Krüdener, eine Russin, die von Zar Alexander aufgesucht wird und während der Besetzung von Paris durch die Alliierten im Jahre 1814 im Faubourg Saint-Honoré wohnt. In England befaßt man sich ebenfalls mit Bonapartes Horoskop. John Worsdale (1766–1828), ein Geistlicher aus Lincoln, einer der letzten Vertreter der klassischen ptolemäischen Astrologie, stellt es im Jahre 1805. In einem späteren Werk, *Astronomy and Elementary Philosophy* (1819), schreibt er, daß die Position der Planeten zum Zeitpunkt der amerikanischen Unabhängigkeitserklärung »sehr deutlich anzeigt, daß dieses Kaiserreich allen Nationen Gesetze geben und in allen Teilen des Globus die Freiheit herstellen wird« – ein Schluß, den, ohne bei den Sternen Zuflucht zu suchen, viele Denker der damaligen Zeit teilen.

1815–1848: Die Herrschaft der Kartenlegerinnen und ihre Rolle als Psychologinnen

Die Restauration und die Juli-Monarchie (1815–1848) sind in Frankreich das goldene Zeitalter der Hellseherei. Die auf dem Zensuswahlrecht beruhende Monarchie lockert die Überwachung der Praktizierenden, deren Werbung sich in den Zeitungen ausbreitet. Die Toleranz der Behörden verdankt sich zwei einander widersprechenden Faktoren: dem skeptischen und voltaireschen Geist eines Teils der Führungsschicht, der diesen Aberglauben verachtet und ihn als ungefährliches Ventil für die Enttäuschungen des Volks betrachtet, und umgekehrt dem Wiederaufleben eines zügellosen, unkontrollierten Spiritualismus, der zum Teil aus dem Mesmerismus hervorgeht, sowie dem Hang zum Okkulten, der in den Emigrantenkreisen gärte und einige Gehirne so verwirrt hat, daß sie zu Anhängern der Chiromantie, der Nekromantie, des Magnetismus und der Kristallkugel werden, die um 1850 in Erscheinung tritt. Selbst Ludwig XVIII. hat seinen Kartenleger, Modène, und viele Mitglieder der vornehmen Gesellschaft, Bürgerliche wie Adlige, bedienen sich dieser Praktiken. Der Schock der Revolution und des Empires hat die Gemüter traumatisiert, destabilisiert und zerrüttet; er hat Spuren hinterlassen, Trauer, Hoffnungen, Ängste, die die geschicktesten Kartenlegerinnen auszunutzen und zu lindern verstehen: »Mit einem Wort, ich habe meine Zeit verstanden, und wenn ich eine Sibylle bin, dann eine christliche und katholische Sibylle«, erklärt eine der berühmtesten, Madame Lacombe.[26]

Diese Frauen sind sich ihrer gesellschaftlichen Rolle durchaus bewußt. Als Vertraute, Ratgeberinnen, Sozialfürsorgerinnen tragen sie dazu bei, die Menschen zu beruhigen, zu beschwichtigen, zu trösten. Man sucht bei ihnen ebenso mütterlichen Trost wie Kenntnis der Zukunft. Madame Lacombe, die in der Rue des Bouchers Nr. 1 arbeitet, nennt sich »Freundin, Mutter, Ratgeberin, Vertraute« und betont die Bedeutung der menschlichen Wärme bei den Beratungen. Mademoiselle Lelièvre, die 1847 die Theorie ihrer Kunst schriftlich niedergelegt hat, analysiert auf höchst bemerkenswerte Weise die therapeutische Funktion der Wahrsagung, »Zielpunkt aller Leidenden; für den Schwachen, auf dem die Gegenwart zu schwer lastet, ist das Sprechzimmer der Stern der Hoffnung. Im allgemeinen blickt man gerne in die Zukunft, weil man hofft, ihr Dunkel durchdringen und das, was sie möglicherweise an Glück bietet, auf sich lenken zu können. Wenn wir hoffen, tauschen wir die tatsächlichen Übel und ihre brennenden Schmerzen gegen Illusionen, die Vergangenheit gegen die Zukunft ein; es gäbe kein Glück, wenn es keine Illusionen gäbe.«[27]

Die scharfsichtige Kartenlegerin hört mehr zu, als daß sie spricht: »Wir sind Ärzte und Beichtiger zugleich: wir müssen alles hören, alles sehen und schweigen«, stellt Mademoiselle Lelièvre fest.[28] Die Mehrheit der Ratsuchenden sind Frauen, deren Lage in den mittleren und bürgerlichen Klassen leicht zur Neurose führt: in einer untergeordneten Stellung gehalten, auf das Leben in ihrem Haus beschränkt, ohne Rechte und ohne Ausdrucksmöglichkeiten, unterdrückt und zu übertriebener Vorsicht gezwungen, durch eine puritanische Erziehung sexuell gehemmt, bleibt ihnen keine andere Zuflucht als die Religion und die Wahrsagung. Der Kartenlegerin, die dieses Problem gut kennt und viel Erfahrung mit der menschlichen Seele erworben hat, indem sie ihren Kundinnen zuhörte, fällt es nicht schwer, sie zu beraten und ihnen ihre Eingebungen als »Vorhersagen« zu präsentieren. Lassen wir noch einmal Mademoiselle Lelièvre zu Wort kommen: »Meist ist die Religion außerstande, ihren schwärmerischen Geist zu beruhigen; sie brauchen das Außergewöhnliche, das Wunderbare, das Unerwartete; es sind wahrhaft Kranke, die sich an den Arzt der Phantasie wenden. Der Mutter sage ich, was sie tun muß, um sich mit ihren Kindern auszusöhnen; der unglücklichen Gattin zeige ich, welche Mittel sie anwenden muß, um ihren Gatten zu seinen Pflichten zurückzubringen; und euch, junge Mädchen, zärtlich und empfindsam Liebende! euch sage ich, ob der, dem ihr euer Herz geschenkt habt, eines so schönen Opfers würdig ist. Man lauscht meinen Worte voller Vertrauen und Respekt. Was ich vorhersage, trifft ein, denn man befolgt meine Ratschläge. Wie viele unschuldige junge Mädchen habe ich gerettet, die im Begriff waren, sich von ihren betrügerischen Anbetern verführen zu lassen! Wie viele Unglückliche habe ich daran gehindert, sich zu zerstören, indem ich ihnen die Hoffnung zurückgab, die sie verloren hatten!«[29] Unwissentlich ist die Kundin das Agens der Verwirklichung ihrer Zukunft, indem sie die Anregungen der Kartenlegerin beherzigt.

Letztere ist im übrigen auch das Produkt einer vom Mann dominierten Gesellschaft. In keinem Augenblick der Geschichte war die männliche Vormundschaft vielleicht so stark wie im 19. Jahrhundert, wo zu den herkömmlichen religiösen Vorschriften das bürgerliche Gesetzbuch hinzukam, das die Frau zur ewigen Minderjährigen im Dienst des Herrn stempelte. Der Beruf der Hellseherei ist für sie eine der wenigen Möglichkeiten, sich zu behaupten. Die große Mehrheit der Wahrsager sind Wahrsagerinnen, und die meisten von ihnen sind ledig, d. h. unabhängig. Daß dies zum Teil an besonderen Eigenschaften der Sensibilität und der Einbildungskraft liegt, ist wahrscheinlich. Aber die hauptsächliche Erklärung ist soziologischer Art. Das Hellsehen ist der erste große weibliche Beruf. Wie Mademoiselle Lelièvre schreibt, ziehen die Männer im übrigen lieber eine Frau zu Rate, denn in ihren Augen besitzt sie »eine vollkommenere Kenntnis der Zukunft und steht in engerer Verbindung mit den Geistern.«

Bei der Kartenlegerin ist die Vorhersage eine Sache der Psychologie, und diese erwirbt man durch Erfahrung, aber auch aus Handbüchern, die lehren, wie man zwischen dem Temperament, der Physiognomie und den Wechselfällen des Daseins eine Verbindung herstellt. Derartige Bücher mehren sich in der ersten Hälfte des

Der Beginn des Zeitalters der Massen (I)

19. Jahrhunderts, angefangen mit *L'Art de prévoir l'avenir par une méthode nouvelle fondée sur la physiognomonie* (1815).³⁰ Die Vorhersagen sind äußerst phantasievoll wie jene, die man einem Sanguiniker machen soll, der wissen möchte, ob er in der Lotterie gewinnen wird: »Gleiche Chancen vorausgesetzt, werden Sie, nachdem Sie einige Jahre lang gespielt haben, feststellen, daß Sie den sechsten Teil des Geldes, das sie eingesetzt haben, verloren haben. Möglicherweise werden Sie sich ruinieren, aber erst auf lange Sicht.« In der gleichen Weise befaßt sich die Epoche mit der Graphologie und der Chirognomonie, um zwischen der Schrift, der Form der Hand und den Anlagen des Subjekts Beziehungen herzustellen.

Unabhängig von der angewandten Methode ist die Vorhersage in der ersten Hälfte des 19. Jahrhunderts ein gesellschaftliches Phänomen. S. Blocquel, Verfasser von *L'Avenir dévoilé* (1844), stellt fest: »Die Kartomantie ist heutzutage eine Wissenschaft geworden, die häufig die Neugier der wohlhabenden Frau, der einfachen Händlerin oder der bescheidenen Gefährtin des Handwerkers anstachelt, amüsiert und befriedigt. Diese Wissenschaft war Gegenstand einer Vielzahl von Publikationen.«³¹ Eine Meinung, die von vielen anderen bestätigt wird. Abbé Guillois, der dieses Phänomen beklagt, schreibt 1836: »Die Kartomantie ist heutzutage die am häufigsten geübte Art der Weissagung, und ihre Tollheiten sind in allen Klassen der Gesellschaft sehr weit verbreitet. Das Volk, aber auch Männer von Geist und vornehme Damen suchen insgeheim Kartenlegerinnen auf. Es gibt in Frankreich keine Stadt, in der sich nicht irgendeine Intrigantin mit Kartenlegen bereichert.«³² Schon 1828 verzeichnet J. Garinet für Paris: »Im Augenblick, da ich schreibe, sagen zugelassene Gaukler mitten auf der Straße die Zukunft voraus; dadurch kennt die Polizei alle Geheimnisse des Pöbels. Der Aberglaube hat seine Schlupfwinkel in der Rue Planche-Mibray, auf der Chaussée-d'Antin, in der Nähe der Invalides und an der Ecke der Rue de Tournon.«³³

Tatsächlich stellen sich die Wahrsager der Hauptstadt an den frequentiertesten Orten zur Schau. Der alte Gomard hat seinen Tisch auf dem Pont-Neuf aufgestellt; ein anderer lockt die Gaffer vor dem Justizpalast an; auf dem Faubourg Saint-Germain befinden sich die feinsten Praxen. Prospekte werden offen verteilt und rühmen die Erfolge der Wahrsagerin und ihre seriöse Ausbildung;

so heißt es z. B.: »Madame Morel, enge Freundin und Schülerin von Mademoiselle Lenormand, teilt ihrer zahlreichen Kundschaft mit, daß sie weiterhin von zwölf bis vier Uhr in der Rue des Vieux-Augustins Nr. 24 Sprechstunde hat.«

Denn die Polizei hat es vorläufig aufgegeben, einzuschreiten, da sie die Vorhersagen für harmlose Torheiten hält. Zwar werden diejenigen, die sich auf die Politik beziehen, noch immer dem Justizministerium gemeldet, aber dieses verfolgt die Sache fast niemals weiter. Zwei Beispiele, davon eines aus der Zeit der Restauration. 1829 schreibt ein Agent des Innenministeriums an einen Kollegen aus dem Justizministerium: »Ich glaube Ihre Aufmerksamkeit auf einen Almanach mit dem Titel *Astrologue omnibus, almanach populaire* lenken zu müssen. Unter der Bezeichnung Vorhersagen für das Jahr 1830 prophezeit man darin für jeden Monat Unruhen und Kämpfe, die zum Sieg der Revolution führen sollen.« Antwort: »Ich meine nicht, daß Anlaß besteht, irgendeine Maßnahme gegen den *Astrologue omnibus* zu ergreifen, auf den der Herr Innenminister den Herrn Justizminister aufmerksam gemacht hat. (...) Was die Vorhersagen von Mathieu Laensberg betrifft, so scheinen sie von zu großer Einfalt zu zeugen, als daß für eine Verfolgung Anlaß bestünde. Zwar liest man darin für den Monat Juni folgenden Satz: ›Die Großen werden Wasser in ihren Wein schütten und das Volk wird leidlichen trinken‹; und folgenden für den Monat Juli: ›Es wird eine große Wirrnis geben: ein Teil Europas wird brennen und bluten, weil es weder eine Verfassung noch eine Charta hat.‹ Aber solche Sätze scheinen sich gerade durch ihre Torheit jeder Unterdrückung zu entziehen, und im übrigen kann letzterer gar nicht für Frankreich gelten.«[34]

Zweites Beispiel zur Zeit der Juli-Monarchie. Der Generalstaatsanwalt von Montpellier schreibt dem Justizminister: »Ich habe die Ehre, Eurer Exzellenz ein Protokoll des Polizeikommissars zu überreichen, das die Beschlagnahme dreier Exemplare einer in dieser Stadt bei einer Durchsuchung von den Ordnungskräften aufgefundenen legitimistischen Publikation festhält. Wie Sie leicht erkennen werden, ist diese Publikation mit dem Titel *Le Livre de toutes les prophéties* der Regierung des Königs feindlich gesinnt, und mehrere Passagen, insbesondere jene, in denen die Hoffnung auf die Rückkehr der gestürzten Dynastie zum Ausdruck kommt, könnten zu Strafverfolgungen Anlaß geben.« Antwort: »Ich habe besagte Broschüre geprüft. Obgleich sie in bösem Geist geschrieben ist, meine ich nicht, daß ihre Verfolgung Erfolg verspricht.«[35]

Auch die immer noch populären Almanache werden überwacht, aber ihre allgemeinen, banalen und absichtlich karikierenden Vorhersagen bieten wenig Handhabe für eine Verurteilung. Der *Nouvel Astrologue parisien ou le Mathieu Laensberg réformé* sieht voraus, daß im Jahre 1820 »mehrere Bände veröffentlicht werden, die Geschichte zu nennen man die Güte haben wird«; der 1841 gegründete *Almanach prophétique, pittoresque et utile* erklärt, daß »die Ehen in diesem Jahr glücklich sein werden, wenn es gelingt, sich immer zu lieben«; der Almanach von 1851 stellt die Liste der Vorzeichen auf, die die Revolution von 1848 (!) ankündigen. Kometen und Finsternisse spielen erneut ihre Rolle als Vorboten von Katastrophen, die die Arithmantie mit ihren irrwitzigen Berechnungen bestätigt. Der *Almanach prophétique* von 1842 sieht mit Hilfe dieses Systems ein katastrophales Jahr voraus: »1842 scheint ein entsetzliches Jahr zu sein, wo alles, was heute besteht, vernichtet und zerstört werden wird, um nach vielen Jahren oder Jahrhunderten wieder aufzuleben. (...) Die meisten Berechnungen, die seit der Französischen Revolution angestellt wurden, enden mit dem Jahr 1842. Wir haben einige dieser Berechnungen vorgetragen, die vielleicht die Skepsis auch der Ungläubigsten erschüttern werden.«

Die Prophezeiungen des Almanachs werden nicht mehr ernst genommen und geben Anlaß zu Scherzen und Chansons:

> À m'entendre qu'on s'apprête
> Bonnes gens ici venus,
> J'enfonce, nouveau prophète,
> Laensberg et Nostradamus.
> J'prédis la pluie et l'beau temps
> Ecoutez assistants
> Ça vous intéresse;
> Pour savoir si dans l'avenir
> Vous devez réussir.[36]

> (Mich zu hören schickt man sich an,
> Brave Leute, die ihr zusammenkommt,
> Ich übertreffe als neuer Prophet

Laensberg und Nostradamus.
Sage Regen und Sonnenschein voraus,
Hört zu, Anwesende,
Das interessiert euch;
Um zu wissen, ob in der Zukunft
Das Glück euch winkt.)

Allgemein gehört es im übrigen zum guten Ton, die Wahrsager und ihre Vorhersagen zu verspotten. Komödien, Melodramen, Vaudevilles machen die Kartenlegerinnen lächerlich oder decken ihren Schwindel auf, wie 1832 die Stücke von Desprez und Alboize und 1848 von Cordier und Clairville, wo eine Hellseherin, auf dem Bett einer erbärmlichen Mansarde liegend, erklärt: »Ich lache, wenn ich an die Dummheit der Menschen denke! Daß es Gänse gibt, die dämlich genug sind zu glauben, ich würde im Pik-König oder im Karo-König die Zukunft lesen! Ihr Schwachköpfe! Wenn ich in diesen gekrönten Häuptern die Zukunft läse, wäre ich dann nicht zwischen zwei Stühlen statt zwischen zwei Laken?«[37] Man erzählt zahllose Anekdoten über die groben Vorhersageirrtümer, wie den von Mademoiselle Lenormand, die einem als Mädchen verkleideten Jungen voraussagt, er werde bald einen Ehemann finden und gefahrlos ein Kind bekommen. Skeptische Pamphlete sind in Umlauf. Und alle, die Hellseherinnen aufsuchen, besonders wenn sie den wohlhabenden und gebildeten Klassen angehören, sind sich der Lächerlichkeit ihres Tuns bewußt und konsultieren sie im allgemeinen heimlich, verkleidet oder zu ungewöhnlichen Uhrzeiten.

Mademoiselle Lenormand, die Sibylle aus der Rue de Tournon

Die schönste Karriere einer Hellseherin der damaligen Zeit ist die von Mademoiselle Lenormand (1772–1843), die ein halbes Jahrhundert lang, während der Revolution, des Empire, der Restauration und der Juli-Monarchie, die Rolle einer Pariser Sibylle spielt und zum bewunderten und nachgeahmten, von den Größten konsultierten Vorbild wird. Im Leben dieser Berühmtheit spiegeln sich alle Aspekte der Verfahrensweisen und Wechselfälle dieses Berufs, ebenso die Zwiespältigkeit ihrer sozialen Stellung. Dennoch lassen sich ihre tatsächlichen Leistungen auf dem Gebiet der Vorhersage kaum beurteilen, da sie hauptsächlich ihren Memoiren entstammen, einem Werk der Eigenpropaganda, in dem sie sich *a posteriori* rühmt, die wichtigsten politischen Ereignisse ihrer Zeit vorhergesehen zu haben. 1814 veröffentlicht sie die *Souvenirs prophétiques d'une sibylle* und 1817 *Les Oracles sibyllins ou la Suite des Souvenirs prophétiques*, wo sie ihre Karriere und ihre Händel mit der Obrigkeit schildert. Außerdem hat sie noch mehrere andere Werke verfaßt, und viele Zeitgenossen haben über sie geschrieben.[38]

Aus dieser wenig zuverlässigen Literatur schälen sich folgende Elemente heraus. Marie-Anne Adélaïde Lenormand, 1771 als Tochter von Kaufleuten in Alençon geboren, kommt um 1790 nach Paris und findet eine Anstellung in einem Weißwarengeschäft. Nach mehreren anderen kleinen Tätigkeiten schließt sie sich mit einer gewissen Dame Gilbert und einem Bäckergesellen, Flammermont, als Wahrsagerin zusammen. Da sie geschickt und eine gute Psychologin ist, erwirbt sie rasch eine gewisse Bekanntheit, die sie in ihren *Souvenirs* maßlos übertreibt; auf die Liste ihrer Kunden setzt sie Mirabeau, den Grafen de Provence, die Prinzessin de Lamballe, Hoche, den künftigen Maréchal Lefebvre, Fouché, Hébert, Robespierre, Marat, Saint-Just, Danton, Desmoulins, Barère, Madame Tallien und sogar Marie-Antoinette, die sie verkleidet im Kerker aufgesucht haben will. Ihr zufolge haben alle berühmten Politiker, von den Enragés bis zu den wüstesten Konterrevolutionären, bei ihr vorgesprochen und das genaue Orakel ihres Schicksals erhalten. Die Wirklichkeit scheint indes sehr viel bescheidener gewesen zu sein. Cellier du Fayel zufolge, der die Kartenlegerin gut gekannt hat und 1845 *La Vérité sur Mlle Lenormand* veröffentlicht, wird sie zu jener Zeit vor allem von Flammermont ausgehalten, und weit entfernt, Robespierre das Fürchten zu lehren, lebt sie ziemlich kärglich von einer kleinen Kundschaft.[39]

Am 7. Mai 1794 als »Wahrsagerin« festgenommen, die die öffentliche Ordnung störe, sitzt sie eine Weile im Gefängnis der Petite Force. Da sie weiß, wie grotesk es für eine »Hellseherin« ist, nicht einmal ihre eigene Verhaftung vorausgesehen zu haben, rechtfertigt sie sich und prahlt damit in ihren *Souvenirs*: »Ich habe mich nicht wie eine Törin verhaften lassen, ohne es vorherzusehen oder zu erahnen; ich brauchte über die Gründe, die meinen verschiedenen Festnahmen zugrunde lagen, nicht zu erröten. Beim ersten Mal, 1774, sagte ich Robespierre und seinesgleichen voraus, daß ihre Verbrechen ein Ende finden würden. In jener so unseligen Zeit habe ich große und hervorragende Dienste geleistet, ich war der Sammelpunkt in meinem Gefängnis; auf der Treppe zu dem Zimmer, das die leidgeprüfte Prinzessin de Lamballe bewohnte, sagte ich meine Orakel und tröstete meine Unglücksgefährtinnen.«

Als sie im Juli 1794 freigelassen wird, nimmt sie ihre Tätigkeit unter der Bezeichnung »öffentliche Schreiberin« wieder auf, und das Glück ihres Lebens ist der Besuch von Joséphine de Beauharnais, der »ich prophezeite, sie werde eines Tages die schönste Rolle in Frankreich spielen«. Eine wenig kompromittierende und viele Deutungen zulassende Prophezeiung, die die sehr abergläubische Joséphine indes nicht vergessen sollte, denn ab 1796 schleppte sie aus Dankbarkeit auch ihren korsischen Ehemann zu ihr. Wenn man Marie-Anne Lenormand glauben darf, die im Jahre 1814 schreibt, soll sie letzterem goldene Berge versprochen haben, und im Laufe jener Jahre macht ihr Renommee einen entscheidenden Sprung nach vorn. 1789/99 läßt sie sich in der Rue de Tournon Nr. 5 nieder, eine Adresse, die dreißig Jahre lang das Zentrum der prophetischen Orakel in Frankreich bleiben sollte.

Dort thront die Kartenlegerin, die sich noch immer »Autorin-Buchhändlerin« nennt. Da sie sehr beschäftigt ist, läßt sie ihre Kunden in einem Vorzimmer voller Bilder, Gravuren und Büsten warten, die geeignet sind, in die Welt des Fremden einzuführen. Die Konsultation findet im Schlafzimmer statt, inmitten einer kunstvollen Unordnung, die der Einstimmung dient: esoterische Werke, kabbalistische Zeichen und Tafeln, Gravuren, Porträts, Tarotspiele, ein magischer Spiegel, der Lucas Gauricus, einem Astrologen von Katharina von Medici, gehört haben soll. Hellseherin und Kunde sitzen einander gegenüber, zu beiden Seiten eines mit einem grünen Teppich bespannten Tischs. Bei den verwendeten Mitteln herrscht der schiere Eklektizismus: Karten, Kaffeesatz, geschlagenes Eiweiß, geschmolzenes Blei, Handlinien, Wassertropfen auf einem venetianischen Spiegel oder in einer Porphyrvase, Wahrsagung anhand des Namens, Spiel der dreiunddreißig griechischen Stäbchen, die in ein Dreieck geworfen werden. Die Tarife variieren je nach der Gründlichkeit der Verrichtungen, schließen die Kundschaft aus dem Volk jedoch aus: 30 Francs für das große Spiel, 6 Francs für das kleine Spiel, 400 Francs für ein Horoskop, erstellt anhand des Tages und des Monats der Geburt, der bevorzugten Blume und Farbe und des Lieblingstiers sowie des verhaßten Tiers. Eine Sitzung mit dem »großen Spiel« kostet soviel, wie ein Arbeiter in drei Monaten verdient.

Zur Ergänzung der Vorhersagen und um sich über die Zukunft auf dem Laufenden zu halten, wird der Kunde auch aufgefordert, die 1798 von Mademoiselle Lenormand herausgegebene Zeitschrift zu abonnieren, *Le Mot à l'oreille ou le Don Quichotte des dames*, eine Chamäleon-Zeitschrift, die je nach den Regierungen die Farbe wechselt: 1898 ist sie gemäßigt republikanisch, danach offen bonapartistisch, wobei sie Klatschgeschichten und Gerüchten einen breiten Raum einräumt, äußerst vage Vorhersagen macht und Neuigkeiten über die Italienarmee verbreitet. Die Gunst des Ehepaars Bonaparte verhilft Mademoiselle Lenormand zu einer immer illustreren Gesellschaft, die ihren Ruf aufpoliert: Garat, Barras, Talleyrand, Madame de Staël, David, Talma, Metternich und bald Zar Alexander und die Herzogin von Berry.

Doch schützt sie das nicht vor polizeilichen Schikanen, ganz im Gegenteil. Bei einer solchen Kundschaft weiß sie viele Dinge. Vielleicht zu viele. Sie wird genau observiert und mehrmals verhaftet, da man sie verdächtigt, von Verschwörungen Kenntnis zu haben: 1803, 1805 und 1809.[40] Wie Abbé Migne meint, ist es im übrigen wahrscheinlich, daß sie der kaiserlichen Polizei als Spitzel dient, dessen sie sich in ihren Memoiren nicht rühmt. Fouchés Berichte über ihre Person weisen darauf hin, welche Kluft zwischen der Rolle, die zu spielen sie wähnt, und der wahren Meinung der Obrigkeit über sie besteht: »Eine Demoiselle Lenormand (...), wohnhaft in der Rue de Tournon, die ein Büro als öffentliche Schreiberin unterhält, um ihre Machenschaften zu kaschieren, übt hauptsächlich den Beruf einer Kartenlegerin aus. Hochrangige Dummköpfe fahren im Wagen bei ihr vor. Besonders Frauen strömen dorthin. Ich habe gehört, daß gegen diese Intrigantin Anklagen wegen Betrugs erhoben wurden, die ihre Gerissenheit beweisen« (Oktober 1804); »Es ist ein großes Gedränge bei der Lenormand, der berühmten Kartenlegerin in der Rue de Tournon: Freitag um drei Uhr war Herr von Metternich da. Man sagte ihm ziemlich genaue Dinge über seine Stellung, seinen Charakter und seine

Geschäfte, um ihn zu beeindrucken« (März 1808); »Man hat die Frau Lenormand verhaftet, die den Beruf einer Wahrsagerin ausübte. Fast der ganze Hof konsultierte sie wegen aktueller Umstände. Sie stellte den hochstehendsten Personen das Horoskop und verdiente dabei über zwanzigtausend Francs im Jahr« (Dezember 1809).[41]

Nach dem Sturz Napoleons wird die Wahrsagerin, überaus hellsichtig, eine Royalistin. Sie setzt ihre Tätigkeit fort, noch ungehinderter als zur Zeit des Empire, und erweitert sogar ihr Repertoire, indem sie ihre Orakel von den Göttern Thot, Baal, Apollon, Merkur beglaubigen läßt, mit denen sie während ihrer ekstatischen Sitzungen verkehrt. 1818 begibt sie sich, ein gutes Geschäft witternd, zum Kongreß von Aix-la-Chapelle, wo alle Diplomaten Europas zusammenkommen, reich und lüstern auf Horoskope und Vorhersagen über die Zukunft Europas. Aber wegen Schmuggels wird sie an der Grenze festgenommen, und 1821 sitzt sie erneut im Gefängnis wegen ihrer *Mémoires historiques sur Joséphine*. Wenig später nimmt sie ihre Tätigkeit in der Rue de Tournon wieder auf, und die Sarksamen der seriösen Presse, des *Journal des débats* und des *Journal de Paris*, können ihrem Erfolg nichts anhaben, ganz im Gegenteil.

Mit der Revolution von 1830 beginnt ihr Stern rasch zu sinken. Obwohl sie behauptete, den Wechsel der Dynastie vorausgesehen zu haben, schaden ihr ihre Vorhersagen einer bevorstehenden Rückkehr der Bourbonen. Alternd, mehr und mehr vernachlässigt, ist sie heftigen Angriffen ausgesetzt. In der *Gazette de France* vom 31. Juli 1831 schließt Colnet den imaginären Bericht einer Konsultation mit den Worten: »Noch bevor sie aufwacht, macht sie neue Vorhersagen. Vorhersagen über Frankreich, über Polen, über Belgien. Apropos, wer wird König von Belgien sein? Ich hätte große Lust, Mademoiselle Lenormand danach zu fragen, aber das wäre vielleicht eine Indiskretion, der Bote aus Brüssel ist noch nicht eingetroffen.«

Nach und nach stellt Mademoiselle Lenormand ihre Tätigkeit ein, und obwohl sie vorausgesagt hatte, sie werde hundertacht Jahre alt, stirbt sie am 25. Juni im Alter von einundsiebzig Jahren. Der *Journal des débats* widmet ihr mehrere Seiten und findet sogar ergreifende Worte über ihre Rolle als Trösterin der Armen, verzeiht ihr jedoch nicht, daß sie die Sibylle der Familie Bonaparte gewesen war:

Der Beginn des Zeitalters der Massen (I)

»Nun, diese Frau, die soeben von uns gegangen ist, trieb die Kunst der Weissagung auf die Spitze. Mit einem Blick erfaßte sie, wer zu ihr kam, um sie zu befragen. Sie erkannte die starken Geister an ihrer Selbstsicherheit, an ihrer Gönnermiene, und ihnen gegenüber war sie unerbittlich. Mit einer gleichgültigen Handbewegung und mit monotoner Stimme, als hätte sie ihrem Wasserträger einen guten Tag gewünscht, sagte sie ihnen viel Unheil, viele Katastrophen, viel Elend voraus; mit ruinierten, verlorenen, zugrunde gerichteten, ja sogar ausgeplünderten Leuten verfuhr sie in einer Weise, daß unsere starken Geister bleichen und entsetzten Gesichts zurückkehrten. Mit den Einfältigen dagegen war sie nachsichtig und menschlich: sie bestreute ihr Leben mit Diamanten und Blumen, alles war eitel Harmonie, Zärtlichkeit, Erfolg, Heiterkeit. (...) In diesem Beruf, die Zukunft vorherzusagen, den Leidenschaften zu schmeicheln, Hoffnung zu wecken, hatte unsere Hexe ein Vermögen verdient. Und dieses Vermögen erwarb sie mühelos, unbekümmert, auf die reizvollste Weise, denn sie wurde dafür bezahlt, Enthüllungen zu lauschen, Geheimnisse zu erraten, Dramen mit anzusehen, die sich in Gold auszahlen würden. (...)

Ansonsten kein Verstand, keine Beredsamkeit, keine Erleuchtung, kein Herz und keine Seele; kein einziges Wort über die moderne Geschichte; nichts als sehr Vulgäres, sehr Abgeschmacktes, sehr Seichtes; die Gewandtheit einer Türschließerin, die Liebenswürdigkeit einer Putzmacherin, die Raffgier eines Gerichtsvollziehers. (...) Das war die Frau, die mit allerlei Schrecken und Ehrfurchtsbezeigungen die beherztesten und fortgeschrittensten Geister dieser Zeit konsultiert haben, angefangen mit Kaiserin Joséphine und dem Ersten Konsul Bonaparte!«

Dem Leichenzug der »Hexe« zum Père-Lachaise folgt am 27. Juni 1843 eine beeindruckende Menschenmenge, in der sich sehr viele Mitglieder der Aristokratie und des Großbürgertums befinden, die Mademoiselle dafür dankbar sind, daß sie sie einen Augenblick lang hatte träumen lassen.

Zweite Hälfte des Jahrhunderts:
Vorhersagen mittels Magnetismus

In der Mitte des 19. Jahrhunderts bereichert sich die volkstümliche Vorhersage um spitzfindigere und »wissenschaftlichere« Bereiche, den Magnetismus und den Spiritismus. Der Aufschwung der modernen Wissenschaft, Ursache des szientistischen Optimismus, verlockt den gesamten gebildeten Teil der Bevölkerung und trägt dazu bei, den Kaffeesatz, das Eiweiß und die Tarotspiele noch stärker in den Rang folkloristischer Pfuscherei zu verweisen. Wahrsager und Wahrsagerinnen wollen mit der Zeit gehen und, wie die Astrologen des 17. Jahrhunderts, ihrer Kunst einen wissenschaftlichen Anstrich geben. Statt die Wissenschaft zu bekämpfen, wie es die katholische Hierarchie damals tut, versuchen sie, sich deren Hilfsmittel nutzbar zu machen.

Die große Neuigkeit ist der magnetische Somnambulismus, den das Publikum bis in die 1850er Jahre nur schwer von den anderen Formen der Hellseherei zu unterscheiden vermag. Nicole Edelman, die vor kurzem dessen Geschichte nachgezeichnet hat, unterstreicht die Tatsache, daß »die Somnambule ein Kind der Vernunft sein will, ein Symbol des Fortschritts der Wissenschaft dank dem Magnetismus. Sie verkündet eine neue Ära des Glücks und der Gesundheit«.[42] 1852 taucht im *Bottin* der Terminus »somnambule extralucide« auf. Und schon wimmelt es von Praktikern. Im selben Jahr liest man in *Le Mémorial bordelais*: »Seit der Magnetismus in Mode gekommen ist, gibt es in jeder Straße Somnambule, die gegen Bezahlung die Zukunft enthüllen und verlorene Gegenstände wiederfinden.« Ende des Jahrhunderts glaubt Laurent de Perry versichern zu können, daß »Bordeaux vielleicht eine der Städte Frankreichs ist, wo der Beruf des Somnambulen am lukrativsten geworden ist«, und er nennt die Zahl von etwa fünfzig »sehr bekannten« und für Paris von etwa tausend.[43] Zur selben Zeit zählt die Zeitung *Le Vieux Papier* doppelt so viele für die Hauptstadt, und 1919 spricht *Paris-Midi* sogar von »35 000 Somnambulen«, d. h. »eine Kartenlegerin auf 25 Pariserinnen«, was gleichzeitig die Unschärfe sowohl der Statistik wie der Klassifizierung aufzeigt. Die Prospekte dieser Hellseherinnen schüren die Verwirrung. Eine von ihnen nennt sich 1910 »hellsichtige Schläferin«, »hellseherische Person, diplomiert«, die »Schlafsitzungen« praktiziert, über »33 unbekannte Methoden«, mit einer von ihr selbst erfundenen Leuchtkugel, »das Ganze auf der Grundlage des römischen Tarot«, was natürlich »unfehlbare Vorhersagen« ergibt.[44]

Tatsächlich findet die Hauptarbeit dieser Hellseherinnen im Zustand des Somnambulismus statt. Von ihrem Magnetiseur eingeschläfert, beantworten sie die Fragen und versichern, verlorene und gestohlene Gegenstände wiederfinden sowie für Gewinne bei der Lotterie und an der Börse sorgen zu können. Diejenigen, die sich wirklich ernst nehmen, stecken sich sehr viel ehrgeizigere Ziele und knüpfen an die große religiöse Prophetie von einst an. So Henri Delage (1825–1882), Enkel von Chaptal – was auf die Verbindung zur Wissenschaft hinweist –, hat nichts Geringeres im Sinn, als das Licht des Christentums »mit der Fackel der okkulten Wissenschaften« wieder zu entfachen, wie er 1849 in *Le Sang du Christ* schreibt. Für ihn ist der Somnambule ein Prophet, Erbe der Pythien und der Sibyllen. Als Reaktionär und Antimaterialist stellt er seine Vision einer regenerierten Welt der Vision der Sozialisten entgegen.

Abgesehen davon ist der Somnambulismus auch eine Salonmode, die die literarischen Kreise der Spätromantiker ungemein besticht: Balzac, Dumas, Hugo, Gautier, Sand, Nodier. Alexandre Dumas stellt bei diesen Soireen gern seine Talente als Magnetiseur der Damen unter Beweis, auch wenn er dabei wenig über die Zukunft erfährt. Neben diesen Amateuren sind die besten Berufshellseher immer noch Frauen: Mademoiselle Amouroux, Madame La Fontaine, Madame Bernard, Madame Perrot, Madame Desailloud, Madame Drieux, Mademoiselle Couédon. Letztere bringt es Ende des Jahrhunderts zu außergewöhnlicher Berühmtheit. In ihrer Wohnung in der Rue de Paradis Nr. 40 empfängt sie 1896, Gaston Méry zufolge, täglich bis zu 500 Personen, was immerhin sehr viel ist. Zumal sie gewaltige Irrtümer begeht, indem sie die Abdankung von Félix Faure und die Flucht von Dreyfus vorhersagt!

Anfang des 20. Jahrhunderts legen sich die Somnambulen orientalische Pseudonyme zu, die den esoterischen Reiz ihrer Tätigkeit noch mehr erhöhen. Aus Anne-Victorine Savigny wird Madame de Thèbes (1844–1916), und sie befaßt sich vor allem mit Kartomantie und Chiromantie. Sie treibt die Hellseherei so weit, daß sie in *Le Matin* vom 30. November 1911 einen kurz bevorstehenden Krieg vorhersagt, den die Generalstäbe und Diplomaten seit mindestens zehn Jahren vorbereiteten. Sie verfaßt auch Almanache und gibt Ratschläge, wie man glücklich wird. Valentine Dencausse, Madame Fraya genannt (1871–1914), liest die Zukunft aus den Handlinien wie die Damen Aldina, Andrea, Alvina, Ancina, Aicha, Ackita, Alina ...

Die Wahrsagung erweitert sich 1875 mit der Veröffentlichung eines Buchs, das die Geburtsurkunde des Spiritismus darstellt: *Le Livre des esprits, contenant les principes de la doctrine spirite sur la nature des esprits, leurs manifestations et leurs rapports avec les hommes, les lois morales, la vie présente, la vie future et l'avenir de l'humanité, écrit sous la dictée et publié par l'ordre des esprits supérieurs*. Dieses Buch ist das Werk von Hippolyte Léon Denizard Rivail (1804–1869) aus Lyon, der es vorzieht, den Namen anzunehmen, den er in einem früheren Leben trug, als er Bretone war, Allan Kardex. Bei ihm ist die Hauptperson das Medium, das mit der Welt der Geister in Verbindung steht und unter anderem die Zukunft vorherzusagen vermag.

In den meisten Fällen sind diese Hirngespinste nur ein Zeitvertreib in den Salons, ein Gesellschaftsspiel oder, schlimmstenfalls, Hochstapelei unter Ausnutzung der Leichtgläubigkeit, wenn sie den naiven Geistern imaginäre Vorhersagen über ihre Zukunft verkaufen. Aber in Zeiten gesellschaftlicher und internationaler Spannung werden diese Methoden Gegenstand parteilicher Manipulationen, wie bei den Orakeln und später der Astrologie, was immerhin Zweifel am Fortschritt der intellektuellen Reife der Menschheit weckt. Die 1890er Jahre liefern ein Beispiel dafür. Jahre der Besorgnis in der französischen Gesellschaft, die geplagt ist von den antiklerikalen Konflikten, dem Aufstieg des Sozialismus, dem Zusammenstoß zwischen dem Szientismus und den Kirchen, dem Gefühl der Dekadenz, dem Antisemitismus, der sich mit der 1894 beginnenden Dreyfus-Affäre verschärft. Bei der reaktionären und klerikalen Rechten verkündet man die baldige Rache Gottes gegen ein freimaurerisches, republikanisches, radikales und atheistisches Frankreich, das seinem Glauben und seinem König abgeschworen habe. Diese Rache sehen einige im Brand des Bazar de la Charité am 4. Mai 1897, dem 120 Unschuldige, darunter 110 Frauen, zum Opfer fallen. Andere kündigen zukünftige Katastrophen an und bedienen sich dazu sowohl der Marienerscheinungen, wie der von der Kirche verurteilten in Tilly-sur-Seulles, als auch der

somnambulen Talente wie der von Henriette Couédon, die sich
daran macht, im Verlauf visionärer prophetischer Anfälle Feuerregen, Hungersnöte, Krieg und alle möglichen Katastrophen vorherzusagen. Sie erklärt: »Der Engel hat gesagt, er sei der Bote Gottes,
ausgesandt, um den Menschen die ihnen drohenden Übel anzukündigen und Frankreich die Rückkehr zum Königtum vorauszusagen.«[45] Dieser König werde jung und schön sein, ein großer
Blonder mit blauen Augen. Sie sagt auch voraus, daß die Juden aus
Frankreich vertrieben werden und in Palästina ein Königreich
gründen.

Dies alles interessiert Drumont ungemein, obwohl er den Phänomenen der Hellseherei skeptisch gegenübersteht. Viele gehen
mit sich zu Rate, denn es kommt nicht oft vor, daß die Somnambulen sich auf dieses der religiösen Prophetie vorbehaltene Gebiet
wagen. Im Jahre 1900 veröffentlicht G. Méry ein Buch über *La
Voyante de la rue de Paradis*; die Presse widmet ihr einen Artikel,
Ärzte untersuchen sie, Neugierige bestürmen sie. Émile Zola
untersucht in *Le Figaro* dieses Phänomen, Folge einer »Glaubenskrise«, das durch Erscheinungen und Vorhersagen die Christen
dazu verleite, an eine notwendige Regenerierung des katholischen
Frankreich zu glauben. Für die magnetistischen und spiritistischen
Kreise handelt es sich um Manipulation. J. Bouvery schreibt 1896
in *Le Moniteur spirite et magnétique*: »Nach und nach, sei es
durch Training oder Autosuggestion, glaubte Mademoiselle Couédon oder redete man ihr ein, sie sei eine neue Bernadette... Eine
bekannte Zeitung hielt das für einen schönen Streich, den man der
›Republik der Freimaurer‹ spielen kann, und der Rest läßt sich
erraten.«[46]

Renaissance der Prophetie religiöser Prägung.
Ihre soziokulturelle Funktion

Der Fall der Henriette Couédon bildet den Übergang zur inspirierten Prophetie klassischeren Typs, von der das 19. Jahrhundert
ungeachtet seines wissenschaftlichen Geistes nur so strotzt. Tatsächlich ist dieses aus dem Gleichgewicht geratene Jahrhundert ein
guter Nährboden für eine Fülle von Prophezeiungen, die sich um

die großen gesellschaftlichen, ökonomischen, nationalen und religiösen Probleme ranken, Prophezeiungen, die die Erfüllung der Hoffnungen verheißen, oder Prophezeiungen der Rache seitens der Opfer, der Enttäuschten und der von der Evolution Benachteiligten.

Die Beschleunigung der Geschichte und die Erschütterung der traditionellen Glaubensvorstellungen verleihen den Endzeitprophezeiungen neue Kraft. Dafür einige Beispiele. 1792 sagt Joanna Southcott, eine »Magierin« aus Devon, das Ende der Welt für die Zeit voraus, »da der orientalische Krieg ausbrechen wird«; Anfang des 19. Jahrhunderts sagt die deutsche Visionärin und Nonne Anna Katharina Emmerich (1774-1824) etwa für die Mitte des 20. Jahrhunderts eine große Ausfahrt Luzifers und mehrerer Teufel voraus, die Katastrophen herbeiführe, in denen ihre heutigen Exegeten mühelos die Kriege und Revolutionen der heutigen Zeit erkennen[47]; um 1850 sagt eine französische Nonne, Schwester Boquillon, für das Ende des 20. Jahrhunderts furchtbare Ereignisse voraus; 1873 nennt Abbé de La Tour de Noé endlich genaue Zahlen in *La Fin du monde en 1921, ou Proximité de la fin des temps*, einem Werk, das auf verblüffenden, dem Alten Testament und der Offenbarung entnommenen Berechnungen beruht, denen zufolge das Ereignis am 13. Juli 1921 um 7 Uhr und 3 Minuten eintreten werde. *La fin du monde* wird zehnmal nachgedruckt.[48]

Chiliastische Träume sind stets Anlaß für Vorhersagen, die sich durch nichts entmutigen lassen. In den Vereinigten Staaten studiert der Farmer William Miller, Konvertit und Mitglied der baptistischen Kirche, die früheren Prophezeiungen und sieht in der Revolution ein Zeichen für die Erfüllung der Zeiten. Er sagt die Wiederkunft Christi zwischen dem 21. März 1843 und dem 21. März 1844 voraus, womit er seine Anhänger in solchen Aufruhr versetzt, daß sie ihre Habe verkaufen, nicht mehr arbeiten, ihren Abschied einreichen. Nachdem das Schicksalsdatum verstrichen ist, herrscht große Enttäuschung, und Miller setzt einen neuen Termin fest: den 22. Oktober 1844. Auch dieser Fehlschlag entmutigt ihn nicht. Er erklärt ihn damit, daß das Weltende eine ernste Angelegenheit sei und Christus noch ein paar Kleinigkeiten regeln müsse, damit an dem großen Tag alles einwandfrei verlaufe: »Wie hienieden gibt es auch dort oben Unvollkommenheiten. Das Jüngste

Gericht ist viel zu wichtig, als daß man bei seiner Vorbereitung auch nur den kleinsten Irrtum begehen darf, daher müssen wir noch warten.« Und während dieses Wartens organisiert Miller seine Anhänger zu einer festen Gemeinschaft, der Gemeinschaft der Siebenten-Tags-Adventisten, die noch heute, jedoch ohne ein Datum festzulegen, die unausbleibliche Wiederkunft Christi erwarten.[49] In den Vereinigten Staaten gibt es eine Unzahl ähnlicher Fälle, einem Land, wo die in sich abgekapselten kleinen puritanischen Gemeinschaften prophetischen Berufungen überaus förderlich sind. 1830 veröffentlicht Joseph Smith (1805–1844) das *Book of Mormon*, das er als Übersetzung eines heiligen ägyptischen Werks vorstellt, das er dank seiner Visionen entdeckt haben will und das die zukünftige Errichtung des Königreichs Christi auf Erden ankündigt. Charles Taze Russell (1825–1916), ein ehemaliger Presbyterianer, sieht die unsichtbare Wiederkunft Christi für das Jahr 1874 voraus, dann die Vernichtung der »Gentils« für 1914, dann für 1918. Sein Nachfolger Ernest Rutherford gibt seinen Anhängern 1931 den Namen Zeugen Jehovas und sagt den baldigen Sieg Gottes über den Teufel voraus, gefolgt von tausend Jahren göttlicher Herrschaft, in denen die Zeugen die Menschheit erziehen. Dann werde nach einer abermaligen Revolte der Teufel samt seinen Anhängern vernichtet werden.

Es handelt sich hier um chiliastische Prophezeiungen klassischen Typs, die sich ausschließlich auf religiöse Texte stützen. Im Europa des 19. Jahrhunderts ist der Chiliasmus eklektischer und zeigt die Tendenz, sich teilweise zu säkularisieren, indem er den religiösen Glauben durch den Glauben an den materiellen und wissenschaftlichen Fortschritt stärkt. Dank Gott und der Maschine ziehe eine Ära des Glücks herauf. Diese optimistische Auffassung hat ihre Wurzeln in den Denkern des 18. Jahrhunderts, Herolden der Fortschrittsidee wie Abbé de Saint-Pierre (1658–1743), der proklamiert, daß »die menschliche Vernunft sich immer weiter vervollkommnet«, wie der Philosoph David Hume, die Ökonomen Turgot und Adam Smith. Kant und Condorcet meinten das unbegrenzte Fortschreiten der menschlichen Vernunft behaupten zu können, wobei Condorcet sogar zu einer nahezu paradiesischen Vision der menschlichen Zukunft gelangt, einer Welt, die den Irrtum, die Krankheit und fast auch den Tod abgeschafft habe und ausschließlich von vernünftigen Geschöpfen bevölkert sei: »Sie wird also kommen, die Zeit, da die Sonne nur noch auf freie Menschen scheint, Menschen, die nichts über sich anerkennen als ihre Vernunft.«[50]

Der wissenschaftlich-religiöse Chiliasmus liegt auch den Werken von John Edwards zugrunde, der schon 1699 eine regenerierte künftige Menschheit voraussah, in der eine universelle Sprache gesprochen werde, die die natürlichen, insbesondere die klimatischen Exzesse abgeschafft habe und sich einer vollkommenen Gesundheit sowie einer verlängerten Jugend erfreue.[51] 1725 stellt Thomas Sherlock (1678–1761), ein anglikanischer Bischof, Ähnliches in Aussicht, aber die Bedeutung seines Buchs *The Use and Intent of Prophecy in the Several Ages of the World* liegt unseres Erachtens in einer Analyse der gesellschaftlichen Funktion der Prophetie in der aus dem Sündenfall hervorgegangenen Welt: sie diene dazu, der Menschheit Mut zu machen und die Hoffnung zu nähren; seit Adams Sünde »ließ sich das Wort der Prophetie vernehmen, nicht um der Naturreligion entgegenzutreten, sondern um sie zu stärken und zu vervollkommnen und um dem Menschen neue Hoffnungen zu geben«.[52]

Dieselben Ideen eines wissenschaftlich-theologischen Fortschritts findet man bei Edmund Law, einem weiteren anglikanischen Bischof[53], sowie bei William Worthington, der 1773 schreibt: »Der Zustand der neuen Himmel und der neuen Erde wird eine Wiederherstellung des paradiesischen Zustandes sein; aber auf einer höheren, geläuterteren, vergeistigteren Stufe.«[54] Die Synthese von Wissenschaft und Religion, Garantie einer für den Menschen strahlenden Zukunft, wird von dem großen Chemiker und Unitarier Joseph Priestley (1733–1840) repräsentiert, der 1794 in die Vereinigten Staaten übersiedelte, nachdem er in England und Frankreich gelebt hatte. 1788 sieht er, auf die Arbeiten von Bacon und die prophetischen Verheißungen gestützt, eine Ära des Glücks auf Erden voraus, dank der vom göttlichen Wirken geleiteten Technik: »Da die Erkenntnis, wie Lord Bacon bemerkt, eine Macht ist, wird sie die Kraft des Menschen erhöhen. Die Natur, das heißt ihre Materie wie ihre Gesetze, wird uns gehorsam sein. Die Menschen werden ihre Lage auf dieser Welt dergestalt verbessern, daß sie sich größerer Fülle und Behaglichkeit erfreuen werden. Wahrscheinlich werden sie ihre Lebensdauer verlängern. Von Tag zu Tag werden sie glücklicher sein, jeder für sich selbst, aber auch fähiger, den anderen Glück zu schenken, und, davon bin ich überzeugt, auch geneigter, es zu tun. Und wie immer der Anfang dieser Welt gewesen sein mag, ihr Ende wird glorreich und paradiesisch sein, mehr als wir es uns heute vorzustellen vermögen.«[55] Die Französische Revolution, die im Jahr darauf ausbricht, bestätigt Priestley in der Gewißheit, daß sich die Geschichte auf entscheidende Weise in der richtigen Richtung beschleunigt, was ihn 1794 zu einer Predigt über den »gegenwärtigen Zustand Europas im Vergleich zu den alten Prophezeiungen« inspiriert, und 1799 sagt er die Rückkehr der Juden nach Palästina sowie die Errichtung des Königreichs Gottes auf Erden voraus.

Diese Strömung setzt sich während des ganzen 19. Jahrhunderts fort, beispielsweise mit Frédéric de Rougement (1808–1876), einem Schweizer protestantischen Theologen, der 1874 die Synthese von Glauben und Wissenschaft zum größten Glück der Menschen vorhersagt: »Mit Jesus Christus und den Aposteln beginnt die Geschichte der modernen Welt, deren Aufgabe es ist, im Bereich der Intelligenz die Synthese von Offenbarung und Wissenschaft, Vernunft und Glauben, östlichem Semitismus und westlichem Japhetismus zu bewirken. Das nächste Zeitalter wird das Zeitalter der endgültigen Synthese von Offenbarung und Philosophie sein, oder vielmehr des Eindringens der Offenbarung in die Philosophie.«[56] 1841 hat der aus der katholischen Kirche ausgeschlossene Abbé Alphonse-Louis Constant, der sich häretischen okkultistischen Spekulationen hingibt, derentwegen er zweimal im Gefängnis sitzt, eine Vision, die ihm die »neue Welt« zeigt – eine Neuinterpretation des Dogmas und der Rolle der Jungfrau Maria in einem humanitär-mystischen Wahn. 1899 sagt Abbé Néon in einem *Sermon pour la fête de la Toussaint en l'an 2000* die Heraufkunft eines kosmischen Katholizismus voraus, der den Streit zwischen Wissenschaft und Religion beenden werde, während sein Amtsbruder Abbé Calippe (1920 im *Journal d'un prêtre d'après-demain* eine Kirche in Symbiose mit der Laienwelt vorhersieht, in der insbesondere Arbeiter-Priester wirken.

Alle diese prophetischen Bewegungen befinden sich an den Rändern der religiösen Welt, außerhalb der großen offiziellen Kirchen, besonders der katholischen Kirche. Seit deren Säuberung im Rahmen der tridentinischen Reform im 17. Jahrhundert waren die prophetischen Stimmen verstummt, zugunsten stabiler administrativer Strukturen, die darauf bedacht waren, eine unveränderliche Gegenwart zu verwalten. In einer statischen Geschichtsauffassung befangen, hatte die katholische Kirche für die prophetische Funktion keinen Platz mehr. Da die Zukunft so sein mußte wie die Gegenwart, gab es nichts mehr vorauszusagen, es sei denn das Ende der Welt, das einzige unabwendbare Ereignis der Zukunft, dessen Datum jedoch niemand wissen kann. Die Exzesse und ständigen Fehlschläge der inspirierten Prophezeiungen hatten der institutionellen Kirche zuviel Schaden zugefügt, so daß sie sich gegenüber jedweder prophetischen Äußerung eine Haltung äußersten Mißtrauens und der Unterdrückung zu eigen gemacht hatte.

Diese Haltung, die noch im 19. Jahrhundert absolute Gültigkeit hat, zeigt indes in den 1840er Jahren, unter dem Druck des Volks der Gläubigen und als notwendige Konzession an den Geist der Zeit, eine gewisse Tendenz, sich zu lockern. Denn die Zunahme der Praktiken der Hellseherei wie Kartomantie, Chiromantie, Magnetismus, Somnambulismus und Chiliasmen aller Schattierungen sowie das Auftauchen der neuen Propheten der Wissenschaft, der Utopie und des Sozialismus zeugen von einem tiefen Bedürfnis der modernen Gesellschaft, sich ihrer Zukunft zu vergewissern, von einer Bewegung hin zur Zukunft, die durch die Beschleunigung der Geschichte verstärkt wird. Wenn die Kirche dem prophetischen Geist auch das kleinste Zugeständnis verweigert, läuft sie Gefahr, ihre Anhänger zu enttäuschen, sich den Bestrebungen des Jahrhunderts zu verschließen, noch mehr ins Abseits zu geraten und zu sehen, daß ein Teil der Gläubigen den Sirenen der häretischen oder szientistischen Weissagung folgt. Denn die Reden über das Jenseits reichen nicht mehr aus. Mehr und mehr verlangt der besorgte einfache Christ Vorhersagen über die Zukunft dieser Welt, und wenn die Kirche schweigt, wird er sie anderswo suchen.

In diesem Kontext ist auch die Welle wundersamer Marienerscheinungen zu sehen, von der Rue du Bac im Jahre 1830 bis hin zu Fatima im Jahre 1917. Jede Erscheinung geht mit einer prophetischen Botschaft einher, die jedoch stets geheimgehalten wird und von der man nur einige vage katastrophische Gerüchte durchsikkern läßt. Jedesmal äußern die religiösen Autoritäten starke Vorbehalte, bevor sie eine nachsichtige und zwiespältige Verschwommenheit an den Tag legen, die es erlaubt, die »rationale« Haltung zu retten, um sich nicht allzusehr den Sarkasmen der Szientisten auszusetzen, und dennoch das Bedürfnis des Volks nach Wunderbarem zu befriedigen. Außerdem hat das halbe Geheimnis, in das die Offenbarungen gehüllt sind, den ungemeinen Vorteil, die Gläubigen in Atem zu halten, da man andeutungsweise die Voraussagen von Katastrophen erörtert, die über dem Haupt der Menschen schweben, falls sie sich nicht zum wahren Glauben bekehren.

Die Erscheinungen und ihr prophetischer Inhalt ermöglichen es, die Volksreligion mit der klerikalen Religion zu versöhnen, die seit dem 17. Jahrhundert in Scheidung leben. Dies zeigt Thomas Kselman in seiner Dissertation *Miracle and Prophecy. Popular Religion and the Church in XIXth Century France.*[57] Für ihn ist die, wenn auch widerstrebende, Anerkennung der prophetischen Wunder durch die Kirche ein Mittel des Klerus, nach dem Schock der Revolution die Gunst des Volkes zurückzugewinnen. Es ist auch ein zusätzlicher Damm gegen den zunehmenden Atheismus, dem sich reaktionäre politische Strömungen aufpropfen, wie es die Prophezeiungen über die Rückkehr der Bourbonen veranschaulichen. Das vatikanische Konzil von 1870 erteilt im übrigen dem Wiederaufleben der Prophezeiungen die theologischen und doktrinalen Weihen, indem es ihren apologetischen Wert hervorhebt. Gleichzeitig bekräftigt es erneut das Monopol der Kirche auf die prophetische Tätigkeit. Die Konstitution *Dei Filius* erinnert daran, daß die Prophetie als Ankündigung eines zufälligen künftigen Ereignisses das göttliche Wissen erheische, das allein fähig sei, die Zukunft zu kennen. Diese Position vertritt Anfang des 19. Jahrhunderts das *Dictionnaire de théologie catholique.*[58]

Die meisten Marienerscheinungen ereignen sich zwischen 1830 und 1871, zuerst, 1830–1836, in Paris in der Rue du Bac bei Catherine Labouré, dann 1842 in Rom bei Alphonse Rastibonne, 1846 in den Alpen in La Salette, 1858 in den Pyrenäen in Lourdes, 1871 in Maine in Pontmain, um nur die wichtigsten zu nennen. Später, 1917, kommt Fatima hinzu. Die Jungfrau interessiert sich sehr für Frankreich. Catherine Labouré verkündet sie den Sturz der Monarchie, Drangsale für den Klerus und blutige Ereignisse für später, was im Kontext des Juli 1830 nicht wirklich überrascht. In Pontmain verspricht sie am 17. Juni 1871, sie werde binnen kurzem, einige Tage vor dem Waffenstillstand, das Land erhören. In La Salette sind die Dinge noch trüber. Aus den Akten, in die sich Mary Alethaire Foster kürzlich erneut vertieft hat[59], ergeben sich folgende Elemente:

Am 19. September 1846 erscheint die Jungfrau Maria auf einer Weide im Hochgebirge zwei jungen Hirten von vierzehn bzw. elf Jahren, Mélanie Mathieu und Maximin Giraud. Sie hält ihnen eine lange prophetische Ansprache, zum Teil auf französisch, zum Teil im lokalen Dialekt, in der sie ankündigt, ihr Sohn Jesus, der es überdrüssig sei, mitanzusehen, daß die Bauern fluchen und die Sonntagsruhe mißachten, werde seine rächende Hand auf sie niederfallen lassen (schlechte Ernten, Hungersnöte, Todesfälle, Kindsmorde):

> Wenn die Kartoffeln faulen, macht euch das nichts aus. Ich habe es euch letztes Jahr vor Augen geführt; ihr habt nicht darauf geachtet. Im Gegenteil, wenn ihr faule Kartoffeln fandet, dann fluchtet ihr und spracht dabei den Namen meines Sohnes aus.
> Sie werden weiterfaulen; in diesem Jahr wird es zu Weihnachten keine mehr geben.
> Wenn ihr Korn habt, dürft ihr es nicht säen; alles, was ihr säet, werden die Tiere fressen, und was wächst, wird zu Staub zerfallen, wenn ihr es drescht.
> Es wird eine große Hungersnot kommen.
> Bevor der Hunger kommt, wird die Kinder unter sieben Jahren ein Zittern befallen und sie werden in den Händen der Leute sterben, die sie halten; die anderen werden durch Hunger büßen.
> Die Nüsse werden schlecht werden, die Trauben verfaulen.
> Wenn sie sich bekehren, werden sich die Steine und Felsen in Berge von Weizen verwandeln; und die Kartoffeln werden von der Erde besamt werden.«[60]

Die Jungfrau soll jedem der beiden Kinder auch ein Geheimnis anvertraut haben. Die Kirchenbehörde, in diesem Fall der einundachtzigjährige Bischof von Grenoble, Monseigneur de Bruillard, setzt im Dezember zwei Kommissionen ein mit dem Auftrag, die Fakten, die Kinder, die Botschaft zu prüfen und einen Bericht vorzulegen. In einer der Kommissionen befindet sich der Domherr Rousselot, Professor der Theologie im großen Konvikt. Sein Bericht, der herangezogen wird, um über die Authentizität der Erscheinung zu entscheiden, verrät das Zögern des Klerus. Was die Prophezeiungen angeht, so prüft er die Einwände: die sehr prosaische Ausdrucksweise der »Jungfrau«, das Nichteintreffen ihrer Prophezeiungen, die Tatsache, daß sie nur das Fluchen und die Mißachtung des Sonntags erwähnt und für diese kleinen Sünden unverhältnismäßig hohe Strafen vorsieht. Auf all dies versucht er zu antworten: Die »Jungfrau« will, daß man sie verstehe, daher ihre wenig akademische Sprache; ihre Vorhersagen werden vielleicht später eintreffen; Flüche und die Verletzung der Sonntagsruhe sind ein Symbol für die fortschreitende religiöse Gleichgültigkeit, wie die Seelsorge dieser Zeit sie feststellt. Der Domherr schließt auf Authentizität.

Im Herbst 1847 folgt eine sechzehnköpfige Kommission seinen Schlußfolgerungen, trotz des Widerstands mehrerer Mitglieder. Der Bericht wird veröffentlicht und im Sommer 1848 dem Papst geschickt; im September 1851 wird die Authentizität offiziell anerkannt. Es hatten sich bereits spontane Pilgerfahrten organisiert. Unter den Gegnern versichern 1832 der Pfarrer von Ars, obwohl das Wunderbare ihn keineswegs schreckt, sowie zwei weitere Pfarrer, die »Jungfrau« sei niemand anderes gewesen als eine ehemalige Nonne mit labilem Temperament, Constance de Lamerlière. Die beiden Kinder werden in einer religiösen Einrichtung vor indiskreten Fragen in Sicherheit gebracht, was indes nicht verhindert, daß sich Mélanies Geheimnis in Form apokalyptischer Gerüchte verbreitet: Gott sei der menschlichen Sünden überdrüssig; 1864 werde es Katastrophen geben, Tote würden auferstehen; 1865 würden Frankreich, Italien, England, Spanien durch entsetzliche Kriege verwüstet werden, Vorspiel eines weltweiten Konflikts, und zehn Könige würden sich im letzten Krieg miteinander messen.

Die Erscheinungen setzen 1917 im portugiesischen Fatima wieder ein. Ort und Zeitpunkt sind günstig – ein neutrales Land und das entscheidende Kriegsjahr, in dem Entmutigung und Aufruhr beide Seiten bedrohen. Das übliche Schema: eine zum Teil geheime Botschaft, deren apokalyptische Stimmung man indes sorgfältig schürt, wird Kindern anvertraut. In Wahrheit ist es eine dreifache Botschaft: der erste Teil ist eine Vision der Hölle; der zweite sagt Ereignisse voraus, die sich auf den Krieg beziehen und sich als falsch erweisen; die dritte, geheime, wird dem Papst anvertraut, der sie jedoch nicht vor dem Jahre 1960 anschauen darf. Von nun an verrichtet das Gerücht sein Werk. Johannes XXIII., der 1960 Papst ist, soll sie angesehen und die Büchse der Pandora sofort wieder geschlossen haben; Paul VI. soll mit den Amerikanern und den Sowjets darüber gesprochen haben; Schwester Lucia, die letzte

Überlebende der Kinder von Fatima, soll Enthüllungen gemacht haben, die 1963 veröffentlicht werden und in denen von Feuersäulen, furchtbaren Waffen, Millionen von Toten die Rede ist.⁶¹ Heimlichtuereien, die etwas kindisch wirken für den Menschen des ausgehenden 20. Jahrhunderts, der abgestumpft ist durch die Greuel seiner Zeit und der die durchaus realen Aussichten, die er sich in einer Gegenwart, die der Apokalypse in nichts nachsteht, sehr gut alleine ausmalen kann.

Zersplitterung und Funktion der volkstümlichen Weissagung

Den ungewöhnlichen Reichtum der volkstümlichen Prophetie im 19. Jahrhundert illustriert auch eine überaus heteroklite Sammlung von Weissagungen, die die Zersplitterung des rationalen Geistes zur damaligen Zeit verrät. Als hätte der Aufschwung der modernen Wissenschaft, schlecht assimiliert, dem Aberglauben den Boden bereitet. Zum Pseudoreligiösen kommt das Pseudowissenschaftliche hinzu, ein unerschöpfliches Agens unterschiedlicher Vorhersagen. Auf eine Untersuchung der Ausmaße der ägyptischen Grabmäler gestützt, deuten manche das Geheimnis der Großen Pyramide auf ihre Weise um, wie 1865 der Engländer Menzies, der in ihr die Versteinerung eines gigantischen Kalenders der Menschheitsgeschichte sieht. Andere nutzen ungewöhnliche Gaben aus, die sich eher der prospektiven Analyse des Zeitgeschehens verdanken, wie der amerikanische Journalist irischer Herkunft David Croly, der aufgrund seiner ökonomischen und politischen Vorhersagen in der Zeitung *The World* Berühmtheit erlangt. In seiner mit »Sir Oracle« unterzeichneten Chronik sieht er beispielsweise mit großer Genauigkeit die amerikanische Bankkrise von 1873 voraus. 1888 kündigt er in *Glimpses of the Future* den Ersten Weltkrieg, die Rolle Rußlands und seine Rivalität mit China, die Unabhängigkeit der Kolonien, die Entwicklung des Kinos, der Luftfahrt und der photoelektrischen Drucktechnik an.

Unter den traditionellen Methoden seien noch die »Entdeckungen« alter, bisher verschollener Prophezeiungen erwähnt. Die Prophezeiung der Abtei von Prémol bei Grenoble sieht 1850 die Geschichte Frankreichs bis zum Jahr 2000 voraus, bis Mitte des

19. Jahrhunderts mit großer Genauigkeit. Dieser chiliastisch geprägte Text verkündet nach schrecklichen Kriegen ein Zeitalter des Friedens unter der Leitung eines Abgesandten Gottes. Denselben Geist verrät die Prophezeiung von Orval, die ein Jahr später von Abbé Lacombe in einer rheinländischen Abtei »entdeckt« wird und aus dem Jahr 1792 stammt. Auch sie ist bis 1851 von erstaunlicher Genauigkeit. Für die Zeit danach wird erneut die Ankunft des Großen Monarchen und eine Art Apokalypse vorausgesagt.

Auch die nationalen Bestrebungen werden von Prophezeiungen gestützt wie von der des Mönchs Severyn, die Anfang des 19. Jahrhunderts in Polen in Umlauf ist. Sie soll auf das 13. Jahrhundert zurückgehen und sagt die dreimalige Wiedergeburt des polnischen Staates voraus. Auch in Rußland fehlt es nicht an Hellsehern. Unter ihnen sieht Rasputin seinen Tod sowie den des Zaren voraus. In den Vereinigten Staaten sind die wuchernden Sekten ein fruchtbarer Boden für die Prophetie. Erwähnt sei die durch ihr zufälliges Eintreffen berühmt gewordene Prophezeiung von Edmund Creffield, die 1903 die Zerstörung von San Francisco durch ein Erdbeben voraussagt.

Die Koinzidenz kann auch in der Science-fiction erstaunliche Ergebnisse zeitigen, einer Gattung, die allmählich in Mode kommt. 1898 erzählt der Amerikaner Morgan Robertson in seinem Buch *The Wreck of Titan* die Geschichte eines Schiffs, das in allen Punkten der *Titanic* gleicht, die vierzehn Jahre später unter genau den gleichen Umständen untergeht.

Der Krieg von 1914–1918 begünstigt natürlich Vorhersagen aller Art. Wie auch sollte ein so ungeheuerliches Ereignis der Wachsamkeit all dieser Wächter der Zukunft entgangen sein? Zwar sprechen alle katastrophischen Prophezeiungen von monströsen und beispiellosen Kriegen, so daß es einfach ist, sie nachträglich auf den Ersten Weltkrieg zu beziehen. Will man jedoch Genaueres wissen, so muß man die alten Texte prüfen und phantasievoll deuten. Eben dies tun in beiden Lagern Journalisten und Politiker zu Propagandazwecken. Im September 1914 weist *Le Figaro* auf die Prophezeiung des Bruders Johannes aus dem 14. Jahrhundert hin, die es erlaube, Wilhelm II. mit dem Antichrist gleichzusetzen: »Der wahre Antichrist wird ein Monarch seiner Zeit sein, ein Sohn Luthers; er wird sich auf Gott berufen und sich als seinen Gesandten ausgeben. Ein Krieg wird ihm Gelegenheit geben, die Maske fallen zu lassen. Nicht derjenige, den er gegen einen französischen Monarchen führt, sondern ein anderer, den man daran erkennen wird, daß er binnen zweier Wochen die ganze Welt ergreift.« 1916 stellt Joanny Bricau in einem Buch, *La Guerre et les prophétis célèbres*, alle Texte zusammen, die sich angeblich auf die Ereignisse des Weltkriegs beziehen.

Auch die Astrologie, nunmehr auf die Mittel- und Volksklassen beschränkt, setzt ihre Karriere fort, indem sie versucht, sich einen esoterischen Anschein zu geben. Seit der zweiten Hälfte des 18. Jahrhunderts hat die Astrologie als Vorhersage des menschlichen Schicksals bei den gebildeten Eliten jede Glaubwürdigkeit eingebüßt. Die *Encyclopédie* erinnert an den Unterschied zwischen natürlicher und judiziarischer Astrologie. Erstere sei »ein Zweig der Physik oder der Naturphilosophie«, und »Boyle hatte Recht, als er in seiner *Geschichte der Luft* diese Astrologie rühmte«. Die andere dagegen wird dem Aberglauben gleichgestellt. 1771 ist die *Encyclopaedia Britannica* von geringschätziger Lakonik: die Astrologie sei »eine auf Vermutungen beruhende Wissenschaft, die die Wirkungen und Einflüsse der Sterne lehrt, um anhand der Position und der verschiedenen Aspekte der Himmelskörper zukünftige Ereignisse vorauszusagen. Diese Wissenschaft ist schon seit langem und zu Recht Gegenstand der Geringschätzung und des Spottes.«

Das Zeitalter der »wissenschaftlichen« Astrologie ist endgültig vorbei. In England sind die Astrologen Robert Cross Smith (1785 bis 1832), der sich Raphael nennt, sowie Robert James Morrison (1795–1874), alias Zadkiel, in Mode. Ihre Almanache haben die geringe Auflage von jeweils 10 000 Exemplaren. Der klassischere *Moore's* erreicht in seiner Blütezeit 1839 eine Auflage von 500 000 Exemplaren, bevor es mit ihm rasch wieder bergab geht. Mit Alan Leo (1896–1917) tritt die Astrologie in die kommerzielle Ära ein und wird in der auflagenstarken Volkspresse zu einem Spiel. Einem Spiel für Stadtbewohner, während sich auf dem Land die traditionellen Vorhersagemethoden auf dem Weg zur Folklore befinden. Anatole Le Braz, der in *La Légende de la mort* die traditionellen Geschichten der Bretagne gesammelt hat, erzählt, daß die alten Frauen auf die Schwelle treten, wenn des Nachts ein Kind geboren wird, um wie zur Merowingerzeit dessen Zukunft in den Sternen zu lesen.

Das Gebiet der Vorhersage ist von nun an zersplittert. Der kulturelle Bruch läßt sich nicht übersehen. Inspirierte und ekstatische Prophetie, Astrologie, Kartomantie, Chiromantie, Somnambulismus, Magnetismus sind in den Bereich der volkstümlichen Wahrsagung abgesunken, auch wenn sich einige Mitglieder der gesellschaftlichen Eliten diskret oder mit geheuchelter Gleichgültigkeit noch dafür interessieren. Im Massengrab des Aberglaubens gelandet oder in den Rang falscher Wissenschaften verwiesen, fallen diese Methoden, obgleich sie noch immer die Masse anlocken und vielen Praktizierenden Erfolg bescheren, in den Bereich des kollektiven Imaginären der zeitgenössischen Gesellschaften. Von den Massenmedien gepflegt, fügen sie sich in jenen unabdingbaren Teil des Irrationalen und des Traums, der den kollektiven Geist der urbanisierten Massen mit Lotterien, Spielen, Reklamen, Sportschauen und Außerirdischen füttert. Ihre Rolle besteht nicht mehr darin, etwas vorauszusagen, sondern vielmehr darin, die Träume, Hoffnungen und Ängste zu nähren. Man glaubt daran, ohne wirklich daran zu glauben; und das macht die Stärke dieser Vorhersagen aus, denn sie liefern die Ausrede für ein unabwendbares Schicksal, das sich dennoch durch den tätigen Willen abwenden läßt. Die Praktiker der volkstümlichen Wahrsagung werden zu Psychologen und lösen in den Debatten zwischen dem Individuum und seinem Gewissen die Priester ab. Auf kollektiver Ebene beruhigt die Weissagung, indem sie zeigt, daß jeder am Schicksal der Gruppe teilhat, dem niemand entgeht; sie schürt einen Neofatalismus, der über die Niederlagen des Lebens hinwegzutrösten vermag.

Die wirkliche Vorhersage dagegen schlägt neue Wege ein. Eine neue intellektuelle Elite, Schoß der Wissenschaft, unternimmt den Versuch, die volkstümlichen Vorhersagen zu entmystifizieren und gleichzeitig neue Methoden zu entwickeln. Die Anekdote von Mgr. Lanyi ist in dieser Hinsicht aufschlußreich. Dieser Bischof aus Nagyvarad (heute Oradea in Rumänien) hat in der Nacht vom 27. auf den 28. Juni 1914 einen sogenannten Warntraum: er sieht die Ermordung des Erzherzogs Franz Ferdinand und seiner Frau in Sarajewo, die wenige Stunden später tatsächlich stattfindet. Auf diese Episode zurückkommend, weist der Physiker Erwin Schrödinger (1887–1961) mit Hilfe der Wahrscheinlichkeitsrechnung später nach, daß in Anbetracht der engen Beziehungen zwischen dem Erzbischof und dem Erzherzog, der damals in Bosnien herrschenden Spannung, der bereits ausgestoßenen Attentatsdrohungen und des Besuchsprogramms der Erzbischof große Chancen hatte, diesen Traum zu träumen. Die Wahrscheinlichkeitsrechnung im Dienst der Warnung: das Jahr 1914 ist ganz entschieden der Beginn einer neuen Ära.

Aber diese wurde bereits weitgehend von den neuen Propheten des 19. Jahrhunderts angekündigt: von Utopisten, Szientisten, Sozialisten, Soziologen und Science-fiction-Autoren.

KAPITEL XIV

Der Beginn des Zeitalters der Massen (II)
Die neuen Propheten des 19. Jahrhunderts

Daß das 19. Jahrhundert durchaus die Bezeichnung des Jahrhunderts der Vorhersage verdient, liegt nicht allein am Aufschwung und der Diversifizierung der volkstümlichen Weissagungen; sondern auch daran, daß die Eliten sich von der Bewegung mitreißen lassen und, von der Beschleunigung der Geschichte beeindruckt, glauben, die grundlegenden Richtungen der Evolution zu erkennen, was es ihnen erlaubt, die kollektive Zukunft der Menschheit anzukündigen. Ihre Vorhersagemethoden haben sich säkularisiert und beruhen auf einer intellektuellen Arbeit. Die sozioökonomische Analyse ersetzt nun die spirituelle Offenbarung, um manchmal zum selben Punkt zu gelangen: das Gesetz der drei Stufen von Auguste Comte ist den drei Zeitaltern des Joachim von Fiore erstaunlich nahe.

Die Ergebnisse haben sowohl die Autorität wie die Schwächen der intellektuellen Argumentation: obwohl Werke der Vernunft, sind sie doch deren Kritik ausgesetzt. Dennoch sind diese neuen Propheten genauso überzeugt wie ihre inspirierten Vorgänger. Über zwei große Ideen herrscht fast völlige Übereinstimmung: die Wissenschaft wird die Königin der künftigen Gesellschaft sein, und diese wird in das Zeitalter der Massen eintreten. Diese beiden Themen schmücken Wissenschaftler, Ökonomen, Philosophen, Dichter und Romanciers je nach ihrer Überzeugung und ihren Vorurteilen mit einer Fülle von Einzelheiten aus. Die meisten sind optimistisch, vor allem die Wissenschaftler und die Science-fiction-Autoren. Die Literaten dagegen sind zurückhaltender, und Ende des Jahrhunderts, lange vor dem Ersten Weltkrieg, ist ein deutlicher Anstieg des Pessimismus zu verzeichnen, vor allem in der Bewegung der Gegenutopien.

Die Propheten des Neokatholizismus: auf dem Weg zu einer christlichen Menschheit

Im Laufe der beiden ersten Drittel des Jahrhunderts erreicht der Glaube an den Fortschritt seinen Höhepunkt – an den ökonomischen, wissenschaftlichen, geistigen Fortschritt. Dieser Glaube stimmt sogar die mit dem Niedergang der traditionellen Religion konfrontierten Neokatholiken optimistisch. Indem sie sich eine großzügige Geschichtsauffassung zu eigen machen, führen sie den Begriff der Evolution in die Religion ein und vollziehen die Synthese von Glauben und Wissenschaft für eine bessere Welt. In den Augen dieser romantischen Liberalen ist der Fortschritt von Gott gewollt: »Es ist also ein schwerer Irrtum zu vermuten, die Religion wolle unwandelbar bleiben«, schreibt Benjamin Constant 1829, »sie hat im Gegenteil Interesse daran, daß die Fähigkeit zum Fortschritt, die ein Gesetz der Natur der Menschen ist, auch auf ihn angewandt werde.«[1]

Eine solche Position führt notwendig zu Konflikten mit der offiziellen Kirche, die von der Revolution traumatisiert ist und sich krampfhaft an ihre »ewigen« Werte klammert. Die religiösen Autoritäten der Jahre zwischen 1800 und 1850 sind im Immobilismus erstarrt. Die neuen Propheten stehen mithin am Rande der Kirche und werden fast immer von ihr verurteilt. Für die Kirche gibt es nur eine einzige Voraussage: das Weltende und das Jenseits. Sie verliert im 19. Jahrhundert die Arbeiterklasse, die wissenschaftliche Welt und die prophetische Funktion im Sinn einer Ankündigung der Zukunft.

Die neuen Propheten gehen über den Begriff Kirche hinaus. Durch eine Analyse der Umwälzungen ihrer Zeit versuchen sie, die Gesetze des gesellschaftlichen Lebens zu bestimmen, also Voraussagen zu machen. Sie glauben an den unaufhaltsamen und unbegrenzten Fortschritt wie François Guizot und weisen die Idee eines Endes der Geschichte zurück. Während die wissenschaftlichen und soziologischen Utopien schon für die nahe Zukunft »eine endgültige Gesellschaftsordnung« ins Auge fassen, kritisiert Benjamin Constant diese Idee der Zeitschrift *Le Producteur* in der *Revue encyclopédique* von 1826.

Wie wird die Zukunft aussehen? Die Neokatholiken geben keine präzisen Antworten. Einige ziehen es vor, die Zukunft offen zu lassen. Fortschritt, ja, aber hin zu einem Staat, von dem wir nichts wissen können und den Gott festgelegt hat. Diese Ansicht vertritt Jean-Jacques Ampère: »Glauben wir also an die Zukunft, suchen wir nach ihren Wegen. Schreiten wir auf verschiedenen Pfaden dem Ziel entgegen, zu dem der Gott der Humanität« sie führt.«[2] Jouffroy dagegen meint, die Welt sei auf dem Weg zu einem neuen Glauben, nachdem sie das alte Dogma durch die Revolution zerstört habe. Die neue Generation sei aufgerufen, »die neue Doktrin zu entdecken, nach der sich alle intelligenten Menschen sehnen, ohne es zu wissen«.[3] Pierre Leroux, 1842 Gründer der Zeitung *Le Globe*, dagegen verkündet: »Das Paradies auf Erden muß kommen. Das Evangelium des Johannes sagt es ausdrücklich, das Reich Christi auf Erden ist verheißen.«[4]

Deutlicher wird die prophetische Dimension bei Pierre-Simon Ballanche (1387–1847), der von dem unaufhaltsamen Fortschritt der menschlichen Gattung spricht, gleich dem Zug der Israeliten durch die Wüste. Dieser unausweichliche Fortschritt erfolge unter der gemeinsamen Führung der Kirchenhierarchie und der neokatholischen Propheten. Die Gegenwart sei eine Zeit der Erwartung nach dem Schock der Revolution: »Eine neue Ära bricht an. Ein neues Jahrhundert beginnt. Alle Menschen merken auf. Ein undeutliches Gefühl der Unruhe erfaßt die Völker (...). Alle Überzeugungen sind erschüttert; die Welt schwankt; und doch ist das Reich der Wunder nicht vergangen.«[5] Ballanche, der sich zum Anhänger einer humanitären Eschatologie erklärt, verkündet in der *Vision d'Hébal*, daß die Menschheit ihre eigene Natur regenerieren, vervollkommnen und das Böse ausgemerzt werde. Als Mystiker christianisiert er den Fortschritt anhand der Erlösung: »Der Ausgangspunkt der Vervollkommnung ist das Dogma des Sündenfalls und der Wiedergutmachung.«

Auch sein Freund Chateaubriand sieht sich als Visionär. Für ihn hängt der Fortschritt der Menschheit eng mit dem Christentum zusammen, das in seine dritte Phase eintreten werde: »Ich bin der Meinung, daß die politische Periode des Christentums zu Ende geht und seine philosophische Periode anhebt.« Aber stets werde das Christentum den politischen Bereich inspirieren, um eine regenerierte menschliche Zukunft zu sichern. Freilich wird seine Vision der Zukunft gegen Ende seines Lebens besorgter. Nach der Revolution vom Juli 1830 hat er den Eindruck, daß die aus den Fugen geratene Welt ihre Grundlagen nicht mehr werde wiederfinden können. Es bestehe die Gefahr, daß dieser Untergang noch lange andauern werde, bis es wieder vorwärts gehe. »Diese schrumpfende Welt wird erst dann wieder zu Kräften kommen, wenn sie die unterste Stufe erreicht hat. Dann wird sie zu einem neuen Leben aufsteigen«, schreibt er in *L'Avenir du monde*. Aber wann wird das sein? »Die ganze Gesellschaft verändert sich. Welches Jahrhundert wird das Ende der Bewegung erleben: fragt Gott danach.« Es wird nicht in naher Zukunft sein, gesteht er seinem Freund Nicolas Martin am 19. Mai 1836: »Die Zukunft der Welt liegt im Christentum, und im Christentum wird nach ein oder zwei Jahrhunderten die alte Gesellschaft, die sich heute auflöst, wiedererstehen.« Vielleicht muß man sogar noch länger warten: »Wenn eine Zukunft kommen soll, eine mächtige und freie Zukunft, dann ist diese Zukunft noch fern, fern hinter dem sichtbaren Horizont«, schreibt er im *Essai sur la littérature anglaise*.

Doch Chateaubriands letzte Botschaft hinsichtlich der Zukunft ist sicher die gültigste, er hat sie uns in den *Mémoires d'outre-tombe* hinterlassen. Diesmal ist der Ton eindeutig pessimistisch. Der Schriftsteller aus Saint-Malo verkündet die Ära der Massen und den Untergang des Individuums, den künftigen Vorrang der sozialen, nationalen, dann weltweiten, die Person erdrückenden Gruppe: »Wahrscheinlich wird das Menschengeschlecht sich vergrößern (...). Aber muß nicht auch befürchtet werden, daß das Individuum schrumpft? Wir könnten ja auch Arbeitsbienen werden, gemeinschaftlich nur mit unserem Honig beschäftigt. In der materiellen Welt verbinden sich die Menschen zur Arbeit; eine Menge gelangt rascher und auf verschiedenen Wegen zu der Sache, die sie sucht; Massen von Individuen werden Pyramiden errichten; dadurch daß jeder seinerseits forscht, werden diese Individuen in der Wissenschaft zu Entdeckungen gelangen, sie werden alle Winkel der physischen Schöpfung erkunden. Aber verhält es sich mit der moralischen Welt ebenso? Mögen sich auch tausend Gehirne zusammentun, sie werden dennoch niemals das Meisterwerk schaffen, das aus dem Kopf eines Homer hervorging. (...) Es ist der Wahnsinn des Augenblicks, zur Einheit der Völker gelangen zu wollen, einverstanden. Aber wird mit dem Erwerb allgemeiner Fähigkeiten nicht eine ganze Reihe privater Gefühle zugrunde gehen?«[6]

Wir werden die Menschheit, die universelle Gesellschaft verwirklichen. Sie wird das Individuum verschlingen, das im Namen der kollektiven Ideale auf den Stand einer Ameise geschrumpft ist. Chateaubriand ahnt die Dinge, die die Gegenutopien Ende des Jahrhunderts beschreiben werden. Man wird eine gemeinsame, verarmte Sprache erfinden. »Und wie wird diese Sprache aussehen? Wird aus der Verschmelzung der Gesellschaften ein universelles Idiom hervorgehen oder wird es einen Dialekt des Übergangs zum täglichen Gebrauch geben, während jede Nation weiterhin ihre eigene Sprache spricht, oder werden die verschiedenen Sprachen von allen verstanden? Unter welcher gemeinsamen Regel, welchem einzigen Gesetz würde eine solche Gesellschaft leben? Wie einen Platz finden auf einer die Macht der Allgegenwart vergrößerten und durch die kleinen Ausmaße eines vollkommen erforschten Globus verengten Welt? Man müßte von der Wissenschaft nur noch das Mittel verlangen, das es ermöglicht, den Planeten zu wechseln.«[7]

Chateaubriand ahnt auch eines der Dramen der zeitgenössischen Epoche: die wachsende Kluft zwischen den Fähigkeiten des durch die Maschine verzehnfachten Intellekts und dem damit einhergehenden Rückgang der moralischen Werte, den der Zusammenbruch der Religion beschleunigt. Und seine Vorhersage ist unwiderruflich: die Gesellschaft wird zugrunde gehen. »Würde sich die Moral im selben Maße wie die Intelligenz entwickeln, entstünde damit ein Gegengewicht. Die Menschheit würde sich ohne Gefahr vergrößern, aber es geschieht gerade das Gegenteil: die Unterscheidung zwischen gut und böse verliert in dem Maße an Bedeutung, in dem die Intelligenz zunimmt; das Gewissen verengt sich in dem Maße, in dem die Gedanken sich erweitern, die Gesellschaft wird zugrunde gehen: die Freiheit, die die Welt retten könnte, wird nicht weiterkommen, da sie sich nicht auf die Religion stützt: die Ordnung, die alles regeln könnte, wird sich nicht fest begründen, weil die Anarchie des Denkens sie bekämpft.«[8]

Der alternde Chateaubriand, hellsichtig und pessimistisch, ist einer der ersten, der auf diese Gefahren der Zukunft hinweist, deren Wirklichkeit wir heute täglich erleben. Auch sein Zeitgenosse und Landsmann Félicité de Lamennais (1742–1854) sieht die Ära der Massen heraufziehen, ist jedoch optimistischer. Zwar sieht er ebenso wie Chateaubriand eine weltweite Vereinheitlichung voraus, freut sich jedoch darüber: »Was die Menschen trennte, wankt und stürzt ein; sogar die Entfernungen schrumpfen. In der Ferne der Zeiten zeichnet sich die glückliche Epoche ab, da die Welt nur noch eine einzige Stadt bilden wird, die von demselben Gesetz beherrscht ist, dem Gesetz der Gerechtigkeit, Gleichheit und Brüderlichkeit, der zukünftigen Religion des ganzen Menschengeschlechts, das in Christus ihren höchsten und letzten Gesetzgeber begrüßt.«[9]

Für Lamennais beruht die Zukunft der Welt auf zwei nicht voneinander zu trennenden Fundamenten: auf dem Fortschritt des menschlichen Geistes und auf dem neuen Christentum. Den Fortschritt stellt er allenthalben fest, und für ihn laufen alle erzielten Fortschritte im sozialen Fortschritt zusammen, der unausweichlich zum »kollektiven Wesen« führt: »Der hervorstechenste Zug (...), der ausschließlich den Menschen auszeichnet, ist der Fortschritt, ein stetiger, endloser Fortschritt; und jeder Fortschritt mündet in den gesellschaftlichen Fortschritt, da jeder Fortschritt nur in der Gesellschaft möglich ist, durch den wechselseitigen Ansporn der Geister, die vielfältigen Funktionen der gemeinsamen Arbeit, die stetigen Anstrengungen, die Weitergabe ihrer Ergebnisse, die für jede Generation einen fortgeschrittenen Ausgangspunkt schafft. Der einzelne Mensch ist mithin nur ein kleiner Teil des Seins: das wahre Sein ist das kollektive Sein, die Menschheit.«[10]

Im Oktober 1830 gründet Lamennais seine Zeitung, deren Titel den prophetischen Geist unterstreicht: *L'Avenir*. Dort kündigt er am 6. Januar 1831 ein Erwachen des Volkes an, das »durch ich weiß nicht welche in ihm erwachende unbekannte Kraft getrieben, mit einer Art prophetischer Hoffnung der Zukunft entgegeneilt«. Die düsteren apokalyptischen Aussichten, die ihn bislang beschäftigten, sind hinweggefegt, und die Situation seiner Epoche flößt ihm einen geradezu messianischen Optimismus ein: »Ich finde in ihr im Gegenteil einen ungeheuren Glauben an die Zukunft der Gesellschaft, eine unerschütterliche Hoffnung auf etwas Großes, das im Geheimnis der göttlichen Gebote für sie am Werk ist.«[11]

Lamennais, ein Prophet der Menschheit, wie später Jaurès, verkündet anders als dieser eine christliche Menschheit, die jedoch die Ketten ihrer Vergangenheit abgeworfen hat: Rom und den Thron. Roms Auftrag ist beendet, und das Christentum wird sich auf die

Dimension des Volks ausdehnen, so wie sich die Synagoge zur Zeit Christi auf die Dimension der Kirche ausgedehnt hat. In einer wahrhaft prophetischen Perspektive sieht Lamennais in Rom das moderne Jerusalem, das seine Propheten tötet, wie auch ihn selbst. Er weist die Idee des Verfalls und des Übernatürlichen zurück und setzt seine Hoffnungen in das Volk: bei ihm kann man von einer prophetischen Demokratisierung sprechen. Das Christentum müsse auch mit den monarchischen Regierungsformen brechen, denn sie seien zum Untergang verurteilt. Die Zukunft der Religion sei gesichert: sie werde nicht zugrunde gehen; ihre Grundfesten seien unerschütterlich. Möge man sie daher von allem trennen, was untergeht. »Warum vermischen, was sich nicht verbinden läßt?« schreibt er in *De la religion considérée dans ses rapports avec l'ordre politique et civil*.

Dennoch bewahrt die Zukunft einen Teil ihres Geheimnisses, was Lamennais schwindlig macht und ein wenig beunruhigt. 1841 spricht er von »der geheimnisvollen Zukunft, deren Horizonte sich endlos und immerfort in der Unermeßlichkeit und der Ewigkeit ausdehnen«. Paul Bénichou, der in *Le Temps des prophètes* das Denken dieser neokatholischen Romantiker untersucht hat, meint, daß »dieser Vorrang der Zukunft vor der Vergangenheit vielleicht das deutlichste Merkmal des Neokatholizismus ist«.[12] Dieser sei in gewisser Weise ein Versuch zur Rettung des Christentums, indem er ihm die zeitgenössischen weltlichen Bestrebungen einverleibt, in einer großen Synthese, die ihn gegenüber der offiziellen Kirche in eine Schieflage bringt: »Der Gedanke, in den Plan der Vorsehung auch den Verlauf der Geschichte, besonders ihren gegenwärtigen Verlauf, einzubeziehen, ist einer der grundlegenden Glaubensartikel des Neokatholizismus, das, worin er sich mit dem weltlichen Humanitarismus am einigsten ist und worin sein hauptsächlicher Konfliktstoff gegenüber der offiziellen Kirche besteht.[13]

Diese gibt nämlich, was die zeitgenössische Prophetie betrifft, dem apokalyptischen Denken von Joseph de Maistre den Vorzug, der eine baldige und blutige Erneuerung, eine Demütigung der atheistischen Wissenschaft voraussieht, der eine Auferstehung des Geistes und eine Wiederherstellung der alten Werte folgen werde, ein Ereignis, bei dem Frankreich eine große Rolle spielen werde. Angesichts des Zusammenbruchs der traditionellen Werte sieht sich Joseph de Maistre als Prophet der Reaktion: »Wir müssen uns bereithalten für ein in der göttlichen Ordnung vorgesehenes großes Ereignis, dem wir mit einer Geschwindigkeit entgegengehen, die alle Beobachter in Erstaunen setzen muß. Es gibt auf der Erde keine Religion mehr: das Menschengeschlecht kann in diesem Zustand nicht verharren. Schreckliche Orakel verkünden zudem, daß *die Zeit gekommen ist.* Mehrere Theologen, sogar katholische, glauben, daß in der Offenbarung des Johannes höchst bedeutsame Ereignisse in nicht allzu ferner Zukunft angekündigt worden sind. (...) Die europäischen Wissenschaftler sind in diesem Augenblick so etwas wie Verschworene oder Eingeweihte oder wie immer ihr sie nennen mögt, die aus der Wissenschaft eine Art Monopol gemacht haben und absolut nicht wollen, daß man *mehr* oder *anderes* weiß als sie. Aber diese Wissenschaft wird unablässig verhöhnt werden von einer *erleuchteten* Menschheit, die ihre heutigen Adepten zu Recht beschuldigen wird, daß sie es nicht verstanden haben, aus den Wahrheiten, die Gott ihnen offenbart hat, die für den Menschen wertvollsten Schlüsse zu ziehen; dann wird die gesamte Wissenschaft sich verändern: der lange Zeit entthronte und vergessene Geist wird seinen Platz wieder einnehmen. (...) Mit einem Wort, alle Ideen werden sich verändern: Komm, o Herr, komm! Warum solltest du die Menschen tadeln, die dieser großartigen Zukunft entgegeneilen und sich rühmen, sie vorauszusehen?«[14]

*Die Propheten der wissenschaftlichen Utopie:
auf dem Weg zu einer kommunitären Menschheit*

Den Propheten des durch eine Synthese mit der oder gegen die moderne Welt regenerierten Christentums stehen die Propheten der Wissenschaft gegenüber. Zweifellos bilden sie zwischen 1800 und 1870 die stärkste Strömung. Von der Welle der Entdeckungen und Erfindungen der ersten industriellen Revolution getragen, segeln sie vor dem Wind. Nichts scheint den Siegeszug des technischen Fortschritts aufhalten zu können; ganz offensichtlich liegt die Zukunft der Welt in der Wissenschaft, die die Nachfolge der Religionen antritt, um für das Wohl der Menschheit zu sorgen, und zwar nicht mehr in einem hypothetischen Jenseits, sondern hier auf dieser rehabilitierten materiellen Welt.

Viele szientistische Propheten der ersten Generation haben sich im übrigen eine gewisse Religiosität bewahrt, und ihre Vorhersagen sind weiterhin stark von dem Glauben durchdrungen, der ihre Jugend prägte, so wie bei Ernest Renan, dem ehemaligen Seminaristen, der zum Sänger der Wissenschaft wurde. Diese Denker sind in Wirklichkeit wissenschaftlich-religiöse Mystiker, und ihr Unterschied zu den Neokatholiken ist eher eine Frage des Akzents: statt ihn auf das Christentum zu legen, setzen sie ihn auf die Wisssenschaft, freilich auf nahezu religiöse Weise.

Die meisten von ihnen sind im Grunde Neojoachimiten, die eine säkularisierte Version der Zeitalter der Menschheit unterbreiten. Die wahnwitzigste Version ist vielleicht die von Charles Fourier (1760–1825), der in einer überschwenglichen Synthese Religion, Science-fiction, Utopie und Psychologie vermengt. Fourier sieht sich durchaus als Prophet, denn er behauptet, daß der Mensch die Fähigkeit habe und berufen sei, die Zukunft zu kennen. Er kritisiert die Philosophien, die meinen, »der menschliche Geist sei nicht fähig, unsere zukünftige Bestimmung zu begreifen. Wie? Wenn die Erforschung der künftigen Ereignisse nicht im Fassungsvermögen der Menschen läge, woher käme dann die Sucht aller Völker, ihre zukünftige Bestimmung zu erforschen? Selbst der gefaßteste Mann wird bei dem Wort von Ungeduld geschüttelt. Es ist unmöglich, den Wunsch nach der Kenntnis der Zukunft im menschlichen Herzen zum Schweigen zu bringen. Warum hätte Gott, der nichts umsonst tut, uns dieses brennende Verlangen eingepflanzt, wenn er es nicht eines Tages befriedigen wollte? Dieser Tag ist endlich gekommen, und die Sterblichen werden, wie Gott, die Zukunft voraussehen können.«[15]

In seiner Vision ist Gott also allgegenwärtig. Er hat die Welt und den Menschen erschaffen und diesen zum Glück bestimmt, indem er ihn zuerst im Garten Eden ansiedelte. Dann kam der Sündenfall und der Niedergang, ein Prozeß, der die Kreatur in acht Phasen vom Garten Eden zur Wildheit, dann zum Patriarchat, zur Barbarei, zur Zivilisation, zum »Garantismus«, zum »Soziantismus«, zur Harmonie führt; die Perdioden 9 bis 14 werden Phasen unvorstellbaren Glücks sein, das zu beschreiben Fourier sich untersagt, denn es »würden gewiß viele Zivilisierte durch das Übermaß der

Ekstase dahingerafft«. Wir befinden uns nämlich erst in der fünften Periode, der Zivilisation, aus der man heraustreten muß, um zur Glückseligkeit der folgenden Perioden zu gelangen. Hat die Menschheit den Höhepunkt der Kurve erreicht, dann wird sie den umgekehrten Weg zurücklegen, um in der zweiunddreißigsten Periode zum Garten Eden zurückzukehren. Das Ganze braucht 80 000 Jahre, die Dauer, die Gott der Menschheit zugeteilt hat.

Auch wenn Gott den Mechanismus festgelegt hat, so beruht dessen Funktionsweise doch auf wissenschaftlichen Gesetzen. Die Entwicklung der Menschheit wird nämlich durch die »leidenschaftliche Anziehungskraft« gelenkt, einen der universellen Anziehungskraft entsprechenden Prozeß, durch den dank dem Gleichgewicht der Leidenschaften die Harmonie erreicht wird. Diese Leidenschaften sind nicht etwa schädlich, sondern im Gegenteil positiv und dienen dem Gemeinwohl. Daher sollte man die Leidenschaften nicht der Gesellschaft, sondern vielmehr die Gesellschaft den Leidenschaften anpassen. Wir befinden uns im Zeitalter der Romantik. In der künftigen Gesellschaft werden die Menschen je nach ihrer vorherrschenden Leidenschaft zu Gruppen zusammengefaßt, gemäß einer weisen Dosierung einander aufhebender Widersprüche. In diesen Gruppen werden die Produktivkräfte dank kollektiver Arbeit eine außergewöhnlich hohe Entwicklungsstufe erreichen, was für ein unvorstellbares Niveau an privatem Konsum sorgen wird, der den Drang nach Reichtum und Wohlbefinden, den Gott uns eingepflanzt hat, befriedigt und der beweist, daß unsere Bestimmung die Konsumgesellschaft ist.

Obwohl diese Zukunft unausweichlich sei, predigt Fourier, wie die meisten Propheten, einen Willensakt, um sie herbeizuführen, wobei er auch vor Zwangsmaßnahmen nicht zurückschreckt. Denn er ist in keiner Weise ein Liberaler. Das Individuum zählt nicht; von Bedeutung ist allein die kollektive Zukunft; die Zukunft gehört den Massen. Die Beschreibung des kommenden harmonischen Zustands trägt Züge der Utopie wie der überspanntesten Science-fiction. Die Menschen, mit einem sechsten Sinn ausgestattet, werden auf einem Planeten wohnen, dessen Achse endlich um 7°5 begradigt wurde, was für einen immerwährenden Frühling sorgt, indes die boreale Krone den urbar gemachten arktischen Regionen Wärme und Licht spenden wird; dank der borealen Zitronensäure wird das Meer nach Limonade schmecken. Es wird drei Millarden Menschen geben, die 2,25 Meter groß sind und eine Lebensdauer von 144 Jahren haben. Da die Anlagen jedes einzelnen bis zur Vollkommenheit gefördert werden, »so wird es auf der Erde siebenunddreißig Millionen Dichter wie Homer, siebenunddreißig Millionen Mathematiker wie Newton, siebenunddreißig Millionen Autoren wie Molière geben und so fort bei allen nur erdenklichen Talenten«.[16] Die Welt wird in hundertzwanzig Reiche von der Größe Frankreichs eingeteilt sein, in denen die Bürger in einem Palast zusammenleben, einer Art Luxussupermarkt, in dessen Gebäuden, sternförmig um das Zentrum angeordnet, große Kaufhallen untergebracht sind. Der Wahnsinn gipfelt in der *Esquisse de la note E sur la cosmogonie appliquée, sur les créatures scissionnaires et contremoulées*, wo man sich mittels Tieren nachgebildeter Transportmittel in großer Geschwindigkeit fortbewegt: des Antilöwen, des Antihais, des Antiwalfischs.

In der künftigen Harmonie werden Wissenschaftler, Künstler und Klerus hoch geehrt sein, und es bedarf keiner geistigen Autorität mehr, denn der große Fourier hat in seinen Schriften alles vorgesehen. Er zeigt sich in der Tat als der »Nachläufer« Jesu, der seine Ankunft mit folgenden Worten angekündigt hat: »Ich rede noch in Gleichnissen zu euch, aber der nach mir kommen wird, wird im Geiste und in Wahrheit zu euch reden.« Sicherlich liegt mehr als nur ein Anflug von Schizophrenie bei dem Utopisten vor, der, als Antisemit und Antikapitalist, die Bankiers und Finanzmächte aufruft, ihn bei der Verwirklichung seiner Pläne materiell zu unterstützen: jeder großzügige Spender kann täglich gegen Mittag bei ihm vorsprechen. Sein Denken ist oft eine weitere Variante der Trilogie ursprünglicher Überfluß/Abstieg/Regeneration, endend mit einer Apokalypse, die er in einem mystisch-wissenschaftlichen Jargon formuliert: »Geistiger Tod des Gestirns; Ende der Schwankungen und Umdrehungen der Erdachse; Ausgießung des Pols des Globus in den Äquator; hemisphärische Fixierung auf die Sonne; natürlicher Tod; Absturz und Auflösung der Milchstraße.«

Abgesehen von diesen Überspanntheiten hinterläßt Fourier immerhin eine hoffnungsvolle Botschaft, daß wir nämlich dem Anbruch einer Ära des Glücks beiwohnen: »Wir befinden uns in der ersten Phase, in der der aufsteigenden Unverbundenheit, die der Erfüllung unserer Bestimmung vorausgeht. Demnach sind wir seit den fünf- bis sechstausend Jahren, über die die Geschichte berichtet, äußerst unglücklich. Es sind erst siebentausend Jahre seit der Erschaffung des Menschen verflossen, und in dieser ganzen Zeit ist Unglück auf Unglück über uns gekommen. Man wird das Ausmaß unserer Leiden erst ermessen können, wenn wir das Übermaß an Glück kennen, das uns bevorsteht. (...) Ihr unseligen Nationen, ihr steht an der Schwelle der großen Wandlung, die sich durch eine allgemeine Erschütterung anzukündigen scheint. Das Heute ist wahrhaft zukunftsträchtig, und der Gipfel der Leiden muß das Heil bringen. Beobachtet man die unaufhörlichen und ungeheuren politischen Erdstöße, dann meint man, die Natur strenge sich an, eine drückende Last abzuwerfen.«[17] Eine Botschaft, die Fouriers Schüler aufgreifen, namentlich Victor Considérant, Leiter der Zeitschrift *La Phalange*.

Nach Fouriers Tod werden einige Versuche unternommen, die künftige Gesellschaft zu verwirklichen, die »Phalansterien«, die im Idealfall 1620 Personen umfassen, die 810 Leidenschaftstypen repräsentierend: 1834 in Condé-sur-Vesgres, 1841 in Cîteaux, 1854 in Dallas durch Victor Considérant, dann in Brasilien und Algerien. Alle diese Versuche scheitern rasch, und die wahren Erben des Visionärs der universellen Harmonie werden die Surrealisten sein, Bewunderer seiner irrationalen Phantasie.[18]

Die anderen Propheten der Wissenschaft jener Zeit sind in ihren Utopien bescheidener. Einer der markantesten ist Saint-Simon (1760–1825). Im selben Jahr geboren und gestorben wie Fourier, beruft auch er sich auf die allgemeine Anziehungskraft, um die Unausweichlichkeit seiner »sozialen Physik« zu begründen. Die menschlichen Gesellschaften unterliegen Gesetzen, die denen der Schwerkraft ähneln. Diese Gesetze entdecken heißt imstande sein, unfehlbare Voraussagen zu machen. Und Saint-Simon meint, das Räderwerk der sozialen Mechanik ans Licht gebracht zu haben. Die Gesellschaft entwickele sich in einem binären Rhythmus, bei dem die »organischen Zustände« und die »kritischen Zustände« oder Krisenzeiten, wie die seiner Epoche, einander abwechseln. Dank diesem bereits dialektischen Rhythmus erlebe die Welt einen steten Fortschritt, der sie vom feudalen und theologischen Zustand zum legalen und metaphysischen Zustand unter dem Ancien Régime übergehen ließe; und heute stehe sie an der Schwelle zum industriellen und wissenschaftlichen Zustand, wo es nur noch eine einzige Klasse geben werde, die der Industriearbeiter.

Diese Gesellschaft wird eine regelrechte Technokratie sein, geleitet von drei Gruppen, die sich die Waage halten. Zunächst die Leiter der industriellen Unternehmen: »In der kommenden Gesellschaft werden die Grafen und die Industriebarone, nach ihren Verdiensten hierarchisch organisiert, die natürlichen Richter der materiellen Interessen dieser Gesellschaft sein, so wie im Mittelalter die Grundherren die natürlichen Richter der militärischen Gesellschaft waren.« Die geistige Macht dagegen wird in den Händen des »Newton-Rats« liegen, der aus einundzwanzig Erwählten der Menschheit besteht und Gott auf Erden vertritt. Schließlich werden die Künstler die Wohltaten der Zivilisation besingen und die wissenschaftlichen Entdeckungen verschönern; sie werden die Zukunft verkünden.

Aber diese Technokratie wird auch eine Theokratie sein, deren Initiator Saint-Simon ist, der neue Sokrates, »von dieser Großen Ordnung dazu bestimmt, diese Arbeit zu tun«. Das neue Christentum wird zur Weltreligion: »Das Christentum wird zur einzigen Weltreligion werden; Asiaten und Afrikaner werden sich zu ihm bekehren; die Mitglieder des europäischen Klerus werden gute Christen werden, alle Art heute betriebener Ketzerei werden sie aufgeben. Die wahre Lehre des Christentums, das heißt die vom Grundprinzip der göttlichen Moral ableitbare allgemeinste Lehre wird ins Leben gerufen werden, und alsbald werden die zwischen den Religionsauffassungen bestehenden Unterschiede verschwinden.«[19] Das neue Christentum wird nichts mehr mit Rom zu tun haben, denn Rom hat seine Rolle ausgespielt. Die neue Religion, die außer dem Namen nichts Christliches mehr hat, wird nämlich der Saint-Simonismus sein, die Religion der Produktion, der Produktivität und des Konsums, denn das ewige Leben liegt auf Erden, und »das einzige Mittel, es zu erreichen, besteht darin, in diesem Leben am Wohlergehen des Menschengeschlechts zu arbeiten«, insbesondere dem der ärmsten Klasse. Saint-Simon ist ein Herold des Sozialismus wie der Technokratie, und seine Schüler sollten diesen doppelten Aspekt in ihren Werken illustrieren. Die Revolutionäre der Zeitung *Le Producteur* berufen sich ebenso auf ihn wie die Bankiers Pereire, während Enfantin bei seinen Plänen zum Bau des Suez- und des Panamakanals glaubt, sowohl die ökonomische Entwicklung als auch die Vereinigung der Völker zu fördern.

Bleibt ein letzter Punkt: Sind Saint-Simons Ideen Pläne oder Vorhersagen? Diese Frage ließe sich bei den meisten neuen Propheten stellen, die im Unterschied zu den alten gleichzeitig Männer der Tat sind, die sich mit der Verwirklichung ihrer Pläne befassen. Letztlich ist es Energieverschwendung, denn wenn es sich um Vorhersagen handelt, müssen sie unweigerlich in Erfüllung gehen. Die Zwiespältigkeit der Argumentation zeigt sich in Erklärungen wie dieser: »Dem Lauf der Dinge zufolge ist offenbar das einzige Mittel zur Beendigung der Krise, durch gemeinsame Übereinkunft das industrielle und wissenschaftliche System zu begründen, jenes System, das eine neue zeitliche Macht in die Hände der Arbeitsleiter im Bereich von Kultur, Fabrikation und Handel legen und eine neue geistige Macht den positiven Wissenschaftlern anvertrauen wird.«[20] Warum etwas »begründen«, was unweigerlich eintreten wird? Saint-Simon gibt in *La Réorganisation de la société européenne* eine Antwort: »Zweifellos wird die Zeit kommen, in der alle Völker Europas erkennen werden, daß sie Fragen von allgemeinem Interesse gemeinsam regeln müssen, bevor sie sich den nationalen Interessen zuwenden. Dann wird das Unheil allmählich nachlassen, die Zwietracht wird weichen und die Kriege werden aufhören. Dorthin streben wir unaufhörlich, dorthin trägt uns der Lauf des menschlichen Geistes! Aber was ist der Weisheit des Menschen würdiger: sich dorthin zu schleppen oder dorthin zu eilen?«[21] Andere nennen dies später »in die Richtung der Geschichte gehen«.[22]

Die wissenschaftlich-religiösen Propheten oder die Utopie auf dem Vormarsch

Andere Enthusiasten der Wissenschaft und der Technik zögern nicht, der unabwendbaren Zukunft vorzugreifen. Der Architekt der Saline von Arc-et-Senans, Claude-Nicolas Ledoux (1736 bis 1806), veröffentlicht 1804 ein Projekt, das die Produktivität dadurch steigern soll, daß man den Arbeiter durch ständige Aufsicht auf seine Arbeit konzentriert: »Der Arbeiter soll sich der Aufsicht nicht mit Hilfe einer viereckigen oder runden Säule entziehen können«, eine ständige Sorge der modernen Arbeitgeber. 1788 hatte

Antoine de La Salle, ein großer Bewunderer Bacons, in *La Balance naturelle* eine Vision des unbegrenzten Fortschritts der Menschheit durch die Wissenschaft veröffentlicht. Diese Idee war ihm während einer plötzlichen Erleuchtung gekommen, wie bei Pierre-Hyacinthe Azaïs, der 1840 den Sieg der Wissenschaft prophezeit: »Eine neue Ära beginnt auf der Erde. Außerhalb der realen Wissenschaft gibt es künftig kein soziales Band mehr, keine Gesetzgebung mehr, keine praktische Moral mehr, keine allen Menschen gemeinsame Idee mehr. Von nun an wird allein die Wissenschaft, jedoch die reale, philosophische Wissenschaft, die Wissenschaft des universellen Systems, alle Einrichtungen, alle menschlichen Gedanken leiten, weil nur sie der Vernunft und der Wahrheit eine unanfechtbare Bestätigung geben wird.«[23]

Das wissenschaftlich-religiöse Amalgam finden wir auch in einer stellenweise wahnwitzigen Synthese bei dem Polen Hoëne-Wroński (1389–1853), der den unvermeidlichen menschlichen Fortschritt ankündigt, gelenkt vom »Absoluten«, der Vereinigung des Evangeliums und der Wissenschaft. François-Guillaume Coëssin, geboren 1780, gliedert die Geschichte in Etappen, die die Entwicklung der Kenntnisse und der Techniken kennzeichnen. Nachdem die Menschheit die anfängliche Etappe der Familie und die militärische Etappe hinter sich habe, sei sie nun bei der merkantilen Etappe angelangt und werde unumkehrbare Fortschritte machen, bis ein stationärer Zustand eintrete.

Der ernsthafteste Versuch einer auf der wissenschaftlichen Entwicklung beruhenden Geschichtseinteilung, die prophetische Aspekte enthält, ist der von Auguste Comte. Sein sozialer Evolutionismus geht unmittelbar auf Condorcet zurück, vor allem was den Begriff des Motors der Geschichte betrifft. Für Condorcet schreitet die Gesellschaft mittels »Revolutionen« voran, die ausbrechen, wenn eine neue Geisteshaltung, die sich unmerklich herausgebildet hat, mit den bestehenden politischen Strukturen in Konflikt gerät. Bei diesem Vorgang spielt die wissenschaftliche Erkenntnis eine Hauptrolle, da sie eine Verbesserung der materiellen Bedingungen und der Handlungsfähigkeit ermöglicht. Für Auguste Comte ist die treibende Kraft, die zu kulturellen Veränderungen führt, das wissenschaftliche und industrielle Element, dessen Dynamik die Gesellschaftsordnung bestimmt, die wiederum das politische System bestimmt. Eine Veränderung trete ein, wenn der

Widerspruch zwischen dem wissenschaftlich-industriellen Element und dem soziopolitischen System offenkundig werde. Von hier aus unterscheidet Auguste Comte drei Stufen der Geschichte: die theologische Stufe, die sich durch eine Verbindung von geistiger und feudaler Macht auszeichnet, eine bis zum 15. Jahrhundert reichende Periode, wo der Mensch die Erscheinungen durch übernatürliche Ursachen erklärt; den metaphysischen Zustand, in dem er sie durch personifizierte Abstraktionen erklärt; schließlich die positive Phase, in die die westliche Welt soeben eingetreten ist und in der sie die Phänomene durch die Wissenschaft erklärt, die die geistliche Macht ablöst. Unweigerlich werden die Gesellschaftsordnung und das politische System sich dieser wissenschaftlich-industriellen Welt anpassen. Wird es ein viertes Stadium geben? Auguste Comte deutet es in seinem *Système de politique positive* von 1851 an. Es würde sich um eine nicht-produktive Gesellschaft handeln, die sich ästhetischen Tätigkeiten widmet.[24]

Hier haben wir es mit einer deterministischen Sicht der Evolution zu tun; der menschliche Wille, sogar der großer Männer, ist außerstande, ihr eine andere Richtung zu geben; er ist nur der unbewußte Mittler der inneren Entwicklungskräfte, und in dieser Hinsicht handelt es sich bei Comte durchaus um eine prädiktive Philosophie.

Nicht ganz so klar liegen die Dinge bei Étienne Cabet (1788 bis 1856), dessen *Voyage en Icarie* eindeutig voluntaristische Aspekte aufweist.[25] »Und sagt mir, ob die Vorsehung oder das Schicksal nicht beschlossen zu haben scheint, daß die Gleichheit oder die Demokratie sich entwickeln und wachsen werde wie das Korn, aus dem die köstlichste Frucht hervorgeht, wie der Fötus, aus dem ein Herkules werden muß? Ihr seht also, ihr Gegner der Gemeinschaft, die Zeit der Gleichheit und der Demokratie ist angebrochen! (...) Ja, die Gemeinschaft ist die letzte gesellschaftliche und politische Vervollkommnung, das Ziel, dem die Menschheit entgegenstrebt. Alle anderen Verbesserungen führen notwendig dorthin; für sich allein sind sie unzulänglich und daher vorübergehende und vorbereitende Erscheinungen.«[26]

Und wie sieht diese Welt aus, die uns verheißen wird, das Ergebnis aller wissenschaftlichen Verbesserungen? »Um fünf Uhr früh ist jedermann aufgestanden; gegen 6 Uhr sind alle unsere Volkswagen und alle Straßen voll von Männern, die sich zu ihren Werkstätten begeben; um 9 Uhr sind einerseits die Frauen und andererseits die Kinder an der Reihe; von 9 bis 13 Uhr befindet sich die Bevölkerung in den Werkstätten oder Schulen; um 13 Uhr 30 verlassen alle Arbeiter die Werkstätten und versammeln sich mit ihren Familien und ihren Nachbarn in den Volksrestaurants, von 14 bis 15 Uhr essen alle zu Mittag; von 15 bis 21 Uhr füllt die gesamte Bevölkerung die Gärten, die Terrassen, die Straßen, die Promenaden, die Volksversammlungen, die Vorlesungen, die Theater und andere öffentlichen Stätten; um 22 Uhr liegt jedermann im Bett, und nachts, von 22 bis 5 Uhr sind die Straßen menschenleer.«

Es gibt nicht die geringste individuelle Freiheit in dieser Stadt, wo man die Presse, die Schauspiele, den Unterricht beaufsichtigt, um jede Ansteckung von außen zu vermeiden. Ein Komitee von Experten befindet über die Ernährung, die Kleidung, die Möbel, die Medizin. Die Produktion ist in großen Einheiten organisiert, in denen Arbeitsteilung herrscht. Jeder Ikarier, von klein auf konditioniert – da die Kinder im Alter von fünf Jahren den Eltern weggenommen und gemeinschaftlich erzogen werden –, hat die Werte dieser kollektivistischen Gesellschaft verinnerlicht, und der soziale Druck der Gruppe ist das beste Mittel, Abweichler zum Wohl des Ganzen zu einer konformistischen Haltung zurückzubringen.

Alle Ingredienzen der Gegenutopie sind hier vereint, von *Brave New World* bis *1984*. Es verwundert, daß im Jahre 1842 ein solches Universum nicht nur als unausweichlich, sondern als wünschenswert erscheinen konnte. Es spricht Bände über die Lage der Arbeiter unter Louis Philippe und läßt uns den kulturellen Umschwung ermessen, der sich innerhalb eines halben Jahrhunderts vollziehen sollte. Im Augenblick scheint der einzige Ehrgeiz darin zu bestehen, für das materielle Wohl des Individuums und die moralische Gesundheit der Gemeinschaft zu sorgen.

Diese Visionäre des Kollektivismus in der ersten Hälfte des 19. Jahrhunderts sind Ungeduldige. Sie begnügen sich nicht damit, auf die Unausweichlichkeit ihrer Visionen hinzuweisen, sie wollen sie unmittelbar in die Tat umsetzen unter Auslassung aller Zwischenstufen, was zu ihrer Theorie des Fortschritts in Widerspruch steht: wie soll man das Funktionieren einer Gesellschaft inmitten einer Welt garantieren, die für diese Organisationsform noch nicht reif ist? Aber diese Inkohärenz hält die Utopisten nicht auf, sie wagen immer neue Versuche. Hier ist die Zukunft eine wichtige treibende Kraft.

Die meisten Experimente werden in den Vereinigten Staaten gemacht, einem neuen, weiten, teilweise jungfräulichen Land. 1847 gründet Cabet in Nauvoo in Illinois ein Ikarien, das bis 1898 dahinvegetiert. Nicht weit von dort, in Indiana, hatte Robert Owen 1825 seine futuristische Gemeinschaft New Harmony gegründet. Dieser zum Unternehmer gewordene Arbeiter, der seine Fabrik New Lanark in Schottland in eine Arbeitergemeinschaft umgewandelt hatte, stellt sich eine kollektivistische Gesellschaft vor, in der die Ehe, die Religion, das Privateigentum abgeschafft sind. Das Scheitern von New Harmony dämpft seinen Optimismus in keiner Weise, und 1855 sagt er in der *Gazette millénaire* eine paradiesische Zukunft voraus: »Die Erde wird so eingerichtet sein, daß sie auf ihrer gesamten Fläche nur noch eine einzige Stadt bildet, bestehend aus verschiedenen Gemeinden, die mit allem Nötigen versorgt sind; und jede von ihnen wird eine paradiesische Gemeinde sein, die mit allen anderen Gemeinden des Globus in Verbindung steht, bis die ganze Erde nach und nach aus einer einzigen großen Stadt besteht, die man das Neue Jerusalem oder das vereinigte irdische Paradies nennen könnte. (...) Die Stadt, die alle Bewohner der Erde umfaßt, wird von einer voll entwickelten und regenerierten Rasse von Menschen bewohnt sein, die einzig von den Gesetzen Gottes regiert werden, dieselbe Sprache sprechen, das heißt die Sprache der Wahrheit, und die nur ein einziges Interesse und ein einziges Gefühl beherrscht, nämlich gegenseitig ihr Glück zu vergrößern, alle werden von Geburt an vom Geist allgemeiner Nächstenliebe und wechselseitiger Liebe erfüllt sein und diese göttlichen Eigenschaften Zeit ihres Lebens täglich in die Praxis umsetzen.«[27] In diesem Paradies wird man sich mit dem Flugzeug und großen dampfgetriebenen Inseln fortbewegen.

Insgesamt hat man etwa dreißig irdische Paradiese registriert, die im 19. Jahrhundert in den Vereinigten Staaten gegründet wurden, utopische Gemeinschaften chiliastischer Prägung, religiöse wie weltliche.[28] Aber es ist ein weltweites Phänomen: von den Fidschi-Inseln bis Südafrika und von Indien bis Japan entstehen kleine Gemeinschaften der Zukunft. Von 1880 bis 1894 gründet Giovanni Rossi in Brasilien die »Cecilia«, eine libertäre und anarchistische Gemeinschaft, die keine vier Jahre besteht. Seltsamerweise erreicht die Bewegung sogar Schwarzafrika, wo von 1819 bis 1845 der Peul-Marabut Cheikou Ahmadou den utopischen Staat der Dina errichtet, der alle Merkmale seiner europäischen Entsprechungen aufweist: eine Hauptstadt mit geometrischen Strukturen, streng geregelte Arbeitszeit, kollektivistische Organisation.[29] In Algerien beruft sich die Union agricole d'Afrique in Saint-Denis-du-Sig auf den Fourierismus.

In Europa ist die vorbildliche Gemeinde von Ménilmontant zu nennen, die 1832 von Prosper Enfantin, einem Schüler Saint-Simons, gegründet und bald darauf wegen Verstoßes gegen die guten Sitten und Vereinsbildung aufgelöst wurde; das von dem Fourieristen Godin in Guise gegründete Familisterium, das dank seiner ökonomischen Effizienz immerhin bis 1968 bestand; die Gesellschaft der christlichen Familien von David Lazzaretti, einem italienischen Visionär, Bewunderer der Offenbarung und des hl. Franz von Paola, der sich 1878 einer Stadt zu bemächtigen versucht, um dort das Königreich Gottes zu errichten. Er wird von der Polizei getötet.[30]

Optimistische Propheten, von der Wissenschaft zur Kunst

Ob diese Visionäre und Propheten nun gläubig sind oder nicht, gemeinsam ist ihnen der Glaube an die Zukunft, der Optimismus, sei er nun mit dem wissenschaftlichen Fortschritt oder mit religiösen Verheißungen begründet. Dafür gibt es zahllose Zeugnisse, angefangen mit dem von Victor Hugo, dem romantischen Visionär *par excellence*, der 1830 ausruft:

> Oh! l'avenir est magnifique!
> Jeunes Français, jeunes amis,
> Un siècle pur et pacifique
> S'ouvre à vos pas mieux affermis.[31]

> (Oh, die Zukunft ist herrlich!
> Junge Franzosen, junge Freunde,
> Ein reines friedliches Jahrhundert
> Liegt vor euren kräftigeren Schritten.)

1859 hat er nichts von seinem Vertrauen in die Zukunft der Menschheit verloren, die er voranschreiten sieht:

> À l'avenir divin et pur, à la vertu,
> À la science qu'on voit luire,
> À la mort des fléaux, à l'oubli généreux,
> À l'abondance, au calme, au rire, à l'homme heureux![32]

(Zur reinen göttlichen Zukunft, zur Tugend,
Zur Wissenschaft, die man leuchten sieht,
Zum Tod der Geißeln, zum allgemeinen Vergessen,
Zum Überfluß, zur Ruhe, zum Lachen, zum
                glücklichen Menschen!)

1864 verkündet er in einem Brief an Nadar, die Wissenschaft werde die »Freiheit des Menschengeschlechts« sichern; von den Erfindungen begeistert, empfiehlt er das Prinzip des Helikopters, in dem er ein Instrument des Friedens sieht, eine kolossale wissenschaftliche Revolution: »Was bedeutet der gelenkte Aeroskaph? Die unmittelbare, absolute, sofortige universelle Abschaffung der Grenze, überall und für immer. (...) Es bedeutet das Verschwinden der Armeen, der Zusammenstöße, der Kriege, der Ausbeutung, der Knechtschaft, des Hasses. Es bedeutet die kolossale friedliche Revolution. Es bedeutet plötzlich, jählings und wie durch einen Strahl der Morgenröte die Öffnung des alten Käfigs der Jahrhunderte, die ungeheure Befreiung des Menschengeschlechts.«[33] Woran man sieht, daß auch die größten Geister, wenn sie von der Zukunft sprechen, gewaltige Irrtümer begehen können.

Freilich wird Victor Hugos Optimismus von Propheten aller Schattierungen geteilt. Apokalyptischer und chiliastischer Optimismus des chilenischen Jesuiten Manuel Lacunza (1731–1801), der eine »physisch und moralisch völlig erneuerte Welt« vorhersagt, »gebildete, befriedete und getaufte« Nationen, die »viele Jahrhunderte lang einen reinen Glauben und unverdorbene Sitten« bewahren[34]; rein wissenschaftlicher Optimismus des *Larousse* Ende des Jahrhunderts, wo im Artikel »Fortschritt« zu lesen steht: »Der wissenschaftliche und industrielle Fortschritt ist ebenso unaufhaltsam wie die Bewegung, die die Kometen auf ihrer Bahn hält, und ebenso hell wie das Licht der Sonne. (...) Die Idee, daß die Menschheit von Tag zu Tag besser und glücklicher wird, ist unserem Jahrhundert besonders teuer. Der Glaube an das Gesetz des Fortschritts ist der wahre Glaube unseres Zeitalters. Ein Glaube, der nur wenig Zweifler gefunden hat.« Weltlicher und radikaler Optimismus bei Paul Bert, der 1900 schreibt: »Das goldene Zeitalter liegt nicht hinter uns (...). Nicht ohne eine Art Trunkenheit blicke ich in die Zukunft, und ich betrachte voller Hoffnung, was andere in Wirklichkeit sehen werden und was wir heute vorbereiten.«[35] Religiöser Optimismus bei Schlegel, der meint, von Gott werde »dieser Frieden zustandegebracht werden, in welchem nach der, doch gewiß nicht leeren Verheißung, Ein Hirt und Eine Herde sein soll«.[36] Humanitärer Optimismus bei George Sand in ihrem Roman *Spiridon* von 1838. Synkretistischer Optimismus bei Frédéric de Rougement, für den »das nächste Zeitalter die Zeit der endgültigen Synthese von Offenbarung und Philosophie sein wird, oder besser des Eindringens der Offenbarung in die Philosophie«.[37] Zionistischer Optimismus bei Theodor Herzl, der 1896 vorhersagt: »Die Juden, die wollen, werden ihren Staat haben. (...) Die Welt wird durch unsere Freiheit befreit, durch unseren Reichtum bereichert und vergrößert durch unsere Größe. Und was wir dort nur für unser eigen Gedeihen versuchen, wirkt machtvoll und beglückend hinaus zum Wohle aller Menschen.«[38] Demokratischer Optimismus bei Auguste Siguier, der glaubt, die Welt stehe kurz vor dem Auftauchen des »homme peuple«, der das »Alpha des Wahren und Schönen sein wird, der von der Vorsehung auserwählte große Austeiler, weil unter seinen Händen alles eine Wendung zur Demokratisierung nehmen muß, dem Abschluß aller Bemühungen der Kreaturen, die fähig sind, eine erste Ursache zu fühlen«.[39] Optimismus der Vernunft und der Gerechtigkeit bei Herder: »Nach Gesetzen ihrer inneren Natur muß mit der Zeitenfolge auch die Vernunft und Billigkeit unter den Menschen mehr Platz gewinnen und eine dauerndere Humanität befördern.«[40] Optimismus der evangelischen Verheißung bei Cieskowski: »Wir gehen dem Ende der von Christus eingeleiteten Epoche entgegen. Nach der langen Überquerung des Ozeans in der zweiten Epoche nähern wir uns dem verheißenen Land der dritten Epoche.«[41] Rein humanistischer Optimismus bei Anatole France, der im Jahre 1903 eine seiner Figuren sagen läßt: »Scharfsinnige Beobachter glauben zu bemerken, daß wir großen Veränderungen entgegengehen. Das kann sein. Auf jeden Fall wird die menschliche Zivilisation von jetzt an harmonisch und friedlich fortschreiten.«[42] Welch dramatische Blindheit, zehn Jahre vor dem Ersten Weltkrieg solche Worte auszusprechen!

Anatole France ist seinerseits der Versuchung der optimistischen Utopie erlegen, als er eine Vision der Welt im Jahre 2270 entwirft, einer Welt, in der das Privateigentum, die Armut, der Krieg verschwunden sind, in der die Technik das Leben erleichtert und in der der Europäische Völkerbund seit zweihundertzwanzig Jahren Wirklichkeit geworden ist. Fünf Jahre später freilich, in *L'Île des pingouins*, wo er auf das trostlose Thema der ewigen Wiederkehr zurückkommt, ist der Ton sehr viel ernüchterter. Anatole France wunderte sich über die Neigung der Szientisten des ausgehenden Jahrhunderts, Prophezeiungen zu machen: »Bei den weisesten und erfahrensten Leuten, die ich gekannt habe, bei Renan und Berthelot, habe ich eine deutliche Tendenz bemerkt, aufs Geratewohl in die Unterhaltung rationale Utopien und wissenschaftliche Prophezeiungen einzuflechten.«[43]

Alle Welt redet von der Zukunft, und fast alle Welt betrachtet sie mit Optimismus. Dies trifft auch für eine Fülle von Erzählungen an der Grenze der Utopie und der Science-fiction zu, die von einem grenzenlosen Vertrauen in den wissenschaftlichen Fortschritt zeugen. Da ist Georges Pellerin, der 1878 in *Le Monde dans deux mille ans* eine Welt beschreibt, in der das menschliche Leben eine Dauer von 100 Jahren erreicht, in der »die beiden Lager sich die Hand gereicht haben und mit einhelliger Zustimmung der Nationen der Krieg abgeschafft worden ist. Dann haben sich die kriegführenden Parteien sogleich zu einem internationalen Kongreß konstituiert und beschlossen, daß die Streitigkeiten zwischen den Nationen vor diesem Gerichtshof geschlichtet werden sollten. Der internationale Kongreß besteht aus Delegierten aller Nationen unter der Leitung eines von den Delegierten gewählten Präsidenten.«[44] Da ist Neulif, der 1888 in *L'Utopie contemporaine* eine wunderbare, sowohl gesunde wie erfolgreiche und uneigennützige Welt verkündet, wo man sich in pneumatischen Röhren fortbewegt und wo die Polizisten in Schwierigkeiten geratenen Personen helfen; im übrigen eine Welt voller Inkohärenzen, in der die Kriminalität sehr hoch zu sein scheint, während uns an anderer Stelle versichert wird, daß »das Heer des Lasters und Verbrechens vom Geist der Nächstenliebe aufgelöst worden ist«.[45] Da ist Edward Bellamy, der im selben Jahr das Boston des Jahres 2000 beschreibt, eine glückselige Zeit, in der dank der rationalen Wirtschaftsordnung, die jede Verschwendung vermeidet, Überfluß, Gleichheit und Sittlichkeit herrschen. Durch Konzentration der Unternehmen ist eine Situation entstanden, in der eine zentralisierte Autorität die Produktion leitet und mit Hilfe von Kreditkarten jedem dieselbe Kaufkraft sichert. Diese Zukunft wird als Ergebnis einer notwendigen Entwicklung dargestellt: »Alles, was die Gesellschaft zu tun vermochte, war, diese Evolution zu erkennen und zu unterstützen, wenn ihr Ziel klar hervortrat.«[46] Da ist Gabriel Tardé, der in *Fragment d'histoire future*, gestützt auf die wissenschaftlichen Äußerungen Berthelots über das Erkalten der Sonne, eine vollständig unterirdische Zivilisation beschreibt. Da ist auch Albert Quantin, der sich 1913 die Welt im Jahre 2001 vorstellt, inzwischen ein wahres irdisches Paradies, wo die Menschen »jung, kräftig und schön sind, ohne Fesseln und ohne Makel. Rings um sie dasselbe Schauspiel. Ihr persönliches Glück entfaltete sich ohne Selbstsucht; kein Schmerz anderer trübte es.« Quantin ist kategorisch: »Die Evolution wird in die Richtung des Fortschritts und des Glücks gehen, denn der Rückschritt würde zum Tode führen. Das Leben sieht seiner Blüte entgegen.«[47]

Dichter und Künstler tragen dazu bei, die Vision der zukünftigen Welt zu gestalten, in der sie sich eine wichtige Rolle zuschreiben. Béranger meint, daß den Dichtern eine prophetische Aufgabe zufalle: »Von den heutigen Bedürfnissen durchdrungen, muß sich der Dichter in die Zukunft flüchten, um den voranschreitenden Generationen das Ziel zu weisen. Die Rolle des Propheten ist recht schön.«[48] Und er spielt selbst diese Rolle, indem er das Ende des Bösen und Satans ankündigt; für ihn wird die »alte Sibylle«, d. h. die Literatur, der neuen Muse, der Gesellschaftswissenschaft, Platz machen.

Die prophetische Funktion der Kunst wird 1828 in der Zeitung *Le Gymnase* hervorgehoben, wo Hippolyte Carnot und Hippolyte Auger die erste französische Übersetzung von Schillers Gedicht »Die Künstler« vorlegen, das die vorausschauende Kraft der Kunst aufzeigt, Vorläuferin der rationalen Erkenntnis in der Vorhersage der Zukunft. Weil die Zukunft geheimnisvoll ist, sind die Künstler dank ihrer visionären Gaben am besten in der Lage, sie zu erblicken. »Das spätere Ende des menschlichen Schicksals ist uns ebenso unbekannt wie ihr Ausgangspunkt. Wir befinden uns zwischen zwei Geheimnissen«, schreibt Pierre Leroux in der *Revue encyclopédique* von 1832. Mit Hippolyte Carnot, Jean Reynaud, Paul-Mattieu Laurent, Edouard Charton steht er in der Tradition des kritischen Geistes des 18. Jahrhunderts und meint, um die zukünftige humanitäre Demokratie zu beschreiben, müsse man sich an die Kunst wenden, »die schon immer prophetisch war und es noch heute ist, sogar in ihrem Schmerz; warum sollte sie die Prophezeiung der Zukunft nicht mit dem Gefühl für die Natur und die Geschichte verbinden?«

Edgar Quinet teilt diese Ansicht. Er ist sehr vorsichtig und wagt es nicht, die Zukunft selbst zu beschreiben, da er nicht einmal wisse, ob sie religiös sein werde oder nicht. Was zählt, so schreibt er, ist mehr die Bewegung hin zur Zukunft als die Zukunft selbst. Er wirft den Philosophien wie der Hegelschen vor, die Geschichte zum Abschluß bringen zu wollen, und meint, die Demokratie sei mit Sicherheit nur ein Übergang zu »der neuen Ordnung, an der die Welt arbeitet und die heute niemand zu definieren oder vorherzusagen vermag«.[49] Die einzigen, die uns eine Vorstellung von ihr geben könnten, seien die Dichter, Künstler, Philosophen und Wissenschaftler: »Wer sind diese Menschen einer neuen Ordnung, denen es gegeben ist, im ewigen Ratschluß Gottes Welten zu lesen? Nennen wir sie hier bei ihrem wahren Namen: es sind die Propheten der modernen Welt.«[50]

Ebenso zurückhaltend in der Vorhersage ist Herbert Spencer, der schreibt: »Immer und überall wird das soziologische Denken mehr oder weniger von der Schwierigkeit behindert, niemals aus den Augen zu verlieren, daß es uns ebenso unmöglich ist, die gesellschaftlichen Zustände vorherzusagen, denen unsere Rasse entgegengeht, wie es einem normannischen Piraten und seinen Gefährten unmöglich war, sich unseren derzeitigen Zustand vorzustellen.«[51] Doch ein gründliches Studium der Vergangenheit könne uns über die Mechanismen der sozialen Evolution aufklären. Für ihn ist die treibende Kraft der soziokulturelle Faktor; die kollektiven Geisteshaltungen schreiten nach Maßgabe der Lebensbedingungen voran, so daß es möglich sei, ein prädiktives Schema zu skizzieren. Nachdem die Welt die »kämpferische« Ordnung erlebt hat, befindet sie sich nun in der »industriellen« Ordnung, wo die Sorge um den »Unterhalt der Gesellschaft« vorherrscht, und sie bewegt sich auf eine Ordnung zu, wo die Hauptsorge die Suche nach »Befriedigung« sein wird und die der ästhetischen Kultur den Vorrang gibt. »Wenn hier der Ort dazu wäre, so könnte man einige Seiten über einen zukünftigen Gesellschaftstypus hinzufügen, der sich vom industriellen Typus ebenso stark unterscheidet wie dieser vom kämpferischen Typus, denn er verfügt über ein Erhaltungssystem, das entwickelter ist als alles, was wir heute kennen, und der die Produkte der Industrie weder zur Aufrechterhaltung einer Kampforganisation noch zur materiellen Ausdehnung verwenden wird. (...) Ich beschränke mich darauf, als Anzeichen dafür die sich mehrenden Einrichtungen und Mittel zu nennen, die mit der intellektuellen und ästhetischen Kultur und verwandten Tätigkeiten zusammenhängen, die nicht der Erhaltung des Lebens dienen, sondern unmittelbar nach Befriedigung streben, und mehr kann ich hier dazu nicht sagen.«[52]

Sogar ein eher pessimistischer und einem rückwärts gewandten Fortschritt zuneigender Utopist wie William Morris setzt seine Hoffnung in die Kunst. Er teilt im wesentlichen die Ideen der Sozialisten, sieht jedoch, anders als diese, die Emanzipation der Arbeiter in einer Art Rückkehr zum Mittelalter, einem Mittelalter, in dem das Volk mittels der künstlerischen Schöpfung seine Freude wiederfindet. In den *News from nowhere* von 1890 beschreibt er eine Welt, in der jeder ein Handwerk wählt und sich darin nach seinem eigenen Rhythmus ausdrückt, eine harmonische Gesellschaft, die nach dem Schönen strebt, gemäß den neugotischen und präraffaelitischen Kriterien, die Morris zusammen mit Ruskin in Oxford studiert hat. In diesem England des 22. Jahrhunderts, wo jedermann wieder auf dem Land lebt, kann der Erzähler in Entzücken geraten: »Wo liegt aber jetzt die Schwierigkeit für die Annahme der Religion der Humanität, wo die Männer und Frauen, die die Menschheit ausmachen, frei, glücklich und tätig, ebenso meist schön von Körper und von schönen Gegenständen, die sie selbst hergestellt haben, und einer Natur umgeben sind, die durch die Berührung mit dem Menschengeschlecht veredelt und nicht verschlechtert wird? Dies ist es, was dieses Zeitalter uns vorbehalten hat.«[53]

Die Propheten des Glücks: liberale und sozialistische Ökonomen

Nicht nur die Wissenschaft und die Kunst sagen einen neuen Morgen, eine strahlende Zukunft voraus. Auch andere Propheten des Glücks tauchen auf und verkünden Wohlstand und Harmonie. Liberale Ökonomen und sozialistische Denker, die die Zukunft in den sozioökonomischen Gesetzen lesen, kommen zwar zu einander widersprechenden Visionen, die jedoch alle, außer der von Malthus, optimistisch sind.

Anfang des Jahrhunderts faßt Jean-Baptiste Say eine Marktwirtschaft ohne Krisen ins Auge und beschreibt im Jahre 1800 deren Merkmale in *Olbi ou Essai sur les moyens d'améliorer les mœurs d'une nation*, ein Bericht am Schnittpunkt zwischen Utopie und nationalökonomischem Traktat. Die Welt, die er sich vorstellt, ergibt sich aus der Anwendung der ökonomischen Gesetze, die zu einer Gesellschaft führe, wo jeder arbeitet, die schnellen und unverdienten Gewinne beseitigt und die Familien stabil sind. Der Wohlstand läßt neue Bedürfnisse entstehen, die die Tätigkeit anspornen und den Wohlstand weiter vermehren. Gleichzeitig verschwinden der Imperialismus und der Krieg, denn die Nationen werden gewahr, daß der Friede rentabler ist. Damit ist die Glückseligkeit die »unausbleibliche Belohnung« für die Anwendung der ökonomischen Gesetze. Auch der Rationalist Godwin (1766 bis 1834), ein Zeitgenosse von Say, glaubt an einen unbegrenzten Fortschritt dank der Technik und dem Verschwinden des überflüssigen Luxus. Die zunehmende Bevölkerung wird in Wohlstand und Gerechtigkeit leben; das Eigentum und die Armut werden verschwinden, und es wird eine natürliche Ordnung ohne Verwaltung und ohne Regierung herrschen.

Weniger simplistisch, aber dennoch optimistisch ist das Denken von John Stuart Mill in seinen *Principles of political economy* von 1848. Wir befinden uns, schreibt er, in einem »fortschreitenden Zustand«, in dem die ökonomischen Kräfte in Ausdehnung begriffen sind. Aber bald werde eine Abwärtsbewegung einsetzen; aufgrund der wachsenden Kosten würden die Profite der Industrie sinken; die Masse des produktiven Kapitals werde nicht weiter zunehmen; auch die Produktion werde stagnieren, was die Bevölkerung zwinge, ebenfalls ihr Wachstum einzustellen; dann würden wir uns im »stationären Zustand«, d. h. im idealen Zustand befinden. Denn im fortschreitenden Zustand sinke die Moral aufgrund der Jagd nach Profit; der Bevölkerungsdruck werde zu groß, was zu Promiskuität, Herdenverhalten sowie zur Unmöglichkeit führe, sich abzusondern; schließlich verursache das Wachstum eine Verschlechterung der Umwelt. Hundertzwanzig Jahre vor dem Club of Rome wünscht sich Stuart Mill das »Nullwachstum«.

Sein Landsmann Thomas Malthus ist sehr viel weniger optimistisch. Als Pastor in einem ländlichen Weiler hat er viel Muße, das Elend des Volks zu beobachten, und 1798 zieht er in seinem *Essay on the Principle of Population, as it affects the future improvement of society* die Lehre daraus. Von dem Prinzip ausgehend, daß sich die Nahrungsressourcen in arithmetischer Progression vermehren, während die Bevölkerung in geometrischer Progression zunimmt, sieht er eine Katastrophe voraus, falls die Geburtenziffer nicht drastisch gesenkt werde, wofür er die sexuelle Enthaltsamkeit vorschlägt: »Die natürliche Ungleichheit zwischen der Vermehrungskraft der Bevölkerung und der Produktivkraft der Erde ist jenes wichtige Naturgesetz, das seine Auswirkungen ständig im Gleichgewicht hält, und stellt das größte und meiner Ansicht nach unüberwindbare Hindernis auf dem Weg zur Vervollkommnung der Gesellschaft dar. (...) Ich sehe kein Mittel, durch das der Mensch dem Druck dieses Gesetzes entgehen kann, das sich der gesamten lebenden Natur aufzwingt. Keine Gleichheitsutopie, kein noch so gutes Agrarrecht könnte sein Joch abschütteln, und wäre es nur für ein Jahrhundert. Und dieses Gesetz scheint sich daher auch auf entscheidende Weise einer möglichen Gesellschaft aufzuzwingen, deren Mitglieder alle in Wohlstand, Glück und Muße lebten, ohne die geringste Angst um ihren Unterhalt und den ihrer Familie zu verspüren.«[54]

Hatte Malthus unrecht? Es gehört zum guten Ton, über seine Voraussagen und seine Methoden zu spotten, da man feststellt, daß dank der Revolutionen in der Landwirtschaft und der Genetik so phantastische Erträge erzielt werden, daß die Erde heute sechs Milliarden Menschen mehr oder weniger gut ernähren kann. Aber in welchem Zustand befindet sich die Hälfte von ihnen! Wie schon Stuart Mill sagte: Ist es wirklich wünschenswert, die Erde zu zerstören, »nur zu dem Zweck, eine zahlreiche, nicht aber eine bessere oder glücklichere Bevölkerung zu unterhalten«? Jedenfalls hat

Malthus sein letztes Wort noch nicht gesprochen: der Wettlauf zwischen Bevölkerung und Nahrungsmitteln geht weiter; letztere haben einen vorübergehenden Vorsprung gewonnen. Für wie lange noch?

Mehr oder weniger sind alle sozialistischen Denker Propheten. Dies war schon bei der ersten Generation, den Utopisten, der Fall. Aber auch der wissenschaftliche Sozialismus bildet keine Ausnahme. Wie könnte er auch? Gerade weil er sich für wissenschaftlich ausgibt, beruht er auf einer Analyse des historischen Prozesses, die es ermöglicht, dessen Gesetze zu ermitteln und zu unfehlbaren Schlüssen über die Zukunft zu gelangen. Wenn er glaubwürdig bleiben will, muß er in der Lage sein, Vorhersagen zu machen und der Arbeiterklasse nach dem letzten Gefecht das Bild einer glücklichen Zukunft zu zeigen. »Welches Ziel muß der politische Schriftsteller sich setzen?« fragt Proudhon 1843. »Durch Analyse des erzielten Fortschritts den noch zu leistenden Fortschritt zu ermitteln.«[55]

Daran arbeitet er. Für ihn verläuft die Geschichte weder geradlinig noch kreisförmig, sondern in einer Pendelbewegung: »In ihrem schwankenden Gang dreht sich die Menschheit ständig um sich selber: Ihre Fortschritte sind nichts als Verjüngungen ihrer Tradition, und alle Systeme, so gegensätzlich sie auch erscheinen mögen, bieten im Grunde nur wechselnde Ansichten der gleichen Sache.«[56] Die grundlegende Veränderung trete dann ein, wenn alle Mitglieder derselben Klasse sich ihrer Notwendigkeit bewußt geworden sind. Dann fegen sie, mittels der Revolution, die der neuen Ordnung entgegenstehenden Hindernisse hinweg: »Ohne Handstreich ist keine Reform möglich. Wir stehen vor der Notwendigkeit, die revolutionäre Aktion als Mittel zur Reform der Gesellschaft zu gebrauchen... Die Revolution ist das Gewicht der Menschen, das im günstigen Moment in die Waagschale der Geschichte geworfen wird.«[57] Wir stoßen hier erneut auf das Problem der zwiespältigen Beziehungen zwischen der unabweislichen Evolution und der voluntaristischen Aktion: der Sozialismus ist unabweisbar, aber er bedarf eines »Handstreichs«. Eine Arbeit der Ausbildung, der Mobilisierung der Massen ist erforderlich, um das Schicksal zu nötigen, auch wenn es deshalb nicht weniger vorhersehbar ist und in die Richtung des Fortschritts geht, hin zu einer dezentralisierten Organisation unabhängiger Produktionsstätten, die der Konzentration der Proletarier in den von einem bürgerlichen Staat ausgebeuteten Industriestädten ein Ende setzt. Die Evolution ist der Weg zum Guten: »Die arbeitsamen Menschen, schöner und freier als die Griechen je waren, ohne Adlige und ohne Sklaven, ohne Richter und ohne Priester, werden alle zusammen, auf der bebauten Erde, eine einzige Familie von Helden, Wissenschaftlern und Künstlern sein.«[58]

Auch die Haltung von Karl Marx ist prophetisch, ungeachtet seiner Zurückhaltung, von der Zukunft zu sprechen, um nicht den Utopisten zu ähneln, denn »die doktrinäre und notwendig phantastische Antizipation des Aktionsprogramms einer Revolution der Zukunft lenkt nur ab vom gegenwärtigen Kampf«.[59] Seine Analyse der Geschichte ist von erstaunlichem prädiktiven Wert, da sie die Triebkraft aufdeckt, die das Ganze vorantreibt, den Klassenkampf, dem wiederum die Entwicklung der Produktivkräfte zugrunde liegt. Indem er die Hegelsche Dialektik auf die Füße stellt, zeigt er uns eine grandiose Vision der historischen Maschine, die unerbittlich auf die proletarische Revolution und den Kommunismus zusteuert. Marx fürchtet sogar, von seinen Vorhersagen eingeholt zu werden, und beeilt sich, das *Kapital* zu beenden, bevor die kurz bevorstehende Revolution ausbricht, was in der Tat frustrierend wäre; am 8. Dezember 1857 schreibt er an Engels: »Ich arbeite wie toll die Nächte durch an der Zusammenfassung meiner ökonomischen Studien, damit ich wenigstens die Grundrisse im klaren habe vor dem déluge.«

Die Revolution, die er ankündigt, ist aufgrund der inneren Widersprüche des Kapitalismus unvermeidlich. Dennoch muß man ihr ein wenig nachhelfen, um den Prozeß zu beschleunigen. Wie seine Vorgänger, die mittelalterlichen Millenaristen, versucht Marx eine deterministische Geschichtsauffassung mit einem gewissen Voluntarismus durch die »Praxis« in Einklang zu bringen. Auf der einen Seite werden die Menschen von der unerbittlichen Bewegung der sie übersteigenden dialektischen Maschine erfaßt: In der gesellschaftlichen Produktion ihrer Existenz gehen die Menschen bestimmte, notwendige, vom ihrem Willen unabhängige Beziehungen ein; auf der anderen Seite können sie, indem sie sich der Bewegung bewußt werden, zu aktiven Mittlern ihrer Geschichte werden. Allerdings unter der Voraussetzung, daß sie in der richtigen Richtung arbeiten, da sie sonst von der Maschine zermalmt werden.

Anders als die Millenaristen hat sich Marx sehr wenig über die künftige Gesellschaft geäußert. Für ihn geht es nicht darum, dieses oder jenes utopische System aufzustellen, sondern darum, an der historischen revolutionären Bewegung der Gesellschaft teilzunehmen, die vor seinen Augen stattfindet. In einem Brief an Weidemeyer vom 5. März 1852 faßt er seinen Beitrag in drei Punkten zusammen: »Was ich neu tat, war 1. nachzuweisen, daß die Existenz der Klassen bloß an bestimmte Entwicklungsphasen der Produktion gebunden ist; 2. daß der Klassenkampf notwendig zur Diktatur des Proletariats führt; 3. daß diese Diktatur selbst nur den Übergang zur Aufhebung aller Klassen und zu einer klassenlosen Gesellschaft bildet.« Einer klassenlosen Gesellschaft, in der die Menschen befreit sein werden von der Neigung, nach Reichtum zu gieren, eine Neigung, die ihr ganzes historisches Leben beherrschte und sie entfremdete. In dieser regenerierten Menschheit wird der Staat am Schluß seinen politischen Charakter verlieren: »Sind im Laufe der Entwicklung die Klassenunterschiede verschwunden und ist alle Produktion in den Händen der assoziierten Individuen konzentriert, so verliert die öffentliche Gewalt den politischen Charakter.«[60]

Einige Passagen des Dritten Buchs des *Kapital* sind in bezug auf diese Zukunft etwas lyrischer, aber sie stammen von Engels, der sich weniger scheut, Voraussagen zu machen, wenn auch nicht immer zutreffende. Für ihn liegt es auf der Hand, daß die proletarische Revolution in England ausbrechen werde. »Das Prophezeien ist nirgends so leicht als gerade in England, weil hier alles so klar und scharf in der Gesellschaft entwickelt ist. Die Revolution *muß* kommen, es ist jetzt schon zu spät, um eine friedliche Lösung der Sache herbeizuführen.«[61] Die neuen wissenschaftlichen Propheten scheinen nicht sehr viel fähiger zu sein als die alten.

Eine merkwürdige Besonderheit der marxistischen Vorhersage ist, daß sie das Ende der Geschichte ankündigt. Darin trifft sie sich sowohl mit den Millenarismen als auch mit den Utopien, begibt sich jedoch in eine heikle Lage, die Engels nur mit einem »Sprung« der Geschichte erklären kann. Nach dem »letzten Gefecht« bleibt die Maschine des historischen Materialismus stehen: keine Konflikte mehr, also auch kein Fortschritt mehr. Die Zeit ist aufgehoben, und man findet sich in der ewigen Gegenwart des utopischen Chiliasmus wieder.

Der marxistische Chiliasmus

Die Schüler und Nachfolger von Marx haben den prophetischen Aspekt der Lehre des Meisters stark betont, so wie die christlichen Denker die Begriffe der Hölle und des Paradieses, die bei Christus sehr vage sind, ausgeschmückt haben. 1892 schreibt Karl Kautsky: »Erst wenn die arbeitenden Klassen im Staate die herrschenden geworden sind, wird der Staat aufhören, ein kapitalistisches Unternehmen zu sein; erst dann wird es möglich werden, ihn zu einer sozialistischen Genossenschaft umzugestalten.«[62] Er wird nur noch der Organisator der Produktion sein. Kautzky antizipiert auch den Mechanismus, der dem Kapitalismus ein Ende setzen muß: da die Unterkonsumption der Arbeiter nicht durch die Überkonsumption der Ausbeuter wettgemacht wird, dehnt der Kapitalismus seine Eroberung der Absatzmärkte aus; wenn diese zum Abschluß gekommen ist, wird es eine chronische Überproduktion geben, die für die Masse der Bevölkerung bald unerträglich wird, und dann wird die Revolution ausbrechen.

Auch Lenin läßt sich zu Vorhersagen hinreißen. Für ihn ist es heilsam, von der zukünftigen Gesellschaft zu träumen: es ist ein Mittel, die revolutionäre Aktion zu unterstützen, da es den Proletarier motiviert: »Wäre der Mensch aller Fähigkeiten bar, in dieser Weise zu träumen, könnte er nicht dann und wann vorauseilen, um in seiner Phantasie als einheitliches und vollendetes Bild das Werk zu erblicken, das eben erst unter seinen Händen zu entstehen beginnt, dann kann ich mir absolut nicht vorstellen, welcher Beweggrund den Menschen zwingen würde, weitläufige und anstrengende Arbeiten (...) in Angriff zu nehmen und zu Ende zu führen.«[63] Und wenn Lenin träumt, findet er eine Sprache, die denen der einstigen Millenaristen gleicht. Das Proletariat wird zum auserwählten Volk, zu den Geretteten, denen für eine unbegrenzte Dauer eine Zukunft des Glücks verheißen ist. Die Umrisse dieses kommunistischen Paradieses, das auf die Diktatur des Proletariats folgen wird, skizziert er in *Staat und Revolution*: »Erst in der kommunistischen Gesellschaft, wenn der Widerstand der Kapitalisten schon endgültig gebrochen ist, wenn die Kapitalisten verschwunden sind, wenn es keine Klassen (...) mehr gibt – erst dann ›hört der Staat auf zu bestehen‹ und ›kann von Freiheit die Rede sein‹. Erst dann ist eine tatsächliche vollkommene Demokratie, tatsächlich ohne jede Ausnahme, möglich und wird verwirklicht werden. Und erst dann beginnt die Demokratie abzusterben, infolge des einfachen Umstands, daß die von der kapitalistischen Sklaverei, von den ungezählten Greueln, Brutalitäten, Widersinnigkeiten und Gemeinheiten der kapitalistischen Ausbeutung befreiten Menschen sich nach und nach gewöhnen werden, die elementaren, von alters her bekannten und seit Jahrtausenden in allen Vorschriften gepredigten Regeln des Zusammenlebens einzuhalten, sie ohne Gewalt, ohne Zwang, ohne Unterordnung, ohne den besonderen Zwangsapparat, der sich Staat nennt, einzuhalten.«

Auch in den französischen sozialistischen Kreisen träumt man. Freilich hütet man sich vor allzu präzisen Angaben über die Zukunft, aus Angst, in die Illusionen der Utopisten zurückzufallen. Man wiederholt nach Marx, daß die Arbeiterklasse »keine fix und fertigen Utopien durch Volksbeschluß einzuführen hat«[64], und fragt sich: Wozu schon heute Rezepte für die Kochtöpfe der Zukunft formulieren? Jules Guesde ist futuristischen Antizipationen besonders abhold: der Revolutionär soll sich auf die wissenschaftliche Analyse der Gegenwart konzentrieren. Jean Jaurès ist ebenso zurückhaltend: Wozu die künftige kommunistische Gesellschaft beschreiben, die in allzu ferner Zukunft liegt und die die heutige Generation nie erleben wird, »denn wir leben nur ein Menschenleben lang«. Im übrigen sei diese Zukunft nicht festgelegt: »Nach der Abschaffung des kapitalistischen Eigentums werden alle Formen der Natur und der Menschheit noch endlose Veränderungen durchmachen.«[65] Und auch wenn Jaurès andeutet, daß die Gewerkschaften in der künftigen Gesellschaft eine wesentliche Rolle spielen werden, so sagt er doch kein einziges Wort über die Art der menschlichen Beziehungen in der durch den Kommunismus verwandelten Welt.

Aber diese vorsichtige und vernünftige Haltung steht in scharfem Gegensatz zu den üblichen futuristischen Ergüssen der französischen Sozialisten, die im Ruf stehen, die Visionäre zu spielen. 1903 stellt Adolphe Buisson in *Les Prophètes* den eine Rede haltenden Jean Allemane mit folgenden Worten vor: »Plötzlich veränderte sich sein Gesicht, seinen Worten entströmte ein heiterer einfacher Glaube, und ich war beeindruckt von der Begeisterung, die in ihnen zum Ausdruck kam. (...) Es herrscht also vollkommene Gleichheit, das Glück. Alle Räder der kapitalistischen Welt sind zerstört: die Armee, die Obrigkeit, der Klerus. Keine Eigentümer mehr! Keine Rentiers mehr! Keine Banknoten mehr! Kein Geld mehr, diese abscheuliche Erfindung, die die Begehrlichkeit der Menschen weckt.«[66]

Die zum Sozialismus tendierende französische Literatur ist reich an Beschreibungen der zukünftigen Gesellschaft.[67] In den sozialistischen Romanen tritt eine überschäumende Phantasie zu Tage, von *La Cité future* von Alain Le Drimeur (1890) und *Si... Étude sociale d'après-demain* von Auguste Chirac (1893) bis zu den Übersetzungen von Edward Bellamys Roman *Looking backward 2000–1887*. Die zunächst lyrischen Berichte werden mit dem Nahen der Jahrhundertwende durchdachter, und man bemüht sich, die Heraufkunft des Sozialismus zu datieren, die im allgemeinen während des 20. Jahrhunderts erfolgen soll: Unsere Enkel werden ihn erleben, versichert Eugène Fournier; es wird im Jahre 19... sein, schreibt Georges Dazet; »übermorgen«, überbietet ihn Chirac; im Jahre 2000 laut Bellamy; im Jahre 2001 laut Le Drimeur. Nur Anatole France wartet auf das 23. Jahrhundert. Die meisten von ihnen sehen in der Maschine noch immer ein Instrument der Befreiung, auch wenn eine vage Besorgnis aufkommt.

Der Staat spielt eine fundamentale Rolle, in einem überaus eingeengten Zwangssystem. So stellt sich Deslinières eine Arbeitsorganisation in einem System vor, das von den zehn Direktoren des Industrieministeriums vollständig durchgeplant ist; die Unternehmen können weder ihre Lieferanten noch ihre Kunden selbständig wählen, und jedermann ist zur Arbeit verpflichtet, mit Ausnahme der Invaliden, Greise, verheirateten Frauen oder Frauen, die Kinder zu versorgen haben. Deslinières schlägt vor, diese kollektivistische Technokratie, die mit dem sozialistischen Paradies der politischen Reden wenig zu tun hat, in Marokko zu erproben, nachdem die Araber aus diesem Land vertrieben worden seien.[68]

Tarbouriech ist in einer weiteren *Cité future* sehr viel differenzierter und unterscheidet in seiner Antizipation drei Produktionsebenen: eine staatliche für die Großindustrie, eine kooperative für die mittlere Industrie und eine private für das Kleingewerbe und das Kunsthandwerk. Andere wie Beauclair und Luc Froment beschwören lediglich den Überfluß, die Vereinigung der Klassen, das Reich der Liebe und der befreienden Maschine. Insgesamt ist die Vision der Zukunft sehr verschwommen, und in vielen Punkten herrscht Uneinigkeit wie in der Frage des Malthusianismus und der Erziehung. »Der Sozialismus zeigt sich nun als eine diversifizierte Auffassung der menschlichen Zukunft«, folgert Madeleine Rebérioux.

Ein weiteres Beispiel für die Vielfalt der Prognosen: jene über den Ort, an dem die Revolution ausbrechen werde. Für Engels ist es England, für Jules Guesde Frankreich, für Bellamy Nordamerika und Rußland für Bakunin, dem zufolge »die Sklaverei aller unter dem russischen Zepter vereinten slawischen Völker in Moskau zerbrochen werden wird, und mit ihr wird zur gleichen Zeit und für immer jede europäische Sklaverei bei ihrem Sturz unter ihren Trümmern begraben; hoch und schön wird in Moskau über einem Meer aus Blut und Feuer das Gestirn der Revolution aufgehen und zu dem Stern werden, der die befreite Menschheit zum Glück führt«.[69] Nach der Revolution von 1917 konzentriert sich der sozialistische Traum natürlich auf die UdSSR, und 1932 prophezeit Paul Vaillant-Couturier die strahlende Zukunft jenes neuen und atheistischen Jerusalem, von dem aus sich das irdische Paradies über den ganzen Planeten verbreiten werde: »Die sozialistische Stadt wird im sozialistischen Rhythmus erbaut werden. Wenn sie fertig ist, wird sie das Musterbeispiel einer neuen Stadt sein, die sich Millionen von Menschen so lange erträumten (...), auf dem riesigen Territorium der UdSSR werden mit dem 2. Fünfjahresplan Hunderte von sozialistischen Städten entstehen! Und in ihnen werden neue Menschen wohnen (...), Menschen, von denen sich jeder einzelne als wärmendes Element einer Weltgemeinschaft fühlt.«[70]

Einige marxistische Doktrinäre wagen es, den Inhalt der neuen Stadt zu präzisieren und finden in diesem Bild alle alten Ideen einer in einer vollkommen harmonischen Gesellschaft regenerierten Menschheit wieder. »Gewiß ist es schwierig, sich genau auszumalen, wie diese neue Gesellschaft aussehen wird, aber einiges darf man wohl voraussetzen. In der neuen Gesellschaft, der kommunistischen Gesellschaft, wird es keine Polizei mehr geben. Es wird keine Gefängnisse mehr geben. Natürlich wird es keine Kirchen mehr geben. Es wird keine Armee mehr geben. Es wird keine Art von Prostitution mehr geben. Es wird keine Verbrechen mehr geben. Es kann zwar noch Kranke geben, man wird sie pflegen. Jeder Gedanke an Zwang wird verschwinden. Die Menschen werden das Gefühl haben, von allem befreit zu sein, was sie einst versklavte. Es werden völlig neue Menschen sein.«[71]

Diese dem dogmatischsten Marxismus entsprungene Vision gleicht indes der seiner anarchistischen Feinde, wie man sie 1898 in Kropotkins *Landwirtschaft, Industrie und Handwerk* nachlesen kann. In einem sowohl ländlichen wie industriellen kommunitären Dorf wechselt man sich in völliger Gleichheit und Harmonie bei allen Aufgaben ab. Hier kann sich der neue Mensch voll und ganz verwirklichen. Die Propheten des Sozialismus stehen denen des christlichen Chiliasmus in nichts nach. Nur der Mittler des irdischen Paradieses ist ein anderer: an die Stelle des Großen Monarchen oder der zweiten Ankunft Christi tritt die proletarische Revolution.

Die Propheten der Science-fiction verkünden das Ende der Kriege

Alle diese Propheten sind vom Geist der Auflehnung gegen die Ungerechtigkeit der gesellschaftlichen Verhältnisse ihrer Zeit motiviert und richten in ihrer Zukunftsvision ihre Aufmerksamkeit auf die menschlichen Verhältnisse. Andere sind eher durch den Aufstieg eines neuen Partners in der Weltgeschichte geprägt, eines Partners, der sich bald in den Vordergrund schiebt und das Leben der Menschen umzuwälzen droht: die Maschine. Denn unter allen Fortschritten, die man bei Prüfung der Vergangenheit der Welt feststellt, ist der technologische Fortschritt der greifbarste und unumstößlichste. Über alle anderen, die moralischen, sozialen und religiösen Fortschritte läßt sich streiten, während es eine unleugbare Tatsache ist, daß die Eisenbahn dem Pferdefuhrwerk und die Kanone vom Kaliber 75 der Armbrust überlegen ist. Und dieser technische Fortschritt beschleunigt sich in schwindelerregender Weise. Daher hat auch er seine Propheten, die in der zweiten Hälfte des 19. Jahrhunderts in Gestalt der Science-fiction-Autoren immer zahlreichere Anhänger finden. Was diese Visionäre der Technik verheißen, ist in einer ersten Phase zwar beruhigend, stellt sich jedoch schnell als trügerisch heraus.

Eines der bevorzugten Gebiete der Science-fiction-Vorhersage ist der Krieg. Wie werden in der Zukunft Kriege geführt werden? Überhaupt nicht, antworten zahlreiche Autoren mit Entschiedenheit, in der Überzeugung, daß die Entwicklung von Waffen mit erschreckender Zerstörungskraft ein Mittel sein werde, den Frieden zu sichern. Diese Illusion ist nicht neu. Schon 1767 meinte Abbé Maury, der Weltfriede sei durch eine Art Gleichgewicht des Schreckens zu erreichen: »Es wäre zu wünschen, daß man neue Vernichtungsmittel, noch teuflischer als die bisher bekannten, und noch zerstörerische Höllenmaschinen erfindet als die Kanone. Eine solche Entdeckung wäre für das gegenwärtige Jahrhundert zwar eine große Geißel, aber mit Sicherheit ein Segen für künftige Generationen. So sind wir beschaffen: nur das Unglück macht uns klüger, und nur die Feindschaft erteilt uns nützliche Lektionen.«[72] Und 1781 glaubt Restif de La Bretonne, die schrecklichste Waffe könnte der »fliegende Mensch« sein[73]; Victor Hugo antwortet, wie wir sahen, 1864 mit dem gelenkten Aeroskaph. Und Alfred Nobel fügt dieser Vorhersage das Gewicht seiner Wissenschaft und seines Dynamits hinzu: »An dem Tag, an dem zwei Armeen imstande sein werden, sich innerhalb einer Sekunde gegenseitig zu vernichten, werden alle zivilisierten Nationen vor Entsetzen erschauern und ihre Armeen verabschieden.«[74]

Viele Science-fiction-Autoren teilen diese Ansicht, sogar die größten. So schreibt Jules Vernes: »Ist der Krieg bei den modernen Erfindungen, bei diesen Giftgasgranaten, die man aus hundert Kilometern Entfernung abschießt, bei diesen zwanzig Meilen langen elektrischen Funken, die mit einem einzigen Schlag ein ganzes Armeekorps vernichten können, bei diesen Geschossen voller Pest-, Cholera-, Gelbfiebermikroben, die in wenigen Stunden eine ganze Nation zerstören, überhaupt noch möglich?«[75] Freilich legt er diese vernünftige Bemerkung wohlweislich einem Menschen des Jahres 2889 in den Mund.

Ebenfalls im 29. Jahrhundert, im Jahre 2856, verweist Berthoud ins Militärmuseum »alles Kriegsgerät der vergangenen Jahrhunderte, das wegen seiner furchtbaren Perfektion und seiner tödlichen Unfehlbarkeit sinnlos geworden ist«.[76] Auch Charles Richet zählt die Waffen auf, die den Frieden sichern werden: »Schnellfeuergewehre, monströse Kanonen, perfektionierte Granaten, geräusch- und rauchloses Pulver, so daß in einer großen Schlacht (die es hoffentlich nicht geben wird) innerhalb weniger Stunden

300 000 Mann den Tod finden können. Verständlich, daß die Nationen, so inkonsequent sie zuweilen sind, wenn eitler Stolz sie erfaßt, vor dieser grauenvollen Aussicht zurückschrecken.«[77]

Aber es gibt auch andere Stimmen, denen man vor lauter Optimismus kaum Aufmerksamkeit schenkt. Zu diesen Propheten des Unglücks gehört z. B. Albert Robida (1848–1926). Als Berichterstatter mehrerer Pariser Zeitungen, Zeichner bei *La Caricature*, Verfasser von Romanen und Novellen erörtert er häufig das Thema der Antizipation und richtet sein Augenmerk auf das kommende Jahrhundert, das unsrige, in *Le XXe Siècle* (1883), *La Guerre au XXe siècle* (1887), *Le XXe Siècle, la vie électrique* (1890). Dieser heute vergessene Autor hat inmitten eines unvermeidlichen Plunders bizarrer Erfindungen Momente von überwältigender Hellsicht. Er sagt das Wahlrecht der Frauen sowie deren Zugang zu allen Berufen voraus, Eisenbahnen, die mit 400 Meilen pro Stunde durch Röhren schießen, Fernseher (Telephonoskope), die am laufenden Band die neusten Nachrichten verbreiten, verseuchte Flüsse und verschmutzte Luft, überanstrengte Bürger, die scharenweise in den ländlichen Regionen Erholung suchen, Regionen, die in Nationalparks umgewandelt wurden wie der Nationalpark von Armorika, wo er in einer seiner Karikaturen die Ankunft der »nervösen Pariser« schildert: »In diesen Nationalpark, wo noch immer die unendliche Ruhe des einstigen Provinzlebens herrscht, kommen alle Nervöse, alle Überarbeiteten, alle geistig Erschöpften, um hier erholsame Ruhe ohne Fernsehen, ohne Telephon zu suchen.« Diese 1883 geschriebene Antizipation, die das Ende des 20. Jahrhunderts im Auge hat, ist gar nicht so übel. Wie man sich denken kann, beneidet Robida uns nicht um unser Los: »Sehen Sie, ich beneide die Menschen nicht, die 1965 leben werden. Sie stecken im Getriebe der mechanisierten Gesellschaft, so daß ich mich frage, wo sie die Freuden finden werden, die uns einst vergönnt waren, das Vergnügen, durch die Straßen oder am Ufer des Wassers zu schlendern, die Freuden der Stille, der Ruhe, der Einsamkeit.«

Was den Krieg betrifft, so sieht er ihn sehr viel realistischer als alle Militärstrategen seiner Zeit: in seinen Karikaturen und in *La Guerre au XXe siècle* stehen Panzerwagen auf Schienen, Unterseeboote, fliegende Maschinen, unterstützt von schwerer Artillerie, Torpedos sowie chemischen und bakteriologischen Granaten einander gegenüber. Es fehlt nur die Atombombe. Auf einer Zeichnung gießt die Göttin Zivilisation einen Granatregen aus ihrem Füllhorn. Und zehn Jahre später besichtigen Scharen von Touristen die Schlachtfelder.

In einer bemerkenswerten Studie hat I.F. Clarke die »Krieg prophezeienden Stimmen«[78] in Frankreich, England und Deutschland zwischen 1871 und 1914 analysiert. Seine Schlußfolgerungen sind sehr aufschlußreich: zunächst in bezug auf das Interesse für dieses Thema, da sich mehr als 300 Werke einen künftigen Krieg während dieser Zeit vorstellen, einer Zeit, in der man sich an den Krieg von 1870 erinnert und in Erwartung eines Vergeltungskriegs lebt. Diese Berichte wechseln je nach der diplomatischen Konjunktur und polarisieren sich auf einen Konflikt mit Deutschland infolge der Entente cordiale von 1904. Aber sie glänzen nicht gerade durch Hellsicht. Weder die Militärs noch die Zivilisten haben vorhergesehen, was der Krieg von 1914–1918 sein würde, ein langer Abnutzungskrieg, gekennzeichnet durch ein beispielloses Blutbad mit sozioökonomischen, politischen und kulturellen Folgen, die zweifellos die Einbildungskraft überstiegen: »Die Schlächterei in den Schützengräben, die Verwendung von Giftgasen, die von den Unterseebooten verursachten ungeheuren Schäden, das ganze Ausmaß eines industrialisierten Weltkriegs wurden barmherzigerweise den Blicken der Admiräle, Generäle, Politiker und volkstümlichen Romantiker entzogen, die an dem gewaltigen Unternehmen, das künftige Geschehen vorherzusagen, teilgenommen haben.«[79]

Mit zwei Ausnahmen, zwei prophetischen Stimmen, denen man kaum Aufmerksamkeit schenkt. Der von Friedrich Engels vor allem, der in einem Brief von 1888 seinen gewaltigen Irrtum in bezug auf eine bevorstehende Revolution in England wiedergutmacht. Denn am 23. Februar schreibt er an Liebknecht: »Was aber aus der Sache wird, wenn es wirklich zum Krieg kommt, das ist nicht abzusehen. Man wird sicher versuchen, einen Scheinkrieg daraus zu machen, das geht aber nicht so leicht. Wenn es nach dem geht, was uns am besten paßt und viel Chancen für sich hat, dann stehender Krieg mit wechselndem Erfolg an der französischen, Angriffskrieg mit Einnahme der polnischen Festungen an der russischen Grenze und Revolution in Petersburg, die den Herren Kriegführenden auf einmal alles in ganz anderem Licht erscheinen läßt. Soviel ist sicher: Es gibt keine raschen Entscheidungen und

Triumphzüge mehr, weder nach Berlin noch nach Paris.« Eine überaus hellsichtige und sehr viel richtigere Analyse als die der Generalstäbe beider Seiten, die einen kurzen und siegreichen Krieg vorhersehen. 1897 bestätigt der polnische Bankier Ivan Bloch in *La Guerre de l'avenir* Engels' Diagnose: es wird ein Abnutzungskrieg sein, der gerade wegen der starken Artillerie unmöglich zu gewinnen ist, ein Schützengrabenkrieg, der schließlich zu sozialen Unruhen und vielleicht einer Revolution führen werde.[80]

Hier sind wir freilich weit von der Science-fiction entfernt. Engels argumentiert mit Blick auf sein revolutionäres Ziel und setzt auf die Erbitterung der Völker nach mehreren Jahren Massakern und fruchtlosen Entbehrungen, was den Aufstand begünstige und die Voraussetzungen für den Sieg der Arbeiterklasse schaffe. Was Bloch angeht, so bringt er zehn Jahre damit zu, die Merkmale des Kriegs von 1870 zu untersuchen, und seine Schlußfolgerungen sind in keiner Weise ein Werk der Phantasie.

Solche Vorhersagen können im übrigen einen gewissen Einfluß auf den Lauf der Ereignisse haben. Bernard Cazes weist darauf hin, daß Blochs Folgerungen den Zaren veranlaßt haben sollen, 1899 die Initiative zu einer Friedenskonferenz in Den Haag zu ergreifen.[81] Aber im Juli 1914 scheint er die Lektion vergessen zu haben. Daher die Idee, die zwar nicht wirklich neu ist, aber noch immer Ergebnisse zeitigen kann, die Science-fiction zur Beeinflussung politischer Entscheidungen zu verwenden. Dies tut 1871 der englische Oberst George Chesnais aus Sorge über die wachsende Macht Deutschlands. In seinem Bericht, den er fiktiv im Jahre 1921 ansiedelt, *Battles of Dorking*, erzählt er, wie die englische Flotte zerstört und das Vereinigte Königreich von den besser ausgerüsteten deutschen Streitkräften überfallen wurde. Das Buch erregt großes Aufsehen und veranlaßt Premierminister Gladstone, die Kriegskredite zu erhöhen. Es handelt sich hier nicht mehr um Vorhersagen, sondern um ein politisches Manöver. Umgekehrt kündigt ein anonymes Buch von 1763, *The Reign of George VI, 1900–1925*, durch außerordentlichen Zufall für 1917–1920 einen »europäischen Krieg an«, beschreibt ihn jedoch wie einen Krieg des 18. Jahrhunderts.

Zögern und Zweifel der Science-fiction: H. G. Wells

Die Science-fiction der Jahre 1850–1914 ist gekennzeichnet durch den Mangel an Kohärenz in ihren prädiktiven Aspekten. Obwohl hellsichtig in bezug auf einige Einzelheiten, über- oder untertreibt sie in den meisten Prognosen. Die Übung ist neu, und die Autoren beherrschen die innere Logik der von ihnen ins Auge gefaßten Fortschritte noch nicht. Während sie bestimmte Aspekte bevorzugen, die sie durch Extrapolation überhöhen, vernachlässigen sie andere und berücksichtigen vor allem nicht die Interaktion der verschiedenen Bereiche, was in ihrer Sicht der Zukunft zu Verzerrungen führt. Der charakteristischste Aspekt dieses ersten Zeitalters der Science-fiction ist ihre Polarisierung auf die technologischen Fortschritte, was sie oft sehr genau außergewöhnliche Maschinen vorhersagen läßt, doch ohne daß die Autoren deren Rückwirkungen im soziopolitischen Sektor ermessen. Daher sind sie im allgemeinen optimistisch, während die folgende, von H. G. Wells bereits angekündigte Generation sich mehr mit der globalen Organisation der Welt von Morgen befaßt.

In den Werken der ersten Generation werden krasse Irrtümer begangen, sowohl von Politikern wie von Wissenschaftlern und Literaten. Da ist der künftige Präsident der Vereinigten Staaten, Van Buren, der im Jahre 1829 versichert, die Zukunft gehöre den Schleppkähnen und nicht der Eisenbahn, diesen monströsen, für die öffentliche Sicherheit viel zu gefährlichen Maschinen: »Der Allmächtige hat bestimmt nicht gewollt, daß menschliche Wesen mit einer so gefährlichen Geschwindigkeit (25 Kilometer in der Stunde) reisen«; da ist im selben Jahr der *Journal des savants*, der meint, die Photographie habe keine Zukunft, da die Malerei ihr weit überlegen sei; da ist der amerikanische Astronom Newcomb, der Anfang des 19. Jahrhunderts den mathematischen Beweis für die Unmöglichkeit liefert, etwas fliegen zu lassen, was schwerer ist als die Luft; da ist Georges Clemenceau, der 1882 über das Automobil spottet, das »einem schnellen Vergessen bestimmt« sei (freilich ist es eine deutsche Erfindung, Daimler und Benz zu verdanken, was ausreicht, es zu verabscheuen); da ist Baron Haussmann, der schreibt, die elektrische Beleuchtung habe keinerlei Chance, die Gasbeleuchtung zu ersetzen; da ist Jules Méline, der 1905 der Landwirtschaft rosige Zeiten prophezeit: sie habe nichts zu befürchten, weder Überproduktion noch Mechanisierung, und werde eine Bewegung der Rückkehr zur Scholle, eine »Stadtflucht« auf sich zukommen sehen, die »dem Land Energien und Arme zuführen wird«.[82]

Im Jahre 1900 präsentiert der amerikanische Journalist John Watkins im *Ladies Home Journal* ein Panorama des Lebens im 20. Jahrhundert. Sein Blick ist optimistisch, da ausschließlich auf die materiellen Verbesserungen gerichtet, von der Zentralheizung bis zu Straßenbahnen, elektrischen Zügen und Untergrundbahnen, vom Verkauf und der Lieferung ins Haus bis zur Demokratisierung des Automobils. Dagegen sieht er weder die künftige Rolle des Erdöls noch des massenhaften Lufttransports und sagt eine Verlängerung der durchschnittlichen Lebensdauer nur bis fünfzig Jahre voraus.[83]

Fünfzehn Jahre später verfeinert sein Landsmann Charles Steinmetz in derselben Zeitung die Vorhersage durch ein rationaleres Vorgehen. In Anbetracht der ständigen Verbilligung der Elektrizität müsse sie sich allgemein durchsetzen: elektrische Heizung, Klimatisierung, Produktivitätsgewinne in den Fabriken, ein Faktor der Arbeitszeitverkürzung, elektrische Transportmittel, die die Luftverschmutzung verringern, schnelle Kommunikationsmittel, was insgesamt mit einer Senkung der Lebenshaltungskosten und einer Anhebung des Komforts einhergehe. Sein deduktives Vorgehen ist bemerkenswert, verliert jedoch in dem Maße an Hellsicht, wie die Zahl der ins Spiel gebrachten Faktoren zunimmt. So unterschätzt er im Bereich der Kosten die Konkurrenz zwischen Gas und Erdöl und stellt ein Schema auf, das sehr schnell von dem abweicht, was sich tatsächlich zutragen wird.

Noch heterokliter mischen sich in Robidas *XXe siècle* sehr richtige Antizipationen wie Reisebüros, die Abschaffung der Todesstrafe, das Fernsehen und der Sonoton, die allgemeine Verschmutzung, die neue Krankheiten hervorruft, mit krassen Übertreibungen wie Zügen, die eine Geschwindigkeit von 1600 Stundenkilometern erreichen, der Regulierung des Klimas, der Vereinheitlichung der europäischen Sprachen und Völker. Vielleicht eine Frage der Synchronisierung, denn die Welt, die er uns beschreibt, ist um 1960 angesiedelt.

In der Geopolitik liefert uns das 1892 veröffentlichte Buch von Charles Richet, *Dans cent ans*, ein krasses Beispiel für selektive

Hellsicht: »Die beiden mächtigsten zivilisierten Nationen werden einerseits die Vereinigten Staaten und andererseits Rußland sein«, schreibt er. Verzeihen wir ihm, daß er den Zusammenbruch der UdSSR im Jahre 1989 nicht vorausgesehen hat; schwerer entschuldigen läßt sich dagegen die Vorhersage eines franko-arabischen Imperiums, das den Maghreb eng mit Frankreich verbindet.

Auf dem lebenswichtigen Gebiet der natürlichen Ressourcen begegnen wir den gleichen Widersprüchen: Während Jules Verne eine Ära des Überflusses voraussagt und Marcelin Berthelot meint, die Chemie werde es ermöglichen, den Hunger auf dieser Welt abzuschaffen, kündigt sein englischer Kollege, William Crookes, im Jahre 1905 an, daß es in weniger als dreißig Jahren zu einer schwerwiegenden Getreideknappheit kommen werde, falls es vorher nicht gelinge, stickstoffhaltigen Dünger herzustellen – was vier Jahre später tatsächlich der Fall ist. 1901 beschreibt der *Almanach Hachette*, »wie eine Mahlzeit im 20. Jahrhundert aussehen wird«, und sagt eine rein synthetische und chemische Nahrung voraus: Trockengerichte auf der Basis von der Atmosphäre entnommenem Wasserstoff, Stickstoff, Sauerstoff und Kohlensäure. Die Landwirtschaft werde also verschwinden und die Erde mit Parks, Blumen und Wäldern bedeckt sein. Nur ein Irrtum im Jahrhundert?

Im Bereich der Antizipation beweisen auch die größten Autoren zuweilen einen überraschenden Mangel an Hellsicht, vor allem wenn man die Technologie verläßt und sich dem soziokulturellen Bereich zuwendet. Während zum Beispiel der Schweizer Alphonse de Candolle schon 1873 vorausgesehen hatte, daß besonders auf wissenschaftlichem Gebiet das Englische zur Weltsprache werde, wobei er sich auf das demographische Wachstum der anglophonen und frankophonen Länder stützt, und Watkins im Jahre 1900 schrieb, daß »das Englische mehr gesprochen werden wird als irgendeine andere Sprache«, zeigte sich H. G. Wells in seinen *Anticipations* von 1902 skeptisch in bezug auf die Chancen seiner eigenen Sprache, in der er »nichts von der Ansteckungskraft des Französischen« erkennen konnte.

Auch die reinen Wissenschaftler zeugen von recht unterschiedlichen Vorhersagefähigkeiten. 1870 sieht Medelejew in einer Arbeit über die Klassifizierung der Elemente nach ihrem Atomgewicht die Entdeckung neuer Körper vorher, deren Eigenschaften er im voraus beschreibt, womit er der Entdeckung des Galliums, des Skandiums und des Germaniums um einige Jahre vorgreift. Dagegen glaubt Henry Adams im Jahre 1909 das mathematische Gesetz entdeckt zu haben, das es ihm ermögliche, die künftigen Entwicklungen der Menschheit vorherzusehen. Für ihn beschleunigt sich die Geschichte in schwindelerregender Geschwindigkeit, wobei jede Periode eine Zahl von Jahren dauere, die der Quadratwurzel aus der Dauer der vorhergegangenen Periode entspreche. In einer neuen Version der joachimitischen oder comteschen Einteilung der Geschichte sieht er hinter sich die 90 000 Jahre der religiösen Ära, die 300 Jahre (Wurzel aus 90 000) der mechanischen Ära, die 17 Jahre (Wurzel aus 300) der elektrischen Ära, und vor sich die 4 Jahre (Wurzel aus 17) der Ära der reinen Mathematik, nach welcher er, wie Stuart Mill, eine lange Stagnation voraussieht.[84]

Weit weniger karikaturistisch ist der Ausblick von Émile Souvestre 1846 in *Le monde tel qu'il sera*. Diese Welt des Jahres 3000 ist vollmechanisiert, aber das Bemerkenswerteste ist die vollständige Planung der Reproduktion der Gattung mit Hilfe der Genetik, die es ermöglicht, genau die Menschentypen hervorzubringen, die man in einer Gesellschaft braucht, in der die Arbeitsteilung auf die Spitze getrieben ist.

Ende des 19. und Anfang des 20. Jahrhunderts taucht in der Science-fiction die Besorgnis auf: und wenn nun die Maschinen, deren Lob man bisher sang, für den Menschen eine Bedrohung wären? Während Jules Verne, dessen Erzählungen zu bekannt sind, als daß sie hier erwähnt werden müßten, keine solchen Ängste hat[85], stellt sich dagegen der Engländer Edward Forster in *The Machine stops* (1909) eine vollkommen künstliche, unter der Erde liegende Welt vor, wo jeder in einer achteckigen Zelle ein Maximum an Komfort und ein Minimum an Anstrengung genießt. Die Maschine befriedigt alle Bedürfnisse; sie ist der neue Gott: »Die Maschine ist allmächtig, ewig. Gesegnet sei die Maschine.« Und wenn sie stehenbleibt, geht die Menschheit zugrunde. Einige stellen sich die Rückkehr zu einer nicht-industriellen Zivilisation infolge einer Katastrophe vor wie W. H. Hudson in *A Crystal Age* (1887). Auch William Morris beschreibt in *Looking backward* (1890) eine entindustrialisierte Gesellschaft im 22. Jahrhundert. Andere stellen die Frage, ob die menschlichen Kosten der Mechanisierung gerechtfertigt sind, wie Bernhard Kellerman 1911 in *Der Tunnel*.

Alle diese Fragen stehen im Mittelpunkt des Werks des scharfsinnigsten Science-fiction-Autors der Jahrhundertwende, Herbert George Wells (1886–1946). Die Theorie der modernen Vorausschau in *Ausblicke auf die Folgen des technischen und wissenschaftlichen Fortschritts für Leben und Denken des Menschen* (1901) verleiht ihr eine besondere Bedeutung. Für ihn ist die Vorhersage möglich, sofern man sich einer wissenschaftlichen Methode bediene, die auf der Beobachtung der Geschichte und den Tendenzen der Gegenwart beruht und durch die induktive Methode ergänzt wird: »Die moderne Prophetie sollte der wissenschaftlichen Methode folgen.«[86] » Ich glaube, es wäre für unser geistiges Leben höchst anregend und nutzbringend, würde man die historischen, ökonomischen und sozialen Studien fest auf die Zukunft richten und sich in den moralischen und religiösen Debatten mehr mit der Zukunft befassen und sich unablässig offen und mutig auf sie beziehen.«[87]

Die Methode ist im wesentlichen soziologisch, da das Verhalten von Gruppen offenbar Gesetzen gehorche, die große Männer kaum beunruhigen können. Durch geschickte Dosierung von Extrapolationen der derzeitigen Tendenzen sowie einer Untersuchung der ökonomischen und sozialen Faktoren könnten wir die großen Linien der Zukunft erkennen. Die Zukunft der Eisenbahnen sei exemplarisch: dieses leistungsfähige Transportmittel habe offenkundige Vorteile, aber die Kosten und seine Schwerfälligkeit ließen seinen Niedergang gegenüber dem Automobil voraussehen, das auf einem eigenen Straßennetz verkehre (Autobahnen), während nur Hochgeschwindigkeitszüge auf den großen Achsen beibehalten würden, wie auf jener, die die Schweiz mit einer Geschwindigkeit von 500 Stundenkilometern mit London verbindet, wie in *A Modern Utopia* (1905).

Die Vorhersage könne zwei Formen annehmen: den Science-fiction-Roman und die seriösen Arbeiten. Für Wells ist ersterer sehr viel heikler und zufälliger, da die Erfordernisse der Erzählung den Autor zwingen, konkreter zu sein, auch wenn er es vorzöge, die Wahl offen zu lassen und sich mit allgemeinen Betrachtungen zu begnügen. Die Personen bewegten sich in einer konkreten Welt; aber je deutlicher man werde, desto mehr könne man sich irren. Bernard Cazes hat sich das maliziöse Vergnügen gemacht, die eingetroffenen Vorhersagen in Wells' Romanen mit den Irrtümern seiner seriösen Werke zu vergleichen und gezeigt, daß die Phantasie eine größere prophetische Kraft besitzt als die rationale Überlegung. In seinen Romanen spricht Wells von Massenlufttransport (1899), von der Effizienz des Sturmwagens (1902) und der Atombombe (1914), während er in seinen seriösen Werken die Möglichkeit ausschließt, derartige Dinge zu bauen.[88]

Dieser zukünftigen Welt sieht Wells mit Besorgnis entgegen. Der Optimismus von Jules Verne weicht einem Pessimismus, der an die Autoren der Gegenutopien gemahnt. Beunruhigend ist, daß das Böse nicht von der Maschine herrührt, sondern von dem Gebrauch, den der Mensch von ihr macht, um gefühllose Ameisengesellschaften zu schaffen, die zwar materiell bemerkenswert sind, jedoch im Dienst einer kleinen Gruppe von Herren stehen, die Wissen und Macht auf sich konzentrieren. In *The Time Machine* von 1895 ernähren die in unterirdischen Gängen hausenden Arbeiter (die Morlocks) die auf der Oberfläche lebenden Eloi, um sie zu fressen. In *When the Sleeper wakes* (1899) haben wir es, im 22. Jahrhundert, mit einer Gesellschaft zu tun, die vollständig proletarisiert und vor allem durch den Konsum und die kommerzialisierten Vergnügungen abgestumpft ist, was es einem Trust, der Companie der Arbeit, erlaubt, sie zu beherrschen. 1905 zeigt Wells in *A Modern Utopia* eine aseptische Welt, in der alle materiellen Aufgaben von Maschinen erledigt werden, alle ansteckenden Infektionskrankheiten dank drakonischer sanitärer Maßnahmen verschwunden sind und wo es keine anormalen, asozialen, verrückten oder trunksüchtigen Menschen mehr gibt: die Eugenik ermöglicht eine rigorose Selektion; Irre und Alkoholiker werden auf Inseln ausgesetzt. Die Organisation ist elitistisch und liegt in Händen des Stands der Samurai, die mit Hilfe eines Wettkampfs rekrutiert werden.

Die Elite findet man in *Men like Gods* (1923) wieder, in einer vernünftigen und friedlichen Gesellschaft, jedoch einer Welt, die 30000 Jahre Vorsprung vor der unseren hat und die die Menschen nicht verstehen. 1933 taucht in *Shape of the Things to come*, ins Jahr 2180 verlegt, erneut das Thema aus *When the Sleeper wakes* auf. Darin lesen wir auch die Ankündigung des Zweiten Weltkriegs, der 1940 wegen des Danziger Korridors ausbrechen werde.

Ernest Renan, der Prophet der Dekadenz und des Übermenschen

Es mag ungebührlich erscheinen, H. G. Wells und Ernest Renan nebeneinanderzustellen, deren Werdegang und Ideen scheinbar völlig verschieden sind. Dennoch haben sie die gleiche visionäre Intuition einer künftigen Gesellschaft, die in zwei Teile zerfällt: die abgestumpfte Masse und die herrschende Elite, die Wissen und Macht auf sich vereint.

Ernest Renan hat immer den Propheten gespielt. In erster Linie den Propheten der Wissenschaft. In *L'Avenir de la science* von 1848 teilt er die szientistische Euphorie und kündigt die wahre wissenschaftliche Gesellschaft an, die neue Religion einer Menschheit auf dem Weg zur Rationalität. Zweiundvierzig Jahre später, als er sich endlich anschickt, seinen Text zu veröffentlichen, stellt er ihm ein Vorwort voran, in dem er seine Vorhersage berichtigt: »Wenn ich versuche, die Bilanz dessen zu ziehen, was in diesen Träumen von vor einem halben Jahrhundert Schimäre geblieben ist und was sich erfüllt hat, dann empfinde ich, wie ich gestehe, ein tiefes Gefühl der Freude. Kurz, ich hatte recht. Von einigen Enttäuschungen abgesehen, hat sich der Fortschritt in der Weise vollzogen, wie ich es mir vorstellte. Damals sah ich freilich noch nicht deutlich genug, wie vieles dem Menschen vom Tierreich zurückgeblieben ist. Ich machte mir keine klare Vorstellung von der Ungleichheit der Rassen.«[89]

Der Renan von 1890 sieht, wie der Wells von 1895, in der Zukunft den Sieg einer Elite, die berufen ist, die Welt durch ihr Wissen und ihr technologisches Monopol zu beherrschen. Eine kühne Vision, die schon 1876 in seinen *Dialogues philosophiques* aufscheint: »Die Wahrheit wird eines Tages die Kraft sein. ›Wissenschaft ist eine Macht‹, die Worte gehören zu dem Schönsten, was je gesagt wurde. Der Unwissende wird die Wirkungen sehen und wird sie glauben; die Theorie wird sich durch ihre Anwendungen bewähren. Eine Theorie, welcher furchtbare Maschinen entstammen werden, die alles bezwingen und unterjochen wird, wird ihre Wahrheit auf eine unleugbare Art erweisen. Die Kräfte der Menschheit würden so, in einer sehr geringen Anzahl von Händen vereinigt, das Eigentum eines Bundes werden, welcher imstande wäre, selbst über den Bestand des Planeten zu verfügen und durch diese Drohung die ganze Welt zu terrorisieren. In der Tat, an dem Tage, an welchem einige Bevorrechtete der Vernunft das Mittel besäßen, den Planeten zu zerstören, wäre ihre Oberherrschaft geschaffen; diese Bevorrechteten würden vermittels des absoluten Schreckens regieren, da sie ja die Existenz aller in ihrer Hand hätten; man kann beinahe sagen, daß sie Götter wären und daß dann der vom Dichter für die erste Menschheit geträumte theologische Zustand zur Wirklichkeit würde.«[90]

Diese Herren der Zukunft, diese Götter könnten Ergebnis einer Rassenauslese sein; und das deutsche Volk sei am besten geeignet, diese Auslese vorzunehmen: »Eine ausgedehnte Anwendung der Entdeckungen auf dem Gebiet der Physiologie und des Prinzips der natürlichen Zuchtwahl könnte zur Schöpfung einer höherstehenden Rasse führen, deren Recht zu regieren nicht nur in ihrem Wissen, sondern selbst in dem Vorzuge ihres Blutes, ihres Gehirnes und ihrer Nerven begründet wäre. Es wäre dies eine Art von Göttern oder *Devas*, Wesen, die uns zehnfach überlegen, in künstlichen Medien lebensfähig wären. (...) Es hat den Anschein, daß, wenn sich eine solche Lösung auf dem Planeten Erde, bis zu welchem Grade immer, ergeben sollte, dieselbe durch Deutschland vor sich gehen wird. (...) Die Regierung der Welt durch die Vernunft, wenn sie statthaben sollte, scheint viel angemessener dem in Deutschland herrschenden Geist zu sein, der sich um die Gleichheit und selbst um die Würde der Individuen augenscheinlich wenig kümmert und vor allem die Vermehrung der intellektuellen Kräfte der Art als Zweck vor Augen hat.«[91]

Was die Masse angeht, so wird sie zur Knechtschaft verurteilt sein, da sie großer Dinge nicht fähig ist. Ihren niedrigen Vergnügungen hingegeben, wissentlich verdummt von den Massenmedien, die ihr als Ideal nur den Konsum anbieten, wird sie dienen. Zu diesem Ergebnis wird die Demokratie führen: »Kann man daran denken, die zwei Milliarden menschlicher Wesen, welche die Erde bewohnen, nacheinander, jedes einzeln zur Vernunft zu bekehren? Die unendliche Mehrzahl der menschlichen Gehirne ist den Wahrheiten gegenüber widerspenstig, mögen dieselben noch so naheliegend sein. Die Frauen sind für solche Übungen nicht nur nicht geschaffen, sondern sie würden auch durch dieselben ihrem wahren Berufe entzogen, welcher darin besteht, gut und schön zu sein, oder beides zugleich. Nicht an uns liegt die Schuld, daß es sich so verhält. Der Zweck der Natur, und daran muß man festhalten, besteht nicht darin, daß alle Menschen das Wahre erkennen, sondern darin, daß das Wahre von einigen erkannt werde und daß sich die Überlieferung davon erhalte. (...) Das Ideal der amerikanischen Gesellschaft ist vielleicht weiter als jedes andere von dem Ideal einer durch die Wissenschaft regierten Gesellschaft entfernt. Der Grundsatz, daß die Gesellschaft nur für das Wohlsein und für die Freiheit der Individuen bestehe, aus denen sie zusammengesetzt ist, scheint mit den Plänen der Natur, nach welchen allein die Art in Betracht gezogen und das Individuum anscheinend geopfert wird, nicht übereinzustimmen. Es ist sehr zu befürchten, daß das letzte Wort der Demokratie in diesem Sinne (ich erwähne sofort, daß auch eine andere Auffassung möglich ist) zu einem sozialen Zustand führe, in welchem eine entartete Masse keine andere Sorge hätte, als den Genuß der niedrigen Vergnügungen des gemeinen Menschen.«[92]

Die Demokratie werde nicht nur von der natürlichen Evolution verurteilt, sondern auch vom wissenschaftlichen Fortschritt, der schließlich die absolute Waffe hervorbringe, das Machtinstrument der Herren: »Man kann von jeder Seite zu ähnlichen Gedanken kommen. Durch die immer größere Verbreitung der Wissenschaft auf die Bewaffnung wird eine universelle Gewalt in den Bereich der Möglichkeit treten, und diese Gewalt wird in der Hand jener gesichert sein, welche über eine solche Bewaffnung verfügen werden. Die Vervollkommnung der Waffen führt tatsächlich zum Gegenteil der Demokratie; ihr Streben ist auf Befestigung gerichtet; doch nicht auf Befestigung der Menge, sondern auf jene der Macht; da die wissenschaftlichen Waffen wohl den Regierungen, aber nicht den Völkern dienen können.«[93]

In ihrer letzten Phase wird die Menschheit wie ein großes Wesen sein, »ein riesiger Baum, dessen Knospen die Individuen wären«, und von dem allein der Kopf, von der höherstehenden Rasse gebildet, ein Selbstbewußtsein hätte. Dieses große Wesen wird Gott sein. Renan, der abtrünnige Seminarist, bewahrt bis zum Ende eine tiefe Sehnsucht nach Gott, und nachdem er den Glauben verloren hat, vergöttlicht er die Menschheit.

Renan wird zu diesen düsteren Vorhersagen gedrängt – aber »wer weiß denn, ob die Wirklichkeit nicht traurig ist?« fragt er –, da er von der unvermeidlichen Dekadenz der westlichen Kultur und dem Verfall der moralischen Werte infolge des Niedergangs der Religion überzeugt ist: »Schlimm ist, daß wir für die Zukunft kein Mittel sehen, der Menschheit einen heute annehmbaren Katechismus anzubieten. Es könnte deshalb sein, daß auf den Verfall der idealistischen Vorstellungen der Verfall der übernatürlichen Vorstellungen folgen wird und daß ein tatsächlicher Niedergang der Moral der Menschheit an dem Tag begonnen hat, an dem sie der Wirklichkeit der Dinge gewahr wurde. Durch viele Chimären war es gelungen, den guten Gorilla zu einer erstaunlichen moralischen Anstrengung zu bewegen; sind die Chimären entfernt, so wird ein Teil der künstlichen Energie, die sie weckten, verschwinden.«[94]

Wer wird bei diesem unvermeidlichen Untergang der moralischen Werte das 20. Jahrhundert prägen, woran könnte man sich klammern? An die Nation? Etwa ein halbes Jahrhundert lang werde Renan zufolge dieser Gedanke herrschen, dazu bestimmt, in den freien Staaten zu verschwinden, auch wenn er, in einem letzten Aufbäumen, noch einige Schäden anrichten werde (man denkt an 1914–1918), dann werde um 1940 das Ende kommen: »Das Prinzip der Nationen wird zu noch ärgeren Rivalitäten führen als das Prinzip der Dynastien. (...) Der Patriotismus im heutigen Sinne ist eine Mode, die noch etwa fünfzig Jahre anhalten wird. In einem Jahrhundert, wenn er Europa mit Blut besudelt haben wird, wird man ihn ebensowenig verstehen, wie wir den rein dynastischen Geist des 17. und 18. Jahrhunderts verstehen. (...) Frankreich, das als erstes den Weg des nationalistischen Geistes eingeschlagen hat, wird sich nach dem allgemeinen Gesetz als erstes der Bewegung, die es hervorgerufen hat, entgegenstellen. In fünfzig Jahren wird das nationale Prinzip fallen. Die schreckliche Härte der Verfahren, mit denen die alten monarchischen Staaten dem Individuum Opfer abverlangten, wird in den freien Staaten unmöglich werden; man knechtet sich nicht selber.«[95]

Da die Nation bald überwunden sein werde, liege die Zukunft der europäischen Zivilisation in der deutsch-französischen Zusammenarbeit: »Die Zusammenarbeit zwischen Frankreich und Deutschland«, schreibt Renan am 16. April 1879 an einen deutschen Freund, »mein ältester Jugendtraum, wird wieder zur Überzeugung meines reifen Alters, und es ist meine Hoffnung, daß wir, sollten wir diese Generation von Männern aus Eisen überleben, die alles verachten, was nicht Stärke heißt, und denen ihr euer Schicksal anvertraut habt – daß wir dann erleben werden, wovon wir früher geträumt haben, die Versöhnung der beiden Hälften des menschlichen Geistes.«

Diese Zeilen, die heute prophetisch klingen mögen, klangen auch zwischen 1940 und 1944 so, wo Renan – nicht ohne Grund, wie man zugeben muß – von Hitlers Rassenpropaganda vereinnahmt wurde.

Um der verheerenden deutsch-französischen Feindschaft ein Ende zu setzen, faßt Renan die Bildung eines europäischen Bundes ins Auge. Dies ist einer der modernsten Aspekte seines Denkens: »Man wird das Ende des Krieges erleben, wenn das Prinzip der Nationalitäten durch das ausgleichende Prinzip der europäischen Föderation ergänzt werden wird, das allen Nationalitäten überlegen ist.«

Die Phase der Föderationen ist also die nächstfolgende. Gewiß, Renans Plänen mangelt es an Präzision. Er sieht Europa auf der Grundlage der Gleichheit zwischen den Mitgliedstaaten und der freien Zustimmung jedes einzelnen entstehen. Es wird gemeinsame politische Körperschaften und ein gemeinsames Heer geben. Er denkt an einen sehr hohen Integrationsgrad und spricht 1870 sogar von den Vereinigten Staaten Europas: »Die Kraft, die imstande ist, gegen den mächtigsten Staat eine für das Wohl der europäischen Familie als zuträglich erachtete Entscheidung durchzusetzen, liegt also allein in der Macht zur Intervention, zur Vermittlung, zur Vereinigung der verschiedenen Staaten. Hoffen wir, daß diese Macht immer konkretere und geregeltere Formen annimmt und dadurch in der Zukunft einen wirklichen, periodisch, wenn nicht ständig tagenden Kongreß herbeiführt, der das Herz der durch einen Bundesvertrag zusammengeschlossenen Vereinigten Staaten von Europa bilden wird.«[96]

Ein anderer Wert, dessen Untergang Renan prophezeit: der Sozialismus. Oder genauer: er werde sich zwar durchsetzen, aber in einer ganz anderen Form als jener, die die Denker des 19. Jahrhunderts in Betracht gezogen hatten, so wie der Katholizismus am Ende, durch Verkehrung seiner Rolle, die ganze Gesellschaft durchdrungen hat: aus der anfänglich zerstörerischen Kraft wurde er zu einer bewahrenden Kraft. Der Sozialismus werde dieselbe Entwicklung nehmen: »Der Sozialismus, der siegen wird, wird sich stark von den Utopien von 1848 unterscheiden. Ein scharfes Auge hätte im Jahre 300 unserer Zeitrechnung erkennen können, daß das Christentum nicht enden würde; aber er hätte sehen müssen, daß auch die Welt nicht enden würde, daß die menschliche Gesellschaft das Christentum ihren Bedürfnissen anpassen und einen im höchsten Grade zerstörerischen Glauben in ein Linderungsmittel, eine hauptsächlich bewahrende Maschine verwandeln würde.«[97]

Die Dekadenz ist unausweichlich; die Völker werden durch eine Art Gesetz dazu getrieben, das sie drängt, einzig »nach dem Höchstmaß an Wohlbefinden zu streben, ohne sich um das ideale Schicksal der Menschheit zu kümmern«.[98] Das Streben nach Wohlbefinden und Gleichheit, Wurzel sowohl der Demokratie wie des Sozialismus, ist die große Triebkraft der Dekadenz. Die Elite dagegen, d. h. die »Idealisten«, setzt ihr Streben nach einem höheren Bewußtsein fort, das mit der Vorherrschaft des Übermenschen enden werde, den »Göttern«. Aber diese Vorhersage dürfe dem Volk nicht enthüllt werden: »Für uns Idealisten gibt es nur eine einzige wahre Lehre, die transzendente Lehre, der zufolge das Ziel der Menschheit darin besteht, ein höheres Bewußtsein ins Leben zu rufen oder, wie man früher sagte, ›den höheren Ruhm Gottes‹; aber diese Lehre kann einer anwendbaren Politik nicht als Grundlage dienen. Ein solches Ziel muß im Gegenteil sorgfältig verborgen werden. Die Menschen würden sich auflehnen, wenn sie wüßten, daß sie auf diese Weise ausgebeutet werden.«[99]

Welchen Wert seine Vorhersagen auch haben mögen, Ernest Renan illustriert ausgezeichnet die prophetischen Merkmale des 19. Jahrhunderts. Der Eintritt in das Zeitalter der Massen, der Demokratie und des Sozialismus bewirkt einen beispiellosen kulturellen Einschnitt, der sich auf der Ebene der Antizipation ebenso äußert wie in allen anderen Bereichen. Auf der einen Seite die volkstümliche Weissagung, die auf dem Übernatürlichen, dem Okkulten, der Esoterik und dem Empirismus beruht, von der Kartomantie bis zu den Marienerscheinungen über den Spiritismus und die Astrologie. Auf der anderen Seite die neue Prophetie, die auf dem Intellekt und der Vernunft gründet, von der Soziologie bis zur Nationalökonomie über die Science-fiction und die Geschichtsschreibung. Die volkstümliche Weissagung interessiert sich vor allem für das individuelle Schicksal und begnügt sich in bezug auf die kollektive Zukunft damit, endlos das traditionelle

Schema von Unheil und Regeneration zu wiederholen. Die neuen Propheten dagegen haben nur das Kollektive, die Zukunft der Klassen und der Menschheit vor Augen. Ihre Methoden wollen rein wissenschaftlich sein und verwerfen jede Art von Offenbarung. Im 19. Jahrhundert sind diese Denker in ihrer großen Mehrzahl optimistisch. Die Fortschrittsidee ist das all ihren Vorhersagen gemeinsame Thema, besonders bei den Propheten der Maschine: Wissenschaft und Technologie bereiten uns eine bessere Welt. Sozialisten und Philosophen sind fast ebenso optimistisch, auch wenn sie einige Brüche vorhersehen.

Dennoch schleicht sich bei diesen Propheten in der zweiten Hälfte des Jahrhunderts der Zweifel ein: und wenn uns die Maschine nun eine Zukunft der Versklavung bereitete, statt uns zu befreien? Und wenn das, was wir Fortschritt nennen, sich letztlich als Weg in die Dekadenz erwiese? Zur Veranschaulichung dieser beiden Standpunkte haben wir H. G. Wells und Ernest Renan ausgewählt. Sie sind die Herolde einer Strömung, die sich im 20. Jahrhundert verstärken und ihr eine deutlich pessimistische Färbung geben sollte. Der Mensch des Jahres 1900 glaubt die Morgenröte eines strahlenden Jahrhunderts heraufziehen zu sehen; der Mensch des Jahres 2000 erwartet nicht mehr viel von der Zukunft, weil zwischen diesen beiden Daten sich Fakten und Vorhersagen verschworen haben, um den Sieg des Pessimismus zu besiegeln.

FÜNFTER TEIL

Das Zeitalter der wissenschaftlichen Vorhersagen

Vom Pessimismus der Science-fiction und der Gegenutopie zur Vorsicht der Wahrscheinlichkeitsrechnung und der Prospektive (20. Jahrhundert)

»O Himmel könnte man im Buch des Schicksals doch lesen (...) Der frohste Jüngling, diesen Fortgang schauend, wie hier Gefahr gedroht, dort Leiden nahn: Er schlöss' das Buch und setzte sich und stürbe.«

William Shakespeare, *Heinrich IV*, 2. Teil, III, 1.

»Wenn Sie ein Bild von der Zukunft haben wollen, dann stellen Sie sich einen Stiefel vor, der auf ein Gesicht tritt – unaufhörlich.«

George Orwell, *1984*

»Um Prophet zu sein, so habe ich gelernt, genügt es, pessimistisch zu sein.«

Elsa Triolet, *Proverbes d'Elsa*

KAPITEL XV

Der Aufstieg des Pessimismus.
Propheten der Dekadenz und der Gegenutopie
(20. Jahrhundert)

Gegen Mitte des 19. Jahrhunderts erheben sich die ersten Stimmen, die die Dekadenz ankündigen. Zuerst zaghaft, verloren im Konzert der Lobreden auf den Fortschritt, gewinnen sie rasch an Umfang und übertönen ab 1910 das optimistische Getöse. Die bisher rosige Zukunft färbt sich schwarz.

Zur Verdüsterung der Aussichten tragen mehrere Faktoren bei, wissenschaftliche, politische, ästhetische, geistige, ökonomische. Auch der Darwinismus trägt seinen Teil dazu bei, indem er der Idee der Evolution und der natürlichen Auslese, dem unabwendbaren Verschwinden der weniger Angepaßten, zum Durchbruch verhilft. Auch wenn die Konterrevolutionäre, die Opfer der politischen und sozialen Umwälzungen, die Nostalgiker des Ancien Régime diese Ideen bekämpfen, so wird ihnen im Laufe der Jahre doch klar, daß die alte Welt tot ist und nicht wieder auferstehen wird, und auch sie sehen die gegenwärtige Welt untergehen. Chateaubriand, Bonald, de Maistre denken ähnlich wie Burke, der 1790 erklärte, das Zeitalter der Ritter werde dem Zeitalter der Ökonomen Platz machen. Nach dem Edelmann kommt der Bankier, der Krämer und der Notar; nach der Ehre das Portefeuille; nach der Kirche die Börse. Eine graue Welt von Proletariern, kleinen Beamten, Ladenbesitzern und Spießbürgern.

Dieses Abgleiten in die Mittelmäßigkeit verstärke sich, wie einige meinen, durch die Dekadenz der Rasse. In der zweiten Hälfte des Jahrhunderts florieren die Rassentheorien. Für die einen verheißt die rassische Ungleichheit die künftige Vorherrschaft der höherstehenden Rasse. Für die anderen werden diese höherstehenden Rassen durch die Rassenvermischung verdorben. Eben dies will Arthur de Gobineau in seinem *Essai sur l'inégalité des races humaines* (1835-1855) beweisen. Die Entartung der bastardisierten Rassen werde zum allgemeinen Mittelmaß führen: »Ihr

Wuchs, ihre Züge, ihre körperlichen Gewohnheiten werden dieselben sein. (...) Die Völker, nein, die Menschenherden, werden alsdann, von düsterer Schlafsucht übermannt, empfindungslos in ihrer Nichtigkeit dahinleben, wie die wiederkäuenden Büffel in den stagnierenden Pfützen der pontinischen Sümpfe.«[1]

Dekadenz infolge der Demokratie, von Tocqueville bis Halévy

Sogar bei den Anhängern der neuen Ideen greifen Sorgen um sich. Wird die Demokratie, die bestimmt zu sein scheint, die Oberhand zu gewinnen, nicht eine unermeßliche Langeweile mit sich bringen, Resultat der Vereinheitlichung und einer Nivellierung im Mittelmaß? Mit bemerkenswertem Instinkt sieht Tocqueville die Gefahr voraus. Andere konstatieren voller Ekel den Niedergang der geistigen Werte und des Glaubens: wir sind auf dem Weg zu einer Welt, die einzig von Gewinnsucht, der Sorge um das materielle Wohlergehen regiert werde. Gleichzeitig verschlechtere sich der ästhetische Geschmack; Bohemiens und Poètes maudits verachten diese Zukunft von Kleinbürgern, für die sie gar nicht genug harte Worte finden. 1857 schreibt Baudelaire in *Fusée*: »Die Welt geht ihrem Untergang entgegen«, d. h. sie versinke in der Knauserei eines Krämerideals: »O Bürger, die Organe deines Innern werden nur noch ihre rein körperlichen Funktionen erfüllen.« Eine mechanisierte Welt ohne geistiges Ideal, das im Rhythmus der Wirtschaftskrisen und Kriegsdrohungen lebt, steht dem Geist der Visionäre in wachsendem Maße vor Augen.

Daher die erstaunliche Vielfalt von Werken über das allgemeine Thema der angekündigten Dekadenz. Eine schon weit fortgeschrittene Dekadenz der romanischen Nationen, wie Edgar Quinet in den 1840er Jahren schreibt: auch Frankreich werde bald in den Abgrund stürzen und die Herrschaft den Deutschen und den Slawen überlassen. K. Swart, der dieses Thema der Dedadenz für das 19. Jahrhundert untersucht hat[2], merkt an, daß die Idee des Niedergangs der Lateiner zugunsten der Slawen sich bis Gustave Le Bon im Jahre 1894 fortsetzt.

Im selben Jahr beschreibt Maurice Spronk in einer Gegenutopie, *L'An 330 de la République*, die Situation, die aus unseren »Fortschritten« erwachsen werde: eine gesunde Bevölkerung mit viel Freizeit dank den Maschinen; Frieden, Wohlstand und Sicherheit. Ergebnis: Langeweile, intellektuelle Leere, Drogen, Selbstmorde, Geburtenrückgang. Dies hatte schon der Engländer Bulwer-Lytton 1871 in *The Coming Race* angekündigt.

In dieser Richtung ist Alexis de Tocqueville unstreitig der bemerkenswerteste Prophet. Seltsamerweise hat er mehrfach die Unmöglichkeit proklamiert, die Zukunft der Gesellschaft vorauszusagen. 1850 schreibt er: »Wir fühlen, daß die alte Welt zu Ende geht, wie aber wird die neue aussehen? Die größten Geister dieser Zeit können es ebensowenig sagen, wie die Menschen der Antike imstande waren, die Abschaffung der Sklaverei, die christliche Gesellschaft, die Invasion der Barbaren vorauszusagen, alle diese großen Dinge, die das Antlitz der Erde erneuert haben.«[3] Insbesondere weist er die prädiktiven Ansprüche der großen Systeme der Geschichtsphilosophie zurück, »diese absoluten Systeme, die den gesamten Gang der Geschichte von großen, schicksalhaft miteinander verketteten Grundursachen abhängig machen und die Menschen mehr oder weniger aus der Geschichte des Menschengeschlechts streichen. Ich finde sie eng in ihrer angeblichen Größe und falsch unter ihrem Anschein mathematischer Wahrheit«.[4] Außerdem wirft er diesen Systemen vor, einer Art Fatalismus Vorschub zu leisten, der die Handlungsbereitschaft lähme.

Glücklicherweise hält ihn das nicht davon ab, uns seine persönliche Vision der möglichen Zukunft der Demokratie preiszugeben, was uns im Jahre 1835, vor mehr als hundertsechzig Jahren, einen der bemerkenswertesten Vorgriffe auf die derzeitige Situation der westlichen Demokratie beschert:

»Ich erblicke eine Menge einander ähnlicher und gleichgestellter Menschen, die sich rastlos im Kreise drehen, um sich kleine und gewöhnliche Vergnügungen zu verschaffen, die ihr Gemüt ausfüllen. Jeder steht in seiner Vereinzelung dem Schicksal aller andern fremd gegenüber: seine Kinder und seine persönlichen Freunde verkörpern für ihn das ganze Menschengeschlecht; was die übrigen Mitbürger angeht, so steht er neben ihnen, aber er sieht sie nicht; er berührt sie, und er fühlt sie nicht; er ist nur in sich und für sich allein vorhanden, und bleibt ihm noch eine Familie, so kann man zumindest sagen, daß er kein Vaterland mehr hat.

Über diesen erhebt sich eine gewaltige, bevormundende Macht, die allein dafür sorgt, ihre Genüsse zu sichern und ihr Schicksal zu überwachen. Sie ist unumschränkt, ins einzelne gehend, regelmäßig, vorsorglich und mild. Sie wäre der väterlichen Gewalt gleich, wenn sie wie diese das Ziel verfolgte, die Menschen auf das reife Alter vorzubereiten; statt dessen aber sucht sie bloß, sie unwiderruflich im Zustand der Kindheit festzuhalten; es ist ihr recht, daß die Bürger sich vergnügen, vorausgesetzt, daß sie nichts anderes im Sinne haben, als sich zu belustigen. Sie arbeitet gerne für deren Wohl; sie will aber dessen alleiniger Betreuer und einziger Richter sein; sie sorgt für ihre Sicherheit, ermißt und sichert ihren Bedarf, erleichtert ihre Vergnügungen, führt ihre wichtigsten Geschäfte, lenkt ihre Industrie, ordnet ihre Erbschaften, teilt ihren Nachlaß; konnte sie ihnen nicht auch die Sorge des Nachdenkens und die Mühe des Lebens ganz abnehmen?«[5]

Alles ist vorhanden, und es besteht wirklich kein Grund, sich darüber zu freuen: die Masse der Durchschnittsbürger, Repliken ein und desselben Modells, ziellos beschäftigt, mit ihren kleinen Vergnügungen befaßt, die ihnen die Konsumgesellschaft in immer größerer Zahl verschafft, von einem allgegenwärtigen Staat im Zustand der Kindheit gehalten, der von der Wiege bis zum Grabe, von den pränatalen Beihilfen bis zur Altersrente für sie sorgt, zum Preis ihrer geistigen Selbständigkeit. Die Demokratie führe zur Herrschaft einiger weniger über eine verdummte Masse, die sich mit einem falschen Egalitarismus zufriedengebe, sofern man ihr »Brot und Spiele« zusichere. Tocquevilles Vision unterscheidet sich nicht wesentlich von der Renans, und sie kündigt bereits das Thema an, das die Autoren der Science-fiction und der Gegenutopie mit technologischen Raffinessen ausschmücken werden. Kündigt diese Demokratie nicht die *Schöne neue Welt* und *1984* an?

In den beiden Bänden der *Démocratie en Amérique* (1835 bis 1840) analysiert Tocqueville anhand des amerikanischen Beispiels die fast unvermeidlichen Mängel, die diesem System anhaften, das den Mythos der Gleichheit und die Illusion des Wohlbefindens begünstigt. Zunächst werde die Demokratie Beunruhigung, ja sogar Angst erzeugen, wir würden sagen »Streß«, denn sie vervielfache die Ursachen für Unzufriedenheit: die stets proklamierte Gleichheit werde nie ganz verwirklicht, die Vielzahl der Wahlmöglichkeiten erhöhe die geistige Labilität und die notwendig damit einhergehenden Frustrationen; die theoretische Möglichkeit, sich aller materiellen Güter zu erfreuen, stehe in Gegensatz zur praktischen Unmöglichkeit, in diesen Genuß zu kommen. Daher die Beunruhigung, die Zunahme von Depressionen und Selbstmorden.

Andererseits führe die Demokratie unvermeidlich zur Demagogie: Gibt es ein anderes Mittel, die Stimmen zu gewinnen? Und die Demagogie versteht es, äußerst subtile Formen anzunehmen, um den Willen zur Macht zu verschleiern. Und daher ist »die Republik nach Meinung einiger unter uns nicht die Herrschaft der Mehrheit, wie man dies bis dahin geglaubt hat, sie ist die Herrschaft derer, die sich für die Mehrheit ausgeben (...). Bis dahin hatte man gedacht, der Despotismus sei abscheulich, welche Gestalt er auch annehme. In unserer Zeit aber hat man herausgefunden, daß es in der Welt rechtmäßige Tyrannen und geheiligte Ungerechtigkeiten gibt, vorausgesetzt, daß man sie im Namen des Volkes ausübt.«[6] Und wenn dieses Volk sich schließlich nicht mehr für die öffentlichen Angelegenheiten interessiert, kann der erstbeste Ehrgeizling die Macht ergreifen. Schließlich sei zu befürchten, daß in diesem System, das ausschließlich auf das Profitstreben ausgerichtet ist, die wissenschaftliche Forschung sich aus den grundlegenden Sektoren zurückziehe, um sich den lukrativen technologischen Sektoren zuzuwenden.

Dies ist die Zukunft, die ein hellsichtiger Freund der Demokratie heraufziehen sieht. Wenn schon er eine so tiefe Dekadenz vorhersieht, darf man von seiten parteiischer Geister keine größere Nachsicht erwarten. Georges Sorel zum Beispiel sieht in der Demokratie das Mittel, das die Politiker gefunden haben, um den Motor der Geschichte abzustellen, d. h. den großen Konflikt zwischen Bürgertum und Proletariat; wenn sie siegt und den Kompromiß vorschreibt, werden wir in einem der Entropie vergleichbaren Vorgang bald zu einem stationären Zustand gelangen, einer Verminderung der Energie, was das allgemeine Mittelmaß zur Folge haben wird. Diese Perspektive erzürnt später gewaltsame Gemüter wie Drieu la Rochelle und Céline, die ebenfalls die unvermeidliche Dekadenz prophezeien und sie Sündenböcken wie den Juden anlasten. Schon Édouard Drumont sagte deren Sieg in Frankreich und Deutschland voraus, und er verkündete – was in Anbetracht der späteren Ereignisse nicht der Würze entbehrt –, das russische Volk werde das deutsche Volk von der jüdischen Vormundschaft befreien: »Endlich wird es die arische Rasse rächen, die so lange Zeit vom Semiten ausgebeutet und mit Füßen getreten wurde.«

Dekadenz, jedoch anderer Art, auch bei dem Journalisten Prévost-Paradol, der 1886 in *La France nouvelle* im Bereich der Politik und des Lebens den Untergang des Landes vorhersagt, das einzig sein literarisches und intellektuelles Ansehen bewahren werde. Wie viele andere zieht er eine Parallele zum Verfall des Römischen Reichs und bedauert das Fehlen neuer Barbaren, die das Abendland regenerieren. Sehr viel subtiler ist das Denken des Ökonomen und Mathematikers Augustin Cournot, wiewohl auch er eine selektive Dekadenz vorhersagt.[7] Er trifft für jede Gesellschaft eine grundsätzliche Unterscheidung zwischen dem *Vitalen*, das alle Aspekte des Wachstums und des Untergangs umfaßt, und dem *Rationalen*, einem autonomen und künstlichen Bereich, der eine eigene Entwicklung nimmt und dem Untergang entrinnen kann und der die Wissenschaft, die Industrie, »die Struktur und den Mechanismus des Gesellschaftskörpers« umfaßt. Grob gesagt entspricht das Rationale *der* Zivilisation, die von einer Bewegung fortwährenden Fortschritts beseelt ist, während das Vitale den besonderen Zivilisationen mit ihren politischen, religiösen, künstlerischen Merkmalen entspricht, die im großen Strom der Zivilisation entstehen, wachsen und sterben. Doch nach und nach trägt der rationale Geist den Sieg davon, wobei die vitalen Aspekte ständig an Bedeutung verlieren, so daß man für eine relativ nahe Zukunft einen Endzustand der Stabilität vermuten darf, der sich durch drei beunruhigende Merkmale auszeichnet. Zunächst die monotone Gleichförmigkeit, die Langeweile erzeugt, da alles in hohem Maße organisiert, geplant, vorausberechnet sein wird für Individuen, die jede Originalität eingebüßt haben und mit den Massen verschmelzen, »einer Art Mechanismus unterworfen, ähnlich demjenigen, der die großen Phänomene der physikalischen Welt regiert«. Dann ist die Geschichte nur noch »eine offizielle Zeitung, dazu bestimmt, die Vorschriften, die statistischen Daten, den Amtsantritt der Staatsoberhäupter und die Ernennung der Beamten zu registrieren«.[8]

Es besteht hier eine bemerkenswerte Übereinstimmung in den Prognosen zwischen Cournot, Tocqueville, Utopisten und Gegenutopisten. Dennoch, schreibt Cournot, drohen weiterhin Bewegungen der Auflehnung, wegen »der vielen Sekten von Millenaristen und Utopisten«, die bereit sind, den Klassenkampf wiederaufleben zu lassen, »den für den Frieden der Gesellschaften furchtbarsten Antagonismus der Zukunft«; immer kann »ein Sektenführer auftreten, der Erfinder einer neuen Klosterregel, der imstande ist, sie der gesamten zivilisierten Welt aufzuzwingen«. Schließlich werde der Zustand der Stabilität, der also völlig relativ ist, vom Versiegen der natürlichen Ressourcen bedroht sein.

Die absolute Uniformierung im Rahmen einer Ameisengesellschaft sagt 1891 in einer der ersten Gegenutopien auch der Romancier Jerome K. Jerome voraus. Seine Novelle *The New Utopia* beschreibt eine Welt, in der die Individuen, die keine Namen, sondern nur noch Nummern haben, äußerlich vollkommen identisch sind (wer zu ausgeprägte Abweichungen aufweist, wird operiert) und alle dasselbe intellektuelle Verhalten zeigen (wer zu intelligent ist, wird ebenfalls operiert). Wohnung, Lebensweise, Stundenpläne – alles ist kollektiv; die künstlerische Schöpfung, Quelle von Originalität, ist verboten.

Eine andere Vision der vorhersehbaren Dekadenz, die heute um so tragischer wirkt, als sie mit erstaunlicher Hellsicht die Übel unserer heutigen Gesellschaft beschwört: die *Histoire de quatre ans, 1997–2001* von Daniel Halévy, die in den *Cahiers de la quinzaine* von 1903 erschien. Daten und Prognose stimmen überein: die Gesellschaft des ausgehenden 20. Jahrhunderts, schreibt Halévy, wird mit dem großen Problem der Freizeit konfrontiert sein. »Die Gestaltung der Freizeit wird zur dringlichsten sozialen Frage.« In einer Welt, die vom Profitstreben und von der aus einer demagogischen Demokratie hervorgehenden allgemeinen Permissivität beherrscht ist, werden im Namen der individuellen Freiheit am Ende Praktiken geduldet, die das gesellschaftliche Gewebe zerfressen und seine vollständige Auflösung in die Wege leiten: die zum Müßiggang verurteilten Populationen, die jeden Anreiz, jede Kraft und jeden Wertbegriff verloren haben, geben sich passiven Vergnügungen hin – Drogen, Erotik, Homosexualität –, Praktiken, die als »normal« gelten. Die durch ein ungesundes Leben geschwächten und verdorbenen Organismen fallen einer neuen Epidemie zum Opfer, die die Medizin nicht in den Griff bekommt. Nur kleine Gruppen, die Selbstdisziplin, Energie, moralische und gesundheitliche Kraft zu bewahren wußten, werden der allgemeinen Fäulnis entgehen und eine Regenerierung bewirken können.

»Die Arten verschwinden, wenn sie die Gefahren beseitigt haben, die sie in Atem hielten (...), die Europäer sterben mitten im Sieg.«[9]

Die Dekadenz durch moralische Fäulnis verkünden, mit anderen Worten und in einem anderen Kontext, auch so verschiedene Persönlichkeiten wie Dostojewskij und Nietzsche. Für ersteren werden »die Menschen verstehen, daß es in der Untätigkeit kein Glück gibt, daß das mühelose Denken erlöschen muß (...), daß es gemein ist, umsonst zu leben, und daß das Glück nicht im Glück, sondern im Streben nach dem Glück liegt«.[10] Die europäische Zivilisation gehe der Dekadenz entgegen, denn sie hat Gott die Rolle des sozialen Organisators abgenommen, um sie der Wissenschaft anzuvertrauen; und als Zauberlehrling gründe diese das soziale Gleichgewicht auf den Überfluß, die Bequemlichkeit, das Wohlbefinden, die zu »Langeweile und Unlust« führen. Den Gnadenstoß werde ihr die proletarische Revolution versetzen.

Allem Anschein zum Trotz stellt Nietzsche eine ähnliche Diagnose: unwiderrufliche Dekadenz im 20. Jahrhundert. Der große Unterschied: Dostojewskij macht für die Dekadenz die Preisgabe der christlichen Werte verantwortlich, Nietzsche deren Sieg – den Sieg des Gleichheitsgedankens, der Weichheit, des Mitleids, der Nächstenliebe, lauter Faktoren der Entartung der Gattung, bis es zu einem Aufbäumen, zu apokalyptischen Zuckungen kommt, die die Heraufkunft des Übermenschen anzeigen werden, inmitten von Kriegen, wie man sie noch nie erlebt hat. Das Ergebnis der demokratischen Gesellschaft auf christlicher Grundlage ist: »Kein Hirt und Eine Herde! Jeder will das Gleiche, jeder ist gleich: wer anders fühlt, geht freiwillig ins Irrenhaus.« So gelangt man zur entarteten Rasse der letzten Menschen, die, ohne Glauben und Aberglauben, stolz auf sich sind und zu denen Zarathustra sagt: »Also brüstet ihr euch – ach, auch noch ohne Brüste!«

Der Tod der Zivilisationen: Oswald Spengler

In dem Maße, wie das 20. Jahrhundert den Bereich der Vorausschau verläßt und sich dem der Geschichte zuwendet, verstärkt sich der Pessimismus und überträgt sich auf das nächste Jahrhun-

Der Aufstieg des Pessimismus 681

dert. Kann das zu Ende gehende, von Katastrophen geschüttelte Jahrhundert etwas anderes als düstere Voraussagen hervorbringen? Erster Weltkrieg und erster Völkermord, der an den Armeniern, große Depression, Totalitarismus Stalins und Hitlers, Zweiter Weltkrieg und zweiter Völkermord, der an den Juden, Atombombe, Greuel in China und während der vielen Kolonialkriege, Indochina, Algerien, Kongo und so weiter, Ruin der Dritten Welt, der Milliarden Menschen zu Untermenschen macht, Terrorismus, Krebs, Aids, Massenarbeitslosigkeit, die ein Absinken des Lebensstandards aller mit sich bringt, Bevölkerungsexplosion, die zur Vermehrung der Armen führt, Ausbeutung und Korruption innerhalb der Staaten, nationalistische Haßausbrüche, die unbeanstandete Blutbäder anrichten, Zerstörung der Umwelt, Anwachsen der Kriminalität, Drogenmißbrauch und Verlust jeglichen moralischen Bezugspunkts: ein kurzer Einblick in die Bilanz, die auch die pessimistischsten Vorhersagen des 19. Jahrhunderts übersteigt.

Wer kann in diesem Klima noch so verrückt sein, an die Zukunft zu glauben? Die Fortschrittsidee hat in diesem verhängnisvollen Jahrhundert einen tödlichen Schlag erhalten, und die Denker haben nicht auf die 1990er Jahre gewartet, um diese Idee zu begraben und das Debakel vorauszusagen. Schon 1908 schrieb Karl Kraus, obwohl er von den Errungenschaften des 20. Jahrhunderts noch nichts gesehen hatte: »Es ist meine Religion, zu glauben, daß Manometer auf 99 steht. An allen Enden dringen die Gase aus der Welthirnjauche, kein Atemholen bleibt der Kultur und am Ende liegt eine tote Menschheit neben ihren Werken, die zu erfinden ihr so viel Geist gekostet hat, daß ihr keiner mehr übrig blieb, sie zu nützen. Wir waren kompliziert genug, die Maschine zu bauen, und wir sind zu primitiv, uns von ihr bedienen zu lassen. Wir treiben einen Weltverkehr auf schmalspurigen Gehirnbahnen.«[11] Zwei Jahre zuvor beschrieb Horace Newte in *The Masters Beast* das England im Jahre 2020 unter einer sozialistischen Diktatur und mit einem Volk, das in Faulheit, Alkoholismus und Langeweile versinkt.

Der Schock des Ersten Weltkriegs äußert sich in einer Zunahme pessimistischer Voraussagen, besonders im Hinblick auf die Zukunft der westlichen Kultur. Das Blutbad von 1914–1918 ähnelt in der Tat dem Beginn eines Selbstmords oder einer Selbstzerstörung, so daß Paul Valéry sagte: »Wir Zivilisationen wissen jetzt, daß wir sterblich sind. (...) Wir sehen nun, daß der Abgrund der Geschichte für uns alle groß genug ist. Wir spüren, daß eine Zivilisation so zerbrechlich ist wie ein Menschenleben. Da gibt es die verlorene Illusion einer europäischen Kultur und den Beweis für die Ohnmacht des Wissens, auch nur irgend etwas zu retten; da gibt es die in ihren moralischen Ambitionen tödlich getroffene und von der Grausamkeit ihrer Anwendungen gleichsam entehrte Wissenschaft; da gibt es den mühsam siegenden, zutiefst verwundeten, für seine Träume verantwortlichen Idealismus.«[12]

Sigmund Freud widersprach dem Fortschrittsgedanken und vermutete die Existenz eines Zerstörungstriebs, der zu einer Rückkehr zum präorganischen Zustand dränge. Kafka, Adorno und die Surrealisten entwickelten die Idee des Absurden, und Wittgenstein sah in den Ereignissen seiner Zeit den Anfang vom Ende: »Es ist z. B. nicht unsinnig zu glauben, daß das wissenschaftliche und technische Zeitalter der Anfang vom Ende der Menschheit ist; daß die Idee vom großen Fortschritt eine Verblendung ist, wie auch von der endlichen Erkenntnis der Wahrheit; daß an der wissenschaftlichen Erkenntnis nichts Gutes oder Wünschenswertes ist und daß die Menschheit, die nach ihr strebt, in eine Falle läuft. Es ist durchaus nicht klar, daß dies nicht so ist.«[13]

Alle Aspekte der Zukunft erscheinen von nun an in düsteren Farben. Aufgrund der Zerstörungskraft der neuen Waffen glaubt die Science-fiction nicht mehr an die Möglichkeit eines Friedens. Man macht sich Gedanken über das baldige Versiegen der Ressourcen, über die übermäßige Mechanisierung. In den *Lectures pour tous* von 1927 spricht Dr. Laumonier vom »Ende der Welt in sechzig Jahren«; 1929 fragt Alfred Poizat: »Wird die Menschheit nicht eines nahen Tages erzittern angesichts der Welt, die sie geschaffen hat und die sie nicht mehr zu bändigen vermag?«[14] 1931 äußert der Nobelpreisträger für Physik, Jean Perrin, wiewohl er an den technologischen Fortschritt glaubt, Zweifel an der Fähigkeit der menschlichen Weisheit, ihn zu beherrschen: »Wir glauben, ja wir *wissen*, daß der gewaltige Aufschwung der modernen Zivilisation sich der wissenschaftlichen Forschung und Entdeckung verdankt. Wir glauben, wir *ahnen*, daß dieser sich ständig beschleunigende Aufschwung erst ein Anfang ist und daß die Forschung und Entdeckung den menschlichen Reichtum gewaltig vermehren und unsere Lebensbedingungen zutiefst verändern werden. Aufgabe der Politiker, d.h. der ›Organisatoren‹ ist es, diese neuen Bedingungen in jedem Augenblick bestmöglich zu nutzen: was nicht immer leicht sein wird, wie es heute die Komplikationen zeigen, die durch eine geringfügige ›Überproduktion‹ entsteht. Insbesondere ist es die Aufgabe der Politiker zu verhindern, daß sich in einem leider noch nicht unmöglich gewordenen Wahnsinn die übermäßig angewachsene menschliche Kraft in eine Ursache von Verderben, Krieg und Tod verwandelt und daß sie, nachdem sie die Zivilisation hervorgebracht hat, durch einen selbstmörderischen Widerspruch die Zerstörung der gesamten Zivilisation nach sich zieht.«[15]

Der Pessimismus wurzelt tatsächlich zum großen Teil in der Bewußtwerdung einer immer breiteren Kluft zwischen dem technischen Vermögen und dem moralischen Vermögen. 1946 stellte sich zum Beispiel Xavier de Langlais in *L'Île sous cloche* eine Gesellschaft vor, in der der technische Fortschritt für das Glück der Bürger gesorgt hat, deren Ordnung jedoch keinen Sinn mehr hat, da sie sich nur noch um unergiebige parlamentarische Spiele dreht, und deren Bewohner keine Seele mehr haben. Pitirim Sorokin (1889–1968) versucht in einem 1941 erschienenen umfangreichen Werk, *Social and Cultural Dynamics*, diese Entwicklung auf den Begriff zu bringen. Ihm zufolge entwickeln sich die Gesellschaften zyklisch auf der Basis dreier Grundtypen: des sensualistischen Typus, der den materiellen Kräften, der Erfahrung, dem Streben nach Glück und irdischer Entfaltung der Mehrheit den Vorrang einräumt; des spiritualistischen Typus, bei dem die Transzendenz, das Absolute, die Gleichgültigkeit gegen die Güter dieser Welt im Mittelpunkt stehen; und des dazwischenliegenden idealistischen Typus. Die westliche Welt befinde sich am Ende einer sensualistischen Phase, die in ihren letzten Augenblicken immer entarte und uns noch mehr moralische und soziale Anarchie verheiße: die Familie zerfällt, die geisten Werte verschwinden, die Menschenrechte werden verhöhnt, die Gewalt trägt den Sieg über Verhandlungen davon, Kunst und Literatur sind nur noch Sache des Kommerzes. Bis hierhin entspricht das Bild durchaus der Wirklichkeit der zweiten Hälfte des 20. Jahrhunderts. Die Folge davon steht uns indes noch bevor. Sorokin sieht nämlich voraus, daß das Pendel nach der anderen Seite ausschlägt: Bewußtwerdung der Vergeblichkeit der sensualistischen Werte und machtvolle Wiederkehr der spiritualistischen Werte, die sich zuerst in einigen religiösen oder spirituellen Persönlichkeiten verkörpern, sich dann verbreiten und eine Wiedergeburt der Zivilisation herbeiführen werden.

Es ist sicher kein Zufall, daß die großartigste Synthese der auf uns zukommenden Dekadenz 1918 von Oswald Spengler (1880 bis 1936) konzipiert wurde. Während des Krieges verfaßt er sein umfangreiches Werk über den *Untergang des Abendlandes*, das sofort großen Erfolg hat. Spengler widerlegt die herkömmlichen Einteilungen der Geschichte und wendet die biologischen Gesetze auf die Zivilisationen an: sie entstehen, blühen auf, reifen heran, welken und sterben, ein Vorgang, der etwa tausend Jahre dauert – »die Zivilisationen sind sterblich«. Die Stufe der »Zivilisation« kündige im übrigen die Dekadenz und das Ende an, während man in ihrer Jugendzeit von »Kultur« sprechen müsse. Die etwa um das Jahr 1000 entstandene europäische Kultur, die sich in die abendländische Zivilisation verwandelt habe, trete in die unwiderrufliche Phase des Untergangs ein, die Spengler indes nicht beschreibt, da er der Vorhersage mißtraut. Aber er erwähnt sie in vielsagenden Aperçus.

In der ersten Phase erlebt die Zivilisation, daß sich die mit der Landflucht, der Verstädterung und dem Geburtenrückgang zusammenhängenden Vorgänge beschleunigen: »Ich sehe – lange nach 2000 – Stadtanlagen für zehn bis zwanzig Millionen Menschen«, was für kurze Zeit die demographische Krise vertuschen wird, Merkmal der »Unfruchtbarkeit des zivilisierten Menschen«; sie ergreift »zuerst die Weltstädte, dann die Provinzstädte, endlich das Land, das durch die über alles Maß anwachsende Landflucht seiner besten Bevölkerung eine Zeitlang das Leerwerden der Städte verzögert«.[16] In dieser Gesellschaft herrscht das Geld, der Bruch zwischen den mit ihren Kämpfen befaßten Regierenden und der amorphen, entmutigten Masse, die den Sinn für die Werte verloren hat. Die Ideologien sterben ab, gehen ganz von selbst zugrunde, ohne daß man sie widerlegen müßte: »Diese abstrakten Ideale (...) werden zuletzt nicht etwa widerlegt, sondern langweilig. Rousseau ist es längst und Marx wird es in kurzem sein. Man gibt endlich nicht diese oder jene Theorie auf, sondern den Glauben an Theorien überhaupt.« Im übrigen gibt es für Spengler »in der geschichtlichen Wirklichkeit (...) keine Ideale; es gibt nur Tatsachen. Es gibt keine Wahrheiten; es gibt nur Tatsachen. Es gibt keine Gründe, keine Gerechtigkeit, keinen Ausgleich, kein Endziel; es gibt nur Tatsachen«.[17]

Die Dekadenz der Zivilisation geht auch mit dem Versiegen des künstlerischen Ausdrucks einher, denn der kulturelle Rückgang ist die andere Seite des wissenschaftlichen Fortschritts. Unter der wachsenden Informationsmenge zerbröselt die Kultur; der menschliche Geist steht nun »unter dem betäubenden Trommelfeuer von Sätzen, Schlagworten, Standpunkten, Szenen, Gefühlen, Tag für Tag, Jahr für Jahr, so daß jedes Ich zur bloßen Funktion eines ungeheuren geistigen Etwas wird«.

Daher sei es an der Zeit, die Illusionen und Hoffnungen ebenso zu begraben wie den begeisterten Optimismus, mit dem das 18. Jahrhundert die Unzulänglichkeit der Tatsachen durch die Anwendung von Konzepten glaubte aufwiegen zu können. Spenglers Lektion ist bitter: Hört auf, euch zu täuschen, zu träumen. »Nur Träumer glauben an Auswege. Optimismus ist Feigheit.«[18]

Läßt sich eine Erneuerung in Erwägung ziehen? Das stellt Spengler nicht deutlich in Aussicht. Gewiß werden andere Kulturen entstehen, aber der Vorgang ist nicht vorhersehbar. Arnold Toynbee dagegen, ein weiterer Prophet der Dekadenz, kündigt im Rahmen einer zyklischen Auffassung der Zivilisationen eine Auferstehung an. Sein riesiges, zwölf Bände umfassendes Werk *A Study of History* von 1934 bis 1961 zeigt uns die Gesellschaften als Opfer eines Alterungsprozesses ähnlich dem biologischen, erklärt aber auch, daß sie sich dank den ewigen Religionen periodisch erneuern und ein höheres geistiges Niveau erreichen.

Vom utopischen Optimismus zum Pessimismus der Science-fiction

Die Dekadenz wird nicht allein von Historikern und Philosophen angekündigt. Auch die Science-fiction wird pessimistisch. Sie imaginiert beängstigende Welten, als unmittelbare Folge der technischen und soziologischen Tendenzen der zeitgenössischen Welt. Und bezeichnenderweise nimmt sie den Platz der Utopie ein. Letztere, im großen und ganzen optimistisch, verschwindet im 20. Jahrhundert fast völlig und wird durch die Science-fiction ersetzt.

Das Ende der Utopie bedeutet das Ende des Traums von der Hoffnung und ist das Symptom einer Zivilisationskrankheit. Denn die Utopie bringt in ihren zeitlosen Entwürfen die Enttäuschungen von Gruppen oder Individuen zum Ausdruck, die die bestehende Ordnung anfechten, oder ist vielmehr, wie Jean Servier schreibt, »ein Versuch, nicht so sehr die Strukturen der bestehenden Ordnung aufzubrechen, als eine konfliktbeladene Situation in der Phantasie, durch den Traum zum Verschwinden zu bringen«.[19] Jedenfalls ist sie Auflehnung gegen die Gegenwart und Suche nach einer Zuflucht in einem räumlichen oder zeitlichen Jenseits. Gleichzeitig versucht sie die Zukunft zu beschwören, indem sie ihr einen für wünschenswert gehaltenen Inhalt gibt.

Die Utopie ist auch ein Traum von Reinheit, von einer Rückkehr zu den Ursprüngen, von Ordnung und Vernunft, d. h. von all dem, was in der Gegenwart nicht existiert. Die Gegenutopie dagegen ist eine Kritik der Zukunft im Namen der Gegenwart. Welcher Mensch des Jahres 1932 möchte in der *Schönen neuen Welt* leben, wie Huxley sie sah? Welcher Mensch des Jahres 1949 möchte in Orwells Welt von *1984* leben? Das Paradies der Utopie wird in der Gegenutopie zur Hölle. Doch damit gewinnt ihr Vorhersageaspekt wesentliche Bedeutung. Während die Utopie zeitlos ist – von wenigen Ausnahmen abgesehen wie *L'An 2000* von Mercier –, liegt die Gegenutopie immer in der Zukunft, was ihren prophetischen Aspekt und damit ihren pessimistischen Charakter verstärkt. Nicht mehr die Gegenwart ist schlecht, sondern die Zukunft.

Der prädiktive Charakter der Gegenutopie der Science-fiction rückt bei vielen Autoren in den Vordergrund, als erstes bei H. G. Wells. 1925 zählt Hugo Gernsback in der Einleitung zu seinem vierzehn Jahre vorher geschriebenen Roman *Ralph 124 C 41* alle Voraussagen auf, die eingetreten sind. Die angewandten Methoden können folgende Tatsache nur bestätigen: Die meisten Science-fiction-Autoren wie Jules Verne, ein ausgebildeter Wissenschaftler, extrapolieren anhand der Technologie ihrer Zeit und verlängern die Bewegung. Daher wirken einige ihrer Erfindungen unvermeidlich wie »Voraussagen«. Und noch mehr gilt dies in der zweiten Hälfte des 20. Jahrhunderts, wo die Autoren nicht nur die Ergebnisse der »harten« Wissenschaften benutzen, sondern auch die Forschungen der Soziologie, der Psychologie und der Psychoanalyse, so daß sie eine kohärentere, wahrscheinlichere und daher beängstigendere künftige Welt beschreiben.

Die Technologie ist nicht mehr ein Ziel an sich, wie es in den optimistischen Anfängen der Science-fiction so häufig der Fall war. Nunmehr ist sie ein Werkzeug der politischen, sozialen, ökonomischen, moralischen und kulturellen Organisation. Bald herrscht Übereinstimmung darüber, eine autoritäre Weltregierung anzukündigen, der gegenüber das Individuum, von einer subtilen Propaganda geprägt und ständig überwacht, keine Rechte mehr hat; mit Hilfe der künstlichen Fortpflanzung und der Euthanasie kontrolliert der Mensch Leben und Tod; Gott ist verschwunden.

Häufig beschwört man die künftigen Exzesse des Maschinenzeitalters: die Maschine, die entmenschlicht oder die Macht ergreift wie in *RUR* des Tschechen Karel Čapek im Jahre 1920, wo Roboter die Menschen abschlachten; die Drohung verdeutlicht sich mit dem Computer, der in *2001, Odyssee im Weltraum* die Kontrolle übernimmt. Die amerikanische Gesellschaft, das »amerikanische Modell«, inspiriert, vor allem in den fünfziger und sechziger Jahren, eine ganze Generation zu Gegenutopien voll scheußlicher, unmenschlicher, grell erleuchteter Megalopolen, denen jedes Gefühl für Schönheit und Kunst abhanden gekommen ist, wo die intellektuelle und Buchkultur verboten ist, etwa in *Fahrenheit 451* von Ray Bradbury. Bei W. M. Miller kommt der Atomkrieg hinzu, der in *A Canticle for Leibowitz* (1960) die Zivilisation vernichtet, die eine kleine Gruppe von Überlebenden wiederaufbaut wie in *Last and First Men* von Olaf Stapledon.

Nur die sowjetische Science-fiction bleibt andächtig optimistisch, ein Grund mehr, sich zu beunruhigen. Denn hier handelt es sich einfach um die Befolgung der offiziellen Vorschriften, die den gesamten Kulturbereich prägen: Ein guter Kommunist ist optimistisch, weil die arbeitenden Klassen, von der Partei geführt und vom genialen Denken des Marxismus-Leninismus aufgeklärt, alle Hindernisse überwinden und dank einer nicht irregeleiteten Wissenschaft das Böse ausmerzen werden. Im übrigen sind die Katastrophen aus den offiziellen Nachrichten bereits verschwunden. Die Regel der sowjetischen Science-fiction wurde von A. und B. Strugackij wie folgt festgelegt: »Es wird keinen Konflikt zwischen

Gut und Böse geben, sondern nur zwischen dem Guten und dem Besseren. Der Konflikt sollte zwei oder mehrere positive Helden in Szene setzen, von denen jeder auf seine Weise recht hat und die trotz ihrer Meinungsverschiedenheiten Freunde bleiben.«[20] In einer sowjetischen Welt mit extrem niedrigem Lebensstandard bewahrt die Science-fiction, auf Anweisung von oben, den Charakter der optimistischen Utopie. Aber konnte sie sich überhaupt Schlimmeres vorstellen als die Gegenwart?

Ein frappierender Gegensatz: demgegenüber träumt die reiche westliche Welt von ihrem eigenen Untergang; sie sieht ihn voraus, man könnte fast sagen, sie programmiere ihn, der Club of Rome stellt ihn in Kurven und Graphiken dar, mit denen er den alarmierenden Meadows-Bericht, *Die Grenzen des Wachstums*, von 1972 illustriert. Die westliche Welt zweifelt an sich selbst und an ihrer Zukunft, und in diesem Klima wächst die Verdrossenheit der Science-fiction. Angesichts der sich häufenden Gefahren aller Art erweitert sie das Feld ihrer Überlegungen bis hin zu den Grundfragen des Daseins und des Endziels des Universums. J.-H. Rosny und Olaf Stapledon fassen das Ende der Menschheit ins Auge, in bitteren und zugleich resignierten Werken, die die letzten Augenblicke der menschlichen Gattung schildern, die stirbt, ohne je gewußt zu haben, warum sie geboren wurde: *La Mort de la terre* und *Last and First Men* spielen in einem Klima des Untergangs, das durchaus an Spengler gemahnt. Andere stellen sich die Auslöschung der Menschheit durch eine andere Art vor; oft sind es Tiere: Fliegen wie bei J. Spitz, Hunde wie bei Clifford D. Simak, Ameisen, Affen. Symbolisches Schicksal des Scheiterns unserer Gattung.

Andere Autoren sehen einen ruhmvolleren Ausgang vorher, der dennoch, mit den Mutanten, das Ende des derzeitigen Menschen bedeutet. Auf die Theorie der spontanen Mutationen und der erblich erworbenen Eigenschaften gestützt, imaginieren sie die willentliche Auslösung einer erblichen Mutation, eine Hypothese, die durch die genetischen Manipulationen noch wahrscheinlicher wird. Auf diese Weise entsteht eine höhere Rasse mit zusätzlichen Fähigkeiten und Sinnesorganen wie in *More than Human* von T. Sturgeon (1953). Es besteht eine erstaunliche Ähnlichkeit zwischen dieser Rasse von Übermenschen, Halbgöttern, und der von Ernest Renan vorausgesagten höheren Rasse.

Die Möglichkeit einer Begegnung zwischen den Menschen und

fremden Geschöpfen oder Welten gereicht ersteren selten zum Vorteil. Die Außerirdischen, stärker, intelligenter, wissenschaftlich weiter fortgeschritten, tragen den Sieg über diese kleine verdorbene Rasse davon, die sich für die Krone der Schöpfung und den Mittelpunkt des Universums gehalten hatte. Diese Ablehnung des Anthropozentrismus trifft sich mit einer Tendenz der modernen wissenschaftlichen Welt, wie sie sich vornehmlich bei den Astrophysikern und Physikern zeigt. Die *Mars-Chroniken* von Bradbury sind ein Beispiel dafür. Immerhin lassen die »romantischen« Autoren dem Menschen ein Element der Überlegenheit, die das Gefühl ihm beschert: das Herz, die Liebe siegen über die mechanische Intelligenz, die reine Rationalität. Eine unerwartete Wendung im Vergleich zu den früheren Utopien, die sich gerne ideale Welten vorstellten, wo endlich die Königin Vernunft herrscht.

Die Science-fiction spielt auch mit dem Begriff der Zeit und der vielen Welten. Die Relativitätstheorie und die Quantentheorie haben die Phantasie ungemein angeregt: den Lauf der Dinge dadurch verändern, daß man ein Detail der Vergangenheit verändert, parallele Welten beschreiben, in der Zeit reisen – lauter Möglichkeiten, die sich die Science-fiction nutzbar macht und die oft ein Vorwand sind, eine düstere Zukunft voll nuklearer, chemischer und genetischer Katastrophen vor uns auszubreiten. Mit dem Übergang der Utopie zur Science-fiction liegen die Paradiese nicht mehr vor uns, sondern hinter uns. Zweifellos hängt der Niedergang der Utopie weitgehend auch damit zusammen, daß alle Realisierungsversuche in Katastrophen endeten, die gezeigt haben, daß Träume eben nur Träume sind und keine Vorhersagen. Das enttäuschte 20. Jahrhundert hat warnende Alpträume.

Samjatin und Huxley: die Konditionierung zum Glück

Der Pessimismus der Science-fiction läßt sich, chronologisch, durch vier repräsentative Autoren veranschaulichen: Samjatin, Huxley, Bradbury, Orwell.

Der russische Ingenieur Jewgenij Samjatin (1884–1937) ist der große Initiator. Auch wenn sein 1920 in Petrograd inmitten des Kriegskommunismus geschriebener Roman *Wir* unmittelbar von der bolschewistischen Erfahrung inspiriert ist, so gehen seine Implikationen doch weit über den sowjetischen Rahmen hinaus und betreffen die ganze Menschheit. 1924 ins Englische übersetzt, hat das Buch Huxley und Orwell stark beeinflußt. Die zentrale Idee, das sei noch einmal gesagt, ist dieselbe wie bei Ernest Renan: das künftige Bündnis von politischer Macht und Wissenschaft beschert uns eine Weltgesellschaft, in der eine kleine Gruppe absolute Macht über die zustimmende und entmenschlichte Masse haben wird, aus der jede Individualität verschwunden ist. Was bei Renan noch ein fast heimlicher und unaussprechlicher Gedanke war, wird zu einer literarischen Strömung und gewinnt dadurch, daß er sich in die Form des Romans kleidet, eine große Anschaulichkeit.

Wir befinden uns im 26. Jahrhundert. Die ganze Menschheit ist in einer einzigen, gigantischen Stadt zusammengefaßt, die durch eine gläserne Mauer vom Land abgeschirmt ist. An der Spitze dieses Weltstaats steht ein Oberhaupt, der Wohltäter, der auf dem Fest der Einstimmigkeit mit 100 Prozent der Stimmen immer wiedergewählt wird. Denn niemand beanstandet die Organisation dieser Welt, die das Glück jedes einzelnen garantiert, und alle sind bereit, eventuelle Abweichler zu denunzieren und mit den Wächtern zusammenzuarbeiten. Interessant und neu ist, daß die wichtige Frage des Glücks dadurch entschieden wurde, daß man jedem einzelnen – man weiß nicht, wie – jeglichen Gedanken an Freiheit und persönliches Bewußtsein genommen hat. Keine peinigende Wahl mehr zwischen Gut und Böse, kein schmerzliches Zögern mehr zwischen diesem oder jenem Guten, kein innerer Kampf mehr zwischen Egoismus und Altruismus, kein Konflikt mehr zwischen Gefühl und Pflicht: wie alles in dieser Stadt ist auch das individuelle Verhalten von der Mathematik geregelt worden, die ein einziges und unanfechtbares Wahrheitsmodell liefert.

Der zersetzende Individualismus des »ich« geht in der kollektiven Ordnung des »wir« auf; die Personennamen sind verschwunden: jeder ist eine Nummer; alle tragen die gleiche Uniform; die Gebäude, alle gleich und gradlinig, sind aus Glas, damit sich niemand den Blicken der anderen entziehen kann; die Paarungen finden zu festgelegten Zeiten statt; der Stundenplan ist für alle absolut identisch: »Jeden Morgen stehen wir, Millionen, wie ein Mann zu ein und derselben Stunde, zu ein und derselben Minute auf. Zu ein und derselben Stunde beginnen wir, ein Millionenheer, unsere Arbeit, zur gleichen Stunde beenden wir sie. Und zu einem einzigen millionenhändigen Körper verschmolzen, führen wir in der gleichen, durch die Gesetzestafel bestimmten Sekunde die Löffel zum Mund.«[21] Um 22 Uhr liegen alle im Bett.

Somit ist alles vollkommen geregelt und im voraus bekannt; die Zukunft birgt keinerlei böse Überraschung; etwas vorherzusagen hat keinen Sinn mehr. Die letzte Quelle möglicher Überraschung wird zerstört, als die Wissenschaftler endlich das Zentrum der Phantasie im Gehirn lokalisieren und es durch Strahlung vernichten.

Samjatins Roman kommt einer doppelten Revolution gleich. Einerseits ist die Gesellschaft, die er in wahrhaft abschreckenden Farben schildert, identisch mit jenen, die die Utopisten als Vorbilder darstellten, von Morus' *Utopia* bis Cabets *Ikarien*. Die vollständige Rationalisierung des menschlichen Verhaltens, einst ein angestrebtes Ideal, jedoch in Gestalt eines fernen Traums, verwandelt sich in eine gefürchtete Drohung, sobald man gewahrt, daß sie im Bereich des Wahrscheinlichen liegt und vielleicht schon morgen Wirklichkeit wird. Der Mensch des 20. Jahrhunderts hat Angst, daß sich die Hoffnungen seiner Vorfahren erfüllen, und erschrickt wie der Zauberlehrling vor den Folgen seiner Manipulationen.

Das andere Paradox ist die Vorstellung, daß das Glück, dem die Menschheit seit Anbeginn nachjagt, im völligen Fehlen von Freiheit und individuellem Bewußtsein besteht, da die Hauptquelle der Frustration, nämlich die Wahlfreiheit, ausgeschaltet ist. So könnte es sein, daß das hemmungslose Streben nach Freiheit und Individualismus eine falsche Fährte war, ein riesiger Kursfehler, da die Zukunft nicht im Ich, sondern im Kollektiv liegt, nicht im »ich«, sondern im »Wir«. Von der Bewußtwerdung dieses furchtbaren Irrtums in der Weichenstellung rührt ein Großteil des beängstigenden Charakters der modernen Science-fiction her.

Ein Eindruck, den 1932 die *Schöne neue Welt* (*Brave New World*) von Aldous Huxley bestätigt. Im Jahre 632 der mechanischen Ära, die mit dem Erscheinen des Ford T im Jahre 1908 beginnt, hat die Menschheit endlich das Glück gefunden, und zwar auf ganz anderen Wegen, als wir sie heute erwägen: absolute Diktatur und vollständige Konditionierung des menschlichen Geistes, der weder Freiheit noch individuelles Bewußtsein mehr hat und dem es darum unendlich viel besser geht. Endlich herrschen Ordnung und Beständigkeit, jeder ist mit seinem Los zufrieden: was können wir uns Besseres wünschen? Beim Anblick der Unordnung und all des Elends in unserer derzeitigen Welt darf man zumindest die Frage stellen: Ist die *Schöne neue Welt* nicht tatsächlich eine bessere Welt als die unsere? Die Antwort ist vielleicht nicht ganz so klar, wie es scheint.

Denn die Bewohner der *Schönen neuen Welt* sind glücklich, was viele unserer Zeitgenossen nicht behaupten können. Durch künstliche Befruchtung nach Maß erzeugt, sind sie vollkommen programmiert, ihr Schicksal zu lieben. In fünf Klassen unterteilt – Alphas und Betas, höherstehende Führungsgruppen; Gammas, Deltas und Epsilons: tieferstehende Gruppen, die die Basisarbeiten erledigen –, empfinden sie weder Eifersucht noch Klassenhaß, und sollten sie zufällig ein Unbehagen verspüren, so versetzt sie ein Schluck des Wundermittels, des *Soma*, sogleich wieder in Euphorie. Keine Behinderten, keine Erbkrankheiten, keine Arbeitslosigkeit, kein Elend und kein Krieg; die Normung ist vollständig; jeder konsumiert gemäß den Programmen, so daß die absolute Stabilität des Ganzen und das kollektive Glück gewährleistet ist. »Automatisches Glück infolge der Beseitung jedes Hindernisses zwischen dem Wunsch und seiner Erfüllung. Weder Welt noch Werte, noch Gott; künstliche Jugend, genormte Triebe, eine auf eine Rezeptsammlung geschrumpfte Wissenschaft: das obligatorische Glück.«[22] Die totalitäre Macht wird vom allmächtigen Exekutivkomitee ausgeübt. Die »Staatsbürger« haben keinerlei politische Rechte, wozu auch. Besteht das Ziel der politischen Organisation nicht darin, für das Glück der Gemeinschaft zu sorgen? Und dieses Glück ist gesichert, da jeder konditioniert ist, glücklich zu sein.

Es fällt nicht schwer, über eine solche Möglichkeit zu spotten oder sich darüber zu empören. Schauen wir uns die Welt an, wie sie ist; ziehen wir die Bilanz des Chaos, des Elends, der Zusammenstöße, der ungezählten Nöte, die der Kult der Freiheit bisher verursacht hat, und fragen wir uns, ob die *Schöne neue Welt* wirklich eine Gegenutopie ist. Hat Huxley nicht das Gegenteil des Ziels erreicht, das er sich steckte? Ist sein Bericht nicht eine unbewußte Rückkehr zur Utopie, zum Traum von einer besseren Welt? Bevor wir uns über diese Frage entrüsten, sollten wir überlegen, was die Milliarden Menschen antworten könnten, die das Elend heute zu

Untermenschen herabwürdigt. Für diese Opfer der Freiheit ist die *Schöne neue Welt* vielleicht keine Gegenutopie. Die Bemerkung einer Figur aus Samjatins *Wir* gibt zu denken: »Es ist die alte Legende vom Paradies... natürlich auf uns, auf die Gegenwart übertragen. Jene beiden im Paradies waren vor die Wahl gestellt: entweder Glück ohne Freiheit – oder Freiheit ohne Glück. Und diese Tölpel wählten die Freiheit – wie konnte es anders sein! Und die natürliche Folge war, daß sie sich jahrhundertelang nach Ketten sehnten. (...) Und wird sind erst dahintergekommen, wie man das Glück wiedergewinnen kann.«

Mehr oder weniger erfolgreich ausgewertet von Vonnegut (*Player Piano*, 1925), Young (*The Rise of Meritocracy*, 1958), Harley (*Faciel Justice*, 1960), Stangerup (*Der Mann, der schuldig sein wollte*, 1973), nimmt das Bündnis zwischen totalitärer Macht und Technologie mit *Fahrenheit 451* von Ray Bradbury einen anderen Aspekt an. Hier ist das Buch der Feind, weil das Buch eine Quelle der Angst ist. Seine Beseitigung ist eine Frage des Gemeinwohls und notwendig zur Verwirklichung des kollektiven Glücks. Bradburys Pessimismus beruft sich auf die Idee der ewigen Wiederkehr: »Und eines schönen Tages können die Bücher wieder geschrieben werden, bis zur nächsten Kulturdämmerung, wo wir mit der ganzen Sache nochmals von vorne anfangen müssen.«

George Orwell: » Wer die Vergangenheit kontrolliert, kontrolliert die Zukunft«

1984, von George Orwell 1949 veröffentlicht, unterscheidet sich erheblich von den Werken Samjatins oder Huxleys, insofern es die Betonung weit mehr auf die Ausübung der totalitären Macht als auf das kollektive Glück legt. Die Gesellschaft in diesem England des Jahres 1984 ist nicht glücklich; *Big Brother* geht es nicht um das Glück der Individuen, sondern einzig um ihre Unterwerfung, indem er für ständige Spannung sorgt: durch den permanenten Krieg und das Haß-Programm, in dessen Verlauf sich die Zuschauer frenetisch an dem öffentlichen Feind, Goldstein, austoben.

Die Partei an der Macht, Engsoz, hat nur eines im Sinn: die Ausübung der Macht um ihrer selbst willen. Macht durch Haß und

Leiden. Der Bruch mit der Utopie ist hier unzweideutig und wird von einem der höchsten Würdenträger der Partei, O'Brian, ausdrücklich gefordert, der in einem furchtbaren Monolog die Zukunft enthüllt:

»Sehen Sie jetzt allmählich, was für eine Art von Welt wir erschaffen? Sie ist das genaue Gegenteil der törichten, hedonistischen Utopien, die den alten Reformern vorschwebten. Eine Welt der Furcht, des Verrats und der Folter, eine Welt des Tretens und Getretenwerdens, eine Welt, die mit fortschreitender Höherentwicklung nicht weniger gnadenlos, sondern immer noch gnadenloser werden wird. Fortschritt in unserer Welt wird ein Fortschritt hin zu mehr Schmerzen sein. Die alten Zivilisationen behaupteten, auf Liebe und Gerechtigkeit gegründet zu sein. Unsere ist auf Haß gegründet. In unserer Welt wird es keine Gefühle geben außer Angst, Wut, Triumph und Selbsterniedrigung. Alles andere werden wir zerstören – alles. Wir rotten bereits die Denkweisen aus, die noch aus der Zeit vor der Revolution überlebt haben. Wir haben die Bande zwischen Kind und Eltern, zwischen Mensch und Mensch, zwischen Mann und Frau durchtrennt. Keiner traut mehr einer Ehefrau, einem Kind oder einem Freund. Doch in Zukunft wird es keine Ehefrauen und Freunde mehr geben. Die Kinder werden ihren Müttern gleich bei der Geburt weggenommen werden, so wie man einer Henne die Eier wegnimmt. Der Sexualtrieb wird ausgerottet. Die Zeugung wird zu einer alljährlichen Formalität werden, wie die Erneuerung einer Lebensmittelkarte. Wir werden den Orgasmus abschaffen. Unsere Neurologen arbeiten gegenwärtig daran. Es wird nur noch die Loyalität gegenüber der Partei geben und sonst keine. Es wird nur noch das Lachen des Triumphs über einen besiegten Feind geben und sonst keines. Es wird keine Kunst, keine Literatur, keine Wissenschaft geben. Wenn wir allmächtig sind, werden wir die Wissenschaft nicht mehr nötig haben. Es wird keinen Unterschied zwischen schön und häßlich geben. Es wird keine Neugier, keinen Lebensgenuß geben. Alle konkurrierenden Freuden werden vernichtet sein. Aber immer – vergessen Sie das nicht, Winston –, immer wird es den Rausch der Macht geben, die ständig wächst und immer subtiler wird. Immer, in jedem Moment wird es den erregenden Kitzel des Sieges geben, die Empfindung, auf einem wehrlosen Feind herumzutrampeln. Wenn Sie ein Bild von der Zukunft haben wollen, dann stellen Sie sich einen Stiefel vor, der auf ein Gesicht tritt – unaufhörlich. (...)

Und vergessen Sie nicht, daß es ewig so sein wird. Das Gesicht, auf das man treten kann, wird es immer geben. Den Ketzer, den Feind der Gesellschaft wird es immer geben, damit er immer wieder niedergeworfen und gedemütigt werden kann.«[23]

Soweit das Programm. Nichts kann es aufhalten. Der unglückliche Winston, der protestieren möchte, hat weder die Argumente noch die Kraft dazu; nach einer Umerziehung tritt er ins Glied zurück, verschmilzt mit dieser manipulierten und entmenschlichten Gesellschaft, in der jeder, unter ständiger Aufsicht der Teleschirme, einen gelassenen Optimismus zur Schau tragen und sich die drei Slogans der Partei zu eigen machen muß: »Krieg ist Frieden, Freiheit ist Sklaverei, Unwissenheit ist Stärke.« Die Masse wird wissentlich verdummt durch die Verbreitung einer Kultur von niederem Niveau, durch »Revolverblätter, die nur Sport, Verbrechen und Horoskope enthielten, reißerische Fünf-Cent-Schundheftchen, sextriefende Filme und Schnulzen«.[24] Und so »sinkt das allgemeine Bildungsniveau. Was die Massen meinen oder nicht meinen, wird als gleichgültig angesehen. Man kann ihnen intellektuelle Freiheit einräumen, weil sie keinen Intellekt besitzen.«[25] Schreckliche Bemerkungen, die auf die derzeitigen Apostel der allgemeinen Permissivität und der totalen Freiheit abzielen: wozu nutzt die Freiheit des Denkens ohne die Fähigkeit des Denkens?

Der Wahrheitsminister Ozeaniens, über das *Big Brother* und seine Partei, Engsoz, herrschen, befaßt sich eingehend damit, diese Fähigkeit einzuschränken, indem er das Vokabular verstümmelt. Eine Kommission beschäftigt sich damit, die Wörter zu zerstören; sie bereitet die elfte und kürzeste Auflage des Diktionärs vor, die Hunderte von Adjektiven und Verben abschaffen wird. Nuancen werden durch Vorsilben wie »plus«, »doppelplus«, »un-«, »ober-« ausgedrückt. Dieses Neusprech verfolgt das Ziel, das Feld des Denkens einzuengen. Lauter Punkte, bei denen Orwell die zeitgenössischen Entwicklungen sehr gut erkannt hat.

»Die Sorge um Heim und Kinder, kleinliche Streitereien mit den Nachbarn, Kino, Fußball, Bier und vor allem Glücksspiele steckten ihren Denkhorizont ab. (...) Von ihnen wurde nur ein primitiver Patriotismus verlangt, an den man immer dann appellieren konnte, wenn sie sich mit einer Verlängerung der Arbeitszeit oder der Kürzung von Rationen abfinden sollten.«[26] Alle sind ideale

Staatsbürger geworden, von einer »schwachsinnigen Begeisterung« beseelt. Die Vorherrschaft der Partei wird absolut – durch eine ständige Manipulierung nicht nur der gegenwärtigen Nachrichten, sondern auch der Geschichte, denn »wer die Vergangenheit kontrolliert, kontrolliert die Zukunft; wer die Gegenwart kontrolliert, kontrolliert die Vergangenheit«. Eine Sonderabteilung des Wahrheitsministeriums ist damit beauftragt, permanent jede schriftliche Spur der Vergangenheit zu tilgen, die mit der derzeitigen Parteipolitik nicht übereinstimme sollte: »Tagtäglich und fast minütlich wurde die Vergangenheit aktualisiert. So ließ sich die Richtigkeit jeder von der Partei gemachten Prognosen dokumentieren.«[27] Im Grunde, erklärt O'Brian, existiert die Vergangenheit nur in den Archiven und in der Erinnerung: »Also schön. Wir, die Partei, kontrollieren alle Dokumente, und wir kontrollieren alle Erinnerungen.«[28] George Orwell stellt hier das für unser Vorhaben grundlegende Problem der Interdependenz von Vergangenheit-Gegenwart-Zukunft, drei nicht voneinander zu trennende Momente, die sich mehr und mehr vermischen. Jede totalitäre Organisation muß alle drei kontrollieren, und am schwierigsten zu beherrschen ist die Zukunft. Die einzige Art, sie zu lenken, besteht in einer totalen Besitzergreifung der Vergangenheit und der Gegenwart; dann ist die Zukunft nur noch deren mechanische, völlig determinierte Konsequenz. Tatsächlich besteht das Ziel darin, die zufällige Zukunft zu beseitigen; hier kann man, wie bei Samjatin, sagen, daß die Zukunft nicht mehr existiert. Es ist dies eine Konstante des utopischen Traums: die Zeit wird glatt, denn es gibt nichts Unvorhergesehenes mehr. Gleichzeitig verschwindet die Voraussage. Die Perfektion der Voraussage, ihr Ideal, ist ihre Selbstzerstörung, wenn die Zukunft vollkommen transparent wird. Wir stehen am Ende des prophetischen Paradoxons: was die Existenz der Vorhersage rechtfertigt und ihren Wert ausmacht, ist gerade ihre Schwäche, die Tatsache, daß sie sich täuscht. Würde sie keine Irrtümer mehr begehen, dann bräuchte es sie nicht mehr zu geben.

Diese von der Gegenutopie der Science-fiction gesehenen Zukunftsbilder sind um so pessimistischer, als sie einen Teil Wahrscheinlichkeit enthalten. Indem sie sich von den Erfahrungen des 20. Jahrhunderts leiten lassen, sie weiterdenken, mit den technologischen Fortschritten und den soziologischen und psychologischen

Studien verschränken und sie damit verstärken, eröffnen sie Perspektiven, die zu vernachlässigen gefährlich wäre. Wie Nikolaj Berdjajew in seiner Einleitung zu *1984* schreibt: »Die Utopien lassen sich sehr viel leichter verwirklichen, als man glaubte. Heute stehen wir vor einer neuen, dringlich gewordenen Frage: Wie können wir verhindern, daß die Utopien Wirklichkeit werden? Die Utopien lassen sich verwirklichen. Das Leben bewegt sich auf die Utopien zu.« Wer hätte das geglaubt? Aber während man sie herbeisehnte, als sie unrealisierbar zu sein schienen, fürchtet man sie, wenn es so aussieht, als seien sie im Begriff, sich zu konkretisieren. Vergessen wir indes nicht, daß eine der wesentlichen Funktionen der Vorhersage darin besteht, es dem Menschen zu ermöglichen, Maßnahmen zu ergreifen, um den Lauf der Dinge zu korrigieren und zu verhindern, daß der vorausgesehene Alptraum Wirklichkeit wird.

Ökonomische Voraussagen und Pessimismus

Dies veranschaulicht in vollem Maße der im 20. Jahrhundert so wichtige Bereich der ökonomischen Voraussage. Als bevorzugter Sektor der Interferenz zwischen Gegenwart und Zukunft, läßt sich die Ökonomie alle möglichen Manipulationen gefallen. Eine Erhöhung der Inflationsrate voraussagen, heißt alle Mechanismen auslösen, die sie herbeiführen werden: vorzeitige oder Hamsterkäufe, Druck der Lohnforderungen; eine Baisse oder eine Hausse der Börsenkurse voraussagen, heißt die Käufe oder Verkäufe begünstigen, die sie verursachen werden. Die Ökonomen leben ständig in der Vorausschau. Das Termingeschäft ist das offenkundigste Beispiel dafür, da man hier Produkte kauft und verkauft, die noch gar nicht existieren; man handelt mit Virtualitäten. Deshalb ist übrigens, wie Keynes gezeigt hat, das Vertrauen in die Zukunft ein bestimmender Faktor, der sich auf den Arbeitsmarkt, das Geld, die Zinssätze auswirkt.

Die Ökonomie ist der Bereich der Vorhersage schlechthin. Daher hat sie seit dem 19. Jahrhundert nach zuverlässigen Steuerungsinstrumenten gesucht, die sowohl eine psychologische wie eine objektive Rolle spielen. Dies ist bei der Zyklentheorie der Fall.

Die Arbeiten von Nikolaj Kondratieff (1892 – ca. 1931) haben sich in dieser Hinsicht als besonders fruchtbar erwiesen, indem sie Phasen der Expansion und ihnen nachfolgende Phasen der Depression von jeweils fünfundzwanzig bis dreißig Jahren aufdeckten, eine Zeitspanne, die bis heute im großen und ganzen eingehalten worden ist und den rein ökonomischen Aspekt übersteigt: die politischen, kulturellen, technologischen Phänomene scheinen ungefähr dem gleichen Rhythmus zu folgen, wie es auch Joseph Schumpeter in seinen *Business Cycles* von 1939 aufgezeigt hat. In den 30er Jahren kommt François Simiand zu etwa den gleichen Schlußfolgerungen wie Kondratieff und nennt die aufsteigenden und absteigenden Phasen A und B.

Die sich daraus ergebenden Kurven sind zweideutig, sowohl vertrauenerweckend wie besorgniserregend. Vertrauenerweckend deshalb, weil sie, wie früher die Astrologie, zu einer Erklärung, also zur Beruhigung beitragen, indem sie zeigen, daß die Konjunktur keinem chaotischen Zufall zu verdanken ist; man weiß, wohin man geht, und man weiß, daß nach der Krise die Wiederbelebung kommen wird. Es tröstet, wenn man weiß, daß man Opfer eines Naturgesetzes ist. So ermutigt es beispielsweise, wenn man liest, daß der Aufschwung kurz nach dem Jahr 2000 erfolgen müßte. Aber es gibt auch einen beunruhigenden Aspekt, der mit der Unausweichlichkeit dieser Kurven zusammenhängt, die jeden kontinuierlichen Fortschritt zu verbieten scheinen.

Einige Ökonomen werden auch zu Propheten der Dekadenz wie Joseph Schumpeter, der in *Capitalism, Socialism and Democracy* (1942) das Verschwinden des Kapitalismus aufgrund seiner selbstzerstörerischen Tendenzen voraussagt. Diese Vorhersage beruht auf einer Analyse der inneren Entwicklung des liberalen Systems, das vom Phänomen der Konzentration untergraben werde, da es die Industrie- und Handelsbourgeoisie schwäche, während der wachsende, von den Kapitalvermögen besetzte Teil den Begriff des Privateigentums an den Produktions- und Handelsgütern entmaterialisiere. Außerdem führe die allgemeine Rationalisierungsbewegung dazu, den Kapitalismus anzufechten und die Lebensweise einer Kosten-Nutzen-Rechnung anzugleichen, die dazu beitrage, die Größe der Familien und damit den Absatzmarkt zu verringern. Für Schumpeter kündigen diese Faktoren den Untergang des Kapitalismus sowie den allmählichen Übergang zum Sozialismus an.

Ein halbes Jahrhundert später ist es noch immer unmöglich, Schumpeters Gedanken eindeutig zu bestätigen oder zu entkräften. Im übrigen hat er selbst sich eine genaue Voraussage untersagt, indem er präzisierte, daß man im ökonomischen Bereich nur bedingte Modelle vorschlagen könne: »Was bei jedem Versuch einer sozialen Prognose zählt, ist nicht das Ja oder Nein, das die dazu führenden Tatsachen und Argumente zusammenfaßt, sondern diese Tatsachen und Argumente selbst. Diese enthalten alles, was am endgültigen Ergebnis wissenschaftlich ist. Alles andere ist nicht Wissenschaft, sondern Prophezeiung. Jede Analyse, sei sie ökonomischer oder sonstiger Art, wird jedenfalls nie mehr als eine Feststellung der in einem Beobachtungsobjekt vorhandenen Tendenzen enthalten können. Diese sagen uns niemals, was mit dem Objekt geschehen *wird*, sondern nur was geschehen *würde*, wenn sie weiterhin wirkten, wie sie in dem Zeitabschnitt wirksam waren, den unsere Beobachtung umfaßt, und wenn keine anderen Faktoren auftreten. ›Unvermeidlichkeit‹ oder ›Notwendigkeit‹ kann niemals mehr als dies bedeuten.«.[29]

Der Rahmen der ökonomischen Voraussage ist also relativ flexibel, was es ermöglichen sollte, rechtzeitig Maßnahmen zur Verhinderung der Katastrophen zu ergreifen. Doch die Geschichte des 20. Jahrhunderts zeigt im Gegenteil, daß die moderne Gesellschaft trotz ihrer Vorhersageinstitute und ihrer Mittel, das ökonomische Geschehen zu beeinflussen, immer außerstande war, die doch vorausgesehenen Unglücksfälle zu verhindern. Einerseits aufgrund einer Art freiwilligen Blindheit, die dazu führt, daß man sich weigert, auf die Kassandras der Ökonomie zu hören; andererseits aufgrund der Schwierigkeit, Präventivmaßnahmen in die Wege zu leiten, die für erhebliche soziale Unruhen sorgen würden. Es ist sehr schwer, den Menschen reale und sofortige Opfer abzuverlangen, um hypothetische und zukünftige Opfer zu vermeiden.

Es fehlt nicht an Beispielen für alarmierende und pessimistische Vorhersagen, die eingetroffen sind. Schon 1917 warnt Keynes, daß die Reparationen, die man Deutschland abzuverlangen gedenke, eines zweiten Weltkrieg heraufbeschwören würden: »Wenn wir uns mit Wissen und Willen für die Verarmung Mitteleuropas entscheiden, dann wird die Revanche, so wage ich zu sagen, nicht auf sich warten lassen. Nichts wird den letzten Bürgerkrieg zwischen den Kräften der Reaktion und den verzweifelten Zuckungen der

Revolution lange hinauszögern können, denen gegenüber sich die Schrecken des letzten deutschen Kriegs in ein Nichts auflösen werden, das, wer immer der Sieger sein mag, die Zivilisation und die Fortschritte unserer Generation vernichten wird.«[30]

Und gibt es ein besseres Beispiel für die Vergeblichkeit der Voraussagen als die Plötzlichkeit und das Ausmaß der Krise von 1929? Keine prophetische Autorität hat die Katastrophe kommen sehen: Propheten, Astrologen, Kartenleger, aber auch Ökonomen, Utopisten, Science-fiction-Autoren und Politiker waren vollkommen blind, wobei die Palme der Ahnungslosigkeit dem amerikanischen Präsidenten Hoover gebührt, der 1928 erklärte, Amerika werde in Kürze die Arbeitslosigkeit und das Elend abgeschafft und den Konjunkturschwankungen ein Ende bereitet haben, um einen grenzenlosen Fortschritt des Wohlstands einzuleiten: »Die Arbeitslosigkeit und das daraus folgende Elend sind zum größten Teil im Verschwinden begriffen. Eine der ältesten und vielleicht edelsten Bestrebungen der Menschheit war die Abschaffung der Armut. In Amerika sind wir heute dem Sieg über die Armut näher als irgendein Land je zuvor in der Geschichte. Zwar haben wir dieses Ziel noch nicht ganz erreicht, aber wenn man uns die Chance gibt, die Politik der letzten acht Jahre fortzuführen, dann werden wir mit Gottes Hilfe bald den Tag erleben, wo die Armut aus diesem Land verbannt sein wird. (...) Das Ideal ist, was die Konjunktur betrifft, die Beseitigung der Schwankungen zwischen Expansion und Rezession, die einerseits Arbeitslosigkeit und Bankrott, andererseits Spekulation und Verschwendung nach sich ziehen.« Im Dezember desselben Jahres verkündete Coolidge vor dem Kongreß: »Bisher ist kein amerikanischer Kongreß je unter so verheißungsvollen Auspizien zusammengetreten wie heute. Im Innern herrscht Ruhe und Zufriedenheit.« Das Land kann »der Gegenwart zuversichtlich ins Auge sehen und optimistisch in die Zukunft blicken«. Noch im September 1929, wenige Tage vor dem Börsenkrach, als es bereits beunruhigende Anzeichen gibt, erklärt der Staatssekretär der Finanzen kategorisch: »Es besteht keinerlei Anlaß zur Besorgnis. Die Flut des Wohlstands wird weiter steigen.« Man glaubt ihm gerne, denn, so merkt Walter Bagehot an: »Wenn die Menschen am glücklichsten sind, sind sie am leichtgläubigsten.«[31]

Dabei fehlt es nicht an unglückverheißenden Propheten, die auf die beunruhigenden Zeichen hinweisen, wie Roger Babson, der im September 1929 auf einer Konferenz von Geschäftsleuten verkündet: »Ich wiederhole, was ich schon im letzten Jahr und im Jahr davor gesagt habe: früher oder später wird es zu einem Krach kommen, von dem auch die wertvollsten Aktien nicht verschont bleiben; es gibt mehr Leute, die Anleihen aufnehmen und spekulieren als in irgendeiner anderen Epoche unserer Geschichte. Früher oder später wird es zu einem Krach kommen, und möglicherweise wird er gewaltig sein. Kluge Aktionäre setzen jetzt ihrer Verschuldung ein Ende. Es gibt heute etwa 1200 Aktien, die an der New York Stock Exchange notiert sind. Zieht man davon die 40 Spitzenreiter ab, so sieht man, daß nahezu die Hälfte der verbleibenden Aktien im letzten Jahr gefallen ist. Eine gründliche Marktanalyse zeigt, daß die Gruppe der fallenden Aktien die Tendenz zeigt, immer größer zu werden. Eines Tages wird der Markt auf die schiefe Bahn geraten; es wird mehr Verkäufer als Käufer geben, und die Aktiengewinne werden allmählich ausbleiben. Dann wird es für alle nur noch heißen: Rette sich, wer kann.«

Daß im Jahre 1929 niemand ein so ungeheuerliches Ereignis kommen sehen wollte, könnte vielleicht an der Unzulänglichkeit der damaligen Vorhersagemittel gelegen haben. Als aber vierzig Jahre später, in einer sehr viel spitzfindigeren ökonomischen Welt, Warnrufe laut werden, stoßen sie erneut auf Desinteresse oder Feindseligkeit. Als 1969 der Vedel-Bericht über die Aussichten der französischen Landwirtschaft vorhersieht, daß in etwa zwanzig Jahren die Zahl der Betriebe von 3 Millionen auf 700 000 sinken werde, beschwört er einen Skandal herauf und wird von einem Gewerkschaftsführer als »angesäuselter Universitätsulk« bezeichnet. Doch mit einigen Jahren Verspätung ist die Voraussage Tatsache geworden.

Als der Club of Rome 1971 mit dem Meadows-Bericht einen Wachstumsstillstand fordert und andernfalls für die Mitte des 21. Jahrhunderts eine demographische und ökonomische Weltkatastrophe voraussagt, wird er von den politischen und Gewerkschaftskreisen scharf angegriffen. Die Warnung war deutlich: ›Die Bevölkerungsexplosion und die Demokratisierung des Konsums führen zu einem beschleunigten Verbrauch der Rohstoffe. Diese versiegen rasch und führen gleichzeitig zu wachsender Umweltverschmutzung. Die Produktivität der Erde ist begrenzt, so daß ab einer bestimmten Schwelle die Rationen schrumpfen. Es kommt ein Augenblick, etwa um 2050 oder 2060, wo das ökologische System zusammenbricht und die Bevölkerung drastisch abnimmt. Das Wachstum muß deshalb begrenzt werden, will man diese weltweite ökologische Krise verhindern.‹[32]

Wir werden also nicht sagen können, man hätte uns nicht gewarnt, was die verschiedenen Regierungen jedoch nicht davon abhält, das Heil nur in einer Erhöhung des Konsums zu sehen. Im übrigen haben die langfristigen Katastrophenmeldungen in den 70er Jahren zugenommen. 1972 schreibt Edward Goldsmith: »Falls der derzeitige Trend nicht gestoppt wird, kommt es zum Zusammenbruch unserer Gesellschaft sowie zur Auflösung der Systeme, die bisher die Entwicklung des Lebens auf unserem Planeten ermöglichen; vielleicht werden wir es bis zum Ende des Jahrhunderts noch erleben; bestimmt aber unsere Kinder.«[33] 1978 fügt Pierre Chaunu, wenngleich aus anderen Gründen, seine Stimme den Kassandrarufen hinzu, wobei er den Zeitpunkt des Unheils vorverlegt: »Nichts kann mehr verhindern, daß das Unglück, daß unsere Kollektivängste und -phobien, die nunmehr im Echo eines Informationsnetzes tausendfältig widerhallen, daß dieses selbstverschuldete Unglück über unsere Gesellschaften hereinbricht. (...) Die Frage, die sich den Planern und Vorausschauenden stellt, lautet nicht mehr, *ob* das Unglück eintreten wird oder nicht, sie lautet einzig und allein noch, *wie groß* das Unglück der neunziger Jahre sein wird. (...) Ich werde mich nicht über die Zahlen verbreiten, vor denen nur noch die Anhänger der Vogel-Strauß-Politik die Augen verschließen. Wie ich feststellen durfte, ist seit etwa einem Jahr eine erste Schwelle überschritten und beginnen sich die gebildeten Kreise des Ausmaßes des Problems von heute, d. h. der Katastrophe von morgen bewußt zu werden. (...) Es ist jetzt fast fünfzehn Jahre her, da habe ich an ein paar noch winzigen Zeichen zu erkennen begonnen, was sich heute in riesigem Ausmaß und auf planetarer Ebene abspielt. (...) Im Rückblick ist zweierlei festzuhalten:

- Die Richtigkeit der pessimistischen Analysen. Zwar sahen wir nicht sofort die ganze Reichweite und Schnelligkeit der Katastrophe voraus, aber lange Zeit standen wir mit unserer Meinung, *daß* es zur Katastrophe kommen werde, ganz allein.
- Die Notwendigkeit einer Form der Planung, die sich an der Ge-

schichte orientiert. Diese Notwendigkeit ist heute bewiesen, denn die auf diese Weise entstandenen Analysen haben sich als zutreffend herausgestellt.«[34]

Die Ursachen und der Inhalt dieser angekündigten Katastrophe sollen uns im Augenblick nicht beschäftigen. Zunächst wollen wir nur festhalten, daß nach den Philosophen, den Gegenutopisten, den Science-fiction-Autoren nun auch die Ökonomen, Soziologen und Historiker dem Pessimismus verfallen und die Zukunft in schwarzen Farben sehen. Das gegenwärtige Klima einer allgemeinen Krise kann diese Strömung, die die gesamte junge Generation prägt, nur verstärken. Schon 1969 schrieb ein Heranwachsender in der Zeitschrift 2000 im Rahmen einer Umfrage: »Wir werden ein abscheuliches Schauspiel von drogensüchtigen Jammergestalten vor Augen haben; menschliche Wracks werden die Welt bevölkern. Nach dem Jahr 2000 erwartet uns eine Katastrophe. Die Leute sterben langsam vor sich hin, sie werden sich selbst zerstören.« Fast dreißig Jahre später stellen viele dieselbe Prognose.

Sicher kann man sich damit beruhigen, daß man die jüngsten Prognoseirrtümer aufzählt. Wer hatte den Zusammenbruch des Kommunismus für 1989 vorausgesehen? Die maßgeblichsten Stimmen verhießen ihm im Gegenteil ein langes Leben. 1977 meinte Henry Kissinger kategorisch: »Heute sind wir zum ersten Mal in unserer Geschichte mit der harten Realität einer [kommunistischen] Herausforderung konfrontiert, die nicht enden wird. Wir müssen lernen, eine Außenpolitik zu betreiben, wie sie viele Nationen unaufhörlich und ohne Ausflüchte haben betreiben müssen. Das wird uns auf Dauer beschäftigen.«[35] 1979 bestätigt Jeanne Kirkpatrick diese Einschätzung: »Die Geschichte unseres Jahrhunderts gibt uns keinen Grund zu der Annahme, daß radikale totalitäre Systeme sich von selbst verändern«,[36] während Jean-François Revel 1983 schreibt, daß es möglicherweise die Demokraten seien, die verschwinden würden.[37] Was die Mutigsten ins Auge faßten, war allenfalls, daß die Komplexität der Erfordernisse einer technokratischen Gesellschaft den kommunistischen Geist der Führer am Ende gefügig machen werde.[38] Zwischen dieser Einschätzung und der Vorstellung eines derart spektakulären Zusammenbruchs liegt ein Graben, den kein Prophet zu überschreiten wagte.

Wer hatte, auf einer anderen Ebene, den Mai 1968 vorausgesagt? Niemand. Dagegen hielt jedermann es nach dem Zweiten Weltkrieg für ausgemacht, daß auch die Länder der Dritten Welt auf dem Weg zur Entwicklung dem amerikanischen Beispiel folgen würden. Eine weitere Illusion: 1955 schreibt Harold Stassen, ein Berater Eisenhowers, im *Ladies Home Journal*, dank der Kernenergie werde man bald in eine Welt eintreten, »in der es keine Krankheit gibt, wo der Hunger unbekannt ist und die Nahrungsmittel niemals verdorben und die Ernten nicht gefährdet sind, wo sogar das Wort ›Schmutz‹ aus der Mode gekommen ist und die Hausarbeit sich darauf beschränkt, auf ein paar Knöpfe zu drücken, eine Welt, in der es keine Hochöfen mehr gibt und man nicht mehr auf die Umweltverschmutzung schimpft.«

Die Geschichte der Zukunft: ein unmögliches Szenarium

Gibt es heute noch Sektoren optimistischer Vorhersagen? Zweifellos, aber sie sind absolut in der Minderheit. Für Jean Delumeau liegt das vielleicht an der Ungeduld der heutigen Generationen. Am Schluß seines vor kurzem erschienenen Buchs über die Chiliasmen denkt er über Spenglers Diktum »Optimismus ist Feigheit« nach und schreibt: »Ist unser heutiger Pessimismus ein Zeichen von Unreife? Ich bin zurückhaltender und sage, daß er unseren Mangel an Geduld verrät (...). Seit den Anfängen der Erde hat es vier Milliarden Jahre gedauert, bis ein Mensch entstand. Ist diese Evolution etwa kein ›Fortschritt‹? Bei den Wissenschaftlern herrscht heute Einstimmigkeit darüber, daß sich mit der Ankunft des Menschen der Prozeß der Evolution jählings beschleunigt hat, so daß im Vergleich dazu die biologische Evolution – natürlich zu Unrecht – als unbeweglich erscheinen mag. Hat es vom Erwerb des aufrechten Gangs zu dem der Sprache, von der Evolution des Sehens zur Entstehung des künstlerischen Schaffens, vom Erlernen der Verhaltensweisen zum Auftauchen des Denkens etwa keinen ›Fortschritt‹ gegeben? ›Das Geschöpf, das weiß, daß es eines Tages sterben wird, stammte von Vorfahren ab, die es nicht wußten‹, stellt der Evolutionstheoretiker Dobzhansky fest. Ist diese Bewußtwerdung, so beängstigend sie auch sein mag, nicht dennoch ein ›Fortschritt‹?«[39]

Gewiß, wenn man sich an die gewöhnliche Bedeutung des Terminus hält. Wenden wir uns also den sehr langfristigen Vorhersagen zu, die uns die heutige Wissenschaft präsentiert. Die Evolutionstheorie hat, in Verbindung mit den wissenschaftlichen Entdeckungen des 20. Jahrhunderts, grandiose Visionen ermöglicht, wie die von Teilhard de Chardin. Für ihn ist die Welt ein gigantischer, zu wachsender Komplexität evoluierender Prozeß, der sich über Milliarden von Jahren erstreckt; sogar die Phase der Menschwerdung sei noch nicht abgeschlossen; der Mensch gehe seiner Vollendung eines Wesens entgegen, dessen Merkmale wir uns nicht vorzustellen vermögen, es sei die »Christogenese«, an deren Ende der »Christ-Mensch«, der »Punkt Omega« stehe. Hier sind wir sehr weit von der kurzfristigen Vorhersage über die Zukunft des 21. Jahrhunderts entfernt. Die Vision ist im ganzen genommen optimistisch, aber ihr Zwittercharakter – theologische wie wissenschaftliche Vorhersage – hat ihr viel Kritik seitens der Theologen wie der Wissenschaftler eingetragen.

Zwar weisen letztere die Rolle von Wegweisern zurück, die einige ihnen geben möchten, zögern jedoch nicht, mögliche Entwicklungsmodelle für die kommenden Jahrhunderte vorzustellen. In einem vor kurzem erschienen Buch kündigt beispielsweise Joël de Rosnay für das nächste Jahrhundert den »symbiotischen Menschen« an, der mit seiner Umwelt in vollständiger Symbiose lebe.[40] Sehr viel ehrgeiziger erforschen Peter Lorie und Sidd Murray-Clark das dritte Jahrtausend, Jahrhundert für Jahrhundert, in einer *History of the Future*, die den wissenschaftlichen, soziologischen und psychologischen Parametern Rechnung zu tragen sucht[41] und dabei mit den üblichen Schemata bricht: »Die meisten volkstümlichen Vorhersagen sind bloße Verlängerungen der bestehenden wissenschaftlichen und technologischen Strömungen hin zu einer hoch mechanisierten und wissenschaftlichen Zukunft. Wir stellen uns den Ablauf der Welt nach unserer rationalen Sichtweise der Gegenwart vor. Dabei ist es durchaus möglich, daß uns in den kommenden Jahrhunderten etwas völlig anderes erwartet.«[42]

Den Autoren zufolge könnte die Chronologie des dritten Jahrtausend etwa folgendermaßen aussehen: Das 21. und das 22. Jahrhundert sind Jahrhunderte der »Anerkennung«, in deren Verlauf die organisierten Religionen verschwinden und der Mensch beginnt, dank der Vernunft seinem Dasein einen Sinn zu geben; im 23. Jahrhundert gelingt es einer Weltregierung, den Frieden herzustellen, und es tauchen neue Lebensformen auf; im 24. Jahrhundert werden Kontakte mit anderen Galaxien möglich, desgleichen Zeitreisen und neue Wissenschaften; im 25. Jahrhundert werden andere Planeten besiedelt, Wissenschaft und Religion vereinigen sich zur Philo-Science, und die Frauen prädomieren in der Gattung; im 26. Jahrhundert Wiederkehr der Kriege, diesmal zwischen Planeten; die Maschine ersetzt die menschliche Arbeitskraft völlig, was das Problem der Freizeitgestaltung aufwirft; im 27. Jahrhundert verläßt der größte Teil der Menschen die Erde und läßt sich in anderen Welten nieder, wobei nur eine kleine Gruppe von Bettlern zurückbleibt, die im 29. Jahrhundert auf diesem Planeten endlich in Frieden leben kann, während die Terraner im 30. Jahrhundert dank neuer Wissenschaften alle wesentlichen Fragen gelöst haben.

Dieses Schema ist eine rein geistige Vision, in der sich viele Themen der Science-fiction wiederfinden, mit einer übermäßigen Portion Nostradamus gewürzt. So versichern die Autoren, daß »Nostradamus in der Art und Weise, wie sich das Leben entwickeln könnte, sehr klar [!] gewesen ist. Er sagte, daß die Zukunft nur zwei Richtungen einschlagen könne, wobei die Alternative sich gegen Ende des 20. Jahrhunderts, einer bedeutsamen Übergangsepoche, deutlich zeigen werde. Der eine Weg wäre die völlige Vernichtung durch atomare Zerstörung. Und seine Quatrains haben diese Möglichkeit sehr realistisch geschildert. Die andere wäre eine Anhebung des Bewußtseins. Ein wachsendes Bewußtsein dessen, daß die Menschheit die Natur ist, daß sie Gott ist, und dies würde in bezug auf die unvermeidliche Zerstörung der Erde eine entscheidende Veränderung bringen.«[43]

Es bedarf schon einer starken Phantasie, um das alles in den Hirngespinsten des Nostradamus zu finden, und allein die Berufung auf diese Quelle reicht aus, das ganze Unternehmen zu diskreditieren. Das Schlußbekenntnis der Autoren ist im übrigen bezeichnend: es geht nicht darum, vorherzusagen, was tatsächlich geschehen wird, sondern ein mögliches Szenarium zu erfinden, um dem allgemeinen Pessimismus entgegenzuwirken: »Die Absicht dieses Buchs war nicht, ein gültiges Bild der realen Zukunft zu entwerfen, sondern ein Bild vorzustellen, das eine der sich bietenden

Möglichkeiten konkretisiert. (...) Mit Sicherheit werden manche es als utopisch bezeichnen, denn jedesmal, wenn wir bezüglich der Zukunft positiv zu sein versuchen, wird unweigerlich diese Kritik erhoben. Die menschliche Rasse fühlt sich mit den negativen Werten sehr viel wohler als mit der Hoffnung und der Freude.«[44]

Abgesehen davon, daß dies keineswegs beweist, daß die Pessimisten unrecht haben, lassen sich Millionen derartiger Szenarien erfinden, so daß sie überhaupt keinen Vorhersagewert haben. Immerhin enthält das Buch einige interessante Ideen wie die Versöhnung von Wissenschaft und Glauben dank der neuen Kosmologie[45] und die Entdeckung, daß die Realität auf Antimaterie aufgebaut ist.[46] Merken wir auch an, daß im 27. Jahrhundert die volkstümlichen Vorhersagemethoden mit neuer Effizienz wieder in den Vordergrund rücken werden: »Die Divinologie wird eine Basiswissenschaft der Mirakologie sein, und sie wird Experten der Wahrsagung, in Astrologie, Tarot, Aquamantie und Hellsehen haben. Sie werden eng mit den Politikern zusammenarbeiten, um die gesellschaftlichen Strömungen und die wahrscheinlichen Veränderungen der politische Lage vorauszusehen.«[47]

Die sehr langfristigen Voraussagen der Astrophysiker: offene oder geschlossene Zukunft?

Solche Träume beweisen nur eines, nämlich daß die langfristige Vorhersage in bezug auf die Menschheitsentwicklung unmöglich ist. Einzig die Vorhersage bezüglich des materiellen Universums scheint Aussicht zu haben, Wirklichkeit zu werden, vorausgesetzt, die Wissenschaft beherrscht die physikalischen Gesetze völlig. Stephen Hawking zufolge wird dies bald der Fall sein: »Ich glaube, daß wir Grund zu vorsichtigem Optimismus haben. Möglicherweise stehen wir jetzt wirklich vor dem Abschluß der Suche nach den letzten Gesetzen der Natur.«[48]

Wird das die Frage nach der Kenntnis des künftigen Schicksals des Universums lösen? Nichts ist ungewisser. Da ist zunächst die berühmte Frage, ob es möglicherweise unendlich viele Welten gibt, entweder gleichzeitig, nach der Hypothese von Everett, oder zeitlich aufeinanderfolgende, wie Wheeler meint. Ersterem zufolge würde sich das Universum jedesmal verdoppeln, wenn eine Handlungs- oder Entscheidungsalternative vorliegt. Und diese sich endlos aufspaltenden Welten sind völlig voneinander abgeschirmt; ein Beobachter in der einen Welt kann niemals wissen, was auf den parallelen Welten geschieht. Diese Hypothese, die vor allem deshalb eingeführt wurde, um das Problem der Unschärferelation auf der Ebene der Elementarteilchen zu lösen, würde jede Vorhersagemöglichkeit zunichte machen oder vielmehr alle Vorhersagen rechtfertigen, da jede einzelne in einer anderen Welt eintreffen kann.

Diese Ungewißheit besteht bereits auf der Ebene der Quantenmechanik. Hören wir noch einmal Stephen Hawking: »Grundsätzlich sagt die Quantenmechanik nicht ein bestimmtes Ergebnis für eine Beobachtung voraus, sondern eine Reihe verschiedener möglicher Resultate, und sie gibt an, mit welcher Wahrscheinlichkeit jedes von ihnen eintreffen wird. (...) Man könnte annähernd die Häufigkeit des Ergebnisses A oder B vorhersagen, aber es wäre unmöglich, das spezifische Ergebnis einer einzelnen Messung zu prognostizieren. Die Quantenmechanik führt also zwangsläufig ein Element der Unvorhersehbarkeit oder Zufälligkeit in die Wissenschaft ein.«[49]

Diese Tatsache empörte Einstein, der behauptete: »Gott würfelt nicht«, d. h. die Gesetze der Physik müßten es ermöglichen, eine strenge Verkettung von Ursachen und Wirkungen nachzuvollziehen. Die Unschärferelation untergräbt auch das deterministische Postulat von Laplace, dem zufolge die vollständige Kenntnis der gegenwärtigen physikalischen Situation es ermöglichen würde, unfehlbar die Zukunft zu kennen. Es sieht ganz danach aus, als müßten wir diese Hoffnung fahren lassen: »Mit der Entwicklung der Quantenmechanik sind wir zu der Erkenntnis gekommen, daß sich Ereignisse nicht mit gänzlicher Genauigkeit vorhersagen lassen. (...) Unsere Absicht ist es, ein System von Gesetzen zu formulieren, mit deren Hilfe wir Ereignisse nur innerhalb der Grenzen vorhersagen können, die durch die Unschärferelation gesetzt werden.«[50]

In der makroskopischen Welt aber gelten weiterhin die klassischen physikalischen Gesetze, so daß uns die Astrophysiker ihre Vorhersagen über die Zukunft des Universums unterbreiten können. Leider fehlt ihnen dazu noch eine Grundvoraussetzung: die

Kenntnis der Gesamtmenge der – sichtbaren und unsichtbaren – Materie dieses Universums. Daher muß sich unsere berechtigte Neugier derzeit mit drei Hypothesen zufriedengeben.

Erster Fall: Ist die Dichte der Materie geringer als drei Wasserstoffatome pro Kubikmeter, dann ist die Ausdehnung des Universums unbegrenzt; das Universum wird »offen« sein. Dies scheint die wahrscheinlichste Hypothese zu sein, und daher lassen sich die Wissenschaftler zur Prophetie hinreißen, wie Trinh Xuan Thuan schreibt: »Unsere Versuche, die Zukunft des Universums vorauszusagen, endeten mit einem halbem Mißerfolg. Wir glauben zu wissen, daß es sich ewig ausdehnen wird, aber wir sind uns dessen nicht ganz sicher. Dennoch können wir der Versuchung nicht widerstehen, Propheten zu spielen. (...) Da zumindest im menschlichen Zeitmaßstab keine Möglichkeit einer experimentellen Verifizierung besteht, mag die Vorhersage der Zukunft des Universums als ein höchst nichtiges Unterfangen erscheinen. Aber oft steht es der Wissenschaft nicht zu, einen sich bietenden Weg abzulehnen.«[51] Im Fall des offenen Universums sähe die Zukunft folgendermaßen aus: In tausend Milliarden Jahren werden alle Sterne erloschen sein; das Universum, das nun nur noch aus Trümmern, Planeten, Asteroiden, Meteoriten, Neutronensternen, schwarzen Zwergen besteht und mit schwarzen Löchern durchsetzt ist, wird dunkel und kalt sein, dann »verdampfen« die Galaxien zu hypergalaktischen schwarzen Löchern; das Universum wird dann ein Alter von 10^{27} Jahren haben (eine Milliarde Milliarden Milliarden). Dann werden sich auch diese schwarzen Löcher in Strahlung auflösen und dabei ein letztes Mal den Raum erhellen, der nun kolossale Ausmaße haben wird (eine Milliarde Millarde Lichtjahre zwischen jeder Galaxie). Dann wird sich die Materie zu Eisenklumpen verdichten, in einem dunklen und kalten Universum, das sich dem absoluten Nullpunkt nähert; dann werden die Neutronensterne und Eisenklumpen zu schwarzen Löchern zusammenstürzen, die sich in Licht auflösen. Das Universum wäre nun $10^{10(76)}$ Jahre alt, eine unvorstellbare Zahl, wie Trinh Xuan Thuan schreibt: »Würde ich pro Sekunde eine Null an die andere reihen, so bräuchte ich 10^{68} Jahre, um diese Zahl, zu Ende zu schreiben.«[52] Das also nennt man eine langfristige Vorhersage, die zumindest das Verdienst hat, unsere kleinen Probleme zu relativieren. Angesichts solcher Perspektiven werden wir von Schwindel ergriffen, und wir können nur noch schweigen und meditieren.

Zweiter Fall: Ist die Dichte der Materie gleich der kritischen Dichte von drei Wasserstoffatomen pro Kubikmeter, dann wird das Universum »flach« sein; es wird erst nach unendlich langer Zeit (?) aufhören zu expandieren und dann dasselbe Schicksal haben wie im ersten Fall.

Dritter Fall: Liegt die Dichte der Materie über der kritischen Dichte, dann wird das Universum seine maximale Größe in etwa 10^9 Jahren erreichen, dann wieder zu kontrahieren beginnen und, immer heller und immer heißer, in sich zusammenstürzen und in einem umgekehrten Prozeß zu seinem ursprünglichen Zustand einer »Suppe« zurückkehren, einer Masse aus Quarks, Elektronen, Neutronen und Antiteilchen von quasi unendlicher Dichte und Hitze. Dann wird durch einen neuen Big Bang alles wieder von vorne anfangen und einen neuen Zyklus einleiten, und in diesem Fall »werden die Zyklen zwar aufeinander folgen, aber sich nicht ähneln. Im Laufe der Zyklen wird das Universum immer mehr Energie akkumulieren, was zur Folge hat, daß jeder der aufeinanderfolgenden Zyklen länger dauert und die maximale Ausdehnung des Universums immer größer wird.«[53] Das wäre dann eine Version des zyklischen ewigen Universums.

Die heute mit Hilfe von Raumsonden und Teleskopen vorgenommenen Messungen sollen uns demnächst Aufschluß geben, in welchem der drei Modelle wir uns befinden. Schwindelerregende Perspektiven, jenseits aller Vorstellungskraft, je nach dem persönlichen Temperament trostlos oder begeisternd, die die Vorhersagen, von denen in unserem Buch die Rede war, der Lächerlichkeit preisgeben. Dennoch müssen wir zu ihnen zurückkehren, um zu prüfen, ob man ihnen im derzeitigen hyperkritischen Klima noch trauen kann und ob ihre Existenz überhaupt zu rechtfertigen ist. Hat die Vorhersage eine Zukunft?

KAPITEL XVI

Hat die Vorhersage eine Zukunft? Hellseher, Propheten des Endes der Geschichte und Prospektivisten

Der Pessimismus der heutigen Zeit bezieht sich nicht nur auf den Inhalt der Zukunft, sondern auch auf die Vorhersagefähigkeit des Menschen. Die Infragestellung der Vernunft, die Hyperkritik und der Skeptizismus führen neben der Feststellung der wiederholten Irrtümer aller Art von Vorhersagen zu einer allgemeinen Infragestellung der Möglichkeit, auch nur irgend etwas vorauszusagen. Das bevorstehende Jahr 2000, ein besonders suggestiver Bezugspunkt, zeichnet sich eher durch Bilanzen als durch Perspektiven aus. Das Jahr 2000 wird mehr als ein Ende denn als ein Anfang gesehen. Was in auffallendem Gegensatz zur der Fülle von Antizipationen steht, die das Nahen des Jahres 1900 kennzeichnete. Damals schienen alle Hoffnungen berechtigt zu sein, auch wenn manche bereits ihre Befürchtungen zum Ausdruck brachten. Das 20. Jahrhundert hat diese Hoffnungen enttäuscht und bleibt in fast allen Bereichen weit hinter den Erwartungen von vor hundert Jahren zurück. Nur die Elektronik hat die Voraussagen wahrscheinlich übertroffen.

Die demographische Entwicklung der westlichen Welt ist an diesem Phänomen sicher nicht unbeteiligt. Für die Generation des *Babybooms* der Jahre nach 1945 verheißt das Jahr 2000 den Ruhestand, dem man mit Sorge und der Aussicht auf magere Renten entgegensieht. Diese ganze Generation, die ab den 70er Jahren die Kultur geprägt hat, weiß, daß sie nur noch ein paar Jahre des 21. Jahrhunderts erleben wird, die Jahre ihres Alters – was nicht gerade erheiternd ist. Diese Generation, die ihr Berufsleben in einem von Arbeitslosigkeit und ökonomischen Schwierigkeiten geprägten Klima beendet, neigt eher dazu, über die Dekadenz nachzudenken, als sich mit Vorhersagen zu befassen. Das 21. Jahrhundert, ein Jahrhundert des alten Menschen, ein Jahrhundert voller Gefahren: wozu Vorhersagen machen? Vor allem, wenn sie sich bisher als falsch erwiesen haben, insbesondere die optimistischen. Kultur wie kollektive Mentalitäten neigen eher zum Attentismus.

Erfolg und soziale Funktion der Astrologie und der Parapsychologie

Ein Bereich allerdings scheint vom allgemeinen Skeptizismus nicht berührt zu sein: die traditionelle volkstümliche Wahrsagung, die ungeachtet ihrer Inkohärenzen und ihrer ständigen Irrtümer floriert. Und zwar deshalb, weil die Rolle der Vorhersage weit mehr die Gegenwart als die Zukunft betrifft. Wichtig ist nicht ihr Eintreffen, sondern ihre therapeutische Funktion. Das bestätigen alle soziologischen Analysen.

Trotz des außerordentlichen Vormarschs der exakten Wissenschaften tauchen auch die irrationalsten Formen der Mantik, der Prophetie, der Wahrsagung wieder auf und fesseln die Aufmerksamkeit der desorientierten Massen. Es wimmelt von Hellsehern und Parapsychologen. Schon vor dreißig Jahren konnte man in der Zeitschrift *Times* lesen: »Die Zukunft ist ein florierendes kommerzielles Unternehmen. Die Franzosen z. B. geben jährlich über eine Milliarde Dollar für Hellseher, Heiler und Propheten aus. In Paris kommt ein Scharlatan auf 120 Einwohner, aber nur ein Arzt auf 514 und ein Priester auf 400 Personen!«[1]

Fünfundzwanzig verschiedene Vorhersagemethoden sind gang und gäbe, von der Kristallkugel bis zum Kaffeesatz, von der Geomantie bis zur Numerologie, von der Chiromantie bis zur Kartomantie. Kein Fehlschlag, kein Beweis für die Inkohärenz und Absurdität dieser Methoden erschüttert das Vertrauen eines überraschend großen Teils der Bevölkerung. 1966 ergab ein Vergleich von fünfundzwanzig Horoskopen in fünfundzwanzig verschiedenen Zeitungen fünfundzwanzig verschiedene Vorhersagen.[2] Dennoch meinten 30 Prozent der Bevölkerung, das Horoskop enthalte einen Teil Wahrheit (39 Prozent Frauen und 21 Prozent Männer).[3] Mit dem Alter nimmt das Verhältnis ab: 38 Prozent der 20- bis 34jährigen, 33 Prozent der 35- bis 49jährigen, 24 Prozent der 50- bis 64jährigen und 20 Prozent der über 60jährigen. Stellt sich mit dem Alter die Weisheit ein oder verringert es das Bedürfnis nach Kenntnis einer Zukunft, die möglicherweise immer weniger glücklich sein wird?

Ein weiterer aufschlußreicher Punkt: die Adepten des Horoskops sind vor allem Stadtbewohner, verloren in der anonymen Menge der Großstädte: in den Zentren mit über 100 000 Einwohnern machen sie 40 Prozent aus, in Kleinstädten von weniger als 20 000 Einwohnern nur 21 Prozent. Es handelt sich in erster Linie um Angestellte (46 Prozent) und Kaufleute (36 Prozent). Bei den Führungskräften und den Freiberuflern sind es 35 Prozent, die hin und wieder ihr Horoskop befragen und ihm Glauben schenken, bei den Arbeitern jedoch nur 29 Prozent und bei den Landwirten 15 Prozent. Es hat also den Anschein, als wachse der Glaube mit dem Bildungsniveau und der städtischen Lebensweise – ganz im Gegensatz zur traditionellen Gesellschaft. Tatsächlich sorgt die Lebensweise für den Unterschied: die exponiertesten Berufe mit großer Verantwortung, Ursache von Angst und Streß, erhöhen das Bedürfnis nach Sicherheit.

Eine weitere sehr deutliche Tendenz: der Eklektizismus der Vorhersagemethoden. Im Geist der Ratsuchenden verschwimmen die Grenzen zwischen religiöser Prophezeiung, Astrologie, Parapsychologie und den mannigfachen Formen des Okkultismus. Ungeachtet des erbitterten Kampfs, den die katholische Kirche jahrhundertelang gegen die Astrologie führte, bejahen 37 Prozent der regelmäßig praktizierenden und 43 Prozent der gelegentlich praktizierenden Katholiken die Frage: »Würden Sie Ihr persönliches Horoskop stellen lassen, wenn man Ihnen die Möglichkeit dazu böte?«, während es bei den nicht Praktizierenden nur 13 Prozent und bei den Atheisten 12 Prozent sind. Ein niederschmetterndes Ergebnis für eine Pastoraltheologie, die zur Zweideutigkeit verdammt ist: in dem Augenblick, wo die Möglichkeit eines übernatürlichen Eingreifens postuliert wird, kann man den Menschen schwer klarmachen, daß es Unterschiede gibt. Ungeachtet aller Ermahnungen zu einem aufgeklärten Glauben scheint das Bedürfnis zu glauben eine Neigung zu sein, die die Leichtgläubigkeit gegenüber allen Aspekten des Okkulten und des Übernatürlichen begünstigt. Dreißig Jahre später hat sich nichts verändert. 1993 zeigt eine Umfrage der SOFRES, daß 50 Prozent der regelmäßig praktizierenden Katholiken an die Erklärung des Charakters durch die astrologischen Zeichen glauben, während der Durchschnitt bei der Gesamtheit der Franzosen 46 Prozent beträgt und 29 Prozent an die Vorhersagen des Horoskops glauben.[4] 1994 glauben 19 Prozent der Jugendlichen zwischen 18 und 25 Jahren an die Vorhersagen der Hellseherinnen.[5]

Die Vermischung der Gattungen findet sich auf der Ebene der Literatur wieder, mit dem Auftauchen der »Theology-fiction«. 1942 macht Nelson Bond in *The Cunning of the Beast* die Genesis zu einem wissenschaftlichen Experiment, das wegen eines Außerirdischen scheitert. 1953 erzählt James Blish in *A Case of Conscience* die Entdeckung des Planeten Lithia, dessen Bewohner dem Sündenfall entgangen sind; ein Jesuit deckt auf, daß es sich um eine List Satans handelt. In anderen Werken versuchen Außerirdische die Menschen zu ihrem Glauben zu bekehren.[6]

Unter den verschiedenen volkstümlichen Vorhersageformen ist die Astrologie im 20. Jahrhundert erstaunlich erfolgreich. Ihre Renaissance reicht bis in die 1890er Jahre in halbwissenschaftlichen Kreisen zurück. 1897 stellt Fomalhaut die mathematischen und kosmographischen Gesetze für die Erstellung der Horoskope auf. Anfang des 20. Jahrhunderts taucht in den amerikanischen Zeitungen eine Horoskop-Rubrik auf, worin es ihnen die europäischen Zeitungen zwischen den Weltkriegen gleichtun, 1935 z. B. *Paris-Soir*. Widerstand gegen diese neue Mode kommt sowohl von den religiösen Autoritäten wie von den kommunistischen Kadern, die aus entgegengesetzten Gründen einen gemeinsamen Kampf führen. Tatsächlich nehmen beide totalitären Denksysteme eine ähnliche Haltung gegenüber der Astrologie ein: sie betrachten sie als Aberglauben, der von dem grundlegenden, theologischen oder revolutionären, Credo ablenke. So schrieb Karl Marx im Hinblick auf die Horoskope: »Die Tagespresse und der Telegraph, die ihre Erfindungen im Nu über den ganzen Erdball ausstreut, fabriziert mehr Mythen (und das Bourgeoisrind glaubt und verbreitet sie) in einem Tag, als früher in einem Jahrhundert fertiggebracht werden konnten.«[7]

Aber der Druck ist zu stark, und ab 1945 beobachtet man eine wahre Invasion von Fachzeitschriften, Radiosendungen und Praxen. Gleichzeitig nimmt die Parapsychologie und die Esoterik einen spektakulären Aufstieg, von denen ein Zweig die Präkognition betrifft, definiert als »die bezeugte Fähigkeit eines Individuums, einen Ort, vor allem aber ein Ereignis zu kennen, bevor es real existent wird«.[8] Die ersten Experimente finden 1933 an der Universität von Duke in North-Carolina statt, und Experten betonen den »wissenschaftlichen« Aspekt des Phänomens, das einer experimentellen Untersuchung zugänglich sei, vergleichbar der Relativitätstheorie. So spricht Olivier Costa de Beauregard von der Präkognition als einer »im Zusammenhang mit der relativistischen Physik vollkommen plausiblen Tatsache. In dieser Physik läßt sich nämlich das Problem der Relationen zwischen Psyche und Materie nicht mehr zu einem bestimmten Zeitpunkt im Raum stellen wie in der Newtonschen Physik, weil der Unterschied zwischen Vergangenheit und Zukunft durch die Trichotomie Vergangenheit-Zukunft-Anderswo ersetzt wird. Daher sieht die Relativitätstheorie die Materie zwangsläufig nicht nur im Raum, sondern auch in der Zeit entfaltet, und es besteht kein Grund zu der Annahme, daß das Unterbewußte sich nicht ebenfalls in der Zeit entfaltet. Allein das Bewußtsein wäre auf seinen gegenwärtigen Augenblick fokussiert.«[9]

Was die Vorwarnung betrifft, die Richet 1922 in seinem *Traité de métaphysique* untersuchte, so bezieht sie sich auf unvorhersehbare Ereignisse, die im voraus mit präzisen Einzelheiten beschrieben werden. Es sei in seiner spontanen Form ein höchst seltenes Phänomen, das nur bei einigen wenigen privilegierten Menschen auftrete, den Medien. Als Beispiel zitiert man das Gedicht »Tournesol« von André Breton, der 1922 die Umstände beschreibt, unter denen er elf Jahre später diejenige treffen werde, die seine Frau werden sollte.

Wir wollen hier nicht den realen Wert dieser Behauptungen erörtern, die mehr dem Glauben an das Irrationale als einer wissenschaftlichen Haltung entspringen, sondern mit Jacques Maître nur darauf hinweisen, daß die Entwicklung der Esoterik und der Parapsychologie häufig mit dem Aufschwung der Wissenschaft und dem Niedergang der Religion einhergeht, wie es bereits in den aufgeklärten Kreisen des 18. Jahrhunderts der Fall war. Man stellt fest, daß ein Teil der intellektuellen Welt das verlorene Vertrauen in die religiösen Antworten auf die Lebensfragen durch Anleihen bei der Wissenschaft kompensiert, deren Ansehen steigt. Doch während die wahre Wissenschaft es ablehnt, sich zu diesen Problemen zu äußern, überlassen sich die Menschen, die nach Gewißheiten über die Zukunft suchen und von einer pseudo-wissenschaftlichen Popularisierung schlecht informiert sind, unbedacht einem trügerischen wissenschaftlich-religiösen Amalgam: »Unsere zentrale Hypothese lautet«, schreibt Jacques Maître, »daß die – theoretischen, praktischen oder pädagogischen – Grenzen der wissenschaftlichen Erkenntnis eine Askese erfordern, die angesichts der Bedürfnisse oft als Frustration empfunden wird, sei es von Individuen oder Gruppen; der Rückgang der konfessionellen religiösen Sphäre erhöht diese Schwierigkeit, insofern einem großen Teil der Bevölkerung nichts anderes bleibt, als in scheinbar säkularisierten Spekulationen eine Antwort auf die Lebensfragen zu suchen, die die Wissenschaft offen läßt.«[10]

Die Astrologie, die Kartomantie, die Parapsychologie haben aber noch eine weitere Dimension, die zum Teil ihren Erfolg erklärt: sie sind für das in den Massenphänomenen versinkende Individuum eine Zuflucht, eine Gelegenheit, die eigene Persönlichkeit zu erforschen und sich dabei von jeder Schuld freizusprechen. In diesem Sinne treten sie ein wenig die Nachfolge der einstigen Gewissensprüfung und Beichte an. Wie der Priester ist der Astrologe ein Vertrauter, dem man seine Geheimnisse entdeckt und der einem im Gegenzug die persönliche Zukunft enthüllt. Es besteht eine große Ähnlichkeit zwischen dem Psychoanalytiker und dem Astrologen, und schon die Hellseherinnen des letzten Jahrhunderts hatten erkannt, daß sie die Rolle von Psychologinnen und Trösterinnen spielten. Die Kunden der Astrologen und Hellseher sind Kranke, Verängstigte, aus dem Gleichgewicht geratene Menschen, die Trost und Sicherheit suchen und auf ihre Person aufmerksam machen wollen. Das wissen die Astrologen sehr genau, man braucht nur ihre stereotypen Vorhersagen zu lesen: dem Ego zu schmeicheln ist viel wichtiger, als die Zukunft vorauszusagen. Jacques Maître mißt dem Horoskop fünf soziale Funktionen bei, die mit der Vorhersage kaum etwas zu tun haben: »Den Zufall ausschalten, das Schicksal erklären, einen Schiedsrichter liefern, die Psychologie und die Lebenskunst popularisieren und schließlich dem Nebel des Irrglaubens, der zuweilen als ›weltliche Religiosität‹ bezeichnet wird, einen praktischen Charakter verleihen.«[11]

Hat die Vorhersage eine Zukunft? 717

Zunahme der religiösen Prophezeiungen

Parallel dazu beobachten wir eine Renaissance der religiösen Prophetie, die diesmal Visionen der kollektiven Zukunft präsentiert. Seit Fatima im Jahre 1917 vermehren sich die Marienerscheinungen, die fast immer von prophetischen Botschaften begleitet sind: zwischen 1928 und 1958 hat man 179 derartige Erscheinungen gezählt.[12] Sie hängen mit den großen politischen Traumata und der Definition einiger das Dogma betreffenden Kulte zusammen wie 1950 mit Mariä Himmelfahrt und 1954 mit der Unbefleckten Empfängnis. Nach dem Zweiten Weltkrieg erreicht die Häufigkeit der Erscheinungen einen Höhepunkt: 1947 (18), 1948 (21), 1949 (13), 1950 (13), 1954 (18). Auch der Beginn des Kalten Kriegs begünstigt alarmierende Ankündigungen.

Freilich steht die Kirche diesem Übermaß an Einbrüchen des Übernatürlichen äußerst zurückhaltend gegenüber: sie anerkennt nur fünf Kulte und verurteilt etwa dreißig. 1947 warnt der Aufsichtsrat der Diözese von Paris »den Klerus und seine Gläubigen vor allen vermeintlichen ›Erscheinungen‹ oder sogenannten Wundern, die von der Kirche nicht ordnungsgemäß beglaubigt und gebilligt wurden«. Im Februar 1951 schreibt Kardinal Ottaviani im *Osservatore Romano*: »Christen, erregt euch nicht so schnell!« Und das zweite Vatikanische Konzil, dem ersten Konzil widersprechend, tilgt jede Anspielung auf die Wahrsagung. In der Pastoralkonstitution *Gaudium et Spes* erinnern die Bischöfe daran, daß »das heilige Volk Gottes am prophetischen Amt Christi teilhat«, aber *Lumen Gentium* schränkt dieses prophetische Amt ein und präzisiert: »Christus bestellt Laien zu Zeugen. Er rüstet sie mit dem Glaubenssinn und der Gnade des Wortes aus. Die Kraft des Evangeliums soll durch sie im täglichen Familien- und Gesellschaftsleben aufleuchten.«[13]

Schließlich warnte der *Katechismus der katholischen Kirche* erst vor kurzem die Gläubigen vor jener »ungesunden Neugierde« in bezug auf die Zukunft und untersagte kategorisch die Indienstnahme sämtlicher Formen der Wahrsagerei:

»Gott kann seinen Propheten und anderen Heiligen die Zukunft offenbaren. Die christliche Haltung besteht jedoch darin, die Zukunft vertrauensvoll der Vorsehung anheimzustellen und sich jeglicher ungesunder Neugier zu enthalten. Wer es an notwendiger Voraussicht fehlen läßt, handelt verantwortungslos.

Sämtliche Formen der *Wahrsagerei* sind zu verwerfen: Indienstnahme von Satan und Dämonen, Totenbeschwörung oder andere Handlungen, von denen man zu Unrecht annimmt, sie könnten die Zukunft ›entschleiern‹. Hinter Horoskopen, Astrologie, Handlesen, Deuten von Vorzeichen und Orakeln, Hellseherei und dem Befragen eines Mediums verbirgt sich der Wille zur Macht über die Zeit, die Geschichte und letztlich über die Menschen sowie der Wunsch, sich die geheimen Mächte geneigt zu machen. Dies widerspricht der mit liebender Ehrfurcht erfüllten Hochachtung, die wir allein Gott schulden.«[14]

Das konnte man bereits in den Katechismen des 17. Jahrhunderts lesen. Daß dieses Verbot dreihundert Jahre später wiederholt wird, zeigt hinlänglich, wieviel Gehör die Kirche in diesem Punkt findet: der Aberglaube, der zur Zeit Ludwigs XIV. herrschte, ist noch immer nicht verschwunden. Er kehrt sogar verstärkt zurück, und wie wir sahen, bilden gerade die Christen die starken Bataillone der Adepten der Astrologie und der Hellseherei. Freilich ist die Hierarchie nicht gerade ein Vorbild an Kohärenz, da z. B. Pius XII. den Fatima-Kult und das Dogma der Unbefleckten Empfängnis verbreitet, andere Erscheinungen dagegen verurteilt, gemäß einer Logik, die der durchschnittliche Gläubige nicht begreift. Wenn übernatürliche Erscheinungen in Lourdes oder Fatima möglich sind, warum dann nicht auch anderswo?

Jedenfalls fehlt es nicht an Prophezeiungen, die sich der alten Themen bedienen – Apokalypsen, Kataklysmen, Weltuntergang –, die durch die Katastrophen und Gefahren des Jahrhunderts noch sehr viel glaubwürdiger geworden sind. 1925 sagt der Amerikaner Albert Reidt das Ende der Welt für den 6. Februar um Mitternacht voraus, nur 144 000 Erwählte würden auf den Planeten Jupiter entrückt werden. 1932 verkündet Benjamin Covic in seiner eigenen Person die Wiederkunft Christi. Ein anderer Amerikaner, Edgar Cayce (1877–1945), wird berühmt, weil er die Schlachten des Zweiten Weltkriegs und für das Ende des Jahrhunderts Katastrophen voraussieht: »Furchtbare Katastrophen werden am Ende des 20. Jahrhunderts den Erdball verwüsten; zerstört werden in den Vereinigten Staaten Kalifornien, die Stadt New York, ein Teil von Connecticut, Carolina und Georgia. In Europa werden infolge einer Erschütterung des gesamten Mittelmeerraums der Vesuv und der Ätna wiedererwachen. Paris, Lyon, Marseille und Rom, der größte Teil Italiens sowie ganz England werden verschwinden.«

Nach 1945 rückt infolge der Logik des Kalten Kriegs der Dritte Weltkrieg in den Mittelpunkt der Prophezeiungen. In Kerizinen, in der Basse-Bretagne, erscheint zwischen 1945 und 1965 die Jungfrau Maria achtundfünfzig Mal der Jeanne-Louise Ramonet und kündigt ihr das bevorstehende Ereignis sowie die baldige Ankunft der Russen an. Zwischen 1961 und 1965 verkündet sie vier Kindern aus Garabandal, daß »die Buße kommen muß, weil keiner sich ändern will«. Auch Jugoslawien hat seine Erscheinungen: 1946 in Pasman, wo die Jungfrau die Ankunft der Russen voraussagt, dann 1981 in Mejdugorge, wo sie einer Gruppe von Hellsehern zehn prophetische Geheimnisse preisgibt. Anfang der 70er Jahre beschreiben die Amerikaner Lindsay und Carlson, gestützt auf eine sehr persönliche Deutung von Jesaja, Ezechiel, Daniel und die Offenbarung, den Ablauf des Dritten Weltkriegs: russische Invasion, Gegenangriff, Einsatz der Atombombe, Endschlacht in der Ebene von Harmaggedon in Palästina.[15] 1963 sieht Henri Allaine die Geburt des Antichrist für das Jahr 1964 oder 1965 voraus. Er wird der Sohn des Dämons und einer Frau sein, die seine Natur nicht kennt. Er wird seine Herrschaft im Jahre 1991 oder 1992 antreten, eine Herrschaft, die 1995 oder 1996 mit dem letzten Krieg enden wird.[16]

Da das Ende des 20. Jahrhunderts auch das Ende eines Millenniums ist, war zu erwarten, daß es Endzeitvoraussagen auf sich zieht. In der Tat hat man bisher 327 Prophezeiungen gezählt, die das Jahr 2000 zum Schicksalsjahr erklären.[17] Daß die Wende des Millenniums mit der Wende der Ära des Tierkreises zusammenfällt, die die Experten zwischen 1960 und 2040 ansiedeln, ist ein einzigartiges, erregendes Faktum, das alle möglichen prophetischen Phantasien entzünden mußte. Natürlich ist der unvermeidliche Nostradamus mit von der Partie, dem bis heute schon mehr als 1500 verschiedene Auslegungen zuteil wurden. In der Fülle seiner wahnwitzigen Quatrains gibt es einen (X, 72), der wunderbar paßt:

> L'an mil neuf sent nonante neuf sept mois
> Du ciel viendra un grand Roy d'effrayeur
> Ressuciter le grand roy d'Angoulmois
> Avant que Mars régner par bonheur.

(Im Jahr 1999, im siebten Monat,
kommt ein großer Schreckenskönig.
Er wird den großen Herrscher Angoulême zur Macht bringen.
Vor und nach einem Krieg wird er zu guter Stunde regieren.)

Die Exegeten haben anscheinend noch immer nicht aufgehört, diese Goldader auszubeuten. Manche sehen darin sogar die Ankündigung der Wiederherstellung der sieben Jahrtausende währenden Monarchie im Jahre 1999.[18]

Von der Esoterik zu den Träumen des New Age

Unter den esoterischen Hirngespinsten, auf die unser ausgehendes Jahrhundert so erpicht ist, sind die des *Centre ésoterique de Syracuse* besonders berühmt. 1972 tritt ein junger »Sensitiver« während seiner Trancen regelmäßig in Kontakt mit einer intelligenten »Entität«, die ihm mit K. unterzeichnete prophetische Botschaften übermittelt. Auch der *Bericht K.* sieht ein überaus bewegtes millenaristisches Ende voraus:

»Das Oberhaupt der Kirche wird an Hals und Brust getroffen und mit zum Himmel erhobenen Augen zu Boden sinken. Das wird in den letzten zehn Jahren des Jahrhunderts geschehen, wenn in der höchst bedrohten Welt Staatsoberhäupter rasch aufeinanderfolgen in einer furchtbaren allgemeinen Krise, die den Raum in allen vier Himmelsrichtungen erfassen wird. Entsetzliche Verbrechen werden das Ende des Jahrhunderts prägen. Der Osten droht dem Westen mit Tod und Zerstörung. Die Verfolgten des Ostens werden zu Verfolgern des Westens und zu Brandstiftern, und der Osten wird dann nur ein einziges Oberhaupt haben. (...) Dann wird jeder junge Mann zur Pflicht gerufen, sich ihr indes verweigern. Und abermals wird der Lärm der Gewehre das Himmelsgewölbe erfüllen und die Welt der Unordnung anheimfallen. Die Angst wird solange herrschen, bis jede Nation ihre Unterwerfung zeigt. Dann werden die Verantwortlichen der Nation von Fanatikern getötet, doch diese dann ihrerseits vom einfachen Volk beseitigt. Es wird dunkler Winter sein. Der Tod wird erneut zuschlagen. Dann endlich kommt das Licht. Der Frühling der Jahrhunderte des dritten Jahrtausends und das einfache Volk werden in Frieden herrschen. Dann wird die Welt zu neuem Leben erwachen unter der Zucht eines Mannes der Gerechtigkeit. (...)

Im ersten Jahrhundert des dritten Millenniums wird der Mensch mit Riesenschritten voranschreiten und es wird weder Hunger noch Krieg mehr geben. Alle Schranken fallen und die Nationen vereinen sich. Wahre Wunder besiegeln das Wohlergehen aller. Ordnung und Gott wohnen in jeder menschlichen Seele. Dies wird drei Generationen währen. (...)

Der Mensch wird das Atom im Atom entdecken. Abermals wird Krieg ausbrechen. Während falscher Übereinkünfte wird die zerstörerische Waffe ihren Aufschwung nehmen. Abermals wird Gott verlassen werden. Die Himmel selbst werden von der Zerstörung getroffen, und sieben Tage lang verschwindet die Menschheit. Dies geschieht in den ersten vierzehn Tagen des zweiten Jahrhunderts des dritten Jahrtausends. Die ganze Welt zeigt das Bild von Verwüstung und Katastrophen. Alles wird unfruchtbar sein.«

Hier haben wir es erneut mit dem schon so oft erwähnten klassischen Thema des Wechsels von Katastrophe und Erneuerung zu tun. Es kann sogar eine astronomische Form annehmen, wenn aus der Tatsache, daß die Zyklen der Sonnentätigkeit mit bestimmten politischen Erscheinungen zusammenfallen, Schlüsse gezogen werden. So zeigen z. B. die Kurven, daß während der Phasen intensiver Sonnentätigkeit in den USA die Republikaner und im Vereinigten Königreich die Konservativen die Oberhand gewinnen. Und von hier aus die Wahlergebnisse und die Börsenkurse nach dem Stand der Sonne vorauszusagen, ist es nur ein Schritt, den manche munter tun. Andere halten der traditionellen Astrologie die Treue. Die Konjunktion Saturn-Jupiter-Pluto im Jahre 1982 und 1988 im Zeichen des Steinbocks war Anlaß für so manche extravagante Weissagung. Wieder andere bedienen sich der übernatürlichen Inspiration, wie beispielsweise die strenggläubige »Prophetin« Vassula, die ab 1985 täglich Mitteilungen von Gott empfängt, deren prophetischer Charakter alle üblichen Schablonen einer Katastrophe aufgreift, die unmittelbar bevorstehe, falls die Menschen sich nicht bekehren: »Es bleibt jetzt nur noch wenig Zeit; vergebt eurem Nächsten, solange ihr noch Zeit dazu habt« (August 1991). Vassulas Botschaften füllen nicht weniger als acht Bände und sind auch auf gut verkäuflichen Videokassetten erhältlich. Wie die Astrologie ist auch die Prophetie ins Marketingzeitalter eingetreten. Als gutes Geschäft findet sie neben der Esoterik und dem »Paranormalen« Eingang in die »quotenträchtigen« Programme der Fernsehsender. Die volkstümliche Wahrsagung hat ganz sicherlich eine glänzende Zukunft.

Die Synthese der verschiedenen Vorhersageformen kann sogar die Gestalt neuer religiöser Strömungen annehmen wie das *New Age*, die amerikanisierte Form eines astrologischen Chiliasmus. Es verkündet die baldige Heraufkunft einer erneuerten Welt, in der ein jeder die Gegenwart Gottes als Teil des kosmischen Bewußtseins des Weltgeistes in sich erkennen werde. Das Christentum, das mit dem Zeitalter der Fische zusammenfiel, geht zu Ende. Alle Religionen werden sich vereinigen, und mit dem Eintritt in das Zeichen des Wassermanns wird ein 2160 Jahre währendes paradiesisches Zeitalter anbrechen, in dem die Menschen alle ihre positiven Kräfte konzentrieren werden.

Die Bewegung ist unmittelbar aus der Esoterik hervorgegangen, mit Paul Le Cour (1871–1954), der 1937 in *Ère du Verseau* schreibt: »Wenn die Stunde des Wassermanns kommt, dann wird die Bekehrung der Juden zum Christentum, die einige Propheten für das Jahr 2000 vorhersagten, darin bestehen, daß sie den erwarteten Messias im wiedergekehrten Christus erkennen.«[19] In einer seltsamen Mischung aus Modernismus und archaischem Chiliasmus bezieht das überaus synkretistische *New Age* in seine Zukunftsvisionen auch die Wiederkunft Christi mit ein. So verkündet beispielsweise Alice Baley (1880–1949): »Wenn einstens Christus sein vor 2000 Jahren begonnenes Werk während der kommenden 2000 Jahre vollendet haben wird, dann wird gewißlich diese Stimme der Bestätigung nochmals zu hören sein, und es wird ihm die göttliche Anerkennung für sein Werk zuteil werden. Er wartet heute auf seine Niederfahrt in unsere elende menschliche Welt, die ihm wohl nur wenig Angenehmes es zu bieten hat. Er muß seinen stillen Ort in den Bergen verlassen, wo er gewartet hat, wo er die Menschheit bewacht und sie geleitet, seine Schüler und die neue Gruppe der Diener der Welt vorbereitet hat, und seinen hervorragenden Platz auf der Bühne der Welt einnehmen. Er muß teilnehmen an dem großen Drama, das sich hier abspielt. Diesmal wird er seine Rolle nicht mehr wie vordem im Schatten spielen, sondern vor den Augen der ganzen Welt. Über Rundfunk, Fernsehen und die anderen Kommunikationsmittel wird sein Wirken von allen verfolgt werden. Er kommt nicht als der allmächtige Gott, den die Phantasie des unwissenden Menschen erschaffen hat, sondern als der Christus, der das Reich Gottes auf Erden begründet, um das Werk zu vollenden, das er begonnen hat, und von neuem, in sehr viel schwierigeren Zeiten, seine Göttlichkeit zu bezeigen.«[20]

Das *New Age*, das Marilyn Ferguson zufolge ein »Millennium der Liebe und des Lichts« ankündigt[21], versammelt die Enttäuschungen und Sehnsüchte einer besorgten, von der Entwicklung der Menschheit wie vom Scheitern und Niedergang der Kirchen frustrierten Generation. Ihre Hoffnungen bündelnd, verweist es deren Erfüllung in ein künftiges »Zeitalter des Wassermanns« – die typische Reaktion aller Chiliasmen, die durch das Denken ihre Träume für Realität halten möchten. Es liegt etwas Rührendes in diesem gekünstelten Optimismus, der monoton die Liste der Übel der Menschheit herbetet, wie um sie auszutreiben. Dies tut zum Beispiel Bruno Totvanian im Leitartikel der ersten Nummer der Zeitschrift *Troisième Millénaire*: »Wo hineinspringen? Mit welchem Ziel? Viele hoffen auf eine neue Welt, in welcher der Mensch zu seiner ursprünglichen Rolle zurückfindet, eine Welt, in der das Mentale wieder Vorrang hat vor der Technologie, die dann wieder ein bloßes praktisches Werkzeug sein wird. Eine Welt und eine Menschheit, die den Sinn für das Spirituelle wiederfindet, jedoch befreit von den Dogmen, die Menschen erfunden haben, um uns mit diesem Schwindel ein blutiges zweites Jahrtausend der Eroberungen, Massaker, Genozide und Sklavereien aufzuzwingen, im Namen aller möglichen Götter, wobei sie Gott und seine Botschaft vergaßen.«[22]

Als Verlängerung der Hippies und Blumenkinder der sechziger Jahre ist das *New Age* die Synthese einer pazifistischen Science-fiction, die eine entwickelte und sorglose Gesellschaft in der Art von »Neu-Atlantis« anstrebt, und einer neuplatonischen spiritualistischen Strömung, die von einer Befreiung des in materiellen Zwängen gefangenen Geistes träumt. Denn es ist mehr ein Traum als eine Vorhersage, der stereotype Traum von einer Welt mit neoklassischem Dekor, in der geschlechtslose, sittsame, in wallende Gewänder gehüllte Personen wandeln, einer Welt, die man weiß nicht wie funktioniert, in der alles eitel Sanftmut und wahrscheinlich von tödlicher Langeweile ist. Von einer Vision dieser Art berichtet der

Modeschöpfer Paco Rabanne, eine Berühmtheit des *New Age*, der bestimmt schon die Prêt-à-porter-Kollektionen für die Bewohner des neuen Jerusalems entworfen hat: »Die Menschen werden in die Vierte Vibrationsebene aufgestiegen sein. Das bedeutet nicht, daß wir vollkommen ›geistig‹ sein werden, sondern vielmehr, daß wir in ein Evolutionsstadium gelangt sein werden, in dem wir das nötige Gleichgewicht zwischen Rationalität und Spiritualität, zwischen Materie und Geist, leichter aufrechterhalten können. Die Zivilisation des Wassermannzeitalters wird gedanklich anders strukturiert sein. Unsere Beziehungen zu den anderen und zur ganzen Welt werden sich gewandelt haben. (...) Wie die neue Gesellschaft des Wassermannzeitalters im einzelnen aufgebaut und äußerlich beschaffen sein wird, können wir nur erahnen. In meinen Meditationen habe ich prächtige Bauten aus weißem Marmor gesehen, mit Gold gepflasterte Straßen – Gold wird nämlich dann keinen Handelswert mehr besitzen –, und ich habe Menschen gesehen, die alle, ob Männer oder Frauen, mit der gleichen einfachen und bequemen Art von Tunika gekleidet waren. Es sind dies paradiesische Bilder, wie man sie in allen Endzeitprophezeiungen findet, und insbesondere in der Beschreibung des neuen Jerusalems in der Johannes-Apokalypse.«[23]

Astrologen und Hellseher im Dienst der Politiker

Die volkstümliche Wahrsagung bringt nicht nur Exzentriker zum Träumen. Sie wird im 20. Jahrhundert auch von Politikern, sogar den realistischsten, in Anspruch genommen. In diesem Milieu geht das Befragen von Astrologen und Hellseherinnen zwar sehr diskret vor sich, beweist jedoch, daß in den Regierenden von heute noch immer ein wenig vom Geist der Katharina von Medici steckt. Josef Stalin nimmt für die laufenden Angelegenheiten die Dienste eines georgischen Hellsehers und für die große Politik diejenigen des Polen Wolf Messing in Anspruch. Letzterer, Hypnotiseur, Astrologe und Charakterologe, dessen Fähigkeiten von der Akademie der Wissenschaften der UdSSR anerkannt sind, wird regelmäßig konsultiert. An der Wahl Stalingrads als Ort des Widerstands, um den deutschen Vormarsch zu stoppen, soll er nicht unbeteiligt gewesen sein.

Auch im anderen Lager fehlt es nicht an Propheten. Hitler begegnet 1923 Houston Stewart Chamberlain, der ihm schreibt: »Es warten große Aufgaben auf Sie«, und ihm den Sieg der höheren Rasse vorhersagt. In der Umgebung des Führers macht man viel Aufhebens von den »Prophezeiungen« Nietzsches: »Es erhebt sich eine kühne und starke Rasse«, deren Mitglieder »die Herren der Erde« würden, unter der Führung des Übermenschen. Und mühelos erklärt man das Chamäleon Nostradamus zu einem Propheten des Nationalsozialismus. Die Führer des Dritten Reichs leben in einer millenaristischen Atmosphäre. Schreibt Hitler nicht in *Mein Kampf*, der nationalsozialistische Staat müsse sich als Beschützer einer tausendjährigen Zukunft verhalten?

Hitlers ganze Karriere wird von Wahrsagern begleitet, deren genau Rolle sich nur schwer einschätzen läßt: von dem Wiener Karl Brandler-Pracht, Redakteur der *Astrologischen Rundschau*, bis 1937 geheimer astrologischer Berater, bis hin zu einem gewissen Krafft während des Kriegs. 1923 stellt die Astrologin Elsbeth Ebertin Hitlers Horoskop, das sie 1924 in ihrem Jahrbuch veröffentlicht. Zu dieser Zeit hat der künftige Kanzler in München einen Staatsstreich versucht, der ihm einige Monate Gefängnis einträgt. Daher sind die Voraussagen der Astrologin von bemerkenswerter Kühnheit, denn sie prophezeit, daß der »Mann der Tat«, Adolf Hitler, am 20. April 1889 im Zeichen des Widders geboren, sich in große Gefahr begeben werde infolge außerordentlich unvorsichtiger Initiativen, die er überraschend ergreifen könnte und die gewiß eine unkontrollierbare Krise heraufbeschwören würden; die Positionen der Sterne seines Horoskops deuteten darauf hin, daß er sehr ernst genommen werde und dazu bestimmt sei, der Führer der deutschen Nation zu werden. Und die Astrologin meint, daß dieser so stark vom Zeichen des Widders bestimmte Mann sein Leben verlieren werde bei dem Versuch, für Deutschland die Vorherrschaft zu erkämpfen.[24]

Der berühmteste Astrologe des Dritten Reichs ist Eric Hanussen, der schon in den zwanziger Jahren Röhm, Goebbels, Himmler, Hess und auch Hitler zu seinen Kunden zählt. Sein Schicksal ist eng mit der Nazipartei verbunden, deren Wahlsiege er voraussagt. Nach 1933 leitet er den *Okkultismus-Palast* in Berlin, in dem er die Horoskope von Chamberlain, Churchill, Daladier, Stalin,

Roosevelt, Mussolini und vielen anderen Persönlichkeiten stellt, mit denen das Reich zu tun haben könnte. Während des Kriegs setzt die deutsche Propaganda, aber auch die der Alliierten, die astrologischen Vorhersagen als psychologische Waffe ein. Dieser von E. Howe untersuchte Aspekt[25] zeugt von einer erstaunlichen Beständigkeit der kollektiven Leichtgläubigkeit durch die Jahrhunderte hindurch, wobei die verwendeten Mittel in etwa denen ähneln, die schon zur Zeit Cromwells für den Erfolg von William Lilly gesorgt hatten.

Astrologen und Hellseher gehören traditionell zu den okkulten Beratern der amerikanischen Präsidenten. Eine der bedeutendsten Persönlichkeiten ist Jane Dixon, Astrologin, Hellseherin und Christin, die folglich mit allen Informationsquellen auf dem Gebiet der Zukunft in Kontakt steht. Franklin Roosevelt sucht sie regelmäßig auf, und die Großtat ihres Lebens ist, daß sie 1952 die Wahl und die Ermordung von J. F. Kennedy vorhergesagt haben soll. Als Spezialistin in Attentatsvisionen soll sie auch den Tod von Ghandhi, Martin Luther King und Robert Kennedy im voraus »gesehen« und vorhergesagt haben, auch daß die Russen als erste auf dem Mond landen werden, sowie – Tradition verpflichtet – einen planetarischen Krieg im Jahre 1999.

Natürlich rühmen sich die Großen dieser Welt nicht ihres vertrauten Umgangs mit Astrologen und Wahrsagern. Der Staatsmann ist es sich schuldig, als Herr seines Schicksals zu erscheinen und sich allein von der Vernunft und dem nationalen Interesse leiten zu lassen, frei von jeder irrationalen und egoistischen Erwägung. Daher läßt sich unmöglich einschätzen, welche reale Bedeutung die Vorhersagen für die Politiker haben. Das Geheimnis jedenfalls schürt Gerüchte und Klatschgeschichten aller Art, die von der Massenpresse und den Sensationsblättern kolportiert werden. Wo endet z. B. die Wahrheit der Vorhersagen von Madame Fraya, der berühmten Chiromantin zu Beginn des Jahrhunderts, zu deren Kunden Jean Jaurès, Aristide Briand, Louis Barthou, Albert Sarraut, Georges Clemenceau gezählt haben sollen? Man schreibt ihr erstaunliche Vorhersagen während des Ersten Weltkriegs zu, wo sie 1914, in Anwesenheit von Millerand, Delcassé, Briand, ihre Prognosen dem Kriegsminister vorgelegt haben soll; 1917 soll Raymond Poincaré sie in den Elysée-Palast gerufen haben, um etwas über den Ausgang eines damals in die Sackgasse

Hat die Vorhersage eine Zukunft?

geratenen Konflikts zu erfahren. Auch wenn die Fakten stimmen sollten, so stellt sich doch immer die Frage nach dem Nutzen solcher Voraussagen: wozu dient es, etwas vorauszusagen, was unausweichlich geschehen wird? Die einzig sinnvolle Vorhersage ist die falsche Vorhersage, d. h. diejenige, die Entscheidungen herbeiführt, die ihr Eintreffen verhindern. Den Krieg vorauszusagen ist nur dann nützlich, wenn es dazu dient, den Krieg zu vermeiden; die Niederlage vorauszusagen ist nur dann von Interesse, wenn es hilft, den Sieg zu erringen. Und wozu dient es, den Sieg vorauszusagen? So besteht die Zweideutigkeit der politischen Vorhersage darin, daß sie nur dann von Vorteil ist, wenn sie falsch ist.

Leichtgläubigkeit ist jedoch nicht das Monopol der europäischen Politiker. Seit Anfang der neunziger Jahre regiert der Präsident von Moçambique, Joaquim Chissano, gemäß den Ideen seines indischen Gurus, Maharashi Mahesh Yogi, der den Plan eines irdischen Paradieses, in dem Armut und Hunger beseitigt sein werden, auf einem Areal von zwanzig Millionen Hektar in die Tat umzusetzen gedenkt.

Die größten Männer dieses Jahrhunderts haben sich verleiten lassen. De Gaulle konsultiert Barbara Harris in London; Astrologen und Hellseher haben sich für sein Schicksal interessiert: die Baronin Jourdrier de Soester (in professionellen Kreisen *Blanche Orion*) sagt ihm 1948 eine Rückkehr zur Macht und einen friedlichen Tod voraus, eine Prognose, die 1951 von Alec Dahn aus Lausanne bestätigt wird. Richtig, aber worin liegt das Interesse? Dennoch nimmt die politische Welt, von Nixon bis Hassan II. und von Vincent Auriol bis Antoine Pinay, ganz zu schweigen von einer großen Anzahl einfacher Parlamentarier, weiterhin die Dienste der volkstümlichen Wahrsagung in Anspruch. Wenn man den Gerüchten auf den Korridoren der Nationalversammlung glauben darf, stehen der Astrologie und der Kartomantie in den politischen Kreisen rosige Zeiten bevor. Für die Politiker wie für die gewöhnlichen Bürger zählt weniger die Kenntnis der Zukunft als die Zuversicht in der Gegenwart. Der Astrologe ist für sie soviel wie der Psychologe und der persönliche Berater. Das Bild der Zukunft verlangt man vom Ökonomen, vom Prospektivisten, vom Soziologen. Sind diese in der Lage, es zu liefern?

»Die Zukunft ist nicht mehr das, was sie war«: Risiken der technologischen Vorhersage

Der Ton wird von Jocelyn de Noblet im Vorwort zu *Rêves de futur* angeschlagen, der französischen Übersetzung eines amerikanischen Buchs, das vom Massachusetts Institute of Technology (MIT) veröffentlicht wurde.[26] Unter dem vielsagenden Titel »Die Zukunft ist nicht mehr das, was sie war«, bringt der Autor die Zweifel der westlichen Gesellschaft an ihren Fähigkeiten, die Zukunft vorherzusagen, zum Ausdruck: »Die westlichen Gesellschaften scheinen nicht mehr in der Lage zu sein, sich in die Zukunft zu projizieren, da sie von den vielen unbeantworteten Fragen verwirrt sind: neue Technologien, deren Beherrschung zu keinem kohärenten Projekt zu führen scheint; eine Beeinträchtigung der Umwelt, die der Begriff Schädigung sehr deutlich macht; ein urbaner Raum, in dem es immer schwieriger wird, sich frei zu bewegen; eine Arbeitslosigkeit, die anscheinend durch nichts zu bremsen ist; eine Wiederkehr der ansteckenden Krankheiten, auf die nichts hindeutete. Ist es in einem so düsteren Zusammenhang verwunderlich, daß die Phantasie vom Geist der Katastrophe fasziniert ist: wenn Traum und Alptraum so nahe beisammenliegen, baut man sich die Zukunft, wie man kann.«[27]

Das Problem ist sehr deutlich gestellt. Der Mensch des ausgehenden 20. Jahrhunderts sieht sich einer Welt gegenüber, deren Komplexität und Gefahren so groß sind, daß er sich außerstande fühlt, irgendeine Zukunft vorauszusagen. Die Diagnose ähnelt derjenigen, die Louis de Broglie schon 1941 in *L'Avenir de la physique* stellte, wo er schreibt, daß sogar in den exakten Wissenschaften die Vorhersage unmöglich sei: »Sogar unter der für die Antizipation günstigsten Annahme, nämlich daß durch das unerbittliche Spiel eines strengen Determinismus das Morgen aus dem Heute hervorgeht, würde die Voraussage künftiger Dinge in ihrer unendlichen Vielfalt und ihrer ungeheuren Komplexität alle Anstrengungen, deren der menschliche Geist fähig ist, bei weitem übersteigen und wäre nur einer der unseren unendlich überlegenen Intelligenz möglich.«[28]

Dabei handelt es sich hier um Bereiche, die, wie es scheint, die zuverlässigsten Vorhersagen machen könnten: Wissenschaft und Technik. Diesem Skeptizismus liegt eine Reflexion über die wiederholten Vorhersageirrtümer auf diesen Gebieten zugrunde. In *Rêves de futur* werden drei Frage untersucht: Was verursacht die Irrtümer und Übertreibungen der Antizipationen? Wer hat daran glauben können? Inwiefern haben sie die technologische Entwicklung beeinflußt? Für J. J. Corn ist »die Antizipation stets ein Spiegelbild sowohl der Erfahrung des Augenblicks wie der Erinnerungen an die Vergangenheit. Als imaginäre Konstruktion sagt sie mehr über die Zeit aus, in der sie formuliert wurde, als über die Zukunft selbst«.[29] Und er nennt Beispiele dafür. In den Jahren zwischen 1950 und 1960 verleitete die Faszination der Kernkraft manche zu der Vorhersage, diese Energiequelle werde alle anderen ersetzen, die Kosten der Elektrizität fast auf Null senken und den Überfluß bringen, wobei nicht nur das Problem des Abfalls unberücksichtigt blieb, sondern auch die Tatsache, daß dies der Forschung in den Sektoren konkurrierender Energien Auftrieb geben würde.

Umgekehrtes Beispiel: Denker, die vorhersehen, daß die Erfindungen das Leben nicht wirklich verändern und lediglich die herkömmlichen Arbeiten erleichtern würden. Die Erfindung der Glühbirne durch Edison im Jahre 1879 werde nur dazu dienen, daß man öffentliche Versammlungen im Freien oder nachts abhalten könne; der Computer werde uns lediglich erlauben, die Berechnungen zu beschleunigen. Alle damit zusammenhängenden wesentlichen Nebenwirkungen läßt man außer acht.

Drittes Beispiel: einige Erfindungen wirken wie »technologische Filter«, und man sieht voraus, daß diese Wundermaschinen nahezu alle Probleme lösen werden. So wurde das Flugzeug von manchen als wahrer Retter begrüßt, der die Grenzen beseitigen, die Völker einander näherbringen und für Brüderlichkeit auf der Erde sorgen werde. Daß es auch dazu dienen könnte, Bomben auf Frauen und Kinder zu werfen, kam ihnen nicht in den Sinn: auch Victor Hugo fiel dieser Täuschung zum Opfer. Das gleiche läßt sich im Zusammenhang mit der »Fee Elektrizität« und dem Computer feststellen. Eine der Ursachen dieser utopischen Vorstellungen ist die Unwissenheit des Laien in bezug auf die Mechanismen der Technologie. Diese Tendenz verstärkt sich immer mehr, da die Erfindungen immer komplexen werden, und aufgrund ihres geheimnisvollen Aspekts schreibt man ihnen wundersame Kräfte zu.

In dieser Hinsicht stellt die wissenschaftliche Popularisierung, die unstreitig positive Seiten hat, auch eine Gefahr dar, da sie, vornehmlich im medizinischen Bereich, übertriebene Ängste und Hoffnungen in einer Öffentlichkeit weckt, die nicht alle technischen Gegebenheiten zu überblicken vermag. Populärwissenschaftliche Zeitschriften wie *Popular Science* und *Popular Mechanics* in den Vereinigten Staaten, die in erster Linie kommerziellen Zwängen unterliegen, verfallen nur allzu leicht der Sensationsmache und tragen zum Auftauchen technologischer Utopien bei. Typisch dafür sind die Werke über das *Mikromillennium*, die eine der Informatik zu verdankende Ära des Glücks voraussagen – eine Art Chiliasmus des virtuellen Bildes. Nach dem Heil durch den Großen Monarchen nun das Glück durch den Großen Computer.

Doch die technologische Vorhersage zeichnet sich, gemessen an dem, was konkret verwirklicht wird, stets durch höchst langweile Resultate aus: die verfrühten Ankündigungen gehen mit Unterschätzungen, die Vorsprünge mit Verzögerungen einher. Insgesamt sind die Vorhersagen außerstande, den mannigfachen Interaktionen zwischen den verschiedenen Bereichen, den Kostenschwankungen und dem Einfluß sozialer, politischer oder kultureller Faktoren Rechnung zu tragen. 1937 zog ein amerikanischer Bericht über die Erfindungen, die in naher Zukunft die Lebens- und Arbeitsbedingungen berühren könnten, lediglich die bereits existierenden Technologien in Betracht und vernachlässigte vollständig die unmittelbar bevorstehenden grundlegenden Erfindungen wie die Antibiotika, das Radar, die Raketen, die Kernkraft, die Informatik.

1941 schrieb Pierre Devaux in *Prophètes et inventeurs*, daß Jules Verne nur sehr selten die für die Maschinen der Zukunft benutzten Lösungen gesehen habe. So ist in *Robur le Conquérant* seine Flugmaschine ein riesiger Helikopter mit 74 vertikalen Propellern. Kein Wunder, sonst wäre Jules Verne kein Science-fiction-Autor, sondern ein Ingenieur und Erfinder.

Pierre Devaux, der an dem Spiel Gefallen findet, stellt sich nun die technologische Welt des Jahres 1960 vor. Er sieht aerodynamische, leichte Eisenbahnzüge, die eine Geschwindigkeit von 160 Stundenkilometern erreichen, die Klimaanlagen, das Fernsehen, eine ultraschnelle Untergrundbahn, Mopeds und »Motoretten«, wärmedämmendes Material, unsichtbare Vitrinen aus gewölbtem

Glas in den Kaufläden, die Reduzierung der chemischen Düngemittel, die Bewirtschaftung der Camargue, eine Bahnlinie von London bis Kapstadt durch einen Tunnel unter dem Ärmelkanal und einem weiteren unter der Meerenge von Gibraltar, den Staudamm von Kamychin an der Wolga, der den Fluß umleitet und das Kaspische Meer austrocknet, riesige Panzerkreuzer, den Durchbruch des Isthmus von Nicaragua, Düsenjäger, die fast die Schallmauer durchbrechen. Im ganzen ein höchst annehmbares Bild, auch wenn es in manchen Sektoren ein wenig zu optimistisch ist.

Dann erhöht Pierre Devaux den Einsatz. Vorhersage nicht mehr für zwanzig, sondern für sechzig Jahre. Die technologische Welt im Jahre 2000. Diesmal kommt es zu erheblichen Verzerrungen. Der Fortschritt hat sich verlangsamt, und vor allem hat er andere Wege als die vorhergesehenen eingeschlagen. Zwar sieht Pierre Devaux große Flugzeuge, die mehr als hundert Passagiere befördern, aber er stattet sie mit Propellern aus; Paris wird durch ein unterseeisches Kabel von 700000 Volt mit Elektrizität aus Norwegen versorgt; die Bahnlinie Afrika-Europa erhält ihre Elektrizität aus den Wasserfällen des Sambesi; mit Butangas betriebene Fabriken stehen auf dem Packeis und nutzen die Temperaturunterschiede zwischen Wasser und Atmosphäre zur Elektrizitätsgewinnung; man fängt die thermische Energie der Meere auf; Düsenflugzeuge durchbrechen die Schallmauer; Spezialhubschrauber landen auf Rasenflächen und Dächern; es verkehren Turbinenautos; man züchtet Pflanzen ohne Erde, was es ermöglicht, Tropenfrüchte in Gewächshäusern innerhalb von zwei Wochen reifen zu lassen; dank der Hormonmedizin wird der Mensch zweihundert Jahre alt. Andererseits ist kein Computer in Sicht, während »von den Kriegen zerstörte Städte nach neuen, urbaneren Plänen wiederaufgebaut werden; das Land dringt in die Stadt ein, aber das Land ist stark urbanisiert; die Bauernhäuser sehen aus wie Reihenhäuser, und der Staat mußte eingreifen, um pittoreske ›Nationalparks‹ einzurichten«.[30]

In noch weiterer Ferne sieht Pierre Devaux genetische Manipulationen heraufziehen, die Entwicklung von Monstern, Kriege zwischen Arten, die allmähliche Beseitigung der Grenzen des Menschlichen sowie Techniken zur Auflösung der Materie, die den endgültigen Zerfall vorbereiten.

Diese Kluft zwischen der technologischen Vorhersage und der

tatsächlichen Verwirklichung bestätigt das Urteil von Thomas Kuhn: »Alles sieht so aus, als würden wir uns von den Signalen, die wir von der Außenwelt erhalten, nur diejenigen merken, die unseren Kenntnissen und Überzeugungen entsprechen, unsere Handlungen rechtfertigen und unseren Träumen und unserer Phantasie entgegenkommen.«

Noch schwieriger einzuschätzen ist der Einfluß der Erfindungen auf die Gesellschaftsordnung. So wird Anfang des Jahrhunderts die drahtlose Telegraphie als ein Mittel angesehen, die schon damals bedrohte Familienzelle zu stärken. Später löste der Einfluß des Fernsehens auf eben diese Zelle harte Debatten aus. Bisweilen beflügelten die futuristischen Träume den sozioökonomischen Fortschritt: so haben die Visionen von Megalopolen voller Wolkenkratzer das Studium der Urbanistik vorangetrieben; manchmal tritt der umgekehrte Effekt ein, und sie verleiten zu dem Glauben an eine strahlende Zukunft allein dank der Verbesserung der Technik. Für Pierre Devaux wird der technologische Fortschritt lediglich die Vorherrschaft der Eliten stärken; die Technokratie sei unausweichlich: »Morgen werden, wie gestern, die Entdeckungen das Werk der Eliten sein; die Menge erfindet nicht, sie gehorcht.« Für den Optimisten Daniel-Rops bedeutet technischer Fortschritt mittelfristig die Beseitigung des Elends und der Arbeitslosigkeit mit Hilfe eines Systems der Arbeitsteilung und des Mindesteinkommens. In den 70er Jahren beobachten wir indes eine Entkopplung von technologischem Fortschritt und sozialem und moralischem Fortschritt. Aber wenn die Vorhersage des ersteren vom Zufall abhängt, so wird die des letzteren noch radikaler bestritten.

Historischer Skeptizismus und Vorhersage

Diesmal liegt dem Skeptizismus eine Reflexion über die Vergangenheit zugrunde. Seit den fünfziger Jahren wurde die Verläßlichkeit der historischen Kenntnisse von Denkströmungen und von Nachbardisziplinen heftig angefochten. Zunächst von der Ethnologie und dem Strukturalismus, dessen Vater, Claude Lévi-Strauss, 1952 in *Rasse und Geschichte* gegen den Ethnozentrismus und den

Evolutionismus der Historiker zu Felde zieht. Er wirft ihnen vor, die Vergangenheit von einem rein europäischen Standpunkt aus zu betrachten und sie auf einem schönen und steten Marsch zum Fortschritt zu sehen, während im Gegenteil in der Weltgeschichte nichts dergleichen zu erkennen sei; sie sei vielmehr ein unvorhersehbarer, »ungewisser und verzweigter« Marsch voller Niederlagen und Rückschritte. Unter dem Eindruck dieser Kritik zweifelt die Geschichtswissenschaft an sich selbst und bescheidet sich damit zu berichten, was man heute weiß, wobei sie sich bewußt ist, daß dieses Wissen morgen in Frage gestellt und überholt sein wird. Die historischen Gesetze seien »bestenfalls approximative Regelmäßigkeiten im Ablauf der Ereignisse«; man brandmarkt »die unzulänglichen, mißbräuchlich auf die vergangenen Gesellschaften angewandten Konzepte; die Schwerfälligkeit der ihren Traditionen verhafteten historischen Institution; schließlich den geschickt eingesetzten historischen Text selbst, der die Illusion nährt, die Vergangenheit zu rekonstruieren«.[31] Mit dem Scheitern der großen historischen Theorien und ihres globalen Erklärungsanspruchs macht sich der Relativismus breit. Für Raymond Aron ist »der Pluralismus der Interpretationen selbstverständlich, sobald man sich die Arbeit des Historikers vor Augen hält. Denn es tauchen ebenso viele Interpretationen auf, wie es Systeme, das heißt, vage ausgedrückt, neuartige psychologische und logische Auffassungen gibt. Mehr noch, man kann sogar sagen, daß die Theorie der Geschichte vorausgeht«[32]; für R. G. Collingwood »ist das historische Denken eine Tätigkeit der Phantasie. In der Geschichtswissenschaft ist keine Erkenntnis endgültig. Ein in einem bestimmten Moment gültiges Zeugnis verliert seine Gültigkeit, sobald man die Methoden modifiziert und die Kompetenzen der Historiker sich verändern«; für C. Becker »deutet jedes Jahrhundert die Vergangenheit in der Weise um, daß sie den eigenen Zwecken dient. Die Vergangenheit ist eine Art Bildschirm, auf den jede Generation ihre Sicht der Zukunft projiziert«.

Diese letzte Bemerkung läßt sich auch umkehren, indem man sagt, die Zukunft sei ein Bildschirm, auf den jede Generation ihre Sicht der Vergangenheit projiziert, und da diese sich unablässig je nach den gegenwärtigen Obsessionen verändert, sei die Vorhersage der Zukunft nichts anderes als eine Projektion der Gegenwart. Unbewußt erledigen wir, ohne daß es dafür einer speziellen Abteilung bedarf, die Arbeit der ständigen Revision der Vergangenheit, eine Arbeit, die in 1984 das Wahrheitsministerium des Großen Bruders erledigte. Unser Bild der Vergangenheit ist eine Illusion, und in Umkehrung der Orwellschen Formulierung können wir sagen: »Wer die Vergangenheit nicht kontrolliert, kontrolliert auch nicht die Zukunft.« Mitte der 70er Jahre befaßten sich Jean Chesneaux und Michel de Certeaux mit einer systematischen, berechtigten Kritik der Mängel der derzeitigen universitären Geschichtswissenschaft, ihrer technizistischen, intellektualistischen, professionalistischen Ansprüche, ihrer Codes, ihrer impliziten Gepflogenheiten, die sie zu einer künstlichen Rede machen.[33]

Wenn der Wert der Geschichtswissenschaft in ihrem eigenen Gegenstand, d. h. der Kenntnis der Vergangenheit, angezweifelt wird, dann sind auch alle Versuche, Erklärungsmodelle zu entwerfen, wertlos. Nun haben aber eben diese Modelle, von Joachim von Fiore bis Hegel und Marx, als Vorhersageinstrumente gedient, indem sie die Strukturen der Vergangenheit auf die Zukunft übertrugen. Wenn alle Muster falsch sind, dann liegt es auf der Hand, daß die Voraussage keinerlei Wert hat. 1971 wurde in Venedig ein internationales Kolloquium über dieses Thema abgehalten unter dem Titel *Lo storico tra etnologo e futurologo* [Der Historiker zwischen dem Ethnologen und dem Futurologen].[34] In einem Beitrag über »Vorhersage versus Prophetie« zeigte Daniel Bell, daß es unmöglich sei, für politische Vorhersagen ein Modell aufzustellen. Alles, was man voraussehen könne, seien eventuell auftauchende Probleme sowie die Skala möglicher Lösungen: »Wir können Situationen oder Probleme definieren, die eine Gesellschaft wird lösen müssen, aber da sie es auf verschiedene Art und Weise tun kann, läßt sich der reale Verlauf der Dinge naturgemäß nicht vorhersehen.«[35]

Die auf der Geschichte gründende Vorhersage muß sich, wie die Grundlagenphysik, gewissermaßen mit der Unschärferelation abfinden: Unter gegebenen Voraussetzungen kann dieses oder jenes eintreten; nichts jedoch erlaubt die Behauptung, daß die Voraussetzungen eines Tages so sein werden, wie wir es vermuten. Die »Vorhersage« beschränkt sich also auf einen Katalog von Möglichkeiten.

1977 nannte Jean Delumeau aus Anlaß eines umstrittenen Problems ein Beispiel dafür: die Zukunft des Christentums. In seinem Werk *Le christianisme va-t-il-mourir?* unterzog er sich der Übung einer Prospektive anhand der historischen Analyse der Entwicklung des Christentums. Und vorsichtig sah er zwei mögliche Modelle voraus, wobei er dem zweiten den Vorzug gab: »Aus menschlicher Sicht bestehen für die Zukunft des Christentums zwei Möglichkeiten. Eine erste Hypothese, die wahrscheinlichste für Nichtgläubige und für alle, die sich an eine quantitative Konzeption der Geschichte halten, lautet, daß es am Ende ist; noch nicht tot, aber unabwendbar todkrank in seiner Substanz. (...) Aber diese Neuigkeit ist nur eine – ungewisse – Wette auf die Zukunft, eine Prophetie ohne wissenschaftliche Garantie. (...) Was die Zukunft der evangelischen Botschaft betrifft, entscheide ich mich für eine andere Möglichkeit als die meiner ersten Hypothese. Ich glaube zu erkennen, daß sich eine Spur abzeichnet, die eines verjüngten elitären Christentums. Vorbei sind die Zeiten des Konformismus, der Zwänge und der von Kirche und Staat gemeinsam verhängten Sanktionen. In dieser zweiten Vision wird die christliche Religion das werden, was sie von jeher hätte sein sollen: eine Ansammlung gläubiger Menschen, die frei ist und die sich der Bedeutung und des Wagnisses ihrer Anhängerschaft an Christus bewußt ist.«[36]

Diese Vorhersage, die auch noch zwanzig Jahre später Gültigkeit hat, ruft den Zorn der traditionsverhafteten Katholiken hervor, die es nicht ertragen können, daß man das im Laufe vieler Jahrhunderte errichtete dogmatische Gebäude antastet und das Verschwinden aller dazugehörigen, für ewig dekretierten Glaubensinhalte vorhersagt. Allein der Gedanke einer Reduzierung des Glaubens auf einen vagen gemeinsamen Nenner, was es einem »Ketzer« sowie den »Ungläubigen« erlauben würde, sich den »wahren« Gläubigen, den Erwählten, in ein und derselben Gemeinschaft anzuschließen, weckt die alten Reflexe der Exkommunikation. Pater Bruckberger spricht von einem »Attentat auf den Katholizismus«; Jean Guitton tritt aus der Jury des *Grand Prix catholique de littérature* aus; Louis Salleron läßt sich in *La Pensée catholique* zu beleidigenden Kritiken hinreißen.[37]

Die Heftigkeit dieser Debatte, mit der wir uns hier nicht zu befassen haben, zeigt, auf welche Schwierigkeit eine auf der Geschichte gründende Vorhersage stößt, vor allem wenn sie an das Heilige rührt, das sich seinen Anhängern zufolge den menschlichen historischen Gesetzen entzieht. So wie Bossuet im 17. Jahrhundert das exegetische Studium der Bibel untersagte, weil das Wort Gottes nicht der Philologie unterstehe, so verbieten es die Verteidiger der Kirche, ihren Niedergang und ihr Verschwinden in Erwägung zu ziehen, weil sie *a priori* ewig sei. Diese Art von Blokkierung beweist, daß der prädiktive Wert der Geschichte nicht nur auf Schwierigkeiten rationaler Ordnung stößt.

Für einige Historiker ist die Unmöglichkeit der Vorhersage sogar ein Beweis für die Überlegenheit der Geschichtswissenschaft gegenüber anderen Disziplinen, die prädiktive Ansprüche erheben. So für Hugh Trevor-Roper, der die Verdienste der empirischen Geschichtswissenschaft rühmt und keine Erklärungssysteme konstruieren will. Die dogmatische Geschichtswissenschaft sei in keiner Weise fähig, irgend etwas vorauszusagen. In keiner Epoche habe man die bedeutsamen Veränderungen der folgenden Epoche vorherzusehen vermocht. Für ihn besteht genau darin der Irrtum der Soziologie, die dogmatische Modelle erarbeite und sie zur Vorhersage verwende: »Die Schwierigkeit aller prophetischen Versuche der Soziologie besteht darin, daß sie sich auf Kontinuitätshypothesen stützen, die nicht immer fundiert sind. Fast alle Veränderungen kommen aus der Gesellschaft, oft jedoch aus Gruppen, die zu ihrer Zeit verkannt werden. So daß es für den Historiker nur eine einzige Methode gibt: die empirische Methode. Jedes historische Denken, das nicht hoffnungslos veraltet ist, hat sich auf die Erfahrung berufen. Der Soziologe dagegen geht vom Dogma aus: er entwickelt Modelle, und die Qualität des Modells erweist sich daran, ob es funktioniert.«[38]

Auch Daniel Bell schiebt dem Soziologen die Rolle des Propheten zu, beschränkt seine Fähigkeit jedoch auf die Gegenwart oder, allenfalls, auf die unmittelbare Zukunft: »Es ist nicht Gegenstand der Futurologie, die Zukunft vorherzusehen – ich glaube nicht, daß das möglich ist, und so etwas wie die Zukunft gibt es nicht –, sondern bestenfalls die derzeitige Struktur der Gesellschaft aufzuzeigen. Ihr Gegenstand ist die Frage, welche sozialen Veränderungen vor sich gehen, und versuchsweise zu erklären, warum sie in die Richtung gehen, die sie eingeschlagen haben. Somit ist die Futurologie nichts anderes als eine Übung in Soziologie.«[39]

Nachdem die Geschichtswissenschaft also auf eine empirische und willkürliche Kenntnis der Vergangenheit reduziert ist, zögern manche nicht, ihr Verschwinden vorauszusagen. In *Memoirs of the Future* schreibt John Atkins, daß man nach dem Vierten Weltkrieg, der im Jahre 2005/06 stattfinden werde, aufhöre, die Geschichte aufzuschreiben, eine sinnlose und potentiell gefährliche Tätigkeit.

Die Propheten des Endes der Geschichte und des letzten Menschen

Ein weiteres großes Hindernis steht der Vorhersage der Geschichtswissenschaft entgegen: die derzeitigen Thesen vom »Ende der Geschichte«. Es gebe nichts mehr vorauszusagen, weil wir ganz einfach am Ende der Evolution angelangt seien. Punktum. Paradox: die Geschichtswissenschaft selbst lehre uns, daß nichts mehr zu erwarten sei. Die Idee ist nicht neu. Schon Hegel verkündete sie vor zweihundert Jahren. Aktualisiert wird sie von seinem Schüler Francis Fukuyama in *The end of history and the last man*.[40] Ihm zufolge ist die wesentliche Triebkraft der Menschheitsgeschichte das Bedürfnis des Individuums nach Anerkennung, das für Hegel in einem Teil der Seele liegt, im *thymos*. Jeder will in seiner Menschenwürde von den anderen anerkannt werden. Und eben dieses Bedürfnis liege den sozioökonomischen Konflikten zugrunde, die allesamt Wiederholungen des berühmten dialektischen Herr-Knecht-Konflikts sind. Diese Konflikte führen in unserer Zeit zur Entstehung des liberalen demokratischen Systems, das dem Thymos endlich volle Befriedigung gibt. Dieses in Westeuropa und in den Vereinigten Staaten bereits existierende Modell werde sich in der ganzen Welt verbreiten und, wenn dieses Ziel erreicht sei, wirklich das »Ende der Geschichte« bedeuten.

Fukuyama fehlt es nicht an Argumenten, die seine These stützen. Er zeichnet ein eindrucksvolles Bild der Länder, die vor kurzem liberale Demokratien geworden sind, eine Bewegung, die sich in den letzten dreißig Jahren beschleunigt hat, auch wenn es hin und wieder zu vorübergehenden Rückschritten kommt: drei Demokratien im Jahre 1790 (Vereinigte Staaten, Schweiz und Frankreich, auch wenn sich im letzterem Fall der Terminus kaum rechtfertigen läßt), 13 im Jahre 1900, 36 im Jahre 1960, 61 im Jahre 1990. Für den Autor beweist diese Statistik, daß die Geschichte sehr wohl einen Sinn, eine Richtung hat: »Die Geschichte ist keine blinde Reihe von Ereignissen, sondern ein zusammenhängendes Ganzes, in dem sich die menschlichen Ideen bezüglich der Natur einer gerechten politischen und sozialen Ordnung entwickelt und konkretisiert haben.«[41]

Außerdem führe die wissenschaftliche und wirtschaftliche Evolution innerhalb der Konsumgesellschaft überall unvermeidlich zur Vereinheitlichung. Es entsteht ein Weltmarkt, Faktor einer Weltkultur. Diese ökonomische Entwicklung und Globalisierung hätten mit dem Sieg der autoritären Bürokratie enden können; das ist jedoch nicht der Fall: die Konsumgesellschaft führt zur Demokratie, dem System, das die sich vermehrenden Interessengruppen am besten zu befriedigen vermag. Auch dies beweist für Fukuyama, daß die Geschichte einem Ziel zustrebe, das sich heute deutlich abzeichne. Eine überaus finalistische Vision.

Dieses Ziel ist die liberale Demokratie, denn man kann sich kein System vorstellen, das das Bedürfnis nach gegenseitiger Anerkennung besser befriedigt. Also kann dies nur das Ende der Geschichte bedeuten: »Wenn wir uns heute an dem Punkt befinden, wo wir uns keine Welt vorstellen können, die sich wesentlich von der unseren unterscheidet, wo offenkundig kein Weg zu erkennen ist, die Zukunft gegenüber der derzeitigen Ordnung grundlegend zu verbessern, dann müssen wir die Möglichkeit in Erwägung ziehen, daß die Geschichte an ihrem Ende angelangt ist.«[42]

Vier Faktoren behindern noch das Voranschreiten zur liberalen Demokratie: die Fortdauer eines ausgeprägten rassischen und ethnischen Bewußtseins an bestimmten Orten; die Fortdauer totalitärer religiöser Strömungen, d. h. die verschiedenen Fundamentalismen, des jüdischen und besonders des islamischen, zu denen noch der katholische Fundamentalismus sowie diejenigen der protestantischen Sekten hinzuzufügen wären, die Fukuyama ein wenig voreilig für überholt erklärt; die Widerstandskraft nicht-egalitärer sozialer Strukturen; die unzulängliche Organisation der Zivilgesellschaft, die die Macht im wesentlichen einem zentralisierten Staat überläßt, während die wahre liberale Gesellschaft auf der Autonomie der Basisorganisationen beruhen wird. Insgesamt verzögert also das Festhalten an »kulturellen Identitäten« die Bewegung zur Homogenisierung der Lebensweisen: »Einerseits gibt es

Hat die Vorhersage eine Zukunft?

die fortschreitende Homogenisierung der Menschheit durch die moderne Wirtschaft und Technologie sowie durch die Verbreitung der Idee rationaler Anerkennung als der einzigen legitimen Regierungsbasis auf der Welt. Andererseits besteht überall ein Widerstand gegen diese Homogenisierung und, auf infrapolitischer Ebene, eine erneute Bekräftigung der kulturellen Identitäten, was letztlich die zwischen den Völkern bestehenden Barrieren verstärkt.«[43] Diese Nachhutsgefechte im Namen der kulturellen Identität werden sich schließlich legen, auch wenn der Vorgang eine gewisse Zeit braucht. Nationalistische Kriege betreffen nur noch die rückständigsten Regionen: die Dritte Welt, die ehemalige Sowjetunion, das ehemalige Jugoslawien. Die Zeit wird ihr Werk verrichten: »Die Tatsache, daß die definitive politische Neutralisierung des Nationalismus weder in dieser noch in der nächsten Generation erfolgen wird, ändert nichts daran, daß sie am Ende eintreten wird.«[44]

So also lautet die Vorhersage vom Ende der Geschichte. Das Schema ist bestechend und enthält viele wahrscheinliche Aspekte. Dennoch setzt es sich Einwänden aus. Darf man auf rein rationaler Ebene legitimerweise behaupten, es werde jenseits der liberalen Demokratie nichts anderes geben, nur weil man sich zur Zeit kein besseres System vorstellen kann? Dieselbe Argumentation hätte im 17. Jahrhundert zu der Behauptung geführt, es gäbe nichts Besseres als den Absolutismus, den man, nach dem göttlichen Modell, als das vollkommene System auffaßte. Andererseits steht der apodiktischen Behauptung, die Geschichte habe einen Sinn, ihre Bewährungsprobe noch bevor: abgesehen davon, daß sie in finalistischem Geist die Zweideutigkeit zwischen Ende und Ziel enthält, worüber sich streiten läßt, ist die Frage, worin dieser Sinn denn bestehe, bei weitem nicht gelöst. Darf man allein aus der Zunahme demokratischer Systeme schließen, daß dies die Grundrichtung der Evolution sei? In seiner schönen Einfachheit müßte man gegen die Tabelle der »liberalen Demokratien« im übrigen einige Vorbehalte anmelden, da man hier für 1990 Frankreich an der Seite von Ostdeutschland, Mexiko, Paraguay, Nicaragua, Thailand, Namibia und noch vieler anderer Länder findet, die offenkundig den Begriff »demokratisch« nicht alle auf die gleiche Weise interpretieren.

Für Fukuyama ist das Modell der westlichen Demokratie nach

amerikanischem Muster dazu berufen, die Oberhand zu gewinnen, und zwar allein deshalb, weil man sich nichts Besseres vorstellen könne. Auch über diesen Punkt läßt sich streiten. Selbst wenn die Amerikanisierung des Planeten wünschenswert wäre, wer sagt uns, daß die Evolution notwendig zum Besten führt? Warum könnten wir nicht auch auf das Schlimmste zusteuern? »Wer weiß, ob die Wahrheit nicht traurig ist«, fragte Renan.

Fukuyama verwirft von vornherein die zyklische Geschichtsauffassung, denn ihm zufolge hätten die vorausgegangenen Zyklen Spuren hinterlassen müssen. Alles hängt von der Natur dieser Zyklen ab. Wie wir sahen, schließt die Astrophysik ein zyklisches Geschehen nicht aus, bei dem die vorausgegangenen Phasen keine Spuren hinterlassen; aber hier befinden wir uns auf einer anderen Ebene. Faktisch sind in den Auffassungen von Spengler und Toynbee Zyklen und Beständigkeit durchaus miteinander vereinbar. Außerdem hat die lineare Auffassung einen trostlosen Aspekt, der sich mit Fukuyamas Optimismus überhaupt nicht verträgt: wie Hegel oder Marx zu sagen, daß die menschlichen Leiden zur Heraufkunft der strahlenden Zukunft beitragen und nicht vergeblich sind, weil sie in die Richtung der Geschichte gehen, ist kein Trost für die Opfer. Die einzige Art, diese »Mängel« der Evolution wiedergutzumachen, besteht darin, einen religiösen Standpunkt einzunehmen.

Die anderen Einwände werden von Fukuyama selbst erhoben und betreffen das letzte Stadium der Menschheitsgeschichte. In dieser Beziehung kann man sich viele Fragen stellen. Wird die in der liberalen Demokratie erreichte gegenseitige Anerkennung ausreichen, um endgültig zu sein? Werden die noch bestehenden Ungleichheiten des Reichtums Ursache neuer Kämpfe sein? Und selbst angenommen, man gelange zu einem völlig egalitären Stadium – besteht dann nicht die Gefahr einer Degenerierung, wie Nietzsche sie ankündigte, wo der »letzte Mensch« in Wahrheit ein Untermensch sein wird, der, gesättigt, jeden Wunsch nach Selbstbehauptung und damit jeden Willen verloren hat, in Uniformität versinkt und nicht einmal mehr das Bedürfnis verspürt, sich durch die Kunst oder die Literatur hervorzuheben? Das ist die Gefahr, die schon Tocqueville voraussah und die Fukuyama Isothymie nennt, ein Zustand, in dem alles gleich viel gilt, wo jede Äußerung eines Unterschieds – Quelle der Ungleichheit – beseitigt ist und von dem bestimmte Merkmale bereits heute zu erkennen sind: »Sollten morgen die isothymischen Leidenschaften darauf hinauslaufen, die Unterschiede zwischen Häßlichem und Schönem aufzuheben oder zu behaupten, ein Einbeiniger sei nicht nur geistig, sondern auch körperlich einem Menschen gleich, der alle seine Glieder besitzt«[45], dann werde dies das Ende der Zivilisation bedeuten.

Deshalb müsse die liberale demokratische Gesellschaft einen bestimmten Grad an *Megalothymie* zulassen, d. h. den Wunsch, sich zu behaupten, sich hervorzutun: sei es durch die ökonomische Tätigkeit, die es ermöglicht, sich zu bereichern, durch die Wissenschaft, die es erlaubt, Ansehen zu erwerben, durch die Politik, die den Wunsch nach Macht befriedigt, oder durch den Sport, der den Krieg ersetzt. Die liberale demokratische Gesellschaft, die die Gleichheit auf ihre Fahnen schreibt, fördert dennoch alle Tätigkeiten, die die Ungleichheit hervorheben. Ein schönes Beispiel für den der menschlichen Natur zugrunde liegenden fundamentalen Widerspruch.

Wird das genügen? Anders als Alexandre Kojève meinte, spricht wenig dafür. Hegel selbst sagte, daß ein Krieg pro Generation nötig wäre, um den gesellschaftlichen Zusammenhalt aufrechtzuerhalten und damit der Staatsbürger nicht zum *Bourgeois* verkomme. Konflikte sind notwendig, und wenn es an Motiven fehlt, dann kämpft man auch ohne Motiv. Für Fukuyama sind die Ereignisse des Mai 1968 ein gutes Beispiel dafür: »Eine Psychologie dieser Art ist auch hinter den französischen Ereignissen von 1968 zu sehen. Diese Studenten, die vorübergehend Paris kontrollierten und General de Gaulle zum Rücktritt zwangen, hatten keinen rationalen Grund zu rebellieren, denn es waren zum größten Teil verwöhnte Sprößlinge einer der freiesten und wohlhabendsten Gesellschaften des Planeten. Aber gerade das Fehlen von Kampf und Opfer in ihrem kleinbürgerlichen Leben brachte sie dazu, auf die Straße zu gehen und der Polizei entgegenzutreten. Auch wenn einige sich von undurchführbaren Ideen wie dem Maoismus blenden ließen, so hatten sie doch keine wirklich kohärente Vision einer besseren Gesellschaft.«[46]

Es erweist sich also, daß das von Fukuyama angekündigte »Ende der Geschichte« ein falscher Ausweg ist. Letztlich scheint sogar der Autor selbst an der Möglichkeit eines solchen Endes zu zweifeln. Der Thymos wird niemals zufrieden sein. Seien wir unbesorgt: die Geschichte ist nicht zu Ende. Gleichzeitig aber besteht Anlaß zur Sorge: wenn eine Zeit, in der »Frankreich sich langweilt«, zum Mai 1968 führen konnte, was passiert dann erst, wenn die Welt sich langweilen wird? »Wenn die Menschen der Zukunft den Frieden und Wohlstand satt haben und nach neuen thymotischen Herausforderungen und Konfrontationen suchen, dann besteht die Gefahr, daß die Folgen noch viel furchtbarer sind. Denn heute verfügen wir über Atomwaffen und andere Massenvernichtungsmittel, die es ermöglichen, augenblicklich und anonym Millionen Menschen zu töten.«[47] Den Propheten von Apokalypsen stehen noch rosige Zeiten bevor.

Geburt der Prospektive und der Futurologie

Es ist an der Zeit, daß wir uns den jüngsten und ernsthaftesten Vorhersagemethoden zuwenden. A. C. Decouflé verzeichnete in *L'An 2000* sechs Arten, von der Zukunft zu sprechen. Vier von ihnen sind uns vertraut: die herkömmliche Wahrsagung mit ihren mehr als 230 verschiedenen Formen; die Prophetie, die dank ihrer goldenen Regel, der Dunkelheit, weiterhin floriert[48]; die Science-fiction, die sich im Rahmen der vernünftigen Phantasie bewegt; und die Utopie, die zwar noch immer ein Ansporn sein kann, im 20. Jahrhundert jedoch gegenüber der Gegenutopie ins Hintertreffen gerät.[49] Bleiben zwei neue Methoden, zwei verfeindete Geschwister: Futurologie und Prospektive.

Die Prospektive ist eine der großen Neuheiten der zweiten Hälfte des 20. Jahrhunderts. Sie zeichnet sich durch die Institutionalisierung und Professionalisierung der Vorhersagetätigkeit aus, mit dem Ziel, zum Handeln aufzufordern und die öffentliche Meinung einzustimmen. In ihrer Konzeption übernimmt sie also die Rolle, die in der griechisch-römischen Welt die offiziellen Orakel spielten, wobei sie sich der modernen Mittel bedient: Statistiken, Wahrscheinlichkeitsrechnung, Erarbeitung von Modellen, Meinungsumfragen usw. In Wahrheit handelt es sich um ein Instrument im Dienst der politischen, ökonomischen, technokratischen Kräfte. Mehr denn je zuvor heißt regieren vorhersehen, in einer unbeständigen Welt, in der die Technologie mit wachsender Geschwindigkeit voranschreitet. Man muß vorausschauen, um effizient zu sein. Auch muß man die Menschen vorbereiten, und hier stoßen wir erneut auf den Gedanken einer Manipulation der Zukunft im Dienst der Gegenwart, der in der Antike so weit verbreitet war. Es gibt nichts Besseres als eine prospektive Untersuchung, um eine von der Obrigkeit erwünschte Reform zu rechtfertigen.

Der Vergleich mit der Antike drängt sich sogar mit dem Namen der Verfahren auf, wie dem der sogenannten Delphi-Methode, wo die Gutachter ihre Vorhersagen in unabhängigen Gruppen erarbeiten, die nicht miteinander kommunizieren, und man am Ende zu einer Synthese kommt. Dieses Verfahren, das Anfang der 50er Jahren von der Rand Corporation entwickelt wurde, erinnert absichtlich an die Orakel der Pythia.

Die Idee der Prospektive taucht 1929 in den Vereinigten Staaten auf, wo Präsident Hoover, der soziale Reformen durchzuführen wünscht, eine Kommission unter der Leitung von Wesley Mitchell ins Leben ruft, die die Entwicklungstendenzen in diesem Bereich untersuchen soll. Von Anfang an wird die Verbindung von Vorhersage und Handeln unterstrichen: »In Anbetracht der Theorie des Determinismus, auf der die Wissenschaft beruht, sollte die klügste Art, die Handlungsbereitschaft zu fördern, nicht allein auf die Kraft des menschlichen Willens bauen, sondern auf die Kenntnis dessen, was wahrscheinlich eintreten wird, zusammen mit einem Aktionsplan, der sich befleißigt, diese wahrscheinlichen Ereignisse zu modifizieren.« [50]

Der zweite Anlauf erfolgt 1933, als Roosevelt W. F. Ogburn beauftragt, einen Bericht über die »technologischen Tendenzen und die Regierungspolitik« zur Einschätzung der wahrscheinlichen Folgen des technologischen Fortschritts vorzulegen. Der entscheidende Vorstoß verdankt sich dem militärischen Sektor in den entscheidenden Jahren 1944–1949, wo die Umwälzung der strategischen Gegebenheiten mit dem Übergang des Zweiten Weltkriegs zum Kalten Krieg in Verbindung mit der Revolution der Kerntechnik eine ernsthafte Untersuchung der möglichen Szenarien erforderlich macht. In diesem Zusammenhang entsteht 1948 die Rand (Research and Development) Corporation in Santa Monica in der Nähe von Los Angeles. Dieses prospektive Laboratorium arbeitet an einer Vielzahl möglicher Zukunftsszenarien und entwickelt entsprechende Lösungen, um den verschiedenen Eventualitäten gewachsen zu sein.

Von hier aus dehnen sich die prospektiven Forschungen auf den Zivilbereich aus, zunächst punktuell, wie zum Beispiel mit dem Bericht der Materials Policy Commission im Jahre 1952, der die zukünftige Rohstoffversorgung der Vereinigten Staaten untersucht, oder die 1965 in Auftrag gegebene »Agenda für das Jahr 2000«, die sich mit den voraussichtlichen sozialen Veränderungen vor dem Ende des Jahrhunderts befaßt. Ab 1975 verpflichtet das Repräsentantenhaus alle seine Kommissionen, mit den Ergebnissen der Prospektive zu arbeiten. Die Prospektive wird also zu einer regelrechten, mit der Obrigkeit verbundenen Institution. Aber auch die großen Unternehmen bedienen sich mehr und mehr prospektiver Studien, vor allem seit der Ölkrise von 1973, die viele Gewißheiten in bezug auf die Fortsetzung der vergangenen Tendenzen ins Wanken bringt. Man kann sogar sagen, daß die Bewegung sich 1966 mit der Gründung der World Future Society (WFS) demokratisiert, die neben Experten, die sich im WFS *Bulletin* äußern, auch ein interessiertes »breites Publikum« mit einbezieht, an das sich die Zeitschrift *The Futurist* wendet. Die Gesellschaft zählt etwa 20 000 Mitglieder.

Nach dem Krieg ist die Prospektive in Europa in mehreren liberalen Staaten eng mit der sozioökonomischen Planung verbunden. In Frankreich tritt das am deutlichsten zutage. Planung heißt Beherrschung der Zukunft durch einen Kompromiß zwischen den voraussichtlichen Trends und den wünschenswerten Ergebnissen. Letztere sind genau bekannt; daher hängt die Effizienz von einer klaren Wahrnehmung ersterer ab. Das Gleichgewicht zwischen Vorhersehen und Handeln steht im Mittelpunkt der Planung.

Es war Gaston Berger, der 1957 den Neologismus »Prospektive« als Gegenstück zu »Retrospektive« prägte. Denn das Wort Vorhersage eignet sich nicht für diese neue Realität, die nicht bloße Kenntnis der Zukunft ist, sondern Resultat einer konzertierten Aktion, die den wahrscheinlichen Tendenzen Rechnung trägt. Mit der Beschleunigung der technischen und ökonomischen Veränderungen wird es unerläßlich, über eine gute Beleuchtung der mittelfristigen Zukunft zu verfügen, was Gaston Berger mit einem berühmt gewordenen Vergleich zum Ausdruck bringt: »Auf einer gutbekannten Landstraße braucht der Fahrer eines Fuhrwerks, das sich nachts im Schrittempo fortbewegt, zur Beleuchtung der Straße nur eine schlechte Laterne. Das Automobil dagegen, das

Hat die Vorhersage eine Zukunft? 745

mit hoher Geschwindigkeit durch eine unbekannte Gegend fährt, muß mit starken Scheinwerfern ausgestattet sein. Ohne Sicht schnell zu fahren, wäre Wahnsinn.«[51] Vor allem – würden wir hinzufügen, um im Vergleich zu bleiben – wenn das Fuhrwerk, das die traditionelle Landwirtschaft repräsentiert, nur Stroh transportiert, während das Automobil, das die moderne Wirtschaft darstellt, mit Technologien beladen ist, deren Zerstörungskraft so groß ist, daß der kleinste Unfall einer Katastrophe gleichkäme.

1957 gründet Gaston Berger das Centre d'études prospectives, das 1960 mit dem von Bertrand de Jouvenel, einem weiteren Pionier der Prospektive, ins Leben gerufenen Verband »Futuribles« fusioniert. Noch ein Neologismus, wird man sagen, der besonders barbarisch klingt. Aber liegt es nicht in der Logik der Dinge, neue Worte zu kreieren, um zu bezeichnen, was noch nicht existiert? Dieses ausdrucksstarke Wort will zeigen, daß die Zukunft offen bleibt und sich aus mehreren Möglichkeiten zusammensetzt. Bertrand de Jouvenels große Sorge ist, daß die Prospektive zum Monopol der Macht werden könnte, von der Gesellschaft abgeschnitten und im Geheimen als reines Werkzeug der Technokratie entwickelt. Die Gefahr besteht durchaus, wie es die Utopien, Gegenutopien, Science-fiction-Romane und elitistischen Antizipationen nach Art Renans gezeigt haben. Bertrand de Jouvenel bezieht sich im übrigen ausdrücklich auf das Haus Salomons, wo, in *Neu-Atlantis* von Francis Bacon, die Gelehrten im Geheimen über ihre Entdeckungen diskutieren und damit totalitäre Macht über die Gesellschaft haben. Um dies zu verhindern und die Öffentlichkeit am Entscheidungsprozeß zu beteiligen, regt der Prospektivist an, ein ständiges »Prognoseforum« zu schaffen, wo die Experten ihre Schlußfolgerungen darlegen und die Bürger sich über die Ergebnisse der Arbeiten informieren könnten.

Der dritte große Name aus den Anfängen der französischen Prospektive ist Jean Fourastié, dessen Originalität hauptsächlich sein Wille ist, die dauerhaften Strukturen und die beständigsten Bereiche bei der Erarbeitung der Voraussagen zu berücksichtigen. Statt die Zukunft in der Verlängerung der Kurven der jüngsten Vergangenheit zu suchen, d. h. in den fragilsten Tendenzen, müsse man sich auf die Bereiche stützen, in denen die Entwicklung am langsamsten und ältesten ist, da sie die meisten Kontinuitätsgarantien biete: »Die goldene Regel des prospektiven Geistes lautet, das

Ereignis nicht nur in der jüngsten Vergangenheit, sondern in der langen Dauer zu sehen, d. h. mindestens im Jahrhundert und sogar im Jahrtausend.«[52] So sah Jean Fourastié in den sechziger Jahren voraus, daß das damals allgemeine Ansteigen der Kurven schnell nachlassen werde, eine Vorhersage, die er damals fast als einziger formulierte. Seine langfristigen Voraussagen dagegen sind weit strittiger und ähneln mehr der Utopie als der Prospektive.

Resultate und Unschlüssigkeiten der Prospektive. Der Retro-Fortschritt

Die Prospektive ist also zu einer Tätigkeit von Experten geworden, die immer verfeinertere wissenschaftliche Methoden verwendet und sich auf die Mathematik stützt. So zum Beispiel die »Interaktionsmatrizes«, die in den 60er Jahren von Gordon und Helmer entwickelt wurden. Es geht hierbei um eine Tafel mit doppeltem Eingang, die es erlaubt, das Ergebnis der Interaktionen möglicher Ereignisse und wahrscheinlicher Tendenzen zu messen. Hier sollte man weniger von Vorhersage als vielmehr von einem Fächer potentieller Szenarien sprechen. Die Methode der Extrapolationen dagegen gründet auf der Beobachtung einer Reihe vergangener Phänomene, deren Ergebnisse man auf einen anderen Bereich überträgt. Das Verfahren der »Modelle« wird definiert als »Substitut der Realität, die es in einer Weise darstellt, von der man hofft, daß sie dem zu behandelnden Problem gerecht wird. Es besteht aus den Faktoren einer gegebenen Situation sowie aus ihren wechselseitigen Beziehungen. Man stellt ihm Fragen und hofft, daß die Antworten den Teil der realen Welt beleuchten, denen es entspricht.«[53] Man unterscheidet ein »allgemeines lineares Modell«, ein »Regressionsmodell«, »lineare stochastische Modelle«, »ökonometrische Modelle«, »multivariante stochastische Modelle« und noch viele andere, die alle auf sehr komplexen mathematischen Methoden beruhen.[54] Erwähnen wir noch die sogenannte Methode der »Szenarien«, die im voraus die Bedingungen beschreibt, unter denen dieser oder jener Handlungstypus ablaufen wird.

Die Wahrscheinlichkeitsrechnung beruft sich auf den rein mathematischen Aspekt der Zukunft. Albert Jacquard definiert sie folgendermaßen: »Worauf bezieht sich das Wort *Wahrscheinlichkeit*? Es entspricht dem Grad unseres Vertrauens in das Eintreten eines Ereignisses. Bei jeder probabilistischen Beurteilung betrachten wir ein Ereignis E, dessen Eintreten vom Resultat eines Versuchs abhängt, der noch nicht stattgefunden hat oder dessen Ausgang noch unbekannt ist. (...) Ein Versuch ist probabilisierbar, wenn wir, unter Berücksichtigung der Meinungen oder unserer Informationen über die Bedingungen seines Verlaufs, in der Lage sind, jedem seiner möglichen Resulate r_i eine Zahl p_i zuzuordnen, die den Grad unseres Vertrauens an sein Eintreten wiedergibt.«[55]

Die Zuverlässigkeit der Methode hängt also von der Qualität der Information ab, über die man verfügt, und beruht auf dem Gesetz der großen Zahlen. In keinem Fall behauptet sie, ein Ereignis mit Sicherheit vorhersagen zu können: »Wie jede mathematische Technik ist die probabilistische Beurteilung kein Mittel, die Strenge und Kohärenz unserer Deduktionen zu garantieren. Bei vielen Gelegenheiten können wir sie heranziehen, und sie erweist sich als bemerkenswert effizient, dennoch müssen wir ihre Grenzen erkennen; die probabilistische Beurteilung kann keine Antwort auf die metaphysischen Fragen geben, wie die *Realität* oder der *Zufall* sie stellt.«[56]

Diese Vorsicht ist bei allen modernen Methoden der Prospektive angebracht, die eher als Entscheidungshilfen gelten. Das Ziel ist weniger, das künftige Geschehen vorherzusagen, als vielmehr durch geeignete Maßnahmen einen verhängnisvollen Kurs zu verhindern. Die Prospektive fällt mehr in den Bereich der Praxis als in den der Erkenntnis: »Trotz aller Sorgfalt, mit der die Fakten untersucht und das Modell ausgewählt wird, lassen sich Voraussageirrtümer nicht ausschließen, und angesichts der erzielten Ergebnisse müssen wir bescheiden bleiben. (...) Die Irrtümer erklären sich jedoch auch durch die Interaktionen zwischen dem Vorhersagenden und seiner Umgebung: der Autofahrer, der auf der Straße ein Hindernis sieht, drosselt die Geschwindigkeit oder ändert seine Wegstrecke, um ihm auszuweichen; der Unternehmensleiter, der sieht, daß sein Marktanteil sinkt, richtet seine Bemühungen darauf, diese Entwicklung zu verändern. Denn die Vorhersage ist kein Zweck an sich, sondern eine Entscheidungshilfe. Ein Vorhersageirrtum darf also nicht immer als eine falsche Einschätzung der Zukunft interpretiert werden, sondern bisweilen als das Resultat komplexer Entscheidungen, die die Verantwortlichen treffen, um ihre Umwelt zu modifizieren. Unter diesem Blickwinkel ist der Vorhersageirrtum ebenso fruchtbar wie die Vorhersage selbst, und besteht manchmal nicht Anlaß, sich darüber zu freuen?«[57]

Trotz allem hat die Prospektive bisher zu interessanten Ergebnissen geführt, und ihre Zuverlässigkeit ist recht hoch. Dies geht beispielsweise aus einer Studie aus dem Jahr 1985 hervor, die die Bilanz all dessen zieht, was seit den prospektivistischen Schätzungen von 1960 eingetreten ist.[58] Diese Schätzungen hatten die Entwicklung der Beschäftigung, der Produktivität, der Arbeitszeit, des Wirtschaftswachstums, der Atomenergie, der biologischen Revolution, der Urbanisierungstendenzen richtig beurteilt. Die »Irrtümer« sind eher Lücken: der Aufschwung Japans, die Mikroinformatik, die Frauenarbeit und die Arbeitslosigkeit sind weit unterschätzt worden. Welcher Astrologe, welche Kartenlegerin, welcher Utopist, welcher Science-fiction-Autor, welcher erleuchtete Prophet kann eine so schmeichelhafte Bilanz aufweisen?

Im übrigen arbeiten die Prospektivisten an der Verbesserung der Methoden. 1978 legt J. Lesourne, Leiter des Projekts Interfuturs der OCDE, einen Bericht mit dem vielsagenden Titel *Face aux futurs: pour une maîtrise du vraisemblable et une gestion de l'imprévisible* vor, und 1985 schreibt er eine Selbstkritik, in der er die Hauptirrtümer hervorhebt und Verbesserungsvorschläge macht.[59]

Aber gerade die Vorsicht der Prospektivisten kann ernüchternd wirken auf ein breites Publikum, das in bezug auf die Zukunft Gewißheiten verlangt und enttäuscht ist, sich mit Möglichkeiten oder Banalitäten begnügen zu müssen. Nehmen wir als Beispiel den Fall des kürzlich erschienenen Buchs von Hamish McRae, *The World in 2020*.[60] Was verkündet er uns? Eine Weltbevölkerung von 8,5 Milliarden Menschen, von denen die große Mehrheit in der Dritten Welt leben werde, während in den entwickelten Ländern eine hohe durchschnittliche Lebensdauer mit einer sinkenden Bevölkerungszahl einhergehe. Die Dritte Welt werde es schwer haben, sich zu ernähren. Der ständige Verbrauch fossiler Energie werde die Atmosphäre erwärmen, was Grund zu Besorgnis gebe. Die Haushaltsgeräte würden noch etwas elektronisierter sein als heute, jedoch ohne revolutionäre Veränderungen. Die Autos würden etwas sicherer, die Züge etwas schneller, die Telekommunikationsmittel etwas entwickelter und billiger sein. Kurz, die derzeitigen Trends setzen sich fort, und die Welt von morgen ist bereits banal, noch bevor sie überhaupt existiert hat. Ansonsten gibt es nur eine Reihe von Fragen: alle sozialen, politischen und kulturellen Aspekte werden im Dunkeln gelassen. Letztlich enthält dieses Buch nichts, was nicht schon bekannt oder offensichtlich wäre, und erinnert an die *Pantagrueline prognostication*: »In diesem Jahr werden die Blinden sehr wenig sehen.«

Kann man kühner sein, ohne der astrologischen, kartomantischen oder prophetischen Scharlatanerie zu verfallen? Manche sind dieser Meinung, und ihr kommerzieller Erfolg zeigt, wie sehr sie den Erwartungen des Publikums entsprechen. Die sieben Millionen Exemplare von Alvin Tofflers *Zukunftsschock* von 1970 sind ein Beweis dafür. 1983 äußert sich derselbe Autor in *Previews and Reviews* in Form eines Interviews.[61] In bezug auf den Futurismus vertritt er einen ähnlichen Standpunkt wie die französischen Prospektivisten und erklärt, daß beispielsweise die Mitglieder der World Future Society »in keiner Weise Propheten sein wollen. Die meiste Zeit bringen sie damit zu, die Gegenwart zu analysieren, den Entscheidungsträgern Richtlinien vorzuschlagen, auf Gefahren und Folgen von Entscheidungen hinzuweisen, die sonst unbemerkt bleiben würden, aber es kommt höchst selten vor, daß sie ›prophezeien‹.«[62]

Für Alvin Toffler befindet sich die Menschheit heute, nach dem Übergang zum paläolithischen Ackerbau und der ersten industriellen Revolution, an ihrem dritten Kreuzweg, in ihrer dritten Bewußtseinskrise. Wir stehen vor der »dritten Welle«, und vor uns liegt eine Vielzahl von Zukunftsmöglichkeiten, die um so schwerer zu erkennen sind, als unsere Welt keinen Sinn hat; wir befinden uns in einer »kosmischen Farce«: »Wir müssen uns den Tatsachen beugen: wir sind Bestandteil einer phantastischen kosmischen Farce, und das hindert uns in keiner Weise daran, uns etwas darauf einzubilden, die Komik der Situation zu genießen und über uns selber zu lachen.«[63]

In diesem Kontext hat die Vorhersage etwas von einer Wette. Das stellt man zum Beispiel fest im Werk *The Year 2000* von Herman Kahn und Anthony J. Wiener, wo eine Liste von hundert wahrscheinlichen technischen Neuerungen im letzten Drittel des

20. Jahrhunderts aufgestellt wird.[64] Dieses Vorgehen, das für Jean Servier in der unmittelbaren Nachfolge der Utopie steht,[65] wird auch von den französischen Prospektivisten kritisiert. Sie werfen der Futurologie amerikanischen Typs vor, eine nahezu gewisse Zukunft vorauszusagen, womit sie in Wahrheit eine ideologische Rede verschleierten.

Die beiden Methoden sind aufgrund des berühmtem Meadows-Berichts von 1972, *The Limits to Growth*, aneinander geraten, der für die Mitte des nächsten Jahrhunderts eine weltweite Katastrophe vorhersieht, indem er die Kurven von fünf Grundgegebenheiten verlängert: Demographie, Industrieproduktion, Nahrungsproduktion, Umweltverschmutzung, Versiegen der Rohstoffvorräte. Die computerberechneten Resultate sind spektakulär und eindeutig und führen zu einer logischen Schlußfolgerung: man muß das Wachstum begrenzen, um zu einer stationären Ökonomie zu gelangen, ähnlich der, die John Stuart Mill vorhersah. Die Prospektivisten machen diesem Bericht den Vorwurf, daß er diese fünf Faktoren isoliere, ohne äußere regulierende Elemente wie die Preisentwicklung zu berücksichtigen, und sie fechten einige allzu automatische Determinismen in den Berechnungen an. Ebenso kritisiert wird der von Präsident Carter in Auftrag gegebene und 1980 unter dem Titel *Global 2000* veröffentlichte Bericht. Auch hier sind die Vorhersagen extrem pessimistisch: »Wenn sich die gegenwärtigen Entwicklungstrends fortsetzen, wird die Welt im Jahre 2000 noch übervölkerter, verschmutzter, ökologisch noch weniger stabil und für Störungen anfälliger sein als die Welt, in der wir heute leben. (...) Sofern es im Bereich der Technologie nicht zu revolutionären Fortschritten kommt, wird das Leben für die meisten Menschen auf der Welt im Jahre 2000 ungewisser sein als heute – es sei denn, die Nationen der Welt arbeiten entschlossen darauf hin, die gegenwärtigen Entwicklungstrends zu verändern.«[66]

Handelt es sich hier um eine Voraussage? Angesichts des stark bedingten Charakters des Szenariums ist die Frage erlaubt. Ganz gewiß aber wird die Prospektive ihrerseits von dem pessimistischen Klima des ausgehenden Jahrhunderts angesteckt. Wie könnte es auch anders sein? Auf Fakten und Zahlen beruhend, spiegelt sie dessen alarmierende Entwicklung. Bernard Cazes führt in einem bemerkenswerten Buch über die Geschichte der Zukunft die prospektiven Sorgen auf sieben Hauptthemen zurück.[67] Und in jedem dieser Bereiche ist die Entwicklung zur Zeit negativ: – natürliche Umwelt: sie verschlechtert sich mit großer Geschwindigkeit; – geopolitischer Kontext: seit dem Ende der Blöcke tendiert er zur Anarchie; – globales ökonomisches Wachstum: es schleppt sich dahin; – demographisches Verhalten: obwohl die Geburtenrate sinkt, ist sie noch immer viel zu hoch, besonders in der Dritten Welt; – Beschäftigung: die Arbeitslosenzahlen wachsen ständig, gleichgültig, welche Politik verfolgt wird; – der Vorsorgestaat: er zieht sich immer weiter zurück, während er gleichzeitig die Steuern erhöht; – technologischer Wandel: dies ist der einzige weiterhin positive Punkt, doch manche wie Michael Moravick sehen einen baldigen Stillstand in der Entwicklung der wissenschaftlichen Erkenntnisse voraus, was in einem Stillstand des technologischen Fortschritts zum Ausdruck kommen werde, und zwar aus drei Gründen: Um Fortschritte machen zu können, braucht die wissenschaftliche Forschung immer mehr qualifiziertes Personal, das bald nicht mehr schnell genug nachwachsen wird; sie erfordert immer größere, unerschwingliche Kapitalien; sie wird einen so hohen Grad an Komplexität erreichen, daß er die Fähigkeiten des menschlichen Gehirns übersteigt.[68] Und außerdem hat der technologische Fortschritt, was immer man sagen mag, einen negativen Einfluß auf das globale Beschäftigungsniveau. Dies zu leugnen ist eine zwar weit verbreitete, aber sträfliche Mode.

Wenn unter diesen Voraussetzungen alle Ampeln auf Rot stehen, wie ist dann eine optimistische Prospektive möglich? Also erheben die Propheten des sogenannten Retro-Fortschritts ihre Stimme wie J. Gimpel, der 1985, von Spengler inspiriert, ein Werk mit dem trostlosen Titel *Rapport final sur la décadence de l'Occident* veröffentlicht. Darin sagt er den Stillstand des technischen Fortschritts in Verbindung mit dem Zusammenbruch des Bankensystems voraus, was die Rückkehr zur Autarkie, Stadtflucht, Bürgerkriege sowie die Balkanisierung eines vom Islam kolonisierten Europas zur Folge haben werde, während China endlich erwache – wie man es uns schon seit langem ankündigt – und das dritte Jahrtausend beherrsche.

So also steht es um uns am Vorabend des Jahres 2000. Die Situation ist neu, einmalig, ohne Beispiel. Noch nie standen den Menschen so viele Voraussagemittel zur Verfügung und noch nie waren sie sich der Zukunft so wenig gewiß. Wir betreten das dritte Jahrtausend im dichtesten Nebel. Noch nie war der Horizont so finster.

Gewiß, alle früheren Voraussagen waren Illusionen, aber sie lieferten immerhin Gewißheiten, die das Handeln leiten und ihm einen Sinn zu geben vermochten. Wir haben diese Illusionen nicht mehr. Zwar gibt es noch immer einige unverbesserliche Optimisten, die sich auf zwei Gruppen verteilen: die voluntaristischen Scheinoptimisten, die glauben und vor allem glauben machen wollen, daß sich am Ende alles einrenken werde, besonders dann, wenn man ihre Ratschläge befolge, denn es handelt sich meist um Politiker, Regierende, für diesen oder jenen Sektor Verantwortliche; und die irrationalen Optimisten, die sich auf eine in einem religiösen oder humanitären Glauben wurzelnde »innere Überzeugung« berufen, die Optimisten Gottes und die Optimisten des Menschen, die ihr Vertrauen in diese beiden Wesen bewahren, obwohl sie ihre Anhänger im Laufe der Jahrhunderte immer wieder enttäuscht haben.

Die Optimisten auf Bestellung führen nur noch eine zustimmende Minderheit in die Irre; was die Optimisten aus Überzeugung betrifft, so genügt ein Rückblick auf das im Sterben liegende 20. Jahrhundert, um ihnen zu antworten. Noch nie ist eine Epoche, was die Zukunft betrifft, in solcher Trübsal zu Ende gegangen. Die neunziger Jahre waren bisher im allgemeinen von einer großen Hoffnung getragen: Frühling der Völker durch die Französische Revolution am Vorabend des Jahres 1800..., der mit dem napoleonischen Despotismus endete; Wohlstand dank der Wissenschaft und Gleichheit dank des Sozialismus am Vorabend des Jahres 1900..., was mit der Schlächterei von 1914 und dem roten Terror von 1917 endete.

Zwar haben die Prophezeiungen oft Katastrophen, Apokalypsen angekündigt, aber diese Apokalypsen waren das Vorspiel zu einem großen Glück, einem glücklichen Jahrtausend oder einer glückseligen Ewigkeit. Sogar die Voraussagen des Weltendes waren optimistisch, da sie das Paradies ankündigten.

Das Neue ist das Fehlen von Vorhersagen. Verstehen wir uns recht: das Fehlen von allgemeinen, langfristigen Voraussagen, die von einer nennenswerten Anzahl von Personen ernst genommen werden. Denn zu kurzfristigen Voraussagen sind wir durchaus imstande: auf die ökonomischen Institute kann man sich einigermaßen verlassen, die Meteorologie ist sehr effizient, und die Meinungsumfragen nennen uns im voraus den Namen des künftigen Präsidenten. Auch die Vorhersagen über das individuelle Schicksal erfreuen sich, obwohl sie völlig wertlos sind, großer Wertschätzung, wie es das Gedeihen der Astrologen und anderer Wahrsager beweist. Andererseits gibt es noch immer Propheten, deren Phantasie sich beim Nahen des Jahres 2000 entzündet. Ihr Erfolg aber ist mit dem der Schauspieler zu vergleichen: sie ergötzen die Galerie mit ihren guten Geschichten.

Berichtigen wir also: Das Neue besteht darin, daß man an die globalen und langfristigen Vorhersagen nicht mehr glaubt. Und das ist ein Grund zur Freude. Eben dies berechtigt zu wirklichem Optimismus, denn es ist ein Zeichen sozialer Reife; es zeigt, daß die Menschheit erwachsen wird. Besteht der wirkliche Optimismus etwa darin, sich in einer kindlichen Haltung zu gefallen, auf kindischen Träumen zu beharren, die immer mit herben Enttäuschungen enden, oder aber in der Feststellung, daß wir erwachsen und vernünftig geworden sind, endlich fähig, einer harten, unvorhersehbaren, vielleicht sogar absurden Hypothese ins Auge zu sehen und darüber zu lachen? Seit der Antike weissagt und prophezeit der Mensch, und die Geschichte seiner Voraussagen ist die Geschichte seiner Irrtümer und seiner Enttäuschungen. Soll man sich über seinen wachsenden Skeptizismus grämen?

Schlußfolgerung

»Unser Jahrhundert hat die Fähigkeit verloren, sich zu korrigieren und die Bilder der Zukunft rechtzeitig zu erneuern.«

F. L. Pollack, *The Image of Future*

Sollte eine Geschichte der Vorhersage mit einer ... Vorhersage enden? Statt über die kommenden Jahrhunderte eine weitere Vorhersage zu machen, die ebenso falsch wäre wie alle anderen, wollen wir die Lehren der Geschichte betrachten.

Unsere Einteilung in fünf Perioden – Orakel, Prophetie, Astrologie, Utopie, wissenschaftliche Methode – bedeutet nicht, daß alle diese Voraussageverfahren streng chronologisch aufeinanderfolgen, vielmehr überlappen und akkumulieren sie sich. Neben den allerneusten werden die alten Wahrsagemethoden noch immer verwendet, was bestätigt, daß in diesem Bereich nicht der Inhalt zählt, sondern die Art des Vorgehens. Es geht nicht um die Zukunft, sondern um die Gegenwart. Deshalb trifft sich im übrigen die jüngste Methode, die Prospektive, mit der ältesten, den Orakeln. Für die prospektivistischen Institute handelt es sich, wie für die offiziellen Seiten von Delphi, darum, den Regierenden Hinweise auf Tendenzen und mögliche Szenarien zu liefern, um ihr Handeln zu leiten. Ob diese Szenarien nun den Willen der Götter oder die wahrscheinliche Entwicklung der sozioökonomischen Kurven ausdrücken, ist an sich nebensächlich. Wichtig ist, daß es in diesem wie in jenem Fall nichts Unabwendbares gibt und die Zukunft letztlich als Ergebnis einer willentlichen Handlung in einer bestimmten Umgebung präsentiert wird. Bei den Griechen und Römern macht die rätselhafte Form des Orakels die Entscheidung davon abhängig, wie geschickt der Experte sie entziffert; bei der Prospektive läßt die Vielfalt der aufgezeigten Modelle dem Scharfsinn der Entscheidungsträger jeden Spielraum. Letztlich zählt nicht das, was vorausgesagt wird, und auch nicht das Eintreffen der Vorhersage, sondern die Aktion, die sie hervorrufen wird.

Schlußfolgerung

Auch die Utopie veranschaulicht dieses Faktum. Die Utopie versteht sich als die Vision eines halb antizipierten, halb erträumten idealen Staats, in dem die Zukunft beseitigt wäre, da die vollkommen rationale Organisation jede Unsicherheit ausschalten würde. Solange diese Vision in weiter Ferne liegt und unwahrscheinlich bleibt, ist sie das Ziel der Wünsche; sobald jedoch ihre Verwirklichung näherzurücken scheint, wird sie zur Gegenutopie, zu einem Gegenstand der Furcht. Es besteht kein grundsätzlicher Unterschied zwischen den strahlenden Städten von Platon, Morus, Campanella und den hyperorganisierten Welten von Wells und Samjatin. Wenn erstere als Paradies aufgefaßt werden, so deshalb, weil man sie für unrealisierbar hält, und wenn die zweiten Höllen sind, so deshalb, weil man sie in einer mehr oder weniger nahen Zukunft für wahrscheinlich hält. Das erste Merkmal eines Paradieses ist, daß es nicht existiert; der Versuch, es zu verwirklichen, bedeutet, es zum Verschwinden zu bringen. Die jüngsten Studien von Jean Delumeau haben es deutlich gemacht: jede Suche nach dem irdischen Paradies führte dazu, daß sich der Mythos verflüchtigte[1], und alle millenaristischen Versuche, es wiederherzustellen, endeten in blutiger Tyrannei.[2] Die Hölle dagegen ist greifbar; seit langem hat der Mensch immer wieder diese Erfahrung gemacht.[3]

Wir haben es also mit einer sonderbaren dialektischen Beziehung zwischen der Utopie, ihrer Verwirklichung und der Gegenutopie zu tun, wobei erstere ein Paradies vorhersagt, das einige zu verwirklichen trachten; sobald der Traum Gestalt annimmt, wirkt er wie die Hölle, was neue Propheten auf den Plan ruft, die in einer Gegenutopie das erste Projekt ankündigen und vor dem zum Alptraum gewordenen Traum warnen. Ende des 18. Jahrhunderts entwirft Mercier in *L'An 2440* eine vollkommene utopische Gesellschaft, die Stalin nahezu verwirklicht, womit er George Orwell die wesentlichen Züge seiner gegenutopischen Hölle von *1984* liefert.

Dieses Schema illustriert der kürzlich erschienene grausame Roman von J. G. Ballard, *Rushing to Paradise*[4], in dem sich die ökologische Utopie in eine Hölle verwandelt, sobald sie Wirklichkeit zu werden verspricht. Eine Gruppe von Ökologen bemächtigt sich einer polynesischen Insel, um gegen die Wiederaufnahme der französischen Atomversuche zu protestieren (die Ballard 1994

»vorausgesagt« hat), und unter der Leitung einer Frau, Dr. Barbara, entsteht ein autarkes Gebilde, mit einer Mischung aus verkommenen Hippies und perversen Kadern, die in eine wüste feministische Despotie ausartet.

Die Utopie ist also eine ganz besondere Art der Vorhersage, die nur dann als solche bestehen kann, wenn man nicht versucht, sie in die Tat umzusetzen, denn dann gerät sie aufgrund ihres radikalen und universellen Charakters zur Ideologie. So wurden die Utopien von Fourier und Cabet, als sie durch Marx' Hände gingen, zur kommunistischen Ideologie. Die dritte Etappe ist zwangsläufig der Totalitarismus, denn die Utopie kennt keinen Kompromiß; sie sieht eine vollkommene, also notwendigerweise gegenüber der Unvollkommenheit unduldsame Welt voraus. Im Kontakt mit dem Realen zerstört die utopische Vorhersage sich selbst; sie kann nur dann prophetisch bleiben, wenn sie sich niemals verwirklicht. Das Ende des 20. Jahrhunderts hat keine Utopien mehr, weil es keine Illusionen mehr hat. Die Ökologie ist vielleicht die letzte; wünschen wir ihr, daß sie ein Traum bleibt.

Die religiöse Prophetie hat dasselbe Schicksal, wie es der Fall des Christentums und vor ihm des Judentums gezeigt hat. Diese Religionen sind ursprünglich Religionen der Zukunft, die auf einer Verheißung und auf Prophezeiungen gründen. Aber nachdem sie Institutionen geworden sind, die sich um die Verwaltung der Gegenwart zu kümmern haben, bekämpfen sie den prophetischen Geist bald als eine Quelle der Unruhe, der Unordnung und der Irrtümer. Ab dem 11. Jahrhundert trachtet die Kirche danach, den Geist der Weissagung zu monopolisieren. Sie definiert in strenger Form die Kriterien der erlaubten Prophetie und erklärt die freie Prophetie zur Ketzerei. Ihre Besitzergreifung der Zukunft drückt sich in ihrer extremen Vorsicht gegenüber den Fällen von Erleuchtung aus, denn die erleuchteten Propheten verkünden im allgemeinen die Überwindung, ja den Sturz der Kirche. Stolz auf die Propheten des Alten Testaments, die die Überwindung der mosaischen Religion vorhersagten, will die Kirche auf keinen Fall, daß sich das gleiche Phänomen, diesmal auf ihre Kosten, mit Propheten wiederholt, die eine Weltreligion ohne Dogmen ankündigen. Daher verriegelt sie die Tore zur Zukunft, und das zweite Vatikan-Konzil hat erneut alle Formen der Wahrsagung verurteilt. Damit wird der prophetische Geist zu seiner eigenen Negation gedrängt.

Schlußfolgerung

Diese Blockierung des Zugangs zur Zukunft auf dem Weg der Erleuchtung hat stark dazu beigetragen, daß sich ein paralleler Weg entwickelte, der Weg der Wissenschaft, über die Astrologie. Denn die Astrologie, das sei wiederholt, hat immer den Anspruch erhoben, eine exakte Wissenschaft zu sein, in deren mathematisches Gewand sie sich hüllte, und dieser Anspruch konnte sogar kluge Geister täuschen wie Pierre d'Ailly, der zur Zeit des Großen Schismas von der Prophetie zur Astrologie überwechselte. Die Astrologie, die aufgrund ihres strengen und rationalen Aspekts Sicherheit verleiht, läßt gleichzeitig alle möglichen Interpretationen zu, und darin besteht ihr Erfolg im 16. und 17. Jahrhundert, da sie es erlaubt, die entgegengesetztesten Standpunkte zu rechtfertigen. Opfer sowohl der Fortschritte der Wissenschaft wie des kritischen Geistes, wird sie im 18. Jahrhundert ihrerseits als Aberglaube eingestuft und muß den Humanwissenschaften und der Utopie und bald der Science-fiction das Feld überlassen.

Das 18. Jahrhundert kennt kein Erbarmen mit der inspirierten Vorhersage: »Der erste Prophet war der erste Schurke, der einem Dummkopf begegnete«, schrieb Voltaire. Es duldet auch nicht die falsche Wissenschaft: »Die Astrologie ist die lächerlichste Sache auf der Welt«, erklärt Pierre Bayle. Dennoch muß es der Zukunft ins Auge sehen. Manche bedienen sich dazu der Utopie. Andere wenden sich an die Geschichte und ziehen aus ihrem Studium Lehren und extrapolieren, was es ihnen ermöglicht, das Kommende zu erahnen. Ihr Meisterwerk ist das großartige Denken Hegels.

Im 19. Jahrhundert erreicht die Vorhersage ihren Höhepunkt, sowohl im Hinblick auf die Vielfalt der Methoden als auch auf den Optimismus des Inhalts. Mit dem Eintritt ins Zeitalter der Massen vermehren sich die widersprüchlichsten Prophezeiungen, Träger der Hoffnungen der verschiedenen Klassen. Die neuen Propheten des Liberalismus verkünden den grenzenlosen ökonomischen Fortschritt, eine untrügliche Quelle der Bereicherung; die Sozialisten sehen egalitäre Welten voraus, die Neokatholiken sagen die Christianisierung der Welt vorher; die Philosophen prophezeien das positive Zeitalter, und alle stimmen darin überein, die Zukunft in der Wissenschaft zu sehen, die die ersten Science-fiction-Autoren lobpreisen. Auf individueller Ebene strömen die Mittelklassen in Scharen zu den Astrologen, Spiritisten und Kartenlegern, während sich die ländliche Welt an den Almanach hält und andächtig die prophetischen Botschaften der Marienerscheinungen aufnimmt. Es gibt also für jeden etwas. Die Vorhersage hat sich zersplittert, und diesmal liegt offen zutage, daß sie die Konflikte der Gegenwart aufdeckt. Jedem seine Zukunft: die Vorhersage ist in die sozialen, politischen und ökonomischen Kämpfe integriert.

Seither herrscht Ebbe. Der Teil, der am besten standhält, ist derjenige, der den geringsten Voraussagewert hat: die volkstümliche Wahrsagung – vom Astrologen bis zum Parapsychologen. Aber wie wir schon sagten, befinden wir uns hier nicht mehr im Bereich der Vorhersage. Die Kunden wollen nicht unbedingt die Zukunft kennen, sondern suchen vor allem moralischen Beistand, um die Gegenwart meistern zu können. Die volkstümliche Wahrsagung tröstet und lädt zum Träumen ein.

Was die »große« Vorhersage anbelangt, jene, die die Zukunft der Welt, der Gesellschaft, der Ökonomie betrifft, so wird sie vom allgemeinen Niedergang der Ideologien, der bestehenden Religionen und der Werte mitgerissen. Die einen verkünden mit Spengler den unausweichlichen Untergang; andere sagen, in Übereinstimmung mit Hegel, das *no future*, das Ende der Geschichte voraus; wieder andere sehen einen technokratischen Despotismus auf der Grundlage einer Wissenschaft heraufziehen, die so komplex ist, daß sie der kleinen Kaste, die sie beherrscht, Allmacht verleiht (dies sind die von Ernest Renan vorausgesehenen »Menschen-Götter«; eine Idee, die Samjatin, Huxley und Orwell weitergesponnen haben); kleine Gruppen warten noch immer auf das Ende der Welt, das ganz bestimmt eines Tages kommen wird[5]; und schließlich widmen sich die seriösen Leute der ökonomischen Prospektive.

Tatsächlich ist sich jedermann seiner Unwissenheit bewußt. Noch nie war die Zukunft so rätselhaft wie am Ende des 20. Jahrhunderts. Alle Voraussagemaschinen sind gestört, und keiner gelingt es, die Komplexität der heutigen Welt zu erfassen, in der alles mit allem zusammenhängt, alles sich vermischt und in der man den Schein nicht mehr vom Realen unterscheiden kann. Das Ganze erweckt den Eindruck eines kollektiven Wahns, einer weltweiten Schizophrenie. Die moralischen Werte und die Ideologien zerfallen; die Welt ist nicht nur entzaubert, sie hat auch kein Ziel mehr, ein ohne Kompaß auf dem Meer der Raumzeit umherirrendes trunkenes Schiff.

Wie soll man auf solch einem Schiff die Zukunft voraussagen?

Schlußfolgerung

Und was würde es nützen, wenn der Wille fehlt, das, was vorhergesehen wird, zu erreichen oder zu verhindern? In diesem Buch haben wir aufzuzeigen versucht, daß nicht der Inhalt der Vorhersage zählt, sondern ihre Rolle als Handlungsanleitung; die Vorhersage ist dazu da, ein Verhalten zu rechtfertigen oder zu verändern. »Eine historische Schicksalhaftigkeit gibt es nur, weil man daran glaubt«, schrieb Alain. Im Heute wird die Zukunft gestaltet, die nirgendwo existiert. Doch um die Zukunft zu gestalten, muß man sich zuerst ein Bild von ihr machen, und sei es ein falsches. Aber dieses Bild fehlt, weil die Gegenwart die Zukunft eingeholt zu haben und mit ihr verschmolzen zu sein scheint. Das Nächstliegende hat die Zukunft aufgesogen, so wie es die Vergangenheit aufsaugt, indem es sie rekonstruiert.

Damit ist die große Frage der Zeit gestellt. Die rekonstruierte Vergangenheit, in Bilder, Töne, Gedenkfeiern, interaktive Museen, Filme, synthetische und virtuelle Bilder gebannt, ist dank der Wunder der Elektronik »gegenwärtiger« denn je. Ebenso wird die Zukunft assimiliert: sie ist einer ganzen Zivilisation gegenwärtig, die unaufhörlich vorausschaut, die um jeden Preis das Neue, das noch nicht Dagewesene kultiviert, die sich selbst voraus ist, die auf Pump, von noch nicht existierenden Ressourcen lebt, die auf die künftigen Kurse spekuliert. Eine solche Gesellschaft, die sowohl in der Vergangenheit wie in der Zukunft leben will, mit Holzfeuerkaminen und falschen Balken aus Polystyrol, einer Ernährung nach alter Art in einer *high-tech*-Welt, ähnelt stark jenen utopischen Welten, aus denen man die Zeit entfernt hat. Die Gegenwart hat die Vergangenheit und die Zukunft in sich aufgenommen; die Geschichte, immer wieder aufgearbeitet, umgeschrieben, neugespielt und aktualisiert, hat schließlich ihren Sinn verloren; die Zukunft, immer wieder falsch vorausgesagt, von den Fakten widerlegt und antizipiert, hat jede Glaubwürdigkeit verloren. Aus Gewinnsucht beutet die Gegenwart die Vergangenheit wie die Zukunft aus, so daß sie ihre Rolle als Anhaltspunkte einbüßen. Diese Verschmelzung wird an Orten wie dem Louvre oder dem Futuroskop sehr deutlich empfunden.

Damit hat der Zeitpfeil seine Spitze und seine Befiederung verloren, und in der großen Konfusion wissen die Propheten nicht mehr, wohin sie schauen sollen. Termini wie Retro-Fortschritt und Gegenutopie zeigen es. Was ist Fortschritt? In der derzeitigen

Science-fiction tragen die Superhelden futuristische Laserwaffen, aber eine der Antike nachempfundene, griechisch-römische Rüstung, und haben ein sittliches Bewußtsein, das auf die Zeit des Wiedervergeltungsrechts zurückgeht; wie in *Highlander* reisen sie in der Zeit und kämpfen mit dem Schwert. Diese anekdotischen Züge sind bezeichnend für eine Epoche, die den Ausgang sucht, die nicht mehr voraussagen kann, weil sie nicht mehr weiß, wo die Zukunft liegt.

Anmerkungen

ERSTER TEIL
Das Zeitalter der Orakel

KAPITEL I
Die Vorhersage bei den alten Völkern

1. G. Contenau, *La Divination chez les Assyriens et les Babyloniens*, Paris 1940.
2. *La Science antique et médiévale*, Bd. II der *Histoire générale de sciences*, hg. v. R. Taton, Paris 1966, S. 92.
3. A. Goetze, »The Hittites and Syria (1300–1200 B.C.)«, in *The Cambridge Ancient History*, Bd. II, Teil 2A, Cambridge 1980, S. 270.
4. G. Daniel und J.D. Evans, »The Western Mediterranean«, in ebd. Bd. II, Teil 2B, S. 730.
5. A. Lods, *Israël des origines au milieu du VIIIe siècle*, Paris 1930, S. 345 bis 351.
6. Deuteronomium 18, 10–11.
7. 2. Könige 23, 24.
8. Jesaja 2, 6.
9. Sacharja 10, 2.
10. R. Campbell Thompson, *The Reports of the Magicians and Astrologers of Nineveh and Babylon*, London 1900, II, 192, S. LXVII.
11. Zitiert in *La Science antique et médiévale*, a. a. O., S. 123.
12. J. Tester, *A History of Western Astrology*, Woodbridge 1988.
13. Deuteronomium 4, 19.
14. 2. Könige 21, 6.
15. Zitiert in F. Le Roux und C.-J. Guyonvarc'h, *Les Druides*, Rennes 1986, S. 203.
16. Genesis 40–41.
17. G. Contenau, a. a. O., S. 361.
18. A. Malamat, »A Mari prophecy and Nathan's dynastic oracle«, in J. A. Emerton, *Prophecy; Essays presented to George Fohrer on his sixty-fifth birthday*, Berlin 1980.

19 *Ancient Near Eastern Texts relating to the Old Testament*, hg. von J. B. Pritchard, Princeton University Press, 1955, S. 623–632.
20 Ebd. S. 449 f.
21 Ebd. S. 451.
22 A. Neher, *L'Essence du prophétisme*, Paris 1955.
23 *Ancient Near Eastern...*, a. a. O., S. 444 f.
24 Hugo Gressmann, *Der Ursprung der israelitisch-jüdischen Eschatologie*, Göttingen 1905.
25 1. Könige 18, 26–28.
26 *Ancient Near Eastern...*, a. a. O., S. 655.
27 R. R. Wilson, *Prophecy and Society*, Philadelphia 1980.
28 *La Table pastorale de la Bible*, Paris 1974 (mit sämtlichen Quellenangaben).
29 W. Harrington, *Nouvelle Introduction à la Bible* (franz. Übersetzung), Paris 1971, S. 339 f.
30 Max Weber, *Aus den Schriften zur Religionssoziologie*, Frankfurt 1948, S. 175.
31 1. Samuel 19, 18–24.
32 Micha 2, 11.
33 W. F. Albright, *Von der Steinzeit zum Christentum*, übers. v. Irene Lande, Bern 1949, S. 300.
34 1. Samuel 10, 6.
35 Jesaja 20, 2–3.
36 2. Könige 2, 23–24.
37 2. Samuel 7, 9–13.
38 1. Könige 18, 4.
39 Ebd. 18, 40.
40 Zu diesem Standpunkt siehe G. Minois, *L'Église et la guerre. De la Bible à l'ère atomique*, Paris 1994.
41 Jeremia 20, 1–2.
42 Amos 2, 12.
43 Jesaja 30,10.
44 Jeremia 26, 20–24.
45 Ebd. 28, 8–9.
46 L. Monloubou, *Un prêtre devient prophète: Ezéchiel*, Paris 1972.
47 A. Lods, *Les prophètes d'Israël et les débuts du judaïsme*, Paris 1950, S. 70–74.
48 Jeremia 4, 10. Siehe auch Ezechiel 14, 9.
49 J. Dheilly, *Les Prophètes*, Paris 1960, S. 32 f.
50 Deuteronomium 13, 2–6.
51 Ebd. 18, 21–22.
52 Jona 3, 4.
53 C. Westermann, *Grundformen prophetischer Rede*, München 1960.
54 Jeremia 27.
55 Ebd. 51, 59–64.

Anmerkungen 763

56 Ebd. 19, 10.
57 Ebd. 43, 8–12.
58 Ebd. 1, 9–10.
59 Ebd. 27, 9–10.
60 A. Lods, *Les prophètes d'Israël*..., a. a. O., S. 61 f.
61 Siehe insbesondere die kürzlich erschienene gute Darstellung von J. Blenkinsopp, *Une histoire de la prophétie en Israël*, Paris 1933.
62 Jeremia 23, 16–27.
63 Ebd. 20, 1–4.
64 Sacharja 10, 2.
65 Ebd. 13, 2–4.
66 Esra 5, 1–5; 6, 14.
67 J. Coppens, *Le Messianisme royal*, Paris 1968.
68 W. Harrington, a. a. O., S. 407–410.
69 Jesaja 42, 1–7; 49, 1–6; 52, 13–53.
70 F. Cumont, »La fin du monde selon les mages occidentaux«, *Revue d'histoire des religions*, Bd. 103, 1931, S. 29–96.
71 Herodot, *Historien*, IV, 69.
72 S. O'Grady, »Irish prognostication from the howling of dogs«, *Mélusine*, V.
73 F. Le Roux und C.-J. Guyonvarc'h, *Les Druides*, a. a. O; F. Le Roux, »La divination chez les Celtes«, *La Divination*, I, Paris 1968; H. Hubert, *Les Celtes et la civilisation celtique*, Paris 1932.
74 F. Le Roux und C.-J. Guyonvarc'h, a. a. O, S. 131.
75 Ebd. S. 200.
76 »The life of Columb Cille«, *Zeitschrift für keltische Philolologie*, 3, 548.
77 Tacitus, *Germania*, 10 (nach der Übersetzung von Manfred Fuhrmann).
78 R.L.M. Derolez, *Les Dieux et la religion des Germains*, Paris 1962.
79 *Der Seherin Gedicht*, 50–52 und 57 (nach der Übersetzung von Felix Genzmer).
80 Ebd. 59, 62.
81 M. Eliade, *Kosmos und Geschichte. Der Mythos der ewigen Wiederkehr*, übers. v. Günther Spaltmann, Frankfurt 1984, S. 101.
82 G. Tardé, »L'action des faits futurs«, *Revue de métaphysique et de morale*, 1901, S. 119–137.
83 L. Festinger, *When Prophecy fails*, New York 1964; R. P. Carroll, *When Prophecy failed: Cognitive Dissonances in the Prophetic Tradition of the Old Testament*, New York 1979.
84 G. Devereux, »Considérations psychanalytiques sur la divination, particulièrement chez les Grecs«, *La Divination*, Paris 1968, Bd. II, S. 463.

KAPITEL II

Die griechische Wahrsagung

1 A. Causse, *Du groupe ethnique à la communauté religieuse*, Paris 1973.
2 A. Bouché-Leclercq, *Histoire de la divination dans l'Antiquité*, 4. Bde., Paris 1879–1882. Dieses alte Werk ist noch immer eine wahre Fundgrube hinsichtlich der griechischen Wahrsagung, auch wenn seine Schlußfolgerungen inzwischen differenziert wurden.
3 Plutarch, *Große Griechen und Römer*, übers. v. Konrat Ziegler, 6 Bde., Zürich-Stuttgart 1954–1985, Bd. I, S. 320.
4 Ebd. Bd. V., S. 8.
5 Artemidorus Daldianus, *Onirokritikon*, IV, 84.
6 Herodot, *Historien*, VIII, 77 (nach der Übersetzung von A. Horneffer).
7 Ein Versuch, das pythische Orakel mit dem Losorakel zu erklären, wurde von A. Amandry unternommen, *La Mantique apollinienne à Delphes. Essai sur le fonctionnement de l'oracle*, Paris 1950, fand jedoch wenig Anklang. Siehe auch H. W. Parker und D. E. Wormwell, *The Delphic Oracle*, Oxford 1956.
8 Herodot, VII, 141 f.
9 M. Delcourt, *L'Oracle de Delphes*, Paris 1955, S. 129 f.
10 Herodot, *Historien*, VII.
11 Thukydides, *Der Peloponnesische Krieg*, I, 118 (nach der Übersetzung von Georg Peter Landmann).
12 Ebd. I, 25.
13 80 % der Orakel sind sehr eindeutig in ihrem Urteil, z. B. in Fragen des Ritus; siehe J. Fontenrose, *The Delphic Oracle*, University of California Press, 1980.
14 Plutarch, a. a. O., Bd. II, S. 218.
15 Ebd.
16 Ebd. S. 338.
17 A. Bouché-Leclercq, a. a. O., Bd. II, S. 153.
18 Ebd. S. 142.
19 Ebd. Bd. I, S. 369 f.
20 Ebd. Bd. II, S. 213.
21 Hesiod, *Werke und Tage*, 765–825 (nach der Übersetzung v. Otto Schönberger).
22 J. Tester, *A History of Western Astrology*, Woodbridge 1987, S. 83.
23 Herodot, II, 82.
24 Vitruv, VI, 6, 2 (nach der Übersetzung von Curt Fensterbusch). Anspielungen auf Berossos findet man auch in Seneca, *Naturales quaestiones*, III, 29, 1; Plinius, *Naturalis historiae*, VII, 123, 160 und 193; und Censorinus, *De die natali*, XVII.
25 O. Neugebauer, *The Exact Sciences in Antiquity*, Providence 1957, S. 171.

Anmerkungen 765

26 G. Sarton, *A History of Science: Hellenistic Science and Culture in the Last Three Centuries B. C.*, Cambridge, Mass., 1959, S. 165.
27 Zu den technischen Einzelheiten siehe O. Neugebauer und H. B. van Hoesen, *Greek Horoscopes*, Philadelphia 1959.
28 Zitiert von J. Tester, a. a. O., S. 23.
29 *Tetrabiblos*, übers. v. Max Erich Winkel, Mössingen 1995 (Nachdruck der Ausgabe Berlin-Pankow von 1923), S. 11 f.
30 Ebd. S. 33, 184, 194.
31 *Hephaestionis Thebani Apotelesmaticorum Libri Tres*, I, hg. v. D. Pingree, Leipzig 1973.
32 Ptolemaios, *Tetrabiblos*, a. a. O., S. 25
33 Ebd. S. 133 f.
34 Ebd. S. 25 ff.
35 Plutarch, »Perikles«, in a. a. O., Bd. II, S. 111.
36 Ebd. S. 113.
37 Xenophon, *Memorabilia*, IV, 3, 12.
38 Eusebios, *Praeparatio evangelica*, V, 21.
39 J. de Romilly, *Histoire et raison chez Thucydide*, Paris 1967.
40 G. Bourdé und H. Martin, *Les Écoles historiques*, Paris 1983, S. 21.
41 Thukydides, I, 22.
42 Ebd. V, 103.
43 Ebd. VII, 50.
44 Ebd. II, 21.
45 Ebd. VIII, 1.
46 Platon, *Timaios*, 72 (nach der Übersetzung von Friedrich Schleiermacher).
47 Ebd. 71 f.
48 Platon, *Phaidros*, 244.
49 Plutarch, *Warum die Pythia nicht mehr in Versen weissagt*, 25 (nach der Übersetzung von J. F. S. Kaltwasser, 1789).
50 Ebd. 10
51 Ebd.
52 Ebd. 25.
53 Plutarch, *Über den Verfall der Orakel*, 40, 41, 42 (nach der Übersetzung von J. F. S. Kaltwasser, 1789).
54 Ebd. 44.
55 Ebd. 40.
56 Plutarch, »Kimon«, in *Große Griechen und Römer*, a. a. O., II, S. 32 f.
57 Ders., »Alexander«, in a. a. O., Bd. V, S. 97.
58 Hippolytos, *Widerlegung aller Häresien*, IV, 13.
59 Plutarch, »Themistokles«, in a. a. O.
60 Onosander, *De imperatoris officio*, X, 10, 25–26.
61 Thukydides, VI, 95, 1, und Xenophon, *Hellenika*, IV, 7, 4.
62 Plutarch, »Aristeides«, in a. a. O., Bd. I, S. 299 f.
63 Homer, *Ilias*, XXIV, 221, und *Odyssee*, I, 415.

64 *Ilias*, XII, 230 (nach der Übersetzung von Hans Rupé).
65 Siehe eine Zusammenfassung des Problems in der Einleitung von J. Servier, *Histoire de l'utopie*, Paris 1967 (Neuauflage 1991).

KAPITEL III

Die römische Wahrsagung

1 R. Bloch, *Les Prodiges dans L'Antiquité classique*, Paris 1963, S. 78. Siehe auch J. Bayet, *Histoire politique et psychologique de la religion romaine*, Paris 1957.
2 Siehe das vollständige Verzeichnis bei L. Wülker, *Die geschichtliche Entwicklung des Prodigienwesens bei den Römern; Studien zur Geschichte und Überlieferung der Staatsprodigien*, Leipzig 1903.
3 Zitiert in R. Bloch, a. a. O., S. 53.
4 A. Piganiol, »Sur le calendrier brontoscopique de Nigidius Figulus«, in *Studies in Roman Economic and Social History in Honour of Alban Chester Johnson*, Princeton 1951.
5 Cicero, *In Catilinam*, III, 19 (nach der Übersetzung von Wilhelm Binder).
6 Plutarch, *Große Griechen und Römer*, a. a. O., Bd. III, S. 55 f.
7 D. J. Hamblin, *Les Etrusques*, 1975.
8 Sueton, *Cäsarenleben*, »Augustus«, 92 (nach der Übersetzung von Max Heinemann).
9 R. Bloch, »Le départ des Etrusques de Rome et la dédicace du temple de Jupiter Capitolin«, *Revue d'histoire des religions*, April/Juni 1961, S. 141–156.
10 Livius, I, 34, 8–10.
11 Sueton, a. a. O., »Augustus«, 97.
12 Ebd. »Tiberius«, 63.
13 Tacitus, *Annalen*, XI, 15 (nach der Übersetzung von Walther Sontheimer).
14 Livius, XXV.
15 Dionysios von Halikarnassos, IV, 62.
16 Vergil, *Aeneis*, VI, 98 ff.
17 Eine klare und vereinfachte Darstellung findet sich in R. Bloch, a. a. O., S. 98–109.
18 R. Bloch, a. a. O., S. 108 f.
19 Livius, I, 56 (nach der Übersetzung von Robert Feger).
20 Ebd.
21 Lukan, *Pharsalia*, v. 1649–1665.
22 R. J. Getty, »The Astrology of P. Nigidius Figulus«, *Classical Quarterly*, XXXV, 1941, S. 17–22.

Anmerkungen

23 Hg. von A. E. Housman, *M. Manilii astromicon liber primus*, London 1903. Die Bücher II bis V wurden zwischen 1912 und 1930 herausgegeben.
24 Ebd. V, 14 ff.
25 Ebd. V, 118–127.
26 O. Neugebauer und H. B. van Hoesen, *Greek Horoscopes*, Philadelphia 1959.
27 Zitiert von F. Cumont, *Die orientalischen Religionen im römischen Heidentum*, Darmstadt 1959, S. 154.
28 *Vettii Valentis Anthologiarum Libri*, Hg. W. Kroll, Berlin 1908, Bd. I, Kap. XI.
29 Cato, *De agricultura*, 5, 4.
30 F. Cumont, a. a. O., S. 165.
31 Lukan, *Pharsalia*, I, 523–525 (nach der Übersetzung von Wilhelm Ehlers).
32 Ebd. I, 584–595.
33 Ebd. I, 614–630.
34 Ebd. I, 633–637.
35 Ebd. I, 643–672.
36 Ebd. II, 7–16.
37 Ebd. V, 148–158.
38 Ebd. V, 194–198.
39 R. Bloch, a. a. O., S. 141.
40 Sueton, a. a. O., »Gajus Julius Cäsar«, 79.
41 Ders., »Augustus«, 31.
42 Ebd. 94.
43 Tacitus, III, 22.
44 Ebd. XII, 22.
45 Ebd. XII, 52.
46 Sueton, a. a. O., »Vitellius«, 14.
47 Dio Cassius, LXXV, 13.
48 Paulus, Julius, *Sentenciae*, V, 21, 1–3.
49 Zitiert von A. Bouché-Leclercq, a. a. O., Bd. 4, S. 335.
50 Eusebios, *Über das Leben des Kaisers Konstantin*, II, 45.
51 Firmicus Maternus, *Mathesis*, II, 33.
52 Ammianus Marcellinus, XV, 3, 5–6.
53 Ebd. XVIII, 3, 1–4.
54 *Codex Theodosianus*, IX, 16, 4.
55 Ammianus Marcellinus, XXI, 2,4 und XII, 1,1.
56 Ebd. XXIX, 1, 29.
57 Sueton, »Augustus«, 94.
58 Ders., »Tiberius«, 14.
59 Ebd. 63.
60 Tacitus, I, 76, und VI, 12.
61 Ebd. VI, 20–21.

62 Sueton, »Tiberius«, 14.
63 Ders., »Nero«, 6.
64 E. Cizek, *Néron*, Paris 1982, S. 199 f.
65 Sueton, »Nero«, 36.
66 Ebd. 40.
67 Sueton, »Galba«, 9.
68 Ders., »Otho«, 8.
69 Ders.,»Domitian«, 14-15.
70 Ders., »Vespasian«, 5.
71 Ders., »Titus«, 5.
72 Macrobius, I, 23, 14-15.
73 Seneca, *Quaestiones naturales*, II, 32.
74 Horaz, *Epoden*, XVI (Übersetzung nach Will Richter).
75 Vergil, *Aeneis*, I, 279-280.
76 Horaz, *Oden*, I, 35.
77 Ebd. I, 11.
78 Ebd. III, 29.
79 Macrobius, *Saturnalia*, III, 7.2.
80 Mark Aurel, *Wege zu sich selbst*, XI, 1.
81 Kelsos, *Wahre Rede*, 85.
82 Siehe die hochgelehrte Arbeit von Aumüller, *Das Prodigium bei Tacitus*, Frankfurt 1948, und H. Kröger, *Die Prodigien bei Tacitus*, Münster 1940.
83 Tacitus, VI, 22.
84 F. H. Cramer, *Astrology in Roman Law and Politics*, Philadelphia 1954.
85 Frontinus, *Strategmata*, I, 11, 13.
86 Polyainos, *Strategmata*, III, 9, 8-9.
87 Cicero, *Über die Wahrsagung*, I, 34 (nach der Übersetzung von Christoph Schäublin).
88 Ebd. I, 63.
89 Ebd. I, 79.
90 Ebd. I, 82 f.
91 Ebd. I, 132.
92 Ebd. II, 28.
93 Ebd. II, 36.
94 Ebd. II, 51 f.
95 Ebd. II, 49.
96 Ebd. II, 70 und 75.
97 Ebd. II, 129.
98 Ebd. II, 55.
99 Ebd. II, 119.
100 Ebd. II, 115.
101 Ebd. II, 98.
102 Ebd. II, 20 f.

Anmerkungen

103 In einer anderen Abhandlung, *De fato*, kurz nach *De divinatione* abgefaßt, von der nur einige Auszüge erhalten sind, untersucht Cicero die Frage des Schicksals, die eng mit der Frage der Vorhersage zusammenhängt. Er analysiert die stoische Auffassung, die versucht, den Determinismus mit der Freiheit der persönlichen Reaktion des Indiviuums in Einklang zu bringen. Auch Plutarch und Alexander von Aphrodisias verfassen je eine Abhandlung *De fato*.
104 Cicero, *Über die Wahrsagung*, II, 27, 23.
105 Ebd. II, 148.
106 Eusebius, *Praeparatio Evangelica*, I, 4.
107 *Codex Theodosianus*, XVI, 10.9.

ZWEITER TEIL
Das Zeitalter der Prophezeiungen

KAPITEL IV
Von der politischen Wahrsagung zur apokalyptischen Prophetie

1 Daniel 12, 1–2.
2 Ebd. 12, 11–12.
3 »Die Verfasser von Apokalypsen glaubten, daß das Ende nahe sei und noch zu ihren Lebzeiten eintreten werde. Sie beschrieben die Ereignisse, die zum Ende der Geschichte führen würden, und wiesen auf die es einleitenden Zeichen hin. Sie waren der Überzeugung, daß das Ende ein direktes Eingreifen Gottes erfordere. Für einen Juden war dies nichts Neues« (H. H. Rowley, *Peake's Commentary on the Bible*, 418 d. Siehe vom selben Autor, *The Relevance of Apocalyptic*, New York 1964).
4 Die Einheitsübersetzung der Bibel (*Neue Jerusalemer Bibel*) liefert eine auf dem Vergleich mit der Offenbarung des Johannes gestützte Anregung, S. 1782.
5 P. Grelot, »Histoire et eschatologie dans le livre de Daniel«, in *Apocalypses et théologie de l'espérance*, Actes du congrès de Toulouse, Paris 1977.
6 D. S. Russell, »The method and message of Jewish Apocalyptic«, in *Apocalypses et théologie...*, a. a. O.

7 »Die Geschichte der Vergangenheit wird in diesem Buch so dargestellt, daß sie den verfolgten Juden erklären, daß ihre Leiden im Plan Gottes vorgesehen sind und daß Er es dem Antiochus erlaubt, seine Tyrannei gegen sie auszuüben« (W. Harrington, *Nouvelle Introduction à la Bible* [franz. Übersetzung], Paris 1971, S. 564).
8 Ebd. S. 562.
9 Ebd. S. 560.
10 J. Moltmann, *Theologie der Hoffnung*, München 1965, S. 12.
11 P. Eyt, »Apocalyptique, utopie et espérance«, in *Apocalypses et théologie*, a. a. O. Siehe hierzu auch K. Mannheim, *Ideologie und Utopie*, übers. v. Heinz Maus, Frankfurt 1952 und C. Wackenheim, *Christianisme sans idéologie*, Paris 1974.
12 Paul VI., *Octogesima adveniens*, 14. Mai 1971.
13 Pierre Eyt merkt indes an, daß bei der Utopie ein psychopathologischer Aspekt mitspielen kann und die Untätigkeit rechtfertigt. Dann wird die Utopie »zur beruhigenden Vision einer Zukunft, in der die Schwachheit, die Unentschlossenheit und die Ohnmacht des Handelns einen trügerischen Ersatz finden können« (a. a. O., S. 564).
14 M.-E. Boismard, *L'Apocalypse*, in der *Bible de Jérusalem*, S. 8 f.
15 Offenbarung 20, 7–10.
16 Daniel 2, 44.
17 N. Cohn, *Das Ringen um das Tausendjährige Reich*, übers. von Eduard Thorsch, Bern 1961, S. 26.
18 Josephus Flavius, *Der jüdische Krieg*, VI, 5, 4.
19 Ebd. 4, 6, 3, und 6, 5, 4. Siehe auch S. Giet, *L'Apocalypse et histoire*, Paris 1957.
20 »Die Kriegsrolle«, VIII, 8–11, in *Die Qumran-Texte*, hg. v. Johann Maier u. Kurt Schubert, München 1982.
21 Offenbarung 19, 13–21.
22 Matthäus 3, 4; 11, 11–13; 21, 26.
23 Ebd. 13, 57.
24 Ebd. 16,14.
25 Ebd. 21,11.
26 Markus 13, 32.
27 Ebd. 13, 7–27.
28 2. Thessalonicher 2, 3–4.
29 1. Thessalonicher 4, 15; 1. Korinther 7, 29, 31; 10, 11.
30 P. Benoît, »L'évolution du langage apocalyptique dans le corpus paulinien«, in *Apocalypses et théologie*, a. a. O.
31 Apostelgeschichte 13, 1; 11, 27; 15, 32; 21, 10.
32 1. Korinther 14, 29.
33 »Die Lektüre der Heiligen Schrift kann Anlaß zur Prophetie wie zur Unterweisung geben, und zwischen beiden gibt es Überschneidungen« (P. Grelot, *Introduction à la Bible; Nouveau Testament*, Paris 1977, Bd. III, 5, S. 69).

Anmerkungen 771

34 Ebd. S. 63 f.
35 E. Käsemann, »Les débuts de la théologie chrétienne«, in *Essais exégétiques*, Neuchâtel 1972, S. 174–198.
36 Tertullian, *Adversus Praxean*, 1.
37 Hieronymus, *De viris illustribus*, 40.
38 D. Christie-Murray, *A History of Heresy*, Oxford 1976, S. 36.
39 Justin, *Erste Apologie*, 43–44.
40 Minucius Felix, *Octavius*, 26.
41 Origenes, *Contra Celsum*, V, 61; VIII, 45–46; *Homelien über Ezechiel*, Sammlung *Sources chrétiennes*, Nr. 352, Paris 1989.
42 Eusebios, *Rede gegen Hierokles* und *Demonstratio Evangelica*.
43 Gregor von Nyssa, *Epistola contra fatum*, 21–22.
44 Ders., XIII, *Über die Erziehung des Menschen*, 15; XIX, 5–10.
45 Theophilos von Antiochia, *Drei Bücher an Autolykos von Antiochia*, II, 36.
46 Lactantius, *Divinae Institutiones*, XVIII, 15; XIX, 5–10.
47 Klemens von Alexandria, *Protreptikos*, VIII, 77; *Stromateis*, XXI, 108.
48 Eusebios, *Über das Leben des Kaisers Konstantin*, »Rede Konstantins«, 18.
49 Hermas, *Visiones*, II, 4; Justin, *Apologia*, XX und XLIV; Tertullian, *Apologeticum*, XIX, 10.
50 N. Cohn, a. a. O., S. 23 f.
51 J. Hubaux, *Les Grands Mythes de Rome*, Paris 1945, S. 146.
52 Tertullian, *Apologeticum*, XXXV.
53 Lactantius, *Vitae Patrum*, Migne, LXXII, 452.
54 Epiphanios, *De mensuris et ponderibus*, XV., Migne, XLIII, 262.
55 Plotin, *Aenneaden*, II, 3; III, 1.
56 Orosius, *Pricilliam quae supersunt*, ed. Schepps, 1889, S. 153.
57 Klemens von Alexandria, *Stromateis*, VII, 16, 96 (nach der Übersetzung von Franz Overbeck).
58 Theorodet von Khyrros, *Deutung der Psalmen*, zit. v. J. Quasten, *Initiation aux Pères de l'Église*, Paris 1962, Bd. III, S. 755.
59 Veröffentlicht in *Sources chrétiennes*, Nr. 47.
60 Hippolytus, *Daniel-Kommentar*, IV, 17.
61 Ebd. IV, 24.
62 Origenes, *Contra Celsum*, I, 46.
63 Gregor der Große, *Dialoge*, II, 16 (nach der Übersetzung von Joseph Funk).
64 Ebd. II, 15.
65 Ebd. II, 21.
66 Er äußert sich dazu in den *Homelien über Ezechiel*, in *Sources chrétiennes*, Nr. 327.
67 Augustinus, *Vom Gottesstaat*, X, 32 (nach der Übersetzung von Wilhelm Thimme).
68 Ebd. IX, 22.
69 Ebd. VIII, 23.

70 Augustinus' Haltung gegenüber der Sibylle wurde untersucht von A. Kurfess, »Die Sibylle in Augustinus Gottesstaat«, *Theologische Quartalschrift*, 117, 1936, S. 532–542.
71 Augustinus, *Vom Gottesstaat*, XVIII, 23.
72 Ders., *Contra Faustum*, XIII, 1.
73 Ders., *Vom Gottesstaat*, XII, 18.
74 Ders., *Bekenntnisse*, IV, 3. (nach der Übersetzung von Joseph Bernhart).
75 Ebd. VII, 6.
76 Ebd.
77 Ders., *Vom Gottesstaat*, V, 1.
78 Ebd. V, 7.
79 Ebd.
80 Ebd. V, 6.
81 Ders., *Bekenntnisse*, V, 3.
82 Ders., *Vom Gottesstaat*, V, 9, 10.
83 Ders., *Zwei Bücher an Simplikios*, II, 1.
84 Ders., *Contra Faustum* und *Bergpredigt nach Matthäus*, I, 22.
85 Ders., *Vom Gottesstaat*, XXI, 24.
86 Ders., *Quaestionum in Heptateuchum Libri VII*, II, 17.
87 Ders., *Vom Gottesstaat*, XVIII, 53.
88 Ebd. XX, 19.
89 Ebd. XX, 7.

KAPITEL V

Die Prophetie in Freiheit und ihre heterodoxe Entwicklung bis zum 13. Jahrhundert

1 Gregor von Tours, *Fränkische Geschichte*, V, 14 (nach der Übersetzung von Rudolf Buchner).
2 Ebd.
3 Ebd. IV, 16.
4 Ebd. V, 23.
5 Ebd. V, 33.
6 Ebd. V, 41.
7 Ebd. VI, 21.
8 Ebd. VI, 21.
9 Ebd. VI, 25.
10 Ebd. VI, 44.
11 Ebd. VII, 11.
12 Ebd. VIII, 8.
13 Ebd. VIII, 17.
14 Ebd. IX, 5.

15 Ebd. X, 21.
16 Ebd. VIII, 5.
17 Ebd. IX, 6.
18 Ebd. X, 25.
19 P. Alphandéry, »De quelques faits de prophétisme dans des sectes latines antérieures au joachimisme« *Revue de l'histoire des religions*, Bd. LII, 1905, S. 177–218.
20 Siehe Alphandéry, a. a. O.
21 Gregor von Tours, a. a. O., VII, 44.
22 Beda der Ehrwürdige, *Kirchengeschichte des englischen Volks*, übersetzt von Günter Spitzbart, Darmstadt 1982, IV, 25.
23 Ebd. II, 12.
24 Ebd. IV, 29.
25 *Le Pécheur et la pénitence au Moyen Âge*, von C. Vogel ausgewählte Texte, Paris 1969, S. 60.
26 Zitiert von P. Carnac, *Prophéties et prophètes de tous les temps*, Paris 1991.
27 Ebd. S. 88 f.
28 Ebd. S. 109.
29 Ebd. S. 110.
30 Ebd. S. 86.
31 P. J. Alexander, »Medieval apocalypses as historical sources«, *American Historical Review*, Bd. 73, Nr. 4, April 1968, S. 997–1008.
32 H. de Lubac, *Exégèse médiévale*, Paris 1964, 2. Teil, Kap. V, »Virgile, philosophe et prophète«.
33 Cassiodorus, *Institutiones*, VII, 4.
34 M. L. W. Laistner, »The Western Church and astrology during the Early Middle Ages«, *Harvard Theological Review*, 34, 1941.
35 J. Tester, *A History of Western Astrology*, Woodbridge 1987, S. 133.
36 V. I. J. Flint, *The Rise of Magic in Early Medieval Europe*, Princeton 1991.
37 J. Fontaine, »Isidore de Séville et l'astrologie«, *Revue des études latines*, 31, 1953, S. 271–300.
38 Isidor von Sevilla, *Etymologiae*, VIII, 9, 22–27.
39 J. Tester, a. a. O., S. 126.
40 G. N. Atiyek, *Al-Kindy: The Philosopher of the Arabs*, Rawalpindi 1966.
41 Zitiert von J. Tester, a. a. O., S. 159.
42 H. Focillon, *L'An mil*, Paris 1952; E. Pognon, *L'An mille, textes traduits et annotés*, Paris 1947.
43 N. Cohn, *Das Ringen um das Tausendjährige Reich*, übers. v. Eduard Thorsch, Berlin 1961; J. Delumeau, *Mille ans de bonheur*, Paris 1995.
44 R.E. Lerner, »Medieval prophecy and religious dissent«, *Past and Present*, Nr. 72, August 1976, S. 7.
45 Offenbarung 20, 6.
46 N. Cohn, a. a. O., S. 25 ff.

47 Offenbarung 21, 8.
48 Alexander II. beglückwünscht die Bischöfe Spaniens, das Massaker verhindert zu haben: *Patrologia latina*, 146, col. 1386.
49 N. Cohn, a. a. O., S. 80 f.
50 P. Alphandéry, a. a. O.
51 G. Minois, *L'Église et la science. Histoire d'un malentendu*, Bd. 1, Paris 1990, S. 178 f.
52 R. E. Lerner, »The Black Death and western eschatological mentalities«, *American Historical Review*, 86, Nr. 3, Juni 1981, S. 533–552.
53 H. de Lubac, *Exégèse médiévale,* Paris 1961, 2. Teil, I, über »Joachim de Flore«, S. 437–559.
54 Wilhelm von Malmesbury, *Gesta Pontificum Anglorum*, ed. Hamilton, 1870, S. 259.
55 *Patrologia latina*, CLXXI, 1704.
56 Guibert von Nogent, *Gesta Dei per Francos*, VIII, 8.
57 In diesem Geist schreibt Roger Bacon im 13. Jahrhundert *Die Sorge um das Alter und die Bewahrung der Jugend*.
58 In J. Le Goff, *Die Intellektuellen im Mittelalter*, übers. v. Christiane Kayser, Stuttgart 1987, S. 27.
59 G. Minois, *L'Église et la science*, a. a. O., S. 169.
60 J. D. North, »Some Norman horoscopes«, in Burnett, *Adelard of Bath: an English Scientist and Arabist of the Early Twelfth Century*, London 1987.
61 *Rolandini Patavini Chronicon*, ed. P. Jaffé, 1866, S. 85.
62 Zum Beispiel T. C. Skeats, »An early medieval book of fate: the Sortes XII Patriarcharum«, *Medieval and Renaissance Studies*, III, 1954.
63 C. S. F. Burnett, »What ist the *Experimentarius* of Bernardus Silvestris?«, *Archives d'histoire doctrinale et littéraire du Moyen Âge*, XLIV, 1977, S. 79–125.
64 *Chronica Magistri Rogeri de Hovedene*, ed. Stubbs, 1869, II, S. 290.
65 G. Minois, »Bretagne insulaire et Bretagne armoricaine dans l'œvre de Geoffroy de Monmouth«, *Mémoires de la Société d'histoire et d'archéologie de Bretagne*, LVIII, 1981, S. 35–60.
66 Ebd. S. 51–55.
67 *Historia rerum Anglicarum*, ed. R. Howlett, in den *Chronicles of the Reigns of Stephen, Henri II and Richard I*, 1884–1885.
68 *Histoire de Bretagne*, Paris 1588, S. 38.
69 P. Duhem, *Le Système du monde*, Bd. V, Paris 1958, S. 133.
70 Bartholomaeus Anglicus, *De genuinis rerum coelestium terrestrium et infernarum proprietatibus libri 18*, VI, 27.
71 Boetius von Dacien, *De somnis*, in *Archives de l'Occident*, Bd. I, Paris 1992, S. 738 f.

Anmerkungen

KAPITEL VI

Die Kirche definiert und reglementiert den Zugang zur Zukunft

1 L. de Lubac, »Joachim de Flore«, *Exégèse médiévale*, 2. Teil, I, Paris 1961, S. 437–559.
2 Dies ist die These von W. J. Brandt in *The Shape of Medieval History*; siehe die Zusammenfassung in B. Guénée, »Les genres historiques au Moyen Âge«, *Annales ESC*, Paris 1973, S. 997–1016.
3 B. Guénnée, *Histoire et culture historique dans l'Occident médiéval*, Paris 1980. Die Lehre des Joachim von Floris ist in keinem Fall eine Rückkehr zu einer idyllischen Vergangenheit. Sie wurde sogar als »Antiprimitivismus« bezeichnet (G. Boas, *Essays on Primitivism and Related Ideas in the Middle Ages*, 1968).
4 M. W. Bloomfield und M.E. Reeves, »The penetration of Joachimism into Northern Europe« *Speculum*, 29, 1954, S. 772–793.
5 P. Alphandéry, »Prophètes et ministère prophétique dans le Moyen Âge latin«, *Revue d'histoire et de philosophie religieuse*, Januar/Februar 1932, S. 334–359.
6 A. Vauchez, »Les théologiens face aux prophéties à l'époque des papes d'Avignon et du Grand Schisme«, *Mélanges de l'École française de Rome, Moyen Âge*, Bd. 102, Nr. 2, 1990, *Les Textes prophétiques et les prophètes en Occident*.
7 Hildegard von Bingen, *Le Livre des œuvres divines*, vorgestellt von B. Gorceix, Paris 1982.
8 D. Sausy, »Iconographie de la prophétie. L'image d'Hildegard de Bingen dans le *Liber divinorum operum*«, in *Mélanges de l'École française de Rome, Moyen Âge*, Bd. 102, Nr. 2, 1990, *Les Textes prophétiques et la prophétie en Occident*.
9 N. Bériou, »Saint François, premier prophète de son ordre, dans les sermons du XIIIe siècle«, *Mélanges de l'École...*, a. a. O.
10 R.W. Southern, »Aspects of the European Tradition of historical writing; 3. History as prophecy«, *Royal Historical Association; Transactions*, 22, 1972, S. 159–180.
11 M. Gaster, »The letters of Toledo«, *Folk-Lore*, 13, 1902, S. 159–180.
12 Jakob von Voragine, *Legenda aurea*, übers. v. Richard Benz, Heidelberg o. J., S. 293.
13 Ebd. S. 113.
14 Ebd. S. 610.
15 Ebd. S. 538.
16 Ebd. S. 541 f.
17 Ebd. S. 125.
18 Ebd. S. 53.

19 E. Mâle, *L'Art religieux du XIIIe siècle en France*, hg. v. A. Colin, 1958, Bd. II, S. 53.
20 Vinzenz von Beauvais, *Speculum historiale*, II, 102.
21 M. Sepet, *Les Prophètes du Christ*, Paris 1877.
22 E. Mâle, a. a. O., Bd. II. Das 4. Kapitel ist den Darstellungen der *Offenbarung* gewidmet.
23 Jakob von Voragine, *Legenda aurea*, »Von dem geistlichen Advent und der Wiederkunft des Herrn«, a. a. O., S. 8.
24 J.-P. Torrell, »La conception de la prophétie chez Jean de Roquetaillade«, *Mélanges de l'École...*, a. a. O.
25 Ders., »La notion de prophétie et la méthode apologétique dans le *Contra Saracenos* de Pierre le Vénérable«, *Studia Monastica*, 1975, Faks. 2, Bd. 17, S. 257–282.
26 Ders., »La question disputée *De prophetia* de saint Albert le Grand«, *Revue des sciences philosophiques et théologiques*, 65, Nr. 2, April 1981, S. 197–232.
27 J. Ratzinger, *Die Geschichtstheologie des hl. Bonaventura*, 1959.
28 Wilhelm von Saint-Amour, *Tractatus brevis de periculis novissimorum temporum*, Kap. 8.
29 Thomas von Aquin, *Summa théologica*, »Über die Weissagung«, II. Teil des II. Buches, Fragen 171–178.
30 Ebd. 172. Frage, 5. Artikel.
31 Ebd. 172. Frage, 6. Artikel.
32 Ebd. 172. Frage, 1. Artikel.
33 Ebd. 171. Frage, 6. Artikel.
34 Ebd.
35 Ebd. 174. Frage, 6. Artikel.
36 Ebd. 174. Frage, 1. Artikel.
37 *Dictionnaire de théologie catholique*, Bd. 13, Paris 1936, Artikel »Prophétie«.
38 Hugo von St. Viktor, *De eruditione docta*, II, 9; *Patrologia latina*, Bd. CLXXVI, Sp. 756.
39 Robert Grosseteste, *Hexaemeron*, hg. v. R. C. Dales, London 1982. Kap. 9.
40 Ebd. Kap. 11.
41 Robert Kilwardby, *De ortu scientiarum*, hg. v. C. Judy, London und Toronto 1976.
42 F. Pfeiffer, *Berthold von Regensburg: vollständige Ausgabe seiner Predigten*, Wien 1862, I, 50.
43 P. Zambelli, »Albert le Grand et l'astrologie«, *Recherches de théologie ancienne et médiévale*, 49, 1988, S. 141–158.
44 Albertus Magnus, *Speculum astronomiae*, hg. v. Zambelli, Pisa 1977, Kap. 15, S. 45.
45 Roger Bacon, *Opus maius*, hg. v. Bridges, Oxford, 1887–1900, Bd. I, S. 239.

Anmerkungen 777

46 Ebd. S. 266.
47 Zitiert von P. Duhem, *Le Système du monde*. *Histoire des doctrines cosmologiques de Platon à Copernic*, Paris 1913-1917. Bd. VIII, S. 384.
48 *Part of the Opus Tertium of Roger Bacon*, hg. v. A. G. Little, Aberdeen 1912, S. 41.
49 Wilhelm von Auxerre, *Summa aurea*, Buch II, Abhandlung V, Frage 4.
50 Thomas von Aquin, *Summa theologica*, I, 115. Frage, 4. Artikel.
51 Ders., *Summe gegen die Heiden*, II, 84, 85.
52 R. Hissette, »Enquête sur les 219 articles condammés à Paris le 7 mars 1277«, *Philosophie médiévale*, 22, 1977; P. Mandonnet, *Siger de Brabant et l'averroïsme latin au XIIIe siècle*, 2. Bd., Löwen 1908 und 1911.
53 Dante, *Die Göttliche Komödie*, »Hölle«, XX.

KAPITEL VII

Inflation, Banalisierung und Abgleiten der Vorhersagen

1 R. E. Lerner, »The Black Death and western eschatological mentalities«, *American Historical Review*, 86, Nr. 3, 1981, S. 533-552.
2 N. Cohn, *Das Ringen um das Tausendjährige Reich*, übers. von Eduard Thorsch, Bern 1961; M. Barkun, *Disaster and the Millenium*, New Haven 1974.
3 R. E. Lerner, »Medieval prophecy and religious dissent«, *Past and Present*, 72, 1976, S. 19.
4 J. Delumeau, *Mille ans de bonheur*, Paris 1995.
5 P. Alphandéry, »Prophètes et ministère prophétique dans le Moyen Âge latin«, *Revue d'histoire et de philosophie religieuse*, Jan./Febr. 1932, S. 334-359.
6 P. Amargier, »Robert d'Uzès revisité«, *Cahiers de Fanjeaux*, Nr. 27, 1992, *Fin du monde et signes des temps. Visionnaires et prophètes en France méridionale (fin XIIIe – début XVe siècle)*. Robert d'Uzès hat ab 1291, etwa im Alter von dreißig Jahren, Visionen und Offenbarungen.
7 G. Barone, »L'œuvre eschatologique de Pierre-Jean Olier et son influence«, *Cahiers de Fanjeaux*, Nr. 27.
8 L. A. Ackerman Smoller, *History, Prophecy and the Stars*, Princeton 1994, S. 111 f.
9 *The Tractatus de Antichristo of John of Paris. A critical edition, translation and commentary*, ed. P. Clark, Cornell University, 1981.
10 F. Santi, »La vision de la fin des temps chez Arnaud de Villeneuve. Contenu théologique et expérience mystique«, *Cahiers de Fanjeaux*, Nr. 27.
11 R. Rusconi, »A la recherche des traces authentiques de Joachim de Flore dans la France méridionale«, *Cahiers de Fanjeaux*, Nr. 27.

12 H. Millet und D. Rigaux, »Aux origines du succès des Vaticinia de summis pontificibus«, *Cahiers de Fanjeaux*, Nr. 27.
13 Johannes von Paris, *Tractatus de Antichristo*, ed. Clark, S. 45.
14 P. Carnac, *Prophéties et prophètes de tous les temps*, Paris 1991, S. 91.
15 N. Cohn, a. a. O., S. 89 f.
16 C. Beaune, »Perceforêt et Merlin. Prophétie, littérature et rumeurs au début de la guerre de Cent Ans«, *Cahiers de Fanjeaux*, Nr. 27.
17 J. Huizinga, *Herbst des Mittelalters*, Stuttgart [11]1975.
18 M. Tobin, »Une collection de textes prophétiques du XVe siècle: le manuscrit 520 de la bibliothèque municipale de Tours«, *Mélanges de l'École française de Rome, Moyen Âge*, Bd. 102, Nr. 2, 1990.
19 Zitiert in P. Duhem, *Le Système du monde*, a. a. O., Bd. IV, S. 36.
20 J.-P. Boudet, »La papauté d'Avignon et l'astrologie«, *Cahiers de Fanjeaux*, Nr. 27.
21 R. E. Lerner, »The Black Death...«, a. a. O.
22 Ders., *The Powers of Prophecy; the Cedar of Lebanon Vision from the Mongol onslaught to the Dawn of the Enlightenment*, Berkeley 1983, S. 104.
23 E. Wadstein, *Die eschatologische Ideengruppe: Antichrist – Weltsabbat – Weltende und Weltgericht, in den Hauptmomenten ihrer christlich-mittelalterlichen Gesamtentwicklung*, Leipzig 1896, S. 93.
24 N. Cohn, a. a. O., S. 123 f.; R. E. Lerner, »The Black Death...«, a. a. O.
25 N. Cohn, a. a. O., S. 173.
26 Ebd. S. 175–186.
27 N. Cohn hat alle diese Bewegungen vorzüglich analysiert, a. a. O., S. 194 bis 222.
28 Birgitta droht auch dem König von Schweden, Magnus, Strafen an, wenn er sein Verhalten nicht ändere; der Herrscher versucht, diesen Voraussagen entgegenzuwirken, indem er Wahrsager und Nekromanten aufsucht.
29 J.-P. Boudet, »Simon de Phares et les rapports entre astrologie et prophétie à la fin du Moyen Âge«, *Mélanges de l'École française de Rome*, Bd. 102, Nr. 2, 1990, *Les Textes prophétique et la prophétie en Occident*. Der Text der Voraussage, die für 1384–1386 gemacht wird, stammt aus der französischen Handschrift 1094 der Bibliothèque Nationale und wird im Anhang des Artikels zitiert, S. 643–648.
30 Nikolaus von Clemanges, *Opera omnia*, Lyon 1613, S. 357.
31 Eustache Deschamps, Ballade 1164.
32 H. Fages, *Histoire de saint Vincent Ferrier*, Löwen-Paris 1901–1905; E. Delaruelle, »L'Antéchrist chez saint Vincent Ferrier, saint Bernardin de Sienne et autour de Jeanne d'Arc«, in *La Piété populaire au Moyen Âge*, Turin 1975.
33 *Journal d'un bourgeois de Paris*, Jahr 1429, Nr. 500, Paris 1990, S. 255 f.
34 M. Tobin, »Les visions et révélations de Marie Robine d'Avignon dans le contexte prophétique des années 1400«, *Cahiers de Fanjeaux*, Nr. 27.

Anmerkungen 779

35 H. Millet, »Écoute et usage des prophéties par les prélats pendant le Grand Schisme d'Occident«, *Mélanges de l'École française de Rome*, a. a. O.
36 H. von Langenstein, *Liber adversus Telesphori eremitae vaticinia*, col. 517.
37 M. Aurell, »Eschatologie, spiritualité et politique dans la confédération catalono-aragonaise (1282–1412)«, *Cahiers de Fanjeaux*, Nr. 27.
38 H. Millet, »Écoute et usage des prophéties«, a. a. O.
39 L. Ackerman Smoller, *History, Prophecy and the Stars*, Princeton 1994.
40 Zitiert von L. Ackerman Smoller, a. a. O., S. 97.
41 Ebd. S. 58.
42 In seiner vorzüglichen Untersuchung über die Karriere und das Werk von Piere d'Ailly überging Bernard Guénée diese indes wesentliche Entwicklung (B. Guénée, *Entre l'Église et l'État: quatre vies de prélats français à la fin du Moyen Âge. XIIIe-XVe siècle*, Paris 1987).
43 Eine vollständige Liste dieser Werke siehe L. Ackerman Smoller, a. a. O., S. 136 f.
44 Zitiert in L. Ackerman Smoller, a. a. O., S. 55.
45 Ebd. S. 46.
46 Ebd. S. 68.
47 Ebd. S. 74 und 76.
48 Ebd. S. 64.
49 Ebd. S. 105 f.
50 Ebd. S. 42.
51 Siehe die Diskussion hierüber in L. Ackerman Smoller, a. a. O., S. 80 bis 84.
52 Für alle diese Aspekte siehe M. Aurell, »Eschatologie, spiritualité...«, a. a. O.
53 S. Barnay, »L'univers visionaire de Jean de Roquetaillade«, *Cahiers de Fanjeaux*, Nr. 27.
54 J.-P. Torell, »La conception de la prophétie chez Jean de Roquetaillade«, *Mélanges de l'École française de Rome*, a. a. O.
55 P. Amargier, »Jean de Roquetaillade et Robert d'Uzès«, *Mélanges de l'École française de Rome*, a. a. O.
56 R. E. Lerner, »Millénarisme littéral et vocation des Juifs chez Jean de Roquetaillade«, *Mélanges de l'École française de Rome*, a. a. O. Jean de la Roquetaillade knüpft an die fast wörtliche Deutung des 20. Kapitels der Offenbarung nach Joachim von Fiore und Petrus Johannes Olivi an: es wird ein Millennium des Friedens und drei Wiederkünfte Christi geben: »im Fleisch, um die Welt zu erlösen; im Geist, um die Welt zu erneuern; und im Gericht, um die Auserwählten zu verherrlichen.«
57 M. Aurell, »Prophétie et messianisme politique. La péninsule Ibérique au miroir du *Liber ostensor* de Jean de Roquetaillade«, *Mélanges de l'École française de Rome*, a. a. O.
58 Das *De cymbalis ecclesiae* von Arnald von Villanova, das mit der Frage

Vae mundo in centum annis? beginnt, befaßt sich auch mit der für 1378 vorgesehenen Ankunft des Antichrist. Jean de la Roquetaillade verlegt sie ins Jahr 1370, nach zwölf sie ankündigenden Geißeln, deren erste der Fall von Tripoli im Jahre 1288 war (M. Ballori Munné, »La Sicile et la couronne d'Aragon dans les prophéties d'Arnaud de Villeneuve et de Jean de Roquetaillade«, *Mélanges de l'École française de Rome*, a. a. O.).

59 J. C. Maire-Vigueur, »Cola di Rienzo et Jean de Roquetaillade ou la rencontre de l'imaginaire«, *Mélanges de l'École française de Rome*, a. a. O.
60 Zitiert von R. Rusconi, »À la recherche des traces authentiques de Joachim de Flore dans la France méridionale«, *Cahiers de Fanjeaux*, Nr. 27.
61 E. Le Roy Ladurie, *Montaillou, village occitan, de 1294 à 1324*, Paris 1975, S. 426 und 450 [dt.: *Ein Dorf vor dem Inquisitor*, übers. und bearbeitet (gekürzt) v. Peter Halbrock, Frankfurt-Berlin-Wien 1980].
62 G. Minois, *Du Guesclin*, Paris 1993, S. 40.
63 *Journal d'un bourgeois de Paris*, a. a. O., S. 238.
64 Christine de Pisan, *Ditié de Jeanne d'Arc*, 1429.
65 *Chronique d'Antonio Morosini*, ed. G. Lefèvre-Portalis und L. Dorez, Bd. III, Paris 1901, S. 38, und Bd. IV, S. 316.
66 *Journal d'un bourgeois de Paris*, a. a. O., S. 257 und 294.
67 *Procès en nullité de la condamnation de Jeanne d'Arc*, ed. P. Duparc, 5 Bde., Paris 1977–1988.
68 Siehe die Schlußfolgerung von P. Contamine beim Kolloquium über *Les Textes prophétiques et la prophétie en Occident*, in *Mélanges de l'École française de Rome*, a. a. O.
69 R. M. Dessi, »Entre prédication et réception. Les thèmes eschatologiques dans les *Reportationes* des sermons de Michele Carcana de Milan (Florence, 1461–1466)«, *Mélanges de l'École française de Rome*, a. a. O.
70 Archive nationale, X 2 a, 32.
71 C. Beaune und N. Lemaître, »Prophétie et politique dans la France du Midi au XVe siècle«, *Mélanges de l'École française de Rome*, a. a. O.
72 G. Le Menn, »Du nouveau sur les prophéties de Gwenc'hlan«, *Mémoires de la Société d'émulation des Côtes-du-Nord*, 1982, S. 45–71.
73 Bernhard von Siena, *Opera omnia*, 1745, Bd. III, S. 138.

Anmerkungen 781

DRITTER TEIL
Das Zeitalter der Astrologie

KAPITEL VIII
Wandlungen und Niedergang der religiösen Weissagung

1. O. Niccoli, *Profeti e popolo nell'Italia del Renascimento*, Rom 1987; C. Vasoli, *Temi mistici e profetici alla fine del Rinascimento*, Manduria 1968.
2. R. Rusconi, »Les collections prophétiques in Italie à la fin du Moyen Âge et au début des Temps modernes«, *Mélanges de l'École française de Rome*, Bd. 102, 1990.
3. Bibliothèque Nationale, ms. lat. 16021.
4. Bibliothèque mazarine, ms. 3898.
5. Nach dieser Liste erhält Paul VI. zum Beispiel das Motto: »von der Hälfte des Mondes«. Welch ein Wunder! Unter seinem Pontifikat landen die Amerikaner auf unserem Satelliten. Und dieser Liste zufolge wäre Johannes Paul II. der 110. und vorletzte Papst.
6. M. Tobin, »Une collection de textes prophétiques du XVe siècle: le manuscrit 520 de la bibliothèque municipale de Tours«, *Mélange de l'École française de Rome*, a. a. O.
7. Jean Lemaire de Belges, *Traité des schismes et conciles de l'Église*, ed. Stecher, Löwen 1882-1891, S. 243.
8. J. Britnell, »Jean Lemaire de Belges and prophecy«, *Journal of the Wartburg and Courtauld Institutes*, Bd. 42, 1979, S. 144-166.
9. J. Brittnell und D. Stubbs, »The *Mirabilis liber*: its compilation and influence«, *Journal of the Wartburg...*, Bd. 49, 1986, S. 126-150.
10. F. Secret, »Aspects oubliés des courants prophétiques au début du XIVe siècle«, *Revue de l'histoire des religions,* Bd. 173, 1968, S. 173-201.
11. G. Zarri, »Les prophètes de cour dans l'Italie de la Renaissance«, *Mélanges de l'École française de Rome*, a. a. O.
12. *The Complaynt of Scotlande*, ed. J.A.H. Murray, 1872, S. 82.
13. K. Thomas, *Religion and the Decline of Magic*, ed. Penguin, 1991, S. 474.
14. Ebd. S. 473.
15. Ebd. S. 474 ff.
16. Ebd. S. 482.
17. Ebd. S. 483.
18. M. S. Dupont-Bochat, W. Frijhoff, R. Muchembled, *Prophètes et sorciers dans les Pays Bas. XVIe-XVIIe siècle*, Paris 1978, S. 278.
19. F. Secret, »Cornelius Gemma et la prophétie de la Sibylle tiburtine«, *Revue d'histoire ecclésiastique*, Bd. 64, Nr. 2, 1969, S. 423-431.

20 Montaigne, *Essais*, I, 11: Der Marquis »ließ sich, wie es sich nach diesem ausgewiesen hat, durch die schönen Prophezeiungen, welche man auf allen Seiten zum Vorteile des Kaisers Karls V. und unserm Nachteile sogar in Italien ausstreute, ungemein in Furcht jagen. Er bedauerte zuvörderst gegen seine Vertrauten öfters das Unglück, welches er der Krone Frankreichs und seinen dasigen Freunden unvermeidlich bevorstehen sähe; empörte sich aber endlich gar, und begab sich zur andern Partei« (Übersetzung nach Johann Daniel Tietz).
21 Zitiert von H. Rusche, »Prophecies and Propaganda, 1641 to 1651«, *English Historical Review*, 84, Okt. 1969, S. 754.
22 K. Thomas, a. a. O., S. 176 f.
23 Die prophetischen Quellen in England wurden untersucht von R. Taylor, *The Political Prophecy in England*, New York 1911; M. H. Dodds, »Political prophecies in the reign of Henry VIII«, *Modern Language Review*, 1916; C. W. Previté-Orton, »An Elisabethan prophecy«, *History*, II, 1918.
24 J. Harvey, *A Discoursive Problem concerning Prophecies*, 1588, S. 62.
25 *The Whole Prophecies of Scotland, England, France, Ireland and Denmark*.
26 R. E. Lerner, »Medieval prophecy and religious dissent« *Past and Present*, Nr. 72, 1976, S. 3–24.
27 D. Weinstein, *Savonarola and Florence. Prophecy and patriotisme in the Renaissance*, Princeton 1970.
28 Zitiert von D. Weinstein, a. a. O.
29 C. Leonardi, »Jérôme Savonarole et le statut de la prophétie dans l'Église«, *Mélanges de l'École française de Rome*, a. a. O.
30 Zitiert von J. Delumeau, *La Peur en Occident*, Paris 1978, S. 282.
31 F. Secret, »Aspects oubliés des courants prophétiques au début du XVIe siècle«, *Revue d'histoire des religions*, Bd. 173, 1968, S. 173–201.
32 D. Crouzet, *Les Guerriers de Dieu. La violence au temps des troubles de religion. Vers 1525 – vers 1610*, 2. Bde., Paris 1990.
33 Ebd. Bd. I, S. 211.
34 *Astrologi hallucinati. Stars and the end of the world in Luther's times*, ed. Zambelli, Berlin-New York 1986.
35 Luther, *Propos de table*, ed. G. Brunot, Paris 1844, S. 276.
36 Ebd.
37 Siehe J. Delumeau, *La Peur en Occident*, a. a. O., S. 290.
38 Ebd. S. 285.
39 Ebd. S. 286, 294, 295.
40 Siehe J. Jannsen, *Geschichte des deutschen Volkes seit dem Ausgang des Mittelalters bis zum Beginn des Dreißigjährigen Krieges*, Freiburg 1901, Bd. VI, S. 471.
41 Florimon de Raemond, *L'Antichrist*, Lyon 1597, S. 132.
42 D. Korn, *Das Thema des Jüngsten Tages in der deutschen Literatur des 17. Jahrhunderts*, Tübingen 1957, S. 57.

Anmerkungen 783

43 Zitiert von Jean Delumeau, a. a. O., S. 303 f. Siehe hier auch weitere Beispiele.
44 B. Capp, »The millenium and eschatology in England«, *Past and Present*, Nr. 57, Nov. 1972, S. 156.
45 H. G. Alexander, *Religion in England, 1558–1662*, London 1968, S. 73 f.
46 N. Cohn, a. a. O., S. 106–113.
47 N. Birnbaum, »Luther et le millénarisme«, *Archives de sociologie religieuse*, V, Januar–Juni 1958.
48 Phelan, *The Millenial Kingdom of the Franciscans in the New World*, Berkeley 1970; *Prophecy and Millenarianism: Essays in honour of Marjorie Reeves*, Essen 1980; P. Moffit Watts, »Prophecy and discovery: on the spiritual origins of Christopher Columbus's 'Enterprise of the Indies'«, *American Historical Review*, 90, Febr. 1985, Nr. 1, S. 73–103.
49 A. von Humboldt, *Examen critique de l'histoire et de la géographie du nouveau continent*, Bd. I, Paris 1836, S. 110.
50 P. Moffitt Watts, a. a. O., S. 96.
51 Ebd. S. 83.
52 Ebd. S. 90.
53 R. E. Lerner, »Medieval prophecy and religious dissent«, *Past and Present*, 72, August 1976, S. 3–24.
54 A. Vauchez, »Les théologiens face aux prophéties à l'époque des papes d'Avignon et du Grand Schisme«, *Mélanges de l'École française de Rome*, a. a. O., S. 579.
55 Heinrich von Langenstein, *Liber adversus Telesphori*, in B. Pez, *Thesaurus anecdotorum novissimus*, Augsburg 1721, Bd. I, col. 519.
56 J. Gerson, *Tractatus contra sectam flagellantium*, in Œuvres complètes, ed. P. Glorieux, Bd. 10, Paris 1973, S. 51.
57 P. Alphandéry, »Prophètes et ministère prophétique dans le Moyen Âge«, *Revue d'histoire et de philosophie religieuses*, Januar–Februar 1932, S. 334–359.
58 In einigen geheimnisvollen Zeilen sehen die Kommentatoren die Ankündigung seines Todesjahrs, aber wie gewöhnlich läßt die Dunkelheit des Textes jede beliebige Deutung zu: *Œuvres très complètes de sainte Thérèse, de saint Pierre d'Alcantara, de saint Jean de la Croix et du bienheureux Jean d'Avila*, ed. Migne, Bd. III, Paris 1863, S. 257 f.
59 Ebd. Bd. IV., S. 498.
60 Johannes vom Kreuz, *Aufstieg zum Berge Karmel*, übers. v. P. Ambrosius AS. Theresia, München 1952, S. 243.
61 Ebd. S. 173, 176.
62 Ebd. S. 182.
63 Ebd. S. 188.
64 K. Thomas, *Religion and the Decline of Magic*, a. a. O., S. 252 f.
65 J. P. Seguin, *L'Information en France avant le périodique: 517 canards imprimiés entre 1529 et 1631*, Paris 1964.

66 Siehe J. Janssen, a. a. O., S. 464.
67 Luther, Œuvres, Bd. VIII, Genf 1957, S. 1957.
68 Zitiert von J. Delumeau, a. a. O., S. 95.
69 Journal d'un bourgeois de Paris sous François Ier, ed. P. Joutard, Paris 1963, S. 74.
70 Allein in Frankreich wurden für das 16. Jahrhundert über hundert Weissagungsbücher gezählt; sie wurden untersucht von J. Ponthieux, *Prédictions et almanachs du XVIe siècle*, Dissertation, Paris I, 1973.
71 B. Cellini, *Lebensbeschreibung*, übers. von J. W. Goethe, Berlin 1979, S. 142–149.
72 J. B. Thiers, *Traité des superstitions*, Paris ³1712, 2. Bde.
73 Montaigne, *Essais*, I., Kap. 11, »Von den Vorherverkündigungen« (nach der Übersetzung von Johann Daniel Tietz).
74 Ebd. II, Kap. 12.

KAPITEL IX

Der Sieg der Astrologie

1 J.-P. Boudet, »La papauté d'Avignon et l'astrologie«, *Cahiers de Fanjeaux*, Nr. 27, 1992.
2 M. Leijbowicz, »Chronologie des écrits anti-astrologiques de Nicole Oresme. Étude sur un cas de scepticisme dans la deuxième moitié du XIVe siècle«, in *Autour de Nicole Oresme*, Protokolle des Kolliquiums Oresme an der Universität von Paris, Paris 1990, S. 119–176; G. W. Coopland, *Nicole Oresme and the Astrologers. A Study or his Livre de devinations*, Cambridge, Mass. 1952; S. Caroti, *La critica contro l'astrologia di Nicole Oresme e la sua influenza nel Medievo e nel Reniascimento*, Atti dell' Academia Nazionale dei Lincei, Memoire 8, Bd. 23, Faks. 6, 1979, S. 545–684.
3 Dieses Argument wird entwickelt in *De commensurabilitate vel incommensurabilitate motuum coeli*. Die Probleme der Astrologie im 14. und 15. Jahrhundert werden behandelt in dem klassischen Werk von M. Préaud, *Les Astrologe à la fin du Moyen Âge*, Paris 1984.
4 P. de Mézières, *Le Songe du vieil pèlerin*, ed. G. W. Coopland, Cambridge 1969, S. 598.
5 F. Autrand, *Charles V*, Paris 1994, S. 745.
6 J.-P. Boudet, »La papauté d'Avignon et l'astrologie«, *Cahiers de Fanjeaux*, Nr. 27.
7 Ders., *Lire dans le ciel. La bibliothèque de Simon de Phares, astrologue du XVe siècle*, Brüssel 1995.
8 *Chartularium Universitatis Parisiensis*, ed. H. Denifle und E. Chatelain, 4. Bde., 1889–1897, Bd. IV, S. 35.

Anmerkungen

9 Zitiert von J. Delumeau, *La Peur en Occident*, Paris 1978, S. 172. Jean Delumeau zitiert auch die vorsichtige Meinung von Boccaccio: »... das tödliche Pestübel, welches – entweder durch Einwirkung der Himmelskörper oder im gerechten Zorn über unseren sündlichen Wandel von Gott als Strafe über den Menschen verhängt – einige Jahre früher in den Morgenlanden begonnen hatte.«
10 Ebd. S. 93.
11 So liest man in der Vorhersage in französischer Sprache für das Jahr 1454: »Anfang Oktober wird es kalt, windig und bewölkt sein, in der Nähe von Flußläufen morgens und abends neblig. Tagsüber ist es klar, bis zum 10. oder 11. des Monats klart es gegen Abend auf. Danach wird es feucht, und Winde wehen sechs Tage lang aus Norden und Westen. Dann wird das Wetter bis zum 22. schön, kalt und trocken. Dann wird es bis Ende des Monats bewölkt sein mit Schneefällen, Gewittern, wechselnden Winden aus allen vier Himmelsrichtungen, aus Osten, Süden, Westen und Norden.« Zitiert von P. Contamine, »Les prédictions annuelles astrologiques à la fin du Moyen Âge: genre littéraire et témoin de leur temps«, in *Histoire sociale, sensibilités collectives et mentalités. Mélanges Robert Mandrou*, Paris 1985, S. 198.
12 Ebd. S. 199.
13 »Ende des Jahres wird die Welt zufrieden und fröhlich sein. Die Menschen werden wie die Kinder sein und sich ihrem Vergnügen hingeben.« Ebd. S. 200.
14 Ebd. S. 201 f.
15 Ebd. S. 201.
16 Vorhersage in französischer Sprache für 1454, Bibliothèque Nationale, Ms. 1356, f° 30.
17 E. Cassirer, *Individuum und Kosmos in der Philosophie der Renaissance*, Leipzig-Berlin 1927.
18 Bibliothèque Nationale, Ms. 1278, f° 258 r°.
19 Zitiert von I. Cloulas, *Laurent le Magnifique*, Paris 1982, S. 329.
20 Ebd. S. 328.
21 P. Contamine, a. a. O., S. 197.
22 Der italienische Text wurde herausgegeben von E. Garin, 2. Bde., Florenz 1946 und 1952.
23 J.-P. Boudet, *Lire dans le ciel*... a. a. O.
24 Schon im 14. Jahrhundert wies Johann von Eschenden die Unvereinbarkeit der drei Zeitalter des Joachim von Fiore mit den Periodizitäten von Saturn und Jupiter nach.
25 J.-P. Boudet, »Simon de phares et les rapports entre astrologie et prophétie à la fin du Moyen Âge«, *Mélanges de l'École française de Rome*, a. a. O.
26 J. Tester, *A History of Western Astrology*, Woodbridge 1987, S. 215, Anm. 14.
27 I. Cloulas, *Henri II*, Paris 1985, S. 546.
28 Nostradamus-Zitate nach der Übersetzung von Kurt Allgeier [A. d. Ü.].

29 Die neueste und seriöstese Untersuchung seines Werks stammt von P. Brin d'Amour, *Nostradamus astrophile. Les astres et l'astrologie dans l'œuvre de Nostradamus*, Ottawa-Paris 1993. Eine der unterhaltsamsten Deutungen ist die von V. Ionescu, *Le message de Nostradamus sur l'ère prolétaire*, Paris 1976.

30 E. de Vignois, *Notre histoire racontée à l'avance par Nostradamus*, Paris 1976.

31 Markierungen bestehen darin, eine Person durch einen Zug seines Charakters oder seines Lebens zu kennzeichnen (so bezeichnet »Aemathieu«, Sohn Auroras, den Sonnenkönig Ludwig XIV.). Die Synekdoche besteht darin, das Ganze durch einen Teil zu bezeichnen (z.B. Italien durch Pisa). Die Antonomasie besteht darin, einen Eigennamen durch einen Gattungsnamen zu ersetzen (»die Inseln« für Großbritannien). Die Apokope besteht darin, das Ende eines Worts wegzulassen (z.B. Cap für Capetinger).

32 Kurt Allgeier, der deutsche Übersetzer von Nostradamus, schreibt zu diesem Vers: »Allgemein wird in diesem Vers die französische Niederlage im Krieg 1870 gesehen...« [A. d. Ü.].

33 J.-C. de Fontbrune, *Nostradamus*, Monaco 1980.

34 B. Cazes, *Histoire des futurs*, Paris 1986, S. 70f. [vgl. G. Dumézil, *Der schwarze Mönch in Varennes*, übers. v. Eva Moldenhauer, Frankfurt 1989].

35 I. Cloulas, *Henri II*, a. a. O., S. 547.

36 K. Thomas, *Religion and the Decline of Magic*, a. a. O., S. 343.

37 Zitiert von J. Tester, a. a. O., S. 224.

38 B. Bollême, *Les Almanachs populaires aux XVIIe et XVIIIe siècles*, Paris-Den Haag 1969.

39 F. F. Bosanquet, *English Printed Almanachs and Prognostications. A Bibliographical History to the Year 1600*, London 1917; C. Camden, »Elizabethan almanacs and prognostications«, *The Library*, 4. Serie, XII., 1932.

40 Rabelais, *Pantagrueline prognostication*, in *Œuvres complètes*, Paris 1955, S. 897.

41 Ebd. S. 899.

42 Ebd. S. 900.

43 Rabelais, *Tiers Livre*, a. a. O., S. 389 [nach der Übersetzung von F. A. Gelbcke].

44 Man ahnt, wie Rabelais dieses Orakel deutet:
»T'esgoussera
De renom.
Engroissera,
De toy non.
Te sugsera
Le bon bout.
T'escorchera,
Mais non tout.«
(Aushülsen wird sie
deiner Ehre Zier;

> ihr Bauch wird schwellen,
> aber nicht von dir;
> aussaugen wird sie
> 's Beste dir – sie kann's!
> Abziehen dir die Haut,
> jedoch nicht ganz!)

(Ebd. S. 390). Deutung im 18. Kapitel des *Dritten Buchs*.

45 Calvin, *Institutio christianae religionis*, III, 21, 2 (nach der Übersetzung von Otto Weber).
46 K. Thomas, a. a. O., S. 429.
47 Ebd. Kap. 12, »Astrology and Religion«.
48 J. Gaule, *The Mag-Astro-Mancer*, London 1652, S. 48.
49 *The works of the Rev. William Bridge*, ed. 1845, Bd. I, S. 438.
50 J. Chamber, *A Treatese against Judicial Astrology*, 1601, S. 102.
51 E. Worsop, *A Discoverie of Sundry Errours*, 1582.
52 G. Carleton, *The Madnesse of Astrologers*, 1624.
53 *The Works...*, a. a. O., S. 437.
54 K. Thomas, a. a. O., S. 450 ff.
55 T. O. Wedel, *The Medieval Attitude toward Astrology*, Yale studies, 1920.
56 H. Howard, *A Defensative against the Poyson of Supposed Prophecies*, ed. 1620, f° 113 v°.
57 Zitiert von K. Thomas, a. a. O., S. 404.
58 J. Allen, *Judicial Astrologers totally routed*, 1609, S. 16.
59 Zitiert von P. Curry, *Prophecy and Power. Astrology in Early Modern England*, Oxford 1989, S. 20,
60 Zitiert von K. Thomas, a. a. O., S. 405.
61 Zitiert von M. S. Dupont-Bouchat, W. Frijhoff, R. Muchembled, *Prophètes et sorciers dans les Bays Bas. XVIIe et XVIIIe siècles*, Paris 1978, S. 276.
62 A. Tollemer, *Un sire de Gouberville*, Neuaufl. Paris-Den Haag 1972.
63 Unter mehreren anderen Beispielen zitiert von J.-L. Marais, »Littérature et culture populaires aux XVIIe et XVIIIe siècles. Réponses et questions«, *Annales de Bretagne et des Pays de l'Ouest*, Bd. 87, Nr. 1, S. 83.
64 H. Trevor-Roper, *Renaissance Essays*, London 1986, S. 157.
65 B. Nicolescu, *La Science, le sens et l'évolution. Essai sur Jakob Boehme*, Paris 1988, neuaufgelegt unter dem Titel *L'Homme et les sens de l'univers*, Paris 1995.
66 K. Thomas, a. a. O., S. 164 f.
67 H. Rusche, »Prophecies and propaganda, 1641 to 1651«, *English Historical Review*, Bd. 84, Oktober 1969, S. 752–770.
68 A. Marten, *A Second Sound, or Warning of the Trumpet unto Judgment*, 1589.
69 C. Hill, *Antichrist in Seventeenth Century England*, London 1971, S. 25.

70 R. Baschera, *Le profezie della monaca di Dresda*, Turin 1971.
71 Alle diese Weissagungen werden wild durcheinander und ohne genaue Quellenangaben aufgezählt von P. Carnac, *Prophéties et prophètes de tous les temps*, Paris 1991.
72 K. Thomas hat eine genaue Liste all dieser »Entdeckungen« aufgestellt, a. a. O., S. 463 ff.
73 Ebd. S. 469.
74 W. Lilly, *Autobiography*, ed. 1715, S. 194–198.
75 Ebd. S. 311.
76 M. S. Dupont-Bochat, W. Frijhoff, R. Muchembled, a. a. O..
77 Ebd. S. 311.
78 J.-P. Seguin hat zwischen 1575 und 1652 24 Fälle aufgefunden, »Notes sur des feuilles d'information relatant des combats apparus dans le ciel (1575–1652)«, *Arts et traditions populaires*, Bd. VII, 1959.
79 *Confessional*, Nantes 1612, S. 21.
80 G. Le Menn, »Les quatres vers moyen-bretons du registre des baptêmes d'Edern«, *Annales de Bretagne et des Pays de l'Ouest*, Bd. 77, 1970, S. 615 ff.
81 Ders., »Une bibliothèque bleue en langue bretonne«, *Annales de Bretagne et des Pays de l'Ouest*, Bd. 92, 1985, Nr. 3.
82 Bis zum 18. Jahrhundert werden z. B. Vergil christliche Voraussagen zugeschrieben (vgl. Abbé Faydit, *Remarques sur Virgile et sur Homère*, Paris 1705).

KAPITEL X

Die Astrologie: eine soziokulturelle Notwendigkeit im 17. Jahrhundert

1 Madame de Sévigné, 22. Dezember 1664, in *Correspondance*, ed. de la Pléiade, Bd. I, Paris 1972, S. 80.
2 Ebd. Bd. III, S. 59.
3 Ebd. Bd. I, S. 920, Anm. 6.
4 Ebd. Bd. III, S. 60.
5 F. Bacon, *Novum organum*, I, 46 (nach der Übersetzung von Anton Theobald Brück, 1830).
6 *The Works of Francis Bacon*, ed. B. Mantagu, London 1825, Bd. III, S. 130 (*Über den Fortgang der Wissenschaften*, nach der Übersetzung von Johann Hermann Pfingsten, 1783).
7 Ebd. S. 132.
8 C. Gadrois, *Discours sur les influences des astres selon les principes de M. Descartes*, Paris 1671.

Anmerkungen 789

9 P. Gassendi, *Syntagma philosophicum*, Bd. I, 2A, Abt. II.
10 Zitiert von B. Rochot, »Les sentiments de Gassendi sur l'eclipse de 1654«, *Dix-septième siècle*, April 1955, Nr. 27.
11 J.-B. Morin, *Astrologia Gallica*, Paris 1661, S. 747.
12 C. Wren, *Parentalia*, 1790, S. 203.
13 Zitiert von P. Curry, *Prophecy and Power in Early Modern England*, Oxford 1989, S. 144, nach einem Manuskript aus dem Jahre 1686 von David Gregory.
14 *The Life and Letters of Sir Henry Wotton*, ed. L. P. Smith, Oxford 1907, Bd. I, S. 486.
15 T. Browne, *Pseudodoxia epidemica*, 1646, IV, 13.
16 La Bruyère, *Les Caractères ou les mœurs du siècle*, XIV, 69 (nach der Übersetzung von Otto Flake).
17 T. Corneille, *L'Inconnue*, III, 2.
18 Ders., *Le Feint Astrologue*, II, 2.
19 Ebd. II, 5.
20 Primi Visconti, *Mémoires sur la cour de Louis XIV*, ed. 1988, Paris, S. 63.
21 Ebd. S. 48.
22 »Er war ein außergewöhnlicher Mann. Sein Leben lang hatte er sich mit der judiziarischen Astrologie befaßt, einer Tollheit, die der Religion zuwiderläuft und immer gefährlich ist, und noch sehr viel mehr, wenn sie bisweilen Erfolg hat« (Duc de Luynes, *Mémoires*, Bd. XIII, S. 202).
23 Saint-Simon, *Mémoires*, ed. de la Pléiade, Bd. V, 1985, S. 222 f. Der Graf von Boulainvilliers hatte insbesondere eine *Astrologie mondial. Histoire de l'apogée du Soleil, ou pratique des règles d'astrologie pour juger des événements généraux* geschrieben, von der 1949 eine Ausgabe erschienen ist.
24 Voltaire, *Le Siècle de Louis XIV*, Kap. 26.
25 Zitiert in Madame de Sévigné, *Correspondance*, a. a. O., Bd. II, S. 1209, Nr. 6.
26 Ebd. S. 251 f.
27 Brief vom 5. Oktober 1717.
28 Saint-Simon, *Mémoires*, Bd. I., S. 623–626.
29 Abbé Proyat, *Vie du dauphin, père de Louis XV*, Bd. II, Paris 1819, S. 112–121.
30 Racine, *Œuvres complètes*, ed. de la Pléiade, Bd. II, S. 325.
31 J. B. Morin, *Astrologia Gallica*, 1661, S. 191.
32 W. Camden, *The History of the Most Renowned and Victorious Princess Elizabeth*, 3. Aufl., 1675, S. 419.
33 J. Gadbury, *The Nativity of Late King Charles*, 1659.
34 W. Lilly, *England's Prophetical Merline*, 1644.
35 Elias Ashmole, *His Autobiographical and Historical Notes, his Correspondence, and other Contemporary Sources relating to his Life and Work*, ed. C. H. Josten, Oxford 1966, S. 189 f.

36 P. Curry, *Prophecy and Power. Astrology in Early Modern England*, Oxford 1989, S. 21.
37 G. Roberts, *The History and Antiquities of the Borough of Lyme Regis and Charmouth*, 1834, S. 279.
38 Mr *William Lilly's History of his Life and Times from the Year 1602 to 1681*, London 1715, S. 189.
39 Zitiert von H. Rusche, »Merlini Anglici: astrology and propaganda from 1641 to 1651«, *English Historical Review*, Bd. 80, 1965, Nr. 315, S. 324.
40 Ebd. S. 328.
41 E. Ashmole, *Theatrum chemicum britannicum*, London 1652, S. 453.
42 Siehe eine Beschreibung dieser Versammlungen in P. Curry, a. a. O., S. 40 bis 44. Die Astrologen des Interregnums greifen auch auf die Werke ihrer Vorgänger zurück. So veröffentlicht Lilly 1650 *An Astrological Discourse*, der vierzig Jahre vorher von Sir Christopher Heydon verfaßt wurde und am Ende seiner Beschreibung des Himmels zu folgendem Schluß kam: »Ob es eine neue Demokratie bedeutet oder die Gründung einer Aristokratie der Kirche und ein Commenwealth, wenn die Sonne (der König) verdunkelt sein wird, das zu entscheiden liegt nicht bei mir.«
43 H. Trevor-Roper, »Milton in politic«, in *Catholics, Anglicans and Puritans*, ed. Fontana Press, 1989, S. 321–282.
44 Ders., »James Ussher, archbishop of Armagh«, ebd. S. 120–165.
45 A. Tindal Hart, *William Lloyd (1627–1677), Bishop, Author and Prophet*, London 1952.
46 E. Le Roy Ladurie, *Paysans de Languedoc*, ed. Flammarion, 1969, S. 333 [dt.: *Die Bauern des Languedoc*, übers. v. Charlotte Roland, Stuttgart 1983].
47 C. Bost, »Les prophètes du Languedoc en 1701 et 1702«, *Revue historique*, 1921.
48 G. Ascoli, »L'affaire des prophètes français à Londres«, *Revue du XVIIIe siècle*, 1916.
49 Eine neue Ausgabe mit einer guten Präsentation wurde von J. Delumeau vorgestellt, Paris 1993.
50 E. Le Roy Ladurie, a. a. O., S. 331.
51 Pascal, *Pensées*, ed. de la Pléiade, S. 1238 (nach der Übersetzung von Wolfgang Rüttenauer).
52 Bossuet, *Défense de la tradition et des saints pères*, Kap. XXIII, in *Œuvres complètes*, ed. Outhenin-Chalandre, Besançon 1836, Bd. VIII, S. 53.
53 Ders., *L'Apocalypse*, ebd. Bd. VI, S. 503.
54 Ders., *Préface sur l'Apocalypse*, a. a. O., Bd. VI, S. 490.
55 Ders., *L'Apocalypse*, a. a. O., S. 594.
56 Ebd. S. 594.
57 Bossuet, *Avertissement aux protestants sur leur prétendu accomplissement des prophéties*, a. a. O., Bd. VI, S. 614.

58 Ebd. S. 661.
59 F. N. L. Poynter, »Nicolas Culpepper and his books«, *Journal of the history of medicine*, XVII, 1962, S. 156.
60 K. Thomas, a. a. O., S. 364.
61 D. Defoe, *A Journal of the Plague Year*, ed. 1960, New York, S. 29 [dt.: *Ein Bericht vom Pestjahr*, übers. von Ernst Betz, Bremen 1965].
62 W. Lilly, *Christian Astrology*, S. 132.
63 Berichtet von K. Thomas, a. a. O., S. 376.
64 B. Whitelocke, *Memorials of the English Affairs*, 1732, S. 144.
65 K. Thomas, a. a. O., S. 379.
66 E. Ashmole, ed. Josten, a. a. O., S. 469.
67 Weisen wir jedoch darauf hin, daß heutzutage in der Pariser Region der Durchschnitt bei einem Astrologen pro 400 Einwohner liegt, was viel über die Angst und das Irrationale in der zeitgenössischen Gesellschaft aussagt.
68 A. de Laval, »Examen des almanachs, prédictions...«, in *Desseins de professions nobles et publiques*, 1613.
69 N. Turlot, *Le Vray Thrésor de la doctrine chrestienne*, Paris 1635, S. 55.
70 Zum Beispiel im *Almanach pour l'an de grâce mil six cens soixante six exactement calculé et supputé par le sieur de Chevry*, Troyes 1666.
71 Vgl. *Le Miroir d'astrologie*, 1582, zitiert von B. Bollême, *Les Almanachs populaires aux XVIIe et XVIIIe siècles*, Paris–Den Haag 1969, S. 18.
72 Zitiert von G. Bollême, a. a. O., S. 51.
73 Ebd. S. 53. Die Titel sind stets so deutlich wie irgend möglich, wie der des Almanachs auf das Jahr 1673: *Almanach journalier et chronologique pour l'an de grâce 1673 composé par François Le Beau, Loynnais, speculateur des éphémerides, mathématicien et docteur en médecine de la faculté de Montpellier (...) pour connaître abondance, sterilitié, la paix, les séditions, les tremblements de terre, les inondations, les maladies, la famine, les complexions des hommes, la manière d'administrer la médecine selon les cours des astres.*
74 J.-L. Marais, »Littérature et culture populaires aux XVIIe et XVIIIe siècles. Réponses et questions«, *Annales de Bretagne et des Pays de l'Ouest*, 1980, Bd. 87, Nr. 1, S. 96, Anm. 160.
75 J. Le Brun, »Censure préventive et littérature religieuse en France au début du XVIIIe siècle«, *Revue d'histoire de l'Église de France*, Bd. 69, Nr. 167, Juli–Dezember 1975, S. 201–226.
76 Bordelon, *L'Histoire des imaginations extravagantes de Monsieur Oufle*, 1710, S. 218.
77 A. Costadau, *Traité historique et critique des principaux signes qui servent à manifester les pensées ou le commerce des esprits*, Paris 1720, Bd. VII, S. 81.
78 J. Butler, »Magic, astrology, and the early American religious heritage«, *American Historical Review*, 84, Nr. 2, April 1979, S. 317–346.
79 J. Bodin, *De la République*, IV, 2.
80 Zitiert von K. Thomas, a. a. O., S. 355.

81 »The diary of John Greene (1635-1657)«, *English Historical Review*, 1929, S. 112.
82 W. Lilly, *Merlini Anglici Ephemeris*, 1659 und 1660.
83 T. Gadbury, *A Health to the King*, 1660.
84 D. Defoe, a. a. O., S. 26-28.
85 J. Ward, *Diary*, ed. C. Severn, 1839, S. 94.
86 R. Edlin, *Prae-Nuncius Sydereus*, London 1664, S. 42, 72, 118.

VIERTER TEIL
Das Zeitalter der Utopien

KAPITEL XI
Die Marginalisierung der traditionellen Wahrsagung

1 Zitiert von P. Curry, *Prophecy and Power. Astrology in Early Modern England*, Oxford 1989, S. 48.
2 *Annus mirabilis, or Strange and Wonderful Predictions gatherd out of Mr John Partridge's almanach*, London 1689.
3 Zitiert von P. Curry, a. a. O., S. 141.
4 J. Chamber, *Astronomiae encomium*, 1601.
5 K. Thomas, *Religion and the Decline of Magic*, London 1991, S. 422.
6 Voltaire, Brief an Friedrich II., 5. September 1752.
7 T. Sprat, *The History of the Royal Society of London*, London 1667, S. 364.
8 *A Strange and Wonderful prophecy for the Year 1688; A collection of many wonderful prophecies plainly foretelling the late great revolution*, 1691; *Good and Joyful News for England: on the prophecy of the renowned Michael Nostradamus that Charles II shall have a son of his own body*, 1681.
9 *The Works of Sir William Temple*, London, Bd. II, S. 472.
10 Ebd. S. 340.
11 *A Vision which one Mr Brayne had in September 1647*, 1649.
12 Zitiert von K. Thomas, a. a. O., S. 178.
13 I. Casaubon, *A Treatise concerning Enthusiasm*, 1655, S. 95.
14 C. Hill, *Puritanism and Revolution*, London 1958, Kap. XII.

15 T. Hobbes, *Leviathan*, 1651, Kap. XXXII (nach der Übersetzung von Walter Euchner).
16 S. Pepys, *Diary*, 22. August 1663.
17 Ebd. 28. Oktober 1660.
18 Ebd. 14. Juni 1667.
19 Fontenelle, *La Comète*, I, 1.
20 Ders., *Histoire des oracles*, Kap. XII.
21 Molière, *Les amants magnifiques*, III, 1.
22 Bossuet, *Politique tirée de l'Écriture sainte*, Art. III, 1. Satz.
23 J. Edwards, *Cometomantia. A Discourse of Comets*, London 1684, S. 164.
24 P. Bayle, *Pensées diverses à l'occasion de la comète*, 1683, Paragraph 67 (nach der Übersetzung von Johann Christian Faber, 1741).
25 Zitiert von S. Hutin, *Histoire de l'astrologie*, Brüssel 1970, S. 149.
26 P. Curry, *Prophecy and Power. Astrology in Early Modern England*, Oxford 1989.
27 Zitiert von G. Bollême, *Les Almanachs populaires aux XVIIe et XVIIIe siècles*, Paris-Den Haag 1969, S. 19.
28 P. Curry, a. a. O., S. 100.
29 C. Knight, *Passages of a Working Life during half a Century*, London 1864-1865, 2 Bde., Bd. I, S. 151.
30 J. Harland und T.T. Wilkinson, *Lancashire folklore*, London 1867, S. 121 f.
31 Zitiert von J.-L. Marais, a. a. O., S. 76.
32 N. Le Camus de Mézières, *L'Esprit des almanachs*, 1783, S. VI.
33 P. Curry, a. a. O., S. 130.
34 »A bibliography on astrology«, *Notes and Queries*, 7. Serie, Nov. 1891.
35 J. Butler, »Magic, astrology, and the early American religious heritage«, *American Historical Review*, 84, Nr. 2, April 1979, S. 317-346.
36 H. Leventhal, *In the Shadow of the Enlightenment. Occultism and Renaissance Science in Eigtheenth Century America*, New York 1976, S. 64.
37 M. S. Dupont-Bochat, W. Frijhoff, R. Muchembled, *Prophètes et sorciers dans les Pays-Bas. XVIe-XVIIIe siècle*, Paris 1978.
38 Ebd. S. 326.
39 Ebd. S. 340.
40 Ebd. S. 360.
41 E. Muraise, *Histoire et légende du Grand Monarque*, Paris 1975. Der Autor zählt zwischen dem 7. und dem 20. Jahrhundert 44 französische, 12 italienische, 7 deutsche, 8 spanische, 3 portugiesische, 2 englisch-irische Prophezeiungen über dieses Thema. Mehr als die Hälfte sind das Werk von Geistlichen.
42 Zitiert von R. Baschera, *Le Profezie*, Mailand, S. 103.
43 R. Baschera, *La Santa Sindone e i suoi segreti*, Turin 1978.

44 Siehe zu diesem Thema J. Deprun, *La Philosophie de l'inquiétude en France au XVIIIe siècle*, Paris 1979.
45 Zitiert von B. Plongeron, *Théologie et politique au siècle des Lumières (1770–1820)*, Paris 1973, S. 26.
46 Voltaire, *Examen important de Milord Bolingbroke ou le Tombeau du fanatisme*, 1763, Kap. IX, »Des prophètes« (nach der Übersetzung von Karl August Horst).
47 Nein, wir werden sie nicht nennen. Man konsultiere das oben genannte Werk.
48 Vorwort zum Buch von M. Lamm, *Swedenborg*, Paris 1936, S. IX.
49 H. Brunschwig, *Gesellschaft und Romantik in Preußen im 18. Jahrhunderts*, übers. v. Marie-Luise Schultheis, Frankfurt-Berlin-Wien 1975, S. 301.

KAPITEL XII

Die neuen Wege der Vorhersage im 18. Jahrhundert

1 J. Ehrard, *L'Idée de nature en France à l'aube des Lumières*, Paris 1970, S. 389.
2 C. Hill, »Newton and his society«, *The Texas Quaterly*, 1967, S. 38.
3 Zitiert von J. Ehrard, a. a. O., S. 409.
4 G. Vico, *La science nouvelle*, franz. Übers., Paris 1953, Paragraph 123.
5 Von B. Cazes herausgegebener Text in den *Écrits économiques* von Turgot, Paris 1970.
6 F. Fukuyama, *The End of History and the Last Man*, Free Press, 1992; A. Kojève, *Introduction à la lecture de Hegel*, Paris 1947.
7 A. Kojève, Interview in *La Quinzaine littéraire*, Juni 1968, S. 83.
8 J. G. Fichte, *Die Grundzüge des gegenwärtigen Zeitalters*, Hamburg 1956, S. 10, 14 f.
9 Ders., *Der Patriotismus und sein Gegenteil. Patriotische Dialoge* (1807), Leipzig 1918, S. 16, 29.
10 Brief vom 25. Juli 1387. Zitiert von B. Cazes, *Histoire des futurs*, Paris 1986, S. 252.
11 M. Eliade, »Paradis et utopie. Géographie mythique et eschatologique«, *Vom Sinn der Utopie*, Zürich 1964, S. 211.
12 F. L. Pollack, *The Image of Future*, New York 1961, Bd. I, S. 43.
13 B. Baczko, »Lumières et utopie. Problèmes de recherches«, *Annales ESC*, März–April 1971, S. 384.
14 A. de Tocqueville, *Der alte Staat und die Revolution*, übers. v. Theodor Oelcker, Bremen o. J., S. 183.
15 *Les Utopies de la Renaissance*, Kolloquium der freien Universität Brüssel, Paris 1963.

Anmerkungen

16 H. Trevor-Roper, »Nicolas Hill, the English atomist«, in *Catholics, Anglicans and Puritans*, London 1987, S. 1–39.
17 F. Bacon, *Neu-Atlantis*, übers. v. Günther Busse, Stuttgart 1982, S. 56.
18 Ebd. S. 51.
19 Ebd. S. 47.
20 Ebd. passim. Siehe auch die ausgezeichnete Einführung zu *La Nouvelle Atlantide* von M. Le Dœuff, Paris 1995.
21 Voltaire, *Philosophische Briefe*, übers. v. Rudolf von Bitter, 12. Brief, »Über den Kanzler Bacon«.
22 Zitiert von J. Servier, *Der Traum von der großen Utopie*, übers. v. Bernd Lächler, München 1971, S. 130.
23 *Histoire des Sévarambes*, Amsterdam 1716, Bd. I., S. 314 f.
24 Ebd. S. 319.
25 G. Jean, *Voyages en utopie*, Paris 1994, S. 55.
26 R. Messac, *Esquisse d'une chronobibliographie des utopies*, Lausanne 1962; W. Krauss, *Reise nach Utopia*, Berlin 1964.
27 W. Krauss, a. a. O., S. 15.
28 J. Deprun, *La Philosophie de l'inquiétude en France au XVIIIe siècle*, Paris 1979.
29 Zitiert von J. Servier, a. a. O., S. 200.
30 *Dom Deschamps et sa métaphysique. Religion et contestation au XVIIIe siècle*, hg. v. J. d'Hondt, Paris 1974.
31 J. Servier, a. a. O., S. 173 f.
32 Guillaute, *Mémoire sur la réformation de la police en France soumis au roi en 1749*, ed. J. Senzec, Paris 1974.
33 »Auch dies ist ein Gedanke, den man für verrückt halten wird. Ich bin überzeugt, daß eine der ersten, vielleicht unserem Jahrhundert vorbehaltenen Entdeckungen die Kunst sein wird, in der Luft zu fliegen. Auf diese Weise werden Menschen schnell und bequem reisen, und man wird sogar Waren auf großen fliegenden Schiffen befördern. Es wird Luftstreitkräfte geben. Unsere derzeitigen Befestigungen werden überflüssig. Die Bewachung der Schätze, die Ehre der Frauen und Mädchen werden gefährdet sein, bis man Polizeiwachen in der Luft eingerichtet und allen Schamlosen und Banditen die Flügel gestutzt haben wird. Unterdessen werden die Artilleristen lernen, im Flug zu schießen. Man wird im Königreich das neue Amt eines Staatssekretärs für die Luftstreitkräfte brauchen. Die Physik muß uns zu dieser Entdeckung führen« (R. L. Le Voyer, Marquis d'Argenson, *Mémoires et journal*, ed. Jannet, Paris 1857–1858, Bd. 5, S. 390).
34 R. Darnton, *Édition et sédition. L'univers de la littérature clandestine au VIIIe siècle*, Paris 1991, S. 188–199.
35 Zitiert von R. Darnton, a. a. O., S. 198.
36 Ebd.
37 J. Britnell und D. Stubbs, »The Mirabilis Liber: its compilation and influence«, *Journal of the Warburg and Courtauld Institutes*, 49, 1986, S. 126–150.

38 Bis heute wiederholen sich die Titel: *Prédictions universelles de Nostradamus*, Chartres 1811; *Nouvelles et curieuses prophéties de Nostradamus pour 1813 à 1819*, Lyon 1814...
39 J. Diss, *Mémoires d'un garde-chasse du prince-cardinal Louis de Rohan*, in *Revue catholique d'Alsace*, 1892.
40 Die Inszenierung ist bezeichnend für die Einstimmung der Zuschauer, zu der Cagliostro griff: »Der Saal war gefüllt mit vornehmen Leuten und sogar Personen von hohem Rang. Im Hintergrund des Saals reihten sich auf einem Altar Totenköpfe, ausgestopfte Affen, lebendige Schlangen in Glaskästen, Nachteulen mit phosphoreszierenden Augen, Tiegel, Glaskugeln, Amulette, Pulverfässer und andere Teufeleien« (zitiert von P. Carnac, a. a. O., S. 295).
41 E. Sibly, *A New and Complete Illustration of the Celestial Science of Astrology*, 4 Bde., London 1784–1792, Bd. III, S. 1050.
42 H. Desroches, »Micromilliénarismes et communautarisme utopique en Amérique du Nord du XVIIe au XIXe siècle«, *Archives de sociologie des religions*, Bd. IV, Juli-Dezember 1957, S. 57–92.
43 Vor kurzem unter dem Titel *Prophétie de Cazotte rapportée par La Harpe* neuaufgelegter Text, Paris 1981.
44 *Soirées de S.M. Charles X*, gesammelt und geordnet von E.-L. de Lamothe-Langon, Paris 1836, Bd. I, S. 136.
45 A. Debay, *Histoire des sciences occultes depuis l'antiquité jusqu'à nos jours*, Paris 1860, S. 114.
46 *Almanach prophétique, pittoresque et utile*, Paris 1845.
47 *Mémoires de Louis XVIII*, zusammengestellt von E.-L. de Lamothe-Langon, Paris 1832–1833.
48 Einige von ihnen findet man in E. Mozzani, *Magie et superstition de la fin de l'Ancien Régime à la Restauration*, Paris 1988.
49 Christian Pitois ist der einzige, der davon gesprochen hat in *L'Homme rouge des Tuileries*, Paris 1863, sowie in der *Histoire de la magie, du monde surnaturel et de la fatalité à travers les temps et les peuples*, Paris 1870. Siehe eine Zusammenfassung in E. Mozzani, a. a. O., S. 85–89.
50 Comtesse d'Adhémar, *Souvernirs sur Marie-Antoinette, archiduchesse d'Autriche, reine de France, et sur la cour de Versailles*, Paris 1836. Der Graf von Saint-Germain, nicht zu verwechseln mit seinem seriösen und berühmten Namensvetter, dem Staatssekretär Ludwigs XV., ist noch immer eine höchst geheimnisvolle Person. Siehe dazu das vor kurzem erschienene Werk von Philip Wilkin, *Le Comte de Saint-Germain*, Paris 1996.
51 *Recueil des ouvrages de la célèbre Mlle Labrousse (...) actuellement prisonnière au château Saint-Ange à Rome*, Bordeaux 1797; *Prophétie de Mlle Suzette de la Brousse, concernant la Révolution française, suivie d'une prédiction qui annonce la fin du monde*, 1790.
52 C. Moreau, *Une mystique révolutionnaire. Suzette Labrousse*, Paris 1886.
53 *Procès-verbaux des Assemblées générales du clergé de France*, Bd. VIII, S. 568.

Anmerkungen

54 *Procès-verbal de l'Assemblée du clergé de France de 1780, au couvent des Grands-Augustins*, Paris 1782, S. 335.
55 Den Terminus scheint William Petty (1623–1687) geprägt zu haben, der ihn um 1672–1676 erfindet.
56 W. Letwin, *The Origins of Scientific Economics*, London 1963, S. 99.
57 M. Hale, *The Primitive Origination of Mankind, considered and examined according to the Light of Nature*, London 1677.
58 Zitiert von J. und M. Dupâquier, *Histoire de la démographie*, Paris 1985, S. 141.
59 Ebd. S. 150.
60 J. P. Süßmilch, *Die göttliche Ordnung in den Veränderungen des menschlichen Geschlechts*, Berlin 1741, S. 21.
61 D. V. Glass, »The population controversy in Eighteenth Century England«, *Population Studies*, Juli 1952, S. 69–91.
62 E. Coumet, »La théorie du hasard est-elle née par hasard?«, *Annales ESC*, Mai-Juni 1970, S. 579.
63 J. Arbuthnot, *Of the Laws of Chance, or a Method of Calculation of the Hazards of Game*, London 1692.
64 Zitiert von A. Jacquard, *Les probabilités*, Paris 1974, S. 46.
65 J. Guitton, *Pascal et Leibniz. Etude sur deux types de penseurs*, Paris 1951.
66 W. W. Blackstock, *The Historical Literature of Sea and Fire Insurance in Great Britain, 1547–1810*, Manchester 1810.

KAPITEL XIII

Der Beginn des Zeitalters der Massen (I)

1 Zitiert von N. Edelman, *Voyantes, guérisseuses et visionnaires en France, 1785–1914*, Paris 1995, S. 61.
2 Er erläutert seine Methode im *Cours théorique et pratique du livre de Thot pour entendre avec justesse l'art, la science et la sagesse de rendre les oracles*, 1790.
3 J.-B. Millet de Saint-Pierre, *Recherche sur le dernier sorcier et la dernière école de magie*, Le Havre 1859, S. 17.
4 Etteilla, *Le Zodiaque mystiérieux, ou les Oracles d'Etteilla*, Paris 1820, S. 191.
5 Zitiert von E. Mozzani, *Magie et superstition de la fin de l'Ancien Régime à la Restauration*, Paris 1988, S. 95.
6 J. Favre, *Mémoire pour M. et Mme Montgruel appelant contre le procureur général*, 1850, S. 4.
7 Zitiert von N. Edelman, a. a. O., S. 56.
8 A.-F. Lecanu, *Dictionnaire des prophéties et des miracles*, ed. Migne, Paris

1852, S. 431. Zu Robespierre u. seinen Beziehungen zu Catherine Théot, die »Mutter Gottes« genannt, siehe G. Lenôtre, *Le Mysticisme révolutionnaire. Robespierre et la Mère de Dieu*, Paris 1906.
9 A. N., Serie F7 6442, Akte 9279.
10 Archive der Polizeipräfektur, AA 218, Beleg 177.
11 Ebd. Belege 175, 179, 180.
12 Ebd. AA 119, Beleg 2076; A.N., Serie F7 6442, Akte 9279; AA 218, Beleg 197; Bulletin vom 16. April und 18. Juli 1806.
13 A.N., F7 6442, Akte 9279.
14 Ebd.
15 E. d'Hauterive, *La Police secrète du Premier Empire. Bulletins quotidiens adressés par Fouché à l'Empereur, publiés par Ernest d'Hauterive d'après les documents originaux déposés aux Archives nationales*, Paris 1908 bis 1913, 4 Bde.
16 Centurie I, Quatrain 60; Centurie VIII, Quatrain 57 (nach der Übersetzung von Kurt Allgeier). Andere Stellen scheinen den Sturz Englands vorauszusagen wie der Quatrain 37 der Centurie VIII.
17 D'Hauterive, a. a. O., Bulletin vom 3. Februar 1807.
18 Ebd. 8. Januar 1806.
19 Ebd. 10. und 14. Juni 1808.
20 Ebd. 4. Januar 1808.
21 J. Peuchet, *Mémoires tirés des archives de la police de Paris pour servir à l'histoire de la morale et de la police depuis Louis XIV jusqu'à nos jours*, Paris 1883, 3 Bde., Bd. II, S. 286.
22 E.-L. de Lamothe-Langon, *Les Après-dîners de S.A.S. Cambacérès, second consul*, Paris 1837, 4 Bde., Bd. III, S. 348–360.
23 E. Mozzani, a. a. O., S. 199–202.
24 Nennen wir den *Almanach prophétique* für das Jahr 1841, *Napoléon, sa famille... ou Soirées secrètes du Luxembourg, des Tuileries, de Saint-Cloud, de la Malmaison, de Fontainebleau* etc., von E.-L. de Lamothe-Langon, Paris 1840; die *Mémoires et souvenirs d'une femme de qualitié sous le Consulat et sous l'Empire*, von E.-L. de Lamothe-Langon, Paris 1830.
25 *Les Confidences d'une impératrice*, Paris 1893, S. 164.
26 *La Pythonisse du XIXe siècle*, Paris 1846, S. 12.
27 A. Lelièvre, *Justification des sciences divinatoires, précédée du récit des circonstances de sa vie qui ont décidé de sa vocation pour l'étude de ces sciences et leur application*, Paris 1847, S. 6.
28 Ebd. S. 298.
29 Ebd. S. 18.
30 Hier einige Titel: *Les Sympathies ou l'Art de juger, par les traits du visage, des convenances en amour et en amitié*, 1817; *L'Art de connaître les hommes par la physionomie*, von Lavater, 1821; *Du caractère d'une demoiselle selon sa physionomie*, 1822; *Le Nouveau Lavater*, 1826; *L'Art de connaître les hommes sur leurs attitudes*, 1826; *La Physionomonie*, 1830; *Nouveau manuel du physionomiste et du phrénologiste*, 1838.

Anmerkungen

31 S. Blocquel (unter dem Pseudonym Aymans), *L'Avenir dévoilé, ou l'Astrologie, l'horoscope et les divinations anciennes expliquiées par les devins de Moyen Âge*, Paris 1844, S. 51. Nennen wir unter den Publikationen *L'Art de dire la bonne aventure dans la main ou la chiromancie des Bohémiens* von Gabrielle de Paban, 1818; *L'Oracle des dames*, 1824; *La Manière de tirer les cartes*, 1827; *Le Passé, le présent, l'avenir*, 1831; *Le Livre du destin*, 1840; *La Chiromancie*, 1843; *La Cartomancie ou l'art de tirer les cartes*, 1843; *Le Livre de l'avenir*, 1843, usw.

32 A. Guillois, *Essai sur la superstition*, Lille 1836, S. 35.

33 J. Garinet, *La Sorcellerie en France. Histoire de la magie jusqu'au XIXe siècle*, Paris 1828, S. 216.

34 A.N., BB 18, 1417.

35 Ebd. 11 311.

36 *Almanach chantant pour 1848*, Paris 1848.

37 Cordier und Clairville, *La Tireuse de cartes*, Paris 1848.

38 M.-A. Lenormand veröffentlichte unter anderem *L'Anniversaire de la mort de l'impératrice Joséphine*, 1815; *Manifestes des dieux sur les affaires de la France*, 1832; *Mémoires historiques et secrets de l'impératrice Joséphine*, 1820; *La Sibylle au tombeau de Louis XVI*, 1814; *Le petit Homme rouge au château des Tuileries*, 1831. Unter den Werken über diese Autorin nennen wir F. Girault, *Mlle Lenormand, sa biographie, seule autorisée par sa famille*, Paris 1843; A.-H. Cellier du Fayel, *La Vérité sur Mlle Lenormand, Mémoires*, Paris 1845.

39 A.-H. Cellier du Fayel, a. a. O., S. 17.

40 A.N. F7 64444, Akte 9376.

41 Ebd.

42 N. Edelman, a. a. O., S. 41.

43 L. de Perry, *Les Somnambules extra-ludides, leur influence au point de vue de développement des maladies nerveuses et mentales, aperçue médico-légal*, Paris 1897, S. 65 f.

44 *Le Vieux Papier*, Nr. 60, 1. Mai 1910.

45 G. Méry, *La Voyante de la rue de Paradis*, Paris 1900, S. 16.

46 *Le Moniteur spirite et magnétique*, April 1896, S. 46.

47 R. Auclair, *Prophéties d'Anna-Catharina Emmerich pour notre temps*, Paris 1974.

48 Es ist unmöglich, alle Daten aufzuzählen, die für das Weltende genannt wurden. Siehe dazu das vor kurzem erschienene Buch von J.-B. Clebert, *Histoire de la fin du monde de l'an 1000 à l'an 2000*, Paris 1994.

49 Auf ihrer Generalversammlung von 1958 verkünden die Siebten-Tags-Adventisten: »Wir glauben, daß in den vor uns liegenden Krisenzeiten der Wohlstand und die Fortschritte der adventistischen Kirche des Siebten Tages von der Treue der Führer und Mitglieder zu den Weisungen abhängen, welche von den Schriften des prophetischen Geistes gegeben wurden und auf so klare Weise den Plan des Heils darlegen, von der Zeit der Vertreibung aus dem Paradies bis zu jener, da es auf einer neuen Erde wiedererstehen wird.«

50 Condorcet, *Entwurf einer historischen Darstellung der Fortschritte des menschlichen Geistes*, übers. v. Wilhelm Alff und Hermann Schweppenhäuser, Frankfurt 1963, S. 355.
51 J. Edwards. *A Complete History... from the Beginning of the World to the Consumation of all Things*, London 1699.
52 T. Sherlock, *The Use and Intent of Prophecy*, franz. Übers., Paris 1754, Bd. I., S. 100.
53 E. Law, *Considerations on the Theory of Religion*, London 1745.
54 Zitiert von J. Delumeau, *Mille ans de bonheur*, Paris 1995, S. 323.
55 J. Priestley, *Lectures on History and General Policy*, Birmingham 1788, S. 538.
56 F. de Rougement, *Les Deux Cités. La philosophie de l'histoire aux différents âges de l'humanité*, Paris 1874, Bd. I, S. 358. J. Delumeau zitiert in Mille ans de bonheur zahlreiche millenaristische Texte, die diese Auffassung veranschaulichen, z. B. den des chilenischen Jesuiten Manuel Lacunza (1731–1801), S. 395.
57 Universität von Michigan, 1978.
58 A. Michel greift hier besonders das Buch von A. Kuerren an, *Recherche historique et critique sur la composition et la collection des livres du Vieux Testament*, Leiden 1836.
59 M. A. Foster, »Piété et empirisme. L'enquête épiscopale sur La Salette«, in *Christianisme et science*, Paris 1989, S. 55–75.
60 Von dem Kanoniker Rousselot ins Französische übersetzt und zitiert von M. A. Foster, a. a. O., S. 58.
61 Publiziert in *Das neue Europa*, Stuttgart 1963.

KAPITEL XIV

Der Beginn des Zeitalters der Massen (II)

1 B. Constant, *Du développement progressif des idées religieuses*, in Mélanges de littérature et de politique, Paris 1829, S. 105.
2 J.-J. Ampère, Rede von 1834 im Collège de France.
3 *Le Globe*, 24. Mai 1825.
4 P. Leroux, *Malthus et les économistes, ou y aura-t-il toujours des pauvres?*, Buissac 1849, S. 260.
5 *Revue de Paris*, Mai 1829.
6 Chateaubriand, *Mémoires d'outre-tombe*, Buch 44, Kap. 5 (zum Teil nach der Übersetzung von Sigrid von Massenbach).
7 Ebd.
8 Ebd. Kap. 4.
9 F. de Lamennais, *Le Livre du peuple*, 1838, in Œuvres complètes, ed. Le Guillou, Genf 1981, Bd. VII, S. 205.

10 Ders., *De la société première et de ses lois*, in a. a. O., Bd. X, S. 16.
11 Ders., Brief vom 8. Oktober 1834.
12 P. Bénichou, *Le Temps des prophètes. Doctrines de l'âge romantique*, Paris 1977, S. 137.
13 Ebd. S. 154.
14 J. de Maistre, *Les Soirées de Saint-Pétersbourg*, 1821, in *Œuvres complétes*, Lyon 1892, S. 230–239.
15 C. Fourier, *Theorie der vier Bewegungen*, übers. v. Gertrud von Holzhausen, Frankfurt 1966, S. 154.
16 A.a.O., S. 138.
17 A.a.O., S. 84, 156.
18 Siehe eine gute Analyse des Fourierismus in der Dissertation von J. Beecher, *Fourier*, Paris 1993.
19 Saint-Simon, »Das neue Christentum«, in *Ausgewählte Schriften*, übers. v. Lola Zahn, Berlin 1977, S. 406.
20 Ders., »Über das Industriesystem«, a. a. O., S. 302 f.
21 Ders., »Über die Reorganisation der europäischen Gesellschaft«, a. a. O., S. 153.
22 B. Cazes hat dies in der *Histoire des futurs. Les figures de l'avenir de saint Augustin au XXIe siècle*, Paris 1986, zum Ausdruck gebracht, indem er Saint-Simon folgende Argumente in den Mund legt (S. 222): »1. Was ich für wünschenswert halte, wird irgendwann eintreten. 2. Wenn ich ungeduldig werde, dann also nicht, weil ich einer widerspenstigen Wirklichkeit unbedingt ein willkürliches Schema aufzwingen will. 3. Tatsächlich bin ich besorgt, wenn ich sehe, daß die alte Ordnung sich festsetzt und dadurch allerlei Schäden (›die Krise‹) verursacht, die man dadurch zum Verschwinden bringen könnte, daß man auf schonende Weise die Ankunft des Unvermeidlichen erleichtert.«
23 P.-H. Azaïs, *Constitution de l'univers*, Paris 1840, S. XV.
24 A. Comte entwickelt diese Ideen in der *Sommaire appréciation de l'ensemble du passé moderne* (1820) bis zum *Cours de philosophie positive* (1842).
25 J. Servier konnte schreiben, daß Cabet seine *Reise nach Ikarien* nicht als Antizipation versteht, »d. h. als Beschreibung eines Zustandes, den die Menschheit erreichen muß. (...) Ikarien kann an jedem beliebigen Punkt in der Zeit und im Raum – einem jungfräulichen Raum – errichtet werden, wenn nur freie Menschen bereit sind, es zu bauen und anschließend ihre Freiheit dem neuen Staat zu opfern«. *Der Traum von der großen Harmonie. Eine Geschichte der Zukunft*, übers. v. Bernd Lächler, München 1971, S. 236.
26 E. Cabet, *Voyage en Icarie*, Paris 1970, Bd. I, S. 528.
27 R. Owen, *Gazette millénaire*, 1855, in R. Owen, *Textes choisis*, Paris 1963, S. 185.
28 M. Holloway, *Heavens on Earth. Utopian Communities in America, 1680–1880*, London 1951; H. Desroche, »Micromillénarismes et com-

munautarisme utopique en Amérique du Nord du XVIIe au XIXe siècle«, *Archives de sociologie des religions,* Bd. IV, Juli–Dezember 1957.
29 J. Gallais, *Hommes du Sahel,* Paris 1984, S. 121–126.
30 J. Séguy, »David Lazzaretti et la secte apocalyptique des Giurisdavidici«, *Archives de sociologie des religions,* Bd. V, Januar-Juni 1958, S. 71–87.
31 V. Hugo, »À la jeune France«, in *Œuvres complètes,* Paris 1969, Bd. V, S. 395.
32 Ders., »La légende des siècles«, a. a. O., Bd. X, S. 654.
33 Ders., Brief an Nadar vom 5. Januar 1864, a. a. O., Bd. XII, S. 1241 bis 1250.
34 M. Lacunza, zitiert von J. Delumeau, *Mille ans de bonheur,* a. a. O., S. 395.
35 P. Bert, *Le Cléricalisme,* Paris 1900, S. 122.
36 F. Schlegel, *Philosophie des Lebens,* 15. Vorlesung.
37 F. de Rougement, *Les Deux Cités,* Paris 1874, Bd. I, S. 358.
38 T. Herzl, *Der Judenstaat,* Berlin 1934^{10}, S. 92 f.
39 A. Siguier, *Christ et peuple,* Paris 1835, S. 390.
40 G. Herder, *Ideen zur Philosophie der Geschichte der Menschheit,* 15, IV.
41 A. Cieskowski, Einführung zu *Notre Père,* zitiert von J. Delumeau, a. a. O., S. 345.
42 A. France, *Auf dem weißen Felsen,* übers. v. Gertrud Piper, München-Leipzig o. J., S. 213 f.
43 Ebd. S. 102.
44 G. Pellerin, *Le Monde dans deux mille ans,* Paris 1878, S. 402.
45 Neulif, *L'Utopie contemporaine,* Paris 1888.
46 E. Bellamy, *Looking backward,* London 1888, S. 39 [dt.: *Ein Rückblick aus dem Jahre 2000,* übers. v. Klara Zetkin, Stuttgart 1920].
47 A. Quantin, *En plein vol,* Paris 1913, S. 7.
48 Béranger, *Dernières chansons,* Paris 1857, S. 10.
49 E. Quinet, *De l'origine des dieux,* in *Œuvres complètes,* Bd. 8, S. 271.
50 Ders., *L'Ultramontanisme,* a. a. O., Bd. 2, S. 274.
51 H. Spencer, *La Science sociale,* 1873, franz. Übersetzung, Paris 1908, S. 157.
52 Ders., *The Principles of Sociology* (1876), in *On Social Evolution,* Chicago University Press, S. 165.
53 W. Morris, *Neues aus Nirgendland,* übers. v. Paul Seliger, Leipzig 1902, S. 186.
54 T. Malthus, *Essay on the Principle of Population,* 1798.
55 P.-J. Proudhon, *Correspondance,* ed. Lacroix, Brüssel 1875, S. 384.
56 Zitiert von J. Servier, *Der Traum von der großen Harmonie,* a. a. O., S. 252.
57 Ebd. S. 253.
58 P.-J. Proudhon, *La Philosophie du progrès,* in *Œuvres complètes,* Paris 1946, S. 96.
59 K. Marx, Brief an Nieuwenhuis, 22. Februar 1881.

60 Ders., *Manifest der Kommunistischen Partei*, in MEW 4, S. 482.
61 F. Engels, *Die Lage der arbeitenden Klassen in England*, in MEW 4, S. 505.
62 Karl Kautzky, *Das Erfurter Programm*, »Der Zukunftsstaat«, Stuttgart 1919, S. 125.
63 Lenin, *Was tun?* (1902), Berlin 1945, S. 192.
64 K. Marx, *Der Bürgerkrieg in Frankreich*, in MEW 17, S. 343.
65 J. Jaurès, »Querelle anarchiste«, in *Petite République*, 21. Juli 1895.
66 Zitiert von M. Rebérioux, »La littérature socialisante et la représentation du futur en France au tournant du siècle«, in *Histoire sociale, sensibilités collectives et mentalités. Mélanges Robert Mandrou*, Paris 1985, S. 407 bis 421.
67 Ebd.
68 Deslinières, *La France nord-africaine*, Paris 1919.
69 M. Bakunin, Brief, veröffentlicht in *De la guerre à la Commune*, ed. F. Rude, Paris 1972.
70 P. Vaillant-Couturier, *Les Bâtisseurs de la Russe nouvelle*, Paris 1932.
71 Marxismusvorlesungen von J. Baby, R. Maublanc, G. Politzer und H. Wallon, zitiert in J. Servier, a. a. O., S. 308.
72 Abbé Maury, *Sur les avantages de la paix*, 1767.
73 Restif de La Bretonne, *La Découverte australe par un homme volant*, 1781.
74 Zitiert im *Times Literary Supplement*, 27. Januar 1984.
75 J. Verne, »La journée d'un journaliste américain en 2889«, in *Hier et demain*, Paris 1967.
76 S. Berthoud, *L'Homme depuis 5000 ans*, 1865, S. 523.
77 Zitiert von B. Cazes, *Histoire des futurs*, a. a. O., S. 97.
78 I. F. Clarke, *Voices prophesying War*, Oxford University Press, 1966.
79 Ebd. S. 69.
80 I. Bloch, *La Guerre de l'avenir dans ses relations techniques, économiques et militaires*, 6. Bde., St. Petersburg 1897.
81 B. Cazes, a. a. O., S. 73, Anm.
82 Beispiele aus D. Rougement, *L'Avenir est notre affaire*, Paris 1977.
83 H. Shane und G. Sojka, »John Elfred Jr.: forgotten genius of forecasting«, *The Futurist*, Oktober 1982.
84 D. Bell, *Les Contradictions culturelles du capitalisme*, Paris 1979, S. 162.
85 Eine seltsame postume Erzählung, *L'Éternel Adam* (1990), vermutet lediglich, in einer Auffassung der ewigen Wiederkehr, daß die hypertechnologische Zivilisation verschwinden könnte.
86 H. G. Wells, *Ausblicke*, übers. v. Felix Paul Greve, Minden 1905, S. 2 Anm.
87 Ders. »La découverte de l'avenir«, in *La Découverte de l'avenir et le grand Etat* (1902), franz. Übers., *Mercure de France*, S. 68 f.
88 B. Cazes, a. a. O., S. 69.

89 E. Renan, Vorwort zu *L'Avenir de la science*, 1890, in *Renan, histoire et parole*, ed. Bouquins, Paris 1984, S. 811.
90 Ders., *Dialogues philosophiques*, a. a. O., S. 667 (nach der Übersetzung von Konrad v. Zdekkauer, 1877).
91 Ebd. S. 668 ff.
92 Ebd. S. 663 f.
93 Ebd. S. 665.
94 E. Renan, Vorwort zu *L'Avenir de la science*, a. a. O., S. 813.
95 Ebd. S. 812 f.
96 Zitiert von G. Minois, »E. Renan entre la patrie, l'Europe et l'humanité«, *Actes des journées d'études*, Saint-Brieuc 1993, S. 178.
97 E. Renan, Vorwort zu *L'Avenir de la science*, a. a. O., S. 812.
98 Ders., »La monarchie constitutionelle en France«, *Revue des Deux Mondes*, 2. November 1869.
99 Ders., Vorwort zu *L'Avenir de la science*, a. a. O., S. 813.

FÜNFTER TEIL
Das Zeitalter der wissenschaftlichen Vorhersagen

KAPITEL XV
Der Aufstieg des Pessimismus

1 A. de Gobineau, *Versuch über die Ungleichheit der Menschenrassen*, übers. v. Ludwig Schemann, Bd. 4, Stuttgart 1901, S. 319.
2 K. Swart, *The Sense of Decadence in XIXth Century France*, Den Haag 1964.
3 A. de Tocqueville, Brief an E. Stoffels, 28. April 1850.
4 Ders., *Erinnerungen* (1850–1851), übers. v. Dirk Forster, Stuttgart 1954, S. 108.
5 Ders., *Über die Demokratie in Amerika*, übers. v. Hans Szbinden, Stuttgart 1976, S. 814.
6 Ebd. S. 460.
7 Cournots prospektives Denken ist vor allem in zwei Werken enthalten: im *Traité de l'enchaînement des idées fondamentales dans les sciences et dans l'histoire* (1861), und in den *Considérations sur la marche des idées et des événements dans les temps modernes* (1972).
8 A. Cournot, *Considérations*..., a. a. O., Bd. II, S. 209.

Anmerkungen 805

9 D. Halévy, *L'Histoire de quatre ans, 1997–2001*, Paris 1903, S. 92.
10 F. Dostojewski, *Tagebuch eines Schriftstellers*, übers. v. E. K. Rashin, München 1963, S. 125.
11 K. Kraus, »Apokalypse«, in *Werke*, Bd. 8, »Untergang der Welt durch schwarze Magie«, München 1960, S. 11.
12 P. Valéry, *Variété I*, in *Œuvres*, Paris 1957, S. 988.
13 L. Wittgenstein, *Vermischte Bemerkungen*, ed. H. v. Wright, Frankfurt 1977, S. 107 f.
14 A. Poizat, *Du classicisme au symbolisme*, Paris 1929, S. 128.
15 J. Perrin, Vorwort zum Buch von P. Painlevé, *De la science à la Défense nationale*, Paris 1931, S. XIX.
16 O. Spengler, *Der Untergang des Abendlandes*, München 1918–1922, Bd. 2., S. 119, 125.
17 Ebd. S. 586, 456.
18 O. Spengler, *Der Mensch und die Technik*, München 1931, S. 61.
19 J. Servier, a. a. O., S. 294.
20 J. Gattégno, *La Science-fiction*, Paris 1971.
21 J. Samjatin, *Wir*, übers. v. Gisela Drohla, Köln 1958, 1984, S. 15.
22 Zitiert von J. Delumeau, a. a. O., S. 415.
23 G. Orwell, *1984*, übers. v. Michael Walter, Frankfurt-Berlin-Wien 1984, S. 269 f.
24 Ebd. S. 47.
25 Ebd. S. 211.
26 Ebd. S. 75.
27 Ebd. S. 44.
28 Ebd. S. 251.
29 J. Schumpeter, *Kapitalismus, Sozialismus und Demokratie*, übers. v. Susanne Preiswerk, München 1950, S. 105.
30 Zitiert in *Histoire des pensées économiques*, Bd. I, Paris 1988.
31 Zitiert von J. K. Galbraith, *The Great Crash, 1929*, London 1955, S. 32.
32 Vgl. D. H. Meadows, *Die Grenzen des Wachstums*, übers. v. Hans-Dieter Heck, Stuttgart 1972.
33 E. Goldsmith, *Can Britain survive?*, 1972.
34 P. Chaunu, *Die Wurzeln der Freiheit*, übers. v. Hermann Kusterer, München 1982, S. 29 ff.
35 H. Kissinger, *American Foreign Policy*, New York ³1977, S. 302.
36 J. Kirkpatrick, »Dictatorships and double standards«, *Commentary*, Nr. 68, S. 34.
37 J. F. Revel, *How democraties perish*, New York 1983.
38 A. Kassof, »The future of soviet society«, in *Prospects for Soviet society*, New York 1989.
39 J. Delumeau, *Mille ans de bonheur*, Paris 1995, S. 420–426.
40 J. de Rosnay, *L'Homme symbiotique*, Paris 1995.
41 P. Lorie und S. Murray-Clark, *History of the Future. A Chronology*, New York 1989.

42 Ebd. S. 6.
43 Ebd. S. 218.
44 Ebd.
45 Ebd. S. 19.
46 Ebd. S. 28.
47 Ebd. S. 153.
48 S. Hawking, *Die illustrierte Kurze Geschichte der Zeit*, übers. v. Hainer Kober, Reinbek 1997, S. 213.
49 Ebd. S. 73.
50 Ebd. S. 224 f.
51 Trinh Xuan Thuan, *La Mélodie secrète* (franz. Übers.), Paris 1988, S. 255.
52 Ebd. S. 263.
53 Ebd. S. 271.

KAPITEL XVI

Hat die Vorhersage eine Zukunft?

1 Time, 15. Januar 1965.
2 J. Maître, »La consommation d'astrologie dans la société contemporaine«, *Diogène*, Nr. 53, Januar–März 1966, S. 92–109.
3 IFOP-Umfrage, 1963.
4 »Les chrétiens et l'astrologie«, *Panorama*, Januar 1995.
5 CSA-Umfrage, August 1994.
6 J.-B. Renard, »Religion, science-fiction et extraterrestres«, *Archives de sciences sociales des religions*, 50, Juli–September 1980, S. 143–164.
7 K. Marx, Brief an Kugelmann, 27. Juli 1871.
8 *L'Univers de la parapsychologie et de l'ésotérisme*, ed. Martinsart, Bd. I, Romorantin 1976, S. 195.
9 Ebd. S. 218.
10 J. Maître, a. a. O., S. 93.
11 Ebd. S. 104.
12 *Histoire du christianisme des origines à nos jours*, Bd. XII, *Guerres mondiales et totalitarismes (1914–1958)*, ed. J.-M. Mayeur, Paris 1990.
13 *Lumen gentium*, Art. 35.
14 *Katechismus der katholischen Kirche*, Oldenburg 1993, Art. 2155 und 2116.
15 H. Lindsay und C. Carlson, *L'Agonie de notre vielle planète* (franz. Übers.), Strasbourg 1974.
16 H. Allaines, *Actualité de l'Apocalypse confirmée par les prophéties*, Paris 1963.
17 P. Carnac, *Prophéties et prophètes de tous les temps*, Paris 1991, S. 79.
18 J.-C. de Fontbrune, *Nostradamus*, Monaco 1980.

Anmerkungen 807

19 P. Le Cour, *L'Ère du Verseau*, Vincennes 1937, S. 223.
20 A. Bailey, *The Reappearance of the Christ*, 1948 [dt.: *Die Wiederkunft Christi*, frei übers. v. Dr. William Pirig, Bietigheim 1954, S. 43 ff.].
21 M. Ferguson, *The Aquarian Conspiracy*, London 1981.
22 *Troisième millénaire*, Nr. 1, März-April 1982, S. 3.
23 R. Rabanne, *Das Ende unserer Zeit*, o. Ü., München 1996, S. 215 f.
24 Zitiert von P. Carnac, a. a. O., S. 172.
25 E. Howe, *Astrology and Psychological Warfare during World War II*, London 1967.
26 *Imagining To-Morrow. History, Technology and the American Future*, Cambridge, Mass. 1986.
27 Ebd. S. 12.
28 L. de Broglie, »L'avenir de la physique«, in *L'Avenir de la science*, a. a. O.
29 »Rêves de futur«, a. a. O., S. 196.
30 P. Devaux, »Prophètes et inventeurs«, in *L'Avenir de la science*, a. a. O.
31 G. Bourdé und H. Marin, *Les Écoles historiques*, Paris 1989, S. 339 f.
32 R. Aron, *Introduction à la philosophie de l'histoire*, Paris 1938, S. 111.
33 J. Chesneaux, *Du passé faisons table rase?*, Paris 1976; M. de Certeau, *L'Ecriture de l'histoire*, Paris 1975.
34 1972 veröffentlichte Protokolle, Paris-Den Haag.
35 D. Bell, »Prévision contre prophétie«, in *L'Historien entre l'ethnologue et le futurologue*, Protokolle des internationalen Seminars in Venedig (April 1971), Paris-Den Haag 1972, S. 87.
36 J. Delumeau, *Stirbt das Christentum?*, übers. v. Tina Schulz, Olten 1978, S. 151 ff.
37 Nr. 169, 1977.
38 H. Trevor-Roper, »Que serait la vie sans une connaissance de l'histoire?«, in *L'Historien entre l'ethnologue et le futurologue*, a. a. O., S. 218.
39 D. Bell, »Prévision contre prophétie«, a. a. O., S. 75 f.
40 F. Fukuyama, *The End of history and the last man*, New York 1992.
41 Ebd. S. 51.
42 Ebd.
43 Ebd. S. 244.
44 Ebd. S. 275.
45 Ebd. S. 314.
46 Ebd. S. 330.
47 Ebd. S. 335 f.
48 A. Marty, *Le Monde de demain vu par les prophètes d'aujourd'hui*, Paris 1962, enthält alle volkstümlichen Prophezeiungen des 19. und 20. Jahrhunderts. Ein Vorwand für die Dunkelheit ist unter anderem folgende Frage von Paracelsus: »Wäre alles deutlich dargelegt, wo bliebe dann der Schauer des Entsetzens, der die Welt erbeben ließe wie ein Schilfrohr?«
49 In einem Brief vom 14. Mai 1971 erinnerte Paul VI. an die positiven Aspekte der Utopie.

50 P. Bulmer, »The methodology of early social indicator research: W. F. Ogburn and recent social trends, 1933«, *Social Indicators Research*, Nr. 13.
51 G. Berger, *Étapes de la prospective*, Paris 1967, S. 20.
52 J. Fourastié, »Vue anglo-saxonnes sur l'avenir économique du monde«, *Critique*, Nr. 49, S. 18.
53 E. S. Quade, *Analysis for Public Decisions*, Amsterdam 1982, S. 139.
54 B. Coutrot und J.-J. Droesbeke, *Les Méthodes de prévision*, Paris ²1990.
55 A. Jacquard, *Les Probabilités*, Paris ⁵1992, S. 11, 12, 15.
56 Ebd. S. 123.
57 B. Coutrot und J.-J. Droesbeke, a. a. O., S. 115 f.
58 P. Dubois, »Vingt ans après: les projections 1985 confrontées à la réalité«, *Economie et statistique*, Nr. 177.
59 »Interfuturs six ans après«, *Le Figaro*, 7. Dezember 1985.
60 H. McRae, *The World in 2020. Power, Culture and Prosperity: A Vision of the Future*, London 1994. Zehn Jahre zuvor hatte McRae bereits die Welt des Jahres 2025 ins Auge gefaßt: *The 2025 Report*, London 1984.
61 A. Toffler, *Previews and Premises*, New York 1983.
62 Ebd. S. 219.
63 Ebd. S. 262.
64 H. Kahn und A. J. Wiener, *Ihr werdet es erleben. Voraussagen der Wissenschaft bis zum Jahre 2000*, übers. v. Klaus Feldmann, Wien-München-Zürich 1968.
65 J. Servier, a. a. O., S. 343 f.
66 *Global 2000. Der Bericht an den Präsidenten*, Frankfurt 1980, S. 25.
67 B. Cazes, *Histoire des futurs*, Paris 1986, S. 390.
68 M. Moravick, »The ultimate scientific plateau«, *The Futurist*, Oktober 1985.

Schlußfolgerung

1 J. Delumeau, *Une histoire du paradis. Le jardin des délices*, Paris 1992.
2 Ders., *Mille ans de bonheur. Une histoire du paradis*, Paris 1995. Siehe auch D. Thompson, *The End of Time. Faith and fear in the shadow of the Millenium*, London 1996.
3 G. Minois, *Die Hölle*, übers. v. Sigrid Kester, München 1994.
4 J.G. Ballard, *Höllentrip ins Paradies*, übers. v. Bernhard Rietz, München 1997.
5 Einige dieser Gruppen sind im übrigen bereit, es durch kollektiven Selbstmord zu beweisen, worauf ein alarmierender Bericht des Institute for European Defence hinweist: *The Prophets of Doom: the Security of Religious Cults (The Times*, 20. August 1996).

Personenregister

Abälard 250
Abbo von Fleury 230
Abraham bar Hiyya 329
Abu Maschar 229, 245
Ackerman Smoller, Laura 319, 324
Adadnirari III. (König von Assyrien) 52
Adam von Perseigne 259
Adamnan 220
Adams, Henry 661
Adelar von Bath 245
Adhémar, Gräfin von 564
Adorno, Theodor W. 682
Adrianus 265
Adso von Montier-en-Der 223, 230
Aelred von Rievaulx 249
Aeneas der Taktiker 153
Agabus 276
Agesilaos (König von Sparta) 80 f.
Agesipolis 110
Agnellus 224
Agrippina 140
Ahab (König von Israel) 42, 43, 44 f.
Ailly, Pierre d' 288, 319–325, 339, 372, 373, 375, 394, 407, 560, 757
Aimar von Mosset 327
Aischines 183
Aischylos 95
Alain 19, 759
al-Battani 244, 245
Alberti, Leon Battista 540
Albertus Magnus 269, 270, 271 f., 273, 283, 441
al-Bitruji 245
Alboize 596
Albright, W. F. 42
Albumasar 303, 407
Aletes 74
Alexander, W. 364
Alexander I. von Rußland 579, 590
Alexander II. (Papst) 235
Alexander VI. (Papst) 348, 390
Alexander der Große 73, 75, 82, 92, 107, 108, 166

Alexander von Bremen 260
Alexander von Hales 269, 270
Alexander Severus 126
Alexis 98
al-Farabi 228, 245
Alfons X., der Weise 245
Alfons XI. von Kastilien und León 332
al-Ghazali 28
Alkibiades 82 f., 109
al-Kindi 228, 229
al-Khwarazmi 245
Allaines, Henri 719
Allemane, Jean 650
Allen (Generaladjudant) 458
Allen, John 419
Allen, Nicolas 414
Allen, Thomas 411
Alliette, alias Éteilla 560 f., 585
Alphandéry, Paul 219
Alsted, J. H. 461
Amalrich von Bena 241, 258
Ambrosius 264, 265
Amenemhet I. (Pharao) 37
Ames, Nathaniel 513
Ammianus Marcellinus 72
Ammonios Saccas 191
Amos 43, 45, 49, 51, 69, 70
Amouroux, Mademoiselle 603
Ampère, Jean-Jacques 621
Amphilytos 74
Anaxagoras 95 f.
Anaximander 63
Andraea (Augustinerin) 347
Andreae, Johann Valentin 425, 542
Andreasi, Osanna 347, 348
Andrews, Henry 510
Andron aus Ephesos 95
Angoulême, Herzogin von 560
Annius von Viterbo 402
Anthes 74
Antigonos Galatas 58
Antiochos Kommagene 132
Antiochus IV. 166, 167, 168, 176, 257

Antiphon 73
Antonius (Heiliger) 265
Antonius (röm. Politiker) 131
Antonius Pius (röm. Kaiser) 140
Apollodoros aus Amphipolis 92
Apollonios von Tyana 74
Apollonius (Bischof von Hierapolis) 182, 183
Appius 137 f.
Aprunsculus 142
Apuleius von Madaura 103
Aquila 190
Arbogast 161
Arbuthnot, John 568
Arcadius (oström. Kaiser) 162
Archangelo Canetoli 348
Archon, Lord 542
Argenson, de Voyer, Marquis d' 549, 555
Argentré, Bertrand d' 249
Argoli, Andreas 453
Arimnestos 110
Ariovist 60
Aristandros 108
Aristeides 72, 110
Aristophanes 98, 113
Aristoteles 91, 101, 186, 226, 244, 245, 251, 270, 323, 392, 507
Arlington, Henry Bennet 491
Arnald von Villanova 294, 295 f., 297, 331, 372, 376, 390
Arnold, Pater 237
Aron, Raymond 733
Arruns 129, 135, 290
Artemidoros aus Daldis 73
Artemidoros aus Ephesos 381
Artus Désiré 360
Asarhaddon 35
Ascham, Anthony 418
Ascoli, Cecco d' 393
Asdente 290
Ashmole, Elias 456, 460, 470, 494
Aske, Robert 350
Askletarion 147
Assurbanipal (König von Assyrien) 35, 52
Astier, Gabriel 462
Astyphilos 109
Atkins, John 737

Attalos (König des pergamischen Reichs) 108
Auffinger, Madame 583
Auger, Hippolyte 641
Augustinus 149, 161, 188, 199–205, 206–210, 224, 225, 226, 227, 233, 254, 276, 287, 320, 371, 372, 528
Augustus (auch Oktavian) 123, 125, 139 f., 143 f., 265, 438
Aurelian (röm. Kaiser) 147
Aurell, Martin 318
Auriol, Vincent 727
Autrand, Françoise 395
Auvry, Claude 442
Avernarduc, Yusef 328
Averroes 228
Avicenna 228, 270
Aytinger, Wolfgang 345, 358
Azaïs, Pierre-Hyacinthe 633

Babeuf, François Noël 549, 551
Babington, Anthony 352
Babson, Roger 701
Bacon, Francis 424, 425, 438 ff., 492, 506, 542, 543 ff., 608, 633, 745
Bacon, Roger 283–287, 322, 358, 373
Baczko, Bronislaw 539
Bagehot, Walter 700
Bailey, Alice 722 f.
Bailly, Jean-Sylvain 563
Balduin, Graf von Flandern (Exkaiser von Konstantinopel) 236 f.
Ball, John 309, 310, 367
Ballanche, Pierre Simon 621
Ballard, J. G. 755 f.
Balzac, Honoré de 603
Bakis 74, 154
Bakunin 652
Barbation 142
Barère de Vieuzac, Bertrand 583, 597
Barkun, M. 292
Barnabas 176
Barras, Paul 599
Bartholomaeus Anglicus 250
Barthou, Louis 726
Barton, Elisabeth 354

Personenregister

Baruch 177
Basias 109
Basilius 226
Basset, Sir Robert 540
Baudeau, Abbé Nicolas 549
Baudelaire, Charles 674
Baxter, Richard 434
Bayes, Thomas 568
Bayle, Pierre 341, 452, 467, 503 f., 757
Beatus von Liebana 220
Beauclair 651
Beauregard, Pater 560
Becker, C. 733
Becket, Thomas 300, 324, 358, 430, 490
Beda Venerabilis 220 f., 228, 358, 430, 390, 491
Beheim, Hans 312 f.
Bekker, Philipp Jakob 523
Bell, Daniel 734, 736
Bell, G. H. 565
Bellamy, Edward 640 f., 651, 652
Bellanti, Lucas 359
Benedetti, Lucca Antonio 561
Benedikt XII. (Papst) 318, 390
Benedikt XIII. (Papst) 319
Benedikt XIV. (Papst) 337
Benedikt von Nursia 197 f., 214, 220, 256, 261
Ben Gerson, Lévi 390
Benichou, Paul 625
Benignus, Georgius 346
Bentivenga da Gubbio 307
Béranger 641
Berceto, Graf von 347
Berdjajew, Nicolaj 697
Berengar von Tours 461
Berger, Gaston 744 f.
Bernard, Francis 480
Bernard, Madame 603
Bernardino von Parenzo 344, 360
Bernhard von Clairvaux 236, 259, 263, 264, 320
Bernhard von Siena 338
Bernhardus Silvestris 246
Bernier 499
Bernoulli, Jacques 568
Berossos 86

Berry, Herzogin von Orléans 599
Bert, Paul 639
Berthelet, Marcelin 640, 641, 660
Berthier, Louis Alexandre 585
Berthold von Regensburg 282
Berthoud 654
Bertomeu de Tesbens 328
Bertrand von Ray 237
Bérulle, Pierre de 491
Bickerstaff, Isaac 488
Bignani-Odier, Jeanne 297
Birgitta von Schweden 301, 314, 319, 345
Birtles, John 352
Blanc de Mazaugues 449
Blau, Pierre 318
Blish, James 714
Bloch, Iwan 657
Bloch, Raymond 116, 129, 138
Blocquel, S. 593
Blofield, Wilhelm von 304
Blondel, David 497
Bocard, Jean 346
Bockelson, Jan (siehe Johann von Leiden)
Bodin, Jean 474, 528
Böhme, Jakob 425, 521
Boetius von Dacien 250 f.
Boleyn, Anne 350, 351, 354
Bolingbroke, Henry St. John 519
Bologne, Thomas de 395
Bonald, Louis 673
Bonatti, Guido 290, 410
Bonaventura 272 f., 360
Bonaventure Guyon 563 f.
Bond, Nelson 714
Bonet, Honoré 334
Bonet de Lattes 390
Bonifatius VIII. (Papst) 294, 296, 328
Bonnet 531
Booker, John 457, 458, 468, 479
Boquillon, Schwester 606
Bordelon 473
Bosc, Simon du 319
Boschman, Nicolas 515
Bosse, La 445
Bossuet, Jacques Bénigne 464, 467, 497, 499 ff., 504, 527, 736
Bouché-Leclercq, A. 77, 83, 84

Boudet, Jean-Patrice 302, 395
Bouillon, Herzogin von 445
Boulainvilliers, Henri de 448, 526
Boulliau, Ismaël 444
Bourbon, Herzogin von 579, 581
Bouvery, J. 605
Bowen, Nathaniel 513
Boyle, Sir Robert 443, 505, 616
Bradbury, Ray 687, 689, 693
Bradley, Thomas 351
Brahan 429
Brahe, Tycho 355, 412
Brakenridge, William 567
Brandler-Pracht, Karl 725
Brayne, John 492
Brébiette, Pierre 468
Bredon, William 418
Bréhal, Jean 336
Breton, André 715
Briand, Aristide 726
Briansson, Guy 337
Bricaud, Joanny 616
Bricon, Édouard 560
Bridge, Willliam 417
Brightman, Thomas 461
Broglie, Louis de 464, 728
Brothers, Richard 509
Brousson, Claude 464
Brown, Tom 485, 562
Browne, Thomas 411, 416, 444
Bruckberger, Pater 735
Brugman, Johann 515
Bruillard, Mgr. 612
Brunschwig, Henri 523
Brutus (Neffe des Tarquinius) 129
Bullant (Architekt) 410
Buisson, Adolphe 650
Bullinger 362
Bulwer-Lytton 675
Buonarotti, Philippe 551
Bürger von Paris, der 317, 336, 382
Burchard von Worms 231
Burgley, Lord William Cecil 475
Burke, Edmund 673
Burnet, Gilbert 529
Burton, Robert 411, 541
Bussy-Rabutin, Roger de 437, 502
Butler, Samuel 488, 505

Cabet, Étienne 634 ff., 691, 756
Caesar, Julius 60, 124, 130, 131, 134, 149, 159, 175, 185
Cagliostro, Guiseppe Balsamo 404, 521, 561, 580
Calcidius 192, 226
Calippe, Abbé 609
Calixt, Pater 650
Calvin, Johannes 362, 415, 418
Cambresis, Giraldus 249
Camden, William 456
Campanella, Tommaso 112, 424, 425, 441, 452, 540 f., 542, 755
Candolle, Alphonse Pyrame de 660
Caninius Gallus 144
Čapek, Karel 687
Capet, Hugo 528
Capgrave, John 374
Caravaggio 468
Carcano, Michele 337
Cardano, Girolamo 342, 410, 411, 456, 570
Cario, Johannes 362
Carleton, George 317
Carlson 719
Carnot, Hippolyte 641, 642
Caron, Antoine 265
Carpentras, Guillaume de 403
Carter, Jimmy 750
Cary, Mary 426
Cassaubon, Isaac 492, 497
Cassini 503
Cassiodorus 225 f., 269, 271
Cassius Dio 73
Caterina Vigri (= Katharina von Bologna) 347
Cathbad 59
Cathelan, Antoine 361
Cato Utenciensis, der Ältere 101, 126, 133, 148, 157
Cavalier, Jean 462
Cayce, Edgar 718
Cazes, Bernard 662 f., 675, 750 f.
Cazotte, Jacques 562 f.
Cecil, William, Lord Burghley 411, 419
Céline, Louis-Ferdinand 677
Cellier du Fayel 597
Cellini, Benvenuto 383

Personenregister

Céneau, Robert 361
Cerinthus 176
Certeau, Michel de 734
Chairemon 132
Chalmel de Viviers, Raymond 304, 390
Chamber, John 417, 487
Chamberlain, Houston Stewart 725
Chambers, Ephraim 511
Chamfort 562
Chaptal, Jean, Graf von Chanteloup 603
Chapuis 349
Charibert 215
Charton, Édouard 642
Chastenois, Marquise von 581
Chateaubriand, François-Réne de 621–624, 673
Chaucer 358, 430
Chauliac, Guy de 304, 390
Chaunu, Pierre 702
Chavigny, Jean Aimes de 347, 405
Chesneaux, Jean 734
Childrey, Joshua 506
Chilperich I. (König von Neustrien) 215, 218
Chirac, Auguste 651
Chissano, Joachim 727
Chlodwig I. (König der Franken) 222
Chlotar I. (Westkaiser) 216
Chorumphisa 246
Chramn 216
Chrétien, Gervais 395
Chrétien de Troyes 248
Christian von Stablot 224
Christine de Pizan 335, 395
Churchill, Winston 725
Cicero 23, 58, 119, 153–160, 163, 205, 379
Cieskowski 639
Clara von Montefalco 307
Clairville 596
Clarendon, Edward Hyde 527
Clarke, I. F. 443, 656
Clarkson, Laurence 458
Claude de L'Aubespine 409
Claudio von Savoyen 347

Claudius I. (röm. Kaiser) 125, 140
Clavasio, Dominique de 395
Clavell, Alexander 350
Clemenceau, Georges 658
Cloulas, Ivan 405, 726
Clynnog, Morys 352
Cölestin II. (Papst) 344
Cölestin III. (Papst) 259
Cölestin V. (Papst) 294
Coëssin, François-Guillaume 633
Cohn, Norman 233, 240, 292, 293, 305, 364, 365
Coke, Sir Edward 438
Colbert, Jean-Baptiste 455, 491
Colnet 600
Colomba da Rieti 347, 384
Columban 59
Columb Cille 60
Comenius, Johann Amos 424, 425
Commodianus 233
Compte, Auguste 254, 532, 549 f., 558, 619, 633 f.
Conall Gulban 60
Condillac 549
Condorcet, Marquis de 532 f., 563, 570, 607 f., 633
Condren, Charles 451 f.
Congreve, William 505
Considérant, Victor 630
Constant, Alphonse Louis, Abbé 609
Constant, Benjamin 620
Constantius II. (röm. Kaiser) 142, 191
Contamine, Philippe 398
Contenau, G. 35
Coolidge, John Calvin 700
Corday, Charlotte 588
Cordier 596
Corn, J. J. 729
Corneille, Thomas 446, 499
Cornelius 133
Cosmas von Prag 224
Costa de Beauregard, Olivier 715
Costadau 473
Coton, Pierre 444
Cottingwood, R. G. 733
Couédon, Henriette 603, 605
Couillard du Pavillon, Antoine 407

Coumet, Ernest 568
Cournot, Antoine Augustin 678 f.
Coventry, Mylady 503
Coverdale, Miles 417
Covic, Benjamin 718
Coyer 549
Crassus 117, 131, 159
Craywinkel, Jan van 515
Creffield, Edmund 615
Créqui, de 450
Croly, David 614
Cromwell, Oliver 350, 351, 428, 456, 459, 726
Cromwell, Richard 475
Cromwell, Thomas, Graf von Essex 353
Crookes, Sir William 660
Cross Smith, Robert 616
Crouzet, Denis 360, 361
Crowther, Timothy 509
Culpepper, Nicolas 458, 468, 475
Cumont, Franz 134
Curry, Patrick 505, 506, 510
Cuthbert (Heiliger) 221
Cyrano de Bergerac 112, 545

Dagobert 218
Dahn, Alec 727
Daladier, Édouard 725
Dalman Sesplanes 328
Dandalus von Lerida 376
Daneau, L. 363
Daniel 43, 166–170, 175, 176, 194, 296, 297, 331, 366, 368, 402, 427, 428, 429, 463, 719
Daniel, Pater 529
Daniel von Morley 244
Daniel-Rops 732
Danton, Georges Jacques 583, 597
Darius (König von Persien) 166
Darnton, Robert 559
David (König von Israel) 38, 42, 55
David, Louis 599
Davis, Eleanor 425
Dazet, Georges 651
Découflé, A. C. 742
Dee, John 411, 412
Defoe, Daniel 469, 478 ff., 488, 511

Deiotaros 159
Deiphon 109
Delage, Henri 603
Delarivey, Pierre 422
Delcassé 726
Delcourt, Marie 79
De Lollis 373
Delumeau, Jean 366, 704, 734 f., 755
Demokrit 85, 95, 186
Demosthenes 82
Dencausse, Valentine, genannt Madame Fraya 604, 726
Deparcieux 570
Deprun, Jean 548
Desailloud, Madame 603
Descartes, René 441
Deschamps, Abbé dom 549 f.
Deschamps, Eustache 316
Deslinière 651
Desmoulins 583, 597
Desprez 596
Devaux, Pierre 730 ff.
Devereux, Georges 66
Diderot, Denis 555
Digby, Kenelm 411
Diodorus Siculus 249
Diogenes 97
Diogenes Laertius 95
Diokletian 141, 161
Dionysios von Halikarnassos 123, 127, 128
Dionysios von Syrakus 110
Dionysius Exiguus 21
Dionysius von Paris 218
Diss, Joseph 561
Diviciacus, der Häduer 58
Dixon, Jane 726
Dobzhansky, Theodosius 794
Dominikus (Heiliger) 265
Domitian (röm. Kaier) 140, 147, 173
Donneau de Visé, Jean 499
Donnet, Kardinal 406
Dorchester, Marquis von 503
Doré, Pierre 361
Dostojewskij, Fjodor M. 680
Drake, Sir Francis 545
Dreyfus, Alfred 603, 604

Personenregister 815

Drieu la Rochelle, Pierre 677
Drieux, Madame 603
Drumond, Édouard 605, 677
Drusus Libo 140
Dryden, John 211, 249, 505
Duchesne, Pater 581 f.
Du Guesclin, Bertrand 322, 334, 402, 403
Du Moulin 463, 467
Dufresne, Adrienne 444
Duglioli, Elena 347, 348
Dumas, Alexandre 406, 603
Dumézil, Georges 408
Dupont de Nemours 552
Durandus von Baldach 327
Durandus von S. Porcino 296
Dürer, Albrecht 362
Duval, Antoine 361

Ebertin, Elsbeth 725
Edelman, Nicole 602
Edlin, Richard 481
Eduard I. von England 300, 490
Eduard II. von England 300
Eduard VI. von England 351, 355, 410, 490
Eduard der Bekenner 358
Edwards, John 502, 608
Effen, Justus van 514
Eglinus, Raphael 424
Ehrard, Jean 526
Einstein, Albert 708
Eisenhower, Dwight David 704
Eiximenes, Franciscus 328, 329, 332
Eleutherus 183
Eliade, Mircea 62, 539
Elias (Elija) 43, 177, 179, 208, 213, 222, 256, 257, 308, 327, 424, 425, 428, 492, 518
Elisabeth (Prophetin) 263
Elisabeth I. von England 351 f., 354, 357, 358, 364, 381, 411, 419, 456
Elischa 42
Emerigon, B. M. 570
Emmerich, Anna Katharina 606
Emmerich, Graf von Leinigen 236
Empedokles 63, 95, 414

Enfantin, Prosper Barthélemy 631, 637
Engels, Friedrich 647, 648, 652, 656 f.
Ennius 130
Epameinondas 80
Epikur 97, 154, 186
Epimenides aus Phaistos 74, 164
Epinay, Louise Tardieu d'Esclavelles 537
Epiphanios 182, 190, 193
Erdmann, Paul 523
Ergome, Johannes 301
Ersfield, Lady 469
Esra 55, 177
Essex, Robert Devereux, Graf von 411, 429
Este, Borso d' 347
Eugen III. (Papst) 261
Eugen IV. (Papst) 298
Eugenius 161, 162
Euripides 95, 106
Eusebios von Caesarea 97, 152, 161, 182, 186, 188
Eusebius von Alexandrien 329
Evelyn, John 503
Everard, William 429
Everett 707
Expilly, Jean-Joseph 567
Eyt, Pierre 171
Ezechiel 40, 47, 175, 194, 255, 349, 520, 719

Farinata degli Uberti 260
Farnham, B. 565
Faure, Félix 603
Faustus der Manichäer 201
Felix, Minucius 185
Fénelon, François de Salignac de la Mothe 452, 496, 499, 501 f., 540, 547, 548
Ferdinand I. von Aragón und Sizilien 332
Ferdinand II. von Kastilien 372
Ferguson, Marilyn 723
Fermat, Pierre de 568
Ferrer, Vinzenz 308, 316 f., 318, 329, 338, 376
Fichte, Johann Gottlieb 254, 536 f.

Ficino, Marsilio 399
Filastre, Françoise 445
Fines, Henri de 361
Finn 59
Firmicus Maternus, Julius 134, 142, 192, 226, 243, 324, 411
Firminus 202
Fiske, Nicolas 470
Flaccianus 200
Flammermont 597
Flamsteed, John 487
Fleming, R. 562
Flint, V. I. J. 226
Florimon de Raemond 363
Fludd, Robert 439
Formalhaut 714
Fontbrune, Jean-Charles de 407
Fontenelle, Bertrand Le Bovier 467, 495 ff., 503, 530, 555
Forman, Simon 468, 470
Forster, Edward 661
Forster, Richard 411
Fouché, Joseph 585, 586, 587, 597, 599
Fourastié, Jean 745 f.
Fourier, Charles 549, 627–630, 756
Fournier, Eugène 651
Fox, John 353, 381, 417, 527
Fra Dolcino 260
France, Anatole 639 f., 651
Francesco da Meleto 360
Francesco da Montebelluna 332
Francesco aus Montepulciano 360
Franz I. von Frankreich 346
Franz von Assisi 260, 263, 272, 294, 320 f., 327
Franz Ferdinand 617
Franz von Paola 637
Fredegunde (Königin von Neustrien) 220
Freud, Sigmund 682
Friedrich I. Barbarossa 237
Friedrich II. (deutscher Kaiser) 237 f., 245, 260, 272, 290, 304, 308, 327, 365
Friedrich III. (König von Sizilien) 295, 298
Frijhoff, Willem 355, 431, 514, 515

Fritz, Joß 265
Froissart, Jean 300, 309
Froment, Luc 651
Frontinus 153
Fukuyama, Francis 535, 737 ff.
Fulke, William 419, 420

Gadbury, John 418, 456, 460, 480, 496, 505, 506
Gadbury, Timothy 476
Gadrois, Claude 441
Galba (röm. Kaiser) 145, 146 f.
Galiani, Abbé 537, 549
Galilei 441, 506
Gallienus (röm. Kaiser) 147
Galloway, J. 565
Gandhi 726
Garat, Dominique Joseph 599
Garinet, J. 593
Gassendi, Pierre 341, 441 f., 454, 455, 499
Gaule, John 417
Gaulle, Charles de 727, 741
Gauricus, Lucas 409, 598
Gautier, Théophile 603
Gemma, Cornelius 355
Geoffrey of Monmouth 242, 247 f., 357, 494
Gerald of Wales 349
Gerard (Erzbischof von York) 243
Geraud (Franziskaner) 301
Gerberga 223, 230
Gerbert 221
Gerle, Dom 564, 581
Gernsback, Hugo 686
Gerson, Johann 376
Gideon 30
Gilbert, Claude 547
Gilbert, William 444
Gildas der Weise 358, 430
Gill, Doktor 562
Gimpel, J. 751
Giraud, Maximin 612 f.
Giustiniani, Pancrazio 335
Glaber, Radulf 219, 230, 234
Gladstone, William Ewart 657
Glendower, Owen 349
Glykas, Michael 280
Goad, John 480, 506

Personenregister

Gobineau, Joseph Arthur 673 f.
Godefroy, Robert 395
Godin, Jean-Baptiste André 637
Godwin, William 644
Goebbels, Joseph 725
Goethe, Johann Wolfgang von 522
Goldsmith, Edward 702
Gonzaga, Elisabetta 348
Gonzaga, Gianfrancesco 347
Goodwin, T. 562
Gordon 746
Gorricio Gaspard 373
Gott, Samuel 542
Gottfried von Auxerre 259
Gottfried von Meaux 394
Gottfried von St. Viktor 259
Gouberville, Sire de 421
Goulard, Simon 409
Gracchus, Gaius 125
Gramont, Herzog von 449
Gratianus 310
Graunt, John 570
Grebner, Paul 358
Greene, John 476
Greenham, Richard 381
Grégoire, Abbé 509
Gregor I., der Große (Papst) 197 f., 214, 227, 320, 461
Gregor VII. (Papst) 461
Gregor IX. (Papst) 259
Gregor XII. (Papst) 318, 319
Gregor von Nyssa 186 ff.
Gregor von Tours 214–218, 220, 230
Gregory, David 443
Grelot, P. 169
Grosseteste, Robert 282, 283
Grotius (Hugo de Groot) 452, 466, 512
Grünpeck 491
Guesde, Jules 650, 652
Gui de Boulogne 332
Guibert von Nogent 243
Guillaume (Mönch) 319
Guillaume de Hainaut 299
Guillaute 354
Guillois, Abbé 593
Guimette de La Rochelle 335
Guitton, Jean 755

Guizot, François 620
Gundobad (König der Burgunder) 218
Gunthramn (König von Burgund und Orléans) 218
Gunthramn Boso 215
Gustav Adolf 431, 490
Guy de Hainaut 290
Guynglaff 338
Gylby, George 418

Hacket, William 345
Hadrian (röm. Kaiser) 147
Haggai 55
Hale, Matthew 566
Halévy, Daniel 674, 679 f.
Halifax, Marquis d' 527
Halley, Edmund 443, 505, 570
Hanaja 46
Hannibal 126
Hanussen, Eric 725
Harlokke, William 351
Harrington, James 542
Harrington, W. 169
Harris, Barbara 727
Harris, John 511
Harris, Robert 380
Harrison, Thomas 429
Hartgill, George 410
Hartley 693
Hartlib, Samuel 425, 542
Hartmann, Johann 307, 308
Harvey, John 357
Hassan II. 727
Hatton, Christopher 411
Hauska, Martinek 311
Haussmann, Georges Eugène 658
Hautier 587
Hawking, Stephen 707, 708
Hawkins, Jane 426
Hébert 597
Hegel, Georg Wilhelm Friedrich 254, 533 ff., 536, 642, 647, 734, 737, 740, 741, 757, 758
Heingarter, Conrad 398
Heinrich I. von England 300
Heinrich II. von England 430
Heinrich II. von Frankreich 403, 404, 405, 409

Heinrich III. von England 242, 300
Heinrich III. von Frankreich 420
Heinrich IV. von England 349, 355
Heinrich IV. von Frankreich 272, 295, 347, 409, 410, 444, 556
Heinrich VII. von England 349, 399, 410, 430
Heinrich VIII. von England 349, 350, 351, 353, 354, 355, 370, 456
Heinrich von Langenstein 305, 318, 375 f., 393, 394, 410
Heinrich von Trastámara 328, 332
Heinrichmann 414
Hektor von Troia 331
Helmer, Friedrich Robert 746
Hemmerlin, Felix 338
Henoch 177, 308
Hephaistion von Theben 92
Heraklit 63, 83, 95
Herder, Johann Gottfried 522, 639
Herennius Siculus 124
Herrman (Prior von Lehnin) 263
Hermann von Carinthia 245
Hermas 188
Hermes Trismegistos 199 f., 321
Herodot 74, 78, 85, 98, 110, 159, 249
Herzl, Theodor 639
Hesiod 69, 83, 85, 95
Hess, Rudolf 725
Heydon, Christopher 418
Heydon, John 456, 486
Heylyn, Peter 381
Heywood, Thomas 429
Hiebner, Israel 426
Hierokles 74
Hieronymus 183, 196, 291
Hildegard von Bingen 261 f., 263, 305, 320 f., 329, 375
Hill, Nicolas 540
Hilton, Johann 362
Himmler, Heinrich 725
Hincmar 222
Hiob 402
Hipparchos 88
Hippodamos aus Milet 113
Hippokrates 87, 91, 201, 279
Hippolytos 176, 194 ff., 207, 254
Hitler, Adolf 668, 681, 725

Hobbes, Thomas 492, 493
Hoborne, Sir Robert 470
Hoche, Lazare Louis 597
Hoene-Wroński 633
Hoffmann, Melchior 367 f.
Holbein, Hans 410
Holtzhauser, Bartholomäus 427
Hollwell, John 486
Homer 69, 76, 83, 95, 110, 300, 622, 629
Honorius (röm. Kaiser) 191
Honorius III. (Papst) 259
Hooper, John 417
Hoover, Herbert Clark 700, 743
Hopkins, Nicolas 354
Horaz 149 f., 160, 192, 211
Hosea 43, 51 f., 69, 70, 520
Hoveden, Roger von 246
Howard, Henry 351
Howard, Robert 456
Howe, E. 726
Hrabanus Maurus 222, 224
Huart, Catherine 587 f.
Hudson, W. H. 661
Hugo, Victor 112, 406, 500, 603, 637 f., 654, 729
Hugo von Saint-Cher 269, 271
Hugo von St. Viktor 281
Hugwald, Ulrich 366
Humboldt, Alexander von 372
Hume, David 607
Humphrey, John 459
Humphrey, Laurence 412
Hunt, William Holman 488
Hus, Jan 310, 311, 322, 461, 466
Hut, Hans 367
Hutchinson, Roger 417
Huxley, Aldous 686, 689, 690, 691 f., 758
Huygens, Christian 503, 568, 570

Iamblichos 103
Ignatius (Patriarch von Konstantinopel) 430
Innozenz III. (Papst) 224, 259
Innozenz XI. (Papst) 344
Irenäus 84, 176, 183, 233
Isaak 30
Isabella von Kastilien 372

Isebel 42, 43

Jacquard, Albert 747
Jacques, Graf von Armagnac 337
Jakob I. von England 419
Jakob I. von Schottland 363
Jakob II. von England, Irland und Schottland 486, 487
Jakob, »Meister aus Ungarn« 240
Jakob von Voragine 264 f., 267 f.
Janko von Wirsberg 312
Janov, Matthias von 310, 320
Jant, Jacques de 450
Jaubert 587
Jaurès, Jean 624, 650, 726
Jeake, Samuel 507
Jean de Bassigny 304
Jean de Dondis 396
Jean du Fayt 306
Jean de Venette 396 f.
Jeanne d'Arc 333, 335 f., 346
Jeremia 33, 40, 45 f., 47, 49 f., 52 f., 56, 166, 168, 179, 224, 349, 378, 521
Jerobeam I. (König von Israel) 42
Jerome, Jerome K. 679
Jesaja 30, 40, 42, 45, 49, 52, 56, 175, 194, 200, 272, 308, 345, 349, 372, 520, 521, 587, 719
Jimla 44
Joachim von Fiore 224, 237, 250, 252, 253–260, 263, 272, 273, 296, 297, 298, 299, 300, 303, 311, 319, 327, 329, 333, 373, 375, 387, 403, 424, 463, 532, 536, 540, 549, 619, 734
Johann I. von Aragón 328
Johann der Gute von Frankreich 333
Johann von Bridlington 301
Johann von Brügge 475
Johann von Leiden 368 f., 370
Johann von Sachsen 304, 366
Johanna von Neapel 496
Johannes I. (Papst) 298
Johannes XII. (Papst) 299
Johannes XIII. (Papst) 327
Johannes XXIII. (Papst) 613
Johannes XXIII. (Antipapst) 322

Johannes (Apostel) 166, 172–176, 178, 180, 195, 209, 298, 366, 463, 464
Johannes, Bruder 276, 615
Johannes Chrysostomos 196
Johannes vom Kreuz 377 ff.
Johannes von Lignano 394
Johannes de Muris 302 ff., 393
Johannes von Paris 294, 295, 297
Johannes von Parma 260
Johannes von Salisbury 246
Johannes der Täufer 178, 429
Johannes Trithemius 394
Johannes von Winterthur 304
Johnson, Samuel 511
Jojakim 46
Jolimet 587
Jona 20, 48, 206, 207, 275, 379, 520
Jonatan 30
Joschaphat 44 f.
Joschija 55, 272
Josef 34
Joséphine de Beauharnais 587, 588, 598, 601
Josephus Flavius 177
Jouffroy, Théodore 621
Jourdrier de Soester, Baronin 727
Jouvenel, Bertrand de 745
Jovianus (röm. Kaiser) 143
Juan von Ávila 377
Juan de la Cosa 373
Julian Apostata 142, 147, 189, 295
Julius II. (Papst) 345, 348, 390
Julius Hilarinus 195
Jung-Stilling, Johann Heinrich 522
Jurieux, Pierre 461, 463 f., 467, 562
Justin 176, 185, 188
Juvenal 148

Käsemann, E. 181
Kafka, Franz 682
Kahn, Herman 749 f.
Kant, Immanuel 533, 607
Kardec, Léon Hippolyte Rivail (alias Allan) 604
Karl I. von Anjou 297, 327
Karl I. von England 429, 431, 444, 453, 456, 458, 459

Karl II. von England 431, 444, 456, 476, 490
Karl II., der Böse, König von Navarra 303
Karl IV. von Frankreich 333, 394
Karl V. (deutscher Kaiser) 346, 349
Karl V. von Frankreich 375, 391, 393 f.
Karl VI. von Frankreich 319
Karl VII. von Frankreich 336, 337, 398
Karl der Große 222, 236, 238, 265, 272, 295, 327, 526, 541
Karl der Kühne 326, 398
Karneades 97
Katharina von Medici 403, 408 ff., 598, 724
Katharina von Siena 314, 319
Kautzky, Karl 649
Keleuser, Bartholomé 587
Kellermann, Bernhard 661
Kelpius, Johannes 473
Kelsos 103, 150
Kennedy, J. F. 726
Kennedy, Robert 726
Kepler, Johannes 440
Ket, Robert 351
Keynes, John Maynard 697, 699 f.
Khunrath, Heinrich 427
Kilwardby, Robert 282
Kimon 106 f., 109
King, Gregory 567
King, Martin Luther 112, 726
Kirkestede, Heinrich von 355
Kirkpatrick, Jeanne 703
Kissinger, Henry 703
Klara von Montefalco 375
Klemens von Alexandria 188, 194
Klemens III. (Papst) 259
Klemens IV. (Papst) 284, 286
Klemens VI. (Papst) 306, 390
Klemens VII. (Antipapst) 304, 314, 317, 348
Kleombrotos 109
Knight, Charles 508
Knox, John 354, 562
Kojève, Alexandre 535, 741
Kolumbus, Christoph 371 ff., 545

Kondriatieff, Nikolaj 698
Konstantin I., der Große 84, 141 f., 161, 188, 466, 528
Konstanze von Hohenstaufen 327
Kopernikus 412, 454
Kratzer, Nikolaus 410
Kraus, Karl 681
Kroisos (König von Lydien) 158
Kropotkin 653
Krüdener, Barbara, Baronin von 579, 590
Kselman, Thomas 611
Kuhn, Thomas 732
Kydas 74
Kyrillos (Bischof von Jerusalem) 196, 329
Kyrillos von Konstantinopel 329
Kyros II., der Große 159, 167, 168, 256

Labbé, Pierre 452
Labouré, Cathérine 611
Labrousse, Suzette 564
La Bruyère, Jean de 446
Lacombe, Abbé 615
Lacombe, Madame 591
Lactantius 188, 190, 200, 233
Lacunza, Manuel 638
Laensberg, Mathieu 473, 587, 594
La Fontaine, Jean de 497 f., 501, 502
La Fontaine, Madame 603
La Harpe, Frédéric César 562, 565
Laistner, M. L. W. 226
Lakanal 544
Lamartine, Alphonse de 112, 538
Lamballe, Marie-Thérèse de Savoie-Carignan 560, 597
Lamennais, Félicité de 623 ff.
Lamerlière, Constance de 613
Landriot, Mgr. 406
Langlais, Xavier de 683
Langley, William 351
Lannes, Jean 587
Lanyi, Mgr. 617
Laplace, Pierre Simon 229, 569, 571, 708
La Reynie, Gabriel Nicolas de 446, 504

Personenregister

La Rochefoucauld, François de 450
La Rochefoucauld, Madame de 587
La Salle, Antoine de 633
La Tour, Georges de 468
La Tour de Noé, Abbé de 606
Laud, William 381, 418
Laumonier, Dr. 682
Laurens 549
Laurent, Paul-Matthieu 642
Laval, Antoine de 471
La Vallière, Louise de 606
Lavater, Johann Kaspar 522
Law, Edmund 608
Laynam, Richard 351
Lazzaretti, David 637
Le Blanc 449
Le Bon, Gustave 674
Le Braz, Anatole 616
Lebrun, Madame 585, 587
Le Camus de Mézière, Nicolas 509
Lecanu (Domherr) 583
Le Cour, Paul 722
Ledoux, Claude Nicolas 632
Le Drimeur, Alain 651
Leeds, Daniel 474
Le Fèbre de la Boderie, Gay 355
Lefèbvre, Maréchal 597
Lefevre d'Ormesson, Olivier 437
Leicester, Graf von 411, 456
Lelièvre, Mademoiselle 591 f.
Lemaire, Jean 344 f.
Lemetel d'Ouville, Antoine 446
Lemoine, Madame 582
Lenglet Dufresnoy 529
Lenin 649 f.
Lenormand, Marie-Anne Adelaïde de 583, 585, 587, 588, 596–601
Leo, Allan 616
Leo I., der Große 387
Leo VI., der Weise 297
Leo X. (Papst) 348, 390, 427, 433
Leonardo da Chio 343
Leonardo da Vinci 284, 540
Le Paise (Advokat) 517, 518
Lepida, Aemilia 140
Lerner, R. E. 233, 293, 305
Leroux, Pierre 621, 642
Le Roy Ladurie, Emmanuel 462, 464

Le Royer, Jeanne 516
Lesourne, J. 738
Lessing, Gotthold Ephraim 254
Letwin, William 566
Leutard 219
Leventhal, Herbert 513
Lévi-Strauss, Claude 732 f.
Lichtenberger, Johann 345, 346, 359, 361, 402, 473
Liebknecht, Wilhelm 656
Liguori, Alfonso di 512
Liliendaal, Jan van 515
Lilly, William 429, 431, 456, 457, 458 f., 460, 468, 469, 470, 475, 476, 480, 486, 487, 490, 494, 503, 505, 726
Lindsay 719
Liselotte von der Pfalz 450
Livin von Wirsberg 312
Living, William 417
Lloyd, William 461
Lods, Adolphe 36, 51
Lollia Paulina 140
Lorie, Peter 705 f.
Loste, Jacques 399
Louis Philippe (der »Bürgerkönig«) 635
Love, C. 562
Lubac, Henri de 242, 254
Lucia, Schwester 613
Lucius III. (Papst) 259
Lucius Cotta 138
Lucius Tarutius 159
Lucius Verus 153
Lucrezia de León 438
Ludovico II. Gonzaga 343
Ludwig IV. von Frankreich 223
Ludwig VII. von Frankreich 236, 240
Ludwig VIII. von Frankreich 239
Ludwig XI. von Frankreich 326, 337, 398, 399
Ludwig XII. von Frankreich 344, 345
Ludwig XIII. von Frankreich 451
Ludwig XIV. von Frankreich 445, 447, 449 f., 451, 452, 455, 456, 462, 502, 541, 556

Ludwig XV. von Frankreich 505, 563, 564
Ludwig XVI. von Frankreich 408, 561, 563
Ludwig XVII. von Frankreich 560
Ludwig XVIII. von Frankreich 590
Lufkyn, Thomas 412
Luise von Frankreich 463
Luise von Savoyen 346
Lukan 130 f., 134 ff., 496
Lukas 181, 267
Lukrez 148
Luther, Martin 344, 362, 363, 366, 368, 382, 461, 467, 512, 615
Luxembourg, François-Henri de 445, 448
Luynes, Charles de 448
Lyra, Nicolaus von 295

Mabillon, Jean 529
Mably, Gabriel Bonnet de 594
Macrobius 147, 192
Maezenas 140
Maharashi Mahesh Yogi 727
Maillard, Nicolas 361
Maillé, Marie de 335
Maimbourg, Pater 529
Maimonides 270
Maintenon, Madame de 451
Maistre, Joseph de 579, 625 f., 673
Maître, Jacques 715, 716
Makarios der Ägypter 196
Makarios der Alexandriner 196
Malachias (Mönch) 344
Mâle, Émile 266, 267
Maleachi 208
Malebranche, Nicolas de 529
Malesherbes, Chrétien de Lamoignon de 563
Malherbe, François de 449
Maline, Henri Bate de 290
Mallarmé 170
Malthus, Thomas 644, 645 f.
Manasses 33, 272
Manfred, König von Sizilien 260
Manfred von Verceil 338
Manilius 131 f.
Manselli, Raoul 297
Manuel I. Komnenos 279

Maplet, John 411
Marat, Jean-Paul 583, 597
Marbod (Bischof von Rennes) 243
Marcel, Étienne 303
Marcius 127
Marckius, Johannes 497
Mardonios 79
Margarete von Burgund 345
Margarete von Valois 410
Maria von Medici 452, 501
Maria Stuart 352, 353, 354
Maria Theresia von Österreich 445
Maria Tudor 351, 417, 490
Marie-Antoinette 564, 597
Marius 131, 134
Mark Aurel 141, 150, 151, 153
Markus (Apostel) 181
Marten, Anthony 426
Martianus Capella 192
Martin I. von Aragón 328, 329
Martin IV. (Papst) 327
Martin von León 224
Martin, Nicolas 622
Martin von Tours 216
Marx, Karl 254, 536, 647 f., 649, 650, 684, 714, 734, 740, 756
Mason, John 492
Mathieu, Mélanie 612 f.
Mattei, Caterina 347
Matthäus (Apostel) 181, 267
Matthaeus Paris 245
Matthys, Jan 368
Maupertuis, Pierre-Louis Moreau de 505
Maurikios (byzantinischer Kaiser) 295
Maury, Abbé 549, 654
Mauvoisin, Robert de 390
Maximilla 182, 183
Maximus von Tyors 103
Mazarin, Jules 453
Mazel, Abraham 463
McRae, Hamish 748
Mede, Joseph 461
Medici, Guiliano de' 348
Medici, Lorenzo de' (»il Magnifico«) 359, 383, 399
Melampos 71
Melanchton, Philipp 362, 382

Personenregister

Melier, Abbé 549
Méline, Jules 658
Menander 98
Mendelejew, Dimitrij 660
Mennet, Robert de 335
Mensforth 510
Mensinck, Dirck 515
Menzies 614
Mercator, Gerhard 361
Mercier de La Rivière 552
Mercier, Louis-Sébastien 555–559, 686, 755
Merwech (König der Franken) 215 f., 328
Merrifield, John 486
Mersenne, Abbé Marin 441
Mesmer, Franz Anton 509, 521
Messahallat 303
Messing, Wolf 724
Methodios von Patara 189
Meton 82
Metternich 599
Metz, Francois 589
Meyssonier, Lazare 454
Mézière, Philippe de 393, 394, 396
Micha 40, 43, 45, 52
Michael Scotus 245, 290
Michel, A. 277
Middelbourg, Paul 359
Middleton, John 487
Mignani, Laura 348
Migne, Jacques Paul 599
Milíč, Jan 309, 310, 311
Mill, John Stuart 644 f., 661, 750
Miller, William 606 f.
Miller, W. M. 687
Millerand, Alexandre 726
Millet de Saint-Pierre, J.-B. 580
Miltas 110
Milton, John 461
Mirabeau, Graf von 597
Mirjam 40
Mitchell, Wesley 743
Mitterand, François 407, 545
Modène 590
Mohammed 269, 324, 373, 393, 394, 403, 461, 512
Moïse de Trets oder de Jouques 390
Moivre, Abraham de 568

Molière 497, 499, 629
Moltmann, Jürgen 170
Monte Vulcano, Angelo da 333
Montebelluna, Francesco da 332
Montespan, Madame de 445, 526
Montesquieu, Charles de Secondat 555
Montaigne, Michel de 163, 342, 355, 383, 386 ff., 483
Montalcino, Giovanni da 336
Montanus 182, 183
Montfaucon de Villar 499
Montgruel, Rosalie 582
Montmort, Pater de 568
Montpensier, Herzogin von 453
Montrose, James Graham, Marquis von 431
Moore, Francis 508, 510
Moravick, Michael 751
More, Henry 505, 520, 562
Morellet, André 549
Morelly, Abbé 530, 549
Mores, Joan 380
Morgan, Joseph 513
Morin, Jean-Baptiste 442, 452, 454 f., 507
Morison, Richard 353
Morley, Daniel 244
Morosini, Domenico 370
Morris, William 643, 661
Morrison, Robert James (alias Zadkiel) 616
Morus, Thomas 370 f., 373, 553, 691, 755
Moses 30, 195, 255, 256, 276, 327, 385, 402, 429
Mosset, Aymar de 298
Mouchy, Antoine de 361
Moult, Thomas Joseph 413
Muggleton, Lodovic 429
Müntzer, Thomas 308, 366 f., 536
Murray-Clark, Sidd 705 f.
Mussolini 726

Nadar 638
Napier, John 427
Napier, Richard 418, 468, 469
Napoleon I. 534, 563, 579, 586 f., 588 ff., 600, 601

Narni, Lucia di 347
Nashe, Thomas 418
Natan (Prophet) 35, 38, 42, 55
Nayler, James 429
Nebukadnezzar II. 50, 52, 166, 224, 256
Nechepso 90
Nefer-Rohu 37 f., 55
Neher, André 36
Néon, Abbé P. 609
Nepos (Bischof) 196
Nero 132, 146, 173, 175, 209
Neugebauer, O. 87, 132
Neulif 640
Newcombe 658
Newte, Horace 681
Newton, Isaac 443 f., 629
Nicolescu, Basarab 425
Nietzsche, Friedrich 576, 680, 725, 740
Nigidius Figulus 130 f., 136, 144, 149, 203
Nikephoros Chrysoberges 279
Nikias 109, 111
Nikolaus III. (Papst) 297
Nikolaus von Clemanges 315
Nixon, Richard 727
Nixon, Robert 349, 490
Noailles, Herzog von 448
Nobel, Alfred 654
Noblet, Jocelyn de 728
Nodier, Charles 603
Nostradamus 207, 347, 361, 403–498, 410, 413, 419, 422, 424, 435, 449, 451, 464, 473, 490, 491, 514, 519, 560, 586, 706, 719, 725

Oberkirch, Madame d' 563, 579
Octavius 131, 144
Ogburn, W. F. 743
Ogier 410
Oinomaos von Gadara 97, 148
Oldham, John 528
Olivarius, Philippe-Dieudonné-Noël 589
Olivi, Petrus Johannes 294, 298
Olympias (makedonische Königin) 72
Onias III. 168

Onosander 109
Oosterzee, Johann 432
Opmeer, Pieter 355
Oranien, Prinz von 514
Oresme, Nicolaus 391 f., 394, 395
Origenes 84, 185 f., 190 f., 196, 233, 270
Oriol, Petrus 294, 295
Orosius, Paulus 191
Orwell, George 545, 559, 689, 690, 693–697, 734, 755, 758
Osiander, Andrea 362
Otho (röm. Kaiser) 147
Ottaviani (Kardinal) 717
Overton, Richard 458
Ovid 321
Owen, Robert 636

Paget, William 410
Panaitios 101, 133, 148
Panatieri, Maddalena 348
Papias 176
Paracelsus 423 f., 431
Parker, George 506
Parron, William 410
Partridge, John 486, 487, 488, 505, 507
Pascal, Blaise 456, 568, 569
Paul III. (Papst) 390, 409
Paul VI. (Papst) 171, 613
Paulmy, Marquis de 508
Paulus (Apostel) 180, 182, 208 f., 316, 330, 345, 357
Paulus Aemilius 185
Paulus, Julius 141
Pausanias 110
Pèlerin de Prusse 332
Pellerin, Georges 640
Penières-Varin 427
Pensyre 510
Pepys, Samuel 426 f., 493 f.
Percy, Familie 349, 350
Perikles 89, 96, 111
Perkins, Sir William Henry 494
Perrin, Jean 682
Perrot, Madame 603
Perry, Laurent de 602
Peter I. von Kastilien, der Grausame 332

Personenregister

Peter III. von Aragón 326, 327
Peter IV. von Aragón 328, 332
Peter der Eremit 235, 236, 240
Peterborough, Benedikt von 259
Petit, Pierre 454
Petosiris 90
Petraeus 514
Petrus (Apostel) 189, 278
Petrus von Abano 393
Petrus von Blois 224
Petrus Comestor 267
Petrus Lombardus 259, 269
Petrus der Philosoph 279
Petrus Venerabilis 244, 269
Petty, William 566
Peuerbach, Georg 399
Pharamella 247
Phares, Simon 395, 400, 401 ff.
Philipp II. von Makedonien 73, 82
Philipp II. von Spanien 348
Philipp III. von Frankreich 328
Philipp IV., der Schöne 299
Philipp V. von Spanien 298
Philipp der Gute, Herzog von Burgund 399
Philipp der Kanzler 269, 271
Philipp von Chartres 448
Philipp von Mallorca 298, 326
Philipp von Orléans 508
Philipps, John 505
Philostratos 74, 103
Picard, Jean 344
Pico della Mirandola 400 ff., 423, 442, 521
Pinay, Antoine 727
Pindar 95
Pini, Michelangelo Bonaventura 348
Pinel, Michel 518
Pirkheimer, Caritas 382
Pitois, Christian 563, 588, 589
Pituanius 140
Pius IX. (Papst) 288
Pius XII. (Papst) 718
Pizzano, Thomas de 395
Plato von Tivoli 244, 245
Platon 101 f., 113 f., 224, 226, 371, 540, 553, 755
Plautus 130

Pleistonax 80
Plinius 226
Plotin 103, 191
Plutarch 72, 79, 81, 92, 96, 98, 103 ff., 108, 117, 122
Poincaré, Raymond 726
Poizat, Alfred 682
Polignac, Vicomtesse de 445
Pollack, F. L. 539, 754
Polyainos 153
Polybios 99, 258, 528
Pompeius 130, 131, 134, 138, 159
Pompeius Trogus 59
Pomponazzi, Pietro 423
Pontard, Pierre 562
Pontas, Jean 511 f.
Porphyrius (Bischof von Gaza) 103, 162
Poseidonios 101, 133, 148
Postel, Guillaume 346, 541
Postumius 124
Potters 426
Prades, Abbé Jean Martin 549
Praxeas 183
Prévost, Abbé 549
Prevost-Paradole, Lucien Anatole 678
Price, M. 568
Price, Richard 567
Priestley, Joseph 608 f.
Prisca 182, 183
Proklos 183
Proudhon, Pierre Joseph 646
Proyat, Abbé 451
Prudentius 161
Prukner, Nicolas 411
Pseudo-Methodios 189, 224, 305, 333, 345
Ptolemaios Auletes 138
Ptolemaios, Klaudios 89 ff., 226, 245, 295, 394, 395, 401, 412, 413, 442, 454, 470, 507
Pythagoras (Philosoph) 95, 413
Pythagoras (Seher) 92, 107

Quantin, Albert 641
Quinet, Edgar 642, 674
Quintus Curcius 108
Quinzani, Stefana 347

Rabanne, Paco 724
Rabelais, François 342, 414 f., 488
Racine, Louis 453
Radbert von Corbie 224
Raguenel, Tiphaine 402
Raimondi, Cosimo 335
Raimund, Don 245
Rainsborough, Major 458
Raleigh, Sir Walter 411, 430
Ramonet, Jeanne-Louise 719
Ramsey, Sir William 531
Rasputin 615
Rastibonne, Alphonse 611
Ratzinger (Kardinal) 272
Ray, John 511
Raynal, Abbé Guillaume 549
Read, John 458
Rebérioux, Madeleine 652
Recorde, Robert 411 f.
Régnier, Mathurin 468
Reidt, Albert 718
Remigius von Reims 222, 264, 560
Rémusat, Claire Élisabeth de 589
Renand, Ernest 406, 627, 640, 664–670, 676, 688, 689, 740, 745, 758
Restif de La Bretonne, Nicolas 553, 654
Rethorios 192
Revel, Jean-François 703
Reynaud, Jean 642
Richard, Bruder 317
Richard II. von England 309, 490
Richard Löwenherz 259
Richelieu 451, 452, 471, 501
Richet, Charles 654, 659, 715
Rienzo, Cola di 260, 333 f.
Ripelin, Hugo 241
Robert I. von Neapel 294, 295
Robert der Schreiber 301
Robert von Uzès 294
Robertson, Morgan 615
Robespierre 558, 563, 583, 588, 597
Robida, Albert 655, 659
Robine, Marie 317, 335
Robins, John 410
Rodigro de Jerez 372
Röhm, Ernst Julius 725

Roger L'Estrange 480
Rolandinus aus Padua 245
Roman (Prediger) 464
Romulus 149, 414
Romulus Augustulus 528
Rondet, Laurent-Étienne 518
Roosevelt, Franklin D. 726, 743
Roquetaillade, Jean de la 302, 305, 317, 319, 329–333, 346, 393, 403
Rosa von Viterbo 263
Rosenfeld, Johann Paul Philipp 523
Rosnay, Joël 705
Rosny, J. H. 688
Rossi, Giovanni 636
Roswitha von Gandersheim 221 f.
Rothe, Johannes 432, 433
Rothmann, Bernt 368
Rotier, Esprit 362
Roubaud, Jacques 548
Rougemont, Frédéric de 609, 639
Roussat, Richard 360, 361, 404, 407
Rousseau, Jean-Jacques 530, 531, 532, 556, 557, 558, 565, 684
Rousselot, Jean-Pierre 612
Roux 549
Rudolf (Mönch) 240
Rudolf I. von Habsburg 238
Ruggiero, Cosimo 408 f., 410
Ruholts, Michel 432
Ruskin, John 643
Russell, Bertrand 539
Russell, D. S. 169
Rutherford, Ernest 607
Rymer, Thomas 358

Sabadino degli Arienti 347
Sacharja 30, 54, 55, 56
Sacrobosco, John 417
Saint-Germain, Graf von 564
Saint-Just, Louis Antoine Léon 583, 597
Saint-Pierre, Abbé de 607
Saint-Simon, Claude Henri de Rouvroy 630 ff.
Saint-Simon, Louis de Rouvroy, Herzog von 448 f., 451

Personenregister

Salimbene d'Adam 327
Salleron, Louis 735
Samjatin, Jewgenij 689 ff., 696, 755, 758
Samuel 41 f.
Sand, George 603, 639
Sandauer, Mathis 358
Sargon II. (König von Assyrien) 52
Sarraut, Albert 726
Sarton, G. 88
Saul (erster König der Israeliten) 30, 40, 41 f., 327
Saury 549
Savigny, Anne-Victorine, alias Madame de Thèbes 603 f.
Savonarola, Girolamo 346, 347, 359, 383, 430
Sawford, Edward 352, 353
Say, Jean-Baptiste 644
Schelling, Friedrich Wilhelm Joseph von 254
Schiller, Friedrich von 254, 641
Schlegel, August Wilhelm von 639
Schmid, Konrad 308, 309
Schrödinger, Erwin 617
Schumpeter, Joseph 698
Scipio Africanus 153
Scribonianus 140
Scribonius 145
Sean, Bruder 298
Sebastian (König von Portugal) 433
Sedgwick, William 429
Séguier, Esprit 462
Semelles (Arzt) 451
Senault, Pater 499
Seneca 134, 148, 373
Septimus Severus 141
Serein (Prediger) 464
Servet, Michel 362
Servier, Jean 553, 686, 750
Severyn (Mönch) 615
Sévigné, Madame de 437, 438, 449, 502
Sextius Titus 125
Shakespeare, William 15, 249
Sherlock, Thomas 608
Sibly, Ebenezer 561 f.
Sièyès, Emmanuel 549

Siger von Brabandt 270
Signier, Auguste 639
Simak, Clifford 688
Simeon bar Kochba 177
Simiand, François 698
Simona della Canna 347
Sinibal der Spadaziner 413
Sixtus IV. (Papst) 390
Sixtus V. (Papst) 391, 415
Sleidanus, Johannes 362
Smith, Adam 607
Smith, Joseph 607
Smith, Thomas 411
Snofru (Pharao) 37
Soissons, Gräfin von 445
Sokrates 73, 81, 96, 631
Sophokles 95, 98
Sorel, Georges 677
Sorokin, Pitirim 683
Souci, Antoine 508
Southcott, Joanna 509, 606
Southern, Sir Richard 263
Souvestre, Émile 483, 661
Spencer, Herbert 249, 642
Spengler, Oswald 680, 684 f., 688, 704, 740, 751, 758
Spittlehouse, John 458
Spitz, J. 688
Sprat, Thomas 489, 492
Spronk, Maurice 674
Spurinna 124
Staël, Madame de 599
Stalin, Josef 681, 724, 725, 755
Stangerup 693
Stapledon, Olaf 687, 688
Staplehurst, Valentine 380
Stassen, Harold 704
Steinmetz, Charles 659
Stephan der Philosoph 193
Stilbides 109
Stilicho 161
Storch, Niklas 366
Strugackij, Arkadij und Boris 687
Stukeley, William 510
Sturgeon, Theodore 688
Sueton 125, 139, 140, 143 f., 146, 152, 563
Süßmilch, Johann Peter 567
Sulla 124, 131, 135, 138

Sully, André de 395, 444
Sulpicius Severus 195
Sulzer, Johann Georg 531
Swart, K. 674
Swedenborg, Emanuel von 509, 521 f., 571
Swift, Jonathan 488, 489, 507, 551 f.
Syagrius 528

Tacitus 125, 140, 145, 152, 528
Talleyrand-Périgord, Élie 332, 599
Tallien, Jean 594
Tallien, Madame 588, 597
Talma, François 599
Tanaquil 124
Tanchelm 219
Tarbouriech, A. C. 651
Tardé, Gabriel 64, 641
Tarquinius Priscus 124, 129
Tarquinius Superbus 123, 127
Taswell, William 511
Taylor, Jacob 513
Taze Russel, Charles 607
Teisamenos 110
Teilhard de Chardin, Pierre 705
Telesphorus von Cosenza 317, 346, 375
Tempier, Étienne 284, 288 f.
Temple, Sir William 491 f.
Tennyson, Alfred 248
Tertullian 167, 183, 188, 190, 196
Tester, Jim 226, 228, 404
Tetricus 216
Thales 95
Themistokles 79, 108
Theoderich der Große 225
Theodoretes von Kyrrhos 194
Theodorius 358
Theodosios Boradiotes 280
Theodosius I. (röm. Kaiser) 161 f., 276
Theodosius II. (röm. Kaiser) 191
Theogenes 140, 144
Theokritos 109
Theophilos von Antiochia 188
Theophrast 87
Théot, Catherine 581
Theresia von Ávila 377

Thiers, Jean-Baptiste 384
Thiota 220
Thomas von Aquin 259, 269, 273–277, 287, 296, 322, 392, 441
Thomas von Cîteaux 224
Thomas, Keith 350, 356, 380, 416, 418, 425, 574
Thompson, Aaron 248
Thrasyllus 145, 146
Thukydides 80, 98 f.
Tiberius (röm. Kaiser) 125, 140, 144 f.
Tillotson, John 502
Titi, Placido 507
Titus (röm. Kaiser, Sohn des Tarquinius) 129, 147
Titus Livius 118, 124, 126, 129, 152
Tobin, Matthew 301
Tocqueville, Alexis de 539, 674, 675 ff., 678, 740
Toffler, Alvin 749
Tommasino von Foligno 294
Tonge, Ézerel 503
Tonti, Lorenzo 569
Torné, Abbé 406
Torrell, J.-P. 269
Totila 197, 198
Totvanian, Bruno 723
Toynbee, Arnold 685, 740
Trajan (röm. Kaiser) 147
Traske, John 425
Trémaugon, Évrart de 396
Trevor-Roper, Hugh 424, 736
Trin Xuan Thuan 709
Triolet, Elsa 671
Trionfo, Agostino 374
Trougny, Guillaume de 424
Turenne, Henri de la Tour d'Auvergne 447
Turgot, Anne Robert 523, 697
Turlot, Nicolas 471
Turmeda, Anselm 329
Tusser, John 352

Ubertino da Casale 294
Ulpian 141
Urban II. (Papst) 44, 235, 236
Urban III. (Papst) 259

Personenregister

Urban VI. (Papst) 314
Urban VIII. (Papst) 391, 451
Urija 45
Usija 256, 257
Ussher, James 461, 463, 562

Vadier 581
Vaillant-Couturier, Paul 652
Vairasse, Denis 564
Valens (röm. Kaiser) 143
Valentin de Boulogne 468
Valentinian I. (röm. Kaier) 191
Valéry, Paul 521, 531, 681
Vallot (Arzt) 455
Valois, Pierre de 395
Van Buren, Martin 658
Van Dale, Antonius 497
Van Hoesen 132
Van Velsen, Jakob 468
Varro 84
Vassula 721
Vergil 128, 149 f., 184, 188, 192, 200, 224, 250, 266, 438
Vergil, Polydore 494
Verne, Jules 654, 660, 661, 696, 730
Vertot (Historiker) 529
Vespasian (röm. Kaiser) 140, 147
Vettius Valens 133
Veuillot, Louis 406
Vico, Giovanni Battista 523
Vieira 433
Vignier, Nicolas 363
Vignois, Élisée de 406 f.
Vigouroux, La 445
Vilène, de 453
Villani, Giovanni 393
Villars, Claude 462
Vincent, Isabelle 462
Vindicianus 201
Viret, Pierre 361, 362
Vinzenz von Beauvais 266, 267
Visconti, Primi 445, 447
Vitellius (röm. Kaiser) 140
Vitruv 86
Vivent, François 464
Vivonne, Herzogin von 445
Voisin, Catherine Deshayes 445
Voltaire 23, 449, 462, 488,
   519 f., 526, 530, 532, 544, 556, 757
Vonnegut, Kurt 693
Vossius 497
Vouet, Simon 468
Vouillement, Sébastien 468

Wallace, Robert 553, 567
Walsingham, Thomas 300, 310
Warbeck, Perkin 349
Ward, John 480
Watkins, John 659, 660
Weber, Max 40
Weckerlin, Wilhelm Ludwig 523
Wells, Herbert George 658 f., 660, 662 ff., 755
Wen-Amon 39
Whalley, John 507
Wharton, George 459 f.
Wheeler, John 707
Whiston, William 443, 567
Whitelocke, Bulstrode 470
Wieland, Christoph Martin 523
Wiener, Anthony J. 749
Wightman, Edward 425
Wilhelm II. 615
Wilhelm VIII. Palaiologos 348
Wilhelm von Auvergne 320
Wilhelm von Auxerre 286
Wilhelm von Hildernissem 321
Wilhelm von Malmesbury 221, 243
Wilhelm von Newburgh 249
Wilhelm von Oranien 487
Wilhelm von Saint-Amour 273
Wilkins, John 545
Wilkinson, John 425, 509
Willemsen, Jan 369
William (Kleriker) 246
Willison, John 562, 665
Wilson, John 505
Winstanley, Gerrard 458
Witt, Jan de 432, 570
Wittgenstein, Ludwig 682
Witzel, Georg 363
Wolsey, Thomas 410
Wordsworth, William 249
Worsdale, John 509, 510, 590
Worsop, Edward 417

Worthington, William 608
Wotton, Henry 444
Wren, Sir Christopher 442, 544
Wyatt, Sir Thomas 351
Wyclif, John 310, 461, 466
Wyon, Arnaut de 344

Xenophanes 95
Xenophon 96, 109, 154
Xenophon von Kolophon 154
Xerxes I. 79

Yomans, Simon 352
Young, M. 693

Zakir 39
Zanzer, Heinrich 429
Zarathustra 57
Zefanja 52
Zenon 63
Zephyrius 184
Zidkija 44, 53
Zimrilim 35
Žižka, Johann 311, 312
Zola, Émile 605